Linux-Unix-Grundlagen

Bücher von Helmut Herold bei Addison-Wesley:

Helmut Herold: Linux-Unix-Grundlagen

Helmut Herold: Linux-Unix-Shells

Helmut Herold: Linux-Unix-Profitools

Helmut Herold: Linux-Unix-Kurzreferenz

Helmut Herold: Linux-Unix-Systemprogrammierung

Inhaltsverzeichnis

1 Einleitung

Non quia difficilia sunt non audemus,
sed quia non audemus difficilia sunt.

Seneca

(Nicht weil es schwer ist, wagen wir es nicht,
sondern weil wir es nicht wagen, ist es schwer)

1.1 Leitgedanken zu diesem Buch

Unix ist aufgrund seiner weitgefächerten Unterstützung und seiner großen Verbreitung eines der beliebtesten Betriebssysteme. Einen neuen Unix-Boom löste zu Beginn der 90er Jahre das Erscheinen von Linux aus. Linux ist eine frei erhältliche Version von Unix und erfreut sich heute aus vielen Gründen immer größerer Beliebtheit. Mit der steigenden Zahl von Linux- bzw. Unix-Anwendern wird natürlich auch der Bedarf an geeigneten Lehr- und Lernunterlagen zunehmen.

Linux

Unix

Da es sich bei Linux um eine Unix-Version handelt, wird im folgenden bei Kommandos und Konzepten, die sowohl unter Standard-Unix als auch unter Linux vorhanden sind, immer nur von Unix gesprochen, während Linux-Spezifika explizit hervorgehoben werden, was durch das erste am Rand gezeigte Icon angedeutet wird. Das Ende einer Beschreibung von Linux-Besonderheiten wird immer durch das zweite am Rand gezeigte Icon angezeigt.

1.1.1 Problem der Stoffmenge

Als ich mit der Konzeption dieses Buches begann, stellte sich mir die Frage »Wie kann man Unix schulen ?«. Um diese Frage zu beantworten, muß man sich zunächst den gewaltigen Befehlsumfang von Unix vor Augen führen. Die Devise der Unix-Entwickler war »Small is beautiful«. So konzipierten sie ein Betriebssystem, welches über mehrere Hunderte von Dienstprogrammen und Befehlen verfügt. Jedes einzelne Betriebssystem-Kommando erledigt eine kleine und klar umgrenzte Aufgabe. Diese Kommandos können allerdings miteinander kombiniert werden, so daß sie auch zur Lösung größerer und komplexerer Aufgaben herangezogen werden können. Da nun zusätzlich noch jedes einzelne Kommando über sogenannte Optionen verfügt, die eine Feineinstellung dieses Kommandos auf die speziellen Anwendungsbedürfnisse erlauben, lassen sich aus dieser Grundmenge von Befehlen Tausende und aber Tausende von Befehlsvariationen ableiten.

1.1.2   Auswahl des Wesentlichen und trotzdem vollständig bleiben

Es war nun nicht meine Intention, alle Unix-Befehle mit ihren Optionen nur
alphabetisch aufzulisten. Ein solches Buch würde wenig Lesefreude bereiten, da
es dem Lernen aus einem Lexikon gleichkommt. Diese Forderung vor Augen
kam ich zu dem Schluß, bei der Vorstellung der Unix-Konzepte die zugehörigen
Kommandos systematisch mit einfließen zu lassen. Dabei sollte dem Leser das
Wesentliche der Unix-Kommandos vermittelt werden, so daß er bei später anfallenden Problemstellungen befähigt ist, sich der dafür erforderlichen Unix-Kon-
strukte und -Kommandos zu erinnern. Dazu durfte ich ihn aber bei der
erstmaligen Vorstellung eines Unix-Kommandos nicht mit allen zu diesem Kommando gehörigen Optionen und Varianten erschlagen, da dies sehr schnell zu
einer Resignation des Lernenden führen würde.

Allerdings war ich mir bewußt, daß ein solches Buch dann kein breites, sondern
eher ein selektiertes Unix-Wissen vermitteln würde. Dies war mir zu wenig und
so kamen mir zwei Ideen:

1. Zu allen im Buch vorgestellten (und einigen auch nicht erwähnten) Unix-
   Kommandos eine alphabetisch geordnete Liste im Anhang zu geben, die es
   dem Leser ermöglicht, alle Optionen und Besonderheiten dieser Kommandos beim täglichen Arbeiten mit Unix nachzuschlagen.

2. In den Beispielen der nachfolgenden Bücher dieser Buchreihe möglichst oft
   auf die hier vorgestellten Unix-Kommandos zurückzugreifen, um den Leser
   dabei ständig wieder mit diese Kommandos zu konfrontieren und v.a.D. ihm
   auch ihre Notwendigkeit durch eine Einbettung in eine praktische Anwendung auf zu zeigen.

Bei einer solchen Vorgehensweise würde ich – so meine Vorstellung – zwei Flie-
gen mit einer Klappe schlagen: Dem Leser das Wesentliche als wesentliches klar-
machen und ihm zugleich ein breites und auch bleibendes Unix-Grundwissen
vermitteln, indem ich ihn vom »Problem zum Befehl« führe.

1.1.3   Der Leserkreis dieser Buchreihe

Dieses Buch eignet sich sowohl für Unix- bzw. Linux-Anfänger als auch für Fortgeschrittene, die ihr Wissen über Unix-Kommandos vertiefen möchten. Zudem
eignet sich der Anhang dieses Buches als Nachschlagewerk, da dort eine äußerst
umfangreiche Beschreibung fast aller grundlegenden Unix-Linux-Kommandos
gegeben wird.

Es sei an dieser Stelle explizit darauf hingewiesen, daß dieses Buch keine Installation oder Konfiguration von Unix oder Linux beschreibt, da dies meist in der
mitgelieferten Dokumentation des jeweiligen Unix Systems oder der entsprechenden Linux-Distribution ausführlich beschrieben ist. Auch existiert hierzu
schon genügend Literatur, wie z.B. das Buch Michael Kofler: Linux, Addison-
Wesley-Longman 1998.

1.1.4 Voraussetzungen, die der Leser erfüllen sollte

In diesem Buch wird keine Einführung in die Programmiersprache C gegeben. Da Unix und C wie Bruder und Schwester zueinander sind, sollte der Leser der Programmiersprache C mächtig sein. Auch setzt dieses Buch die Kenntnis der Grundbegriffe der Datenverarbeitung wie z.B. Dualsystem, Compiler usw. voraus.

1.2 Übersicht zu diesem Buch

In dieser Einleitung wird im folgenden auf den Begriff »Betriebssystem« und auf die Geschichte und die Eigenschaften der Betriebssysteme Unix und Linux eingegangen.

Kapitel 2

zeigt dem Unix-Erstanwender die erforderliche Vorgehensweise beim An- und Abmelden an einem Unix-System.

Kapitel 3

Hier wird der Leser zunächst mit dem grundsätzlichen Aufbau von Unix-Kommandos vertraut gemacht, bevor er Grundsätzliches zur Bedienung des Terminals erfährt.

Kapitel 4

ist recht umfangreich und stellt das Unix-Dateisystem vor, wobei es sich im einzelnen mit der Dateistruktur, den Dateiarten und der Dateihierarchie unter Unix beschäftigt. Auch wird hier eine kurze Einführung in den Editor ed gegeben, um dem Leser das Erstellen einfacher Dateien – wie sie für die folgenden Beispiele benötigt werden – zu ermöglichen. In diesem Kapitel wird auch eine Vielzahl von Unix-Kommandos vorgestellt, die zum Arbeiten mit Dateien gebraucht werden.

Kapitel 5 bis 7

stellen dann die Unix-Konzepte vor: Ein-/Ausgabeumlenkung, Dateinamen-Expandierung, Pipes und Filter.

Kapitel 8

beschreibt das Unix Help-System.

Kapitel 9

ist ebenfalls sehr umfangreich und gibt eine ausführliche Beschreibung der Editoren **ed, vi, ex** und **emacs**. Dabei wird der Leser mit Hilfe von Übungsbeispielen schrittweise mit diesen Editoren vertraut gemacht.

Kapitel 10

stellt dann die Kommunikations-Möglichkeiten von Unix-Benutzern vor; dazu gehört das Senden von Nachrichten an andere Benutzer, Senden/Empfangen von elektronischer Post und Datenaustausch in einem Netz von Unix- sowie Nicht-Unix-Systemen.

Kapitel 11

beschäftigt sich mit dem Unix-Prozeßkonzept. Dabei wird zuerst der Begriff »Prozeß« im allgemeinen geklärt, bevor auf Unix-Prozesse im speziellen eingegangen wird. Hier werden dann auch zu den einzelnen Systemfunktionen anschauliche C-Programmbeispiele gegeben, die das Arbeiten mit Prozessen verdeutlichen sollen.

Kapitel 12

ist eine Nachlese von nicht behandelten Unix- und Linux-Kommandos.

Im Anhang

wird eine detaillierte alphabetische Zusammenfassung der grundlegenden Unix- und Linux-Kommandos gegeben. Nach dem Durcharbeiten dieses Buches sollte diese Zusammenfassung ausreichen, um beim täglichen Arbeiten mit Unix bzw. Linux die Arbeitsweise und die Optionen der einzelnen Kommandos nachzuschlagen.

1.2.1 Typografie und Hinweise

Verschiedene Schriftformate erleichtern die Unterscheidung zwischen laufendem Text, Dateinamen, Kommandos usw.:

`Schreibmaschine`	Ausgaben von Unix – fette Schreibmaschinenschrift kennzeichnet Eingaben des Benutzers.
Fettschrift	alle Unix-Kommandos sind im laufenden Text und den entsprechenden Tabellen in diesem Schrifttyp gehalten.
Kursiv	sind alle Dateinamen und variable Befehlsteile ausgezeichnet.

Zwei Randbemerkungen sollen Ihnen den Umgang mit dem Lehrmaterial weiter erleichtern:

Hinweis finden Sie immer dann, wenn auf einen besonders wichtigen Punkt hingewiesen werden soll, der sich thematisch vom laufenden Text abhebt.

Beispiel finden Sie bei immer bei den Beispielen zu den einzelnen Kommandos mit ihren jeweiligen Verwendungsformen.

System V.4 finden Sie, wenn in diesem Unix etwas erneuert wurde.

1.2.2 Zur Buchreihe: Linux/Unix – und seine Werkzeuge

Nach dem Durcharbeiten dieses Buches verfügt der Leser über ein gesundes Unix-Basiswissen, und ist nun in der Lage, in höhere Unix-Sphären aufzusteigen. Dies soll ihm mit der Reihe »Linux/Unix und seine Werkzeuge« möglich gemacht werden

Die Intention der Reihe ist

▶ den Linux/Unix-Anfänger systematisch vom Linux/Unix-Basiswissen, über die mächtigen Linux/Unix-Werkzeuge bis hin zu den fortgeschrittenen Techniken der Systemprogrammierung zu führen.

▶ den bereits erfahrenen Linux/Unix-Anwender – aufgrund ihres modularen Aufbaus – eine Vertiefung bzw. Ergänzung seines Linux/Unix-Wissens zu ermöglichen.

1.3 Der Begriff Betriebssystem

Unix ist ein Betriebssystem. Dieser Absatz soll klären, was unter einem Betriebssystem zu verstehen ist und welche Aufgaben es zu erfüllen hat.

1.3.1 Schichtenmodell eines typischen Computersystems

Ein typisches Computersystem läßt sich als ein Modell von verschiedenen Schichten beschreiben:

S0 – Physikalische Einheiten

Auf der niedrigsten Ebene befinden sich die physikalischen Einheiten. Typische Komponenten dieser Ebene sind die CPU, Speicherchips, Busse oder die Stromversorgung. Der Fortschritt in der Herstellung von Chips läßt diese Elemente immer kleiner werden und bringt zugleich auch eine schnellere Verarbeitung der anfallenden Daten mit sich.

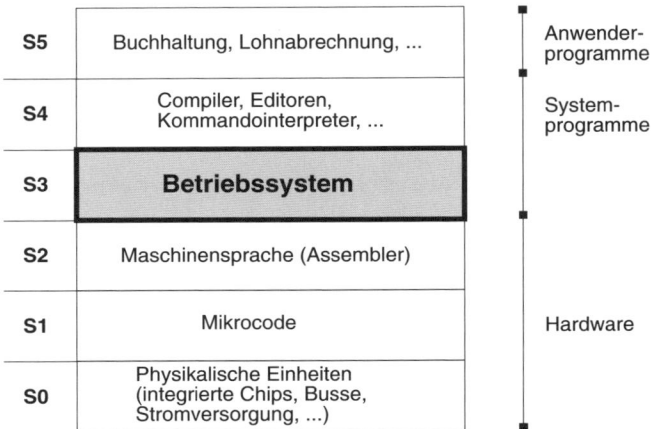

Bild 1.1: Modell eines typischen Computersystems

S1 – Mikrocode

Diese Schicht ist einer primitiven Programmiersprache ähnlich, welche die direkte Steuerung der physikalischen Einheiten ermöglicht. Mikroprogramme sind vom Systemarchitekt entworfene Programme, die in Mikrocode geschrieben sind; diese werden von einem Interpreter, der sich ebenfalls auf dieser Ebene befindet, in die entsprechenden Steueranweisungen für die physikalischen Einheiten übersetzt. Mikroprogramme sind üblicherweise im ROM (*read-only-memory*) gespeichert; auf manchen Maschinen sind sie auch in der Hardware selbst untergebracht und damit nicht als eine eigene Schicht realisiert.

S2 – Maschinensprache (Assembler)

Dieser Schicht sind alle Maschinenbefehle zugeordnet, wobei die meisten dieser Befehle dazu dienen, Daten umzuspeichern, arithmetische Berechnungen durchzuführen und Werte zu vergleichen. Ein Assembler ist nun für die Übersetzung von Maschinenbefehlen in die entsprechenden Mikroprogramme zuständig. So muß z.B. bei Angabe des Maschinenbefehls **mov** das zugehörige Mikroprogramm (eine Folge von direkten Befehlen an die physikalischen Einheiten) die Adresse der umzuspeichernden Zahl bestimmen, diese Zahl dann von dort »holen« und an die angegebene neue Stelle bringen.

Auf dieser Ebene können dann auch Dinge wie Stacks, Interrupt-Vektoren, usw. definiert werden.

S3 – Betriebssystem

wird nachfolgend beschrieben

S4 – Compiler, Editoren, Kommandointerpreter, Linker, ...

Diese Schicht ist zwar der System-Software zugeordnet, aber nicht Teil des Betriebssystems, obwohl diese Software-Pakete üblicherweise vom Computerhersteller mitgeliefert werden. Dieser Teil der System-Software ist austauschbar: Wenn z.B. ein Systemverwalter mit einem mitgelieferten Editor (wie **vi** unter Unix) nicht zufrieden ist, so steht es ihm frei, einen weiteren Editor (wie z.B. **emacs**) zu installieren. Ein Austausch von echten Betriebssystem-Teilen (wie z.B. eines Schedulers) wird dagegen nicht so leicht möglich sein.

S5 – Anwenderprogramme

In dieser Schicht sind die Programme angesiedelt, welche von den Benutzern geschrieben werden, um ihre speziellen Probleme zu lösen, wie z.B. Programm zur Buchführung, Programm zum automatischen Erstellen von Stundenplänen, usw.

1.3.2   Aufgaben eines Betriebssystems

Erst ein Betriebssystem »haucht« einem Computer das Leben ein.

Ein Betriebssystem hat zwei wesentliche Aufgaben:

Schnittstelle zwischen Mensch und Hardware

Eine der wichtigsten Aufgaben eines Betriebssystems ist es, die Komplexität der darunterliegenden Maschine zu verstecken, und dem Computeranwender eine leicht verständliche und gut handhabbare Schnittstelle zur eigentlichen Maschine anzubieten.

Der Ansprechpartner für den Programmierer ist also nicht mehr die wirkliche Maschine, sondern eine virtuelle Maschine (Betriebssystem), welche wesentlich einfacher zu verstehen und zu programmieren ist.

Beispiel   Der folgende Systemaufruf aus der C-Bibliothek ist sicher einfacher zu handhaben, als wenn der Programmierer sich zunächst um die Positionierung und Synchronisierung der Lese-/Schreibköpfe, Setzen der entsprechenden *device register*, usw... kümmern müßte:

```
write(dateinummer, text_adresse, bytezahl);
```

wobei *dateinummer* eine Nummer ist, die eine bestimmte Datei identifiziert und *text_adresse* eine Speicheradresse, an der sich der zu schreibende Text befindet. *bytezahl* schließlich bezeichnet die Anzahl der zu schreibenden Zeichen.

Mit dem Angebot eines solchen Aufrufs kann der Programmierer sich auf seine eigentliche Aufgabe konzentrieren, wie z.B. alle Kunden in eine Datei schreiben, ohne daß er sich um die darunterliegende Hardware kümmern muß, was ihn bei der Lösung seiner eigentlichen Aufgabe erheblich behindern würde.

Verwalter von Ressourcen

Eine weitere Aufgabe eines Betriebssystems ist es, alle Einzelteile eines komplexen Systems (Prozessoren, Speicher, Disks, Terminals, Drucker, usw.) zu verwalten: Ein Betriebssystem muß eine geordnete und kontrollierte Zuteilung von Prozessoren, Speichereinheiten und E/A-Geräten unter den verschiedenen Programmen, welche darum konkurrieren, sicherstellen.

Wäre dies Aufgabe des Benutzers, so würde er nicht nur wieder von seiner eigentlichen Aufgabe ablenkt werden, sondern er wäre auch in hohem Maße damit überfordert. Zudem sollte eine solche Ordnungsfunktion von einem neutralen, objektiven und schnellreagierenden Medium übernommen werden; d.h. ein Operator oder Systembenutzer wäre für diese Funktion nicht geeignet, da er nicht nur subjektiv, sondern auch viel zu langsam handeln würde.[1]

Beispiel   Fünf Programme, welche auf demselben Computer laufen, möchten gleichzeitig drucken. Ohne Steuerung durch das Betriebssystem würde dies einen gemischten Ausdruck (zusammengesetzt aus allen 5 Programmausgaben) ergeben, kurzum ohne Betriebssystemsteuerung würde Chaos herrschen.

1.3.3   Die Geschichte von Betriebssystemen

Die Geschichte von Betriebssystemen ist eng mit der Entwicklung der Computerarchitekturen verwandt, für die sie entworfen wurden.

Die hier gegebene Zeitabgrenzung für die einzelnen Generationen ist der Einfachheit halber recht grob vorgenommen wurden:

0. Generation (1940-1950): Röhren und Steckbretter

Die ersten Rechner hatten überhaupt kein Betriebssystem. Auf diesen Rechnern wurden die Programme in Maschinensprache geschrieben. Um die Grundfunktionen der Maschinen zu kontrollieren, wurden nicht selten Kabel umgesteckt. Programmiersprachen waren zu diesem Zeitpunkt unbekannt.

1. Generation (1950-1960): Transistoren und Stapelsysteme [2]

Die Einführung der Lochkarte im Jahre 1950 verbesserte zwar die Situation etwas: Es war nun möglich, Programme auf Lochkarten zu schreiben und diese einzulesen; größere »Stöpselaktionen« waren nicht mehr notwendig.

Eine revolutionäre Veränderung allerdings brachte erst die Erfindung des Transistors mit sich: Erstmals wurde klar zwischen einem Designer, Computerarchitekten, Operator, Programmierer und Wartungspersonal unterschieden.

Die Programmentwicklung erfolgte damals in folgenden Schritten:

---

1. Hier sind Reaktionen im Bereich von Mikro- bzw. Nanosekunden gefordert.
2. engl. *batch systems*

1. Der Programmierer entwarf das Programm (in Assembler oder FORTRAN) und stanzte es auf Lochkarte.

2. Der Lochkartenstapel wurde dem Operator im Eingaberaum übergeben. Dieser brachte es zum Rechner, ließ die Lochkarten dort einlesen und den entsprechenden Job ablaufen

3. Wenn der Job (Programm oder eine Menge von Programmen) fertig war, holte der Operator die Ausgabe vom Drucker ab und brachte sie zum Ausgaberaum, wo sie der Programmierer später abholen konnte.

Es wurde natürlich viel Computerzeit vergeudet, während die Operator zwischen dem Maschinen- und Ein-/Ausgaberaum hin und herliefen.

Das Bestreben, diese Zeit zu verringern, führte zur Einführung von sogenannten Stapelsystemen, wo sich folgende Abfolge bei der Programmentwicklung ergab:

1. Mehrere Jobs wurden im Eingaberaum gesammelt: Die Jobs wurden gestapelt.

2. Dieser Stapel von Jobs wurde von einem billigeren Computer auf Magnetband gelesen.

3. Der Operator brachte dann das Magnetband in den Maschinenraum zum Hauptcomputer.

4. Das Programm wurde dort dann von Magnetband gelesen, ausgeführt und die Ergebnisse wurden auf das Ausgabe-Magnetband geschrieben. Es wurde immer nur ein Programm ausgeführt. Erst wenn dessen Ausführung beendet war, wurde das nächste Programm aus dem Stapel ausgeführt.

5. Operator bringt das Ausgabe-Magnetband zurück zum billigeren Computer, welcher die Ergebnisse einliest, und am Drucker ausgibt.

Zu dieser Zeit lagen die Anwendungen hauptsächlich im wissenschaftlichen Bereich, wie z.B. Berechnung partieller Differentialgleichungen; geschrieben waren die entsprechenden Programme hauptsachlich in FORTRAN und Assembler. Bekannte Stapel-Betriebssysteme sind FMS (Fortran Monitor System) und IBSYS (IBM-Betriebssystem).

2. und 3. Generation (1960 – 1975): Integrierte Schaltkreise, Multiprogramming, Spooling und Timesharing

Integrierte Schaltkreise

IBM führt System OS/360 ein: 360 war die erste größere Computerlinie, welche integrierte Schaltkreise verwendete. In den nachfolgenden Jahren wurden Nachfolgemodelle der 360er-Linie gebaut: 370, 4300, 3080 und 3090. Als Kind für alles (kommerzielle und wissenschaftliche Datenverarbeitung) sollte es für das ganze damalige Computerspektrum einsetzbar sein, von kleinen Systemen bis zu ganzen Rechenzentren. Das Ergebnis war ein äußerst komplexes Betriebssystem: OS/360, welches aus Millionen von Assemblerzeilen bestand.

Multiprogramming

Diese neue Technik wurde von OS/360 eingeführt. Der Grund hierfür war, daß auf der älteren Maschine IBM 7094, welche im Stapelbetrieb arbeitete, sich folgendes Problem ergab: Wenn der momentane Job pausierte, weil er auf ein Magnetband oder andere E/A-Operationen wartete, dann saß die CPU untätig herum, v.a.D: bei kommerziellen Datenverarbeitung konnte diese Wartezeit für E/A-Operationen 80 bis 90 Prozent der Gesamtzeit ausmachen.

Dagegen mußte etwas unternommen werden. Die Lösung war Multiprogramming: Man unterteilte den Speicher in mehrere Teile, wobei unterschiedliche Jobs in diese unterschiedlichen Teile untergebracht wurden. Während ein Job auf die Beendigung einer E/A-Operation wartet, benutzt ein anderer Job die CPU. Wenn genug Jobs gleichzeitig im Hauptspeicher gehalten werden können, dann kann die CPU fast zu 100 Prozent ausgenutzt werden.

Spooling

Eine andere neue Fähigkeit der Computer der 3. Generation war, Jobs – sobald diese in den Computerraum gebracht wurden – direkt von Lochkarten auf die Disk (in eine Warteschlange) zu lesen. Immer wenn ein Job beendet war, konnte dann das Betriebssystem einen neuen Job von der Disk in den nun leeren Speicherbereich laden und starten. Diese Technik heißt *spooling* (*s*imultaneous *p*eripheral *o*peration *o*n *l*ine) und wurde auch für die Ausgabe verwendet.

Timesharing

Trotz all dieser Vorzüge waren die Computer der 2. Generation eigentlich noch Stapelsysteme: Das Vertippen bei Angabe eines Variablennamens in einem FORTRAN-Programm konnte immer noch einen halben Tag kosten[1]. Dies war nicht zufriedenstellend und es wurde eine neue Variante des Multiprogramming eingeführt: *Timesharing*. Hier hat jeder Anwender seinen eigenen Terminal, der direkt mit dem Computer verbunden ist.

Die Grundidee hierbei ist folgende: Gewöhnlich arbeiten z.B. von 20 Computerbenutzer höchstens 5 gleichzeitig und diese wiederum lassen meist nur kurze Programme ablaufen. Wenn man nun abwechselnd jedem Benutzer die CPU für eine kurze Zeitspanne zur Verfügung stellt, bekommt jeder der Benutzer das Gefühl, daß der Computer nur für ihn arbeitet. Kurze Jobs (wie z.B. Auflisten aller Dateien) werden meist in dieser Zeitspanne (oft auch Zeitscheibe genannt)

---

1. Man mußte auf Beendigung des Jobs warten (was v.a.D. bei vielgenutzten Rechnern mehrere Stunden dauern konnte), um dann nur eine Compiler-Fehlermeldung anstelle des erhofften Ergebnisses zu lesen. Der Fehler wurde dann behoben und der (hoffentlich nun fehlerfreie) Job wieder ganz hinten in der Warteschlange eingereiht.

erledigt, während zeitaufwendigere Jobs (wie Kompilierung größerer Dateien) mehrere solche Zeitscheiben benötigen; wenn deren Zeitscheibe abgelaufen ist, werden diese aus der CPU entfernt und wieder in die Warteschlange eingereiht, wo in der Zwischenzeit möglicherweise neue Jobs angekommen sind. Bei der nächsten Zuteilung der CPU wird die Ausführung an der Stelle fortgesetzt, an der die Unterbrechung stattfand.

4. Generation (1975 – heute): Computernetze und Personal Computer

Eine große Neuheit dieser Generation sind die Computernetze, die sich über die gesamte Welt erstrecken.

Eine andere revolutionäre Erscheinung dieser Epoche sind unzweifelhaft die Personal Computer. Nun kann sich jeder für ein paar 1000 DM oder sogar weniger einen eigenen Computer zulegen, dessen Rechenleistung den Computern der frühen 60er Jahre entspricht; diese allerdings kosteten noch Hunderttausende von Marks.

3 Betriebssysteme dominierten bzw. dominieren immer noch dieses Zeitalter:

MS-DOS als Betriebssystem für Personal Computer

Dieses *single-user* Betriebssystem wurde von Microsoft entwickelt. Während die ursprüngliche Version relativ primitiv war, haben nachfolgende Versionen immer mehr Funktionen von Unix angenommen. Sein Erfolg ist sicherlich durch die Einfachheit seiner Bedienung erklärbar. Ohne MS-DOS weh tun zu wollen, dürfte es allerdings auch einen Großteil seines Erfolgs dem Höhenflug des IBM-PCs verdanken, wofür es das Betriebssystem ist.

Windows95/Windows98/WindowsNT als Nachfolger von MS-DOS

Diese Betriebssysteme wurden von der Firma Microsoft als Nachfolger des Betriebssystems MS-DOS entwickelt und brachten doch ganz erhebliche Verbesserungen (wie z.B. *Multitasking*[1]) mit sich. Ein Großteil der heutigen Personalcomputer arbeitet mit einem dieser Systeme.

Unix bzw. Linux als Betriebssystem für Großrechner, Workstations und auch für Personalcomputer.

Bei Unix bzw. Linux handelt es sich um ein *Multitasking*- und *Multiuser*[2]-Betriebssystem. In den 80er Jahren wurde das Betriebssystem von immer mehr Firmen auf deren Rechner portiert, was dazu führte, daß Unix heute fast für jede Rechner-Plattform verfügbar ist. In der jüngsten Zeit ist der Trend zu erkennen, Unix auch immer mehr als Betriebssystem für Personal-

---

1. Ein Benutzer kann mehrere Programme gleichzeitig ablaufen lassen, wie z.B. ein Programm vom Compiler übersetzen lassen, während er einen Brief mit einem Textverarbeitungsprogramm schreibt.
2. Mehrere Benutzer arbeiten über verschiedene Terminals am gleichen Rechnersystem.

computer einzusetzen. Linux wurde z.B. speziell für Personalcomputer entwickelt und ging den Schritt in umgekehrter Richtung, nämlich daß es nun
auch auf immer mehr andere Rechner-Plattformen portiert wird. Unix selbst
ist jedoch kein so standardisiertes Betriebssystem wie MS-DOS oder die
WindowsXX-Systeme, die alle von einer Firma entwickelt wurden. Zur Zeit
befinden sich mehrere Varianten des ursprünglichen Systems auf dem
Markt. Es werden zwar große Bemühungen unternommen, das Unix-System
zu standardisieren, allerdings treffen hier viele Eigeninteressen der einzelnen Unix-Hersteller aufeinander, so daß sich dies als eine sehr schwierige
Aufgabe erweist.

1.4   Geschichte des Betriebssystems Unix

1965

Bell Telephone Laboratories, General Electric Company und Massachusetts
Institute of Technology taten sich zusammen, um ein neues Betriebssystem:
MULTICS (*multiplexed information and computing service*) zu entwickeln. Die
Ziele waren, gleichzeitigen Computerzugriff einer grossen Benutzergemeinde
zur Verfügung zu stellen, genügend Rechenleistung und Datenspeicher bereit-
zustellen, und den Benutzern untereinander einen leichten Zugriff auf ihre
gegenseitige Daten zu erlauben, wenn dies erwünscht war.

1969

Eine primitive Version des Betriebssystems MULTICS läuft auf der Maschine
GE 645, aber doch war man zu diesem Zeitpunkt noch sehr weit von den hoch-
gesteckten Erwartungen entfernt und ein Ende der Entwicklung des angekün-
digten Betriebssystems mit voller Funktionsfähigkeit war nicht abzusehen. Die
Folge war, daß Bell Laboratories seine Teilnahme an diesem Projekt beendete.

Ken Thompson von den Bell Laboratories, welcher an MULTICS mitgearbeitet
hatte, entwickelt eine abgemagerte, single-user Version von MULTICS auf einer
PDP-7. Brian Kernighan nannte dieses System etwas spassig: UNICS (*uniplexed
information and computing service*). Die Schreibweise wurde später nach Unix
geändert.[1]

1971

Unix wird auf eine PDP-11 portiert.

---

1. *single-user* Betriebssysteme unterstützen nur jeweils einen Anwender; dessen Aufgaben
werden sequentiell abgearbeitet.

1973

Dennis Ritchie schreibt das System in einer höheren Programmiersprache, genannt C, welche ebenfalls von Ritchie mit entworfen und implementiert wurde. Unix wird damit leicht für andere Maschinen[1] portierbar. Zu diesem Zeitpunkt wurde Unix nur intern von Bell Labs verwendet.

Zahl der Unix-Installationen: 25

1974

Thompson und Ritchie veröffentlichen ein Papier in *Communications von ACM*, welches das Unix-System beschreibt.

1977

Unix wird das erstemal auf eine Nicht-PDP-Maschine portiert: Interdata 8/32. Dies war der Startschuß für eine Vielzahl von Unix-Portierungen durch andere Firmen wie IBM, Cray, HP, usw.

Zahl der Unix-Installationen: 500 [2]

Bell Laboratories vergab Unix-Lizensen an Universitäten fast für umsonst. Der Grund hierfür war, daß AT&T wegen eines 1956 eingegangenen Vertrags keine Computer vermarkten durfte. Dieser Vertrag schloß allerdings nicht-gewerbliche Interessenten (wie Universitäten, welche es für Ausbildungszwecke verwendeten) aus. Dieses vertragsbedingte »Hindernis« sollte sich jedoch als Sprungbrett für den Unix-Höhenflug erweisen: Die Studenten wurden die besten Werber für das Unix-System und blieben ihrem Hochschul-System auch im späteren Berufsleben treu und sorgten so für den rational kaum faßbaren Unix-Boom, welcher in den 80er Jahren einsetzte.

1981

Bell Laboratories kombinieren einige AT&T Varianten in einem einzigen System: Unix-System III.

1983

Bell Laboratories kündigt offiziellen Support für das Nachfolgemodell System V[3] an. Eine andere starke Unix-Linie, welche weitverbreitet ist, ist eine Unix-Variante, die an der University of California in Berkeley entwickelt wurde: Die letzte Version war Unix BSD 4.3 (BSD steht für *Berkeley System Distribution*) für VAX-Maschinen.

---

1. Heute sind 90 bis 95 Prozent des Unix-Systems in C geschrieben.
2. davon 125 an Universitäten
3. System IV war eine interne Version, welche nie der übrigen Welt freigegeben wurde.

1984

AT&T kündigt System V Release 2.0 an: Dieser Release lief bis zu 10 Prozent schneller als der vorherige Release und führte einige neue Kommandos ein.

Zahl der Unix-Installationen: 100000

1986

Unix System V Release 3.0 wird freigegeben.

1987

Zahl der Unix-Installationen: mehr als 300000

(ungefähr 1 Million Benutzer)

Ende 1989

Unix System V Release 4 wird freigegeben: gilt als heutiger »Unix-Standard«.

Zahl der Unix-Installationen: mehr als 1,5 Millionen (20 % des *multi-user* Markts; ca. 10 Millionen Benutzer). Heute hat Unix die Tür zur PC-Welt aufgeschlagen. Sein Siegeszug ist nicht mehr aufhaltbar.

Die Abbildung auf der folgenden Seite zeigt nochmals alle wichtigen Stationen der Unix-Geschichte, wobei die beiden starken Unix-Linien BSD-Unix und XENIX mit einbezogen wurden.

Legende zu Bild 1.2

FuE: Forschung und Entwicklung

PWB: Programmers Work Bench

Hierbei handelt es sich um die Unix-Version 6 und folgende Zusätze:

- neue Kommandos
- Textverarbeitung (nroff, troff)
- SCCS = Source Code Control System:
- Organisationsform für größere Programme und Software-Projekte mit ihrer Vielzahl von Versionen und Freigaben.

An diesem Bild ist sehr gut zu erkennen, daß sich die 3 starken Unix-Linien: System V, BSD und XENIX nach einem 10jährigen Alleingang im System V.4 wieder zusammenfinden.

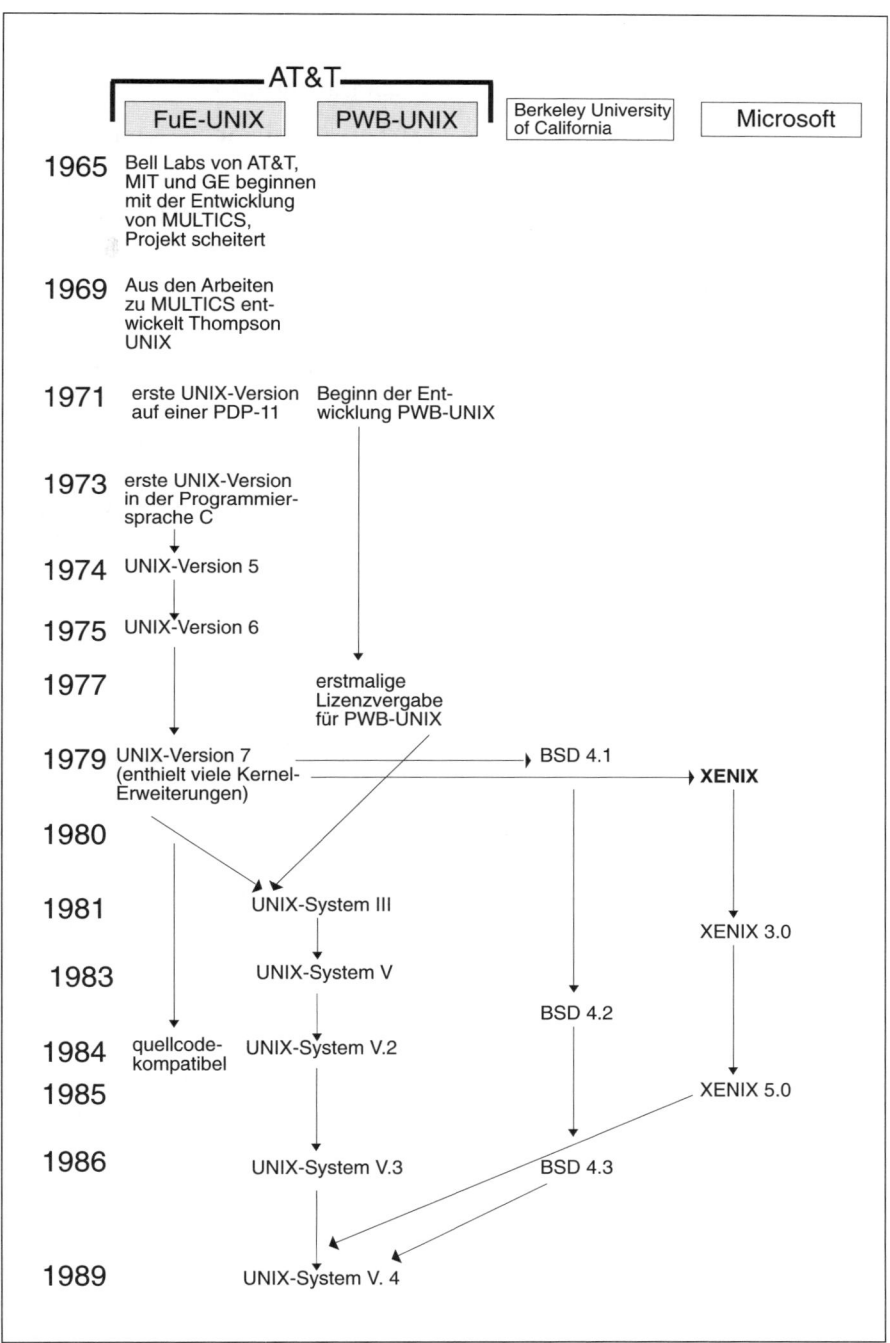

Bild 1.2: Die wichtigsten Stationen in der Geschichte von Unix

1.5   Eigenschaften von Unix

Das *Design von Unix* wurde von Beginn an durch 3 wesentliche Punkte geprägt:

▶ **Seine Schöpfer waren Softwareentwickler und Systemprogrammierer**

Unix sollte die Entwicklung von Software so leicht wie möglich machen. Deshalb wurden sehr viele Werkzeuge und Mechanismen entwickelt, die dem Software-Entwickler bei der täglichen Arbeit größtmögliche Unterstützung bieten.

Unix ist ein System aus der Praxis für die Praxis

▶ **Die Unix-Entwicklung war von Beginn an sehr starken Speicherplatz-Beschränkungen unterworfen.**

Zu der Zeit, als die Entwicklung von Unix stattfand, war Hauptspeicher noch ein knappes und wertvolles Gut (64 KByte [1]). Diese Einschränkung prägte das Design von Unix ganz erheblich. Es wurden viele kleine Dienstprogramme und Kommandos entwickelt, von denen jedes eine kleine klar umgrenzte Aufgabe erfüllt. Mit Konstruktionen wie Pipes wurde es dann ermöglicht, Kommandos zu kombinieren, um auch Lösungen für komplexere Aufgaben zu erreichen.

Small is beautiful   (Klein, aber fein)
Salvation through suffering   (Genesung durch Fasten)

▶ **Die Entwickler haben von Beginn an selbst mit ihrem Unix gearbeitet**

Da das Projekt MULTICS scheiterte, standen die Entwickler von Bell Labs Ende der 60er Jahre ohne Betriebssystem da. So entwarfen und entwickelten sie ein Betriebssystem für sich selbst. Ursprünglich war Unix nur als internes »Haus-System« für die eigenen Belange gedacht. Da nun die Unix-Entwickler von Anfang an mit ihrem eigenen System arbeiteten, konnten sie sehr früh Fehler und Schwächen erkennen und beseitigen.

*Was du nicht willst, das man dir antut, das füge auch keinem anderem zu
Theorie ist gut, Praxis ist besser*

Folgende *wesentlichen Eigenschaften* charakterisieren das Unix-System:

▶ *General Purpose System* (Allzweck-System), geeignet für die Entwicklung von System- und Anwendersoftware

▶ *Multi-user* und *multi-tasking* System

▶ *Timesharing*-Betriebssystem

---

1. Als Vergleich: Heute sind Hauptspeicher mit mehreren MByte und bald schon im GByte-Bereich üblich.

▶ Dialogorientiert

▶ Geräteunabhängiges und hierarchisches Dateisystem

▶ Verkettung von Programmen über *Pipes* (Fließbandtechnik): Die Ausgabe des vorhergehenden Kommandos wird dabei direkt zur Eingabe des nachfolgenden Programms geleitet

▶ Hoher Grad an Portabilität: 90-95% des Systems ist C-Code

▶ Als Betriebssystem für die gesamte Rechnerpalette vom PC bis zum *mainframe* (Großrechner) geeignet

Allerdings lassen sich auch *Schwächen des Unix-Systems* finden:

▶ Kein Realzeitsystem; allerdings existieren bereits Realzeit-Versionen

▶ Kein sehr sicheres System; Datensicherheit bei Systemzusammenbrüchen und Datenschutz muß noch verbessert werden

▶ Nur sequentieller Dateizugriff möglich; es fehlen andere Dateizugriffsverfahren wie z.B. indexsequentiell

▶ Keine Rückfragen bei gefährlichen Kommandos; wie z.B. Löschen aller Dateien

▶ Zu wenig Rückmeldungen bei vielen Kommandos und Dienstprogrammen; Unix-Devise: *No news is good news*

▶ Oft wenig aussagekräftige Namen für Kommandos und Dienstprogramme

1.6 Linux – Der neue Star am Unix-Himmel

Linux »*Unix ist das Betriebssystem der Zukunft, und das schon seit 30 Jahren*« behaupten Spötter. In dieser Aussage liegt sicher ein Körnchen Wahrheit. Die Gründe, warum Unix nie einen Verbreitungsgrad wie z.B. MS-DOS erreichte, sind sicherlich vielfältig, wie z.B. die Ignoranz und teilweise auch die Arroganz, mit der die Unix-Gemeinde die in den 80er Jahren aufkommenden Personalcomputer behandelte. Zwar portierten dann zu Beginn der 90er Jahre einige Firmen ihre Unix-Systeme auf PCs, konnten aber nie eine große Benutzergemeinde dafür begeistern.

1.6.1 Eine kurze Geschichte der Linux-Zeit

Die geschilderte Situation änderte sich schlagartig, als der finnische Informatikstudent Linus Torvalds die ersten Kernel-Teile für Linux als Programmierübung entwickelte und im September 1991 den Programmcode (Version 0.01) im Internet freigab. Nun ging es rasend schnell. In der ganzen Welt fanden sich Programmierer, die von der Idee eines frei verfügbaren Unix-Systems begeistert waren und Erweiterungen dazu programmierten: Treiber für die unterschiedlichsten Hardware-Komponenten, verbessertes Dateisystem, unzählige Zusatzprogramme usw. Auch diese Software wurde kostenlos zur Verfügung gestellt, und das junge System Linux wuchs mit einer unvorstellbaren Geschwindigkeit. Das Internet diente dabei der weltweiten Programmierer-Gemeinde als Kommunikationsmedium.

Allerdings sollte nicht verschwiegen werden, daß Linux nicht aus dem Nichts entstand, sondern daß schon zuvor wesentliche Vorarbeiten geleistet wurden, die sich Linux zunutze machte. Da war zum einen das freie, aber doch sehr bescheidene PC-Betriebssystem MINIX, dessen Dateisystem die ersten Linux-Versionen verwendeten. Zum anderen existierten zu diesem Zeitpunkt bereits eine Vielzahl von frei verfügbaren GNU-Programmen. GNU ist die Abkürzung für »*GNU is Not Unix*«. Die Idee des GNU-Projekts war es, möglichst viele Unix-Software selbst zu programmieren und diese dann jedermann frei zur Verfügung zu stellen. GNU-Programme wurden schon zu dieser Zeit auf vielen Unix-Systemen als die bessere Alternative zu den Originalprogrammen eingesetzt, wie etwa der legendäre GNU-C-Compiler. Als der Betriebssystemkern von Linux soweit gediehen war, daß der GNU-C-Compiler ablauffähig war, öffnete sich für Linux die gesamte Welt der GNU-Software. Mit einem Schlag stand ein doch sehr vollständiges Betriebssystem mit einer Vielzahl von Dienstprogrammen zur Verfügung. Mit der Verfügbarkeit eines C-Compilers vergrößerte sich natürlich auch schlagartig die weltweite Programmierergemeinde. Immer neue Programmierer sprangen auf den nun in Fahrt gekommenen Linux-Zug auf, und sie programmierten neue Tools, Kommandos, Spiele usw. Zudem begannen zu dieser Zeit auch die ersten Portierungen von Linux auf andere Rechner-Plattformen, die nicht mit Intel-Prozessoren arbeiten, so daß Linux heute auf sehr vielen Rechnern ablauffähig ist.

Neben dem Linux-Kernel, der GNU-Software und den vielen von engagierten Programmierern erstellten Zusatzprogrammen ist es auch noch der Netzsoftware von BSD-Unix, dem ebenfalls frei verfügbaren X Window System des MIT (Massachusetts Institute of Technology) und dessen Portierung Xfree86 für PCs mit Intel-Prozessoren zu verdanken, daß Linux heute auf einer Erfolgswelle ohnegleichen schwimmt.

1.6.2 Die wichtigsten Merkmale und Werkzeuge von Linux

Hier kann natürlich nur ein Überblick über die wichtigsten Merkmale und Anwendungsprogramme von Linux gegeben werden, denn die Vielzahl der unter Linux angebotenen Software ist nahezu unvorstellbar groß, und tagtäglich tauchen im Internet neue Programme auf.

Wesentliche Eigenschaften des Betriebssytems Linux

▶ Linux ist wie jedes andere Unix-System ein *Multi-tasking-* und *Multi-user-Betriebssystem*. Ebenso unterstützt Linux *Paging* (Auslagern von Daten auf die Festplatte, wenn zuwenig Hauptspeicher vorhanden ist), *Shared Libraries* (Bibliotheken mit Systemfunktionen werden nur einmal geladen, wenn sie von mehreren Prozessen benötigt werden), *Interprocess Communication* (IPC) und seit der Kernel-Version 2.0 sogar *Symmetric Multi Processing* (SMP, die Nutzung mehrerer Prozessoren).

▶ Linux wurde zwar ursprünglich für den Einsatz auf *Intel-Prozessoren* (PCs) entwickelt, wird aber inzwischen auch für *DEC-Alpha-Prozessoren*, *SUN Sparc*, *MIPS*, *Motorola-680x0-Prozessoren* usw. angeboten.

▶ Linux unterstützt praktisch die *gesamte gängige PC-Hardware*.

▶ Linux verwendet ein eigenes Dateisystem (*ext2fs*), in dem Dateinamen bis zu 255 Zeichen lang, Dateien bis zu 2 Gbyte und Dateisysteme bis zu 4 Tbyte (4 Tera-Byte = 4096 Gbyte) groß sein können.

▶ Unter Linux kann auf viele fremde Dateisysteme zugegriffen werden: *DOS*, *Windows95*, *WindowsNT* (seit neuestem), *OS/2* (nur Lesezugriff), *NFS* (über das Netz verfügbare Dateisysteme) usw.

▶ Linux unterstützt mehrere Binärformate für die Ausführung von Binärdateien: *a.out* (altes Unix-Binärformat), *ELF* (Standard seit Version 1.2) und *iBCS2* (ermöglicht die Ausführung vieler kommerzieller SCO-Unix-Programme ohne eine Neuübersetzung).

▶ Unter Linux steht eine Vielzahl von Netzwerkprotokollen zur Verfügung: *TCP/IP, PPP, SLIP*.

Typische Unix-Kommandos, -Shells und -Werkzeuge und noch mehr

▶ *Kommandos*
Linux verfügt natürlich über die für ein Unix-System typischen Kommandos, wie z.B. das Auflisten oder Kopieren von Dateien, das Wechseln in ein anderes Verzeichnis, das Ausgeben von Dateiinhalten usw.

▶ *Shells*
Die Eingabe von Kommandos erfolgt unter Unix-Systemen in einer sogenannten Shell. Eine Shell ist vergleichbar mit dem DOS-Kommandointerpreter, nur viel leistungsfähiger. Linux stellt mehrere Shells zur Verfügung, von denen die wichtigsten im nächsten Band dieser Reihe (*Linux-Unix-Shells*) ausführlich beschrieben sind. Am häufigsten wird unter Linux mit der *bash* (Bourne Again Shell) gearbeitet.

▶ *Tools*
Ebenso verfügt Linux natürlich auch über die unter Unix angebotenen Standardwerkzeuge, die in späteren Büchern dieser Reihe (*awk und sed, lex und*

yacc) ausführlich beschrieben werden. Daneben bietet es noch eine Reihe von nützlichen Zusatztools an, wie sie auch unter den WindowsXX-Systemen von Microsoft angeboten werden, wie z.B. Filemanager, Taschenrechner Tagesplaner usw.

▶ *Editoren*
Die unter Linux angebotene Zahl von Editoren ist sehr groß. Sie reicht vom einfachen Editor *vi*, der auf jedem Unix-System vorhanden ist und auch in diesem Buch ausführlich beschrieben wird, bis hin zu dem mächtigen Editor *emacs*, der nicht nur zum Lesen und Schreiben von Dateien, sondern auch von E-Mails und sogar zum Debuggen von C-Programmen eingesetzt werden kann.

Textverarbeitung

▶ *LATEX*
Das am häufigsten unter Linux eingesetzte Satzprogramm ist LATEX. Daneben steht eine Vielzahl von Tools und Zusatzprogrammen zur Verfügung, um PostScript-Dateien zu bearbeiten oder in ein anderes Format zu konvertieren. LATEX wird sehr häufig an Universitäten und in sonstigen wissenschaftlichen Bereichen eingesetzt und erfreut sich dort aufgrund seiner hohen Druckqualität und Geräteunabhängigkeit größter Beliebtheit.

▶ *StarOffice*
Für viele Anwender, die aus der Microsoft-Windows-Welt kommen, ist die Verwendung von LATEX doch sehr ungewohnt. Für solche Benutzer ist das von der deutschen Firma StarDivision auf Linux angebotene *StarOffice*-Paket eine wirkliche Alternative, die Ihnen ein Arbeiten erlaubt, wie sie es von Microsoft Winword oder Excel her gewohnt sind.

Das X Windows System

Linux läuft standardgemäß im Textmodus, wobei man zwischen sechs verschiedenen virtuellen Terminals mit den Tasten *Alt-F1* bis *Alt-F6* unterscheiden. Auf diesen virtuellen Terminals kann man sich unterschiedliche Arbeitsumgebungen einstellen und die unterschiedlichsten Programme starten. Darüber hinaus bietet Linux noch das X Windows System, das bei allen gängigen Linux-Distributionen mitgeliefert wird. Anders als bei den Microsoft-WindowsXX-Systemen kann man sich nun unter einer Vielzahl von angebotenen *Windows-Managern* den aussuchen, der einem am besten gefällt.

Zwischenzeitlich gibt es unter Linux nun auch das *K Desktop Environment* (KDE), das dem Desktop unter Windows95 bzw. WindowsNT sehr ähnlich ist und sich beliebig konfigurieren läßt. Das KDE hat bereits eine recht große Verbreitung gefunden, da es anders als die reinen Windows-Manager eine Vielzahl von Applikationen integriert, die dann Daten über Drag & Drop austauschen können.

Programmiersprachen

Unter Linux werden eine große Zahl von Programmiersprachen angeboten, wie
z. B. C, C++, Java, Perl, Fortran, Pascal, Lisp, Tcl / TK usw. Neben diesen Sprachen
werden natürlich auch die für jedes Unix typischen Entwicklungswerkzeuge
angeboten, wie z. B. der Programmgenerator *make* oder das Versionskontrollsy-
stem *rcs*, die beide im Band *Linux-Unix Kurzreferenz* dieser Buchreihe beschrieben sind. Auch fehlt nicht ein Debugger, ohne den eine Softwareentwicklung
heute nicht mehr auskommt. Hierbei ist der doch recht spartanisch ausgestattete
ursprüngliche Unix-Debugger *gdb* ebenso vorhanden wie ein komfortabler
Debugger *xxgdb*, der unter X Windows läuft.

Netzwerk-Software

Linux unterstützt die Protokolle TCP / IP, PPP und SLIP. Es ermöglicht den Aufbau der komplexesten lokalen Netze. Zur Verbindung zum Internet stehen für
alle Dienste (telnet, rlogin, E-Mail, News, ftp, WWW) Client-Server-Programme
zur Verfügung. Somit kann man also unter Linux nicht nur *Internet-Dienste* nutzen, sondern auch selbst einen *Internet-Server* einrichten. Auch wird bei den gängigen Linux-Distributionen nun auch der *Netscape Communicator* mitgeliefert, so
daß man einen leicht bedienbaren Zugang zum Internet hat. Mit dem Programmpaket *Samba* können Netze, auf die Windows-PCs als Clients zugreifen
können, leicht verwaltet werden.

Emulatoren

Linux bietet eine Vielzahl von Emulatoren an, wobei hier zwei hervorzuheben
sind:

Während der *DOS-Emulator* die Ausführung vieler DOS-Programme (nicht aber
Windows 3.1) ermöglicht, können mit dem *Wine-Emulator* Programme ausgeführt werden, die für Windows 3.1 geschrieben wurden, wie z. B. *Winword*, *Excel*
oder *Powerpoint*. Zudem existieren Emulatoren für den *Atari ST*, den *Commodore
64*, den *Commodore Amiga* usw.

Die hier kurz vorgestellten Applikationen sind nur ein kleiner Auszug aus der
nahezu unüberschaubaren Software, die für Linux zur Verfügung steht. Da auch
immer mehr kommerzielle Software, wie z. B. *Mathematica* oder die Datenbank
Informix auf Linux portiert werden, ist es ein hoffnungsloses Unterfangen, alles
aufzuzählen. Dieses Kapitel sollte dem Leser lediglich einen Eindruck über die
Mächtigkeit des noch jungen und doch schon so beliebten Betriebssystems Linux
geben.

Unix

2 An- und Abmelden am Unix-System

... ach wie gut, daß niemand weiß,
daß ich Rumpelstilzchen heiß!

aus »Rumpelstilzchen«
(Grimm's Märchen)

Die beste Methode, ein System kennenzulernen, ist damit zu arbeiten. Um im nachfolgenden die Benutzereingaben und die Antworten des Systems unterscheiden zu können, sind die Eingaben des Benutzers in den Beispielen fett gedruckt. Die aktuelle Position des Cursors nach allen Ein- und Ausgaben wird in den ersten Beispielen durch das Zeichen ▮ angezeigt. Die Dialoge mit dem Rechner stehen dabei jeweils auf der linken Seite – die Erklärungen dazu finden Sie rechts daneben:

`Dialogtext`

Erklärungen – bei längeren Ein- und Ausgaben finden Sie diese Erläuterungen rechts unter den entsprechenden Zeilen.

2.1 Anmelden

Um einen unkontrollierten Zugang zum Unix-System und seinen Ressourcen zu verhindern, wird an jeden berechtigten Systembenutzer eine Benutzerkennung (auch Login-Kennung oder Login-Name genannt) vergeben. Anhand dieser Kennung kann das System den jeweiligen Benutzer identifizieren. Diese Kennung allein reicht natürlich nicht aus, um unberechtigten Zugriff zu verhindern, denn solche Kennungen – oft die Vornamen, Nachnamen oder Initialen der Benutzer – sind öffentlich bekannt. Deshalb wird jeder login-Kennung noch ein geheimes Paßwort zugeordnet, das der Benutzer festlegt und nur er allein kennen sollte.

Nachdem einem Benutzer vom Systemverwalter eine login-Kennung zugeteilt worden ist, kann er mit dem System arbeiten. Dazu muß er sich allerdings zuerst anmelden, wobei er wie folgt vorgehen sollte:

1. Terminal einschalten

2. Das System meldet sich mit

```
Welcome to Unix System V Release 4.0
System name: enterprise

login:
```

und erwartet nun die Eingabe der login-Kennung. Sollte diese (oder eine
ähnliche Meldung) nicht erscheinen, so muß zuerst die ⏎-Taste gedrückt
werden.[1]

3. Ist die eingegebene login-Kennung dem System bekannt, so erscheint als
   nächstes die Meldung

```
Password:
```

Das hier einzugebende Paßwort wird bei der Eingabe – zwecks Geheimhaltung – nicht angezeigt.

4. Danach werden, wenn login-Kennung und Paßwort korrekt waren, zunächst
   einige Meldungen wie z.B.

```
Copyright (C) 1984, 1987, 1990, 1991 AT&T
All Rights Reserved
Last login: Thu Jul 29 07:46:55 on term/02
```

und schließlich das Promptzeichen $ ausgegeben, welches anzeigt, daß das
System bereit ist, Kommandos entgegen zu nehmen.

Beispiel   Wenn die login-Kennung *franz* und das Paßwort *secret2* wäre, so könnte der
Anmeldevorgang wie folgt ablaufen:

```
login: franz ⏎                                     Eingabe der login-Kennung franz
Password: secret2 ⏎                            secret2 wird dabei nicht am Bildschirm
Copyright (C) 1984, 1987, 1990, 1991 AT&T                              angezeigt
All Rights Reserved
Last login: Thu Jul 29 07:46:55 on term/02              Meldungen des Systems
Systemboot um 12 Uhr
(Bitte um 11.45 Uhr abmelden)
You have mail
$ █
```

Bei der Meldung *Systemboot um 12 Uhr (Bitte um 11.45 Uhr abmelden)* handelt es
sich um eine Meldung des Systemverwalters.

Die Meldung *You have mail* teilt dem Benutzer mit, daß elektronische Post (engl.
mail) für ihn angekommen ist; dazu aber später mehr.

---

1. Im folgenden wird für *Carriage Return* die Tastenbezeichnung ⏎ verwendet.

Falls der Benutzer sich beim Anmelden vertippt hat oder die login-Kennung
oder das Paßwort falsch waren, so erscheinen die Meldungen

```
Login incorrect
login:
```

und der ganze Anmeldevorgang – außer Terminal einschalten – muß wiederholt
werden. Eine Wiederholung macht natürlich nur Sinn, wenn der betreffende
Benutzer über eine login-Kennung (vom Systemverwalter zugeteilt) verfügt.

Linux   Unter Linux ist das Anmelden weitgehend identisch. Nachdem das Linux-
System hochgefahren ist, meldet es sich z. B. mit

```
Welcome to S.u.S.E. Linux 5.2 - Kernel 2.0.33 (tty1).
herold login: 1
```

und erwartet nun die Eingabe Ihrer login-Kennung. Wenn Linux nicht neu
installiert wurde, muß hier – wie oben – die entsprechende login-Kennung eingegeben werden, und danach erfragt das System ebenso wie oben das zugehörige Paßwort. Danach werden, wenn login-Kennung und Paßwort richtig waren,
zunächst einige Meldungen ausgegeben, wie etwa

```
Have a lot of fun...
Last login: Fri May 1 12:24:33 on tty1.
No mail.
```

und schließlich das Promptzeichen **$** ausgegeben, welches anzeigt, daß das
System bereit ist, Kommandos entgegenzunehmen.

Wenn Linux neu installiert wurde, gibt es nur einen Benutzer, nämlich root.
Nach einer Neuinstallation wird für den Benutzer root oft nicht einmal nach
einem Paßwort gefragt.

Die login-Kennung root ist eine privilegierte Kennung für den Systemverwalter,
der Zugriff auf alle Dateien hat und alle Programme uneingeschränkt ausführen
darf. Deswegen sollte man bei einer solchen Anmeldung sehr vorsichtig mit
dem Löschen oder dem Verändern von Dateien umgehen, um nicht größeren
Schaden am gerade installierten System anzurichten. Andererseits ist die Konfiguration eines Linux-Systems, was ja nach einer Neuinstallation notwendig ist,
nur mit der login-Kennung root möglich, weil man sonst die entsprechenden
Konfigurationsdateien gar nicht ändern kann.

Unix   Wie das Paßwort für root geändert und neue Benutzer (Login-Kennungen) eingetragen werden können, wird an späterer Stelle behandelt.

---

1.   *herold* ist dabei der Rechnername

2.2   Abmelden

Will ein Benutzer seine Unix-Sitzung wieder beenden, so muß er sich beim System abmelden. Dazu gibt es zwei Möglichkeiten:

1. Eingabe von $\boxed{\texttt{Strg}}$-$\boxed{\texttt{D}}$ ($\boxed{\texttt{Strg}}$-Taste festhalten und Taste $\boxed{\texttt{D}}$ drücken) oder

2. Eingabe von **exit**$\boxed{\hookleftarrow}$

   Danach meldet sich das Terminal mit

   ```
   login:
   ```

   und kann nun abgeschaltet werden.

Hinweis   Unix ist *case-sensitive*, d.h. zwischen Groß- und Kleinschreibung wird unterschieden. Die meisten Namen von Unix-Kommandos oder Dienstprogrammen werden klein geschrieben. Deswegen sollte bei älteren Unix-Systemen nach dem Anschalten des Terminals darauf geachtet werden, daß die Taste, welche Großschreibung fest einstellt [1], nicht gedrückt ist. Falls nämlich der erste Buchstabe der login-Kennung ein Großbuchstabe ist, so nimmt Unix an, daß das Terminal nur Großbuchstaben versteht und wandelt alle Kleinbuchstaben in Großbuchstaben um.

2.3   Herunterfahren des Unix-Systems

Ist das Arbeiten mit einem Unix-System beendet und man möchte den Rechner abschalten, so ist es wichtig, daß zuerst das Unix-System wieder ordnungsgemäß heruntergefahren wird. Auf keinen Fall sollte der Rechner einfach abgeschaltet werden, denn damit riskiert man im ungünstigsten Fall ein zerstörtes Dateisystem. Auf jeden Fall wird in diesem Fall beim nächsten Neustart eine zeitaufwendige Überprüfung des Dateisystems durchgeführt, was sicherlich sehr ärgerlich ist.

Ein ordnungsgemäßes Herunterfahren ist auf den meisten Unix-Systemen mit dem Aufruf des Kommandos

```
shutdown
```

möglich. Sobald dann die Meldung *System halted* oder eine ähnliche Meldung erscheint oder der Rechner neu mit BIOS-Meldungen startet, kann der Rechner abgeschaltet werden. shutdown kann nur von root ausgeführt werden. Falls ein Rechner nicht heruntergefahren werden kann, weil man z.B. nicht das root-Paßwort kennt, so bietet sich als Notlösung die folgende Vorgehensweise an. Man ruft zunächst das Kommando

```
sync
```

---

1. Name ist: *Caps Lock* oder *Shift Lock* oder *Alpha Lock*

auf. Damit werden alle noch im Hauptspeicher befindlichen Daten wirklich auf die Festplatte geschrieben. Danach kann der Rechner abgeschaltet werden. Diese Vorgehensweise empfiehlt sich aber wirklich nur im äußersten Notfall.

Linux   Auf vielen Linux-Systemen gibt es neben dem `shutdown` noch eine bequemere Möglichkeit, das System herunterzufahren: die Tastenkombination `Strg`+`Alt`+`Entf`. Damit kann jeder Anwender und nicht nur `root` das Kommando `shutdown` ausführen. Falls man gerade unter dem X Windows arbeitet, so sollte man das zuvor mit `Strg`+`Alt`+<-- (<-- steht dabei für die *Backspace*-Taste) beenden, um auf einen Text-Bildschirm zu gelangen, wo man dann
Unix   `Strg`+`Alt`+`Entf` eingeben kann.

3 Allgemeines zu Unix-Kommandos

Sic volo, sic iubeo.
(So will ich es, so befehle ich es.)

Latein. Sprichwort

Eine Kommandozeile besteht aus einem oder mehreren Wörtern und wird dem System zur Verarbeitung durch Eingabe von ⏎ (*Carriage Return*) übergeben. Ein Wort ist dabei eine Zeichenkette, in der keine Zwischenraum-Zeichen (Leer- oder Tabulator-Zeichen) vorkommen. Die einzelnen Wörter einer Kommandozeile werden durch Zwischenräume (Leer- oder Tabulator-Zeichen) voneinander getrennt. Das erste Wort wird als der Name des Kommandos bzw. Programms aufgefaßt, das auszuführen ist.

Das Doppelkreuz # am Beginn einer Zeile bedeutet, daß man sich als root angemeldet hat und nun eine Eingabe von diesem Superuser erwartet wird. Befindet sich in der ersten Spalte dagegen das Dollarzeichen $, ist man als »normaler« Benutzer angemeldet, und es wird auf eine Eingabe von dem aktuell angemeldeten Benutzer gewartet. Diese beiden Zeichen # und $ gelten als *Eingabeprompt* und werden immer automatisch am Anfang einer Zeile vom System ausgegeben, wenn es die Eingabe eines Kommandos erwartet. Meist wird vor dem # oder $ noch das aktuelle Directory (Verzeichnis) und eventuell der Benutzername und der Rechnername ausgegeben. In den nachfolgenden Ablaufbeispielen wird auf diese Angaben aus Gründen der Übersichtlichkeit verzichtet.

3.1 Einfache Kommandos

Bei einfachen Kommandos genügt zum Aufruf die alleinige Angabe des Kommandonamens gefolgt von ⏎.

3.1.1 Auflisten aller momentan angemeldeten Benutzer

Unix ist ein *Multi-user-* und *Multi-tasking*-System, d.h. es können mehrere Benutzer zur gleichen Zeit am System arbeiten, oder ein Benutzer kann zur gleichen Zeit mehrere Programme ausführen lassen. Um nun alle Benutzer aufzulisten, die gerade im System angemeldet sind, steht das Kommando **who** zur Verfügung:

Beispiel

```
$ who  ↵
alf    tty1        Mar 19 08:14
alf    tty2        Mar 19 09:35
egon   tty1        Mar 19 08:23
mixi   tty1        Mar 19 09:06
jim    tty1        Mar 19 10:49
$ ▮
```

In der ersten Spalte steht der login-Name. In der zweiten Spalte die Kennung des Terminals, an dem der jeweilige Benutzer sich anmeldete (tty steht dabei für teletype). Der Rest der Zeile zeigt, wann der Benutzer sich angemeldet hat.

3.1.2 Anzeigen des aktuellen Datums und der aktuellen Uhrzeit

Das Kommando **date** dient dazu, sich das aktuelle Datum und die Uhrzeit ausdrucken zu lassen:

Beispiel

```
$ date  ↵
Thu Mar 19 13:05:36 GMT 1998
$ ▮
```

Die Datumsangabe ist dabei üblicherweise in Englisch und wie folgt angeordnet:

```
wochentag  monat  tag  stunden:minuten:sekunden  GMT  jahr
```

GMT steht dabei für **G**reenwich **M**ean **T**ime; hierfür kann natürlich auch eine andere Zeit, wie z.B. MET für die mitteleuropäische Zeit eingetragen sein oder MEST für mitteleuropäische Sommerzeit.

Einige Unix-Kommandos sind interaktiv, d.h. sie fragen den Benutzer nach weiteren Daten.

3.1.3 Paßwort ändern

Mit dem Kommando **passwd** kann sich jeder Benutzer selbst ein Paßwort geben[1] oder ein bestehendes ändern. Im nachfolgenden Dialog wird angenommen, daß *secret2* das alte Paßwort war und *geheim3* das neue Paßwort werden soll:

Beispiel

```
$ passwd  ↵
Changing password for franz
Old password: secret2  ↵
New password: geheim3  ↵
Re-enter new password: geheim3  ↵
$ ▮
```

Die Eingabe der Paßwörter (secret2 und geheim3) wird dabei – zwecks Geheimhaltung – nicht angezeigt. Da die Paßwörter nicht angezeigt werden, können Tippfehler eventuell nicht erkannt werden. Deshalb fragt das System zur Sicherheit zweimal nach dem neuen Paßwort.

Das Kommando **passwd** von System V.4 akzeptiert nur Paßwörter, die folgende Bedingungen erfüllen:

---

1. Vom Systemverwalter wird nur eine login-Kennung zugeteilt. Das Paßwort wird vom Benutzer oft nicht bei der Zuteilung, sondern nach der ersten Anmeldung mit dem Kommando **passwd** festgelegt.

▶ sechs oder mehr Zeichen lang sind; signifikant sind jedoch nur die ersten
acht Zeichen.

▶ mindestens zwei Klein- oder Großbuchstaben und eine Ziffer bzw. ein Sonderzeichen enthalten.

▶ keine Abwandlung des login-Namens sind, wie z.B. rückwärts geschriebene
login-Namen oder sonstige zirkulare Verschiebungen des login-Namens.

▶ sich in mindestens drei Zeichen vom alten Paßwort unterscheiden; Klein-
und Großschreibung wird dabei nicht unterschieden.

Nur der Systemverwalter (auch *Super-User* genannt) kann Paßwörter anderer
Benutzer ändern; dazu braucht er das alte Paßwort nicht zu kennen.

Sie sollten bei der Wahl von Paßwörtern folgendes berücksichtigen:

▶ Keine zusammenhängenden Wörter wie *computer, herold, susanne, spueli* usw.
Sie sollten immer ein Sonderzeichen wie eine Zahl in das Paßwort einmischen, wie z.B. *2fast4me, an2tom, wal3her* usw. Dies erschwert das »Knacken
eines Paßworts« ganz erheblich. Allerdings sollten sie auch keine Geburtsdaten als Paßwort verwenden, da dies das Auffinden eines Paßworts durch
einen Fremden ganz erheblich erleichtert.

▶ Keine Paßwörter verwenden, die Sie sich sowieso nicht merken können und
deshalb irgendwo aufschreiben und dann unter die Tastatur kleben. Ein Auffinden eines solchen Paßworts ist für einen »Bösewicht« natürlich ein Leichtes. Gute Paßwörter sind kompliziert und man kann sie sich trotzdem
merken, wie z.B. *imseh123g* (**i**n **m**ünchen **s**teht **e**in **h**ofbräuhaus, **1 2 3 g**suffa).

3.1.4   Vergessen des Paßworts

Wenn Sie Ihr Paßwort einmal vergessen sollten, so kann es Ihnen niemand mehr
mitteilen, auch nicht der Systemadministrator. Allerdings kann er Ihr altes Paßwort löschen, so daß Sie sich ein neues einrichten können.

Sollte der Systemadministrator sein Paßwort vergessen, so kann dies im
schlimmsten Fall eine erneute Systeminstallation mit allen damit verbundenen
Unannehmlichkeiten bedeuten. Deswegen sollte der Systemadministrator unbedingt Vorkehrungen treffen, um niemals in eine solche Situation zu geraten, wie
z.B. Hinterlegen des Paßworts in einem verschlossenen Briefumschlag an einem
sicheren Platz.

3.1.5   Paßwort-Aging

Seit System V.3 ist das sogenannte Paßwort-Aging vorhanden. Bei diesem Verfahren werden die Paßwörter nach Ablauf einer vorgegebenen Zeitspanne
ungültig. Nach Ablauf dieser Zeitspanne wird der Benutzer bei seiner nächsten
Anmeldung automatisch dazu aufgefordert, ein neues Paßwort wählen.

Bei System V.4 liefert das Kommando **passwd -s** Informationen über den Zustand und die Gültigkeit des Paßworts, wie z. B.

```
$ passwd  -s  ⏎
egon    PS  07/23/93  0  168  7
$
```

Die Ausgabe der Informationen erfolgt im Format

name status date min max warn

Dabei bedeutet:

name	Login-Name
status	Zustand des Paßworts: **PS** steht für *Paßwort vorhanden* (*PaSsworded*) **LK** steht für *Zugang gesperrt* (*LocKed*) **NP** steht für *kein Paßwort vorhanden* (*No Password*)
date	Datum der letzten Änderung des Paßworts im Format Monat / Tag / Jahr
min	der Zeitraum, nach dem ein Paßwort frühestens wieder geändert werden darf, in Tagen (Bezugspunkt ist *date*); die Voreinstellung 0 bedeutet, daß es jederzeit geändert werden kann.
max	der Zeitraum, nach dem das Paßwort unbedingt geändert werden muß, in Tagen (Bezugspunkt ist *date*); die Voreinstellung 168 entspricht in etwa 5,5 Monate.
warn	legt die Tage vor dem Ablaufdatum des Paßworts fest, an dem der Benutzer gewarnt wird, daß sein Paßwort bald veraltet ist; Voreinstellung ist 7 Tage.

3.2   Kommandos und ihre Argumente

Folgen einem Kommandonamen in einer Kommandozeile noch weitere Wörter, so werden diese dem entsprechenden Kommando als sogenannte *Argumente* (auch *Parameter* genannt) übergeben. Dabei unterscheidet man zwei Arten von Argumenten:

1. Normale Argumente

beispielsweise Dateinamen, Zeichenketten oder sonstige Angaben, die vom entsprechenden Kommando zu verarbeiten sind.

2. Optionen

sind eine Art Schalter für die Kommandos und ermöglichen eine »Feineinstellung« der Unix-Kommandos. Üblicherweise hat jedes Unix-Kommando eine Voreinstellung. Ist der Benutzer mit dieser Voreinstellung nicht einverstanden, so kann er mit der Angabe von Optionen die Kommandos seinen speziellen Bedürfnissen anpassen. Optionen werden meist durch ein vorangestelltes Minuszeichen gekennzeichnet und sind fast immer vor den normalen Argumenten anzugeben.

Beispiele für normale Argumente

Ausgabe des Inhalts einer Datei am Bildschirm

Um sich einen Dateiinhalt am Bildschirm anzeigen zu lassen, steht das Kommando **cat** zur Verfügung:

Beispiel

```
$ cat  .profile  ⏎
#---------------------- .profile wird automatisch beim
                        Anmelden gelesen
test -z "$PROFILEREAD" && . /etc/profile
if test -f ~/.bashrc; then
    . ~/.bashrc
fi

export PATH=$PATH:/usr/X11R6/lib/X11/susewm/bin:$HOME/bin:.
if [ -f ~/.alias ] ; then
    . ~/.alias   # In Datei .alias im Home-Dir. kann man sich
                 # Kurzformen (Aliase) fuer bestimmte Kommandos
                 # konfigurieren, wie z.B.
                    # alias startx='startx 2> ~/.X.err 1> ~/.X.out &'
                    # alias l='ls -l '
                    # alias m='less '
                    # alias md='mkdir '
                    # alias rm='rm -i '
                    # alias cp='cp -i '
fi

# Terminal auf blauen Hintergrund und Vordergrund (Schrift) auf weiss setzen
setterm -background blue -foreground white -store; clear

# Mit dem Aufruf  fortune  wird ein schlauer Spruch am Bildschirm ausgegeben
echo ""; fortune; echo ""
$ █
```

Als Argument ist der Dateiname .profile angegeben. Ausgabe des Inhalts der Datei .profile am Bildschirm (Inhalt ist zum jetzigen Zeitpunkt nicht von Interesse).

Ausgabe von Text am Bildschirm

Dazu existiert ein Kommando **echo**, dem die auszugebenden Zeichenketten als Argumente auf der Kommandozeile übergeben werden. Enthält ein solcher

String ein Leerzeichen oder sonstige Sonderzeichen (wie z. B. <, >, & usw.), so muß der entsprechende String mit " .. " geklammert werden.

Beispiel

```
$ echo Das      ist      einfach      ein Text ⏎
Das ist einfach ein Text
```
Aufruf von echo mit mehreren Argumenten
Unabhängig von den Zwischenräumen wird jedes Argument nur durch ein Leerzeichen getrennt ausgegeben.

```
$ echo "Das      ist      einfach      ein Text" ⏎
Das      ist      einfach      ein Text
```
Aufruf von echo mit einem Argument
Nun wird nur ein Argument (Zeichenkette) ausgegeben; hier werden auch die Leerzeichen mit ausgegeben, da sie sich nun innerhalb von "..." befinden.

```
$ echo Ich bin <182cm> gross; Meier & Sohn ⏎
bash: syntax error near unexpected token '<182>'
```
Aufruf von echo mit Strings, die Sonderzeichen enthalten
Fehlermeldung (String wird nicht ausgegeben).

```
$ echo "Ich bin <182cm> gross; Meier & Sohn" ⏎
Ich bin <182cm> gross; Meier & Sohn
$
```
Aufruf von echo mit einem String in ".."; Sonderzeichen möglich
String mit Sonderzeichen wird richtig ausgegeben.

Ausgabe von Zeichenketten (Strings) in Spruchbandform

Dazu existiert ein Kommando **banner**[1], dem die in Spruchband-Form zu schreibenden Strings als Argumente auf der Kommandozeile übergeben werden. Enthält ein solcher String ein Leerzeichen oder sonstige Sonderzeichen (wie z. B. >), so muß der entsprechende String mit " .. " geklammert werden:

Beispiel

```
$ banner  Hallo ⏎
XX  XX          XXX    XXX
XX  XX           XX     XX
XX  XX   XXXXX    XX     XX     XXXX
XXXXXX       X    XX     XX    XX  XX
XX  XX   XXXXXX   XX     XX    XX  XX
XX  XX   X   XX   XX     XX    XX  XX
XX  XX   XXXXX X  XXXX   XXXX   XXXX
```
Aufruf von **banner** mit dem Argument *Hallo*

Ausgabe von Hallo in Spruchband-Form; es sei angemerkt, daß oft die Kleinbuchstaben in Großbuchstaben bei der Ausgabe in Spruchband-Form umgewandelt werden.

---

1. Dieses Kommando verhält sich unter Linux nicht wie in den Ablaufbeispielen gezeigt. Das Linux-**banner** gibt den Text seitwärts aus; es ist für die Ausgabe von Spruchbändern am Drucker ausgelegt.

```
$ banner  Guten  "Tag  ,"  Franz  ⏎
  XXXX                  X
 XX  X                 XX
 XX       XX  XXX  XXXXX    XXXXX    XX XXX
 XX       XX  XX    XX       XX   X   XXX XX
 XX  XXX  XX  XX    XX      XXXXXXX   XX  XX
  XX  XX  XX  XX     XX XX  XX        XX  XX
   XXX X  XXX XX     XXX    XXXXX     XX  XX


 XXXXXX
 X XX X
   XX      XXXXX    XXXX XX
   XX        X     XX   XX
   XX      XXXXXX  XX   XX
   XX      X  XX   XXXXXX         XX
 XXXX      XXXXX X    X            X
               XXXXX              X


 XXXXXXX
 XX   X
  XX  X    XX XXX    XXXXX     XX XXX   XXXXXX
  XXXX     XXX XX       X     XXX XX  X  XX
  XX X     XX       XXXXXX    XX  XX     XX
  XX       XX       X  XX     XX  XX    XX  X
 XXXX      XXXX     XXXXX X   XX  XX  XXXXXX

$ ▮
```

Aufruf von **banner** mit den Argumenten
»Guten«, »Tag ,« und »Franz"

Ausgabe von
»Guten«
»Tag ,«
»Franz«
in Spruchband-Form

Ausgabe eines Datums bzw. einer Uhrzeit in bestimmtem Format

Beispiel   Dazu müssen dem Kommando **date** Formatangaben als Argument(e) übergeben werden, wie z.B.:

```
$ date ⏎
Mon May 04 14:24:36 MEST 1998
$ date +%a%j ⏎
Mon124
$ ▮
```

Aufruf des Kommandos date
Ausgabe des aktuellen Datums und der aktuellen Uhrzeit
+ leitet beim Aufruf von date eine Formatangabe ein.
Die beiden Formatangaben bedeuten dabei
%j Tag im Jahr (001-366) für heutiges Datum ausgeben
%a Name des Tages (Sun, Mon, Tue, Wed, Thu, Fri, Sat) für heutiges Datum ausgeben

Es stehen eine Vielzahl solcher Formatangaben für das Kommando **date** zur Verfügung.[1] Obwohl diese Formatangaben der Wirkung von Optionen sehr ähnlich sind, werden sie als normale Argumente klassifiziert, da Optionen fast immer mit einem Minuszeichen eingeleitet werden.

---

1. siehe Befehlsreferenz im Anhang

Beispiele für Optionen

Zählen der Zeilen, Wörter und Zeichen eines Textes

Mit dem Kommando **wc** (**w**ord **c**ount) können Zeilen, Wörter und Zeichen eines Textes gezählt werden. Die Syntax für dieses Kommando sieht wie folgt aus:

wc [*optionen*] [*dateiname(n)*][1]

Als Optionen können bei diesem Kommando angegeben werden:

Option	Beschreibung
-l	es werden nur die Zeilen (engl.: **l**ines) gezählt
-w	es werden nur die Wörter (engl.: **w**ords) gezählt
-c	es werden nur die Zeichen (engl.: **c**haracters) gezählt

Diese Optionen können beliebig kombiniert werden.

Voreinstellung für das Kommando **wc** ist:

▷   Keine Optionen angegeben

    es wird alles (Zeilen, Wörter und Zeichen) gezählt.

▷   Keine Dateinamen angegeben

    Es wird die anschließende Eingabe am Terminal (bis zur Eingabe von Strg-
    D) ausgewertet.

Wenn mehrere Dateinamen angegeben sind, so werden alle einzeln ausgewertet und abschließend wird ein Gesamtergebnis über die Anzahl aller Zeilen, Wörter und Zeichen ausgegeben.

Beispiel

```
$ wc  ↵
Das ist ein  ↵
einfacher Text.  ↵
Strg - D
   2   5  28
$ wc  -lw .profile  ↵
  24 118  .profile
$ wc  -wl .profile  ↵
  24 118  .profile
```

Aufruf von wc ohne Angabe von Argumente
Eingabe des zu analysierenden Textes

Texteingabe mit Strg-D abgeschlossen[a]
Text enthält 2 Zeilen, 5 Wörter und 28 Zeichen
Aufruf von wc mit Optionen -l und -w;
Datei .profile enthält 24 Zeilen und 118 Wörter
Aufruf von wc mit Optionen -w und -l;
.profile enthält 118 Wörter und 24 Zeilen

---

1. Klammerung mit [..] bedeutet bei solchen Syntaxbeschreibungen immer, daß der geklammerte Teil optional ist: er kann, muß aber nicht beim Aufruf dieses Kommandos angegeben sein.

```
$ wc  -cwl  .profile  ⏎
    24 118 925  .profile
```
Aufruf von wc mit Optionen -c,-w und -l;
.profile enthält 925 Zeichen, 118 Wörter und 24
Zeilen

```
$ wc  .profile  ⏎
    24 118 925  .profile
```
Aufruf von wc ohne Optionen;
.profile enthält 24 Zeilen, 118 Wörter und 925
Zeichen

```
$ wc  -lwc  .profile  ⏎
    24 118 925  .profile
```
Aufruf von wc mit Optionen -l,-w und -c;
.profile enthält 24 Zeilen, 118 Wörter und 925
Zeichen

```
$ wc  .profile  /etc/passwd  ⏎
    24      118      925 .profile

   196      482     3462 /etc/passwd

   220      600     4387 total
$ ▇
```
Aufruf wc mit 2 Dateien: .profile und /etc/passwd
.profile enthält 24 Zeilen, 118 Wörter & 925
Zeichen
/etc/passwd enthält 196 Zeilen, 482 Wörter & 3462
Zeichen
Beide Dateien enthalten 220 Zeilen, 600 Wörter
& 4387 Zeichen

---

a. ⎡Strg⎤-⎡D⎤ muß eventuell zweimal gedrückt werden.

Sortieren eines Eingabetextes

Zum Sortieren steht das Kommando **sort** zur Verfügung. **sort** sortiert die Bild-
schirmeingabe, wenn keine Dateinamen bei seinem Aufruf angegeben werden.
Von der Vielzahl von Optionen, die bei **sort** möglich sind, wird im folgenden
Dialog nur eine verwendet:

Beispiel

```
$ sort  ⏎
Birnen  ⏎
Aprikosen  ⏎
Kirschen  ⏎
⎡Strg⎤-⎡D⎤
Aprikosen
Birnen
Kirschen
```
Aufruf des Kommandos **sort** ohne Angabe von Optionen
Eingabe des zu sortierenden Textes
Texteingabe mit ⎡Strg⎤-⎡D⎤ abschließen
Text wird alphabetisch aufsteigend sortiert am Bildschirm
ausgegeben

```
$ sort  -r  ⏎
Birnen  ⏎
Aprikosen  ⏎
Kirschen  ⏎
⎡Strg⎤-⎡D⎤
Kirschen
Birnen
Aprikosen
$ ▇
```
Aufruf des Kommandos **sort** mit Option -r (absteigend
sortieren)
Eingabe des zu sortierenden Textes

Texteingabe mit ⎡Strg⎤-⎡D⎤ abschließen
Text wird alphabetisch absteigend sortiert am Bildschirm
ausgegeben

Die Eingabe von Kommandos kann sich auch über mehrere Zeilen erstrecken;
dazu muß das Fortsetzungszeichen \ als letztes Zeichen vor ⏎ angegeben
sein.

Herausschneiden bestimmter Spalten aus einem Eingabetext

Dazu kann das Kommando **cut** verwendet werden:

Beispiel

```
$ cut  -c2-30  .profile  ↵
--------------------- .prof
est -z "$PROFILEREAD" && . /e
f test -f ~/.bashrc; then
   . ~/.bashrc
i

xport PATH=$PATH:/usr/X11R6/1
f [ -f ~/.alias ] ; then
    . ~/.alias   # In Datei .a
               # Kurzformen
               # konfigurier
                  # alias st
                  # alias l=
                  # alias m=
                  # alias md
                  # alias rm
                  # alias cp
i


  Terminal auf blauen Hintergr
etterm -background blue -fore

  Mit dem Aufruf  fortune  wir
cho ""; fortune; echo ""
$ cut  -c2-\  ↵
> 30  .pro\  ↵
> file  ↵
```

Die Optionsangabe -c2-30 bedeutet: aus jeder Zeile nur den Inhalt der Spalten 2 bis 30 ausschneiden und am Bildschirm ausgeben. Als Eingabetext wird der Inhalt der Datei .profile verwendet.

Etwas exotische Kommandoeingabe, aber richtig. Die Angabe von \ als letztes Zeichen einer Kommandozeile – vor dem ↵ – bewirkt, daß ↵ aufgehoben wird und die nächste Zeile an diese Zeile »angeklebt« wird, so daß die hier angegebene Kommandozeile vollständig der zuerst angegebenen entspricht.

```
--------------------- .prof
est -z "$PROFILEREAD" && . /e
f test -f ~/.bashrc; then
   . ~/.bashrc
i

xport PATH=$PATH:/usr/X11R6/1
f [ -f ~/.alias ] ; then
    . ~/.alias   # In Datei .a
               # Kurzformen
               # konfigurier
                  # alias st
                  # alias l=
                  # alias m=
                  # alias md
```

```
                    # alias rm
                    # alias cp
   i

    Terminal auf blauen Hintergr
   etterm -background blue -fore

    Mit dem Aufruf  fortune  wir
   cho ""; fortune; echo ""
   $ █
```

Wenn die Eingabe für ein Kommando noch nicht vollständig abgeschlossen ist, so wird dies durch das sogenannte Sekundär-Promptzeichen > angezeigt.

3.3   Grundsätzliches zur Bedienung des Terminals

Hier werden eine Reihe von wichtigen Tasten bzw. Tasten-Kombinationen vorgestellt, die Korrekturen in Kommandozeilen, Programmabbrüche und sonstiges ermöglichen. Zudem wird ein Kommando vorgestellt, welches es dem Benutzer erlaubt, diese Tasten(-Kombinationen) umzudefinieren. Dazu muß der Benutzer allerdings die Namen kennen, die von Unix an diese Tasten vergeben sind; deswegen werden diese am Rand fett gedruckt zu den einzelnen Tasten angegeben.

Löschen des jeweils letzten Zeichens in der Kommandozeile

erase   # oder ⎡Strg⎤-⎡H⎤ oder **Backspace-Taste** ⎡ ← ⎤

Während # (unter Linux nicht verfügbar) das entsprechende Zeichen nicht auf der Anzeige am Bildschirm entfernt, bewirken die beiden anderen Möglichkeiten (⎡Strg⎤-⎡H⎤ und ⎡ ← ⎤-Taste) auch ein Löschen auf dem Bildschirm.

Beispiel
```
$ cut  -z2-2#HHH#c2-28 .profile ⏎
----------------------- .pr
est -z "$PROFILEREAD" && .
f test -f ~/.bashrc; then
    . ~/.bashrc
i

xport PATH=$PATH:/usr/X11R6
f [ -f ~/.alias ] ; then
    . ~/.alias    # In Datei
                  # Kurzforme
```

Solange eine Kommandozeile nicht mit ⏎ abgeschlossen ist, können an ihr Änderungen vorgenommen werden: die Optionsangabe **-z2-2** ist falsch. Die viermalige Eingabe von **#** bewirkt, daß die letzten 4 Zeichen (**z2-2**) als gelöscht markiert werden; danach wird mit der richtigen Eingabe fortgefahren. Obwohl das Löschen nicht auf dem Bildschirm angezeigt wird, wird von Unix die Kommandozeile **cut -c2-28 .profile** ausgeführt.

```
                # konfiguri
                 # alias
                 # alias
                 # alias
                 # alias
                 # alias
                 # alias
 i


 Terminal auf blauen Hinter
etterm -background blue -fo

 Mit dem Aufruf  fortune  w
cho ""; fortune; echo ""
 $ █
```

Wenn vorhanden, dann sollte natürlich die $\boxed{\leftarrow}$-Taste bzw. $\boxed{\text{Strg}}$-$\boxed{\text{H}}$ verwendet werden, da in diesem Fall der Löschvorgang auch auf dem Bildschirm angezeigt wird.

Löschen der gesamten eingegebenen Kommandozeile

kill   @ oder $\boxed{\text{Strg}}$-$\boxed{\text{X}}$ oder $\boxed{\text{Strg}}$-$\boxed{\text{U}}$

Während @ (unter Linux nicht verfügbar) nicht die Kommandozeile auf der Bildschirmanzeige entfernt, wird dies durch $\boxed{\text{Strg}}$-$\boxed{\text{X}}$ (nicht unter Linux) bzw. $\boxed{\text{Strg}}$-$\boxed{\text{U}}$ erreicht.[1]

Beispiel	
`$ dote@date` $\boxed{\leftarrow}$ `Mon May 04 16:12:34 MEST 1998` `$ █`	Die Eingabe von @ bewirkt, daß alle zuvor eingegebenen Zeichen (**dote**) als gelöscht markiert werden; danach wird mit der Eingabe (von Beginn an) fortgefahren. Obwohl das Löschen nicht auf dem Bildschirm angezeigt wird, wird von Unix das Kommando **date** ausgeführt.

Kommandoeingabe abschließen / neue Zeile erzeugen

$\boxed{\text{Strg}}$-$\boxed{\text{M}}$ oder **Taste** $\boxed{\leftarrow}$

Die Taste $\boxed{\leftarrow}$ kann auch durch die Tastenkombination $\boxed{\text{Strg}}$-$\boxed{\text{M}}$ nachgebildet werden.

---

1. Diese Aussage ist nicht allgemeingültig: Manche Terminals reagieren auf die Eingabe von @ mit einer neuen Zeile, in der mit der vollständigen neuen Eingabe des Kommandos fortgefahren werden kann.

Dateiende-Zeichen (EOF-Zeichen)

eof   `Strg`-`D`

Viele Unix-Kommandos erkennen das Ende eines Textes am EOF-Zeichen.[1]
Wenn sie von Dateien lesen, so bereitet das Erkennen des Dateiendes diesen
keine Schwierigkeit. Beim Lesen von der Dialogstation allerdings muß der
Benutzer eine Möglichkeit besitzen, dem entsprechenden Kommando mitzuteilen, daß sein Eingabetext zu Ende ist; dies kann er mit der Eingabe von `Strg`-
`D` (als erstes Zeichen einer neuen Zeile) erreichen.

Beispiel

`$ sort` `↵`	Aufruf des Kommandos **sort** ohne Angabe
`4244` `↵`	von Optionen
`123` `↵`	Eingabe des zu sortierenden Textes
`23` `↵`	
`Strg`-`D`	Texteingabe mit `Strg`-`D` abschließen
`123`	Text wird alphabetisch aufsteigend sor-
`23`	tiert (nach ASCII-Werte) am Bildschirm
`4244`	ausgegeben
`$ sort  -n` `↵`	Aufruf von **sort** mit Option **-n** (numerisch
`4244` `↵`	aufsteigend sortieren)
`123` `↵`	Eingabe des zu sortierenden Textes
`23` `↵`	
`Strg`-`D`	Texteingabe mit `Strg`-`D` abschließen
`23`	Text wird numerisch aufsteigend sortiert
`123`	am Bildschirm ausgegeben
`4244`	
`$ sort  -rn` `↵`	Aufruf von **sort** mit Optionen **-r** und **-n**
`123` `↵`	(numerisch absteigend sortieren)
`4244` `↵`	Eingabe des zu sortierenden Textes
`23` `↵`	
`Strg`-`D`	Texteingabe mit `Strg`-`D` abschließen
`4244`	Text wird numerisch absteigend sortiert
`123`	am Bildschirm ausgegeben
`23`	
`$ bc` `↵`	Aufruf von **bc** (Rechner mit unbegr. Genauigkeit)[a]
`20 ^ 4` `↵`	Eingabe von 20^4 (20 hoch 4)
`160000`	Ausgabe des Ergebnisses von 20^4
`123456789 * 0.123456789` `↵`	Eingabe eines Multiplikation-Ausdrucks
`15241578.750190521`	Ausgabe des Multiplikation-Ergebnisses
`123456 * 111222333444555666777` `↵`	Eingabe eines Multiplikation-Ausdrucks
`13731064397731064397621312`	Ausgabe des Multiplikation-Ergebnisses

---

1.   EOF aus dem englischen: **e**nd **o**f **f**ile

```
2 ^ 1024 ⏎
17976931348623159077293051907890247336179769789423065727343008115773\
26758055009631327084773224075360211201138798713933576587897688144166\
22492847430639474124377767893424865485276302219601246094119453082952\
08500576883815068234246288147391311054082723716335051068458629823994\
7245938479716304835356329624224137216
Strg - D
$ ▮
```

Eingabe von 2^{1024} (2 hoch 1024)
Ausgabe des Ergebnisses von 2^{1024}
(erstreckt sich über mehrere Zeilen)
Eingabeende mit Strg - D , um bc zu verlassen

a. **bc** wird in »Linux-Unix-Shells« ausführlich besprochen.

Tabulator-Zeichen   Strg - I oder **Taste** ⇥

Sollte eine Tastatur nicht über eine eigene ⇥ -Taste verfügen, so kann diese mit
der Eingabe von Strg - I nachgebildet werden. Standardmäßig nimmt Unix
als Tabulatorpositionen

```
8i+1, für i=1, 2, 3, 4, ...
```

an, d.h. daß auf die Spalten 9, 17, 25, 33, ... gesprungen wird.

Bildschirmausgabe anhalten und wieder fortsetzen

stop und start   Strg - S (Anhalten) und Strg - Q (Fortsetzen)

Manche Bildschirmausgaben umfassen mehr Zeilen, als auf dem Bildschirm
dargestellt werden können. Wenn nun die Bildschirmausgabe angehalten werden soll, um sie in Ruhe lesen zu können, so ist Strg - S einzugeben. Das Fortsetzen der Ausgabe kann mit Strg - Q erreicht werden. Mehrmaliges Anhalten
und Fortsetzen ist dabei möglich.

Linux

Unter Linux gibt es zwei besondere Tasten, um nachträglich Text, der schon oben
aus dem Bildschirm geschoben wurde, wieder anzuschauen:

⇧ + Bild↑   Nach oben blättern.

⇧ + Bild↓   Nach unten blättern.

Dabei ist lediglich zu beachten, daß man die grauen Bild↑ – bzw. Bild↓ -
Tasten auf der Tastatur und nicht die aus dem Nummernblock verwendet.
Zusätzlich ist darauf hinzuweisen, daß ein Auf- und Abscrollen mit diesen
Tasten nur möglich ist, wenn man zwischenzeitlich nicht mit einer der Tasten-
kombinationen Alt - F1 bis Alt - F6 auf einen anderen virtuellen Terminal

Unix gewechselt hat.

Beispiel Mit dem Kommando **cal** kann ein Kalender am Bildschirm ausgegeben werden; die Syntax für dieses Kommandos sieht wie folgt aus:

cal [[*monat*] *jahr*]

Somit sind folgende Aufrufe möglich:

▶ ohne jede Argumente: Kalender für den laufenden Monat wird ausgegeben

▶ mit einem Argument: Kalender für das angegebene *jahr* (1-9999 möglich) wird ausgegeben

▶ mit 2 Argumenten: Kalender für den angegebenen *monat* (1.Argument;1-12 möglich) des angegebenen *jahr*es (2.Argument; 1-9999 möglich) wird ausgegeben.

Hinweis Auf manchen Unix-Systemen (nicht Linux) verhält sich **cal** geringfügig anders:

▶ ohne jede Argumente: Es wird zunächst Datum und Uhrzeit ausgegeben, bevor dann 3 Monate (letztes, dieses und nächstes Monat) ausgegeben werden.

▶ statt einer Monatszahl kann auch ein Monatsname oder dessen eindeutigen Anfangsbuchstaben angegeben werden, wie z.B.

```
cal may
cal ja  (für Januar)
cal jun 1956
cal april
```

Nicht erlaubt, da nicht eindeutig, wäre z.B.

```
cal ju (jun oder jul?)
cal ma (mar oder may?)
```

▶ mit einem oder mit 2 Argumenten: **cal** verhält sich hier wie oben beschrieben.

```
$ cal ⏎
      May 1998
Su Mo Tu We Th Fr Sa
                1  2
 3  4  5  6  7  8  9
10 11 12 13 14 15 16
17 18 19 20 21 22 23
24 25 26 27 28 29 30
31
$ cal 56 ⏎
              56
```

Aufruf von **cal** ohne Angabe von Argumenten

Ausgabe des Kalenders zum laufenden Monat (hier Mai)

Aufruf von **cal** mit dem Argument (Jahr) 56
Ausgabe des Kalenders
zum Jahr **56** (**nicht 1956**)

```
         January                    February                     March
Su Mo Tu We Th Fr Sa        Su Mo Tu We Th Fr Sa        Su Mo Tu We Th Fr Sa
               1  2  3        1  2  3  4  5  6  7                 1  2  3  4  5  6
 4  5  6  7  8  9 10         8  9 10 11 12 13 14         7  8  9 10 11 12 13
11 12 13 14 15 16 17        15 16 17 18 19 20 21        14 15 16 17 18 19 20
18 19 20 21 22 23 24        22 23 24 25 26 27 28        21 22 23 24 25 26 27
25 26 27 28 29 30 31        29                          28 29 30 31


          April                       May                         June
Su Mo Tu We Th Fr Sa        Su Mo Tu We Th Fr Sa        Su Mo Tu We Th Fr Sa
               1  2  3                          1                 1  2  3  4  5
 4  5  6  7  8  9 10         2  3  4  5  6  7  8         6  7  8  9 10 11 12
11 12 13 14 15 16 17         9 10 11 12 13 14 15        13 14 15 16 17 18 19
18 19 20 21 22 23 24        16 17 18 19 20 21 22        20 21 22 23 24 25 26
25 26 27 28 29 30           23 24 25 26 27 28 29        27 28 29 30
                            30 31


           July                      August                    September
Su Mo Tu We Th Fr Sa        Su Mo Tu We Th Fr Sa        Su Mo Tu We Th Fr Sa
               1  2  3        1  2  3  4  5  6  7                    1  2  3  4
 4  5  6  7  8  9 10         8  9 10 11 12 13 14         5  6  7  8  9 10 11
```

⎡Strg⎤-⎡S⎤   Ausgabe anhalten; bei der heutigen Schnelligkeit von Rechnern nahezu unmöglich für
                                                                  dieses Ablaufbeispiel
⎡Strg⎤-⎡Q⎤   Ausgabe wieder fortsetzen


```
11 12 13 14 15 16 17        15 16 17 18 19 20 21        12 13 14 15 16 17 18
18 19 20 21 22 23 24        22 23 24 25 26 27 28        19 20 21 22 23 24 25
25 26 27 28 29 30 31        29 30 31                    26 27 28 29 30

         October                    November                    December
Su Mo Tu We Th Fr Sa        Su Mo Tu We Th Fr Sa        Su Mo Tu We Th Fr Sa
                  1  2           1  2  3  4  5  6                 1  2  3  4
 3  4  5  6  7  8  9         7  8  9 10 11 12 13         5  6  7  8  9 10 11
10 11 12 13 14 15 16        14 15 16 17 18 19 20        12 13 14 15 16 17 18
17 18 19 20 21 22 23        21 22 23 24 25 26 27        19 20 21 22 23 24 25
24 25 26 27 28 29 30        28 29 30                    26 27 28 29 30 31
31
```

`$ cal 6 1956 ⏎`   Aufruf von **cal** mit zwei Argumenten: 6 (Monat) und 1956 (Jahr)
```
      June 1956                        Ausgabe des Kalenders zum Monat Juni des Jahres 1956
Su Mo Tu We Th Fr Sa
               1  2
 3  4  5  6  7  8  9
10 11 12 13 14 15 16
17 18 19 20 21 22 23
24 25 26 27 28 29 30
```

```
$ cal 9 1752 ⏎
    September 1752
Su Mo Tu We Th Fr Sa
       1  2 14 15 16
17 18 19 20 21 22 23
24 25 26 27 28 29 30
$
```

Aufruf von **cal** mit zwei Argumenten: 9 (Monat) und 1752 (Jahr)
Ausgabe des Kalenders zum Monat September des Jahres 1752:
Dieser Aufruf gibt einen etwas seltsamen Kalender aus,
da im September 1752 elf Tage übersprungen wurden,
um die damalige (etwas fehlerhafte) Zeitrechnung vom Julianischen
Kalender auf den Gregorianischen Kalender umzustellen.

Abbruch eines Kommandos oder eines Programms

intr und quit   [Strg]-[C] oder **Taste** [Entf] oder
Taste [Pause] [Strg]-[\]

Die Ausführung eines fehlerhaft gestarteten oder zu zeitaufwendigen Kommandos bzw. Programms kann durch unterschiedliche Eingaben abgebrochen werden. Während die Eingabe von [Strg]-[C] bzw. das Drücken der Tasten [Pause] oder [Entf] ein Kommando bzw. Programm nur abbricht, bewirkt die Eingabe von [Strg]-[\] nicht nur den sofortigen Abbruch, sondern zusätzlich noch einen Speicherabzug (in einer Datei mit Namen *core*) des abgebrochenen Programms bzw. Kommandos. Dieser Speicherabzug wird eventuell für Debugging-Zwecke benötigt.

Auflisten und Setzen der Terminaleinstellungen mit stty

Das Kommando **stty** ermöglicht sowohl das Anzeigen der momentanen Terminaleinstellungen als auch neue Einstellungen für das Terminal.

Der Aufruf

```
stty -a
```

gibt alle aktuellen Einstellungen für einen Terminal aus.

Beispiel

```
$ stty -a ⏎
speed 38400 baud; rows 25; columns 80; line = 0;
intr = ^C; quit = ^\; erase = ^?; kill = ^U; eof =
^D; eol = <undef>;
eol2 = <undef>; start = ^Q; stop = ^S; susp = ^Z;
rprnt = ^R; werase = ^W;
lnext = ^V; flush = ^O; min = 1; time = 0;
-parenb -parodd cs8 hupcl -cstopb cread -clocal -
crtscts
-ignbrk -brkint -ignpar -parmrk -inpck -istrip -
inlcr -igncr icrnl ixon -ixoff
-iuclc -ixany -imaxbel
opost -olcuc -ocrnl onlcr -onocr -onlret -ofill -
```

Aufruf des Kommandos **stty**
mit der Option **-a**
Bei der Ausgabe dieses
Kommandos finden sich
die von Unix an die
einzelnen Tastenkombinationen vergebenen Namen – wie
z. B. **erase** oder
kill – wieder.
Die Vielzahl der anderen
Begriffe ist hier nicht
von Interesse.

```
ofdel nl0 cr0 tab0 bs0 vt0 ff0
isig icanon iexten echo echoe echok -echonl -noflsh
-xcase -tostop -echoprt
echoctl echoke
$ ▮
```

Mit dem **stty**-Kommando können diese Einstellungen auch verändert werden:[1]

Beispiel

```
$ stty  erase  "%"  ↵
$ stty  kill   "~"  ↵
$ dote%%ate ↵
Mon Mar 19 17:35:41 GMT 1990
$ wer~who ↵
alf     tty1    Mar 19 08:14
egon    tty1    Mar 19 08:23
jim     tty1    Mar 19 10:49


$ stty ↵
speed 9600 baud; -parity
line = 3; erase = %; kill = ~; swtch = ^';
brkint -inpck icrnl onlcr tab3
echo echoe echok
$ ▮
```

Neues Zeichen **%** für **erase** setzen
Neues Zeichen **~** für **kill** setzen
Löschen einzelner Zeichen mit **%**
Ausgabe von Datum und Uhrzeit
Löschen einer ganzen Zeile mit
dem neuen **kill**-Zeichen **~**
Ausgabe aller momentan im
System angemeldeter Benutzer

Aufruf des Kommandos **stty** ohne
Argumente
Nun ist zu sehen, daß die neuen
Zeichen (**%** und **~**) für **erase** und
kill eingesetzt wurden.

Will man *Control*-Sequenzen als Zeichen bei der Einstellung des Terminals vergeben, so ist für ⌐Strg⌐ das Zeichen ^ anzugeben und die ganze Sequenz mit ' .. ' zu
klammern:

Beispiel

```
$ stty  erase  ⌐Strg⌐-R ↵ [oder: stty erase '^R']
$ stty  kill   ⌐Strg⌐-G ↵ [oder: stty kill '^G']
$ stty ↵
speed 9600 baud; -parity hupcl
erase = ^r; kill = ^g; swtch = <undef>;
brkint -inpck -istrip icrnl -ixany imaxbel onlcr tab3
echo echoe echok echoctl echoke iexten
$ ▮
```

⌐Strg⌐-⌐R⌐ für **erase** setzen
⌐Strg⌐-⌐G⌐ für **kill** setzen

Nun könnte das letzte Zeichen
mit ⌐Strg⌐-⌐R⌐ und die ganze
zuvor
eingegebene Zeile mit ⌐Strg⌐-
⌐G⌐
gelöscht werden, wie auch aus
der Ausgabe des **stty**-
Kommandos zu erkennen ist.

Mit dem Kommando **stty** kann noch eine Vielzahl weiterer Terminal-Eigenschaften gesetzt werden; so sorgt z.B. die Eingabe des Kommandos

```
stty -tabs
```

---

1. Die beiden folgenden Ablaufbeispiele funktionieren nicht unter Linux, da hier spezielle
   Steuerzeichen für die aktuell laufende Shell (meist **bash**) vorliegen (siehe auch »Linux-Unix-
   Shells«).

dafür, daß Tabulatorzeichen bei der Ausgabe am Terminal durch Leerzeichen ersetzt werden. Diese weiteren Terminal-Eigenschaften sind ausführlich im Anhang dieses Buchs bei der Vorstellung des Kommandos **stty** beschrieben.

An dieser Stelle ist es empfehlenswert, wieder die voreingestellten Werte für **erase** und **kill** zu setzen, wie z.B.

```
$ stty erase  Strg -H  ↵      [auch möglich: stty erase '^h']
$ stty kill   Strg -U  ↵      [auch möglich: stty kill '^u']
$ ▉
```

Hinweis   Wenn ein **erase**- oder **kill**-Zeichen als Eingabetext benötigt wird, wie z.B. in

```
banner #hallo#
```

dann muß die Sonderbedeutung dieses Zeichens ausgeschaltet werden: dies kann durch Voranstellen des Fluchtsymbols \ (engl.: *backslash*) erreicht werden; z.B. müßte richtig

```
banner \#hallo\#
```

angegeben werden, um # als »echtes« Zeichen und nicht als **erase**-Zeichen zu kennzeichnen.

Um einen versehentlich eingegebenen Backslash \ zu löschen, müßte man \## angeben, da mit \# das »echte« Zeichen # vereinbart wurde und mit dem folgenden # dieses wieder gelöscht wird.

Vorsicht ist auch bei der Eingabe eines Backslashes \ gefolgt von der ←-Taste geboten, da das Betriebssystem in diesem Fall annimmt, daß das ←-Zeichen (ASCII-Wert 8) im Eingabetext erwünscht ist. Um dieses Zeichen dann wirklich in der Kommandozeile zu löschen, ist ein weiteres mal die ←-Taste zu drükken.

3.3.1   Zusammenfassung der Steuerzeichen

Die folgende Tabelle faßt die wichtigsten Steuerzeichen nochmals zusammen. Dabei sind die erst seit System V.4 neu hinzugekommenen Steuerzeichen mit * gekennzeichnet.

Name	*übliche Voreinst.*	*Alternativen*	*Bedeutung*
Newline	↵	*Strg-M, Strg-J*	Kommandoeingabe abschließen, Neue Zeile erzeugen
EOF	*Strg-D*		Dateiende
erase	*Backspace*	*#, Strg-H*	Letztes Zeichen löschen
kill	*@*	*Strg-U, Strg-X*	Gesamte Eingabe-Zeile löschen
stop	*Strg-S*		Ausgabe anhalten

Name	übliche Voreinst.	Alternativen	Bedeutung
start	*Strg-Q*		Ausgabe fortsetzen
intr	*DEL*	*Strg-C, BREAK*	Abbruch eines Programms
quit	*Strg-*		Programmabbruch mit Speicherabzug in *core*
werase *	*Strg-W*		Letztes Wort löschen
reprint *	*Strg-R*		Aktuelle Zeile nochmals neu aufbauen (sinnvoll bei Eingabe von Sonderzeichen wie \ )
discard *	*Strg-O*		Ausgabe wegwerfen
lnext *	*Strg-V*		Sonderbedeutung des folgenden Steuerzeichens ausschalten
suspend *	*Strg-Z*		Job-Control
dsuspend *	*Strg-Y*		Job-Control

Wenn an einem System V.4 die mit * gekennzeichneten Steuerzeichen nicht funktionieren sollten, dann muß dort das Kommando

```
stty iexten
```

eingegeben werden, um so die erweiterte Steuerzeichenbehandlung einzuschalten.

3.3.2   Besonderheiten der Tastatur unter Linux

Linux   **Tastenkonfiguration**

Hat man während der Installation von Linux die deutsche Tastaturtabelle eingestellt, so verhält sich die Tastatur weitgehend wie unter MS-DOS. Sollte die aktuelle Einstellung der Tastatur – aus welchen Gründen auch immer – falsch sein, so kann man folgenden Kommandoaufruf nachträglich eingeben:

```
loadkeys /usr/lib/kbd/keytables/de-latin1-nodeadkeys.map
```

Trotzdem ist an dieser Stelle anzumerken, daß die deutschen Sonderzeichen *äöüß* unter vielen Programmen nicht oder erst nach einer entsprechenden Konfiguration funktionieren (siehe dazu auch die zur jeweiligen Linux-Distribution mitgelieferte Dokumentation). Dasselbe gilt oft auch für die Funktionstasten [Entf], [Pos1] und [Ende].

Auch ist darauf hinzuweisen, daß je nach Tastenkonfiguration die Zeichen ', `, ^ und ~ erst dann auf dem Bildschirm erscheinen, wenn anschließend die Leertaste gedrückt wird.

Automatische Vervollständigung von Dateinamen mit der Tab-Taste

Eine wirklich sehr nützliche Besonderheit des unter Linux üblichen Kommandointerpreters bash (Bourne Again-Shell) ist die automatische Erweiterung von Dateinamen durch die Tab-Taste. Wenn der Dateiname bereits eindeutig erkennbar ist, wird er beim Drücken der Tab-Taste vollständig ergänzt, sonst nur so weit, bis sich wieder mehrere Möglichkeiten ergeben. Ein zweimaliges Drücken der Tab-Taste bewirkt, daß eine Liste aller Dateinamen, die mit den bereits eingegebenen Anfangsbuchstaben beginnen, angezeigt wird. Drückt man z.B. bei einer Eingabeaufforderung ohne Eingabe eines Zeichen zweimal die Tab-Taste, so werden alle aufrufbaren Programme, meist über 1000, am Bildschirm aufgelistet. Möchte man sich alle Kommandos anzeigen lassen, die mit dem Buchstaben c beginnen, so muß man bei der Eingabeaufforderung nur c eingeben und zweimal die Tab-Taste drücken.

```
$ c<Tab-Taste><Tab-Taste>
c++filt        charconv       cjpeg          command        crossloop.pl
c2ph           chattr         cksum          commands       crossrem.pl
caesar         check1         clear          compress       crout
cal            checkalias     clock          continue       cryptdir
calctool       checkall       cmail          convert        csh
callbootd      chfn           cmdtool        convfont       csplit
canfield       chgrp          cmp            coolmail       ctags
captoinfo      chkdupexe      cmppar         coral          cu
case           chkslang       cmuwmtopbm     cp             cut
cat            chkstat        co             cpio           cv2Xdefs
catman         chmod          coaxe          cpp            cv2xview
cc             chown          col            craft          cvs
cd             chroot         colcrt         cribbage       cvsbug
cd-console     chsh           collect        crontab        cxhextris
cd-tkdesk      chvt           colrm          crossclient    cytune
cddaslave      ci             column         crossedit
cfscores       civ            combine        crossfire
chage          civserver      comm           crossloop
$ c
```

Eingabe des Anfangsbuchstaben c und zweimal Tab-Taste drücken

Ausgabe aller Kommandos, deren Name mit c beginnt

Nun kann die Eingabe fortgesetzt werden

Kommandowiederholung mit den Pfeiltasten ↑ und ↓

Auf zuvor eingegebene Kommandos kann unter dem Kommandointerpreter bash wieder mit dem Drücken der Pfeiltaste ↑ zugegriffen werden, so daß bei einem Vertippen nicht die ganze Kommandozeile neu eingegeben werden muß, sondern nur die entsprechenden Korrekturen. Dabei ist ein Zurückblättern nicht nur auf die letzte, sondern auch auf schon wesentlich früher eingegebene Kommandozeilen möglich. Ein Vorblättern ist mit der Pfeiltaste ↓ möglich. Detailliertere Beschreibungen zum Editieren von Kommandozeilen befinden sich in »Linux-Unix-SHELLS«.

3.3.3 Besondere Kommandos zur Einstellung des Terminals unter Linux

Rücksetzen des Bildschirms mit dem Kommando reset

Wenn man sich z.B. mit den Kommandos **cat**, **more** oder **less** versehentlich Binärdateien am Bildschirm anzeigen läßt, so kann es vorkommen, daß der Terminalemulator diese Daten als Sonderzeichen interpretiert und seinen Zeichensatz verstellt. In diesem Fall werden am Bildschirm nur noch seltsame Zeichen angezeigt, da die Zuordnung des Zeichensatzes nicht mehr stimmt. In diesem Fall kann man den Bildschirm durch die Eingabe des Kommandos

```
reset
```

wieder in seinen ursprünglichen Zustand zurücksetzen. Auch wenn man bei der Eingabe dieses Kommandos nur seltsame Zeichen sieht, muß man doch diese Buchstabenfolge eintippen und durch Drücken der Eingabetaste zur Ausführung übergeben. Danach ist der Bildschirm wieder auf seinen ursprünglichen Zeichensatz zurückgestellt und die Texte am Bildschirm sind auch wieder lesbar.

Verändern der Terminaleinstellungen mit dem Kommando setterm

Mit dem Kommando **setterm** können bestimmte Einstellungen des Bildschirms wie etwa Hintergrund- und Vordergrundfarbe verändert werden. Wird **setterm** alleine ohne weitere Angaben aufgerufen, gibt es eine Liste aller möglichen Optionen aus.

```
$ setterm  ↵
setterm: Argument error, usage
setterm
   [ -term terminal_name ]
   [ -reset ]
   [ -initialize ]
   [ -cursor [on|off] ]
   [ -repeat [on|off] ]
   [ -appcursorkeys [on|off] ]
   [ -linewrap [on|off] ]
   [ -default ]
   [ -foreground black|blue|green|cyan|red|magenta|yellow|white|default ]
   [ -background black|blue|green|cyan|red|magenta|yellow|white|default ]
   [ -ulcolor black|grey|blue|green|cyan|red|magenta|yellow|white ]
   [ -ulcolor bright blue|green|cyan|red|magenta|yellow|white ]
   [ -hbcolor black|grey|blue|green|cyan|red|magenta|yellow|white ]
   [ -hbcolor bright blue|green|cyan|red|magenta|yellow|white ]
   [ -inversescreen [on|off] ]
   [ -bold [on|off] ]
   [ -half-bright [on|off] ]
   [ -blink [on|off] ]
   [ -reverse [on|off] ]
```

```
        [ -underline [on|off] ]
        [ -store ]
        [ -clear [all|rest] ]
        [ -tabs [ tab1 tab2 tab3 ... ] ]      (tabn = 1-160)
        [ -clrtabs [ tab1 tab2 tab3 ... ] ]   (tabn = 1-160)
        [ -regtabs [1-160] ]
        [ -blank [0-60] ]
        [ -dump   [1-NR_CONSOLES] ]
        [ -append [1-NR_CONSOLES] ]
        [ -file dumpfilename ]
        [ -msg [on|off] ]
        [ -msglevel [0-8] ]
        [ -powersave [on|off] ]
        [ -blength [0-2000] ]
        [ -bfreq freqnumber ]
$
```

Um sich z. B. bei jedem Anmelden einen Bildschirm mit blauer Hintergrundfarbe und weißer Schrift einzustellen, empfiehlt es sich, die folgende Zeile in der Datei .profile einzutragen.

```
setterm -background blue -foreground white -store
```

Weitere wichtige **setterm**-Aufrufe, die entweder interaktiv eingegeben oder aber in der Datei .profile (im home directory) eingetragen werden können, sind:

```
setterm -blank n
```
aktiviert nach *n* Minuten den Bildschirmschoner im Textmodus, indem es den Bildschirm auf Schwarz schaltet.

```
setterm -clear
```
löscht den Bildschirm.

```
setterm -inversescreen on oder off
```
on invertiert den Bildschirm (Text in aktueller Hintergrundfarbe und Hintergrund in aktueller Vordergrundfarbe) und **off** stellt den Normalzustand wieder her. Im übrigen ist der Aufruf

```
setterm -inv                 identisch zum Aufruf
setterm -inversescreen on
```

Unix   Auf eine weitere Erläuterung der einzelnen Optionen wird hier verzichtet.

4 Das Unix-Dateisystem

Numquam parum est quod satis est.

Seneca

(Nie ist zu wenig, was genügt.)

Das Unix-Dateisystem ist sehr gut strukturiert und sicher mit ein Grund für den Erfolg von Unix.

4.1 Struktur und Größe von Unix-Dateien

Unter Unix gibt es eigentlich keine Struktur für Dateien. Eine Datei ist lediglich eine Folge von Bytes (engl.: *featureless byte stream*) und ihrem Inhalt wird vom System keine Bedeutung beigemessen. Die Interpretation des Inhalts hängt ausschließlich von den Programmen ab, die eine Datei bearbeiten. So wird z.B. ein Linker einer zu bearbeitenden Objektdatei eine bestimmte Struktur (Objekt-Modul-Format) geben oder das Kommando **sort** interpretiert alle Zwischenraum-Zeichen als Trennzeichen für seine zu sortierenden Daten.

Aus Unix-Sicht wird jedenfalls keine Interpretation des Dateiinhalts vorgenommen. Die einzigen Ausnahmen sind die später vorgestellten Dateiarten, die für die Dateihierarchie und Geräteidentifizierung benötigt werden.

Unix kennt also nur sequentielle Dateien und keine sonstigen Datei-Organisationen, welche in anderen Betriebssystemen üblich sind, wie z.B. indexsequentielle Dateien.

Länge von Dateien

Dateien sind stets in Blöcken von Bytes (Größe eines Blocks: 512 oder 1024 Bytes oder auch mehr, wie z.B. im Unix Fast File System) gespeichert. Damit ergeben sich 2 mögliche Größen für Dateien:

▸ Länge in Bytes

▸ Länge in Blöcken

Unix legt keine Begrenzung bezüglich einer maximalen Dateigröße fest. Somit können zumindest theoretisch Dateien beliebig lang sein.

Linux verwendet ein eigenes Dateisystem (*ext2fs*), in dem Dateinamen bis zu 255 Zeichen lang, Dateien bis zu 2 Gbyte und Dateisysteme bis zu 4 Tbyte (4 Tera-Byte = 4096 Gbyte) groß sein können.

4.2 Dateiarten

Unix unterscheidet mehrere Arten von Dateien. Die vier wichtigsten sind:

Ordinary Files (Reguläre Dateien, einfache Dateien, gewöhnliche Dateien)

Eine solche Datei ist eine Sammlung gespeicherter Zeichen. Diese Dateien können beliebigen Text, Programmtexte oder aber auch den Binärcode eines Programms enthalten. Struktur und Inhalt von Dateien werden ausschließlich durch die darauf zugreifenden Programme interpretiert.

Special Files (spezielle Dateien, Gerätedateien)

Gerätedateien repräsentieren die logische Beschreibung von physikalischen Geräten wie z.B. Bildschirmen, Drucker oder Disks. Das Besondere am Unix-System ist nun, daß es von solchen Gerätedateien in der gleichen Weise liest oder auf sie schreibt wie es dies bei gewöhnlichen Dateien tut. Jedoch wird hierbei nicht der normale Dateizugriff aktiviert, sondern der entsprechende Gerätetreiber (engl.: *device driver*).

Unix unterscheidet zwei Klassen von Geräten:

1. zeichenorientierte Geräte: Datentransfer erfolgt zeichenweise, wie z.B. bei Terminals.

2. blockorientierte Geräte: Datentransfer erfolgt in Blöcken (von 512 oder 1024 Zeichen oder ...), wie z.B. bei Disketten und Festplatten

Gerätedateien können – anders als einfache Dateien, welche vom Benutzer z.B. durch Editieren verändert werden können – nur durch Kommandos modifiziert werden. Dazu gibt es zwei Kommandos:

mknod   zum Einrichten einer Gerätedatei und

rm   zum Löschen einer Gerätedatei.

Directory (Dateiverzeichnis, Dateikatalog)

Innerhalb eines Directorys werden logisch zusammengehörige Dateien zusammengefaßt. Ein Directory kann neben regulären Dateien oder Gerätedateien wiederum weitere Directories (sogenannte *Subdirectories*) enthalten. In einem vom

Benutzer angelegten Directory sollten Dateien nach einem vom Benutzer gewählten Kriterium gruppiert, wie z. B.:

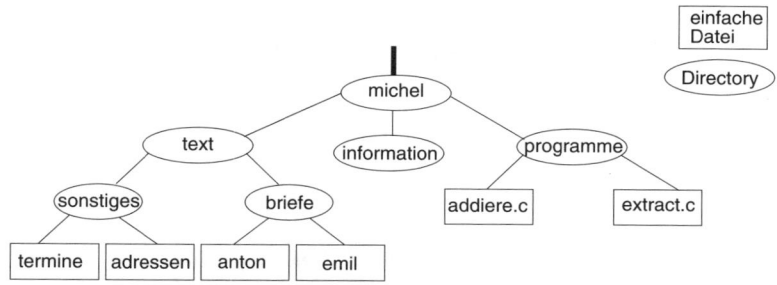

Bild 4.1: Typische Unix-Baumstruktur

Dieses Beispiel zeigt bereits eine typische Baumstruktur, wie sie als Organisationsform für Unix-Dateien verwendet wird.

Directories können nur mit Kommandos modifiziert werden, wie z. B. Dateien aus Directories löschen (Kommando **rm**) oder Dateien in ein Directory kopieren (Kommando **cp**).

Named Pipes (benamte Datenröhren)

Named Pipes sind für den Unix-Anfänger zunächst nicht von Wichtigkeit. Named Pipes dienen zur Kommunikation und Synchronisation verschiedener Programme. Prinzipiell können sie wie einfache Dateien benutzt werden, mit dem wesentlichen Unterschied, daß Daten nur einmal gelesen werden können. Zudem können sie nur in derselben Reihenfolge gelesen werden, wie sie beschrieben wurden.

Noch einige Regeln, die es bei der Wahl von Datei- oder -Namen zu beachten gibt:

1.   Alle Zeichen (außer *Slash* /) sind erlaubt[1].

2.   Groß- und Kleinbuchstaben werden unterschieden (z. B. ist *briefe* ein andere Name als *Briefe*).

---

1. Trotzdem macht man sich das Unix-Leben leichter, wenn man folgende Zeichen nicht in Dateinamen verwendet:
    ? @ # $ ^ & * ( ) ' [ ] \ | ' » < > *Leerzeichen Tabulatorzeichen.*
    Als erstes Zeichen sollte **+**, **–** oder **.** bei der Wahl eines Dateinamens vermieden werden.

4.3   Die Unix-Dateihierarchie

Das Unix-Dateisystem ist so organisiert, daß es eine hierachische Struktur (Baumstruktur) ergibt. Die Wurzel dieses (umgedrehten) Baums wird *root-Directory* genannt und kann mit / angesprochen werden.

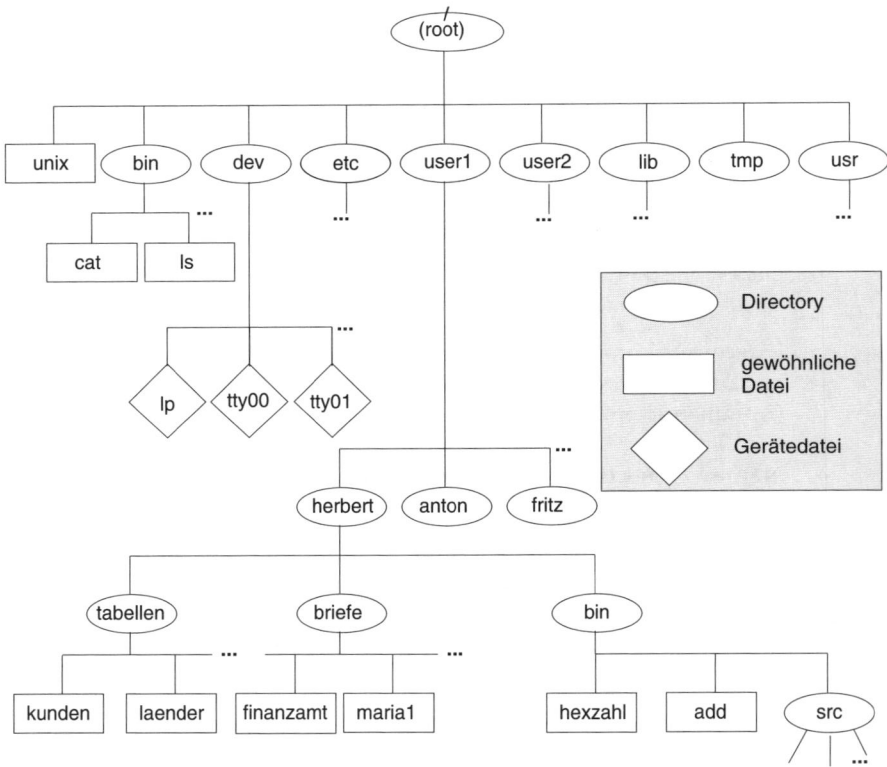

Bild 4.2: Die Unix-Dateihierarchie unter System V.3

4.3.1   Die Directory-Hierarchie von System V.3

Bis auf die 2 Directories *user1* und *user2* wird die in Bild 4.2 angegebene Directory-Struktur (oder zumindest eine sehr ähnliche) beim Installieren eines jeden Unix-Systems V.3 eingerichtet. Die historisch gewachsene Directory-Hierarchie von System V.3 ist teilweise auch in System V.4 enthalten. Deshalb werden die wichtigsten systemspezifischen Directories und Dateien hier in einer kurzen Beschreibung vorgestellt.

Directory/Datei	Beschreibung
/	root-Directory
/bin	enthält die meisten Unix-Kommandos (**wc**, **sort**, ...); weitere Unix-Kommandos liegen in **/usr/bin** (**cal**, ...), da sonst **/bin** zuviele Dateien enthalten würde.
/dev	enthält die Gerätedateien, z. B. ist

/dev/console	Systemconsole: ist die Haupt-Dialogstation, an der Systemmeldungen ausgegeben werden, wie etwa, daß keine freien Blöcke auf der Speicherplatte mehr vorhanden sind.
/dev/ttyn;	einzelne Bildschirme (**tele**type); n ist dabei die Bildschirmnummer.
/dev/tty	aktueller Bildschirm, an dem gerade gearbeitet wird.
/dev/null	Null-Gerät (Eine Art von Abfalleimer); jede Ausgabe dorthin wird weggeworfen.
/dev/lp	Drucker (**l**ine **p**rinter).

Directory/Datei	Beschreibung
/etc	enthält Programme und Datendateien für den Systemadministrator; hier befindet sich z. B. eine Datei *passwd*, in der Information zu jedem Benutzer eingetragen ist.
/lib	enthält Bibliotheken für die einzelnen Programme und Programmiersprachen.
/tmp	enthält temporäre Dateien, welche von beliebigen Benutzern angelegt werden können; üblicherweise legen Programme dort Dateien zum Zwischenspeichern von Daten an. Der Inhalt dieser Directory wird periodisch oder bei jeden neuem Systemstart gelöscht; es ist also nicht empfehlenswert, längerfristig benötigte Daten permanent dort zu speichern.
/usr	enthält weitere Subdirectories, wie z. B.:

/usr/mail	enthält Dateien, welche die elektronische Post (engl. *mail*) der einzelnen Benutzer beinhalten.
/usr/news	enthält Dateien, welche Neuigkeiten (engl. *news*) enthalten.
/usr/include	enthält Header-Dateien für die C-Programmierung (wie z. B. *stdio.h*)
/usr/adm	Login-Directory für Login-Namen, die für administrative Tätigkeiten vorgesehen sind. Unter anderem befinden sich hier auch einige Protokolldateien.

Directory/Datei	Beschreibung	
	/usr/bin	enthält weitere Unix-Kommandos. Die Aufteilung nach **/bin** und **/usr/bin** ist historisch gewachsen.
	/usr/tmp	wie **/tmp** für das Ablegen von temporären Dateien. Wie bei **/tmp** werden alle Dateien dieses Directories beim Systemstart gelöscht.
	/usr/man	enthält sogenannte Manpages (Manual-Seiten) des eingebauten Help-Systems. Mit dem Kommando **man**, das auf dieses Directory zugreift, kann während des Arbeitens am System Help-Information zu Unix-Kommandos abgefragt werden.
	/usr/lib	enthält Programme, Konfigurationsdateien und Funktionsbibliotheken für die Softwareentwicklung unter Unix.
	/usr/spool	enthält die Warteschlangen für das Drucksystem und für andere Programme.
/unix	ist eine gewöhnliche Datei, welche den vollständigen Kern des Unix-Betriebssystems enthält; wird zum Start des Betriebssystems Unix benötigt.	

4.3.2   Die Directory-Hierarchie von System V.4

Die alte Directory-Hierarchie wurde bei System V.4 durch die Hierarchie von SunOS ersetzt. Man wollte damit Dateiklassen in bestimmten Directories zusammenfassen. System V.4 klassifiziert die Dateien in *machine-private files* (z.B. lokale Konfigurationsdateien), die nur vom lokalen System benutzt werden, *architecture-dependent files*, die vom Prozessor-Typ abhängig sind (z.B. ausführbare Kommandos), und *architecture-independent files*, die vom Prozessor-Typ unabhängig sind (z.B. Manpages). Für die neue Directory-Hierarchie gelten folgende Konventionen:

▷ Alle Dateien, die für den Systemstart gebraucht werden, befinden sich im Directory **/stand** (*standalone*).

▷ Systemdateien, die sich während des Betriebs ändern (wie z.B. Dateien, in denen Aktivitäten bestimmter Benutzer oder Programme mitprotokolliert werden), befinden sich im Directory **/var**.

▷ Die Login-Directories der einzelnen Benutzer, die früher in **/usr** oder eigenen Directories (wie **/user1** oder **/user2**) untergebracht wurden, befinden sich nun alle im Directory **/home**.

▷   Dateien, die von anderen über ein Netz angeschlossenen Systemen gemein-
    sam benutzt werden können (die *shareable files*), befinden sich unterhalb **/usr**.
    Hier sind alle Dateien untergebracht, die sich während der Betriebszeit des
    Systems nicht ändern. Die *architecture-independent files* befinden sich unter-
    halb von **/usr/share** und die *architecture-dependent files* direkt unterhalb von **/
    usr**.

Das folgende Bild zeigt die neue Directory-Hierarchie von System V.4:

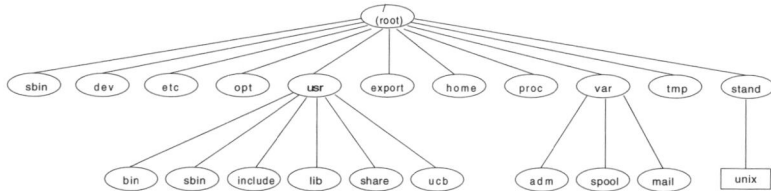

Bild 4.3: Die Unix-Dateihierarchie unter System V.4

Kurze Beschreibung dieser Directories:

Directory	Beschreibung
/sbin	(*system binaries*) Hier sind Systemprogramme für die Systeminitiali-sierung und Kommandos für den Systemverwalter hinterlegt, wie z.B. für das Einrichten neuer Benutzer oder die Installation eines Druckers.
/dev	(*devices*) enthält die Gerätedateien, die zum Teil in eigenen Subdirec-tories zusammengefaßt sind.
/etc	enthält Konfigurationsdateien wie z.B. */etc/passwd*, aber keine aus-führbare Programme mehr wie unter System V.3. Kommandos, die früher in */etc* untergebracht waren (wie z.B. **wall**) befinden sich jetzt in */usr/sbin*.
/opt	für eigene Anwendersoftware vorgesehen.
/usr	enthält weitere Subdirectories, wie z.B.:

/usr/bin	enthält weitere Kommandos.
/usr/sbin	enthält Kommandos für Systemverwaltung.
/usr/include	enthält C-Header-Dateien.
/usr/lib	enthält Konfigurationsdateien und Bibliothe-ken für die Programmentwicklung.
/usr/share	enthält z.B. das Online-Manual in */usr/share/man*.
/usr/ucb	enthält die Kommandos des BSD Compatibility Package.

Directory	Beschreibung	
/export	Dieser Directory-Teilbaum wird über ein Netz anderen Systemen zur Verfügung gestellt.	
/home	enthält die Home-Directories der einzelnen Benutzer.	
/proc	enthält das spezielle Prozeß-Dateisystem.	
/var	enthält alle veränderlichen Systemdateien, wie z. B.	
	/var/adm	enthält Dateien, in denen die Aktivitäten am System mitprotokolliert werden.
	/var/spool	enthält die Warteschlangen für das Druckersystem.
	/var/mail	enthält die Mailboxen (Briefkästen) der einzelnen Benutzer.
/tmp	Hier hinterlegen Systemprogramme ihre temporären Dateien.	
/stand	enthält das spezielle Boot-Dateisystem.	

Gerade dem Unix-Neuling ist es zu empfehlen, sich auf eine Entdeckungsreise durch das Dateisystem zu begeben. Dies ist zwar etwas zeitaufwendig, aber nur so lernt man als Unix-Anfänger das Unix-System wirklich kennen.

4.3.3   Die Directory-Hierarchie von Linux

Linux

Linux hält sich weitgehend an der historisch gewachsenen Directory-Hierarchie von Unix, hat diese aber an seine eigenen Besonderheiten angepaßt. Die Directory-Hierarchie von Linux ist in einem eigenen Dokument zusammengefaßt: dem *Filesystem Hierarchy Standard* (FHS), an den sich auch die meisten Linux-Distributionen halten.

Das *root-Directory* **/** enthält im Regelfall nur die Linux-Kernel-Datei (*vmlinuz*) sowie die folgenden Directories:

/bin	enthält die elementaren Linux-Kommandos, die von allen Benutzern (und nicht nur vom Superuser `root` wie die Dateien in `/sbin`) ausgeführt werden können. Weitere Programme befinden sich in `/usr/bin`.
/boot	enthält Dateien, die vom LILO-Bootmanager benötigt werden, und eventuell weitere Kernel-Versionen.
/dev	enthält alle Gerätedateien (*Device-Dateien*).
/etc	enthält Konfigurationsdateien für das ganze System. Die Dateien dieses Directories steuern das Hochfahren des Rechners, die Tastaturbelegung, die Benutzerverwaltung, die Netzwerkkonfiguration usw.

/home	enthält üblicherweise die Home-Directories der einzelnen Benutzer. Das Home-Directory des Superusers `root` befindet sich dagegen im Verzeichnis `/root`. Der Grund dafür ist, daß die Home-Directories (`/home`) der einzelnen Benutzer oft auf einer eigenen Partition oder Platte liegen und `root` auch dann arbeiten können muß, wenn diese Partition oder Platte – aus welchen Gründen auch immer – nicht zugänglich ist.
/lib	enthält einige gemeinsame (*shared*) Bibliotheken (*Libraries*) oder symbolische Verweise (*Links*) darauf. Diese Bibliotheken werden für die Ausführung von bestimmten Programmen benötigt.
/lost+found	In diesem Directory werden verlorengegangene Dateien gespeichert. Unter verlorengegangenen Dateien versteht man unvollständige oder fehlerhafte Dateien, die bei einem nicht ordnungsgemäßen Verlassen von Linux entstehen können.
/mnt	FHS empfiehlt, daß man hier seine externen Dateisysteme, wie z.B. `/mnt/cdrom` oder `/mnt/C` (MS-DOS-Partition auf lokalem Rechner) »anmontiert«. Aus Gründen der Bequemlichkeit wird jedoch sehr oft das Anbinden externer Dateisysteme im root-Directory / vorgenommen, wie z.B. `/cdrom` oder `/C` oder `/A` (für Diskettenlaufwerk unter MS-DOS), auch wenn dies den FHS-Regeln widerspricht.
/opt	Dieses Directory ist für eigene Anwendersoftware vorgesehen.
/proc	enthält Subdirectories für alle aktuell laufenden Prozesse (ablaufenden Programme). Es handelt sich hierbei nicht um echte Dateien. Das `/proc`-Directory spiegelt nur die Linux-interne Verwaltung der Prozesse wider.
/root	Home-Directory des Superusers `root`.
/sbin	enthält Kommandos zur Systemverwaltung. Alle in diesem Directory befindlichen Programme dürfen nur von `root` ausgeführt werden.
/tmp	enthält temporäre Dateien. Oft werden temporäre Dateien jedoch auch unter `/var/tmp` gespeichert.
/usr	ist eines der wichtigsten und auch umfangreichsten Directories. In diesem Directory befinden sich alle Anwendungsprogramme, das vollständige X-Window System, die Quellen zu Linux usw. Normalerweise befinden sich im `/usr`-Directory nur statische (nicht veränderliche) Daten, während die variablen Daten im Directory `/var` untergebracht werden. Dies ist wichtig, wenn Linux direkt von einer CD-ROM laufen soll: Dann befinden sich auf der CD-ROM die statischen Daten und im `/var`-Directory alle dazugehörigen variablen Daten. Auch ist es üblich, das Directory `/usr` in einer eigenen Partition unterzubringen. Übrigens steht `usr` nicht – wie oft fälschlicherweise angenommen wird – für `user`, sondern für `unix system resources`.

/var	enthält wie /usr eine Vielzahl von Subdirectories mit veränderlichen Dateien. Diese Subdirectories haben meist sogar den gleichen Namen wie ihre Pendants unter /usr, wobei die darin enthaltenen Dateien aber im Gegensatz zu denen in /usr verändert werden können.

Alle Sub-, Subsubdirectories, ... von /usr bzw. /var vorzustellen, würde den Rahmen dieses Buches sprengen. Zudem zeigen oft – bedingt durch historische Gründe – mehrere Pfade auf das gleiche Programm. Man spricht dann unter Unix von sogenannten Links (Verweise) auf die entsprechende Datei. Von der Vielzahl der Subdirectories unter /usr bzw. /var seien hier nur die wichtigsten kurz vorgestellt:

/usr/X11	Link auf /usr/X11R6.
/usr/X11R6	X Window System.
/usr/X386	Link auf /usr/X11R6.
/usr/adm	Link auf /var/adm (Logdateien, die Aktivitäten am System mitprotokollieren).
/usr/bin	Weitere ausführbare Programme (neben /bin).
/usr/doc	Online-Dokumentation, FAQ (*Frequently Asked Questions*), Books usw.
/usr/games	Spiele.
/usr/include	Headerdateien für die Programmiersprache C.
/usr/info	Online-Dokumentation für das **info**-Programm.
/usr/lib	Libraries für die unterschiedlichsten Programme, wie C-Compiler, LATEX, Editoren, Spiele usw. Diese Bibliotheken befinden sich oft in eigenen Subdirectories.
/usr/local	Eigene Anwendungsprogramme und Dateien, die nicht unmittelbar zur jeweiligen Linux-Distribution gehören und später nachinstalliert werden.
/usr/man	Online-Dokumentation für **man** und **xman**.
/usr/sbin	Weitere nur von root ausführbare Programme zur Systemverwaltung (neben /sbin).
/usr/spool	Link auf /var/spool (Spool-Dateien für den Drucker)
/usr/src	Quellcode zu Linux.
/usr/tmp	Link auf **/var/tmp** (temporäre Dateien).

Ein wesentlicher Unterschied zwischen Linux und anderen Unix-Systemen ist /usr/local: Während bei vielen anderen Unix-Systemen Programme wie LATEX, GNU-C-Compiler usw. als Erweiterungen gelten und deshalb in /usr/local installiert werden, gehören diese Programmpakete unter Linux zum Standardsystem und werden direkt in /usr installiert. Nahezu alle Distributionen gehen davon aus, daß alle zur Distribution gehörenden Pakete in /usr installiert werden, was natürlich zur Aufblähung und Unüberschaubarkeit dieses Directorybaums führt.

Unix

4.4 Begriffe zum Dateisystem

Bei jedem Arbeiten unter Unix befindet man sich an einem bestimmten Aufenthaltsort im Dateibaum. Jeder Benutzer wird nach dem Anmelden an einer ganz bestimmten Stelle innerhalb des Dateibaums »positioniert«. Von dieser Ausgangsposition kann er sich nun durch den Dateibaum »hangeln«, solange er nicht durch Zugriffsrechte vom »Betreten« bestimmter Äste abgehalten wird.

Die gebräuchlichsten Begriffe aus dem Dateisystem-Vokabular sind:

root-directory (Wurzel des Dateisystems, Stammverzeichnis)

ist die Spitze des Dateisystems und enthält kein übergeordnetes Directory. Es wird mit einem Schrägstrich (/) bezeichnet.

working directory oder current directory

ist der momentane Aufenthaltsort im Dateibaum (aktueller Katalog, Arbeitskatalog, aktuelles Verzeichnis). Mit dem Kommando **pwd** (print *w*orking *d*irectory) kann der aktuelle Aufenthaltsort (*working directory*) am Bildschirm ausgegeben werden. Man kann sich unter Verwendung des Kommandos **cd** (change working *d*irectory) in ein neues *working directory* begeben.

login directory (Anmeldekatalog, Anmeldeverzeichnis)

ist das Directory innerhalb des Dateibaums, in welchem der entsprechende Anwender nach dem Anmelden »positioniert« wird. Das *login-Directory* wird also das erste *working directory* nach dem Anmelden.

home directory (benutzereigener Startkatalog)

Jeder eingetragene Systembenutzer hat einen eindeutigen und ihm allein zugeteilten Platz im Dateisystem: sein *home directory*. Der Pfadname des *home directory* steht in einer System-Variablen mit Namen **HOME**. Wird das Kommando **cd** ohne Angabe eines Directory-Namens abgegeben, so wird immer zum *home directory* gewechselt.

Mit der Eingabe des Kommandos

```
echo  $HOME
```

kann man sich den Pfadnamen des *home directory* (Inhalt der Variablen **HOME**) am Bildschirm ausgeben lassen.

Das *home directory* stellt die Privatsphäre des einzelnen Benutzers im ansonsten doch weitgehend öffentlichen Dateisystem dar. In seinem *home directory* kann der jeweilige Benutzer nach Belieben eigene Dateien und Subdirectories anlegen und diese auch gegen fremden Zugriff schützen.

parent directory (übergeordneter Katalog, übergeordnetes Verzeichnis)

ist das Directory, das in der Dateihierarchie unmittelbar über einem anderen Directory steht (*parent* auf deutsch: Vater, Mutter, Elternteil); z.B. wäre **/home** das *parent directory* zum Directory **/home/fritz**. Eine Ausnahme gibt es dabei: Das *parent directory* zum root-Directory ist das root-Directory selbst.

Pfadnamen

Jede Datei und jedes Directory im Unix-System ist durch einen eindeutigen Pfadnamen gekennzeichnet.

In den nachfolgenden Beispielen wird der folgende Dateibaum verwendet:

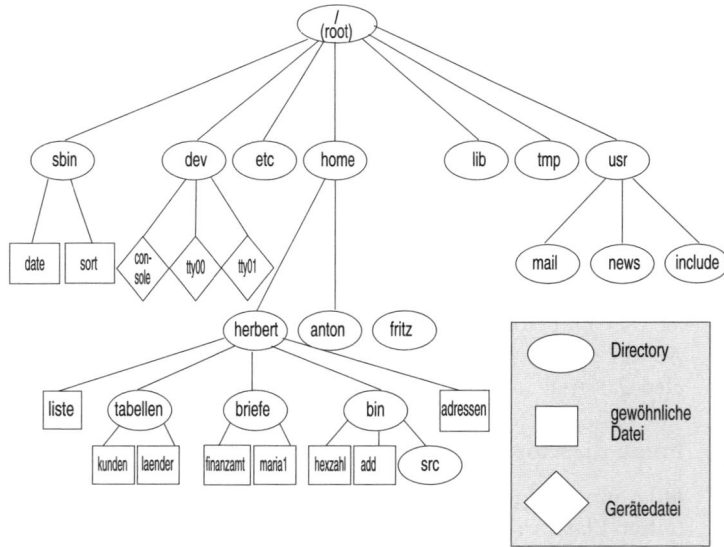

Bild 4.4: Ausschnitt aus einem Directory-Baum

Man unterscheidet zwei Arten von Pfadnamen:

Absoluter Pfadname (oder voller Pfadname)

Hierbei wird beginnend mit der Angabe des root-Directorys ein Pfad durch den Dateibaum zum entsprechenden Directory oder Datei angegeben. Ein absoluter Pfadname ist also dadurch gekennzeichnet, daß er mit einem *Slash* / beginnt.

Beispiel   1. Wenn man sich z.B. im Directory *herbert* befindet, welches Subdirectory zu *home* ist, dann würde der absolute Pfadname, der diese Stelle im Dateibaum kennzeichnet, folgender sein:

```
/home/herbert
```

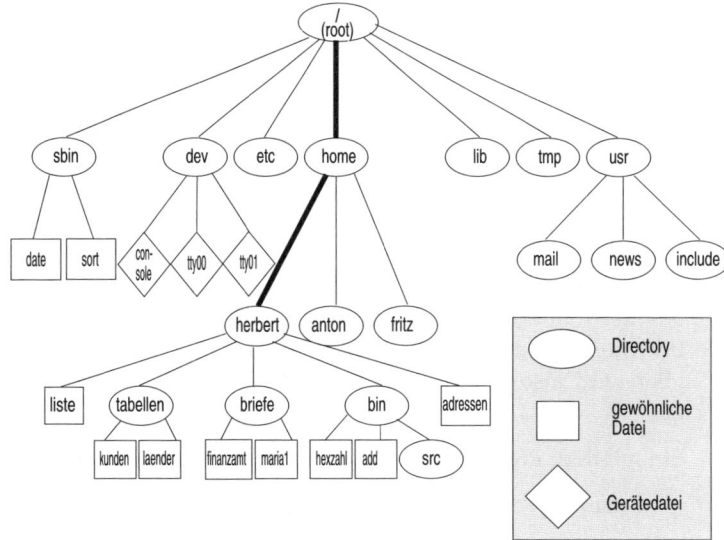

Bild 4.5: *Der Pfad /home/herbert*

2. Der absolute Pfadname zur Datei **laender** im Directory **tabellen**, das Subdirectory von **herbert** ist, welches wiederum Subdirectory von **home** ist, könnte wie folgt angegeben werden:

```
/home/herbert/tabellen/laender
```

Der erste *Slash* / ist die Wurzel des Dateibaums und alle weiteren stellen die Trennzeichen bei jedem »Abstieg um eine Ebene im Dateibaum« dar.

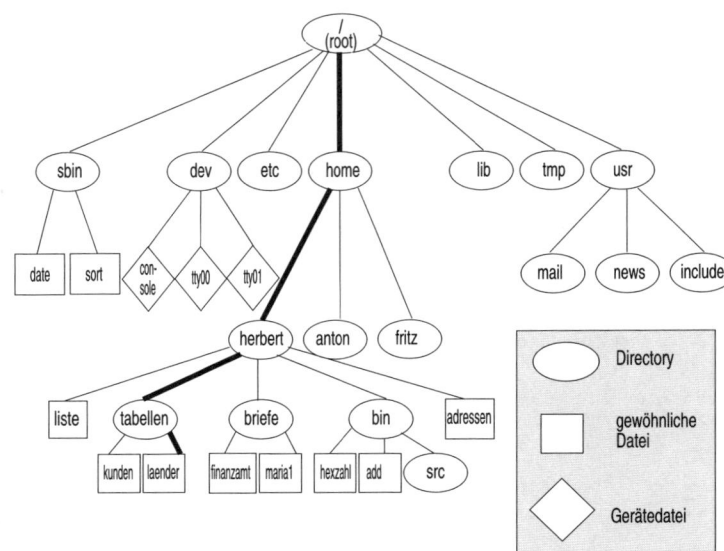

Bild 4.6: Der Pfad /home/herbert/tabellen/laender

Relativer Pfadname

Die Angabe eines solchen Pfadnamens beginnt nicht in der Wurzel des Dateibaums, sondern bereits auf einer tieferliegenden Ebene (im *working directory*).
Im Unterschied zum absoluten Pfadnamen ist das erste Zeichen hier kein *Slash*:
Hier wird also vom momentanen Aufenthaltsort (*working directory*) ausgegan-
gen.

Ein relativer Pfadname beginnt immer mit einer der folgenden Angaben:

▸   einem Directory- oder Datei-Namen

▸   einem Punkt (.): Kurzform für das *working directory*

▸   einem doppelten Punkt (..): Kurzform für das *parent directory*; .. ist also das
parent directory zu.

Beispiel

1. Angenommen, das working directory sei **/home/herbert**, dann würde der
    relative Pfadname **briefe/finanzamt** dem absoluten Pfadnamen **/home/her-
    bert/briefe/finanzamt** entspreche (siehe Abb. 4.7).

2. Angenommen, das working directory sei **/home/herbert**, dann würde der
    relative Pfadname **../../sbin/sort** dem absoluten Pfadnamen **/sbin/sort** ent-
    sprechen (siehe Abb. 4.8).

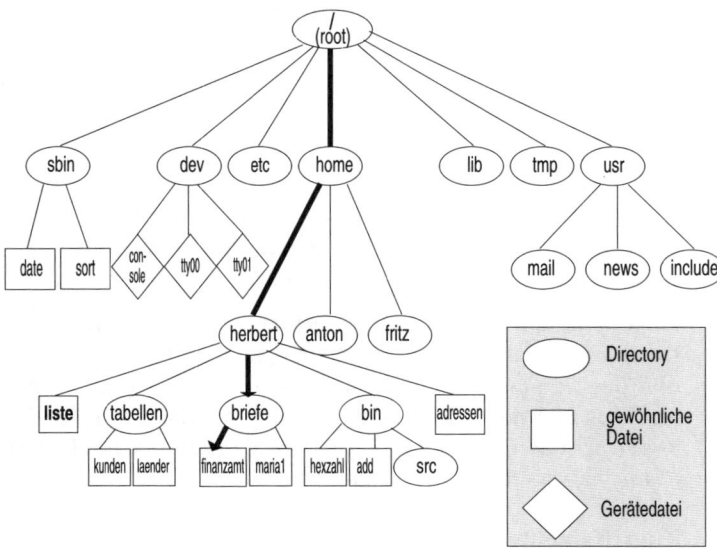

Bild 4.7: Der relative Pfadname briefe/finanzamt

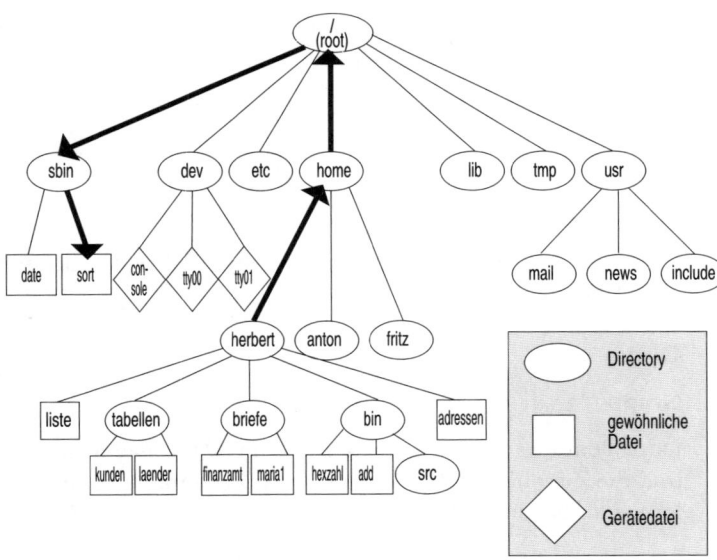

Bild 4.8: Der relative Pfadname ../../sbin/sort

Linux   Da sich das Kommando **sort** unter Linux im Directory /usr/bin befindet, müßte dort als relativer Pfadname

```
../../usr/bin/sort
```

angegeben werden, was dann dem absoluten Pfadnamen

```
/usr/bin/sort
```

Unix   entsprechen würde.

Dateiname

Unter einem Dateinamen versteht man den eigentlichen Namen einer Datei
ohne den vorangestellten Pfad. Dieser Dateiname (nicht der Pfadname) wird im
entsprechenden Directory eingetragen.

Angenommen, das working directory sei **/home/herbert**; dort befindet sich die
Datei **liste**. Der absolute Pfadname dieser Datei ist dann **/home/herbert/liste**
und der Dateiname ist **liste**. Im Directory **home** (unter Unix als Datei besonderen Typs realisiert) ist dann der Dateiname **liste** und ein Verweis auf den Dateikopf (nicht den Dateiinhalt) von **liste** eingetragen. Ein Dateikopf wird auch als *i-
node* (dazu später mehr) bezeichnet.

Zugriffsrechte

Ein Paßwort für einen Benutzer macht eigentlich nur dann einen Sinn, wenn er
seine Dateien vor anderen Benutzern, die sich ja auch im gleichen Dateibaum
bewegen können, schützen kann. Um dies zu ermöglichen, sind jeder Unix-
Datei bestimmte Zugriffsrechte zugeteilt.

Für jede Datei[1] gibt es drei Benutzerklassen:

User

Eigentümer

Benutzer, der diese Datei einrichtete oder welcher nachträglich als Eigentümer
eingetragen wurde.

Group

Gruppe

Jeder Benutzer gehört einer Gruppe an. Der Systemverwalter legt den Namen
und die Zugehörigkeit fest. Eine Gruppe könnte z.B. eine Gruppe von Entwick-
lern eines bestimmten Projekts oder einer bestimmten Abteilung sein.

Others

alle anderen Benutzer

die »restliche Welt« (ohne Eigentümer und Gruppe)

---

1. Directories und Gerätedateien eingeschlossen

Die drei Benutzerklassen zusammen bezeichnet man als *alle* (**all**).

Für jede Benutzerklasse gibt es nun die folgenden Zugriffsrechte:

- Lesen (**r**ead)

- Schreiben (**w**rite)

- Ausführen (Execute)

Für einfache Dateien oder Gerätedateien sind diese Rechte einleuchtend, aber wie werden sie bei Directories interpretiert?

read

Ein Directory wird in Unix wie eine Datei mit einer besonderen Kennzeichnung behandelt. Wenn nun ein Directory gelesen werden darf, so bedeutet dies, daß der Inhalt dieses Directorys am Bildschirm aufgelistet werden kann.

write

Das entsprechende Directory darf modifiziert werden, d.h., daß darin enthaltene Dateien gelöscht und überschrieben werden dürfen, oder neue in diesem Directory angelegt werden dürfen; um allerdings überhaupt auf Dateien in diesem Directory zugreifen zu können, was beim Neuanlegen bzw. Löschen notwendig ist, muß zusätzlich auch noch das *execute*-Recht gegeben sein.

execute

Auf Dateien in einem Directory mit *execute*-Recht darf zugegriffen werden und es ist erlaubt, ein solches Directory unter Verwendung des Kommandos **cd** zum working directory zu machen.

Hinweis Das Recht, eine Datei zu löschen, ist von den Zugriffsrechten der Datei selbst unabhängig. Wenn ein Benutzer in einem Directory eines anderen Benutzers Schreibrechte besitzt, so kann er dort Dateien löschen, auch wenn diese schreibgeschützt sind.

Es ist üblich, ganze Directories und nicht nur einfache Dateien zu schützen. Dies hat den Vorteil, daß man für Dateien mit sensiblen und privaten Daten eine »doppelte« Sicherung einbaut, indem man sie in einem solchen sicheren Directory unterbringt, denn zu leicht kann das Setzen der entsprechenden Zugriffsrechte vergessen werden.

Trotz aller Zugriffsrechte für Dateien gibt es einen besonderen Benutzer: den *Super-User*. Dieser kann auf alle Daten zugreifen, auch wenn ihm vom einzelnen Benutzer dazu keine Zugriffsrechte gewährt wurden. Dateien, die für alle anderen Benutzer unlesbar sein sollen, können mit dem Kommando **crypt** verschlüsselt werden.

Ein Benutzer kann auch Dateien in Directories anlegen, die nicht von ihm eingerichtet wurden; dazu muß er allerdings in den entsprechenden Directories
Schreibrecht besitzen. Er ist dann Eigentümer dieser Datei, obwohl ihm das
übergeordnete Directory selbst nicht gehört.

Beispiel An einem größeren Projekt sind meist mehrere Entwickler beteiligt, und es wird
eine Organisationsform benötigt, die eine möglichst effiziente Verwaltung der
Vielzahl von Moduln und Daten erlaubt. Die einem solchen Projekt zugrunde-
liegende Struktur läßt sich meist sehr gut innerhalb des Unix-Dateibaums abbil-
den. So könnte z.B. für ein kleineres Projekt folgende Organisationsform
gewählt werden:

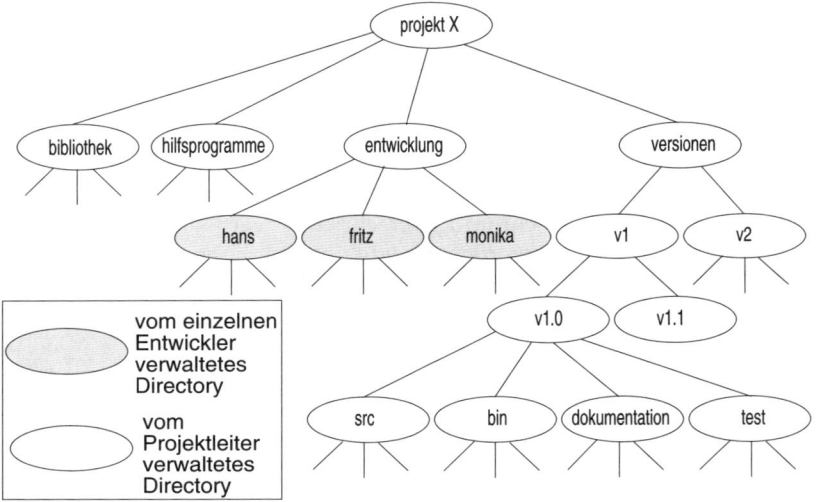

Bild 4.9: Organisationsstruktur für ein SW-Projekt

Im Directory *bibliothek* werden alle projektweit verwendbaren Routinen in eigenen Programm-Bibliotheken archiviert.

Das Directory *hilfsprogramme* enthält Entwicklungswerkzeuge, wie z.B. ein Programm zur Erstellung einer *Cross-Reference*-Liste.

Im Directory *entwicklung* würden sich die Arbeitsumgebungen der einzelnen
Entwickler befinden.

Alle zu einer freigegebenen Version gehörigen Komponenten werden in Subdirectories zum Directory *versionen* untergebracht. Zu einer freigegebenen Version
könnte gehören:

▸   Quellprogramme (*src*[1])

▸   Objektdateien und ablauffähige Programme (*bin*[2])

▸   Dokumentation wie z.B. Programmbeschreibungen oder Handbücher (*dokumentation*)

▸   Testdaten und Testprogramme zu dieser Version (*test*)

Neben der Organisation der Projektdaten ist noch eine vernünftige Aufteilung der Verantwortungsbereiche und der Zugriffskontrolle von größter Wichtigkeit. Dies kann mit der Zuteilung entsprechender Zugriffsrechte an die einzelnen Directories erreicht werden: Jeder einzelne Entwickler kann innerhalb seiner Arbeitsumgebung über die Zugriffsrechte auf seine Daten selbst entscheiden. Die Entwicklerin *monika* habe z.B. eine Programm geschrieben, das sie selbst lesen (**read**), ändern (**write**) und ausführen (**execute**) möchte. Mitglieder ihrer Entwicklungsgruppe sollten es allerdings nur lesen und ausführen, und alle übrigen Benutzer nur ausführen können. In diesem Fall würde sie dann folgende Zugriffsrechte an diese Datei vergeben:

Besitzer	*Gruppe*	*Andere*
rwx	**r-x**	**--x**[a]

a. - bedeutet dabei, daß entsprechende Benutzergruppe dieses Recht nicht besitzt.

4.5   Erstellen und Editieren von Dateien

Unter Unix existieren eine Vielzahl von Editoren. So werden vom Unix-System V bereits standardmäßig drei Editoren angeboten:

▸   der zeilenorientierte Editor **ed**[3]

▸   der Bildschirmeditor **vi**

▸   der Editor **ex**

Neben diesen drei in jedem Unix System V und Linux vorhandenen Editoren werden meist noch andere Editoren angeboten, die jedoch nicht zum Unix-Grundpaket gehören. Ein Beispiel für einen solchen Editor ist **emacs**, der über eine eigene Makrosprache verfügt und so dem Benutzer die Programmierung eigener Editor-Funktionen ermöglicht.

---

1. Abkürzung zu *source* (Quelle)
2. Abkürzung zu *binary*
3. Hierzu existiert auch eine nicht-interaktive Version mit Namen sed (*stream editor*), welche in »Linux-Unix-Profitools« ausführlich beschrieben wird.

Auf die Vielzahl der auf Unix und Linux portierten Editoren und Textverarbeitungs-Systeme (wie z.B. WordPerfect) wird hier und auch später nicht eingegangen. Hier wird lediglich eine kurze Einführung in den Editor **ed** gegeben, um das Erstellen einfacher Textdateien zu ermöglichen. Eine ausführlichere Beschreibung der Editoren **ed**, **vi** und **ex** wird in einem späteren Kapitel gegeben.

4.5.1   Aufruf von ed

Diese **ed**-Einführung beschränkt sich auf folgende Form des Aufrufs:

```
ed [-ppromptzeichen] dateiname¹
```

Die Angabe von -p*promptzeichen* bewirkt, daß **ed** während des Editierens immer das angegebene *promptzeichen* ausgibt, um dem Benutzer mitzuteilen, daß er für die Eingabe weiterer Editier-Kommandos bereit ist. Fehlt diese Angabe beim Aufruf, so gibt **ed** kein Promptzeichen an.

Als *dateiname* ist der Name der Datei anzugeben, die editiert werden soll.

Beispiel

```
$ ed  -p*  add.c  ↵          Aufruf von ed
?add.c              Warnung von ed, daß die Datei add.c nicht existiert
*q ↵            ed-Promptzeichen * und Eingabe von q (quit), um
$ ▮                            ed wieder zu verlassen
```

4.5.2   Arbeitszustände von ed

ed kennt zwei Arbeitszustände:

▸   Kommandomodus

▸   Eingabemodus

Nach dem Aufruf befindet sich **ed** immer im Kommandomodus, was durch ein entsprechendes Promptzeichen angezeigt wird. Vom Kommandomodus in den Eingabemodus kann mit einem der folgenden Kommandos umgeschaltet werden:

i   Einfügen (**i**nsert)

a   Anfügen (**a**ppend)

c   Ändern (**c**hange)

Vom Eingabemodus kann mit der Eingabe eines **.** (Punkt; muß das einzige und erste Zeichen dieser Eingabezeile sein) in den Kommandomodus umgeschaltet werden.

---

1.   der mit [..] geklammerte Teil ist optional.

4.5.3   Eingabemodus

Im Eingabemodus kann beliebiger Text eingegeben werden. **ed** liest dabei immer zeilenweise vom Terminal. Dies bedeutet, daß während einer Eingabe nur Eingabefehler in einer noch nicht mit ⏎ abgeschlossenen Zeile korrigiert werden können.

Als Korrekturen sind dabei

▶ Zeile löschen (**kill**) und

▶ Zeichen löschen (**erase**)[1]

möglich.

Der Eingabemodus wird beendet, wenn **ed** eine Zeile übergeben wird, die als einziges und erstes Zeichen einen . (Punkt) enthält.

Beispiel

```
$ ed  -p* add.c ⏎                          Aufruf von ed
?add.c                      Warnung von ed, daß add.c nicht existiert
*a ⏎                        ed-Prompt *, Eingabe von a für append
main() ⏎                             Eingabe eines C-Programms
  int  a, b; ⏎
  sacnf("%d, %d", a, b); ⏎
  printf("Summe: %d-%d=%d\n", a, b, a+b); ⏎
} ⏎
  . ⏎                                    . nicht in 1.Spalte
. ⏎                                          Eingabeende
*w ⏎                     Abspeichern des Eingabetexts mit w (write)
90                         ed meldet Zahl der gespeicherten Zeichen
*q ⏎                                       Verlassen des ed
$ █
```

Dieses C-Programm enthält fünf Fehler:

▶ Es fehlt die beginnende { nach **main()**

▶ Statt **sacnf** müßte **scanf** angegeben werden

▶ Bei **scanf** sind die Adressen der Variablen (**&a, &b**) anzugeben

▶ Bei der Ausgabe muß statt – das Zeichen + angegeben werden

▶ Letzte Zeile ist unerlaubt (enthält Leerzeichen und Punkt)

4.5.4   Kommandomodus

ed besitzt einen Zeilenzeiger, der auf die zuletzt bearbeitete Zeile des Textes zeigt. Cursorfunktionen sind unbekannt. Durch Eingabe einer Zeilennummer

---

1. siehe vorheriges Kapitel »Grundsätzliches zur Bedienung des Terminals«

kann dieser Zeilenzeiger auf eine neue Zeile positioniert werden. Nach einer solchen Positionierung wird die entsprechende Zeile am Bildschirm angezeigt. Die Eingabe eines ⏎ (ohne eine sonstige Angabe) schaltet im Kommandomodus den Zeilenzeiger immer eine Zeile weiter, wobei auch diese nächste Zeile ausgegeben wird.

Neben dem Versetzen des Zeilenzeigers werden hier noch folgende **ed**-Kommandos vorgestellt:

Kommando	Beschreibung
d	Zeile löschen (**d**elete)
w	Puffer auf Datei schreiben (**w**rite)
	ed arbeitet nämlich nicht direkt auf eine Datei, sondern hält den editierten Text in einem Arbeitspuffer.
p	Zeile am Bildschirm ausgeben (**p**rint)
n	Zeile mit Zeilennummer am Bildschirm ausgeben (**n**umber)
q	Editor verlassen (**q**uit)
s/alt/neu/	erstes Vorkommen von *alt* durch *neu* ersetzen (**s**ubstitute)
s/alt/neu/p	erstes Vorkommen von *alt* durch *neu* ersetzen und geänderte Zeile ausgeben (**p**rint)
s/alt/neu/g	alle Vorkommen von *alt* in einer Zeile durch *neu* ersetzen (**g**lobal)
s/alt/neu/gp	alle Vorkommen von *alt* durch *neu* ersetzen und geänderte Zeile ausgeben

Außer beim **q**-Kommando sind vor allen diesen Kommandos zwei Angaben zulässig:

▷ eine Zahl: *zahl* legt dabei die Nummer der Zeile fest, auf die sich das entsprechende Kommando beziehen soll

oder

▷ zwei durch Komma getrennte Zahlen: *zahl1,zahl2* legt dabei einen ganzen Bereich von Zeilen (von Zeilennnummer *zahl1* bis Zeilennumer *zahl2*) fest, auf die das entsprechende Kommando anzuwenden ist.

Bereits erwähnt wurden die Kommandos **a**ppend, **i**nsert und **c**hange. Auch vor diesen Kommandos kann eine Zeilennumer angegeben werden. **i**nsert bewirkt dann das Einfügen vor und **a**ppend das Einfügen nach der entsprechenden Zeile. Ist keine Zeilennummer angegeben, so wird vor bzw. nach der aktuellen Zeile, auf der der Zeilenzeiger momentan zeigt, eingefügt.

Mit change kann eine ganze Zeile bzw. ein ganzer Zeilenbereich (mit *nr1,nr2* anzugeben) überschrieben werden. Die Eingabe des neuen Textes ist wiederum mit einer Zeile abzuschließen, die als einziges Zeichen einen . (Punkt) enthält.

Bei der Angabe von Zeilennummern kann das Zeichen $, welches immer für die Zeilennumer der letzten Zeile steht, verwendet werden.

Beispiel   Nun soll das C-Programm, das im vorherigen Beispiel eingegeben wurde, korrigiert werden.

```
$ ed  -p* add.c  ⏎                 Aufruf von ed
90                ed meldet die Anzahl der Zeichen in der Datei add.c
*$  ⏎             Eingabe von $, um auf letzte Zeile zu positionieren
                                Letzte Zeile wird am Bildschirm angezeigt
*1  ⏎             Eingabe von 1, um auf 1.Zeile zu positionieren
main()                          1.Zeile wird am Bildschirm angezeigt
*  ⏎                  Auf die nächste Zeile (2.Zeile) positionieren
    int  a, b;              nächste Zeile (2.Zeile) wird angezeigt
*i  ⏎           Eingabe von i (insert): Einfügen vor aktueller Zeile
{  ⏎                                            Eingabe von {
.  ⏎                                              Eingabeende
*n  ⏎         n (number): Aktuelle Zeile mit Zeilennr. anzeigen
2  {               aktuelle Zeile wird mit Zeilennummer ausgegeben
*  ⏎                          Auf die nächste Zeile positionieren
    int  a, b;              nächste Zeile wird am Bildschirm angezeigt
*  ⏎                          Auf die nächste Zeile positionieren
  sacnf("%d, %d", a, b);    nächste Zeile wird am Bildschirm angezeigt
*c  ⏎            Eingabe von c: aktuelle Zeile überschreiben
  scanf("%d, %d", &a, &b);  ⏎   Eingabe der neuen verbesserten Zeile
.  ⏎                                              Eingabeende
*1,$n  ⏎             Zeige gesamten Text mit Zeilennumerierung an
1  main()          Ausgabe des gesamten Textes (Pufferinhalt)
2  {                        mit Zeilennummern am Bildschirm
3      int  a, b;
4      scanf("%d, %d", &a, &b);
5      printf("Summe: %d-%d=%d\n", a,b, a+b);
6  }
7      .
*5s/-/+/p  ⏎        Ersetze in 5.Zeile – durch + und zeige diese Zeile
  printf("Summe: %d+%d=%d\n", a, b,a+b);   5.Zeile wird nach Änderung angezeigt
*7d  ⏎                                       Lösche die 7.Zeile
*w  ⏎                           Schreibe Pufferinhalt auf Datei
91                ed meldet die Anzahl der abgespeicherten Zeichen
*q  ⏎                                        Verlassen des ed
$ ▮
```

Diese **ed**-Kenntnisse sollten ausreichen, um einfache Dateien zu erstellen, wie sie in den Beispielen der nächsten Seiten benötigt werden. So wird im nächsten Teilkapitel angenommen, daß der Benutzer sich in seinem home directory[1] zwei Subdirectories *uebung1* und *uebung2* anlegt. Dies erreicht er mit dem Kommando **mkdir** (**m**ake **dir**ectory):

```
$ mkdir uebung1  ⏎                   Anlegen des Subdirectorys uebung1
$ mkdir uebung2  ⏎                   Anlegen des Subdirectorys uebung2
$ ▮
```

Unter Zuhilfenahme des Kommandos **cd** (**c**hange working *d*irectory) kann der Benutzer dann in eines dieser Subdirectories wechseln. Um sich den momentanen Aufenthaltsort innerhalb des Dateibaums anzeigen zu lassen, steht das Kommando **pwd** (**p**rint *w*orking *d*irectory) zur Verfügung.

```
$ pwd  ⏎                            Befehl, um working directory anzuzeigen
/home/egon                         Ausgabe des working directorys
$ cd uebung1  ⏎                    Wechseln in das Subdirectory uebung1
$ pwd  ⏎                            Zeige working directory an
/home/egon/uebung1                 Ausgabe des neuen working directorys
$ ▮
```

Linux Unter Linux könnte man unter Verwendung der Tab-Taste wesentlich schneller in das Directory uebung1 gelangen:

```
$ pwd⏎
/home/egon
$ cd u<Tab-Taste>                  Das Drücken der Tab-Taste bewirkt, daß der Dateiname soweit
                                   wie möglich vervollständigt wird
$ cd uebung<Tab-Taste>             Nochmaliges Drücken von Tab liefert Piepston; zeigt an, daß
$ cd uebung<Tab-Taste>             keine eindeutige Vervollständigung möglich ist
uebung1   uebung2                  Zweites Drücken von Tab liefert mögliche Pfadnamen
$ cd uebung1⏎                      Eingabe von 1 und Return bewirkt Wechsel in Subdir. uebung1
$ pwd⏎                             Zeige neues working directory an
/home/egon/uebung1                 Ausgabe des neuen working directorys
$ ▮
```

Unix

Im Subdirectory uebung1 sollten nun – mit dem Editor **ed** – die zwei Dateien **laender** und **obst** mit folgendem Inhalt erstellt werden:

```
Datei laender:[2]
Grossbritannien:London:56 Mio:244000
Schweiz:Bern:6,5 Mio:41000
Italien:Rom:57,3 Mio:294000
Frankreich:Paris:53,6 Mio:547000
Indien:Neu Delhi:644 Mio:3288000
```

---

1. Hier wird als home directory **/home/egon** angenommen
2. ungefährer Stand 1980

```
USA:Washington:220,7 Mio:9363000
Oesterreich:Wien:7,5 Mio:83000

Datei obst:
Birnen
Kiwis
Avocados
Bananen
Orangen
Aepfel
Stachelbeeren
Kirschen
Brombeeren
```

Hinweis   Es sei nochmals ausdrücklich darauf hingewiesen, daß die Cursortasten im **ed** tabu sind, da **ed** ein zeilen- und nicht bildschirmorientierter Editor ist. Werden die Cursortasten trotzdem benutzt, so scheint es zwar, als ob der Cursor an die entsprechende Stelle positioniert wird, aber in Wirklichkeit wird nur der Code dieser Taste in die aktuelle Zeile geschrieben. Dies kann zu seltsamen Ergebnissen führen. In solchen Fällen empfiehlt es sich, sich den wirklichen Inhalt des ed-Puffers mit

```
1,$l
```

anzeigen zu lassen.

4.6   Wichtige Kommandos zum Dateisystem

Als Ausgangspunkt wird hier folgender Ausschnitt aus dem Unix-Dateibaum angenommen:

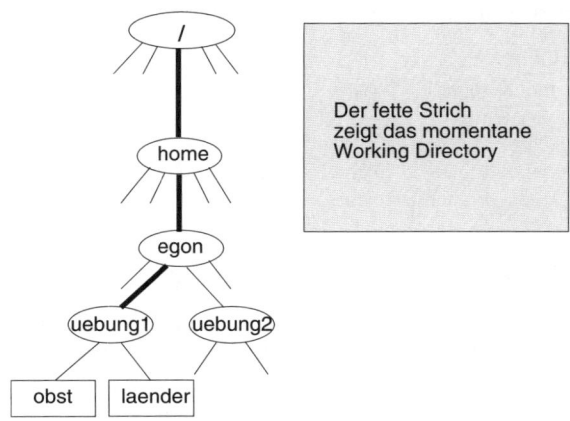

Dateinamen auflisten

ls   (list contents of directory)

Das Kommando **ls** gibt die Namen (nicht die Inhalte) von Dateien alphabetisch
sortiert aus:

```
$ pwd  ⏎
/home/egon/uebung1
$ ls  ⏎
laender   obst
$ ▊ᵃ
```

	Befehl, um working directory anzuzeigen
	Ausgabe des working directorys
	Befehl, um Namen der Dateien im
	working directory aufzulisten
	Ausgabe der Namen von den Dateien, die sich im
	working directory (home/egon/uebung1) befinden

---

a. Neu in System V.4 ist, daß die Dateinamen nicht untereinander wie bei System V.3, sondern
   nebeneinander aufgelistet werden. Dasselbe gilt auch für Linux.

ls verfügt wie die meisten Kommandos über Optionen, mit denen der normale
Ablauf eines Kommandos geändert werden kann. Um sich z.B. die Dateinamen
nicht alphabetisch, sondern in der Reihenfolge ihrer zeitlichen Erstellung (neueste Datei zuerst) anzeigen zu lassen, steht die Option **-t** (**t**ime) zur Verfügung:

```
$ pwd  ⏎
/home/egon/uebung1
$ ls  -t  ⏎
obst   laender
$ ▊
```

Befehl, um working directory anzuzeigen
Ausgabe des working directorys
Dateinamen nach Zeitpunkt ihrer Erstellung bzw.
letzten Änderung auflisten.
obst ist neuer als laender

Eine der am häufigsten verwendeten Optionen ist **-l** (**l**ong format), welche
bewirkt, daß neben dem Namen einer Datei noch eine Vielzahl weiterer Informationen zu jeder einzelnen Datei angegeben werden:

```
$ pwd  ⏎
/home/egon/uebung1
$ ls  -l  ⏎
total 2
-rw-r--r--  1 egon    graph    222 Mar 21 11:19  laender
-rw-r--r--  1 egon    graph     79 Mar 21 11:23  obst
$ ▊
```

Die Ausgabe hierbei bedeutet im einzelnen:

total 2   gibt an, daß die hier angezeigten Dateien 2 Blöcke auf der Platte
                   belegen; ein Block enthält normalerweise 512 oder 1024 Bytes.

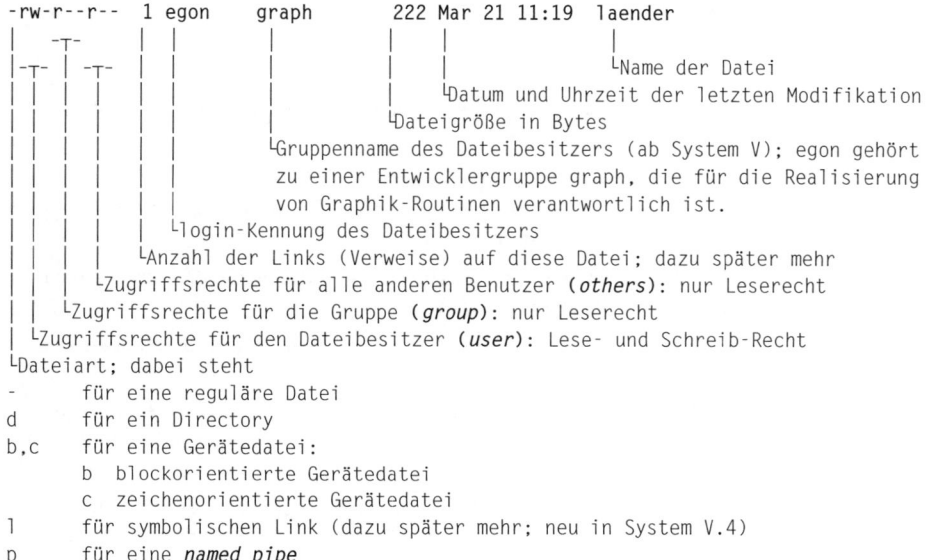

```
-rw-r--r--  1 egon     graph      222 Mar 21 11:19  laender
```

Die einzelnen Optionen können auch wieder miteinander kombiniert werden:

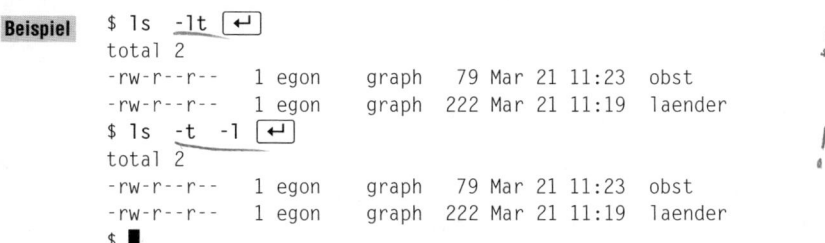

```
$ ls -lt ⏎
total 2
-rw-r--r--  1 egon     graph       79 Mar 21 11:23  obst
-rw-r--r--  1 egon     graph      222 Mar 21 11:19  laender
$ ls -t -l ⏎
total 2
-rw-r--r--  1 egon     graph       79 Mar 21 11:23  obst
-rw-r--r--  1 egon     graph      222 Mar 21 11:19  laender
$ ▮
```

Auch in diesem Beispiel werden die Namen der Dateien im working directory im Langformat aufgelistet. Die Ausgaben werden dabei nach dem Datum der letzten Modifikation sortiert. Die Wirkung des ersten Aufrufs entspricht der des zweiten.

Von der Vielzahl der bei **ls** möglichen Optionen sollen hier nur die am häufigsten verwendeten vorgestellt werden:

Option	Beschreibung
-a	Liste alle Einträge eines Directorys, auch Namen, die mit . (Punkt) beginnen.
-d	Nur die Namen von Directories und nicht deren Inhalt listen (meist mit **-l** kombiniert).
-l	Information in »Langform« (siehe Beispiel vorher)

Option	Beschreibung
-r	Reihenfolge der Ausgabe umkehren
-t	Sortieren nach Zeitpunkt der letzten Änderung und nicht alphabetisch
-u	Datum des letzten Zugriffs anstelle der letzten Änderung (bei Kombination mit -l) ausgeben bzw. dieses Datum zum Sortieren verwenden (bei Kombination mit -t).
-C	Dateinamen nicht untereinander, sondern nebeneinander ausgeben (Voreinstellung in System V.4)
-1	Dateinamen nicht nebeneinander, sondern untereinander ausgeben (Voreinstellung in System V.3)
-F	Hinter jedem Directorynamen einen Slash (/), hinter jeder ausführbaren Datei einen Stern (*) und hinter jedem symbolischen Link einen Klammeraffen (@) angeben
-R	Alle Subdirectories und Dateien ab angegebener Directory-Ebene auflisten

Beim Anlegen eines neuen Directorys werden vom System immer zwei Subdirectories automatisch angelegt:

.   Kurzbezeichnung für working directory

.. Kurzbezeichnung für parent directory

Somit ist es möglich, Dateien mit gleichen Namen wie das aktuelle Directory bzw. das parent directory anzulegen, da für diese nicht deren Namen, sondern eben die Kurzformen eingetragen wurden.

Die Voreinstellung von **ls** ist, daß nur Namen von Dateien aufgelistet werden, die nicht mit einem . (Punkt) beginnen; um sich auch solche Namen ausgeben zu lassen, steht die Option **-a** (siehe oben) zur Verfügung.

Unter Unix gelten Dateien, deren Name mit einem Punkt beginnt, als *versteckte Dateien.* Meist kennzeichnen solche mit einem Punkt beginnenden Namen Konfigurationsdateien, mit denen man die entsprechenden Programmpakete seinen eigenen Bedürfnissen anpassen kann. Solche Konfigurationsdateien sollen bei einem normalen Auflisten der Dateien in einem Directory (mit **ls**) nicht gezeigt werden, außer man gibt explizit die Option **-a** an. Im nachfolgenden Ablaufbeispiel werden zunächst alle Dateien (auch die versteckten) des Home-Directorys angezeigt. Dabei ist zu erkennen, daß man auf das Home-Directory unabhängig vom momentanen Aufenthaltsplatz im Directorybaum immer mit ~ *(Tilde)* verweisen kann. Eine Datei, deren Name mit Punkt beginnt, wurde schon früher vorgestellt: die Datei .profile, die bei jedem Anmelden an Unix gelesen wird. In der Datei .profile kann man z.B. veranlassen, daß auch die Datei .alias beim

Anmelden gelesen wird. In der Datei .alias kann man sich Kurzformen für unterschiedliche Kommandoaufrufe festlegen. Um ein mögliches Aussehen der Datei .alias zu zeigen, wird im nachfolgenden Ablaufbeispiel auch der Inhalt der Datei .alias (im Home-Directory) mit dem Kommando **cat** ausgegeben.

Beispiel

```
$ ls -a ~ ⏎                              Auflisten aller Dateien (auch versteckte) des Home-Directorys
.                     .gimprc          .susephone       Desktop
..                    .grok            .tamaga.dat      bilder
.X.err                .holiday         .tex             bin
.X.out                .hotjava         .uitrc.console   dok98
.Xdefaults            .jazz            .uitrc.vt100     pinguin.gif
.Xmodmap              .kaudioserver    .uitrc.vt102     snapshot01.gif
.Xresources           .kde             .uitrc.xterm     sysprog
.alias                .kderc           .xcoralrc
.bash_history         .kermrc          .xfm
.bashrc               .lyxrc           .xftpcache
.dayplan              .nc_keys         .xftprc
.dayplan.priv         .profile         .xinitrc
.dvipsrc              .profile.old     .xserverrc.secure
.emacs                .profile.unixgrund  .xsession
.exrc                 .seyon           .xtalkrc
.gimp                 .stonxrc         .zsh
$ cat ~/.alias ⏎                         Ausgeben der Datei .alias im Home-Directory
alias more=less
alias md=mkdir
alias rd=rmdir
alias dir='ls -l'
alias L='less'
alias l='ls -l'
alias ll='ls -l'
alias m='less -E'
alias j='jobs '
alias rm='rm -i '
alias unix2dos='recode lat1:ibmpc'
alias dos2unix='recode ibmpc:lat1'
alias startx='startx 2> ~/.X.err 1> ~/.X.out &'
alias h='history'
alias german='gerMAN -M /usr/man:/usr/X11R6/man'
$
```

Beispiel

```
$ pwd ⏎                                                 Zeige working directory an
/home/egon/uebung1                                      Ausgabe des working directorys
$ ls  -1a ⏎                              Liste alle Dateinamen (alphabetisch sortiert) auf, auch die,
.                                                       welche mit . beginnen.
..                                       Ausgabe aller Dateinamen (auch . und ..)
laender
obst
```

```
$ ls  -lat  ↵                          Liste alle Dateinamen (nach Zeitpunkt ihrer letzten Modifika-
.                                              tion sortiert) auf, auch die, welche mit . beginnen.
obst
laender                                     Ausgabe aller Dateinamen (auch . und ..)
..                                     Das Directory . ist neuer als die einfachen Dateien, da der
$ ▌                                      Eintrag der beiden Dateien obst und laender im Directory
                                                  später erfolgt ist als deren Erstellung.
```

Beispiel   Neben den Optionen können beim Aufruf von **ls** auch noch Dateinamen angegeben werden, wenn nicht der gesamte Inhalt des working directorys, sondern
nur bestimmte Dateien aus dem working directory oder aus anderen Directories
aufgelistet werden sollen. Somit ist die vollständige Aufrufsyntax des **ls**-Kom-
mandos:

ls *[optionen] [dateiname(n)]*

```
$ pwd  ↵                                                    Zeige working directory an
/home/egon/uebung1                                         Ausgabe des working directorys
$ ls  obst  ↵                                                 Liste Name der Datei obst
obst                                                        Ausgabe des Dateinamens obst
$ ls  fruechte  ↵                                 Liste Name von fruechte, wenn vorhanden
fruechte: No such file or directory ᵃ        Meldung, daß keine Datei fruechte vorhanden
$ ls  obst  laender  ↵                    Liste Namen von obst und laender, wenn vorhanden
laender  obst
$ ls  -al  ↵                                         Ausgabe der Dateinamen obst und laender
total 4                                           Liste alle Dateinamen des working directory im
                                                                           Langformat
drwxr-xr-x   2 egon      graph   1024 Mar 21 11:23  .
drwxr-xr-x   4 egon      graph   1024 Mar 21 11:18  ..
-rw-r--r--   1 egon      graph    222 Mar 21 11:19  laender
-rw-r--r--   1 egon      graph     79 Mar 21 11:23  obst
$ ls  -ald  ↵ ᵇ                           Liste alle Directories (nicht Inhalt) im Langformat
drwxr-xr-x   2 egon      graph   1024 Mar 21 11:23  .
$ ls  -R  ..  ↵                         Liste alle Subdirectories des parent directory und
add.c                                                der darin enthaltenen Dateien
uebung1                                    Ausgabe aller Subdirectories des parent directory
uebung2                                             und der darin enthaltenen Dateien

../uebung1:
laender  obst

../uebung2:
$ ls  -R  /home/egon  ↵                Liste alle Subdirectories und Dateien des Directorys
add.c                                                                    /home/egon
uebung1                                       Ausgabe aller Subdirectories der Directory
uebung2                                /home/egon und der darin enthaltenen Dateien
```

```
/home/egon/uebung1:
laender   obst

/home/egon/uebung2:
$ ls  -al   ..  [↵]                               Liste alle Dateien im parent directory im Langformat
total 6
drwxr-xr-x    4 egon      graph    1024 Mar 21 11:18  .
drwxrwxrwx    7 root      root     1024 Mar 20 10:12  ..
-rw-r--r--    1 egon      graph     925 Mar 20 11:09  .profile
-rw-r--r--    1 egon      graph      89 Mar 21 11:01  add.c
drwxr-xr-x    2 egon      graph     512 Mar 21 11:18  uebung1
drwxr-xr-x    2 egon      graph     512 Mar 21 11:19  uebung2
$ ls   -CF   /  [↵]                                Liste Dateien im root directory mit -C und -F
A/             cdrom/       lib/          proc/        unused2/
C/             core         lost+found/   root/        unused3/
System.map     dev/         mnt/          sbin/        usr/
bin/           etc/         oldpc/        tmp/         var/
boot/          home/        opt/          unused1/     vmlinuz
$ █
```

a. eventuell erscheint hier auch eine andere Meldung, wie z.B. »fruechte not found«
b. entspricht dem Aufruf **ls -ald** . (nur das Directory (-d) . und nicht dessen Inhalt auflisten)

Working directory anzeigen

pwd   (**p**rint **w**orking **d**irectory)

Der Aufruf des Kommandos **pwd** bewirkt die Ausgabe des absoluten Pfadnamens des working directorys.

In anderes Directory wechseln

cd   (**c**hange working **d**irectory)

Mit dem Kommando **cd** kann im Dateibaum »herumgeklettert« werden, indem der gewünschte neue Aufenthaltsort entweder als absoluter oder relativer Pfadname angegeben wird.

Die vollständige Aufrufsyntax des **cd**-Kommandos ist:

cd [*directory*]

Wird **cd** ohne Angabe eines Directorys aufgerufen, so wird zum home directory gewechselt.

<table>
<tr><td>Beispiel</td><td>

```
$ pwd  ⏎
/home/egon/uebung1
$ cd  ..  ⏎
$ pwd  ⏎
/home/egon
$ cd  uebung2  ⏎
$ pwd  ⏎
/home/egon/uebung2
$ cd  ../uebung1  ⏎
$ pwd  ⏎
/home/egon/uebung1
$ cd  /usr  ⏎
$ pwd  ⏎
/usr
$ cd  ⏎
$ pwd  ⏎
/home/egon
$ ls  -al  ⏎
.

..
.profile
add.c
uebung1
uebung2
$ cd  uebung1  ⏎
$ pwd  ⏎
/home/egon/uebung1
$ ls  ⏎
laender  obst
$ ▌
```

</td><td>

Zeige working directory an
Ausgabe des working directorys
Zum parent directory wechseln
Zeige working directory an
Ausgabe des working directory (nun /home/egon)
Wechsle zum Subdirectory uebung2
Zeige working directory an
Ausgabe des working directory
Zum Subdir *uebung1* des parent directory wechseln
Zeige working directory an
Ausgabe des working directorys (/home/egon/uebung1)
Zum directory /usr wechseln
Zeige working directory an
Ausgabe des working directory (/usr)
Zum home directory wechseln
Zeige working directory an
Ausgabe des working directorys (nun /home/egon)
Liste alle Dateinamen des working directory
Ausgabe aller Dateinamen (auch der, die mit Punkt beginnen)

Zum Subdirectory uebung1 wechseln
Zeige working directory an
Ausgabe des working directorys
Liste Dateinamen im working directory
Ausgabe der Dateinamen im working directory

</td></tr>
</table>

Unter vielen Shells, wie z.B. auch unter der bash von Linux, kann man in das vorherige working directory zurückwechseln mit cd -.

<table>
<tr><td>

```
$ pwd ⏎
/home/egon/uebung1
$ cd ../uebung2 ⏎
$ pwd ⏎
/home/egon/uebung2
$ cd - ⏎
$ pwd ⏎
/home/egon/uebung1
$ ▌
```

</td><td>

Gib working directory aus

Wechsle in das Directory ../uebung2
Gib neues working directory aus
Wechsle zurück in das vorherige working directory
Gib working directory aus
Neues working directory ist wieder das vorherige: /home/egon/
uebung1

</td></tr>
</table>

Das home directory kann immer mit ~ (Tilde) angesprochen werden. Somit entspricht der Aufruf

   cd   dem Aufruf

   cd ~

Das Tilde-Zeichen kann aber auch als Abkürzung verwendet werden, um in ein Subdirectory des home directorys zu wechseln.

```
$ pwd ⏎                          Gib working directory aus
/home/egon/uebung1
$ cd ~/uebung2 ⏎                 Wechsle in das Directory /home/egon/uebung2
$ pwd ⏎                          Gib neues working directory aus
/home/egon/uebung2
$ cd ~/uebung1 ⏎                 Wechsle in das Directory /home/egon/uebung1
$ pwd ⏎                          Gib working directory aus
/home/egon/uebung1               Neues working directory ist wieder /home/egon/uebung1
$ █
```

Einrichten von Directories/Löschen von Directories

mkdir   (**m**ake **dir**ectory)

rmdir   (**r**e**m**ove **dir**ectory)

Die vollständige Aufrufsyntax für das **mkdir**-Kommando ist:

mkdir [optionen] directory1 ...

Mit dem Kommando **mkdir** werden die als Argumente angegebenen Directories (*directory1* ...) neu eingerichtet[1]. Beim Anlegen eines neuen Directorys werden immer automatisch die zwei Subdirectories . und .. dort eingerichtet. Auf die Optionen, welche die Vergabe von Zugriffsrechten für die neu anzulegenden Directories (Option **-m**) und das Anlegen ganzer Directory-Bäume (Option **-p**) ermöglichen, soll hier nicht weiter eingegangen werden.

Die vollständige Aufrufsyntax für das **rmdir**-Kommando ist:

rmdir [optionen] directory1 ...

Das Kommando **rmdir** löscht die als Argumente angegebenen Directories (*directory1* ...), falls diese leer sind. Wenn eines der angegebenen Directories noch Dateien oder Sub-Directories (. und .. ausgenommen) enthält, dann wird dies gemeldet und das entsprechende Directory wird nicht entfernt.

Möchte man aber ein solches Directory und damit auch die darin enthaltenen Dateien und Subdirectories auf jeden Fall löschen, dann empfiehlt es sich, das Kommando

rm -r directory1 ...

anzugeben.

---

1. Um ein neues Directory einrichten zu können, muß man Schreibrechte im parent directory besitzen.

Dieses Kommando sollte aber mit größter Vorsicht verwendet werden, denn damit entfernt man ganze Directorybäume. Vor allen Dingen, wenn man als Superuser `root` angemeldet ist und alle Rechte (auch Löschrechte) besitzt, kann ein zu leichtfertiger Umgang mit diesem Kommando zu erheblichen Schaden führen. So kann man sich z.B. mit dem Aufruf

```
rm -r /*     # Bitte niemals dieses Kommando eingeben
```

seine ganze Platte leeren.

Beispiel

`$ pwd` ⏎	Zeige working directory an
`/home/egon/uebung1`	Ausgabe des working directorys
`$ cd  ..` ⏎	Zum parent directory wechseln
`$ pwd` ⏎	Zeige working directory an
`/home/egon`	Ausgabe des working directorys (nun /home/egon)
`$ ls  -F` ⏎	Liste Dateien und Directories des working directorys mit -F
`add.c`	
`uebung1/`	
`uebung2/`	Ausgabe der Dateien und Subdirectories im working directory mit der Option -F
`$ rmdir  uebung2` ⏎	Lösche das Subdirectory uebung2
`$ ls  -F` ⏎	Liste Dateien und Directories mit -F
`add.c`	Dateien/Subdirectories im working directory
`uebung1/`	
`$ rmdir  uebung1` ⏎	Lösche das Subdirectory uebung1
`rmdir: uebung1: Directory not empty`	uebung1 ist nicht leer (wird nicht gelöscht)
`$ mkdir uebung2` ⏎	Richte neues Directory uebung2 ein
`$ ls  -F` ⏎	Liste Inhalt des working directory mit -F
`add.c`	
`uebung1/`	Ausgabe der Dateien/Directories (mit uebung2)
`uebung2/`	
`$ cd  uebung1` ⏎	Gehe zum Subdirectory uebung1 zurück
`$` ▮	

Inhalt von Dateien am Bildschirm ausgeben

cat   (**cat**enate)

Die vollständige Aufrufsyntax für das **cat**-Kommando ist:

```
cat [optionen] [datei(en)]
```

Das Kommando **cat** gibt den Inhalt der angegebenen *datei(en)* nacheinander (konkateniert) am Bildschirm aus. Dieses Kommando ermöglicht es, den Inhalt von Dateien anzusehen, ohne daß ein Editor aufgerufen werden muß.[1]

Falls die angegebenen *datei(en)* mehr Zeilen haben als auf dem Bildschirm angezeigt werden können, dann kann mit

---

1. Ein **cat**-Aufruf ist schneller und bequemer als ein Editor-Aufruf

⌈Strg⌉-⌈S⌉   die Bildschirmausgabe angehalten und mit

⌈Strg⌉-⌈Q⌉   wieder fortgesetzt.[1]

Linux   Wie schon früher erwähnt, gibt es unter Linux zwei besondere Tasten, um nachträglich Text, der schon oben aus dem Bildschirm geschoben wurde, wieder anzuschauen:

⌈⇧⌉ + ⌈Bild ↑⌉   Nach oben blättern.

⌈⇧⌉ + ⌈Bild ↓⌉   Nach unten blättern.

Dabei ist lediglich zu beachten, daß man die grauen ⌈Bild ↑⌉ - bzw. ⌈Bild ↓⌉-Tasten auf der Tastatur und nicht die aus dem Nummernblock verwendet. Zusätzlich ist darauf hinzuweisen, daß ein Auf- und Abscrollen mit diesen Tasten nur möglich ist, wenn man zwischenzeitlich nicht mit einer der Tastenkombinationen ⌈Alt⌉-⌈F1⌉ bis ⌈Alt⌉-⌈F6⌉ auf einen anderen virtuellen Terminal

Unix   gewechselt hat.

Werden keine *datei(en)* beim Aufruf von **cat** angegeben, so liest **cat** vom Terminal (besser: Tastatur; von nun ab mit Standardeingabe bezeichnet); das Ende des Eingabetexts wird dabei mit der Eingabe des EOF-Zeichens ⌈Strg⌉-⌈D⌉ angezeigt.

Beispiel

`$ pwd` ⌈↵⌉	Zeige working directory an
`/home/egon/uebung1`	Ausgabe des working directorys
`$ cat  obst` ⌈↵⌉	Gib Inhalt der Datei obst aus
`Birnen`	Ausgabe des Inhalts der Datei obst
`Kiwis`	
`Avocados`	
`Bananen`	
`Orangen`	
`Aepfel`	
`Stachelbeeren`	
`Kirschen`	
`Brombeeren`	
`$ cat  laender` ⌈↵⌉	Gib Inhalt der Datei laender aus
`Grossbritannien:London:56 Mio:244000`	
`Schweiz:Bern:6,5 Mio:41000`	
`Italien:Rom:57,3 Mio:294000`	Ausgabe des Inhalts der Datei laender
`Frankreich:Paris:53,6 Mio:547000`	
`Indien:Neu Delhi:644 Mio:3288000`	
`USA:Washington:220,7 Mio:9363000`	
`Oesterreich:Wien:7,5 Mio:83000`	
`$ cat  laender  obst` ⌈↵⌉	Gib Inhalt der Dateien laender und obst nacheinander aus
`Grossbritannien:London:56 Mio:244000`	
`Schweiz:Bern:6,5 Mio:41000`	
`Italien:Rom:57,3 Mio:294000`	

---

1. Bei umfangreicheren Dateien empfiehlt es sich, eines der nachfolgend vorgestellten Kommandos **more** oder **less** zu verwenden, bei denen Bildschirmseite für Bildschirmseite einer Datei ausgegeben werden.

```
Frankreich:Paris:53,6 Mio:547000
Indien:Neu Delhi:644 Mio:3288000
USA:Washington:220,7 Mio:9363000
Oesterreich:Wien:7,5 Mio:83000
Birnen
Kiwis
Avocados
Bananen
Orangen
Aepfel
Stachelbeeren
Kirschen
Brombeeren
$ cat [↵]
Das ist nur ein bisschen [↵]
Das ist nur ein bisschen
Text, der wieder ausgegeben [↵]
Text, der wieder ausgegeben
wird [↵]
wird
[Strg]-[D]
$ █
```

Ausgabe des Inhalts der Dateien laender und obst erfolgt nacheinander (ohne irgendwelche Trennung)

Gib den nachfolgenden Eingabetext wieder aus
Nach jeder Eingabe einer Zeile wird diese wieder auf den Bildschirm ausgegeben

Abschluß der Eingabe mit [Strg]-[D]

Kopieren von Dateien

cp   (**c**opy **files**)

Das Kommando **cp** kann auf 2 verschiedene Arten aufgerufen werden:

cp *datei1   datei2*

Dieser Aufruf kopiert den Inhalt von Datei *datei1* in eine Datei *datei2*. Falls die Datei *datei2* bereits existiert, so wird sie überschrieben, wenn dies die Zugriffsrechte dieser Datei zulassen. Eigentümer dieser neuen Datei wird der Benutzer, der dieses Kommando angab. Zwar werden die Zugriffsrechte mitkopiert, aber wenn sich der Eigentümer und vielleicht sogar die Gruppe dieser Datei ändert, dann sind diese Zugriffsrechte auf den neuen Eigentümer und Gruppe anzuwenden; wenn z.B. die *datei1* die Zugriffsrechte **rwxr--r--** besitzt, dann kann der Eigentümer von Datei *datei1* – nach dem Kopieren – die neue *datei2* nicht beschreiben.

cp *datei(en)   directory*

Dieser Aufruf kopiert die *datei(en)* in das Directory *directory,* wobei die dort neu angelegten Dateien die Namen der ursprünglichen Dateien erhalten[1].

---

1. Als Name wird in das neue Directory die letzte Komponente des Pfadnamens der alten Dateien eingetragen; wenn z.B. */home/egon/uebung1/**obst** nach /home/egon/uebung2* kopiert wird, so würde in */home/egon/uebung2* der Name *obst* (letzte Komponente des Pfadnamens der ursprünglichen Datei) eingetragen.

Beispiel

```
$ pwd  ⏎
/home/egon/uebung1
$ cp  obst  obst2  ⏎
$ ls  -1  ⏎
laender
obst
obst2
$ cat  obst2  ⏎
Birnen
Kiwis
Avocados
Bananen
Orangen
Aepfel
Stachelbeeren
Kirschen
Brombeeren
$ cp  obst  laender  ../uebung2  ⏎
$ cd  ../uebung2  ⏎
$ pwd  ⏎
/home/egon/uebung2
$ ls -C  ⏎
laender    obst
$ cat  laender  ⏎
Grossbritannien:London:56 Mio:244000
Schweiz:Bern:6,5 Mio:41000
Italien:Rom:57,3 Mio:294000
Frankreich:Paris:53,6 Mio:547000
Indien:Neu Delhi:644 Mio:3288000
USA:Washington:220,7 Mio:9363000
Oesterreich:Wien:7,5 Mio:83000
$ cd  ../uebung1  ⏎
$ █
```

Zeige working directory an
Ausgabe des working directorys
Kopiere Datei obst nach obst2
Liste Dateien des working directorys
Ausgabe der Dateinamen des working directorys

Zeige Inhalt der Datei obst2
Ausgabe des Inhalts der Datei obst2

Kopiere *obst* und *laender* ins Directory *../uebung2*
Wechsle zum Directory *../uebung2*
Zeige working directory an
Ausgabe des working directorys
Liste Dateien des working directorys nebeneinander
Ausgabe der Dateien des working directorys
Gib Inhalt der Datei laender aus
Ausgabe des Inhalts der Datei laender

Wechsle zum Directory *../uebung1*

In Unix werden – wie schon früher erwähnt – Geräte wie Dateien behandelt. Der Zugriff auf die Geräte könnte somit auch direkt über die Gerätedateien erfolgen:

```
$ cp  obst  /dev/tty  ⏎
Birnen
Kiwis
Avocados
Bananen
Orangen
Aepfel
Stachelbeeren
Kirschen
Brombeeren
$ █
```

Kopiere Datei obst auf den
Bildschirm (Datei /dev/tty)[a]

Ausgabe des Inhalts der Datei
obst auf dem Bildschirm

a. Bei einer eventuellen Frage wie z.B. cp: overwrite `/dev/tty'? muß **y** für yes eingegeben werden.

Hinweis   cp überschreibt – ohne Meldung – bereits vorhandene Dateien, die einen gleichen Namen besitzen, wenn es nicht durch die Zugriffsrechte für solche Dateien
daran gehindert wird.

System V.4   **1.   Option -i (Rückfrage bei bereits existierenden Zieldateien)**

Wird bei **cp** die Option **-i** angegeben, dann fragt **cp**, wenn eine Zieldatei bereits
existiert, erst nach, ob diese Zieldatei zu überschreiben ist, wie z.B.

```
$ cp -i obst laender  ↵
cp: overwrite laender? n  ↵      [n für no, y für yes eingeben]
$
```

2.   Option -r (Kopieren ganzer Directorybäume)

Die Syntaxform

```
cp -r  dir1  dir2
```

war in System V.3 nicht erlaubt und wurde erst mit System V.4 eingeführt. Die
Option **-r** ermöglicht das Kopieren ganzer Directorybäume, wie z.B.

```
cp -r  /home/egon/uebung1  /home/egon/uebung4
```

Bei diesem Aufruf würde der vollständige Directorybaum */home/egon/uebung1*
mit allen seinen Subdirectories, Sub-Subdirectories, ... und den darin enthaltenen Dateien dupliziert und unter dem Namen */home/egon/uebung4* angelegt.

Zu beachten ist dabei die unterschiedliche Wirkung dieses Kommandos in
Abhängigkeit von der Existenz des Zieldirectorys: Wenn *dir2* nicht existiert, wird
es angelegt. Wenn es aber bereits existiert, wird in *dir2* ein Subdirectory *dir1*
angelegt und die Dateien werden dorthin kopiert. Das Kommando

```
cp -r  /home/egon/uebung1  /home/egon/uebung4
```

kopiert also alle Dateien und Subdirectories aus */home/egon/uebung1* entweder
nach */home/egon/uebung4* (wenn */home/egon/uebung4* nicht existiert) oder aber
nach */home/egon/uebung4/uebung1* (wenn */home/egon/uebung4* bereits existiert).

Das zu kopierende Directory und das Zieldirectory können sich an beliebigen
Positionen im Directorybaum befinden, mit folgender Ausnahme: Wenn ein
Directory *dir1* in ein Subdirectory von *dir1* kopiert wird, dann gerät **cp** in eine
Endlosschleife, die früher oder später zum Überlaufen des Dateisystems führt.
So würde z.B. bei

```
cp -r  uebung  uebung/alte_uebung
```

das Directory *alte_uebung* als Subdirectory von *uebung* angelegt und alle Subdirectories und Dateien von *uebung* dorthin kopiert. Da auch das neue Subdirectory *alte_uebung* kopiert wird, entstehen ständig neue Subdirectories mit dem
Namen *alte_uebung*. **cp** würde also erst gestoppt, wenn im Dateisystem keine

neue Dateien/Directories mehr angelegt werden können. Wenn Sie sich Ärger
mit Ihrem Systemadministrator ersparen möchten, sollten Sie solche rekursiven
Kopier-Kommandos nicht ausprobieren.

Umbenennen von Dateien

mv   (**m**ove files)

Das Kommando **mv** kopiert wie **cp** Dateien; allerdings wird bei diesem Kopiervorgang die Originaldatei gelöscht. **mv** kann auf 3 verschiedene Arten aufgerufen werden:

mv   *datei1   datei2*

Dieser Aufruf kopiert den Inhalt der Datei *datei1* in eine Datei mit Namen *datei2*
und löscht dann die Datei *datei1*. Wenn *datei2* bereits existiert, so wird sie überschrieben, wenn dies die Zugriffsrechte dieser Datei zulassen. Eigentümer dieser
neuen Datei wird – wie bei **cp** – der Benutzer, der dieses Kommando angab.
Zwar werden die Zugriffsrechte mitkopiert, aber wenn sich der Eigentümer und
vielleicht sogar die Gruppe dieser Datei ändert, dann sind diese Zugriffsrechte
auf den neuen Eigentümer und die neue Gruppe anzuwenden.

mv   *datei(en)   directory*

Dieser Aufruf kopiert die *datei(en)* in das Directory *directory*, wobei die dort neu
angelegten Dateien die Namen der ursprünglichen Dateien erhalten.[1] Nach dem
Kopiervorgang werden die Originaldateien *datei(en)* gelöscht.

mv   *directory   directory*

Dieser Aufruf ermöglicht das Umbenennen eines ganzen Directorys. Dies ist
allerdings nur dann möglich, wenn die beiden hier als Argumente angegebenen
Directories das gleiche parent directory besitzen.

Hinweis   Wenn **mv** feststellt, daß die Zugriffsrechte des entsprechenden Benutzers (*user*-
Rechte) ein Beschreiben der Zieldatei verbieten, so meldet es den Namen der
Zieldatei mit den entsprechenden Zugriffsrechten und fragt nach, ob diese
Datei wirklich zu überschreiben ist. In allen anderen Fällen überschreibt **mv**
bereits vorhandene Dateien ohne Rückfrage.

Aus didaktischen Gründen wird hier bei

mv   a   b

---

1. Als Name wird in das neue Directory die letzte Komponente des Pfadnamens der alten
   Dateien eingetragen; wenn z.B. */home/egon/uebung1/***obst** mit **mv** nach */home/egon/ uebung2*
   kopiert wird, so würde in */home/egon/uebung2* der Name *obst* (letzte Komponente des Pfadnamens der ursprünglichen Datei) eingetragen.

von einem Kopieren der Datei a nach Datei b mit nachträglichem Löschen der Originaldatei a gesprochen. In Wirklichkeit findet jedoch kein Kopiervorgang statt, sondern wird lediglich der Dateiname von a nach b umgeändert. Die Daten der Datei a werden durch **mv** also nicht »bewegt«.

Beispiel

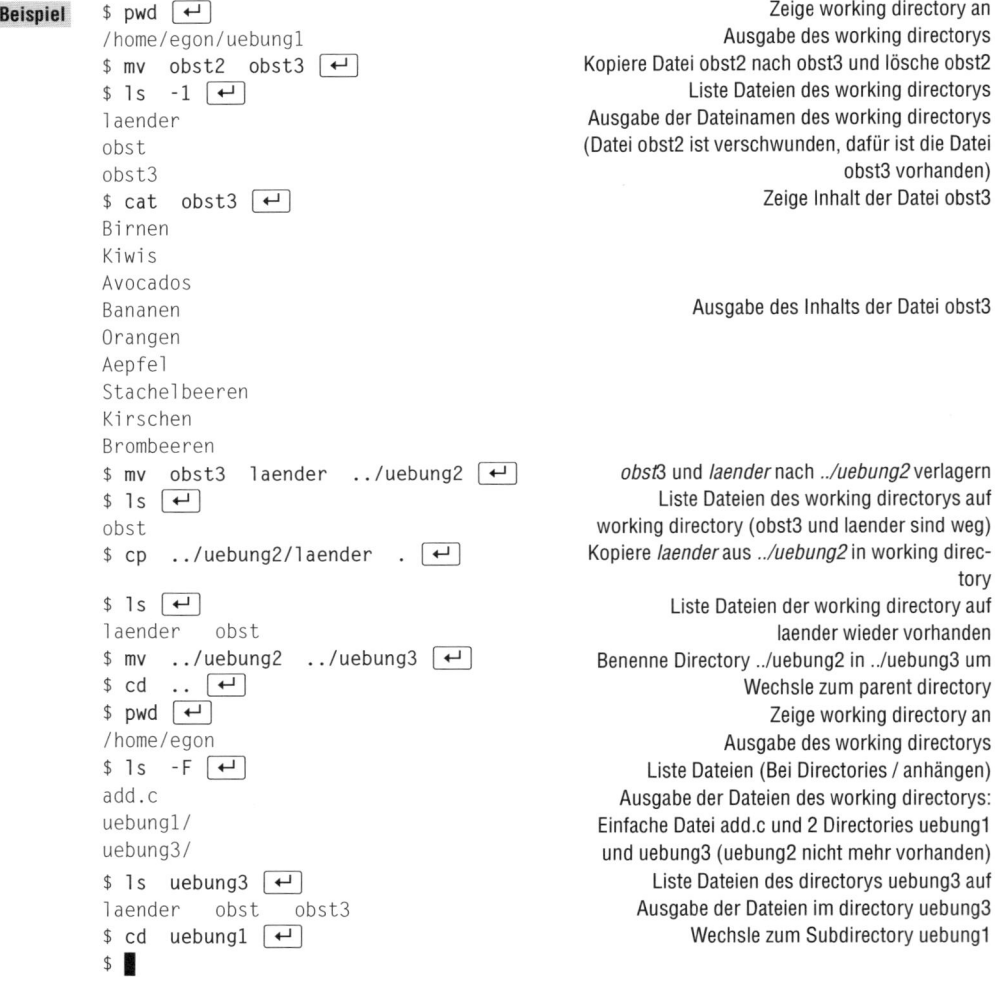

```
$ pwd  ⏎                              Zeige working directory an
/home/egon/uebung1                    Ausgabe des working directorys
$ mv  obst2  obst3  ⏎        Kopiere Datei obst2 nach obst3 und lösche obst2
$ ls  -1  ⏎                    Liste Dateien des working directorys
laender                      Ausgabe der Dateinamen des working directorys
obst                         (Datei obst2 ist verschwunden, dafür ist die Datei
obst3                                           obst3 vorhanden)
$ cat  obst3  ⏎                   Zeige Inhalt der Datei obst3
Birnen
Kiwis
Avocados
Bananen                            Ausgabe des Inhalts der Datei obst3
Orangen
Aepfel
Stachelbeeren
Kirschen
Brombeeren
$ mv  obst3  laender  ../uebung2  ⏎   obst3 und laender nach ../uebung2 verlagern
$ ls  ⏎                        Liste Dateien des working directorys auf
obst                    working directory (obst3 und laender sind weg)
$ cp  ../uebung2/laender  .  ⏎    Kopiere laender aus ../uebung2 in working direc-
                                                    tory
$ ls  ⏎                        Liste Dateien der working directory auf
laender   obst                      laender wieder vorhanden
$ mv  ../uebung2  ../uebung3  ⏎    Benenne Directory ../uebung2 in ../uebung3 um
$ cd  ..  ⏎                      Wechsle zum parent directory
$ pwd  ⏎                         Zeige working directory an
/home/egon                       Ausgabe des working directorys
$ ls  -F  ⏎                  Liste Dateien (Bei Directories / anhängen)
add.c                        Ausgabe der Dateien des working directorys:
uebung1/                     Einfache Datei add.c und 2 Directories uebung1
uebung3/                     und uebung3 (uebung2 nicht mehr vorhanden)
$ ls  uebung3  ⏎               Liste Dateien des directorys uebung3 auf
laender   obst   obst3            Ausgabe der Dateien im directory uebung3
$ cd  uebung1  ⏎                  Wechsle zum Subdirectory uebung1
$ ▮
```

System V.4 **1. Option -i (Rückfrage bei bereits existierenden Zieldateien)**

Wie bei **cp** gilt: Wird bei **mv** die Option **-i** angegeben, dann fragt **mv**, wenn eine Zieldatei bereits existiert, erst nach, ob diese Zieldatei zu überschreiben ist.

2. Verschieben von Directorybäumen an andere Positionen im Directory-baum

In System V.3 ist die Aufrufform

mv   *dir1   dir2*

nur erlaubt, wenn sich *dir1* und *dir2* im gleichen Directory befinden, d.h. es ist nur eine Änderung des Namens, nicht aber der Position möglich.

In System V.4 kann dagegen auch die Position eines Directorys geändert werden, wie z.B.

mv   /home/egon/uebung   /tmp

Dieser Aufruf wäre in System V.3 nicht möglich. Allerdings ist er auf System V.4 und Linux nur dann möglich, wenn sich das Quell- und Zieldirectory auf der gleichen Partition befinden.

3. Existierendes Zieldirectory wird nicht überschrieben

Wenn beim Aufruf

mv   *dir1   dir2*

das Zieldirectory *dir2* bereits existiert, so gibt System V.3 eine Fehlermeldung aus. Bei System V.4 verhält sich **mv** dagegen wie **cp** und legt *dir1* als Subdirectory von *dir2* an.

Erzeugen neuer Verweise (Links) auf Dateien

ln   (**lin**k files)

Manchmal ist es notwendig, ein und dieselbe Datei unter verschiedene Namen ansprechen zu können. Als Beispiel möge eine Datei *kaffeekasse* dienen, in welcher der Verwalter einer Kaffeekasse immer die zu zahlenden Beträge der einzelnen Kaffeetrinker hineinschreibt. Diese Datei befinde sich nun im home directory des Kassenverwalters (z.B. */home/manfred*) und kann von jedem Benutzer gelesen werden. Allerdings müßte zum Lesen immer der volle Pfadnamen (*/home/manfred/ kaffeekasse*) angegeben werden. Um dies zu vermeiden, ist es möglich einen sogenannten Link auf diese Datei zu legen, d.h. an diese Datei einen zusätzlichen Namen zu vergeben. So könnte z.B. jeder Kaffeetrinker in seinem home directory einen Link auf die Datei *kaffeekasse* des Verwalters erzeugen und diesem Link einen eigenen Dateinamen geben.

Links haben natürlich weitere Vorteile: So erlauben sie Zugriff auf eine gemeinsame Datei, ohne diese kopieren zu müssen und tragen so dazu bei, Platz zu sparen, da ja nicht der Inhalt dieser gemeinsamen Datei kopiert wird, sondern eben nur ein neuer Name für diese angelegt wird. Zudem ist bei einer solchen Vorgehensweise sichergestellt, daß immer nur eine aktuelle Version einer Datei vorhanden ist; dies würde bei einem Kopieren nicht der Fall sein.

Das Kommando **ln** kann auf zwei verschiedene Arten aufgerufen werden:

ln   *datei1 datei2*

Dieser Aufruf erzeugt einen Link zur Datei *datei1*. Als Name für diesen Link wird *datei2* verwendet.

ln   *datei(en) directory*

Dieser Aufruf erzeugt im Directory *directory* mehrere Links zu den angegebenen *datei(en)*. Für diese Links werden die Namen der *datei(en)*[1] in das Directory *directory* eingetragen.

Hinweis   Wenn **ln** feststellt, daß die Zugriffsrechte des entsprechenden Benutzers (*user*-Rechte) das Überschreiben einer bereits vorhandenen Datei dieses Namens verbieten, so meldet es den Namen der zu überschreibenden Zieldatei mit den entsprechenden Zugriffsrechten und fragt nach, ob diese Datei wirklich zu überschreiben ist. In allen anderen Fällen überschreibt **ln** bereits vorhandene Dateien ohne Rückfrage.

Beispiel

```
$ pwd  ⏎
/home/egon/uebung1
$ ln  laender  staaten  ⏎
$ ls  -l  ⏎
total 3
-rw-r--r--   2 egon     graph  222 Mar 21 11:19  laender
-rw-r--r--   1 egon     graph   79 Mar 21 11:23  obst
-rw-r--r--   2 egon     graph  222 Mar 21 11:19  staaten
```

Zeige working directory an
Ausgabe des working directorys

Erzeuge einen Link staaten auf Datei laender
Liste Dateien im working directory mit Option -l
Ausgabe der Dateinamen des working directorys
im »Langformat« (staaten und laender haben nun im Link-Feld die Ziffer 2 stehen, was anzeigt, daß es 2 Namen für diese Datei gibt)

```
$ cat  staaten  ⏎
Grossbritannien:London:56 Mio:244000
Schweiz:Bern:6,5 Mio:41000
Italien:Rom:57,3 Mio:294000
Frankreich:Paris:53,6 Mio:547000
Indien:Neu Delhi:644 Mio:3288000
USA:Washington:220,7 Mio:9363000
Oesterreich:Wien:7,5 Mio:83000
$ cd  ..  ⏎
$ mkdir  uebung4  ⏎
$ cd  uebung4  ⏎

$ ln  ../uebung1/obst  ../uebung1/staaten  .  ⏎
```

Gib Inhalt von staaten (Link) am Bildschirm aus

Ausgabe der Datei (Link) staaten; da dieser Link auf die Datei laender zeigt, wird deren Inhalt hier ausgegeben

Wechsle zum parent directory
Lege ein neues Directory uebung4 an
Wechsle zum Subdirectory uebung4
Links zu obst und staaten (in ../uebung1)

---

1. die letzten Komponenten der Pfadnamen zu den *datei(en)*

```
$ ls  -l  ⏎
total 2
-rw-r--r--    2 egon      graph    79 Mar 21 11:23   obst
-rw-r--r--    3 egon      graph   222 Mar 21 11:19   staaten
$ cat  obst  ⏎
Birnen
Kiwis
Avocados
Bananen
Orangen
Aepfel
Stachelbeeren
Kirschen
Brombeeren
```

Liste Dateien im working directory mit Option -l
Ausgabe der Dateinamen des working directory
im »Langformat« (obst hat 2 Links und staaten hat 3 Links)
Gib Inhalt der Datei obst (Link) aus
Ausgabe der Datei (Link) obst; da dieser Link auf die Datei obst in ../uebung1 zeigt, wird deren Inhalt hier
ausgegeben

```
$ cd ../uebung1  ⏎                          Gehe zurück ins Directory uebung1
$ ▮
```

Wichtig ist, daß das Kommando **ln** lediglich neue Verweise (Links) auf eine Datei erzeugt und deren Inhalt nicht dupliziert.

Links werden z.B. vom **mv**-Kommando in System V.3 verwendet, das beim Umbenennen von Dateien zunächst einen Link unter dem neuen Namen einrichtet und anschließend den alten entfernt.

System V.4

1.   Option -n (Rückfrage bei bereits existierenden Zieldateien)

Wird bei **ln** die Option **-n** angegeben, dann fragt **ln**, wenn eine Zieldatei bereits existiert, erst nach, ob diese Zieldatei zu überschreiben ist.

2.   Symbolische Links

In System V.4 wurden sogenannte *symbolische Links* eingeführt, mit denen sich ebenfalls zusätzliche Namen an Dateien vergeben lassen. Anders als bei den oben beschriebenen normalen Links (*Hard-Links*) wird bei den symbolischen Links (*Soft-Links*) eine Spezialdatei erzeugt, die den Namen der Zieldatei enthält. Im Gegensatz zu den normalen Links erlauben symbolische Links auch Verweise auf Directories und Verweise über Dateisystemgrenzen hinweg.

Zum Anlegen von symbolischen Links (Soft-Links) steht die Option **-s** zur Verfügung:

1. **ln -s** *datei1 datei2*
2. **ln -s** *datei(en) directory*
3. **ln -s** *dir1 dir2*

Die einzelnen Aufrufe bewirken im einzelnen das folgende:

1. *datei2* wird als zusätzlicher Name für *datei1* angelegt, mit folgenden Ausnahmen:
   Wenn die Zieldatei *datei2* bereits existiert, gibt **ln** immer einen Fehler aus; die Option **-n** ist hier nicht erforderlich.
   Wenn beide Dateien nicht existieren, wird eine *datei2* angelegt, deren Inhalt der Name *datei1* ist. Bei Zugriffen auf *datei2* erscheint dann solange eine Fehlermeldung, bis *datei1* angelegt ist.

2. verhält sich weitgehend wie (1) mit dem Unterschied, daß im *directory* die Basisnamen der *datei(en)* als symbolische Links eingetragen werden.

3. verhält sich ebenfalls weitgehend wie (1), nur daß hier ein symbolischer Link *dir2* auf ein Directory *dir1* angelegt wird.

Löscht man die Zieldatei, auf die ein Soft-Link verweist, führt ein Zugriff auf die Datei über den Soft-Link zu einer Fehlermeldung. Richtet man später wieder eine Datei mit entsprechendem Namen ein, funktioniert alles wie zuvor.

```
$ ls ⏎
laender   obst      staaten
$ ln -s laender staaten ⏎
ln: cannot create staaten
ln: File exists
$ ln -s obst fruechte ⏎
$ cat fruechte ⏎
Birnen
Kiwis
Avocados
Bananen
Orangen
Aepfel
Stachelbeeren
Kirschen
Brombeeren
$ ls -l fruechte ⏎
lrwxrwxrwx  1 egon     graph          4 Mar 25 16:08 fruechte -> obst
$
```

Symbolische Links werden bei der Ausgabe mit **ls -l** durch die Angabe von **l** als erstes Zeichen gekennzeichnet. Zusätzlich wird dabei noch

-> *name*

ausgegeben. *name* ist dabei die Datei, auf die dieser symbolische Link verweist.

Nun legen wir einen symbolischen Link *fruits* auf eine nicht existierende Datei *obst2* und greifen dann mit **cat** auf *fruits* zu:

```
$ ln -s  obst2  fruits  ↵
$ ls -l fruits  ↵
lrwxrwxrwx  1 egon      graph          5 Mar 25 17:11 fruits -> obst2
$ cat fruits  ↵
ln: cannot open fruits
$
```

Kopieren wir nun aber z.B. *obst* nach *obst2*, so können wir über *fruits* auf den Inhalt von *obst2* zugreifen.

```
$ cp obst obst2  ↵
$ cat fruits  ↵
Birnen
Kiwis
Avocado
Bananen
Orangen
Aepfel
Stachelbeeren
Kirschen
Brombeeren
$
```

Eine Hauptanwendung von symbolischen Links sind Verweise über Dateisystemgrenzen hinweg oder Verweise auf Directories, welche mit Hard-Links nicht möglich sind.

Ebenso werden symbolische Links in System V.4 verwendet, um eine zu System V.3 kompatible Directory-Struktur zu erhalten. So existieren z.B. Links für die Directories */bin* auf */usr/bin* und */lib* auf */usr/lib*.

```
$ ls -l /bin  ↵
lrwxrwxrwx  1 root      root           9 Sep 23 10:58 /bin -> ./usr/bin
$ cd /bin  ↵
$ pwd  ↵
/usr/bin
$ cd  ↵
$ cd uebung1  ↵
$
```

Symbolische Links sind eine wichtige und nützliche Neuerung in System V.4. Trotzdem ist von einem übermäßigen Gebrauch dieser Soft-Links abzuraten, da die Gefahr besteht, daß man sehr schnell den Überblick verliert. Deswegen sollten Sie, wenn möglich, bevorzugt mit Hard-Links arbeiten.

Löschen von Dateien

rm   (**rem**ove files)

Die vollständige Aufrufsyntax für **rm** ist:

rm [optionen] datei(en)

Das Kommando **rm** löscht die angegebenen *datei(en)*, wobei für *datei(en)* einfache Dateien oder auch Directories angegeben werden können.

Eine Datei kann mehrere Namen (Links) besitzen. Wenn eine angegebene *datei* ein Link ist, so löscht **rm** nur den Link und nicht die wirkliche Datei. Wenn der letzte Link auf eine Datei gelöscht wird, dann wird zugleich auch die Datei selbst gelöscht.

Man muß Schreibrechte im entsprechenden Directory besitzen, um eine Datei darin löschen zu können; für die Datei selbst werden weder Lese- noch Schreibrechte benötigt. Wenn allerdings die Schreibrechte für diese Datei fehlen, dann wird der Benutzer gefragt, ob er diese Datei wirklich löschen möchte.

Um eine Datei ohne Rückfrage zu löschen, sogar wenn die entsprechenden Schreibrechte fehlen, muß die Option **-f** angegeben werden.

Beispiel

```
$ pwd  ↵                              Zeige working directory an
/home/egon/uebung1                    Ausgabe des working directorys
$ rm fruechte  fruits  obst2  ↵
$ ls  ↵                   Liste Dateien des working directorys nebeneinander
laender   obst    staaten      Ausgabe der Dateien des working directorys
$ rm  staaten  ↵            Lösche die Datei staaten (nur Link wird gelöscht)
$ ls  ↵                   Liste Dateien des working directorys nebeneinander
laender   obst               Ausgabe des working directorys (staaten ist weg)
$ rm  -i  laender  ↵               Lösche die Datei laender (mit Rückfrage)
laender: ? n  ↵                     Rückfrage wird mit n(ein) beantwortet
$ ls  ↵                   Liste Dateien des working directorys nebeneinander
laender   obst               Ausgabe der Dateien des working directorys
$ cd  ..  ↵                            Wechsle zum parent directory
$ ls  -CF  ↵          Liste Dateien im working directory mit Optionen -CF
add.c   uebung1/   uebung3/   uebung4/   Ausgabe der Dateinamen des working directorys
$ rmdir  uebung4  ↵                        Lösche Directory uebung4
rmdir: uebung4: directory not empty   Directory ist nicht leer (uebung4 wird nicht gelöscht)
$ rm  -r  uebung4  ↵       Lösche uebung4 mit allen Dateien/Subdirectories
$ ls  -CF  ↵               Dateien des working directorys mit -CF listen
add.c   uebung1/   uebung3/                       uebung4 ist weg
$ cd  uebung1  ↵                       Gehe zurück ins Directory uebung1
$ ▊
```

Directories können nur gelöscht werden, wenn die Option **-r**[1] angegeben ist. Vielen Benutzern scheint dieses Kommando zu mächtig, so daß sie es in etwas abgeschwächter Form (mit der Option **-i**) aufrufen: In diesem Fall wird dann für jede zu löschende Datei nachgefragt, ob sie wirklich gelöscht werden soll. Nur wenn auf diese Frage mit der Eingabe **y** geantwortet wird, wird diese Datei dann gelöscht.

Linux   Unter Linux empfiehlt es sich für diesen Fall, in der Datei .alias eine Kurzform (*Alias*) zu definieren, wie z.B.

```
alias rm='rm -i '
```

Jeder Aufruf von **rm** wird dann automatisch in den weniger gefährlichen Aufruf

```
rm -i ...
```

umgeformt. Ist man sich aber sicher, daß man bestimmte Dateien oder Directories auf jeden Fall löschen will, und man möchte die ständige Rückfrage, ob eine Datei wirklich zu löschen ist, ausschalten, so muß man nur

```
rm -f ...
```

Unix   aufrufen.

Zugriffsrechte von Dateien ändern

chmod   (**ch**ange **mod**e)

Mit dem Kommando **chmod** können die Zugriffsrechte von Dateien oder Directories geändert werden. Allerdings kann nur der Super-User oder der Besitzer die Zugriffsrechte für eine Datei bzw. für ein Directory ändern. Das Kommando **chmod** kann auf zwei verschiedene Arten aufgerufen werden:

1. **chmod** *absolut-modus datei(en)*

   und

2. **chmod** *symbolischer-modus datei(en)*

Die erste Aufrufform

chmod *absolut-modus   datei(en)*

Für *datei(en)* können dabei einfache Dateien oder auch Directories angegeben werden.

---

1. Diese Option bewirkt, daß zuerst alle Inhalte eines Directorys und dann das Directory selbst gelöscht werden. Diese Option arbeitet dabei rekursiv, was bedeutet, daß alle Subdirectories, Sub-Subdirectories usw. ebenso zuerst geleert und dann gelöscht werden.

Für *absolut-modus* muß ein Oktalwert angegeben werden, der festlegt, welche der 12 Bits des Dateimodus für die angegebenen *datei(en)* zu setzen bzw. zu löschen sind.

Dabei hat jedes einzelne der 12 Bits folgende Bedeutung:

Modus	Bedeutung
0400	Lese-Recht (**r**ead) für den Eigentümer (*user*)
0200	Schreib-Recht (**w**rite) für den Eigentümer (*user*)
0100	Ausführ-Recht (**e**xecute) für den Eigentümer (*user*)
0040	Lese-Recht (**r**ead) für die Gruppe (*group*)
0020	Schreib-Recht (**w**rite) für die Gruppe (*group*)
0010	Ausführ-Recht (**e**xecute) für die Gruppe (*group*)
0004	Lese-Recht (**r**ead) für die Anderen (*others*)
0002	Schreib-Recht (**w**rite) für die Anderen (*others*)
0001	Ausführ-Recht (**e**xecute) für die Anderen (*others*)
4000	set-user-id: Dieses Bit wird nur für ausführbare Dateien (Programme) ausgewertet. Wenn dieses Bit gesetzt ist, dann hat jeder Benutzer, der dieses Programm ausführt, für die Dauer der Programmausführung die gleichen Rechte wie der Besitzer dieses Programms
20#0	set-group-id: Wenn das *execute*-Recht für die Gruppe gesetzt ist (# ist gleich 7, 5, 3 oder 1), dann werden dem Aufrufer dieses Programms für die Zeit der Programmausführung die gleichen Rechte gewährt, wie wenn er Mitglied der Gruppe wäre, der diese Datei gehört. Wenn das *execute*-Recht für die Gruppe *nicht* gesetzt ist (# ist gleich 6, 4, 2 oder 0), dann wird diese Datei für alleinigen Lese- und / oder Schreibzugriff zur Verfügung gestellt, d.h. daß diese Datei für Lese- und / oder Schreibzugriffe durch andere Programme gesperrt wird, solange ein Programm auf diese Datei zugreift.
1000	sticky bit: Nach Ausführung des in dieser Datei enthaltenen Programms wird dieses nicht – wie sonst üblich – aus dem Hauptspeicher entfernt; dieses Bit kann nur vom Super-User eingeschaltet werden.

Die zweite Aufrufform

`chmod` *symbolischer-modus datei(en)*

Für *datei(en)* können auch hier einfache Dateien oder Directories angegeben werden.

Für *symbolischer-modus* gilt die folgende Syntax:

`[ugoa]`*operator*`[rwxslt]`

Dabei bedeuten die einzelnen Zeichen:

Zeichen	Bedeutung
u	für den Eigentümer (*user*)
g	für die Gruppe (**g**roup)
o	für die anderen Benutzer (**o**thers)
a	für alle 3 Benutzerklassen (**a**ll); entspricht der Angabe **ugo**. Keine Angabe entspricht auch der Angabe **a**. Z.B. würde **chmod +x** ... allen Benutzerklassen Ausführrecht geben

Für *operator* kann eines folgenden Zeichen angegeben werden:

+	Rechte hinzufügen (relativ)
-	Rechte entziehen (relativ)
=	Rechte als neue Zugriffsrechte vergeben (absolut)

Bei dem angegebenen Zugriffsrechte-Muster steht dabei:

Zeichen	Bedeutung
r	für Lese-Recht (**r**ead)
w	für Schreib-Recht (**w**rite)
x	für Ausführ-Recht (e**x**ecute)
s	für set-user-id (in Zusammenhang mit **u**) oder für set-group-id (in Zusammenhang mit **g**)
t	für sticky bit; nur im Zusammenhang mit **u** wirkungsvoll
l	für exklusiven Lese- und/oder Schreibzugriff

Wenn = verwendet wird, dann muß kein Zugriffsrechte-Muster angegeben sein; fehlendes Zugriffsmuster bedeutet dabei: Entfernen aller entsprechenden Zugriffsrechte.

Beispiel Um einer Datei *datei* die Zugriffsrechte **s--rwxr-xr--** zu geben, könnte einer der folgenden Aufrufe abgegeben werden:

```
chmod  u=rwxs,g=rx,o=r datei
```

oder

```
chmod  4754 datei
```

Erklärung dazu:

			user			group			others			
s	–	–	r	w	x	r	–	x	r	–	–	symbolischer-modus
1	0	0	1	1	1	1	0	1	1	0	0	(dual)
4			7			5			4			absolut-modus (oktal)

Bild 4.10: Beispiel für Symbolischer und Absolut-Modus bei chmod

Bei der Ausgabe eines Dateinamens mit dem Kommando **ls -l** werden immer nur 9 Bits angezeigt.

Wenn das s-Bit, t-Bit oder l-Bit gesetzt ist, so wird in diesem Fall das jeweilige x-Bit bei der Ausgabe mit **ls** überschrieben.

Dabei bedeutet:

s (kleines s)   *set-user-id*-Bit gesetzt und Ausführ-Recht

S (großes s)   *set-user-id*-Bit gesetzt und kein Ausführ-Recht[1]

t (kleines t)   sticky-Bit gesetzt und Ausführ-Recht

T (großes t)   sticky-Bit gesetzt und kein Ausführ-Recht

Beispiel

```
$ pwd  ↵                                           Zeige working directory an
/home/egon/uebung1                                 Ausgabe des working directorys
$ ls  -l  obst  ↵                                  Liste Datei obst im »Langformat« auf
-rw-r--r-- 1 egon  graph  79 Mar 21 11:23 obst     Datei obst wird im »Langformat« aufgelistet
$ chmod  4754  obst  ↵                             Ändere Rechte von obst mit absolut-modus
$ ls  -l  obst  ↵                                  Liste Datei obst im »Langformat« auf
-rwsr-xr-- 1 egon  graph  79 Mar 21 11:23 obst     Datei obst wird im »Langformat«
$ ■                                                aufgelistet; statt x-Bit wird beim user
                                                   das s-Bit angezeigt (set-user-id-Bit gesetzt)
```

Zunächst soll hier der Zweck des _setuid_-Bits (*set-user-id*-Bit) erläutert werden. Das *setuid*-Bit ist eine Erfindung von Dennis Ritchie und dient zur Lösung einer ganzen Reihe von Zugriffsproblemen.

Ein Beispiel dazu: Angenommen ein Benutzer **emil** habe ein Programm *wahl* geschrieben, das Abstimmungen zu gewissen Themenkomplexen erlaubt, wie z.B. gemeinsames Abteilungsessen, Ziel des Betriebsausflugs, usw. Dieses Programm sei so ausgelegt, daß es in einem Subdirectory (z.B. *abstimm*) von **emil**s home directory Subdirectories zu den einzelnen Themenkomplexen erwartet, wie z.B. in Abbildung 4.11.

---

1. Diese Möglichkeit ist in System V.4 ausgeschlossen, da das set-user-id-Bit nur bei den Dateien einen Sinn ergibt, die auch ausführbar sind.

Die in diesen Subdirectories enthaltenen Dateien *wahlstand* und *waehlernamen* beinhalten den aktuellen Wahlstand und eine Liste der Benutzer, denen die Abgabe einer Stimme zum entsprechenden Thema gestattet ist; zudem wird in *waehlernamen* festgehalten, ob ein Benutzer bereits seine Stimme abgab, um so ein zweimaliges Wählen durch den gleichen Benutzer zu verhindern.

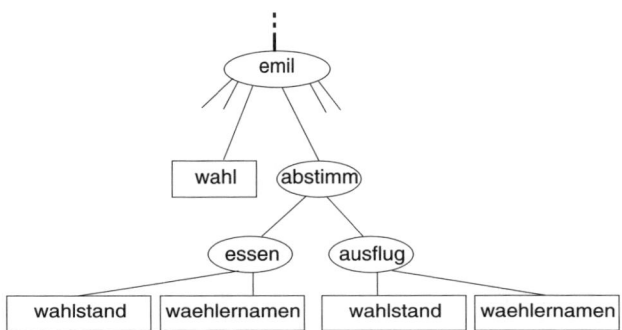

Bild 4.11: *Das Programm wahl und das Subdirectory abstimm*

Das direkte Beschreiben dieser beiden Dateien muß natürlich anderen Benutzern untersagt sein, um Manipulationen des Wahlergebnisses auszuschließen. Somit wird – über die Zugriffrechte – anderen Benutzern der Zugang zu diesen Dateien verwehrt. Eine Änderung in diesen beiden Dateien sollte nur über das Aufrufen des »neutralen« Programms *wahl* möglich sein. Wenn nun aber ein anderer Benutzer das Programm *wahl* startet, so würde dieses Programm unter dessen login-Kennung (reale login-Kennung) ablaufen und somit würde dem Programm der Zugang zu diesen beiden Dateien verwehrt.

Die Lösung für dieses Dilemma ist das *setuid*-Bit: Der Besitzer des Programms (**emil**) würde dieses Bit für die Datei *wahl* setzen. Das hätte zur Folge, daß dieses Programm, wenn es von einem anderen Benutzer gestartet wird, für die Dauer der Ausführung unter der login-Kennung des Eigentümers von *wahl* (effektive login-Kennung ist die von **emil**) läuft und dem Programm somit der Zugriff auf diese beiden Dateien erlaubt ist.

Mit dem setuid-Konzept ist es also möglich, Dateien vor dem normalen Zugriff durch andere Benutzer zu schützen, diesen aber zugleich einen kontrollierten Zugriff zu ermöglichen, wenn sie die zur Manipulation der Dateien angebotenen Programme benutzen.

Weitere Beispiele zu chmod

Das Kommando **passwd**, welches sich im Directory */usr/bin* befindet, ermöglicht das Ändern eines Paßwortes. Dieses Kommando muß dazu einen Eintrag in die Datei */etc/shadow* machen. Der Besitzer des Kommandos **passwd** und der Datei */etc/shadow* ist *root*. Damit ein Benutzer nun aber unter Verwendung des

Kommandos **passwd** sein Paßwort ändern (in der Datei */etc/shadow* schreiben) kann, ist das *setuid*-Bit für das Kommando **passwd** gesetzt.

Im nachfolgenden Beispiel wird */etc/shadow* und */usr/bin/passwd* im »Langformat« aufgelistet. Dabei ist zu erkennen, daß bei */usr/bin/passwd* das setuid-Bit für user und group gesetzt ist.[1]

```
$ ls  -l  /etc/shadow  ⏎              Liste Datei /etc/shadow im »Langformat«
                                                                        auf
-r--------   1 root     sys   2205 Mar 19 14:05 /etc/shadow
$ ls  -l  /usr/bin/passwd  ⏎
-r-sr-sr-x   1 root     sys  14206 Jun  2 17:23 /usr/bin/passwd
$ █
$ pwd  ⏎                                 Zeige working directory an
/home/egon/uebung1                       Ausgabe des working directorys
$ chmod 644 obst  ⏎              Ändere Rechte von Obst (absolut-modus)
                                   Liste Datei obst im »Langformat« auf
$ ls -l obst  ⏎
-rw-r--r--   1 egon     graph   79 Mar 21 11:23  obst
$ chmod  a+rwx  obst  ⏎
$ ls  -l  obst  ⏎
-rwxrwxrwx   1 egon     graph   79 Mar 21 11:23  obst
$ chmod  o-wx  obst  ⏎
$ ls  -l  obst  ⏎
-rwxrwxr--   1 egon     graph   79 Mar 21 11:23  obst
```
                              Datei obst wird im »Langformat« aufgelistet
                              Ändere Rechte von obst (symbolischer-modus)
                                  Liste Datei obst im »Langformat« auf
                                  Nun haben alle Benutzer alle Rechte
                              Ändere Rechte von obst (symbolischer-modus)
                                  Liste Datei obst im »Langformat« auf
                                  Nun hat others nur noch Leserecht

```
$ chmod  ug-wx  obst  ⏎
$ ls  -l  obst  ⏎
-r--r--r--   1 egon     graph   79 Mar 21 11:23  obst
$ chmod  +x  obst  ⏎
$ ls  -l  obst  ⏎
-r-xr-xr-x   1 egon     graph   79 Mar 21 11:23  obst
```
                              Ändere Rechte von obst (symbolischer-modus)
                                  Liste Datei obst im »Langformat« auf
                                  Nun haben alle Benutzer nur noch Leserecht
                              Ändere Rechte von obst (symbolischer-modus)
                                  Liste Datei obst im »Langformat« auf
                                  Nun haben alle Benutzer Lese- u. Ausführrecht

---

1. Während der Ausführung setzt **passwd** kurzzeitig die Schreiberlaubnis für **root**, um das neue Paßwort (verschlüsselt) in die Datei */etc/shadow* einzutragen. Danach wird diese Schreiberlaubnis wieder weggenommen.

```
$ chmod  755  .  ⏎
$ ls  -ld  .  ⏎
drwxr-xr-x   2 egon      graph  144 Mar 22 14:13  .
$ chmod  711  .  ⏎
$ ls  -ld  .  ⏎
drwx--x--x   2 egon      graph  144 Mar 22 14:13  .
$ chmod  ugo+w  .  ⏎
$ ls  -ld  .  ⏎
drwx-wx-wx   2 egon      graph  144 Mar 22 14:13  .
$ ▮
```

Ändere Rechte für work. dir. (absolut-modus)
Liste Zugriffsrechte für working directory
user: alle Rechte; Rest: Lese- u. Ausführ-Recht
Ändere Rechte für work. dir. (absolut-modus)
Liste Zugriffsrechte für working directory
user: alle Rechte; Rest: nur Ausführ-Recht
Ändere Rechte für work. dir. (symbol.-modus)
Liste Zugriffsrechte für working directory
user: alle Rechte; Rest: Lese- u. Schreib-Recht

Hinweis   Es ist wichtig zu wissen, daß das Recht, eine Datei anzulegen oder zu löschen, ausschließlich von den Zugriffsrechten des Directorys abhängt. Die Kommandos **ln**, **rm** und **mv** geben deswegen zur Absicherung eine Warnung in Form einer Rückfrage aus, wenn man mit ihnen eine Datei überschreiben oder löschen will, die keine Schreibrechte hat. Antwortet man auf diese Rückfrage mit **y** (yes), so wird die Datei überschrieben bzw. gelöscht. Bei jeder anderen Eingabe bleibt die Datei unberührt. Ist man sich absolut sicher, daß man die entsprechenden Dateien überschreiben bzw. löschen möchte, und man deshalb die Rückfrage als lästig empfindet, so muß man beim Aufruf dieser Kommandos nur die Option **-f** (*force*) angeben.

Dateien, die sich in Directories befinden, die keine Schreibrechte haben, können niemals gelöscht oder überschrieben werden.

System V.4   **1.   Option -R (Rechte aller Dateien eines Directorybaums ändern)**

In System V.4 können die Rechte aller Dateien eines ganzen Directorybaums mit einem einzigen **chmod**-Kommando geändert werden. Bei einem Aufruf wie

```
chmod -R  modus directory
```

werden die Zugriffsrechte aller Dateien, Subdirectories, Sub-Subdirectories, usw., die sich im Dateibaum von *directory* befinden, entsprechend *modus* gesetzt.

2.   Directories haben keinen set-user-id-Mechanismus

Bei Directories darf seit System V.4 das setuid-Bit nicht mehr gesetzt werden, da sie nicht ausgeführt werden können. Dagegen darf aber in System V.4 das set-group-id-Bit gesetzt werden, um Dateien, die in diesem Directory erstellt werden, der gleichen Gruppe zuzuordnen, der auch das Directory selbst zugeordnet ist. Ist das set-group-id-Bit nicht gesetzt, erhalten Dateien die effektive group-id des sie erstellenden Prozesses.

Inhalt einer Datei seitenweise ausgeben

pg   (**p**age)   Nicht unter Linux verfügbar.

Die vollständige Aufrufsyntax für **pg** ist:

pg [*optionen*] [*datei(en)*]

Das Kommando **pg** gibt -wie das **cat**-Kommando- den Inhalt der angegebenen *datei(en)* nacheinander am Bildschirm aus. Im Unterschied zu **cat** wird hier allerdings nach jeder Ausgabe einer Bildschirmseite angehalten, um dem Benutzer das »ruhige« Lesen dieser Seite zu erlauben. Bei einem solchen Ausgabestop begibt sich das **pg**-Kommando allerdings auch in einen interaktiven Modus, d.h. es erwartet nach jeder neuen Bildschirm-Seite eine Eingabe des Benutzers.

Einige der möglichen »Zwischenbefehle«, welche üblicherweise am unteren Bildschirmrand einzugeben und mit ⏎ abzuschließen sind, werden hier angegeben:[1]

Kommando	Beschreibung
⏎ [a]	Eine Bildschirmseite weiterblättern
d	Halbe Bildschirmseite weiterblättern
Strg-D	Halbe Bildschirmseite weiterblättern
-1d	Halbe Bildschirmseite zurückblättern
-1 Strg-D	Halbe Bildschirmseite zurückblättern
+n ⏎	n Bildschirmseiten weiterblättern
-n ⏎	n Bildschirmseiten zurückblättern
l	Eine Zeile weiterblättern
+nl	n Zeilen weiterblättern
-nl	n Zeilen zurückblättern
h	Help-Information (Liste der verfügbaren »Zwischenbefehle«) einblenden
. oder Strg-L	Gleiche Bildschirmseite nochmals neu einblenden (um z.B. Help-Information wieder auszublenden)
$	Zur letzten Bildschirmseite blättern

1. Für n ist dabei eine ganze Zahl anzugeben

Kommando	Beschreibung
/*text*	Bildschirmseite einblenden, in der *text* gefunden wird (*Vor-wärts*-Suche zum Dateiende hin)
?*text*	Bildschirmseite einblenden, in der *text* gefunden wird(*Rückwärts*-Suche zum Dateianfang hin)
q	**pg** verlassen

a. Ist natürlich nicht mit ⏎ abzuschließen

Wenn keine *datei(en)* angegeben sind, so liest **pg** von der Standardeingabe.

Einige der möglichen Optionen sind nachfolgend beschrieben:

Option	Beschreibung
-n	Für *n* ist eine ganze Zahl anzugeben, welche die Größe einer aus-zugebenden Bildschirmseite festlegt. An einem Terminal mit 24 Zeilen ist die Voreinstellung 23 (letzte Zeile ist für die Eingabe der »Zwischenbefehle« reserviert).
-p"*string*"	Der hier angegebene *string* wird anstelle des voreingestellten : (Doppelpunkt) als Promptzeichen verwendet, um den Benutzer zu einer Eingabe aufzufordern. Kommt in diesem *string* ein **%d** vor, so wird hierfür jeweils die aktuelle Seitennummer ausgegeben.
-e	bewirkt, daß beim Erreichen des Dateiendes nicht auf eine Benut-zereingabe gewartet wird, sondern **pg** unmittelbar verlassen wird.
-n	Normalerweise müssen »Zwischenbefehle« immer mit ⏎ abge-schlossen werden. Wenn diese Option gesetzt ist, so führt **pg** einen »Zwischenbefehl« sofort aus, wenn der den Befehl kenn-zeichnende Buchstabe eingegeben wird.
+n	Für *n* ist eine ganze Zahl einzugeben, welche die Nummer der Zeile festlegt, ab der die Ausgabe der entsprechenden *datei(en)* am Bildschirm erfolgen soll.

Beispiel Das später vorgestellte Kommando **file** klassifiziert Dateien nach ihrem Inhalt. Dazu verwendet es die Datei */etc/magic*, in der angegeben ist, welche Bytes einer Datei zu untersuchen sind, und welche Bytemuster dann auf den Inhalt dieser Datei (wie z.B. ASCII-Text oder C-Programm) schließen lassen.

Der Inhalt der Datei */etc/magic*, der auf den unterschiedlichen Unix-Systemen verschieden ist, soll an dieser Stelle nicht weiter analysiert werden; diese Datei dient nur zur Demonstration des Kommandos **pg**:

```
$ pg  -p"Seite %d; Gib ein>"  /etc/magic  ⏎          Aufruf von pg mit Option -p
#ident  "@(#)magic 1.3"
#
#    file cmd's magic file                        Ausgabe der 1. Bildschirmseite der Datei /
#                                                                       etc/magic
#
# Basically, the fields of this file are as follows:
# byte offset, value type, optional operator (= by default), value
# to match (numeric or string), and string to be printed.  Numeric
# values may be decimal, octal, or hex.  Also note that the last
# string may have 1 printf format spec.
# The '>' in occassional column 1's is magic: it forces file to
# continue scanning and matching additional lines.  The first line
# afterwards not so marked terminates the search.
#
0    short      070707      cpio archive
0    string     070707      ASCII cpio archive
0    long       0177555     obsolete ar archive
0    short      0177545     pdp11/pre System V ar archive
0    long       0100554     apl workspace
0    short      017037      packed data
0    string     <ar>        System V Release 1 ar archive
0    string     !<arch>     current ar archive
0    short      0407        pdp11/pre System V vax executable
Seite 1; Gib ein>+2  ⏎
```

Promptanzeige links unten am Bildschirm und Eingabe des Befehls q: Blättere 2 Seiten weiter !

```
...skipping forward
>22  short      >0            - version %ld
0    short      0503          basic-16 executable (TV)
>12  long       >0            not stripped
>22  short      >0            - version %ld
0    short      0510          x86 executable
>12  long       >0            not stripped
0    short      0511          x86 executable (TV)
>12  long       >0            not stripped
0    short      0550          3b20 executable
>12  long       >0            not stripped
>22  short      >0            - version %ld          Ausgabe der 3.Bildschirmseite der Datei /
0    short      0551          3b20 executable (TV)                        etc/magic
     >12  long       >0       not stripped
>22  short      >0            - version %ld
0    short      0560          WE32000 executable
>12  long       >0            not stripped
>18  short      ^00010000     - N/A on 3b2/300 w/paging
>18  short      &00020000     - 32100 required
>18  short      &00040000     and mau hardware required
>20  short      0443          (target shared library)
>20  short      0410          (swapped)
>20  short      0413          (paged)
```

```
>22   short    >0                 - version %ld
Seite 3: Gib ein>$  ⏎
```
Promptanzeige links unten am Bildschirm und Befehl: Blättere auf die letzte Bildschirmseite weiter !
```
...skipping forward
>31   byte     <0x040   small model
>31   byte     =0x048   large model
>31   byte     =0x049   huge model
>16   long     >0       not stripped
0     string   MZ       DOS executable (EXE)
0     string   LZ       DOS built-in
0     byte     0xe9     DOS executable (COM)
0     byte     0xeb     DOS executable (COM)
0     short    =0512    iAPX 286 executable small model (COFF)
>12   long     >0       not stripped
>22   short    >0       - version %ld
0     short    =0522    iAPX 286 executable large model (COFF)
>12   long     >0       not stripped
>22   short    >0       - version %ld
0     short    0520     mc68k executable            Ausgabe der letzten Bildschirmseite
>12   long     >0       not stripped                         der Datei /etc/magic
0   short      0521     mc68k executable (shared)
>12  long      >0       not stripped
0   short      0522     mc68k executable (shared demand paged)
>12  long      >0       not stripped
0   short      =0514    iAPX 386 executable
>12  long      >0       not stripped
>22  short     >0       - version %ld
(EOF)Seite 5: Gib ein>q  ⏎
$ ▮
```
Promptanzeige links unten am Bildschirm und Eingabe des Befehls **q**: Verlasse das Kommando **pg**

more

Soll eine Datei seitenweise ausgegeben werden, steht seit System V.4 ein weiteres
Kommando zur Verfügung, das auch unter Linux vorhanden ist: **more**. Die Syntax für **more** ist:

```
more  [option(en)]  [datei(en)]
```

Das Kommando **more** gibt – wie das Kommando **cat** – den Inhalt der angegebenen *datei(en)* nacheinander am Bildschirm aus. Im Unterschied zu **cat** wird hier
allerdings nach jeder Ausgabe einer Bildschirmseite angehalten, um dem Benutzer das »ruhige« Lesen dieser Seite zu erlauben. Bei einem solchen Ausgabestop
wird in der letzten Zeile der Prompt **--More--** (einschließlich der Prozentzahl des
bisherigen Texts[1]) ausgegeben, und **more** befindet sich dann im interaktiven

---

1. Unter Linux wird sogar noch der aktuelle Dateiname und die Nummer der Zeile, die sich
   oben am Bildschirm befindet, ausgegeben.

Modus, d.h. es erwartet nach jeder neuen Bildschirm-Seite eine Eingabe des Benutzers (siehe more-Kommandos unten).

Wenn keine *datei(en)* angegeben sind, so liest **more** von der Standardeingabe. Dies ermöglicht den Einsatz von **more** auf der rechten Seite einer Pipe (wird noch genauer erläutert).

Von der Vielzahl der Optionen, die **more** bietet, werden hier nur die wichtigsten vorgestellt:

-f	(*no fold*) Zeilen nicht abschneiden, wenn sie länger als eine Bildschirmzeile sind.
-s	(*squeeze*) Für aufeinanderfolgende Leerzeilen nur eine Leerzeile ausgeben.
-w	(*wait*) bewirkt, daß **more** beim Erreichen des Dateiendes auf eine Benutzereingabe wartet; normalerweise beendet sich **more** immer beim Erreichen des Dateiendes.
+*zeilennr*	Für *zeilennr* ist eine ganze Zahl anzugeben, die die Nummer der Zeile festlegt, ab der die Ausgabe der entsprechenden *datei(en)* am Bildschirm erfolgen soll.

more-Kommandos müssen immer am unteren Bildschirmrand eingegeben und meist nicht durch Drücken der Eingabe-Taste abgeschlossen werden. In der nachfolgenden Liste werden die wichtigsten interaktiven more-Kommandos vorgestellt, die nicht durch Drücken der Eingabe-Taste abzuschließen sind.

Leertaste	eine Bildschirmseite vorblättern.
b	eine Bildschirmseite zurückblättern.
⏎	eine Zeile weiterblättern.
q oder **Q**	**more** beenden.
=	aktuelle Zeilennummer ausgeben.
v	Editor (über Variable *EDITOR* festgelegt) aufrufen; Voreinstellung ist **ed**.
h oder **?**	Kurzübersicht der more-Kommandos ausgeben.
/text	vorwärts nach *Vorkommen* von *text* suchen.
n	letzte Textsuche wiederholen.
'	zurück zum Punkt gehen, von dem die letzte Suche gestartet wurde. Falls zuvor keine Suche stattfand, dann zum Anfang der Datei gehen.

Linux   **less**

Ein anderes häufig verwendetes Kommando zum seitenweisen Blättern in Dateien ist **less**, das leistungsfähiger als **more** ist und sehr häufig unter Linux verwendet wird. Die oben vorgestellten Optionen und more-Kommandos (bis auf ') gelten auch für **less**. Um sich eine vollständige **less**-Beschreibung mit der Vielzahl von Optionen und interaktiven less-Kommandos ausgeben zu lassen, empfiehlt sich der Aufruf

```
less -?
```

Auch wird unter Linux oft ein Alias (Kurzform) der folgenden Form in der Datei .alias definiert:

```
alias m='less '    oder
alias m='less -E '
```

Die Option **-E** legt dabei fest, daß bei Erreichen des Dateiendes das Programm **less** sich automatisch beenden soll und nicht auf die Eingabe weiterer interaktiver less-Kommandos warten soll.

less hat bei Textdateien mit deutschen Sonderzeichen Probleme. Um diese Probleme zu beseitigen, sollte man in der Datei .profile (im home directory) folgende Zeile eintragen:

```
export LESSCHARSET=latin1
```

Auch läßt sich **less** so konfigurieren, daß es z.B. immer die gerade aktuelle Zeilennummer anzeigt oder es auch Dateien, die keine Textdateien sind (wie etwa Inhalte von Archivdateien oder komprimierte Dateien), ausgeben kann. Dazu müßten noch die folgenden beiden Zeilen in der Datei .profile (im home directory) eingetragen werden.

```
export LESS=-M    # Zeilennummer anzeigen; noch weitere less-Optionen möglich
export LESSOPEN="| lesspipe.sh %s"
```

Bei der Slackware- und SuSE-Distribution sind diese Einträge nicht notwendig, da sich dort diese drei Zeilen bereits in der Datei /etc/profile befinden. Diese Datei wird bei jedem Anmelden (natürlich auch bei den anderen Distributionen) gelesen, bevor die Datei .profile (im home directory) des gerade anmeldenden Benutzers gelesen wird. Auch liefern die beiden gerade erwähnten Distributionen das Shell-Skript lesspipe.sh (ein kleines Programm) mit und installieren es automatisch im Directory /usr/bin. Ob die jeweilige Distribution, mit der man arbeitet, dieses Shell-Skript mitgeliefert und in /usr/bin installiert hat, kann man leicht mit dem folgenden Aufruf herausfinden.

```
which lesspipe.sh
```

Gibt dieser Aufruf etwas aus, wie z.B.

```
/usr/bin/lesspipe.sh
```

so ist dieses Skript bereits vorhanden. Liefert der obige Aufruf dagegen keine
Ausgabe, so kann man dieses Shell-Skript, das unten angegeben ist, selbst eintippen – wenn man dies möchte – und als Superuser dann nach /usr/bin kopieren:

```sh
#!/bin/sh
# This is a preprocessor for 'less'.  It is used when this environment
# variable is set:   LESSOPEN="|lesspipe.sh %s"
lesspipe() {
  case "$1" in
  *.tar) tar tvvf $1 2>/dev/null ;; # View contents of .tar and .tgz files
  *.tgz) tar tzvvf $1 2>/dev/null ;;
  *.tar.gz) tar tzvvf $1 2>/dev/null ;;
  *.tar.Z) tar tzvvf $1 2>/dev/null ;;
  *.tar.z) tar tzvvf $1 2>/dev/null ;;
  *.Z) gzip -dc $1  2>/dev/null ;; # View compressed files correctly
  *.z) gzip -dc $1  2>/dev/null ;;
  *.gz) gzip -dc $1  2>/dev/null ;;
  *.zip) unzip -l $1 2>/dev/null ;;
  *.1|*.2|*.3|*.4|*.5|*.6|*.7|*.8|*.9|*.n|*.man) FILE='file -L $1' ;
    FILE='echo $FILE | cut -d ' ' -f 2'
    if [ "$FILE" = "troff" ]; then
      groff -s -p -t -e -Tascii -mandoc $1
    fi ;;
  *.ms) groff -Tascii -ms $1 2>/dev/null ;;
  esac
}
lesspipe $1
```

Inhalt einer Datei formatiert ausgeben

pr   (**pr**int files)

Die vollständige Aufrufsyntax für **pr** ist:

```
pr [optionen] [datei(en)]
```

Ähnlich dem Kommando **cat** gibt das Kommando **pr** den Inhalt von Dateien auf
dem Bildschirm aus, aber so aufbereitet, daß sich die Ausgabe für einen Drucker
eignet: Für eine Seite werden dabei 66 Zeilen (amerikan. Format) angenommen
und für jede einzelne Seite wird oben das Datum und die Uhrzeit der letzten an
dieser Datei vorgenommenen Änderung sowie eine Seitennummer und der
Dateiname ausgegeben. Wenn die letzte Seite keine 66 Zeilen umfasst, so wird
sie bei der Ausgabe mit Leerzeilen aufgefüllt.

Wenn keine *datei(en)* angegeben sind, so liest **pr** von der Standardeingabe.

Von der Vielzahl der möglichen Optionen seien auf der nächsten Seite nur einige
erwähnt:

Option	Beschreibung
-l*n*	Bei der in Deutschland üblichen Seitenlänge von 30,5 cm ergeben sich in der Regel 72 Zeilen pro Seite. Dies kann **pr** über die Option **-l** (*-l72*) mitgeteilt werden.
-n	bewirkt eine Zeilennumerierung bei der Ausgabe.
-m	bewirkt, daß die angegebenen *datei(en)* nebeneinander ausgegeben werden.
-t	bewirkt, daß keine Seitenformatierung stattfindet und keine Seitenüberschrift ausgegeben wird.
-e	bewirkt, daß bei der Ausgabe alle Tabulatorzeichen in Leerzeichen umgewandelt werden.
-i	bewirkt, daß bei der Ausgabe Leerzeichen in Tabulatorzeichen umgewandelt werden.
-n	bewirkt, daß die Ausgabe der angegebenen *datei(en)* in *n* Spalten erfolgt.

Trotz der Optionen **-m** und *-n* ist **pr** kein Textformatierer, der Texte wesentlich intelligenter aufbereiten würde. Dazu bietet Unix eigene Programme wie **nroff** und **troff** an.

Beispiel   Um Dateien wirklich auf einen Drucker auszugeben, steht das nachfolgend vorgestellte Kommando **lp** zur Verfügung. Für die Druckaufbereitung wie z. B. Seiten- und Zeilennumerierung kann dagegen **pr** verwendet werden.

```
$ pr  -l72  -n  obst  laender  ⏎ a
Mar 21 11:23 1998  obst Page 1
```

Aufruf von **pr** mit Optionen **-l72** und **-n** für die Dateien *obst* und *laender*

```
     1  Birnen
     2  Kiwis
     3  Avocados
     4  Bananen
     5  Orangen
     6  Aepfel
     7  Stachelbeeren
     8  Kirschen
     9  Brombeeren
......  (57 Leerzeilen)
Mar 21 11:19 1998  laender Page 1

     1  Grossbritannien:London:56 Mio:244000
     2  Schweiz:Bern:6,5 Mio:41000
```

Ausgabe der Dateien obst und laender (aufgefüllt auf 72 Zeilen) mit Seiten-, Zeilennumerierung, Dateiname und Datum/ Uhrzeit der letzten Änderung

```
3   Italien:Rom:57,3 Mio:294000
4   Frankreich:Paris:53,6 Mio:547000
5   Indien:Neu Delhi:644 Mio:3288000
6   USA:Washington:220,7 Mio:9363000
7   Oesterreich:Wien:7,5 Mio:83000
```

```
......  (59 Leerzeilen)
```

a. Da diese Ausgabe nicht auf eine Bildschirmseite paßt, ist es ratsam, hier
    pr -l72 -n obst laender | more ⏎
    einzugeben. Dann kann die Ausgabe seitenweise durchblättert werden.

```
$ pr  -l20  -m  obst  laender  ⏎
```
Aufruf von **pr** mit Optionen **-l20** und **-m** für
die Dateien *obst* und *laender*

```
Mar 22 12:55 1998    Page 1
```

```
Birnen           Grossbritannien:London:56 Mio:24400
Kiwis            Schweiz:Bern:6,5 Mio:41000
Avocados         Italien:Rom:57,3 Mio:294000
Bananen          Frankreich:Paris:53,6 Mio:547000
Orangen          Indien:Neu Delhi:644 Mio:3288000
Aepfel           USA:Washington:220,7 Mio:9363000
Stachelbeeren    Oesterreich:Wien:7,5 Mio:83000
Kirschen
Brombeeren
```
Ausgabe der Dateien obst und
laender (aufgefüllt auf 20 Zeilen)
mit Seitennumerierung; die beiden
Dateien werden in diesem Fall
(Option -m) nebeneinander ausgegeben.

```
......  (3 Leerzeilen)
```

```
$ pr  -3  -l10  obst  ⏎
Birnen     Bananen    Stachelbeeren
Kiwis      Orangen    Kirschen
Avocados   Aepfel     Brombeeren
$ ▌
```
Aufruf von **pr** mit Optionen **-3** und **-l10**[a] für die Datei *obst*
Ausgabe der Datei obst; Pro Zeile werden (bedingt durch
die Option -3) 3 Spalten ausgegeben.

a. Wenn bei Option **-l** eine Zahl ≤ 10 angegeben ist, so findet keine Ausgabe eines Seitenkopfes
    statt.

Inhalt einer Datei am Drucker ausgeben

lp   (line *p*rinter)   nicht unter Linux

Die vollständige Aufrufsyntax für **lp** ist:

lp [*optionen*] *datei(en)*

Das Kommando **lp** veranlaßt die Ausgabe der angegebenen *datei(en)* am Drukker; dazu reicht **lp** den entsprechenden Druckauftrag an den Druckerspooler
weiter, welcher alle Druckaufträge entgegen nimmt und die einzelnen Druckaufträge koordiniert.

Die wichtigsten Optionen hier sind:

Option	Beschreibung
-n*n*	Es werden *n* Kopien ausgedruckt; normalerweise wird nur eine Kopie ausgegeben.
-c	Es werden temporäre Kopien der angegebenen Dateien erstellt und dann die Kopien am Drucker ausgegeben. Normalerweise wird von der zu druckenden Datei keine Kopie erstellt, sondern die wirkliche Datei gedruckt, was zur Folge hat, daß eventuelle Änderungen, welche nach dem Druckauftrag an einer Datei vorgenommen werden, mit ausgedruckt würden.
-w	Die Beendigung des abgegebenen Druckauftrags wird am Bildschirm gemeldet, an dem der **lp**-Auftrag abgegeben wurde. Hat der Auftraggeber sich zwischenzeitlich vom System abgemeldet, so wird ihm elektronische Post (*mail*) geschickt.
-m	Die Beendigung des Druckauftrags wird per mail (elektronische Post) gemeldet.
-d *drucker*	Ausgabe erfolgt an dem Drucker mit der Kennung *drucker*.
-t *titel*	Bei der Ausgabe wird auf einer eigenen Titelseite der Text *titel* ausgegeben.
-q *pri*	Teilt dem Druckauftrag die Priorität *pri* zu (0 höchste, 39 niedrigste).
-o *optionen*	erlaubt die Angabe von druckerspezifischen *optionen*.

System V.4

Die druckerspezifischen Optionen, die man mit **-o** *optionen* angeben kann, werden vom Systemadministrator definiert. Bei System V.4 sollten mindestens die auf der folgenden Seite beschriebenen Optionen vorhanden sind:

Option	Beschreibung
nobanner	unterdrückt den Ausdruck einer Titelseite
length=*n*	legt Seitenlänge fest. Ohne Suffix hinter *n* wird die Anzahl der Zeilen pro Seite, mit Suffix **i** hinter *n* kann die Seitenlänge in Zoll (*inches*) und mit Suffix **c** in Zentimetern festgelegt werden
width=*n*	legt Zeilenlänge fest. Suffix-Angabe wie bei **length** möglich
lpi=*n*	Anzahl der Zeilen pro Zoll (ohne Suffix oder mit **i**), bzw. pro Zentimeter (Suffix **c**)
cpi=*n*	Zeichenbreite pro Zoll (ohne Suffix oder mit **i**), bzw. pro Zentimeter (Suffix **c**)

Wenn man mit **-o** mehrere druckerspezifische Optionen angeben möchte, dann muß man diese in Anführungszeichen angeben, wie z. B.

```
lp -o "nobanner lpi=8 cpi=12" laender
```

```
$ lp  -n2  laender  ⏎
request id is dru-1175
$ ▮
```
Aufruf von **lp** mit Option **-n2** für die Datei *obst*
Ausgabe der Druckauftrag-Kennung

Bei jedem Aufruf von **lp** wird diesem Druckauftrag eine eindeutige Kennung (eine Art Auftragsnummer) zugeteilt, welche unmittelbar nach der Abgabe des Kommandos **lp** am Bildschirm mitgeteilt (*request id is kennung*) wird. Wenn an späterer Stelle ein solcher Druckauftrag annulliert werden soll, dann kann dies unter Angabe dieser *kennung* mit dem Kommando **cancel** erreicht werden. Wurde die entsprechende *kennung* in der Zwischenzeit vergessen, so kann sie mit dem Kommando **lpstat** wieder erfragt werden.

Die Syntax der beiden hier zusätzlich erwähnten Kommandos ist:

Kommandosyntax	Beschreibung
cancel *kennung(en)*	Die Druckaufträge mit den *kennung(en)* werden entweder aus der Drucker-Warteschlange entfernt oder ihre Ausgabe am Drucker wird unverzüglich beendet, wenn sie sich bereits beim Drucken befinden.
cancel *druckername(n)*	Die Ausgabe aller Aufträge, welche sich momentan bei den angegebenen Drukkern *druckername(n)* im Druck befinden, wird sofort beendet.
lpstat [*optionen*] [*kennung(en)*]]	Wenn dieses Kommando ohne eine Angabe von *kennung(en)* aufgerufen wird, dann wird der Status aller Druckaufträge angezeigt, welche sich in der Warteschlange befinden, ansonsten wird nur Information über die Druckaufträge mit den angegebenen *kennung(en)* ausgegeben. Auf die Vorstellung von Optionen wird hier verzichtet.

Linux   Drucken unter Linux

lpr   Ausgeben von Dateien am Drucker

Um unter Linux eine oder mehrere Dateien am Drucker auszugeben, steht das Kommando **lpr** zur Verfügung. Die Aufrufsyntax von **lpr** ist:

```
lpr [optionen] datei(en)
```

Das Kommando **lpr** veranlaßt die Ausgabe der angegebenen *datei(en)* am Drukker. Dazu reicht **lpr** den entsprechenden Druckauftrag an den Druckerspooler weiter, der alle Druckaufträge entgegennimmt und sie koordiniert. Die wichtigsten Optionen sind:

-#*n*	die angegebenen *datei(en)* *n*-mal am Drucker ausgeben. Normalerweise werden sie jeweils nur einmal ausgegeben.
-P*druckerid*	Ausgabe erfolgt am Drucker mit der Kennung *druckerid*.
-h	keine Ausgabe einer Kopfzeile.
-m	die Beendigung des Druckauftrags wird per Mail (elektronische Post) gemeldet.
-r	die angegebenen *datei(en)* nach Beendigung des Druckauftrags löschen.
-s	die angegebenen *datei(en)* werden nicht in das Spool-Directory (wie z.B. `/usr/spool/lp1`) kopiert, sondern die Originaldateien werden gedruckt. Das bedeutet, daß die angegebenen *datei(en)* nicht verändert oder gelöscht werden sollten, solange der Druckauftrag noch nicht beendet ist.
-T *titel*	Bei der Ausgabe wird in der Kopfzeile der *titel* anstelle des Dateinamens ausgegeben.

lpq   Anzeigen der aktuellen Druckerwarteschlange

Um sich unter Linux die aktuelle Druckerwarteschlange anzeigen zu lassen, steht das Kommando **lpq** zur Verfügung. Wird **lpq** ohne Optionen aufgerufen, gibt es die Druckerwarteschlange des eingestellten Standarddruckers aus. Die wichtigsten Optionen von **lpq** sind:

-P*druckerid*	Warteschlange des Druckers mit der Kennung *druckerid* ausgeben.
-a	Warteschlange zu allen in der Datei `/etc/printcap` angegebenen Druckern ausgeben.
-n	Namen (nicht deren Warteschlangen) zu allen in der Datei `/etc/printcap` angegebenen Druckern ausgeben.
-l	Warteschlange im Langformat (Auftragsnummer, Namen und Größen der Dateien in der Druckerwarteschlange) ausgeben.
+*n*	Warteschlange automatisch alle *n* Sekunden ausgeben.

lprm   Löschen von Druckaufträgen

Um in der Druckerwarteschlange befindliche Aufträge zu löschen, steht unter Linux das Kommando **lprm** zur Verfügung. Die Aufrufsyntax von **lprm** ist:

```
lprm [optionen] [benutzerkennung(en)]
```

Wird **lprm** alleine ohne weitere Angaben aufgerufen, löscht es den momentan aktiven Druckauftrag des Benutzers, der **lprm** aufrief. Für *benutzerkennung* kann entweder ein *loginname* oder eine Auftragsnummer angegeben werden. Ist ein *loginname* angegeben, löscht **lprm** die Druckaufträge, die der Benutzer *loginname* abgesetzt hat, wenn der Aufrufer die entsprechenden Rechte dazu besitzt. Druckaufträge von anderen Benutzern kann nur der Superuser löschen. Um nur einen bestimmten Druckauftrag zu löschen, muß eine Auftragsnummer angegeben werden. Die Auftragsnummern der einzelnen Druckaufträge kann man mit

```
lpq -l
```

erfragen. Zwei Optionen können bei **lprm** angegeben werden:

-P*druckerid*	Löschen von Aufträgen in der Warteschlange des Druckers mit der Kennung *druckerid*.
-	Alle Druckaufträge des aufrufenden Benutzers löschen. Im Falle des Superusers werden alle Druckaufträge in der entsprechenden Warteschlange gelöscht.

lpc   Verwalten von Druckern

Das Verwalten der Drucker ist unter Linux mit dem Aufruf

```
lpc
```

möglich. Danach erwartet **lpc** die Eingabe von speziellen lpc-Kommandos. Welche lpc-Kommandos möglich sind, kann man hierbei mit **h** oder **?** erfragen.

Unix

Zählen der Zeichen, Wörter und Zeilen einer Datei

wc   (**w**ord **c**ount)

Die vollständige Aufrufsyntax für **wc** ist:

```
wc [optionen] [datei(en)]
```

Wenn keine *datei(en)* angegeben sind, so wertet **wc** die Bildschirmeingabe aus.

Als Wort wird dabei beim Zählen ein String aufgefaßt, der keine Leer-, Tabulator- oder Neuezeile-Zeichen enthält.

Die Optionen hier sind:

Option	Beschreibung
-l	Zeilen zählen (**l**ine)
-w	Wörter zählen (**w**ord)
-c	Zeichen zählen (**c**haracter)

Sind keine Optionen angegeben, so wird alles gezählt.

Beispiel

```
$ pwd ⏎                                    Zeige working directory an
/home/egon/uebung1                         Ausgabe des working directorys
$ wc -l obst ⏎                             Zähle Zeilen in der Datei obst
    9 obst                                 obst enthält 9 Zeilen
$ wc -wl obst laender ⏎                    Zähle Wörter und Zeilen in obst und laender
    9  9 obst                              obst enthält 9 Wörter und 9 Zeilen
   15  7 laender                           laender enthält 15 Wörter und 7 Zeilen
   24 16 total                             Zusammen enthalten sie 24 Wörter und 16 Zeilen
$ wc -lw obst laender ⏎                    Zähle Zeilen und Wörter in obst und laender
    9  9 obst                              obst enthält 9 Zeilen und 9 Wörter
    7 15 laender                           laender enthält 7 Zeilen und 15 Wörter
   16 24 total                             Zusammen enthalten sie 16 Zeilen und 24 Wörter
$ wc laender obst ⏎                        Zähle Zeilen, Wörter, Zeichen in laender und obst
    7 15 222 laender                       laender hat 7 Zeilen, 15 Wörter und 222 Zeichen
    9  9  79 obst                          obst enthält 9 Zeilen, 9 Wörter und 79 Zeichen
   16 24 301 total                         Zusammen 16 Zeilen, 24 Wörter und 301 Zeichen
$ wc -wcl laender obst ⏎                   Zähle Wörter, Zeichen, Zeilen in obst und laender
   15 222   7 laender                      laender hat 15 Wörter, 222 Zeichen und 7 Zeilen
    9  79   9 obst                          obst enthält 9 Wörter, 79 Zeichen und 9 Zeilen
   24 301  16 total                        Zusammen 24 Wörter, 301 Zeichen und 16 Zeilen
$ ▌
```

Sortieren von Dateien

sort   (**sort** and/or merge files)

Die vollständige Aufrufsyntax für **sort** ist:

sort [*optionen*] [*sortierschluessel*...] [*datei(en)*]

Das Kommando **sort** gibt die Zeilen der angegebenen *datei(en)* sortiert am Bildschirm aus. Werden mehrere *datei(en)* angegeben, so werden diese als Ganzes sortiert und dabei die Zeilen aus unterschiedlichen Dateien gemischt.

Wenn keine *datei(en)* angegeben sind, dann liest **sort** von der Standardeingabe.

Die Ausgabe der sortierten Daten erfolgt auf die Standardausgabe.

Es wird also nur die Ausgabe und nicht, wie oft fälschlicherweise angenommen, der Inhalt der Dateien sortiert. Der Dateiinhalt wird vom **sort**-Kommando nicht verändert.

Von der Vielzahl der Optionen werden hier nur einige vorgestellt:

Option	Beschreibung
-b	Führende Leer- und Tabulatorzeichen beim Festlegen des Starts und Ende eines Sortierschlüssels nicht berücksichtigen
-d	Lexikographisch sortieren: nur Buchstaben, Ziffern und Leer-/Tabulator-Zeichen werden beim Sortieren berücksichtigt; Voreinstellung ist: nach allen ASCII-Werten sortieren
-f	Groß- und Kleinschreibung nicht berücksichtigen: alle Buchstaben in Großschreibung vergleichen; Voreinstellung ist: Groß- und Kleinschreibung wird unterschieden
-i	Nicht druckbare Zeichen ignorieren; Voreinstellung ist: nach allen ASCII-Werten (auch nicht druckbaren Zeichen) sortieren
-n	Numerisch sortieren; Voreinstellung ist: nach ASCII-Werten sortieren
-r	Absteigend sortieren; Voreinstellung ist: aufsteigend sortieren
-tz	Verwende Zeichen z als Trennzeichen für die einzelnen Felder; Voreinstellung für das Feld- Trennzeichen sind: Leer- und Tabulatorzeichen

Beim Aufruf von **sort** können sogenannte *Sortierschlüssel* angegeben werden. Sortierschlüssel legen fest, welches Feld in den angegebenen *datei(en)* als Sortierkriterium zu verwenden ist. Dabei ist es möglich, mehrere Sortierschlüssel anzugeben. Wenn die entsprechenden mit dem 1.Sortierschlüssel ausgewählten Felder gleich sind, so werden die über den 2.Sortierschlüssel festgelegten Felder verglichen; sollten auch die gleich sein, so wird der 3.Sortierschlüssel verwendet, usw. Die Voreinstellung ist ein Schlüssel, nämlich die ganze Zeile. *Sortierschlüssel* legen die Sortierfelder fest und werden in der folgenden Form angegeben:

Syntax	Beschreibung
+m[.n]	Beginn des Sortierfelds: $n+1$.Zeichen im $m+1$.Feld (m Felder und n Zeichen im $m+1$.Feld überspringen). Voreinstellung für .n ist .0: 1.Zeichen im $m+1$.Feld.
-k[.l]	Ende des Sortierfelds: l.Zeichen (einschließlich Trennzeichen) nach Ende des k.Feld (Dieses letzte Zeichen gehört nicht mehr zum Sortierfeld). Voreinstellung für .l ist .0: Letztes Zeichen im k.Feld.

Falls kein Ende für einen Sortierschlüssel angegeben ist, so wird das Zeilenende dafür angenommen.

Hinter jedem Sortierschlüssel können die Optionen **bdfinr** (oben vorgestellt) angegeben werden; in diesem Fall würde sich die Option nur auf das entsprechende Sortierfeld und nicht auf alle Sortierfelder beziehen; eine solche lokale Option schaltet dann für dieses Feld eine eventuell anders lautende globale Option aus.

Beispiel Für die hier vorgestellten Beispiele muß eine weitere Datei mit Namen **alter** und folgenden Inhalt erstellt werden:

```
Fritz      Meier      25
Erika      Silber     42
Toni       Meier      53
Angelika   Gold       25
Franz      Gold       13
Toni       Meier      45
Emil       Gold       66
Manfred    Silber     29
```

```
$ pwd ⏎
/home/egon/uebung1
$ sort alter ⏎
Angelika Gold   25
Emil     Gold   66
Erika    Silber 42
Franz    Gold   13
Fritz    Meier  25
Manfred  Silber 29
Toni     Meier  45
Toni     Meier  53
$ sort alter obst ⏎
Aepfel
Angelika Gold   25
Avocados
Bananen
Birnen
Brombeeren
Emil     Gold   66
Erika    Silber 42
Franz    Gold   13
Fritz    Meier  25
Kirschen
Kiwis
Manfred  Silber 29
Orangen
Stachelbeeren
Toni     Meier  45
Toni     Meier  53
```

Zeige working directory an
Ausgabe des working directorys
Gib den Inhalt von alter sortiert aus
Als Sortierschlüssel wird die ganze Zeile verwendet: d.h. die einzelnen Zeilen werden als ganze Strings miteinander verglichen und entsprechend sortiert.

Gib die Inhalte von alter und obst als ganzes sortiert aus
Als Sortierschlüssel wird die ganze Zeile verwendet: d.h. die einzelnen Zeilen werden als ganze Strings miteinander verglichen und entsprechend sortiert.

Es ist zu sehen, daß die Inhalte beider Dateien bei der sortierten Ausgabe gemischt wurden.

```
$ sort  -b  +2  alter  ⏎
Franz      Gold    13
Angelika   Gold    25
Fritz      Meier   25
Manfred    Silber  29
Erika      Silber  42
Toni       Meier   45
Toni       Meier   53
Emil       Gold    66
```

Gib den Inhalt der Datei alter nach dem 3.Feld (+2) sortiert aus; Leer- und Tabulatorzeichen sollen bei der Sortierung unberücksichtigt bleiben (-b). Als Sortierschlüssel wird das 3.Feld (das Alter) verwendet; die Sortierung erfolgt dabei nach ASCII-Werten aufsteigend. Diese Ausgabe listet also die jüngsten Personen zuerst. Kämen auch einstellige oder dreistellige Altersangaben vor, so müsste numerisch sortiert werden (statt **+2** wäre dann **+2n** anzugeben)

```
$ sort  -b  +1  -2  +0  -1  +2rn  alter  ⏎
Angelika   Gold    25
Emil       Gold    66
Franz      Gold    13
Fritz      Meier   25
Toni       Meier   53
Toni       Meier   45
Erika      Silber  42
Manfred    Silber  29
```

Gib den Inhalt der Datei alter nach folgenden Kriterien sortiert aus: Nachname (+1 -2), Vorname (+0 -1), Alter numerisch und absteigend (+2rn); Leer- und Tabulatorzeichen sollen bei dieser Sortierung unberücksichtigt bleiben.

```
$ sort  laender  ⏎
Frankreich:Paris:53,6 Mio:547000
Grossbritannien:London:56 Mio:244000
Indien:Neu Delhi:644 Mio:3288000
Italien:Rom:57,3 Mio:294000
Oesterreich:Wien:7,5 Mio:83000
Schweiz:Bern:6,5 Mio:41000
USA:Washington:220,7 Mio:9363000
```

Gib den Inhalt von laender sortiert aus Als Sortierschlüssel wird die ganze Zeile verwendet: d.h. die einzelnen Zeilen werden als ganze Strings miteinander verglichen und entsprechend sortiert.

```
$ sort  -t:  +1  -2  laender  ⏎
Schweiz:Bern:6,5 Mio:41000
Grossbritannien:London:56 Mio:244000
Indien:Neu Delhi:644 Mio:3288000
Frankreich:Paris:53,6 Mio:547000
Italien:Rom:57,3 Mio:294000
USA:Washington:220,7 Mio:9363000
Oesterreich:Wien:7,5 Mio:83000
```

Gib den Inhalt der Datei laender nach dem 2.Feld sortiert (+1 -2) aus; als Feld-Trennzeichen soll der Doppelpunkt verwendet werden Als Sortierschlüssel wird das 2.Feld (die Hauptstadt) verwendet; die Sortierung erfolgt dabei nach ASCII-Werten aufsteigend.

```
$ sort  -t:  +3  laender  ⏎
Grossbritannien:London:56 Mio:244000
Italien:Rom:57,3 Mio:294000
Indien:Neu Delhi:644 Mio:3288000
Schweiz:Bern:6,5 Mio:41000
Frankreich:Paris:53,6 Mio:547000
Oesterreich:Wien:7,5 Mio:83000
USA:Washington:220,7 Mio:9363000
```

Gib den Inhalt der Datei laender nach dem 4.Feld sortiert (+3) aus; als Feld-Trennzeichen ist der Doppelpunkt zu verwenden Als Sortierschlüssel wird das 4.Feld (die Landesfläche) verwendet. Die Sortierung erfolgt dabei nach ASCII-Werten aufsteigend, was dazu führt, daß keine (richtige) numerische Ordnung der Landesgröße erfolgt.

```
$ sort  -t:  +3n  laender  ⏎
Schweiz:Bern:6,5 Mio:41000
Oesterreich:Wien:7,5 Mio:83000
Grossbritannien:London:56 Mio:244000
Italien:Rom:57,3 Mio:294000
```

Gib den Inhalt der Datei laender nach dem 4.Feld numerisch sortiert (+3n) aus; als Feld-Trennzeichen ist der Doppelpunkt zu verwenden Als Sortierschlüssel wird das 4.Feld (die Landesfläche) verwendet, diesmal allerdings numerisch.

```
Frankreich:Paris:53,6 Mio:547000
Indien:Neu Delhi:644 Mio:3288000
USA:Washington:220,7 Mio:9363000
$ sort  -t:  -n  +2.0  -2.6  laender  ↵
Schweiz:Bern:6,5 Mio:41000
Oesterreich:Wien:7,5 Mio:83000
Frankreich:Paris:53,6 Mio:547000
Grossbritannien:London:56 Mio:244000
Italien:Rom:57,3 Mio:294000
USA:Washington:220,7 Mio:9363000
Indien:Neu Delhi:644 Mio:3288000
```

Die Sortierung erfolgt dabei numerisch aufsteigend, was dazu führt, daß das kleinste Land zuerst und das größte Land zuletzt ausgegeben wird. Gib den Inhalt der Datei laender nach dem 3.Feld numerisch sortiert (+2.0) aus; dabei sollen nur 5 Zeichen vom 3.Feld als Sortierschlüssel (-2.6) verwendet werden. Als Feld-Trennzeichen ist der Doppelpunkt zu verwenden

```
$ sort  -t:  +3rn  laender  ↵
USA:Washington:220,7 Mio:9363000
Indien:Neu Delhi:644 Mio:3288000
Frankreich:Paris:53,6 Mio:547000
Italien:Rom:57,3 Mio:294000
Grossbritannien:London:56 Mio:244000
Oesterreich:Wien:7,5 Mio:83000
Schweiz:Bern:6,5 Mio:41000
$ ▮
```

Die Sortierung erfolgt dabei numerisch aufsteigend, was dazu führt, daß das Land mit der geringsten Bevölkerung zuerst und das Land mit der größten zuletzt ausgegeben wird; vom 3.Feld werden zum Vergleich nur Zahlen verwendet; Nicht-Zahlen werden ignoriert.
Gib den Inhalt der Datei laender nach dem 4.Feld numerisch absteigend sortiert (+3rn) aus; als Feld-Trennzeichen soll der Doppelpunkt verwendet werden
Als Sortierschlüssel wird das 4.Feld (die Landesfläche) verwendet, diesmal allerdings numerisch absteigend, so daß das größte Land zuerst und das kleinste Land zuletzt ausgegeben wird.

Hinweis   Soll nicht nur die Ausgabe, sondern der Inhalt einer Datei selbst sortiert werden, so darf auf keinen Fall eine Konstruktion wie z.B.

```
sort  obst  >obst
```

angegeben werden. Die Umlenkung der Ausgabe mit *>obst* in die Datei *obst* würde dabei bewirken, daß zunächst die Datei *obst* geleert wird, um ein Überschreiben dieser Datei einzuleiten. Danach erst wird **sort** zum Sortieren der Datei *obst* aufgerufen. Dies ist aber zu spät, da diese Datei nun leer ist. Will man den Inhalt einer Datei sortieren, muß man unbedingt die Option **-o** *datei* verwenden, wie z.B.

```
sort  -o obst  obst
```

In diesem Fall legt **sort** intern eine Hilfsdatei an, schreibt den sortierten Inhalt von *obst* zunächst in diese Hilfsdatei und kopiert erst nach einem fehlerfreiem Sortiervorgang diese Hilfsdatei in die Datei *obst*.

Hinweis   Da oft bei komplexen Sortieraufgaben die Angabe einer Vielzahl von Sortierschlüsseln notwendig ist, und dann das Finden des korrekten **sort**-Aufrufs ein doch recht mühsames Unterfangen ist, wird im Linux-Unix-Buch »Profitools« ein Programm gegeben, welchem man über eine deutsche Beschreibung die geforderten Sortierkriterien mitteilt und das dann den dazugehörigen **sort**-Aufruf ausgibt.

Vergleich zweier (un)sortierter Textdateien

diff   (**diff**erential file compare)

Die vollständige Aufrufsyntax für **diff** ist:

```
diff [optionen] datei1 datei2
```

Dieses Kommando erlaubt den Vergleich von 2 Textdateien, welche nicht unbedingt sortiert sein müssen, und gibt die Änderungen am Bildschirm aus, welche mit dem Unix-Editor **ed** vorgenommen werden müssten, um *datei1* identisch zu *datei2* zu machen. Es ist zu beachten, daß dieses Kommando nur auf Textdateien erfolgreich angewendet werden kann.

Hier werden drei Optionen vorgestellt:

Option	Beschreibung
-e	Die erforderlichen Änderungen, die an *datei1* vorzunehmen sind, um sie mit *datei2* identisch zu machen, werden in einer dem Editor **ed** verständlichen Form (ed-Skript genannt) ausgegeben.

-b	Führende Leerzeichen werden ignoriert und mehrere direkt aufeinanderfolgende Leerzeichen werden zusammengezogen, so daß sich zwei Zeilen nicht unterscheiden, wenn ihr Text bis auf zusätzliche Leerzeichen zwischen den Worten identisch ist, wie z.B. bei
	
	 `Hallo Egon`
	`Hallo       Egon`

-w	(neu in System V.4) Alle Leerzeichen werden ignoriert. Dadurch sind alle Wörter identisch, selbst wenn in ihnen Leerzeichen enthalten sind, wie z.B. bei
	
	 `Hallo Egon`
	`H a l l o      E g o n`

Die Existenz dieses Kommandos hat den Vorteil, daß bei unterschiedlichen Textdateien nicht die vollständigen Dateien zu speichern sind, sondern es ausreicht, nur die Unterschiede (auch *deltas* genannt) einer Datei zu einer anderen zu sichern. Eine Anwendung hiervon liegt v.a.D. bei unterschiedlichen Versionen von Programmen: z.B. wird nur die 1.Version eines Programms vollständig gespeichert und von allen späteren Versionen werden lediglich die *deltas* zu dieser 1.Version gespeichert. Eine solche Vorgehensweise bringt erhebliche Speicherplatzeinsparungen mit sich. Genauso geht das Werkzeug **SCCS** (**s**ource **c**ode **c**ontrol **s**ystems) vor, welches zur Versions-Verwaltung bei größeren Software-Projekten eingesetzt wird.

In dem nachfolgenden Beispiel wird auch das erstemal von einer weiteren Unix-Konstruktion Gebrauch gemacht: Der *Umlenkung* (engl. *redirection*) der Standardeingabe und Standardausgabe.

Viele Unix-Kommandos lesen von der Standardeingabe und schreiben auf die Standardausgabe, wobei diese beide auf die Dialogstation voreingestellt sind[1]:

Bild 4.12: Voreingestellte Standardeingabe und Standardausgabe

Durch die Angabe

kommando   >datei

in der Kommandozeile wird die Ausgabe des entsprechenden Kommandos nicht auf das Terminal ausgegeben, sondern in die angegebene *datei* umgelenkt, d.h. also in diese *datei* geschrieben:

Bild 4.13: Umlenken der Standardausgabe in eine Datei

Existiert diese *datei* bereits, so wird ihr alter Inhalt überschrieben. Soll dies nicht geschehen und der neue Text am Ende der angegebenen *datei* angehängt werden, so wäre

kommando   >>datei

anzugeben (siehe Abbildung 4.14).

Genauso wie die Ausgabe kann auch die Eingabe umgelenkt werden:

kommando   <datei

---

1. In den Abbildungen werden für die Standardeingabe und die Standardausgabe zwei Dialogstationen angegeben; dabei handelt es sich aber immer um die gleiche Dialogstation.

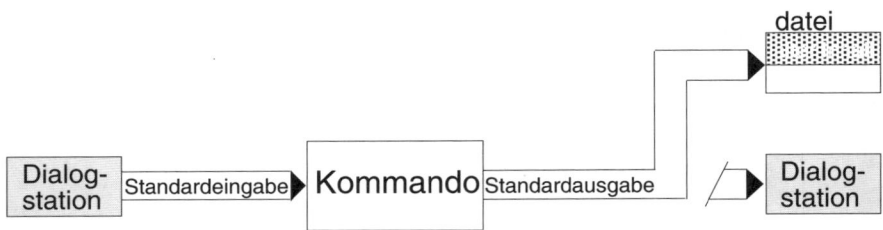

Bild 4.14: Umlenken der Standardausgabe an das Ende einer Datei

Bei dieser Angabe liest das entsprechende Kommando nicht mehr von der Tastatur (Terminal), sondern von der Datei *datei*:

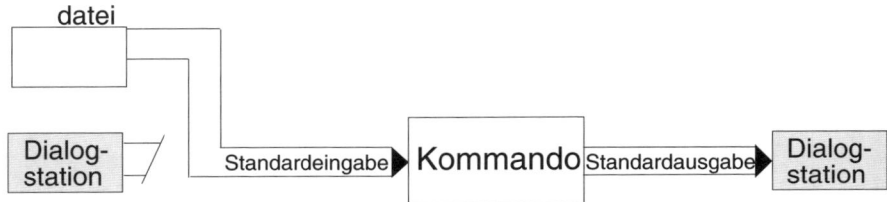

Bild 4.15: Umlenken der Standardeingabe in eine Datei

Es können auch gleichzeitig Standardeingabe und Standardausgabe umgelenkt werden:

kommando <eindatei >ausdatei

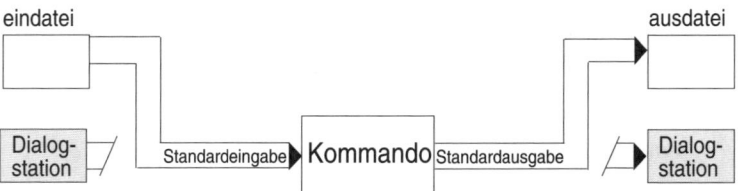

Bild 4.16: Umlenken der Standardeingabe und der Standardausgabe

Beispiel   Für dieses Beispiel müssen 2 weitere Dateien (mit **ed**) erstellt werden:

Eine 1.Version eines C-Programms *add1.c*:

```
main()
{
    float a, b;
    scanf("%f %f", &a, &b);
    printf("%f + %f = %f\n", a, b, a+b);
}
```

Eine 2.Version eines C-Programms *add2.c*[1]:

```
/* Dieses Programm liest 2 Zahlen ein und gibt die */
/* Summe dieser beiden Zahlen wieder aus            */
main()
{
    float a, b, c;

    printf("Gib 2 Zahlen ein: ");
    scanf("%f %f", &a, &b);
    c = a+b;
    printf("Summe: %f + %f = %f\n", a, b, c);
}
```

Beispiel

```
$ pwd  ⏎
/home/egon/uebung1
$ diff  add1.c  add2.c  ⏎
0a1,2
> /* Dieses Programm liest 2 Zahlen ein und gibt die */
> /* Summe dieser beiden Zahlen wieder aus            */
3c5,7
< float a, b;
---
> float a, b, c;
>
> printf("Gib 2 Zahlen ein: ");
5c9,10
< printf("%f + %f = %f\n", a, b, a+b);
---
> c = a+b;
> printf("Summe: %f + %f = %f\n", a, b, c);
$ ▮
```

Zeige working directory an
Ausgabe des working directorys
Vergleiche die Inhalte der Dateien
add1.c und add2.c

Ausgabe der Unterschiede
(Erklärung: siehe unten)

Erklärung zum Beispiel

Zeilen, die nur in *add1.c* vorkommen, werden durch ein vorangestelltes <
gekennzeichnet, diejenigen, die nur *add2.c* vorhanden sind, durch ein vorangestelltes >.

Wenn man die Datei *add1.c* in die Datei *add2.c* umändern möchte, so sind
zunächst am Anfang von *add1.c* 2 Zeilen einzufügen (**0a1,2**); zusätzlich ist die
3.Zeile aus *add1.c* gegen die Zeilen 5 bis 7 aus *add2.c* auszutauschen (**3c5,7**). Weiterhin ist die 5.Zeile aus *add1.c* gegen die Zeilen 9 und 10 aus *add2.c* auszutauschen (**5c9,10**).

Auf einen *c(hange)*-Befehl folgen dabei immer zuerst die betroffenen Zeilen aus
add1.c, dann die Trennzeile --- und danach die betroffenen Zeilen aus *add2.c*.

---

1. Es wird empfohlen, *add1.c* mit **cp add1.c add2.c** zu kopieren und dann *add2.c* mit **ed** zu edi-
    tieren.

Neben Informationen über ein notwendiges Austauschen (**c**) oder Einfügen (**a**) von Zeilen werden gegebenenfalls auch Angaben über zu löschende Zeilen (**d**) gemacht.

Die Zeilennummern vor den Befehlsbuchstaben **a**, **c** und **d** beziehen sich hierbei stets auf die erste Datei, diejenigen danach auf die zweite Datei.

Beispiel

```
$ pwd  ⏎
/home/egon/uebung1
$ diff  -eb  add1.c  add2.c  ⏎
5c
  c = a+b;
  printf("Summe: %f + %f = %f\n", a, b, c);
.
3c
  float a, b, c;

  printf("Gib 2 Zahlen ein: ");
.
0a

/* Dieses Programm liest 2 Zahlen ein und gibt die */
/* Summe dieser beiden Zahlen wieder aus          */
.
$ diff -eb add1.c add2.c >delta  ⏎
$ rm  add2.c  ⏎
$ ls  -1  ⏎
add1.c
alter
delta
laender
obst
$ ed  -p%  delta  ⏎
221
%a  ⏎
w add2.c  ⏎
.  ⏎
%w  ⏎
230
%q  ⏎
$ ed  add1.c  <delta  ⏎
90
243
$ ls  -1  ⏎
add1.c
add2.c
alter
delta
laender
obst
```

Zeige working directory an
Ausgabe des working directorys
Vergleiche die beiden Dateien add1.c und add2.c, wobei führende Leerzeichen zu ignorieren sind. Die an Datei add1.c vorzunehmenden Änderungen, um sie in add2.c umzuwandeln, sind in Form eines ed-Skripts auszugeben.
Ausgabe der Unterschiede von add1.c zu add2.c in Form eines ed-Skripts.

diff-Ergeb.: in Datei delta abspeichern
Lösche Datei add2.c
Liste Dateien des working directorys
Ausgabe der Dateien im working directory (add2.c ist nun verschwunden)

Editiere Datei delta
Ausgabe der in delta enthaltenen Zeichenzahl[a]
Eingabe des Editor-Befehls **a**
Eingabe der Zeile »w add2.c«
Eingabeende mit Punkt
Sichern des Pufferinhalts *delta* mit **ed**-Befehl **w**
Ausgabe, daß 230 Zeichen gesichert wurden.
Verlassen von ed
Editiere add1.c; Befehle von Datei delta lesen
Ausgabe der Zeichenzahl von add1.c[b]
Zeichenzahl von add2.c (beim Sichern)
Liste Dateien des working directorys
Ausgabe der Dateien im working directory (nun ist add2.c wieder vorhanden; wurde mit vorherigen ed-Aufruf unter Zuhilfenahme von add1.c und delta wieder erstellt)

```
$ cat  add2.c  ⏎                                              Gib Inhalt der Datei add2.c
   /* Dieses Programm liest 2 Zahlen ein und gibt die */            auf Bildschirm aus
   /* Summe dieser beiden Zahlen wieder aus         */
main()
{
   float a, b, c;

   printf("Gib 2 Zahlen ein: ");              Ausgabe des Inhalts von add2.c (enthält wieder
   scanf("%f %f", &a, &b);                        ihren ursprünglichen Inhalt)
   c = a+b;
   printf("Summe: %f + %f = %f\n", a, b, c);
}
$ ▮
```

a. nach Aufruf steht **ed** am Dateiende
b. Diese und die nachfolgende Ausgabe könnte mit dem Aufruf **ed -s add1.c <delta** unter-
    drückt werden.

Hinweis	Zu **diff** existieren drei weitere verwandte Kommandos:

Kommando	Beschreibung
bdiff	(**b**ig *diff*) arbeitet ähnlich wie **diff**, allerdings kann dieses Kommando wesentlich größere Dateien vergleichen als **diff**.
diff3	(**3**-way *diff*erential file comparison) ermöglicht den Vergleich von 3 Dateien.
sdiff	(**s**ide-by-side *diff*erence program) gibt die Inhalte der beiden zu vergleichenden Dateien nebeneinander aus[a]; dabei zeigen die den jeweiligen Zeilen vorangestellten Zeichen folgendes an:

<	ist nur in *datei1* vorhanden
>	ist nur in *datei2* vorhanden
|	Zeilen sind verschieden
kein Zeichen	Zeilen sind identisch

a. Diese Ausgabe bewirkt allerdings bei einem 80-Zeichen breiten Terminal einen Bruch der
    Zeilen aus der 2.Datei. Mit der Option **-w***n* kann festgelegt werden, daß pro Zeile maximal *n*
    Zeichen auszugeben sind.

Beispiel	

```
$ pwd  ⏎
/home/egon/uebung1
$ sdiff  add1.c  add2.c  ⏎

                                              >  /* Dieses Programm liest 2
Zahlen ein und gibt die */

                                              >  /* Summe dieser beiden Zahlen

wieder aus         */
main()                                           main()
```

```
{                                           {
    float a, b;                   |             float a, b, c;
                                  >
                                  >             printf("Gib 2 Zahlen ein: ");
    scanf("%f %f", &a, &b);                     scanf("%f %f", &a, &b);
    printf("%f + %f = %f\n", a, b, a+b);  |     c = a+b;
                                  >             printf("Summe: %f5 +5 %f5 =5
%f\n", a, b, c);
}                                           }
$ ▇
```

Zeilenweiser Vergleich zweier sortierter Textdateien

comm   (lines *comm*on to two sorted files)

Die vollständige Aufrufsyntax für **comm** ist:

```
comm  [-123]  datei1  datei2
```

Dieses Kommando vergleicht die beiden Dateien *datei1* und *datei2*; beide Dateien müssen sortiert sein. **comm** gibt eine 3-spaltige Liste aus:

Zeilen, die nur in *datei1* vorkommen	Zeilen, die nur in *datei2* vorkommen	Zeilen, die in beiden Dateien (*datei1*/*datei2*) vorkommen

Durch Angabe der Optionen **-1**, **-2** oder **-3** kann die Ausgabe der entsprechenden Spalte unterdrückt werden.

Beispiel

1. Der Aufruf

   ```
   comm  -23  datei1  datei2
   ```

   würde Zeilen ausgeben, welche nur in *datei1*, aber nicht in *datei2* vorkommen.

2. Der Aufruf

   ```
   comm  -123  datei1  datei2
   ```

   würde überhaupt keine Ausgabe erzeugen.

Für dieses Beispiel muß noch eine Datei *fruechte* mit folgenden Inhalt erstellt werden:

> Avocados
> Bananen
> Birnen
> Datteln
> Kirschen

```
                    Melonen
                    Stachelbeeren
```

```
$ pwd  ↵
/home/egon/uebung1
$ sort obst >obst.sort  ↵
$ comm obst.sort fruechte  ↵
Aepfel

                    Avocados
                    Bananen
                    Birnen
Brombeeren
          Datteln
                    Kirschen
Kiwis
          Melonen
Orangen
                    Stachelbeeren
$ comm -2 obst.sort fruechte  ↵
Aepfel
          Avocados
          Bananen
          Birnen
Brombeeren
          Kirschen
Kiwis
Orangen
          Stachelbeeren
$ comm -13 obst.sort fruechte  ↵
Datteln
Melonen

$ comm -12 obst.sort fruechte  ↵
Avocados
Bananen
Birnen
Kirschen
Stachelbeeren
$ ▮
```

Zeige working directory an
Ausgabe des working directorys

Vergleiche die Inhalte von obst.sort und fruechte
Ausgabe:
1.Spalte: Zeilen, die nur in obst.sort vorkommen
2.Spalte: Zeilen, die nur in fruechte vorkommen
3.Spalte: Zeilen, die in obst.sort und in fruechte
vorkommen

Vergleiche Inhalte der Dateien obst.sort und
fruechte, wobei allerdings die Zeilen, die nur in
fruechte vorkommen, nicht auszugeben sind
Ausgabe:
1.Spalte: Zeilen, die nur in obst.sort vorkommen
2.Spalte: Zeilen, die in obst.sort und in fruechte
vorkommen

Vergleiche Inhalte der Dateien obst.sort und
fruechte, wobei allerdings nur die Zeilen auszugeben sind, die nur in fruechte vorkommen.
Ausgabe: Zeilen, die nur in fruechte vorkommen

Vergleiche Inhalte der Dateien obst.sort und
fruechte, wobei allerdings nur die Zeilen auszugeben sind, die in beiden Dateien vorkommen
Ausgabe: Zeilen, die in obst.sort und in fruechte
vorkommen

Vergleich zweier Dateien (auch Nicht-Textdateien)

cmp   (**comp**are two files)

Die vollständige Aufrufsyntax für **cmp** ist:

cmp [*optionen*] *datei1* *datei2*

Dieses Kommando vergleicht die beiden Dateien *datei1* und *datei2* Byte für Byte. Wenn die beiden Dateien identisch sind, dann erfolgt keine Mitteilung am Bildschirm. Sind die beiden Dateien *datei1* und *datei2* unterschiedlich, so wird die Zeilen- und Bytenummer des zuerst festgestellten Unterschieds der beiden Dateien ausgegeben. Dies ist das einzige Vergleichskommando, welches auch auf Nicht-Textdateien (binäre Dateien) angewendet werden kann.

Die Angabe folgender Optionen ist beim Kommando **cmp** möglich:

-l   *Alle* Unterschiede der beiden Dateien werden in folgender Form ausgegeben:

Byte-Nummer	Byte-Inhalt (oktal) von *datei1*	Byte-Inhalt (oktal) von *datei2*

-s   Es erfolgt keine Ausgabe der Unterschiede, sondern es wird lediglich über den sogenannten *exit*-Status dieses Kommandos mitgeteilt, ob Unterschiede vorliegen; dabei bedeutet der *exit*-Status:

0   Dateien sind identisch
1   Dateien sind verschieden
2   Auf eine der angegebenen Dateien kann nicht zugegriffen werden

Der *exit*-Status eines Kommandos ist von Wichtigkeit, wenn abhängig vom Ergebnis eines solchen Kommandos unterschiedliche Aktionen durchzuführen sind.

Beispiel   In den hier vorgestellten Beispielen werden drei weitere Dateien mit folgenden Namen und Inhalt benötigt:

```
abc1:
  abcdef

abc2:
  abcdef

abc3:
  abxdex
```

Ebenso wird in diesen Beispielen eine **if**-Konstruktion verwendet, ähnlich, wie sie von Programmiersprachen her bekannt ist; bei Unix wird eine solche Programmiersprache-Konstruktion auch auf Kommandoebene angeboten:

```
if kommando
then
   ...
else
   ...
fi
```

Dies bedeutet: Wenn das *kommando* einen *exit*-Status 0 liefert, dann werden die nach **then** angegebenen Kommandos ausgeführt und ansonsten die nach **else**. Eine **if**-Konstruktion muß immer mit **fi** abgeschlossen werden.

Als weitere Neuheit wird in diesem Beispiel das Kommando

echo "*string*"

verwendet. **echo** gibt den angegebenen *string* auf die Standardausgabe aus.

```
$ pwd  ⏎
/home/egon/uebung1
$ cmp  obst.sort  fruechte  ⏎
obst.sort fruechte differ: char2, line1
$ cmp  abc1  abc2  ⏎
$ cmp  abc2  abc3  ⏎
abc2 abc3 differ: char 3, line 1
$ cmp  -l  abc2  abc3  ⏎
    3 143 170
    6 146 170
$ if  cmp  -s  abc2  abc3  ⏎
> then  ⏎
>   cat  abc3  ⏎
> else  ⏎
>   echo "exit-Status ungleich 0"  ⏎
> fi  ⏎
exit-Status ungleich 0



$ if  cmp  -s  abc1  abc2  ⏎
> then  ⏎
>   cat  abc1  ⏎
> else  ⏎
>   echo "exit-Status ungleich 0"  ⏎
> fi  ⏎
abcdef
$ █
```

Zeige working directory an
Ausgabe des working directorys
Vergleiche die Dateien obst.sort und fruechte
unterscheiden sich im 2.Zeichen der 1.Zeile
Vergl. abc1 und abc2 (keine Meldung, da gleich)
Vergleiche Dateien abc2 und abc3
unterscheiden sich im 3.Zeichen der 1.Zeile
Vergleiche Dateien abc2 und abc3 mit Option -l
Ausgabe aller Unterschiede zwischen den Dateien
abc2 und abc3
Vergleiche abc2 und abc3 mit Option -s (als if-
Bedingung)
Da die if-Konstruktion noch nicht abgeschlossen
ist, wird der Sekundärprompt (in den nächsten
Zeile) ausgegeben.
Wenn das **cmp**-Kommando einen exit-Status 0 lie-
fert, dann ist der Inhalt der Datei abc3 auszugeben;
bei einem anderen exit-Status soll Meldung »exit-
Status ungleich 0« ausgegeben werden.
Ausgabe der Meldung »exit-Status...«, da abc2 u.
abc3 verschieden
Vergleiche abc1 und abc2 mit Option -s (als if-
Bedingung)
Da die if-Konstruktion noch nicht abgeschlossen
ist, wird der Sekundärprompt (in den nächsten
Zeile) ausgegeben.
Wenn das **cmp**-Kommando einen exit-Status 0 lie-
fert, dann ist der Inhalt der Datei abc1 auszugeben;
bei einem anderen exit-Status soll Meldung »exit-
Status ungleich 0« ausgegeben werden.
Ausgabe des Inhalts der Datei abc1

Hinweis   Im allgemeinen verwendet man **cmp**, wenn festzustellen ist, ob 2 Dateien wirklich den gleichen Inhalt haben. **cmp** ist sehr schnell und erlaubt auch den Vergleich zweier Nicht-Textdateien; so wird **cmp** z. B. sehr oft verwendet, um zu prüfen, ob 2 Objektdateien den gleichen Inhalt besitzen: wenn ja, so könnte eventuell eine davon gelöscht werden.

diff wird verwendet, wenn man vermutet, daß 2 Dateien nur geringfügige Unterschiede aufweisen, und wenn man wissen möchte, welche Zeilen sich und wie sie sich unterscheiden.

Der Einsatz von **comm** ist auf sortierte Dateien begrenzt; somit wird es häufig beim Vergleich von Dateien verwendet, die Namen, Bezeichnungen, usw. in sortierter Form enthalten, um z.B. festzustellen, welche Daten in einer Datei noch aufzunehmen bzw. zu entfernen sind.

Suchen in Dateien

grep   (**g**/regular expression/**p**) [1] oder **ge**t **re**gular ex**p**ression

Die vollständige Aufrufsyntax für **grep** ist:

grep [*optionen*] *regulärer-ausdruck* [*datei(en)*]

Das Kommando **grep** durchsucht die angegebenen *datei(en)* nach Strings, die durch den angegebenen *regulärer-ausdruck* abgedeckt sind. An späterer Stelle werden reguläre Ausdrücke und was darunter zu verstehen ist, sehr ausführlich beschrieben. Für den jetzigen Zeitpunkt reicht es aus, wenn für *regulärer-ausdruck* einfach ein String angegeben wird, nach dem zu suchen ist; somit ergibt sich vorläufig folgende Aufrufsyntax für **grep**:

grep [*optionen*] *string* [*datei(en)*]

Werden bei einem **grep**-Aufruf keine *datei(en)* angegeben, so wird von der Standardeingabe gelesen.

Durch die Optionen kann gesteuert werden, was mit den Zeilen geschehen soll, in denen der angegebene *string* gefunden wird. Einige der möglichen Optionen sind:

Option	Beschreibung
-c	Nur die Anzahl der Zeilen ausgeben, die den *string* enthalten (bzw. bei zusätzlicher Angabe von -**v** nicht enthalten).
-i	Groß- und Kleinschreibung für den *string*-Vergleich innerhalb der angegebenen *datei(en)* ist nicht relevant
-l	Nur die Namen der Dateien ausgeben, die den *string* enthalten
-n	Zu jeder Zeile, in der *string* gefunden wird (bzw. bei zusätzlicher Angabe von -**v** nicht gefunden wird), auch noch deren Zeilennummer mit ausgeben
-v	Ausgabe der Zeilen, die den *string* nicht enthalten

---

1. Der Name von **grep** ist von diesem Editor-Kommando hergeleitet.

Sind keine Optionen angegeben, so werden die Zeilen ausgegeben, welche den gesuchten *string* enthalten.

Beispiel

```
$ pwd  ↵
/home/egon/uebung1
$ grep  Gr  laender  ↵
Grossbritannien:London:56 Mio:244000
$ grep  -n  Bir  obst  fruechte  ↵
obst:1:Birnen
fruechte:3:Birnen
```

Zeige working directory an
Ausgabe des working directorys
Suche den String Gr in der Datei laender
die Zeile, in der Gr gefunden wurde
Suche Bir in den Dateien obst und
fruechte
Zeilen (mit Nr.), in denen Bir vorkommt

Gib alle Zeilen aus obst aus, die den
String en nicht enthalten
Ausgabe dieser Zeilen

```
$ grep -v  en  obst  ↵
Kiwis
Avocados
Aepfel
$ grep  %f  add1.c  add2.c  ↵
add1.c:  scanf("%f %f", &a, &b);
add1.c:  printf("%f + %f = %f\n", a, b, a+b);
add2.c:  scanf("%f %f", &a, &b);
add2.c:  printf("Summe: %f + %f = %f\n", a, b, c);
$ grep  -c  en  laender  ↵
4

$ grep  -cv  en  laender  ↵
3

$ grep  -il  bi  laender  obst  ↵
obst
$ █
```

Suche String %f in add1.c und add2.c
Zeilen, in denen String %f vorkommt

Zähle in laender die Zeilen, mit String en
Ausgabe der Zeilenzahl, für die dies
zutrifft

Zähle in laender Zeilen ohne den String en
Ausgabe der Zeilenzahl, für die dies
zutrifft

Suche String bi in laender und obst
Nur in obst ist der String bi vorhanden

Jedem Benutzer ist neben der login-Kennung noch eine eindeutige Benutzernummer – auch **UID** (**u**ser *id*entification) genannt – zugeordnet[1]. Welche **UID** einem einzelnen Benutzer zugeordnet ist, kann in der Datei */etc/passwd* [2] nachgeschlagen werden. Eine Zeile in der Paß-wortdatei */etc/passwd* bezieht sich jeweils auf einen Benutzer. Innerhalb jeder Zeile sind die einzelnen Felder durch Doppelpunkte getrennt und in der auf der folgenden Seite gezeigten Reihenfolge angeordnet:

---

1. Dasselbe gilt für alle existierenden Gruppen: Jeder Gruppe ist neben der Gruppen-Kennung noch eine eindeutige Gruppennummer – auch **GID** (**g**roup **id**entification) genannt – zugeordnet.

2. Welche **GID** einer Gruppe zugeordnet ist, kann in der Datei */etc/group* nachgeschlagen werden.

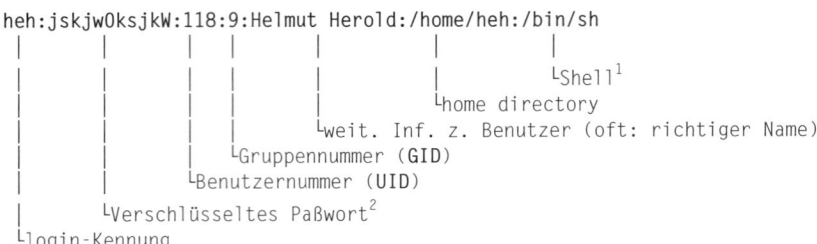

```
heh:jskjwOksjkW:118:9:Helmut Herold:/home/heh:/bin/sh
 |       |        |   |       |                |         |
 |       |        |   |       |                |         Lshell¹
 |       |        |   |       |                Lhome directory
 |       |        |   |       Lweit. Inf. z. Benutzer (oft: richtiger Name)
 |       |        |   LGruppennummer (GID)
 |       |        LBenutzernummer (UID)
 |       LVerschlüsseltes Paßwort²
 Llogin-Kennung
```

Jeder Benutzer kann diese Paßwort-Datei lesen, aber natürlich nicht ändern. Da das Paßwort hier in verschlüsselter Form vorliegt, kann niemand aus dieser Information auf das richtige Paßwort schließen. In diesem Beispiel soll nun nach bestimmten Benutzern in der Paßwort-Datei */etc/passwd* gesucht werden:

Beispiel

```
$ pwd  ↵                                        Zeige working directory an
/home/egon/uebung1                              Ausgabe des working directorys
$ grep  heh  /etc/passwd  ↵
heh:x:118:9:Helmut Herold:/home/heh:
$ grep  :112:  /etc/passwd  ↵
digo:x:112:9:Dieter Golzer:/home/digo:
$ grep /home  /etc/passwd  ↵
lotti:x:108:1:Lotte Golbert:/home/lotti:
cha:x:109:1:Christa Aller:/home/cha:
valter:x:110:1:Viktor Alter:/home/valter:
                        :
egon:x:120:1:Egon Lernschnell:/home/egon:
                        :
                        :
$ █
```

Suche den String heh in /etc/passwd
Ausgabe der Zeile zur login-Kennung heh
Suche Benutzer mit der UID 112 in /etc/passwd
Ausgabe der zu UID 112 gehörigen Zeile aus /etc/passwd
Suche alle Benutzer mit home directory unter /home
Ausgabe aller Zeilen aus /etc/passwd, in denen /home vorkommt.

System V.4

Aus Sicherheitsgründen wurde das Paßwort bei System V.4 in die für die Allgemeinheit nicht lesbare Datei */etc/shadow* ausgelagert. Im *paßwort*-Feld der Datei */etc/passwd* steht dafür der Buchstabe **x** als Platzhalter. Die Paßwörter sind in */etc/shadow* ebenfalls in verschlüsselter Form abgelegt. Das Paßwort wird dabei ebenso wie in System V.3 nirgends im Klartext abgespeichert. Das ist auch der Grund, warum der Systemadministrator keines der Paßwörter kennt und Ihnen nicht helfen kann, wenn Sie einmal Ihr Paßwort vergessen haben sollten. Die

---

1. Dazu später mehr (kann auch leeres Feld sein)
2. Auf neueren Unix-Versionen wird das verschlüsselte Paßwort in einer eigenen, nicht jedermann zugänglichen Datei gespeichert. Auf diesen Systemen steht dann anstelle des verschlüsselten Paßworts ein Stern (*).

einzige Möglichkeit, die der Systemadministrator in diesem Fall hat, ist das Löschen Ihres vergessenen Paßworts, so daß Sie sich ohne Paßwort anmelden können. Sie sollten sich dann sofort mit **passwd** ein neues Paßwort einzurichten.

Hinweis Unter Unix existieren noch 2 weitere dem **grep**-Kommando sehr ähnliche Kommandos:

`fgrep` [*optionen*] *string* [*datei(en)*]

Beim Kommando **fgrep** (**f**ast *grep* oder **f**ixed **grep**) handelt es sich um eine schnellere Suchvariante, bei der allerdings nur Strings und keine regulären Ausdrücke angegeben werden können.

`egrep` [*optionen*] *regulärer-ausdruck* [*datei(en)*]

Während **fgrep** eine Vereinfachung zu **grep** ist, handelt es sich bei **egrep** (**e**xtended **grep**) um eine Erweiterung zu **grep**, welche noch kompliziertere reguläre Ausdrücke zuläßt.

Analysieren des Inhalts von Dateien

file   (determine file type)

Die vollständige Aufrufsyntax für **file** ist:

`file` [*optionen*] *datei(en)*

Das Kommando **file** kann dazu verwendet werden, um die angegebenen *datei(en)* auf ihren Inhalt hin überprüfen zu lassen. So gibt dieses Kommando an, ob die einzelnen *datei(en)* z.B. ein C-Programm, einen ASCII-Text, ein ausführbares Programm, usw. enthalten. Um den Inhalt einer Datei zu identifizieren, benutzt **file** die Datei */etc/magic*, die angibt, welche Bytes einer Datei zu untersuchen sind, und welche Bytemuster dann auf den Inhalt dieser Datei schließen lassen.

Die von **file** getroffene Klassifikation stimmt nicht immer. So kann es beispielsweise ASCII-Texte für C-Programme halten, wenn im Text zufällig entsprechende Zeichen vorkommen, die programmiersprachlichen Konstrukten ähneln. Meistens stimmen die Angaben von **file** aber.

Von den möglichen Optionen wird hier nur eine vorgestellt:

-f *datei*   Die nach **-f** angegebene *datei* enthält in diesem Fall die Namen der zu untersuchenden Dateien.

System V.4 Mit der neuen Option **-h** gibt **file** bei symbolischen Links eine Information über den Link selbst, nicht über die Zieldatei aus. Ohne die Option **-h** wird ein symbolischer Link »verfolgt«, d.h. es erscheint die Information über den Inhalt der Zieldatei.

Beispiel Für dieses Beispiel muß eine weitere Datei *dateiliste* mit folgenden Inhalt erstellt werden:

```
/usr/bin/cat
alter
/usr/bin/calendar
```

```
$ pwd  ⏎                                      Zeige working directory an
/home/egon/uebung1                            Ausgabe des working directorys
$ file  alter  laender  ⏎              Analysiere den Inhalt von alter und laender
alter:          English text                  Ausgabe des Analyse-Ergebnisses
laender:        ascii text
$ file  /usr/bin/cat  /usr/bin/sort  ⏎   Analysiere den Inhalt von /bin/cat und /bin/sort
/bin/cat:       executable ...                Ausgabe des Analyse-Ergebnisses
/bin/sort:      executable ...
$ file  -f dateiliste  ⏎              Analysiere die Dateien, deren Namen in der Datei
/usr/bin/cat:       executable ...            dateiliste stehen
alter:              English text              Ausgabe des Analyse-Ergebnisses
/usr/bin/calendar:  commands text
$ ▌
```

Inhalt einer Datei ab einer bestimmten Stelle ausgeben

tail   (deliver the last part of a file)

Die vollständige Aufrufsyntax für **tail** ist:

```
tail  [optionen]  [datei]
```

Das Kommando **tail** ermöglicht die Ausgabe einer *datei* ab einer bestimmten Stelle.

Ist keine *datei* angegeben, so liest **tail** den Eingabetext von der Standardeingabe.

Als Optionen werden hier vorgestellt:

Option	Beschreibung
+*n* oder +*n*l	Ab der *n*.Zeile ausgeben
-*n* oder -*n*l	Die letzten *n* Zeilen ausgeben
+*n*b	Ab dem *n*.Block ausgeben
-*n*b	Die letzten *n* Blöcke ausgeben
+*n*c	Ab dem *n*.Zeichen ausgeben
-*n*c	Die letzten *n* Zeichen ausgeben

Wenn keine Optionen angegeben sind, so gibt **tail** die letzten 10 Zeilen[1] der angegebenen *datei* aus.

<table>
<tr><td>**Beispiel**</td><td>

```
$ pwd  ↵
/home/egon/uebung1
$ tail  -3  add1.c  ↵
  scanf("%f %f", &a, &b);
  printf("%f + %f = %f\n", a, b, a+b);
}
$ tail +50c  laender  ↵
:6,5 Mio:41000
Italien:Rom:57,3 Mio:294000
Frankreich:Paris:53,6 Mio:547000
Indien:Neu Delhi:644 Mio:3288000
USA:Washington:220,7 Mio:9363000
Oesterreich:Wien:7,5 Mio:83000
$ tail  add2.c  ↵
  /* Summe dieser zwei Zahlen wieder ausgeben */
main()
{
  float a, b, c;

  printf("Gib 2 Zahlen ein: ");
  scanf("%f %f", &a, &b);
  c = a+b;
  printf("Summe: %f + %f = %f\n", a, b, c);
}
$ █
```

</td><td>

Zeige working directory an
Ausgabe des working directorys
Gib die letzten 3 Zeilen von add1.c am
Bildschirm aus
Ausgabe der letzten 3 Zeilen von add1.c

Gib Inhalt der Datei laender ab dem
50 Zeichen am Bildschirm aus
Ausgabe der Datei laender ab dem
50 Zeichen

Gib die letzten 10 Zeilen der Datei
add2.c aus
Ausgabe der letzten 10 Zeilen der Datei
add2.c

</td></tr>
</table>

System V.4 In System V.4 und Linux wurde ein neues Kommando **head** eingeführt, das die ersten Zeilen einer Datei ausgibt. Per Voreinstellung werden die ersten 10 Zeilen ausgegeben.

Bei Angabe von *-n* werden nur die ersten *n* Zeilen ausgegeben.

```
$ head  -5  add2.c  ↵
  /* Dieses Programm liest zwei Zahlen ein und gibt die  */
  /* Summe dieser beiden Zahlen wieder aus                */
main()
{
  float a, b, c;
$
```

Nur bestimmte Spalten oder Felder einer Datei ausgeben

cut   (**cut out selected fields of each line of a file**)

Das Kommando **cut** gibt nur bestimmte Felder bzw. Spalten jeder Zeile einer Datei aus. Es existieren zwei mögliche Aufrufformen:

---

1. wenn soviele Zeilen vorhanden sind, ansonsten eben die ganze Datei

cut   -c*spalten*   [*datei(en)*]

cut   -f*felder*   [-d*zeichen*]   [-s]   [*datei(en)*]

Wenn keine *datei(en)* angegeben sind, so wird der Eingabetext von der Standardeingabe gelesen.

Die Optionen bedeuten dabei im einzelnen:

Option	Beschreibung
-c*spalten*	Die dabei angegebenen *spalten* legen die herauszuschneidenden Spalten fest. Für *spalten* können dabei mit Komma getrennte ganze Zahlen oder Zahlenbereiche angegeben werden (z.B. würde **c3,7,10-25** festlegen, daß die 3.Spalte, die 7.Spalte und die Spalten von 10 bis 25 herauszuschneiden sind)
-f*felder*	Die dabei angegebenen *felder* geben die Nummern der herauszu-schneidenden Felder an. Für *felder* können dabei mit Komma getrennte ganze Zahlen oder Zahlenbereiche angegeben werden (z.B. würde **-f1,3,5-7** festlegen, daß das 1.Feld, das 3.Feld und die Felder 5 bis 7 herauszuschneiden sind). Als Trennzeichen für die einzelnen Felder wird dabei – wenn nicht anders mit der Option mit **-d***zeichen* angegeben – das Tabulatorzeichen verwendet.
-d*zeichen*	Das hier angegebene *zeichen* wird als Trennzeichen für die einzel-nen Felder verwendet. Ist diese Option nicht angegeben, so wird als Trennzeichen das Tabulatorzeichen verwendet.
-s	Wenn mit **-f** Felder extrahiert werden, dann erscheinen Zeilen, die kein Feldtrennzeichen enthalten, unverändert in der Ausgabe. Diese Zeilen können mit **-s** unterdrückt werden.

Beispiel

```
$ pwd  [↵]                                          Zeige working directory an
/home/egon/uebung1                                  Ausgabe des working directorys
$ cut -c2,7-20  add1.c  [↵]                          Gib 2.Spalte und die Spalten 7 bis 20 aus der Datei
a                                                                               add1.c aus
                                                    Ausgabe der entsprechenden Spalten aus der Datei
t a, b;                                                                           add1.c
f("%f %f", &a,
tf("%f + %f =

$ cut  -c10-15  alter  >nachnamen  [↵]              Schreibe Spalten 10 bis 15 aus alter in nachnamen
$ cat  nachnamen  [↵]                               Gib nun den Inhalt der Datei nachnamen aus
Meier                                               Ausgabe der Datei nachnamen am Bildschirm
Silber
Meier
Gold
Gold
```

```
Meier
Gold
Silber
$ cut  -f2,3  -d:  laender  ↵
London:56 Mio
Bern:6,5 Mio
Rom:57,3 Mio
Paris:53,6 Mio
Neu Delhi:644 Mio
Washington:220,7 Mio
Wien:7,5 Mio
$ cut  -f1,3,5  -d:  /etc/passwd  ↵
lotti:108:Lotte Golbert
cha:109:Christa Aller
valter:110:Viktor Alter
            :
egon:120:Egon Lernschnell
            :
            :
$ █
```

Gib 2. und 3.Feld aus Datei laender aus; Feld-
Trennzeichen ist der Doppelpunkt (:)
Ausgabe des 2. und 3.Felds aus der Datei laender
(Hauptstadt und Einwohnerzahl)

Gib 1., 3. und 5.Feld aus /etc/passwd aus; Feld-
Trennz. ist :
Ausgabe des 1., 3. und 5.Felds aus der Datei /etc/
passwd (login-Kennung, UID und weitere Benutze-
rinformation)

Um sich z.B. alle Dateien des working directorys mit ihren Zugriffsrechten auflisten zu lassen, wäre der folgende Aufruf möglich:

```
ls -l | cut -c 1-13,56-
```

Mit diesem Aufruf wird die Ausgabe von ls -l nicht am Bildschirm angezeigt,
sondern über eine sogenannte Pipe direkt an das Kommando **cut** weitergeleitet,
das von jeder Zeile, die es von ls -l geliefert bekommt, nur die ersten 13 Zeichen
(Zugriffsmuster plus 3 Leerzeichen) sowie alle Zeichen ab dem 56. Zeichen
(Dateiname) herausschneidet und ausgibt.

```
$ ls -l | cut -c 1-13,56- ↵
total 12
-rw-r--r--    abc1
-rw-r--r--    abc2
-rw-r--r--    abc3
-rw-r--r--    add1.c
-rw-r--r--    add2.c
-rw-r--r--    alter
-rw-r--r--    delta
-rw-r--r--    fruechte
-rw-r--r--    laender
-rw-r--r--    nachnamen
-rw-r--r--    obst
-rw-r--r--    obst.sort
$
```

Mehrere Dateien nebeneinander ausgeben

paste   (**paste** lines of files)

Während das Kommando **cat** Dateien untereinander ausgibt, ermöglicht **paste** die parallele Ausgabe von Dateien.

paste kann in 3 verschiedenen Formen aufgerufen werden:

`paste` *datei(en)*[1]

Die angegebenen *datei(en)* werden dabei nebeneinander ausgegeben. Bei dieser parallelen Ausgabe werden die Zeilen der einzelnen Dateien durch ein Tabulatorzeichen voneinander getrennt. Ist ein anderes Trennzeichen für die einzelnen Zeilen erwünscht, so müßte die folgende Aufrufform verwendet werden:

`paste -d"`*string*`"` *datei(en)*

In diesem Fall werden die nebeneinander ausgegebenen Zeilen der einzelnen Dateien mit den in *string* angegebenen Zeichen voneinander getrennt. Als 1.Trennzeichen wird das 1.Zeichen in *string* verwendet, als 2.Trennzeichen das zweite, usw. Wenn alle Zeichen aus *string* als Trennzeichen verwendet wurden, wird wieder mit dem 1.Zeichen angefangen und danach wieder alle Zeichen in *string* durchlaufen. Als Zeichen können dabei auch folgende Konstrukte angegeben werden:

Angabe	Beschreibung
\n	für Neuezeile-Zeichen
\t	für Tabulatorzeichen
\0	für leeres Zeichen
\\	für das Zeichen \

Die letzte mögliche Aufrufform ist:

`paste -s [-d"`*string*`"]` *datei(en)*

In diesem Fall werden nicht die einzelnen Zeilen der angegebenen *datei(en)* nebeneinander ausgegeben, sondern der Inhalt jeder Datei parallel ausgegeben. Wenn die Option **-d** nicht angegeben ist, so wird als Trennzeichen für die einzelnen Zeilen das Tabulatorzeichen verwendet.

Ist die Option **-d** angegeben, so werden wie bei der vorherigen Aufrufform die im *string* angegebenen Zeichen zum Trennen der parallel auszugebenden Zeilen verwendet.

---

1. Ist nur eine *datei* angegeben, so wird deren Inhalt – wie bei **cat** – am Bildschirm ausgegeben

Beispiel   Für dieses Beispiel muß eine weitere Datei *telnr* mit folgenden Inhalt erstellt werden:

```
09238/6736734
01252/783722
089/12934737
04355/8423
09722/7342
08237/83747
09131/783467
0911/8347834
```

`$ pwd ⏎`	Zeige working directory an
`/home/egon/uebung1`	Ausgabe des working directorys
`$ paste alter telnr ⏎`	Gib alter und telnr nebeneinander
`Fritz    Meier  25        09238/6736734`	aus
`Erika    Silber 42        01252/783722`	Ausgabe der beiden Dateien alter
`Toni     Meier  53        089/12934737`	und telnr nebeneinander
`Angelika Gold   25        04355/8423`	
`Franz    Gold   13        09722/7342`	
`Toni     Meier  45        08237/83747`	
`Emil     Gold   66        09131/783467`	
`Manfred  Silber 29        0911/8347834`	
`$ paste -d"-\t\t" obst alter  telnr ⏎`	obst, alter und telnr nebeneinander.
`Birnen-Fritz     Meier  25       09238/6736734`	Verwende als 1.Trennzeichen – und
`Kiwis-Erika      Silber 42       01252/783722`	dann zwei Tabs.
`Avocados-Toni      Meier  53     089/12934737`	Parallele Ausgabe von obst, alter
`Bananen-Angelika Gold    25      04355/8423`	und telnr, wobei als 1.Trennz. – und
`Orangen-Franz    Gold    13      09722/7342`	als 2. das Tab-zeichen verwendet
`Aepfel-Toni      Meier  45       08237/83747`	wird. Das 3.Trennz. (\t) kommt nicht
`Stachelbeeren-Emil Gold    66    09131/783467`	zur Anwendung, da auf parallele
`Kirschen-Manfred  Silber 29      0911/8347834`	Ausgabe von 3 Zeilen automatisch
`Brombeeren-`	ein Zeilenvorschub erfolgt.
`$ paste -s -d"\t\n" add1.c ⏎`	Gib die Datei add1.c so aus, daß
`main(){`	jeweils immer 2 Zeilen in einer
`  float a, b;  scanf("%f %f", &a, &b);`	zusammengezogen werden.
`  printf("%f + %f = %f\n", a, b, a+b);}`	
`$ paste -s -d":::\n" obst.sort ⏎`	Gib die Datei obst.sort so aus, daß
`Aepfel:Avocados:Bananen:Birnen`	jeweils immer 4 Zeilen in einer
`Brombeeren:Kirschen:Kiwis:Orangen`	zusammengezogen werden, wobei :
`Stachelbeeren`	als Trennzeichen für die ursprgl. Zei-
`$ ▊`	len verwendet wird.

Aufeinanderfolgende identische Zeilen nur einmal ausgeben

uniq   (unique[1])

Die vollständige Aufrufsyntax von **uniq** ist:

---

1. zu deutsch: einmalig, einzigartig

uniq [*optionen*] [*eingabedatei* [*ausgabedatei*]]

Wenn keine *ausgabedatei* angegeben ist, so erfolgt die Ausgabe auf die Standardausgabe; ist weder eine *ausgabedatei* noch eine *eingabedatei* angegeben, so wird der Eingabetext von der Standardeingabe gelesen und das Ergebnis auf die Standardausgabe geschrieben.

uniq liest den Eingabetext und vergleicht aufeinanderfolgende Zeilen miteinander. Wenn zwei oder mehrere aufeinanderfolgende Zeilen identisch sind, so wird von diesen Zeilen nur eine ausgegeben; alle anderen Zeilen, auf die das nicht zutrifft, werden unverändert ausgegeben. Für *eingabedatei* und *ausgabedatei* sollten 2 verschiedene Dateien angegeben werden.

Die wichtigsten Optionen haben dabei folgende Auswirkungen:

Option	Beschreibung
-u	Nur die Zeilen ausgeben, die nicht mehrfach hintereinander vorkommen.
-d	Nur von den mehrfach hintereinander vorkommenden Zeilen je eine ausgeben.
-c	Zu jeder Zeile angeben, wie oft sie hintereinander vorkommt
+n	Die ersten n Zeichen werden beim Vergleich aufeinanderfolgender Zeilen ignoriert
-m	Die ersten m Felder werden beim Vergleich aufeinanderfolgender Zeilen ignoriert; als Trennzeichen für die Felder werden Leer- und Tabulatorzeichen verwendet.

Wird auf die Angabe von Optionen verzichtet, so entspricht dies der Angabe **-ud**.

Um von allen mehrfach vorkommenden Zeilen wirklich nur eine ausgeben zu lassen, ist eventuell eine vorherige Sortierung einer Datei notwendig, da **uniq** ja nur aufeinanderfolgende Zeilen auf Gleichheit hin überprüft.

Beispiel

`$ pwd` ↵	Zeige working directory an
`/home/egon/uebung1`	Ausgabe des working directorys
`$ uniq  nachmen` ↵	Gib Inhalt der Datei nachnamen so aus, daß sich
`Meier`	wiederholende Zeilen nur einmal ausgegeben
`Silber`	werden.
`Meier`	Ausgabe von nachnamen, wobei sich wiederho-
`Gold`	lende Zeilen nur einmal ausgegeben werden
`Meier`	
`Gold`	
`Silber`	

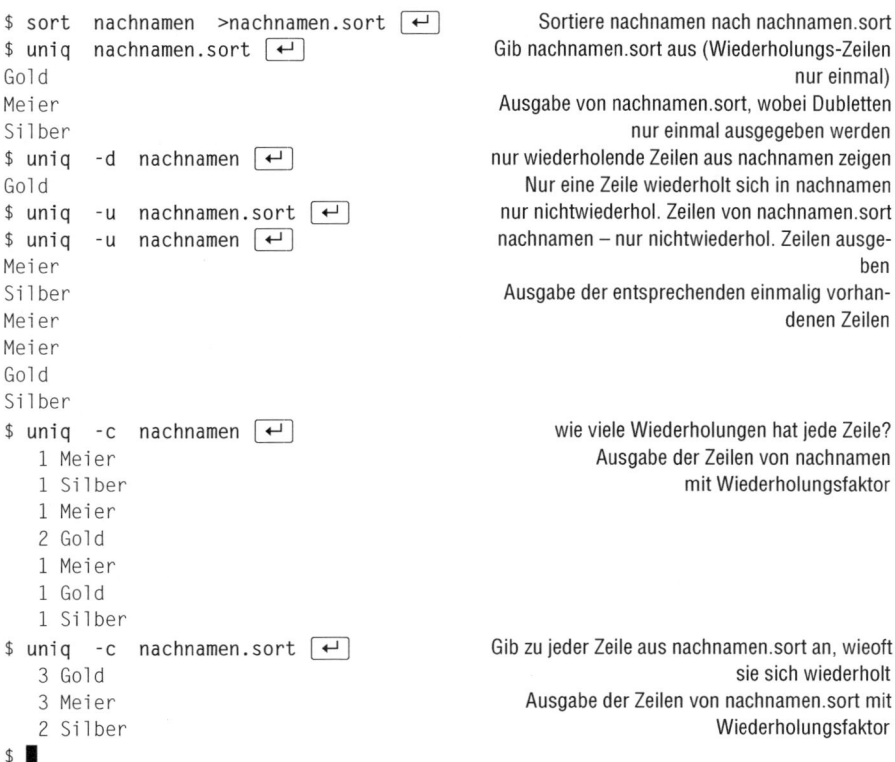

```
$ sort  nachnamen  >nachnamen.sort  ⏎        Sortiere nachnamen nach nachnamen.sort
$ uniq  nachnamen.sort  ⏎              Gib nachnamen.sort aus (Wiederholungs-Zeilen
Gold                                                             nur einmal)
Meier                                 Ausgabe von nachnamen.sort, wobei Dubletten
Silber                                         nur einmal ausgegeben werden
$ uniq  -d  nachnamen  ⏎             nur wiederholende Zeilen aus nachnamen zeigen
Gold                                   Nur eine Zeile wiederholt sich in nachnamen
$ uniq  -u  nachnamen.sort  ⏎         nur nichtwiederhol. Zeilen von nachnamen.sort
$ uniq  -u  nachnamen  ⏎               nachnamen – nur nichtwiederhol. Zeilen ausge-
Meier                                                                     ben
Silber                                 Ausgabe der entsprechenden einmalig vorhan-
Meier                                                                denen Zeilen
Meier
Gold
Silber
$ uniq  -c  nachnamen  ⏎              wie viele Wiederholungen hat jede Zeile?
    1 Meier                                 Ausgabe der Zeilen von nachnamen
    1 Silber                                      mit Wiederholungsfaktor
    1 Meier
    2 Gold
    1 Meier
    1 Gold
    1 Silber
$ uniq  -c  nachnamen.sort  ⏎        Gib zu jeder Zeile aus nachnamen.sort an, wieoft
    3 Gold                                          sie sich wiederholt
    3 Meier                             Ausgabe der Zeilen von nachnamen.sort mit
    2 Silber                                       Wiederholungsfaktor
$ ▉
```

Bestimmte Zeichen eines Textes durch andere ersetzen

tr   **(tr**anslate characters)

Die vollständige Aufrufsyntax von **tr** ist:

```
tr  [-cds]  [string1  [string2]]
```

Das Kommando **tr** kopiert den Eingabetext, den es von der Standardeingabe liest, auf die Standardausgabe. Dabei können die gelesenen Zeichen durch andere – auch nicht druckbare – Zeichen ersetzt werden.

Wird im Eingabetext ein Zeichen gefunden, das in *string1* vorkommt, so wird es durch das entsprechende Zeichen aus *string2* ersetzt.

Die einzelnen Optionen haben dabei folgende Auswirkungen:

Option	Beschreibung
-c	Die Zeichen, die in *string1* vorkommen, werden bezüglich des ASCII-Codes (oktal: 001 bis 377) komplementiert.
-d	Eingabezeichen, die in *string1* vorkommen, werden gelöscht.
-s	Für gleiche hintereinander stehende Ausgabezeichen, die in *string2* vorkommen, wird nur ein Zeichen ausgegeben.

Innerhalb der *strings* können auch Abkürzungen verwendet werden, um ganze Bereiche von ASCII-Zeichen festzulegen, wie z.B.

[A-Z]   (alle Großbuchstaben)

[0-9]   (alle Ziffern)

[a*n]   (steht für n Wiederholungen von a. Fehlt die Angabe von n oder ist dafür der Wert 0 angegeben, so wird dafür ein riesengroßer Wert angenommen.)

Auch kann der ASCII-Wert eines Zeichens innerhalb von *strings* oktal angegeben werden:

\012   (für Neuezeile-Zeichen)

[\001-\014]   (alle Zeichen mit den oktalen ASCII-Codes von 1 bis 14; dezimal: von 1 bis 12)

Beispiel

`$ pwd` ⏎	Zeige working directory an
`/home/egon/uebung1`	Ausgabe des working directorys
`$ tr "abcdefg" "ABCDEFG" <laender` ⏎	Ersetze bei der Ausgabe von laender die Buchsta-
`GrossBritAnniEn:LonDon:56 Mio:244000`	ben abcdefg durch ihre Großbuchstaben
`SChwEiz:BErn:6,5 Mio:41000`	Ausgabe des Inhalts von laender mit den entspre-
`ItAliEn:Rom:57,3 Mio:294000`	chenden Textersetzungen
`FrAnkrEiCh:PAris:53,6 Mio:547000`	
`InDiEn:NEu DElhi:644 Mio:3288000`	
`USA:WAshinGton:220,7 Mio:9363000`	
`OEstErrEiCh:WiEn:7,5 Mio:83000`	
`$ tr <laender` ⏎ [a]	Gib Inhalt von laender ohne Textersetzungen aus
`Grossbritannien:London:56 Mio:244000`	Ausgabe des Inhalts von laender
`Schweiz:Bern:6,5 Mio:41000`	
`Italien:Rom:57,3 Mio:294000`	
`Frankreich:Paris:53,6 Mio:547000`	
`Indien:Neu Delhi:644 Mio:3288000`	
`USA:Washington:220,7 Mio:9363000`	
`Oesterreich:Wien:7,5 Mio:83000`	

```
$ tr  -d  "[0-9]"  <laender  ⏎
Grossbritannien:London: Mio:
Schweiz:Bern:, Mio:
Italien:Rom:, Mio:
Frankreich:Paris:, Mio:
Indien:Neu Delhi: Mio:
USA:Washington:, Mio:
Oesterreich:Wien:, Mio:
```

Gib Inhalt von laender aus, wobei alle Ziffern aus dem Text zu entfernen sind.
Ausgabe des Inhalts von laender ohne jegliche Ziffern

```
$ tr  "[a-z]"  "[A-Z]"  <laender  ⏎
GROSSBRITANNIEN:LONDON:56 MIO:244000
SCHWEIZ:BERN:6,5 MIO:41000
ITALIEN:ROM:57,3 MIO:294000
FRANKREICH:PARIS:53,6 MIO:547000
INDIEN:NEU DELHI:644 MIO:3288000
USA:WASHINGTON:220,7 MIO:9363000
OESTERREICH:WIEN:7,5 MIO:83000
```

Gib Inhalt von laender aus, wobei alle Kleinbuchstaben durch Großbuchstaben zu ersetzen sind
Ausgabe der Datei laender in Großschreibung

```
$ tr  -dc  "[A-Z]"  <laender  ⏎
GLMSBMIRMFPMINDMUSAWMOWM$  ⏎
```

Gib von Datei laender nur die Großbuchstaben aus
Ausgabe aller in laender enthalt. Großbuchstaben

```
$ tr -cs "[a-z][A-Z][0-9]" "[\012*]" <laender  ⏎
Grossbritannien
London
56
Mio
244000
Schweiz
Bern
6
5
Mio
41000
Italien
Rom
57
3
Mio
294000
Frankreich
Paris
53
6
Mio
547000
Indien
Neu
Delhi
644
Mio
3288000
```

Gib Datei laender aus, wobei alle Nicht-Buchstaben und Nicht-Ziffern durch ein Neuezeile-Zeichen zu ersetzen sind.
Datei laender wird so ausgegeben, daß pro Zeile eine Wort steht. Ein Wort bedeutet dabei eine Zeichenfolge aus Ziffern und Buchstaben

```
USA
Washington
220
7
Mio
9363000
Oesterreich
Wien
7
5
Mio
83000
$ tr "abcdef"  "AB+"  <laender [↵]                    Gib Datei laender aus, wobei die Buchsta-
GrossBritAnnien:London:56 Mio:244000                  ben abc durch AB+ zu ersetzen sind.
S+hweiz:Bern:6,5 Mio:41000
ItAlien:Rom:57,3 Mio:294000
FrAnkrei+h:PAris:53,6 Mio:547000                      Ausgabe der Datei laender, wobei jedes a
Indien:Neu Delhi:644 Mio:3288000                      durch A, jedes b durch B und jedes c durch
USA:WAshington:220,7 Mio:9363000                      + ersetzt wurde
Oesterrei+h:Wien:7,5 Mio:83000
$ █
```

a. Unter Linux hier tr "" "" < laender aufrufen.

Linux Unter Linux würde der letzte Aufruf die folgende Ausgabe liefern:

```
$ tr "abcdef" "AB+" < laender[↵]
GrossBritAnni+n:Lon+on:56 Mio:244000
S+hw+iz:B+rn:6,5 Mio:41000
ItAli+n:Rom:57,3 Mio:294000
FrAnkr+i+h:PAris:53,6 Mio:547000
In+i+n:N+u D+lhi:644 Mio:3288000
USA:WAshington:220,7 Mio:9363000
```

Unix
```
O+st+rr+i+h:Wi+n:7,5 Mio:83000
$
```

Mischen von zwei Dateien

join   (relational database operator)

Die vollständige Aufrufsyntax von **join** ist:

join [*optionen*] *datei1* *datei2*

Das Kommando **join** faßt diejenigen Zeilen aus den Dateien *datei1* und *datei2* zusammen, deren Schlüsselfelder identisch sind. Die beiden Dateien müssen dabei bezüglich des Schlüsselfelds sortiert sein. Als Schlüsselfeld kann dabei jedes Feld innerhalb der Zeilen verwendet werden. Wenn durch die Optionen nicht anders festgelegt, so wird das 1.Feld in beiden Dateien als Schlüsselfeld verwendet.

Als Feld-Trennzeichen werden – wenn nicht anders durch die Optionen festgelegt – Leer- und Tabulatorzeichen verwendet.

Die gemischten Zeilen aus den beiden Dateien werden auf die Standardausgabe ausgegeben.

Folgende Optionen können angegeben werden:

Option	Beschreibung
-j *m*	Das *m*.Feld wird in beiden Dateien als Schlüsselfeld verwendet
-j1 *m*	Das *m*.Feld wird in *datei1* als Schlüsselfeld verwendet
-j2 *m*	Das *m*.Feld wird in *datei2* als Schlüsselfeld verwendet
-a1	Zeilen aus *datei1* ausgeben, für die keine Zeile mit gleichem Schlüsselfeld-Inhalt in *datei2* existiert.
-a2	Zeilen aus *datei2* ausgeben, für die keine Zeile mit gleichem Schlüsselfeld-Inhalt in *datei1* existiert.
-o *n.m* ..	Legt die Felder fest, welche auszugeben sind: Aus *n*.Datei das *m*.Feld; wobei für *n* entweder 1 (*datei1*) oder 2 (*datei2*) angegeben werden kann. So würde z.B. die Angabe **-o 1.2 2.4** festlegen, daß immer das 2.Feld aus *datei1* und das 4.Feld aus *datei2* auszugeben sind
-t*c*	Legt das Zeichen *c* als Trennzeichen für die Felder fest; gilt dann sowohl für die Eingabe- wie auch für die Ausgabefelder.
-e *string*	Legt fest, daß leere Ausgabefelder durch *string* zu ersetzen sind.

Die Syntax von **join** ist etwas eigenwillig: Bei **-o** und **-e** müssen die Optionenargumente durch genau ein Leerzeichen von der Option getrennt werden, während bei **-t**, **-j** und **-a** keine Leerzeichen dazwischen erlaubt sind.

Beispiel In den Beispielen werden zwei weitere Dateien mit folgenden Namen und Inhalt benötigt:

```
obstpreise:
Avocados  3,80
Bananen2,60
Kirschen2,40
Kiwis  4,20
Trauben2,10
Pfirsiche2,30

sprache:[1]
```

---

1. Zu jedem Land ist die dort am meisten gesprochene Sprache im ersten Feld angegeben; nach dem Namen des Landes sind weitere Sprachen angegeben, die auch noch in diesem Land gesprochen werden.

```
englisch:Grossbritannien::
hindi:Indien:englisch:
italienisch:Italien:deutsch:
deutsch:Schweiz:franzoesisch:italienisch
englisch:USA:franzoesisch:deutsch
```

`$ pwd ⏎`	Zeige working directory an
`/home/egon/uebung1`	Ausgabe des working directorys
`$ sort  obst >obst2 ⏎`	Sortiere Inhalt von obst nach obst2
`$ sort  laender >laender2 ⏎`	Sortiere laender nach laender2
`$ join  obst2  obstpreise ⏎`	Mische die beiden Dateien obst2 und obstpreise
`Avocados 3,80`	Ausgabe des Mischungsresultats

```
Bananen 2,60
Kirschen 2,40
Kiwis 4,20
```

`$ join  -a1  obst2  obstpreise ⏎`	Mische die beiden Dateien obst2 und obstpreise;
`Aepfel`	dabei sind auch die Zeilen aus obst2 auszugeben,
`Avocados 3,80`	die kein gemeinsames Schlüsselfeld mit obst-
`Bananen 2,60`	preise haben.
`Birnen`	Ausgabe des Mischungsresultats

```
Brombeeren
Kirschen 2,40
Kiwis 4,20
Orangen
Stachelbeeren
$ join  -t:  -j1 1  -j2 2  laender2  sprache ⏎
Grossbritannien:London:56 Mio:244000:englisch::
Indien:Neu Delhi:644 Mio:3288000:hindi:englisch:
Italien:Rom:57,3 Mio:294000:italienisch:deutsch:
Schweiz:Bern:6,5 Mio:41000:deutsch:franzoesisch:italienisch
USA:Washington:220,7 Mio:9363000:englisch:franzoesisch:deutsch
```

Mische die beiden Dateien laender2 (1.Feld=Schlüsselfeld) und sprache(2.Feld=Schlüsselfeld)
Ausgabe des Mischungsresultats

```
$ join  -t:  -j1 1  -j2 2  -e "---" laender2  sprache ⏎
Grossbritannien:London:56 Mio:244000:englisch:---:---
Indien:Neu Delhi:644 Mio:3288000:hindi:englisch:---
Italien:Rom:57,3 Mio:294000:italienisch:deutsch:---
Schweiz:Bern:6,5 Mio:41000:deutsch:franzoesisch:italienisch
USA:Washington:220,7 Mio:9363000:englisch:franzoesisch:deutsch
```

Mische die beiden Dateien laender2 (1.Feld=Schlüsselfeld) und sprache (2.Feld=Schlüsselfeld); leere Felder sind mit --- anzugeben
Ausgabe des Mischungsresultats

```
$ join -t:  -j1 2  -j2 1  -o 1.2 1.1 2.2  sprache  laender2 ⏎
Grossbritannien:englisch:London
Indien:hindi:Neu Delhi
Italien:italienisch:Rom
Schweiz:deutsch:Bern
USA:englisch:Washington
$ █
```

Mische die beiden Dateien sprache (2.Feld=Schlüsselfeld) und laender2 (1.Feld=Schlüsselfeld); bei der Ausgabe des Mischergebnisses ist zuerst das 2.Feld und dann das 1.Feld von sprache auszugeben und dann das 2.Feld von laender2

Directories nach bestimmten Dateien durchsuchen

find   (*find* **files**)

Die vollständige Aufrufsyntax für **find** ist:

find   *pfadname(n)   bedingung(en)*

Das Kommando **find** durchsucht alle angegebenen *pfadname(n)* nach Dateien, für die die angegebenen *bedingung(en)* erfüllt sind. Dabei wird für jeden der angegebenen *pfadname(n)* das vollständige Directory durchsucht, d.h. es werden alle zugehörigen Subdirectories, Sub-Subdirectories, usw. zu diesen *pfadname(n)* nach Dateien durchsucht, auf die die angegebenen *bedingung(en)* zutreffen.

Bei den nachfolgend vorgestellten *bedingung(en)* steht *n* für eine ganze Zahl; für *n* kann dabei

n   (bedeutet: *genau n*) oder

+*n*   (bedeutet: *mehr als n*) oder

-*n*   (bedeutet: *weniger als n*)

angegeben werden. Von der Vielzahl der möglichen *bedingung(en)* sind hier die am häufigsten benötigten ausgewählt wurden:

Bedingung	Beschreibung
-print	immer erfüllt; gibt zu allen gefundenen Dateien die Namen auf die Standardausgabe aus.[a]
-name *dateiname*	erfüllt, wenn eine Datei mit dem Namen *dateiname* gefunden wird.
[-perm] *[-]oktalzahl*	erfüllt, wenn eine Datei gefunden wird, deren Zugriffsrechte der angegebenen *oktalzahl* entsprechen; wenn vor *oktalzahl* ein – (Minuszeichen) angegeben ist, so werden nur die mit *oktalzahl* spezifizierten Zugriffsrechte überprüft und die restlichen sind bedeutungslos.
-type *c*	erfüllt, wenn eine Datei gefunden wird, deren Dateiart *c* ist; für *c* kann dabei **b** (blockorientierte Gerätedatei), **c** (zeichenorientierte Gerätedatei), **d** (directory), **l** (symbolische Links), **p** (named pipe) oder **f** (einfache Datei) angegeben werden.
-links *n*	erfüllt, wenn eine Datei mit *n* Links gefunden wird.

Bedingung	Beschreibung
-user *loginkennung*	erfüllt, wenn eine Datei gefunden wird, die dem Benutzer mit der angebenen *login-kennung* gehört; für *login-kennung* kann dabei entweder die login-Kennung oder die **UID** eines Benutzers angegeben werden.
-nouser *loginkennung*	erfüllt, wenn Datei gefunden wird, die nicht dem Benutzer mit der *loginkennung* gehört.
-group *gruppenkennung*	erfüllt, wenn eine Datei gefunden wird, die der Gruppe mit der angebenen *gruppen-kennung* gehört; für *gruppen-kennung* kann dabei entweder die login-Kennung oder die **GID** einer Gruppe angegeben werden.
-size *n[c/k]*	erfüllt, wenn eine Datei gefunden wird, deren Größe *n* Blöcke bzw. *n* Bytes (bei der Angabe *nc*) ist. **-size +20 k** liefert z.B. alle Dateien, die größer als 20 Kbytes sind.
-atime *n*	erfüllt, wenn eine Datei gefunden wird, auf die vor *n* Tagen das letztemal zugegriffen wurde; ein Durchsuchen mit **find** wird auch als Zugriff gewertet, allerdings erst nach Auswertung der vorherigen Zugriffszeit.
-mtime *n*	erfüllt, wenn eine Datei gefunden wird, die vor *n* Tagen das letztemal modifiziert wurde.
-newer *dateiname*	erfüllt, wenn eine Datei gefunden wird, deren Modifikationsdatum jünger als das von *dateiname* ist.
-depth	immer erfüllt; bewirkt, daß im Dateibaum immer zuerst auf den Inhalt des Directorys zugegriffen wird, bevor zu den Blättern »abgestiegen« wird. Dies hat zur Folge, daß alle Einträge in einem Directory behandelt werden, bevor auf die Subdirectories zugegriffen wird. Dies kann nützlich bei der Kombination mit dem nachfolgend vorgestellten Kommando **cpio** eingesetzt werden, wenn es erforderlich ist, Dateien zu übertragen, die sich in Directories ohne Schreiberlaubnis befinden.

a. **-print** muß unter Linux nicht angegeben werden, da dies dort immer automatisch eingestellt ist.

Ein Aufruf von **find** kann auf Rechnern mit sehr großen Plattenkapazitäten sehr lange brauchen und das System nicht unerheblich belasten. Um die Suche im gesamten Dateisystem zu vermeiden, sollten Sie deshalb von den beiden folgenden Bedingungen Gebrauch machen:

System V.4 / Linux	*Bedingung*	*Beschreibung*
	-mount	beschränkt die Suche auf ein Dateisystem
	-local	beschränkt die Suche bei vernetzten Systemen auf das lokale System
	-follow	verfolgt symbolische Links
	-prune	Hiermit lassen sich Subdirectories von der Suche ausschließen, die durch einen dem **-prune** vorangehenden Ausdruck näher bestimmt werden. So würde z. B. mit folgendem Aufruf nach allen Dateien im Directorybaum */home/egon* gesucht, die größer als 100000 Bytes sind, außer im Subdirectory *uebung1*: **find /home/egon -size +100000b -print -name uebung1 -prune**

Beispiel

```
$ pwd  ↵
/home/egon/uebung1
$ find  /usr  -name dir.h  -print  ↵ ª
/usr/include/sys/dir.h
$ find  /  -user egon  -print  ↵
/dev/ttyic
/home/egon
/home/egon/.profile
/home/egon/add.c
/home/egon/uebung1
/home/egon/uebung1/obst
/home/egon/uebung1/laender
/home/egon/uebung1/add1.c
/home/egon/uebung1/add2.c
/home/egon/uebung1/abc1
/home/egon/uebung1/abc2
/home/egon/uebung1/abc3
/home/egon/uebung1/delta
/home/egon/uebung1/obst.sort
/home/egon/uebung1/fruechte
/home/egon/uebung1/alter
/home/egon/uebung1/obst2
/home/egon/uebung1/nachnamen
/home/egon/uebung1/dateiliste
/home/egon/uebung1/laender2
/home/egon/uebung1/telnr
/home/egon/uebung1/sprache
/home/egon/uebung1/obstpreise
/home/egon/uebung1/nachnamen.sort
/home/egon/uebung3
/home/egon/uebung3/obst
/home/egon/uebung3/laender
/home/egon/uebung3/obst3
```

Zeige working directory an
Ausgabe des working directory
Suche im Dateibaum /usr Datei dir.h
Pfadname der gefund. Datei dir.h

Suche im Dateibaum unter / alle Dateien, die
egon gehören.

Ausgabe aller absoluten Pfadnamen der Dateien,
die sich unter root directory befinden und egon
gehören.

```
$ find  ..  -type d  -print  ⏎
..
../uebung1
../uebung3
$ find . -print -name add1.c  ⏎
.
./obst
./laender
./add1.c
./add2.c
./abc1
./abc2
./abc3
./delta
./obst.sort
./fruechte
./alter
./obst2
./nachnamen
./dateiliste
./laender2
./telnr
./sprache
./obstpreise
./nachnamen.sort
$ find . -name add1.c -print  ⏎
./add1.c
$ find /usr -links +10 -type d -print  ⏎
/usr
/usr/lib
/usr/lib/terminfo
$ find / -size +200000c -print  ⏎
/unix
/etc/wtmp
/etc/atconf/bin/.lib/kerncomp
/etc/atconf/kernels/unix.std.1
/etc/atconf/modules/kernel/os.o
/usr/lib/cron/log
/usr/lib/libcurses.a
/usr/lib/libp/libc.a
/usr/lib/libtermcap.a
/usr/lib/libtermlib.a
```

Suche alle Subdirectories zum parent directory
Ausgabe dieser Sub-Directories

Gib alle Namen von Dateien aus, die sich im
Dateibaum unter dem working directory befinden
Druckt alle Dateien des working directorys und
dessen Subdirectories, da die bedingungen von
links nach rechts ausgewertet werden, und
-print ist immer erfüllt.

Möchte man nur wissen, ob eine Datei mit
Namen add1.c im Dateibaum des working directorys existiert, so müßten die beiden Bedingungen vertauscht angegeben werden
(siehe nächstes Kommando)

Suche add1.c im Dateibaum zu .
Ausgabe des Pfadnames von add1.c
Suche im Dateibaum zu /usr alle Directories mit
mehr als 10 Links.
Ausgabe der entspr. Directories

Suche im Dateibaum zum root directory alle
Dateien, die mehr als 200000 Bytes enthalten.

```
/usr/adm/pacct2                                    Ausgabe aller Directories im Dateibaum
/usr/adm/pacct3                                  des root directorys, die mehr als 200000
/usr/adm/pacct4                                                         Bytes enthalten
/usr/adm/pacct5
/usr/adm/pacct6
/usr/adm/pacct7
/usr/adm/pacct8
/usr/adm/pacct9
/usr/adm/pacct10
/usr/adm/pacct11
/lib/comp
/lib/libc.a
/lib/libc_s.a
$ find /usr -type f -newer add2.c -print ↵      Suche im Dateibaum zu /usr alle einfachen
/usr/spool/lp/pstatus                             Dateien, deren Modifikationsdatum jünger
/usr/spool/lp/outputq                                       als das von Datei add2.c ist
/usr/spool/lp/seqfile                                    Ausgabe aller jüngeren Dateien
/usr/spool/lp/oldlog
/usr/spool/lp/SCHEDLOCK
/usr/spool/lp/log
/usr/lib/cron/log
/usr/adm/sa/sa30
/usr/adm/sa/sa02
/usr/adm/sa/sa03
/usr/adm/pacct
/usr/adm/sulog
$ █
```

a. Manche Directories gestatten keinen Zugriff von *find*. Dies führt dann zu einer entsprechenden Fehlermeldung.

Um sich z.B. alle C-Headerdateien anzeigen zu lassen, die sich im Directory / usr/include und dessen Subdirectories befinden, müßte man den folgenden Aufruf angeben:

```
$ find /usr/include -name "*.h" ↵
/usr/include/readline/chardefs.h
/usr/include/readline/history.h
/usr/include/readline/keymaps.h

.................
.................
/usr/include/tcli.h
/usr/include/tki.h
/usr/include/tcl.h
/usr/include/tcl8.0.h
/usr/include/tix.h
$
```

Linux   Unter Linux kann man sich mit einem **find**-Aufruf ohne weitere Angaben alle
Dateien, die sich im working directory und dessen Subdirectories befinden,
anzeigen lassen:

```
$ find ⏎
.
./laender
./alter
./obst
./add2.c
./add1.c
./delta
./obst.sort
./fruechte
./abc2
./abc1
./abc3
./nachnamen
./obstpreise
./telnr
./nachnamen.sort
./obst2
./sprache
./laender2
$
```

**locate   ein schnelleres Kommando zum Suchen von Dateinamen als
              find**

Unter Linux existiert ein Kommando **locate**, das wesentlich schneller als **find** ist.
Seine Syntax ist

```
locate [optionen]  muster ...
```

Das Kommando **locate** durchsucht die Datenbank *locatedb* nach Dateien, in
denen die angegebenen *muster* im vollständigen Dateinamen (inklusive Pfad)
vorkommen. Da **locate** auf einer Datenbank zugreift, ist es im Vergleich zu **find**
wesentlich schneller. Dieser Zugriff auf eine Datenbank hat aber auch den Nachteil, daß Dateien, die erst nach dem Erstellen der Datenbank erzeugt wurden,
oder Dateien, die an einen anderen Platz im Dateibaum verschoben wurden,
nicht von **locate** gefunden werden können.

locate setzt voraus, daß die *locatedb*-Datenbank zuvor mit dem Aufruf von
updatedb eingerichtet wurde. Die Datenbank wird meist in */var/lib* gespeichert.
Um die Datenbank möglichst aktuell zu halten, sollte der Superuser in regelmäßigen Abständen oder aber bei größeren Systemveränderungen **updatedb** aufrufen. Das regelmäßige Aufrufen von **updatedb** läßt sich auch durch einen Eintrag in der Datei */etc/crontab* (siehe auch später) automatisieren.

Noch einige Aufrufbeispiele zu **locate**:

```
locate cfg
```

listet alle Dateien auf, in deren Namen irgendwo der String *cfg* vorkommt. Es ist zu beachten, daß der absolute Pfadname dabei zum Dateinamen zählt.

```
locate '*cfg'
```

listet alle Dateien auf, deren Name mit dem String *cfg* endet.

Das Fehlen von Optionen wie **-size**, **-perm**, **-mtime** usw. macht **locate** zu einem reinen Namens-Suchprogramm, das zwar schneller, aber bei weitem nicht so mächtig wie **find** ist.

whereis   **ein schnelleres, aber nicht so gründliches und mächtiges Kommando als find**

Das Kommando **whereis** durchsucht alle 'üblichen' Pfade für Binärdateien, Dokumentationsdateien (siehe auch Kommando **man** später) und Quellprogramme nach dem angegebenen Dateinamen. **whereis** ist damit nicht so mächtig und gründlich wie **find**, aber deutlich schneller.

```
$ whereis ls ⏎
ls: /bin/ls
$ whereis file ⏎
file: /usr/bin/file
$ whereis whereis ⏎
whereis: /usr/bin/whereis
$ whereis passwd ⏎
passwd: /bin/passwd /usr/bin/passwd /etc/passwd
$
```

which   **ein schnelles Kommando zum Auffinden von Kommandos**

Das Kommando **which** ermöglicht das schnelle Auffinden von Kommandos (Programme). Dazu durchsucht es die in der Variablen PATH angegebenen Directories. Den Inhalt der Variablen PATH kann man sich mit

```
echo $PATH
```

ausgeben lassen. Die Aufrufsyntax von **which** ist:

```
which kommandoname(n)
```

Kann **which** die angegebenen *kommandoname(n)* in den PATH-Directories finden, so gibt es den vollen Pfadnamen des jeweiligen Kommandos aus, ansonsten gibt es nichts aus.

```
$ echo $PATH  [↵]
/home/hh/bin:/usr/local/bin:/usr/bin:/usr/X11R6/bin:/bin:/usr/openwin/bin:/
usr/lib/java/bin:/var/lib/dosemu:/usr/games/bin:/usr/games:/opt/kde/bin:.:/
usr/bin/TeX:/usr/X11R6/lib/X11/susewm/bin:/home/hh/bin:/usr/local/moses_apr6/
bin:/usr/local/pepsy/bin:.
$ which cat  [↵]                                      Wenn which das angegebene
/bin/cat                                          Kommando nicht findet, gibt es
$ which hallo  [↵]                                                   nichts aus
$ which cal java  [↵]
/usr/bin/cal
/usr/lib/java/bin/java
$
```

Unix

Dateien in mehrere kleinere zerteilen

split   (*split* a file into pieces)

Die vollständige Aufrufsyntax für **split** ist:

```
split [-n] [datei [name]]
```

Das Kommando **split** liest die angegebene *datei* und zerteilt sie in einzelne Stücke mit je *n* Zeilen.

Ist *-n* nicht angegeben, so werden Einzelstücke mit 1000 Zeilen gebildet.

Ist *datei* nicht angegeben, so liest **split** von der Standardeingabe.

name legt dabei ein Präfix fest, aus dem dann die Namen der Dateien gebildet werden, in welche die einzelnen Stücke abgelegt werden; die Namensgebung für diese einzelnen Dateien erfolgt durch Anhängen von **aa**, **ab**, **ac**, ..., **zz** an das Präfix *name*. Ist *name* nicht angegeben, so wird als Präfix **x** verwendet und die Namen für die »Stück-Dateien« wären dann *xaa*, *xab*, *xac*, usw. Mit dieser Art der Namensgebung ist es möglich, maximal 676 »Stück-Dateien« zu erzeugen.

Die »Stück-Dateien« werden immer im working directory angelegt.

Allerdings ist es möglich, über die Präfixausgabe zu erreichen, daß die Stückdateien auch in anderen Directories abgelegt werden. So teilt z.B. das folgende Kommando die Datei *gross* in Teile zu je 500 Zeilen auf:

```
split -500 gross /var/tmp/klein
```

Die Stückdateien heißen **kleinaa**, **kleinab**, **kleinac** usw. und liegen im Directory **/var/tmp**.

Das Zerteilen einer Datei kann z.B. dann erforderlich sein, wenn diese für die Bearbeitung mit einem Editor zu groß ist oder wenn sie größer als die Kapazität einer Diskette ist, auf die sie kopiert werden soll.

Beispiel In diesen Beispielen wird von einer weiteren Unix-Konstruktion Gebrauch gemacht: der Expandierung von Dateinamen. Dazu wird hier das Zeichen * vorgestellt, welches bei der Angabe innerhalb von Dateinamen soviel bedeutet wie: *Hierfür können beliebige Zeichen stehen.*

So bedeutet etwa der Aufruf

ls add2*

Liste alle Dateinamen, die mit *add2* beginnen und darüber hinaus beliebige Zeichen (auch eventuell keine weitere Zeichen) enthalten. So würden beispielsweise Dateinamen wie add2.c, add234, add2, add2.0 usw. aufgelistet. Dateinamen wie ladd2.c, add32.c, madd2 usw. würden dagegen nicht aufgelistet.

```
$ pwd  ⏎                                       Zeige working directory an
/home/egon/uebung1                            Ausgabe des working directorys
$ split  -4  add2.c  add2.c  ⏎                Zerteile add2.c in 4-Zeilen-Teilstücke
$ ls  -1  add2*  ⏎                            Liste aller vorhandenen Dateinamen, die mit add2
add2.c                                                                     beginnen.
add2.caa                               Nun neben add2.c noch 3 »Stückdateien« vorhan-
add2.cab                                  den: add2.caa, add2.cab und add2.cac
add2.cac
$ cat  add2.cab  ⏎                         Gib Inhalt der »Stückdatei« add2.cab am Bild-
  float a, b, c;                                                    schirm aus.

  printf("Gib 2 Zahlen ein: ");           Ausgabe von add2.cab: enthält den zweiten 4-Zeiler
  scanf("%f %f", &a, &b);                            der Ausgangsdatei add2.c

$ rm  add2.c  ⏎
$ cat  add2.ca*  ⏎
  /* Dieses Programm liest 2 Zahlen ein und gibt die */
  /* Summe dieser beiden Zahlen wieder aus          */
main()
{
  float a, b, c;

  printf("Gib 2 Zahlen ein: ");
  scanf("%f %f", &a, &b);
  c = a+b;
  printf("Summe: %f + %f = %f\n", a, b, c);
}
$ cat  add2.ca*  >add2.c  ⏎
$ █
```
                                                              Lösche Datei add2.c
        Gib alle Dateien, deren Namen mit add2.ca beginnen, hintereinander auf die Standardausgabe aus.
      Diese Ausgabe bewirkt, daß der vollständige Inhalt der Ausgangsdatei add2.c aus den »Stückdateien«
                                                              zusammengesetzt wird.
        Mit Umlenkung kann also die ursprüngliche Datei add2.c wieder hergestellt werden.

| **Linux** | Unter Linux bietet das Kommando **split** noch einige weitere sehr nützliche Optionen: |

-b *n*	zerlegt eine Datei in Teildateien mit jeweils *n* Bytes. Wird nach der Zahl *n* einer der folgenden Buchstaben angegeben, so legt *n* nicht Bytes, sondern folgendes fest
	b | 512-Byte Blöcke,
	k | Kilobytes
	m | Megabytes.
-C *n*	verhält sich wie **-b** *n*, nur daß die entsprechende Datei immer an Zeilengrenzen zerlegt wird, so daß sich in den »Stück-Dateien« immer nur ganze Zeilen befinden, was natürlich dazu führt, daß die betreffenden »Stück-Dateien« meist nicht genau *n* Bytes groß sind, sondern kleiner.

So zerlegt z. B. der folgende Aufruf die Datei document.ps in einzelne Dateien zu je 1430 Kbytes. und benennt sie disk.aa, disk.ab, disk.ac, usw. Diese Dateien könnten dann anschließend auf einzelne Disketten kopiert werden.

```
split -b 1430k document.ps disk.
```

Um die Einzeldateien wieder zur ursprünglichen Gesamtdatei zusammenzusetzen, müßte nur

```
cat disk.* >document.ps
```

| **Unix** | aufgerufen werden. |

| **Hinweis** | Neben **split** existiert noch ein ihm verwandtes, jedoch weitaus umfassenderes Kommando mit Namen **csplit** (c*ontext split*). Dieses Kommando ist nicht nur auf das Zerschneiden einer Datei in Teilstücke mit fester Länge begrenzt, sondern ermöglicht ein Zerteilen auch in variabel lange Teilstücke. Zudem können mit diesem Kommando die Schnittstellen auch vom Inhalt der Datei abhängig gemacht werden. Dies kann z. B. nützlich sein, wenn es gilt, eine große C-Programmdatei in einzelne Dateien aufzuteilen, die jeweils nur eine C-Funktion dieses umfangreichen Programms enthalten. |

Eigentümer oder Gruppe einer Datei oder eines Directory ändern

chown   (*change owner*)
chgrp   (*change group*)

Der Besitzer oder die Gruppenzugehörigkeit einer Datei können geändert werden. Dazu stehen die Kommandos **chown** und **chgrp** zur Verfügung. Sowohl die Gruppenzugehörigkeit als auch der Eigentümer einer Datei können nur dann erfolgreich geändert werden, wenn der Aufrufer dieser Kommandos Super-User oder aber der Besitzer der entsprechenden Datei oder Directory ist. Wenn der Eigentümer der Datei (nicht der Super-User) diese Kommandos aufruft, dann werden die *setuid-* und *setgid*-Bits gelöscht.

Die vollständige Aufrufsyntax für diese beiden Kommandos ist:

chown   *neuer_eigentümer datei(en)*

Dieses Kommando erlaubt es dem Besitzer der *datei(en)*[1] diese an andere Benutzer zu »verkaufen«. Für *neuer_eigentümer* muß dabei entweder die login-Kennung oder die **UID** des neuen Besitzers angegeben werden.

chgrp   *neue_gruppe datei(en)*

Dieses Kommando verändert die Gruppenzugehörigkeit der *datei(en)*[2]. Für *neue_gruppe* muß entweder die entsprechende Gruppen-Kennung oder die **GID** der neuen Gruppe angegeben werden.

Wenn sowohl die Gruppenzugehörigkeit als auch der Besitzer einer Datei geändert werden sollen, muß zuerst das **chgrp**- und dann erst das **chown**-Kommando aufgerufen werden. Würde zuerst das **chown**-Kommando aufgerufen, dann ist die Datei bereits verkauft und der ursprüngliche Besitzer hat keinerlei Besitzrechte mehr auf diese Datei. Um **chgrp** auszuführen, muß ihm aber die entsprechende Datei noch gehören.

System V.4   In System V.4 kennen **chown** und **chgrp** die Optionen **-R** und **-h**. Bei Angabe von **-R** ändern die Kommandos die Besitzverhältnisse aller Dateien der angegebenen Directories und bei **-h** werden die Besitzverhältnisse bei einem symbolischen Link nicht bei der Zieldatei, sondern dem Link selbst geändert.

Setzen der Dateikreierungsmaske

umask   *(set user file-creation mode **mask**)*

Um die Sicherheit unter Unix etwas zu verbessern, wurde die sogenannte Dateikreierungsmaske eingeführt: dies ist ein 9-Bit-Wert, welcher die Rechte festlegt, die beim Anlegen neuer Dateien auf keinem Fall gewährt werden dürfen. Diese Dateikreierungsmaske gibt also mittels ihres Bitmusters an, welche Zugriffsrechte beim Anlegen neuer Dateien oder Directories immer zu entziehen sind.

Der Wert der Dateikreierungsmaske kann mit dem Kommando **umask** gesetzt werden, dessen vollständige Aufrufsyntax folgende ist:

umask   [*3-stellige-oktalzahl*]

---

1. Das können einfache Dateien und / oder Directories sein
2. Das können einfache Dateien und / oder Directories sein

Dieses Kommando setzt die Dateikreierungsmaske mit dem Wert der *3-stellige-oktalzahl*; wenn **umask** ohne Angabe eines Arguments aufgerufen wird, dann gibt es lediglich den Wert der momentanen Kreierungs-maske aus.

Die Dateikreierungsmaske hat allerdings nur Auswirkungen auf die Zugriffs-rechte neu anzulegender Dateien; die Zugriffsrechte bereits bestehender Dateien bleiben vom Verändern der Dateikreierungsmaske unbeeinflußt. Ebenso hat die Dateikreierungsmaske keine Auswirkung auf Kommandos wie **cp** oder **mv**, welche immer die Zugriffsrechte der Originaldatei mitkopieren.

Beispiel   umask 022

häufig vergebene Dateikreierungsmaske: der Gruppe und der Welt werden für alle neuen Dateien Schreibrechte verweigert

umask 077

Für Benutzer, welche mit sehr geheimen Daten umgehen; der Gruppe und der Welt werden beim Neuanlegen von Dateien überhaupt keine Zugriffsrechte gewährt.

Hinweis   Üblicherweise wird dieses Kommando **umask** in der Datei *.profile* aufgerufen. Die Datei *.profile*[1] wird bei jedem Anmeldevorgang gelesen und die darin ange-benen Kommandos ausgeführt. Somit legt man bereits vom Beginn einer Unix-Sitzung an fest, welche Zugriffsrechte niemals beim Neuanlegen einer Datei zu vergeben sind. Auf die Datei *.profile* wird an späterer Stelle dieses Kapitels noch eingegangen.

Komprimieren und Dekomprimieren von Dateien, Ausgabe komprimierter Daten

pack   *(compress files)*
unpack   *(expand files)*
pcat

Mit der Komprimierung von Dateien können große Speicherplatzeinsparungen erreicht werden. Zur Komprimierung wird ein Huffman-Code verwendet. Die resultierende Einsparung hängt von der Größe der Dateien und den Zeichen-häufigkeiten im Text ab. Typische Platzeinsparungen für Textdateien sind 60-75%; für binäre Dateien können Einsparungen bis zu 90% erreicht werden. Für Dateien, die kleiner als 3 Blöcke sind, wird meist keine nennenswerte Einspa-rung erreicht. Wenn die Dateien zu klein sind, komprimiert **pack** von vornherein nicht.

Die Aufrufsyntax für diese 3 Kommandos ist:

pack *dateiname(n)*

---

1. befindet sich im home directory

Der Inhalt der *dateiname(n)* wird komprimiert; dabei werden die ursprünglichen *dateiname(n)* gelöscht und der komprimierte Inhalt jeder Datei wird in eine Datei mit Namen *dateiname.z* geschrieben.

`unpack` *dateiname(n)*

oder

`unpack` *dateiname(n)*`.z`

Der Inhalt der *dateiname(n).z* wird dekomprimiert, wenn es sich dabei um komprimierte Dateien handelt; dabei werden die *dateiname(n).z* mit ihrem komprimierten Inhalt gelöscht und der dekomprimierte Inhalt wird in eine Datei mit Namen *dateiname* geschrieben.

`pcat`   *dateiname(n)*

oder

`pcat`   *dateiname(n)*`.z`

Der Inhalt der *dateiname(n).z* wird zum Zwecke der Ausgabe auf dem Bildschirm kurzzeitig dekomprimiert; **pcat** verhält sich bei komprimierten Dateien, welche ja nicht mehr in lesbarer Form vorliegen, wie **cat** bei einfachen Dateien.

Eine komprimierte Datei könnte somit auf zwei verschiedene Arten wieder dekomprimiert werden:

`unpack`   *dateiname*`.z`

oder

`pcat`   *dateiname*`.z`   *>dateiname*

`rm` *dateiname.z*   (Löschen der komprimierten Datei)

Hinweis   Eine Komprimierung findet *nicht* statt, wenn

▶   die angegebene Datei schon komprimiert ist

▶   der angegebene Dateiname mehr als 12 Zeichen hat

▶   auf die angegebene Datei Links eingetragen sind

▶   die angegebene Datei eine Directory ist

▶   die angegebene Datei nicht eröffnet werden kann

▶   durch das Komprimieren keine Platzeinsparung erzielt wird

▶   eine entsprechende Datei mit der Endung **.z** bereits existiert oder nicht kreiert werden kann.

▶   ein Fehler beim Komprimieren auftritt.

System V.4

Linux

In System V.4 wurde ein neues Komprimierungskommando **compress** eingeführt, das einen anderen Algorithmus als **pack** verwendet und im allgemeinen
eine größere Kompression erreicht. Bei Textdateien liegt der Kompressionsfaktor gewöhnlich bei 50 bis 60 Prozent, in günstigen Fällen kann eine Komprimierung bis zu 90 Prozent erreicht werden. Wie bei **pack** stehen auch hier mehrere
Kommandos zur Verfügung:

compress [*optionen*] [*datei(en)*]   (Komprimieren)

uncompress [*optionen*] [*datei(en)*] (Dekomprimieren)

zcat [*optionen*] [*datei(en)*]   (Ausgabe von komprimierten Dateien)

Wenn **compress** die Dateien erfolgreich komprimieren konnte, werden die
Dateien umbenannt und das Suffix **.Z** an den Namen angehängt.

Wie bei **pack** bleiben auch hier die Besitzverhältnisse, die Zugriffsrechte und die
Zeitstempel der Originaldatei erhalten. Anders als **pack** kann **compress** Daten
komprimieren, die es von der Standardeingabe liest und gibt dann die komprimierten Daten auf die Standardausgabe wieder aus.

Linux

Unter Linux werden noch weitere Pack-Programme angeboten, die meistens
auch von der Linux-Benutzergemeinde zum Komprimieren bzw. Dekomprimieren von Dateien verwendet werden.

gzip   Komprimieren bzw. Dekomprimieren von Dateien

gzip komprimiert bzw. dekomprimiert die angegebenen Dateien. Komprimierten Dateien wird automatisch die Endung `.gz` angehängt. **gzip** ist nur zum Komprimieren von Dateien und nicht für das Komprimieren ganzer Directorybäume
ausgelegt. Sollen ganze Directorybäume komprimiert und in einer Datei gespeichert werden, muß das Kommando **tar** (wird später behandelt) verwendet werden. Die Aufrufsyntax von **gzip** ist:

```
gzip [optionen] datei(en)
```

Die wichtigsten Optionen von **gzip** sind:

-c	beläßt die zu (de)komprimierenden *datei(en)* unverändert und gibt das Ergebnis auf der Standardausgabe (in der Regel der Bildschirm) aus. Von dort kann es mit **>** in eine Datei umgelenkt werden.
-d	dekomprimiert die angegebenen *datei(en)*, anstatt sie zu komprimieren. Dieser Aufruf entspricht dem nachfolgend beschriebenen Kommando **gunzip**.

-r	(de)komprimiert auch Dateien in allen Subdirectories.
-n	steuert die Geschwindigkeit und Qualität der Kompression. **-1** bewirkt ein schnelles Komprimieren, resultiert aber in einer schlechteren Komprimierung (weniger Platzeinsparung). Dagegen dauert eine Komprimierung mit **-9** zwar länger, führt aber zu kleineren komprimierten Dateien. Die Voreinstellung ist **-6**.

Noch einige Aufrufbeispiele zu **gzip**:

```
gzip *.c
```

komprimiert alle C-Dateien im working directory. Danach existieren im working directory keine Dateinamen mehr, die mit `.c` enden. Stattdessen findet man im working directory Dateinamen mit der Endung `.c.gz`, welches die komprimierten C-Dateien sind.

```
gzip -d *.c.gz
```

dekomprimiert alle zuvor komprimierten C-Dateien (im working directory) wieder.

```
gzip -c laender >laender.gz
```

komprimiert die Datei `laender`, beläßt diese Datei aber unverändert und schreibt das komprimierte Resultat in die Datei `laender.gz`

gunzip   Dekomprimieren von Dateien

gunzip dekomprimiert die angegebenen Dateien, unabhängig davon, ob sie mit **gzip** oder **compress** komprimiert wurden. Dabei wird automatisch die Kennung `.gz` bzw. `.Z` im Dateinamen entfernt. **gunzip** ist lediglich ein Link auf **gzip**, wobei automatisch die Option **-d** eingeschaltet wird. Die Aufrufsyntax von **gunzip** ist:

```
gunzip [optionen] datei(en)
```

Auf eine nähere Erläuterung der Optionen wird hier verzichtet.

zcat, zless, zmore   Ausgeben des Inhalts von komprimierten Dateien

Diese drei Kommandos funktionieren wie **cat**, **less** und **more**. Der einzige Unterschied besteht darin, daß man sich mit ihnen direkt (ohne vorherige Dekomprimierung mit **gunzip**) den Inhalt von komprimierten Dateien anzeigen lassen kann. Dies ist vor allen Dingen dann sehr vorteilhaft, wenn sich die komprimierten Dateien auf einer CD-ROM befinden.

Unix

Verschlüsseln und Entschlüsseln von Texten

crypt

Das Kommando **crypt** liest den zu ver-/entschlüsselnden Text von der Standardeingabe und gibt den ent-/verschlüsselten Text wieder auf die Standardausgabe
aus. Die Aufrufsyntax für **crypt** ist:

```
crypt  [paßwort]
```

Ist *paßwort* beim Aufruf nicht angegeben, so verlangt **crypt** interaktiv vom
Benutzer die Eingabe eines Paßworts; bei dieser interaktiven Eingabe werden
die eingegebenen Zeichen nicht am Bildschirm angezeigt.

Das *paßwort* dient als Schlüssel beim Ver- und Entschlüsseln.

Beispiel   `crypt  geheim  <obst >obst.cr`

Der zu verschlüsselnde Text wird aus der Datei *obst* gelesen. Zum Verschlüsseln
wird das Paßwort *geheim* verwendet. Der verschlüsselte Text wird in die Datei
obst.cr geschrieben. Die Datei *obst* könnte nun mit

```
rm  obst
```

gelöscht werden und somit würde ihr ursprünglicher Inhalt nur noch in verschlüsselter Form (in Datei *obst.cr*) vorliegen. Entschlüsselt könnte dann wieder
mit

crypt geheim <obst.cr >obst

werden.

Hinweis   Aus Sicherheitsgründen wird ab Unix System V.3 dieses Kommando außerhalb
der USA nicht mehr zur Verfügung gestellt. So möchte die National Security
Administration verhindern, daß außerhalb der USA dieser Verschlüsselungsal-
gorithmus verwendet werden kann.

4.7   Die Knotennummer einer Datei (*i-node number*)

Jede in einem Unix-Dateisystem vorhandene Datei ist in einem zu diesem Dateisystem gehörigen Inhaltsverzeichnis vermerkt. Ein solches Inhaltsverzeichnis
wird auch i-node-Liste (aus dem engl.: *i-node list*)[1] genannt.

---

1. *i* steht dabei für *indirection*

4.7.1   Der Inhalt eines i-node

Ein Element dieser i-node-Liste wird als *i-node* (oder auch einfach als *inode*) bezeichnet.[1] Ein solcher inode enthält unter anderem folgende Informationen:[2]

```
i-node-Liste:
                              :
                              :
---------------------------------------------------------------
Dateiart + Zugriffsrechte                   -l
Anzahl der Links                            -l
Benutzer- und Gruppennummer                 -n
Länge in Bytes                              -l
Datum der letzten inode-Änderung            -lc
Datum der letzten Änderung des Dateiinhalts -l
Datum des letzten Zugriffs                  -lu
Verweis auf Datenblock 0
                    :::                        ⎫
Verweis auf Datenblock 9                       ⎬  Bei Gerätedateien
Verweis auf 1.Indirektionsblock                ⎭  ohne Bedeutung
Verweis auf Zweifach-Indirektionsblock
Verweis auf Dreifach-Indirektionsblock
---------------------------------------------------------------
                              :
                              :
```

Viele dieser Informationen können mit dem Kommando **ls** abgefragt werden; die dafür erforderlichen Optionen sind rechts neben dem Bild angegeben.

Erklärungen zum Bild

Die Begriffe:

```
Dateiart + Zugriffsrechte
Anzahl der Links
Benutzer- und Gruppennummer
Länge in Bytes
```

wurden bereits früher besprochen

```
Datum der letzten inode-Änderung
```

Dies ist der Zeitpunkt, zu dem der inode selbst zuletzt geändert wurde (z.B. beim Anlegen der Datei, beim Ändern der Zugriffsrechte mit **chmod** oder beim Ändern der Besitzverhältnisse mit **chown** oder **chgrp**).

```
Datum der letzten Änderung des Dateiinhalts
```

---

1. Im Deutschen wird ein *inode* auch oft Dateikopf genannt
2. Dieser Inhalt ist nicht vollständig und kann von System zu System variieren.

Dies ist der Zeitpunkt, zu dem der Inhalt der Datei zuletzt geändert wurde (z. B. mit einem Editor).

Eine Änderung des Dateiinhalts bewirkt eine Änderung dieses Datums, das sich im inode befindet; folglich zieht das auch eine Änderung des »Datums der letzten inode-Änderung« nach sich.

```
Datum des letzten Zugriffs
```

Dies ist der Zeitpunkt, zu dem die Datei zuletzt gelesen bzw. ausgeführt (nicht beschrieben) wurde. Wenn also der Inhalt einer Datei geändert wird, so impliziert dies nicht die Änderung des Zugriffs-Zeitstempels. Ebenso bewirkt die Änderung eines inodes keine Änderung des Zugriffs-Zeitstempels.

```
Verweis auf Datenblock 0
        : : :
Verweis auf Datenblock 9
```

Diese 10 Verweise enthalten die direkten Adressen der ersten 10 Blöcke einer Datei. Benötigt die Speicherung einer Datei weniger Blöcke, so wird dies in den entsprechenden Verweis-Feldern durch eine NULL-Adresse angezeigt.

```
Verweis auf 1.Indirektionsblock
```

Ist der Inhalt einer Datei größer als 10 Blöcke, so enthält dieses Feld eine Adresse eines Blocks, in welchem bis zu 128 weitere Verweise[1] auf echte Datenblöcke (1.Indirektionsstufe) zu finden sind.

```
Verweis auf Zweifach-Indirektionsblock
```

Reichen 10+128 Verweise nicht aus, so enthält dieses Feld die Adresse eines Blocks, der auf bis zu 128 Blöcke mit jeweils 128 Verweise auf echte Datenblöcke zeigt (2.Indirektionsstufe).

```
Verweis auf Dreifach-Indirektionsblock
```

Reichen 10+128+128*128 Verweise nicht aus, so enthält dieses Feld die Adresse eines Blocks, welcher bis 128 Verweise auf zweifach indirekte Blöcke enthält.

Somit sind Dateigrößen bis zu

```
10 + 128 + 128*128 + 128*128*128 Blöcken
```

zu jeweils 512 oder 1024 Bytes (ungefähr 1 bzw. 2 Gigabyte) möglich. Bild 4.17 soll diese Indirektionsstufen verdeutlichen.

---

1. Diese Zahl ist implementationsabhängig. Im folgenden wird 128 angenommen, wobei jedoch auch Realisierungen mit 256 oder 1024 vorstellbar sind.

Es sollte einsichtig sein, daß dabei der Zugriff auf die ersten 10 Blöcke einer Datei am schnellsten möglich ist, da hierbei keine weitere Indirektionsstufe dazwischen geschaltet ist.

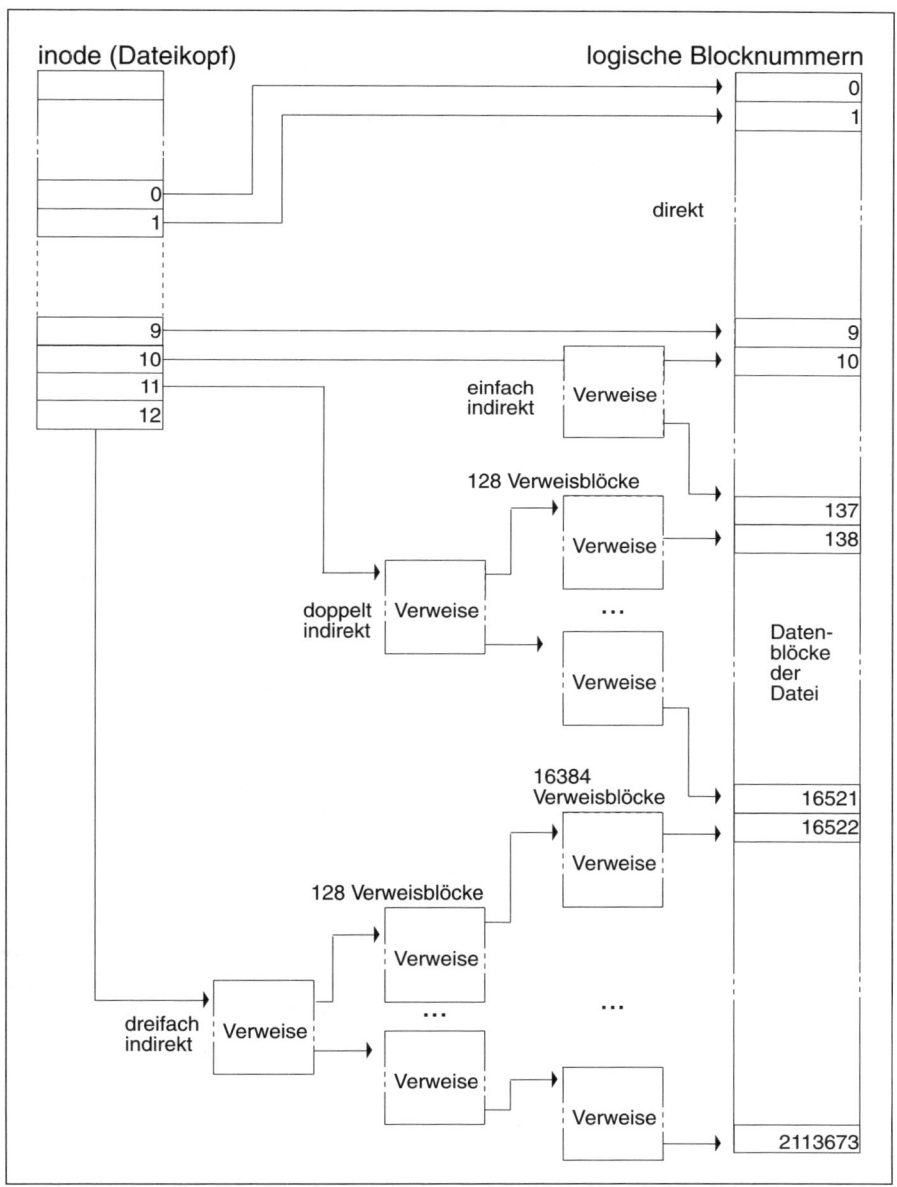

Bild 4.17: Verweisstruktur für eine Datei

Bei Gerätedateien (*special files*) haben die letzten 12 Einträge eines inode keine Bedeutung. Anstelle des Datums der letzten inode-Änderung wird eine Gerätenummer für den entsprechenden *device driver* (zu deutsch: Gerätetreiber) eingetragen. Eine Gerätenummer setzt sich immer aus 2 Teilen zusammen:

▶   *major device number* (Nummer des Gerätetyps; z.B. für Terminal, Drucker, Festplatte, serielle und parallele Schnittstellen usw.)

▶   *minor device number* (Nummer des speziellen Geräts)

Wenn mit **ls -l** Namen von Gerätedateien aufgelistet werden, so wird anstelle der Dateilänge die *major device number* und *minor device number* des entsprechenden Geräts, das durch diese Datei beschrieben wird, ausgegeben.

Hinweis   Die inode-Nummer einer Datei kann mit

```
ls -i
```

ermittelt werden. Ein Link auf eine Datei hat immer die gleiche inode-Nummer wie die Originaldatei.

Beispiel

`$ pwd` ⏎	Zeige working directory an
`/home/egon/uebung1`	Ausgabe des working directorys
`$ ls -i alter*` ⏎	Zeige zu den Dateien, deren Name mit alter
`2115 alter`	beginnt, die inode-Nummern
`$ ln alter alter2` ⏎	Lege einen Link auf Datei alter mit Namen alter2
`$ ls -il alter*` ⏎	Zeige zu Dateien, deren Name mit alter beginnt, die
`2115 alter`	inode-Nummern
`2115 alter2`	Ausgabe der inode-Nummern zu den Dateien alter
`$` ▌	und alter2; da alter2 ein Link auf alter ist, haben
	beide die gleiche inode-Nummer

Mit dem Kommando **touch** können die im inode eingetragenen Zugriffs- und Modifikations-Zeitstempel für Dateien direkt geändert werden. Die vollständige Aufrufsyntax dazu ist:

touch [-amc] [*mmtthhmm*[*jj*]] *datei(en)*

Wenn eine der angegebenen *datei(en)* nicht existiert, so wird sie von **touch** angelegt, allerdings nur, wenn nicht die Option **-c** angegeben ist. Mit der Angabe der Optionen **-a** und **-m** kann festgelegt werden, welcher Zeitstempel zu verändern ist.

-a   Zugriffs-Zeitstempel

-m   Modifikations-Zeitstempel

Ist keine Option angegeben, so werden beide Zeitstempel geändert.

Die Zeitangabe [*mmtthhmm*[*jj*]] legt die einzutragende Zeit fest: zuerst Monatszahl (*mm*), dann Tag (*tt*), dann Stunde (*hh*) und schließlich Minute (*mm*); Jahresangabe (*jj*) ist auch noch möglich, allerdings nicht gefordert. Fehlt die Zeitangabe, so wird die momentane Uhrzeit und das heutige Datum verwendet.

Beispiel

```
$ pwd  [↵]                                            Zeige working directory an
/home/egon/uebung1                               Ausgabe des working directorys
$ ls  -l  sprache  [↵]                           Auflisten der Datei sprache im
-rw-r--r--  1 egon  graph  154 Apr  2 14:23 sprache   Langformat: zuerst mit -l (letzte
$ ls  -lu  sprache  [↵]                                    Modifikation), dann mit -lu
-rw-r--r--  1 egon  graph  154 Apr  2 14:29 sprache       (letzte Zugriffszeit) und -lc
$ ls  -lc  sprache  [↵]                            (letzte Änderung des inode)
-rw-r--r--  1 egon  graph  154 Apr  2 14:23 sprache
$ touch  sprache  [↵]                              Moment. Zeit im sprache-inode
$ ls  -l  sprache  [↵]                                                  eintragen.
-rw-r--r--  1 egon  graph  154 Apr  3 12:38 sprache
$ ls  -lu  sprache  [↵]                            Auflisten der Datei sprache im
-rw-r--r--  1 egon  graph  154 Apr  3 12:38 sprache   Langformat: zuerst -l (letzte
$ ls  -lc  sprache  [↵]                               Änderung), dann -lu (letzter
-rw-r--r--  1 egon  graph  154 Apr  3 12:38 sprache   Zugriff) -lc (letzte Änderung des
                                                                             inode)
$ touch  -a  sprache  [↵]                          Moment. Zeit als Zugriffszeit für
$ ls  -lu  sprache  [↵]                                                      sprache
-rw-r--r--  1 egon  graph  154 Apr  3 12:40 sprache   Auflisten der Datei sprache mit -
$ touch  -m 02120840  sprache  [↵]                     lu (letzte Zugriffszeit)
$ ls  -l  sprache  [↵]                             12.Feb(8.40Uhr): Modif.Zeit für
-rw-r--r--  1 egon  graph  154 Feb 12 08:40 sprache                         sprache
$ ls  -lu  sprache  [↵]                            Auflisten der Datei sprache im
-rw-r--r--  1 egon  graph  154 Apr  3 12:40 sprache   Langformat: zuerst mit -l (letzte
$ ls  -lc  sprache  [↵]                                Modifikation), dann mit -lu
-rw-r--r--  1 egon  graph  154 Apr  3 12:42 sprache   (letzte Zugriffszeit) und – lc
$ █                                                (letzte Änderung des inode)
```

4.7.2   Directories und inode-Nummern

Wenn eine neue Datei in einem Directory angelegt wird, so wird zunächst ein inode für diese Datei in der inode-Liste erzeugt und dann die inode-Nummer mit dem Namen der neuen Datei im entsprechenden Directory eingetragen. Ein neuer inode wird allerdings nur dann erzeugt, wenn es sich bei der neu angelegten Datei nicht um einen Link handelt, denn im Falle eines Links würde bereits ein inode für die Originaldatei existieren und es müßte nur deren inode-Nummer und der Name des Links in das Directory eingetragen werden.

Wenn z. B. die im folgenden Bild gezeigte Konstellation vorliegt und man würde im Directory mit

```
ln  kaffeekasse  cafe
```

einen Hard-Link *cafe* (auf *kaffeekasse*) erzeugen, dann würde keine neue Datei im Directory angelegt, sondern es würde im Directory lediglich ein neuer Eintrag

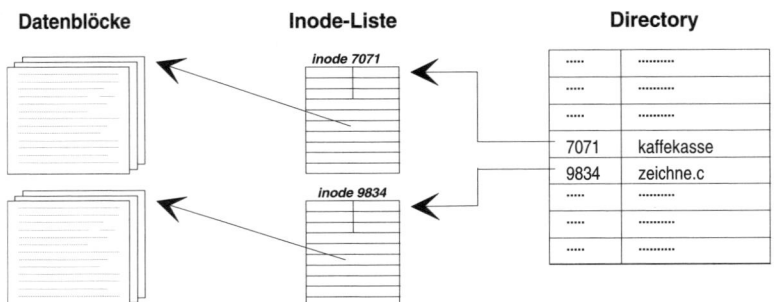

Bild 4.18: Vorher...

cafe eingetragen, der die gleiche inode-Nummer erhält wie *kaffeekasse* (7071).

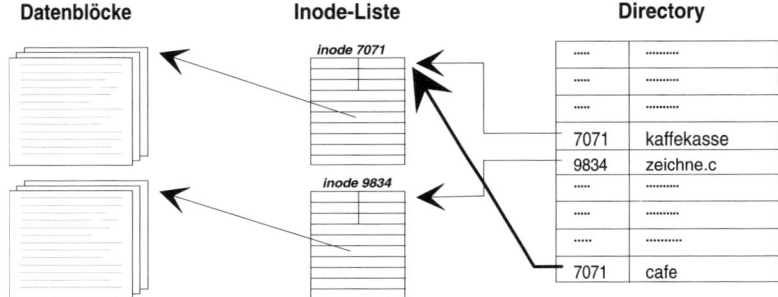

Bild 4.19: Nachher...

Ein Zugriff auf *cafe* liefert somit immer das Gleiche wie ein Zugriff auf die Datei *kaffeekasse*. So würde z.B. sowohl

```
cat kaffeekasse
```

als auch

```
cat cafe
```

das Gleiche am Bildschirm ausgeben.

Es wird nochmals darauf hingewiesen, daß unter Unix Directories auch nur als Dateien realisiert sind. Für jede Datei in einem Directory existieren somit 2 Einträge in der »Directory-Datei«:[1]

---

1. Diese Struktur gilt nur für das traditionelle Dateisystem **S5** von System V3. Aufgrund seines einfachen Aufbaus gibt es dem Unix-Anfänger einen guten Einblick in den Aufbau von Directories, der prinzipiell auch für neuere Dateisysteme gilt, dort aber wesentlich komplizierter ist.

```
  2 Bytes        14 Bytes
┌──────────────┬──────────────────────────────────────────────┐
│ inode—Nummer │ Dateiname                                    │
└──────────────┴──────────────────────────────────────────────┘
```

Da für die inode-Nummer 16 Bits (2 Bytes) zur Verfügung stehen, kann es maximal 65535 Dateien in einem Dateisystem geben[1].

Wenn eine Datei gelöscht wird, dann wird nur die zugehörige inode-Nummer in der »Directory-Datei« auf 0 gesetzt. Der Dateiname bleibt weiterhin in der »Directory-Datei« stehen und der Eintrag belegt weiterhin 16 Bytes. Eine »Directory-Datei« kann daher durch Löschen von Dateien nicht kleiner werden.

Beim Anlegen einer neuen Datei in einer Directory wird der erste Eintrag mit der inode-Nummer 0 gesucht und an dieser Stelle wird die inode-Nummer und der Name der neuen Datei eingetragen. Falls keine inode-Nummer 0 existiert, erfolgt der Eintrag am Ende der »Directory-Datei«.

Da ein Directory unter Unix als Datei realisiert wird, läßt sich ihr Inhalt genauso lesen wie der einer einfachen Datei[2]. Da es sich aber bei einer Directory nicht um eine Textdatei, sondern um eine Binärdatei handelt, würde eine Ausgabe des Inhalts mit **cat** keinen lesbaren Text liefern. Um auch den Inhalt einer Binärdatei betrachten zu können, steht das Kommando **od** (*octal dump*) zur Verfügung, welches die Bytes einer Datei nicht als ASCII-Zeichen, sondern – abhängig von den Optionen – als Oktal-, Dezimal- oder Hexadezimalwerte ausgibt.

Die vollständige Aufrufsyntax für **od** ist:

```
od  [optionen]  [datei]  [ [+] ]  [.|b|x]
```

Einige mögliche Optionen sind dabei:

Option	Beschreibung	
-b	(**b***ytes*)	Ausgabe der Bytes als Oktalzahlen
-c	(**c***haracter*)	Ausgabe der Bytes als ASCII-Zeichen, allerdings werden nicht druckbare Zeichen als 3-stellige Oktalzahlen oder in einer C-Notation:
		\0 | für 0
		\b | für Backspace
		\f | für Seitenvorschub (form feed)

---

1. Es gibt auch Dateisysteme, bei denen 4 Bytes für die inode-Nummer und mehr als 14 Bytes (z.B. 255 Bytes) für Dateinamen reserviert sind, um die Einschränkungen für die Anzahl von Dateien innerhalb eines Dateisystems und für die Länge von Dateinamen nicht so eng definieren zu müssen.

2. Das Schreiben in eine »Directory-Datei« ist allerdings nur über den Aufruf der dazu angebotenen Kommandos (z.B. **cp**, **ed**, **mkdir**, usw.) möglich. Dadurch wird sichergestellt, daß das System immer die Kontrolle über das gesamte Dateisystem besitzt.

Option	Beschreibung		
		\n	für Neuezeile-Zeichen
		\r	für Return
		\t	für Tabulatorzeichen ausgegeben.
-d	(**d**ecimal)	Ausgabe der Worte (nicht Bytes) als vorzeichenlose Dezimalzahlen	
-o	(**o**ctal)	Ausgabe der Worte als Oktalzahlen	
-s	(**s**igned)	Ausgabe der Worte (hier immer 16-Bit) als vorzeichenbehaftete Dezimalzahlen.	
-x	(he**x**adecimal)	Ausgabe der Worte als Hexadezimalzahlen	

Sind keine Optionen angegeben, so ist **-o** die Voreinstellung. Wenn keine *datei* angegeben ist, so liest **od** von der Standardeingabe.

Ein eventuell angegebenes *offset* legt das Byte-Offset fest, ab dem **od** mit der Ausgabe beginnen soll. Die für *offset* angegebene Zahl wird nur dann als Dezimalzahl interpretiert, wenn danach ein Punkt angegeben ist, andernfalls wird sie als Oktalzahl gewertet. Wenn nach *offset* **b** angegeben ist, so legt die als *offset* angegebene Zahl ein Offset von 512-Byte bzw. 1024-Byte langen Blöcken fest.[1]

Wenn nach *offset* ein **x** angegeben ist, so wird *offset* als hexadezimale Zahl interpretiert.

Das Zeichen **+** ist nur dann vor *offset* anzugeben, wenn keine *datei* angegeben wurde.

Beispiel Die bei der Ausgabe von **od** am linken Rand stehenden siebenstelligen Zahlen zeigen die Bytenummer in der Datei und sind als Oktalzahlen zu werten. Bei den Ausgaben in den Beispielen ist zu erkennen, daß am Ende jeder Zeile in der Textdatei *obst* der Oktalwert **012** (ASCII-Wert für Neuezeile-Zeichen \n) steht. Dies ist typisch für Textdateien.

```
$ pwd  ↵
/home/egon/uebung1
$ od  obst  ↵
0000000 064502 067162 067145 045412 073551 071551 040412 067566
0000020 060543 067544 005163 060502 060556 062556 005156 071117
0000040 067141 062547 005156 062501 063160 066145 051412 060564
0000060 064143 066145 062542 071145 067145 045412 071151 061563
0000100 062550 005156 071102 066557 062542 071145 067145 000012
0000117
```

---

1. Hinweis: Auf manchen Dateisystemen sind Blöcke auch länger als 1024 Byte.

Zeige working directory an
Ausgabe des working directorys
Gib Inh. von obst im Oktal-Format aus
Ausgabe des Inhalts der Datei im Oktalformat: Jedes Wort wird als Oktalzahl bei der Ausgabe dargestellt.

```
$ od  -c obst  ↵
0000000  B   i   r   n   e   n  \n  K   i   w   i   s  \n  A   v   o
0000020  c   a   d   o   s  \n  B   a   n   a   n   e   n  \n  O   r
0000040  a   n   g   e   n  \n  A   e   p   f   e   l  \n  S   t   a
0000060  c   h   e   l   b   e   e   r   e   n  \n  K   i   r   s   c
0000100  h   e   n  \n  B   r   o   m   b   e   e   r   e   n  \n  \0
0000117
```

Gib Inh. von obst als ASCII-Zeichen (nicht druckbare Zeichen als 3-stellige Oktalzahl oder in C-Notation)
aus ! Ausgabe der Datei obst im ASCII-Format: Für nicht druckbare Zeichen wurde C-Notation (wie \0 oder
\n) verwendet

```
$ od  -d obst  ↵
0000000 26946 28274 28261 19210 30569 29545 16650 28534
0000020 24931 28516 02675 24898 24942 25966 02670 29263
0000040 28257 25959 02670 25921 26224 27749 21258 24948
0000060 26723 27749 25954 29285 28261 19210 29289 25459
0000100 25960 02670 29250 28015 25954 29285 28261 00010
0000117
```

Gib Inh. von obst als Dezimalzahlen aus
Ausgabe des Inhalts der Datei obst als Dezimalzahlen: Jedes Wort wird als Dezimalzahl dargestellt.

```
$ od   -cb obst  ↵
0000000   B   i   r   n   e   n  \n   K   i   w   i   s  \n   A   v   o
        102 151 162 156 145 156 012 113 151 167 151 163 012 101 166 157
0000020   c   a   d   o   s  \n   B   a   n   a   n   e   n  \n   O   r
        143 141 144 157 163 012 102 141 156 141 156 145 156 012 117 162
0000040   a   n   g   e   n  \n   A   e   p   f   e   l  \n   S   t   a
        141 156 147 145 156 012 101 145 160 146 145 154 012 123 164 141
0000060   c   h   e   l   b   e   e   r   e   n  \n   K   i   r   s   c
        143 150 145 154 142 145 145 162 145 156 012 113 151 162 163 143
0000100   h   e   n  \n   B   r   o   m   b   e   e   r   e   n  \n  \0
        150 145 156 012 102 162 157 155 142 145 145 162 145 156 012 000
0000117
```

Gib Inh. von obst als ASCII-Zeichen (nicht druckb. Zeichen als 3-stellige Oktalzahl oder in C-Notation) und
zusätzl. noch als Oktalwerte aus
Ausgabe der Datei obst im Oktal- und ASCII-Format (Für nicht druckbare Zeichen wurde C-Notation verwendet).
Die Oktalzahl repräsentieren hier immer ein Byte (nicht Wort)

```
$ od   -x  obst  ⏎
0000000 6942 6e72 6e65 4b0a 7769 7369 410a 6f76
0000020 6163 6f64 0a73 6142 616e 656e 0a6e 724f
0000040 6e61 6567 0a6e 6541 6670 6c65 530a 6174
0000060 6863 6c65 6562 7265 6e65 4b0a 7269 6373
0000100 6568 0a6e 7242 6d6f 6562 7265 6e65 000a
0000117
$ ▮
```

Gib Inh. von obst als Hexa-Zahlen aus
Ausgabe des Inhalts der Datei obst als Hexadezimalzahlen: Jedes Wort wird als Hexadezimalzahl darge-
stellt.

Bei einem Eintrag in einer »Directory-Datei« enthalten im Dateisystem **s5** von System V.3 die ersten beiden Bytes die inode-Nummer und die folgenden 14 Bytes den Namen der entsprechenden Datei.[1] Dies ist im übrigen die einzige Verbindung zwischen einem Namen einer Datei und ihrem Inhalt.

Nun soll das Kommando **od** benutzt werden, um den Inhalt einer »Directory-Datei« auszugeben. Unter Linux ist ein Zugriff auf Directories mit dem Kommando **od** nicht möglich, weswegen das nachfolgende Ablaufbeispiel dort auch nicht funktioniert.

Beispiel

```
$ pwd  ⏎                                    Zeige working directory an
/home/egon/uebung1                          Ausgabe des working directorys
$ cd   ../uebung3  ⏎                         Wechsle zum Directory ../uebung3
$ pwd  ⏎                                     Zeige working directory an
/home/egon/uebung3                          Ausgabe des working directorys
$ ls   -ail  ⏎                              Liste alle Dateien mit inode-Nummern
 2082 .                                      Ausgabe aller im working directory vor-
 2042 ..                                     handenen Dateinamen mit inode-Num-
 2050 laender                                                                  mern
 2081 obst
 2080 obst3

$ od   -cd   .  ⏎  ᵃ
0000000    02082   00046   00000   00000   00000   00000   00000   00000
           "  \b    ⊥  \0   \0  \0  \0  \0   \0  \0   \0  \0   \0  \0   \0  \0
0000020    02042   11822   00000   00000   00000   00000   00000   00000
           372 007   .  .   \0  \0   \0  \0   \0  \0   \0  \0   \0  \0   \0  \0
0000040    02081   25199   29811   00000   00000   00000   00000   00000
           !  \b    o   b    s   t   \0  \0   \0  \0   \0  \0   \0  \0   \0  \0
0000060    02050   24940   28261   25956   00114   00000   00000   00000
           002 \b    l   a    e   n    d   e    r  \0   \0  \0   \0  \0   \0  \0
0000100    02080   25199   29811   00051   00000   00000   00000   00000
            \b      o   b    s   t    3  \0   \0  \0   \0  \0   \0  \0   \0  \0
0000120
$ ▮
```

---

1. Auf manchen Dateisystemen gilt diese Einschränkung nicht (siehe auch Abschnitt 4.9).

Gib Inh. der working directory-Datei als Dezimalwerte und zusätzl. noch als ASCII-Zeichen (nicht druckb.
Zeichen als 3-stellige Oktalzahl oder in C-Notation) aus
Ausgabe der einzelnen Worte der working directory-Datei als Dezimalzahlen und zusätzl. noch der einzelnen Bytes als ASCII-Zeichen (Für nicht druckbare Zeichen wurde C-Notation oder 3-stellige Oktalzahl verwendet)

a. Hinweis:
   inode-Nummern sind fett gedruckt
   Namen sind unterstrichen

An diesem Beispiel ist der Aufbau einer »Directory-Datei« sehr gut zu erkennen. Man findet in ihr die inode-Nummern und die Namen der in diesem Directory enthaltenen Dateien wieder.

Da es sich bei den Namen . und .. um Links auf das current directory **/home/egon/uebung3** und auf das parent directory **/home/egon** handelt, sollten sie die gleichen inode-Nummern wie diese Original-Directories besitzen.

```
$ pwd  ↵                                      Zeige working directory an
/home/egon/uebung3                      Ausgabe des working directorys
$ ls  -di  /home/egon  ↵          Liste /home/egon mit inode-Nummern
2042 /home/egon                        gleiche inode-Nummer wie ..
$ ls  -di  /home/egon/uebung3  ↵   Liste /home/egon/uebung3 mit inode-Nr
2082 /home/egon/uebung3                 gleiche inode-Nummer wie .
$ ▮
```

Wird eine Datei gelöscht, so wird nur deren inode-Nummer in der zugehörigen »Directory-Datei« auf 0 gesetzt. Der Dateiname bleibt in der »Directory-Datei« stehen. Wird eine neue Datei in einem Directory angelegt, so wird zunächst nach dem Platz eines als gelöscht markierten Eintrags (inode-Nummer gleich 0) gesucht. Nur wenn keiner existiert, wird der neue Eintrag am Ende der »Directory-Datei« vorgenommen.

Beispiel
```
$ pwd  ↵
/home/egon/uebung3
$ rm  laender  ↵
$ od  -cd  .  ↵
0000000    02082   00046   00000   00000   00000   00000   00000   00000
            "  \b    .  \0   \0  \0   \0  \0   \0  \0   \0  \0   \0  \0   \0  \0
0000020    02042   11822   00000   00000   00000   00000   00000   00000
           372 007   .  .   \0  \0   \0  \0   \0  \0   \0  \0   \0  \0   \0  \0
0000040    02081   25199   29811   00000   00000   00000   00000   00000
            !  \b    o  b    s  t   \0  \0   \0  \0   \0  \0   \0  \0   \0  \0
0000060    00000   24940   28261   25956   00114   00000   00000   00000
           \0  \0    l  a    e  n    d  e    r  \0   \0  \0   \0  \0   \0  \0
0000100    02080   25199   29811   00051   00000   00000   00000   00000
           \b  o    b  s    t  3   \0  \0   \0  \0   \0  \0   \0  \0   \0  \0
0000120
```

Zeige working directory an Ausgabe des working directorys Lösche die Datei laender
Gib Inh. der working directory-Datei als Dezimalwerte und zusätzl. noch als ASCII-Zeichen aus
Ausgabe der einzelnen Worte der working directory-Datei als Dezimalzahlen und zusätzl. noch der einzelnen
Bytes als ASCII-Zeichen. Erkennbar ist: inode für laender ist nun 0.

```
$ cp  ../uebung1/sprache  .  ⏎
$ ls  -il  ⏎
2081 obst
2080 obst3
 947 sprache
$ od  -cd  .  ⏎
0000000    02082   00046   00000   00000   00000   00000   00000   00000
             "  \b   .  \0  \0  \0  \0  \0  \0  \0  \0  \0  \0  \0  \0  \0
0000020    02042   11822   00000   00000   00000   00000   00000   00000
           372 007   .   .  \0  \0  \0  \0  \0  \0  \0  \0  \0  \0  \0  \0
0000040    02081   25199   29811   00000   00000   00000   00000   00000
             !  \b   o   b   s   t  \0  \0  \0  \0  \0  \0  \0  \0  \0  \0
0000060    00947   28787   24946   26723   00101   00000   00000   00000
           263 003   s   p   r   a   c   h   e  \0  \0  \0  \0  \0  \0  \0
0000100    02080   25199   29811   00051   00000   00000   00000   00000
            \b   o   b   s   t   3  \0  \0  \0  \0  \0  \0  \0  \0  \0  \0
0000120
$ cd  ../uebung1  ⏎
$ ▌
```

Kopiere sprache aus ../uebung1
Liste Dateinamen mit inode-Nummern
Ausgabe der Dateinamen des working directorys mit inode-Nummern
Gib Inh. der working directory-Datei als Dezimalwerte und zusätzl. noch als ASCII-Zeichen (nicht druckb.
Zeichen als 3-stellige Oktalzahl oder in C-Notation) aus
Ausgabe der einzelnen Worte der working directory-Datei als Dezimalzahlen und zusätzl. noch der einzelnen
Bytes als ASCII-Zeichen. Erkennbar ist: sprache besetzt nun den Platz, den zuvor laender einnahm
Wechsle zum Directory ../uebung1

Im XENIX Compatibility Package ist noch ein zusätzliches Kommando **hd** (**hex dump**) enthalten, das eine Darstellung der Datenbytes in hexadezimaler und in ASCII-Darstellung gleichzeitig ausgibt. Darüber hinaus sind wie bei **od** eine Reihe von Optionen vorhanden, mit denen ein anderes Zahlensystem bei der Ausgabe eingestellt werden kann.

Linux Für Leser, die am internen Aufbau von Directories im unter Linux üblichen Dateisystem **ext2** interessiert sind, ist das nachfolgende Programm dirlese.c gedacht, das den Inhalt von Directories byteweise liest und dann immer die inode-Nummer mit den zugehörigen Dateinamen ausgibt. Die nicht interessierten Leser können diesen Absatz überspringen.

```
$ pwd  ↵
/home/egon/uebung1
$ cat dirlese.c  ↵                                          Zeige das Programm dirlese.c
#include <stdio.h>
#include <fcntl.h>
#include <dirent.h>
#include <ctype.h>
#include <sys/types.h>
#include <sys/stat.h>


#define PUFFER_GROESSE  1<<16

int main(void)
{
    int             i, j, fd, laenge, rlen, neu_i;
    unsigned char   buffer[PUFFER_GROESSE];
    off_t           zgr = 0;
    unsigned long   inode=0, offset=0;
    unsigned short  rec_len=0;

    if ( (fd = open(".", O_RDONLY)) < 0 ||
         (laenge = getdirentries(fd, buffer, PUFFER_GROESSE, &zgr)) < 0) {
        perror("....Fehler");
        exit(1);
    }
    i= 0;
    while (i < laenge) {
        inode = offset = rec_len = rlen = 0;
        for (j=3; j>=0; j--)
            inode = (inode<<8)+ buffer[i+j];
        i += 4; rlen += 4;
        for (j=3; j>=0; j--)
            offset = (offset<<8)+ buffer[i+j];
        i += 4; rlen += 4;
        for (j=1; j>=0; j--)
            rec_len = (rec_len<<8)+ buffer[i+j];
        i += 2; rlen += 2;
        printf("%ld: ", inode);
        neu_i = i + rec_len-rlen;
        for (j=rlen; buffer[i] != 0; j++)
            printf("%c", buffer[i++]);
        printf("\n");
        i = neu_i;
    }
```

```
        }                                           Kompiliere das Programm dirlese.c -->
        $ cc -o dirlese dirlese.c ⏎                     ausführbare Datei ist dirlese
        $ dirlese . ⏎                               Gib Inhalt des working directorys aus
        60282: .
        60281: ..
        60297: abc1
        60287: add2.cab
        60296: delta
        60290: obst2
        60291: abc3
        60302: telnr
        60289: abc2
        60299: add1.c
        60301: laender
        60298: add2.cac
        60306: fruechte
        60293: add2.caa
        60295: alter
        60294: dirlese
        60300: add2.c
        60305: obst
        60292: obstpreise
        60286: sprache
        60308: dirlese.c
        60285: laender2
        60303: nachnamen
        60288: obst.sort
        60295: alter2
        60304: nachnamen.sort
 Unix   $
```

4.8   Gerätedateien

Eine typische Eigenschaft des Unix-Systems ist, daß es Peripheriegeräte als
Dateien repräsentiert. Für jedes Peripheriegerät existiert mindestens eine Gerätedatei (*device file*) im Directory **/dev**. Bei einem Zugriff auf eine solche Gerätda-
tei wird allerdings nicht wie bei regulären Dateien einfach gelesen oder geschrieben, sondern es wird der entsprechende Gerätetreiber (*device driver*) aktiviert,
der diesen Zugriff dann in Ein- oder Ausgabe-Aktionen auf dem entsprechenden physikalischen Gerät umwandelt.

So ist es z.B. möglich den gesamten Inhalt der Floppy-Disk mit **ls -R** aufzulisten,
denn für die Kommandos ist es nicht von Bedeutung, ob der angegebene Dateiname eine reguläre Datei oder ein Gerät spezifiziert.

Üblicherweise existiert ein Directory */dev/term*, in dem die Gerätedateien für Terminals hinterlegt sind.

```
$ ls -l /dev/term  ↵            [Auflisten der Gerätedateien für Terminals]
crw--w----  1 egon     tty      3,   0 Nov 15 13:24 00
c---------  1 root     root     3, 128 Feb 25 16:09 00h
crw--w----  1 micha    root     3,   1 Feb 24 09:17 01
c---------  1 root     root     3, 129 Feb 23 12:03 01h
crw--w----  1 root     root     3,   2 Feb 23 12:03 02
c---------  1 root     root     3, 129 Feb 23 12:03 02h
.........
$
```

Bei dieser Ausgabe fallen die folgenden Punkte auf:

1. Gerätedateien werden in *zeichenorientierte* und *blockorientierte Geräte* unterteilt. Zeichenorientierte Geräte – wie z.B. Terminals – werden mit einem **c**, blockorientierte Geräte – wie Festplatten oder Floppy-Disks – werden mit einem **b** bei der Ausgabe mit **ls -l** gekennzeichnet.

2. Gerätedateien haben keinen Inhalt, weswegen anstelle einer Größenangabe zwei mit Komma getrennte Zahlen bei **ls -l** ausgegeben werden. Die erste Zahl (*major device number*) identifiziert den Gerätetyp, und die zweite Zahl (*minor device number*) wird dem Gerätetreiber übergeben, der sie nach Belieben interpretieren kann, z.B. zur Unterscheidung von verschiedenen Geräten des gleichen Typs. Beispielsweise haben **term/01** und **term/02** die gleiche *major device number*, da alle Terminals von demselben Controller (Steuereinheit) bedient werden, aber unterschiedliche *minor device numbers*, die den entsprechenden Anschluß auswählen.

Zum Anlegen einer Gerätedatei steht das Kommando **mknod** zur Verfügung, das allerdings nur ein privilegierter Benutzer wie der Superuser oder der Systemadministrator aufrufen darf.

Zum Anlegen einer blockorientierten Gerätedatei:

```
mknod name b major-number minor-number
```

Zum Anlegen einer zeichenorientierten Gerätedatei:

```
mknod name c major-number minor-number
```

Zum Anlegen einer Named Pipe:

```
mknod name p
```

Die *major-number* und *minor-number* dürfen dabei als Dezimal- oder Oktalzahl (muß mit 0 beginnen) angegeben werden und sind systemspezifisch.

Hinsichtlich der Zugriffsrechte gelten bei Gerätedateien die gleichen Regeln wie bei regulären Dateien mit der Ausnahme, daß das Ausführrecht keine Bedeutung hat. Sehen Sie sich zum Beispiel einmal die Rechte Ihrer Terminaldatei an. Den Namen können Sie mit dem Kommando **tty** erfragen.

```
$ tty  ↵
/dev/term/00
$ ls -l /dev/term/00  ↵
crw--w---- 1 egon      tty      3,   0 Nov 15 13:24 00
$
```

Sie sind als Dateibesitzer eingetragen und nur Sie haben Schreib- und Leserecht. Die Gruppe **tty** hat Schreibrecht, allen anderen Benutzer ist der Zugriff auf Ihr Terminal untersagt.

Wenn Sie z.B. die Datei *obst* auf Ihr Terminal ausgeben wollen, dann könnten Sie anstelle von

```
cat obst
```

auch

```
cp obst /dev/term/00
```

aufrufen.

Da die Gruppe *tty* Schreibrechte auf Ihrem Terminal hat, ist es auch anderen Benutzern möglich, unter Verwendung des Kommandos **write** (siehe auch Kapitel 10.2) auf Ihr Terminal zu schreiben. Beim Kommando **write** ist das *setgid*-Bit gesetzt ist, was bedeutet, daß jeder Aufrufer für die Dauer der Ausführung von **write** unter Gruppenkennung *tty* arbeitet.

```
$ ls -l /usr/bin/write  ↵
-r-xr-sr-x 1 bin      tty      13688 Feb 12  1992 /usr/bin/write
$
```

Ein solcher fremder Schreib-Zugriff auf das eigene Terminal kann sehr lästig werden, da ein anderer Benutzer damit Sie ganz erheblich in Ihrer Terminalarbeit stören kann. Möchte man ein solches Schreiben durch Fremde unterbinden, hat man zwei Möglichkeiten:

1. Man entzieht mit dem Kommando **chmod** allen anderen Benutzern das Schreibrecht auf der eigenen Terminaldatei, wie z.B.

    ```
    chmod  go-w  /dev/term/00
    ```

2. Man verwendet das eigens hierfür konzipierte Kommando **mesg**:

    ```
    mesg  [-n]  [-y]¹
    ```

    -n   Schreiben durch »fremde« Benutzer (außer Superuser) am eigenen Terminal verbieten

    -y   Schreiben durch »fremde« Benutzer am eigenen Terminal wieder zulassen

---

1. Unter Linux darf kein Bindestrich vor **n** oder **y** angegeben werden.

Bei den Optionen darf der führende Bindestrich auch weggelassen werden.

Wird **mesg** ohne Option aufgerufen, so meldet es das momentane Zugriffsrecht für »fremde« Benutzer.

```
$ ls -l /dev/term/00  ⏎
crw--w----  1 egon      tty       3,   0 Nov 15 13:24 00
$ mesg  ⏎
is y                   [Zugriff durch fremde Benutzer möglich]
$ mesg -n  ⏎
$ ls -l /dev/term/00  ⏎
crw-------  1 egon      tty       3,   0 Nov 15 13:24 00
$ mesg  ⏎
is n                   [Zugriff durch fremde Benutzer nicht mehr möglich]
$ mesg -y  ⏎
$ ls -l /dev/term/00  ⏎
crw--w----  1 egon      tty       3,   0 Nov 15 13:24 00
$ mesg  ⏎
is y                   [Zugriff durch fremde Benutzer wieder möglich]
$
```

Neben Gerätedateien enthält das Directory **/dev** auch noch andere Spezialdateien, die besondere Zwecke erfüllen:

/dev/tty	ist immer das aktuelle Terminal, an dem man gerade arbeitet. So kann man z.B. direkte Ausgaben auf seinem Terminal vornehmen, ohne dessen genauen Namen zu kennen, wie z.B. echo "Hallo Egon" >/dev/tty oder cp obst /dev/tty
/dev/null	ist eine Art Mülleimer. Alle Daten, die nach **/dev/null** kopiert werden, werden einfach weggeworfen. Wenn Programme aus dieser Datei lesen, erhalten sie sofort das Dateiende-Zeichen (EOF).
/dev/zero	ist eine unerschöpfliche Quelle von 0-Bytes, die manchmal verwendet wird, um Dateien bis zu einer bestimmten Größe mit Nullen aufzufüllen.

Gebraucht werden diese Dateien vor allen Dingen bei der Shell-Programmierung (siehe zweites Buch dieser Reihe »Linux-Unix-Shells«).

Die folgende Tabelle enthält eine Übersicht über einige Gerätedateien in System V.4:

/dev/cdrom	CD-ROM-Laufwerk
/dev/console	Systemkonsole
/dev/cram	RAM-Disk (montierbares Dateisystem)
/dev/dsk/c0t0d0s0	erste Festplatte

/dev/dsk/c0t1d0s0	zweite Festplatte
/dev/dsk/f05d9t	5 1/4" Floppy-Disk (360 KB)
/dev/dsk/f05qt	5 1/4" Floppy-Disk (720 KB)
/dev/dsk/f05ht	5 1/4" Floppy-Disk (1,2 MB)
/dev/dsk/f03dt	3 1/2" Floppy-Disk (720 KB)
/dev/dsk/f03ht	3 1/2" Floppy-Disk (1,4 MB)
/dev/lp	Parallelschnittstelle für Drucker
/dev/mem	Hauptspeicher des Systems
/dev/tape	Magnetbandgerät (mit Rewind)
/dev/tapen	Magnetbandgerät (ohne Rewind)
/dev/term/00	Terminal-Schnittstelle 1
/dev/term/01	Terminal-Schnittstelle 2

Für die wichtigsten Geräte (Festplatten, Floppy-Disks und Magnetbandgeräte) sind in System V.4 Dateinamen gemäß den Konventionen von XENIX und System V.3 vorhanden. Diese Namen sind in folgender Tabelle aufgeführt:

System V.4	System V.3	XENIX
/dev/dsk/c0t0d0s0	/dev/dsk/0s0	/dev/hd00
/dev/dsk/c0t1d0s0	/dev/dsk/1s0	/dev/hd10
/dev/dsk/f05d9t	/dev/dsk/f0d9dt	/dev/fd048ds9
/dev/dsk/f05qt	-	/dev/fd096ds9
/dev/dsk/f05ht	/dev/dsk/f0q15dt	/dev/fd096ds15
/dev/dsk/f03dt	/dev/dsk/f0q9dt	/dev/fd0135ds9
/dev/dsk/f03ht	/dev/dsk/f0q18dt	/dev/fd0135ds18
/dev/dsk/tape	/dev/rct0	/dev/rct0
/dev/dsk/ntape	/dev/nrct0	/dev/nrct0

Linux   Die folgende Tabelle enthält eine Übersicht über die wichtigsten Gerätedateien unter Linux:

dev/fd0	erstes Floppylaufwerk	*Disketten und Festplatten*
/dev/fd1	zweites Floppylaufwerk	
/dev/hda	erste AT-Bus-Festplatte	

/dev/hda1 bis **/dev/hda15**	die Partitionen der ersten AT-Bus-Festplatte	
/dev/sda	erste SCSI-Festplatte	
/dev/sda1 bis **/dev/sda15**	die Partitionen der ersten SCSI-Festplatte	
/dev/sdb	zweite SCSI-Festplatte	
/dev/sdc	dritte SCSI-Festplatte	
/dev/tty	aktueller Terminal (Konsole)	*Bildschirme*
/dev/tty1 bis **/dev/tty8**	virtuelle Terminals (Konsolen)	
/dev/console	wie /dev/tty der aktuelle Terminal	
/dev/aztcd	Aztech CDA268-01 CD-ROM	*CD-ROM Lauf-werke*
/dev/cdu535	Sony CDU-535 CD-ROM	
/dev/cm206cd	Philips CM206	
/dev/gscd0	Goldstar R420 CD-ROM	
/dev/hda bis **/dev/hdd**	ATAPI CD-ROM	
/dev/lmscd	Philips CM 205/250/206/260 CD-ROM	
/dev/mcd	Mitsumi CD-ROM	
/dev/sbpcd0 bis **/dev/sbpcd3**	CD-ROM am Soundblaster	
/dev/scd0 bis **/dev/scd1**	SCSI CD-ROM Laufwerke	
/dev/sonycd	Sony CDU 31a CD-ROM	
/dev/sjcd	Sanyo CD-ROM	
/dev/optcd	Optics Storage CD-ROM	
/dev/cdrom	Link auf entspr. CD-ROM (auf eine Datei aus obiger Liste)	
/dev/rmt0	Erster SCSI-Streamer »rewinding«	*Bandlaufwerke*
/dev/nrmt0	Erster SCSI-Streamer »non rewinding«	
/dev/ftape	Floppy-Streamer »rewinding«	
/dev/nftape	Floppy-Streamer »non rewinding«	
/dev/atibm	Busmaus der ATI-Grafikarte	*Mäuse (Bus und PS/2)*
/dev/logibm	Logitech-Busmaus	
/dev/inportbm	PS/2-Busmaus	
/dev/mouse	Link auf von Maus verwendete Schnittstelle (Datei aus obiger Liste)	
/dev/modem	Link auf com-Port, an dem Modem angeschlossen	*Modem*

/dev/ttyS0 bis /dev/ttyS3	serielle Schnittstellen (COM1 bis COM4)	*Serielle Schnittstellen*
/dev/cua1 bis /dev/cua3	serielle Schnittstellen (für ausgehende Modemverbindungen)	
/dev/lp0 bis /dev/lp2	parallele Schnittstellen (LPT1 bis LPT3)	*Parallele Schnittstellen*
/dev/cua1 bis /dev/cua3	serielle Schnittstellen (für ausgehende Modemverbindungen)	

Auch unter Linux gibt die *major device number* den Treiber des Linux-Kernels an, der für die Verwaltung des jeweiligen Geräts zuständig ist. Zur Zeit existieren etwa 50 verschiedene Treiber, die in der Datei `/usr/src/linux/include/linux/major.h` aufgelistet sind. Mit der *minor device number* wird zwischen verschiedenen Einzelgeräten derselben Familie unterschieden, etwa beim Treiber für Diskettenlaufwerke zwischen Laufwerken unterschiedlichen Typs (3.5 oder 5.25 Zoll, DD oder HD, usw.) oder bei Treibern für Festplatten zwischen unterschiedlichen Partitionen.

Unix

4.9   Montierte Dateisysteme

Das Dateisystem von Unix ist nicht eine Einheit, sondern setzt sich aus mehreren Teilen zusammen, die sich auf verschiedenen Speichermedien – wie z.B. Festplatten, CD-ROMs, Floppy-Disks oder über ein Netz erreichbaren Systemen – befinden können.

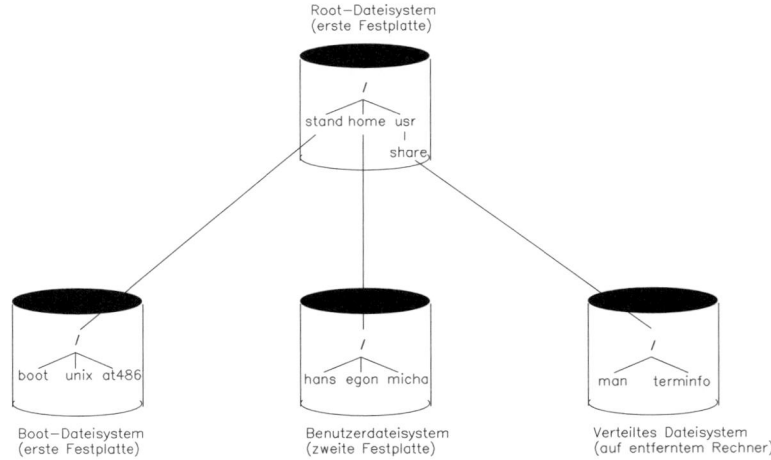

Bild 4.20: Das Dateisystem von Unix

Die Dateien im Directory **/stand**, die zum Booten des Systems benötigt werden, können sich z. B., wie das obige Bild zeigt, auf einer anderen Festplatte befinden als die Benutzerdateien unter dem Directory **/home**. Des weiteren könnten sich z. B. die Dateien im Directory **/usr/share** auf einem verteilten Dateisystem, d. h. auf einer Festplatte eines anderen Rechners befinden, der mit dem lokalen System vernetzt ist.

Alle anderen Dateien und Directories sind im Root-Dateisystem untergebracht. Das Root-Dateisystem ist bereits beim Start des Systems vorhanden, denn es befinden sich Dateien darauf, die für die Initialisierung des Betriebszustandes benötigt werden. Alle anderen Dateisysteme werden erst nach dem Systemstart »montiert«. Dabei werden die einzelnen Dateisysteme in den sogenannten Montierpunkten, welche Directories auf dem Root-Dateisystem sind, eingehängt. Nach dem Montieren präsentiert sich das Dateisystem als eine homogene Einheit. Wenn wir z. B. die in obigen Bild gezeigte Konstellation annehmen, kann der Benutzer *egon* ganz einfach mit

```
cd /usr/share/man
```

in das Directory */usr/share/man* wechseln, ohne sich darum zu kümmern, daß er sich nun auf einer Festplatte eines anderen Rechners befindet.

Die Möglichkeit, Dateisysteme in den vorhandenen Directorybaum einzuhängen, ermöglicht bei Bedarf einen Ausbau der vorhandenen Speicherkapazität. Wenn z. B. auf einer Festplatte Platzprobleme auftreten, könnte der Systemadministrator eine weitere Festplatte installieren, darauf ein Dateisystem einrichten und es mühelos in den schon vorhandenen Directorybaum integrieren. Dazu muß er nur ein leeres Directory erstellen (z. B. **/home2**) und das neue Dateisystem unter diesem Montierpunkt einhängen.

 Das traditionelle Dateisystem wurde in System V.4 durch das **Virtual File System** (VFS) ersetzt. Das VFS ist dabei die übergeordnete Schnittstelle im Systemkern zwischen den einzelnen Dateisystemen und dem Rest des Systemkerns.

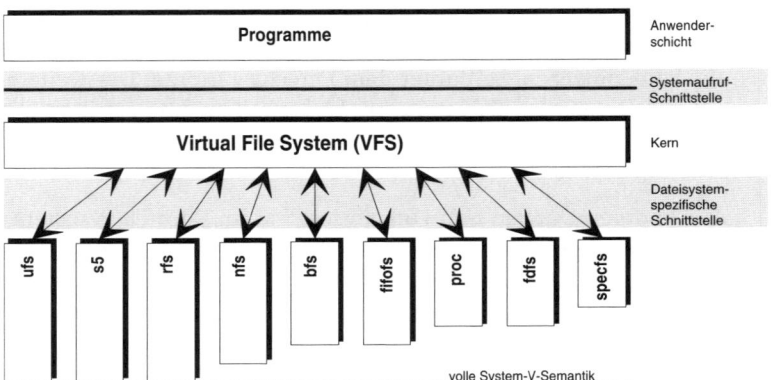

Bild 4.21: Virtual File System (VFS)

Das VFS verwaltet die folgenden Dateisysteme:

Dateisystem	Erläuterung
s5	ist das traditionelle Dateisystem von System V.3, bei dem die Namen von Dateien nur 14 Zeichen lang sein dürfen. Intern ist das Dateisystem in Blöcken strukturiert. Die Blockgröße ist dabei einstellbar: 512 Byte, 1 oder 2 KByte. Das **s5**-Dateisystem ist aus Kompatibilitätsgründen noch in System V.4 enthalten, da manche Anwendungen (z.B. Datenbanken) diese interne Struktur voraussetzen. Bei anderen Programmen, die nicht diese Struktur voraussetzen, wird meist schon das neuere **ufs**-Dateisystem verwendet.
ufs	ist eine Implementation des *Fast Filesystem* aus BSD Unix. Bei diesem Dateisystem dürfen die Namen bis zu 255 Zeichen lang sein. Intern ist das Dateisystem in Blöcken strukturiert. Die Blockgröße ist dabei einstellbar auf 4 oder 8 KByte. Damit bei kleineren Dateien nicht zuviel Platz verschwendet wird, verwendet das **ufs**-Dateisystem fragmentierte Blöcke, so daß sich auf einem Block mehrere kleine Blöcke befinden können.
rfs	ist eine Implementation des *Remote File Sharing* (RFS) von AT&T. RFS eignet sich hervorragend für homogene Netze, in denen ausschließlich System V-Rechner miteinander vernetzt sind, da es hierbei einen netzweiten Zugriff auf die gemeinsamen Ressourcen der Systeme ermöglicht.
nfs	ist eine Implementation des *Network File* Systems (NFS) von SunOS. Mit NFS können heterogene Netze aufgebaut werden, da NFS nicht nur für Unix-Systeme angeboten wird.

Dateisystem	Erläuterung
proc	ist ein ganzes neues Dateisystem in System V.4, über das auf Datenstrukturen von Prozessen zugegriffen werden kann. Ein aktiver Prozeß wird in diesem Dateisystem als Datei abgebildet und ein anderes Programm kann mit gewöhnlichen Systemaufrufen auf Daten dieses Prozesses zugreifen. Dieses Dateisystem wird hauptsächlich von Programmen benutzt, die den Prozeßverlauf verfolgen und darstellen.
bfs	enthält alle für den Systemboot notwendigen Dateien, den Kernel und den *Bootloader*, der beim Systemstart den Kernel in den Hauptspeicher lädt. In System V.3 setzte der Bootloader eine bestimmte Struktur des Root-Dateisystems voraus, da der Kernel **unix** dort im Root-Directory untergebracht war. Durch die Einführung des **bfs**-Dateisystems, das nach dem Boot an das Directory **/stand** montiert wird, und die Verlagerung des Kernels in dieses Directory kann z.B. das Root-Dateisystem in einem Dateisystem beliebigen Typs (**s5** oder **ufs**) oder der Kernel in einem EEPROM untergebracht sein.
fdfs	erlaubt Zugriffe auf Dateikanäle eines Prozesses.
fifofs	bietet eine Schnittstelle zu Named Pipes.
specfs	ist eine Schnittstelle zu den Gerätedateien.

Während das **s5**-, das **ufs**- und das **rfs**-Dateisystem »echte« Dateisysteme sind, stehen auf den anderen Dateisystemen nicht unbedingt alle zur Dateibearbeitung notwendigen Operationen zur Verfügung.

Linux Kaum ein anderes Betriebssystem unterstützt so viele Dateisysteme wie Linux. Welche Dateisysteme die aktuelle Linux-Version unterstützt, kann in der Datei / `usr/src/linux/fs/filesystems.c` nachgeschlagen werden.

An dieser Stelle ist darauf hinzuweisen, daß bei Nicht-Unix Dateisystemen oft nicht die volle Unix-Funktionalität angeboten wird: Zum Beispiel dürfen auf einem MS-DOS-Dateisystem nur Dateinamen der Länge 8 plus 3 Zeichen für die Endung verwendet werden, auch wird dort nicht zwischen Groß- und Kleinschreibung unterschieden, und es können keine Links erstellt werden usw.

Die wichtigsten von Linux unterstützten Dateisysteme sind:

ext2	(*extended filesystem, Version2*) dies ist heute das Standard-Dateisystem unter Linux. Es unterstützt Dateinamen bis zu 255 Zeichen, Dateien bis zu 2 Gbyte und kann Datenträger bis zu 4 Tbyte (Terabyte = 1024 Gbyte) verwalten. Es gilt als das sicherste aller unter Linux verfügbaren Dateisystemtypen.

ext	war der Vorgänger von ext2. Dieses Dateisystem ist nur noch auf alten Linux-Distributionen (etwa bis 1993) zu finden und wird heute kaum mehr eingesetzt.
xiafs	wurde parallel zu ext und ext2 als ein weiteres neues Dateisystem für Linux entwickelt, hat sich aber nicht durchgesetzt und wird heute kaum mehr eingesetzt.
minix	wurde ganz zu Anfang von Linux verwendet, wurde aber aufgrund einer Vielzahl von Mängeln sehr bald von ext abgelöst. minix wird aber weiter von Linux unterstützt, da viele frei verfügbare Unix-Programme auch weiterhin auf Datenträger im minix-Format angeboten werden.
sysv	ermöglicht den Zugriff auf SCO-, XENIX- und Coherent-Partitionen.
ufs	ermöglicht den Lesezugriff auf Partitionen von SunOS, FreeBSD, NetBSD und NextStep.
msdos	ermöglicht den Zugriff auf MS-DOS-Disketten und Festplatten. Dabei ist nicht nur Lesen, sondern auch Schreiben möglich.
umsdos	ermöglicht wie das Dateisystem msdos den Zugriff auf MS-DOS Disketten und Festplatten. Dabei ist wieder nicht nur Lesen, sondern auch Schreiben möglich. Im Unterschied zum msdos-Dateisystem können hier auch lange Dateinamen mit Unix-Zugriffsrechten und Links verwendet werden. Dieses Dateisystem wurde entwickelt, um Linux auch in einer MS-DOS Partition zu installieren.
vfat	ermöglicht den Zugriff auf Dateisysteme von Windows 95. Dies funktioniert allerdings nur, wenn nicht Windows 95-OEM bzw. Windows 95b verwendet wird, denn diese Versionen verwenden ein neues, inkompatibles Dateisystem namens vfat32. Windows-NT-FAT-Partitionen können ebenfalls als vfat-Partitionen angesprochen werden.
ntfs	ermöglicht nun auch den Zugriff auf das Windows-NT-Dateisystem.
hpfs	ermöglicht den Lesezugriff auf Partitionen von OS/2.
iso9660	hat sich als Norm für die Dateiverwaltung auf CD-ROMs durchgesetzt.
nfs	(*Network File System*) Unter Unix das übliche Netzwerk-Dateisystem.
ncp	(*Network Core Protocol*) Netzwerk-Dateisystem von Novell.
smb	(*Server Message Buffer*) Netzwerk-Dateisystem von Microsoft.
proc	ist nicht wirklich ein Dateisystem. Es wird vielmehr unter Linux zur Abbildung von Verwaltungsinformationen des Kernels bzw. der Prozeßverwaltung benutzt (dazu später mehr)

Im folgenden wird kurz auf das Dateisystem **ext2** eingegangen, das unter Linux standardmäßig verwendet wird.

Die Struktur des ext2-Dateisystems

Eine **ext2**-Partition ist eine durchnummerierte Folge von Blöcken zu je 1024 Bytes (1 Kbyte). Diese Blöcke sind unterschiedlichen Gruppen zugeordnet:

Gruppe	Bereich (Blocknummern)	Bedeutung
1	*1*	Bootblock (1024 Bytes)
2	*2*	Superblock (1024 Bytes)
3	*3 bis if*	inode-Bitmap (gibt an, welche Blöcke für inodes frei sind)
4	*if +1 bis df*	Daten (gibt an, welche Blöcke für Daten frei sind)
5	*df+1 bis i*	Speicherplatz für inodes (immer 4 inodes je Block)
6	*i+1 bis d*	Speicherplatz für Daten (1024 Bytes je Block)

Der *Bootblock* enthält ein kleines Programm zum Starten des Betriebssystems.

Der *Superblock* gibt an, wie groß die vier weiteren Gruppen sind.

Die *dritte und vierte Gruppe* bestehen aus mehreren Blöcken und sind als Bitmaps organisiert. Jedes Bit innerhalb dieser Bitmaps gibt an, ob der zugehörige inode bzw. Datenblock aus der fünften bzw. sechsten Gruppe frei oder belegt ist. So kann bei einem Anlegen einer neuen Datei sehr schnell festgestellt werden, wo auf der Partition sich noch freie Datenblöcke befinden.

Die *fünfte Gruppe* enthält die inodes, wobei sich immer 4 inodes in einem Block befinden. Daraus läßt sich schließen, daß ein inode aus 256 Bytes besteht.

Während die ersten fünf Gruppen nur Verwaltungsinformation beinhalten, enthält die *sechste Gruppe* die wirklichen Daten und umfaßt natürlich den größten Bereich der Partition

inodes im ext2-Dateisystem

Die im inode gespeicherte Information entspricht weitgehend dem, was auch in anderen Dateisystemen dort gespeichert wird, wie z.B. Kennung des Besitzers und der Gruppe, Zugriffsrechte, Dateigröße, Anzahl der Links, Zeitpunkt der Erstellung, der letzten Änderung, des letzten Lesezugriffs und des Löschens der Datei. Zur Adressierung der Daten stehen folgende Verweise zur Verfügung:

▶ Verweise auf die ersten 12 Datenblöcke der Datei

▶ Verweis auf 1. Indirektionsblock (einfach indirekt)

▷   Verweis auf 2. Indirektionsblock (zweifach indirekt)

▷   Verweis auf 3. Indirektionsblock (dreifach indirekt)

Mit dieser Verweisstruktur können Dateien mit bis zu 16 Millionen Datenblök-
ken (=16 Gbyte) verwaltet werden, was sich aus folgender Rechnung ermitteln
läßt:

```
12 + 256 + 256*256 + 256*256*256 = 16843020 Datenblöcke mit 1KByte.
```

Beim Formatieren eines ext2-Dateisystems mit dem Kommando **mke2fs** kann
die inode-Dichte angegeben werden. Normalerweise wird beim Formatieren für
je 4 Kbyte ein inode vorgesehen, was z.B. bei einer Partition von 400 Mbyte
100.000 inodes entspricht. Das bedeutet, daß in der Partition maximal 100.000
Dateien gespeichert werden können, selbst wenn die Dateien sehr klein sind.
Wenn also bekannt ist, daß auf einer Partition sehr viele kleine Dateien oder auch
symbolische Links angelegt werden sollen, kann man beim Formatieren mit
mke2fs auch eine größere inode-Dichte wählen, wie z.B. ein inode für je 2 Kbyte.

Directories und Links im ext2-Dateisystem

Für Directories und Links bzw. symbolische Links gilt weitgehend das gleiche
wie unter anderen Dateisystemen auch und wie es schon an früherer Stelle
besprochen wurde.

Automatische Reparatur eines beschädigten ext2-Dateisystems

Der Superblock enthält ein sogenanntes *Valid-Bit*, das beim Hochfahren des
Systems, wenn die ext2-Partition mit dem Kommando **mount** »montiert« wird,
immer gelöscht wird. Erst wenn die Partition beim Herunterfahren des Systems
mit dem Kommando **umount** wieder »demontiert« wird und dabei alle noch im
Hauptspeicher stehenden Daten gesichert wurden, wird dieses Valid-Bit wieder
gesetzt.

Beim nächsten Hochfahren des Systems wird das Valid-Bit geprüft. Sollte es auf
0 gesetzt sein, so bedeutet dies, daß Linux das letztemal nicht ordnungsgemäß
heruntergefahren wurde, was z.B. durch einen Stromausfall oder durch einfaches Ausschalten des Rechners ohne **shutdown** passiert sein kann. In diesem
Fall wird durch den Aufruf des Kommandos **e2fsck** eine automatische Repara-
tur des Dateisystems gestartet. Meistens stellt sich dabei heraus, daß keinerlei
Schaden aufgetreten ist und alle Dateien ordnungsgemäß wiederhergestellt
werden können. Sollte doch ein Schaden aufgetreten sein, werden die Reste aller
nicht mehr herstellbarer Dateien im Directory /lost+found der jeweiligen Partition hinterlegt.

Im übrigen ist zu erwähnen, daß in regelmäßigen Abständen (nach einer
bestimmten Anzahl von Montierungen oder nach Ablauf einer gewissen Zeitspanne) eine automatische Dateisystem-Überprüfung durchgeführt wird, auch

wenn das Valid-Bit auf 1 gesetzt ist. Die Häufigkeit solcher automatischen Über-
prüfungen mit **e2fsck** läßt sich im übrigen vom Superuser mit dem Kommando
tune2fs einstellen.

Bei der Entwicklung des ext2-Dateisystems wurde größter Wert auf die Sicherheit gelegt, was sich unter anderem auch daran erkennen läßt, daß besonders
kritische Verwaltungsinformationen mehrfach an verschiedenen Stellen auf der
Festplatte gespeichert sind. So wird z.B. der Superblock nicht nur im zweiten
Block der Partition, sondern in allen Blöcken gespeichert, deren Nummer ein
Vielfaches von 8192 +1 ist. Sollte also wirklich einmal die Meldung »*can't read
superblock*« erscheinen, so kann man mit dem folgenden Aufruf versuchen, auf
die erste Kopie des Superblocks zuzugreifen und auf dieser Basis das Dateisystem wiederherzustellen.

Unix

```
e2fsck -f -b 8193 /dev/xxx
```

Das Kommando mount

Um sich alle montierte Dateisysteme anzeigen zu lassen, muß man **mount** (bzw.
/etc/mount) ohne jegliche Argumente aufrufen.

```
$ /etc/mount  ⏎
/ on /dev/dsk/c0t0d0s0 read/write on Tue Oct 26 17:59:28 1993
/usr on /dev/dsk/c0t0d0s6 read/write on Tue Oct 26 17:59:28 1993
/proc on /proc read/write on Tue Oct 26 17:59:28 1993
/dev/fd on fd read/write on Tue Oct 26 17:59:28 1993
/var on /dev/dsk/c0t0d0s7 read/write on Tue Oct 26 17:59:28 1993
/tmp on swap read/write on Tue Oct 26 17:59:32 1993
/opt on /dev/dsk/c0t0d0s5 setuid on Tue Oct 26 17:59:33 1993
/pcfs/a on /dev/fd0 read/write on Tue Oct 26 18:22:00 1993
$
```

Bei dieser Ausgabe wird immer die folgende Reihenfolge eingehalten. Als erstes
erscheint der Montierpunkt (z.B. **/usr**) gefolgt voem Gerätenamen des Speichermediums (**/dev/dsk/c0t0d0s6**), dann den Attributen des Dateisystems (**read/
write/setuid/remote**) und abschließend dem Datum, an dem das Dateisystem
montiert wurde.

Dieses Kommando dient auch dem Systemadministrator dazu, Dateisysteme zu
montieren, wie z.B.:

```
mount  /dev/dsk/f03ht  /home/egon/a
```

Montiert das Diskettenlaufwerk (3 1/2« Floppy-Disk; 1,4 MB) auf das Directory /
home/egon/a. Alle Zugriffe (Kopieren, Listen, usw.) auf das Directory /*home/egon/a*
würden sich dann auf diese Diskette beziehen.

```
mount  -F pcfs  /dev/fd0  /pcfs/a (in SOLARIS)
```

Montiert das Diskettenlaufwerk als MS-DOS-Dateisystem an das Directory /*pcfs*/
a. Ein Aufruf wie **ls /pcfs/a** würde dann alle Dateien des Disketten-Laufwerk *a*
(MS-DOS-Dateien) auflisten. Genauso würde **cp *.c /pcfs/a** alle C-Dateien des
working directory auf die unter MS-DOS formatierte Diskette in Laufwerk *a*
kopieren. Diese Diskette könnte dann unter MS-DOS wieder eingelesen werden.

Um ein Dateisystem wieder abzumontieren, muß das Kommando **umount** mit
dem Directorynamen, an dem das jeweilige Dateisystem anmontiert ist, aufgerufen werden.

```
umount directory
```

Beim Herunterfahren eines Systems werden die einzelnen anmontierten Dateisysteme automatisch durch **umount**-Aufrufe abmontiert.

Linux   Um sich unter Linux alle momentan montierten Dateisysteme anzeigen zu lassen, muß – wie unter anderen Unix-Systemen auch – nur **mount** (ohne sonstige
Angaben) aufgerufen werden.

```
$ mount  ⏎
/dev/sda5 on / type ext2 (rw)
none on /proc type proc (rw)
/dev/sda1 on /C type vfat (rw)
/dev/sda7 on /usr type ext2 (rw)
/dev/sda8 on /home type ext2 (rw)
$
```

An dieser Ausgabe ist zu erkennen, daß sich auf einer SCSI-Platte (/*dev*/*sda*) vier
Partitionen befinden, die sowohl gelesen als auch beschrieben werden dürfen
(rw): Das Dateisystem /dev/sda5 ist an / (root-Partition) montiert. Des weiteren ist /dev/sda7 an /usr und /dev/sda8 an /home montiert. Alle drei Dateisysteme
sind vom Typ ext2, also typische Linux-Dateisysteme. Zudem ist an obiger Ausgabe erkennbar, daß an /C (Gerätedatei /dev/sda1) ein Windows95-Dateisystem
(Typ vfat) montiert ist, das sich ebenfalls auf der ersten SCSI-Platte befindet. /
proc ist nicht wirklich ein Dateisystem, sondern dient zur Prozeßverwaltung
(dazu später mehr).

Um nun weitere Dateisysteme anzumontieren steht das Kommando **mount** zur
Verfügung, dessen typische und häufigste Aufrufform unter Linux die folgende
ist:

```
mount -t dateisystemtyp  gerätedatei  directory
```

Der *dateisystemtyp* gibt den Typ des anzumontierenden Dateisystems an: ext2,
msdos, iso9660, usw (siehe vorherige Tabelle). Für *gerätedatei* ist der Pfadname
des entsprechenden Geräts (/dev/fd0, /dev/sd*xx*, /dev/hd*xx*, usw.) anzugeben,
auf dem sich das zu montierende Dateisystem befindet, und für *directory* ist der

Montierpunkt (*mount point*) im aktuellen Directorybaum anzugeben, an dem das Dateisystem anzumontieren ist. Nachfolgend wird das Anmontieren der wichtigsten Dateisysteme kurz erläutert.

Es ist darauf hinzuweisen ist, daß **mount** meist nur vom Superuser (root) ausgeführt werden kann.

Ein Zugriff auf die anmontierten Dateisysteme ist dann – abhängig von den Zugriffsrechten – aber auch anderen Benutzern möglich.

Zugriffsrechte auf Gerätedateien

Um gezielt festlegen zu können, welcher Benutzer auf welche Gerätedateien zugreifen darf, werden die Gerätedateien unterschiedlichen Benutzergruppen zugeordnet. Zum Beispiel ist /dev/cua1 (die zweite serielle Schnittstelle, an der normalerweise das Modem angeschlossen ist), der Gruppe uucp zugeordnet.

```
$ ls -l /dev/cua1 ⏎
crw-rw----  1 root     uucp      5, 65 Mar  5 00:49 /dev/cua1
$
```

Da der Benutzer egon momentan nicht zur Gruppe uucp gehört, kann er auch nicht auf das Modem zugreifen. Welchen Gruppen man momentan angehört, kann man im übrigen mit dem Kommando **groups** erfragen.

```
$ whoami ⏎
egon
$ groups ⏎
users
$
```

Soll nun auch dem Benutzer egon der Zugriff auf das Modem gestattet werden, muß er der Gruppe uucp zugeordnet werden. Dazu muß der Superuser in der Datei /etc/group nur den Loginnamen egon an die uucp-Zeile anfügen.

```$ cat /etc/group ⏎```	Anzeigen der Datei /etc/group (Nach dem Hinzufügen von egon zur Gruppe uucp)
```root:x:0:root```	
```bin:x:1:root,bin,daemon```	
```daemon:x:2:```	
```tty:x:5:```	/etc/group enthält Liste aller Gruppen. Zu jeder
```disk:x:6:disk,hh```	Gruppe (Zeile) wird folgendes angegeben
```lp:x:7:```	Name:x:Gruppennummer:Liste der Benutzer, die zu
```wwwadmin:x:8:```	dieser Gruppe gehören
```kmem:x:9:```	x zeigt hier an, daß verschlüsseltes Paßwort in /etc/
```wheel:x:10:```	shadow zu finden ist.
```mail:x:12:```	
```news:x:13:news```	
```uucp:x:14:uucp,fax,root,egon```	Hier wurde egon dazugefügt
```shadow:x:15:root```	
```dialout:x:16:root```	

```
at:x:25:at
lnx:x:27:
mdom:x:28:
yard:x:29:
dosemu:x:30:
game:x:40:
users:x:100:
nogroup:x:-2:root
$
```

Ruft nun egon nochmals **groups** auf, wobei er sich zuerst ab- und wieder anmelden sollte, so wird er feststellen, daß er nun auch zur Gruppe uucp gehört und somit auf Dateien dieser Gruppe, also auch auf das Modem zugreifen darf.

```
$ whoami  ↵
egon
$ groups  ↵
users uucp
$
```

Anmontieren von Diskettenlaufwerken

Die Diskettenlaufwerke werden unter den Gerätedateien /dev/fd0 (erstes Diskettenlaufwerk) und /dev/fd1 (zweites Diskettenlaufwerk) angesprochen. Befindet sich auf einer Diskette (im ersten Laufwerk) ein ext2-Dateisystem, so kann dieses z.B. an das Directory /A wie folgt montiert werden:

```
$ whoami  ↵
root
$ mkdir /A  ↵                          Nur notwendig, wenn dieses Directory noch
                                                                nicht existiert
$ mount -t ext2 /dev/fd0 /A  ↵         Anmontieren der Diskette (als ext2-Dateisy-
$                                               stem) an das Directory /A
```

Nun kann auf die Diskette ganz einfach zugegriffen werden, da sie nun im root-Directorybaum integriert ist. Um z.B. die Datei obst auf die Diskette zu kopieren, müßte nur folgendes angegeben werden:

```
$ cp obst /A  ↵
$
```

Befindet sich auf der Diskette ein DOS-Dateisystem, so müßte folgender Aufruf angegeben werden.

```
$ whoami  ↵                            Anmontieren der Diskette (als msdos-Dateisystem)
root                                                an das Directory /A
$ mount -t msdos /dev/fd0 /A  ↵
$
```

Nun können auf /A mit gewissen Einschränkungen (wie z.B. begrenzte Dateina-
menlänge: 8 für Name plus 3 für Extension, keine Links usw.) Linux-Dateien
kopiert werden, die dann unter DOS wieder gelesen werden können. Umgekehrt ist natürlich auch das Lesen einer unter DOS beschriebenen Diskette möglich. Kurzum, eine so montierte DOS-Diskette kann genauso behandelt werden,
als wenn man unter MS-DOS auf das Laufwerk A: zugreift. Weiter unten wird
eine andere Gruppe von Kommandos (die **mtools**-Kommandos) vorgestellt, die
eigens zum leichten Umgang mit MS-DOS-Partitionen unter Linux konzipiert
wurde.

Wichtig ist in jedem Fall, daß man vor dem Entnehmen der Diskette aus dem
Laufwerk diese immer zuerst mit **umount** abmontiert.

```
$ umount /A ⏎                          Abmontieren des Disketten-Laufwerks
$
```

Anmontieren eines CD-ROM-Laufwerks

CD-ROM-Laufwerke werden weitgehend wie andere Laufwerke (Disketten,
Festplatten usw.) anmontiert, nur daß als Dateismtyp die Kennung iso9660
anzugeben ist. Typische Aufrufe, um eine CD-ROM anzumontieren, sind nachfolgend gezeigt. Dabei müssen die folgenden Bedingungen erfüllt sein:

▷ Das Directory /cdrom existiert. Wenn nicht, muß es zuvor **mkdir /cdrom**
angelegt werden.

▷ Es ist momentan kein CD-ROM-Laufwerk anmontiert. Wenn doch, so muß
dieses zuerst mit **umount /cdrom** (als Superuser) abmontiert werden, und
dann die neue zu montierende CD-ROM im Laufwerk eingelegt werden.

▷ Es befindet sich eine CD-ROM im Laufwerk.

Ist eine dieser drei Bedingungen nicht erfüllt, wird das Anmontieren mit den
nachfolgenden Aufrufen fehlschlagen.

```
mount -t iso9660 -o ro, block=2048 /dev/hdc /cdrom
```

montiert das erste Laufwerk am zweiten IDE-Controller an das Directory /cdrom.
Die Angabe der Blockgröße (block=2048) kann meist entfallen. Die Angabe **-o ro**
legt fest, daß dieses Dateisystem *readonly* (nur lesbar) ist.

```
mount -t iso9660 -o ro /dev/scd0 /cdrom
```

montiert das erste SCSI-Laufwerk an das Directory /cdrom.

```
mount -t iso9660 -o ro /dev/cdrom /cdrom
```

Der Gerätename /dev/*abc* hängt vom jeweiligen CD-ROM-Laufwerk ab. Oft
kann /dev/cdrom verwendet werden, was beim Installieren von Linux automatisch als ein Link auf den richtigen Gerätenamen eingerichtet wurde.

Im folgenden werden die häufigsten Gerätenamen für neuere CD-ROM-Laufwerke kurz aufgelistet, die meist unabhängig vom Hersteller als EIDE- oder SCSI-Laufwerke angesprochen werden können.

`/dev/cdrom`	Link auf das voreingestellte CD-ROM-Laufwerk
`/dev/hda`	IDE/ATAPI: Laufwerk 1, IDE-Controller 1
`/dev/hdb`	IDE/ATAPI: Laufwerk 2, IDE-Controller 1
`/dev/hdc`	IDE/ATAPI: Laufwerk 1, IDE-Controller 2
`/dev/hdd`	IDE/ATAPI: Laufwerk 2, IDE-Controller 2
`/dev/scd0`	SCSI-Laufwerk 1
`/dev/scd1`	SCSI-Laufwerk 2

Wichtig ist in jedem Fall, daß man vor dem Entnehmen der CD-ROM aus dem Laufwerk diese immer zuerst wieder mit **umount** abmontiert.

```
$ umount /cdrom  ↵                          Abmontieren des CD-ROM-Laufwerks
$
```

Anmontieren einer RAM-Disk

Wenn beim Installieren von Linux eine RAM-Disk eingerichtet wurde, so kann diese über `/dev/ram` angesprochen werden. Um eine RAM-Disk verwenden zu können, muß diese anmontiert werden.

```
$ mkdir /ram  ↵                    Nur notwendig, wenn Directory noch nicht existiert
$ mkfs -t ext2 -m1 /dev/ram  ↵          Einrichten eines ext2-Dateisystem auf RAM-Disk
$ mount -t ext2 /dev/ram /ram  ↵    Anmontieren RAM-Disk (als ext2-Dateisystem) /ram
$
```

Nun können im Directory `/ram` temporäre Dateien gespeichert werden. Allerdings soll nicht verschwiegen werden, daß eine RAM-Disk unter Linux nicht allzu große Geschwindigkeitsvorteile mit sich bringt, da auch Dateien von Festplatten automatisch gepuffert werden, wenn genug Hauptspeicher zur Verfügung steht.

Automatisches Montieren über die Datei /etc/fstab

In der Datei `/etc/fstab` kann man eintragen, welche Dateisysteme beim Hochfahren von Linux automatisch zu montieren sind. In jdem Fall müssen in der Datei `/etc/fstab` mindestens zwei Einträge (Zeilen) vorhanden sein, wie z.B.

```
/dev/sda5        /                    ext2        defaults    1   1
none             /proc                proc        defaults    0   0
```

Die erste Zeile legt hierbei fest, daß das Systemdirectory beim Hochfahren des Systems auf der fünften Festplattenpartition der ersten SCSI-Platte eingerichtet wird. Wurde Linux auf einer anderen Partition, wie z. B. auf der zweiten Festplattenpartition einer IDE-Platte eingerichtet, so muß anstelle von /dev/sda5 die Gerätedatei /dev/hda2 angegeben sein.

Mit der zweiten Zeile wird das System zur Prozeßverwaltung in das Dateisystem montiert. Die Dateien und Directories des /proc-Directorys werden nicht auf einer Festplatte abgelegt; hierbei handelt es sich lediglich um eine Abbildung der Daten, die der Kernel intern zur Prozeßverwaltung unterhält.

Für den Aufbau einer Zeile in der Datei /etc/fstab gilt folgendes:

1. Spalte

gibt den Gerätenamen des Datenträgers an. Sollen Directories von fremden Rechnern über nfs anmontiert werden, muß hier

rechnername:/directory_auf_fremden_rechner

angegeben werden.

2. Spalte

gibt das Directory an, an das der entspechende Datenträger im Dateisystem montiert werden soll. Das hier angegebene Directory muß zwar bereits existieren, muß aber nicht leer sein, allerdings kann bei einer erfolgreichen Montierung auf die darin enthaltenen Dateien nicht mehr zugegriffen werden, sondern nur noch auf die Dateien des montierten Datenträgers. Erst mit dem Abmontieren des montierten Datenträgers werden die zuvor enthaltenen Dateien wieder sichtbar.

3. Spalte

gibt den Typ des zu montierenden Dateisystems an: ext2, msdos, nfs, proc, vfat, iso9660, usw.

4. Spalte

gibt Optionen für den Zugriff auf den Datenträger an. Mehrere Optionen können durch Kommata (keine Leerzeichen) getrennt werden. Die wichtigsten Optionen sind:

block=n	Blockgröße (für CD-ROM-Laufwerke). Beim Montieren von CD-ROM-Laufwerken an der IDE-Schnittstelle muß block=2048 angegeben werden.

conv=auto	automatische Konversion von MS-DOS-Textdateien (dazu später mehr)
default	Voreinstellung
gid=*n*	Gruppenzugehörigkeit der Dateien (für MS-DOS und OS/2; siehe auch unten)
noauto	Datenträger wird nicht automatisch montiert. Diese Option hat den Sinn, daß der in dieser Zeile angegebene Datenträger zwar nicht montiert wird, aber sehr bequem ohne Angabe jeglicher Optionen mit **mount** *name* später montiert werden kann. Für name ist dabei entweder der Gerätename (aus 1. Spalte) oder der Directoryname (aus 2. Spalte) anzugeben. Die fehlenden Optionen werden bei einem solchen Aufruf aus der entsprechenden Zeile in der Datei /etc/fstab (4. Spalte) gelesen.
noexec	keine Programmausführung (Vorhandene Programme auf dem montierten Datenträger dürfen nicht ausgeführt werden)
ro	read-only (Nur Lesen, aber kein Schreiben auf montierten Datenträger möglich)
sw	swap (Swap-Datei oder -Partition)
sync	Schreibzugriffe nicht zwischenpuffern, sondern sofort physikalisch schreiben. Dies bedeutet zwar einen langsameren, aber sichereren Zugriff.
uid=*n*	Benutzerzugehörigkeit der Dateien (für MS-DOS und OS/2; siehe auch unten)
umask=*n*	Zugriffsbits der Dateien (für MS-DOS und OS/2; siehe auch unten)
user	jeder Benutzer darf diesen Datenträger mit **mount** montieren bzw. mit **umount** abmontieren. Diese Option ist für oft zu wechselnde Medien wie CD-ROMs oder Disketten sinnvoll.

Mit den Optionen **gid=***n*, **uid=***n* und **umask=***n* können die Zugriffsrechte von den Dateien auf dem montierten Datenträger voreingestellt werden. Das ist bei Dateisystemen sinnvoll, die über keinen solchen Zugriffsrechte-Mechanismus wie Linux verfügen (MS-DOS, OS/2). Ohne Angabe dieser Optionen gehören die DOS-Dateien auf dem montierten Datenträger immer dem Superuser (root), was bedeutet, daß die Dateien zwar von allen Benutzern gelesen, aber nur von root verändert werden können.

5. Spalte

enthält Informationen für das Programm **dumpfs** und wird zur Zeit ignoriert.

6. Spalte

gibt an, ob und wie das zu montierende Dateisystem auf Konsistenz zu überprüfen ist. Für das root-Directory sollte dabei 1 und für alle anderen veränderlichen Dateisysteme 2 angegeben werden. Bei Dateisystemen, die keiner Prüfung bedürfen, wie z.B. CD-ROM, proc und swap, sollte hier 0 angegeben werden.

Um sich alle momentan montierten Dateisysteme auflisten zu lassen, muß man nur **mount** ohne weitere Angaben aufrufen. In diesem Fall liest **mount** die Datei /etc/mtab, in der alle aktuell montierten Dateisysteme angegeben sind.

```
$ cat /etc/mtab  ↵
/dev/sda5 / ext2 rw 1 1
none /proc proc rw 0 0
/dev/sda1 /C vfat rw 0 0
/dev/sda7 /usr ext2 rw 1 2
/dev/sda8 /home ext2 rw 1 2
/dev/fd0 /A msdos rw,noexec,nosuid,nodev 0 0
$ mount ↵
/dev/sda5 on / type ext2 (rw)
none on /proc type proc (rw)
/dev/sda1 on /C type vfat (rw)
/dev/sda7 on /usr type ext2 (rw)
/dev/sda8 on /home type ext2 (rw)
/dev/fd0 on /A type msdos (rw,noexec,nosuid,nodev)
$
```

Sollen nachträglich alle in /etc/fstab angegebenen Datenträger montiert werden, z.B. weil zwischenzeitlich einer abmontiert wurde oder aber beim Hochfahren keine Diskette im Laufwerk war, so muß nur

```
mount -a
```

aufgerufen werden. In diesem Fall werden alle in /etc/fstab angegebenen Datenträger montiert, soweit sie nicht schon montiert sind.

Ein mögliches Aussehen der Datei /etc/fstab ist nachfolgend noch gezeigt:

```
$ cat /etc/fstab ↵
/dev/sda5      /          ext2       defaults        1    1
/dev/fd0       /A         msdos      noauto          0    0
/dev/sda1      /C         vfat       defaults        0    0
/dev/sda6      swap       swap       defaults        0    0
/dev/sda7      /usr       ext2       defaults        1    2
/dev/sda8      /home      ext2       defaults        1    2
herold2:/      /oldpc     nfs        defaults        1    2
/dev/scd0      /cdrom     iso9660    ro,noauto,user  0    0
none           /proc      proc       defaults        0    0
$
```

Um mehr Informationen zu /etc/fstab und **mount** zu erhalten, muß man nur

```
man mount
```

aufrufen.

Konversion von MS-DOS/Windows-Textdateien

Es wurde bereits zuvor erwähnt, daß man DOS-Dateisysteme an das Linux-Dateisystem mit der Option -t msdos montieren kann. Versucht man nun, Texte zwischen DOS und Linux auszutauschen, so stößt man auf zwei Probleme:

Zeilenenden werden unterschiedlich gekennzeichnet

Sowohl unter MS-DOS als auch unter MS-Windows wird das Ende einer Zeile durch die Zeichenkombination *Carriage-Return* und *Line-Feed* gekennzeichnet. Unix und natürlich auch Linux kennzeichnen dagegen ein Zeilenende lediglich durch ein *Line-Feed*-Zeichen. Das hat zur Folge, daß von DOS-Dateisystemen kopierte Textdateien unter Linux ein Zeichen zuviel am Ende der Zeile haben (wird durch ^M im Editor angezeigt). Umgekehrt fehlt bei Linux-Dateien, die auf ein DOS-Dateisystem kopiert werden, das *Carriage-Return*-Zeichen, so daß diese bei einer Betrachtung durch einen DOS-Editor zu einer endlosen Zeichenkette (ohne Zeilenaufteilung) werden.

MS-DOS und MS-Windows verwenden andere Zeichensätze als Linux

MS-DOS, MS-Windows und Linux verwenden drei unterschiedliche Zeichensätze: MS-DOS benutzt eine Variante des ASCII-Zeichensatzes, Windows den ANSI-Zeichensatz und Linux den Zeichensatz ISO 8859/1. Bei allen drei sind die Zeichen mit den Codes 0 bis 127 gleich. Abweichungen gibt es aber bei den anderen 128 möglichen Zeichen, in denen sich unter anderem die deutschen Sonderzeichen (Umlaute und ß) befinden. Während bei Windows und Linux wenigstens die deutschen Sonderzeichen übereinstimmen, ist diese Übereinstimmung zwischen MS-DOS und Linux nicht gegeben. Das bedeutet, daß bei allen zwischen DOS und Linux ausgetauschten Textdateien die deutschen Sonderzeichen durch andere Zeichen dargestellt werden, was natürlich sehr störend ist.

Um diese beiden Probleme zu umgehen, bietet Linux zwei Vorgehensweisen an:

Automatische Konversion von Textdateien

Gibt man beim Montieren eines DOS-Dateisystems die Option -o conv=auto an bzw. trägt man in /etc/fstab in der vierten Spalte conv=auto ein, so werden die Zeilenenden automatisch bei der Transformation von Dateien zwischen Linux und DOS an die Konvention des jeweiligen Dateisystemtyps angepasst. Liest man z.B. von Linux aus eine DOS-Textdatei (auf einer DOS-Partition), so werden die Zeilenenden automatisch an die Linux-Konvention angepasst. Umgekehrt wird beim Kopieren einer Linux-Datei auf die DOS-Partition automatisch zu jedem *Line-Feed*-Zeichen ein *Carriage-Return*-Zeichen hinzugefügt.

Ganz ohne Probleme ist diese Lösung jedoch nicht für Binärdateien, also Dateien, die keinen wirklichen Text enthalten. In solchen Fällen führt das Anhängen bzw. Entfernen des *Carriage-Return*-Zeichens zur Zerstörung der betreffenden Datei. Linux muß also erkennen, ob es sich bei einer Datei um eine Textdatei handelt oder nicht. Um dies zu tun, klassifiziert Linux den Typ einer Datei an ihrer Extension. Jede Datei, die keine Erweiterung wie .exe, .com, .gif, .dll, usw.[1] hat, wird als Textdatei interpretiert, für die die automatische Konversion durchgeführt wird. Findet also Linux eine Datei mit einer Kennung, die es nicht in seiner Liste für Binärdateien hat, führt es für diese Datei die automatische Konversion durch. Dies kann natürlich großen Schaden nach sich ziehen. Man sollte also sehr vorsichtig mit der Option conv=auto umgehen.

Diese automatische Konversion bezieht sich übrigen nur auf die Zeilenenden und nicht auf die unterschiedlichen Zeichensätze.

Manuelle Konversion von Textdateien

Bei dieser Vorgehensweise unterscheidet man zwei Varianten: Sind nur die Zeilenenden anzupassen, können die beiden Kommandos **fromdos** und **todos** verwendet werden.

```
fromdos datei
```

konvertiert eine von DOS kopierte Textdatei in das Linux-Format (Entfernen aller *Carriage-Return*-Zeichen)

```
todos datei
```

konvertiert eine von Linux kopierte Textdatei in das DOS-Format (Hinzufügen eines *Carriage-Return*-Zeichens zu jedem *Line-Feed*-Zeichen)

Ist zusätzlich noch eine Konversion der deutschen Sonderzeichen von DOS nach Linux bzw. umgekehrt gewünscht, muß das Kommando **recode** verwendet werden.

```
recode ibmpc:latin1 datei
```

konvertiert eine von DOS kopierte Textdatei in das Linux-Format (Entfernen aller *Carriage-Return*-Zeichen und Anpassen der Sonderzeichen)

```
recode latin1:ibmpc datei
```

---

1. Eine Liste aller Dateikennungen, die von der automatischen Konversion ausgeschlossen werden, findet man in der Datei /usr/src/linux/fs/fat/misc.c.

konvertiert eine von Linux kopierte Textdatei in das DOS-Format (Hinzufügen eines *Carriage-Return*-Zeichens zu jedem *Line-Feed*-Zeichen und Anpassen der Sonderzeichen)

Bei allen vier Kommandos ist Vorsicht geboten, da sie die ursprüngliche Datei verändern. Sicherer und damit auch empfehlenswerter ist die folgende Vorgehensweise, bei der *dos_datei* für die DOS- und *linux_datei* für die Linux-Datei steht.

fromdos < *dos_datei* > *linux_datei*	*DOS nach Linux, nur Zeilenende*
todos < *linux_datei* > *dos_datei*	*Linux nach DOS, nur Zeilenende*
recode ibmpc:latin1 < *dos_datei* > *linux_datei*	*DOS nach Linux, Zeilenende+deutsche Sonderzeichen*
recode latin1:ibmpc < *linux_datei* > *dos_datei*	*Linux nach DOS, Zeilenende+deutsche Sonderzeichen*

recode darf allerdings nicht mit `ibmpc` für die Konversion von Windows-Texten verwendet werden, weil der in Windows verwendete ANSI-Zeichensatz andere Codes für die deutschen Sonderzeichen benutzt. Mehr Informationen zu **recode** lassen sich mit dem Aufruf

```
info recode
```

erfragen.

Zugriff auf MS-DOS-Disketten und -Festplatten mit den mtools-Programmen

mtools ist ein Programm, das einen einfachen und leichten Zugriff auf Disketten im MS-DOS-Format ermöglicht. Die `mtools`-Kommandos (**mdir**, **mtype**, **mcd**, usw.) sind durch Links auf das zentrale Programm **mtools** realisiert. **mtools** selbst kann nicht ausgeführt werden, sondern nur über diese Links.

Aufruf von **mtools** ohne jegliche Angaben liefert alle aufrufbaren Programme aus dem mtools-Programmpaket.

```
$ mtools

Supported commands:
mattrib, mbadblocks, mcd, mcopy, mdel, mdeltree, mdir, mformat
minfo, mlabel, mmd, mmount, mpartition, mrd, mread, mmove
mren, mtoolstest, mtype, mwrite, mzip
$ which mcd mcopy mdel mtype⏎
/usr/bin/mcd
/usr/bin/mcopy
/usr/bin/mdel
```

```
/usr/bin/mtype
$ ls -l /usr/bin/mcd /usr/bin/mcopy /usr/bin/mdel /usr/bin/mtype ⏎
lrwxrwxrwx  1 root    root           6 Apr 20 18:04 /usr/bin/mcd -> mtools
lrwxrwxrwx  1 root    root           6 Apr 20 18:04 /usr/bin/mcopy -> mtools
lrwxrwxrwx  1 root    root           6 Apr 20 18:04 /usr/bin/mdel -> mtools
lrwxrwxrwx  1 root    root           6 Apr 20 18:04 /usr/bin/mtype -> mtools
$
```

Ein MS-DOS-Diskette kann, wie wir zuvor gesehen haben, mit **mount** an das aktuelle Dateisystem montiert werden. Wem dies zu umständlich ist, der kann mit diesen mtools-Kommandos arbeiten.

Alle mtools-Kommandos haben einige gemeinsame Merkmale:

1. Laufwerksangaben erfolgen wie unter DOS mit A:, B:, C: usw. Ist kein Laufwerk angegeben, greifen die Kommandos immer automatisch auf A: bzw. auf das mit **mcd** eingestellte working directory zu.

2. In Pfadangaben kann zur Abtrennung von Directories sowohl / als auch \ verwendet werden.

3. Das Metazeichen * funktioniert wie unter Unix und Linux üblich. Zum Zugriff auf alle Dateien ist deshalb nur * und nicht wie unter DOS *.* anzugeben.

4. Dateinamen sind auf die DOS-Konventionen (8+3 Zeichen) limitiert.

Zur Konfiguration von **mtools** steht die Datei /etc/mtools bzw. /etc/mtools.conf zur Verfügung. Normalerweise gibt es jedoch keine Probleme, so daß keine Veränderungen an der Konfigurationsdatei notwendig sind.

Hier nun ein kurzer Überblick zu den wichtigsten Programmen des mtools-Programmpakets:

mattrib [+|-ahrs] *datei(en)*   *(Nachbildung des DOS-Kommandos* attrib)

es liest bzw. verändert die Attribute von DOS-Dateien.

mbadblocks

(testet eine Diskette und markiert alle unbrauchbaren Blöcke in der FAT)

mcd *directory*   *(Nachbildung des DOS-Kommandos* cd)

wechselt in das angegebene Directory auf einer DOS-Diskette oder -Festplatte. Dabei kann auch ein Laufwerksbuchstabe angegeben werden, wie z.B. **mcd c:\programme**.

mcopy [*optionen*] *quelldatei zieldatei*   *(Nachbildung des DOS-Kommandos* copy)
mcopy [*optionen*] *datei(en) zieldirectory*

kopiert Dateien von oder auf DOS-Disketten bzw. -Festplatten. Die Optionen unterscheiden sich etwas von den Optionen des DOS-**copy**. Die beiden wichtigsten Optionen sind:

-n	keine Ausgabe einer Warnung vor dem Überschreiben einer Datei
-t	transformiert die unter DOS übliche Zeichenkombination *Carriage-Return, Line-Feed* für Zeilenende in ein einfaches *Line-Feed*-Zeichen und auch umgekehrt (siehe auch oben). Diese Option sollte nur für Textdateien verwendet werden.

`mdel` *datei(en)*   *(Nachbildung des DOS-Kommandos* `del`*)*

löscht die angegebenen *datei(en)* auf der entsprechenden DOS-Partition.

`mdeltree` *directory(s)*   *(Nachbildung des DOS-Kommandos* `deltree`*)*

löscht die angegebenen *directory(s)* auf der entsprechenden DOS-Partition.

`mdir` *[optionen] [datei(en)|directory(s)]* *(Nachbildung des DOS-Kommandos* `dir`*)*

zeigt den Inhalt der angegebenen *directory(s)* oder listet die angegebenen *datei(en)* der entsprechenden DOS-Partition auf. Mit der Option **-w** werden die Dateinamen in mehreren Spalten nebeneinander aufgelistet.

`mformat` *laufwerk*   *(Nachbildung des DOS-Kommandos* `format`*)*

richtet ein MS-DOS-Dateisystem auf einer mit **fdformat** (siehe weiter unten) bereits vorformatierten Diskette ein.

`mlabel` *laufwerk*   *(Nachbildung des DOS-Kommandos* `label`*)*

zeigt den Namen (*volume label*) des entsprechenden MS-DOS-Dateisystems an.

`mmd` *directory*   *(Nachbildung des DOS-Kommandos* `md`*)*

legt ein neues *directory* auf dem entsprechenden MS-DOS-Dateisystem an.

`mrd` *directory*   *(Nachbildung des DOS-Kommandos* `rd`*)*

löscht das angegebene *directory* auf dem entsprechenden MS-DOS-Dateisystem.

`mread` *dos_datei linux_datei*

kopiert die angegebene *dos_datei* in das Linux-Dateisystem. **mread** ist eine eingeschränkte Version des **mcopy**-Kommandos, das Kopieren in beide Richtungen erlaubt.

`mren` *alt_name neu_name*   *(Nachbildung des DOS-Kommandos* `ren`*)*

benennt die Datei *alt_name* im entsprechenden MS-DOS-Dateisystem in *neu_name* um.

mtype *datei*   (Nachbildung des DOS-Kommandos type)

gibt den Inhalt der *datei* des entsprechenden MS-DOS-Dateisystems am Bildschirm aus. **mtype** entspricht in etwa dem Unix-Kommando **cat**.

mwrite *linux_datei dos_datei*

kopiert die angegebene *linux_datei* aus dem Linux-Dateisystem in ein DOS-Dateisystem. **mwrite** ist wie **mread** eine eingeschränkte Version des **mcopy**-Kommandos, das Kopieren in beide Richtungen erlaubt.

Low-Level-Formatierung einer Diskette mit fdformat

fdformat führt eine Low-Level-Formatierung einer Diskette durch. Die vollständige Aufrufsyntax von **fdformat** ist:

fdformat [**-n**] *gerätedatei*

Der Diskettentyp, die Kapazität und das Laufwerk werden durch die entsprechende *gerätedatei* ausgewählt. In der folgenden Liste sind die wichtigsten Gerätedateien mit den dazugehörenden Diskettenformaten aufgeführt.

/dev/fd0	Laufwerk A, 3.5-Zoll, HD (voreingestellt: 1,4 MByte)
/dev/fd0D360	Laufwerk A, 3.5 Zoll 360 KB
/dev/fd0H1440	Laufwerk A, 3.5 Zoll 1440 KB
/dev/fd0H2880	Laufwerk A, 3.5 Zoll 2880 KB
/dev/fd0Q720	Laufwerk A, 3.5 Zoll 720 KB
/dev/fd0d360	Laufwerk A, 5.25 Zoll 360 KB
/dev/fd0h1200	Laufwerk A, 5.25 Zoll 1200 KB
/dev/fd0q720	Laufwerk A, 5.25 Zoll 720 KB
/dev/fd1D360	Laufwerk B, 3.5 Zoll 360 KB
/dev/fd1H1440	Laufwerk B, 3.5 Zoll 1440 KB
/dev/fd1Q720	Laufwerk B, 3.5 Zoll 720 KB
/dev/fd1d360	Laufwerk B, 5.25 Zoll 360 KB
/dev/fd1h1200	Laufwerk B, 5.25 Zoll 1200 KB
/dev/fd1q720	Laufwerk B, 5.25 Zoll 720 KB

Auf der Diskette wird kein Dateisystem eingerichtet. Dazu stehen die Kommandos **mkfs** für Linux-Dateisysteme (nachfolgend erläutert) und **mformat** für MS-DOS-Dateisysteme (siehe oben) zur Verfügung. Die roh formatierte Diskette kann aber auch mit den Kommandos **tar** oder **dd** direkt beschrieben werden (siehe auch Anhang).

Die Angabe der Option **-n** verhindert eine anschließende Überprüfung (Verifizierung) der Diskette auf Fehler.

Verwendet man **fdformat,** ohne vorher auf die Diskette zugegriffen zu haben, so wird der Fehler »*no such device*« gemeldet. In diesem Fall muß zunächst einmal mit **mdir** auf die Diskette zugegriffen werden. Das Kommando **fdformat** wird sehr wahrscheinlich durch das Kommando **superformat** abgelöst werden.

Einrichten von Dateisystemen mit mkfs

Mit dem Kommando **mkfs** kann auf einer zuvor formatierten Diskette oder auf einer mit **fdisk** partitionierten Festplatte ein Dateisystem eingerichtet werden. Die Aufrufsyntax von **mkfs** ist:

```
mkfs [optionen] gerätedatei [blöcke]
```

Das Kommando **mkfs** kann nur vom Superuser (root) ausgeführt werden. Je nach dem angegebenen Dateisystem ruft **mkfs** eines der Kommandos **mkfs.minix** oder **mke2fs** oder **mkxfs** bzw. **mkfs.xiafs** oder **mformat** auf.

Für *gerätedatei* muß entweder der Pfad der entsprechenden Gerätedatei (wie z.B. /dev/fd0, /dev/hda1, /dev/sdb2, usw.) oder der Montierpunkt des entsprechenden Dateisystems (wie z.B. /A, /usr, /home, usw.) angegeben werden.

Mit *blöcke* kann die Anzahl der Blöcke angegeben werden, die im entsprechenden Dateisystem zu benutzen sind.

Die wichtigste Option bei **mkfs** ist:

-t *dateisystemtyp*	gibt den Typ des Dateisystems an. Für *dateisystemtyp* kann dabei folgendes angegeben werden:
	minix (Voreinstellung), ext2 (Standard-Dateisystem unter Linux), xiafs (Alternative zu ext2) oder auch msdos (MS-DOS-Dateisystem; entspricht einem **mformat**-Aufruf) angegeben werden. Ist die Option **-t** nicht angegeben, versucht **mkfs**, den Dateisystemtyp aus der Datei /etc/fstab zu ermitteln. Die Option **-t** muß immer als erste Option angegeben werden.

Die weiteren Optionen sind abhängig vom angegebenen *dateisystemtyp*. Da ext2 das am meisten benutzte Dateisystem unter Linux ist, werden hier nur die wichtigsten Optionen für das zugehörige Kommando **mk2efs** angegeben:

-b *n*	legt die Blockgröße für das Dateisystem fest (Voreinstellung ist 1024 Bytes). *n* muß dabei eine Zweier-Potenz größer oder gleich 1024 ein (wie etwa 1024, 2048, 4096 usw.).
-c	führt vor dem Einrichten des Dateisystems einen Test auf dem Datenträger durch, um defekte Blöcke aufzufinden.

-i *n*	legt fest, nach jeweils wie vielen Bytes ein inode eingerichtet werden soll. Die Voreinstellung ist 4096.
-m *n*	legt fest, wieviel Prozent des Datenträgers für Daten des Superusers (root) reserviert werden sollen (Voreinstellung: 5 Prozent).

Der folgende Kommandoaufruf richtet auf einer zuvor mit **fdformat** formatierten Diskette (in Laufwerk A) ein ext2-Dateisystem ein

```
$ mkfs -t ext2 /dev/fd0 [↵]
mke2fs 1.10, 24-Apr-97 for EXT2 FS 0.5b, 95/08/09
Linux ext2 filesystem format
Filesystem label=
360 inodes, 1440 blocks
72 blocks (5.00%) reserved for the super user
First data block=1
Block size=1024 (log=0)
Fragment size=1024 (log=0)
1 block group
8192 blocks per group, 8192 fragments per group
360 inodes per group
Writing inode tables: done
Writing superblocks and filesystem accounting information: done
$
```

Unix

Freien Speicherplatz anzeigen mit dem Kommando df

Mit dem Kommando **df** (*disk free*) kann man sich den freien Speicherplatz auf allen montierten Dateisystemen oder – wenn ein Directory angegeben ist – von einem bestimmten Dateisystem anzeigen lassen. **df** gibt die Anzahl der freien Blöcke und der Dateien (inodes) aus, die in einem Dateisystem noch angelegt werden können.

```
$ df [↵]
/                   (/dev/dsk/c0t0d0s0 ):   29006 blocks   14227 files
/usr                (/dev/dsk/c0t0d0s6 ):   95258 blocks   80122 files
/proc               (/proc            ):       0 blocks     117 files
/dev/fd             (fd               ):       0 blocks       0 files
/var                (/dev/dsk/c0t0d0s7 ):   30012 blocks   14797 files
/tmp                (swap             ):   64320 blocks    3088 files
/opt                (/dev/dsk/c0t0d0s5 ):   16332 blocks   15208 files
/pcfs/a             (/dev/fd0         ):    1933 blocks       0 files
$ df /export [↵]
Filesystem           kbytes    used   avail capacity  Mounted on
/dev/dsk/c0t0d0s0    23631     9128   12143    43%     /
$
```

Bei der Ausgabe von **df** steht in der ersten Spalte der Name des Montierpunktes, zwischen den runden Klammern der Gerätename des Dateisystems und in den folgenden Spalten die Anzahl der freien Blöcke (in Einheiten zu je 512 Byte) und die Anzahl der noch freien Dateien (inodes).

Die Anzahl der freien Dateien ist nur für das lokale Dateisystem korrekt; bei verteilten Dateisystemen steht hier immer der Wert -1. Die Angaben für die Dateisysteme */dev/fd*, */stand* und */proc* sind bedeutungslos, da es sich hierbei nicht um »echte« Dateisysteme handelt.

System V.4 In System V.4 sind bei **df** einige neue Optionen hinzugekommen:

-e   nur die Anzahl der freien Dateien (inodes) ausgeben

-v   Ausgabe erfolgt im Stil von **dfspace** aus System V.3

-k   den gesamten, den belegten und den freien Speicherplatz in Kilobyte sowie den belegten Platz in Prozent ausgeben

-n   nur Dateisystemtypen ausgeben

```
$ df -k  ⏎
Filesystem              kbytes    used   avail capacity  Mounted on
/dev/dsk/c0t0d0s0        23631    9128   12143   43%     /
/dev/dsk/c0t0d0s6       184879  137250   29149   82%     /usr
/proc                       0       0       0    0%      /proc
fd                          0       0       0    0%      /dev/fd
/dev/dsk/c0t0d0s7        18511    3505   13156   21%     /var
swap                    32168       8   32160    0%      /tmp
/dev/dsk/c0t0d0s5       30799   22633    5096   82%     /opt
/dev/fd0                 1423     458     965   32%      /pcfs/a
$ df -n  ⏎
/                  : ufs
/usr               : ufs
/proc              : proc
/dev/fd            : fd
/var               : ufs
/tmp               : tmpfs
/opt               : ufs
/pcfs/a            : pcfs
$
```

Eine weitere nützliche Option ist **-g**, bei der alle Informationen über ein Dateisystem ausgegeben werden.

```
$ df -g /export  ⏎
/                      (/dev/dsk/c0t0d0s0):   8192 block size      1024 frag size
   47262 total blocks  29006 free blocks  24286 available     15360 total files
   14227 free files  26738688 filesys id
      ufs fstype    0x00000004 flag              255 filename length

$
```

Daneben ist im BSD Compatibility Package im Directory /usr/ucb das Kommando **df** aus BSD Unix enthalten, das eine ähnliche Ausgabe wie **df -k** produziert.

Es ist noch wichtig zu wissen, daß **df** bei **ufs**-Dateisystemen gewöhnlich 10% weniger freien Platz anzeigt als tatsächlich vorhanden. **ufs**-Dateisysteme sind so angelegt, daß sie über eine Reserve verfügen müssen, die gegebenenfalls nur vom Systemadministrator voll ausgenutzt werden kann. Normale Benutzer erhalten eine Fehlermeldung, wenn sie versuchen, Dateien auf einem zu 90% vollen Dateisystem anzulegen.

Linux

Unter Linux verhält sich das Kommando **df** weitgehend so wie unter anderen Unix-Systemen auch, nur daß es sich in einigen Optionen von diesen unterscheidet. Die wichtigsten Optionen des **df**-Kommandos unter Linux sind:

-a	(**--all**) Ausgeben aller Dateisysteme einschließlich solcher, die 0 Blöcke haben
-h	(**--human-readable**) Ausgeben der Größen in üblicher Sprechweise (wie z.B. 5K, 234M, 2G)
-i	(**--inodes**) Statt des freien Speicherplatzes Informationen über noch freie inodes ausgeben
-k	(**--kilobytes**) Ausgeben der Größen in Kbytes (Voreinstellung)
-m	(**--megabytes**) Ausgeben der Größen in Mbytes
-T	(**--print-type**) Ausgeben des Dateisystemtyps
--help	Ausgeben einer kurzen Hilfs-Information zum Kommando **df**

Hier sehen wir das erstemal, was eigentlich für nahezu alle Linux-Kommandos gilt. Sie bieten nicht nur die in Unix-Systemen üblichen kurzen Optionsformen, sondern zusätzlich noch eine menschlich lesbare Langform, die immer mit -- eingeleitet wird. Zu den meisten Linux-Kommandos kann man sich durch einen Aufruf des entsprechenden Kommandos mit der Option --help eine Kurzbeschreibung ausgeben lassen.

Nachfolgend sind Ausgaben für Aufrufe von **df** mit unterschiedlichen Optionen gegeben:

```
$ df ↵
Filesystem        1024-blocks   Used  Available Capacity Mounted on
/dev/sda5            303251    173602    113988    60%    /
/dev/sda1           2096160   2055488    40672    98%    /C
/dev/sda7           1018298    900409    65278    93%    /usr
/dev/sda8            303251     64264   223326    22%    /home
$ df -a ↵
Filesystem        1024-blocks   Used  Available Capacity Mounted on
```

```
/dev/sda5              303251  173602    113988    60%   /
none                        0       0         0     0%   /proc
/dev/sda1             2096160 2055488     40672    98%   /C
/dev/sda7             1018298  900409     65278    93%   /usr
/dev/sda8              303251   64265    223325    22%   /home
$ df -h ⏎
Filesystem            Size  Used  Avail  Capacity Mounted on
/dev/sda5             296M  170M   111M     60%   /
/dev/sda1             2.0G  2.0G    40M     98%   /C
/dev/sda7             994M  879M    64M     93%   /usr
/dev/sda8             296M   63M   218M     22%   /home
$ df --inodes ⏎
Filesystem            Inodes   IUsed   IFree  %IUsed Mounted on
/dev/sda5              78312   14029   64283    18%  /
/dev/sda1                  0       0       0     0%  /C
/dev/sda7             263160   75311  187849    29%  /usr
/dev/sda8              78312    1644   76668     2%  /home
$ df -k ⏎
Filesystem          1024-blocks   Used Available Capacity Mounted on
/dev/sda5              303251   173602    113988    60%   /
/dev/sda1             2096160  2055488     40672    98%   /C
/dev/sda7             1018298   900409     65278    93%   /usr
/dev/sda8              303251    64266    223324    22%   /home
$ df -m ⏎
Filesystem            MB-blocks   Used Available Capacity Mounted on
/dev/sda5                  296    170       111     60%   /
/dev/sda1                 2047   2008        39     98%   /C
/dev/sda7                  994    879        63     93%   /usr
/dev/sda8                  296     63       218     22%   /home
$ df -T ⏎
Filesystem        Type 1024-blocks  Used Available Capacity Mounted on
/dev/sda5         ext2    303251   173602    113988    60%   /
/dev/sda1         vfat   2096160  2055488     40672    98%   /C
/dev/sda7         ext2   1018298   900409     65278    93%   /usr
/dev/sda8         ext2    303251    64266    223324    22%   /home
$ df --help ⏎
Usage: df [OPTION]... [FILE]...
Show information about the filesystem on which each FILE resides,
or all filesystems by default.
  -a, --all              include filesystems having 0 blocks
  -h, --human-readable   print sizes in human readable format (e.g., 1K 234M 2G)
  -i, --inodes           list inode information instead of block usage
  -k, --kilobytes        use 1024-byte blocks, not 512 despite POSIXLY_CORRECT
  -m, --megabytes        use 1024K-byte blocks, not 512 despite POSIXLY_CORRECT
      --no-sync          do not invoke sync before getting usage info (default)
  -P, --portability      use the POSIX output format
      --sync             invoke sync before getting usage info
  -t, --type=TYPE        limit listing to filesystems of type TYPE
  -T, --print-type       print filesystem type
  -x, --exclude-type=TYPE  limit listing to filesystems not of type TYPE
  -v                     (ignored)
```

```
            --help           display this help and exit
            --version        output version information and exit
```

Unix `$`

Speicherplatzbelegung anzeigen mit dem Kommando du

Das Kommando **du** (*disk usage*) ermittelt den Platz, den ein Directory-Teilbaum auf der Festplatte belegt. Wenn kein Argument angegeben ist, gibt **du** den belegten Platz für das working directory und alle darin enthaltenen Subdirectories und Dateien aus. Die Ausgabe erfolgt in Blökken. Einige mögliche Optionen sind:

-a (*all*) für jede einzelne Datei die von ihr belegte Blockanzahl ausgeben.

-s (*sum*) nur die Gesamtzahl der belegten Speicherblöcke ausgeben.

```
$ du  ↵
46       ./uebung1
8        ./uebung3
68       .
$ du -a  ↵
2    ./add.c
2    ./uebung1/laender
2    ./uebung1/obst
2    ./uebung1/alter
2    ./uebung1/add1.c
2    ./uebung1/add2.c
.......
.......
2    ./uebung1/add2.cac
46   ./uebung1
2    ./uebung3/obst
2    ./uebung3/sprache
2    ./uebung3/obst3
8    ./uebung3
62 .
$ du -s /  ↵
378437
$
```

Linux Unter Linux verhält sich das Kommando **du** weitgehend so wie unter anderen Unix-Systemen auch, nur daß es sich in einigen Optionen von diesen unterscheidet. Die wichtigsten zusätzlichen Optionen des **du**-Kommandos unter Linux, die oben nicht erwähnt wurden, sind:

-b	(--**bytes**) Ausgeben der Größen in Bytes
-c	(--**total**) Bei Anwendung von **du** auf Dateien (und nicht Directories) wird als abschließender Wert die Endsumme aller zuvor aufgelisteten Größen angezeigt. Mit dieser Option kann leicht festgestellt werden, wieviel Speicherplatz alle Dateien eines bestimmten Typs (wie * . c) benötigen.
-h	(--**human-readable**) Ausgeben der Größen in üblicher Sprechweise (wie z.B. 5K, 234M, 2G)
-k	(--**kilobytes**) Ausgeben der Größen in Kbytes (Voreinstellung)
-m	(--**megabytes**) Ausgeben der Größen in Mbytes
-S	(--**separate-dirs**) Ausgeben des Speicherbedarfs eines Directorys (ohne seine Subdirectories)
--**help**	Ausgeben einer kurzen Hilfs-Information zum Kommando **du**

Nachfolgend sind Ausgaben für Aufrufe von **du** mit unterschiedlichen Optionen gegeben:

```
$ du ↵
29      ./uebung1
4       ./uebung3
35      .
$ du -b ↵
9164    ./uebung1
1404    ./uebung3
11686   .
$ du -h ↵
8.9K    ./uebung1
1.4K    ./uebung3
11K .
$ du -sm /home ↵
63 /home
$ du -sk /home ↵
64277/home
$ du -c uebung1/*.c ↵
1    uebung1/add1.c
1    uebung1/add2.c
2    uebung1/dirlese.c
4    total
$ du -cb /uebung1/*.c ↵
93      uebung1/add1.c
259     uebung1/add2.c
1098    uebung1/dirlese.c
1450    total
$ du -bs /usr ↵
871450262 /usr
$ du -ms /usr ↵
877     /usr
$
```

Unix

5 Ein- und Ausgabeumlenkung

O quam bene cum quibusdam ageretur si a se aberrarent.

Seneca

(Oh wie gut erginge es manchen Menschen, wenn sie einmal aus ihrem Geleise herauskämen.)

Wie in den vorherigen Teilkapiteln zu erkennen war, lesen viele Unix-Kommandos von der Standardeingabe und schreiben auf die Standardausgabe. Sowohl Standardeingabe als auch Standardausgabe lassen sich in Dateien umlenken. Unerwähnt blieb bisher, daß noch eine weitere Möglichkeit der Ausgabe existiert: die Standardfehlerausgabe. Treten während der Ausführung eines Kommandos Fehler auf oder sind sonstige Diagnosemeldungen (wie z.B. »Diskette 2 in Laufwerk einlegen!«) erforderlich, so werden diese Meldungen auf die Standardfehlerausgabe geschrieben. Dies ist notwendig, um »echte« Daten, welche auf die Standardausgabe gegeben werden, von Meldungen unterscheiden zu können. Die Voreinstellung für die Standardfehlerausgabe ist die Dialogstation. Somit ergibt sich folgendes Bild für viele Unix-Kommandos:[1]

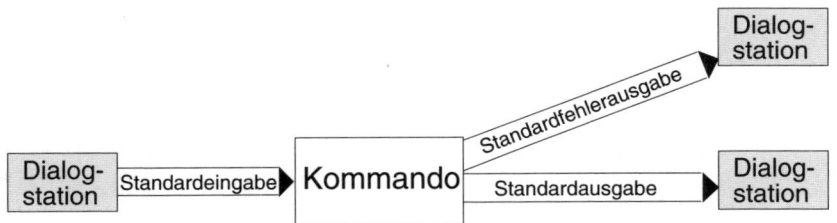

Bild 5.1: Standardeingabe, Standardausgabe und Standardfehlerausgabe

Wie aus dem Bild zu sehen ist, sind diese drei Standarddateien normalerweise der Dialogstation zugeordnet. Mit den folgenden Angaben auf der Kommandozeile können sie jedoch in andere Dateien umgelenkt werden[2]:

kommando <datei

lenkt die Standardeingabe von der Dialogstation in die Datei *datei* um, d.h. es wird nicht mehr von der Dialogstation, sondern aus der Datei *datei* gelesen.

---

1. In der Abbildung werden für Standardeingabe, Standardausgabe und Standardfehlerausgabe drei Dialogstationen angegeben; dabei handelt es sich aber um die gleiche Dialogstation.
2. diese Konstruktionen wurden teilweise bereits beim Kommando **diff** vorgestellt.

kommando >datei

lenkt die Standardausgabe von der Dialogstation in die Datei *datei* um, d.h. es
wird nicht mehr auf die Dialogstation, sondern in die Datei *datei* geschrieben.

Vorsicht: Wenn die Datei *datei* bereits existiert, so wird ihr alter Inhalt überschrieben. Existiert *datei* noch nicht, so wird sie neu angelegt.

kommando >>datei

lenkt ebenfalls die Standardausgabe von der Dialogstation in die Datei *datei* um,
allerdings wird hierbei der alte Inhalt einer eventuell schon existierenden Datei
datei nicht überschrieben. Die neuen Ausgabedaten werden an das Ende von
datei geschrieben. Sollte die Datei *datei* noch nicht existieren, so wird sie wie bei
der Konstruktion *kommando >datei* neu angelegt.

kommando 2>datei

lenkt die Standardfehlerausgabe von der Dialogstation in die Datei *datei* um. Existiert die Datei *datei* bereits, so wird sie überschrieben, andernfalls wird sie neu
angelegt.

Beispiel

```
$ pwd  [↵]
/home/egon/uebung1
$ cat >farbe  [↵]
rot  [↵]
gruen  [↵]
gelb  [↵]
blau  [↵]
[Strg]-[D]
$ sort farbe >farbe.sort  [↵]

$ cat farbe.sort  [↵]
blau
gelb
gruen
rot
$ tr "[a-z]" "[A-Z]" <farbe.sort >farbe.gross
[↵]
$ cat farbe.gross  [↵]
BLAU
GELB
GRUEN
ROT

$ tr [a-z] [A-O <farbe  [↵]
Bad string
```

Zeige working directory an
Ausgabe des working directorys
Einsatz von cat, um eine Datei zu
erstellen:
Alle nachfolgenden Eingaben bis
[Strg]-[D] werden in die Datei
farbe geschrieben.
Eingabeende mit [Strg]-[D]
Inhalt von farbe sortiert nach
farbe.sort schreiben
Gib Inhalt der Datei farbe.sort aus
Ausgabe des Inhalts von
farbe.sort

farbe.sort in Großschr. nach
farbe.gross
Gib Inhalt von farbe.gross aus
Ausgabe des Inhalts der Datei
farbe.gross
(Kleinbuchst. durch Großbuchst.
im Text von farbe.sort ersetzt)
Falscher Aufruf von tr
Meldung auf Standardfehler-
ausgabe

```
$ tr [a-z] [A-O <farbe >farbe.gross 2>meld  ⏎
$ cat farbe.gross  ⏎
$ cat meld  ⏎
Bad string
$ █
$ pwd  ⏎
/home/egon/uebung1
$ ls  ..  >inh.verz  ⏎
$ ls  -C  >>inh.verz  ⏎
$ cat  inh.verz  ⏎
add.c
uebung1
uebung3
abc1      add2.cab    farbe        laender2        obst2
abc2      add2.cac    farbe.gross  meld            obstpreise
abc3      alter       farbe.sort   nachnamen       sprache
add1.c    alter2      fruechte     nachnamen.sort  telnr
add2.c    dateiliste  inh.verz     obst
add2.caa  delta       laender      obst.sort
$ █
```

Falscher Aufruf von tr[a])
Ausgabe von farbe.gross[b])
Ausgabe von meld
Enthält die Fehlermeldung vom
vorherigen tr-Aufruf
Zeige working directory an
Ausgabe des working directorys
Liste parent dir. (nach inh.verz)
Liste work.dir.(an inh.verz anhängen)
Gib Inhalt der Datei inh.verz aus
Ausgabe des Inhalts von inh.verz

a. Standardfehlerausgabe nach meld
b. alter Inhalt wurde von tr gelöscht. Die angegebenen Umlenkungen werden immer zuerst ausgewertet. Erst danach wird das entsprechende Kommando (hier **tr**) aufgerufen. Da der alte Inhalt von farbe.gross bereits gelöscht ist und **tr** nicht erfolgreich war, ist farbe.gross nun leer.

```
$ banner "  1993" >kal1993  ⏎
$ cal 1993 >> kal1993  ⏎
$ cat kal1993  ⏎
```

1993 in Spruchbandform nach kal1993[a]
Kalender für 1993 an kal1993 anhängen
Inhalt von kal1993 am Bildschirm ausgeben

```
          #      #####   #####   #####
         ##      #    #   #   #       #
        # #      #    #   #   #       #
          #      #####   #####   #####
          #          #   #           #
          #      #    #   #   #       #
        #####    #####   #####   #####
                 1993

        Jan              Feb              Mar
 S  M Tu  W Th  F  S   S  M Tu  W Th  F  S   S  M Tu  W Th  F  S
                1  2      1  2  3  4  5  6      1  2  3  4  5  6
 3  4  5  6  7  8  9   7  8  9 10 11 12 13   7  8  9 10 11 12 13
10 11 12 13 14 15 16  14 15 16 17 18 19 20  14 15 16 17 18 19 20
17 18 19 20 21 22 23  21 22 23 24 25 26 27  21 22 23 24 25 26 27
..........
..........
..........
```

```
$ lp kal1993  ⏎
request id is dru-2084
```
(unter Linux: lpr kal1993) kal1993 am Drucker
ausgeben

```
$ rm kal1993  ⏎
$ ▮
```
kal1993 wieder löschen

a. Unter Linux wird der String 1993 beim **banner**-Aufruf quer ausgegeben.

6 Expandierung von Dateinamen auf der Kommandozeile

Wer Großes will, muß sich zusammenraffen.
In der Beschränkung zeigt sich erst der Meister,
Und das Gesetz nur kann uns Freiheit geben.

Goethe

Bei der Angabe von Dateinamen können auch Zeichen mit besonderer Bedeutung, sogenannte Metazeichen, angegeben werden:

Metazeichen	Bedeutung
*	beliebige Zeichenfolgen (auch kein Zeichen möglich) **ab*** würde alle Namen abdecken, die mit ab beginnen und dann beliebige weitere Zeichen oder aber auch kein weiteres Zeichen enthalten: **ab, abc, ab13emil.c, abBc4sz**, usw. **x*.c** würde alle Namen abdecken, die mit x beginnen und mit .c enden: **xyz.c, xalt.c, xvers123.c**, usw.
?	beliebiges einzelnes Zeichen **ab?** würde alle Namen abdecken, die mit ab beginnen und dann genau ein weiteres Zeichen enthalten: **abc, abx, ab0**, usw. (nicht abgedeckt würden Namen wie **abcd, ab34, abxx**, usw.) **add?.c** würde alle Namen abdecken, die mit add beginnen, dann ein beliebiges Zeichen enthalten und mit .c enden: **add1.c, add9.c, addb.c**, usw. (nicht abgedeckt würden Namen wie add10.c, add.c, addiere.c, usw.)
[..]	eines der in [..] vorkommenden Zeichen ***.[ch]** würde alle Namen abdecken, die mit .c oder .h enden: **add.c, stdio.h, mul453.h**, usw **obst[0123]** würde die Namen obst0, obst1, obst2 und obst3 abdecken
[!..]	ein Zeichen, welches nicht in [!..] vorkommt ***[!abc]** würde alle Namen abdecken, die nicht mit a, b oder c enden Unter Linux kann anstelle von [!..] auch [^..] verwendet werden

Metazeichen	Bedeutung
\	Ausschalten des danach angegebenen Sonderzeichens Wenn z.B. der Inhalt einer Datei mit Namen obst* auszugeben ist, so würde die Angabe **cat obst*** ja alle Dateien ausgeben, deren Name mit obst beginnt. Um nun nur die Datei obst* auszugeben, müßte **cat obst*** angegeben werden, um die Sonderbedeutung von * auszuschalten.

Das Metazeichen *

Beispiel

```
$ pwd ↵
/home/egon/uebung1
$ ls -1 *.c ↵
add1.c
add2.c
$ ls -1 a* ↵
abc1
abc2
abc3
add1.c
add2.c
add2.caa
add2.cab
add2.cac
alter
alter2
$ ls -1 a*2* ↵
abc2
add2.c
add2.caa
add2.cab
add2.cac
alter2
$ ls b* ↵
b* not found^a
```

Zeige working directory an
Ausgabe des working directorys
Liste alle Dateinam., die mit .c enden
Ausgabe der Dateinamen, die .c enden

Liste alle Dateinamen, die mit a beginnen

Ausgabe der Dateinamen, die mit a beginnen

Liste alle Dateinamen, die mit a beginnen und eine 2 enthalten

Ausgabe aller Dateinamen des working directorys, die mit a beginnen und zusätzlich noch eine 2 enthalten.

Liste alle Dateinamen, die mit b beginnen
Meldung, daß keine solchen Dateinamen existieren

a. eventuell erscheint hier die Meldung
   b*: No such file or directory

```
$ cp   *   ../uebung3 ↵
$ ls  -C  ../uebung3 ↵
abc1        add2.cab    farbe           laender2        obst2
abc2        add2.cac    farbe.gross     meld            obst3
abc3        alter       farbe.sort      nachnamen       obstpreise
add1.c      alter2      fruechte        nachnamen.sort  sprache
add2.c      dateiliste  inh.verz        obst            telnr
add2.caa    delta       laender         obst.sort
$ ls  -1  ../uebung3/*.c ↵
../uebung3/add1.c
../uebung3/add2.c
```

Kopiere alle Dateien des work. dir. nach uebung3
Liste alle Dateien von ../uebung3
Ausgabe aller im Directory ../uebung3 vorhandenen Dateinamen mit Option -C
Liste Dateinamen aus ../uebung3, die mit .c enden; dies sind 2 Dateien

```
$ ls  -1  ob* ↵
obst
obst.sort
obst2
obstpreise
```

Liste Dateinam., die mit ob beginnen
Ausgabe der Dateinamen des working directorys,
die mit ob beginnen

```
$ ls  -1  *e ↵
dateiliste
farbe
fruechte
obstpreise
sprache
```

Liste Dateinamen, die mit e enden
Ausgabe der Dateinamen des working directorys,
die mit e enden

```
$ ls  -1  f*e ↵
farbe
fruechte
```

Liste Dateinamen, die mit f beginnen und mit e
enden: Ausgabe der entspr. Dateinamen des working directorys

```
$ ls -1 /usr/bin/w* ↵
/usr/bin/w
/usr/bin/wc
/usr/bin/wchrtbl
/usr/bin/whatis
/usr/bin/which
/usr/bin/who
/usr/bin/whois
/usr/bin/write
```

Liste Dateinamen aus /usr/bin, die mit w beginnen:
Ausgabe der entspr. Dateinamen des directory /bin

```
$ ls  *.txt ↵
*.txt: No such file or directory[a]
$ █
```

Liste Dateinamen, die mit .txt enden
Meldung: keine solche Dateien vorh.

a. eventuell erscheint hier die Meldung
   *.txt not found

Hinweis   Wenn * an erster Stelle oder alleine für Dateinamen angegeben ist, so deckt es keine Dateinamen ab, die mit . (Punkt) beginnen. Solche Dateien, die mit Punkt beginnen werden unter Unix als *versteckte Dateien* bezeichnet.

```
$ ls  ..  ⏎
add.c
uebung1
uebung3
```
Liste Dateinamen des parent dir.
Ausgabe der Dateinamen des parent dir. (nicht Namen, die
mit Punkt beginnen)

```
$ ls  -C  ../*  ⏎
../add.c

../uebung1:
abc1       add2.cab    farbe        laender2         obst2
abc2       add2.cac    farbe.gross  meld             obstpreise
abc3       alter       farbe.sort   nachnamen        sprache
add1.c     alter2      fruechte     nachnamen.sort   telnr
add2.c     dateiliste  inh.verz     obst
add2.caa   delta       laender      obst.sort
```

Liste alle Dateinamen des parent dir.
Ausgabe der Dateinamen des parent dir. (nicht Namen, die mit Punkt beginnen); wenn es sich bei einem
Dateinamen um ein Directory handelt, so wird auch dessen Inhalt mit angezeigt

```
../uebung3:
abc1       add2.cab    farbe        laender2         obst2
abc2       add2.cac    farbe.gross  meld             obst3
abc3       alter       farbe.sort   nachnamen        obstpreise
add1.c     alter2      fruechte     nachnamen.sort   sprache
add2.c     dateiliste  inh.verz     obst             telnr
add2.caa   delta       laender      obst.sort
```

```
$ ls  -C  ../.*  ⏎
../.profile

../.:
add.c   uebung1   uebung3

../..:
alfred  egon  inge  lothar
dora    hada  jojo  ralli
$ ▮
```
Liste Dateinamen des parent dir., die mit . beginnen.
Ausgabe der Dateinamen des parent dir., die mit Punkt beginnen; wenn es sich bei einem Dateinamen um ein Directory
handelt, so wird auch dessen Inhalt mit angezeigt

Das Metazeichen ?

```
$ pwd  ↵
/home/egon/uebung1
$ ls  -1  add?.c  ↵
add1.c
add2.c
$ ls  obst?  ↵
obst2
$ ls  -1  a?c?  ↵
abc1
abc2
abc3
$ rm  -i  ../uebung3/add*.c??  ↵
../uebung3/add2.caa: ? y  ↵
../uebung3/add2.cab: ? y  ↵
../uebung3/add2.cac: ? y  ↵
$ ▮
```

Zeige working directory an
Ausgabe des working directorys
Liste Dateinamen, die mit add beginnen, dann ein beliebiges Zeichen enthalten und mit .c enden:
2 Dateinamen erfüllen diese Forderung
Liste Dateinamen, die mit obst beginnen und dann noch
ein Zeichen enthalten: für eine Datei gilt das
Liste Namen der Dateien, deren Name mit a beginnt,
dann ein beliebiges Zeichen hat, dann ein c und ein weiteres beliebiges Zeichen: gilt für die Dateien abc1, abc2
und abc3 im working directory
Lösche mit Rückfrage die Dateien in ../uebung3, die mit
add beginnen und mit .c gefolgt von 2 beliebigen Zeichen enden: Vor dem Löschen wird für all diese Dateien
nachgefragt, ob sie wirklich zu löschen sind; in diesem
Fall wird diese Frage jedesmal bejaht.

Die Metazeichen [..] und [!..][1]

Bei der Angabe der Zeichen innerhalb von **[..]** und **[!..]** sind auch Bereichsanga-
ben wie *[a-z]* oder *[0-9]* oder *[!A-F]* erlaubt.

```
$ pwd  ↵
/home/egon/uebung1
$ ls  -1  add[0-9].?  ↵
add1.c
add2.c
$ ls  -1  o*[!0-9]  ↵
obst
obst.sort
obstpreise
$ ls  -1  o*[!A-Zf-z]  ↵
obst2
obstpreise
$ rm  -i  ../uebung3/[ti-n]*  ↵
../uebung3/inh.verz: ? y  ↵
../uebung3/laender: ? y  ↵
../uebung3/laender2: ? y  ↵
../uebung3/meld: ? y  ↵
../uebung3/nachnamen: ? y  ↵
../uebung3/nachnamen.sort: ? y  ↵
../uebung3/telnr: ? y  ↵
$ ▮
```

Zeige working directory an
Ausgabe des working directorys
Liste Dateinamen, die mit add beginnen, dann eine
Ziffer enthalten und mit . gefolgt von beliebigem
Zeichen enden: Das gilt für 2 Dateinamen
Liste Dateinamen, die mit o beginnen und mit
einem Zeichen, das keine Ziffer ist, enden:
gilt für 3 Dateien

Liste Dateinamen, die mit o beginnen und nicht mit
einem Großbuchstaben oder einem Kleinbuchstaben von f bis z enden: gilt für 2 Dateien

Lösche mit Rückfrage die Dateien in ../uebung3, die
mit t oder einem Kleinbuchstaben i bis n beginnen:
Vor dem Löschen wird für all diese Dateien nachgefragt, ob sie wirklich zu löschen sind; in diesem Fall
wird diese Frage jedesmal bejaht.

---

1. Unter Linux kann anstelle von [!..] auch [^..] verwendet werden.

Das Metazeichen \

In manchen Situationen ist es notwendig, die Sonderbedeutung der Metazeichen
* ? [ ] auszuschalten; dazu existiert das Metazeichen \, welches diesen dann voranzustellen ist. Daneben existieren noch weitere Sonderzeichen, die teilweise
auch schon vorgestellt wurden: < > " ' | \ ' ( ) & ^ $ # @ *Leerzeichen Tabulatorzei-
chen* [1]. Auch diese Zeichen können durch Voranstellen des Metazeichens \ ausgeschaltet werden.

`$ pwd` ⏎	Zeige working directory an
`/home/egon/uebung1`	Ausgabe des working directorys
`$ cat >obst\?` ⏎	Einsatz von cat, um eine Datei zu erstellen:
`melone` ⏎	Alle nachfolgenden Eingaben bis `Strg`-`D` werden in Datei
`gurke` ⏎	mit dem etwas eigenartigen Namen obst? geschrieben.
`tomate` ⏎	Eingabeende mit `Strg`-`D`
`Strg`-`D`	
`$ ls  -1  obst?` ⏎	Liste alle Dateinamen, die mit obst beginnen und dann noch ein
`obst2`	beliebiges Zeichen enthalten: gilt für 2 Dateien im working
`obst?`	directory
`$ cat  obst?` ⏎	Gib Inhalt aller Dateien aus, deren Name mit obst beginnt und
`Aepfel`	dann noch ein beliebiges Zeichen enthält:
`Avocados`	
`Bananen`	Diese Forderung gilt für die beiden Dateinamen obst2 und obst?
`Birnen`	
`Brombeeren`	
`Kirschen`	
`Kiwis`	
`Orangen`	
`Stachelbeeren`	
`melone`	
`gurke`	
`tomate`	
`$ ls  obst\?` ⏎	Liste den Dateinamen obst? (Sonderbedeutung von ? wurde
`obst?`	hier mit \ ausgeschaltet)
`$ cat  obst\?` ⏎	Gib Inhalt der Datei obst? (Sonderbedeutung von ? wurde hier
`melone`	mit \ ausgeschaltet)
`gurke`	Ausgabe des Inhalts der Datei obst?
`tomate`	
`$ ` ▮	

 Hinweis Auch wenn es unter Verwendung des Metazeichens \ möglich ist, Dateinamen
zu wählen, die Sonderzeichen enthalten, so sollte doch darauf verzichtet werden, um sich das Arbeiten mit solchen Dateien nicht zu erschweren. Als Beispiel
möge dienen, daß man die Datei **obst?** löschen möchte. Zu augenscheinlich ist
dabei die Angabe des Kommandos

---

1. Es wurde bereits früher darauf hingewiesen, daß man sich das Unix-Leben leichter macht,
   wenn man keine Dateinamen wählt, die solche Sonderzeichen enthalten.

rm obst?

Unglücklicherweise wird aber mit diesem Kommandoaufruf nicht nur die Datei **obst?**, sondern auch die mit dem Namen **obst2** gelöscht.

Noch katastrophaler könnte der Versuch enden, eine Datei mit dem Namen * zu löschen. Mit

```
rm *
```

würde nämlich nicht nur die Datei mit dem gefährlichen Namen *, sondern alle Dateien des working directorys gelöscht.

7 Pipes und Filter

> *Das Walroß ist zum einen Mal,*
> *wie schon sein Name sagt ein Wal.*
> *Doch wie man hintenach erfährt,*
> *ist es als Roß wohl auch ein Pferd.*
>
> aus »Ein Zusammensetz-Tier«
>
> Günther Leopold

Ein Benutzer habe in einem Directory eine Vielzahl von Dateien. Um mit den bisherigen Kenntnissen feststellen zu können, wie viele Dateien in diesem Directory vorhanden sind, müßte er folgende Kommandos abgeben:

ls >temp   Umlenken der **ls**-Ausgabe in eine Datei mit Namen *temp*

wc -w temp Zählen, wie viele Dateinamen in *temp* vorhanden sind

rm temp   Löschen der temporär benötigten Datei *temp*

Es sind also 3 Kommandos erforderlich, um sich die vorhandenen Dateien zählen zu lassen. In solchen Situationen wäre es angenehm, wenn Unix über eine Konstruktion verfügen würde, die es erlaubt, mehrere Kommandos in einer Aufrufzeile so zu kombinieren, daß die Daten, welche von einem Kommando (**ls**) ausgegeben werden, direkt an das nächste Kommando (**wc**) zur weiteren Verarbeitung weitergeleitet werden. Man bräuchte also eine Art Datenröhre, welche eine Fließbandverarbeitung durch unterschiedliche Kommandos ermöglicht.

7.1 Pipes

Nun, Unix bietet tatsächlich die Möglichkeit einer solchen Fließbandverarbeitung an. Die zugehörige Konstruktion wird *Pipe* (zu deutsch: Röhre) genannt. Eine Pipe wird durch Angabe des Zeichens | zwischen zwei Kommandos eingerichtet und bedeutet dann:

Lenke die Standardausgabe des links vom Pipe-Symbol | stehenden Kommandos direkt in die Standardeingabe des rechts vom Pipe-Symbol | angegebenen Kommandos.

Unter Verwendung dieses Pipe-Mechanismus könnte die obige Aufgabenstellung unter Angabe einer Kommandozeile gelöst werden:

```
ls | wc -w
```

Bei dieser Kommandozeile würde die Standardausgabe des **ls**-Kommandos direkt in die Standardeingabe des **wc**-Kommandos geleitet:

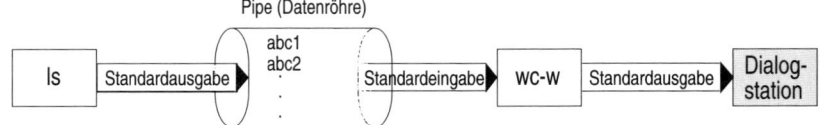

Pipe (Datenröhre)

| ls | Standardausgabe | abc1 abc2 ⋮ | Standardeingabe | WC-W | Standardausgabe | Dialog-station |

*Bild 7.1: Verwendung einer Pipe bei **ls** | **wc-w***

Unter Verwendung einer Pipe kommt man also ohne eine Zwischendatei aus. Eine Pipe wird vom System über einen Puffer realisiert. Das linke Kommando schreibt in den Puffer, bis dieser gefüllt ist. Während das rechte Kommando den Puffer leert (d.h. aus dem Puffer liest), kann das linke Kommando den Puffer wieder mit neuen Daten füllen. Kommandos, die über eine Pipe verknüpft sind, laufen also quasiparallel ab.

Beispiel In den nachfolgenden Beispielen wird **paste** mit Minuszeichen (-) als Argument aufgerufen; dies bedeutet, daß **paste** hierfür eine Zeile von Standardeingabe lesen soll.

```
$ pwd  ⏎
/home/egon/uebung1
$ who  |  wc  -l  ⏎
      11
$ ls  |  sort  -r  >inhalt_verz  ⏎

$ cat  inhalt_verz  ⏎
telnr
sprache
obstpreise
obst?
obst2
obst.sort
obst
nachnamen.sort
nachnamen
meld
laender2
laender
inhalt_verz
inh.verz
```

Zeige working directory an
Ausgabe des working directorys
Zähle die Benutzer, die momentan
am System arbeiten; Ausgabe: 11
Sortiere Dateien. absteigend nach
inhalt_verz
Gib Inhalt der Datei inhalt_verz aus

Ausgabe des Inhalts der Datei
inhalt_verz

```
fruechte
farbe.sort
farbe.gross
farbe
delta
dateiliste
alter2
alter
add2.cac
add2.cab
add2.caa
add2.c
add1.c
abc3
abc2
abc1
```

$ ls | paste -d"-" - - - - - - - ⏎   Gib Dateinamen des working direc-
```
abc1-abc2-abc3-add1.c-add2.c-add2.caa                   torys in 6 Spalten mit – getrennt
add2.cab-add2.cac-alter-alter2-dateiliste-delta                              aus.
farbe-farbe.gross-farbe.sort-fruechte-inh.verz-         Ausgabe der Dateinamen des
inhalt_verz                                             working directorys in 6 Spalten
laender-laender2-meld-nachnamen-nachnamen.sort-obst
obst.sort-obst2-obst?-obstpreise-sprache-telnr
```

$ ls -l | more ⏎
```
total 29
-rw-r--r--   1 egon       graph       7 Mar 30 12:15 abc1
-rw-r--r--   1 egon       graph       7 Mar 30 12:15 abc2
-rw-r--r--   1 egon       graph       7 Mar 30 12:16 abc3
-rw-r--r--   1 egon       graph      90 Mar 29 12:20 add1.c
-rw-r--r--   1 egon       graph     243 Apr  3 07:45 add2.c
-rw-r--r--   1 egon       graph     134 Apr  3 07:33 add2.caa
-rw-r--r--   1 egon       graph     107 Apr  3 07:33 add2.cab
-rw-r--r--   1 egon       graph       2 Apr  3 07:33 add2.cac
-rw-r--r--   2 egon       graph      52 Mar 29 12:59 alter
-rw-r--r--   2 egon       graph     152 Mar 29 12:59 alter2
-rw-r--r--   1 egon       graph      33 Mar 30 12:49 dateiliste
-rw-r--r--   1 egon       graph     230 Mar 29 12:28 delta
-rw-r--r--   1 egon       graph      20 Apr 10 08:52 farbe
-rw-r--r--   1 egon       graph       0 Apr 10 08:57 farbe.gross
-rw-r--r--   1 egon       graph      20 Apr 10 08:52 farbe.sort
-rw-r--r--   1 egon       graph      63 Mar 30 06:57 fruechte
-rw-r--r--   1 egon       graph     244 Apr 10 12:21 inhalt_verz
-rw-r--r--   1 egon       graph     222 Mar 21 15:54 laender
-rw-r--r--   1 egon       graph     222 Apr  2 14:16 laender2
-rw-r--r--   1 egon       graph      11 Apr 10 08:57 meld
-rw-r--r--   1 egon       graph      56 Apr  2 09:23 nachnamen
: Leertaste
-rw-r--r--   1 egon       graph      56 Apr  2 09:43 nachnamen.sort
-r-xr-xr-x   1 egon       graph      79 Mar 21 12:00 obst
```

```
-rw-r--r--   1 egon      graph      79 Mar 30 06:52 obst.sort
-rw-r--r--   1 egon      graph      79 Apr  2 14:15 obst2
-rw-r--r--   1 egon      graph      20 Apr 10 09:38 obst?
-rw-r--r--   1 egon      graph     108 Apr  2 14:13 obstpreise
-rw-r--r--   1 egon      graph     154 Feb 12 08:40 sprache
-rw-r--r--   1 egon      graph     100 Apr  2 09:27 telnr
(EOF):q
```

Liste die Dateinamen des working directorys im Langformat und leite die Ausgabe über eine Pipe an das
more-Kommando weiter
Seitenweise Ausgabe der Dateinamen des working directorys im Langformat
Eingabe von ⏎ , um weiterzublättern
Eingabe von q, um more zu verlassen

```
$ grep  Meier  nachnamen  |  wc -l  ⏎
        3
$ █
```

Zähle das Vorkommen von Meier in der Datei
nachnamen: kommt 3 mal vor

Eine Pipe ist allerdings nicht nur auf 2 Kommandos beschränkt, sondern ermöglicht es, eine Pipeline über eine ganze Kommando-Kette zu legen. Bei der Angabe der Kommandozeile

```
ls  |  sort  -r  |  more
```

würde z.B. die Standardausgabe von **ls** in die Standardeingabe von **sort** weitergeleitet. Das von **sort** auf die Standardausgabe geschriebene Ergebnis wird dann direkt in die Standardeingabe von **more** weitergeleitet:

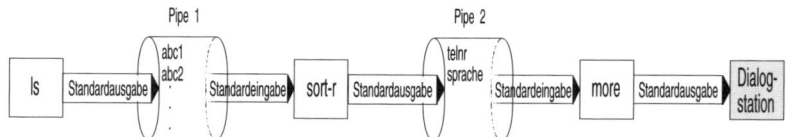

Bild 7.2: Pipeline bei ls | sort -r | more

Beispiel Ein kleines Beispiel soll hier die Mächtigkeit von Pipes und Unix-Kommandos zeigen. Von einer Datei soll eine Wortstatistik erstellt werden, die angibt, wieoft die einzelnen Wörter vorkommen. Für eine Aufgabenstellung dieser Komplexität müßte nun eigentlich ein C-Programm geschrieben werden. Jedoch kann diese Aufgabe auch durch eine entsprechende Pipe-Verknüpfung von bisher kennengelernten Unix-Kommandos gelöst werden:

1. Text einer Datei in Wörter (eins pro Zeile) aufteilen:
    cat *dateiname(n)* | **tr -cs** *"[a-z][A-Z][0-9]" "[\012*]"*
    Hier wird angenommen, daß sich ein Wort aus Buchstaben und Ziffern zusammensetzt.

2. Sortieren der von Schritt 1 gelieferten Wörtern (Groß- und Kleinschreibung dabei ignorieren): **sort -f**

3. Alle sich direkt wiederholenden Zeilen (aus Schritt 2) nur einmal, aber dafür mit Wiederholungsfaktor ausgegeben: **uniq -c**

Die entsprechende Aufrufzeile, um z.B. eine Wortstatistik zu einer Datei *bibel* zu erstellen, wäre dann z.B.:

cat bibel | tr -cs "[a-z][A-Z][0-9]" "[\012*]" | sort -f | uniq -c >bibstat

Die Datei *bibstat* hätte dann vielleicht einen Inhalt wie z.B.:

```
  124 Aaron
  452 Adam
12834 Als
   :
   :
```

Wie schon erwähnt, hielten sich die Unix-Entwickler an die Devise: *Small is beautiful*.

Dies führte dazu, daß sie keine überladenen Kommandos konzipierten, die eine Vielzahl von Aufgaben lösen, sondern eben kleine Kommandos, die eine überschaubare und klar umgrenzte Funktion erfüllen. Mit dem Pipe-Mechanimus wird es nun dem Benutzer ermöglicht, sich aus diesen einfachen Kommandos eigene, mächtigere Kommandos zu bauen, die auch komplexere und seinen Bedürfnissen angepassten Aufgaben erfüllen.

tee

Ein kleiner Nachteil von Pipes ist, daß die Zwischenergebnisse verloren gehen. So wird z.B. bei

```
ls | wc -w
```

nur die Anzahl der Dateien ausgegeben, aber nicht die Dateinamen selbst, da die Ausgabe von **ls** vom **wc**-Kommando »geschluckt« wird. Doch auch hierzu bietet Unix eine Lösung: das Kommando **tee**. Dieses Kommando stellt eine Art T-Stück für eine Pipe zur Verfügung und ermöglicht somit das Sichern eines Zwischenergebnisses, das durch eine Pipe geleitet wird, in einer Datei. So würde z.B. der Aufruf

```
ls | tee dliste | wc -w
```

die Ausgabe des **ls**-Kommandos in die Datei *dliste* schreiben:

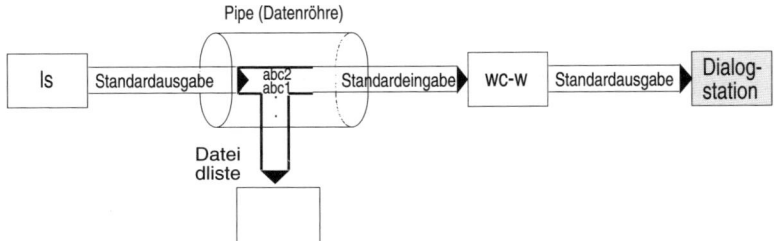

Bild 7.3: Einbau eines T-Stücks in eine Pipe

Die Ausgabe von **ls** könnte dann mit

```
cat dliste
```

auf dem Bildschirm angezeigt werden:

```
abc1
abc2
abc3
add1.c
add2.c
add2.caa
.
.
.
.
.
```

Um sich z.B. alle Dateien auflisten und am Ende die Anzahl der aufgelisteten Dateien ausgeben zu lassen, könnte folgende Kommandozeile ausgegeben werden:

```
ls | tee /dev/tty | wc-w
```

Die vollständige Aufrufsyntax für **tee** ist:

```
tee  [optionen]  [datei(en)]
```

Wenn *datei(en)* angegeben sind, so wird das Zwischenergebnis aus der Pipe in diese *datei(en)* kopiert. Sind keine *datei(en)* angegeben, so hat **tee** keine Auswirkung.

Folgende Optionen sind dabei möglich:

Option	Beschreibung
-i	Interrupts (wie z.B. Unterbrechungs-Tasten) ignorieren
-a	Zwischenergebnisse an den alten Inhalt der *datei(en)* anhängen; die Voreinstellung ist: alten Inhalt überschreiben.

Beispiel

```
$ pwd  ⏎                                          Zeige working directory an
/home/egon/uebung1                              Ausgabe des working directorys
$ grep Meier * | tee meier.nachn | wc -1  ⏎     Zähle das Vorkommen von Meier,
        12                                         schreibe alle gefund. Zeilen nach
$ cat  meier.nachn  ⏎                                            meier.nachn.
alter:Fritz     Meier   25                      Gib Inhalt der Datei meier.nachn aus
alter:Toni      Meier   53
alter:Toni      Meier   45
alter2:Fritz    Meier   25
alter2:Toni     Meier   53
alter2:Toni     Meier   45
nachnamen:Meier                                      Ausgabe des Inhalts der Datei
nachnamen:Meier                                                    meier.nachn
nachnamen:Meier
nachnamen.sort:Meier
nachnamen.sort:Meier
nachnamen.sort:Meier
$ sort laender | tee laender.sort  ⏎            Schreibe den sortierten Inhalt der Datei
Frankreich:Paris:53,6 Mio:547000                laender in die Datei Datei laender.sort;
Grossbritannien:London:56 Mio:244000              da nach dem tee-Kommando keine
Indien:Neu Delhi:644 Mio:3288000                weitere Pipe angegeben ist, werden die
Italien:Rom:57,3 Mio:294000                        sortierten Daten über die Pipe auf die
Oesterreich:Wien:7,5 Mio:83000                     Dialogstation (Voreinstellung für die
Schweiz:Bern:6,5 Mio:41000                           Standardausgabe) ausgegeben.
USA:Washington:220,7 Mio:9363000
$ cat  laender.sort  ⏎                          Gib Inhalt der Datei laender.sort aus
Frankreich:Paris:53,6 Mio:547000                Ausgabe des Inhalts der Datei laen-
Grossbritannien:London:56 Mio:244000                                    der.sort
Indien:Neu Delhi:644 Mio:3288000
Italien:Rom:57,3 Mio:294000
Oesterreich:Wien:7,5 Mio:83000
Schweiz:Bern:6,5 Mio:41000
USA:Washington:220,7 Mio:9363000
$ █
```

7.2   Filter

Kommandos, welche sich mit dem Pipe-Mechanismus verknüpfen lassen, werden auch *Filter* genannt. Typisch für Filter ist, daß sie von der Standardeingabe lesen und auf die Standardausgabe schreiben, wie z.B. **pr**, **tr**, usw.

Es sollen hier noch 3 weitere nützliche Kommandos vorgestellt werden, die auch eine Filter-Funktion haben.

line   (*read one line*)[1]

Dieses Kommando liest von der Standardeingabe nur eine Zeile und gibt diese auf die Standardausgabe aus. **line** besitzt weder Optionen noch andere Argumente.

---

1.   Auf manchen Unix-Systemen, wie z.B. auch auf Linux, wird das Kommando **line** nicht angeboten. Auf diesen Systemen empfiehlt es sich ein Alias in der Datei .profile oder .alias (beide in der Home Directory) der folgenden Form zu definieren: **alias line = 'head -1'**.

$ pwd ⏎   Zeige working directory an
/home/egon/uebung1   Ausgabe des working directorys
$ cat laender | line ⏎   Gib 1.Zeile von laender aus
Grossbritannien:London:56 Mio:244000   Ausgabe der 1.Zeile aus der Datei laender
$ paste obst fruechte | line ⏎   Gib 1.Zeilen der beiden Dateien obst und fruechte
Birnen Avocados   nebeneinander aus
$ █   Ausgabe der 1.Zeilen der Dateien obst und
                                                                       fruechte nebeneinander

Bessere Anwendungen für **line** werden sich im nächsten Buch bei der Beschreibung der Unix-Shells ergeben.

nl   **(n**umbering *line filter***)**

Das Filter-Kommando **nl** eignet sich zur Zeilennumerierung eines Eingabetextes.

Die vollständige Aufrufsyntax für **nl** ist:

nl *[optionen] [datei]*

nl liest Zeilen von der angegebenen *datei* oder von der Standardeingabe, falls keine *datei* angegeben ist, und gibt diese Zeilen mit einer Zeilennumerierung (am linken Rand) wieder auf die Standardausgabe aus.

nl teilt den Eingabetext in sogenannte logische Seiten ein, wobei die Zeilennumerierung am Anfang jeder logischen Seite wieder neu beginnt. Eine logische Seite setzt sich dabei aus einem Seitenkopf (*header*), einem Seiteninhalt (*body*) und einem Seitenfuß (*footer*) zusammen, wobei diese einzelnen Seiten-Teile auch leer sein, d.h. weggelassen werden können. Für diese 3 Seiten-Teile sind unterschiedliche Zeilennumerierungen möglich, wie z.B. keine Zeilennumerierung für Kopf- und Fußzeilen, aber eine Zeilennumerierung für den Seiteninhalt.

Der Beginn der einzelnen Teile einer logischen Seite kann dabei mit folgenden Angaben im Eingabetext angezeigt werden:

\:\:\:   für Seitenkopf

\:\:   für Seiteninhalt

\:   für Seitenfuß

Fehlen solche Angaben im Eingabetext, so betrachtet **nl** den Eingabetext immer als Seiteninhalt einer logischen Seite (kein Seitenkopf und kein Seitenfuß).

Von den möglichen Optionen werden die meisten hier vorgestellt:

Option	Beschreibung
-b_typ_	(**b**ody) legt fest, welche Zeilen des Seiteninhalts einer logischen Seite zu numerieren sind. Für _typ_ kann dabei angegeben werden:
	a alle Zeilen numerieren
	t nur die Zeilen numerieren, die einen druckbaren Text enthalten
	n keine Zeilen numerieren
	p_string_ nur die Zeilen numerieren, die den angegebenen string enthalten Voreinstellung ist: **-bt**
-h_typ_	(**h**eader) legt fest, welche Zeilen des Seitenkopfs einer logischen Seite zu numerieren sind. Die möglichen Angaben für _typ_ sind bei **-b**_typ_ bereits beschrieben. Voreinstellung ist: **-hn**
-f_typ_	(**f**ooter) legt fest, welche Zeilen des Seitenfusses einer logischen Seite zu numerieren sind. Die möglichen Angaben für _typ_ sind bei **-b**_typ_ bereits beschrieben. Voreinstellung ist: **-fn**
-v_startnr_	_startnr_ legt den Startwert der Zeilennumerierung für eine logische Seite fest. Voreinstellung ist: **-v1**
-i_schrittweite_	_schrittweite_ legt die Schrittweite für die Zeilennumerierung für eine logische Seite fest. Voreinstellung ist: **-i1**
-p	bewirkt, daß die Zeilennumerierung nicht auf jeder logischen Seite neu gestartet, sondern weitergezählt wird.
-s_string_	Der hier angegebene _string_ wird verwendet, um die Zeilennummern von der eigentlichen Textzeile zu trennen. Voreinstellung ist: Tabulatorzeichen
-w_weite_	Die hier für _weite_ angegebene Zahl legt die Anzahl der Stellen fest, die für die Zeilennummern bei der Ausgabe zu verwenden sind. Voreinstellung ist: **-w6**
-n_format_	_format_ legt hierbei das Format für die Ausgabe der Zeilennummern fest. Für _format_ kann dabei folgendes angegeben werden:
	ln links justieren (führende Nullen nicht ausgeben)
	rn rechts justieren (führende Nullen nicht ausgeben)
	rz rechts justieren (führende Nullen ausgeben)
	Voreinstellung ist: **-nrn**

Für dieses Beispiel ist eine Datei *jungennamen* mit folgenden Inhalt zu erstellen:

```
\:\:\:
---------
   A-F
---------
\:\:
Aaron
Anton
Bastian
Christian
Dieter
Egon
Emil
Franz
Fritz
\:

      Jungen-Namen

\:\:\:
---------
   G-M
---------
\:\:
Gunther
Hans
Isidor
Karl
Klaus
Lothar
Martin
Michel
\:

      Jungen-Namen
```

Im folgenden Beispiel werden die Dateien des Directorys **/bin** in fünf Spalten pro Zeile und mit Zeilennumerierung (in 5er-Schritten) ausgegeben.

```
$ pwd  ⏎
/home/egon/uebung1
```

Zeige working
directory an
Ausgabe des
working direc-
torys

```
$ ls /bin | paste  - - - - - | nl -w3 -nln  -i5  -s"---> "  ⏎
1  ---> acctcom  ar        as         basename  cat
6  ---> cc       chgrp     chmod      chown     cmp
11 ---> conv     convert   cp         cpio      cprs
```

```
16 ---> csh       date      dd        df        diff
21 ---> dirname   dis       du        dump      echo
26 ---> ed        expr      false     file      find
31 ---> format    gencc     grep      i286      i286emul
36 ---> i386      ipcrm     ipcs      kill      ld
41 ---> line      list      lmail     ln        login
46 ---> lorder    ls        mail      mail.new  mail.old
51 ---> make      mesg      mkdir     mkshlib   mv
56 ---> newgrp    nice      nm        nohup     od
61 ---> passwd    pdp11     pr        ps        pwd
66 ---> red       rm        rmail     rmdir     rsh
71 ---> sed       setpgrp   sh        size      sleep
76 ---> smail     sort      strip     stty      su
81 ---> sum       sync      tail      tee       telinit
86 ---> time      touch     true      tty       u370
91 ---> u3b       u3b15     u3b2      u3b5      uname
96 ---> unixsyms  vax       wc        who       write
```

$ nl   jungennamen ⏎

Gib Inhalt der Datei jungennamen mit Zeilennumerierung für den Seiteninhalt aus

Bei der Ausgabe wird keine Seitennumerierung für Seitenkopf und Seitenfuß vorgenommen; auch beginnt die Zeilennumerierung auf jeder Seite neu.

```
            ---------
               A-F
            ---------


         1 Aaron
         2 Anton
         3 Bastian
         4 Christian
         5 Dieter
         6 Egon
         7 Emil
         8 Franz
         9 Fritz



            Jungen-Namen



            ---------
               G-M
            ---------


         1 Gunther
         2 Hans
         3 Isidor
         4 Karl
         5 Klaus
         6 Lothar
         7 Martin
         8 Michel


            Jungen-Namen
```

```
$ nl  -ba  -ht  -ft  jungennamen  ⏎
```
Gib Inhalt der Datei jungennamen mit Zeilennumerierung für Seitenkopf (nur Textzeilen), Seiteninhalt
(alle Zeilen) und Seitenfuß (nur Textzeilen) aus
Bei der Ausgabe beginnt die Zeilennumerierung auf
jeder Seite neu.

```
       1---------
       2   A-F
       3---------
       4 Aaron
       5 Anton
       6 Bastian
       7 Christian
       8 Dieter
       9 Egon
      10 Emil
      11 Franz
      12 Fritz

      13    Jungen-Namen


       1---------
       2   G-M
       3---------

       4 Gunther
       5 Hans
       6 Isidor
       7 Karl
       8 Klaus
       9 Lothar
      10 Martin
      11 Michel

      12    Jungen-Namen


$ nl  -s" -|- "  -w2  -p  jungennamen  ⏎
```
Gib Inhalt der Datei jungennamen mit Zeilennu-
merierung für den Seiteninhalt aus
Bei der Ausgabe wird keine Seitennumerierung
für Seitenkopf und Seitenfuß vorgenommen;
auch beginnt die Zeilennumerierung nicht auf
jeder Seite neu.

```
         ---------
           A-F
         ---------

 1 -|- Aaron
 2 -|- Anton
 3 -|- Bastian
 4 -|- Christian
 5 -|- Dieter
 6 -|- Egon
 7 -|- Emil
 8 -|- Franz
 9 -|- Fritz
```

```
                    Jungen-Namen

             - - - - - - - - -
                   G-M
             - - - - - - - - -

     10 - | - Gunther
     11 - | - Hans
     12 - | - Isidor
     13 - | - Karl
     14 - | - Klaus
     15 - | - Lothar
     16 - | - Martin
     17 - | - Michel


                    Jungen-Namen

     $ ▋
```

,cpio   (copy file archives in and out)

cpio eignet sich sehr gut dazu, ganze Dateibäume umzukopieren. Auch wird dieses Kommando verwendet, um ganze Dateibäume zu sichern und später eventuell wieder einzukopieren; in diesem Fall wird direkt auf die entsprechende Gerätedatei, wie z.B. die für das Disketten-Laufwerk (*/dev/rdsk/...*) kopiert.

cpio kann auf 3 verschiedene Arten aufgerufen werden:

cpio -o[*optionen*]   (*copy out*)

liest die Pfadnamen der zu kopierenden Dateien von der Standardeingabe und kopiert deren Inhalt auf die Standardausgabe, wobei die zugehörigen Pfadnamen und Status-Information über die Dateien (Zugriffsrechte, Modifikationsdatum, usw.) mit ausgegeben werden.

Es ist darauf hinzuweisen, daß die Ausgabe dieses Kommandos im allgemeinen nicht lesbar ist, da sie in einem eigenen Format dargestellt wird, welches es erlaubt, solche Dateien dann wieder mit der nachfolgenden Aufrufform (**cpio -i**) einzukopieren.

Auf die Angabe möglicher Optionen wird hier verzichtet.

cpio -i[*optionen*] [*dateiname(n)*]   (*copy in*)

liest ein mit **cpio -o** produziertes Ergebnis von der Standardeingabe und kopiert es in das working directory. Sind *dateiname(n)* angegeben, so werden nur diese Dateien aus der Standardeingabe extrahiert und in das working directory kopiert.

Von den vielen möglichen Optionen werden hier nur zwei erwähnt:

d   Directories werden angelegt, wenn dies beim Kopieren notwendig
                 wird.

v   die Namen der Dateien werden beim Kopieren ausgegeben

cpio -p[*optionen*]   *directory*   (*copy pass*)

liest die Pfadnamen der zu kopierenden Dateien von der Standardeingabe und
kopiert deren Inhalt in das entsprechende *directory*.

Von den vielen möglichen Optionen werden hier nur 3 erwähnt:

d   Directories werden angelegt, wenn dies beim Kopieren notwendig
                 wird.

l   wenn immer es möglich ist, werden die Dateien nicht kopiert, son-
                 dern ein Link auf diese kreiert.

v   die Namen der Dateien werden beim Kopieren ausgegeben

Beispiel	

```
$ pwd  ⏎                                      Zeige working directory an
/home/egon/uebung1                            Ausgabe des working directorys
$ ls  a* o*  | cpio -o >../xx  ⏎     Kopiere alle Dateien, deren Name mit a oder o
4 blocks                                            beginnt nach ../xx
$ cd  ..  ⏎                               Wechsle zum parent directory
$ cat  xx  |  cpio  -iv  "a*"  ⏎   Kopiere aus xx alle Dateien, deren Name
abc1                                       mit a beginnt ins working directory,
abc2                                 und gibt entsprechende Dateinamen aus.
abc3
add1.c
add2.c
add2.caa
add2.cab
add2.cac                               Ausgabe der Namen der kopierten Dateien
alter    linked to alter2
alter2
4 blocks
$ ls  -1  ⏎                 Liste die Namen der Dateien im working directory
abc1
abc2                          Ausgabe der Dateinamen des working directorys
abc3
add.c
add1.c
add2.c
add2.caa
add2.cab
add2.cac
alter
alter2
uebung1
uebung3
xx
```

```
$ rm  a*  [↵]                                    Lösche Dateien, deren Name mit a beginnt und liste
$ ls  -1  [↵]                                            danach die Dateien des working directory
uebung1
uebung3
xx
$ find . -depth -print | cpio -pdv /tmp  [↵]     Kopiere den zum working directory gehöri-
/tmp/.profile                                    gen Dateibaum nach /tmp; die Namen der
/tmp/uebung1/obst                                kopierten Dateien sind dabei auszugeben
/tmp/uebung1/laender
/tmp/uebung1/add1.c
/tmp/uebung1/add2.c
/tmp/uebung1/abc1
/tmp/uebung1/abc2
/tmp/uebung1/abc3
/tmp/uebung1/delta                               Ausgabe der Namen der kopierten Dateien
/tmp/uebung1/obst.sort
/tmp/uebung1/fruechte
/tmp/uebung1/alter
/tmp/uebung1/obst2
/tmp/uebung1/nachnamen
/tmp/uebung1/dateiliste
/tmp/uebung1/laender2
/tmp/uebung1/alter2
/tmp/uebung1/telnr
/tmp/uebung1/farbe
/tmp/uebung1/farbe.sort
/tmp/uebung1/sprache
/tmp/uebung1/obstpreise
/tmp/uebung1/farbe.gross
/tmp/uebung1/meld
/tmp/uebung1/nachnamen.sort
/tmp/uebung1/add2.caa
/tmp/uebung1/add2.cab
/tmp/uebung1/add2.cac
/tmp/uebung1/inh.verz
/tmp/uebung1/obst?
/tmp/uebung1/inhalt_verz
/tmp/uebung1/dliste
/tmp/uebung1/meier.nachn
/tmp/uebung1/laender.sort
/tmp/uebung1/jungennamen
/tmp/uebung3/obst
/tmp/uebung3/sprache
/tmp/uebung3/obst3
/tmp/uebung3/abc1
/tmp/uebung3/abc2
/tmp/uebung3/abc3
/tmp/uebung3/add1.c
/tmp/uebung3/add2.c
/tmp/uebung3/alter
/tmp/uebung3/alter2
```

```
/tmp/uebung3/dateiliste
/tmp/uebung3/delta
/tmp/uebung3/farbe
/tmp/uebung3/farbe.gross
/tmp/uebung3/farbe.sort
/tmp/uebung3/fruechte
/tmp/uebung3/obst.sort
/tmp/uebung3/obst2
/tmp/uebung3/obstpreise
/tmp/xx
57 blocks
```

$ ls -CF ⏎   Liste Dateien des working directorys mit -CF

uebung1/   uebung3/   xx
$ ls -CF /tmp ⏎   Liste die Dateien von /tmp mit Optionen -CF

uebung1/   uebung3/   xx
$ ls -C /tmp/uebung1 ⏎   Liste die Dateien von /tmp/uebung1 mit -C

abc1	add2.cac	farbe.gross	laender.sort	obst.sort
abc2	alter	farbe.sort	laender2	obst2
abc3	alter2	fruechte	meier.nachn	obst?
add1.c	dateiliste	inh.verz	meld	obstpreise
add2.c	delta	inhalt_verz	nachnamen	sprache
add2.caa	dliste	jungennamen	nachnamen.sort	telnr
add2.cab	farbe	laender	obst	

Ausgabe der Dateinamen von /tmp/uebung1 (Hier sind nun dieselben Dateien vorhanden, wie in uebung1
des home directory)

$ cd uebung1 ⏎   Wechsle zum Subdirectory uebung1
$ ▮

Der größte Vorteil von **cpio** ist, daß umfangreiche Archive ähnlich zu den DOS-Kommanods BACKUP und RESTORE automatisch auf mehrere Dateien verteilt bzw. von ihnen gelesen werden können.

Ein dem **cpio** sehr ähnliches Kommando ist das im Anhang näher beschriebene Kommando **tar**, das mindestens genausooft wie **cpio** verwendet wird.

8 Das Unix-Help-System

Wer fragt, der lernt.

Sprichwort

8.1 man – Das Online-Manual zu allen Kommandos

Die Unix *Reference Manuals* sind auf den meisten Systemen auch in Form von Dateien, dem sogenannten *Online-Manual* vorhanden. Das bedeutet, daß Sie jederzeit während des Arbeitens mit dem System Beschreibungen von Kommandos ansehen können, ohne erst mühevoll im entsprechenden Handbuch nachschlagen zu müssen. Die Online-Dokumentation basiert auf den Textquellen der gedruckten Handbücher.

Mit dem Kommando **man** können während des Arbeitens am System Informationen aus der Online-Dokumentation zu vielen Kommandos und C-Funktionen erfragt werden. Diese am Bildschirm angezeigten Informationen sind meist in englischer Sprache. Auf einigen Systemen wie z.B. auch Linux liegen die man-Texte zu einigen wichtigen Kommandos auch in deutscher Sprache vor. Es existieren mehrere Programme zur Anzeige von man-Texten: Die beiden am häufigsten benutzten Programme sind **man** für den Textmodus und **xman** für das X Window System. Unter Linux beispielsweise wird noch ein weiteres Programm zur Anzeige von man-Texten angeboten: **tkman**, welches noch komfortabler als **xman** ist, aber nur läuft, wenn das Programmpaket Tcl/Tk installiert ist. Nachfolgend werden diese drei Varianten kurz beschrieben.

8.1.1 man — Das traditionelle Online-Manual für Unix

Die Aufrufsyntax für **man** ist folgende:

```
man [optionen] [bereich] thema
```

man sucht die als *thema* angegebene Manual-Datei in allen ihm bekannten man-Directories (kann über die Variable MANPATH in .profile festgelegt werden). Mit der optionalen Angabe von *bereich* kann die Suche auf einen bestimmten Bereich eingeschränkt werden. Das **man** von Linux beispielsweise kennt die Themenbereiche 1 bis 9 und n:

1	Benutzerkommandos
2	Systemaufrufe
3	Funktionen der Programmiersprache C
4	Dateiformate, Gerätedateien
5	Konfigurationsdateien
6	Spiele
7	Diverses
8	Kommandos zur Systemadministration
9	Kernel-Funktionen
n	Neue Kommandos

In vielen Unix-Dokumentationen und -Büchern wird zum Kommando- oder
Funktionsnamen oft noch die entsprechende Bereichsnummer – wie etwa `ls(1)`
oder `fopen(3)` – angegeben. Um nun nicht alle `man`-Directories durchsuchen zu
lassen, kann man, wenn man die Bereichsnummer kennt, die Suche auf einen
Bereich eingrenzen, wie z. B.

man 1 ls   oder
man 3 fopen

Die wichtigsten Optionen zu **man** sind:

-a	zeigt der Reihe nach alle gleichnamigen man-Seiten an. Nachdem man den ersten man-Text gelesen hat, muß man die Taste q drücken und gelangt zum nächsten man-Text, der das angegebene *thema* betrifft. Ohne diese Option wird gewöhnlich nur die erste von mehreren gleichnamigen Dateien aus unterschiedlichen Themengebieten angezeigt. Auf manchen Systemen ist **-a** die Voreinstellung.
-k *schlüsselwort*	zeigt eine Liste aller man-Seiten an, in denen das angegebene *schlüsselwort* vorkommt. Statt **man -k** *schlüsselwort* könnte man im übrigen auch **apropos** *schlüsselwort* aufrufen.
-f *schlüsselwort*	zeigt die Bedeutung des *schlüsselworts* in Form eines einzeiligen Textes an. Statt **man -f** *schlüsselwort* könnte man im übrigen auch **whatis** *schlüsselwort* aufrufen.

Falls die Optionen **-k** und **-f** bzw. die Kommandos **whatis** und **apropos** z. B.
unter Linux nicht funktionieren, fehlt sehr wahrscheinlich die Datenbank mit
den Inhaltsangaben zu den man-Texten. In diesem Fall müßte zuvor noch **/usr/
sbin/makewhatis** vom Superuser (`root`) aufgerufen werden.

Das Kommando **man** gibt die Informationen seitenweise am Bildschirm aus. Mit Return kann man zeilenweise und mit dem Leerzeichen seitenweise vorwärts blättern. Mit der Eingabe von **q** wird **man** beendet.

Welche weiteren Tasten zum interaktiven Blättern und Suchen in einem angezeigten man-Text zur Verfügung stehen, hängt vom eingestellten Programm zur seitenweise Anzeige des man-Textes ab. Unter Linux ist das meist **less** und weitere wichtige Tasten zum interaktiven Bedienen von **man** sind dort:

Cursortasten ↑ und ↓	Text nach oben/unten verschieben
Tasten Pos1 , Ende	an Anfang/Ende des man-Textes springen
Tasten g, G	an Anfang/Ende des man-Textes springen
Tasten Bild↑ , Bild↓	Seite nach oben/unten blättern
/text ↵	nach unten nach dem String *text* suchen
?text ↵	nach oben nach dem String *text* suchen
Tasten n, N	Letzte Suche in gleiche/umgekehrte Richtung wiederholen
H	Hilfstext zu weiteren Tastenkürzeln anzeigen

Die Beschreibung eines Kommandos im gedruckten Handbuch oder im Online-Manual nennt man *Manpage*.

Die Manpages sind wie folgt gegliedert.

NAME	Name und Kurzbeschreibung des Kommandos
SYNOPSIS	Syntaxbeschreibung des Kommandos
DESCRIPTION	ausführliche Beschreibung des Kommandos
OPTIONS	Bedeutung der Optionen und Argumente
FILES	Dateien, die das Kommando benutzt
EXAMPLES	Anwendungsbeispiele zum Kommando
NOTES	allgemeine Hinweise
EXIT CODES	Rückgabewerte des Kommandos
SEE ALSO	Hinweise auf verwandte Kommandos
DIAGNOSTICS	Fehlermeldungen des Kommandos
WARNINGS	Einschränkungen oder andere Hinweise
AUTHOR	Autor des Programms
BUGS	bekannte Fehler

Die Syntax von **man** können Sie leicht erfragen, indem Sie nur **man** aufrufen (nicht unter Linux).

```
$ man  ↵
Usage: man [-altdrF] [-M path] [-T man] [ -s section ] name ...
       man -k keyword ...
       man -f file ...
$
```

Linux   Unter Linux müßte man folgendes aufrufen:

```
$ man --help ↵
usage: man [-c|-f|-k|-w|-tZT device] [-adlhu7V] [-Mpath] [-Ppager] [-Slist]
           [-msystem] [-pstring] [-Llocale] [-eextension] [section] page ...
-a, --all                    find all matching manual pages.
-d, --debug                  emit debugging messages.
-e, --extension              limit search to extension type 'extension'.
-f, --whatis                 equivalent to whatis.
-k, --apropos                equivalent to apropos.
-w, --where, --location      print physical location of man page(s).
-l, --local-file             interpret 'page' argument(s) as local filename(s).
-u, --update                 force a cache consistency check.
-r, --prompt string          provide the 'less' pager with a prompt
-c, --catman                 used by catman to reformat out of date cat pages.
-7, --ascii                  display ASCII translation of certain latin1 chars.
-t, --troff                  use groff to format pages.
-T, --troff-device device    use groff with selected device.
-Z, --ditroff                use groff and force it to produce ditroff.
-D, --default                reset all options to their default values.
-M, --manpath path           set search path for manual pages to 'path'.
-P, --pager pager            use program 'pager' to display output.
-S, --sections list          use colon separated section list.
-m, --systems system         search for man pages from other unix system(s).
-L, --locale locale          define the locale for this particular man search.
-p, --preprocessor string    string indicates which preprocessors to run.
                             e - [n]eqn   p - pic    t - tbl
                             g - grap     r - refer  v - vgrind

-V, --version                show version.
-h, --help                   show this usage message.
$
```

Unix

Wollten Sie sich die Manualpage zu **man** selbst ausgeben lassen, so müßten Sie
nur **man man** aufrufen.

```
$ man man  ↵

man(1)                        User Commands                        man(1)


NAME
     man - find and display reference manual pages


SYNOPSIS
     man [ - ] [ -adFlrt ] [ -M path ] [ -T macro-package ]
         [ [ -s section ] title ... ] ...
     man [ -M path ] -k keyword ...
     man [ -M path ] -f filename ...
```

DESCRIPTION

man displays information from the reference manuals. It
displays complete manual pages that you select by title, or
one-line summaries selected either by keyword (- k), or by
the name of an associated file (-f).

A section, when given, applies to the titles that follow it
on the command line (up to the next section, if any). man
looks in the indicated section of the manual (or in all sections, if none is specified) for those titles; see Search
Paths below for an explanation of how man conducts its
search. If no manual page is located, man prints an error
message.

The reference page sources are typically located in the
/usr/share/man/man* or /usr/man/man* directories, with each
directory corresponding to a section of the manual. Since
these directories are optionally installed, they may not
reside on your host; you may have to mount /usr/share/man
from a host on which they do reside. If there are preformatted, up-to-date versions in the corresponding cat* or
fmt* directories, man simply displays or prints those versions. If the preformatted version of interest is out of
date or missing, man reformats it prior to display. If
directories for the preformatted versions are not provided,
man reformats a page whenever it is requested; it uses a
temporary file to store the formatted text during display.

If the standard output is not a terminal, or if the '-' flag
is given, man pipes its output through cat(1); otherwise,
man pipes its output through more(1) to handle paging and
underlining on the screen.

OPTIONS

-a   Show all manual pages matching title within the MAN-
      PATH search path. Manual pages are displayed in the
      order found.

-d   Debug. Displays what a section-specifier evaluates
      to, method used for searching, and paths searched by
      man.

-F   Force man to search all directories specified by MAN-
      PATH or the man.cf file, rather than using the windex
      lookup database. This is useful if the database is not
      up to date. If the windex database does not exist,
      this option is assumed.

-l   List all manual pages found matching title within the
      search path.

-r   Reformat the manual page, but do not display it. This
       replaces the man - -t title combination.

-t   man arranges for the specified manual pages to be
        troffed   to a suitable raster output device (see
        troff(1). If both the - and -t flags are given, man
        updates the troffed versions of each named title (if
        necessary), but does not display them.

-M path
       Specify an alternate search path for manual pages.
       path is a colon-separated list of directories that con-
       tain manual page directory subtrees. For example, if
       path is /usr/share/man:/usr/local/man, man searches for
       title   in   the   standard   location,   and   then
       /usr/local/man.   When used with the -k or -f options,
       the -M option must appear first. Each directory in the
       path is assumed to contain subdirectories of the form
       man*, one for each section. This option overrides the
       MANPATH environment variable.

-s section ...
       Specify sections of the manual for man to search.   The
       directories searched for title is limited to those
       specified by section. section can be a digit (perhaps
       followed by one or more letters), a word (for example:
       local, new, old, public), or a letter. To specify mul-
       tiple sections, separate each section with a comma.
       This option overrides the MANPATH environment variable
       and the man.cf file. See Search Path under USAGE for a
       complete explanation of the default search path order.

-T macro-package
       Format manual pages using macro-package rather than the
       standard -man macros defined in /usr/share/lib/tmac/an.

-k keyword ...
       Print out one-line summaries from the windex database
       (table of contents) that contain any of the given key-
       words. The windex database is created using
       catman(1M).

-f filename ...
       man attempts to locate manual pages related to any of
       the given filenames.   It strips the leading pathname
       components from each filename, and then prints one-line
       summaries containing the resulting basename or names.
       This option also uses the windex database.

USAGE
  Sections
      Entries in the reference manuals are organized into sec-
      tions.   A section name consists of a major section name,
      typically a single digit, optionally followed by a subsec-
      tion name, typically one or more letters. An unadorned
      major section name acts as an abbreviation for the section
      of the same name along with all of its subsections. Each
      section contains descriptions apropos to a particular refer-
      ence category, with subsections refining these distinctions.
      See the intro manual pages for an explanation of the clas-
      sification used in this release.

  Search Path
      Before searching for a given title, man constructs a list of
      candidate directories and sections. man searches for title
      in the directories specified by the MANPATH environment
      variable.   If this variable is not set, /usr/share/man is
      searched by default.
  . . . .
  . . . .

ENVIRONMENT
      MANPATH   A colon-separated list of directories; each
                        directory   can   be followed by a comma-
                        separated list of sections.   If set, its
                        value overrides /usr/share/man as the default
                        directory search path, and the man.cf file as
                        the default section search path. The -M and
                        -s flags, in turn, override these values.)

      PAGER   A program to use for interactively delivering
                        man's output to the screen.   If not set,
                        'more -s' (see more(1)) is used.

      TCAT   The name of the program to use to display
                        troffed manual pages.

      TROFF   The name of the formatter to use when the - t
                        flag is given. If not set, troff(1) is used.

FILES
      /usr/share/man   root of the standard manual
                                      page directory subtree
      /usr/share/man/man?/*   unformatted manual entries
      /usr/share/man/cat?/*   nroffed manual entries
      /usr/share/man/fmt?/*   troffed manual entries
      /usr/share/man/windex   table of contents and keyword
                                      database

```
/usr/share/lib/tmac/an       standard -man macro package
/usr/share/lib/pub/eqnchar   standard definitions for eqn
                             and neqn
man.cf                       default search order by sec-
                             tion
```

SEE ALSO
    apropos(1), cat(1), col(1), eqn(1), more(1),   nroff(1),
    refer(1),   tbl(1),   troff(1),   vgrind(1), whatis(1),
    catman(1M), eqnchar(5), man(5)

NOTES
    Because troff is not 8-bit clean, man has not been made 8-
    bit clean.

    The -f and -k options use the /usr/share/man/windex data-
    base, which is created by catman(1M).

BUGS
    The manual is supposed to be reproducible either on a photo-
    typesetter or on an ASCII terminal. However, on a terminal
    some information (indicated by font changes, for instance)
    is lost.

    Some dumb terminals cannot process the vertical motions pro-
    duced by the e (see eqn(1)) preprocessing flag. To prevent
    garbled output on these terminals, when you use e also use
    t, to invoke col(1) implicitly. This workaround has the
    disadvantage of eliminating superscripts and subscripts -
    even on those terminals that can display them. CTRL-Q will
    clear a terminal that gets confused by eqn(1) output.

    $

**Will man eine Beschreibung zum Kommando wc, so muß man lediglich man wc
aufrufen.**

```
$ man wc⏎                        [Aufruf erfolgte unter Linux]

WC(1)                                   WC(1)
NAME

       wc - print the number of bytes, words, and lines in files

SYNOPSIS

       wc [-clw] [--bytes] [--chars] [--lines] [--words] [--help]
       [--version] [file...]
```

DESCRIPTION

> This documentation is no longer being maintained and may be inaccu-
> rate or incomplete. The Texinfo documentation is now the authorita-
> tive source.
>
> This manual page documents the GNU version of **wc**. **wc** counts the num-
> ber of bytes, whitespace-separated words, and newlines in each given
> file, or the standard input if none are given or when a file named `-
> ' is given. It prints one line of counts for each file, and if the
> file was given as an argument, it prints the filename following the
> counts. If more than one filename is given, **wc** prints a final line
> containing the cumulative counts, with the filename `total'. The
> counts are printed in the order: lines, words, bytes.
>
> By default, **wc** prints all three counts. Options can specify that only
> certain counts be printed. Options do not undo others previously
> given, so **wc** **--bytes** **--words** prints both the byte counts and the word
> counts.

OPTIONS

-c, --bytes, --chars
> Print only the byte counts.

-w, --words
> Print only the word counts.

-l, --lines
> Print only the newline counts.

--help   Print a usage message and exit with a status code indicating success.

--version
> Print version information on standard output then exit.

. . . .

$

**Nachfolgend werden noch Informationen zu dem hier noch nicht behandelten
Kommando dircmp (nicht unter Linux verfügbar), mit dem Directories verglichen werden können, erfragt.**

$ man dircmp ⏎

dircmp(1)   User Commands   dircmp(1)

NAME
     dircmp - directory comparison

SYNOPSIS
     dircmp [-d] [-s] [-wn] dir1 dir2

DESCRIPTION
     dircmp examines dir1 and dir2 and generates various tabu-
     lated information about the contents of the directories.

```
         Listings of files that are unique to each directory are gen-
         erated for all the options.  If no option is entered, a list
         is output indicating whether the file names common  to  both
         directories have the same contents.


OPTIONS
      -d        Compare the contents of files with the same  name
                in both directories and output a list telling what
                must be changed in the two  files  to  bring  them
                into  agreement.   The list format is described in
                diff(1).

      -s        Suppress messages about identical files.

      -wn       Change the width of the output line to n  charac-
                ters.  The default width is 72.

SEE ALSO
     cmp(1), diff(1)



  $
```

8.1.2   xman   Das Online-Manual unter X Window

Mit dem Kommando **xman** können während des Arbeitens am System unter X
Window Informationen aus der Online-Dokumentation zu vielen Kommandos
und C-Funktionen erfragt werden. Es empfiehlt sich, **xman** wie folgt aufzurufen:

`Linux`

```
xman -bothshown &
```

Danach erscheint ein kleines Hilfsfenster.

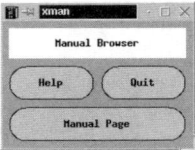

Mit einem Mausklick auf den Button *Help* kann eine Hilfsinformation zur Bedienung von **xman** angezeigt werden. Ein Mausklick auf den Button *Manual Page*
liefert ein größeres Fenster, in dem der gewünschte man-Text ausgesucht werden
kann.

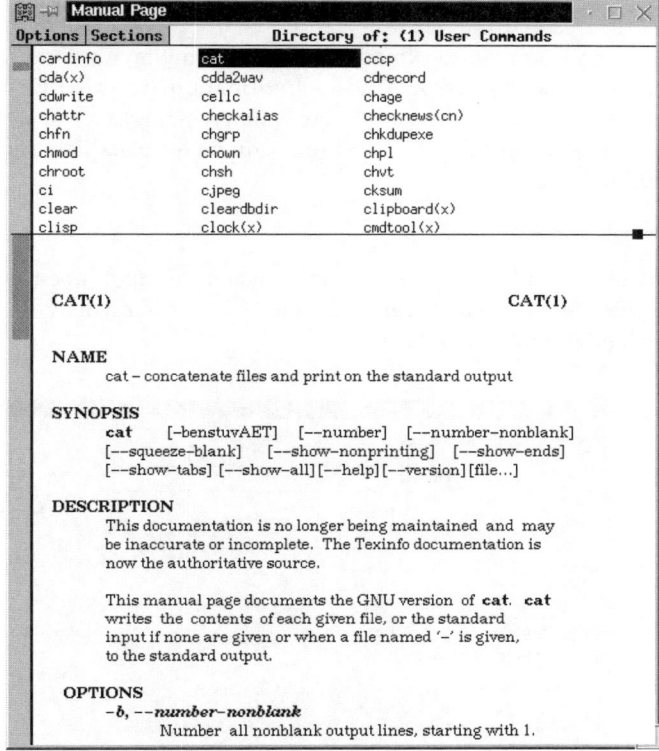

Im Hauptmenü kann über das Menü *Sections* für jeden der einzelnen Themenbereiche eine Liste der dazugehörigen Kommandos bzw. Funktionen eingeblendet werden. Möchte man den man-Text zu einem Kommando bzw. zu einer Funktion ansehen, muß nur auf den entsprechenden Namen mit der Maus geklickt werden, und der dazugehörige Text wird im unteren Fenster eingeblendet.

Da die einzelnen Menüeinträge weitgehend selbst erklärend sind, wird hier auf eine weitere Erklärung verzichtet.

Wichtig zu wissen ist noch, daß ein Drücken der ⌈Strg⌉-Taste zusammen mit der linken Maustaste das *Options*-Menü und das Drücken der ⌈Strg⌉-Taste zusammen mit der mittleren Maustaste das *Sections*-Menü zur Auswahl einblendet. Weitere wichtige Tastenkürzel von **xman** sind:

Leertaste, Taste f	eine Seite vorblättern
Taste b	eine Seite zurückblättern
Taste 1 bis 4	ein bis vier Zeilen vorblättern
⌈Strg⌉+Taste s	man-Text zu einen einzugebenden String suchen.

8.1.3   tkman   Weiteres Online-Manual unter X Window

Mit dem Kommando **tkman** können ebenso wie mit **xman** während des Arbeitens am System unter X Window Informationen aus der Online-Dokumentation zu vielen Kommandos und C-Funktionen erfragt werden. Um **tkman** aufrufen zu können, muß das Tcl/Tk-Programmpaket installiert sein. Ist dies der Fall, muß man nur

tkman

aufrufen, und es erscheint ein Fenster, in dem oben nur der Name des gewünschten man-Textes einzugeben ist, bevor dann der zugehörige man-Text eingeblendet wird, wie z.B.:

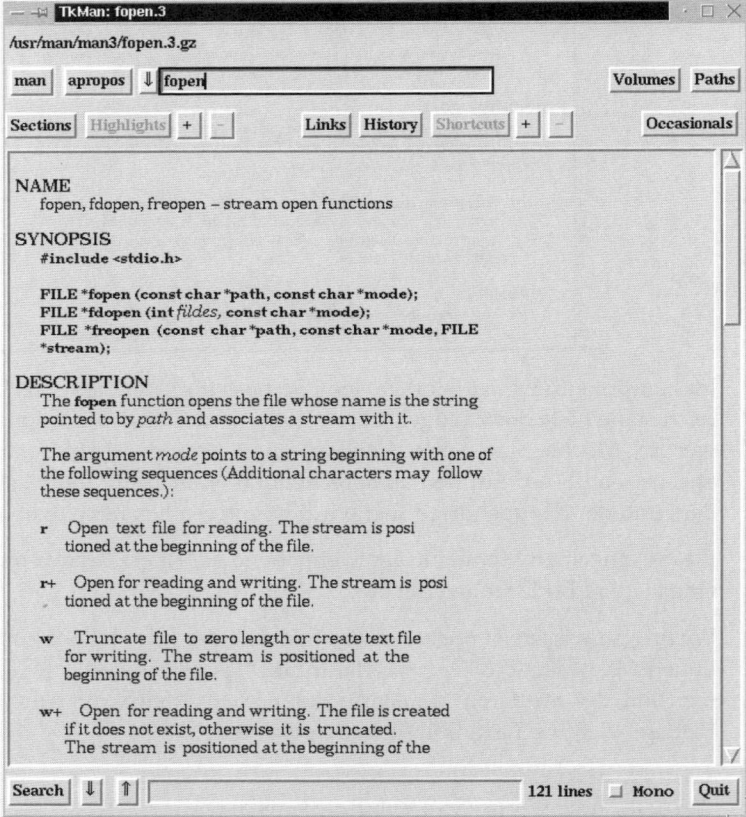

tkman hat im Vergleich zu **xman** doch einige Vorteile:

▷ Leichtes Suchen innerhalb eines man-Textes.

▷ Leichtes Verfolgen von Querverweisen auf andere man-Texte durch einen einfachen Doppelklick auf den entsprechenden Begriff.

▷ Bleibendes Hervorheben von ganzen Textpassagen, die auch bei späteren **tkman**-Aufrufen noch vorhanden sind, sowie eine Vielzahl von weiteren Konfigurationsmöglichkeiten.

▷ Leichter Zugriff auf früher angesehene man-Texte, die in Form einer Liste (*history-Liste*) angeboten werden.

Umformen von man-Texten in Postscript-Dateien (zum Drucken)

Um man-Texte in das Postscript-Format umzuformen, muß man beim Aufruf von **man** die Option **-t** angeben und die Ausgabe in eine Datei umlenken, wie z.B.

```
man  -t  chmod  >chmod.ps
```

Die Datei chmod.ps kann dann mit **lpr** auf einem Postscript-Drucker ausgegeben werden.

Konfigurieren von man bzw. xman

Über die Variable MANPATH können die Directories festgelegt werden, in denen **man** bzw. **xman** nach man-Texten suchen. Um sich die aktuell eingestellten man-Directories anzeigen zu lassen, muß nur

```
$ echo $MANPATH⏎
/usr/local/man:/usr/man:/usr/X11R6/man
$
```

An dieser Ausgabe ist zu erkennen, daß die folgenden Directories nach man-Texten zu durchsuchen sind:

```
/usr/local/man
/usr/man
/usr/X11R6/man
```

Jedes dieser Directories hat die Subdirectories man1 bis man9 und mann, in denen sich die jeweiligen man-Texte befinden. Möchte man, daß **man** zusätzliche Directories nach man-Texten durchsucht, wie z.B. die oft bei Linux mitgelieferten deutschsprachigen man-Texte im Directory /usr/man/de, sollte man diesen Pfadnamen an den Inhalt von der Variablen MANPATH anfügen, was sich durch den folgenden Eintrag in der Datei .profile (im Home-Directory) erreichen läßt:

```
export MANPATH=$MANPATH:/usr/man/de
```

Damit die jeweiligen man-Texte am Bildschirm angezeigt werden können, müssen sie mit dem Programm **groff** in das ASCII-Format konvertiert werden. Um diese Konvertierung nicht bei jedem **man**-Aufruf wiederholen zu müssen, werden die zugehörigen ASCII-Dateien meist in eigenen Directories (cat1 bis cat9 und catn) in einem der oben erwähnten Directories oder in einem eigenen Directory /var/catman oder /var/man abgelegt.

8.2   info – Das Online-Manual von GNU

info ist das bevorzugte Help-System für die umfangreiche bei Linux mitgelieferte GNU-Software (Basis-Kommandos wie **ls** und **grep**, C-Compiler mit allen
seinen Bibliotheksfunktionen, Editor **emacs** usw.). **info** ist **man** zwar bei sehr
umfangreichen Hilfstexten überlegen, aber doch auch sehr umständlich zu
bedienen, da es Cursortasten nicht zum Bewegen im Text, sondern mit anderen
Funktionen belegt hat. Dies läßt vor allen Dingen den Neuling nahezu verzweifeln. info-Texte sind meist in den Directories /usr/info oder /usr/local/info
oder /usr/share/o/info abgelegt.

Die wichtigsten Tasten zur interaktiven Bedienung von **info** sind:

Leertaste	Nach unten blättern
Backspace	Nach oben blättern
Taste b, e	An Anfang/Ende des info-Textes springen
Tab-Taste	Cursor zum nächsten Querverweis
Eingabe-Taste	Zum info-Text wechseln, auf den der aktuelle Querverweis zeigt
Taste h	Ausführliche Bedienungsanleitung zu **info** anzeigen
Taste ?	Kommandoübersicht anzeigen
Strg+x,0	Hilfsfenster wieder schließen

8.3   /usr/doc – Linux-spezifische Dokumentation

Speziell auf Linux zugeschnittene Dokumentation findet sich meist in Subdirectories im Directory /usr/doc. Die dort befindliche Online-Dokumentation liegt
meist, wenn es keine man- oder info-Texte sind, in einem der folgenden Formate
vor:

ASCII

Diese Texte können direkt mit **less** oder mit einem Texteditor gelesen werden.

Postscript

Diese Dateien können mit dem X-Programm **ghostview** gelesen oder mit **lpr** an
einem Postscript-Drucker ausgegeben werden.

DVI

(*DeVice Independent*) Solche Dateien sind das Ergebnis einer TEX- oder LATEX-
Übersetzung und lassen sich mit dem X-Programm **xdvi** lesen. Der Vorteil von
DVI-Dateien ist ihre Geräteunabhängigkeit (wie z.B. keine Abhängigkeit vom

Druckertreiber). Möchte man den Inhalt einer DVI-Dateien an einem Postscript-Drucker ausgeben, kann diese mit den Programm **dvips** in eine Postscript-Datei konvertiert werden.

HTML

Diese Dateien können mit jedem WWW-Browser (*arena*, *Lynx*, *Netscape*) gelesen werden.

Hat ein Dateiname die Endung .gz, so handelt es sich um eine komprimierte Datei, die zuerst mit

gunzip *dateiname*

dekomprimiert werden muß. Beim Dateinamen der dekomprimierten Datei fehlt dann die Endung .gz.

Dateinamen mit der Endung .tar zeigen an, daß es sich hierbei um eine Archivdatei handelt. Ist eine solche Archivdatei auch noch komprimiert, so hat sie nicht die Endung .tar, sondern .tgz.

Das Entpacken von Archivdateien ist mit dem Kommando **tar** (siehe Anhang) möglich.

Die wichtigsten Subdirectories im Directory /usr/doc sind:

► **howto**
Hier sind die für Linux wichtigsten Hilfsinformationen bezüglich Grundwissens, Installation, Konfiguration und Hardware-Problemen hinterlegt. In eigenen Subdirectories befinden sich dann zusätzlich noch die Hilfsinformationen in unterschiedlichen Formaten und Umfang, wie z.B.

  ► mini (kurze Hilfsinformationen im ASCII-Format),

  ► ps (Hilfsinformationen im Postscript-Format zum Drucken oder Lesen mit **ghostview**)

  ► html (Hilfsinformationen im HTML-Format zum Lesen mit einem WWW-Browser)

► **faq**   (*Frequently Asked Questions; geben Antworten auf häufig gestellte Fragen*) FAQ-Dateien sind meist nicht so systematisch aufgebaut wie HOWTO-Dateien und spielen deshalb eine eher untergeordnete Rolle. Für Linux gibt es hier allerdings zwei besonders wichtige Dateien, die sich jedoch auch in weiteren Subdirectories befinden können:

  ► linux.faq gibt Antworten auf Probleme jeder Art, wie z.B. Installationsprobleme, Kompatibilitätsprobleme, Probleme mit dem X Window Dateisystem usw.

  ► GCC-FAQ gibt C-Programmierer, die mit dem GNU-C-Compiler **gcc**, sehr wertvolle Informationen.

8.4   HTML – Online-Hilfe mit einem WWW-Browser

In letzter Zeit wird versucht, die ganze Online-Dokumentation im HTML-Format und somit in einem einheitlichen und weitverbreiteten Format verfügbar zu machen. HTML-Dateien lassen sich mit jedem beliebigen WWW-Browser (*arena, lynx, Netscape,* usw.) lesen.

Nachfolgend sind einige wichtige Programme aufgezählt, die die Konvertierung von bestimmten Formaten in das HTML-Format unterstützen.

rman	konvertiert man-Texte in andere Formate (ASCII, HTML, LATEX usw.). Um z.B. den man-Text zu **more** in eine HTML-Datei umzuwandeln, müßte eventuell zunächst die Datei /var/catman/cat1/more.1.gz mit **gunzip** dekomprimiert werden. Danach könnte man sich mit folgenden Aufruf eine HTML-Dateien zu **more** erzeugen: `rman -f html /var/catman/cat1/more.1 >more.html`
texi2html	formt texinfo-Texte (Endung .texi) in eine oder mehrere HTML-Dateien mit der Endung .html um.
info2html	konvertiert info-Texte (Endung .info) in HTML, wobei es jedoch eine ganz andere Vorgehensweise wählt. Das Perl-Programm **info2html** wird in das cgi-Directory eines http-Servers installiert. Wird dann auf einer WWW-Seite auf einen info-Text verwiesen, so wandelt es diesen erst dann automatisch in das HTML-Format um.
latex2html	formt latex-Texte (Endung .tex) in eine oder mehrere HTML-Dateien mit der Endung .html um. Formeln und LATEX-Sonderzeichen werden in gif-Bilder umgeformt.

Unix

9 Unix-Editoren

*Die Schriftstellerei ist, je nachdem wie man sie betreibt,
eine Infamie, eine Ausschweifung, eine Tagelöhnerei,
ein Handwerk, eine Kunst, eine Tugend.*

Friedrich von Schlegel

Eine der häufigsten Tätigkeiten eines Software-Entwicklers ist vermutlich das Editieren von Textdateien; dazu gehört das Erstellen von Quellprogrammen, Programmbeschreibungen, Design-Papieren, Dateien mit Testdaten, Fehler-Reports usw.

Das Unix-System bietet nun eine Reihe von Editoren für unterschiedliche Zwecke und Anforderungen an. Die hier vorgestellten Editoren sind allgemeine Editoren, die auf fast jedem Unix-System zur Grundausstattung gehören.

ed

ist der Standard-Editor von Unix. Er arbeitet zeilenorientiert und ist vom jeweiligen Terminal unabhängig, da er keine spezifischen Terminalfunktionen benutzt. Weitere Vorteile von **ed** sind seine sehr flexiblen und mächtigen Such- und Ersetzungskommandos und auch seine Schnelligkeit. Ein Nachteil von **ed** liegt in seiner mangelnden Benutzerfreundlichkeit, da er eben zeilenorientiert ist und somit keinen größeren Ausschnitt aus der gerade bearbeiteten Datei zeigt; zudem ist nicht immer ersichtlich, an welchem Punkt in einer Datei gerade gearbeitet wird.

vi

ist ein bildschirmorientierter Editor mit einer Vielzahl von Editierfunktionen. **vi** wurde auf BSD-Unix entwickelt und gehört seit System V zum Standardlieferumfang von Unix. Für die normale Erstellung und Änderung von Textdateien wird meist **vi** verwendet, da er doch benutzerfreundlicher als **ed** ist. Es soll allerdings nicht verschwiegen werden, daß **vi** im Vergleich zu anderen heute üblichen Editoren wie z.B. **emacs** usw. nicht gerade gut abschneidet und dem Unix-Anfänger zunächst als unbequem und schwer bedienbar erscheint. Jedoch stellt er unter der Vielzahl der auf den unterschiedlichen Unix-Systemen eingesetzten Editoren den »größten gemeinsamen Nenner« dar und sollte von jedem Unix-Benutzer beherrscht werden.

ex

ist eine Erweiterung von **ed** und arbeitet ebenfalls zeilenorientiert. Allerdings kann er in den **vi**-Modus umgeschaltet werden, so daß er dann bildschirmorientiert arbeitet. Historisch gesehen ist **ex** eine verbesserte Version von **ed** und **vi** eine **ex**-Version mit bildschirmorientierter Oberfläche.

emacs

ist einer der mächtigsten Texteditoren unter Unix und Linux, da er beliebig erweiterbar und programmierbar ist. In diesem Kapitel wird auch dieser Editor kurz vorgestellt.

Alle vier Editoren arbeiten interaktiv. Unix bietet allerdings auch einen nicht-interaktiven Editor, den Stream-Editor **sed** an, der in einem späteren Buch (»Linux-Unix-Profitools«) vorgestellt wird.

9.1   Der zeilenorientierte Editor ed

ed ist ein Unix-Standard-Editor und auf jedem Unix-System verfügbar. Er ist terminalunabhängig und kann somit an jeder Dialogstation eingesetzt werden, die zur Ein- und Ausgabe von ASCII-Zeichen fähig ist.

Obwohl **ed** nicht sehr häufig verwendet wird, wird er hier doch aus 2 Gründen sehr ausführlich beschrieben.

1. Der Unix-Anfänger soll bereits hier mit dem Konzept der regulären Ausdrücke, die sich bei vielen Unix-Tools wiederfinden, vertraut gemacht werden

2. Das Kennen von **ed** erleichtert das Erlernen des häufiger eingesetzten nicht-interaktiven Editors **sed**, der im Buch »Linux-Unix-Profitools« behandelt wird.

ed arbeitet grundsätzlich im Hauptspeicher. Dazu kopiert er die zu ändernde Datei in einen Arbeitspuffer, dessen Inhalt erst mit dem Editier-Kommando **w** (*write*) auf das externe Speichermedium (Festplatte, Diskette usw.) zurückgeschrieben wird. Wird eine neue Datei erstellt, so wird der eingegebene Text ebenfalls im Arbeitspuffer gehalten und anschließend über **w** auf das externe Speichermedium zurückgeschrieben. Wird **ed** mit einem Signal beendet (z.B. quit), wird der Inhalt des Textspeichers in der Datei **ed.hup** gerettet.

Da **ed** zeilenorientiert ist, muß während des Editierens immer eine Zeile die aktuelle Zeile sein. Das heißt, daß ein ed-interner Zeilenzeiger auf diese Zeile gesetzt ist und Editier-Kommandos, die nicht explizit andere Zeilen adressieren, immer auf die gerade aktuelle Zeile angewendet werden.

9.1.1 Aufruf von ed

Die vollständige Aufrufsyntax für **ed** ist:

```
ed [-s] [-ppromptzeichen] [-x] [datei]
```

Falls die angegebene *datei* bereits existiert, so kopiert **ed** diese in seinen Arbeitspuffer. Existiert *datei* noch nicht, so wird beim späteren Zurückschreiben des Arbeitspuffers mit **w** eine Datei mit den Namen *datei* auf dem externen Speichermedium angelegt.

Wird **ed** ohne Angabe einer *datei* aufgerufen, so wird ein leerer Arbeitspuffer angelegt, der noch keiner Datei zugeordnet ist. In diesen Puffer kann nun Text eingegeben und editiert werden. Erst mit dem Editier-Kommando

```
w datei
```

wird dann eine Datei mit Namen *datei* auf dem externen Speichermedium mit dem Pufferinhalt beschrieben.

Die einzelnen Optionen haben dabei folgende Wirkung:

Option	Beschreibung
-s	unterdrückt das Melden der Anzahl der mit den Editier-Kommandos **e**, **r** und **w** in den Arbeitspuffer gelesenen bzw. aus ihm zurückgeschriebenen Zeichen.
-p*promptzeichen*	bewirkt, daß **ed** während des Editierens immer das angegebene *promptzeichen* angibt, wenn er dem Benutzer mitteilen möchte, daß er für die Eingabe eines weiteren Editier-Kommandos bereit ist. Ist diese Option nicht angegeben, so gibt **ed** kein Promptzeichen aus.
-x	bewirkt, daß der Pufferinhalt beim Zurückschreiben auf eine Datei verschlüsselt wird (siehe Kommando **crypt**); seit System V Release 3 ist diese Option nur innerhalb der USA verfügbar.

Nach dem Aufruf gibt **ed** eine der folgenden Meldungen aus:

```
eine Zahl
```

ist die Anzahl der Zeichen, die in Arbeitspuffer gelesen wurden und gibt somit die Größe der eingelesenen Datei in Bytes an.

```
?datei
```

falls die Datei *datei* noch nicht existiert. In diesem Fall wurde von **ed** ein leerer Arbeitspuffer angelegt. In diesen Puffer kann nun Text eingegeben werden und editiert werden. Mit dem Editor-Kommando **w** wird dann die Datei *datei* angelegt und in ihr der Pufferinhalt gespeichert.

9.1.2   Arbeitszustände von ed

ed kennt zwei Arbeitszustände:

▶   Kommandomodus

▶   Eingabemodus

Nach dem Aufruf befindet sich **ed** immer im Kommandomodus, was eventuell durch ein entsprechendes Promptzeichen angezeigt wird. Im Kommandomodus erwartet **ed** die Eingabe von Editor-Kommandos.

Befindet **ed** sich im Eingabemodus, so werden alle Eingaben als einfacher Text aufgefaßt, der im Arbeitspuffer zu speichern ist.

Vom Kommandomodus in den Eingabemodus kann mit einem der folgenden Editier-Kommandos umgeschaltet werden.

Kommando	Beschreibung
i	Einfügen (*i*nsert)
a	Anfügen (*a*ppend)
c	Ändern (*c*hange)

Wird **ed** ein falsches Kommando gegeben, welches er nicht ausführen kann, so meldet er dies mit der Ausgabe eines Fragezeichens ?.

Vom Eingabemodus kann mit der Eingabe eines . (Punkt) als erstes und einziges Zeichen einer Zeile zum Kommandomodus zurückgeschaltet werden.

9.1.3   Eingabemodus

Im Eingabemodus kann beliebiger Text eingegeben werden. **ed** liest dabei immer zeilenweise vom Terminal. Dies bedeutet, daß während einer Eingabe nur Eingabefehler in einer noch nicht mit ⏎ abgeschlossenen Zeile korrigiert werden können.

Als Korrekturen sind dabei

▶   Zeile löschen (**kill**) und

▶   Zeichen löschen (**erase**)[1]

möglich.

Der Eingabemodus wird beendet, wenn **ed** eine Zeile übergeben wird, die als einziges und erstes Zeichen einen . (Punkt) enthält.

---

1. siehe früheres Kapitel 3.3 »Grundsätzliches zur Bedienung des Terminals«

Beispiel

```
$ pwd  ↵                                                         Zeige working directory
/home/egon/uebung1                                        Ausgabe des working directorys
$ ed -p% lernen.ed  ↵                                                      Aufruf von ed
?lernen.ed                                      ed-Warnung, daß lernen.ed nicht existiert[a]
%a  ↵                                              Promptz. % und Eing. von a für append
a  append   Text anfuegen; bis zur Eingabe von .  ↵                  Text-Eingabe[b]
c  change   Zeilen durch neue Zeilen ersetzen; Ende wie a  ↵
i  insert   Text vor Zeile einfuegen; Ende wie a  ↵
.  ↵                                                                      Eingabeende
%w  ↵                                        Speichern des Eingabetexts mit w (write)
165                                          ed meldet Zahl der abgespeicherten Zeichen
%q  ↵                                                                  Verlassen von ed
$ █
```

a. Eventuell wird diese Warnung auch nicht ausgegeben.
b. Zwischen erster und zweiter Spalte sind zwei Leerzeichen und zwischen zweiter und dritter Spalte sind sechs Leerzeichen einzugeben.

9.1.4   Kommandomodus

ed kann nur dann Editier-Kommandos ausführen, wenn er sich im Kommando-modus befindet. Die allgemeine Form eines **ed**-Kommandos ist:

[*adresse1*[, *adresse2*]]   [*editier-kommando* [*parameter*]]

Durch die Adressen *adresse1* und *adresse2* wird ein bestimmter Bereich hinterein-ander stehender Zeilen ausgewählt. Auf diese so ausgewählten Zeilen wird dann das *editier-kommando*, welches immer aus einem Zeichen besteht, angewen-det. Diesem können eventuell weitere *parameter* folgen. *parameter* zu einem Edi-tier-Kommando können z.B. der zu ändernde Text oder ein Dateiname oder eine weitere Adresse sein.

Wird weder eine Adresse noch ein *editier-kommando* angegeben (nur ↵ alleine), so wird die nächste Zeile die aktuelle Zeile. Wird nur eine Adresse und kein *edi-tier-kommando* angegeben, so wird die adressierte Zeile die aktuelle Zeile.

Die nachfolgende Tabelle zeigt alle Adressierungs-Möglichkeiten und die dadurch ausgewählten Zeilen:

keine Adresse angegeben: aktuelle Zeile[1]
eine Adresse angegeben: Zeile, die diese Adresse besitzt
beide Adressen angegeben: Bereich (von,bis)[2] von Zeilen

Adressen

Die Adreßangaben *adresse1* und *adresse2* wählen bestimmte Zeilen aus. Die Angaben für *adresse1* und *adresse2* können dabei auf unterschiedliche Weise erfolgen.

---

1. Nach dem Aufruf von **ed** ist immer die letzte Zeile des Puffers die aktuelle Zeile.
2. erste Zeile (adresse1) und letzte Zeile (adresse2) sind Bestandteil dieses Bereichs

Angabe	Beschreibung
.	adressiert die aktuelle Zeile
$	adressiert die letzte Zeile
n	adressiert die *n*.te Zeile [a]
'x	adressiert die Zeile, die mit der Marke *x* markiert wurde [b]
/regulärer Ausdruck/	adressiert die erste Zeile (von *aktueller Zeile zum Dateiende hin* [c]), welche einen String beinhaltet, der durch den vorgegebenen *regulären Ausdruck* abgedeckt ist (dazu gleich mehr). Wird bis zum Dateiende keine solche Zeile gefunden, so wird vom Dateianfang bis einschließlich der aktuellen Zeile nach einer solche Zeile gesucht.
?regulärer Ausdruck?	adressiert die erste Zeile (von *aktueller Zeile zum Dateianfang hin* [d]), welche einen String beinhaltet, der durch den vorgegebenen *regulären Ausdruck* abgedeckt ist (dazu gleich mehr). Wird zum Dateianfang hin keine solche Zeile gefunden, so wird vom Dateiende rückwärts bis einschließlich der aktuellen Zeile nach einer solche Zeile gesucht.

a. *n* steht dabei für eine Zahl
b. *x* muß dabei ein Kleinbuchstabe sein
c. aktuelle Zeile zählt nicht dazu
d. aktuelle Zeile zählt nicht dazu

Weitere Regeln sind:

1. Wenn eine Adresse mit +*n* oder -*n* (für *n* ist eine Zahl anzugeben) endet, so adressiert dies die Zeile *adresse* ± *n*

2. Wenn eine Adresse mit +*n* oder -*n* (für *n* ist eine Zahl anzugeben) beginnt, so adressiert dies die Zeile *aktuelle-zeile* ± *n*; z.B. wird +6 als .+6 interpretiert.

3. Wenn eine Adresse mit + oder – endet, so adressiert dies die Zeile *adresse* ± 1; die alleinige Adreßangabe + bzw. – adressiert die der aktuellen Zeile unmittelbar folgende bzw. voranstehende Zeile. Wenn eine Adresse mit mehr als einem + oder – endet, so adressiert dies die Zeile *aktuelle-zeile* ± *anzahl-von*±; z.B. adressiert --- die Zeile *aktuelle-zeile* – 3

4. Wird als gesamte Adreßangabe nur ein Komma gegeben, so entspricht dies der Angabe 1,$ (alle Zeilen). Wird als gesamte Adreßangabe nur ein Semikolon gegeben, so entspricht dies der Angabe .,$ (von aktueller Zeile bis Dateiende).

5. Werden 2 Adressen durch Semikolon getrennt (z.B. 5;7), so legt die 1.Adresse die aktuelle Zeile fest (z.B. 5), was bei Angabe von Komma als Adressen-Trennungszeichen nicht der Fall ist.

Bei der ausführlichen Beschreibung dieser Konstrukte soll bereits eines der später beschriebenen Editier-Kommandos verwendet werden:

n (für **n***umber*) bewirkt die Ausgabe der adressierten Zeilen mit Zeilennummern und läßt die zuletzt ausgegebene Zeile die aktuelle Zeile werden.

Beispiel   Hier wird zunächst folgender Text in den Arbeitspuffer eingegeben, der dann später in die Datei *zahlen* geschrieben wird:

```
eins
zwei
drei
vier
fuenf
sechs
sieben
acht
neun
zehn
elf
zwoelf
```

An diesem Pufferinhalt werden im folgenden verschiedene Adressierungs-Möglichkeiten vorgeführt.

`$ pwd` ⏎	Zeige working directory
`/home/egon/uebung1`	Ausgabe des working directorys
`$ ed -p* zahlen` ⏎	Aufruf von ed
`?zahlen`	ed-Warnung, daß Datei zahlen nicht existiert
`*a` ⏎	Promptzeichen * und Eingabe von a für append
`eins` ⏎	
`zwei` ⏎	
`drei` ⏎	
`vier` ⏎	
`fuenf` ⏎	Text-Eingabe
`sechs` ⏎	
`sieben` ⏎	
`acht` ⏎	
`neun` ⏎	
`zehn` ⏎	
`elf` ⏎	
`zwoelf` ⏎	
`.` ⏎	Eingabeende
`*1,$n` ⏎	Gib alle Zeilen mit Zeilennummern aus
`1     eins`	
`2     zwei`	
`3     drei`	
`4     vier`	Ausgabe aller Zeilen mit Zeilennummern
`5     fuenf`	
`6     sechs`	
`7     sieben`	

```
8      acht
9      neun
10     zehn
11     elf
12     zwoelf
*1,4n  ⏎                                    Gib Zeilen 1 bis 4 mit Zeilennummern aus
1      eins
2      zwei
3      drei                     Ausgabe der Zeilen 1 bis 4 mit Zeilennummern
4      vier
*;n    ⏎                Gib alle Zeilen ab aktueller Zeile mit Zeilennummern aus
4      vier
5      fuenf
6      sechs
7      sieben           Ausgabe der Zeilen ab der aktuellen Zeile (Zeile 4) bis zum
8      acht                                        Dateiende mit Zeilennummern
9      neun
10     zehn
11     elf
12     zwoelf
*/fue/ ⏎                   Mache Zeile mit String »fue« zur aktuellen Zeile
fuenf                         Ausgabe der neuen aktuellen Zeile (Zeile 5)
*10;12n ⏎                             Gib Zeilen 10 bis 12 mit Zeilennummern aus
10     zehn
11     elf                  Ausgabe der Zeilen 10 bis 12 mit Zeilennummern
12     zwoelf
*n     ⏎                              Gib aktuelle Zeile mit Zeilennummer aus
12     zwoelf             Ausgabe der aktuellen Zeile (12) mit Zeilennummer
*5;6n  ⏎                              Gib Zeilen 5 bis 6 mit Zeilennummern aus
5      fuenf              Ausgabe der Zeilen 5 bis 6 mit Zeilennummern
6      sechs
*n     ⏎                              Gib aktuelle Zeile mit Zeilennummer aus
6      sechs              Ausgabe der aktuellen Zeile (6) mit Zeilennummer
*5     ⏎                              Mache 5.Zeile zur aktuellen Zeile
fuenf                         Ausgabe der neuen aktuellen Zeile (Zeile 5)
*-1;+2n ⏎      Gib von vorhergeh. Zeile (neue akt. Zeile wegen ;) ab noch 2
4      vier                                               weitere Zeilen aus.
5      fuenf              Ausgabe der Zeilen 4 bis 6 mit Zeilennummern
6      sechs
*-1,+3n ⏎             Gib von vorhergeh. Zeile bis 3 Zeilen nach akt. Zeile aus
5      fuenf                                            aktuelle Zeile: 6
6      sechs          Ausgabe der Zeilen 5 (6-1) bis 9 (6+3) mit Zeilennummern
7      sieben
8      acht
9      neun
*-5,-2n ⏎             Gib von 5 Zeilen vor bis 2 Zeilen vor akt. Zeile aus
4      vier                                             aktuelle Zeile: 9
5      fuenf          Ausgabe der Zeilen 4 (9-5) bis 7 (9-2) mit Zeilennummern
6      sechs
7      sieben
```

```
*/eins/,4n  [↵]                    Gib von Zeile mit String »eins« bis 4.Zeile aus
1     eins                Ausgabe von Zeile 1 (enthält String »eins«) bis 4.Zeile mit Zei-
2     zwei                                              lennumerierung
3     drei
4     vier
*/eins/+2,6n  [↵]                 Gib von Zeile mit String »eins« + 2 bis zur 6.Zeile aus
3     drei                 Ausgabe von Zeile 3 (Zeile 1 enthält String »eins«: 1+2) bis
4     vier                                    6.Zeile mit Zeilennumerierung
5     fuenf
6     sechs
*/eins/,/vier/n  [↵]            Gib von Zeile mit String »eins« bis Zeile mit String »vier« aus
1     eins                 Ausgabe von 1.Zeile (enthält String »eins«) bis 4.Zeile (enthält
2     zwei                                 String »vier«) mit Zeilennumerierung
3     drei
4     vier
*/eins/+,?vier?-2n  [↵]          Gib von Zeile mit »eins"+1 bis Zeile mit »vier«-2 aus
2     zwei                     Ausgabe von Zeile 2 (1+1 bis 4-2) mit Numerierung
*?zwei?-,/vier/+n  [↵]         Gib von Zeile mit Str. »zwei«-1 bis Zeile mit Str. »vier"+1 aus
1     eins                 Ausgabe von Zeile 1 (Zeile 2 enthält String »zwei«: 2-1) bis Zeile
2     zwei                 5 (Zeile 4 enthält String »vier«: 4+1) mit Zeilennumerierung
3     drei
4     vier
5     fuenf
*?vier?---,?fuenf?--n  [↵]       Gib von Zeile mit »vier«-3 bis Zeile mit »fuenf«-2 aus
1     eins                 Ausgabe von Zeile 1 (Zeile 4 enthält String »vier«: 4-3) bis Zeile
2     zwei                 3 (Zeile 5 enthält String »fuenf«: 5-2) mit Zeilennumerierung
3     drei
*,n  [↵]                                 Gib alle Zeilen mit Zeilennummern aus
1     eins
2     zwei
3     drei
4     vier
5     fuenf                         Ausgabe aller Zeilen mit Zeilennummern
6     sechs
7     sieben
8     acht
9     neun
10    zehn
11    elf
12    zwoelf
*3n  [↵]                                 Gib 3.Zeile mit Zeilennummer aus
3     drei                        Ausgabe der 3.Zeilen mit Zeilennummer
*/fuenf/n  [↵]                      Gib Zeile aus, die den String »fuenf« enthält
5     fuenf                       Ausgabe der 5.Zeile mit Zeilennummer
*-n  [↵]                         Gib vor akt. Zeile stehende Zeile mit Nummer aus
4     vier                        Ausgabe der 4.Zeile mit Zeilennummer
*w  [↵]                       Pufferinhalt mit w (write) in der Datei zahlen sichern
65                          ed meldet Anzahl der abgespeicherten Zeichen
*q  [↵]                                       Verlassen von ed
$ ■
```

9.1.5   Regulärer Ausdruck

Ein *regulärer Ausdruck* ist ein Ausdruck, welcher Strings spezifiziert und / oder über Vorschriften beschreibt, welche Strings durch ihn abgedeckt sind.

Bei **ed** gelten die folgenden Regeln für reguläre Ausdrücke:

1. Die Metazeichen von regulären Ausdrücken sind: . * [ ] \ ^ $
   Metazeichen haben eine Sonderbedeutung.

2. Ein einfacher regulärer Ausdruck ist einer der folgenden:

   ▸ *Einfaches Zeichen*, aber kein Metazeichen

   ▸ Das *Metazeichen* \, um Sonderbedeutung eines Metazeichens auszuschalten (z.B *)

   ▸ ^ steht für Anfang einer Zeile, wenn es als erstes Zeichen angegeben ist.

   ▸ $ steht für Ende einer Zeile, wenn es als letztes Zeichen angegeben ist.

   ▸ . steht für jedes beliebige Zeichen, außer Neuezeile-Zeichen

   ▸ Eine *Klasse von Zeichen*: z.B. [ABC] deckt eines der Zeichen A, B oder C ab

   ▸ Eine *Klasse von Zeichen mit Abkürzungen*: z.B. deckt [a-zA-Z] alle Buchstaben ab (nicht Umlaute)

   ▸ Eine *Komplement-Klasse von Zeichen*: z.B. deckt [^0-9] alle Zeichen außer die Ziffern und das Neuezeile-Zeichen ab

3. Operatoren, um reguläre Ausdrücke zu größeren zusammenzufassen

   ▸ *Konkatenation*: AB: AB deckt A unmittelbar gefolgt von B ab.

   ▸ *null-oder-beliebig-viele*: A* deckt kein, ein oder mehr A ab

   ▸ *runde Klammern*: \(r\) deckt gleiche Strings wie der ungeklammerte reguläre Ausdruck r ab

   ▸ *Wiederholungen*[1]:
   ($=m$): $z\setminus\{m\setminus\}$ deckt genau m Vorkommen von z ab
   ($>=m$): $z\setminus\{m,\setminus\}$ deckt mindestens m Vorkommen von z ab
   ($>=m$ und $<=n$): $z\setminus\{m,n\setminus\}$ deckt eine beliebige Anzahl zwischen m und n Vorkommen von z ab

   ▸ *n-ter Teilausdruck*: \n deckt den gleichen String ab, wie ein im selben regulären Ausdruck zuvor angegebener \(Ausdruck\). n muß eine Ziffer sein und spezifiziert den n.ten \(Ausdruck\); z.B. deckt ^\(.*\)\1$ eine Zeile ab, welche sich aus zwei gleichen Strings zusammensetzt.

Ein regulärer Ausdruck deckt einen String nach der *longest leftmost*-Regel ab.

---

1. Im folgenden steht:
   z für reguläre Ausdrücke, welche ein Zeichen abdecken
   m und n für nichtnegative ganze Zahlen kleiner als 256

»**leftmost**« (am weitesten links stehend):

Zeileninhalt: XXXXX

regulärer Ausdruck /**X**/ deckt dann den unterstrichenen Teil ab:

X̲XXXX

z. B. würde **s/X/A/** folgenden neuen Zeileninhalt ergeben: AXXXX[1]

»**longest**« (längster):

1. Zeileninhalt: XXXXYZ
   regulärer Ausdruck /**X***/ deckt dann den unterstrichenen Teil ab:
   X̲X̲X̲X̲YZ
   z. B. würde **s/X*/A/** folgenden neuen Zeileninhalt ergeben: AYZ

2. Zeileninhalt: ABCABCD
   regulärer Ausdruck /**.*C**/ deckt dann den unterstrichenen Teil ab:
   A̲B̲C̲A̲B̲C̲D
   z. B. würde **s/.*C/R/** folgenden neuen Zeileninhalt ergeben: RD

»**leftmost**« hat dabei immer höhere Priorität als »**longest**«:

Zeileninhalt: X-YYYYX
regulärer Ausdruck /**Y*X**/ [2] deckt dann den unterstrichenen Teil ab:
X̲-YYYYX
z. B. würde **s/Y*X/A/** folgenden neuen Zeileninhalt ergeben:A-YYYYX

Im folgenden werden nun die einzelne Konstrukte nochmals genauer beschrieben.

9.1.6   Einfache Zeichen und Metazeichen

Ein regulärer Ausdruck, in welchem nur Nicht-Metazeichen angegeben sind, deckt genau dieses eine Zeichen ab. Wenn die Sonderbedeutung eines Metazeichens auszuschalten ist, damit der reguläre Ausdruck das Zeichen selbst abdeckt, so muß diesem Metazeichen ein Backslash \ vorangestellt werden; z. B. repräsentiert * das Zeichen *.

```
$ pwd  ⏎                          Zeige working directory
/home/egon/uebung1               Ausgabe des working directorys
$ ed  -p*  zahlen  ⏎              Aufruf von ed
65                       Ausgabe der Anzahl der gelesenen Bytes
*5  ⏎                     Mache 5.Zeile zur aktuellen Zeile
fuenf                    Ausgabe der aktuellen Zeile (5)
*/o/  ⏎        Mache Zeile, die Zeichen »o« enthält, zur akt. Zeile
zwoelf                   Ausgabe der aktuellen Zeile (12)
```

---

1. Hier wird bereits das **ed**-Kommando **s** verwendet, um eine Textersetzung in einem String vorzunehmen.
2. **Y*** bedeutet dabei: kein Y oder ein Y oder mehr Y

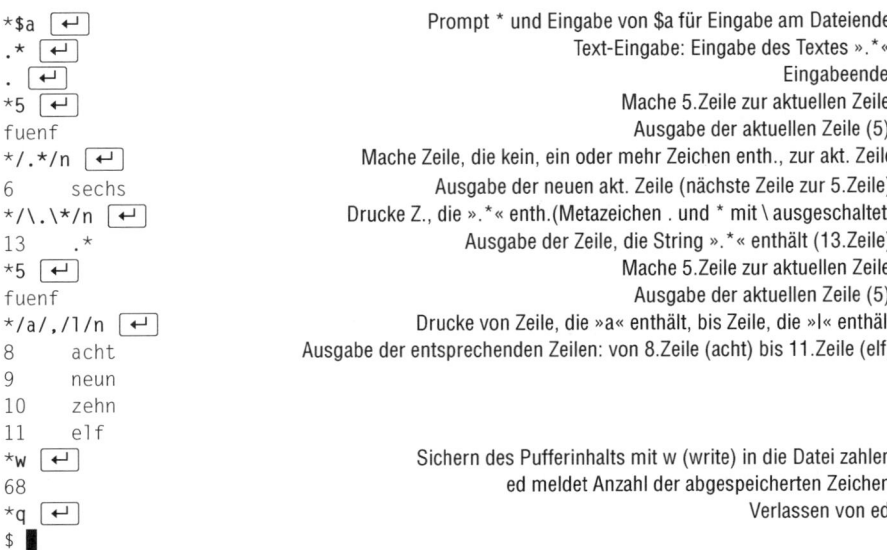

```
*$a  ⏎                    Prompt * und Eingabe von $a für Eingabe am Dateiende
.*   ⏎                    Text-Eingabe: Eingabe des Textes ».*«
.    ⏎                    Eingabeende
*5   ⏎                    Mache 5.Zeile zur aktuellen Zeile
fuenf                     Ausgabe der aktuellen Zeile (5)
*/.*/n  ⏎                 Mache Zeile, die kein, ein oder mehr Zeichen enth., zur akt. Zeile
6     sechs              Ausgabe der neuen akt. Zeile (nächste Zeile zur 5.Zeile)
*/\.\*/n  ⏎              Drucke Z., die ».*« enth.(Metazeichen . und * mit \ ausgeschaltet)
13     .*                Ausgabe der Zeile, die String ».*« enthält (13.Zeile)
*5   ⏎                    Mache 5.Zeile zur aktuellen Zeile
fuenf                     Ausgabe der aktuellen Zeile (5)
*/a/,/l/n  ⏎             Drucke von Zeile, die »a« enthält, bis Zeile, die »l« enthält
8     acht               Ausgabe der entsprechenden Zeilen: von 8.Zeile (acht) bis 11.Zeile (elf)
9     neun
10    zehn
11    elf
*w   ⏎                    Sichern des Pufferinhalts mit w (write) in die Datei zahlen
68                        ed meldet Anzahl der abgespeicherten Zeichen
*q   ⏎                    Verlassen von ed
$ ▮
```

^, $ und .

Die Zeichen ^ und $ stehen für Anfang und Ende einer Zeile. Der Punkt . steht für jedes beliebige einzelne Zeichen.

Beispiel

^D	deckt eine Zeile ab, die mit D beginnt
D$	deckt eine Zeile ab, die mit D endet
^D$	deckt eine Zeile ab, die nur das Zeichen D enthält
^.$	deckt eine Zeile ab, die genau ein Zeichen enthält
^$	deckt eine Leerzeile ab
^...$	deckt eine Zeile ab, die genau 3 Zeichen enthält
...	deckt beliebige 3 aufeinanderfolgende Zeichen ab
^e..	deckt eine Zeile ab, die mit e beginnt und mindestens noch 2 weitere Zeichen enthält
^\.	deckt einen Punkt am Anfang einer Zeile ab

```
$ pwd  ⏎                  Zeige working directory
/home/egon/uebung1        Ausgabe des working directorys
$ ed  -p* zahlen  ⏎       Aufruf von ed
68                        Ausgabe der Anzahl der gelesenen Bytes
*5   ⏎                    Mache 5.Zeile zur aktuellen Zeile
fuenf                     Ausgabe der aktuellen Zeile (5)
*/s$/,/^e/n  ⏎           Drucke von Zeile, die mit »s« endet, bis Zeile, die
6     sechs                    mit »e« beginnt
7     sieben             Ausgabe von 6.Zeile (endet mit »s«) bis 11.Zeile
8     acht                    (beginnt mit »e«)
9     neun
10    zehn
11    elf
```

```
*5  [↵]                                          Mache 5.Zeile zur aktuellen Zeile
fuenf                                           Ausgabe der aktuellen Zeile (5)
*/^......$/,/^e.f$/n  [↵]              Drucke von Zeile, die genau 6 Zeichen hat, bis
7     sieben                       Zeile, die mit »e« beginnt, dann beliebiges Zeichen
8     acht                                            hat und mit »f« endet
9     neun                               Ausgabe von 7.Zeile (hat genau 6 Zeichen) bis
10    zehn                              11.Zeile (beginnt mit »e«, gefolgt von weiterem
11    elf                                         Zeichen und endet mit »f«)
*?....?,/^z/n  [↵]                  Drucke von Zeile (rückwärts), die mindestens 4
10    zehn                                  Zeichen hat, bis Zeile (vorwärts),
11    elf                                            die mit »z« beginnt
12    zwoelf                             Ausgabe von 10.Zeile (hat genau 4 Zeichen) bis
*q  [↵]                                            12.Zeile (beginnt mit »z«)
$ ▮                                                  Verlassen von ed
```

9.1.7   Klasse von Zeichen (mit und ohne Abkürzungen)

Zeichen können zu einer Zeichenklasse zusammengefasst werden, indem sie mit [..] geklammert werden.

Die [..] angegebenen Zeichen decken genau ein Zeichen ab, wenn dieses in [..] angegeben ist.

Beispiel   **[AFrG]** deckt eines der Zeichen A, F, r oder G ab.

```
$ pwd  [↵]                                          Zeige working directory
/home/egon/uebung1                                 Ausgabe des working directorys
$ ed  -p*  zahlen  [↵]                                      Aufruf von ed
68                                        Ausgabe der Anzahl der gelesenen Bytes
*5  [↵]                                          Mache 5.Zeile zur aktuellen Zeile
fuenf                                           Ausgabe der aktuellen Zeile (5)
*/^[ots]/,/^[mn]/n  [↵]              Drucke von der Zeile, die mit »o«,"t« oder »s«
6     sechs                        beginnt, bis zu der Zeile, die mit »m« oder »n«
7     sieben                                            beginnt
8     acht                          Ausgabe von 5.Zeile (beginnt mit »s«) bis 9.Zeile
9     neun                                         (beginnt mit »n«)
*q  [↵]                                              Verlassen von ed
$ ▮
```

Wenn ein ganzer Zeichenbereich abzudecken ist, so kann der Bindestrich verwendet werden, wobei das links davon stehende Zeichen die untere Grenze und das rechts davon stehende die obere Grenze festlegt (gemäß ASCII-Tabelle).

Beispiel   **[0-9]**   deckt eine Ziffer ab.
                [a-zA-Z][0-9]   deckt einen beliebigen Buchstaben[1] gefolgt von einer
                                       Ziffer ab.

---

1. keine Umlaute oder ß

```
$ pwd  ⏎                                          Zeige working directory
/home/egon/uebung1                        Ausgabe des working directorys
$ ed  -p* zahlen  ⏎                                         Aufruf von ed
68                                     Ausgabe der Anzahl der gelesenen Bytes
*5  ⏎                                        Mache 5.Zeile zur aktuellen Zeile
fuenf                                      Ausgabe der aktuellen Zeile (5)
*/[r-z]$/,/^.[s-w]/n  ⏎          Drucke von Zeile, die mit einem Buchstaben aus r
6      sechs                       bis z endet, bis zur Zeile, die als 2.Zeichen einen
7      sieben                                    Buchstaben aus s bis w hat
8      acht
9      neun                        Ausgabe von 6.Zeile (endet mit »s«) bis 12.Zeile
10     zehn                              (hat als 2.Zeichen den Buchstaben »w«)
11     elf
12     zwoelf
*q  ⏎                                                     Verlassen von ed
$ ▮
```

Fehlt der linke oder rechte Operand zu einem Bindestrich, so deckt er sich selbst
(Bindestrich) ab und es handelt sich um keine Bereichsangabe.

Beispiel **[+-]**   deckt ein + oder – ab.

[-+]   deckt ein + oder – ab.

[-A-Za-z_]   deckt alle Buchstaben[1] einschließlich Bindestrich und Unterstrich
ab.

Erscheint ein] direkt nach [, so handelt es sich hierbei nicht um die schließende
eckige Klammer, sondern um die Angabe des Zeichens] innerhalb von [..].

Beispiel:

[]A-Z] deckt das Zeichen] und alle Großbuchstaben[2] ab.

[[A-Z] deckt das Zeichen [und alle Großbuchstaben ab.

9.1.8   Komplement-Klasse von Zeichen (Negation)

Eine Komplement-Klasse von Zeichen ist eine Zeichenklasse, in der als 1.Zei-
chen ^ angegeben ist. Eine solche Klasse deckt genau ein Zeichen ab, wenn dieses nicht in [^ ..] vorkommt.

Beispiel **[^a-z]**   deckt ein Zeichen ab, wenn dies kein Kleinbuchstabe ist.

[^AEIOUaeiou]   deckt ein Zeichen ab, wenn dies kein Vokal ist.

^[AEIOUaeiou]   deckt jede Zeile ab, die mit einem Vokal beginnt.

^[^AEIOUaeiou]$ deckt jede Zeile ab, die nur aus einem Zeichen besteht, wel-
ches kein Vokal ist.

---

1. keine Umlaute oder ß
2. keine Umlaute oder ß

```
$ pwd  ⏎
/home/egon/uebung1
$ ed  -p+  zahlen  ⏎
68
+5  ⏎
fuenf
+/^[^s-z]/,/[^n-x]$/n  ⏎
8     acht
9     neun
10    zehn
11    elf
+q  ⏎
$ ▮
```
                                                    Zeige working directory
                                              Ausgabe des working directorys
                                                             Aufruf von ed
                                        Ausgabe der Anzahl der gelesenen Bytes
                                            Mache 5.Zeile zur aktuellen Zeile
                                             Ausgabe der aktuellen Zeile (5)
                            Drucke von Zeile, die mit einem Zeichen außerhalb
                               des Bereichs s – z beginnt, bis zur Zeile, die mit
                            einem Zeichen außerhalb des Bereichs n – x endet
                            Ausgabe von 8.Zeile (beginnt mit »a«) bis 11.Zeile
                                                         (endet mit »f«)
                                                          Verlassen von ed

Außer den Zeichen \, ^ (am Anfang) und – (zwischen 2 Zeichen) repräsentieren
alle Zeichen innerhalb einer Zeichenklasse sich selbst.

Beispiel **[$]**   deckt das Zeichen $ ab.
              ^[^^]   deckt außer ^ alle Zeichen am Anfang einer Zeile ab.

Erscheint ein] direkt nach [^, so handelt es sich hierbei nicht um die schließende
eckige Klammer, sondern um die Angabe des Zeichens] innerhalb von [^ ..].

[^]x]   deckt ein Zeichen ab, das kein] und kein x ist.
^[\^]   deckt eine Zeile ab, die als erstes Zeichen ein ^ enthält.

9.1.9   Konkatenation

Für Konkatenation ist kein eigener Operator vorgesehen. Wenn r1 und r2 reguläre Ausdrücke sind, dann deckt r1r2[1] einen String der Form s1s2 ab, wobei r1
den Teilstring s1 und r2 den Teilstring s2 abdecken muß.

```
$ pwd  ⏎
/home/egon/uebung1
$ ed  -p+  zahlen  ⏎
68
+5  ⏎
fuenf
+/^s[f-m]/,/acht/n  ⏎
7     sieben
8     acht
+?^[a-f][a-z]?,/sieben/n  ⏎
5     fuenf
6     sechs
7     sieben
+q  ⏎
$ ▮
```
                                                    Zeige working directory
                                              Ausgabe des working directorys
                                                             Aufruf von ed
                                        Ausgabe der Anzahl der gelesenen Bytes
                                            Mache 5.Zeile zur aktuellen Zeile
                                             Ausgabe der aktuellen Zeile (5)
                            Drucke von Zeile, die mit »s« beginnt und danach
                               einen Buchst. aus f bis m hat, bis zur Zeile, die
                                                       String »acht« enthält.
                            Drucke von Zeile (rückwärts), die mit Buchst. a-f
                             beginnt und als 2.Zeichen einen Kleinbuchst. hat,
                                  bis zur Zeile, die String »sieben« enthält.
                            Ausgabe von 5.Zeile (beginnt mit »fu«) bis 7.Zeile
                                                          Verlassen von ed

---

1. kein Leerzeichen zwischen r1 und r2

9.1.10   null-oder-beliebig-viele

Wenn r ein regulärer Ausdruck ist, dann deckt r* jeden String ab, welcher sich aus null-oder-beliebig-viele aufeinanderfolgende Teil-Strings zusammensetzt, die jeweils durch r abgedeckt sind.

Beispiel

B*	deckt den Null-String, »B«, »BB«, »BBB«, usw. ab.
AB*C	deckt die Strings »AC«, »ABC«, »ABBC«, »ABBBC«, usw. ab.
ABB*C	deckt die Strings »ABC«, »ABBC«, »ABBBC«, usw. ab.

```
$ pwd  ⏎                                          Zeige working directory
/home/egon/uebung1                                Ausgabe des working directorys
$ ed  -p+  zahlen  ⏎                                            Aufruf von ed
68                                        Ausgabe der Anzahl der gelesenen Bytes
+5  ⏎                                     Mache 5.Zeile zur aktuellen Zeile
fuenf                                       Ausgabe der aktuellen Zeile (5)
+?^.[sa-o][sa-o]*$?,/^.[a-n][a-n]*$/n        Drucke von Zeile (rückwärts), die mindestens 2
  ⏎                                          Zeichen und ab 2.Zeichen nur Buchst. »s« oder a
1      eins                                  bis o enthält, bis zur Zeile (vorwärts), die minde-
2      zwei                                  stens 2 Zeichen und ab 2.Zeichen nur Buchst. aus
3      drei                                                         a bis n enthält.
4      vier                                  Ausgabe von 1.Zeile (enthält »eins«) bis 7.Zeile
5      fuenf                                                      (enthält »sieben«)
6      sechs
7      sieben
+q  ⏎                                                        Verlassen von ed
$ █
```

9.1.11   \runde Klammern

Die runden Klammern mit vorangestelltem \ werden in regulären Ausdrücken verwendet, um Teilausdrücke innerhalb eines regulären Ausdrucks zu kennzeichnen. Dabei sind mehrere solche Klammerungen in einem regulären Ausdruck möglich. Später kann dann mit \n auf den durch den n-ten Teilausdruck abgedeckten String (nur innerhalb desselben regulären Ausdrucks) verwiesen werden.

Beispiel

```
$ pwd  ⏎                                          Zeige working directory
/home/egon/uebung1                                Ausgabe des working directorys
$ ed  -p+  zahlen  ⏎                                            Aufruf von ed
68                                        Ausgabe der Anzahl der gelesenen Bytes
+5  ⏎                                     Mache 5.Zeile zur aktuellen Zeile
fuenf                                       Ausgabe der aktuellen Zeile (5)
+/^\(.\).*\1$/n  ⏎                           Drucke nächste Zeile, deren erstes und letztes Zei-
6      sechs                                 chen gleich ist – 6.Zeile (enthält »sechs«)
+q  ⏎                                                        Verlassen von ed
$ █
```

9.1.12   Wiederholungen mit \{..\}

Im folgenden steht

z   für reguläre Ausdrücke, welche ein Zeichen abdecken
m und n   für nichtnegative ganze Zahlen kleiner als 256:

▸   genau *m* Wiederholungen: $z\backslash\{m\backslash\}$

▸   mindestens *m* Wiederholungen: $z\backslash\{m,\backslash\}$

▸   zwischen *m* und *n* Wiederholungen: $z\backslash\{m,n\backslash\}$

Beispiel	`$ pwd` ⏎	Zeige working directory

```
$ pwd  ⏎                                          Zeige working directory
/home/egon/uebung1                                Ausgabe des working directorys
$ ed  -p+  zahlen  ⏎                              Aufruf von ed
68                                                Ausgabe der Anzahl der gelesenen Bytes
+5  ⏎                                             Mache 5.Zeile zur aktuellen Zeile
fuenf                                             Ausgabe der aktuellen Zeile (5)
+/^.\{4\}$/,/^.\{3\}$/n  ⏎                         Drucke von Zeile, die genau 4 Zeichen enthält, bis zur
8     acht                                        Zeile, die genau 3 Zeichen enthält
9     neun                                        Ausgabe von 8.Zeile (enthält genau 4 Zeichen) bis
10    zehn                                        11.Zeile (enthält genau 3 Zeichen)
11    elf
+5  ⏎                                             Mache 5.Zeile zur aktuellen Zeile
fuenf                                             Ausgabe der aktuellen Zeile (5)
+/^.\{6\}$/,/^.\{3\}$/n  ⏎                         Drucke von Zeile, die genau 6 Zeichen enthält, bis zur
7     sieben                                      Zeile, die genau 3 Zeichen enthält
8     acht                                        Ausgabe von 7.Zeile (enthält genau 6 Zeichen) bis
9     neun                                        11.Zeile (enthält genau 3 Zeichen)
10    zehn
11    elf
+5  ⏎                                             Mache 5.Zeile zur aktuellen Zeile
fuenf                                             Ausgabe der aktuellen Zeile (5)
+/^[a-m]\{3,\}/,/[e-o]\{3,4\}$/n  ⏎               Drucke von Zeile, deren erste 3 Zeichen nur
8     acht                                        Buchst. aus a bis m sind, bis zur Zeile, deren
9     neun                                        letzten 3 oder 4 Zeichen nur Buchst. aus e bis o sind
10    zehn                                        Ausgabe von 8. bis 10. Zeile
+q  ⏎                                             Verlassen von ed
$ ▮
```

9.1.13   n-ter Teilausdruck

$\backslash n$ deckt den gleichen String ab, wie ein im selben regulären Ausdruck zuvor angegebener $\backslash$(Teilausdruck$\backslash$). *n* muß eine Ziffer sein und spezifiziert (von links gezählt) den *n*.ten $\backslash$(Teilausdruck$\backslash$).

Beispiel

```
$ pwd  ⏎                                                                  Zeige working directory
/home/egon/uebung1                                                        Ausgabe des working directorys
$ ed  -p+  dummi  ⏎                                                       Aufruf von ed
?dummi                                                          ed meldet, daß dummi noch nicht existiert
+a  ⏎                                                           ed-Befehl a, um Text einzugeben
das ist das Haus, das  ⏎                                                  Texteingabe
ich schon immer gesucht habe  ⏎
der Mann, der der Trunksucht verfiel,  ⏎
ist fast nie mehr nuechtern  ⏎
.  ⏎                                                                      Eingabeende
+1  ⏎                                                           Mache 1.Zeile zur aktuellen Zeile
das ist das Haus, das                                                    Ausgabe der aktuellen Zeile (1)
+/^\([^ ][^ ]*\).*\1.*\1.*$/n  ⏎                                Drucke Zeile, in der 1.Wort 3 mal vorkommt
3       der Mann, der der Trunksucht verfiel,                  Ausgabe der entsprechenden Zeile
+/^\([^ ][^ ]*\).*\1.*\1.*$/n  ⏎                                Drucke nächste Zeile, in der 1.Wort insge-
1       das ist das Haus, das                                              samt 3 mal vorkommt
+w  ⏎                                                                      Sichere Datei dummi
117                                                             Anzahl der gespeicherten Zeichen
+q  ⏎                                                                      Verlassen von ed
$ ▮
```

Hinweis

Um auszudrücken, daß ein Zeichen z mindestens einmal durch einen regulären Ausdruck abgedeckt wird, sollte nicht **z*** verwendet werden, da dies auch den Leerstring abdeckt. Statt dessen sollte **zz*** angegeben werden.

Beispiele:

1. Folgende Zeichenkette ist gegeben: BAAAB
   A*B würde nur B (<u>B</u>AAAB) abdecken.
   AA*B dagegen würde AAAB (B<u>AAAB</u>) abdecken.

2. Folgende Zeile ist gegeben: das ist ein Test
   [^A-Z]*.   würde nur »d« (<u>d</u>as ist ein Test) abdecken
   [^A-Z][^A-Z]*.   dagegen würde »das ist ein T« (<u>das ist ein T</u>est) abdecken.

Hinweis

Die Angabe von **//** (Vorwärts-Adressierung) bzw. **??** (Rückwärts-Adressierung) ist äquivalent zum zuletzt angegebenen /*regulärer Ausdruck*/ bzw. ?*regulärer Ausdruck*?, je nachdem, welche dieser beiden Angaben als letzte erfolgte.

Beispiel

```
$ pwd  ⏎                                                                  Zeige working directory
/home/egon/uebung1                                                        Ausgabe des working directorys
$ ed  -p+  dummi  ⏎                                                       Aufruf von ed
117
+1  ⏎                                                           Mache 1.Zeile zur aktuellen Zeile
das ist das Haus, das
+/^\([^ ][^ ]*\).*\1.*\1.*$/n  ⏎                                Drucke Zeile, in der das 1.Wort insgesamt
3       der Mann, der der Trunksucht verfiel,                             3 mal vorkommt
+//n  ⏎                                                         Drucke nächste Zeile, in der 1.Wort insge-
1       das ist das Haus, das                                             samt 3 mal vorkommt
```

```
+//n  ⏎
3        der Mann, der der Trunksucht verfiel,
+//n  ⏎
1        das ist das Haus, das
+??n  ⏎
3        der Mann, der der Trunksucht verfiel,
+??n  ⏎
1        das ist das Haus, das
+q  ⏎
$ ▮
```

Drucke nächste Zeile, in der 1.Wort insge-
samt 3 mal vorkommt
Drucke nächste Zeile, in der 1.Wort insge-
samt 3 mal vorkommt
Drucke Zeile (rückwärts), in der 1.Wort
insges.3 mal vorkommt
Drucke nächste Zeile (rückwärts), in der
1.Wort 3 mal vorkommt
Verlassen von ed

9.1.14 ed-Kommandos

Die einzelnen Editier-Kommandos können keine, eine oder zwei Adressen
erfordern. Wird bei Kommandos, die keine Adreßangabe erlauben, eine
Adresse angegeben, so wertet **ed** dies als Fehler und führt das Kommando nicht
aus. Wenn Kommandos, die eine oder 2 Adressen erlauben, ohne Angabe von
Adressen aufgerufen werden, so werden dafür sogenannte *default*-Adressen
(voreingestellte Adressen) verwendet. Werden bei Kommandos, die eine
Adresse erlauben, 2 Adressen angegeben, so wird die zuletzt angegebene
Adresse verwendet.

In einer Zeile darf immer nur ein Editier-Kommando angegeben werden, allerdings darf am Ende fast aller Kommandos (außer **e**, **f**, **r** und **w**) eines der folgenden Kommandos angehängt werden.

Kommando	Wirkung
l	(**l***ist*) Listen der adressierten Zeilen
n	(**n***umber*) Ausgabe der adressierten Zeilen mit Zeilennummern
p	(**p***rint*) Ausgabe der adressierten Zeilen ohne Zeilennummern

In der folgenden Liste der **ed**-Kommandos werden die *default*-Adressen in eckigen Klammern[1] davor angegeben. Aus dieser Angabe ist zugleich auch erkennbar, wie viele Adressen die einzelnen Kommandos erlauben. Zudem werden folgende Abkürzungen dort verwendet:

Abkürzung	Beschreibung
RA	für Regulärer Ausdruck
kdos	für **ed**-Kommandos
ers	für Ersetzungstext

---

1. die eckigen Klammern sind nicht Bestandteil der Adreßangabe

In runden Klammern wird danach der englische Name angegeben, von dem dieses Kommando seinen Namen erhielt. In geschweiften Klammern wird zusätzlich noch die aktuelle Zeile nach Ausführung dieses Kommandos angegeben.

[.]**a**
text
.   (**a**ppend)   {zuletzt eingegebene Zeile}

fügt den eingegebenen *text* nach der adressierten Zeile ein. Der Abschluß der *text*-Eingabe erfolgt mit . (Punkt) als einzigem Zeichen einer Zeile. **0a** ist für dieses Kommando erlaubt und bedeutet: Einfügen ganz am Anfang des Arbeitspuffers

[.,.]**c**
text
.   (**c**hange)   {zuletzt eingegebene Zeile}

ersetzt den adressierten Zeilenbereich durch den eingegebenen *text*. Der Abschluß der *text*-Eingabe erfolgt mit . (Punkt) als einziges Zeichen einer Zeile

		{den gelöschten Zeilen folgende Zeile; wenn danach keine mehr
[.,.]**d**	(**d**elete)	existiert, dann die neue letzte Zeile}

löscht den adressierten Zeilenbereich

e *dateiname*   (**e**dit)   {letzte Zeile}

liest den Inhalt der Datei *dateiname* in den Arbeitspuffer. Der alte Inhalt des Arbeitspuffers wird dabei überschrieben. Wenn der Pufferinhalt seit der letzten Änderung nicht gesichert wurde, so wird eine Warnung ausgegeben und das **e**-Kommando nicht ausgeführt. Möchte man diese Änderungen auf keinen Fall sichern, so kann **e** unmittelbar noch einmal aufgerufen werden; dann wird es auf jeden Fall ausgeführt.

Für *dateiname* kann auch **!unix-kommando** angegeben werden; es wird dann die Ausgabe des **unix-kommando** in den Arbeitspuffer geschrieben; z.B. würde **e !pwd** den Pfadnamen des working directorys in den Puffer schreiben

E *dateiname*   (**E**dit)   {letzte Zeile}

arbeitet wie **e**, wobei allerdings die Warnung unterdrückt wird, wenn seit der letzten Änderung des Pufferinhalts keine Sicherung auf Datei (mit **w**) vorgenommen wurde.

f *dateiname*	(**f**ile)	{unverändert}

ed merkt sich den angegebenen *dateiname*. Wird nur **f** ohne Angabe eines *dateiname* aufgerufen, so wird der momentan gemerkte Dateiname ausgegeben.

		{wird immer die Zeile, die der reguläre Ausdruck *RA* gerade
[1,$]**g**/*RA*/*kdos*	(**g**lobal)	abdeckt}

führt die angegebenen *kdos* für alle Zeilen aus, die der reguläre Ausdruck *RA* adressiert. Wird mehr als ein *kdo* angegeben, so muß jedes einzelne *kdo* in einer eigenen Zeile stehen, die mit dem Fortsetzungszeichen \ (außer letzte *kdo*-Zeile) abzuschließen ist. Die Kommandos **g**, **G**, **v** und **V** sind hierbei nicht erlaubt. Werden überhaupt keine *kdos* angegeben, so wird das **ed**-Kommando **p** angenommen.

		{wird immer die Zeile, die der reguläre Ausdruck *RA* gerade
[1,$]**G**/*RA*/	(**G**lobal)	abdeckt}

ist die interaktive Version des **g**-Kommandos. Hierbei werden nacheinander die Zeilen angezeigt, die der reguläre Ausdruck *RA* adressiert. Nun kann für jede einzelne dieser Zeilen ein Kommando (nicht: **a**, **c**, **i**, **g**, **G**, **v**, **V**) eingegeben werden. Dieses wird dann für diese Zeile ausgeführt und dann die nächste durch *RA* adressierte Zeile angezeigt. Die Eingabe von **&** führt das zuletzt eingegebene Kommando nochmals aus.

Soll für eine Zeile kein Kommando eingegeben werden, so ist dies durch die alleinige Eingabe von ⏎ möglich. **G** kann mit **intr** (DEL- oder BREAK-Taste) abgebrochen werden.

h	(**h**elp)	{unverändert}

gibt eine kurze Erklärung zur letzten ? Warnung

H	(**H**elp)	{unverändert}

schaltet **ed** in einen Modus um, in dem statt der wenig aussagekräftigen Fehlermeldung ? immer ein Fehlertext ausgegeben wird

[.]**i**		
text		
.	(**i**nsert)	{zuletzt eingegebene Zeile}

fügt den eingegebenen *text* vor der adressierten Zeile ein. Der Abschluß der *text*-Eingabe erfolgt mit . (Punkt) als einziges Zeichen einer Zeile. Die Adresse **0** ist für dieses Kommando nicht erlaubt.

[.,.+1]**j**   (**j**oin)   {zusammengefügte Zeile}

macht aus den adressierten Zeilen eine Zeile, indem es die abschließenden
Neuezeile-Zeichen in allen adressierten Zeilen (außer der letzten) entfernt.
Wenn nur eine Adresse angegeben ist, hat **j** keinerlei Wirkung

[.]**k***x*   (*mark*)   {unverändert}

markiert die adressierte Zeile mit *x* (muß ein Kleinbuchstabe sein). *'x* als Adreßangabe adressiert dann diese Zeile.

[.,.]**l**   (**l**ist)   {zuletzt ausgegebene Zeile}

gibt die adressierten Zeilen aus; dabei werden einige nicht druckbare Zeichen
(wie *Backspace*, Tabulatorzeichen) in mnemotechnischer Darstellung und alle
anderen nicht druckbaren Zeichen als Oktalwerte ausgegeben. Zusätzlich werden überlange Zeilen in mehreren Zeilen ausgegeben.

l kann an fast alle **ed**-Kommandos (außer **e**, **f**, **r**, **w**) angehängt werden.

[.,.]**m***adresse*   (**m**ove)   {letzte der verlagerten Zeilen}

kopiert die adressierten Zeilen hinter die Zeile, die mit *adresse* adressiert wird;
ist keine *adresse* angegeben, so werden die adressierten Zeilen hinter die aktuelle
Zeile kopiert. Immer werden die ursprünglichen Zeilen gelöscht. Die Angabe
von **0** für *adresse* ist möglich und bewirkt, daß die adressierten Zeilen an den
Pufferanfang verlagert werden.

[.,.]**n**   (**n**umber)   {zuletzt ausgegebene Zeile}

gibt die adressierten Zeilen mit Zeilennummern (am linken Rand gefolgt von
einem Tabulatorzeichen) aus. **n** kann an fast alle **ed**-Kommandos (außer **e**, **f**, **r**,
w) angehängt werden.

[.,.]**p**   (**p**rint)   {zuletzt ausgegebene Zeile}

gibt die adressierten Zeilen aus.

Eingabe von ⏎ ist äquivalent zu **.+1p**⏎.

p kann an fast alle **ed**-Kommandos (außer **e**, **f**, **r**, **w**) angehängt werden (**dp** z.B.
löscht die aktuelle Zeile und gibt die neue aktuelle Zeile aus).

P   (**P**rompt)   {unverändert}

nach der Eingabe dieses Kommandos ist das **ed**-Promptzeichen *; eine erneute
Eingabe von **P** schaltet dieses Promptzeichen wieder aus.

---

q   (**q***uit*)   {unverändert}

---

bewirkt das Verlassen von **ed**. Zuvor wird allerdings geprüft, ob der Pufferinhalt seit der letzten Änderung in eine Datei geschrieben wurde. Ist dies nicht
der Fall, so wird eine Warnung ausgegeben und **ed** nicht verlassen. Eine unmit-
telbare erneute Eingabe von **q** würde dann trotzdem – ohne Warnung (mit Ver-
lust der Änderungen) – das Verlassen von **ed** bewirken, wenn **ed** nicht mit der
Option **-s** aufgerufen wurde.

Q   (**Q***uit*)   {unverändert}

---

beendet **ed**, ohne nachzuprüfen, ob der Puffer seit seiner letzten Änderung auf
Datei geschrieben wurde. Eventuelle Änderungen seit dem letzten Zurückschreiben des Puffers gehen dabei verloren.

[$]**r** *dateiname*   (**r***ead*)   {zuletzt kopierte Zeile}

---

liest die Datei *dateiname* und schreibt deren Inhalt hinter die adressierte Zeile.
Wenn kein *dateiname* angegeben ist, so wird hierfür der momentan gemerkte
Dateiname (siehe Kommando **f**) verwendet. Die Angabe von **0r** *dateiname* ist
erlaubt und bewirkt, daß die Datei *dateiname* an den Pufferanfang kopiert wird.

Für *dateiname* kann auch **!unix-kommando** angegeben werden; es wird dann die
Ausgabe des **unix-kommando** hinter die adressierte Zeile kopiert; z.B. würde **r**
!ls alle Dateinamen des working directorys hinter die letzte Zeile kopieren.

[.,.]**s**/*RA*/*ers*/ oder
[.,.]**s**/*RA*/*ers*/**g** oder   {letzte Zeile, in der eine Ersetzung
[.,.]**s**/*RA*/*ers*/*n* (*n*=1,2,..,512) (**s***ubstitute*)   stattfand}

---

ersetzt in den adressierten Zeilen die Texte, die durch den regulären Ausdruck
RA abgedeckt werden, durch den Ersetzungstext *ers*.

Normalerweise wird dabei nur der erste durch den *RA* abgedeckte Text in jeder
Zeile ersetzt. Sollen in den Zeilen alle Text-Vorkommen ersetzt werden, die
durch *RA* abgedeckt werden, so ist am Kommandoende **g** (**g***lobal*) anzugeben.

Wird am Ende des Kommandos eine Zahl *n* angegeben, so wird nur das *n*.te
durch *RA* abgedeckte Text-Vorkommen in der Zeile ersetzt.

Wird in den adressierten Zeilen kein Text gefunden, der durch *RA* abgedeckt ist,
so meldet **ed** einen Fehler. Für das Begrenzungs-Zeichen / kann jedes beliebige
Zeichen (außer Leer- oder Neuezeile-Zeichen) verwendet werden, solange es
nicht in *RA* oder *ers* vorkommt.

Wird in *ers* das Zeichen **&** angegeben, so wird beim Ersetzungsvorgang hierfür
der Text eingesetzt, der durch *RA* abgedeckt wurde; z.B. würde **1,$s/^.*$/ | & | /**
alle Zeilen im Arbeitspuffer mit | .. | einrahmen. Soll diese Sonderbedeutung
von **&** in *ers* ausgeschaltet werden, so ist **&** das Zeichen \ voranzustellen (\ **&**).

Wenn in *ers* \ *n* (*n* steht für eine Ziffer) angegeben ist, so wird beim Ersetzungsvorgang hierfür der Text eingesetzt, der durch den *n*.ten mit \(.. \) geklammerten Teilausdruck im *RA* abgedeckt wurde; z. B. würde

1,$s/\([^][^]*\)\([ ][ ]*\)\([^][^]*\)/\3\2\1/

in allen Zeilen die ersten beiden Wörter[1] vertauschen.

Wenn als einziges Zeichen in *ers* % angegeben ist, so wird hierfür der Ersetzungstext *ers* aus dem zuletzt angegebenen s-Kommando eingesetzt. Die Sonderbedeutung von % wird ausgeschaltet, wenn entweder noch weitere Zeichen in *ers* angegeben sind oder aber ihm ein \ vorangestellt wird.

Ein s-Kommando darf sich auch über mehrerere Zeilen erstrecken; in diesem Fall ist dem abschließenden ⏎ ein \ voranzustellen. Eine solche Aufteilung über mehrere Zeilen ist jedoch nicht in den »angehängten« Kommandolisten der Kommandos **g** oder **v** erlaubt. Ein Aufruf von **s** (ohne weitere Angaben) führt die letzte Ersetzung wieder für die aktuelle Zeile durch.

[.,.]**t**adresse	(**t**ransfer)	{letzte der kopierten Zeilen}

kopiert die adressierten Zeilen hinter die Zeile, die mit *adresse* adressiert wird; ist keine *adresse* angegeben, so werden die adressierten Zeilen hinter die aktuelle Zeile kopiert. Anders als beim **m**-Kommando werden hier die ursprünglichen Zeilen nicht gelöscht.

Die Angabe von **0** für *adresse* ist möglich und bewirkt, daß die adressierten Zeilen an den Pufferanfang kopiert werden.

u	(**u**ndo)	{vorherige aktuelle Zeile}

macht die letzte Änderung (durch eines der Kommandos **a**, **c**, **d**, **g**, **i**, **j**, **m**, **r**, **s**, **t**, **v**, **G**, **V** verursacht) im Puffer wieder rückgängig.

		{wird immer die Zeile, die der reguläre Ausdruck *RA* gerade nicht
[1,$]**v**/*RA*/*kdos*	(**v**eto)	abdeckt}

ist die Umkehrung zum **g**-Kommando: **v** führt die angegebenen *kdos* für alle Zeilen aus, die der reguläre Ausdruck *RA* nicht adressiert. Wird mehr als ein *kdo* angegeben, so muß jedes einzelne *kdo* in einer eigenen Zeile stehen, die mit dem Fortsetzungszeichen \ (außer letzte *kdo*-Zeile) abzuschließen ist. Die Kommandos **g**, **G**, **v** und **V** sind hierbei nicht erlaubt. Werden überhaupt keine *kdos* angegeben, so wird das **ed**-Kommando **p** angenommen.

---

1. Wort ist hier als String definiert, der kein Leerzeichen enthält

$$[1,\$]\mathbf{V}/RA/ \qquad (\mathbf{V}eto) \qquad \substack{\{\text{wird immer die Zeile, die der}\\ \text{reguläre Ausdruck } RA \text{ gerade nicht}\\ \text{abdeckt}\}}$$

ist die interaktive Version des **v**-Kommandos. Hierbei werden nacheinander die Zeilen angezeigt, die der reguläre Ausdruck *RA* nicht adressiert. Nun kann für jede einzelne dieser Zeilen ein Kommando (nicht: **a, c, i, g, G, v, V**) eingegeben werden. Dieses wird dann für diese Zeile ausgeführt und dann die nächste nicht durch *RA* adressierte Zeile angezeigt. Die Eingabe von **&** führt das zuletzt eingegebene Kommando nochmals aus.

$$[1,\$]\mathbf{w}\ \textit{dateiname} \qquad (\mathbf{w}rite) \qquad \{\text{unverändert}\}$$

schreibt die adressierten Zeilen aus dem Puffer in die Datei *dateiname*. Falls die Datei *dateiname* noch nicht existiert, so wird sie mit den Zugriffsrechten 666 (oktal) angelegt, wenn die Dateikreierungsmaske (siehe **umask**) dies zuläßt.

Wenn *dateiname* nicht angegeben ist, so wird der momentan gemerkte Dateiname hierfür eingesetzt (entweder beim **ed**-Aufruf angegeben oder mit den Kommandos **e** oder **f** gesetzt).

Wenn für *dateiname* **!unix-kommando** angegeben wird, so wird dieses **unix-kommando** gestartet und an die Standardeingabe dieses Kommandos werden die adressierten Zeilen übergeben.

Konnte das **w**-Kommando erfolgreich ausgeführt werden, so wird die Anzahl der zurückgeschriebenen Zeichen gemeldet.

X {unverändert}

verlangt ein Paßwort, um bei einem nachfolgenden **e-, r-** oder **w**-Kommando den zu lesenden bzw. zu schreibenden Text zu ent- bzw. zu verschlüsseln. Seit System V.3 nur innerhalb der USA verfügbar.

$$[\$]= \qquad \{\text{unverändert}\}$$

gibt die Zeilennummer der adressierten Zeile aus. Um die Nummer der aktuellen Zeile zu erhalten, wäre **.=** anzugeben.

!unix-kdo {unverändert}

bewirkt die Ausführung des angegebenen Unix-Kommandos (**unix-kdo**). Wird innerhalb von **unix-kdo** das Zeichen **%** angegeben, so wird hierfür der gerade gemerkte Dateiname eingesetzt.

Die Angabe von **!!** bewirkt die Ausführung des zuletzt gegebenen **unix-kdo**.

Nur wenn Dateinamen-Expandierung innerhalb von **unix-kdo** verwendet wurde, wird die expandierte Kommandozeile vor der Ausführung nochmals angezeigt.

[.+1] ⏎   {adressierte Zeile}

Die alleinige Eingabe einer Adresse (ohne ein **ed**-Kommando) bewirkt die Ausgabe der adressierten Zeile.

Die Eingabe von ⏎ ohne Adreßangabe entspricht dem Kommando **.+1p**.

Beispiel   Hier soll in der Datei *lernen.ed* eine Kurzfassung zu den **ed**-Kommandos und **ed**-Adreßangaben erstellt werden, welche dann am Drucker ausgegeben und als tägliche Arbeitsunterlage verwendet werden kann:

```
$ pwd  ⏎
/home/egon/uebung1
$ ed  -p+  lernen.ed  ⏎
165
+,n  ⏎
1    a   append      Text anfuegen; bis zur Eingabe von .
2    c   change      Zeilen durch neue Zeilen ersetzen; Ende wie a
3    i   insert      Text vor Zeile einfuegen; Ende wie a
```

Zeige working directory
Ausgabe des working directorys
Aufruf von ed
Ausgabe der gelesenen Zeichenzahl
Gib alle Zeilen (mit Nummern) aus

```
+1,$s/\(...\)\([a-z]*\)\(.*\)/\1\3 (\2)/  ⏎
+,n  ⏎
1    a        Text anfuegen; bis zur Eingabe von . (append)
2    c        Zeilen durch neue Zeilen ersetzen; Ende wie a (change)
3    i        Text vor Zeile einfuegen; Ende wie a (insert)
```

Verlagere engl. Wort ans Ende
Gib alle Zeilen (mit Nummern) aus

```
+3i  ⏎
d         Zeilen loeschen (delete)  ⏎
.  ⏎
```

Füge vor 3.Zeile ein
Text-Eingabe
Eingabeende

```
+1,$s/.*/(.,.)&/  ⏎
+,n  ⏎
1  (.,.)a      Text anfuegen; bis zur Eingabe von . (append)
2  (.,.)c      Zeilen durch neue Zeilen ersetzen; Ende wie a (change)
3  (.,.)d      Zeilen loeschen (delete)
4  (.,.)i      Text vor Zeile einfuegen; Ende wie a (insert)
```

Füge am Anfang aller Zeilen (.,.) ein
Gib alle Zeilen (mit Nummern) aus
Ausgabe aller Zeilen (mit Zeilennumerierung)

```
+g/,\.)[ai]/s/,\.// ⏎
+,n ⏎
1  (.)a        Text anfuegen; bis zur Eingabe von . (append)
2  (.,.)c        Zeilen durch neue Zeilen ersetzen; Ende wie a (change)
3  (.,.)d        Zeilen loeschen (delete)
4  (.)i        Text vor Zeile einfuegen; Ende wie a (insert)
```

Streiche in a- und i-Kdo. eine Adresse
Gib alle Zeilen (mit Nummern) aus
Ausgabe aller Zeilen (mit Zeilennumerierung)

```
+w ⏎
224
```

Speichern des Eingabetexts mit w (write)
ed meldet Zahl der abgespeich. Zeichen

```
+e lern2.ed ⏎
?lern2.ed
+a ⏎
e dateiname   Puffer mit Inhalt von dateiname laden (edit)⏎
E dateiname   wie e ohne Warnung ueber Aenderungen (Edit)⏎
f ⏎
g/ra/edkdos   edkdos fuer alle Zeilen mit ra ausführen (global)⏎
              mehrere Kommandos sind mit \CR voneinander⏎
              zu trennen.
. ⏎
```

Editiere nun Datei lern2.ed
ed-Warnung, daß lern2.ed nicht existiert
Eingabe von a für append
Text-Eingabe
Eingabeende

```
+/^f/c ⏎
f dateiname   dateiname merken; kein dateiname --> Ausgabe ⏎
              des momentan gemerkten Dateinamens (file) ⏎
g         (global) ⏎
. ⏎
```

Ändere Zeile, die mit f beginnt durch den nachfolgend eingegebenen Text
Text-Eingabe
Eingabeende

```
+/^g /d ⏎
+f ⏎
lern2.ed
```

Lösche Zeile die mit »g » beginnt
Zeige gerade gemerkten Dateinamen
Ausgabe: gerade gemerkter Dateiname

```
+$a  ⏎
G/ra/      interaktive Version zum g-Kommando (Global)  ⏎
h          zur letzten ?-Warnung Erklaerung ausgeben (help)  ⏎
H          statt ? richtige Fehlermeldung ausgeben (Help)  ⏎
.  ⏎
```

Füge den nachfolgenden Text am Pufferende an
Text-Eingabe
Eingabeende

```
+,1  ⏎
e dateiname   Puffer mit Inhalt von dateiname laden (edit)
E dateiname   wie e ohne Warnung ueber Aenderungen (Edit)
f dateiname   dateiname merken; kein dateiname --> Ausgabe
              des momentan gemerkten Dateinamens (file)
g/ra/edkdos   edkdos fuer alle Zeilen mit ra ausführen (global)
              mehrere Kommandos sind mit \CR voneinander
              zu trennen
G/ra/         interaktive Version zum g-Kommando (Global)
h             zur letzten ?-Warnung Erklaerung ausgeben (help)
H             statt ? richtige Fehlermeldung ausgeben (Help)
```

Gib alle Zeilen des Puffers aus
Nachfolgend die Ausgabe aller Zeilen

```
+1s  ⏎
?
+h  ⏎
illegal suffix
+H  ⏎
illegal suffix
+200i  ⏎
?
line out of range
```

Eingabe eines unerlaubten ed-Kdos
ed meldet mit ? Fehler
Gib Fehlertext zum letzten ? aus
Ausgabe des Fehlertexts
Schalte von ? auf Fehlermeldung um
Ausgabe des Fehlertexts zum letzten ?
Eingabe eines unerlaubten ed-Kdos
Ausgabe eines Fehlertexts (nicht nur ?)

```
+1,$G/.*/  ⏎
e dateiname   Puffer mit Inhalt von dateiname laden (edit)
  ⏎
E dateiname   wie e ohne Warnung ueber Aenderungen (Edit)
  ⏎
f dateiname   dateiname merken; kein dateiname --> Ausgabe
  ⏎
              des momentan gemerkten Dateinamens (file)
  ⏎
g/ra/edkdos   edkdos fuer alle Zeilen mit ra ausführen (global)
```

Nimm für alle Z. interakt. Kdo. entgegen!
Ausgabe der 1.Zeile
Eingabe von ⏎ (kein ed-Kdo ausführen)
Ausgabe der 2.Zeile
Eingabe von ⏎ (kein ed-Kdo ausführen)
Ausgabe der 3.Zeile

Eingabe von ⏎ (kein ed-Kdo ausführen)

Ausgabe der 4.Zeile

Eingabe von ⏎ (kein ed-Kdo ausführen)

Ausgabe der 5.Zeile

```
s/\(.*\)/(1,$)\1/  ⏎
                mehrere Kommandos sind mit \CR voneinander
   ⏎
                zu trennen
   ⏎
G/ra/           interaktive Version zum g-Kommando (Global)
&  ⏎
h               zur letzten ?-Warnung Erklaerung ausgeben (help)
   ⏎
H               statt ? richtige Fehlermeldung ausgeben (Help)
   ⏎
```

Füge am Anfang (1,$) ein

Ausgabe der 6.Zeile

Eingabe von ⏎ (kein ed-Kdo ausführen)

Ausgabe der 7.Zeile

Eingabe von ⏎ (kein ed-Kdo ausführen)

Ausgabe der 8.Zeile

Wiederhole zuletzt gegebene ed-Kdo.

Ausgabe der 9.Zeile

Eingabe von ⏎ (kein ed-Kdo ausführen)

Ausgabe der 10.Zeile

Eingabe von ⏎ (kein ed-Kdo ausführen)

```
+,p  ⏎
e dateiname  Puffer mit Inhalt von dateiname laden (edit)
E dateiname  wie e ohne Warnung ueber Aenderungen (Edit)
f dateiname  dateiname merken; kein dateiname --> Ausgabe
             des momentan gemerkten Dateinamens (file)
(1,$)g/ra/edkdos  edkdos fuer alle Zeilen mit ra ausführen (global)
             mehrere Kommandos sind mit \CR voneinander
             zu trennen
(1,$)G/ra/       interaktive Version zum g-Kommando (Global)
h            zur letzten ?-Warnung Erklaerung ausgeben (help)
H            statt ? richtige Fehlermeldung ausgeben (Help)
```

Gib alle Zeilen aus

Ausgabe aller Zeilen des Puffers

```
+w  ⏎
557
+e lernen.ed  ⏎
224
+$r lern2.ed  ⏎
557
+,n  ⏎
1   (.)a      Text anfuegen; bis zur Eingabe von . (append)
2   (.,.)c    Zeilen durch neue Zeilen ersetzen; Ende wie a (change)
```

Schreibe Pufferinhalt auf Datei

Anzahl der geschriebenen Zeichen

Editiere nun wieder lernen.ed

Anzahl in Puffer gelesener Zeichen

Kopiere lern2.ed ans Pufferende

Anzahl der kopierten Zeichen

```
3    (.,.)d        Zeilen loeschen (delete)
4    (.)i          Text vor Zeile einfuegen; Ende wie a (insert)
5    e dateiname   Puffer mit Inhalt von dateiname laden (edit)
6    E dateiname   wie e ohne Warnung ueber Aenderungen (Edit)
7    f dateiname   dateiname merken; kein dateiname --> Ausgabe
8                  des momentan gemerkten Dateinamens (file)
9    (1,$)g/ra/edkdos  edkdos fuer alle Zeilen mit ra ausführen (global)
10                 mehrere Kommandos sind mit \CR voneinander
11                 zu trennen
12   (1,$)G/ra/    interaktive Version zum g-Kommando (Global)
13   h             zur letzten ?-Warnung Erklaerung ausgeben (help)
14   H             statt ? richtige Fehlermeldung ausgeben (Help)
```

Gib alle Pufferzeilen mit Zeilennr. aus
es folgt die Ausgabe aller Pufferzeilen mit Zeilennumerierung

+/insert/m$ ⏎   Verlagere i-Kommando ans Pufferende
+a ⏎   Schreibe folgenden Text ans Pufferende
j   Zeilen aneinander ⏎
haengen (join) ⏎
l   Zeilen ausgeben; alle Zeichen sichtbar machen ⏎   Text-Eingabe
       und ueberlange Zeilen in mehrere teilen (list) ⏎
kx   Zeile mit Kleinbuchstaben x markieren (mark) ⏎
. ⏎   Eingabeende
+/^j/ ⏎   Positioniere auf Zeile, die mit j beginnt
j Zeilen aneinander   Ausgabe der entsprechenden Zeile
+j ⏎   Hänge folg. Zeile an diese an
+/^l/ ⏎   Positioniere auf Zeile, die mit l beginnt
l Zeilen ausgeben; alle Zeichen sichtbar machen   Ausgabe der entsprechenden Zeile
+ko ⏎   Markiere diese Zeile mit Marke »o"
+'o,'o+1m/^k/ ⏎
+,p ⏎

```
(.)a          Text anfuegen; bis zur Eingabe von . (append)
(.,.)c        Zeilen durch neue Zeilen ersetzen; Ende wie a (change)
(.,.)d        Zeilen loeschen (delete)
e dateiname   Puffer mit Inhalt von dateiname laden (edit)
E dateiname   wie e ohne Warnung ueber Aenderungen (Edit)
f dateiname   dateiname merken; kein dateiname --> Ausgabe
              des momentan gemerkten Dateinamens (file)
(1,$)g/ra/edkdos  edkdos fuer alle Zeilen mit ra ausführen (global)
              mehrere Kommandos sind mit \CR voneinander
              zu trennen
(1,$)G/ra/    interaktive Version zum g-Kommando (Global)
h             zur letzten ?-Warnung Erklaerung ausgeben (help)
H             statt ? richtige Fehlermeldung ausgeben (Help)
(.)i          Text vor Zeile einfuegen; Ende wie a (insert)
j             Zeilen aneinander haengen (join)
kx            Zeile mit Kleinbuchstaben x markieren (mark)
l             Zeilen ausgeben; alle Zeichen sichtbar machen
              und ueberlange Zeilen in mehrere teilen (list)
```

Verlagere »o«-Zeile (und folg.) hinter Zeile, die mit k beginnt und gib dann alle Zeilen aus.
Ausgabe aller Pufferzeilen

```
+V/^(/  ⏎
e dateiname    Puffer mit Inhalt von dateiname laden (edit)
⏎
E dateiname    wie e ohne Warnung ueber Aenderungen (Edit)
⏎
f dateiname    dateiname merken; kein dateiname --> Ausgabe
⏎
               des momentan gemerkten Dateinamens (file)
⏎
               mehrere Kommandos sind mit \CR voneinander
⏎
               zu trennen
⏎
h              zur letzten ?-Warnung Erklaerung ausgeben (help)
⏎
H              statt ? richtige Fehlermeldung ausgeben (Help)
⏎
j              Zeilen aneinander haengen (join)
s/^/(.,.+1)/  ⏎
kx             Zeile mit Kleinbuchstaben x markieren (mark)
s/^/(.)/  ⏎
l              Zeilen ausgeben; alle Zeichen sichtbar machen
s/^/(.,.)/  ⏎
               und ueberlange Zeilen in mehrere teilen (list)
⏎
```

Nimm für alle Z., die nicht mit (beginnen, interaktive Kommandos entgegen !
achtmal hintereinander Eingabe von ⏎ (kein ed-Kommando)
Am Anfang (.,.+1) einfügen
Am Anfang (.) einfügen
Am Anfang (.,.) einfügen

```
+a  ⏎
(.,.)madr    Zeilen hinter Zeile adr verlagern (move)  ⏎
(.,.)n       Zeilen mit Zeilennummer ausgeben (number)  ⏎
(.,.)p       Zeilen ausgeben (print)  ⏎
P            ed-Promptzeichen ein-/ausschalten (Prompt)  ⏎
q            ed verlassen (quit)  ⏎
Q            wie q ohne Warnung ueber Aenderungen (Quit)  ⏎
.  ⏎
```

Hänge den folgenden Text am Pufferende an
Text-Eingabe
Eingabeende

Schreibe Pufferinhalt auf Datei
Anzahl der geschriebenen Zeichen
Kopiere Ausgabe von ls ans Pufferende
Anzahl der kopierten Zeichen
Gib alle Pufferzeilen (mit Zeilennr.) aus

```
+w  ⏎
1296
+r !ls ..  ⏎
19
+,n  ⏎
```

```
 1    (.)a             Text anfuegen; bis zur Eingabe von . (append)
 2    (.,.)c           Zeilen durch neue Zeilen ersetzen; Ende wie a (change)
 3    (.,.)d           Zeilen loeschen (delete)
 4    e dateiname      Puffer mit Inhalt von dateiname laden (edit)
 5    E dateiname      wie e ohne Warnung ueber Aenderungen (Edit)
 6    f dateiname      dateiname merken; kein dateiname --> Ausgabe
 7                     des momentan gemerkten Dateinamens (file)
 8    (1,$)g/ra/edkdos edkdos fuer alle Zeilen mit ra ausführen (global)
 9                     mehrere Kommandos sind mit \CR voneinander
10                     zu trennen
11    (1,$)G/ra/       interaktive Version zum g-Kommando (Global)
12    h                zur letzten ?-Warnung Erklaerung ausgeben (help)
13    H                statt ? richtige Fehlermeldung ausgeben (Help)
14    (.)i             Text vor Zeile einfuegen; Ende wie a (insert)
15    (.,.+1)j         Zeilen aneinander haengen (join)
16    (.)kx            Zeile mit Kleinbuchstaben x markieren (mark)
17    (.,.)l           Zeilen ausgeben; alle Zeichen sichtbar machen
18                     und ueberlange Zeilen in mehrere teilen (list)
19    (.,.)madr        Zeilen hinter Zeile adr. verlagern (move)
20    (.,.)n           Zeilen mit Zeilennummer ausgeben (number)
21    (.,.)p           Zeilen ausgeben (print)
22    P                ed-Promptzeichen ein-/ausschalten (Prompt)
23    q                ed verlassen (quit)
24    Q                wie q ohne Warnung ueber Aenderungen (Quit)
25    uebung1
26    uebung3
27    xx
```

Ausgabe aller Pufferzeilen (mit Zeilennumerierung)

```
+Q  [↵]                                               Verlassen von ed
$  █                                                  Zeige working directory
$ pwd  [↵]                                            Ausgabe der working directory
/home/egon/uebung1
$ ed  lernen.ed  [↵]                                  Aufruf von ed
1296                                                  Ausgabe der gelesenen Zeichenzahl
P  [↵]                                                ed-internes Promptzeichen einschalten
*a  [↵]                                               Folg. Text am Pufferende anhängen
($)r dateiname     Inhalt der Datei dateiname hinter  [↵]
                   adressierte Zeile kopieren (read)  [↵]
(.,.)s/ra/ers/     Von ra abgedeckten Text durch ers  [↵]
                   ersetzen (substitute)  [↵]                             Text-Eingabe
(.,.)tadr          Zeilen hinter Zeile adr kopieren (transfer)  [↵]
u                  letzte Aenderung rueckgaengig machen (undo)  [↵]
.  [↵]                                                Eingabeende
*/r dateiname/c  [↵]                                  Ändere Zeile für r-Kommando
r datei            Inhalt lesen  [↵]                  durch folgenden Text
.  [↵]                                                Eingabeende
*u  [↵]                                               Mache letzte Änderung rückgängig
*$a  [↵]                                              Hänge nachfolg. Text ans
(1,$)v/ra/edkdos   wie g-Kommando, aber nicht für  [↵]                    Pufferende
```

```
                        Zeilen mit ra (veto) ⏎
(1,$)V/ra/              interaktive Version zum v-Kommando
                        (Veto) ⏎
(1,$)w dateiname        Zeilen in Datei dateiname⏎
                        schreiben (write) ⏎
X                       Verschluesselung einschalten;
                        nur in USA moeglich ⏎                                       Text-Eingabe
($)=                    Zeilennummer ausgeben ⏎
. ⏎
                                                                                    Eingabeende
*= ⏎                                                              Nummer der letzten Zeile ausgeben
37                                                                 Ausgabe der Nummer für letzte Zeile
*$a ⏎                                                                          Hänge nachfolg. Text ans
!unix-kdo               unix-kdo ausfuehren ⏎                                              Pufferende
(.+1)CR                 Zeile .+1 ausgeben ⏎                                             Text-Eingabe
. ⏎                                                                                       Eingabeende

*!ls  -l  lern* ⏎
-rw-r--r--  1 egon      graph          557 Apr 23 09:54 lern2.ed
-rw-r--r--  1 egon      graph         1296 Apr 23 13:39 lernen.ed
*w ⏎
1976
*!! ⏎
ls -l lern*
-rw-r--r--  1 egon      graph          557 Apr 23 09:54 lern2.ed
-rw-r--r--  1 egon      graph         1976 Apr 23 14:08 lernen.ed
```
                                            Liste Dateien, die mit lern beginnen, mit -l
                                                                      Entsprechende Ausgabe
                                                          Schreibe Pufferinhalt auf Datei zurück
                                                           Anzahl der geschriebenen Zeichen
                                       Wiederhole letztes Unix-Kommando. (ls -l lern*)
                                                                      Entsprechende Ausgabe

```
*q ⏎                                                                          Verlassen von ed
$ █
$ pwd ⏎                                                                   Zeige working directory
/home/egon/uebung1                                                  Ausgabe der working directory
$ ed  lernen.ed ⏎                                                                 Aufruf von ed
1976                                                             Ausgabe der gelesenen Zeichenzahl
P ⏎                                                               ed-Promptzeichen einschalten
*a ⏎                                                              Folg. Text am Pufferende anhängen
⏎
⏎
.                       adressiert die aktuelle Zei ⏎
$                       adressiert die letzte Zei ⏎
n                       adressiert die n.te Zei (n=0,1,2,....) ⏎
'x                      adressiert die Zei, die mit Marke x markiert wurde ⏎
/ra/                    adressiert die erste Zei (von aktueller Zei zum ⏎
                        Dateiende hin), die ra enthaelt; ⏎
                        springt von $ zu 1 ⏎
```

```
?ra?              adressiert die erste Zei (von aktueller Zei zum [↵]
                  Dateianfang hin), die ra enthaelt; [↵]
                  springt von 1 zu $ [↵]                                          Texteingabe
[↵]
adr1+n            adressiert Zei adr1+n (n=0,1,2,...) [↵]
adr1-n            adressiert Zei adr1-n (n=0,1,2,...) [↵]
adr1,adr2         adressiert Zein von adr1 bis adr2 [↵]
adr1;adr2         adressiert Zein von adr1 bis adr2; [↵]
                  adr1 wird zuvor die aktuelle Zei [↵]
adr1 und adr2     eine der obigen Angabe außer den beiden letzten [↵]
. [↵]                                                                    Eingabeende mit Punkt (.)
*40,$g/Zei/s//Zeile/gp  [↵]
.                 adressiert die aktuelle Zeile
$                 adressiert die letzte Zeile
n                 adressiert die n.te Zeile (n=0,1,2,...)
'x                adressiert die Zeile, die mit Marke x markiert wurde
/ra/              adressiert die erste Zeile (von aktueller Zeile zum
?ra?              adressiert die erste Zeile (von aktueller Zeile zum
adr1+n            adressiert Zeile adr1+n (n=0,1,2,...)
adr1-n            adressiert Zeile adr1-n (n=0,1,2,...)
adr1,adr2         adressiert Zeilen von adr1 bis adr2
adr1;adr2         adressiert Zeilen von adr1 bis adr2;
                  adr1 wird zuvor die aktuelle Zeile
```

erste Zeile entspricht: 40,$g/Zei/s/Zei/Zeile/gp

Ersetze im Puffer (ab 40.Zeile) alle »Zei« durch »Zeile« und gib geänderte Zeilen aus. Hier wird von der Möglichkeit Gebrauch gemacht, den regulären Ausdruck für die Adreßangabe – durch ein leeres // – zugleich auch als regulären Ausdruck für das s-Kommando zu verwenden

Ausgabe der geänderten Zeilen

```
*g/^(/.w  !cat  >>edkdo_mit_adr  [↵]      Schreibe alle ed-Kommandos mit Adressen in die
58                                                            Datei »edkdo_mit_adr«ᵃ
69                                         Ausgabe der pro Zeile geschriebenen Zeichenzahl
:
:
33
*1,40v/^(/.w  !cat  >>edkdo_ohn_adr  [↵]  Schreibe alle ed-Kdos ohne Adressen in Datei
58                                                                »edkdo_ohn_adr«
57                                         Ausgabe der pro Zeile geschriebenen Zeichenzahl
:
:
1
*g/^$/d  [↵]                                              Lösche alle Leerzeilen im Puffer
*w  [↵]                                             Schreibe Pufferinhalt auf Datei zurück
2704                                                   Anzahl der geschriebenen Zeichen
*q  [↵]                                                             Verlassen von ed
```

```
$ cat edkdo_mit_adr  [↵]  b
(.)a                  Text anfuegen; bis zur Eingabe von . (append)
(.,.)c                Zeilen durch neue Zeilen ersetzen;
.                     Ende wie a (change)
(.,.)d                Zeilen loeschen (delete)
(1,$)g/ra/edkdos      edkdos fuer alle Zeilen mit ra ausfuehren
                      (global)
(1,$)G/ra/            interaktive Version zum g-Kommando (Global)
(.)i                  Text vor Zeile einfuegen; Ende wie a (insert)
(.,.+1)j              Zeilen aneinanderhaengen (join)
(.)kx                 Zeile mit Kleinbuchstaben x markieren (mark)
(.,.)l                Zeilen ausgeben; alle Zeichen sichtbar machen
(.,.)madr             Zeilen hinter Zeile adr. verlagern (move)
(.,.)n                Zeilen mit Zeilennummer ausgeben (number)
(.,.)p                Zeilen ausgeben (print)
($)r dateiname        Inhalt der Datei dateiname hinter
(.,.)s/ra/ers/        Von ra abgedeckten Text durch ers
(.,.)tadr             Zeilen hinter Zeile adr kopieren (transfer)
(1,$)v/ra/edkdos      wie g-Kommando, aber nicht fuer
(1,$)V/ra/            interaktive Version zum v-Kommando (Veto)
(1,$)w dateiname      Zeilen in Datei dateiname
($)=                  Zeilennummer ausgeben
(.+1)CR               Zeile .+1 ausgeben
$ cat edkdo_ohn_adr  [↵]
e dateiname    Puffer mit Inhalt von dateiname laden (edit)
E dateiname    wie e ohne Warnung ueber Aenderungen (Edit)
f dateiname    dateiname merken; kein dateiname --> Ausgabe
               des momentan gemerkten Dateinamens (file)
               mehrere Kommandos sind mit \CR voneinander
               zu trennen
h              zur letzten ?-Warnung Erklaerung ausgeben (help)
H              statt ? richtige Fehlermeldung ausgeben (Help)
               und ueberlange Zeilen in mehrere teilen (list)
P              ed-Promptzeichen ein-/ausschalten (Prompt)
q              ed verlassen (quit)
Q              wie q ohne Warnung ueber Aenderungen (Quit)
               adressierte Zeile kopieren (read)
               ersetzen (substitute)
u              letzte Aenderung rueckgaengig machen (undo)
               Zeilen mit ra (veto)
               schreiben (write)
X              Verschluesselung einschalten; nur in USA
               moeglich
!unix-kdo      unix-kdo ausfuehren
$ ▮
```

Gib Inhalt der Datei
edkdo_mit_adr aus
Es folgt die Aus-
gabe des Inhalts
der Datei
edkdo_mit_adr

Gib Inhalt der Datei
edkdo_ohn_adr
aus

Ausgabe des
Inhalts der Datei
edkdo_ohn_adr

a. **.w** ist notwendig, da sonst für jede Zeile, die mit (beginnt die ganze Datei geschrieben
   würde; Kommando **w** besitzt nämlich als default-Adresse (1,$)
b. Die Ausrichtung der zweiten Spalte kann natürlich bei dieser Ausgabe (abhängig von der
   vorherigen Eingabe) auch anders aussehen.

Formatierung

Nachfolgend wird der Inhalt von *lernen.ed* noch formatiert[1]:

```
$ pwd  ↵                              Zeige working directory
/home/egon/uebung1                    Ausgabe der working directory
$ ed  lernen.ed  ↵                    Aufruf von ed
2704                                  Ausgabe der gelesenen Zeichenzahl
P  ↵                                  ed-Promptzeichen einschalten
*g/.*/s/\(.*\)   */\1\↵ a             Zerteile jede Zeile in 2 Zeilen: Schnittstelle ist dabei 2 oder
/  ↵                                  mehr Leerzeichen
*w  ↵                                 Schreibe Pufferinhalt auf Datei
2649                                  Ausgabe der geschriebenen Zeichenzahl
*q  ↵                                 Verlassen von ed
$ cat  lernen.ed  ↵                   Gib Inhalt der Datei lernen.ed aus
(.)a                                  Es folgt Ausgabe des Inhalts der Datei lernen.ed
Text anfuegen; bis zur Eingabe von . (append)
(.,.)c
Zeilen durch neue Zeilen ersetzen; Ende wie a (change)
(.,.)d
Zeilen loeschen (delete)
e dateiname
Puffer mit Inhalt von dateiname laden (edit)
E dateiname
wie e ohne Warnung ueber Aenderungen (Edit)
f dateiname
dateiname merken; kein dateiname --> Ausgabe

des momentan gemerkten Dateinamens (file)
(1,$)g/ra/edkdos
edkdos fuer alle Zeilen mit ra ausfuehren (global)

mehrere Kommandos sind mit \CR voneinander

zu trennen
(1,$)G/ra/
interaktive Version zum g-Kommando (Global)
h
zur letzten ?-Warnung Erklaerung ausgeben (help)

H
statt ? richtige Fehlermeldung ausgeben (Help)
(.)i
Text vor Zeile einfuegen; Ende wie a (insert)
(.,.+1)j
Zeilen aneinanderhaengen (join)
```

---

1. Vor den nachfolgenden Editierkommandos ist es empfehlenswert, sich mit **cp lernen.ed lernen.tmp** eine Sicherungskopie anzulegen. Sollte nämlich ein fehlerhaftes Kommando eingegeben werden, kannn hier dann wieder neu begonnen werden, wenn mit **cp lernen.tmp lernen.ed** die Ausgangsbasis dafür geschaffen wurde.

```
(.)kx
Zeile mit Kleinbuchstaben x markieren (mark)
(.,.)l
Zeilen ausgeben; alle Zeichen sichtbar machen

und ueberlange Zeilen in mehrere teilen (list)
(.,.)madr

Zeilen hinter Zeile adr. verlagern (move)
(.,.)n
Zeilen mit Zeilennummer ausgeben (number)
(.,.)p
Zeilen ausgeben (print)
P
ed-Promptzeichen ein-/ausschalten (Prompt)
q
ed verlassen (quit)
Q
wie q ohne Warnung ueber Aenderungen (Quit)
($)r dateiname
Inhalt der Datei dateiname hinter

adressierte Zeile kopieren (read)
(.,.)s/ra/ers/
Von ra abgedeckten Text durch ers

ersetzen (substitute)
(.,.)tadr
Zeilen hinter Zeile adr kopieren (transfer)
u
letzte Aenderung rueckgaengig machen (undo)
(1,$)v/ra/edkdos
wie g-Kommando, aber nicht fuer

Zeilen mit ra (veto)
(1,$)V/ra/
interaktive Version zum v-Kommando (Veto)
(1,$)w dateiname
Zeilen in Datei dateiname
schreiben (write)
X
Verschluesselung einschalten; nur in USA moeglich
($)=
Zeilennummer ausgeben
!unix-kdo
unix-kdo ausfuehren
(.+1)CR
Zeile .+1 ausgeben

.
adressiert die aktuelle Zeile
```

```
$
adressiert die letzte Zeile
n
adressiert die n.te Zeile (n=0,1,2,...)


'x
adressiert die Zeile, die mit Marke x markiert wurde
/ra/
adressiert die erste Zeile (von aktueller Zeile

zum Dateiende hin), die ra enthaelt;

springt von $ zu 1
?ra?
adressiert die erste Zeile (von aktueller Zeile zum

Dateianfang hin), die ra enthaelt;

springt von 1 zu $
adr1+n
adressiert Zeile adr1+n (n=0,1,2,...)
adr1-n
adressiert Zeile adr1-n (n=0,1,2,...)
adr1,adr2
adressiert Zeilen von adr1 bis adr2
adr1;adr2
adressiert Zeilen von adr1 bis adr2;

adr1 wird zuvor die aktuelle Zeile
adr1 und adr2
eine der obigen Angaben außer den beiden letzten
$ █
```

a. Beim angegebenen Zwischenraum handelt es sich um 3 Leerzeichen.

```
$ cat  lernen.ed  |  paste  -  -  |  pr  -e25  >lernen2.ed ⏎      Füge 2 aufeinander-
$ cat  lernen2.ed ⏎                                              folgende Zeilen
                                                                immer zu einer
                                                                zusammen. Das von
Apr 24 11:30 1990   Page 1                                      paste gelieferte Tab-
                                                                Zeichen bewirkt
                                                                Positionierung auf
                                                                Spalte 25 (Option -
                                                                e25); ab hier wird
                                                                nachfolg. Zeile
                                                                angehängt
```

```
.
adressiert die aktuelle Zeile
```

```
(.)a             Text anfuegen; bis zur Eingabe von . (append)
(.,.)c           Zeilen durch neue Zeilen ersetzen; Ende wie
                 a(change)
(.,.)d           Zeilen loeschen (delete)
e dateiname      Puffer mit Inhalt von dateiname laden (edit)
E dateiname      wie e ohne Warnung ueber Aenderungen (Edit)
f dateiname      dateiname merken; kein dateiname --> Ausgabe
                 des momentan gemerkten Dateinamens (file)
(1,$)g/ra/edkdos edkdos fuer alle Zeilen mit ra ausfuehren (global)
                 mehrere Kommandos sind mit \CR voneinander
                 zu trennen
(1,$)G/ra/       interaktive Version zum g-Kommando (Global)
h                zur letzten ?-Warnung Erklaerung ausgeben (help)
H                statt ? richtige Fehlermeldung ausgeben (Help)
(.)i             Text vor Zeile einfuegen; Ende wie a (insert)
(.,.+1)j         Zeilen aneinanderhaengen (join)
(.)kx            Zeile mit Kleinbuchstaben x markieren (mark)
(.,.)l           Zeilen ausgeben; alle Zeichen sichtbar machen
                 und ueberlange Zeilen in mehrere teilen (list)
(.,.)madr        Zeilen hinter Zeile adr. verlagern (move)
(.,.)n           Zeilen mit Zeilennummer ausgeben (number)
(.,.)p           Zeilen ausgeben (print)
P                ed-Promptzeichen ein-/ausschalten (Prompt)
q                ed verlassen (quit)
Q                wie q ohne Warnung ueber Aenderungen (Quit)
($)r dateiname   Inhalt der Datei dateiname hinter
                 adressierte Zeile kopieren (read)
(.,.)s/ra/ers/   Von ra abgedeckten Text durch ers
                 ersetzen (substitute)
(.,.)tadr        Zeilen hinter Zeile adr kopieren (transfer)
u                letzte Aenderung rueckgaengig machen (undo)
(1,$)v/ra/edkdos wie g-Kommando, aber nicht fuer
                 Zeilen mit ra (veto)
(1,$)V/ra/       interaktive Version zum v-Kommando (Veto)
(1,$)w dateiname Zeilen in Datei dateiname
                 schreiben (write)
X                Verschluesselung einschalten; nur in USA moeglich
($)=             Zeilennummer ausgeben
!unix-kdo        unix-kdo ausfuehren
(.+1)CR          Zeile .+1 ausgeben
.                adressiert die aktuelle Zeile
$                adressiert die letzte Zeile
n                adressiert die n.te Zeile (n=0,1,2,...)
'x               adressiert die Zeile, die mit Marke x markiert wurde
/ra/             adressiert die erste Zeile (von aktueller Zeile zum
                 Dateiende hin), die ra enthaelt;
                 springt von $ zu 1
?ra?             adressiert die erste Zeile (von aktueller Zeile zum
                 Dateianfang hin), die ra enthaelt;
                 springt von 1 zu $
adr1+n           adressiert Zeile adr1+n (n=0,1,2,...)
```

Ausgabe des
Inhaltes von
lernen2.ed

```
adr1-n                   adressiert Zeile adr1-n (n=0,1,2,...)
adr1,adr2                adressiert Zeilen von adr1 bis adr2
adr1;adr2                adressiert Zeilen von adr1 bis adr2;
                         adr1 wird zuvor die aktuelle Zeile
adr1 und adr2            eine der obigen Angaben außer den beiden letzten
```

`$ ed  lernen2.ed ⏎`	ed-Aufruf
`3426`	Ausgabe der gelesenen Zeichenzahl
`P ⏎`	ed-Promptzeichen einschalten
`*= ⏎`	Gib Nr. der letzten Zeile aus
`66`	Ausgabe der letzten Zeilennr.
`*60,66n ⏎`	Gib Zeilen 60 bis 66 mit Zeilennr. aus
`60` adr1 und adr2 eine der obigen Angaben außer den beiden letzen	
`61`	
`62`	
`63`	Ausgabe der Zeilen 60 bis 66 (mit Zeilennumerierung)
`64`	
`65`	
`66`	
`*61,66dp ⏎`	Lösche Zeilen 61 bis 66
adr1 und adr2 eine der obigen Angaben außer den	gib aktuelle Zeile aus
beiden letzten	
`*45 ⏎`	Zeile 45 wird akt. Zeile
`.` adressiert die aktuelle Zeile	Ausgabe der neuen akt. Zeile
`*i ⏎`	Füge vor akt. Zeile folg. Text ein
`⏎`	
`⏎`	Text-Eingabe
`ed-Adressen: ⏎`	
`. ⏎`	Eingabeende
`*0a ⏎`	Füge am Pufferanfang folg. Text ein
`ed-Kommandos: ⏎`	Text-Eingabe
`⏎`	
`. ⏎`	Eingabeende
`*1,8n ⏎`	Gib Zeilen 1 bis 8 mit Zeilennum-
`1` ed-Kommandos:	mern aus
`2`	
`3`	Ausgabe der Zeilen 1 bis 8 (mit
`4`	Zeilennumerierung)
`5` Apr 24 11:30 1990 Page 1	
`6`	
`7`	
`8` (.)a Text anfügen; bis zur Eingabe von . (append)	
`*2,6d ⏎`	Lösche die Zeilen 2 bis 6
`*w ⏎`	Schreibe Pufferinhalt auf Datei
`3418`	Anzahl der geschrieb. Zeichen
`*q ⏎`	Verlassen von ed
`$ ▮`	

Die Datei *lernen2.ed* enthält nun eine Kurzfassung zum Editor **ed** und kann nun mit `lp lernen2.ed` **bzw.** `lpr lernen.ed` **(unter Linux)**

**ausgedruckt werden. Der Ausdruck kann als Arbeitsblatt beim Editieren mit ed
verwendet werden. Das endgültige Aussehen von** *lernen2.ed* **ist nun:**

```
ed-Kommandos:
(.)a             Text anfuegen; bis zur Eingabe von . (append)
(.,.)c           Zeilen durch neue Zeilen ersetzen; Ende wie a (change)
(.,.)d           Zeilen loeschen (delete)
e dateiname      Puffer mit Inhalt von dateiname laden (edit)
E dateiname      wie e ohne Warnung ueber Aenderungen (Edit)
f dateiname      dateiname merken; kein dateiname --> Ausgabe des
                 momentan gemerkten Dateinamens (file)
(1,$)g/ra/edkdos fuer alle Zeilen mit ra ausfuehren (global)
                 mehrere Kommandos sind mit \CR voneinander
                 zu trennen
(1,$)G/ra/       interaktive Version zum g-Kommando (Global)
h                zur letzten ?-Warnung Erklaerung ausgeben (help)
H                statt ? richtige Fehlermeldung ausgeben (Help)
(.)i             Text vor Zeile einfuegen; Ende wie a (insert)
(.,.+1)j         Zeilen aneinanderhaengen (join)
(.)kx            Zeile mit Kleinbuchstaben x markieren (mark)
(.,.)l           Zeilen ausgeben; alle Zeichen sichtbar machen
                 und überlange Zeilen in mehrere teilen (list)
(.,.)madr        Zeilen hinter Zeile adr. verlagern (move)
(.,.)n           Zeilen mit Zeilennummer ausgeben (number)
(.,.)p           Zeilen ausgeben (print)
P                ed-Promptzeichen ein-/ausschalten (Prompt)
q                ed verlassen (quit)
Q                wie q ohne Warnung ueber Aenderungen (Quit)
($)r dateiname   Inhalt der Datei dateiname hinter
                 adressierte Zeile kopieren (read)
(.,.)s/ra/ers/   Von ra abgedeckten Text durch ers
                 ersetzen (substitute)
(.,.)tadr        Zeilen hinter Zeile adr kopieren (transfer)
u                letzte Aenderung rueckgaengig machen (undo)
(1,$)v/ra/edkdos wie g-Kommando, aber nicht fuer
                 Zeilen mit ra (veto)
(1,$)V/ra/       interaktive Version zum v-Kommando (Veto)
(1,$)w dateiname Zeilen in Datei dateiname
                 schreiben (write)
X                Verschluesselung einschalten; nur in USA moeglich
($)=             Zeilennummer ausgeben
!unix-kdo        unix-kdo ausfuehren
(.+1)CR          Zeile . ausgeben
```

```
ed-Adressen:
.                   adressiert die aktuelle Zeile
$                   adressiert die letzte Zeile
n                   adressiert die n.te Zeile (n=0,1,2,...)
'x                  adressiert die Zeile, die mit Marke x markiert wurde
/ra/                adressiert die erste Zeile (von aktueller Zeile zum
                    Dateiende hin), die ra enthaelt;
                    springt von $ zu 1
?ra?                adressiert die erste Zeile (von aktueller Zeile zum
                    Dateianfang hin), die ra enthaelt;
                    springt von 1 zu $
adr1+n              adressiert Zeile adr1+n (n=0,1,2,...)
adr1-n              adressiert Zeile adr1-n (n=0,1,2,...)
adr1,adr2           adressiert Zeilen von adr1 bis adr2
adr1;adr2           adressiert Zeilen von adr1 bis adr2;
                    adr1 wird zuvor die aktuelle Zeile
adr1 und adr2       eine der obigen Angaben außer den beiden letzten
```

9.1.15   Nützliche Kommandoangaben zum Kopieren

Angabe	Beschreibung
*n1,n2***m***adr*	Zeilen *n1* bis *n2* hinter Zeile *adr* verlagern
*n1,n2***t***adr*	Zeilen *n1* bis *n2* hinter Zeile *adr* kopieren
/*ra1*/**k***x*	Zeile, die *ra1* abdeckt, mit *x* markieren
/*ra2*/**k***y*	Zeile, die *ra2* abdeckt, mit *y* markieren
'*x*,'*y***p**	Zeilenbereich (zur Überprüfung) ausgeben
/*ra3*/	Zeile, die *ra3* abdeckt, zur aktuellen Zeile machen
'*x*,'*y***m.**	Zeilenbereich hinter aktuelle Zeile verlagern oder
'*x*,'*y***t.**	Zeilenbereich hinter aktuelle Zeile kopieren
m+	aktuelle Zeile mit nachfolgender Zeile vertauschen
m$	aktuelle Zeile ans Dateiende verlagern
m0	aktuelle Zeile an Dateianfang verlagern
t.	aktuelle Zeile duplizieren

Angabe	Beschreibung
1,t	kompletten Pufferinhalt duplizieren
m--	aktuelle Zeile vor die vorhergehende Zeile verlagern
g/^/m0	Reihenfolge der Pufferzeilen umdrehen[a] (1.Zeile wird letzte Zeile, 2. Zeile wird vorletzte Zeile, usw.)

a. Der reguläre Ausdruck /^/ deckt jede Zeile des Puffers ab

9.1.16   ed-Limits

ed kennt einige Beschränkungen[1], welche besonders bei sehr großen Dateien oder Dateien mit überlangen Zeilen wichtig sein können:

- ► Maximale Zeilenlänge: 512 Zeichen

- ► Maximale Zeichenzahl für die Kommandolisten beim g- oder v-Kommando: 256 Zeichen

- ► Maximale Länge von Dateinamen: 64 Zeichen

- ► Maximale Zeichenzahl im Arbeitspuffer: von jeweiliger Hauptspeichergröße abhängig

Hinweis   **ed** kann nur Textdateien editieren, die Zeichen aus dem ASCII-Code enthalten (8.Bit darf dabei nicht verwendet werden)

Wenn eine Datei nicht mit Carriage Return abgeschlossen ist, so fügt **ed** ein Neuezeile-Zeichen an und meldet dies.

Wenn das Begrenzungszeichen eines regulären Ausdrucks oder Ersetzungstextes das letzte Zeichen einer Zeile ist, so kann dies auch weggelassen werden; z.B.

s/abc/ABC	entspricht	s/abc/ABC/p
g/[0-9]$	entspricht	g/[0-9]$/p
?anton	entspricht	?anton?

9.1.17   ed-Skripts

ed liest normalerweise die Editier-Kommandos und die einzufügenden Texte von der Standardeingabe. Deswegen ist es möglich, die Eingabe an **ed** umzulenken. Mit der Kommandozeile

```
ed dateiname <edscript
```

---

1.   Auf heutigen Unix-Systemen gelten diese Einschränkungen meist nicht mehr.

würde die Datei dateiname editiert. Die **ed**-Kommandos werden hierbei allerdings nicht von der Dialogstation, sondern aus der Datei edscript gelesen. Solche Kommandodateien, die **ed**-Kommandos enthalten, werden auch *ed-Skripts* genannt.

Das Arbeiten mit **ed**-Skripts hat den Vorteil, daß die darin enthaltenen **ed**-Kommandos mehrfach verwendet werden können. Dies ist immer dann nützlich, wenn entweder mehrere Dateien in gleicher Weise zu editieren sind oder bestimmte immer wiederkehrende Umformungen (wie z.B. alle Leerzeilen entfernen) an Dateien vorzunehmen sind. Im letzteren Fall würde man sich für jede der gewünschten Umformungen ein ed-Skript schreiben, dessen Kommandos dann dem **ed** für die jeweilig zu ändernde Datei über Eingabeumlenkung vorgelegt werden können.

Beispiel   1. Es ist eine Datei *zahlen.ed* mit folgendem Inhalt zu erstellen:

```
1,$g/^/s/.*/& * eins = &/
w
q
```

Die Eingabe der Kommandozeile

```
ed -s zahlen <zahlen.ed
```

würde dann folgenden Inhalt für *zahlen* bewirken.

```
eins * eins = eins
zwei * eins = zwei
drei * eins = drei
vier * eins = vier
fuenf * eins = fuenf
sechs * eins = sechs
sieben * eins = sieben
acht * eins = acht
neun * eins = neun
zehn * eins = zehn
elf * eins = elf
zwoelf * eins = zwoelf
.* * eins = .*
```

2. Ein Software-Entwickler erkennt, daß sich des öfteren folgende Aufgabenstellungen für Dateien ergeben:

▹ Entfernen aller Leerzeilen (1)

▹ Extrahieren aller Funktionsnamen (Deklarationen und Aufrufe) aus einem C-Programm mit Angabe der Zeilennummer (2)

▹ Extrahieren aller **#include**-Zeilen aus einem C-Programm (3)

▹ Inhalt einer Datei in Tabellenform bringen, wobei nach allen Zeilen, die als erstes Zeichen kein Leerzeichen besitzen, eine Strich-Zeile »----..« einzufügen

ist und nach zwei oder mehr aufeinanderfolgende Leerzeichen ein | anzu-
hängen ist; zudem soll noch jede Zeile mit | ... | geklammert werden (4).

Für diese Aufgabenstellungen könnte er sich nun folgende ed-Skripts schreiben:

```
(1) entf_leerz.ed:
    g/^$/d
    w
    q

(2) extr_cfunk.ed:
    g/[a-zA-Z_][a-zA-Z_0-9]*[ ]*(/n    ¹
    q
(3) extr_header.ed:
    g/#include/p
    q

(4) tabelle.ed:
    g/^/s/\(    *\)\([^ ]\)/\1| \2/g\²
    s/.$/&                                        /\
    s/^\(.\{78\}\).*/\1/\
    s/.*/|&|/\
    t.\
    s/[^|]/-/g
    g/^| /.-1d
    w
    q
```

Immer wenn dann eine dieser Aufgaben anfällt, kann er auf diese ed-Skripts
zurückgreifen und folgende Aufrufe angeben:

(1) **ed -s dateiname <entf_leerz.ed**

(2) **ed -s dateiname <extr_cfunk.ed**

(3) **ed -s dateiname <extr_header.ed**

(4) **ed -s dateiname <tabelle.ed**

So würde z. B. der Aufruf

```
ed -s add2.c <extr_cfunk.ed
```

zu folgender Bildschirmausgabe führen:

```
3          main()
7              printf("Gib 2 Zahlen ein: ");
8              scanf("%f %f", &a, &b);
10             printf("Summe: %f + %f = %f\n", a, b, c);
```

---

1. Dieses Skript wurde möglichst einfach gehalten und würde die Aufgabe nur begrenzt lösen.
   So würde es z. B. auch Funktionsnamen ausdrucken, die in Kommentaren oder String-Kon-
   stanten angegeben sind; auch würden Konstruktionen wie **while (..)** oder **if (..)** ausgegeben.
2. Bei ... \(*\)... sind vor * mindestens drei Leerzeichen angegeben.

Und die Eingabe der Kommandozeilen

```
cp lernen2.ed lernen3.ed
ed -s lernen3.ed <tabelle.ed
```

würde zu folgenden Inhalt von *lernen3.ed* führen:

```
|ed-Kommandos:                                                           |
|------------------------------------------------------------------------|
|                                                                        |
|                                                                        |
|(.)a                | Text anfuegen; bis zur Eingabe von . (append)     |
|--------------------|---------------------------------------------------|
|(.,.)c              | Zeilen durch neue Zeilen ersetzen; Ende wie a (chan|
|--------------------|---------------------------------------------------|
|(.,.)d              | Zeilen loeschen (delete)                          |
|--------------------|---------------------------------------------------|
|e dateiname         | Puffer mit Inhalt von dateiname laden (edit)      |
|--------------------|---------------------------------------------------|
|E dateiname         | wie e ohne Warnung ueber Aenderungen (Edit)       |
|--------------------|---------------------------------------------------|
|f dateiname         | dateiname merken; kein dateiname --> Ausgabe      |
|                    | des momentan gemerkten Dateinamens (file)         |
|--------------------|---------------------------------------------------|
|(1,$)g/ra/edkdos    | edkdos fuer alle Zeilen mit ra ausfuehren (global) |
|                    | mehrere Kommandos sind mit \CR voneinander        |
|                    | zu trennen                                        |
|--------------------|---------------------------------------------------|
|(1,$)G/ra/          | interaktive Version g-Kommando (Global)           |
|--------------------|---------------------------------------------------|
|h                   | zur letzten ?-Warnung Erklaerung ausgeben (help)  |
|--------------------|---------------------------------------------------|
|H                   | statt ? richtige Fehlermeldung ausgeben (Help)    |
|--------------------|---------------------------------------------------|
|(.)i                | Text vor Zeile einfuegen; Ende wie a (insert)     |
|--------------------|---------------------------------------------------|
|(.,.+1)j            | Zeilen aneinanderhaengen (join)                   |
|--------------------|---------------------------------------------------|
|(.)kx               | Zeile mit Kleinbuchstaben x markieren (mark)      |
|--------------------|---------------------------------------------------|
|(.,.)l              | Zeilen ausgeben; alle Zeilen sichtbar machen      |
|                    | und ueberlange Zeilen in mehrere teilen (list)    |
|--------------------|---------------------------------------------------|
|(.,.)madr           | Zeilen hinter Zeile adr. verlagern (move)         |
|--------------------|---------------------------------------------------|
|(.,.)n              | Zeilen mit Zeilennummer ausgeben (number)         |
|--------------------|---------------------------------------------------|
|(.,.)p              | Zeilen ausgeben (print)                           |
|--------------------|---------------------------------------------------|
|P                   | ed-Promptzeichen ein-/ausschalten (Prompt)        |
|--------------------|---------------------------------------------------|
```

```
|q                    | ed verlassen (quit)                                     |
|---------------------|---------------------------------------------------------|
|Q                    | wie q ohne Warnung ueber Aenderungen (Quit)             |
|---------------------|---------------------------------------------------------|
|($)r dateiname       | Inhalt der Datei dateiname hinter                       |
|                     | adressierte Zeile kopieren (read)                       |
|---------------------|---------------------------------------------------------|
|(.,.)s/ra/ers/       | Von ra abgedeckten Text durch ers                       |
|                     | ersetzen (substitute)                                   |
|---------------------|---------------------------------------------------------|
|(.,.)tadr            | Zeilen hinter Zeile adr kopieren (transfer)             |
|---------------------|---------------------------------------------------------|
|u                    | letzte Aenderung rueckgaengig machen (undo)             |
|---------------------|---------------------------------------------------------|
|(1,$)v/ra/edkdos     | wie g-Kommando, aber nicht fuer                         |
|                     | Zeilen mit ra (veto)                                    |
|---------------------|---------------------------------------------------------|
|(1,$)V/ra/           | interaktive Version zum v-Kommando (Veto)               |
|---------------------|---------------------------------------------------------|
|(1,$)w dateiname     | Zeilen in Datei dateiname                               |
|                     | schreiben (write)                                       |
|---------------------|---------------------------------------------------------|
|X                    | Verschluesselung einschalten; nur in USA moeglich       |
|---------------------|---------------------------------------------------------|
|($)=                 | Zeilennummer ausgeben                                    |
|---------------------|---------------------------------------------------------|
|!unix-kdo            | unix-kdo ausfuehren                                      |
|---------------------|---------------------------------------------------------|
|(.+1)CR              | Zeile .+1 ausgeben                                       |
|---------------------|---------------------------------------------------------|
|                     |                                                         |
|                     |                                                         |
|                     |                                                         |
|                     |                                                         |
|ed-Adressen:         |                                                         |
|---------------------|---------------------------------------------------------|
|.                    | adressiert die aktuelle Zeile                           |
|---------------------|---------------------------------------------------------|
|$                    | adressiert die letzte Zeile                             |
|---------------------|---------------------------------------------------------|
|n                    | adressiert die n.te Zeile (n=0,1,2,...)                 |
|---------------------|---------------------------------------------------------|
|'x                   | adressiert die Zeile, die mit Marke x markiert wurd|
|---------------------|---------------------------------------------------------|
|/ra/                 | adressiert die erste Zeile (von aktueller Zeile zum|
|                     | Dateiende hin), die ra enthaelt;                        |
|                     | springt von $ zu 1                                      |
|---------------------|---------------------------------------------------------|
|?ra?                 | adressiert die erste Zeile (von aktueller Zeile zum|
|                     | Dateianfang hin), die ra enthaelt;                      |
|                     | springt von 1 zu $                                      |
```

```
|--------------------|---------------------------------------------------|
|adr1+n              | adressiert Zeile adr1+n (n=0,1,2,...)              |
|--------------------|---------------------------------------------------|
|adr1-n              | adressiert Zeile adr1-n (n=0,1,2,...)              |
|--------------------|---------------------------------------------------|
|adr1,adr2           | adressiert Zeilen von adr1 bis adr2               |
|--------------------|---------------------------------------------------|
|adr1;adr2           | adressiert Zeilen von adr1 bis adr2;              |
|                    | adr1 wird zuvor die aktuelle Zeile               |
|--------------------|---------------------------------------------------|
|adr1 und adr2       | eine der obigen Angabe außer den beiden letzten  |
|--------------------|---------------------------------------------------|
```

Für solche nicht-interaktiven Editieraufgaben existiert jedoch auch ein eigenes, mit dem **ed** verwandtes Unix-Tool **sed** (stream **ed**itor). **sed** wird im Buch »Linux-Unix-Profitools« ausführlich beschrieben.

9.1.18 Abschließende Bemerkungen zum Editor ed

ed wurde Anfang der siebziger Jahre zum Arbeiten auf kleineren Rechnern entwickelt. Zur damaligen Zeit waren Terminals mit sehr langsamen Übertragungsgeschwindigkeiten (ca. 15 Zeichen pro Sekunde) üblich. Die seit dieser Zeit stattgefundene rasante Weiterentwicklung der gesamten Computertechnologie ging fast spurlos an **ed** vorbei. **ed** ist bis auf wenige Änderungen gleich geblieben.

Warum konnte aber gerade **ed** in der sonst so kurzlebigen Computerwelt überleben ?

Die Antworten auf diese Frage sind:

Trotz seines Alters hat ed einige Vorzüge aufzuweisen:

▷ Hohe Flexibilität bei Such- und Ersetzungsaufgaben (bedingt durch die regulären Ausdrücke)

▷ Terminalunabhängigkeit

▷ Nicht interaktives Arbeiten (über ed-Skripts) möglich

▷ Hohe Verarbeitungsgeschwindigkeit

▷ **ed** ist an jedem Unix-System verfügbar, da er zur Grundausstattung gehört.

▷ Bei langsamen und störanfälligen Modemverbindungen bietet ein zeilenorientierter Editor wie **ed** Vorteile, weil der Bildschirm – oder Teile davon – nicht jedes Mal neu aktualisiert werden müssen.

▷ Wenn ein druckendes Terminal (wie z.B. ein Hardcopy-Gerät) als Konsole verwendet wird, können Eingriffe nur mit einem zeilenorientierten Editor vorgenommen werden.

9.2   Der Bildschirmeditor vi

Der Texteditor **vi** (*visual editor*) ist ein bildschirmorientierter, interaktiver Editor für das Erstellen und Ändern von Textdateien. Der Benutzer gibt im Dialog Editier-Kommandos ein und sieht das Ergebnis sofort auf dem Bildschirm. Die Vielzahl von Editor-Kommandos macht **vi** zu einem mächtigen Editier-Werkzeug. Da **vi** inzwischen auf beinahe allen Unix-Systemen angeboten wird, kann man ihm schon fast – wie **ed** – das Etikett »Unix-Standardeditor« anheften.

Es soll hier nicht verschwiegen werden, daß die Vielzahl von Editor-Kommandos dem **vi**-Neuling zunächst als überwältigend erscheint und das anfängliche Arbeiten mit **vi** nicht gerade erleichtert. Um dieses erdrückende Gefühl etwas abzubauen, werden in diesem Kapitel zunächst die am häufigsten benötigten Editor-Kommandos vorgestellt, um einen schnellen **vi**-Einstieg zu ermöglichen.

Auch ist zu erwähnen, daß sich **vi** – anders als heute übliche Editoren – immer im Kommandomodus befindet und somit erst das Umschalten in den Eingabemodus erfordert, wenn Text einzugeben ist. Heute arbeiten die Editoren meist umgekehrt: Sie befinden sich grundsätzlich im Eingabemodus und erst durch die Eingabe spezieller Tasten können Editier-Kommandos übermittelt werden. Vor allen Dingen diese Umstellung bereitet Umsteigern von anderen Editoren häufig Schwierigkeiten.

vi basiert auf dem im nächsten Teilkapitel vorgestellten Editor **ex**, welcher eine verbesserte und erweiterte Version des Editors **ed** ist. Der hier beschriebene **vi** ist der typische Unix-**vi** und alle hier gezeigten Konzepte und Kommandos sollten auch in den einzelnen Varianten vom **vi**, die vor allen Dingen unter Linux zahlreich sind **(vim, elvis, xvi)** funktionieren.

9.2.1   Allgemeines zum Editor vi

vi arbeitet in einem Puffer

vi legt – wie **ed** – eine Kopie der zu editierenden Datei in einem Arbeitspuffer ab. Auf dem Bildschirm wird ein Ausschnitt (Fenster) des Puffers angezeigt. Dieses Fenster kann beliebig verschoben werden:

Alle Editor-Kommandos werden – wie bei **ed** – nur auf den Pufferinhalt und nicht auf die Originaldatei angewendet. Die Originaldatei wird erst beim Zurückschreiben des Puffers überschrieben; dies kann entweder beim Verlassen des Editors oder durch explizites Sichern auf das externe Speichermedium erfolgen. Natürlich kann der Editor auch ohne Zurückschreiben des Puffers verlassen werden. Dies hat zur Folge, daß die Originaldatei nicht überschrieben wird und der editierte Pufferinhalt verloren geht.

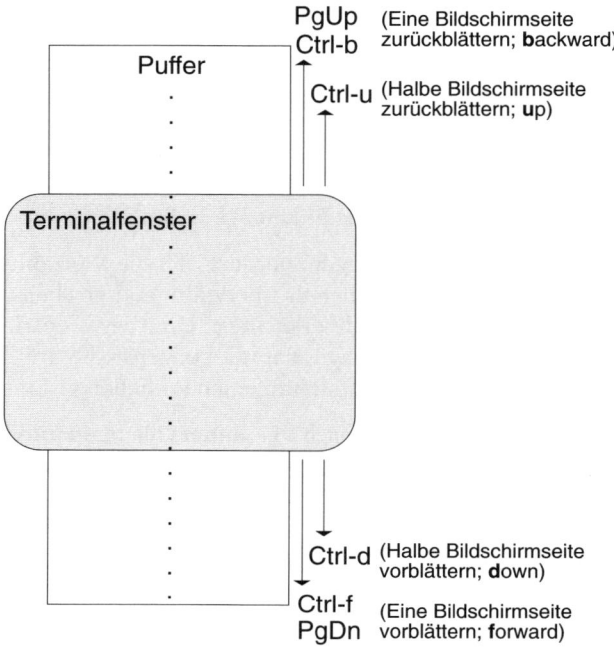

Bild 9.1: vi-Kommandos zum Verschieben des Terminalfensters

vi ist terminalabhängig

Wie alle bildschirmorientierten Editoren ist **vi** vom Terminaltyp und dessen
Fähigkeiten abhängig. **vi** benutzt eine interne Datenbank[1], in der eine Beschreibung zu allen verfügbaren Terminals am System existieren sollte. Über die
System-Variable **TERM** (enthält den Namen des Terminaltyps) greift **vi** auf diese
Datenbank zu. Vor dem Aufruf von **vi** muß also sichergestellt sein, daß zum
einen der benutzte Terminaltyp in der Datenbank *terminfo* (bzw. *.COREterm*) vorhanden ist und zum anderen die Variable **TERM** den Namen des gerade benutzten Terminaltyps enthält. Die Variable **TERM** wird normalerweise vom System
mit dem Namen eines voreingestellten Terminaltyps besetzt.

Welcher Name in der Variable **TERM** gespeichert ist, kann mit der Eingabe der
Kommandozeile

```
echo $TERM
```

erfragt werden.

---

1. Diese Datenbank befindet sich – abhängig vom jeweiligen System – im Directory */usr/lib/ter-
   minfo* oder */usr/lib/.COREterm*

Um zu erfragen, ob ein Eintrag für den gerade benutzten Terminaltyp in der Datenbank vorhanden ist und was die volle Bezeichnung des Systems für diesen Terminaltyp ist, steht der Kommandoaufruf

tput -T*terminal_name* **longname**

zur Verfügung.

Wenn das jeweilige System den angegebenen *terminal_name* kennt, so antwortet es mit dem vollständigen Namen für diesen Terminal, ansonsten mit einer Fehlermeldung.

Eine andere Möglichkeit, den vom System verwendeten Namen für einen Terminaltyp zu finden, ist, zu einer der Directories */usr/lib/terminfo* oder */usr/lib/ .COREterm* (systemabhängig) zu wechseln. Die dort enthaltenen Subdirectories haben als Namen den Anfangsbuchstaben bzw. die Anfangsziffer der darin enthaltenen Terminalnamen.

Beispiel

```
$ cd /usr/lib/terminfo  ⏎                              bzw. cd /usr/lib/.coreTERM
$ ls -CF  ⏎                                        Liste Dateien des work. directorys
1/ 3/ 5/ 7/ 9/ B/ P/ b/ d/ f/ h/ j/ l/ n/ p/ r/ t/ v/ x/ z/
2/ 4/ 6/ 8/ A/ M/ a/ c/ e/ g/ i/ k/ m/ o/ q/ s/ u/ w/ y/
                                    Ausgabe der Directories (Anfangs-buchst./-ziffer
                                                           d. Terminalnamen)


$ ls -C w  ⏎                                             Liste Dateien des
wy-50        wy100        wy60         wyse-50      wyse50           Directorys w
wy-60        wy50         wyse         wyse-60      wyse60      Ausgabe der Namen,
                                                                                die
.....                                                           mit w beginnen
$ tput -Tvt100 longname  ⏎                               Gib volle Bezeichnung
dec vt100 (w/advanced video)                              zum Terminalnamen
                                                                             vt100

$ ls -C v  ⏎                                             Liste Dateien des
                                                                      Directorys v

v5410        venix        vic20        vt100-nam-w  vt100nam
v90          vi200        viewpoint    vt100-nav    vt100s
vanilla      vi200-f      viewpoint-90 vt100-nav-w  vt100w
vc103        vi200-ic     virtual      vt100-np     vt125
vc203        vi200-rv     visual       vt100-s      vt132       Ausgabe der Terminal-
vc303        vi200-rv-ic  visual50     vt100-s-bot  vt50          namen, die mit v
vc303-a      vi300        vitty        vt100-s-top  vt50h              beginnen
vc403a       vi300-aw     vk100        vt100-top-s  vt52
vc404        vi300-rv     vt-61        vt100-w      vt61
vc404-na     vi300-ss     vt100        vt100-w-am   vt61.5
vc404-s      vi50         vt100-am     vt100-w-nam
vc404-s-na   vi550        vt100-bot-s  vt100-w-nav
vc415        vic          vt100-nam    vt100am
$ ▊
```

Wenn der gerade benutzte Terminal ein *VT100* wäre, so wäre also der vom System für diesen Terminaltyp vergebene Name **vt100**.[1]

Nachdem der Name des Terminaltyps bekannt ist, kann dieser Name in der Systemvariablen **TERM** eingetragen werden. Dazu müßten die folgenden 3 Kommandozeilen eingegeben werden:

```
TERM=vt100
export TERM
tput init
```

Nun ist die **TERM**-Variable richtig gesetzt und **vi** kann aufgerufen werden. Da allerdings nach dem Abmelden vom System dieser Variablenwert wieder verloren geht, müßte man bei einem erneuten Anmelden diese 3 Kommandozeilen wieder eingeben, bevor man **vi** aufrufen könnte. Dies ist sehr hinderlich. Deswegen wäre es besser, wenn man diese 3 Kommandozeilen bei jedem Anmeldevorgang automatisch ausführen lassen könnte. Um dies zu erreichen, können diese 3 Zeilen in der Datei **.profile**[2], die sich im home directory befindet, eingetragen werden. Die in **.profile** vorhandenen Kommandos werden nämlich bei jedem Anmelden automatisch ausgeführt:

Beispiel	$ pwd ⏎ Gib working directory aus
	/home/egon Ausgabe des working directorys
	$ ed .profile ⏎ ed-Aufruf
	183 In Puffer gelesene Zeichenzahl
	a ⏎ Füge nachfolgenden Text am Pufferende ein
	TERM=vt100 ⏎ Text-Eingabe
	export TERM ⏎
	tput init ⏎
	. ⏎ Eingabeende
	w ⏎ Schreibe Pufferinhalt auf Datei
	217 geschriebene Zeichenzahl
	q ⏎ Verlassen von ed
	$ ▮

vi verfügt über unterschiedliche Darstellungs-Modi

vi kann in zwei unterschiedlichen Darstellungs-Modi arbeiten:

▶ **vi**-Modus (bildschirmorientiert)

▶ **ex**-Modus[3] (zeilenorientiert)

---

1. Dieser und die folgenden Schritte sind unter den meisten Unix-Systemen (wie auch Linux) nicht notwendig, da schon bei der Installation der richtige Terminaltyp eingestellt wurde.
2. In »Linux-Unix-Shells« wird genauer auf die Datei .profile eingegangen.
3. Der **ex**-Modus stellt eine Obermenge der **ed**-Kommandos zur Verfügung

Das Umschalten vom **vi**-Modus in den **ex**-Modus kann durch das **vi**-Kommando **Q** erreicht werden. Vom **ex**-Modus in den **vi**-Modus kann mit der Eingabe von **vi** wieder zurückgeschaltet werden.

Soll nur ein **ex**-Kommando ausgeführt werden, ohne daß der **vi**-Modus verlassen wird, so ist vor der Eingabe des eigentlichen **ex**-Kommandos ein : (Doppelpunkt) einzugeben, um dem **vi** mitzuteilen, daß es sich hierbei um ein **ex**-Kommando handelt.

9.2.2   Aufruf von vi

Die vollständige Aufrufsyntax für **vi** ist:

```
vi [-t marke] [-rdatei] [-wn] [-LR] [-x] [-c kdo] [datei(en)]
```

Falls die erste der angegebenen *datei(en)* bereits existiert, so wird diese in den Arbeitspuffer gelesen. Existiert diese noch nicht, so wird sie erst beim späteren Zurückschreiben des Arbeispuffers mit **:w** (ohne Verlassen von **vi**) bzw. **ZZ** (mit Verlassen des **vi**) auf dem externen Speichermedium angelegt.

Waren beim **vi**-Aufruf mehrere *dateien* angegeben, so kann mit der Eingabe des Kommandos **:n** die jeweils nächste der angegebenen *dateien* in den Arbeitspuffer gelesen werden. Da dies zum Überschreiben des alten Pufferinhalts führt, sollte dieser – wenn gewünscht – zuvor mit **:w** zurückgeschrieben werden.

Fehlte beim Aufruf die Angabe von *datei(en)*, so wird ein leerer Arbeitspuffer angelegt, der noch keiner Datei zugeordnet ist. In diesen Puffer kann nun Text eingegeben und editiert werden. Erst mit dem Editor-Kommando **:w** *datei* wird dann eine Datei mit Namen *datei* auf dem externen Speichermedium mit dem Pufferinhalt beschrieben. Die ein-zelnen Optionen haben dabei folgende Wirkung:

Option	Beschreibung
-t *marke*	(t*ag*) bewirkt das Editieren der Datei, deren Name in der Datei *tags* mit der angegebenen *marke* gekennzeichnet ist und positioniert den Cursor sofort auf der in *tags* dazu eingetragenen Position. In diesem Fall entfällt die Angabe von *datei(en)*. Die Arbeit mit dieser Option wird an späterer Stelle dieses Kapitels noch näher erläutert.
-r*datei*	(*recover*) bewirkt, daß nach einem Editor- oder Systemzusammenbruch das Editieren der angegebenen *datei* wieder ermöglicht wird. In der Regel sind dabei nur die letzten Änderungen verloren. Wenn keine *datei* angegeben ist, so wird eine Liste von geretteten Dateien ausgegeben, die sich mit **-r** angeben lassen.
-w*n*	(*window size*) setzt die Größe des **vi**-Fensters auf *n* Zeilen
-R	(**R**ead only) bewirkt, daß die zu editierenden *datei(en)* nur zum Lesen eröffnet werden und ihr Inhalt bei dieser Editiersitzung nicht geändert werden kann.

Option	Beschreibung
-x	bewirkt, daß der Pufferinhalt beim Zurückschreiben auf eine Datei verschlüsselt wird (siehe Kommando **crypt**); seit System V.3 ist diese Option nur auf Systemen innerhalb der USA verfügbar.
-c *kdo*	bewirkt, daß das hier angegebene **ex**-Kommando *kdo* ausgeführt wird, bevor das eigentliche Editieren beginnt; z.B. würde die Angabe -c 50 den Cursor sofort auf die 50. Zeile der zu editierenden Datei positionieren. Diese Option löst die alte Option +*kdo* ab.
-L	listet die Namen aller Dateien auf, die nach einem Editor- oder Systemabsturz gerettet wurden und mit der Option -r restauriert werden können. Die Option -L ersetzt -r ohne Argument aus älteren **vi**-Versionen.

9.2.3   Arbeitszustände des vi

Der Editor **vi** kennt drei Arbeitszustände[1]:

▸   direkter Kommandomodus

▸   Eingabemodus

▸   Zeilen-Kommandomodus

Nach dem Aufruf befindet sich **vi** im *direkten Kommandomodus*. In ihm werden eingegebene **vi**-Kommandos nicht angezeigt und sofort interpretiert, ohne daß sie mit ⏎ abzuschließen sind. Handelt es sich dabei um ein erlaubtes Kommando, so wird es ausgeführt und das Ergebnis sofort am Bildschirm sichtbar gemacht. Ist das Kommando nicht erlaubt, so ertönt bei einfacheren Fehlern ein akustisches Signal, bei schwereren Fehlern wird in der letzten Bildschirmzeile eine Fehlermeldung ausgegeben.

Durch eines der folgenden **vi**-Kommandos kann vom direkten Kommandomodus in den Eingabemodus umgeschaltet werden:

Kommando	Beschreibung
i	Einfügen vor dem Cursor (*insert*)
I	Einfügen am Zeilenanfang (*Insert*)
a	Einfügen nach dem Cursor (*append*)
A	Einfügen am Zeilenende (*Append*)
o	Einfügen nach aktueller Zeile (*open*)
O	Einfügen vor aktueller Zeile (*Open*)
c	Ersetzen eines bestimmten Textobjekts (*change*), z.B. **cw** für Ersetzen des nächsten Worts

1. gilt nur, wenn sich **vi** im **vi**-Modus (und nicht im **ex**-Modus) befindet

Kommando	Beschreibung
C	Ersetzen des Rest der Zeile (*Change*)
s	Ersetzen des Zeichens, auf dem Cursor steht (*substitute*)
S	Ersetzen der ganzen Zeile (*Substitute*)
R	Überschreiben einschalten (*Replace*)

Nach Eingabe eines dieser Kommandos befindet sich **vi** im *Eingabemodus*. Im Eingabemodus kann beliebiger Text eingegeben werden und Korrekturen am eingegebenen Text können durch folgende Tasten vorgenommen werden:

Taste	Funktion
erase	zuletzt eingegebenes Zeichen löschen
kill	Zeile löschen
Strg - W	zuletzt eingegebenes Wort löschen

Mit Esc (Drücken der Esc -Taste) wird die Texteingabe beendet und vom Eingabemodus zurück in den direkten Kommandomodus geschaltet.

Vom direkten Kommandomodus in den *Zeilen-Kommandomodus* kann umgeschaltet werden, wenn eines der folgenden Zeichen eingegeben wird:

Kommando	Beschreibung
:	bewirkt, daß der nachfolgende Text (bis zum abschließenden ↵)[a] im **ex**-Modus ausgeführt wird. Nach dem : können alle Kommandos des zeilenorientierten Editors **ex**, der dem **ed** ähnlich ist, aufgerufen werden. Somit verfügt **vi** also auch über das gesamte Kommandoangebot dieses Editors.
/	Vorwärtssuche
?	Rückwärtssuche

a. Die Eingabe von Esc bewirkt dabei den sofortigen Abbruch des Kommandos und Rückkehr in den **vi**-Modus

Bei Eingabe eines dieser Kommandos springt der Cursor in die unterste Bildschirmzeile (Kommunikationszeile) und zeigt den nachfolgend eingegebenen Text auch dort an. Korrekturen können dabei wie im Eingabemodus vorgenommen werden. Das vollständige Kommando muß dann – anders als im direkten Kommandomodus – immer mit ↵ abgeschlossen werden.

Mit der Angabe **:!kdo** kann das Unix-Kommando **kdo** ausgeführt werden, ohne daß **vi** verlassen werden muß.

Mit der Eingabe von **ZZ** (entspricht der Eingabe **:wq**) im direkten Kommandomodus ist es möglich, den Pufferinhalt auf Datei zurückzuschreiben und **vi** zu
verlassen.

Das nachfolgende Bild zeigt im Überblick die Möglichkeiten des Hin- und Herschaltens zwischen den unterschiedlichen Darstellungs-Modi und Arbeitszuständen des **vi**.

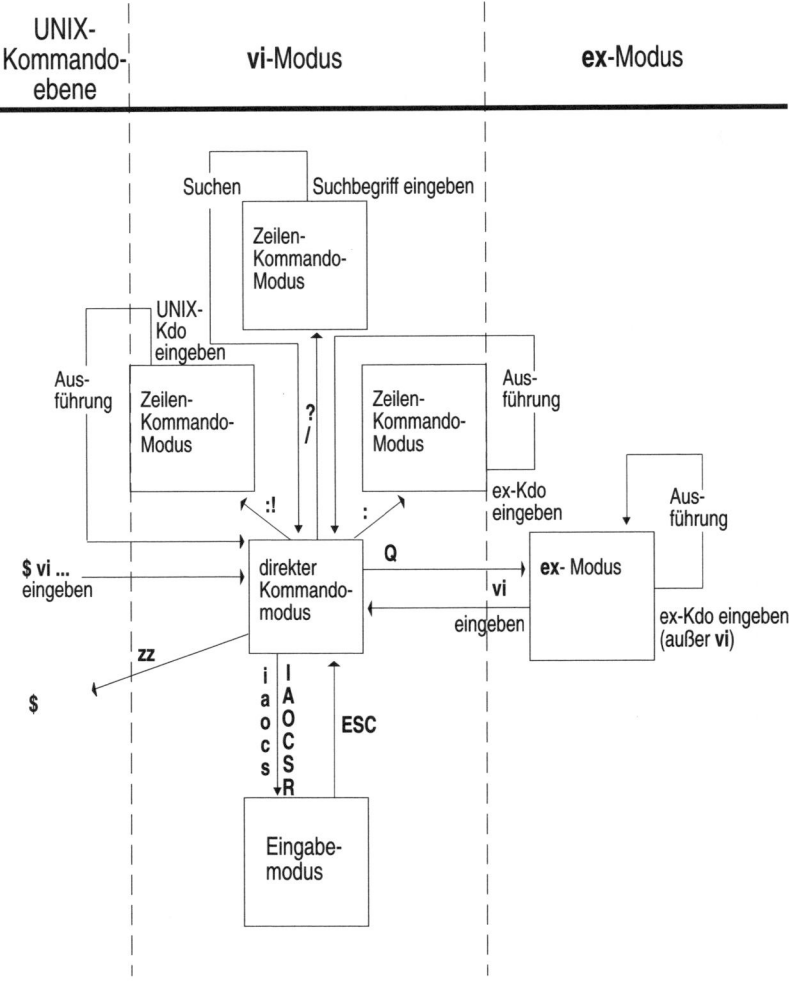

Bild 9.2: Darstellungsmodi und Arbeitszustände des **vi**

9.2.4   Wichtige vi-Tasten

Bestimmte Tasten haben für den **vi** eine Sonderbedeutung:

Taste	Funktion
`Esc`	besitzt mehrere Funktionen:
	▸ beendet den Eingabemodus
	▸ bricht nicht vollständig eingegebene Kommandos ab.
	▸ Wird diese Taste zu einem Zeitpunkt betätigt , wo dies nicht erlaubt ist, so erzeugt vi ein akustisches Signal.
`↵`	hat ebenfalls mehrere Funktionen:
	▸ schließt die Kommandos des Zeilen-Kommandomodus (beginnen mit :, / oder ?) ab
	▸ schließt alle Kommandos des ex-Modus ab
	▸ erzeugt eine neue Zeile im Eingabemodus
	▸ positioniert im direkten Kommandomodus den Cursor auf den Anfang der nächsten Zeile
`Intr`	veranlaßt **vi** dazu, die gerade laufende Aktion »ohne Rücksicht auf Verluste« abzubrechen.

9.2.5   Die wichtigsten vi-Kommandos

Hier werden aus der Vielzahl der **vi**-Kommandos zunächst die am häufigsten benötigten Kommandos vorgestellt, um dem **vi**-Anfänger einen schnellen Einstieg zu ermöglichen. Auf diesem Grundwissen aufbauend werden dann später noch weitere nützliche Kommandos gezeigt. Eine Auflistung aller **vi**-Kommandos wird dann in einem späteren Teilkapitel gegeben.

Die meistbenutzten vi-Kommandos

Kommando	Funktion
h oder `←`	Cursor ein Zeichen nach links bewegen (n**h** oder n `←` Cursor n Zeichen nach links bewegen)
j oder `↓`	Cursor eine Zeile nach unten bewegen (n**j** oder n `↓` Cursor n Zeilen nach unten bewegen)
k oder `↑`	Cursor eine Zeile nach oben bewegen (n**k** oder n `↑` Cursor n Zeilen nach oben bewegen)
l oder `→`	Cursor ein Zeichen nach rechts bewegen (n**l** oder n `→` Cursor n Zeichen nach rechts bewegen)
w	Cursor nach rechts auf das nächste Wort positionieren (n**w** Cursor auf n.Wort rechts positionieren)

Kommando	Funktion
G	Cursor auf letzte Zeile positionieren (*n***G** Cursor auf *n*.te Zeile positionieren)
0	Cursor auf Zeilenanfang positionieren
$	Cursor auf Zeilenende positionieren
x	Ein Zeichen unter Cursor löschen (*n***x** *n* Zeichen ab Cursor löschen)
dw	Ein Wort löschen (*n***dw** *n* Worte ab Cursor löschen)
dd	Eine Zeile löschen (*n***dd** *n* Zeilen ab Cursor löschen)
r*z*	Zeichen unter Cursor durch *z* ersetzen
J	2 Zeilen zusammenfügen
u	Letztes Kommando rückgängig machen
a*text*[Esc]	*text* nach Cursor einfügen
A*text*[Esc]	*text* am Zeilenende einfügen
i*text*[Esc]	*text* vor Cursor einfügen
I*text*[Esc]	*text* am Zeilenanfang einfügen
o*text*[Esc]	*text* in neuer Zeile nach Cursorzeile einfügen
O*text*[Esc]	*text* in neuer Zeile vor Cursorzeile einfügen
cw*text*[Esc]	Wort ab Cursor durch *text* ersetzen
/*text*[↵]	Vorwärtssuche nach *text* im Puffer
?*text*[↵]	Rückwärtssuche nach *text* im Puffer
ZZ	Pufferinhalt auf Datei sichern und vi verlassen (entspricht **:wq** [↵])
:w [↵]	Pufferinhalt auf Datei sichern (vi wird nicht verlassen)
:wq [↵]	Pufferinhalt auf Datei sichern und vi verlassen (entspricht **ZZ**)
:q! [↵]	vi ohne Sicherung des Pufferinhalts verlassen
:q [↵]	vi ohne Sicherung des Pufferinhalts verlassen; wurde Pufferinhalt seit letzter Änderung nicht gesichert, so wird eine Fehlermeldung ausgegeben und vi nicht verlassen

Wenn die Übersicht darüber verlorenging, in welchem Modus man sich gerade befindet, so ist es ratsam, zweimal [Esc] zu drücken. Danach befindet man sich im direkten Kommandomodus.

 Beispiel Nach dem Aufruf

vi lern1.vi

erscheint folgender Bildschirminhalt:

```
~
~
~
~
~
~
~
~
~
~
~
~
~
~
~
~
~
~
~
~
~
~
~
"lern1.vi" [New file]
```

Die unterste Zeile des Bildschirms wird als Kommunikationszeile bezeichnet.
Sie dient zur Ausgabe von Fehlermeldungen und Statusinformationen. Auch
wird diese Zeile zur Eingabe im Zeilen-Kommandomodus verwendet.

Zeilen, die nur ~ (engl. *tilde*) enthalten, gehören noch nicht zum Pufferinhalt.

Nun kann der Puffer, der in diesem Fall noch leer ist, beschrieben und editiert
werden. Zuerst soll dabei das Gedicht »Der alte Narr« von Wilhelm Busch mit
Fehlern eingegeben werden:

Beispiel

```
iEin Kuenstler auf dem hohen Seil,⏎
Der alten geworden mittelweil⏎
Stieg eines Tages⏎
vom Geruest⏎
Und sprach: Jetzt will ich unten bleiben⏎
Und nur noch Hausgymnastik treiben,⏎
Was zur Verdauung noetig ist...⏎
Da riefen alle: Oh wie schade!⏎
Der Maister scheint doch allnachgrad⏎
Ha! denkt er, dies wird sich noch einmal zeigen⏎
Un richtig eh der Markt geschlossen,⏎
Treibt er aufs neue die allten Possen⏎
Hoch in der Luft, und zwar mit Glueck,⏎
Bis auf ein kleines Missgeschick.⏎
Er fiel herab in grosser Eile⏎
Und knickte sich die Wirbelsaeule.⏎
```

Kommando i (für Text einfügen)
wird dabei nicht angezeigt

```
Der alte Narr! Nun bleibt er auf ewig krumm! ↵
So will ↵
So aeussert sich das Publikum. ↵
Esc
```

Esc -Taste drücken, um Eingabemodus wieder zu beenden

Im nachfolgenden soll nun schrittweise der eingegebene Text ausgebessert werden; dabei wird nicht immer der eleganteste Weg gezeigt, sondern versucht,
möglichst viele Editor-Kommandos mit einzubeziehen. Nach einem Ausbesse-
rungsschritt wird aus Übersichtsgründen nicht der vollständige Bildschirm, sondern immer nur ein Ausschnitt des Bildschirminhalts gezeigt:

Verbessern der 2. Zeile

1G	Cursor auf 1.Zeile positionieren (**E***in Kuenstler ..*)
↵	Cursor auf 2.Zeile positionieren (**D***er alten geworden ..*)
w	Cursor auf nächstes Wort positionieren (*Der **a**lten geworden ..*)
cwalt Esc	*alten* durch *alt* ersetzen (*Der al**t** geworden ..*)
2w	Cursor auf übernächstes Wort positionieren (*geworden **m**ittelweil*)
4 →	Cursor 4 Zeichen nach rechts bewegen (*geworden mittel**w**eil*)
xx	2 Zeichen (unter Cursor) nacheinander löschen (*geworden mitt**w**eil*)
iler Esc	Den Text *ler* vor Cursor einfügen (*geworden mittler**w**eil*)
A, Esc	Ein Komma am Zeilenende einfügen (*geworden mittlerweil,*)

Neuer Zeileninhalt nach dieser Ausbesserung:

```
Ein Kuenstler auf dem hohen Seil,
Der alt geworden mittlerweil,
  .....
```

Zusammenfügen von 3. und 4. Zeile

↵	Cursor auf 3.Zeile positionieren (**S***tieg eines Tages*)
J	Nachfolgende Zeile anhängen (**S***tieg eines Tages vom Geruest*)

Neuer Zeileninhalt nach dieser Ausbesserung:

```
Ein Kuenstler auf dem hohen Seil,
Der alt geworden mittlerweil,
Stieg eines Tages vom Geruest
  .....
```

4. Zeile ausbessern

↵	Cursor auf 4.Zeile bewegen (**U***nd sprach: Jetzt ...*)
3w	Cursor 3 Wörter[1] weiter positionieren (*Und sprach: **J**etzt will ..*)
cwNun Esc	*Jetzt* durch *Nun* ersetzen (*Und sprach: **N**un will ich unten bleiben*)

---

1. Der Doppelpunkt wird dabei als ein Wort gezählt.

Neuer Zeileninhalt nach dieser Ausbesserung:

```
Ein Kuenstler auf dem hohen Seil,
Der alt geworden mittlerweil,
Stieg eines Tages vom Geruest
Und sprach: Nun will ich unten bleiben
    .....
```

In 6. Zeile die letzten 2 Zeichen löschen

⏎	Cursor auf 5.Zeile bewegen (**U**nd *nur noch Hausgymnastik treiben,*)
⏎	Cursor auf 6.Zeile bewegen (**W**as *zur Verdauung noetig ist...*)
$	Cursor auf Zeilenende positionieren (*Was zur Verdauung noetig ist...*)
h	Cursor ein Zeichen links bewegen (*Was zur Verdauung noetig ist...*)
2x	2 Zeichen löschen (*Was zur Verdauung noetig ist.*)

Neuer Zeileninhalt nach dieser Ausbesserung:

```
Ein Kuenstler auf dem hohen Seil,
Der alt geworden mittlerweil,
Stieg eines Tages vom Geruest
Und sprach: Nun will ich unten bleiben
Und nur noch Hausgymnastik treiben,
Was zur Verdauung noetig ist.
    .....
```

7. Zeile ausbessern

/Oh ⏎	Suchen (vorwärts) von *Oh* (*Da riefen alle: Oh wie schade!*)
→	Cursor ein Zeichen rechts bewegen (*Da riefen alle: Oh wie schade!*)
a, Esc	Komma einfügen (*Da riefen alle: Oh, wie schade!*)
$	Cursor auf Zeilenende positionieren (*Da riefen alle: Oh, wie schade!*)
h	Cursor ein Zeichen links bewegen (*Da riefen alle: Oh, wie schade!*)
x	1 Zeichen löschen (*Da riefen alle: Oh, wie schad!*)

Neuer Zeileninhalt nach dieser Ausbesserung:

```
    .....
Und sprach: Nun will ich unten bleiben
Und nur noch Hausgymnastik treiben,
Was zur Verdauung noetig ist.
Da riefen alle: Oh, wie schad!
    .....
```

8. Zeile ausbessern

⏎	Cursor auf 8.Zeile bewegen (*Der Maister scheint doch allnachgrad*)
w	Cursor auf nächstes Wort bewegen (*Der M*aister scheint doch allnachgrad*)
l	Cursor ein Zeichen rechts bewegen (*Der Ma*ister scheint doch allnachgrad*)

re   Zeichen *a* durch Zeichen *e* ersetzen (*Der Meister scheint doch allnach-*
                        grad)

Neuer Zeileninhalt nach dieser Ausbesserung:

```
    . . . . .
Und sprach: Nun will ich unten bleiben
Und nur noch Hausgymnastik treiben,
Was zur Verdauung noetig ist.
Da riefen alle: Oh, wie schad!
Der Meister scheint doch allnachgrad
    . . . . .
```

Nach 8. Zeile eine neue Zeile einfügen

oZu schwach und steif zum Seilbesteigen! $\boxed{\text{Esc}}$
(Zu schwach und steif zum Seilbesteigen!)

Neuer Zeileninhalt nach dieser Ausbesserung:

```
    . . . . .
Da riefen alle: Oh, wie schad!
Der Meister scheint doch allnachgrad
Zu schwach und steif zum Seilbesteigen!
    . . . . .
```

Neue 10. Zeile ausbessern

/dies $\boxed{\leftarrow}$ Suchen (vorwärts) von *dies* (*Ha! denkt er,* **d**ies *wird sich ...*)
cwdieses $\boxed{\text{Esc}}$ *dies* durch *dieses* ersetzen (*Ha! denkt er,* dieses *wird sich ...*)
3w   2 Wörter überspringen (*..., dieses wird sich* **n**och einmal zeigen)
2dw   Nächsten 2 Wörter löschen (*..., dieses wird sich* zeigen)
A! $\boxed{\text{Esc}}$ Ausrufezeichen am Zeilenende anhängen (*..., dieses wird sich*
                        zeigen!)

Neuer Zeileninhalt nach dieser Ausbesserung:

```
    . . . . .
Da riefen alle: Oh, wie schad!
Der Meister scheint doch allnachgrad
Zu schwach und steif zum Seilbesteigen!
Ha! denkt er, dieses wird sich zeigen!
    . . . . .
```

11. Zeile ausbessern und danach den bisherigen Pufferinhalt auf Datei sichern

$\boxed{\downarrow}$ Cursor ein Zeichen nach unten bewegen (*... eh der Markt geschlos-*
                        sen,)
IUnd $\boxed{\text{Esc}}$ Am Zeilenanfang *Und* einfügen (*Und***U**n *richtig eh der ...*)
$\boxed{\rightarrow}$ Cursor ein Zeichen nach rechts bewegen (*Und***U**n *richtig eh der ...*)
dw   Wort ab Cursor löschen (*Und*richtig eh der ...)
i $\boxed{\text{Esc}}$ Vor Cursor ein Leerzeichen einfügen (*Und richtig eh der ...*)

2w	Ein Wort überspringen (*Und richtig eh der ...*)
i, `Esc`	Vor Cursor ein Komma einfügen (*Und richtig ,eh der ...*)
u	Letzte Änderung rückgängig machen (*Und richtig eh der ...*)
h	Cursor ein Zeichen nach links bewegen (*Und richtig eh der ...*)
i, `Esc`	Vor Cursor ein Komma einfügen (*Und richtig, eh der ...*)
:w `↵`	Sichern des bisherigen Pufferinhalts in der Datei *lern1.vi*[1]

Neuer Zeileninhalt nach dieser Ausbesserung:

```
   .....
Da riefen alle: Oh, wie schad!
Der Meister scheint doch allnachgrad
Zu schwach und steif zum Seilbesteigen!
Ha! denkt er, dieses wird sich zeigen!
Und richtig, eh der Markt geschlossen,
   .....
```

12. Zeile ausbessern

/neu `↵`	Suchen (vorwärts) von *neu* (*Treibt er aufs neue die allten Possen*)
3l	Cursor 3 Zeichen nach rechts bewegen (*Treibt er aufs neue die allten Possen*)
x	Ein Zeichen löschen (*Treibt er aufs neu die allten Possen*)
/ll `↵`	Suchen (vorwärts) von *ll* (*Treibt er aufs neue die allten Possen*)
x	Ein Zeichen löschen (*Treibt er aufs neu die alten Possen*)

Neuer Zeileninhalt nach dieser Ausbesserung:

```
   .....
Da riefen alle: Oh, wie schad!
Der Meister scheint doch allnachgrad
Zu schwach und steif zum Seilbesteigen!
Ha! denkt er, dieses wird sich zeigen!
Und richtig, eh der Markt geschlossen,
Treibt er aufs neu die alten Possen
   .....
```

Drittletzte Zeile ausbessern

/ewig `↵`	Suchen (vorwärts) von *ewig* (*Der alte Narr! Nun bleibt er auf ewig krumm!*)
4h	Cursor 4 Zeichen nach links bewegen (*... Narr! Nun bleibt er auf ewig krumm!*)
2dw	Nächsten 2 Wörter löschen (*Der alte Narr! Nun bleibt er krumm!*)

---

1. Hierbei erscheint in der untersten Bildschirmzeile eine Meldung, die neben dem Namen der editierten Datei noch die Anzahl der zurückgeschriebenen Zeilen und Zeichen enthält.

Neuer Zeileninhalt nach dieser Ausbesserung:

```
     . . . . .
Und richtig, eh der Markt geschlossen,
Treibt er aufs neu die alten Possen
Hoch in der Luft, und zwar mit Glueck,
Bis auf ein kleines Missgeschick.
Er fiel herab in grosser Eile
Und knickte sich die Wirbelsaeule.
Der alte Narr! Nun bleibt er krumm!
     . . . . .
```

Vorletzte Zeile löschen

G	Cursor auf letzte Zeile positionieren (ist hier eine Leerzeile)
2⌈↑⌉	Cursor 2 Zeichen nach oben bewegen (*So will*)
dd	Aktuelle Zeile löschen (*So aeussert sich das Publikum.*)
?Nun⌈↵⌉	Suchen (rückwärts) von *Nun* (*Der alte Narr! Nun bleibt er krumm!*)
cwJetzt⌈Esc⌉	Nun durch Jetzt ersetzen (*Der alte Narr! Jetzt bleibt er krumm!*)

Neuer Zeileninhalt nach dieser Ausbesserung:

```
Ein Kuenstler auf dem hohen Seil,
Der alt geworden mittlerweil,
Stieg eines Tages vom Geruest
Und sprach: Nun will ich unten bleiben
Und nur noch Hausgymnastik treiben,
Was zur Verdauung noetig ist.
Da riefen alle: Oh, wie schad!
Der Meister scheint doch allnachgrad
Zu schwach und steif zum Seilbesteigen!
Ha! denkt er, dieses wird sich zeigen!
Und richtig, eh der Markt geschlossen,
Treibt er aufs neu die alten Possen
Hoch in der Luft, und zwar mit Glueck,
Bis auf ein kleines Missgeschick.
Er fiel herab in grosser Eile
Und knickte sich die Wirbelsaeule.
Der alte Narr! Jetzt bleibt er krumm!
So aeussert sich das Publikum.
```

Pufferinhalt auf Datei sichern und vi verlassen

ZZ	Sichern des Pufferinhalts in der Datei *lern1.vi* und **vi** danach verlassen. Hierbei erscheint in der untersten Bildschirmzeile eine Meldung, die neben dem Namen der editierten Datei noch die Anzahl der zurückgeschriebenen Zeilen und Zeichen enthält:

»lern1.vi« 19 lines, 629 characters

Weitere nützliche Kommandos

Kommando	Funktion
s*text* `Esc`	Zeichen an Cursorposition durch *text* ersetzen
n*text* `Esc`	*n* Zeichen ab Cursorposition durch *text* ersetzen
S*text* `Esc`	Ganze aktuelle Zeile, in der Cursor sich befindet, durch *text* ersetzen
:s/*alt***/***neu* `↵`	In der aktuellen Zeile den Text »*alt*« durch Text »*neu*« ersetzen; dabei wird nur eine Ersetzung (nicht mehrere) vorgenommen.
:1,$s/*alt***/***neu* `↵`	In allen Zeilen Text »*alt*« durch Text »*neu*« ersetzen, allerdings nur einmal je Zeile
:1,$s/*alt***/***neu***/g** `↵`	Alle Vorkommen des Textes »*alt*« im gesamten Puffer durch Text »*neu*« ersetzen
n	Wiederholt das letzte Suchkommando (/ oder **?**)
:r *dateiname* `↵`	Inhalt der Datei *dateiname* hinter die aktuelle Cursorzeile kopieren
:e *dateiname* `↵`	Inhalt der Datei *dateiname* in den Arbeitspuffer kopieren; der alte Pufferinhalt geht dabei verloren. Falls die letzten Änderungen im Puffer noch nicht gesichert sind, erfolgt eine Fehlermeldung und das Kommando wird nicht ausgeführt.
:n `↵`	Nächste Datei aus der **vi**-Aufrufzeile in den Arbeitspuffer kopieren; der alte Pufferinhalt geht dabei verloren. Wenn die letzten Änderungen im Puffer noch nicht gesichert sind, erfolgt Fehlermeldung und Kommando wird nicht ausgeführt
`Strg`-`f` oder `Strg`-`F`	Eine Bildschirmseite weiterblättern (**f**orward)
`Strg`-`b` oder `Strg`-`B`	Eine Bildschirmseite zurückblättern (**b**ackward)
`Strg`-`d` oder `Strg`-`D`	Eine halbe Bildschirmseite weiterblättern (**d**own)
`Strg`-`u` oder `Strg`-`U`	Eine halbe Bildschirmseite zurückblättern (**u**p)

vi stellt neben dem Arbeitspuffer noch 27 weitere interne Puffer zum Zwischenspeichern von Text zur Verfügung:

▷   26 benamte Puffer (haben als Namen die Buchstaben **a**, **b**, **c**, .. , **z**). Wird anstelle eines Kleinbuchstabens ein Großbuchstabe als Puffername angegeben, dann wird der Pufferinhalt nicht überschrieben, sondern der entsprechende Text am bereits existierenden Pufferinhalt angehängt.

▷   einen allgemeinen Puffer ohne Namen, in dem immer die letzte Textänderung festgehalten wird.

Zusätzlich werden die 9 zuletzt gelöschten Texte in Puffern mit den Namen **1**, **2**, ..,**9** aufgehoben (in **1** steht dabei der zuletzt gelöschte Text, in **2** der davor gelöschte Text, usw.).

Die einzelnen Puffer (außer allgemeiner Puffer) können mit »x (für x ist entsprechender Kleinbuchstabe bzw. Ziffer anzugeben) angesprochen werden.

Die 26 Puffer **a**, **b**, **c**, .. , **z** behalten auch bei Dateiwechsel ihren Inhalt, wenn **vi** dabei nicht verlassen wird. Somit können sie zum Kopieren von Texten in andere Dateien verwendet werden. Der allgemeine Puffer und die 9 »Ziffern-Puffer« werden dagegen von manchen **vi**-Versionen bei einem Dateiwechsel gelöscht. Folgende Kommandos werden häufig benötigt, wenn ganze Textblöcke beim Editieren zu kopieren sind:

Kommando	Beschreibung
yy oder **Y**	(y*ank*); aktuelle Cursorzeile in allgemeinen Puffer kopieren
*n***yy** oder *n***Y**	*n* Zeilen ab aktueller Cursorzeile in allgemeinen Puffer kopieren
"*x***yy**	Aktuelle Cursorzeile in Puffer *x* kopieren
"*x**n***yy**	Ab aktueller Cursorzeile *n* Zeilen in Puffer *x* kopieren
dd	aktuelle Cursorzeile löschen und in allgemeinen Puffer kopieren
*n***dd**	*n* Zeilen ab aktueller Cursorzeile löschen und in allgemeinen Puffer kopieren
"*x***dd**	Aktuelle Cursorzeile löschen und in Puffer *x* kopieren
"*x**n***dd**	Ab aktueller Cursorzeile *n* Zeilen löschen und in Puffer *x* kopieren
p	(p*ut*); Inhalt des allgemeinen Puffers hinter aktueller Cursorzeile kopieren
P	Inhalt des allgemeinen Puffers vor aktuelle Cursorzeile kopieren
"*x***p**	Inhalt des Puffers *x* hinter aktuelle Cursorzeile kopieren
"*x***P**	Inhalt des Puffers *x* vor aktuelle Cursorzeile kopieren

Beispiel   Nach dem Aufruf

vi raetsel1 raetsel2

erscheint folgender Bildschirminhalt:

```
█
~
~
......
......
~
~
"raetsel1" [New file]
```

Zunächst ist der leere Arbeitspuffer der Datei *raetsel1* zugeordnet, der nun beschrieben und editiert werden kann. Es soll nun ein Text aus »Alice im Rätselland« von Raymond Smullyan mit Fehlern eingegeben werden:

```
i"Weisst du, wie man teilt?" fragte die K. R. ↵        Kommando i in der ersten Zeile
"Aber freilich!" antwortete Alice. ↵                   (für Text einfügen) wird dabei nicht
"Nun gut. Nehmen wir an, du teilst ↵                   angezeigt
elftausendelfhundertundelf durch drei. Was bleibt dir? ↵
Du kannst diesen Stift und das Papier nehmen, ↵
wenn du moechtest." ↵
Alice machte sich an die Aufgabe und rechnete. ↵
"Ich habe einen Rest von zwei", war ihre Antwort. ↵
"Ueberhaupt net!" stimmte die K. W zu. ↵
"Falsch!" rief die K. R triumphierend. ↵
"Siehst du, sie kann net teilen!" Esc              Esc , um Eingabemodus zu beenden
:w ↵                                               Sichern des Pufferinh. in Datei raetsel1ᵃ
:n ↵                                               Umschalten auf Datei raetsel2
```

a. Hierbei erscheint in der Kommunikationszeile eine Meldung, die neben dem Namen der editierten Datei noch die Anzahl der zurückgeschriebenen Zeilen und Zeichen enthält.

Danach erscheint folgender Bildschirminhalt:

```
█
~
~
......
......
~
~
"raetsel2" No such file or directory
```

Hier wird nun ein zweiter Text aus Raymond Smullyans »Alice im Rätselland« mit Fehlern eingegeben:

```
i----------------------------------------------- ↵     Kommando i in der
"Wir wollen es mit einer anderen Teilaufgabe versuchen", ↵   ersten Zeile (für
sagte die Rote Koenigin. ↵                             Text einfügen) wird
"Wieviel ist eine Million geteilt durch ein Viertel?" ↵   dabei nicht
"Natuerlich ein Viertel von einer Million!" kam die Antwort. ↵   angezeigt
"Anders gesagt, zweihundertfuenfzigtausend." ↵
"Oh nein!" fiel Alice ploetzlich ein. "Ich wollte sagen..." ↵
"Zu spaet!" unterbrach die Rote Koenigin. ↵
Esc                                                Esc , um Eingabemodus zu beenden
:w ↵                                               Sichern des Pufferinh. in Datei raetsel2ᵃ
```

a. Hierbei erscheint in der Kommunikationszeile eine Meldung, die neben dem Namen der editierten Datei noch die Anzahl der zurückgeschriebenen Zeilen und Zeichen enthält.

Es wird nun der bei *raetsel2* eingegebene Text noch mit Strich-Zeilen »----...« ein-gerahmt, bevor gesichert wird:

1. Zeile duplizieren und dann die ersten beiden Zeilen ans Pufferende kopieren

1G	Cursor auf 1.Zeile positionieren (-----------...)
dd	1.Zeile löschen, um sie in den allgemeinen Puffer zu kopieren (»*Wir wollen* ..)
P	Inhalt des allgemeinen Puffers vor aktuelle Cursorzeile kopieren (-----------...)
P	Inhalt des allgemeinen Puffers vor aktuelle Cursorzeile kopieren (-----------...)
G	Cursor auf letzte Zeile positionieren (ist hier eine Leerzeile)
p	Inhalt des allgemeinen Puffers hinter aktuelle Cursorzeile kopieren (----------...)
p	Inhalt des allgemeinen Puffers hinter aktuelle Cursorzeile kopieren (----------...)

Neuer Pufferinhalt nach diesem Editiervorgang:

```
-------------------------------------------------
-------------------------------------------------
"Wir wollen es mit einer anderen Teilaufgabe versuchen",
sagte die Rote Koenigin.
"Wieviel ist eine Million geteilt durch ein Viertel?"
"Natuerlich ein Viertel von einer Million!" kam die Antwort.
"Anders gesagt, zweihundertfuenfzigtausend."
"Oh nein!" fiel Alice ploetzlich ein. "Ich wollte sagen..."
"Zu spaet!" unterbrach die Rote Koenigin.

-------------------------------------------------
-------------------------------------------------
```

Zurückschreiben des Pufferinhalts

:w ↵   Sichern des bisherigen Pufferinhalts in der Datei *raetsel2*[1]

Nun wird der Inhalt von *raetsel1* wieder in den Arbeitspuffer geladen, der schrittweise korrigiert werden soll:

Inhalt der Datei raetsel1 in den Arbeitspuffer laden

:e raetsel1 ↵   Inhalt von *raetsel1* in Arbeitspuffer kopieren

---

1. Hierbei erscheint in der Kommunikationszeile eine Meldung, die neben dem Namen der editierten Datei noch die Anzahl der zurückgeschriebenen Zeilen und Zeichen enthält.

Neuer Pufferinhalt nach diesem Editiervorgang:

```
"Weisst du, wie man teilt?" fragte die K. R.
"Aber freilich!" antwortete Alice.
"Nun gut. Nehmen wir an, du teilst
elftausendelfhundertundelf durch drei. Was bleibt dir?
Du kannst diesen Stift und das Papier nehmen,
wenn du moechtest."
Alice machte sich an die Aufgabe und rechnete.
"Ich habe einen Rest von zwei", war ihre Antwort.
"Ueberhaupt net!" stimmte die K. W zu.
"Falsch!" rief die K. R triumphierend.
"Siehst du, sie kann net teilen!"
~
......
......
~
"raetsel1" 11 lines, 445 characters
```

Im gesamten Arbeitspuffer »K. R« durch »Rote Koenigin« ersetzen

`:1,$s/K. R/Rote Koenigin/g` ⏎

Im gesamten Arbeitspuffer »K. W« durch »Weisse Koenigin« ersetzen

`:1,$s/K. W/Weisse Koenigin/g` ⏎

In 2.Zeile »freilich« in »natuerlich« umändern

2G   Cursor auf 2.Zeile positionieren (*"Aber freilich!" antwortete Alice.*)

2w   Cursor 2 Wörter weiter positionieren[1] (*"Aber freilich!" antwortete Alice.*)

4snatuer ⎡Esc⎤   *frei* durch *natuer* ersetzen (*"Aber natuerlich!" antwortete Alice.*)

In 4.Zeile »Was« in »Welcher Rest« umändern

4G   Cursor auf 4.Zeile positionieren (**e**lftausendelfhundertundelf durch ...)

:s/Was/Welcher Rest ⏎   *Was* durch *Welcher Rest* ersetzen (**e**lftausendelfhundertund...)

Zweimal »net« in »nicht« umändern

/net ⏎   Suchen von *net* (*Alice machte sich an die Aufgabe und rechnete.*)
n   Nächstes *net* suchen (*"Ueberhaupt net!" stimmte die W...*)
⎡→⎤   Cursor ein Zeichen nach rechts (*"Ueberhaupt net!" stimmte die W...*)
sich ⎡Esc⎤   Zeichen *e* durch *ich* ersetzen (*"Ueberhaupt nicht!" stimmte die W...*)
n   Nächstes Vorkommen von *net* suchen (*"Siehst du, sie kann net teilen!"*)

---

1. Anführungszeichen zählt als ein eigenes Wort

:s/net/nicht⏎   In Cursorzeile *net* durch *nicht* ersetzen ("*Siehst du, sie kann nicht teilen!*")

Letzten beiden Zeilen vor drittletzte Zeile verlagern

⌈↑⌉   Cursor ein Zeichen nach oben ("*Falsch!*" *rief die Rote Koenigin triumphierend.*)

"a2dd   2 Zeilen löschen und zugleich im Puffer **a** aufbewahren ("*Ueberhaupt nicht!*"...)

"aP   Inhalt des Puffers **a** vor aktuelle Zeile kopieren ("*Falsch!*" *rief die* ...)

Nach all diesen Änderungen ergibt sich folgender Pufferinhalt:

```
"Weisst du, wie man teilt?" fragte die Rote Koenigin.
"Aber natuerlich!" antwortete Alice.
"Nun gut. Nehmen wir an, du teilst
elftausendelfhundertundelf durch drei. Welcher Rest bleibt dir?
Du kannst diesen Stift und das Papier nehmen,
wenn du moechtest."
Alice machte sich an die Aufgabe und rechnete.
"Ich habe einen Rest von zwei", war ihre Antwort.
"Falsch!" rief die Rote Koenigin triumphierend.
"Siehst du, sie kann nicht teilen!"
"Ueberhaupt nicht!" stimmte die Weisse Koenigin zu.
~
~
.......
```

Pufferinhalt auf Datei sichern und vi verlassen

:wq⏎   Sichern des Pufferinhalts in der Datei *raetsel1* und **vi** danach verlassen. Hierbei erscheint wieder in der Kommunikationszeile eine Meldung, die neben dem Namen der editierten Datei noch die Anzahl der zurückgeschriebenen Zeilen und Zeichen enthält: **»raetsel1« 11 lines, 489 characters**

Nun wird noch ein 3.Rätsel in die Datei *raetsel3* geschrieben.

Nach dem Aufruf

```
vi raetsel3
```

erscheint wieder der typische Bildschirminhalt für eine leere Datei:

```
█
~
~
......
......
~
"raetsel3" [New file]
```

Der Text des Rätsels wird zunächst wieder fehlerhaft eingegeben und später
dann ausgebessert:

```
i"Teilen kann sie ueberhaupt nicht!" sagte die Rote Koenigin ↵
sofort. ↵
"Soll ich es jetzt mit Addition und Subtraktion versuchen?" ↵
"Unbedingt!" antwortete die Weisse Koenigin. ↵
"Also gut", sagte die Rote Koenigin. ↵
"Eine Flasche Wein kostet neun Mark. ↵
Der Wein kostet acht Mark mehr als die Flasche. ↵
Wie teuer ist die Flasche?" Esc
:w ↵
```

Kommando i in
der ersten Zeile
(für Text einfü-
gen) wird dabei
nicht angezeigt

Esc , um Eingabemodus zu beenden
Sichern des Pufferinh. in Datei raetsel3[a]

a. Hierbei erscheint in der Kommunikationszeile eine Meldung, die neben dem Namen der
   editierten Datei noch die Anzahl der zurückgeschriebenen Zeilen und Zeichen enthält.

Inhalt der 2.Zeile durch »noch einmal.« ersetzen

2G	Cursor auf 2.Zeile positionieren (**s**ofort.)
Snoch einmal. Esc	Cursorzeilen-Inhalt durch »*noch einmal.*« ersetzen (*noch einmal.*)

*Inhalt der Datei **raetsel2** ans Pufferende kopieren*

G	Cursor auf letzte Zeile positionieren (**W**ie *teuer ist die Flasche?«*)
:r raetsel2 ↵	Inhalt der Datei *raetsel2* hinter Cursorzeile kopieren (--------....)

Der neue Pufferinhalt nach diesem Editiervorgang ist:

```
"Teilen kann sie ueberhaupt nicht!" sagte die Rote Koenigin
noch einmal.
"Soll ich es jetzt mit Addition und Subtraktion versuchen?
"Unbedingt!" antwortete die Weisse Koenigin
"Also gut", sagte die Rote Koenigin.
"Eine Flasche Wein kostet neun Mark.
Der Wein kostet acht Mark mehr als die Flasche.
Wie teuer ist die Flasche?"
-------------------------------------------------
-------------------------------------------------
"Wir wollen es mit einer anderen Teilaufgabe versuchen",
sagte die Rote Koenigin.
"Wieviel ist eine Million geteilt durch ein Viertel?"
"Natuerlich ein Viertel von einer Million!" kam die Antwort.
"Anders gesagt, zweihundertfuenfzigtausend."
"Oh nein!" fiel Alice ploetzlich ein. "Ich wollte sagen..."
"Zu spaet!" unterbrach die Rote Koenigin.
-------------------------------------------------
-------------------------------------------------
```

Letzten 10 Zeilen des Puffers löschen

2⎡↓⎤   Cursor 2 Zeichen nach unten bewegen (*»Wir wollen es mit einer anderen...*)

10dd   Nächsten 10 Zeilen löschen (--------....)

Die beiden letzten Zeilen an den Pufferanfang kopieren

⎡↑⎤   Cursor 1 Zeichen nach oben bewegen (--------....)

2yy   Die beiden letzten Zeilen in den allgemeinen Puffer kopieren (------ --....)

1G   Cursor auf 1.Zeile positionieren (*»Teilen kann sie ueberhaupt nicht!«* ...)

P   Inhalt des allgemeinen Puffer vor aktuelle Zeile kopieren (------- ....)

Pufferinhalt auf Datei sichern

:w⎡↵⎤   Sichern des Pufferinhalts in der Datei *raetsel3*. Hierbei erscheint wieder in der Kommunikationszeile eine Meldung, die neben dem Namen der editierten Datei noch die Anzahl der zurückgeschriebenen Zeilen und Zeichen enthält:

```
------------------------------------------------
------------------------------------------------
"Teilen kann sie ueberhaupt nicht!" sagte die Rote Koenigin
noch einmal.
"Soll ich es jetzt mit Addition und Subtraktion versuchen?
"Unbedingt!" antwortete die Weisse Koenigin
"Also gut", sagte die Rote Koenigin.
"Eine Flasche Wein kostet neun Mark.
Der Wein kostet acht Mark mehr als die Flasche.
Wie teuer ist die Flasche?"
------------------------------------------------
------------------------------------------------
~
~
.....
~
~
"raetsel3" 12 lines, 532 characters
```

vi verlassen

:q⎡↵⎤

9.2.6   Definitionen zu vi-Textobjekten

Für **vi** sind die Begriffe *Wort*, *Satz*, *Absatz* und *Abschnitt* wie folgt definiert:[1]

Wort

ist eine Folge von Buchstaben, Ziffern und Unterstrichen ohne Zwischenraum-Zeichen.[2]

Wird bei einer Wort-Operation ein Kleinbuchstabe verwendet, so werden nur Buchstaben, Ziffern und Unterstriche als zu einem Wort gehörig betrachtet. Interpunktionszeichen (wie z.B. . , oder !) werden dann als eigene Wörter interpretiert.[3]

Beispiel

Text:	Das ist das **Haus**, in dem ich geboren wurde.
Kommando:	**dw**
Neuer Text:	Das ist das **,** in dem ich geboren wurde.

Text:	Der **Freund**, den ich lange nicht sah.
Kommando:	**cwKumpel** ⸤Esc⸥
Neuer Text:	Der Kumpe**l**, den ich lange nicht sah.

Wird bei einer Wort-Operation ein Großbuchstabe als **vi**-Kommando verwendet, so werden Interpunktionszeichen nicht als eigene Wörter, sondern als Bestandteil eines Worts interpretiert.

Beispiel

Text:	Das ist das **Haus**, in dem ich wohnte.
Kommando:	**dW**
Neuer Text:	Das ist das **i**n dem ich wohnte.

Text:	Wo warst du **nur**?
Kommando:	**cWdenn** ⸤Esc⸥
Neuer Text:	Wo warst du den**n**

---

1. Die Begriffe *Satz*, *Absatz* und *Abschnitt* können mit der **:set**-Anweisung umdefiniert werden (dazu später mehr)
2. Leer-, Tabulator- oder Neuezeile-Zeichen
3. Cursorposition ist immer **fett** dargestellt

Folgende **vi**-Kommandos legen Wort-Positionen fest:

Kommando	Funktion
w	Wort ab Cursorposition nach rechts (Interpunktionszeichen ausgeschlossen)
W	Wort ab Cursorposition nach rechts (Interpunktionszeichen eingeschlossen)
b	Wort ab Cursorposition nach links (Interpunktionszeichen ausgeschlossen)
B	Wort ab Cursorposition nach links (Interpunktionszeichen eingeschlossen)
e	Ende eines Worts ab Cursorposition nach rechts hin (Interpunktionszeichen ausgeschlossen)
E	Ende eines Worts ab Cursorposition nach rechts hin (Interpunktionszeichen eingeschlossen)

Werden diese Kommandos alleine (ohne Kombination mit einem anderen **vi**-Kommando, wie z.B. nur **W**) gegeben, so bewirken sie die Positionierung des Cursors an die entsprechende Stelle.

Satz

ist eine Folge von Wörtern, wobei das letzte Wort dieser Folge mit **.** ! oder **?** endet; diesem Zeichen müssen entweder ein Neuezeile-Zeichen oder zwei Leerzeichen folgen.

Folgende **vi**-Kommandos legen Satz-Positionen fest:

Kommando	Funktion
(	Anfang des momentanen bzw. des vorhergehenden Satzes
)	Ende des momentanen bzw. Anfang des nachfolgenden Satzes

Werden diese Kommandos alleine (ohne Kombination mit einem anderen **vi**-Kommando, wie z.B. () gegeben, so bewirken sie die Positionierung des Cursors an die entsprechende Stelle.

Absatz

Ein Absatz erstreckt sich bis zur nächsten Leerzeile oder bis zu einer Zeichenfolge, die mit **set paragraphs=** definiert wurde[1].

---

1. später dazu mehr

Folgende **vi**-Kommandos legen Absatz-Positionen fest:

Kommando	Funktion
{	Anfang des momentanen bzw. des vorhergehenden Absatzes
}	Ende des momentanen bzw. Anfang des nachfolgenden Absatzes

Werden diese Kommandos alleine (ohne Kombination mit einem anderen **vi**-Kommando, wie z.B. }) gegeben, so bewirken sie die Positionierung des Cursors an die entsprechende Stelle.

Abschnitt

Ein Absatz erstreckt sich bis zur nächsten Zeichenfolge, die mit **set sections=** definiert wurde[1].

Folgende **vi**-Kommandos legen Abschnitt-Positionen fest:

Kommando	Funktion
[[	vorhergehender Abschnitt
]]	nächster Abschnitt

Werden diese Kommandos alleine (ohne Kombination mit einem anderen **vi**-Kommando, wie z.B. [[) gegeben, so bewirken sie die Positionierung des Cursors an die entsprechende Stelle.

Beispiel Es soll zunächst ein weiteres Rätsel von Raymond Smullyan eingegeben werden. An diesem Text wird dann Cursor-Positionierung mit den obigen Kommandos demonstriert.

Nach dem Aufruf

```
vi raetsel4
```

wird zunächst der Text eingegeben:

```
i"Hier ist die naechste Aufgabe", sagte die Rote Koenigin. [↵]
[↵]
Ein Bauer besass einiges Ackerland.   Auf einem Drittel [↵]
davon baute er Weizen an, auf einem Viertel Erbsen, auf [↵]
einem Fuenftel des Landes Bohnen, und auf den restlichen [↵]
26 Morgen baute er Mais an. [↵]
[↵]
Wieviel Morgen besass er insgesamt? [↵]
```

Kommando i in der
ersten Zeile (für
Text einfügen) wird
dabei nicht ange-
zeigt

---

1. später dazu mehr

Esc
:w ⏎

Esc , um Eingabemodus zu beenden
Sichern des Pufferinh. in Datei raetsel4[a]

a. Hierbei erscheint in der Kommunikationszeile eine Meldung, die neben dem Namen der editierten Datei noch die Anzahl der zurückgeschriebenen Zeilen und Zeichen enthält.

Demonstration der verschiedenen Positionierungsmöglichkeiten

Kommando	Beschreibung
1G	Cursor auf 1.Zeile positionieren (*"Hier ist die naechste Aufgabe", sagte die Rote Koenigin.*)
4W	Cursor 4 Wörter (Interpunktionszeichen eingeschlossen) nach rechts bewegen *"Hier ist die naechste Aufgabe", sagte die Rote Koenigin.*)
E	Cursor auf Wortende (Interpunktionszeichen eingeschlossen) bewegen *"Hier ist die naechste Aufgabe", sagte die Rote Koenigin.*
B	Cursor auf Wortanfang (Interpunktionszeichen eingeschlossen) bewegen *"Hier ist die naechste Aufgabe", sagte die Rote Koenigin.*
e	Cursor auf Wortende (Interpunktionszeichen ausgeschlossen) bewegen *"Hier ist die naechste Aufgabe", sagte die Rote Koenigin.*
)	Cursor auf Anfang des nächsten Satzes positionieren *"Hier ist die naechste Aufgabe", sagte die Rote Koenigin.* ▮ *Ein Bauer besass einiges Ackerland. Auf einem Drittel*
)	Cursor auf Anfang des nächsten Satzes positionieren *"Hier ist die naechste Aufgabe", sagte die Rote Koenigin.* *Ein Bauer besass einiges Ackerland. Auf einem Drittel*
)	Cursor auf Anfang des nächsten Satzes positionieren *"Hier ist die naechste Aufgabe", sagte die Rote Koenigin.* *Ein Bauer besass einiges Ackerland. Auf einem Drittel*
b	Cursor auf Anfang des nächsten linksstehenden Worts (Interpunktionszeichen ausgeschlossen) bewegen *"Hier ist die naechste Aufgabe", sagte die Rote Koenigin.* *Ein Bauer besass einiges Ackerland. Auf einem Drittel*

Kommando	Beschreibung
(	Cursor auf Anfang des momentanen Satzes positionieren
	"Hier ist die naechste Aufgabe", sagte die Rote Koenigin.
	Ein Bauer besass einiges Ackerland. Auf einem Drittel
{	Cursor auf Anfang des momentanen Absatzes positionieren
	"Hier ist die naechste Aufgabe", sagte die Rote Koenigin.
	■
	Ein Bauer besass einiges Ackerland. Auf einem Drittel
}	Cursor auf Anfang des nächsten Absatzes positionieren
	26 Morgen baute er Mais an.
	■
	Wieviel Morgen besass er insgesamt?
}	Cursor auf Anfang des nächsten Absatzes positionieren
	Wieviel Morgen besass er insgesamt?
	■
[[	Cursor auf Anfang des momentanen Abschnitts positionieren
	"Hier ist die naechste Aufgabe", sagte die Rote Koenigin.
	Ein Bauer besass einiges Ackerland. Auf einem Drittel
]]	Cursor auf Anfang des nächsten Abschnitts positionieren
	Wieviel Morgen besass er insgesamt?
	■

vi verlassen

`:q`⏎

Hinter den folgenden **vi**-Kommandos muß das Objekt angegeben werden, auf das sich das jeweilige Kommando bezieht:

Kommando	Beschreibung
c	Ändern
d	Löschen

Kommando	Beschreibung
y	Sichern
>	Nach rechts schieben (Voreinstellung sind 8 Zeichen)
<	Nach links schieben (Voreinstellung sind 8 Zeichen)

Als Objekt kann dabei z. B. angegeben werden:

Objekt	Beschreibung
w	für »*Wort ohne Interpunktionszeichen*"
W	für »*Wort einschließlich Interpunktionszeichen*"
b	für »*vorhergehendes Wort ohne Interpunktionszeichen*"
B	für »*vorhergehendes Wort einschließlich Interpunktionszeichen*"
e	für »*bis zum Ende eines Worts ohne Interpunktionszeichen*"
E	für »*bis zum Ende eines Worts einschließlich Interpunktionszeichen*"
^	für »*bis zum Anfang der aktuellen Cursorzeile*"
$	für »*bis zum Ende der aktuellen Cursorzeile*"
G	für »*bis zum Dateiende*"
nG	für »*bis zur n.ten Zeile*"
(	für »*bis zum Satzanfang*"
)	für »*bis zum Satzende*"
{	für »*bis zum Anfang des Absatzes*"
}	für »*bis zum Ende des Absatzes*"
[[	für »*bis zum Anfang des Abschnitts*"
]]	für »*bis zum Ende des Abschnitts*"
Leerzeichen	für »*einzelnes Zeichen*"
%	für entsprechende schließende bzw. öffnende Klammer

Da der Befehl **%** auf die korrespondierende öffnende bzw. schließende Klammer positioniert, wenn der Ausgangspunkt eine der drei Klammerarten ( ), [ ], { } ist, kann damit z. B. ein Funktionsblock in einem C-Programm gelöscht werden, in dem auf die öffnende bzw. schließende Klammer positioniert und dann das Kommando **d%** eingegeben wird.

Um z. B. eine ganze C-Funktion zu löschen und in dem Puffer *v* zu hinterlegen, müßte auf den Anfang der Funktion positioniert werden und zunächst der Funktionskopf mit **"vdd** oder **"v2dd** gelöscht werden. Dann müßte auf die öffnende Klammer { positioniert werden und das Kommando **"Vd%** eingegeben werden; Großbuchstabe bedeutet hierbei an den Puffer anhängen.

Um z.B. alle Zeilen eines mit {..} geklammerten C-Blocks von Anweisungen einzurücken, müßte zunächst auf die öffnende { positioniert werden, und dann das
Kommando >/^}/-1 eingegeben werden.

Steht der Cursor bereits innerhalb eines Objekts (wie z.B. eines Worts), so wird
die Editieraktion von der aktuellen Cursorposition bis zum Ende bzw. Anfang
des jeweiligen Objekts durchgeführt. Werden die obigen **vi**-Kommandos zweimal hintereinander eingegeben, so beziehen sie sich immer auf die aktuelle Cursorzeile:

Kommando	Beschreibung
cc	ganze Zeile ändern
dd	ganze Zeile löschen
yy	ganze Zeile sichern
>>	ganze Zeile nach rechts schieben
<<	ganze Zeile nach links schieben

Beispiel

5c ist `Esc`	ersetzt die nächsten 5 Zeichen durch den Text »*ist*"
c2wdas `Esc`	ersetzt die nächsten 2 Wörter durch den Text »*das*"
c^ `Esc`	ersetzt den Text vom Zeilenanfang bis zum Cursor durch ein Leerzeichen
c$! `Esc`	ersetzt den Text vom Cursor bis zum Zeilenende durch ein Ausrufezeichen
3dw	löscht die nächsten 3 Wörter (ab Cursorposition)
d3w	löscht auch die nächsten 3 Wörter (ab Cursorposition)
2d)	löscht ab Cursorposition 2 Sätze
d2)	löscht auch ab Cursorposition 2 Sätze
d$	löscht ab Cursorposition den Rest einer Zeile
d^	löscht den Text vom Anfang einer Zeile bis zur Cursorposition
4yw	sichert die nächsten 4 Wörter im allgemeinen Puffer
y4w	sichert ebenso die nächsten 4 Wörter im allgemeinen Puffer
dG	löscht den vollständigen Text ab Cursorposition bis zum Pufferende
d2G	löscht den Text, der zwischen Cursorposition und 2.Zeile (inklusive) steht

Wird zweimal ein Wiederholungsfaktor, nämlich vor und nach einem der oben
erwähnten Kommandos angegeben: *nkdom*, so entspricht dies *n*mkdo*, z.B.
würde **3d4w** die nächsten 12 Wörter löschen.

9.2.7   Zusammenfassung der vi-Kommandos

In der folgenden Beschreibung werden die folgenden Kürzel verwendet:

Abkürzung	Bedeutung
-	entsprechendes Kommando wirkt nur auf die aktuelle Cursor-zeile und beläßt den Cursor auch in dieser Zeile.
▮	entsprechendes Kommando wirkt nur auf die aktuelle Bild-schirmseite.
n	entsprechendem Kommando kann eine Zahl vorangestellt werden, die angibt, wieoft dieses Kommando auszuführen ist.

Cursor-Positionierungen

Zeichen-Positionierung		
^	-	zum Zeilenanfang (auf erstes sichtbares Zeichen)
0	-	zum Zeilenanfang (erstes Zeichen)
$	-	zum Zeilenende
l	-	eine Position nach rechts
→ Leerz.	n	
h	-	eine Position nach links
← Strg - H	n	
fx	- n	Auf Zeichen x in der aktuellen Zeile vorrücken
Fx	- n	Cursor zurück auf das Zeichen x in der aktuellen Zeile bewegen
tx	- n	Cursor vor das Zeichen x in der aktuellen Zeile bewegen.
Tx	- n	Cursor zurück hinter das Zeichen x in der aktuel-len Zeile bewegen
;	- n	letztes f-,F-, t- oder T-Kommando wiederholen
,	- n	letztes f-,F-, t- oder T-Kommando wiederholen, allerdings mit umgekehrter Suchrichtung
n|	- n	zur n.ten Spalte (| entspricht 0l)

Wort-Positionierung

b	n	Ein Wort oder Interpunktionszeichen zurück
B	n	Ein Wort zurück (Interpunktions-zeichen gehören zu einem Wort)
e	n	zum Ende eines Worts oder zum nächsten Interpunktionszeichen
E	n	zum Ende eines Worts (Interpunktions-zeichen gehören zu einem Wort)
w	n	zum Anfang des nächsten Worts bzw. zum nächsten Interpunktionszeichen
W	n	zum Anfang des nächsten Worts (Interpunktionszeichen gehören zu einem Wort)

Zeilen-Positionierung

j | | Strg - N	n	Eine Zeile nach unten (gleiche Spalte oder Zeilenende)
k | | Strg - P	n	Eine Zeile nach oben (gleiche Spalte oder Zeilenende)
+ | | Strg - M	n	Eine Zeile nach unten zum ersten sichtbaren Zeichen
-	n	(Querstrich) Eine Zeile nach oben zum ersten sichtbaren Zeichen
H	■ n	(Home) Zur ersten Bildschirmzeile (nH positioniert auf die n.te Bildschirmzeile)
M	■	(Middle) Zur mittleren Bildschirmzeile
L	■ n	(Last) Zur letzten Bildschirmzeile (nL positioniert auf die n.te letzte Bildschirmzeile)
G	n	Zur letzten Pufferzeile (nG positioniert auf die n.te Pufferzeile)

Satz- und Absatz-Positionierung

)	n	zum Ende des momentanen bzw. zum Anfang des nächsten Satzes
(	n	zum Anfang des momentanen bzw. des vorhergehenden Satzes

Satz- und Absatz-Positionierung

}	n	zum Ende des momentanen bzw. zum Anfang des nächsten Absatzes
{	n	zum Anfang des momentanen bzw. des vorhergehenden Absatzes

Weitere Positionierungsmöglichkeiten

`Strg`-`F` `Bild↓`	n	(forward) eine Bildschirmseite vorblättern
`Strg`-`B` `Bild↑`	n	(backwards) eine Bildschirmseite zurückblättern
`Strg`-`D`	n	(down) eine halbe Bildschirmseite vorblättern. n`Strg`-`D` bedeutet n Zeilen weiterblättern
`Strg`-`U`	n	(up) eine halbe Bildschirmseite zurückblättern. n`Strg`-`U` bedeutet n Zeilen zurückblättern
`Strg`-`E`	n	eine Bildschirmzeile vorblättern
`Strg`-`Y`	n	eine Bildschirmzeile zurückblättern
[[	n	zum Anfang des momentanen bzw. des vorhergehenden Abschnitts
]]	n	zum Anfang des nächsten Abschnitts
`` ` ` ``		Cursor zur vorherigen Position zurücksetzen
''		Cursor auf erstes sichtbares Zeichen der vorherigen Cursorzeile positionieren
%		Steht Cursor auf [, (, oder {, so wird vorwärts die entsprechende schließende Klammer gesucht und Cursor dort positioniert. Steht Cursor auf],), oder }, so wird rückwärts die entsprechende öffnende Klammer gesucht und Cursor dort positioniert.
		Steht Cursor nicht auf [, (, {,],) oder }, so wird er auf die nächste schließende Klammer positioniert, wenn er nicht innerhalb eines Klammerpaares steht, ansonsten auf die öffnende Klammer des Klammerpaares.

Eingeben, Ändern und Löschen von Text

Umschalten in den Eingabemodus

a	n	(append) Nach dem Cursor einfügen
A	n	(Append) Am Ende der aktuellen Cursorzeile einfügen (entspricht $a)

Umschalten in den Eingabemodus		
i	n	(insert) Vor dem Cursor einfügen
I	n	(Insert) Am Anfang der aktuellen Cursorzeile (vor ersten sichtbaren Zeichen) einfügen
o		(open) In neuer Zeile nach der aktuellen Cursorzeile einfügen
O		(Open) In neuer Zeile vor der aktuellen Cursorzeile einfügen
s	-	(substitute) Zeichen an Cursorposition ersetzen (entspricht **cl**);
	n	*n*s die nächsten *n* Zeichen ab Cursorposition ersetzen
S	n	(Substitute) Ganze Cursorzeile ersetzen (entspricht **cc**);
		*n*S die nächsten *n* Zeilen ab Cursorzeile ersetzen
R	n	(Replace) Überschreiben einschalten
c*o*	n	(change) nachfolgendes Textobjekt vom Typ *o* ersetzen; z.B:
		cc ganze Zeile ersetzen
		cL Text ab Cursorposition bis zur letzten Bildschirmzeile ersetzen
C	-	(Change) Rest der Zeile ab Cursorposition ersetzen (entspricht **c$**);

Hinweis Die Angabe einer Zahl n vor einem der Kommandos **a, A, i I** oder **R** bewirkt, daß der danach eingegebene Text (bis ⏎) n mal dupliziert wird.

Korrekturmöglichkeiten im Eingabemodus		
Strg - H	-	Letztes Zeichen löschen
erase		
← -Taste		
Strg - W	-	Letztes Wort löschen
kill	-	eingegebenen Text einer Zeile löschen
\	-	schaltet die Löschfunktion des nachfolgenden Strg - H-, Strg - W-, erase- oder kill-Zeichens aus
Esc -Taste		beendet den Eingabemodus und schaltet zurück in den direkten Kommandomodus

Tasten mit Sonderbedeutung im Eingabemodus		
Strg - I	-	Tabulator-Zeichen einfügen
Strg - T	-	Cursor auf der nächsten Tabulator-Marke positionieren
Strg - V	-	Nächstes Zeichen nicht als Kommando interpretieren

Text ändern und löschen; (kein Umschalten in den Eingabemodus)		
r*z*	-	(replace) Zeichen an Cursorposition durch *z* ersetzen. Mit *n*r*z* die nächsten *n* Zeichen durch *z* ersetzen (*n*-mal wird ersetzt)
~	- *n*	Zeichen an Cursorposition von Klein- in Großbuchstaben umwandeln bzw. umgekehrt. Mit *n*~ werden die nächsten *n* Zeichen von Klein- in Großbuchstaben umwandeln bzw. umgekehrt
J	*n*	(Join) Zeilen zusammenfügen: Nachfolgende Zeilen an aktuelle Zeile anhängen. *n***J** *n* Zeilen zusammenfügen, d.h. nächsten n-1 Zeilen an aktuelle Zeile anhängen
d*o*	*n*	(delete) Nachfolgendes Textobjekt vom Typ *o* löschen **dd** ganze aktuelle Zeile löschen **d/was** Text ab Cursorposition bis zum nächsten Vorkommen von was löschen
D	-	(Delete) Text der aktuellen Zeile ab Cursorposition löschen (entspricht **d$**)
<*o*	*n*	Textobjekt vom Typ *o* nach links schieben (Voreinst.: 8 Zeichen) << aktuelle Zeile nach links schieben
>*o*	*n*	Textobjekt vom Typ *o* nach rechts schieben (Voreinst.: 8 Zeichen) >> aktuelle Zeile nach rechts schieben
x	- *n*	Zeichen an Cursorposition löschen (entspricht **dl**) *n*x die nächsten *n* Zeichen ab Cursorposition löschen
X	- *n*	Zeichen vor Cursorposition löschen (entspricht **dh**) *n*X *n* Zeichen vor der Cursorposition löschen
.		(Punkt) Letztes Änderungskommando wiederholen

Suchen

Soll nicht nur ein Zeichen gesucht oder ein Suchvorgang nicht auf die aktuelle Zeile beschränkt werden, so reichen die **vi**-Kommandos **f**, **F**, **t** und **T** nicht aus. In der nachfolgenden Tabelle wird die Abkürzung *RA* für regulärer Ausdruck verwendet.

Einfache Suchkommandos

/RA ⏎	*n*	Vorwärtssuche (zum Dateiende hin) nach einem Text, der durch **RA** abgedeckt wird. Cursor wird auf den Anfang des gefundenen Textes positioniert. Wird kein durch **RA** abgedeckter Text gefunden, so wird vom Dateianfang bis zur Cursorposition weiter nach einem solchen Text gesucht. Wird kein entsprechender Text gefunden, so verbleibt der Cursor an der Ausgangsposition[a].
/RA/n		sucht (vorwärts) *n*.te Vorkommen eines Textes, der durch **RA** abgedeckt ist
?RA ⏎	*n*	Rückwärtssuche (zum Dateianfang hin) nach einem Text, der durch **RA** abgedeckt wird. Cursor wird auf den Anfang des gefundenen Textes positioniert. Wird kein durch **RA** abgedeckter Text gefunden, so wird vom Dateiende zur Cursorposition hin weiter nach einem solchen Text gesucht.
		Wird kein entsprechender Text gefunden, so verbleibt der Cursor an der Ausgangsposition[b].
?RA?n		sucht (rückwärts) *n*.te Vorkommen eines Textes, der durch **RA** abgedeckt ist.
/RA/+n ⏎	*n*	wie **/RA**, außer, daß Cursor auf die *n*.te Zeile nach dem gefundenen Text positioniert wird, z.B.
		/das/2+3 sucht ab der Cursorposition das 2.Vorkommen von *das* und positioniert den Cursor dann auf die 3.Zeile hinter dieser Zeile
/RA/-n		positioniert den Cursor auf *n*.te Zeile vor dem gefundenen Text
?RA?+n ⏎	*n*	wie **?RA**, außer, daß Cursor auf die *n*.te Zeile nach dem gefundenen Text positioniert wird, z.B.
		?ist?+4 sucht ab der Cursorposition rückwärts nach *ist* und positioniert den Cursor dann auf die 4.Zeile hinter dieser Zeile
?RA?-n		positioniert den Cursor auf *n*.te Zeile vor dem gefundenen Text
n		letzten Suchvorgang (entweder **/RA** oder **?RA**) wiederholen

Einfache Suchkommandos

N		letzten Suchvorgang (entweder */RA* oder *?RA*) in umgekehrter Richtung wiederholen
%		Steht Cursor auf [, (oder {, so wird vorwärts die entsprechende schließende Klammer gesucht und Cursor dort positioniert.
		Steht Cursor auf],) oder }, so wird rückwärts die entsprechende öffnende Klammer gesucht und Cursor dort positioniert

a. »*Pattern not found*« wird in der Kommunikationszeile gemeldet
b. »*Pattern not found*« wird in der Kommunikationszeile gemeldet

Für *RA* (*regulärer Ausdruck*) gelten bei diesen Kommandos folgende Regeln:

1. Die Metazeichen von regulären Ausdrücken sind:
   . * [ ] \ ^ $
   Metazeichen haben eine Sonderbedeutung.

2. Ein einfacher regulärer Ausdruck ist einer der folgenden:
   ▶ *Einfaches Zeichen*, aber kein Metazeichen
   ▶ Das *Metazeichen* \, um Sonderbedeutung eines Metazeichens auszuschalten(z.B *)
   ▶ ^ steht für Anfang einer Zeile, wenn es als erstes Zeichen angegeben ist.
   ▶ $ steht für Ende einer Zeile, wenn es als letztes Zeichen angegeben ist.
   ▶ . steht für jedes beliebige Zeichen, außer Neuezeile-Zeichen
   ▶ \< steht für Anfang eines Worts
   ▶ \> steht für Ende eines Worts
   ▶ Eine *Klasse von Zeichen*: z.B. [ABC] deckt eines der Zeichen A, B oder C ab
   ▶ Eine *Klasse von Zeichen mit Abkürzungen*: z.B. deckt [a-zA-Z] alle Buchstaben ab (nicht Umlaute)
   ▶ Eine *Komplement-Klasse von Zeichen*: z.B. deckt [^0-9] alle Zeichen außer die Ziffern und das Neuezeile-Zeichen ab

3. Operatoren, um reguläre Ausdrücke zu größeren zusammenzufassen
   ▶ *Konkatenation*: AB deckt A unmittelbar gefolgt von B ab
   ▶ *null-oder-beliebig-viele*: A* deckt kein, ein oder mehr A ab
   ▶ *runde Klammern*: \(r\) deckt gleiche Strings wie der ungeklammerte reguläre Ausdruck r ab
   ▶ *n-ter Teilausdruck*: \$n$ deckt den gleichen String ab, wie ein zuvor angegebener \(Ausdruck\). n muß eine Ziffer sein und spezifiziert den n.ten \(Ausdruck\); z.B. würde das ex-Kommando :1,$s/^\(.*\) $/==\1/⏎ am Anfang aller Zeilen des Arbeitspuffers »==« einfügen.

Suchen und gleichzeitiges Editieren

Um die häufig benötigte Editierfunktion »*Suchen eines Textes mit gleichzeitigem Ersetzen*« zu erreichen, muß im Zeilen-Kommandomodus das **ex**-Kommando

`:s/alt/neu/`⏎

aufgerufen werden:

Kommando	Wirkung
`:s/alt/neu/`⏎	ersetzt in der aktuellen Zeile das erste Auftreten von *alt* durch *neu*.
`:s/alt/neu/g`⏎	ersetzt in der aktuellen Zeile alle Vorkommen von *alt* durch *neu*.
`:1,$s/alt/neu/g`⏎	ersetzt im gesamten Arbeitspuffer alle Vorkommen von *alt* durch *neu*.
`:1,10s/alt/neu/gc`⏎	würde nacheinander alle Vorkommen von *alt* in den ersten 10 Zeilen anzeigen und nachfragen, ob das jeweilige *alt* wirklich durch *neu* zu ersetzen ist. Wenn ja, so ist **y**⏎ einzugeben; bei jeder anderen Eingabe findet keine Ersetzung statt.

Suchen unter Verwendung einer Tag-Datei

vi und **ex** erlauben das Suchen bestimmter Texte über eine Tag-Datei *tags*. In dieser Datei werden je Zeile angegeben:

▷   eine Marke (ein Begriff)

▷   der Name einer Datei, auf die sich die angegebene Marke bezieht

▷   ein regulärer Ausdruck, nach dem zu suchen ist, oder die Nummer einer Zeile, in der Cursor zu positionieren ist.

Diese Angaben sind jeweils durch ein Tabulator-Zeichen voneinander getrennt anzugeben. Die einzelnen Zeilen müssen dabei nach dem Marken-Namen sortiert sein.

Wird nun **vi** bzw. **ex** mit der Option **-t** *marke* aufgerufen, so sucht der jeweilige Editor nach der angegebenen `marke` (1.Feld) in der Datei `tags`, welche sich entweder im working directory oder im Directory `/usr/lib` befinden muß, und positioniert den Cursor auf die entsprechende Position, die durch das dritte Feld (regulärer Ausdruck oder Zeilennummer) festgelegt ist.

Mit dem Editor-Kommandos

`:tag` *marke*⏎

kann dann auf eine neue *marke* positioniert werden.

Das Editor-Kommando

:set tag=*datei(en)*⏎

ermöglicht es die voreingestellten Pfadnamen für Tag-Dateien (./tags /usr/lib/ tags) umzudefinieren.

Häufige Anwendung findet dieser Tag-Mechanismus beim Arbeiten mit mehreren Moduln: Es läßt sich hiermit sehr schnell in die Programmdatei umschalten, welche die Definition einer bestimmten Funktion enthält. Die Tag-Datei, in der zu jedem Funktionsnamen der Name des C-Moduls (mit regulären Ausdruck) angegeben ist, in dem diese Funktion definiert ist, läßt sich dabei mit dem BSD-Unix-Kommando **ctags** automatisch erstellen; **ctags** wird inzwischen auf den meisten Unix-Systemen angeboten:

ctags [c-*programmdateien*]

Beispiel   Im Directory */home/egon/uebung1* wird eine Datei *tags* mit folgenden Inhalt erstellt:

```
ali        raetsel1     /Alice¹
avo        obst         /Avocad
drei       raetsel4     3
```

Wird nun folgender Editor-Aufruf angegeben:

vi -t avo⏎

so wird die Datei *obst* in den Arbeitspuffer geladen und der Cursor auf den Anfang der Zeile positioniert, in der *Avocad* vorkommt (3.Zeile).

Nach der Angabe des Editor-Kommandos

:tag ali⏎

wird die Datei *raetsel1* editiert und der Cursor sofort an den Anfang der 2.Zeile positioniert, da hier *Alice* vorkommt.

Wird hier dann

:tag drei⏎

eingegeben, so wird die Datei *raetsel4* editiert und Cursor dort auf den Anfang der 3.Zeile positioniert.

Ein Aufruf

:tag ali⏎

würde wieder zum Editieren der Datei *raetsel1* führen; allerdings würde der Cursor nun auf die 7.Zeile (nächstes Vorkommen von *Alice*) positioniert.

---

1. Die einzelnen Spalten müssen mit Tabulatorzeichen voneinander getrennt sein.

Kopieren und Verschieben von Text

yo	n	(*y*ank) kopiert das angegebene Textobjekt vom Typ o in den allgemeinen Puffer; z.B.
		yy kopiert die aktuelle Cursorzeile in den allgemeinen Puffer
		nyo nächsten n Textobjekte vom Typ o in allgemeinen Puffer kopieren
Y	n	(Yank) kopiert aktuelle Zeile in den allgemeinen Puffer (wie **yy**)
"*xy*o	n	kopiert das angegebene Textobjekt vom Typ o in den Puffer x; z.B.
		"ayy kopiert die aktuelle Cursorzeile in den Puffer a
		"xnyo die nächsten n Textobjekte vom Typ o in Puffer x kopieren
"*x*Y	n	kopiert aktuelle Zeile in den Puffer x (entspricht "x**yy**)
do	n	(*d*elete) löscht das angegebene Textobjekt vom Typ o und kopiert dieses in den allgemeinen Puffer; z.B.
		dd löscht die aktuelle Cursorzeile und kopiert diese in den allgemeinen Puffer
		ndo nächsten n Textobjekte vom Typ o löschen und in allgemeinen Puffer kopieren
"*x***d**o	n	löscht das angegebene Textobjekt vom Typ o und kopiert es in den Puffer x; z.B.
		"add löscht die aktuelle Cursorzeile und kopiert sie in den Puffer a
		"xndo die nächsten n Textobjekte vom Typ o löschen und in den Puffer x kopieren
P		(*p*ut) Inhalt des allgemeinen Puffers hinter aktuelle Cursorposition kopieren; z.B. xp vertauscht zwei Zeichen
P		(*P*ut) Inhalt des allgemeinen Puffers vor aktuelle Cursorposition kopieren
"*x*p		Inhalt des Puffers x hinter aktuelle Cursorposition kopieren
"*x*P		Inhalt des Puffers x vor aktuelle Cursorposition kopieren

"*n*p		*n*.te letzte Löschung hinter aktuelle Cursorposition kopieren (für *n* ist eine Ziffer 1 bis 9 anzugeben)
"*n*P		*n*.te letzte Löschung vor aktuelle Cursorposition kopieren (für *n* ist eine Ziffer 1 bis 9 anzugeben)

Bekanntlich werden in den Puffern 1 bis 9 die letzten Löschungen aufgehoben. Wird nun ein bestimmter gelöschter Text aus diesen Puffern benötigt, so kann der Inhalt dieser Puffer am einfachsten mit der Kommandosequenz

```
"1pu.u.u. ...
```

abgefragt werden:

Mit **"1p** wird zunächst der Inhalt des Puffers 1 hinter der aktuellen Cursorposition eingefügt. Handelt es sich dabei nicht um den gesuchten Text, so wird der eingefügte Text mit **u** (*undo*) wieder entfernt. Das Editier-Kommando . wiederholt das letzte Änderungskommando und erhöht somit zugleich die Puffernummer, so daß dies dem Kommando **"2p** entspricht. Dies führt zum Einkopieren des Puffers 2, usw. So kann nacheinander der Inhalt der Puffer 1 bis 9 durch Wiederholen der **vi**-Kommandos **.u** abgefragt werden, bis der gewünschte Puffer gefunden ist.

Markieren und Positionieren anhand von Markierungen

m*x*	-	aktuelle Cursorposition mit *x* markieren; *x* muß ein Kleinbuchstabe sein
`` `*x* ``		Cursor auf die mit *x* markierte Stelle positionieren
'*x*		Cursor auf erstes sichtbares Zeichen der Zeile positionieren, in der sich die mit *x* markierte Stelle befindet

Die mit **m** vorgenommenen Markierungen können auch in Editor-Kommandos verwendet werden, welche die Angabe eines Textobjekts erlauben, z.B.

d's   löscht den Text zwischen der aktuellen Cursorposition und der Marke **s**

"fy'l   kopiert den Text zwischen der aktuellen Cursorposition und der Marke **l** in den Puffer **f**

Ebenso können Marken im Zeilen-Kommandomodus benutzt werden, z.B.

:'x,'yd ⏎

löscht den Text zwischen den Marken **x** und **y**.

Sichern und Beenden

`ZZ`	Inhalt des Arbeitspuffers sichern und **vi** beenden (entspricht **:wq**⏎)
`:wq`⏎	Inhalt des Arbeitspuffers sichern und **vi** beenden (entspricht **ZZ**)
`:q`⏎	**vi** ohne Sicherung des Arbeitspuffers verlassen; wurde der Arbeitspuffer seit der letzten Änderung nicht gesichert, so wird eine Fehlermeldung ausgegeben und **vi** nicht verlassen
`:q!`⏎	**vi** ohne Sicherung des Arbeitspuffers verlassen, auch wenn der Arbeitspuffer seit der letzten Änderung nicht gesichert wurde (diese Änderungen gehen verloren)
`:w`⏎	Inhalt des Arbeitspuffers sichern (**vi** wird nicht verlassen)
`:w` *datei*⏎	Inhalt des Arbeitspuffers in *datei* sichern. Falls *datei* bereits existiert, wird dieses Kommando nicht ausgeführt
`:w!` *datei*⏎	Inhalt des Arbeitspuffers in *datei* sichern. Existiert *datei* bereits, so wird ihr alter Inhalt überschrieben
`n,m:w` *datei*⏎	die Zeilen *n* bis *m* des Arbeitspuffers in *datei* sichern. Falls *datei* bereits existiert, so wird dieses Kommando nicht ausgeführt
`n:w` *datei*⏎	die *n*.te Zeile des Arbeitspuffers in *datei* sichern. Falls *datei* bereits existiert, so wird dieses Kommando nicht ausgeführt
`n,m:w!` *datei*⏎	die Zeilen *n* bis *m* des Arbeitspuffers in *datei* sichern. Existiert *datei* bereits, so wird ihr alter Inhalt überschrieben
`n:w!` *datei*⏎	die *n*.te Zeile des Arbeitspuffers in *datei* sichern. Existiert *datei* bereits, so wird ihr alter Inhalt überschrieben
`:f` *datei*⏎	den derzeitig gemerkten Dateinamen[a] in *datei* umändern. Wird der Name *datei* nicht angegeben, so wird der momentan gemerkte Dateiname und die Nummer der aktuellen Cursorzeile angezeigt (auch mit Strg-G möglich)

a. ist der Dateiname, der momentan mit dem Arbeitspuffer gekoppelt ist. Wird z. B. das Editier-Kommando **:w**⏎ eingegeben, so wird der Arbeitspuffer in der Datei gesichert, deren Name sich **vi** momentan gemerkt hat.

Gleichzeitiges Editieren mehrerer Dateien

`:e` *datei*⏎	(edit) Inhalt der Datei *datei* in den Arbeitspuffer kopieren; der alte Pufferinhalt wird dabei überschrieben. Falls die letzten Änderungen noch nicht gesichert wurden, erfolgt eine Fehlermeldung und das Kommando wird nicht ausgeführt. Derzeitige Datei bleibt als sogenannte Sekundärdatei erhalten (siehe **:e#**)

:e! ↵	(edit) Zuletzt gesicherte Version der gerade bearbeiteten Datei in den Arbeitspuffer kopieren; alle Änderungen, die seit dieser letzten Sicherung vorgenommen wurden, gehen dabei verloren.
:e +datei ↵	(edit) Inhalt der Datei datei in den Arbeitspuffer kopieren und Cursor ans Pufferende positionieren; der alte Pufferinhalt wird dabei überschrieben. Falls die letzten Änderungen noch nicht gesichert wurden, erfolgt eine Fehlermeldung und das Kommando wird nicht ausgeführt. Derzeitige Datei bleibt als sogenannte Sekundärdatei erhalten (siehe :e#)
:e +n datei ↵	(edit) Inhalt der Datei datei in den Arbeitspuffer kopieren und Cursor auf die n.te Zeile positionieren; der alte Pufferinhalt wird dabei überschrieben. Falls die letzten Änderungen noch nicht gesichert wurden, erfolgt eine Fehlermeldung und das Kommando wird nicht ausgeführt. Derzeitige Datei bleibt als sogenannte Sekundärdatei erhalten (siehe :e#)
:e# ↵ Strg - ^	(edit) Inhalt der Sekundärdatei in den Arbeitspuffer kopieren; der alte Pufferinhalt wird dabei überschrieben. Falls die letzten Änderungen noch nicht gesichert wurden, erfolgt eine Fehlermeldung und das Kommando wird nicht ausgeführt.
:n ↵	(next) Nächste Datei aus der vi-Aufrufzeile in den Arbeitspuffer kopieren; der alte Pufferinhalt wird dabei überschrieben. Wenn die letzten Änderungen noch nicht gesichert wurden, erfolgt eine Fehlermeldung und das Kommando wird nicht ausgeführt.
:n! ↵	(next) Nächste Datei aus der vi-Aufrufzeile in den Arbeitspuffer kopieren; der alte Pufferinhalt wird dabei auf jeden Fall überschrieben, selbst wenn die letzten Änderungen noch nicht gesichert wurden.
:n argument(e)	ersetzt die ursprünglichen Argumente aus der vi-Aufrufzeile durch die hier angegebenen argument(e).

Neuaufbauen einer Bildschirmseite

Strg - L	Bildschirm löschen und Bildschirmseite wieder neu anzeigen; nützlich, wenn z.B. Bildschirminhalt durch Meldungen (messages) von anderen Benutzern zerstört wurde.
Strg - R	ähnlich zu Strg - L: Bildschirminhalt aktualisieren. Auf älteren Dialogstationen werden z.B. gelöschte Zeilen mit @ markiert und nicht wirklich auf dem Bildschirm entfernt. Mit diesem Kommando würden sie dann wirklich aus der Anzeige entfernt.
z ↵	Bildschirmseite (Fenster) so verschieben, daß aktuelle Cursorzeile die oberste Bildschirmzeile wird.

z-	Bildschirmseite (Fenster) so verschieben, daß aktuelle Cursorzeile die unterste Bildschirmzeile wird.
z.	Bildschirmseite (Fenster) so verschieben, daß aktuelle Cursorzeile die mittlere Bildschirmzeile wird.
/RA/z-⏎	Zeile, in der ein Text gefunden wird, der durch RA abgedeckt ist, wird die unterste Bildschirmzeile.
z*n*.	legt die Größe einer Bildschirmseite (Fenster) auf *n* Zeilen fest

Vorgenommene Änderungen rückgängig machen

u	(*u*ndo) macht die zuletzt im Arbeitspuffer vorgenommene Änderung wieder ungeschehen
U	(*U*ndo) macht die zuletzt an der aktuellen Cursorzeile vorgenommenen Änderungen wieder rückgängig

Ausführen von Unix-Kommandos ohne Verlassen des vi

:!unix_kdo⏎	bewirkt die Ausführung des angegebenen unix_kdo, ohne daß **vi** verlassen wird. Erscheint innerhalb von *unix_kdo* das Zeichen %, so wird hierfür der aktuelle Dateiname eingesetzt. So kann man z.B. mit **:!cc -c %** das gerade editierte C-Programm kompilieren lassen, ohne den **vi** verlassen zu müssen.
:!sh⏎	schaltet auf die Unix-Kommandoebene durch[a]: dort können dann beliebig viele Unix-Kommandos eingegeben werden; in den **vi** kann mit der Eingabe von Strg - D wieder zurückgekehrt werden

a. Richtig müßte es heißen: **:sh** startet eine neue Shell. Was eine Shell ist, wird ausführlich in »Linux-Unix-Shells« behandelt.

Makros

Makros dienen dazu, Sequenzen von Kommandos unter einem Namen abzuspeichern, die dann später zusammen unter diesem Namen wieder abgerufen und ausgeführt werden können. Wenn der Name einer solchen »Befehlssequenz« z.B. f wäre, dann könnte dieses Makro mit

@f

aufgerufen werden.

Um eine Kommandosequenz abzuspeichern, ist es üblich, die entsprechenden Kommandos als einzelne Zeilen im Arbeitspuffer einzufügen und diese dann durch Löschen in den entsprechenden Puffer zu kopieren, wie z.B.

"f3dd

Da Kommandos oft durch Steuerzeichen realisiert sind (z. B. $\boxed{\text{Strg}}$-$\boxed{\text{M}}$), muß man diese Zeichen während der Eingabe ausschalten; das geschieht durch Eingabe von $\boxed{\text{Strg}}$-$\boxed{\text{V}}$ vor dem jeweiligen Steuerzeichen.

Weitere Kommandos, die das Definieren und Löschen von Makros ermöglichen, sind:

`:ab abk text`$\boxed{\leftarrow}$

definiert für den angegebenen *text* ein Text-Makro mit Namen *abk*. Wird dann später im Eingabemodus oder Zeilen-Kommandomodus der Name *abk* eingegeben, so setzt **vi** hierfür *text* ein; vor und nach dem Namen *abk* darf hierbei kein Buchstabe oder Ziffer angegeben sein

Beispiel   Nach der Makro-Definition

`:ab RK Rote Koenigin`$\boxed{\leftarrow}$

würde mit der Eingabe

`odie RK ist krank`$\boxed{\text{Esc}}$

die Zeile

`die Rote Koenigin ist krank`

nach der aktuellen Cursorzeile eingefügt.

`:ab`$\boxed{\leftarrow}$
zeigt alle definierten Text-Makros am Bildschirm an.

`:unab abk`$\boxed{\leftarrow}$
löscht das Text-Makro *abk* wieder.

`:map abk kdos`$\boxed{\leftarrow}$
definiert für die angegebenen Kommandos (`kdos`) ein Kommando-Makro mit Namen *abk*; *abk* muß dabei ein einzelnes Zeichen oder #*n* (für *n* ist eine Ziffer 0 bis 9 anzugeben) sein.

Wird dann später im direkten Kommandomodus der Name *abk* eingegeben, so werden die in `kdos` angegebenen Kommandos ausgeführt.

Beispiel   1. Mit der Makro-Definition[1]

   `:map #9 i      <Strg-V><ESC><Strg-V>`$\boxed{\leftarrow}$ $\boxed{\leftarrow}$

   wird die Funktions-Taste $\boxed{\text{F9}}$[2] mit den folgenden **vi**-Kommandos belegt:

---

1. $\boxed{\text{Strg}}$- und $\boxed{\text{Esc}}$-Tasten sind hier mit < .. > geklammert, um sie von anderem Text unterscheiden zu können
2. #i meist die i.te Funktions-Taste; z. B. steht #1 für F1
   Bei manchen `vi`-Versionen steht #i jedoch auch für die i+1.te Funktions-Taste.

i   ⌞Esc⌟   (5 Leerzeichen vor Cursor einfügen)
⌞↵⌟   (Cursor auf erstes sichtbares Zeichen der nächsten Zeile

Nach dieser Definition würde jedes Drücken der Funktions-Taste ⌞F9⌟ diese beiden Kommandos ausführen.

2. Mit der Makro-Definition

```
:map <Strg-V><Strg-A> A<Strg-V>⌞↵⌟----<Strg-V><ESC><Strg-V>⌞↵⌟ ⌞↵⌟
```

wird die Taste ⌞Strg⌟-⌞A⌟ mit den folgenden **vi**-Kommandos belegt:

A⌞↵⌟----⌞Esc⌟   (nach aktueller Cursorzeile »----« einfügen)
⌞↵⌟   (Cursor auf erstes sichtbares Zeichen in nächster Zeile positionieren)

Nach dieser Definition würde also jede Eingabe von ⌞Strg⌟-⌞A⌟ (im direkten Kommandomodus) hinter der aktuellen Cursorzeile »----« einfügen und den Cursor auf den Anfang der nächsten Zeile positionieren.

`:map⌞↵⌟`
zeigt alle definierten Kommando-Makros am Bildschirm an.

`:unmap abk⌞↵⌟`
löscht das Kommando-Makro *abk* wieder.

`:map! abk text⌞↵⌟`
definiert für den angegebenen *text* ein Text-Makro mit Namen *abk*; wie **:ab**). Wird dann später im Eingabemodus oder Zeilen-Kommandomodus der Name *abk* eingegeben, so setzt **vi** hierfür *text* ein; anders als bei **:ab** gilt hier nicht die Einschränkung, daß vor und nach dem Namen *abk* kein Buchstabe oder Ziffer angegeben sein darf.

Um sich z.B. das Rahmengerüst für eine while-Schleife bei jedem Drücken von **\w** (im Eingabemodus) erzeugen zu lassen, könnte folgendes Makro definiert werden:

```
:!map \w  while (ausdr) {<Strg-V>⌞↵⌟     ;<Strg-V>⌞↵⌟}<Strg-V><ESC>%T(cw⌞↵⌟
```

Wird nun im Eingabemodus **\w** eingegeben, so wird hierfür folgende Textpassage eingesetzt. Der Cursor wird anschließend auf das Wort *ausdr* positioniert und dieses Wort mit **cw** verändert.

```
while (ausd$) {
    ;
}
```

`:unmap! abk⌞↵⌟`
löscht das Text-Makro *abk* wieder.

Optionen von vi und ex

Mit Hilfe der angebotenen Optionen können die Eigenschaften der Ein- und Ausgabeoperationen dieser beiden Editoren eingestellt werden. Wird eine gewisse Einstellung immer beim Arbeiten mit diesen Editoren gewünscht, so ist es ratsam, im home directory eine Datei mit Namen *.exrc*[1] zu erstellen, in der die entsprechenden Optionen angegeben sind. Wird eine gewisse Einstellung nur für eine **vi**- und **ex**-Sitzung benötigt, so können die gewünschten Optionen während der Sitzung mit dem **ex**-Kommando **set** festgelegt werden:

Aufruf	*Beschreibung*
`set` *option* `↵`	Einschalten einer *option*
`set` **no***option* `↵`	Ausschalten einer *option*
`set` *option=wert* `↵`	Zuweisen von *wert* an eine *option*
`set` `↵`	Anzeigen der Belegung aller geänderter Optionen
`set` `all` `↵`	Anzeigen der Belegung aller Optionen
`set` *option?* `↵`	Anzeigen der Belegung der *option*

Werden Optionen in der Datei *.exrc* angegeben, so darf vor **set** kein Doppelpunkt angegeben werden.

In der folgenden Liste sind die wichtigsten Optionen von **vi** und **ex** zusammengefaßt. Statt des ausgeschriebenen Namens können auch die in runden Klammern angegebenen Abkürzungen verwendet werden. Die Voreinstellung wird immer in geschweiften Klammern ({...}) angegeben.

autoindent   (ai)   {noai}

Automatisches Einrücken: Bei der Eingabe von `↵` im Eingabemodus wird automatisch auf die Spalte der vorherigen Zeile eingerückt. Dies ist sehr nützlich bei der Eingabe von Programmen, in denen üblicherweise innerhalb von Programmblöcken eingerückt wird. Eine Einrükkung für eine Zeile kann während der Eingabe mit `Strg`-`D` rückgängig gemacht werden. Soll noch weiter eingerückt werden, so ist dies mit `Strg`-`T` möglich. Soll eine Einrückung für alle nachfolgenden Zeilen aufgehoben werden, so kann dies mit `0``Strg`-`D` erreicht werden.

autowrite   (aw)   {noaw}

Der Arbeitspuffer wird vor dem Verlassen des Editors oder vor einem Wechsel in eine andere Datei (**ex**-Kommandos: **next**, **rewind** und **tag**) in der gerade bear-

---

1. Abkürzung für *ex runtime commands*

beiteten Datei gesichert. Wird hinter diesen drei **ex**-Kommandos **!** angegeben, so findet keine automatische Sicherung des Pufferinhalts statt.

exrc	**(exrc)**	{**noexrc**}

(Neu in System V.) Die Datei **.exrc**, die sich im Directory befindet, in dem **vi** startet, wird vor dem eigentlichen Start von **vi** ausgewertet.

edcompatible	**(edcompatible)**	{**noedcompatible**}

alle **ed**-Funktionen werden bereitgestellt.

ignorecase	**(ic)**	{**noic**}

Groß- und Kleinschreibung wird bei Such-Vorgängen nicht unterschieden.

list	**(list)**	{**nolist**}

Tabulator-Zeichen werden als **^I** und Neuezeile-Zeichen als **$** am Bildschirm angezeigt.

magic	**(magic)**	{**magic**}

schaltet die Bedeutung von Metazeichen für reguläre Ausdrücke ein. Ist **nomagic** gesetzt, so werden nur noch **^** und **$** als Metazeichen interpretiert. Die Sonderbedeutung der anderen Metazeichen kann hierbei durch Voranstellen eines \ (Backslash) kurzzeitig wieder eingeschaltet werden.

mesg	**(mesg)**	{**mesg**}

Während der Editor-Sitzung wird das Einblenden von Mitteilungen (messages) anderer Benutzer am Bildschirm zugelassen.

number	**(nu)**	{**nonu**}

Zeilen werden mit einer vorangestellten Zeilennummer am Bildschirm angezeigt.

novice	**(novice)**	{**nonovice**}

legt fest, daß der Benutzer ein **vi**-Anfänger ist; es wird zusätzliche Unterstützung während der Editor-Sitzung gegeben.

shell=   **(sh=)**   {sh=/bin/sh}

gibt den Pfadnamen des Kommandointerpreters an, der bei Eingabe von
:!unix_kdo⏎ bzw. **:!sh**⏎ gestartet wird.

shiftwidth=   **(sw=)**   {sw=8}

legt den Abstand für Software-Tabulatoren fest: um wie viele Stellen bei **<<**, **>>**
oder ⟨Strg⟩-⟨T⟩ im Eingabemodus und bei **autoindent** zu verschieben ist.

showmatch   **(sm)**   {nosm}

Wird im Eingabemodus eine der schließenden Klammern) bzw. } eingegeben,
so wird der Cursor kurzzeitig (etwa 1 Sekunde) auf die zugehörige öffenende
Klammer positioniert, wenn diese sich noch auf der momentanen Bildschirmseite befindet; kann sehr hilfreich beim Erstellen von C-Programmen sein.

showmode   **(smd)**   {nosmd}

Text »INSERT MODE« wird angezeigt, wenn der Eingabemodus aktiv ist.

terse   **(terse)**   {noterse}

Fehlermeldungen werden in einer Kurzform ausgegeben.

wrapmargin=   **(wm=)**   {wm=0}

legt eine rechte Randbegrenzung fest. Das Setzen dieser Option mit **wm=***n*
bedeutet, daß bei der Eingabe von Text *n* Zeichen vor Zeilenende automatisch
an einer Wortgrenze zu trennen und eine neue Zeile zu beginnen ist; sehr hilfreich bei der Eingabe von Texten für den Textformatierer **nroff**.

Eine vollständige Liste aller **vi**- und **ex**-Optionen befindet sich im Anhang bei
der Beschreibung des Kommandos **ex**.

Ist eine bestimmte Editor-Konfiguration immer erwünscht, so können – wie
schon erwähnt – die entsprechenden Optionen mit **set** in der Datei **.exrc**, die sich
im home directory befinden muß, angegeben werden.

Wenn z.B. die Datei **.exrc** (im home directory) folgenden Inhalt hätte:

```
set nu smd
map #1 :set nu   Strg - V  ⏎
map #2 :set nonu Strg - V  ⏎
```

dann würden bei jedem **vi**- und **ex**-Aufruf automatisch die Optionen **number**
und **showmode** gesetzt. Zusätzlich würden noch die Funktionstasten ⟨F1⟩ und
⟨F2⟩ mit Ein- und Ausschalten der Zeilennummerierung belegt.

Wenn **map**-Befehle für entsprechende Tastenbelegungen in **.exrc** angegeben sind, ist zu beachten, daß jedes <Strg-V> anstelle von einmal immer zweimal anzugeben ist.

Eine andere Möglichkeit, die Standardeinstellung der Editoren **vi** und **ex** zu verändern, ist, die entsprechenden Optionen in die Variable **EXINIT** einzutragen. Mit dem folgenden Eintrag in die Datei *.profile*:

```
EXINIT="set smd nu aw"
export EXINIT
```

würde dann die Variable **EXINIT** bei jedem neuen Anmelden entsprechend gesetzt. Wenn diese Variable gesetzt ist, so wird bei jedem **vi**- bzw. **ex**-Aufruf ihr Inhalt als erstes Editor-Kommando ausgeführt; in diesem Fall würden also bei jedem **vi**- bzw. **ex**-Aufruf folgende Optionen gesetzt: **showmode**, **number** und **autowrite**.

Sollen in **EXINIT** mehrere Befehle angegeben werden, so können sie durch einen vertikalen Strich (I) oder ein Neuezeile-Zeichen voneinander getrennt werden. Falls die Variable **EXINIT** gesetzt ist, wird der Inhalt von **.exrc** nicht ausgewertet.

9.2.8   Alphabetische Übersicht der vi-»Buchstaben-Kommandos«

Befehl	Wirkung
a	Nach Cursorposition einfügen
A	Am Ende der aktuellen Cursorzeile einfügen
⌜Strg⌝-⌜A⌝	Nicht belegt
b	Cursor ein Wort oder Interpunktionszeichen zurückbewegen
B	Cursor ein Wort (einschließlich Interpunktionszeichen) zurückbewegen
⌜Strg⌝-⌜B⌝	Eine Bildschirmseite zurückblättern
c	Ändern
C	Text ab Cursorposition bis zum Zeilenende ändern
⌜Strg⌝-⌜C⌝	Nicht belegt
d	Löschen
D	Text ab Cursorposition bis zum Zeilenende löschen
⌜Strg⌝-⌜D⌝	Halbe Bildschirmseite vorblättern; im Eingabemodus: Einrückungen aufheben
e	Cursor zum Ende eines Worts oder zum nächsten Interpunktionszeichen bewegen
E	Cursor zum Ende eines Worts (einschließlich Interpunktionszeichen) bewegen

Befehl	*Wirkung*
`Strg` - `E`	Eine Bildschirmzeile zurückblättern
f	Cursor auf das angegebene Zeichen in der aktuellen Cursorzeile vorbewegen
F	Cursor auf das angegebene Zeichen in der aktuellen Cursorzeile zurückbewegen
`Strg` - `F`	Eine Bildschirmseite weiterblättern
g	Nicht belegt
G	Cursor auf letzte Zeile positionieren
`Strg` - `G`	Statusinformationen in der Kommunikationszeile ausgeben
h	Cursor ein Zeichen nach links bewegen
H	Cursor auf Anfang der ersten Bildschirmzeile positionieren
`Strg` - `H`	letztes Zeichen löschen (im Eingabemodus)
i	Vor Cursorposition einfügen
I	Am Anfang der aktuellen Cursorzeile einfügen
`Strg` - `I`	im Kommandomodus nicht belegt; im Eingabemodus das Tabulatorzeichen
j	Cursor eine Zeile nach unten bewegen (gleiche Spalte oder Zeilenende)
J	Zeilen zusammenfügen
`Strg` - `J`	Cursor eine Zeile nach unten bewegen (gleiche Spalte oder Zeilenende)
k	Cursor eine Zeile nach oben bewegen (gleiche Spalte oder Zeilenende)
K	Nicht belegt
`Strg` - `K`	Nicht belegt
l	Cursor ein Zeichen nach rechts bewegen
L	Cursor auf Anfang der letzten Bildschirmzeile positionieren
`Strg` - `L`	Bildschirm löschen und Bildschirmseite wieder neu anzeigen
m	Momentane Cursorposition mit a,b,c, ..oder z markieren
M	Cursor auf Anfang der mittleren Bildschirmzeile positionieren
`Strg` - `M`	Cursor eine Zeile nach unten auf das erste sichtbare Zeichen bewegen
n	Letztes Such-Kommando wiederholen
N	Letztes Such-Kommando in umgekehrter Richtung wiederholen
`Strg` - `N`	Cursor eine Zeile nach unten bewegen (gleiche Spalte oder Zeilenende)

Befehl	Wirkung
o	Neue Zeile nach aktueller Cursorzeile einfügen
O	Neue Zeile vor aktueller Cursorzeile einfügen
Strg - O	Nicht belegt
p	Pufferinhalt hinter der aktuellen Cursorzeile einfügen
P	Pufferinhalt vor der aktuellen Cursorzeile einfügen
Strg - P	Cursor eine Zeile nach oben bewegen (gleiche Spalte oder Zeilenende)
q	Nicht belegt
Q	Vom vi-Modus in den ex-Modus umschalten
Strg - Q	Im Kommandomodus nicht belegt; im Eingabemodus wird das folgende Zeichen nicht als Kommando interpretiert
r	Zeichen ab Cursorposition ersetzen
R	Schaltet Überschreiben ein
Strg - R	Bildschirm löschen und Bildschirmseite wieder neu anzeigen
s	Zeichen ab Cursorposition durch danach eingegebenen Text ersetzen
S	Gesamte aktuelle Cursorzeile ändern
Strg - S	Nicht belegt
t	Cursor vor das angegebene Zeichen in der aktuellen Cursorzeile vorbewegen
T	Cursor hinter das angegebene Zeichen in der aktuellen Cursorzeile zurückbewegen
Strg - T	Im Kommandomodus nicht belegt; im Eingabemodus: auf nächste Einrückposition vorrücken
u	Letzte Änderung rückgängig machen
U	Aktuelle Cursorzeile nach einer Änderung wieder in den vorherigen Zustand bringen
Strg - U	Halbe Bildschirmseite zurückblättern
v	Nicht belegt
V	Nicht belegt
Strg - V	Im Kommandomodus nicht belegt; im Eingabemodus wird das folgende Zeichen nicht als Kommando interpretiert
w	Cursor auf Anfang des nächsten Worts bzw. Interpunktionzeichen positionieren

Befehl	Wirkung
W	Cursor auf Anfang des nächsten Worts (einschließlich Interpunktionszeichen) positionieren
Strg - W	Im Kommandomodus nicht belegt; im Eingabemodus das zuletzt eingegebene Wort löschen
x	Zeichen an Cursorposition löschen
X	Zeichen vor Cursorposition löschen
Strg - X	Nicht belegt
y	In einen Puffer kopieren
Y	Aktuelle Cursorzeile in einen Puffer kopieren
Strg - Y	Eine Bildschirmzeile weiterblättern
z	Blättern: Ist das folgende Zeichen ↵, so wird die aktuelle Cursorzeile die oberste Bildschirmzeile. Ist das folgende Zeichen ein . (Punkt), so wird die aktuelle Cursorzeile die mittlere Bildschirmzeile. Ist das folgende Zeichen ein –, so wird die aktuelle Cursorzeile die unterste Bildschirmzeile
ZZ	Editor mit Sicherung der Änderungen beenden
Strg - Z	Suspendiert den *vi* kurzzeitig

Zeichen, die im Kommandomodus nicht verwendet werden

Folgende Zeichen werden im Kommandomodus nicht verwendet und können vom Benutzer selbst definiert werden (siehe Teilkapitel über Makros):

		Strg - A
		Strg - C
g		
		Strg - I
	K	Strg - K
		Strg - O
q		Strg - Q
		Strg - S
		Strg - T
v	V	Strg - V
		Strg - W
		Strg - X

9.2.9   Weitere Aufrufmöglichkeiten des Editors vi

vi kann auch noch mit einem der folgenden Kommandos aufgerufen werden:[1]

view ....

Option **readonly** ist hier während der Editor-Sitzung gesetzt, was bedeutet, daß die entsprechende Datei nur zum Lesen geöffnet wird. Zurückschreiben einer geänderten Datei ist hierbei nicht möglich (nicht unter Linux).

vedit ....

Dieser Aufruf ist für **vi**-Anfänger gedacht: Von Beginn der Editor-Sitzung an sind folgende Optionen gesetzt:

```
report=1
showmode
novice
```

9.3   Der Editor ex

ex ist ein zeilenorientierter Editor, der die Basis zum Bildschirmeditor **vi** bildet. **ex** kann auch in den **vi**-Modus umgeschaltet werden, so daß er bildschirmorientiert arbeitet.

Bezüglich der Kommandomenge und den Such- und Ersetzungs-Möglichkeiten ist **ex** eine Erweiterung des Editors **ed**, dem er in vieler Hinsicht sehr ähnlich ist.

Da **ex** eine Art Zwischenstufe zwischen den beiden schon vorgestellten Editoren **ed** und **vi** darstellt, wird hier auf eine Beschreibung von **ex** verzichtet. Der an **ex** interessierte Leser sei auf die ausführliche Beschreibung von **ex** im Anhang verwiesen.

9.4   Der Editor emacs

Einer der mächtigsten Editoren unter Unix und Linux ist der **emacs**, da er beliebig erweiterbar und programmierbar ist.

Neben dem sehr populären vom FSF[2]-Gründer R. Stallmann entwickelten GNU-Emacs, der hier beschrieben wird, existieren noch eine ganze Reihe von abgespeckten Emacs-Versionen, wie etwa **jove** und **jed**, die beide auch unter Linux verfügbar sind. Hervorzuheben ist dabei der **jed**, der aufgrund seiner leichten Bedienbarkeit, seinem komfortablen Hilfesystem und dem wenigen Speicherbedarf sehr viel eingesetzt wird.

---

1. dabei sind alle Optionen und Argumente des früher gezeigten **vi**-Aufrufs verfügbar
2. FSF steht für *Free Software Foundation* und hat sich zum Ziel gesetzt, qualitativ hochwertige Software frei verfügbar zu machen.

Neben dem *GNU-Emacs* existiert eine weitere weitverbreitete Emacs-Version,
der *X-Emacs* (früher Lucid-Emacs), der nach einer Spaltung der Emacs-Entwickler entstanden ist und weitgehend zum GNU-Emacs kompatibel ist. Der Name
X-Emacs täuscht im übrigen nur vor, daß dies ein nur unter X Windows lauffähiger Editor sei. Beide, der GNU- und der X-Emacs, können sowohl im Textmodus
als auch unter X Window verwendet werden. Im folgenden wird der wohl am
häufigsten eingesetzte Emacs, nämlich der *GNU-Emacs* kurz beschrieben.

Anders als der **vi** befindet sich der Emacs standardgemäß im Eingabemodus,
und Kommandos müssen bei gedrückter $\boxed{\text{Strg}}$-, $\boxed{\text{Alt}}$- und/oder $\boxed{\text{⇧}}$-Taste eingegeben werden. Im folgenden Text wird folgende Nomenklatur verwendet:

S	bedeutet gedrückte $\boxed{\text{Strg}}$-Taste
A	bedeutet gedrückte $\boxed{\text{Alt}}$-Taste
⇧	bedeutet gedrückte $\boxed{\text{⇧}}$-Taste

Hierzu einige Beispiele:

^{S}X	Bei gedrückter $\boxed{\text{Strg}}$-Taste die Taste X drücken
^{A}C	Bei gedrückter $\boxed{\text{Alt}}$-Taste die Taste C drücken
$^⇧$V	Bei gedrückter $\boxed{\text{⇧}}$-Taste die Taste V drücken
$^{A⇧}$L	Bei gleichzeitig gedrückter $\boxed{\text{Alt}}$- und $\boxed{\text{⇧}}$-Taste die Taste L drücken
^{SA}P	Bei gleichzeitig gedrückter $\boxed{\text{Strg}}$- und $\boxed{\text{Alt}}$-Taste die Taste P drük-ken

Grundsätzlich können Emacs-Kommandos auf zwei verschiedene Arten eingegeben werden:

Verwendung von Tastenkürzel, die meist bei gedrückter $\boxed{\text{Strg}}$- oder $\boxed{\text{Alt}}$-Taste
einzugeben sind, wie z.B. ^{S}D für das Löschen des Zeichens an der Cursorpo-
sition.

Eingabe des gesamten Kommandonamens. Bei dieser Form der Eingabe muß zuerst
^{A}X gedrückt werden, bevor der entsprechende Kommandoname mit abschließendem $\boxed{\leftarrow}$ eingegeben wird, wie z.B.

^{A}X delete-char$\boxed{\leftarrow}$

zum Löschen des Zeichens an der Cursorposition. Dieser Langform ist das
oben erwähnte Tastenkürzel ^{S}D zugeordnet.

Die Eingabe des Kommandos nach der zweiten Variante wird durch zwei Konventionen wesentlich erleichtert:

▶ Während der Eingabe des Kommandonamens kann die Tab-Taste gedrückt werden, um den Kommandonamen, soweit er (schon) eindeutig ist, automatisch zu vervollständigen. Wenn mehrere Möglichkeiten zum Vervollständigen bestehen, werden diese bei erneutem Drücken der Tab-Taste alle am Bildschirm angezeigt.

▶ Auf früher mit ^AX eingegebene Kommandos kann nach der Eingabe von ^AX mit ^AP (*previous*; Zurückblättern in der Kommandoliste) bzw. mit ^AN (*next*; Vorwärtsblättern in der Kommandoliste) wieder zugegriffen werden.

In der englischen Emacs-Dokumentation werden die Tastenkürzel meist anders als hier dargestellt:

Original-Dokumentation	Hier (im Buch)
DEL	*Backspace*
C (steht für *Control*), wie z.B. C-X	^SX (bei gedrückter Strg-Taste X eingeben)
M (steht für *Meta*), wie z.B. M-X	^AX (bei gedrückter Alt-Taste X eingeben)

Bei manchen Emacs-kompatiblen Editoren wird die Alt-Taste nicht unterstützt. In diesen Editoren muß zuerst die ESC-Taste gedrückt werden, um die Alt-Taste nachzubilden. So muß dort z.B. für ^AX die Tastenkombination ESC,X eingegeben werden, was bedeutet, daß zuerst die ESC-Taste und dann die Taste X zu drücken ist.

9.4.1   Starten und Beenden des Emacs

Um eine existierende oder auch noch nicht existierende Datei mit dem Emacs zu editieren, muß nur

```
emacs dateiname
```

eingegeben werden. Nachdem der Inhalt der Datei *dateiname* entsprechend editiert wurde, kann man den Emacs wieder mit der folgenden Tastenkombination verlassen.

^SX, ^SC

^{S} steht dabei für Strg. Die Angabe ^SX, ^SC drückt somit aus, daß zuerst bei gedrückter Strg-Taste die Taste X und dann anschließend bei gedrückter Strg-Taste die Taste C zu drücken ist.

Sollte die gerade editierte Datei noch nicht gespeichert sein, fragt Emacs bei Eingabe dieser Tastenkombination nach, ob man den Emacs tatsächlich ohne Speichern der Datei verlassen möchte. Wird auf diese Frage mit y (für *yes*) geantwortet, so werden die in der aktuellen Sitzung vorgenommenen Änderungen (seit dem letzten Speichern) verworfen. Nachfolgend wird beschrieben, wie man eine Datei speichern kann, ohne den Emacs zu verlassen.

9.4.2   Laden und Speichern von Dateien

Wird beim Start von Emacs kein Dateiname angegeben, sondern nur

```
emacs
```

aufgerufen, so wird der Emacs ohne zu editierende Datei gestartet. In diesem Fall kann mit

^{s}X,^{s}F *dateiname*⏎

nachträglich eine bereits existierende Datei in den Emacs geladen werden. Mit dieser Tastenkombination kann auch dann eine andere Datei geladen werden, wenn schon eine Datei geladen ist.

Zum Speichern einer Datei muß

^{s}X, ^{s}S

eingegeben werden. Danach kann der Emacs mit ^{s}X, ^{s}C ohne störende Rückfragen verlassen werden. Soll eine gerade editierte Datei unter einem anderem Namen gespeichert werden, muß

^{s}X, ^{s}W *dateiname*⏎

eingegeben werden.   Nachfolgend sind die wichtigsten Tastenkombinationen zum Laden und Speichern von Dateien im Emacs zusammengefaßt:

Laden und Speichern

^{s}X, ^{s}S	(*save*) Datei speichern
^{s}X,^{s}W *dateiname* ⏎	(*write*) Datei unter neuem Namen speichern
^{s}X,S	alle offenen Dateien (mit Rückfrage) speichern
^{s}X,S,!	alle offenen Dateien (ohne Rückfrage) speichern
^{s}X,^{s}F *dateiname*⏎	(*find*) Datei laden
^{s}X,I	(*insert*) Datei in den vorhandenen Text einfügen
^{s}X,^{s}C	Emacs verlassen
^{s}Z	Emacs kurzzeitig verlassen (in Hintergrund legen); Rückkehr in den Emacs mit der Eingabe %emacs ⏎ auf der Kommandozeile.

Beim Speichern erstellt Emacs immer automatisch eine Sicherheitskopie *dateiname~*, in der der ursprüngliche Text enthalten ist. Außerdem speichert Emacs in regelmäßigen Zeitintervallen den aktuellen Dateiinhalt in der Datei *#dateiname#*. Auf diese Datei kann immer dann zugegriffen werden, wenn Emacs ohne Speicherung der aktuellen Datei beendet wurde (z.B. bei Stromausfall oder

Systemabsturz). Beim nächsten Versuch, diese Datei mit Emacs zu editieren, gibt Emacs automatisch die Warnung aus, daß eine Backup-Datei vorhanden ist. Mit der Eingabe

`^X recover-file` ⏎

kann dann diese Datei (**#*dateiname*#**), die zuletzt automatisch gesichert wurde, wiederhergestellt werden.

9.4.3   Bewegen des Cursors und Blättern im Text

Wenn die Tastatur richtig eingestellt ist, dann funktionieren sowohl die Cursor-tasten als auch die Tasten `Bild ↑` und `Bild ↓`. In der nachfolgenden Liste, die einen Überblick über die wichtigsten Cursorbewegungen gibt, sind jedoch neben diesen Tasten noch die Alternativen zu diesen voreingestellten Tasten auf der Tastatur angegeben, falls die Tastatur nicht richtig eingestellt ist.

Cursor bewegen und blättern

`→` oder ^SF	(*forwards*) ein Zeichen nach rechts
`←` oder ^SB	(*backwards*) ein Zeichen nach links
`↑` oder ^SP	(*previous*) ein Zeichen nach oben
`↓` oder ^SN	(*next*) ein Zeichen nach unten
`Bild ↑` oder ^SV	eine Seite nach oben blättern
`Bild ↓` oder ^AV	eine Seite nach unten blättern
^AF	(*forwards*) ein Wort nach rechts
^AB	(*backwards*) ein Wort nach links
^SA	an den Anfang der Zeile
^SE	an das Ende der Zeile
^AA	an den Anfang der Absatzes
^AE	an das Ende des Absatzes
$^A<$	an den Anfang der Datei
$^{A⇑}>$	an das Ende der Datei
^SL	so blättern, daß Cursor in Bildmitte steht
`^X goto-line` ⏎ n ⏎	in die Zeile *n* springen
`^X what-line` ⏎	Anzeigen der aktuellen Zeilennummer, in der sich Cursor befindet
`^X line-number-mode` ⏎	Zeilennumerierung ein- bzw. wieder ausschalten; aktuelle Zeilennummer wird in der Mitte der vorletzten Zeile angezeigt.

Kommandos können im Emacs auch durch $^A n$ (n ist eine beliebige Zahl) mehrfach durch einen Aufruf wiederholt werden. Die Ziffern für der Zahl n müssen
dabei bei gedrückter Alt -Taste vom alphanumerischen Tastaturteil (nicht vom
Zehnerblock im rechten Teil der Tastatur) eingegeben werden. Nachfolgend
zwei Beispiele dazu:

$^A 10, ^A F$	Cursor 10 Wörter vorwärts bewegen
$^A 12,$ ↑	Cursor 12 Zeilen nach oben bewegen

In längeren Texten ist es oft notwendig, zwischen verschiedenen Textstellen hin-
und herzuspringen. Für solche Situationen kann die aktuelle Cursorposition in
einem benannten Puffer (a, b, c, ..., x, y, z, 0, 1, ..., 8, 9)[1] gespeichert werden. Später
kann dann schnell durch Angabe des benannten Puffers an die entsprechende
Cursorposition zurückgesprungen werden. Die beiden Tastenkombinationen
zum Speichern einer Cursorposition und zum Springen an eine gemerkte Cursorposition sind:

Cursorposition speichern und an gemerkte Cursorposition springen

$^S X, R, Leertaste, x$ ⏎	speichert aktuelle Cursorposition in benannten Puffer x (a, b, c, ..., x, y, z, 0, 1, ..., 8, 9).
$^S X, R, J, x$ ⏎	springt an die Cursorposition, die im benannten Puffer x (a, b, c, ..., x, y, z, 0, 1, ..., 8, 9) gespei- chert ist.

Benannte Puffer gelten im übrigen nur für die Dauer einer Emacs-Sitzung und
werden beim Verlassen des Emacs nicht aufgehoben.

9.4.4   Löschen, Markieren und Einfügen

Die wichtigsten Tastaturkombinationen zum Löschen sind:

Löschen, Einfügen und Undo

Backspace	Zeichen vor Cursor löschen
Entf oder $^S D$	Zeichen an Cursorposition löschen
$^A D$	nächstes Wort bzw. bis Ende des aktuellen Worts löschen
$^A Backspace$	vorheriges Wort bzw. bis Anfang des aktuellen Worts löschen
$^S K$	von Cursorposition bis Zeilenende löschen

---

1.   *Benannte Puffer* werden in Emacs auch als *Register* bezeichnet

^O, ^SK	von Cursorposition bis Zeilenanfang löschen
^Z,*zeichen*	Text von aktueller Cursorposition bis zum nächsten Vorkommen von *zeichen* (einschließlich) löschen
^M	nächsten Absatz löschen
^SY	zuletzt gelöschten Text an aktueller Cursorpsoition einfügen
^SX,U	(*undo*) mehrstufiges Undo; Letzte Änderung bzw. Löschung wieder rückgängig machen. Erneute Eingabe von ^SX,U macht vorletzte Änderung bzw. Löschung rückgängig usw.

Wird eines der obigen Lösch-Kommandos mehrmals unmittelbar nacheinander ausgeführt, so fügt ^SY den gesamten gelöschten Text wieder ein. ^SY kann mehrmals und an beliebiger Stelle eingegeben werden. Bei jedem Drücken fügt es den gesamten gelöschten Textblock an der jeweiligen Stelle ein. ^SY ermöglicht es somit, den gelöschten Text an beliebigen Stellen beliebig oft einzufügen. Zum Markieren von Positionen im Text und zum Löschen zwischen der aktuellen Cursorposition und einem markierten Textpunkt, stehen die folgenden Tastenkombinationen zur Verfügung:

Markieren, Löschen und wieder Einfügen

^S*Leertaste*	an aktueller Cursorposition eine unsichtbare Markierung setzen
^SW	Text zwischen aktueller Cursorposition (inklusive) und letzten Markierungspunkt löschen
^SX, ^SX	Cursorposition und Markierungspunkt vertauschen; dient hauptsächlich zur Feststellung, welcher Markierungspunkt momentan gesetzt ist. Zweimaliges Drücken dieser Tastenkombination stellt Cursor wieder an seine ursprüngliche Position zurück
^SY	Zuletzt gelöschten Text an aktueller Cursorpsoition einfügen

Wird mit ^SY ein zuvor gelöschter Text eingefügt, gilt das erste Zeichen des eingefügten Textes als neuer Markierungspunkt, unabhängig davon, ob der Text zuvor mit ^SW oder einer anderen Tastenkombination gelöscht wurde. Somit kann ein gerade mit ^SY eingefügter Text sofort wieder mit ^SW gelöscht werden, wenn er versehentlich an falscher Stelle eingefügt wurde.

Emacs hält standardmäßig den zuletzt gelöschten Text in einem internen Puffer. Mit ^SY kann der Text aus diesem Puffer an der geraden aktuellen Cursorposition wieder eingefügt werden.

Emacs verfügt jedoch nicht nur über einen Standardpuffer, sondern kennt weitere 36 benannte Puffer (a, b, c, ..., x, y, z, 0, 1, ..., 8, 9)[1]. Nachfolgend sind die wich-

---

1.   *Benannte Puffer* werden in Emacs auch als *Register* bezeichnet

tigsten Tastenkombinationen zum Speichern bzw. Einfügen von benannten Puffern angegeben:

Benannte Puffer speichern und einfügen

$^{S}X,R,S\ x$ ⏎	(*register save*) Text zwischen aktueller Cursorposition und Markierungspunkt in benannten Puffer x (a, b, c, ..., x, y, z, 0, 1, ..., 8, 9) speichern.
$^{S}X,R,I\ x$ ⏎	(*register insert*) Inhalt des benannten Puffer x (a, b, c, ..., x, y, z, 0, 1, ..., 8, 9) an Cursorposition einfügen.

9.4.5   Suchen und Ersetzen

Mit der Eingabe

^{S}S suchtext

läßt sich in der gerade editierten Datei nach einem Text suchen. Das Suchen mit diesem Kommando hat eine sehr nützliche Eigenheit: Die Suche beginnt nämlich sofort nach der Eingabe des ersten Zeichens (von *suchtext*). Sucht man z.B. das Wort »Wandern« und man gibt ^{S}S Wan ein, dann springt der Cursor sofort zum ersten Wort, das mit »Wan« beginnt. Statt der Eingabe weiterer Buchstaben kann man nun mit ^{S}S zum nächsten Wort springen, das mit »Wan« beginnt. Hat man sich nun z.B. zwischenzeitlich überlegt, daß man eigentlich »Warten« suchen möchte, muß man nur das n (vom eingegebenen »Wan«) mit der *Backspace*-Taste löschen. Nach diesem Löschen springt Emacs zurück zum ersten Wort (ausgehend von der Position zu Beginn der Suche), das mit »Wa« beginnt. Gibt man nun zusätzlich noch das r ein, springt Emacs weiter zum ersten Wort, das mit »War« beginnt. Diese Art des sofortigen Suchbeginns nach einem bisher eingegebenen Teilstring nennt man *inkrementelles Suchen*.

Sobald man ⏎ oder eine Cursortaste drückt, gilt die Suche als beendet und der Cursor wird an die gefundene Stelle positioniert. Der Beginn der Suche wird dabei durch eine Markierungspunkt gekennzeichnet. Deshalb kann der Cursor mit ^{S}X, ^{S}X wieder ganz leicht dorthin positioniert werden, wo man vor dem Suchen stand. Ein erneutes Drücken von ^{S}X, ^{S}X stellt den Cursor wieder an die Position des gefundenen Textes. Durch zweimaliges Drücken von ^{S}S kann die Suche wieder fortgesetzt und zum nächsten Auftreten des zuvor angegebenen Suchtextes gesprungen werden. Möchte man nicht vorwärts, sondern rückwärts suchen, muß ^{S}R statt ^{S}S verwendet werden.

Nachfolgend sind die wichtigsten Tastenkombinationen zum Suchen zusammengefaßt:

Einfaches Suchen (ohne reguläre Ausdrücke)

ˢS *suchtext*	Inkrementelles Suchen vorwärts
ˢR *suchtext*	Inkrementelles Suchen rückwärts
ˢS,ᴬN	(*next*) Vorwärtsblättern in allen bisher verwendeten Suchstrings
ˢS, ᴬP	(*previous*) Rückwärtsblättern in allen bisher verwendeten Suchstrings
ˢG	Abbrechen der Suche
ˢX,ˢX	Suchbeginn und Markierungspunkt vertauschen

Bei der Suche wird nicht zwischen Groß- und Kleinschreibung unterschieden.

Neben der inkrementellen Suche nach einfachem Text bietet Emacs auch – wie die Editoren **vi** und **ed** – die Suche nach vorgegebenen Mustern an. Dazu bietet Emacs die regulären Ausdrücke an, die weitgehend auch unter **vi** und **ed** möglich sind.

Suchen (mit regulären Ausdrücke)

ˢᴬS *suchtext*	Inkrementelles Suchen nach Mustern vorwärts
ˢᴬR *suchtext*	Inkrementelles Suchen nach Mustern rückwärts

Im *suchtext* sind dabei neben einfachen Zeichen auch reguläre Ausdrücke erlaubt, die in folgender Liste angegeben sind:

Reguläre Ausdrücke

^	Anfang einer Zeile
$	Ende einer Zeile
\\<	Anfang eines Wortes
\\>	Ende eines Wortes
.	Ein beliebiges Zeichen (außer Zeilenende-Zeichen)
.*	Kein, ein oder mehrere beliebige Zeichen
.+	Ein oder mehrere beliebige Zeichen
.?	Kein oder ein beliebiges Zeichen
[...]	Eines der in [...] angegebenen Zeichen
[^...]	Ein Zeichen, das nicht in [^...] angegeben ist
\\(	Beginn einer Gruppe (siehe auch *reguläre Ausdrücke* bei ed)
\\)	Ende einer Gruppe (siehe auch *reguläre Ausdrücke* bei ed)

\n	An dieser Stelle den Text, der für die n.te Gruppe gefunden wurde, einsetzen
\&	An dieser Stelle gesamten gefundenen Text einsetzen
\x	Bedeutung des Sonderzeichens x ausschalten

Beim Suchen nach Mustern wird zwischen Groß- und Kleinschreibung unterschieden. Nachfolgend sind zwei Beispiele zu den regulären Ausdrücken angegeben.

`\<[Dd]er\>`	sucht nach den Wörtern »Der« und »der«. Wörter wie »Derb«, »Adern« oder »wieder« werden hierbei nicht gefunden.
`\<\(.\).+\1\>`	sucht nach Wörtern, die mindestens drei Zeichen lang sind und bei denen das erste Zeichen gleich dem letzten Zeichen ist.

Die Gruppierung mit \(...\) markiert lediglich einen gefundenen Text, auf den dann an späterer Stelle mit \n wieder zugegriffen werden kann.

Auch beim Suchen und Ersetzen unterscheidet Emacs zwischen Suchen mit oder ohne Mustern. Beim Suchen und Ersetzen ohne Angabe von regulären Ausdrücken, wird wieder nicht zwischen Groß- und Kleinschreibung unterschieden. Die zwei verschiedenen Arten von Suchen und Ersetzen können mit den folgenden Tastenkombinationen eingeleitet werden:

Ersetzen (*mit und ohne reguläre Ausdrücke*)

`ESC,%`	Suchen und Ersetzen ohne Muster
`^X query-replace-r` ⏎	Suchen und Ersetzen mit Muster
sⁿ _	(Letztes Zeichen ist ein Minus-Zeichen) fehlerhafte Ersetzungen schrittweise wieder rückgängig machen

Nachdem ein Suchtext gefunden wurde, kann man mit den folgenden Tastenkombinationen steuern, was mit diesem Text zu tun ist und wie das weitere Suchen und Ersetzen fortgesetzt werden soll:

Interaktive Eingaben zum Ersetzen von gefundenen Strings (*mit und ohne reguläre Ausdrücke*)

Leertaste oder Y	Ersetzen und Suche fortsetzen
Backspace oder N	Nicht ersetzen und Suche fortsetzen
,	Ersetzen und Suche erst einmal anhalten, um Ersetzung zu kontrollieren. Ist die Ersetzung richtig, dann kann die Suche mit *Leertaste* fortgesetzt werden

ESC	Nicht ersetzen und Suche abbrechen
!	Alle weiteren Ersetzungen ohne Rückfrage durchführen
^{S}R	Suche kurzzeitig unterbrechen, um an aktueller Cursorposition eine manuelle Korrektur vorzunehmen; Suche mit nachfolgend gezeigten Kommando wieder fortsetzen
^{SA}R	Eine mit dem vorherigem Kommando unterbrochene Suche wieder aufnehmen

9.4.6   Elementare Editierkommandos

Emacs befindet sich normalerweise im *Einfügemodus,* in dem neu eingegebener Text an der aktuellen Cursorposition eingefügt wird. Möchte man auf *Über-schreibmodus* umschalten, muß

^{A}X overwrite-mode   (meist auch mit Taste Einfg möglich)

eingegeben werden. Eine erneute Eingabe dieses Kommandos schaltet wieder zurück in den Eingabemodus. Ist der Emacs richtig konfiguriert, kann auch mit der Taste ⌈Einfg⌋ zwischen diesen beiden Modi hin- und hergeschaltet werden. Man muß im übrigen den Text overwrite-mode nicht vollständig eingeben, sondern es reicht auch die folgende Eingabe

^{A}X ov

Emacs kann aus **ov** automatisch den vollständigen Kommandonamen **over-write-mode** ermitteln. Mit dem Drücken der Tab-Taste nach der Eingabe von **ov** vervollständigt Emacs auch automatisch den zugehörigen Kommandonamen.

Nun zur automatischen Umwandlung von Groß- in Kleinbuchstaben. Dazu bietet Emacs die folgenden Tastenkombinationen an:

Groß- in Kleinschreibung (*und umgekehrt*)

^{A}C	(*capitalize*) Buchstabe an Cursorposition in Großbuchstaben und alle restlichen Buchstaben des Wortes in Kleinbuchstaben umwandeln
^{A}L	(*lower*) alle Buchstaben des aktuellen Worts ab Cursorposition in Kleinbuchstaben umwandeln.
^{A}U	(*upper*) alle Buchstaben des aktuellen Worts ab Cursorposition in Großbuchstaben umwandeln.
ESC,-,^{A}C	(*capitalize*) ersten Buchstaben groß, Rest klein; wenn Cursor am Anfang eines Worts steht, wird das vorherige Wort entsprechend umgeformt.
ESC,-,^{A}L	(*lower*) alle Buchstaben des aktuellen Worts klein; wenn Cursor am Anfang eines Worts steht, wird das vorherige Wort in Kleinbuchstaben umgeformt.

ESC,-,^U	(*upper*) alle Buchstaben des aktuellen Worts groß; wenn Cursor am Anfang eines Worts steht, wird das vorherige Wort in Großbuchstaben umgeformt.
ˢLeertaste	an aktueller Cursorposition Markierungspunkt setzen
ˢX,ˢL	Bereich zwischen Cursorposition und Markierungspunkt in Kleinbuchstaben umwandeln
ˢX,ˢU	Bereich zwischen Cursorposition und Markierungspunkt in Großbuchstaben umwandeln

ESC,- kann im übrigen einer Vielzahl von anderen Emacs-Kommandos vorangestellt werden und verändert dann meist die Richtung (rückwärts statt vorwärts). Sollte die jeweilige Emacs-Version Schwierigkeiten mit den deutschen Sonderzeichen haben, muß

^X load-library ⏎ iso-syntax ⏎

eingegeben werden.

Die nachfolgende Liste faßt die Kommandos zum Vertauschen von Zeichen, Wörtern und Zeilen zusammen:

Vertauschen von Zeichen, Wörtern und Zeilen

ˢT	Vertauschen des vorherigen Zeichens mit Zeichen an Cursorposition
^T	Vertauschen von zwei Wörtern:
	Steht dabei der Cursor am Wortanfang, wird dieses Wort mit vorherigem Wort vertauscht. Steht Cursor nicht am Wortanfang, wird dieses Wort mit nachfolgendem Wort vertauscht.
ˢX,ˢT	Vertauschen der aktuellen Zeile mit der vorherigen Zeile. Wiederholte Anwendung dieses Kommandos läßt die Zeile oberhalb des Cursors immer weiter nach unten rutschen.

9.4.7   Mehrere Fenster

Emacs erlaubt es, mehrere Texte in unterschiedlichen Fenstern (Bildschirmbereiche) gleichzeitig zu bearbeiten. Normalerweise wird nur ein Fenster angezeigt. Bei der Ausführung mancher Kommandos (z.B. bei Anzeige von Hilfe-Informationen) wird der Bildschirm horizontal in zwei Fenster geteilt. Auch erlaubt der Emacs die Aufteilung des Bildschirms in meherere horizontale und vertikale Streifen. In jedem Bereich (Fenster) kann dabei ein anderer Text, der von Emacs intern in sogenannten Puffern gehalten wird, angezeigt werden. Daneben besteht jedoch auch die Möglichkeit, in zwei Fenstern denselben Puffer darzustellen, was bei sehr langen Dateien sehr praktisch sein kann, da man unterschiedliche Textabschnitte gleichzeitig bearbeiten kann, ohne ständig den Cursor zwischen diesen Textpassagen hin- und herbewegen zu müssen.

Diese Emacs-Fenster sollte man nicht mit den Fenstern in X Window verwechseln. Läuft z. B. der Emacs unter X Window, so ist ein Emacs-Fenster immer nur ein Ausschnitt innerhalb des jeweiligen X-Fensters, in dem der Emacs gestartet wurde.

Die folgenden Puffer-Kommandos beziehen sich auf das gerade aktuelle Fenster, in dem der Cursor sich gerade befindet, und wechseln den Puffer, der in diesem Fenster angezeigt wird:

Puffer-Kommandos

^SX,B ↵	zurück zum zuvor verwendeten Puffer
^SX,B *name* ↵	Puffer mit dem Namen *name* aktivieren und im aktuellen Fenster darstellen
^SX,^SB	im aktuellen Fenster die Liste aller vorhandenen Puffer anzeigen; mit ^SX,1 kann diese Anzeige wieder gelöscht werden
^SX,K *name* ↵	Puffer *name* löschen; wenn dieser Puffer einen nicht gesicherte Text enthält, wird nachgefragt, ob er wirklich gelöscht werden soll.

Die folgenden Fenster-Kommandos erlauben das Verändern, Löschen, Wechseln und Verschieben von Fenstern:

Fenster-Kommandos

^SX,O	(Das Zeichen O) zum nächsten Fenster springen
^SX,0	(Die Null) aktuelles Fenster löschen
^SX,1	außer aktuelles Fenster alle anderen Fenster löschen
^SX,2	aktuelles Fenster in zwei horizontale Bereiche (Fenster) teilen
^SX,3	aktuelles Fenster in zwei vertikale Bereiche (Fenster) teilen
^SX,^	aktuelles Fenster vertikal vergrößern
ESC,-,^SX,^	aktuelles Fenster vertikal verkleinern
^SX,}	aktuelles Fenster horizontal vergrößern
^SX,{	aktuelles Fenster horizontal verkleinern
^SX,<	Inhalt des aktuellen Fensters nach links verschieben
^SX,>	Inhalt des aktuellen Fensters nach rechts verschieben

Das Löschen von Fenstern bewirkt nicht das Löschen des zugehörigen Puffers. Die zugehörigen Puffer werden lediglich unsichtbar, bleiben aber weiterhin im Speicher und können später auch wieder angezeigt werden. Wird Emacs unter X Window gestartet, kann auch die Maus zur Fensterverwaltung verwendet werden (dazu später mehr).

9.4.8 Online-Hilfe

Um während des Arbeitens mit Emacs Hilfs-Informationen zu erfragen, muß die
Taste F1 gefolgt von einer oder mehreren weiteren Tasten, die die Art der Hilfs-
Information festlegen, gedrückt werden. Auf älteren Emacs-Versionen muß statt
F1 die Tastenkombination $^S H$ gedrückt werden. Die entsprechende Hilfs-Informa-
tion wird in einem eigenen Fenster angezeigt, von dem man mit $^S X$,B $\boxed{\leftarrow}$ oder
$^S X$,0 (Null) zurück in das ursprüngliche Textfenster gelangt. Nachfolgend ist eine
Liste zu den wichtigsten Hilfe-Kommandos gegeben:

Hilfe-Kommandos

F1,F1	Übersicht zu den verfügbaren Hilfe-Kommandos anzeigen
F1,A *text* $\boxed{\leftarrow}$	(*apropos*) Übersicht über alle Emacs-Kommandos anzeigen, die den String *text* enthalten
F1,B	(*bindings*) Übersicht über alle Tastenkürzel anzeigen
F1,C *tastenkürzel*	(*command*) Kurzbeschreibung zum Emacs-Kommando anzeigen, dem das *tastenkürzel* zugeordnet ist
F1,F *kommando* $\boxed{\leftarrow}$	(*function*) Kurzbeschreibung zu *kommando* anzeigen
F1,^{H}F	(*frequently asked questions*) Eine Liste von häufig gestellten Fragen zum Emacs mit entsprechenden Anwtorten anzeigen
F1,I	(*info*) startet das früher beschriebene **info**-Programm, um Texte mit Querverweisen anzuzeigen
F1,N	(*new*) Kurzbeschreibung zu den Neuheiten in der aktuellen Version gegenüber den bisherigen Versionen anzeigen
F1,T	(*tutorial*) Einführung in die Emacs-Bedienung
F1,^{S}C	(*copyright*) Copyright-Informationen (GNU Public License) anzeigen
F1,^{S}F *kommando* $\boxed{\leftarrow}$	**info**-Programm starten und Informationen zu *kommando* anzeigen

9.4.9 Makros

Zum Speichern von Emacs-Kommandofolgen (Folgen von Tastenkombinationen), die man später wieder ausführen lassen möchte, stellt der Emacs sogenannte *Makros* zur Verfügung. Beim Speichern von Kommandofolgen spricht
man vom *Aufzeichnen eines Makros*. Die Aufzeichnung eines Makros beginnt man
im Emacs mit $^S X$, (und beendet man mit $^S X$,). Alle zwischen diesen beiden Kommandos durchgeführten Tastatureingaben werden aufgezeichnet. Mit $^S X$, *E* kann
dann dieses Makro ausgeführt werden, was bedeutet, daß alle im Makro aufge-
zeichneten Tastatureingaben nun wieder durchgeführt werden. Somit lassen
sich die Tastenkombinationen zum Aufzeichnen und Ausführen von Makros
zusammenfassen zu folgender Liste:

Aufzeichnen und Ausführen von Makros

^{S}X,(	Starten einer Makro-Aufzeichnung
^{S}X,)	Beenden einer Makro-Aufzeichnung
^{S}X,E	Ausführen des zuletzt aufgezeichneten Makros

Emacs kann immer nur ein Makro speichern. Sobald man ein neues Makros aufzeichnet, wird das alte gelöscht und durch das neue überschrieben. Soll aber
zuvor das alte Makro unter einem bestimmten Namen gespeichert werden, um
es später wieder mit diesem Namen aufrufen zu können, muß man ihm zuvor
mit

^{A}X name-last-kbd-macro ↵ *name* ↵

einen *namen* geben, unter dem es gespeichert werden soll. Später kann man dieses Makro immer wieder mit

^{A}X *name* ↵

ausführen lassen. Solche benannten Makros werden jedoch nur für die aktuelle
Emacs-Sitzung gespeichert. Das bedeutet, daß ein benanntes Makro mit dem
Verlassen von Emacs gelöscht wird und nicht mehr bei späteren Emacs-Sitzungen zur Verfügung steht. Ebenso ist es nicht möglich, einem Makro eine Tastenkombination zuzuteilen, um so einen leichten Aufruf dieses Makros zu ermöglichen. Beide Nachteile lassen sich umgehen, wenn man ein Makro nicht nur
interaktiv für eine Emacs-Sitzung aufzeichnet, sondern in der Konfigurationsdatei .emacs (im Home-Directory) hinterlegt. Diese Konfigurationsdatei wird
immer bei jedem Aufruf von Emacs gelesen.

Um ein zuvor aufgezeichnetes und benanntes Makro in einer Datei zu speichern,
steht das Emacs-Kommando

^{A}X insert-kbd-macro ↵ *name* ↵

zur Verfügung. Nachfolgend sind die einzelnen Schritte zum Aufzeichnen,
Benennen und Speichern nochmals in der entsprechenden Reihenfolge angegeben:

^{S}X(... ^{S}X)	Interaktives Aufzeichnen des Makros
^{S}X,E	Zum Test das Makro ausführen
^{A}X name-last-kbd-macro ↵ *name* ↵	An aufgezeichnetes Makro einen Namen vergeben
^{S}X,^{S}F ~/.emacs ↵	Datei .emacs (aus Home-Directory) in den Emacs laden

^AX `insert-kbd-macro` ⏎ *name* ⏎	Makro *name* in Datei `.emacs` (im Home-Directory) einfügen
$^SX,^SS$	Datei `.emacs` speichern

9.4.10 Abkürzungen

Eine Besonderheit von Emacs ist, daß man ohne irgendwelche Vorkehrungen mit Abkürzungen arbeiten kann. Dazu muß man nur die ersten Zeichen eines Worts eingeben und anschließend `ESC,/` drücken. Emacs sucht dann zuerst im vorherigen Text (zum Dateianfang hin), dann im nachfolgenden Text (zum Dateiende hin) und schließlich in allen geöffneten Dateien nach Wörtern, die mit diesen Zeichen beginnen. Gibt man z.B. `Ein ESC,/` ein, sucht Emacs entsprechend der gerade erwähnten Reihenfolge nach dem nächsten Wort, das mit `Ein` beginnt, wie z.B. `Eingabe` und ersetzt `Ein` durch `Eingabe`. Drückt man nun erneut `ESC,/`, sucht Emacs das nächste mit `Ein` beginnende Wort und setzt dieses nun für `Ein` ein, wie z.B. `Einzelheit`. Erneutes Drücken von `ESC,/` sucht das nächste mit `Ein` beginnende Wort und setzt es ein usw.

Neben dieser automatischer Erweiterung zu Wörtern, die sich bereits im Text befinden, ist es auch möglich, sich selbst Abkürzungen zu definieren. Dazu muß man wie folgt vorgehen:

1. Eingeben der Abkürzung (wie z.B. `imsH`)

2. $^SX,A,I,G$

3. Eingeben des zur Abkürzung gehörigen vollständigen Textes, wie z.B. `In München steht ein Hofbräuhaus` ⏎

Damit ist die Abkürzung definiert, und die ursprünglich eingegebenen Zeichen `imsH` werden sofort durch den vollständigen Text ersetzt. Gibt man nun später wieder `imsH` ein und drückt dann die Tastenkombination $^SX,A,E$ (*abbreviation expand*), dann werden diese vier Buchstaben durch `"In München steht ein Hofbräuhaus"` ersetzt. Ist einem Benutzer dieses ständige Eingeben der Tastenkombination $^SX,A,E$ zu umständlich, muß er nur mit

^AX `abbrev-mode` ⏎

den Abkürzungsmodus aktivieren. Danach ersetzt Emacs alle Abkürzungen automatisch durch den entsprechenden vollständigen Text, wenn unmittelbar nach dem Abkürzungstext ein Leer- oder Interpunktionszeichen eingegeben wird. Wenn der Abkürzungsmodus aktiviert wird, sollte man in jedem Fall darauf achten, daß man Abkürzungen definiert, die kein eigenes Wort darstellen, denn sonst wird dieses Wort immer automatisch durch den vollständigen Text ersetzt. Würde man z.B. eine Abkürzung `Dies` für den vollständigen Text »`Das ist ein Spiel`« definieren, dann wäre es nicht mehr möglich, das Wort `Dies` ein-

zugeben, da es jedesmal sofort durch den vollständigen Text »Das ist ein Spiel«
ersetzt würde. Eine Liste aller definierten Abkürzungen kann man sich mit

^AX edit-abbrevs `↵`

anzeigen lassen. Diese Liste enthält in der ersten Spalte (in Hochkommata eingeschlossen) die Abkürzungen, in der zweiten Spalte eine Zahl, die angibt, wie oft
die Abkürzung schon verwendet wurde, und in der dritten Spalte (wieder in
Hochkommata) den vollständigen Text. Diese angezeigte Liste ist in mehrere
Abschnitte für die verschiedenen Bearbeitungsmodi (dazu später mehr) gegliedert. Mit den hier vorgestellten Tastenkombinationen werden Abkürzungen
immer global definiert (*global-abbrev-table*), was bedeutet, daß sie in allen Bearbeitungsmodi zur Verfügung stehen. Die angezeigte Abkürzungsliste läßt sich
im übrigen auch editieren:

▶ Löschen einer Abkürzungszeile mit ^SK

▶ Eintragen neuer Abkürzungen (mit drei Spalten)

▶ Verändern vorhandener Abkürzungen

Beim Eintragen neuer oder beim Verändern vorhandener Abkürzungen ist zu
beachten, daß man einen Backslash \ zweimal eingeben muß, damit er wirklich
im Text eingefügt wird. Eine geänderte Abkürzungsliste muß mit ^SX,^SS gespeichert werden und eine Rückkehr zum eigentlichen Text ist mit ^SX,B möglich.

Da die während einer Emacs-Sitzung definierten Abkürzungen normalerweise
nicht gespeichert werden, gelten sie nur für die Dauer der aktuellen Emacs-Sitzung und können bei späteren Emacs-Sitzungen nicht wiederverwendet werden. Will man eine aktuell definierte Abkürzungstabelle für spätere Sitzungen
aufheben, muß man diese mit

^AX write-abbrev-file `↵` *name* `↵`

in einer Datei speichern. In späteren Emacs-Sitzungen kann man dann mit

^AX read-abbrev-file `↵` *name* `↵`

diese Abkürzungstabelle laden, um die früher definierten Abkürzungen dort
wiederverwenden zu können.

Die folgende Liste faßt nochmals alle hier vorgestellten Abkürzungskommandos
zusammen:

Abkürzungs-Kommandos

ESC,/	Vervollständigen eines bisher eingegebenen Wortan-fangs durch ein Wort aus dem vorherigen oder dem nachfolgenden Text oder aus einem Text in einer anderen offenen Datei

^{S}X,A,I,G *text* ⏎	definiert zum zuvor eingegebenen Kürzel einen vollständigen *text*
^{S}X,A,E	ersetzt die gerade eingegebene Abkürzung durch den zugehörigen vollständigen Text
^{A}X abbrev-mode ⏎	aktiviert den Abkürzungsmodus (schaltet die automatische Ersetzung von Abkürzungen durch zugehörigen vollständigen Text ein)
^{A}X edit-abbrevs ⏎	Anzeigen und Editieren der aktuellen Abkürzungstabelle
^{S}X,^{S}S	Abkürzungstabelle speichern
^{S}X,B	von Abkürzungstabelle wieder zurück zum ursprünglichen Text
^{A}X write-abbrev-file ⏎ *name* ⏎	Abkürzungstabelle in Datei *name* speichern
^{A}X read-abbrev-file ⏎ *name* ⏎	Abkürzungstabelle aus Datei *name* lesen

9.4.11   Ein- und Ausrücken von Text

Das Ein- und Ausrücken von Text ist vor allen Dingen beim Programmieren sehr nützlich, um den Programmtext entsprechend zu strukturieren. Die folgende Liste zeigt die wichtigsten Tastenkombinationen zum Ein- und Ausrücken von Text:

Ein- und Ausrücken von Text am Zeilenanfang

^{S}*Leertaste*	Markierungspunkt setzen
^{S}X,Tab	Text zwischen Markierungspunkt und Cursorposition um ein Zeichen einrücken
ESC,-,^{S}X,Tab	Text zwischen Markierungspunkt und Cursorposition um ein Zeichen ausrücken
^{A}*n*,^{S}X,Tab	Text zwischen Markierungspunkt und Cursorposition um *n* Zeichen einrücken
ESC,-,^{A}*n*,^{S}X,Tab	Text zwischen Markierungspunkt und Cursorposition um *n* Zeichen ausrücken

Mit diesen Tastenkombinationen können nur Leerzeichen am Beginn von Zeilen eingefügt bzw. entfernt werden. Sollen aber Leerzeichen innerhalb von Zeilen eingefügt bzw. gelöscht werden (wie z.B. bei einer Tabelle), müssen die sogenannten *Rechteck-Kommandos* verwendet werden. Das entsprechende Rechteck umfaßt dabei den vertikalen und horizontalen Bereich von Zeichen, die sich zwischen dem Markierungspunkt und der Cursorposition befinden. Die folgende Liste gibt einen Überblick über die wichtigsten Rechteck-Kommandos:

Rechteck-Kommandos

^{S}*Leertaste*	Markierungspunkt setzen
^{S}X,R,O	(*rectangle open*) rechteckigen Bereich öffnen, d.h. in den rechteckigen Bereich Leer- bzw. Tabulatorzeichen einfügen
^{S}X,R,K	(*rectangle kill*) rechteckigen Bereich löschen
^{S}X,R,R	(*rectangle register*) rechteckigen Bereich in internen Puffer speichern
^{S}X,R,Y	(*rectangle yank*) einen zuvor gelöschten bzw. im internen Puffer gespeicherten rechteckigen Bereich an Cursorposition einfügen
^{A}X clear-rectangle ⏎	rechteckigen Bereich mit Leerzeichen überschreiben
^{A}X string-rectangle ⏎ *text* ⏎	*text* vor dem ersten Zeichen in jeder Zeile des markierten rechteckigen Bereichs einfügen

Bei der Eingabe von Programmlistings ist es sehr komfortabel, wenn die jeweils nächste Zeile automatisch so weit eingerückt wird wie die vorherige Zeile. Dazu muß man in den sogenannten *Indented-Text-Modus* mit

^{A}X indented-text-mode ⏎

umschalten. Soll in diesem Modus eine neue Zeile eingefügt werden, die automatisch so weit einzurücken ist wie die aktuelle Zeile, muß statt der Eingabe-Taste ⏎ die Tastenkombination ^{S}J eingegeben werden.

Automatisches Einrücken

^{A}X indented-text-mode ⏎	aktiviert den *Indented-Text-Modus* (automatisches Einrücken)
^{S}J	Neue Zeile einfügen wie bei ⏎ , nur daß diese so weit eingerückt wird wie die aktuelle Zeile

Daneben kennt der Emacs einige weitere Bearbeitungsmodi, in denen automatische Einrückungen stattfinden. So werden z.B. im *C-Modus* (dazu später mehr) Programmzeilen bei jeder geschweiften Klammer { oder } um einige Leerzeichen ein- oder ausgerückt.

In einigen Bearbeitungsmodi ersetzt der Emacs lange Folgen von Leerzeichen durch Tabulatoren. Mit den beiden folgenden Tastenkombinationen lassen sich in einem markierten Bereich Tabulatoren in Leerzeichen bzw. umgekehrt Leerzeichen in Tabulatoren umwandeln.

Umwandeln von Tabulatoren in Leerzeichen und umgekehrt

^X untabify ⏎	In markierten Bereich Tabulatoren in Leerzeichenfolgen umwandeln
^X tabify ⏎	In markierten Bereich Leerzeichenfolgen in Tabulatoren umwandeln
^X set-variable ⏎ tab-width ⏎ n ⏎	Einstellen der Tabulatorweite auf n Zeichen; normalerweise ist die Tabulatorweite auf 8 Zeichen voreingestellt.

9.4.12   Aufrufen von Unix-Kommandos im Emacs

Während einer Emacs-Sitzung können auch Unix-Kommandos wie ls, find, usw. aufgerufen werden, ohne daß der Emacs verlassen werden muß. Dazu muß die folgende Tastenkombination eingegeben werden:

ESC,! *kommando* ⏎

Ist beim Aufruf noch ein abschließendes &-Zeichen (nach dem *kommando*) angegeben, wird das entsprechende *kommando* im Hintergrund ausgeführt und man kann im Emacs weiterarbeiten, während das *kommando* noch ausgeführt wird. Die Ausgaben des aufgerufenen Unix-Kommandos werden in einem eigenen Fenster angezeigt. Da keine Möglichkeit besteht, für das aufgerufene Kommando Eingaben zu tätigen, wartet ein so gestartes Kommando »ewig«, wenn es vom Benutzer irgendwelche Eingaben benötigt. In diesem Fall kann das entsprechende Kommando nur noch mit $^S C,^S K$ beendet werden. Es sollten also nur Kommandos aufgerufen werden, die (auch bei Fehlern) keinerlei Benutzereingaben benötigen.

9.4.13   Bearbeitungsmodi im Emacs

Im Emacs lassen sich unterschiedliche Bearbeitungsmodi einstellen, die seine Funktionalität verändern und zusätzlich nur auf den speziellen Modus zugeschnittene Kommandos zur Verfügung stellen. Somit wird der Emacs an die Spezifika des jeweiligen Texttyps angepaßt.

Im Emacs wird zwischen Haupt- und Nebenmodi unterschieden. Während immer nur ein Hauptmodus aktiv sein kann, können gleichzeitig auch mehrere Nebenmodi eingeschaltet sein. Für jede im Emacs editierte Datei (Puffer) können dabei eigene Modi eingestellt sein. Die interaktive Veränderung der Modus-Einstellung wirkt sich immer nur auf den aktuellen Puffer aus. Ein Wechseln des Hauptmodus deaktiviert immer automatisch den bisherigen Hauptmodus. Ein Ein- oder Ausschalten eines Nebenmodus verändert den Hauptmodus nicht. Nachfolgend sind die wichtigsten Haupt- und Nebenmodi in einer Liste zusammengefaßt:

Aktivieren der wichtigsten Hauptmodi

`^X fundamental-mode` [↵]	Standard-Modus (Voreinstellung)
`^X c-mode` [↵]	C-Modus (für das Editieren von C-Programmen)
`^X shell` [↵]	Shell-Modus (für die Eingabe von Unix-Kommandos)
`^X indented-text-mode` [↵]	Automatischer Einrück-Modus
`^X tcl-mode` [↵]	Tcl-Modus (für das Editieren von Tcl/Tk-Programmen)
`^X latex-mode` [↵]	LATEX-Modus (für das Editieren von Dateien, die für das Textverarbeitungsprogramm LATEX vorgesehen sind)

Aktivieren der wichtigsten Nebenmodi

`^X auto-fill-mode` [↵]	Fließtext-Modus (Automatischer Zeilenumbruch)
`^X iso-accents-mode` [↵]	Modus für die Eingabe fremdsprachiger Sonderzeichen
`^X font-lock-mode` [↵]	Modus, bei dem die einzelnen Syntax-Konstrukte unterschiedlich farbig hervorgehoben werden
`^X abbrev-mode` [↵]	Abkürzungs-Modus (Abkürzungen werden automatisch durch ihren vollständigen Text ersetzt)

Neben diesen hier kurz vorgestellten wichtigsten Modi existieren eine Vielzahl weiterer Haupt- und Nebenmodi. Mit den folgenden Tastenkombinationen kann man Hilfsinformationen zu den einzelnen Modi erfragen:

Hilfsinformationen zu den Modi

`F1,A mode` [↵]	Übersicht zu allen verfügbaren Modi anzeigen
`F1,M`	Informationen zum gerade aktiven Modus anzeigen

Wird eine Datei geladen, versucht der Emacs aus der Erweiterung im Dateinamen (`.c`, `.tex`, usw.) und dem Inhalt der ersten Zeilen automatisch zu erkennen, um welchen Texttyp es sich handelt, und dann den entsprechenden Modus einzuschalten. Um den Emacs vor Irrtümern zu bewahren, kann man in der ersten Zeile der entsprechenden Datei auch einen Kommentar einfügen, der folgenden Text enthält:

`*-* name *-*`

Für *name* ist dabei der gewünschte Modus anzugeben.

C-Modus

Befindet sich der Emacs im C-Modus, so werden bei der Eingabe von geschweiften Klammern diese sofort entsprechend eingerückt, so daß das C-Programm
schon während der Eingabe automatisch strukturiert wird. Wie weit die Klammern bei unterschiedlichen C-Strukturen einzurücken sind, läßt sich durch
eigene Emacs-Variablen festlegen. Welche Variablen dabei zu setzen sind, kann
man aus der Online-Hilfe zum aktuellen Modus mit F1,M erfragen. Um einer
Variablen einen anderen Wert zuzuweisen, muß das folgende Emacs-Kommando verwendet werden:

^{A}X set-variable ⏎ varname ⏎ wert ⏎

Der bei der Linux-Implementierung verwendete Stil ist im übrigen in der Datei /
usr/src/linux/Documentation/CodingStyle angegeben.

Zum Springen an den Anfang bzw. an das Ende einer Klammerebene stehen die
folgenden beiden Kommandos zur Verfügung:

Springen an Anfang/Ende der aktuellen Klammerebene

^{A}A	An den Anfang der aktuellen Klammerebene springen
^{A}E	An das Ende der aktuellen Klammerebene springen

Soll ein C-Programm kompiliert werden, ohne daß der Emacs verlassen wird,
muß

^{A}X compile ⏎

eingegeben werden. Emacs ruft dann make -k auf. Damit dieser Aufruf erfolgreich ist, muß im Working Directory ein sogenanntes Makefile[1] vorhanden sein,
das z.B. folgenden Inhalt hat:

```
.c:
<Tab>  cc -o $< $@
```

Wenn nun make -k von Emacs angezeigt wird, muß nur der Name der ausführba-
ren Datei mit abschließendem ⏎ eingegeben werden, in der das kompilierte
Programm abzulegen ist. Vor dem Start von **make** fragt Emacs zuerst nochmals
nach, ob noch nicht gesicherte Dateien zuvor zu sichern sind. Nach dem **make**-
Aufruf zeigt Emacs das Ergebnis der Kompilierung (meist wohl eine Liste von
Fehlermeldungen) in einem eigenen Fenster an. Nachfolgend sind die wichtigsten Kommandos zum Bewegen des Cursors in dieser Liste von Fehlermeldungen zusammengefaßt:

---

1. Das **make**-Programm wird in *Linux-Unix Profitools* beschrieben.

Kompilierung von C-Programmen (ohne Verlassen des Emacs)

^AX `compile` ⏎	Kompilierung starten
^SX,'	Cursor zur nächsten Fehlermeldung bewegen
ESC'-'^SX,'	Cursor zur vorherigen Fehlermeldung bewegen
$^SU^SX$,'	Cursor auf ersten Fehlermeldung positionieren

Eine weitere Emacs-Funktion im C-Modus, die vor allen Dingen beim Arbeiten mit mehreren C-Modulen sehr hilfreich ist, ist die *Etags-Funktion*. **etags** ist ein Linux-Kommando, das eine Quer-Referenz (*cross reference*) aller C-Funktionen erstellt, die in mehreren Datein definiert sind. Um die Etags-Funktion im Emacs verwenden zu können, muß man zuvor auf der Kommandozeilen-Ebene das **etags**-Programm aufgerufen haben, wie z.B. mit

`etags *.[ch]`

Dieser Aufruf erstellt eine Quer-Referenz zu allen C-Modulen und Headerdateien im Working Directory. Man kann jedoch auch nachträglich das Programm **etags** vom Emacs aus aufrufen, wie z.B. mit

`ESC,! etags *.[ch]`   ⏎

etags erzeugt in beiden Fällen eine Datei `TAGS`, die mit

^AX `visit-tags-table`   ⏎

eingelesen werden kann. Nun kann man mit

^{A}. *funktionsname*   ⏎

zur Definition jeder beliebigen Funktion gesprungen werden. Befindet sich die entsprechende Funktionsdefinition in einer anderen Datei, so wird diese Datei von Emacs geöffnet und der Cursor dort an die entsprechende Stelle positioniert. Gerade bei größeren Projekten, in denen die Funktionen meist auf eine Vielzahl von Modulen verteilt sind, ist diese Etags-Funktion sehr hilfreich. Nachfolgend sind die wichtigsten Etags-Kommandos nochmals in einer Liste zusammengefaßt:

Etags-Kommandos

ESC,! `etags *.[ch]` ⏎	erstellt eine Datei `TAGS` mit Quer-Referenzen auf alle Funktionsdefinitionen in den C-Modulen und Headerdateien des Working Directorys
^AX `visit-tags-table` ⏎	liest die `TAGS`-Datei ein
^{A}. *funktionsname* ⏎	positioniert Cursor auf die Definition von *funktionsname*, wobei die Datei gewechselt wird, wenn sich die Funktionsdefinition in einer anderen Datei befindet

^{S}U,^{A}.	Cursor auf das nächste Auftreten der Funktion positionie- ren, die zuvor mit ^{A}. *funktionsname* ⏎ gesucht wurde
^{A}X tags-search ⏎ *fmuster* ⏎	Mustersuche (mit regulären Ausdrücken) nach einer Funktion, die durch den regulären Ausdruck *fmuster* abge- deckt ist
^{A},	letzte Suche fortsetzen

Shell-Modus

Mit der Eingabe von

^{A}X shell ⏎

kann der sogenannte Shell-Modus aktiviert werden. Dazu startet der Emacs in
einem eigenen Fenster die sogenannte Shell[1], in der man nun, wie sonst auf der
Kommandozeilenebene auch, beliebige Unix-Kommandos ausführen lassen
kann, ohne daß man Emacs verlassen muß. Die Ausgabe der gestarteten Kommandos wird in dem Shell-Fenster angezeigt und kann wie jeder andere Text
auch editiert werden. Der Shell-Modus bietet also neben der Kommandoausführung auch noch die Textverarbeitungsmöglichkeiten von Emacs. Wird eine Zeile
geändert und mit   ⏎ abgeschlossen, wird dies als Aufruf eines neuen Kommandos interpretiert. So ist es also möglich, falsch geschriebene Kommandozeilen zu korrigieren oder alte Kommandozeilen leicht abgeändert (z.B. mit anderen Optionen) nochmals aufzurufen.

Fließtext-Modus

Im Fließtext-Modus stellen mehrere Zeilen eine Einheit (Absatz) dar und überlange Zeilen werden automatisch umgebrochen. Normalerweise führt Emacs
keinen automatischen Umbruch durch, sondern zeigt bei überlangen Zeilen am
rechten Ende ein \-Zeichen an und setzt den Text in der nächsten Zeile fort.

Unabhängig vom Bearbeitungsmodus kann man mit ^{A}Q überlange Zeilen
umbrechen lassen, wobei dann an geeigneten Stellen Leerzeichen durch Neuezeile-Zeichen ersetzt werden und aus einer langen Zeile mehrere kurze Zeilen
werden. Bei der Anwendung von ^{A}Q ist jedoch zu beachten, daß Emacs alle Zeilen, die nicht explizit durch eine Leerzeile von anderen Zeilen getrennt sind, als
Absatz interpretiert und diesen ganzen Absatz (alle darin enthaltenen Zeilen)
neu formatiert. Vor allen Dingen bei Programmen führt dies zur Zerstückelung
der Programmzeilen, was sicherlich nicht erwünscht war. In diesem Fall können
die Auswirkungen dieses Kommandos mit ^{S}X,U wieder rückgängig gemacht
werden.

---

1. wird ausführlich in *Linux-Unix Shells* beschrieben.

Da die ständige Eingabe von ^AQ doch sehr lästig ist, bietet Emacs für den auto-matischen Zeilenumbruch einen eigenen Nebenmodus, den *Fließtext-Modus* an, den man wie folgt aktivieren kann:

^AX auto-fill-mode ⏎

In diesem Modus werden bei der Eingabe überlanger Zeilen diese automatisch umbrochen. Bereits vorhandener Text wird durch das Einschalten dieses Modus nicht verändert. Ebenso resultiert aus dem Löschen von Text in überlangen Zei-len nicht ein automatischer Zeilenumbruch. Um vorhandenen Text zu umbre-chen, muß deshalb explizit ^AQ verwendet werden.

Bei Eingabe von überlangen Zeilen im Fließtext-Modus erfolgt der automatische Zeilenumbruch normalerweise spätestens nach 74 Zeichen. Diese voreingestellte Umbruchspalte läßt sich jedoch verstellen, indem man den Cursor in der Spalte positioniert, in der von nun an der Umbruch spätestens erfolgen soll, und dann die Tastenkombination $^SX,F$ eingibt. Folgende Liste faßt die hier vorgestellten Emacs-Kommandos nochmals zusammen:

Automatischer Zeilenumbruch

^AQ	Zeilenumbrüche für aktuellen Absatz durchführen
^AX auto-fill-mode ⏎	Fließtext-Modus (automatischer Zeilenumbruch) akti-vieren
$^SX,F$	maximale Zeilenlänge (für automatischen Zeilenum-bruch) an aktueller Cursorpostion festlegen

Möchte man mehrere Absätze eingerückten Textes eingeben, muß man zunächst den Einrückpunkt (Einrückspalte) festlegen. Dazu müssen zunächst in einer Leerzeile so viele Leer- und / oder Tabulatorzeichen eingegeben werden, wie der nachfolgende Text einzurücken ist. Steht der Cursor nun auf der gewünschten Einrückspalte, muß nur noch die Tastenkombination $^SX,.$ eingegeben werden. Emacs rückt jetzt ab der zweiten Zeile eines Absatzes automatisch alle Zeilen bis zur Einrückspalte ein.

Ein solche eingerichtete Einrückspalte gilt nur für Text, der neu eingegeben wird. Zum Einrücken bereits vorhandener Texte muß zuerst eine neue Einrück-spalte definiert werden: Cursor auf neue Einrückspalte setzen und $^SX,.$ eingeben.

Das Kommando $^SX,.$ ist nicht nur zum Einrücken mit Leer- und / oder Tabulator-zeichen geeignet, sondern kann auch auch beliebige Zeichenketten in jeder neuen Zeile am Anfang einfügen, da es alle Zeichen zwischen dem Zeilenanfang und der aktuellen Cursorposition speichert, und immer diese Zeichenkette auto-matisch am Beginn einer neuen Zeile einfügt, die durch einen Zeilenumbruch ensteht.

Sollen größere Textmengen, die unterschiedlich eingerückt sind, neu formatiert werden, muß das Kommando

^{A}X fill-individual-paragraphs ⏎

eingegeben werden. Dieses Kommando formatiert den gesamten Bereich zwischen einem gesetzten Markierungspunkt (mit ^{S}***Leertaste*** festgelegt) und der aktuellen Cursorposition, wobei jedoch die aktuellen Einrückungen erhalten bleiben. Nachfolgend sind die wichtigsten Emacs-Kommandos zum Einrücken im Fließtext-Modus zusammengefaßt:

Einrücken im Fließtext-Modus

^{S}X,.	Einrückspalte an aktueller Cursorposition festlegen; Zeichen vor dem Cursor legen den einzufügenden String fest und Rest der Zeile sollte leer sein.
^{A}M	an Beginn einer eingerückten Zeile springen (ähnlich zu ^{S}*A*)
^{S}*Leertaste*	Markierungspunkt setzen
^{A}*X* fill-individual-paragraphs ⏎	Bereich zwischen Markierungspunkt und aktueller Cursorposition neu formatieren, wobei die aktuellen Einrückungen erhalten bleiben

Indented-Text-Modus

Benötigt man in einem Text viele Einrückungen, sollte man zusätzlich zum Fließtext-Modus, der ein Nebenmodus ist, noch mit

^{A}X indented-text-mode ⏎

in den Indented-Text-Modus umschalten. In diesem Modus wird bei einem Zeilenumbruch jede neue Zeile automatisch und ohne jeglichen sonstigen Vorkehrungen so weit eingerückt wie die vorhergehende Zeile. Bei der Eingabe von ^{A}Q (manueller Umbruch) wird immer entsprechend der ersten Zeile eingerückt.

Im Indented-Text-Modus kann man noch die aktuelle Zeile mit ^{A}S und den ganzen Absatz mit ^{Aⱡ}S zentrieren, so daß sich folgende Liste der wichtigsten Emacs-Kommandos für diesen Modus ergibt:

Wichtige Emacs-Kommandos zum Indented-Text-Modus

^{A}*X* indented-text-mode ⏎	Indented-Text-Modus einschalten
^{A}*X* auto-fill-mode ⏎	Fließtext-Modus einschalten
^{A}Q	manuellen Umbruch durchführen
^{A}S	aktuelle Zeile zentrieren
^{Aⱡ}S	aktuellen Absatz zentrieren

Möchte man Zeilen oder Absätze zentrieren, ohne deshalb in den Indented-Text-Modus umzuschalten, kann man dies in anderen Modi mit den beiden folgenden Kommandos erreichen:

`^X center-line` ⏎
`^X center-paragraph` ⏎

LATEX-Modus

In diesem Modus gelten einige Besonderheiten:

▶ Statt Anführungszeichen (") fügt Emacs jeweils ein Paar einfacher Hochkommata ''...'' ein. Um ein Anführungszeichen einzugeben, muß \" eingegeben werden.

▶ Bei Eingabe jedes zweiten $-Zeichen springt der Cursor kurz zum vorangegangenen $-Zeichen, um den Beginn einer mathematischen Formel, die in LATEX mit $....$ eingerahmt wird, anzuzeigen.

Die wichtigsten Eingabehilfen in diesem Modus sind nachfolgend in einer Liste zusammengefaßt:

Wichtige Emacs-Kommandos im LATEX-Modus

`^SC,^SE`	fügt **\end{name}** zum letzten offenen **\begin{name}** ein
`^SC,^SO nam1` ⏎ `nam2` ⏎	fügt die folgenden Zeilen ein: **\begin**[nam1]{nam2} **\end** {nam2}
`^SC,}`	springt zur schließenden Klammer der gerade aktuellen Klammerebene
`^SJ`	beendet einen Absatz, fügt eine Leerzeile ein und führt eine Syntaxprüfung (fehlende Klammern usw.) für den Absatz durch
`^X validate-text-buffer` ⏎	aktuellen Text auf LATEX-Syntaxfehler prüfen

Tcl-Modus

Dieser Modus eignet sich zur Bearbeitung von Tcl/Tk-Programmen. Die folgende Liste zeigt die wichtigsten Tastenkombinationen für den Tcl-Modus:

Wichtige Emacs-Kommandos im Tcl-Modus

`^SC,ESC,[`	an den Anfang der aktuellen Tcl-Prozedur springen
`^SC,ESC,]`	an das Ende der aktuellen Tcl-Prozedur springen
`^SC,^U`	gerade editierte Tcl/Tk-Programm starten
`^SC,^R`	markierten Bereich des gerade editierten Tcl/Tk-Programm starten
`^SC,^E`	aktuelle Zeile des gerade editierten Tcl/Tk-Programm starten

9.4.14   Emacs im X Window System

Die wichtigsten Unterschiede zwischen einem im Textmodus oder einem unter X Window gestarteten Emacs sind, das unter X Window die folgenden Funktionen im Emacs angeboten werden:

▷ Verwendung der Maus zur Cursorpositionierung, zur Markierung von Texten und zur Menüauswahl

▷ Menü zur Auswahl der wichtigsten Emacs-Kommandos

▷ Bildlaufleiste zum Verschieben des gerade sichtbaren Textausschnitts

▷ Abhängig vom Verarbeitungsmodus Syntaxhervorhebung für die entsprechenden Konstrukte (unterschiedliche Farben und Schriftarten)

Mausbedienung im Emacs

Die nachfolgende Liste gibt einen Überblick über die wichtigsten Funktionen der einzelnen Maustasten innerhalb eines Textes:

Funktionen der Maustaste innerhalb eines Emacs-Textfensters

Linke Maustaste	Cursorpositionierung
Bewegen der Maus bei gedrückter linker Maustaste	Markierung eines Bereichs. Der entsprechende Bereich wird zugleich in einen internen Puffer kopiert und kann an einer anderen Stelle mit ^5Y oder dem Drücken der mittleren Maustaste im Text eingefügt werden. Wird der Mauscursor an den Rand des Textfensters bewegt, wird automatisch weitergeblättert.
mittlere Maustaste (im Text)	zuvor mit gedrückter linker Maustaste markierten Bereich an der Stelle des Mauscursors einfügen.
mittlere Maustaste (in inverser Infozeile)	vergrößert das so ausgewählte Textfenster auf seine maximale Größe
rechte Maustaste	Markierungsende des zuvor markierten Bereichs versetzen
Doppelklick auf rechte Maustaste	Markierten Textbereich löschen; kann mit mittleren Maustaste wieder eingefügt werden.
Linke Maustaste bei gedrückter ⌂-Taste	Popup-Menü zur Auswahl des Zeichensatzes
Linke Maustaste bei gedrückter Strg-Taste	Popup-Menü zur Auswahl des zu aktivierenden Puffers

Mittlere Maustaste bei gedrückter Strg-Taste	Popup-Menü zur Veränderung der Schriftart und Farbe
Rechte Maustaste bei gedrückter Strg-Taste	Popup-Menü mit Kommandos zum aktuellen Modus

Menükommandos

Die am oberen Emacs-Fenster angezeigte Menüleiste sowie die zugehörigen Sub- und Subsubmenüs sind weitgehend selbsterklärend und entsprechen den in diesem Kapitel vorgestellten Emacs-Kommandos, weswegen an dieser Stelle auch auf eine weitere Erklärung verzichtet werden kann.

Spezielle Emacs-Optionen unter X Window

Beim Start von Emacs unter X Window stehen eine Vielzahl von Optionen zur Einstellung von Farben, Zeichensätzen usw. zur Verfügung. Die nachfolgende Liste gibt einen Überblick über die wichtigsten dieser Optionen:

Wichtige Optionen für den Start von Emacs unter X Window

-fg *farbe*	Vordergrundfarbe (Textfarbe; Voreinstellung ist black)
-bg *farbe*	Hintergrundfarbe (Textfarbe; Voreinstellung ist white)
-cr *farbe*	Farbe des Textcursors (Textfarbe; Voreinstellung ist black)
-nw *farbe*	Standard-Emacs im Shell-Fenster starten. Üblicherweise wird die X-Variante von Emacs in einem eigenen Textfenster gestartet
-fn *zeichensatz*	angegebenen *zeichensatz* verwenden

Alle obigen Optionen können auch in der Konfigurationsdatei .Xdefaults (im Home Directory) eingestellt werden, wie z.B.:

```
emacs.cursorColor: white
emacs.pointerColor: red
emacs.shell*background: blue
emacs*menubar.background: yellow
emacs*menubar.foreground: red
emacs*background: blue
emacs*buttonForeground: white
emacs*attributeBackground: white
emacs*attributeForeground: black
emacs*modeline.attributeBackground: green
emacs*modeline.attributeForeground: black
emacs*region.attributeBackground: yellow
emacs*secondary-selection.attributeBackground: red
```

Falls in `.Xdefaults` nicht existierende Farben oder Zeichensätze angegeben sind, kann Emacs nicht gestartet werden.

Farbige Hervorhebung von Syntax-Konstrukten

Der Emacs ist in der Lage für eine Vielzahl von verschiedenen Texttypen (C, Dokumente in LATEX usw.) die entsprechenden Syntax-Konstrukte im Text durch unterschiedliche Farben und Schrifttypen hervorzuheben. Dazu muß

`^X font-lock-mode` ⏎

eingegeben werden. Emacs kann jedoch nur dann verschiedene Schriftattribute (wie Kursiv, Fett usw.) verwenden, wenn die aktuell eingestellte Schriftart auch über diese Attribute verfügt. Verschiedene Schriftarten lassen sich leicht mit gedrückter ⇧-Taste und linker Maustaste testen. Welche Farben und Attribute zu verwenden sind, kann in der Konfigurationsdatei `.emacs` (im Home Directory) festgelegt werden (dazu später mehr). Eine Liste aller verfügbaren Schriftarten kann man sich unter X Window mit dem folgenden Aufruf anzeigen lassen.

`xlsfonts | more` ⏎

9.4.15 Programmieren und Konfigurieren des Emacs

Die meisten Emacs-Funktionen und Bearbeitungsmodi sind in einer Emacs-internen Programmiersprache realisiert, die ein Dialekt der Programmiersprache Lisp ist. Diese Lisp ähnliche Programmiersprache, *Emacs-Lisp* genannt, macht Emacs zu einem mächtigen Editor, der seinesgleichen sucht. Mit Emacs-Lisp läßt sich der Emacs beliebig konfigurieren. Hier wird eine kurze Einführung in Emacs-Lisp gegeben, um es dem Leser zu ermöglichen, den Emacs über die Konfigurationsdatei `.emacs` (im Home Directory) seinen eigenen Bedürfnissen anzupassen.

Die Emacs-Konfigurationsdateien

Beim Start von Emacs werden die folgenden Dateien in der angegebenen Reihenfolge gelesen:

1. / usr / lib / emacs / site-lisp / site-start.el

2. .emacs (im Home Directory)

3. / usr / lib / emacs / 19.34 / lisp / default.el[1]

Die erste Datei `site-start.el` ist für globale Einstellungen gedacht, die immer gelten sollen. Die Datei `site-start.el` ist jedoch nicht immer vorhanden. Die

---

1. Die Pfadkomponente 19.34 kann sich ändern, wenn eine neue Emacs-Version mit einer anderen Versionsnummer freigegeben wird.

Datei .emacs ist für persönliche Einstellungen vorgesehen, und die dritte Datei default.el schließlich ist für alle Anwender gedacht. Wurde Emacs in einem anderen Directory wie etwa /usr/local oder /usr/share installiert, gelten diese Pfad-Präfixe anstelle von /usr/lib. Zudem gilt, daß die dritte Datei default.el nicht gelesen wird, wenn in .emacs folgendes angegeben ist:

```
setq inhibit-default-init 1
```

Der Funktionsumfang von Emacs basiert auf einer Vielzahl von Lisp-Dateien, die den entsprechenden Lisp-Code zu den zugehörigen Funktionen enthalten. Die Lisp-Dateien befinden sich normalerweise in zwei Directories:

/usr/lib/emacs/19.34/lisp
enthält alle unmittelbar zum Standard-Emacs gehörigen Lisp-Dateien

/usr/lib/emacs/site-lisp
enthält alle die Lisp-Dateien, die Erweiterungen zum Standard-Emacs sind

Dem Emacs werden diese Directories über die Variable load-path mitgeteilt. Den Inhalt dieser Variablen kann man sich mit

^{S}H,V load-path $\boxed{\hookleftarrow}$

anzeigen lassen.

Um das Einlesen von Lisp-Dateien (menschen-lesbare Dateien, die mit .el enden) zu beschleunigen, können diese im Emacs mit

^{A}X byte-compile-file $\boxed{\hookleftarrow}$

kompiliert werden. Dadurch werden die Dateien, die mit .el enden, zu Dateien kompiliert, die mit .elc enden. Für den Fall, daß .elc-Dateien existieren, werden die gleichnamigen .el-Dateien von Emacs nicht ausgewertet.

Nachfolgend sind einige Emacs-Optionen angegeben, mit denen man steuern kann, welche Konfigurationsdateien oder Emacs-Lisp-Funktionen beim Start von Emacs gelesen werden sollen.

Optionen zum Steuern der Konfiguration beim Emacs-Start

-q	Emacs ohne dem Lesen von .emacs und default.el starten
-u *dateiname*	Statt .emacs die Datei *dateiname* beim Start von Emacs lesen
-l *dateiname*	Zusätzlich zu .emacs noch die Datei *dateiname* beim Start von Emacs lesen
-f *funktion*	Nach dem Emacs-Start die angegebene Emacs-Lisp-*funktion* ausführen

Möchte man während des Bearbeitens einer Konfigurationsdatei (wie etwa
.emacs) ein gerade eingegebenes Lisp-Kommando testen, ohne immer neu den
Emacs zu starten, kann man mit

`⁴X eval-current-buffer` ⏎

alle Kommandos der gerade editierten Konfigurationsdatei laden, um dann
anschließend ihre Wirkungsweise überprüfen zu können. Sehr nützlich zum
Testen einzelner Lisp-Anweisungen ist auch das folgende Kommando

`⁴X eval-region` ⏎

Damit werden nur die Anweisungen zwischen dem Markierungspunkt (*$Leer-
taste*) und der aktuellen Cursorposition geladen. Folgende Liste faßt diese Kommandos zum Laden von Lisp-Anweisungen nochmals zusammen.

Ausführen von Lisp-Anweisungen in der aktuellen Datei

`⁴X eval-current-buf-fer` ⏎	Lisp-Code aus der gerade editierten Datei ausführen
`⁴X eval-region` ⏎	Lisp-Code zwischen Markierungspunkt und Cursor aus-führen

Unterschiede zwischen GNU- und X-Emacs-Programmierung

Hier wird zwar nur der GNU-Emacs beschrieben, aber auch der X-Emacs wird
mit Emacs-Lisp programmiert. Es ist jedoch darauf hinzuweisen, daß das
Emacs-Lisp vom X-Emacs kleine Syntaxabweichungen zum GNU-Emacs auf-
weist.

Sowohl der GNU- als auch der X-Emacs lesen die Datei .emacs (im Home Directory). Um diese Datei für beide Versionen gleichzeitig verwenden zu können,
kann man diese Datei in drei Teile gliedern: einem gemeinsamen Abschnitt und
je einen Abschnitt für die beiden Emacs-Versionen.

Online-Hilfe zur Emacs-Lisp-Programmierung

Folgende Liste gibt einen Überblick zum Erfragen von Online-Hilfe zur Emacs-
Lisp-Programmierung:

Online-Hilfe zur Emacs-Lisp-Programmierung

`F1,F funktion` ⏎	Kurzbeschreibung zur Lisp-Funktion *funktion* anzeigen
`F1,F Tab`	Liste aller vorhandenen Lisp-Funktionen anzeigen. Um diese Liste betrachten zu können, muß dieses Kommando mit $G abgebrochen werden. Anschließend kann zum Blättern in der Funktionsliste mit $X, B *Com Tab ⏎ in den Puffer gewech-selt werden, der diese Funktionsliste enthält.

F1,V *varname* ⏎	Kurzbeschreibung zur Lisp-Variable *varname* anzeigen
F1,V Tab	Liste aller vorhandenen Lisp-Variablen anzeigen. Um diese Liste betrachten zu können, muß dieses Kommando mit ^SG abgebrochen werden. Anschließend kann zum Blättern in der Variablenliste mit ^SX,*B* *Com* Tab ⏎ in den Puffer gewechselt werden, der die Variablenliste enthält.
F1,C *tastenkombi* ⏎	Kurzbeschreibung des Kommandos, das der Tastenkombination *tastenkombi* zugeordnet ist

Auf älteren Emacs-Versionen muß statt **F1** die Tastekombination ^SH verwendet werden.

Definition eigener Tastenkombinationen

Um eigene Tastenkombinationen zu definieren, steht das Kommando **global-set-key** zur Verfügung. Mit diesem Kommando kann man sich z.B. zu den umständlichen Aufrufen von

^AX *kommandoname* ⏎

eigene Tastenkürzel definieren.

Das Kommando **global-set-key** erwartet zwei durch Leerzeichen getrennte Parameter:

1. *Tastenkürzel* in eckigen Klammern oder Anführungszeichen, wie z.B. [?\M-g] oder "\M-g" (steht für ^AG), [?\C-g ?L] oder "C-gL" (steht für $^SG,^⇑L$), [f2] (steht für die Funktionstaste F2) oder [?\C-G ?Z] oder "\C-GZ" (steht für $^{s⇑}G,^⇑Z$).

2. *Funktionsname*, dem ein einfaches Anführungszeichen vorangestellt ist, wie z.B. **'goto-line** oder **'delete-char**.

Hierzu einige Beispiele, wie man Tastenkürzel in einer Konfigurationsdatei .emacs definieren kann:

```
(global-set-key [?\M-g]              'goto-line)    ;Alt-G
(global-set-key [?\C-c ?L]           'goto-line)    ;Strg-C,Shift-L
(global-set-key [?\C-c ?e ?i ?l ?e]  'goto-line)    ;Strg-C,E,I,L,E
(global-set-key [f2]                 'goto-line)    ;Funktionstaste F2
```

oder

```
(global-set-key "\M-g"               'goto-line)    ;Alt-G
(global-set-key "\C-cL"              'goto-line)    ;Strg-C,Shift-L
(global-set-key "\C-ceile"           'goto-line)    ;Strg-C,E,I,L,E
(global-set-key [f2]                 'goto-line)    ;Funktionstaste F2
```

Die vordefinierte Funktion **goto-line** kann nun auf verschiedene Arten aufgerufen werden: Mit ^AG oder mit $^SC,^⇑L$ oder mit ^SC,**e,i,l,e** oder mit der Funktionstaste **F2**.

Die wichtigsten Punkte zur Definition von Tastenkombinationen sind nachfolgend aufgezählt:

▶ Das gesamte Kürzel ist entweder in eckigen Klammern oder Anführungszeichen anzugeben.

▶ Innerhalb von eckigen Klammern können entweder Tastenkombinationen oder einzelne Zeichen mit vorangestelltem Fragezeichen angegeben werden.

▶ Funktionstasten sind in eckigen Klammern anzugeben.

▶ Kombinationen von ⎡Strg⎤-*x* (*x* ist beliebiger Buchstabe) sind mit \C-*x* anzugeben (C steht für *Control*)

▶ Kombinationen von ⎡⇧⎤-*x* (*x* ist beliebiger Buchstabe) sind mit \S-*x* anzugeben (S steht für *Shift*)

▶ Kombinationen von ⎡Alt⎤-*x* (*x* ist beliebiger Buchstabe) sind mit \A-*x* anzugeben (A steht für *Alt*)

▶ Kombinationen von Meta-*x* (*x* ist beliebiger Buchstabe) sind mit \M-*x* anzugeben (M steht für *Meta* und bedeutet bei gedrückter ⎡Alt⎤-Taste bzw. bei älteren Emacs-Versionen: Vorheriges Drücken der *ESC*-Taste)

▶ ?\e kann für *ESC*-Taste angegeben werden.

▶ Kommentare werden in Konfigurationsdateien durch Semikolon eingeleitet. Der Rest einer Zeile nach dem Semikolon gilt dann als Kommentar.

Allerdings sind einige Punkte bei der Definition von eigenen Tastenkürzeln zu beachten:

Viele Tastenkürzel sind bereits vorbelegt, und es ist meist nicht empfehlenswert, diese Kürzel einfach durch eigene Tastenkombinationen zu ersetzen. Um zu erfragen, ob eine Tastenkombination bereits belegt ist, muß nur

`F1.C `*`tastenkombi`* ⎡↵⎤

eingegeben werden, und Emacs gibt dann eine Kurzbeschreibung zum Kommando aus, das der Tastenkombination *tastenkombi* zugeordnet ist, oder eben die Meldung '*tastenkombi* is undefined'.

▶ Manche Tasten, wie z. B. ^SX, ^SC oder ^SH, aktivieren einen eigenen Kürzelmodus und dürfen nur in Kombination mit weiteren Tasten verwendet werden.

▶ Manchen Tasten sind von Unix/Linux oder X Window bereits für bestimmte Funktionen vorbesetzt und stehen deswegen nicht als Emacs-Tastenkürzel zur Verfügung, wie etwa $^AF1$ bis $^AF7$ für das Wechseln zu einem anderen virtuellen Bildschirm oder die Taste *Backspace* zum Löschen von Zeichen.

Nachfolgend sind noch die den einzelnen Tasten zugeordneten Namen in zwei
Listen zusammengefaßt.

Cursortasten

↑	[up]
↓	[down]
←	[left]
↑	[right]
Bild ↑	[prior]
Bild ↓	[next]
Pos1	[home]
Ende	[end]

Unter X Window können diese Cursortasten auch bei gedrückter ⌂-, Alt-
oder Strg-Taste verwendet werden, wie z.B. [S-prior] oder [M-prior] oder [C-
prior]. Im Textmodus sind solche Tastenkombinationen (mit gedrückter Zusatz-
taste) nur möglich, wenn die Tastentabelle für **loadkeys** erweitert wird.

Funktionstasten nur im Textmodus

F1 bis F12	[f1] bis [f12]
⇧*F1*	[f11], entspricht ebenfalls F11
⇧*F2*	[f12], entspricht ebenfalls F12
⇧*F3* bis ⇧*F10*	[f13] bis [f20]
⇧*F11*	[f11], entspricht ebenfalls F11
⇧*F12*	[f12], entspricht ebenfalls F12
Einfg	[insertchar]
Entf	[deletechar]
Backspace	[DEL]
Tab	[TAB]

Funktionstasten unter X Window

F1 bis F12	[f1] bis [f12]
⇧*F1 bis* ⇧*F12*	[S-f1] bis [S-f12]
Einfg	[insert]
⇧*Einfg*	[S-insert]

Entf	[delete]
ⁿEntf	[S-delete]
Backspace	[DEL]
ⁿBackspace	[S-DEL]
Tab	[TAB]
ˢTab	[C-TAB]

Programmier-Konstrukte im Emacs-Lisp

Hier werden kurz die wichtigsten Syntax-Konstrukte der Programmiersprache Emacs-Lisp beschrieben.

Emacs-Lisp-Funktionen

Grundsätzlich läßt sich eine Emacs-Lisp-Funktion wie folgt definieren:

```
(defun funktionsname(argument1 argument2 ...)
   "optionale Dokumentation"
   (interactive argument-information)      ; optional
   funktionskörper..)
```

Dabei gilt folgendes:

▶ Die gesamte Definition einer Lisp-Funktion muß immer in runden Klammern angegeben werden.

▶ Das Schlüsselwort **defun** leitet die Funktionsdefinition ein

▶ *funktionsname* ist der Name der Funktion

▶ Die einzelnen Argumente sind durch Leerzeichen getrennt nach dem *funktionsnamen* in runden Klammern anzugeben. Hat eine Funktion keine Argumente, so ist ein leeres Klammernpaar () anzugeben. Da als Argumente oft wieder eine Funktion angegeben wird, sind Lisp-Funktionen häufig in mehreren Klammerebenen verschachtelt.

▶ In einer neuen Zeile kann eine *optionale Dokumentation* zu der aktuellen Funktion in Anführungszeichen angegeben werden. Diese Dokumentation wird eingeblendet, wenn man sich mit F1,F *funktionsname* ⏎ eine Kurzbeschreibung zu dieser Funktion anzeigen läßt.

▶ Mit einer (**interactive** ...)-Zeile kann die Funktion interaktiv gemacht werden, so daß man sie mit ^X aufrufen kann

▶ Der eigentliche *funktionskörper* kann dann aus einer oder mehreren Zeilen bestehen, wobei er mit einer schließenden Klammer abzuschließen ist.

Hier ein einfaches Beispiel für eine Funktionsdefinition, die die übergebene Zahl mit 8 multipliziert:

```
(defun mal-acht (nr)
  "Multipliziere 'nr' mit acht"
  (* 8 nr))
```

Aus diesem Beispiel wird folgendes ersichtlich:

▸ Funktion hat den Namen mal-acht und ein Argument (nr).

▸ Bei Eingabe von F1,F mal-acht ⏎ wird die Kurzbeschreibung zu dieser Funktion »Multipliziere 'nr' mit acht« ausgegeben

▸ Beim Aufruf dieser Funktion wird die intern definierte Multiplikationsfunktion * mit den zwei Argumenten 8 und nr aufgerufen. Sie liefert dann das Multiplikationsergebnis von 8*nr.

Alle Operationen (Aufrufe von vordefinierten oder selbstdefinierten Funktionen) werden immer in der Schreibweise (funktionsname argument1 argument2 ...) ausgeführt, auch Rechenoperationen, wie z.B.:

```
(+ 7 9)        ; entspricht 7+9
(/ (- x y) z)  ; entspricht (x-y)/z
(= a b)        ; entspricht a=b (a gleich b)
(<= m n)       ; entspricht m<=n (kleiner gleich)
(/= u v)       ; entspricht u!=v (ungleich)
```

Leider kann man Funktionen, die wie mal-acht definiert sind, nicht interaktiv mit $^A X$ aufrufen. Dazu muß man in solchen Funktionen noch eine **interactive**-Zeile einschieben, wie z.B.

```
(defun mal-acht (nr)
  "Multipliziere  nr  mal acht"
  (interactive "p")
  (message "Das Ergebnis von %d mal %d ist: %d" 8 nr (* 8 nr)))
```

Die Angabe von "p" bei **interactive** bedeutet, daß das vor dem Aufruf der Funktion mal-acht angegebene Präfix als Argument für nr zu verwenden ist. Würde man z.B.

$^A 6, ^A X$ mal-acht ⏎

aufrufen, würde in der unteren Bildschirmzeile folgendes ausgegeben:

```
Das Ergebnis von 8 mal 6 ist: 48
```

Würde man z.B. zusätzlich noch folgendes Tastenkürzel in der Konfigurationsdatei definieren:

```
(global-set-key [f2]    (mal-acht 4)   ;Funktionstaste F2
```

dann würde bei jedem Drücken der F2-Taste folgender Text an der aktuellen Cursorposition eingefügt:

```
Das Ergebnis von 8 mal 4 ist: 32
```

Neben der Angabe von "p" bei **interactive** sind noch eine Vielzahl von weiteren vordefinierten Zeichen möglich, wie z. B.:

```
(defun test-ausgabe (nr string file)
   "Ausgabe von  nr, string und file"
   (interactive "nNummer: \nsText: \nfDatei: ")
   (message "Nummer: %d, Text: %s, Datei %s" nr string file))
```

Die **interactive**-Zeile ist mit \n in drei Teile aufgeteilt, wobei jeweils das erste Zeichen den Typ der Eingabe festlegt. Wird diese Funktion mit

```
^X test-ausgabe  [ ↵ ]
```

aufgerufen, dann wird zuerst mit der Ausgabe von Nummer: nach einer einzugebenden Zahl gefragt. Nach dieser Eingabe wird mit der Ausgabe von Text: nach einem beliebigen Text gefragt, und nach dieser Eingabe nach einer Datei, deren Name hier einzugeben ist. Die bei Nummer: eingegebene Zahl wird dann als erstes Argument (nr), der bei Text: eingegebene Text als zweites Argument (string) und der bei Datei: eingegebene Dateiname als drittes Argument (file) an die Funktion *test-ausgabe* übergeben. Würde man für die drei Eingabeaufforderungen folgendes eingeben:

```
Nummer:    3
Text:      Hallo, wie gehts
Datei:     .profile
```

dann würde durch diesen Aufruf folgendes ausgegeben:

```
Nummer: 3, Text: Hallo,wie gehts, Datei: ~/.profile
```

In **interactive** sind unter anderem folgende Zeichen für Eingabetypen möglich: c (Zeichen), n (Zahl), s (Zeichenkette), b (existierender Textpuffer), B (neuer Textpuffer), f (existierende Datei), F (neue Datei), r (region). r bewirkt, daß der Anfang und das Ende des Bereiches zwischen dem Markierungspunkt und der aktuellen Cursorposition als zwei Argumente an die gerade definierte Funktion übergeben wird.

Der Rückgabewert einer Funktion ergibt sich immer aus dem Rückgabewert der letzten Anweisung, die innerhalb der Funktion ausgeführt wurde.

Die beiden Schlüsselwörter progn und save-excursion

Mehrere Lisp-Anweisungen, wobei sich jede einzelne in runden Klammern befindet, werden normalerweise aneinandergereiht. Bei manchen Sprachkonstrukten, wie z. B. **if** ist nun aber zur Unterscheidung des *then-* und *else-*Blocks eine Blockbildung notwendig. Dazu wird die Funktion **progn** verwendet.

```
(progn
   (funk1  arg1 arg2 ...)
   (funk2  arg1 arg2 ...)
   (funk3  arg1 arg2 ...))
```

Vergleichbar mit **progn** ist die Funktion **save-excursion**. Der Unterschied besteht darin, daß nach der letzten Anweisung im Block der Cursor bei **save-excursion** automatisch wieder an die Position zurückgesetzt wird, an der er vor dem Eintritt in diesen Block stand.

Variablen

Mit der Funktion **let** lassen sich lokale Variablen definieren. Die Gültigkeit solcher Variablen beschränkt sich dabei auf die Klammerebene um **let**. Man unterscheidet dabei zwei Syntaxvarianten:

```
(let (var1 var2 var3 ...)                        ; Variablen nicht initialisieren
   (funk1  arg1 arg2 ...)
   (funk2  arg1 arg2 ...)
   (funk3  arg1 arg2 ...))
```

und

```
(let ((var1 wert1) (var2 wert2) (var3 wert3) ...); Variablen initialisieren
   (funk1  arg1 arg2 ...)
   (funk2  arg1 arg2 ...)
   (funk3  arg1 arg2 ...))
```

Anders als in anderen Programmiersprachen gibt es keine Datentypen für Variablen, was heißt, daß man in Variablen ohne Einschränkungen die unterschiedlichsten Datentypen (wie Zahlen, Zeichen, Strings usw.) speichern kann.

Die Zuweisung von Werten an Variablen erfolgt mit den Funktionen **set** und **setq**, wobei bei **setq** jedoch dem Variablennamen ein Hochkomma voranzustellen ist, wie z. B.:

```
(setq var wert)        ; entspricht var=wert
(set 'var wert)        ; entspricht ebenso var=wert
(setq x (+ a b))       ; entspricht x=a+b
```

Weist man einer Variablen, die nicht explizit mit **let** definiert wurde, mit **setq** einen Wert zu, dann gilt diese Variable als global.

Verzweigungen

Um Programmverzweigungen zu realisieren, steht **if** zur Verfügung, das folgende Syntax hat:

```
(if (bedingung)
   (progn                              ; then-Block
      (funk1  arg1 arg2 ...)
```

```
    (funk2   arg1 arg2 ...)
    ...)
  (progn                                ; else-Block
    (funk1   arg1 arg2 ...)
    (funk2   arg1 arg2 ...)
    ...)
)
```

Besteht der then-Block aus nur einem Funktionsaufruf, kann das entsprechende **progn** auch weggelassen werden. Die Bedingung wird wohl meist ein Vergleich sein, wie z. B. (> x 3) für x>3. Eine Verknüpfung von Einzelbedingungen mit **and** und **or** ist auch möglich, wie etwa: (and bed1 bed2 bed3 ...) oder (or bed1 bed2 bed3 ...). Um eine Bedingung zu negieren, muß (not bed) angegeben werden.

while-Schleifen

Um eine einfache Schleife zu realisieren, steht **while** zur Verfügung, das folgende Syntax hat:

```
(while (bedingung)
   (funk1   arg1 arg2 ...)
   (funk2   arg1 arg2 ...)
     ...)
```

Anders als bei **if** muß der Schleifenkörper nicht mit **progn** eingeleitet werden.

Beispiele zur Emacs-Programmierung

Um die eben vorgestellten Konstrukte weiter zu verdeutlichen, werden hier einige Beispiele zur Emacs-Programmierung gegeben.

Umwandeln von Klein- in Großbuchstaben und umgekehrt

Nachfolgend sind zwei selbstdefinierte Funktionen zum Umwandeln von Klein- in Großbuchstaben bzw. umgekehrt angegeben:

wandel-zeich   wirkt nur auf das Zeichen an der aktuellen Cursorposition; wird auf die Funktionstaste **F8** gelegt.

wandel-wort   wirkt nur auf das ganze Wort an der aktuellen Cursorposition; wird auf die Funktionstaste **F9** gelegt.

```
;-----------------------------------------------------------------------
;        Groß- in Kleinbuchstaben umwandeln und umgekehrt
;-----------------------------------------------------------------------
(defun wandel-zeich()
   (interactive)
   (let ((zeich (char-after (point))))    ; Zeichen an Cursorposition
                                          ; in zeich speichern
      (if (> zeich 64)                    ; ASCII-Code größer als 64 ('A') ?
        (progn                            ; then-Teil (für Klein-/Großbuchst.)
          (setq zeich (logxor zeich 32))  ; XOR 32 entspr. groß <--> klein
```

```
        (insert-char zeich 1)        ; umgewandeltes Zeichen einfügen
        (delete-char 1)              ; altes Zeichen löschen
      )                              ; Ende vom then-Teil
    (progn                           ; else-Teil (für andere Zeichen)
      (forward-char 1)
      )                              ; Ende vom else-Teil
    )                                ; Ende if
  )                                  ; Ende let
)                                    ; Ende defun
;------------------------------------------------------------------------
;          Ganzes Wort (Groß- in Kleinbuchstaben umwandeln und umgekehrt)
;------------------------------------------------------------------------
(defun wandel-wort()
  (interactive)
  (save-excursion                    ; nach Verlassen dieses Blocks
                                     ; Cursor wieder an alte Position setzen
    (forward-word 1)                 ; An Ende des Worts springen
    (setq j (point))                 ; in Variable j Position speichern
    (backward-word 1)                ; An Anfang des Worts springen
    (setq i (point))                 ; in Variable i Position speichern
    (while (< i j)                   ; ganzes Wort durchlaufen, und
      (wandel-zeich)                 ; Zeichen für Zeichen umwandeln
      (setq i (+ i 1))               ; Laufvariable weiterzählen
    )                                ; Ende while
  )                                  ; Ende save-excursion
)                                    ; Ende defun

(global-set-key [f8]   'wandel-zeich)   ; Funktionstaste F8
(global-set-key [f9]   'wandel-wort)    ; Funktionstaste F9
```

Prozentuelle Cursorbewegung in großen Texten

In der vorletzten Informationszeile zeigt der Emacs ständig an, in welchem prozentuellen Bereich des Textes man sich gerade befindet. Da ein entsprechendes Kommando fehlt, mit dem man den Cursor an eine Position bewegen kann, die durch einen Prozentwert ausgedrückt ist, wie etwa 50% für die Mitte des Textes, soll hier eine eigene Funktion gehezu-prozent definiert werden, mit der das möglich ist. Die Idee zu dieser Funktion stammt aus dem Buch *Learning GNU Emacs* von Cameron und Rosenblatt.

```
;------------------------------------------------------------------------
;                  Prozentuelles Bewegen des Cursors
;------------------------------------------------------------------------
(defun gehezu-prozent (p)
  (interactive "nProzent (0 bis 100): ")
  (goto-char (/ (* p (point-max)) 100))   ; An die prozentuelle Stelle
                                          ; springen. point-max ist die
                                          ; letzte Position (EOF) im Text
  (beginning-of-line)                     ; Cursor an den Anfang der Zeile
)
```

```
(global-set-key "\M-pp"   'gehezu-prozent)  ; Alt-P,P
```
Die Funktion gehezu-prozent kann auch über die Tastenkombination ^P,P aufgerufen werden.

Mit den Cursortasten [↑] und [↓] nur zeilenweise blättern

Im Emacs wird normalerweise immer automatisch um eine halbe Bildschirmseite weitergeblättert, wenn man mit den Tasten ↑ oder ↓ den Cursor an den oberen oder unteren Rand des entsprechenden Textfensters bewegt. Soll immer nur um eine Zeile weitergeblättert werden, so kann dies z.B. mit den folgenden Definitionen in der Konfigurationsdatei .emacs erreicht werden:

```
;-------------------------------------------------------------------------
;              Zeilenweises Blättern mit Cursortasten 'up' und 'down'
;-------------------------------------------------------------------------
(defun zeile-hoch()
   (interactive)
   (setq scroll-step 1)  ; Automatisches Scrollen auf eine Zeile festlegen
   (forward-line -1)     ; eine Zeile rückwärts blättern
)
(defun zeile-tief()
   (interactive)
   (setq scroll-step 1)  ; Automatisches Scrollen auf eine Zeile festlegen
   (forward-line 1)      ; eine Zeile vorwärts blättern
)
(global-set-key [up]      'zeile-hoch)  ; Taste up
(global-set-key [down]    'zeile-tief)  ; Taste down
```

9.4.16 Emacs-ähnliche Editoren

Unter Linux existiert eine Vielzahl von Editoren. Hier werden noch die zwei Editoren **jove** und **jed** kurz erwähnt, die abgespeckte Emacs-Versionen sind und deshalb gerade für den Anfänger leichter zu bedienen sind. Verfügt ein Benutzer über grundlegende Emacs-Kenntnisse, wie sie in diesem Abschnitt vermittelt wurden, dürfte ihm die Bedienung dieser beiden Editoren keinerlei Schwierigkeiten bereiten. Auf eine kleine Besonderheit des **jed** sei hier hingewiesen: Die [Entf]-Taste kann im **jed** erst verwendet werden, wenn zuvor ein Bereich markiert wurde. Das Setzen eines Markierungspunktes erfolgt dabei wie im Emacs mit *^Leertaste*. Ein Bereich erstreckt sich dann vom Markierungspunkt bis zur aktuellen Cursorposition. Mit der Taste [Entf] kann dann ein solcher Bereich gelöscht und mit der Taste [Einfg] an einer anderen Stelle wieder eingefügt werden.

10 Das X Window System

Das X Window System, oft nur mit X bezeichnet, wurde vom MIT (Massachusetts Institute of Technology) entwickelt und ist die Basis für eine grafische Benutzeroberfläche unter Unix bzw. Linux. Anders als bei MS-Windows ist das Aussehen dieser Oberfläche aber nicht einheitlich, sondern hängt von dem gerade aktiven Windows-Manager ab. Das X Window System ist nämlich nur eine Sammlung von Funktionen und Protokollen, mit denen grafische Aus- und Eingaben am Bildschirm möglich sind.

10.1 Wichtige Grundbegriffe des X Window Systems

Hier werden die wichtigsten Grundbegriffe des X Window Systems kurz vorgestellt:

▶ **X-Server**
Der X-Server ist die Schnittstelle zwischen dem X Window System und der Hardware (Grafikkarte, Maus). Typische X-Server sind der frei verfügbare und meist unter Linux verwendete Server *Xfree86* oder die beiden kommerziellen Server *MetroX* und *AcceleratedX*.

▶ **Windows-Manager**
Ein Windows-Manager ist ein eigens für X Window geschriebenes Programm, das für die Verwaltung von Fenstern zuständig ist. Unter X Window stehen eine Vielzahl von Windows-Managern zur Verfügung, die sich in der Bedienung und der Darstellung der Fensterrahmen unterscheiden. Unter Linux ist der Window-Manager fvwm bzw. sein Nachfolger fvwm2 sehr weit verbreitet. Seit neuestem erfreut sich auch der kwm (KDE Windows Manager) sehr großer Beliebtheit. In einem späteren Unterkapitel wird noch genauer auf die wichtigsten Windows-Manager eingegangen.

▶ **Virtueller Bildschirm**
Der X-Server kann einen sogenannten virtuellen Bildschirm verwalten, der größer ist als der am Monitor darstellbare Bildausschnitt. Bewegt man die Maus an den Rand des Monitor-Bildschirms wird automatisch das Monitor-Bild so verschoben, daß der entsprechende bisher nicht sichtbare Bildausschnitt in den Monitor-Bildschirm »geschoben« wird und damit sichtbar wird.

▶ **Virtueller Desktop**

Viele Windows-Manager sind in der Lage, einen sogenannten virtuellen Desktop zu verwalten. Ein virtueller Desktop ermöglicht es, mehrere Grafikbildschirme, von denen immer nur einer gerade sichtbar sein kann, gleichzeitig zu unterhalten. Zum Wechseln des gerade sichtbaren Bildschirms wird eine eigene Schaltfläche angeboten, auf der die jeweiligen virtuellen Grafikbildschirme stark verkleinert oder über ihre Namen angezeigt sind. Ein Mausklick auf das jeweilige Bildschirmkästchen aktiviert dann diesen virtuellen Bildschirm und macht ihn am Monitor sichtbar, wodurch der bisher aktive virtuelle Bildschirm unsichtbar wird, aber jederzeit später wieder aktiviert werden kann.

▶ **X-Ressourcen**

Mit den X-Ressourcen können die Eigenschaften der meisten X-Programme (Hintergrundfarbe, Schriftart usw.) eingestellt. Hierzu existiert eine eigene Ressourcendatei, mit der zentral das Aussehen von X-Programmen konfiguriert werden kann.

▶ **Motif**

Dies ist eine auf X aufsetzende grafische Oberfläche, in der zusätzliche Steuerelemente (Widgets) definiert sind, um der Oberfläche ihr typisches Aussehen zu geben. Motif enthält eine eigenes Paket von X-Programmen (Editor, Dateimanager usw.). Motif ist lizenzpflichtig und damit nicht frei verfügbar, wenn auch unter Linux einzelne Programme mit einer Motif-ähnlichen Oberfläche angeboten werden, die eigens als Freeware entwickelt wurden.

▶ **Openlook**

Dies ist wie Motif eine weitere auf X aufsetzende grafische Oberfläche, die von Sun entwickelt wurde und inzwischen auch frei verfügbar ist.

▶ **CDE**

CDE steht für *Common Desktop Environment* und ist eine Oberfläche, die auf Motif aufbaut und zusätzliche Komponenten anbietet, welche die Bedienung erleichtern, wie z.B. Hilfesystem usw. Mit CDE soll eine einheitliche Benutzeroberfläche für unterschiedliche Unix-Systeme geschaffen werden.

▶ **KDE**

KDE steht für *K Desktop Environment*. Seine Entwickler haben sich zum Ziel gesetzt, eine Alternative zum CDE frei verfügbar zu machen, die jedoch nicht kompatibel zum CDE ist. KDE enthält einen eigenen Windows-Manager und eine Vielzahl von eigenen X-Programmen mit einheitlicher Bedienung und einheitlichem Aussehen. Die beliebige und leichte Konfigurierbarkeit macht dem KDE schon heute, obwohl er sich immer noch im Entwicklungsstadium befindet, vor allen Dingen unter Linux zu einer sehr beliebten Oberfläche.

10.2 Maus und Tastatur unter dem X Window System

Hier werden zunächst die wichtigsten globalen Tastenkombinationen für X unter Linux vorgestellt, bevor kurz auf einige Besonderheiten mit der Maus und der Tastatur unter X Window eingegangen wird.

Wichtige Tastenkombinationen unter X (Linux)

Unter X werden meist die folgenden Tastenkombinationen angeboten:

Strg+Alt+*Backspace*	Beenden von X Window
STRG+Alt+F*n*	Wechseln zum Textbildschirm 1 bis 6 (F1 zum Textbildschirm 1, F2 zum Textbildschirm 2 usw.)
Strg+Alt+F7	Wechseln von einem Textbildschirm zurück zum X Window System
Strg+Alt+ +	Wechseln des Grafikmodus (vorwärts)
Strg+Alt+ -	Wechseln des Grafikmodus (rückwärts)

Anzumerken ist noch, daß man unter X Window das Linux-System nicht mit Strg+Alt+*Entf* neu starten kann. Dazu muß man zuerst X Window mit Strg+Alt+*Backspace* beenden und dann Strg+Alt+*Entf* eingeben.

Einige Besonderheiten unter X

Meist hat man unter X mehrere Fenster (Windows) gleichzeitig geöffnet, wobei jedoch immer nur in einem, dem geraden aktiven Window, Tastatureingaben möglich sind. Je nach Konfiguration des Windows-Managers wird ein Window immer dann aktiv, wenn man es mit der Maus anklickt, oder aber auch automatisch, wenn man nur die Maus in das Window bewegt.

Eine weitere Besonderheit von X Window ist, daß man Tastatureingaben in einem Feld nur dann durchführen kann, wenn sich der Mauszeiger gerade in diesem Feld befindet. Da man oft darauf nicht achtet, fängt man bereits an, Text zu tippen, der dann allerdings verloren ist, wenn sich die Maus nicht gerade im Textfeld befindet. Dies kann sehr ärgerlich sein.

Eine weitere Besonderheit von X ist, daß es oft nicht zwischen der Taste *Backspace* und *Entf* unterscheidet, was vor allen Dingen für einen X-Neuling doch sehr ungewohnt ist.

Maus-Bedienung unter X

Kopieren von Texten mit der Maus

In nahezu allen X-Programmen ist es möglich, mittels der Maus Texte zu kopieren und an anderer Stelle wieder einzufügen. Die dazu erforderlichen Maustasten entsprechen denen des Programms **gpm**, das Gleiches im Textmodus leistet:

Bewegen der Maus bei gedrückter linker Maustaste	Markierung eines Textes. Der entsprechende Text wird zugleich in einen internen Puffer kopiert und kann an einer anderen Stelle mit dem Drücken der mittleren Maustaste im Text eingefügt werden.
mittlere Maustaste	zuvor mit gedrückter linker Maustaste markierten Bereich an der Stelle des Mauscursors einfügen
rechte Maustaste	Markierungsende des zuvor markierten Bereichs versetzen

Verschieben von Bildlaufleisten

Viele X-Programme bieten sogenannte Schiebebalken an. Die Größe des grauen Schiebefelds zeigt dabei die relative Größe des sichtbaren Windows-Ausschnitts an. Die erforderlichen Maustasten zum Verschieben des Schiebebalkens sind:

gedrückte linke Maustaste	Verschieben des Schiebebalkens entsprechend der Mausbewegung
linke Maustaste	Verschieben des Schiebebalkens nach unten
rechte Maustaste	Verschieben des Schiebebalkens nach oben

Bei den letzten beiden Maustasten gibt die aktuelle Position der Maus im Schiebebalken an, wie weit der Schiebebalken relativ zu verschieben ist:

▷   Ein Mausklick ganz oben bedeutet: nur eine Zeile weiterblättern und

▷   Ein Mausklick ganz unten bedeutet: eine ganze Seite weiterblättern

10.3 Windows-Manager

Zur Konfiguration der X-Oberfläche gibt es zwei sich gegenseitig nicht ausschließende Möglichkeiten:

▷   der *Windows-Manager* (wird in diesem Kapitel beschrieben), der für das Aussehen und den Umgang mit Fenstern verantwortlich ist.

▷   die *X-Ressourcen* (werden im nächsten Kapitel beschrieben), mit denen sich das allgemeine Aussehen von X-Programmen (Hintergrundfarbe, Zeichensätze usw.) einstellen läßt.

Unter X Window stehen eine Vielzahl von Windows-Manager zur Verfügung, wie z. B.:

fvwm	(*Virtual Windows Manager*) der Standard-Windows-Manager unter Linux, der inzwischen in drei Versionen angeboten wird (**fvwm1.2n**, **fvwm2.0** und **fvwm95**).
twm	(*Tab Windows Manager*) ist der einzige Windows-Manager, der ein fester Bestandteil des X Window Systems ist. **twm** wird aber aufgrund seiner mangelnden Bedienerfreundlichkeit nur sehr selten eingesetzt.
olwm	(*Open Look Windows Manager*) von Sun entwickelt und vermittelt das Look and Feel von Sun-Rechnern.
kwm	(*KDE Windows Manager*) zwar noch im Entwicklungsstadium, erfreut sich aber aufgrund seiner leichten Bedienbarkeit immer größerer Beliebtheit.
mwm	(*Motif Windows Manager*) steht nur zur Verfügung, wenn auch Motif installiert wurde.

Der Windows-Manager ist für die Verwaltung und das Aussehen der einzelnen Windows (Fenster) verantwortlich. Die einzelnen Windows-Manager unterscheiden sich nun dadurch, daß sie die Fensterrahmen und die Steuerung für die einzelnen Windows (Verschieben, Verkleinern usw.) auf unterschiedliche Arten realisieren. Nachfolgend ist z. B. das Aussehen eines Terminalfensters unter dem **fvwm** (erstes) bzw. dem **fvwm95** (zweites) gezeigt:

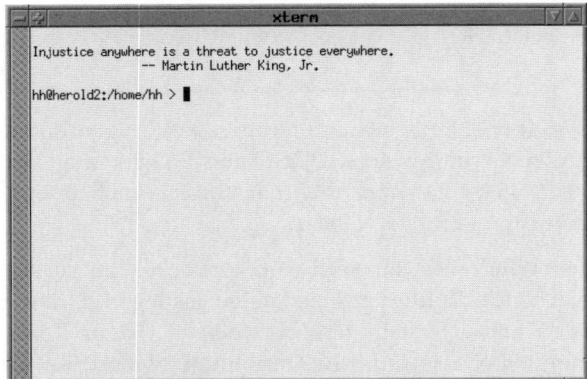

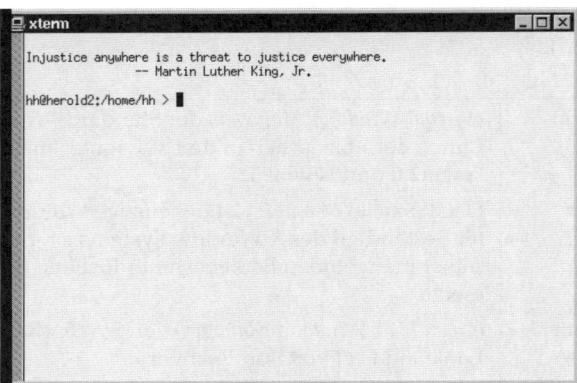

Unter dem **kwm** würde ein solches Terminalfenster z. B. folgendermaßen dargestellt:

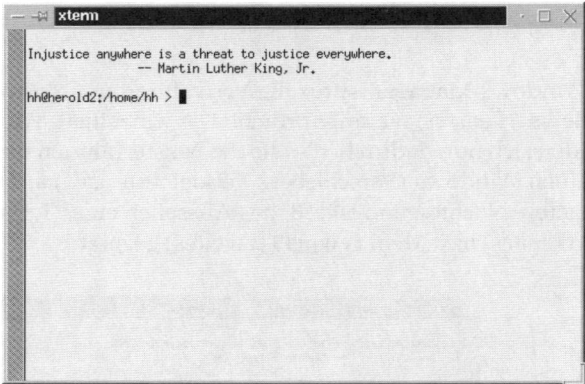

Der Windows-Manager hat allerdings keinen Einfluß auf die Programme, die
man unter X Window verwenden kann. So kann man z. B. das beim **kwm** mitgelieferte Programm **ksnapshot** für *Screenshots* auch unter dem Windows-Manager
fvwm aufrufen und verwenden.

Welcher Windows-Manager beim Start von X zu verwenden ist, läßt sich über
entsprechende Konfigurationsdateien festlegen. Unter Linux z. B. startet man
das X Window System üblicherweise mit dem Kommando **startx**, welches
abhängig von der jeweiligen Distribution folgende Konfigurationsdateien in der
angegebenen Reihenfolge liest:

```
/etc/X11/xinit/xinitrc          (RedHat, Caldera, Debian, DLD)
/usr/X11R6/lib/X11/xinit/xinitrc   (SuSE)
.xinitrc (im Home Directory)    (alle Distributionen)
.Xclients (im Home Directory)   (RedHat)
```

Wird das X Window System dagegen automatisch beim Systemstart mit dem Programm **xdm** gestartet, so werden die folgenden Konfigurationsdateien ausgewertet:

```
/etc/X11/xdm/Xsession           (RedHat, Caldera, Debian, DLD)
/usr/X11R6/lib/X11/xdm/Xsession  (SuSE)
.xsession (im Home Directory)   (alle Distributionen)
```

Auf eine tiefergehende Beschreibung des X-Startprozesses soll hier verzichtet werden, da dies üblicherweise recht ausführlich in der begleitenden Dokumentation oder in den **man**-Seiten des jeweiligen Unix- bzw. Linux-Systems beschrieben ist.

Welchen Windows-Manager man standardmäßig verwenden möchte, läßt sich in der Datei .xinitrc (im Home Directory) festlegen. Dazu muß dort die entsprechende Zeile gesucht werden, wie z.B.

```
exec $WINDOWMANAGER
```

Trägt man vor dieser Zeile z.B. folgende Zeile ein:

```
WINDOWMANAGER=fvwm95
```

dann wird immer der Windows95 ähnliche Windows-Manager **fvwm95** beim Start des X Window-Systems verwendet.

Im nachfolgenden werden nun einige wichtige Windows-Manager kurz vorgestellt.

fvwm (Virtual Windows-Manager)

Der **fvwm** ist der Standard-Windows-Manager unter Linux. Er zeichnet sich durch seine leichte Bedienbarkeit, seinen geringen Speicherverbrauch und seine beliebige Konfigurierbarkeit aus. Er wird inzwischen in mehreren Versionen angeboten:

fvwm1.2*n*	Ältere Version des **fvwm**, die sich durch geringen Speicherverbrauch auszeichnet
fvwm2.0	Neuere Version mit wesentlich mehr Konfigurationsmöglichkeiten
fvwm95	Variante zu **fvwm2.0**, die eine Windows95- ähnliche Oberfläche nachbildet.

Im nachfolgenden wird kurz auf die wesentlichen Bedienungselemente dieser drei Windows-Manager eingegangen.

fvwm1.2*n*

Die wichtigsten Bedienelemente des **fvwm1.2*n*** sind nachfolgend in Form von Tabellen zusammengestellt:

Wichtige Maus-Funktionen im fvwm1.2n

Gedrückte linke Maustaste auf Rand eines Windows	Vergrößern bzw. Verkleinern des Windows
Gedrückte linke Maustaste in Titelleiste eines Windows	Verschieben des Windows
Klick auf mittlere Maustaste in Titelleiste eines Windows	Anzeigen eines Fenstermenüs
Klick auf rechte Maustaste in Titelleiste eines Windows	legt das Fenster in den Hintergrund bzw. wieder in den Vordergrund
Klick in einem Fenster	Aktivieren dieses Fensters
Klick auf linken Button in Titelleiste	Anzeigen eines Fenstermenüs
Klick auf linken der beiden rechten Buttons in Titelleiste	Fenster als Icon (verkleinertes Fenster) darstellen. Icons werden automatisch am rechten Bildschirmrand (von oben nach unten) plaziert.
Klick auf rechten Button in Titelleiste	Fenstergröße maximieren
Klick mit linker oder rechter Maustaste auf ein Icon	Fenster wieder groß darstellen
Klick auf linke Maustaste über Bildschirmhintergrund	Einblenden eines Menüs zum Start wichtiger X-Programme (Terminal-Fenster, Editoren, **xman** usw.) bzw. zum Verlassen oder Neustart von **fvwm**.
Klick auf mittlere Maustaste über Bildschirmhintergrund	Einblenden eines Menüs zum Verschieben von Fenstern, Verändern der Größe von Fenstern usw.
Klick auf rechte Maustaste über Bildschirmhintergrund	Einblenden eines Menüs, das alle aktuell laufenden X-Programme anzeigt. Die Auswahl eines dieser Programme aktiviert dieses. Falls das zugehörige Window momentan als Icon dargestellt ist, wird es automatisch vergrößert. Zudem wechselt **fvwm** automatisch in den virtuellen Desktop, in dem sich dieses Programm befindet.

Beim Öffnen eines neuen Fensters wird dessen Plazierung dem Benutzer überlassen: Es erscheint ein Rahmen, der mit der Maus an eine beliebige Stelle bewegt werden kann, bis die gewünschte Position gefunden ist. Die Plazierung findet dann mit dem Drücken einer beliebigen Maustaste statt.

Auch sind unter **fvwm1.2n** zwei Tastenkürzel definiert:

Tastenkürzel im fvwm1.2n

`Alt+Tab`	Wechseln zum nächsten Fenster
`Shift+Alt+Tab`	Wechseln zum vorherigen Fenster

Ein virtueller Desktop ermöglicht es unter **fvwm1.2n**, mehrere Grafikbildschirme, von denen immer nur einer gerade sichtbar sein kann, gleichzeitig zu unterhalten. Zum Wechseln des gerade sichtbaren Bildschirms wird eine eigene Schaltfläche angeboten, auf der die jeweiligen virtuellen Grafik-Bildschirme stark verkleinert angezeigt sind. Die Funktionen der einzelnen Maustasten in der vrituellen Desktop-Schaltfläche sind nachfolgend angegeben:

Maus-Funktionen in der virtuellen Desktop-Schaltfläche im fvwm1.2n

linke Maustaste	aktiviert den entsprechenden virtuellen Bildschirm
gedrückte mittlere Maustaste	ermöglicht des Verschieben eines Mini-Windows und damit natürlich auch das zugehörige »große« Window auf einen anderen virtuellen Bildschirm
gedrückte rechte Maustaste	ermöglicht das Verschieben des sichtbaren Bildschirmausschnitts über die eigentlichen virtuellen Bildschirmgrenzen hinweg

Die Konfiguration des **fvwm1.2n** erfolgt über die Datei `.fvwmrc` (im Home Directory) oder, wenn diese Datei fehlt, durch die globale Datei `system.fvwmrc`, die sich abhängig von der jeweiligen Distribution an unterschiedlichen Stellen befindet.

`/etc/X11/fvwm/system.fvwmrc`	(RedHat)
`/usr/X11R6/lib/X11/fvwm/system.fvwmrc`	(SuSE, Caldera)

Nachfolgend werden nur einige wichtige Schlüsselwörter zur Konfiguration des **fvwm1.2n** vorgestellt:

`ClickToFocus`

Ist diese Option eingeschaltet, dann wird ein Window immer erst dann aktiv, wenn es angeklickt wird. Schaltet man diese Option aus, indem man davor ein

Kommentarzeichen # einfügt, wird ein Window auch schon aktiv, wenn man nur
die Maus in dieses Window bewegt. In diesem Fall ist also kein eigener Mausklick notwendig. Oft funktioniert **ClickToFocus** allerdings nur, wenn die Num-
Lock-Taste inaktiv ist.

```
AutoRaise n
```

n legt dabei die Zeit in Millisekunden fest, nach der ein Window automatisch in
den Vordergrund gebracht wird, wenn sich der Mauscursor in diesem Window
befindet.

```
IconBox x1 y1 x2 y2
```

legt den Bereich fest, an dem Icons plaziert werden soll. Negative Werte legen
den rechten bzw. unteren Bildschirmrand fest.

fvwm2.0

Die Version 2.0 des **fvwm** beinhaltet neue Funktionen, mehr Konfigurationsmöglichkeiten und eine freundlichere Oberfläche.

Die Windows haben unter **fvwm2.0** einen zusätzlichen zweiten Button links
oben. Wird mit der linken Maustaste auf diesen Button gedrückt, so wird dieses
Window am sichtbaren Bildschirm angeheftet (*stick*), was bedeutet, daß es
immer sichtbar ist, selbst wenn auf einen anderen virtuellen Bildschirm gewechselt wird. So angeheftete Windows werden dadurch gekennzeichnet, daß sie
horizontale Linien in der Titelleiste haben. Um angeheftete Windows wieder zu
lösen, muß nur wieder der zweite Button links oben mit der linken Maustaste
angeklickt werden.

Leider können im **fvwm2.0** nicht mehr die Konfigurationsdateien von **fvwm1.2n**
verwendet werden. Allerdings wird meist ein Programm **fvwmrc_convert** mitgeliefert, mit dem alte Konfigurationsdateien an **fvwm2.0** angepaßt werden können.

Die beiden folgenden Zeilen zeigen, wie sich das Aktivieren von Windows (mit
Anklicken oder bereits beim Bewegen der Maus in das Window) einstellen läßt:

```
Style "*" ClickToFocus    # Window wird nur durch Anklicken aktiv
Style "*" MouseFocus      # Window wird dann aktiv, wenn sich Mauscursor in ihm
                          # befindet
```

Wenn man **MouseFocus** verwendet, empfiehlt es sich, zusätzlich noch folgendes
einzustellen:

```
Module FvwmAuto 200  # Window 200ms, nachdem es aktiv wurde, in Vordergrund
bringen
```

Die Konfiguration des **fvwm2.0** erfolgt über die Datei `.fvwm2rc` (im Home Directory) oder, wenn diese Datei fehlt, durch eine globale Datei, die sich abhängig
von der jeweiligen Distribution an unterschiedlichen Stellen befindet.

```
/etc/X11/fvwm2/fvwm2rc              (RedHat)
/usr/X11R6/lib/X11/fvwm2/.fvwm2rc   (SuSE, Caldera)
```

Nachfolgend ist das typische Aussehen eines Bildschirms unter **fvwm2.0** (für
SuSE-Linux) gezeigt:

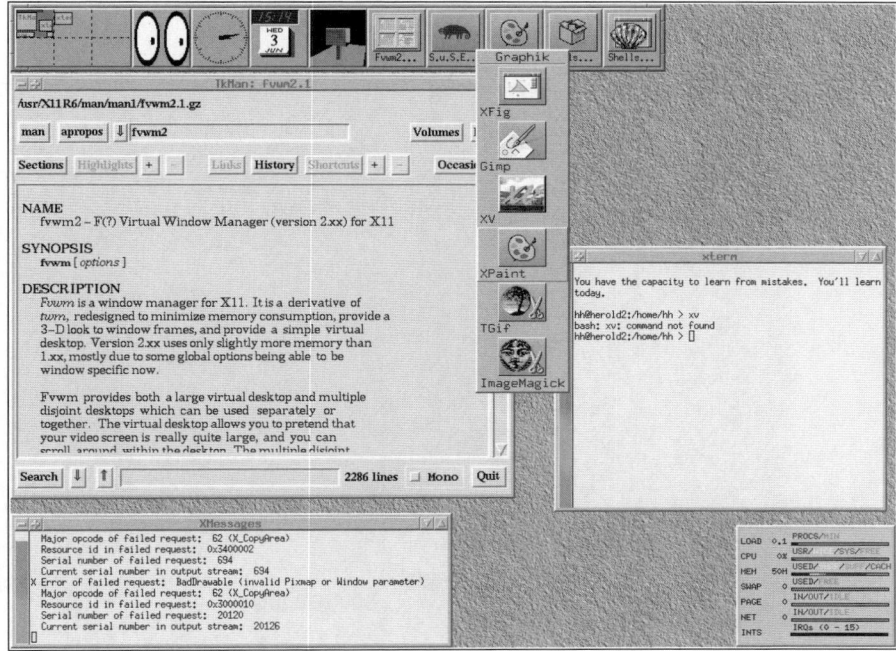

Weitere Informationen zum **fvwm2.0** lassen sich leicht mit

```
man fvwm2
```

erfragen.

fvwm95

fvwm95 ist nur eine Variante zu **fvwm2.0**, die andere Voreinstellungen in den
entsprechenden Konfigurationsdateien hat und zusätzlich eine Windows-Taskleiste anzeigt. Mit diesem Windows-Manager läßt sich eine Oberfläche einstellen, die weitgehend ähnlich zu der von Windows95 bzw. WindowsNT ist.

Die Konfiguration des **fvwm95** erfolgt über die Datei `.fvwm2rc95` (im Home
Directory) bzw. `.fvwm95rc` (im Home Directory) oder, wenn diese Datei fehlt,

durch eine globale Datei, die sich abhängig von der jeweiligen Distribution an
unterschiedlichen Stellen befindet.

```
/etc/X11/fvwm95-2/fvwm2rc95                    oder
/usr/X11R6/lib/X11/fvwm95-2/system.fvwm2rc95   oder
/usr/X11R6/lib/X11/fvwm95-2/fvwm95rc
```

Statt `fvwm95-2` kann oft auch nur `fvwm95` angegeben werden.

Nachfolgend ist das typische Aussehen eines Bildschirms unter **fvwm95** gezeigt,
wobei hier gerade über `Start` aus der Taskleiste eine Reihe von Menüs und Submenüs aktiviert sind:

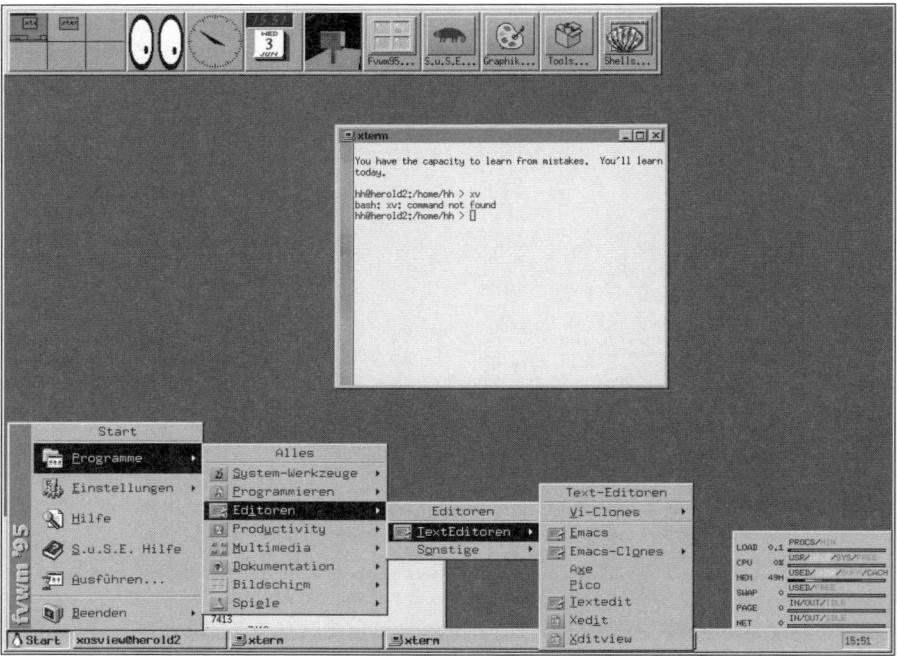

kwm (KDE Windows-Manager)

Mit dem KDE (K Desktop Environment) gibt es nun auch unter Unix und Linux
einen Desktop, der sich leicht konfigurieren läßt und das Arbeiten mit dem
System erheblich vereinfacht. Bisher wurde diese Rolle vom CDE (Common
Desktop Environment) übernommen. Da das CDE aber doch sehr teuer ist und
sehr hohe Anforderungen an den jeweiligen Rechner stellt, konnte es sich nie
richtig durchsetzen.

Das KDE hingegen hat, obwohl es noch sehr jung ist, bereits eine große Verbreitung gefunden, und das nicht nur in der Linux-Gemeinde, sondern auch auf

anderen Unix-Systemen, wie z.B. Solaris. Anders als die reinen Windows-Manager, integriert das KDE eine Vielzahl von Anwendungsprogrammen, die dann Daten z.B. über *Drag & Drop* austauschen können. Ein weiterer Vorteil des KDE ist seine leichte Konfigurierbarkeit und Bedienbarkeit.

Start des KDE

Um das KDE und seinen zugehörigen Windows-Manager **kwm** bereits beim Start des X Window Systems zu aktivieren, muß man nur folgendes in .xinitrc (im Home Directory) eintragen:

```
startkde
```

Diese Zeile muß vor dem Aufruf des entsprechenden Windows-Managers stehen.

Nach dem Start des KDE erscheint ein Bildschirm ähnlich zu dem hier gezeigten:

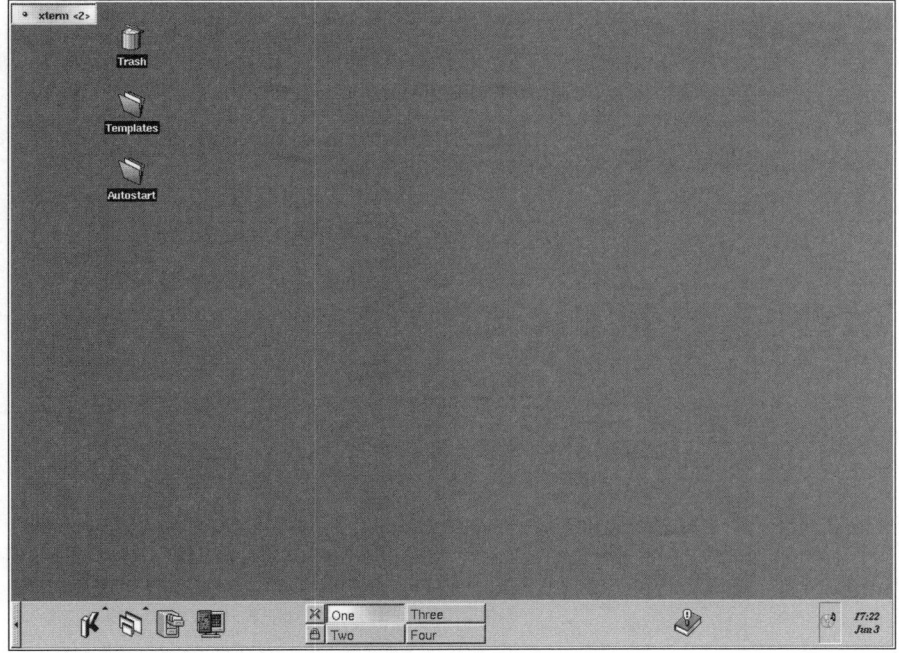

Das Panel am unteren Bildschirm

Am unteren Bildschirm wird eine eigene Leiste, das sogenannte *Panel* angezeigt. Es enthält z.B. folgendes:

▶   das sogenannte *K-Menü*, das durch ein großes *K* gekennzeichnet ist

▶   ein Icon zum Aufklappen der Fensterliste

▷ ein Icon zum Anzeigen des Home-Directorys

▷ ein Icon zum Starten des Control Center

▷ eine virtuelle Desktop-Schaltfläche für vier virtuelle Bildschirme

▷ ein Icon zum Anzeigen von Online-Hilfe

▷ ein Feld mit Datum und Uhrzeit

Eventuell werden auch abhängig von der Version nicht alle hier gezeigten Icons angezeigt. Dies ist aber kein Problem, da man sich die entsprechenden Icons, wie gleich gezeigt wird, auch selbst in den Panel legen kann.

Das K-Menü

Das K-Menü enthält alle KDE-Anwendungsprogramme sowie alle herkömmlichen Programme, deren Existenz dem KDE-System durch Erstellung einer sogenannten `.kdelnk`-Datei mitgeteilt wurden. Dies erledigt der **kapfinder**, den man über die Menüsequenz *K/System/Anwendungssuche* bzw. in englisch *K/System/ appfinder* aufrufen kann, für eine Reihe von bekannten Programmen automatisch. Sollte er gewisse Programme nicht finden, so kann man für diese »per Hand« im Subdirectory `.kde/share/applnk` (ausgehend vom Home Directory) entsprechende Konfigurationsdateien anlegen.

Ein typisches Submenü, das bei einem Mausklick auf das K-Menü eingeblendet wird, könnte z.B. folgendes Aussehen haben:

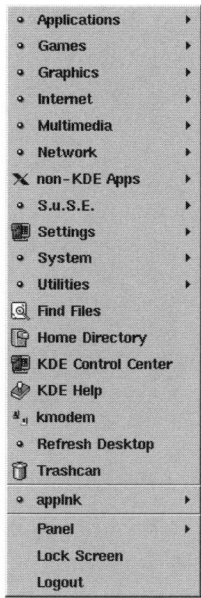

Konfigurieren des Panels

Für manche Anwendungsprogramme, die man häufig benötigt, ist es sehr störend, daß man sie nur über den Umweg des K-Menüs und dessen Submenüs aufrufen kann. Statt dessen möchte man« diese mit einem Mausklick aufrufen. Dazu muß man diese Programme in das Panel legen. Dies läßt sich leicht durch folgende Menüsequenz *K/Panel/Programm hinzufügen* bzw. in englisch *K/Panel/ Add application* und der Auswahl des entsprechenden Menüs bzw. Programms erreichen. Darauf erscheint ein neues Icon im Panel, das zu dem ausgewählten Programm gehört. Um ein Submenü auf das Panel zu legen, muß nur der erste Menüpunkt (Überschrift) angeklickt werden.

Beim unteren Bildschirm wurde z.B. ein Tagesplan und das Spiele-Menü in das Panel gelegt. Durch einen Klick auf das Icon des Tagesplanes wurde dann dieser gestartet. Ein Klick auf das Spiele-Icon aktivierte das Spiele-Menü, wobei hier das Pokerspiel ausgewählt wurde.

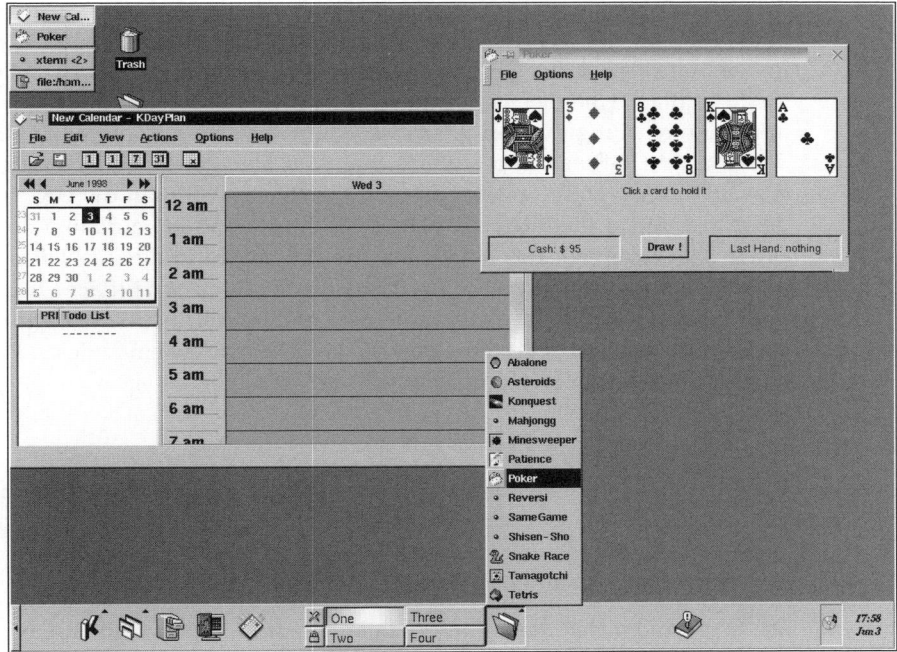

Die Panel-Einträge lassen sich jedoch auch wieder entfernen oder verschieben. Ein Klick mit der rechten Maustaste auf das entsprechende Icon blendet ein Menü mit den Optionen »Verschieben« bzw. »Entfernen« oder auf englisch »Move« bzw. »Remove« ein. Aktiviert man Entfernen bzw. Remove, wird dieses Icon aus dem Panel entfernt. Aktiviert man Verschieben bzw. Move, so verändert sich der Mauszeiger zu einem Pfeilkreuz, und man kann mit Links-Rechts-Bewe-

gung der Maus eine neue Position für das Icon bestimmen. Durch einen Mausklick wird das Icon dann an die aktuelle Stelle positioniert, an der es sich gerade
befindet, wobei es jedoch niemals über ein anderes schon vorhandenes Icon
gelegt wird, sondern immer links oder rechts davon.

Neben der Lage der Icons läßt sich auch die Lage des Panels und die der zugehörigen Taskleiste verändern. Das Panel kann am oberen, unteren oder linken Bildschirmrand und die Taskleiste, die alle Fenster anzeigt, am oberen, unteren oder
am linken oberen Bildschirmrand positioniert werden. Die Positionierung ist
dabei über die folgende Menüsequenz möglich: *K/Panel/Konfigurieren/Panel* bzw.
in englisch *K/Panel/Configure/Panel*.

Hier lassen sich im übrigen auch weitere Merkmale ändern, wie z.B. die Größe
oder ob Panel und Taskleiste beim Wegbewegen der Maus automatisch verschwinden und erst beim Annähern der Maus wieder sichtbar werden. Zudem
ist es hier auch möglich, die Anzahl der virtuellen Bildschirme zu erhöhen (bis
zu acht) bzw. zu erniedrigen. Auch kann man den einzelnen virtuellen Bildschirmen eigene Namen geben, was im übrigen auch mit einem Klick der linken
Maustaste auf den gerade aktiven Bildschirm bzw. einen Doppelklick mit der
linken Maustaste auf einen gerade inaktiven Bildschirm in der virtuellen Desktop-Schaltfläche möglich ist. Virtuelle Bildschirme sind sehr hilfreich, wenn man
mit mehreren Programmen gleichzeitig arbeitet, wie z.B. mit einem Editor, in
dem man ein C-Programm schreibt, während man gleichzeitig Netscape laufen
läßt. Statt einen Desktop komplett zu überfüllen, legt man die einzelnen Windows auf unterschiedliche virtuelle Bildschirme und kann dann entweder mit
einem Mausklick auf das entsprechende Programm in der Taskleiste oder auf
den entsprechenden Button in der virtuellen Desktop-Schaltfläche beliebig hin-
und herschalten. Ein Wechseln zu einem anderen virtuellen Bildschirm ist im
übrigen auch mit Strg-Tab möglich. Ein Wechseln zu einem anderen Programm
im gerade aktiven Bildschirm ist mit Shift-Tab möglich.

Konfigurieren des K-Menüs mit dem Menüeditor

Das Aussehen der K-Menüs läßt sich am leichtesten mit dem Programm **kmenuedit** konfigurieren. Man kann **kmenuedit** entweder direkt in einem xterm-Fen-
ster oder über die Menüsequenz *K/Werkzeuge/Menüeditor* bzw. in englisch *K/Uti-
lities/Menu Editor* aufrufen.

Die Editiermöglichkeiten mittels dem Menüeditor unterscheiden sich, abhängig
davon, ob man sich als Superuser oder als normaler Benutzer angemeldet hat.
Während der Superuser auch das K-Menü selbst editieren kann, kann ein normaler Benutzer nur das benutzerspezifische Menü editieren.

Ein Klicken auf einen der Submenü-Einträge öffnet diesen. Die dabei aufklappenden Menüs schließen sich aber nicht, bis man nochmals auf das gleiche Feld
klickt. So können zur gleichen Zeit mehrere Menüs offen sein, und man kann
mittels Drag & Drop einzelne Menü-Einträge auf einen anderen Menüeintrag

ziehen, um ihn dorthin zu kopieren. Um einen Menüeintrag zu verschieben, muß man ihn zunächst mittels Drag & Drop kopieren und anschließend den alten Eintrag löschen. Das Löschen eines Menüeintrags ist mit dem Kontextmenü möglich, das man aktiviert, indem man auf dem entsprechenden Menüeintrag die rechte Maustaste drückt. Über dieses Kontextmenü lassen sich auch neue Menü-Einträge hinzufügen oder bestehende modifizieren.

Im Menüeditor ist es auch möglich, einen Menüeintrag aus einem der angezeigten Menüs auf das Desktop oder auf das Panel zu ziehen. Dazu muß man den entsprechenden Menüeintrag mit der linken Maustaste anklicken und bei gedrückter linker Maustaste auf den Bildschirmhintergrund oder auf das Panel ziehen, und dann die linke Maustaste loslassen. Danach wird ein Kontextmenü angezeigt, in dem man auswählen kann, ob der entsprechende Menüeintrag hierher zu kopieren oder zu verschieben ist oder ob ein Link hier anzulegen ist. Mit gedrückter linker Maustaste kann im übrigen auch ein Icon vom Desktop oder vom Panel in den Menüeditor gezogen werden.

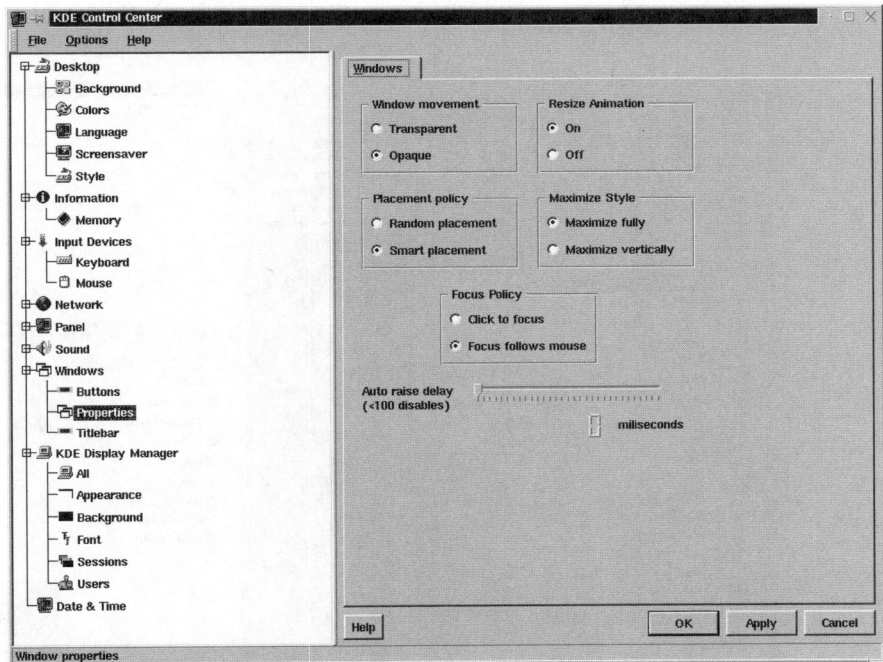

Möchte man den nicht sehr aussagekräftigen Standardnamen applnk des benutzerdefinierbaren Submenüs im K-Menü ändern, muß man im Menüeditor auf Einstellungen und dann auf Menünamen ändern bzw. in englisch auf Options und dann auf Change Menuname klicken. Nun kann man einen eigenen Namen an diesen Menüeintrag vergeben, wie z.B. Persönlich oder Meine Programme. Der

Menüeditor ist ein sehr mächtiges Werkzeug zum Konfigurieren des KDE, und
es dauert einige Zeit, bis man sich mit allen seinen Funktionen vertraut gemacht
hat.

Das KDE-Kontrollzentrum

Über das KDE-Kontrollzentrum (aufrufbar im K-Menü) läßt sich der KDE beliebig konfigurieren. So kann man z. B. den Bildschirmhintergrund und das Aussehen der Windows verändern, sich eine andere Sprache einstellen oder einen
Screensaver einrichten usw. (siehe Seite vorher).

Es ist auch möglich, sich neben den mitgelieferten Bildern eigene Bilder als Hintergrund einzurichten. Diese Bilder müssen in einem Grafikformat (wie z. B. .gif,
.jpg usw.) vorliegen. Kopiert man diese Bilddateien dann in das Directory /opt/
kde/share/wallpapers, so lassen sie sich ganz einfach durch Mausklick auswählen. Nachfolgend ist ein solcher benutzerspezifischer Bildschirm gezeigt, bei
dem unter anderem erkennbar ist, daß die Funktionen des KDE Kontrollzen-
trums auch über den Menüpunkt Einstellungen bzw. in englisch Settings im K-
Menü angeboten werden.

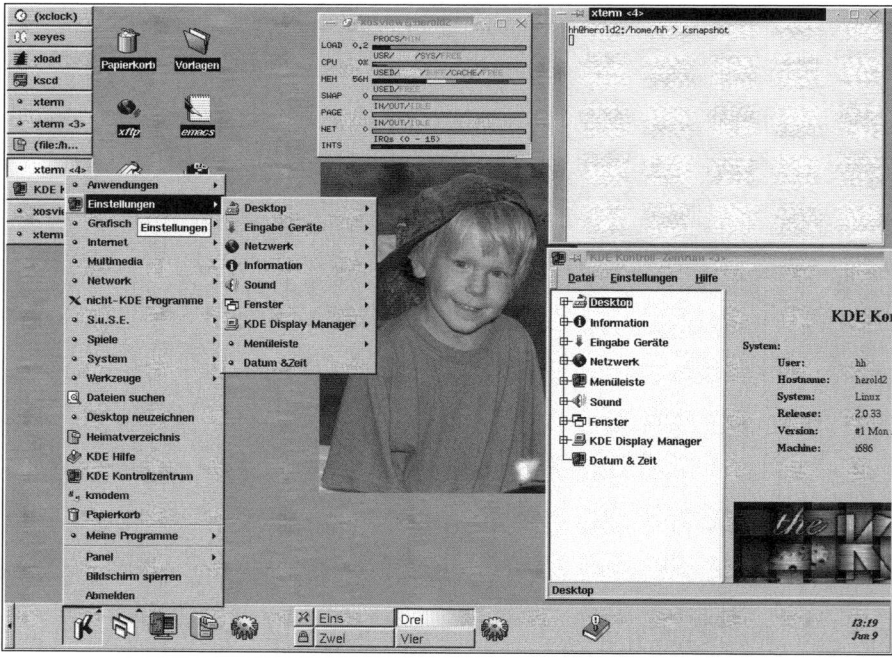

Da die meisten Konfigurationsmöglichkeiten des KDE-Kontrollzentrums weitgehend selbsterklärend sind, wird hier auf eine tiefergehende Beschreibung verzichtet.

Die Windows-Titelleiste

Das typische einer Windows-Titelleiste unter dem KDE ist nachfolgend gezeigt:

Ein Anklicken des linken Buttons (Querstrich oder spezifisches Icon) blendet ein Menü ein, mit dem man das aktuelle Window vergrößern, verkleinern, verschieben usw. kann:

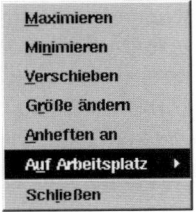

Das gleiche Menü wird auch eingeblendet, wenn man in die Textleiste mit der rechten Maustaste klickt.

Mit dem Anklicken des zweiten Buttons (Heftnadel), wird dieses Window am sichtbaren Bildschirm angeheftet (*stick*), was bedeutet, daß es immer sichtbar ist, selbst wenn auf einen anderen virtuellen Bildschirm gewechselt wird. So angeheftete Windows werden dadurch gekennzeichnet, daß von der Heftnadel nun nur noch der Kopf sichtbar ist. Um angeheftete Windows wieder zu lösen, muß nur wieder dieser zweite Button links oben mit einer beliebigen Maustaste angeklickt werden.

Die drei rechten Buttons in der Titelleiste haben die folgende Bedeutung:

Die rechten Buttons in der Titelleiste

beliebiger Mausklick auf linken Button (Punkt)	verkleinert das Window und nimmt dessen Namen in der Taskleiste auf. Ein Klick auf diesen Namen stellt wieder das ursprüngliche Window her.
beliebiger Mausklick auf rechten Button (Kreuz)	schließt das Window
linker Mausklick auf mittleren Button (Rechteck)	vergrößert Window auf volle Bildschirmgröße, allerdings immer so, daß Panel und Taskleiste sichtbar bleiben
mittlerer Mausklick auf mittleren Button (Rechteck)	vergrößert Window auf volle vertikale Bildschirmgröße, allerdings immer so, daß Panel und Taskleiste sichtbar bleiben
rechter Mausklick auf mittleren Button (Rechteck)	vergrößert Window auf volle horizontale Bildschirmgröße, allerdings immer so, daß Panel und Taskleiste sichtbar bleiben

Darüber hinaus löst ein Doppelklick mit der linken Maustaste in die Textleiste das gleiche aus wie ein linker Mausklick auf den mittleren Button (Rechteck), nämlich das Vergrößern auf volle Bildschirmgröße.

Die hier voreingestellten Mausklicks für die Titelleiste lassen sich im übrigen über das KDE-Kontrollzentrum auch verändern.

Verschluckte Programme (Swallowing)

Eine weitere Eigenschaft von KDE ist das sogenannte *Swallowing* (Verschlucken), was bedeutet, daß ein laufendes Programm in das Panel »eingesaugt« werden kann, so daß dort statt eines statischen Icons das entsprechende verkleinerte Window sichtbar ist. Dazu muß man zuerst ein neues Icon auf dem Bildschirmhintergrund erstellen, was mit dem Kontextmenü möglich ist. Dazu muß auf dem Bildschirmhintergrund die rechte Maustaste drücken und dann die Menüsequenz *Neu/Programm* bzw. in englisch *New/Program* auswählen. Im erscheinenden Window muß man dann den Namen der entsprechenden .kdelnk-Datei eingeben, wie z.B. xload.kdelnk. Nachfolgend erscheint ein neues Icon auf dem Bildschirmhintergrund, das sich nun konfigurieren läßt, indem man auf ihn mit der rechten Maustaste klickt. Es erscheint dann ein Menü, in dem man Eigenschaften bzw. in englisch Properties auswählt. Daraufhin erscheint ein Window mit vier verschiedenen Seiten, von denen hier die Seite Ausführen bzw. englisch Execute von Interesse ist. Im ersten Feld ist hier der Programmname einzutragen. Wird im Feld Arbeitsverzeichnis bzw. englisch Working Directory ein Directory angegeben, so ist dies das Working Directory für das entsprechende Programm. Durch einen Mausklick auf das Zahnrad-Icon ist es möglich, sich ein anderes Icon als das voreingestellte Zahnrad auszuwählen.

Die bisher beschriebene Vorgehensweise gilt im übrigen auch für die Konfiguration von anderen Programmen, für die kein Swallowing aktiviert werden soll. Entscheidend für das Swallowing ist der untere Teil. Hier muß der Eintrag Im Panel ausführen bzw. englisch Run in Panel aktiviert werden. Wichtig ist noch das darunter stehende Textfeld: Hier muß der Fenstertitel des Programms eingetragen werden, denn anhand dieses Titels erkennt das Panel, ob Swallowing für ein Window aktiviert ist oder nicht. Ein Beispiel für ein Programm, für das häufig Swallowing aktiviert wird, ist **xload** und sein Fenstertitel ist ebenso xload.

Ist die Konfiguration abgeschlossen, muß man das entsprechende Icon nur noch mit gedrückter linker Maustaste auf das Panel ziehen, und nach einer kurzer Zeit erscheint die aktuelle Systemlast in einem kleinen Window auf dem Panel.

Die Konfigurationsdateien des kwm

Die Konfiguration des KDE ist auch »per Hand« möglich. Dazu müssen die entsprechenden Konfigurationsdateien editiert werden. Diese befinden sich in eigenen Subdirectories des Directorys .kde/share (ausgehend vom Home Directory).

Das K Desktop Environment ist inzwischen sehr weit entwickelt und bietet noch eine Vielzahl von Eigenschaften und Einstellmöglichkeiten, auf die hier nicht im einzelnen eingegangen werden kann, die sich aber leicht beim Arbeiten mit dem KDE entdecken und benutzen lassen.

10.4   X-Ressourcen

Mit den sogenannten *X-Ressourcen* lassen sich leicht die Eigenschaften für die meisten X-Programme (wie z.B. Hintergrundfarbe eines `xterm`-Windows oder Schriftart im Emacs) einstellen. Daneben gibt es jedoch auch X-Programme, deren Einstellungen entweder zusätzlich oder auch vollständig über eigene Konfigurationsdateien vorgenommen wird.

X-Programme setzen sich aus sogenannten *Widgets* zusammen. Widgets sind eigene Subwindows. Der Typ eines Widgets wird durch seine Aufgabenstellung festgelegt. So existieren beispielsweise Widgets für Textfelder, für Buttons, für Rahmen usw. Jedem Widget sind bestimmte Attribute zugeordnet, wie z.B. `background` für Hintergrundfarbe oder `font` für Zeichensatz, usw. Widgets können ineinander geschachtelt werden. So können z.B. in einem Rahmen-Widget für ein Menü mehrere Button-Widgets für die einzelnen Menü-Einträge liegen.

Um ein bestimmtes Widget anzusprechen, müssen die einzelnen umgebenden Widgets von außen nach innen benannt werden, wobei die einzelnen Namen durch Punkt zu trennen sind und am Ende das entsprechende Attribut wie `background` oder `font` anzugeben ist. Um z.B. die Hintergrundfarbe des VT100-Widgets auf Blau und seine Vordergrundfarbe auf Weiß zu setzen, sind in der Ressourcendatei folgende Einträge notwendig:

```
xterm.vt100.background:   Blue
xterm.vt100.foreground:   White
```

Möchte man für alle `xterm`-Widgets, unabhängig vom Terminaltyp, die Hintergrundfarbe auf Blau und Vordergrundfarbe auf Weiß einstellen, muß anstelle des Terminalnamens nur ein * angegeben werden:

```
xterm*background:   Blue
xterm*foreground:   White
```

Das Zeichen * hat dieselbe Bedeutung wie bei Dateinamen. Es erstreckt sich über mehrere Komponenten von Ressourcennamen. Beispielsweise bewirkt die erste der beiden folgenden Zeilen, daß für alle Programme und Widgets als Hintergrundfarbe Grün verwendet wird. Ausgenommen sind nur die Widgets, für die explizit eine andere Farbe eingestellt wurde. Die zweite Zeile legt z.B. fest, daß als Hintergund für alle Widgets des X-Taschenrechners `xcalc` die Hintergrundfarbe Gelb zu verwenden ist.

```
*background:      Green
xcalc*background: Yellow
```

Dieses Konzept wird in vielen X-Programmen durch zusätzliche eigene Ressourcen erweitert. In den **man**-Seiten zu den jeweiligen X-Programmen sind meist nur die programmspezifischen Erweiterungen dieses Ressourcen-Konzeptes beschrieben. Die folgende Zeile ist ein typisches Beispiel für eine programmspezifische Ressourcen-Einstellung. Sie stellt für das X-Programm **xearth**, das im Hintergrund immer die Erde aus Sicht der Mittagssonne zeigt, ein, daß zusätzlich auch die Längen- und Breitengrade angezeigt werden:

```
xearth*grid:  true
```

Die Ressourcendateien können sich in den verschiedenen Unix- bzw. Linux-Systemen an unterschiedlichen Stellen befinden. Typische Ressourcen-Dateien für die jeweiligen Einstellungen sind:

globale Einstellungen für den xdm-Login:

```
/etc/X11/xdm/Xresources
/usr/X11R6/lib/X11/xdm/Xresources
```

globale Einstellungen für ein bestimmtes Programm:

```
/usr/X11R6/lib/X11/app-defaults/programmname
```

benutzerspezifische Einstellungen:

```
.Xdefaults (im Home Directory)
.Xresources (im Home Directory)
```

Die Xresources-Dateien werden nur einmal beim Start von X gelesen. Die Einstellungen im Directory app-defaults sowie in .Xdefaults werden dagegen bei jedem Start eines X-Programms gelesen. Vorrang gegenüber allen Einstellungen in den Ressourcen-Dateien haben Optionen, die beim Aufruf des X-Programms angegeben werden.

Die Syntax innerhalb von Ressourcen-Dateien ist durch die obigen Beispiele schon weitgehend beschrieben. Nachfolgend sind noch zwei Punkte erwähnt, die es zu beachten gilt:

▷ Groß- und Kleinschreibung wird bis auf einige Ausnahmen nicht unterschieden.

▷ Kommentare werden durch ein Ausrufezeichen (!) eingeleitet. Kommentare müssen alleine in einer Zeile stehen; es ist also nicht erlaubt, neben einer Ressourcen-Einstellung noch einen Kommentar in einer Zeile anzugeben.

10.5   X-Programme

Hier wird nur ein Auszug aus der Vielzahl von existierenden X-Programmen gegeben. Diese X-Programme lassen sich durch Eingabe des fettgedruckten Programmnamens in einem `xterm`-Window aufrufen. Allerdings können viele dieser X-Programme auch über Menü-Einträge per Mausklick aufgerufen werden. Da eine Beschreibung der einzelnen Programme den Rahmen dieses Buches sprengen würde, wird hierauf verzichtet, und lediglich auf die Existenz der einzelnen X-Programme hingewiesen. Eine genauere Bedienungsanleitung kann meist in der mitgelieferten Dokumentation, wie z.B. den **man**-Seiten, nachgeschlagen werden. Zudem ist die Bedienung von vielen X-Programmen durch entsprechende Maus-Buttons weitgehend selbsterklärend.

10.5.1   xterm und andere Terminalprogramme

xterm

Eines der wichtigsten X-Programme ist **xterm**, das ein Terminal-Window am Bildschirm einblendet. In einem solchen Terminal-Fenster können Unix-Kommandos eingegeben werden. So wie man im Textmodus mit mehreren Text-Bildschirmen arbeiten kann, besteht auch unter X Window die Möglichkeit, in beliebig vielen Terminal-Fenstern zu arbeiten.

Gegenüber den Text-Bildschirmen hat `xterm` den Vorteil, daß alle Ein- und Ausgaben, auch die nicht mehr sichtbaren gespeichert werden. Über die Bildlaufleiste kann man sich diese nicht mehr sichtbaren Ein- und Ausgaben wieder einblenden lassen. Mit den beiden folgenden Zeilen in einer Ressourcen-Datei legt man fest, daß für `xterm`-Windows eine Bildlaufleiste zur Verfügung gestellt wird und daß die letzten 1000 Zeilen immer aufzuheben sind, um sie über die Bildlaufleiste wieder einblenden zu können:

```
xterm*scrollBar:   true
xterm*saveLines:   1000
```

kvt
Terminalprogramm des KDE; sehr benutzerfreundlich und leistungsfähig.

cmdtool
Terminalprogramm von OpenLook

shelltool
ebenfalls ein Terminalprogramm von OpenLook

10.5.2 Dateimanager

Dateimanager gibt es unter Unix/Linux eine Vielzahl. Nachfolgend werden einige kurz vorgestellt:

tkdesk	sehr komfortabler und leistungsfähiger Dateimanager, der in der Programmiersprache Tcl/TK geschrieben wurde.
kfm	ebenfalls ein sehr komfortabler und leistungsfähiger Dateimanager, der in einigen Punkten dem Dateimanager unter MS-Windows ähnelt. Er ist Bestandteil des KDE und wird dort als Standard-Dateimanager verwendet.
xfilemanager	Dateimanager mit einer übersichtlichen Darstellung von Directorybäumen und Links.
xfm	vergleichbar mit dem **xfilemanager**.
xdtm	Bedienung eher spartanisch.
mc	*Midnight-Commander*, der dem Norton-Commander von MS-DOS ähnlich ist. **mc** kann auch im Textmodus verwendet werden.
nc	*Northern-Commander*; ist ebenfalls dem Norton-Commander von MS-DOS ähnlich und kann auch im Textmodus verwendet werden.

10.5.3 Texteditoren

Unter X Window können weiterhin alle für den Textmodus angebotenen Editoren verwendet werden:

vi	wird unter Linux in einigen unterschiedlichen Varianten angeboten, wie z.B. **vi**, **vim**, **nvi**, **xvi**, **elvis**.
emacs	erkennt automatisch, ob er unter X Window gestartet wird, und schaltet dann seine X-Eigenschaften ein, wie z.B. zusätzliche Menüs.
jed	hierzu existiert auch eine X-Variante **xjed**.
jove	nur in seiner Text-Variante unter X Window verwendbar.

Daneben gibt es aber auch Editoren, die eigens für X Window entwickelt wurden, wie z.B.

xedit	seine Oberfläche wirkt doch sehr spartanisch.
axe	komfortabler zu bedienen als **xedit**; zeichnet sich durch seine sehr gute Online-Dokumentation und seine Konfigurierbarkeit aus.

asedit	ebenso komfortabler zu bedienen als **xedit**; hebt sich durch sein schönes Layout hervor.
kedit	ist Bestandteil vom KDE und sehr leicht zu bedienen.
textedit	Texteditor von OpenLook.

10.5.4 Grafikeditoren

Hier sind neben den vielen herstellerspezifischen Zeichen- und Malprogrammen, auf die aufgrund ihrer Vielzahl hier nicht eingegangen werden kann, besonders die beiden unter Linux frei zur Verfügung stehenden Grafikeditoren **xfig** und **xpaint** zu erwähnen:

xfig	eignet sich zum Zeichnen und wird vor allen Dingen an Universitäten häufig zum Zeichnen von technischen Bildern eingesetzt. Sehr nützlich ist, daß **xfig** nicht nur die Bilder in PostScript-Formate umwandeln kann, sondern auch den Import von PostScript-Dateien ermöglicht. **xfig** bietet eine Schnittstelle zum Textverarbeitungsprogramm LATEX an, so daß mit **xfig** erstellte Bilder direkt mit LATEX weiterverwendet werden können.
xpaint	ist einfacher zu bedienen als **xfig**. Es ist in etwa mit dem Programm **paintbrush** unter MS-Windows vergleichbar.

10.5.5 Textverarbeitungsprogramme und Office-Pakete

Das Angebot von Textverarbeitungsprogrammen und Office-Paketen unter Unix bzw. Linux ist inzwischen sehr vielfältig. Hier werden nur frei verfügbare Programme kurz vorgestellt, wobei jedoch in letzter Zeit auch immer mehr kommerzielle Produkte auf Unix bzw. Linux portiert werden.

StarOffice

Mit der Freigabe ihres Produktes *StarOffice* für die nicht-kommerzielle Nutzung unter Linux durch die Firma *StarDivision* verfügt Linux nun über ein Office-Paket, das den Vergleich mit den Office-Paketen von Microsoft wirklich nicht scheuen muß. Das StarOffice-Paket beinhaltet Textverarbeitung, Tabellenkalkulation, ein Zeichenprogramm, einen Formeleditor, Bildverarbeitungsprogramme und vieles mehr. Nachfolgend sind drei Windows gezeigt, die einen kurzen Einblick in das StarOffice4.0-Paket geben sollen.

Der Desktop, an dem man auswählen kann, was man tun möchte:

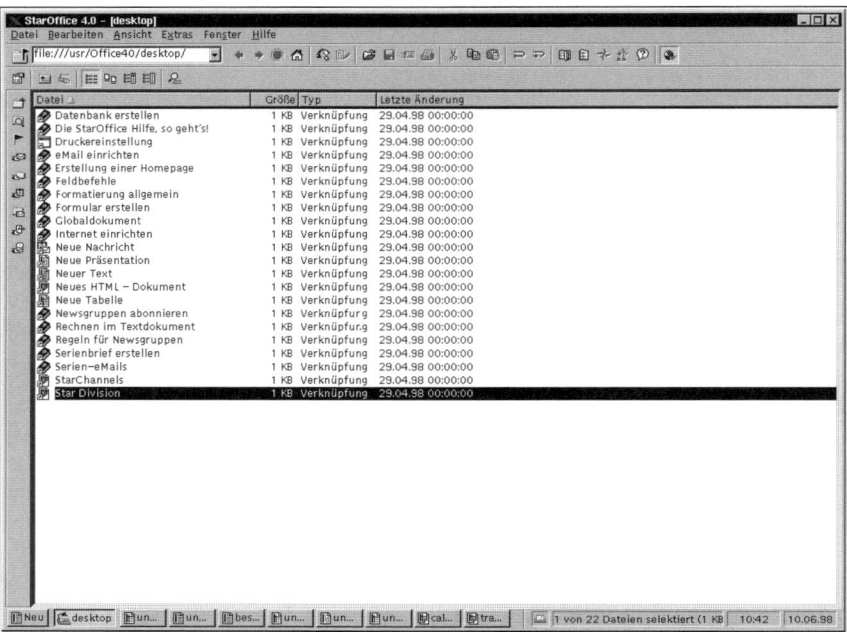

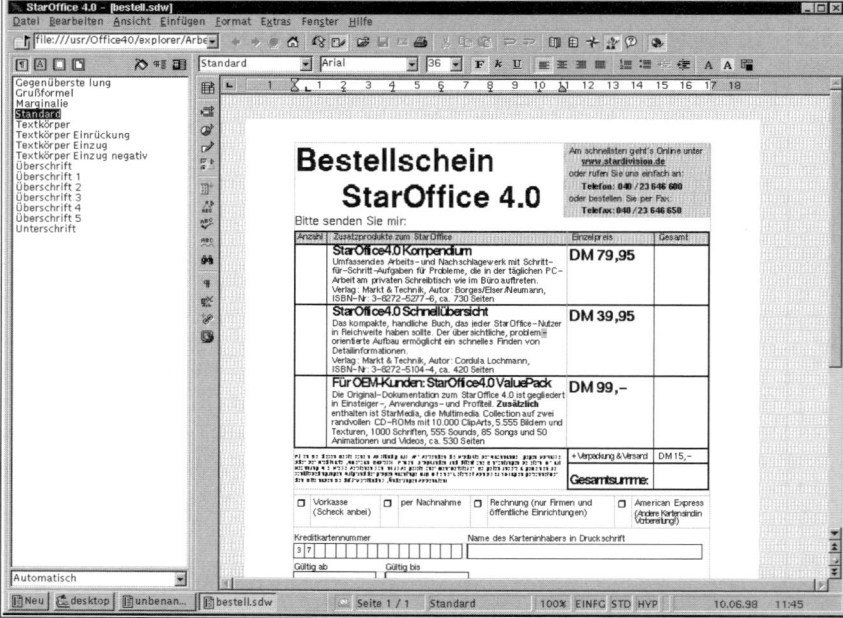

Bild 10.1: Textverarbeitung

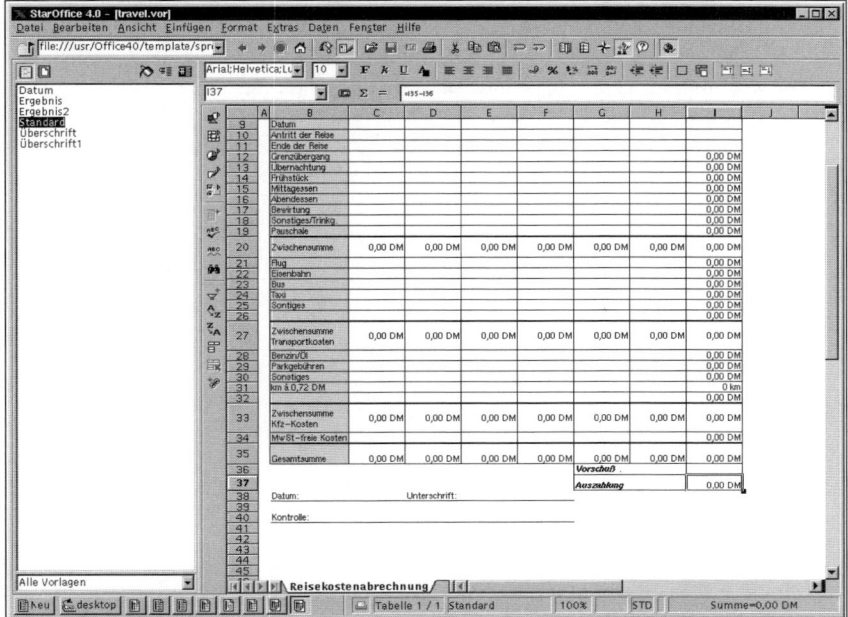

Bild 10.2: Tabellenkalkulation

LATEX

TEX ist ein Satzprogramm, das vor allem in der Unix-Welt und hier insbesondere im universitären Bereich sehr stark verbreitet. Es wurde zur Erstellung wissenschaftlicher Texte entwickelt und ist frei kopierbar. TEX hat den Nachteil, daß seine Verwendung sehr kompliziert ist, weswegen ein eigenes Makropaket LATEX entwickelt wurde, das die Formatierung von Texten etwas vereinfacht. LATEX besticht durch seine hervorragende Satzqualität und das leichte Eingeben von Formeln. Der Nachteil von LATEX ist, daß seine Bedienung nicht annähernd die Benutzerfreundlichkeit von heute üblichen Textverarbeitungsprogrammen hat. Das nachfolgende Beispiel soll den prinzipiellen Umgang mit LATEX kurz erläutern:

Eine LATEX-Datei, die man mit einem normalen Texteditor erstellen kann, könnte z.B. folgendes Aussehen haben:

```
\documentclass[twocolumn,11pt]{article} % Dokumententyp: zwei-spaltiger Artikel
\usepackage{german}                      % Deutsche Überschriften
\usepackage{isolatin1}                   % ISO Latin Zeichensatz (äöüß)
\parindent0pt            % kein Einrücken der ersten Zeile
\parskip1ex             % Leerraum zwischen Absätzen
\columnsep0.8cm         % 0.8 cm Abstand zwischen den Spalten
\begin{document}        % Beginn des eigentlichen Textes
\tableofcontents        % Inhaltsverzeichnis einfügen
```

```
\section{\LaTeX-Einführung}
\subsection{Unterschiedliche Zeichenformate}
Dieser Text zeigt einige Möglichkeiten zum Formatieren von Zeichen in \LaTeX:
\textbf{Fettschrift}, \textit{kursive Schrift}, \textsc{kleine Großschreibung},
\texttt{Schreibmaschine}. Schriftarten lassen sich auch kombinieren, wie z.B.
\textbf{\textit{fett and kursiv}}. Die Schriftgröße läßt sich auch verändern
von {\tiny sehr klein} über {\small klein} bis {\Large ziemlich groß}.
\subsection{Textblöcke und Rahmen}
{\small
\begin{minipage}[t]{3.5cm}
Mit der {\small\verb?minipage?} Um\-ge\-bung lassen sich Textblöcke
nebeneinander anordnen.
\end{minipage}
\hfill
\begin{minipage}[t]{2cm}
Eine zweite, etwas schmalere Miniseite.
\end{minipage}
\hfill
\begin{minipage}[t]{1.5cm}
Eine dritte, noch schmalere Miniseite.
\end{minipage}
}
\hbox{}\hfill\fbox{
\begin{minipage}{5cm}
Hier wurde eine 5 cm breite Mini\-page durch ein vor- und ein nachgestelltes
{\small\tt \char92hfill} Kommando zentriert und mit {\small\tt \char92fbox}
eingerahmt.
\end{minipage}
}\hfill\hbox{}
\subsection{Aufzählungen}
\LaTeX\ hat viele Vorteile gegenüber anderen Programmen:
\begin{itemize}
\item Seine Satzqualität ist einfach hervorragend.
\item Seine Verarbeitungsgeschwindigkeit ist nahezu unschlagbar.
\item \LaTeX\ Texte werden mit ganz normalen Texteditoren erstellt
und sind deshalb auch geräteunabhängig.
\end{itemize}
\subsection{Fußnoten}
Hier werden zwei Beispiele für Fuß\-noten gegeben\footnote{Das ist
die erste Fußnote.}. \LaTeX\ numeriert die Fußnoten\footnote{Die
zweite Fußnote} natürlich automatisch durch.
\subsection{Mathematische Formeln}
Bei der Eingabe von Formeln ist \LaTeX\ kaum schlagbar.
Die Eingabe der folgenden Formeln dürfte in anderen
Textverarbeitungs-Programmen nicht so einfach sein,
zumal Formeln auch direkt im Text eingebettet
sein können, wie z.B. $\rho \, \int x^2 dx$.
Ist das nicht toll?
\[ \lim _{\phi\rightarrow \infty }\sum _{k=1}^{\phi} \sqrt[3]{\sqrt{1+{\frac
{k^{2}} {\phi^{5}}}}}-\phi} \]
\[\left [\begin {array}{cc}
```

```
(\frac {\partial }{\partial x}}l&{\frac {\partial }{\partial y}}l\\
\noalign{\medskip}
(\frac {\partial }{\partial x}}m&{\frac {\partial }{\partial y}}m
\end {array}\right ]\]
\end{document}
```

Wenn dieser Text sich z. B. in der Datei einfue.tex befindet, kann man diesen mit dem folgenden Aufruf in eine sogenannte dvi-Datei (*device independent*) umwandeln:

latex einfue

Um das Inhaltsverzeichnis zu erstellen, muß eventuell nochmals die gleiche Kommandozeile eingegeben werden. Aus diesem Aufruf resultiert eine Datei **einfue.dvi**, deren Inhalt man sich mit dem Programm **xdvi** anschauen kann. Dazu muß man nur folgendes in einem xterm-Window aufrufen

xdvi einfue

und es wird einem die vom LATEX-Programm erstellte Satzdatei angezeigt:

Um eine `dvi`-Datei in Postscript umzuwandeln, muß das Programm **dvips** auf-gerufen werden, wie z.B.

```
dvips einfue
```

Die hieraus resultierende Datei **einfue.ps** kann man dann an einem Postscript-Drucker ausgeben lassen, wie z.B.:

```
lpr einfue.ps
```

Wem die direkte Verwendung von LATEX zu umständlich ist, kann die meist mitgelieferten Zusatzprogramme verwenden. Solche Zusatzprogramme sind eigene Shellprogramme (`ts` oder `xtexsh`), die zwar den Umgang mit Latex-Dateien und den Aufruf der diversen Werkzeuge etwas vereinfachen, aber die eigentlichen Schwierigkeiten, die ein Anfänger mit LATEX hat, nicht beseitigen.

Viel bequemer wird jedoch das Arbeiten mit **Lyx**, das eine Oberfläche zu LATEX ist, die den heute üblichen Textverarbeitungsprogrammen sehr ähnlich ist. Schriftattribute wie fett und kursiv sowie unterschiedliche Schriftgrößen werden direkt am Bildschirm angezeigt. Zur Formatierung stehen unterschiedliche Lay-outs zur Verfügung, die sich weitgehend an LATEX orientieren (`section`, `subsec-tion`). Die Auswahl von Layouts, Schriftarten usw. erfolgt durch komfortable Menüs. Selbst einfache Formeln und Tabellen können menügeführt am Bild-schirm eingegeben werden.

Lyx basiert auf LATEX, was bedeutet, daß Lyx das entsprechende Dokument zunächst in eine LATEX-Datei und dann diese in eine `DVI`-Datei umwandelt. So wird für die Dokumente die hohe Satzqualität von LATEX erreicht. LATEX-Kon-strukte, die von Lyx noch nicht direkt unterstützt werden, können durch die direkte Eingabe von LATEX-Kommandos verwendet werden. Nachfolgend ist ein Beispiel für das Aussehen der Lyx-Oberfläche gegeben:

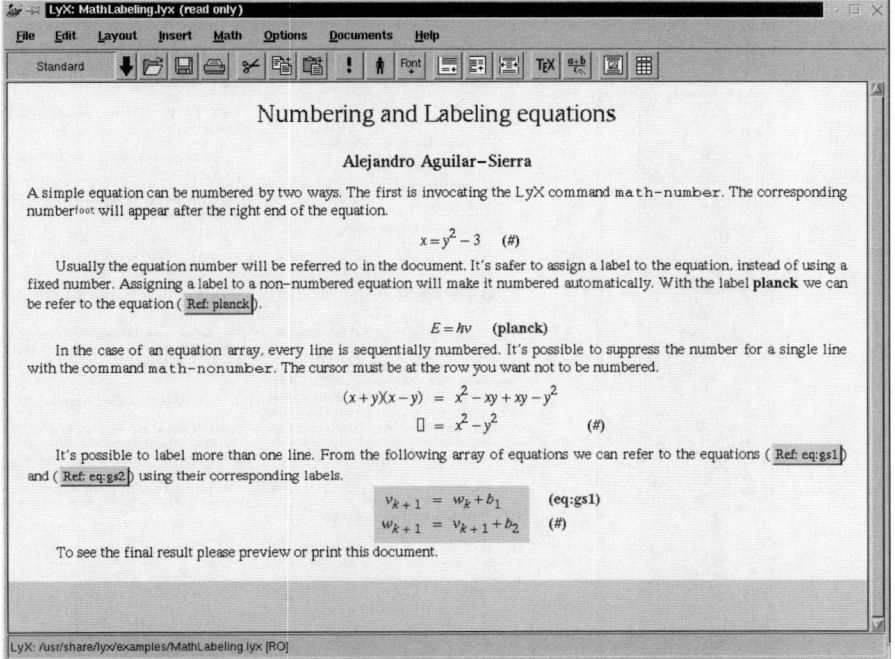

10.5.6 Postscript-Programme

Hier wird ein kurzer Überblick über die wichtigsten Programme zur Bearbeitung von Postscript-Dateien gegeben. Eine ausführliche Dokumentation der einzelnen Programme kann in den entsprechenden **man**-Seiten nachgelesen werden.

gs

(*GhostScript*) wandelt Postscript-Dateien in eine Vielzahl von Druckformaten um.

ghostview

ist eigentlich nur die grafische Benutzeroberfläche zum Programm **gs**. Mit **ghostview** können Postscript-Dateien am Bildschirm angezeigt werden. Möchte man z.B. die im vorherigen Kapitel erstellte Postscript-Datei einfue.ps am Bildschirm ansehen, muß man nur in einem xterm-Window folgendes aufrufen:

ghostview einfue.ps

und es erscheint das folgende Window:

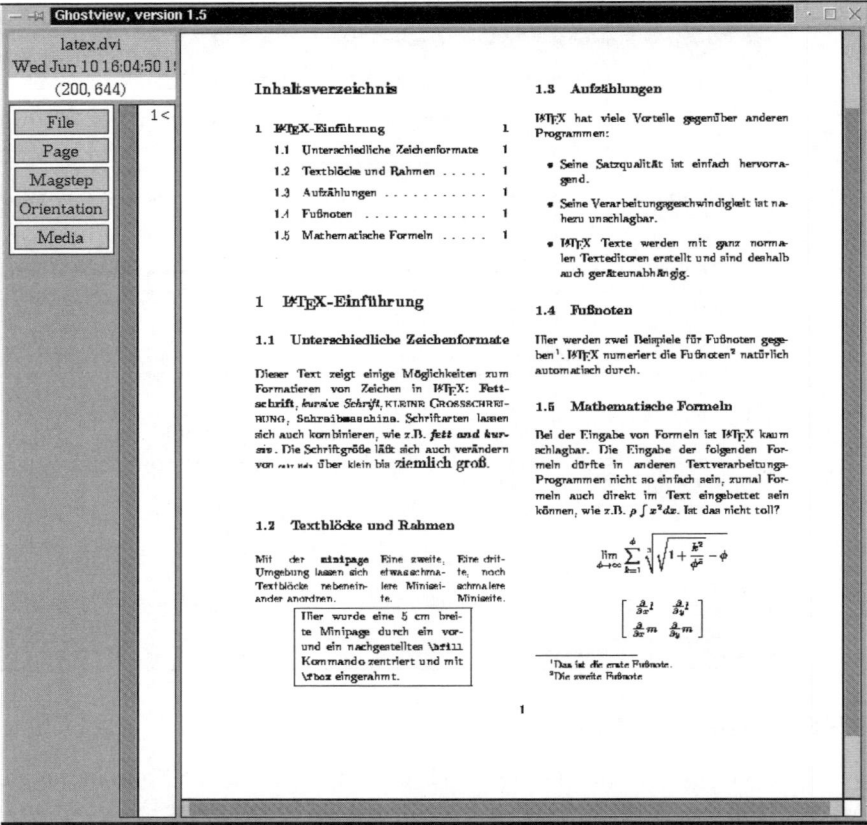

Umfaßt eine Postscript-Datei mehrere Seiten, so werden die einzelnen Seitennummern links eingeblendet, wie z. B.:

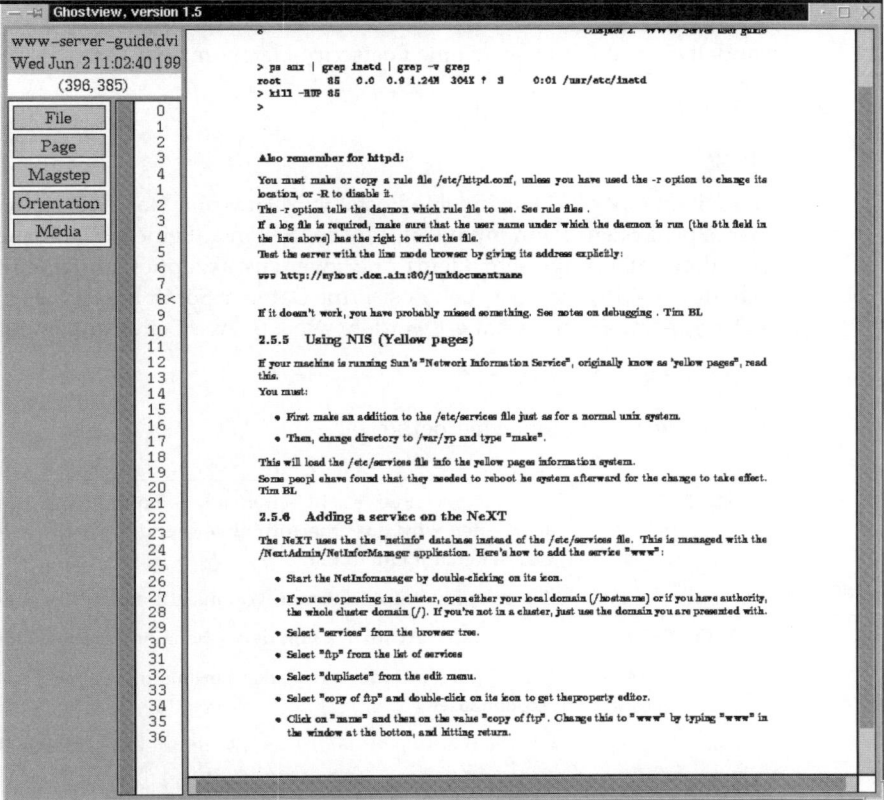

Ein Wechsel zu der entsprechenden Seite ist dabei durch einen einfachen Klick mit der mittleren Maustaste auf die entsprechende Seitennummer möglich. Klickt man mit der Maus auf den angezeigten Bildausschnitt, wird ein kleines Window eingeblendet, das eine Vergrößerung des Bereichs um die Maus ist. Obwohl die Steuerung vollständig durch die Maus möglich ist, werden auch Tastenkürzel angeboten, von denen die wichtigsten in der folgenden Tabelle zusammengefaßt sind:

Bild ↑ , Bild ↓	zur vorherigen/nächsten Seite blättern
Leertaste, ↵	zur nächsten Seite blättern
Backspace, Entf	zur vorherigen Seite blättern
H, L	Bildausschnitt nach rechts/links verschieben
U, D	Bildausschnitt nach oben/unten verschieben
↑ ↓	Ansicht um 90 Grad drehen
Q	Programm beenden

a2ps

wandelt eine ASCII-Datei in eine Postscript-Datei um:

```
a2ps [optionen] asciidatei > psdatei
```

mpage

wandelt eine ASCII-Datei in eine Postscript-Datei um. Hat zwei Vorteile gegenüber **a2ps**: Erstens kann **mpage** bis zu acht Seiten auf einem Blatt drucken (Text
wird dann allerdings sehr klein) und zweitens akzeptiert **mpage** als Eingabe
nicht nur ASCII-, sondern auch Postscript-Dateien. Somit kann eine existierende
Postscript-Datei neu formatiert werden, wie z.B. zwei Seiten auf ein Blatt.

```
mpage [optionen] eingabedatei(en) > psdatei
```

Die wichtigsten Optionen hierbei sind:

-1, -2, -4, -8	eine, zwei, vier oder acht Seiten auf einem Blatt; bei zwei oder acht Seiten wird das Querformat verwendet. Voreinstellung sind vier Seiten auf einem Blatt.
-A	Ausgabe im *Din-A4*-Format; Voreinstellung ist *US-Letter*.
-C ISO-8859.1	wird für den Ausdruck von deutschen Sonderzeichen benötigt.
-f	lange Zeilen auf mehrere Zeilen verteilen; Voreinstellung ist Abschneiden.
-j *n-m*	nur die Blätter *n* bis *m* drucken; Voreinstellung ist: alle Blätter.
-l	im Querformat drucken; Voreinstellung ist Hochformat.

Möchte man sich z.B. die typischen deutschen Optionen automatisch einschalten lassen, muß man nur in der Datei .profile (im Home Directory) folgendes
eintragen:

```
export MPAGE='-A -C ISO-8859.1'
```

dvips

wandelt eine dvi-Datei (durch **latex**-Aufruf erzeugt) in eine Postscript-Datei um:

```
dvips [optionen] dvidatei
```

Die wichtigsten Optionen hierbei sind:

-A	nur ungerade Seiten umwandeln.
-B	nur gerade Seiten umwandeln.
-l *n*	beendet die Umwandlung nach der *n*-ten Seite.

-p *n*	beginnt die Umwandlung erst ab der *n*-ten Seite.
-pp *liste*	wandelt nur in der *liste* angegebenen Seiten um. In der *liste* können auch Bereiche angegeben werden, wie z.B. **-pp 2,5-11,14-18,22**.
-o *datei*	schreibt das Ergebnis der Umwandlung in die Datei *datei*.

dvilj

wandelt eine dvi-Datei (durch **latex**-Aufruf erzeugt) in eine Datei mit Laserjet-Format um:

```
dvilj [optionen] dvidatei
```

Als Ergebnis liefert dieser Aufruf eine gleichnamige Datei mit der Endung .lj, die für den Ausdruck an einem 300-DPI-HP-Laserjet-Drucker geeignet ist. Weitere verwandte Kommandos sind **dvilj2p**, **dvilj4** und **dvilj4l**, die die entsprechenden Modelle (einschließlich 600 DPI und eingebauter TrueType- und Intellifont-Zeichensätze) unterstützen.

Neben den hier vorgestellten Postscript-Tools steht noch eine Vielzahl weiterer Postscript-Programme zur Verfügung. Eine Liste dieser Tools läßt sich mit den beiden folgenden Aufrufen erfragen:

```
man -k psutils
man -k postscript
```

10.5.7 Bildverarbeitung und Screenshots

Hier gibt wieder eine Vielzahl von Programmen, von denen die wichtigsten nachfolgend kurz vorgestellt werden.

xv

Hiermit lassen sich Grafikdateien in den verschiedensten Formaten lesen und in einem anderen Format abspeichern. Gleichzeitig bietet der **xv** Operationen zur Bildbearbeitung an, wie z.B. Spiegeln, Drehen usw. Auch kann man mit **xv** sogenannte Screenshots durchführen, also ein Window oder den ganzen Bildschirm in einer Grafikdatei beliebigen Formats speichern. Und schließlich kann man den **xv** sogar als Dateimanager (Button Visual Schauzer) verwenden.

Nach dem Aufruf von **xv** erscheint ein Window mit einem Logo. Das eigentliche Arbeiten mit **xv** beginnt erst, wenn man dieses Logo mit der rechten Maustaste anklickt. Denn dann wird ein Steuerungs-Window eingeblendet, bei dem die einzelnen Buttons weitgehend selbsterklärend sind. Um einen Screenshot zu erstellen muß der Button Grab und anschließend ein Window oder der Bildschirmhintergrund angeklickt werden. **xv** liest dann den Inhalt des Windows oder des ganzen Bildschirms ein. Dieses Bild kann dann anschließend wie jedes

andere Grafikbild bearbeitet und in einem wählbaren Grafikformat unter einem
Namen gespeichert werden.

gimp

Mit **gimp** lassen sich Grafikbilder noch besser als mit **xv** bearbeiten, wenn auch
seine Bedienung etwas gewöhnungsbedürftig ist und es weniger Grafikformate
als **xv** unterstützt. Im Notfall muß ein mit **gimp** bearbeitetes Bild eben nochmals
unter **xv** geladen werden, um es in einem Grafikformat zu speichern, das von
gimp nicht unterstützt wird.

Image Magick

Mit **Image Magick** (aufrufbar mit `xterm -iconic -e display` oder nur `display`)
lassen sich ebenfalls Grafikbilder bearbeiten. Image Magick stellt sowohl Einzelkommandos als auch eine interaktive Oberfläche zur Verfügung und ist ebenfalls ein sehr mächtiges Programm. Mit Image Magick können auch wieder
Screenshots erstellt werden.

kview

Mit **kview**, das beim KDE mitgeliefert wird, steht ein weiteres Bildbearbeitung-
programm zur Verfügung. Eine schöne Eigenschaft des **kview** ist, daß man
gerade bearbeitete Bilder sich sofort als Bildschirmhintergrund hinterlegen
kann.

xgrab

xgrab ist eines der mächtigsten Programme zum Erstellen von Screenshots. Ruft
man **xgrab** auf, so muß man schon im voraus alle seine gewünschten Optionen
einstellen, wie z.B. den gewünschten Bildschirmbereich, von dem man einen
Screenshot machen möchte (Window, ganzer Bildschirm oder ein mit der Maus
zu ziehendes Rechteck), das Grafikformat (Postscript oder diverse Bitmap-Formate), eventuell Postscript-Optionen und den Dateinamen. Klickt man auf den
OK-Button, verschwindet das `xgrab`-Window und nach der zuvor eingestellten
Zeit wird der entsprechende Bildschirmbereich gelesen und in einer Datei abgespeichert. Wenig später erscheint wieder das `xgrab`-Window. **xgrab** bietet leider
keine Möglichkeit, die ezeugten Bilder anzusehen. Dazu muß man z.B. **xv** oder
ghostview aufrufen.

ksnapshot

ksnapshot ist ein beim KDE mitgeliefertes Programme zum Erstellen von
Screenshots. Es zeichnet sich durch seine leichte Bedienbarkeit aus. Zwar ist es
nicht so vielseitig wie **xgrab**, hat aber den Vorteil, daß man den Screenshot sofort
ansehen kann, da es diesen rechts oben in einem eigenen Subwindow anzeigt.
Ein Klick mit der linken Maustaste auf dieses Subwindow vergrößert dann den
Screenshot in einem eigenen Window. Ein erneuter Klick mit der linken Mausta-

ste auf dieses »Vergrößerungs-Window« läßt dieses wieder verschwinden. Das Aussehen des ksnapshot-Windows ist nachfolgend gezeigt, wo ein Screenshot vom ganzen Bildschirm erstellt wurde.

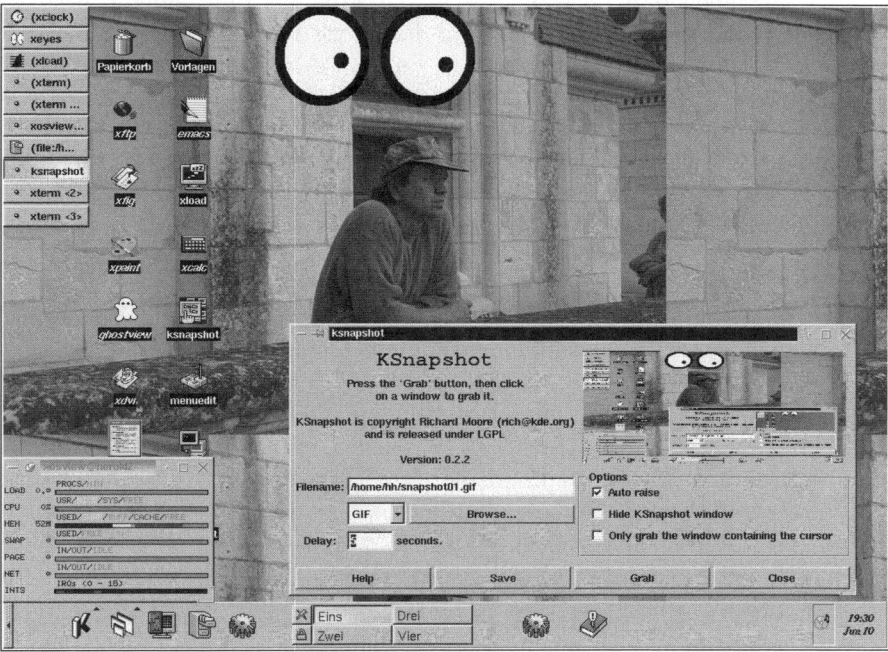

10.5.8   Programmentwicklung

Zur Programmentwicklung steht ebenfalls eine Vielzahl von Programmen zur Verfügung, wovon hier nur stellvertretend drei frei verfügbare und bei den meisten Linux-Distributionen mitgelieferten Programme kurz vorgestellt werden:

xwpe	ist eine integrierte Programmier-Oberfläche, die zum Entwickeln von C-Programmen geeignet ist und sich sehr stark an die Programmierumgebung von Borland-C und Turbo-PASCAL unter MS-DOS anlehnt.
xxgdb	ist eine grafische Oberfläche zum GNU Debugger **gdb** und ermöglicht ein leichtes Debuggen von C- bzw. C++-Programmen, indem man im eingeblendeten Quellcode mit der Maus Breakpoints setzen kann, sich den Inhalt von Variablen und des Stacks usw. anzeigen lassen kann.
kdbg	ist eine vielversprechende beim KDE mitgeliefte grafische Oberfläche zum GNU Debugger **gdb** und ermöglicht ebenso ein leichtes interaktives Debuggen von C- bzw. C++-Programmen.

10.5.9　Terminalemulatoren unter dem X Window System

Terminalemulatoren werden für die Kommunikation über Modem im Textmodus benötigt. Das entsprechende Terminalprogramm liest zum einen die eigenen Eingaben und überträgt sie an das Modem, zum anderen liest es die vom Modem eintreffenden Daten und zeigt sie am Bildschirm an. Einen Terminalemulator benötigt man also z.B., um interaktiv im Internet zu arbeiten oder um seine elektronische Post (*email*) auf einem Server zu lesen, der einem vom Internet-Provider über Telefonleitung zur Verfügung gestellt wird. Unter Linux existieren zwei sehr leistungsfähige Terminalemulatoren, nämlich **minicom** (für den Textmodus) und **seyon** (für X Window), die nachfolgend kurz beschrieben werden.

minicom

minicom ist ein Terminalprogramm für den Textmodus, das über die Gerätedatei /dev/modem auf das Modem zugreift. Um **minicom** zu konfigurieren, muß der Superuser (root)

```
minicom -s
```

aufrufen. Die Konfiguration wird üblicherweise in /etc/minirc.dfl gespeichert. Oft wird **minicom** so konfiguriert, daß es nur von root benutzt werden kann. Um auch anderen Anwendern seine Benutzung zu erlauben, müssen deren Login-Namen in der Konfigurationsdatei /etc/minicom.users eingetragen werden.

minicom arbeitet menügesteuert, wobei man sich das Hauptmenü immer mit Strg-A,Z einblenden lassen lassen kann. Durch die Eingabe eines weiteren Buchstabens kann man dann die einzelnen Submenüs aufrufen. Kennt man bereits vorab den Buchstaben des entsprechenden Submenüs, muß man nicht den Umweg über das Hauptmenü wählen, sondern kann dieses direkt mit Strg-A,*Buchstabe* aufrufen.

Unabhängig von den einzelnen Konfigurationseinstellungen unterhält **minicom** ein eigenes Telefonbuch, das sich mit Strg-A,D aufrufen läßt. Dieses Telefonbuch befindet sich im Home-Directory unter dem Namen .dialdir.

Zu **minicom** existiert eine einfache Programmiersprache, die vor allen Dingen dazu verwendet wird, um bestimmte Schlüsselwörter (wie login, Password usw.) zu erkennen, um darauf automatisch mit der Übertragung von Zeichen (Login-Namen, Paßwort, usw.) zu reagieren. Die Ausführung von solchen Programmdateien, unter Unix *Skripts* genannt, erfolgt nicht direkt durch **minicom**, sondern durch den Interpreter **runscript**.

In der folgenden Tabelle sind die wichtigsten Schlüsselwörter dieser *runscript*-Sprache zusammengefaßt:

#	leitet Kommentar ein; Rest dieser Zeile wird nicht ausgewertet
exit	beendet das Skript-Programm

expect { [a]
    "muster" kommando
    "muster" kommando
    . . . . .
}
	Bei Erkennung eines musters, wird das zugehörige kommando **ausgeführt**

goto marke	springt zur Zeile, die mit marke: gekennzeichnet ist
print "zeichenkette"	gibt zeichenkette am Bildschirm aus
send "zeichenkette"	überträgt zeichenkette an das Modem
sleep *n*	wartet *n* Sekunden
timeout *n*	legt die maximale Wartezeit von **expect** auf *n* Sekunden fest

a. nach { muß noch ein Leerzeichen angegeben sein.

Eine vollständige Beschreibung zu dieser Sprache kann man sich mit

```
man runscript
```

anzeigen lassen.

Zum Austesten von Skriptdateien kann man direkt **runscript** aufrufen, ohne vorher **minicom** zu starten. Die Zeichenketten (Muster), die die Skriptdatei vom Modem erwartet, müssen dann über Tastatur eingegeben werden.

Das folgende Beispiel zeigt ein Skript für einen typischen Login auf einem Unix-System. Das Programm wartet auf die Zeichenkette 'ogin:' (damit sowohl 'Login:' als auch 'login:' erkannt wird), sendet dann den Loginnamen, wartet auf den String 'assword:' und sendet dann das Paßwort.

```
# Generisches Unix login script.
# kann verwendet werden, um sich automat. an nahezu jedem Unix-Syst. anzumelden
#
                                               # Einige Variablen
   set a 0
   set b a
   print ...Versuche mich anzumelden
   # Das erstemal das initiale 'send ""' ueberspringen..
   goto skip
loop1:
   # Sende Loginname nicht mehr als dreimal
   send ""
   inc a
skip:
```

```
        if a > 3 goto failed1
        expect {
           "ogin:"
           "assword:"    send ""
           "NO CARRIER"  exit
           timeout 2     goto loop1
        }
loop2:
     send "helmut"
     # Sende Passwort nicht mehr als dreimal
     inc b
     if b > 3 goto failed1
     expect {
        "assword:"
        "ogin:"       goto loop2
        timeout 2     goto loop2
     }
     send "ims1hh2"
     # Wenn man nicht innerhalb 3 Sek. "incorrect" empfaengt,
        # scheint alles OK zu sein
     # Falls nach einem Terminalnamen gefragt wird, wird 'vt100' gesendet.
     expect {
        "TERM="       goto wantterm
        "incorrect"   goto loop1
        timeout 3     break
        "asswd"       break
     }
     exit
wantterm:
     send "vt100"
     exit
failed1:
     print \nLogin Failed (wrong password?)
     exit
```

minicom-Skriptdateien sollten in einem eigenen Directory abgelegt werden. Dieses Directory muß dann **minicom** über die Menüsequenz Strg-A,O,*Filenames and
Paths*,C bekannt gemacht werden. Es ist unbedingt darauf zu achten, daß solche
Dateien Zugriffsrechte besitzen, die verhindern, daß andere Benutzer sie lesen,
da sich in diesen Dateien das Paßwort befindet, das geheim bleiben soll.

seyon

seyon ist wie **minicom** ein Terminalprogramm, läuft aber unter X Window und
ist etwas einfacher zu bedienen. Die Bedienung erfolgt über weitgehend selbsterklärende Buttons. Der erste Start von seyon erfordert keine weiteren Konfigurationseinstellungen, wobei eventuell lediglich die Option
-modems /dev/modem auf der Kommandozeile anzugeben ist.

seyon wird durch mehrere Konfigurationsdateien gesteuert, von denen sich die
meisten im Directory .seyon (im Home-Directory) befinden, wie etwa die Initia-

lisierungsdatei startup, das Telefonbuch phonelist und die Definition verschiedener Übertragungsprotokolle in protocols. Weitere Einstellungen können über die Datei .Xdefaults (im Home-Directory) vorgenommen werden, wie z.B.

```
Seyon.modems:     /dev/modem bzw.
Seyon.modems:     /dev/cual
```

Wie **minicom** verfügt auch **seyon** über eine eigene Skript-Sprache, die jedoch wesentlich leistungsfähiger ist. Skriptdateien werden üblicherweise im Directory .seyon (im Home-Directory) abgelegt.

In der folgenden Tabelle sind die wichtigsten Schlüsselwörter dieser Skript-Sprache zusammengefaßt:

#	leitet Kommentar ein; Rest dieser Zeile wird nicht ausgewertet
echo "zeichenkette"	gibt zeichenkette am Bildschirm aus.
exit	beendet das Skript-Programm
goto marke	springt zur Zeile, die mit marke: gekennzeichnet ist
pause *n*	wartet *n* Sekunden
transmit "zeichenkette"	überträgt zeichenkette an das Modem
waitfor "zeichenkette" [*n*]	wartet maximal *n* Sekunden, bis das Modem die angegebene zeichenkette empfängt; ist *n* nicht angegeben, beträgt die Timeout-Zeit 30 Sekunden.

Eine vollständige Beschreibung zu dieser Sprache kann man sich mit

```
man seyon
```

anzeigen lassen.

Zu beachten ist, daß **transmit** nicht automatisch ein *Carriage-Return*-Zeichen an die zeichenkette anhängt, weshalb man für diesen Fall noch explizit die beiden Zeichen ^M am Ende von zeichenkette angeben muß.

Das folgende Beispiel zeigt ein Minimal-Skript für einen typischen Login auf einem Unix-System.

```
# Minimalskript zum Einloggen auf einem Unix-System

echo "...Anmeldeprozedur beginnt"

waitfor "HOST>"
transmit "telnet comp^M"
```

```
waitfor "ogin: "
transmit "helmut^M"

waitfor "assword:"
transmit " ims1hh2^M"
```

10.5.10 Weitere nützliche X-Programme

Hier werden einige nützliche X-Programme vorgestellt, die beim Arbeiten unter X Window sehr hilfreich sein können.

asclock	simuliert am Bildschirm eine digitale Uhr, die immer die aktuelle Zeit und aktuelles Datum anzeigt.
bitmap	Pixel-Editor.
kcalc	Beim KDE mitgeliefertes Taschenrechner-Programm.
kclock	Beim KDE mitgeliefertes Programm zur Simulation einer analogen oder digitalen Uhr.
kfind	Beim KDE mitgelieferte X-Version zum **find**-Programm.
kscd	Beim KDE mitgeliefertes Programm zum Abspielen von Audio-CDs.
ktelnet	Beim KDE mitgelieferte X-Version zum **telnet**-Programm.
kzip	Beim KDE mitgeliefertes X-Programm zum Komprimieren von Dateien.
pixmap	Pixel-Editor.
xbiff	zeigt durch ein Briefkastensymbol an, ob neue Post (*email*) angekommen ist.
xcalc	simuliert einen Taschenrechner.
xcdroast	X-Programm zum Brennen von CD-ROMs.
xclock	simuliert am Bildschirm eine analoge Uhr, die immer die aktuelle Zeit anzeigt.
xdaliclock	simuliert am Bildschirm eine digitale Uhr, wobei das Umschalten der Sekunden, Minuten und Stunden nicht durch sprunghaftes Löschen und Neuzeichnen der entsprechenden Ziffer erfolgt, sondern durch ein langsames Umformen der aktuellen Ziffer in die neue Ziffer.
xeyes	zeigt zwei Augen an, deren Pupillen immer der aktuellen Cursorposition folgen.
xftp	X-Version zum **ftp**-Programm.
xlsfonts	zeigt eine Liste aller verfügbaren Zeichensätze an. Diese Liste läßt sich eingrenzen durch Angabe von *, wie z.B. `xlsfonts '*-20-*'`.
xmcd	X-Programm zum Abspielen von Audio-CDs.

xosview	zeigt die Systemauslastung (CPU, Speicher, Swap-Partition, Netzwerk, serielle Schnittstellen, Interrupts) in Form von bunten Balken an.
xpicedit	Pixel-Editor.
xrdb	ermöglicht das Einlesen zusätzlicher Ressourcen-Dateien; wird vor allem in den `xinitrc`-Dateien zum Start des X Window Systems verwendet. Es kann aber auch verwendet werden, um Änderungen in einer `Xresources`-Datei einzulesen, ohne daß man X Window neu starten muß. Mit **xrdb -query** kann man sich die aktuell eingestellten Ressourcen anzeigen lassen.

xset	ändert die Einstellungen des X-Servers; kann unter anderem dazu verwendet werden, um die Einschaltzeit des Bildschirmschoners und den Zustand der NumLock-Taste einzustellen. Dazu müßten die beiden folgenden Zeilen in die entsprechende `xinitrc`-Datei eingetragen werden:
	
	`xset s 120  # nach 120 Sekunden ohne Benutzereingaben Bildschirm schwarz`
	
	`xset led 3  # NumLock einschalten`

xsetroot	ändert das Muster und / oder Farbe des Hintergrunds. Um z.B. den Hintergrund im aktuellen Bildschirm auf Gelb zu setzen, muß folgende Kommandozeile eingegeben werden: **xsetroot -solid yellow**.
xsysinfo	abgespeckte Version (nur CPU-Auslastung und Speicherbelegung) des oben erwähnten Programms **xosview**.
xtar	X-Version zum **tar**-Programm.
xtelnet	X-Version zum **telnet**-Programm.
xwininfo	ermöglicht das Erfragen von Informationen zu einzelnen Windows.

11 Kommunikation in lokalen und weltweiten Netzen

Ein Postknecht will ich werden
mit Stiefel und mit Sporn,
dann fahr' ich mit vier Pferden
und hab' ein gold'nes Horn.

Kinderreim

Unix bietet den Benutzern verschiedene Möglichkeiten der Kommunikation an:

▶ Nachrichten des Superusers unter Verwendung des Kommandos **wall** (engl.: *write all*) bzw. durch Eintragungen in die Datei */etc/motd*.

▶ Nachrichten an andere Benutzer senden (Kommando **write**).

▶ Senden und Empfangen elektronischer Post.

▶ Austausch von Daten und Informationen zwischen verschiedenen Rechnersystemen, die über ein Netzwerk miteinander verbunden sind.

11.1 Nachrichten des Superusers

Oft muß der Superuser Nachrichten an alle Benutzer des Systems übermitteln, wie z.B.

```
Freitag, ab 12.00 Uhr
wird Rechner wegen dringender Wartungsarbeiten nicht zugänglich sein.

Ich möchte bitten, sich darauf einzustellen.


Vielen Dank
-- Euer Superuser
```

Für Nachrichten dieser Art, die er an alle Benutzer schicken möchte, stehen dem Superuser folgende Möglichkeiten zur Verfügung:

1. Der Superuser schreibt die für alle Benutzer bestimmte Nachricht in die Datei */etc/motd* (engl.: *message of the day*). Der Inhalt dieser Datei wird dann jedem Benutzer beim Anmelden automatisch am jeweiligen Terminal ausgegeben.

2. Der Superuser ruft das Kommando **/etc/wall** (engl.: *write to **all** users*) auf. **wall** liest den zu übermittelnden Text von der Standardeingabe (bis zur Eingabe von **EOF**) und schreibt dann den gelesenen Text auf alle Terminals der momentan angemeldeten Benutzer. Hiermit informiert der Superuser üblicherweise alle angemeldeten Benutzer über bevorstehende Änderungen des Systemzustands (wie z.B. Abschalten des Systems oder Veränderung des Laufzeitverhaltens für Benutzerprogramme wegen notwendiger Tests).

   wall kann allerdings nicht nur vom Superuser, sondern auch von jedem anderen Benutzer aufgerufen werden; jedoch ist nur der Superuser in der Lage, die Zugriffsrechte anderer Benutzer-Terminals zu durchbrechen, wenn diese mit dem Kommando **mesg -n** für das Schreiben durch »fremde« Benutzer gesperrt wurden. Ist ein Terminal für »fremdes« Schreiben gesperrt ist, so kann die entsprechende Botschaft dort nicht ausgegeben werden und **wall** meldet dies mit »*Cannot send to ...*«.

11.2   Nachrichten an andere Benutzer senden (write/talk)

Mit dem Kommando **write** ist es möglich, daß ein Benutzer Mitteilungen an die Terminals anderer Benutzer sendet. **write** kann dabei benutzt werden, um entweder Informationen lediglich in einer Richtung zu verschicken (wie z.B. *Fehler in Beta-Version behoben. Bitte neu generieren !*) oder aber zwei Benutzern einen Dialog miteinander führen zu lassen.

Die vollständige Aufrufsyntax für **write** ist:

```
write   login-name [terminal-name]
```

Nach diesem Aufruf wird die Meldung

```
Message from absender on rechner-name (tty..) [ datum ] ...
```

auf dem Terminal von *login-name* ausgegeben, falls dorthin eine Verbindung hergestellt werden konnte.

Dem Sender wird ein erfolgreicher Verbindungsaufbau mit dem zweimaligen Klingeln der Terminalglocke angezeigt. Nun kann der Sender beliebigen Text eingeben; jede mit ⏎ abgeschlossene Zeile wird am Empfängerterminal ausgegeben. Das Ende der Nachricht zeigt der Sender mit der Eingabe von (Strg)-(D)(**EOF**) an; dies wird am Empfänger-Teminal mit *<EOT>*[1] oder (*end of message*) angezeigt und danach wird die Verbindung abgebrochen.

---

1. engl.: *end of transmission*

Terminal von egon:	**Terminal von toni:**

```
....                                        $
$ write toni  ⏎                             ⇒Message from egon on hamburg2 (ttyic) [Mon ..]

Ich komme 5 Minuten  ⏎                      ⇒ Ich komme 5 Minuten
spaeter zur Besprechung.  ⏎                 ⇒spaeter zur Besprechung.
Habe noch ein Gespraech mit  ⏎              ⇒Habe noch ein Gespraech mit
Kunden  ⏎                                   ⇒Kunden
⏎                                           ⇒
Bis dann  ⏎                                 ⇒Bis dann
-- egon  ⏎                                  ⇒-- egon
Strg  D                                     ⇒<EOT>
$
```

Der zu übermittelnde Text kann natürlich auch in eine Datei geschrieben werden und mit Eingabeumlenkung beim Aufruf

```
write  toni  <datei
```

gesendet werden.

Ist ein Dialog zwischen zwei Benutzern erwünscht, so müßte der Empfänger der Nachricht

```
Message from absender-login-name on rechner-name (tty..) [ datum ] ...
```

seinerseits den Befehl

```
write  absender-login-name      (z.B.: write egon)
```

abgeben, um eine zusätzliche »Schreibleitung« zum Absender (z.B. **egon**) aufzubauen. Es ist dabei ratsam, die ersten übermittelten Zeilen des Senders abzuwarten. An diesen ist meist erkennbar, ob der Sender lediglich eine Information übermitteln möchte oder aber einen Dialog wünscht.

Bei einem Dialog zwischen zwei Benutzern sollte ein gewisses Protokoll eingehalten werden, um ein Durcheinander von gesendeten und empfangenen Daten zu vermeiden:

▷ Nach der Abgabe des **write**-Kommandos (eventuell mit einer Zeile zur Dialog-Aufforderung) sollte der Sender warten, bis der adressierte Empfänger ihm mit einem **write**-Befehl seine Dialogbereitschaft anzeigt.

▷ Der jeweils sendende Benutzer sollte seine Nachricht mit einer bestimmten Zeichenkombination (wie z.B. **-o** für *over*) abschließen, um dem anderen Benutzer so mitzuteilen, daß er nun seinerseits auf dessen Antwort wartet.

▶ Die endgültige Beendigung eines Dialogs sollte der jeweilige Sender ebenfalls mit einer bestimmten Zeichenkombination (wie z.B. **-oo** für *over and
out*) anzeigen.

Beispiel

Terminal von egon: ## Terminal von toni:

```
  ....                                          $
$ write toni ⏎                             ⇒ Message from egon on hamburg2 (ttyic) [ ..]..
Ich moechte mit dir sprechen ⏎            ⇒ Ich moechte mit dir sprechen
-o ⏎                                       ⇒ -o
Message from toni on hamburg2 (ttyif) [..]⇐ write egon ⏎
Was gibt es denn so dringendes ?          ⇐ Was gibt es denn so dringendes ? ⏎
-o                                         ⇐ -o ⏎
Wir arbeiten gerade an der ⏎              ⇒ Wir arbeiten gerade an der
Verbesserung der Laufzeit ⏎              ⇒ Verbesserung der Laufzeit
eines Programms. ⏎                        ⇒ eines Programms.
Soweit ich weiss, hast du ein ⏎          ⇒ Soweit ich weiss, hast du ein
Papier ueber Performance- ⏎              ⇒ Papier ueber Performance-
Verbesserung bei Verwendung ⏎            ⇒ Verbesserung bei Verwendung
bestimmter Sprach-Konstrukte ⏎           ⇒ bestimmter Sprach-Konstrukte
geschrieben. Leider konnte ich ⏎         ⇒ geschrieben. Leider konnte ich
dieses Papier nicht in unserer ⏎         ⇒ dieses Papier nicht in unserer
Memo-Datenbank finden. ⏎                 ⇒ Memo-Datenbank finden.
Koenntest du es uns vielleicht ⏎         ⇒ Koenntest du es uns vielleicht
zukommen lassen ? ⏎                       ⇒ zukommen lassen ?
-o ⏎                                       ⇒ -o
Ich ueberarbeite gerade zufaellig diesen  ⇐ Ich ueberarbeite gerade zufaellig diesen ⏎
Artikel. Wahrscheinlich werde ich ihn     ⇐ Artikel. Wahrscheinlich werde ich ihn ⏎
morgen fertig haben.                      ⇐ morgen fertig haben. ⏎
Selbstverstaendlich werde ich Euch        ⇐ Selbstverstaendlich werde ich Euch ⏎
sofort eine Kopie zukommen lassen.        ⇐ sofort eine Kopie zukommen lassen. ⏎
Tschuess                                  ⇐ Tschuess ⏎
 toni                                     ⇐  toni ⏎
-oo                                        ⇐ -oo ⏎
<EOT>                                      ⇐ Strg -D
Vielen Dank ⏎                            ⇒ Vielen Dank
-oo ⏎                                      ⇒ -oo
Strg -D                                    ⇒ <EOT>
```

Wenn ein **write** an einen Benutzer abgegeben wird, der an mehr als an einem
Terminal arbeitet, so muß zusätzlich zum *login-name* noch der *terminal-name* (z.B.
ttyic) angegeben werden, zu dem eine »Schreibleitung« herzustellen ist. Ist in
diesem Fall kein *terminal-name* angegeben, so wird eine »Schreibleitung« zum
ersten in der Datei */etc/utmp* gefundenen Terminal-Namen aufgebaut, der vom

entsprechenden Benutzer verwendet wird und der Schreiben erlaubt. Der Sender erhält dann die auf der folgenden Seite genannte Meldung:

login-name is logged on more than one place
You are connected to "*terminal-name*"
Other locations are:
terminal-name1
terminal-name2
   ...

Wird bei der Eingabe der zu übermittelnden Nachricht als erstes Zeichen ein ! in einer Zeile angegeben, so wird der Rest der Zeile als ein Unix-Kommando interpretiert, das ausgeführt wird.

Beispiel

```
Terminal von egon:                        Terminal von toni:

....                                       $
$ write toni  ⏎                      ⇒     Message from egon on hamburg2 (ttyic) [..] ...
Was ist dein momentanes working  ⏎   ⇒     Was ist dein momentanes working
directory ?  ⏎                       ⇒     directory ?
-oo  ⏎                               ⇒     -oo
 Strg - D                            ⇒     <EOT>
Message from toni on hamburg2(ttyif)[..] ⇐  write egon  ⏎
Ich arbeite gerade in                ⇐     Ich arbeite gerade in  ⏎
/user2/sw/artikel/performance              !pwd  ⏎
                                           /user2/sw/artikel/performance
                                     ⇐     /user2/sw/artikel/performance  ⏎
-oo                                  ⇐     -oo  ⏎
<EOT>                                ⇐      Strg - D
```

Ein Benutzer kann sein Terminal für das Schreiben durch einen **write**-Befehl eines anderen Benutzers sperren. Dazu steht das Kommando

```
mesg [-n] [-y]
```

zur Verfügung. Wird die Option **-n** angegeben, so wird das Terminal für das Schreiben durch »fremde« Benutzer (außer Superuser) gesperrt. Bei Angabe der Option **-y** wird das Schreiben durch »Fremde« wieder erlaubt. Wird **mesg** ohne Angabe einer Option aufgerufen, so meldet es lediglich das momentane Zugriffsrecht dieses Terminals für »fremde« Benutzer.

Die möglichen Fehlermeldungen des **write**-Kommandos sind auf der nächsten Seite aufgelistet:

user is not logged on

adressierter Benutzer ist momentan nicht im System angemeldet.

Permission denied

adressierter Benutzer hat seinen Terminal mit **mesg -n** gesperrt.

Warning: cannot respond, set mesg -y

Terminal des Senders ist mit **mesg -n** für Antworten des adressierten Benutzers gesperrt.

Can no longer write to user

Empfänger einer Nachricht hat seinen Terminal während der Eingabe der zu übermittelnden Nachricht nachträglich mit

```
mesg -n
```

gesperrt.

System V.4   In System V.4 ist das unter BSD Unix entwickelte Kommando **talk** übernommen worden. Bei **talk** handelt es sich um ein wesentlich komfortableres Kommando als bei **write**. Die Aufrufsyntax von **talk** ist identisch zu **write**:

```
talk  login-name  [terminal-name]
```

Anders als bei **write** können mit **talk** auch Benutzer auf anderen Systemen in einem lokalen Netz erreicht werden. Dazu muß zusätzlich zum Benutzernamen noch der Systemname angegeben werden, wobei die beiden Namen mit @ voneinander zu trennen sind, wie z.B. **micha@rosenrot** für den Benutzer *micha* auf dem System *rosenrot*.

Falls @ die Voreinstellung für das *Kill*-Zeichen (siehe Kapitel 3.3) ist, dann müßte entweder mit **stty** ein anderes Zeichen für *Kill* eingestellt werden, oder es müßte die Sonderbedeutung von @ durch Voranstellen eines Backslashes \ ausgeschaltet werden (**micha\@rosenrot**).

talk meldet sich beim Gesprächspartner eventuell mehrmals mit

```
Message from Talk_Daemon@rosenrot at 15:52 .....
talk: connection requested by egon@wiesengruen.
talk: respond with:  talk egon@wiesengruen
```

und erwartet die Annahme des Gesprächs. Während des Verbindungsaufbaus erscheinen auf dem Terminal des Senders nacheinander die beiden auf der folgenden Seite genannten Meldungen:

```
[No connection yet]
[Waiting for your party to respond]
```

Meldet sich der Gesprächspartner nicht, erscheint immer wieder die Meldung

```
[Ringing your party again]
```

bis eine Verbindung aufgebaut werden konnte oder der Sender mit *Strg-C* **talk** abbricht.

Bei einem erfolgreichen Verbindungsaufbau teilt **talk** den Bildschirm in zwei Hälften, in denen unabhängig voneinander jeweils die Eingaben und die Antworten des Gesprächspartners angezeigt werden.

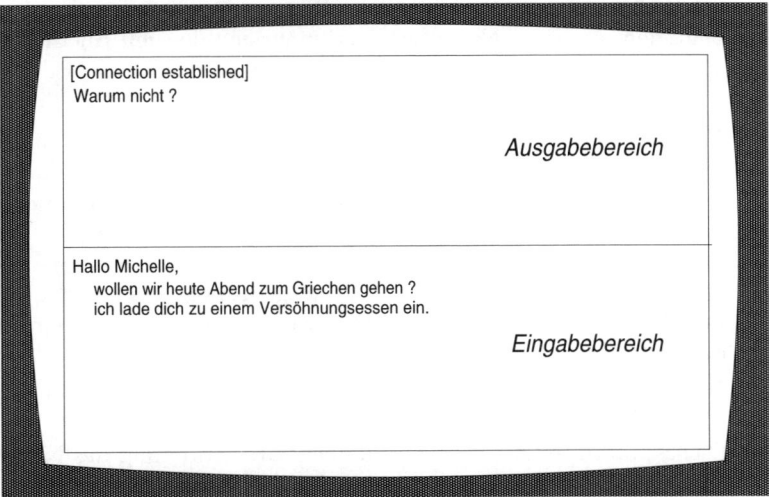

Bild 11.1: Der Bildschirm wird in zwei Hälften geteilt

talk wird auf beiden Seiten beendet, wenn einer der beiden Gesprächspartner das Kommando **talk** mit *Strg-C* abbricht.

11.3 Netzwerk-Konfiguration

Meist werden bei den einzelnen Systemen eigene Konfigurationsprogramme, wie etwa **yast**, **netconfig** oder **lisa** bei den jeweiligen Linux-Distributionen, mitgeliefert. Nachfolgend werden zuerst die wichtigsten Grundbegriffe kurz vorgestellt, die man zur Konfiguration eines Netzwerks benötigt, bevor kurz auf die Dateien eingegangen wird, die von diesen Konfigurationsprogrammen verändert werden, so daß man eventuell die Konfiguration auch »von Hand« vornehmen könnte, wenn dies notwendig wäre.

11.3.1 Grundbegriffe

TCP/IP

Dies ist ein Datenübertragungsprotokoll, das mit dem zugehörigen Programmpaket jeden Rechner in einem Netzwerk durch eine eindeutige Nummer (seine

Adresse) identifiziert und dafür sorgt, daß die an einen bestimmten Rechner gesendeten Daten in Form von kleinen Paketen dorthin übertragen werden.

IP-Adresse oder IP-Nummer

IP-Nummern setzen sich aus vier Zahlen zusammen, die durch Punkt voneinander getrennt sind, wie etwa 192.168.1.2. Lokale Netze, die nicht ständig mit dem Internet verbunden sind, sollten IP-Nummern verwenden, die mit 192.168 beginnen, da diese Nummernkombinationen speziell für diesen Zweck reserviert sind, um Nummernkonflikte zu vermeiden.

Interface und Interface-Namen

Die IP-Adresse bezeichnet eigentlich nicht einen Rechner, sondern ein sogenanntes IP-Interface. Ein Rechner hat oft mehrere Interfaces mit unterschiedlichen IP-Adressen. Typische Interfaces sind das *Loopback-Interface* (127.0.0.1), das *Ethernet-Interface* und das *PPP- oder SLIP-Interface*. Jedem Interface ist neben der IP-Nummer noch ein Interface-Name zugeordnet, wie z.B. lo oder lo0 für das Loopback-Interface, eth oder eth0 für das erste Ethernet-Interface und ppp0 für das erste PPP-Interface.

Loopback-Interface

Dieses Interface (127.0.0.1) ermöglicht die Benutzung des Netzwerkprotokolls zur lokalen Kommunikation innerhalb eines Rechners und ist erforderlich, damit das Netzwerkprotokoll auch dann läuft, wenn gar kein Netzwerk vorhanden ist. Das Laufen des Netzwerkprotokolls ohne Netzwerk ist notwendig, da manche Kommandos ihre Kommunikation auf dem Netzwerkprotokoll aufbauen, unabhängig davon, ob diese Daten lokal auf dem Rechner bleiben oder über ein Netz auf einem fremden Rechner weiterverarbeitet werden.

Network-Mask und Broadcast-Adresse

Die Ausdehnung eines lokalen Netzes wird durch zwei sogenannte Masken festgelegt. Umfaßt das lokale Netz alle Nummern 192.168.1.n, dann wäre z.B. die zugehörige Netmask 255.255.255.0 und die zugehörige Broadcast-Adresse 192.168.1.255.

Host-Name oder Domain-Name

Einem Rechner ist in einem Netzwerk immer eine eindeutige Nummer zugeteilt. Da sich Menschen Nummern nicht so leicht merken können wie Namen, wird an die Nummern zusätzlich noch ein Name vergeben. Der aus Host- und Domain-Name zusammengesetzte Name identifiziert einen Rechner innerhalb eines Netzwerks, wie etwa elefant.saugtier.network. Der Host-Name (elefant) bezeichnet den einzelnen Rechner und der Domain-Name (saugtier.network) das Netzwerk, in dem sich der Rechner befindet. Hat man nur einen (nicht vernetzten) Rechner kann man für den Domain-Namen zwei beliebige Namen verwenden. Wenn man für einen Internet-Anschluß einen weltweit gültigen Domain-Namen benötigt, bekommt man die erforderlichen Daten von einem sogenannten Internet-Provider, der über einen vollwertigen Internet-Anschluß verfügt, oder in Absprache mit dem NIC (*Network Information Center*; http:// www.nic.de).

Nameserver

Der Nameserver ist ein Rechner, der für die Umsetzung zwischen Rechnernamen und IP-Nummern zuständig ist. Bei kleinen Netzen sind lokale IP-Nummern meist in Form einer Tabelle in einer bestimmten Datei hinterlegt. Bei größeren Netzen, wie z.B. dem Internet werden diese Daten dagegen meist in eigenen Datenbanken gehalten. Gibt man z.B. den Namen eines Servers in Finnland an, sucht der Nameserver in seiner Datenbank dessen IP-Adresse. Findet er ihn dort nicht, kontaktierer einen anderen Nameserver, was natürlich einige Zeit dauern kann.

Gateway

Ein Gateway ist ein Rechner, der an der Schnittstelle zwischen zwei Netzen steht, meist zwischen dem lokalen Netz und dem Internet. Die IP-Adresse des Gateways muß bei der Netz-Konfiguration angegeben werden, damit im Netz bekannt ist, welcher Rechner für die Weiterleitung von Paketen, die das lokale Netz verlassen sollen, verantwortlich ist.

11.3.2 Konfiguration des Loopback-Interface

Auch wenn man seinen Rechner nicht in einem Netz betreiben möchte, sollte man trotzdem das Loopback-Interface einrichten. Über das meist mitgelieferte Konfigurationsprogramm muß dabei zunächst der Host- und Domain-Name angegeben werden. Hier kann man beliebige Namen eingeben, da der Rechner ja nicht vernetzt ist. Nach Abschluß der Konfiguration kennt der Rechner nun die IP-Adresse 127.0.0.1.

Es ist jedoch anzumerken, daß Änderungen in der Netzwerkkonfiguration erst wirksam werden, wenn man das System nochmals neu startet. Unterstützt das jeweilige System jedoch das System-V-Init-Verfahren, muß man den Rechner nicht neu starten, sondern kann zunächst mit init 1 in den Single-User-Modus wechseln, wodurch alle laufenden Prozesse beendet werden, und anschließend mit init 3 wieder in den Multi-User-Modus mit Netzwerkunterstützung. Auf manchen Systemen können jedoch auch andere Nummern erforderlich sein. Dazu muß man in der Datei /etc/inittab nachschlagen, wo die einzelnen Runlevel-Nummern angegeben sind. Bei SuSE-Linux z.B. muß zuerst init S und dann init 2 ausgeführt werden.

Anschließend sollte man das Loopback-Interface mit einem **ifconfig**- und **route**-Aufruf testen. **ifconfig** zeigt den aktuellen Zustand der Internet-Konfiguration an und **route** gibt eine Liste aller bekannten Interfaces mit zusätzlichen Informationen aus.

```
# ifconfig↵
lo        Link encap:Local Loopback
          inet addr:127.0.0.1  Bcast:127.255.255.255  Mask:255.0.0.0
          UP BROADCAST LOOPBACK RUNNING  MTU:3584  Metric:1
          RX packets:0 errors:0 dropped:0 overruns:0
          TX packets:0 errors:0 dropped:0 overruns:0
# route↵
Kernel IP routing table
Destination     Gateway         Genmask         Flags Metric Ref    Use Iface
loopback        *               255.0.0.0       U      0     0        2 lo
#
```

Mit dem Programm **ping** können nun Test-Datenpakete an localhost oder 127.0.0.1 gesendet werden. Diese Datenpakete werden zwar nur innerhalb des Rechners und nicht über ein Netz gesendet, stellen aber sicher, daß die TCP/IP-Software richtig läuft. **ping** läuft endlos, bis es mit Strg-C abgebrochen wird.

```
# ping localhost↵[         Auch möglich: ping 127.0.0.1]
PING localhost (127.0.0.1): 56 data bytes
64 bytes from 127.0.0.1: icmp_seq=0 ttl=64 time=0.2 ms
64 bytes from 127.0.0.1: icmp_seq=1 ttl=64 time=0.2 ms
64 bytes from 127.0.0.1: icmp_seq=2 ttl=64 time=0.2 ms
64 bytes from 127.0.0.1: icmp_seq=3 ttl=64 time=0.1 ms
Strg-C
--- localhost ping statistics ---
4 packets transmitted, 4 packets received, 0% packet loss
round-trip min/avg/max = 0.1/0.1/0.2 ms
#
```

11.3.3 Konfiguration eines Rechners in einem lokalen Netz

Soll ein Rechner in ein kleines bereits existierendes TCP/IP-Netz eingebunden werden, so stellt das entsprechende Konfigurationsprogramm etwas mehr Fragen. Die Antworten auf diese Fragen hängen nun davon ab, wie das schon vorhandene Netz konfiguriert ist. Nachfolgend ist ein Beispiel für das mögliche Aussehen einer solchen Antwortliste gegeben:

Host-Name:	elefant
Domain-Name:	saugtier.network
IP-Nummer:	192.168.1.123
Netmask:	255.255.255.0
Broadcast-Adresse:	192.168.1.0

Außerdem muß noch die Schnittstelle angegeben werden, über die die Verbindung ins Netzwerk erfolgen soll, was meist die angeschlossene Ethernet-Karte ist. Wenn ein Gateway und/oder ein Nameserver existiert, müssen noch die entsprechenden IP-Adressen oder eventuell auch die Host- und Domain-Namen angegeben werden.

11.3.4 Konfigurationsdateien

Sollte die Konfiguration – aus welchen Gründen auch immer – nicht mit dem mitgelieferten Konfigurationsprogramm funktionieren, kann man auch direkt die entsprechenden Konfigurationsdateien editieren, die nachfolgend kurz vorgestellt sind:

/etc/HOSTNAME **oder** /etc/hostname
enthält nur den vollständigen Internet-Namen des eigenen Rechners

/etc/hosts
enthält eine Liste der bekannten IP-Adressen, wie z.B.:

```
# /etc/hosts
127.0.0.1         localhost
177.25.29.100     berlinw.winet.sta        berlinw
177.25.29.12      herold.winet.sta         herold
177.25.29.130     berlin2.linet.sta        berlin2
177.25.29.140     capital.linet.sta        capital
177.25.29.19      server1.winet.sta        server1
177.25.29.9       herold2.winet.sta        herold2
```

/etc/networks
enthält eine Liste mit IP-Adressen der bekannten Netze, wie z.B.:

```
# /etc/networks
#      This file describes a number of netname-to-address
#      mappings for the TCP/IP subsystem.  It is mostly
#      used at boot time, when no name servers are running.
#
loopback     127.0.0.0
winet.sta    177.25.29.0
linet.sta    177.25.29.128
```

/etc/host.conf
gibt an, wie TCP/IP unbekannte IP-Nummern ermitteln soll. In der folgenden Datei wird z.B. festgelegt, daß zuerst die Datei /etc/hosts zu durchsuchen ist (hosts) und anschließend der in der Datei /etc/resolv.conf angegebene Nameserver zu befragen ist (bind). Die zweite Zeile erlaubt, daß einem in /etc/hosts angegebenen Host-Namen mehrere IP-Adressen zugeteilt werden dürfen.

```
# /etc/host.conf
order hosts, bind
multi on
```

```
/etc/resolv.conf
```

gibt z.B. die IP-Adresse des Nameservers (`nameserver`) an, oder um welchen Domain-Namen· (`domain`) unvollständige Internet-Namen (wie z.B. `elefant`) automatisch erweitert werden sollen.

```
# /etc/resolv.conf
nameserver  194.95.193.10
domain  saugtier.network
```

Neben den hier aufgezählten Dateien existiert noch eine Vielzahl von weiteren Konfigurationsdateien, die sich im Directory `/etc` befinden und mit denen alle möglichen Netzwerk- und Internet-Dienste gesteuert werden können, auf die hier nicht eingegangen werden kann. Hier sei auf die entsprechende Begleitdokumentation zum jeweiligen Unix / Linux-System verwiesen.

11.4 Internet-Zugang mit PPP/SLIP

Um sich als privater Benutzer einen Internet-Zugang über eine Telefon- oder ISDN-Leitung zu beschaffen, muß man sich an an einen sogenannten Internet-Provider wenden. Eine solche Provider-Firma verfügt über einen vollwertigen Internet-Anschluß. Gegen eine Gebühr stellt diese Provider-Firma dem Privatanwender ein Home Directory und eine weltweit gültige E-Mail-Adresse[1] auf ihrem Server zur Verfügung. Über Modem kann sich nun der Privatanwender an diesem Server anmelden, dort in seinem Home Directory arbeiten, E-Mail verschicken oder seine an diesem Server angekommene E-Mail lesen.

Heute wird bei der Verbindung zum Server des Providers meist das Protokoll **PPP** oder **SLIP** verwendet. Diese Protokolle ermöglichen den Aufbau einer sogenannten TCP/IP-Verbindung (dazu später mehr) über eine Telefonleitung oder über ISDN. Solange diese Verbindung zum Provider-Rechner besteht, ist der eigene Rechner ins Internet eingebunden. Mit **UUCP** (*Unix to Unix Copy*) steht eine weitere Alternative zum Verbindungsaufbau zur Verfügung, die in einem späteren Kapitel beschrieben wird, aber heute für diesen Zweck nur noch selten benutzt wird. In diesem Kapitel wird nur auf **PPP** und **SLIP** eingegangen.

11.4.1 Allgemeines

Der erste Schritt, um auf einem Rechner einen Internet-Zugang einzurichten, ist, daß man sich von einem Internet-Provider die erforderlichen Daten für den Zugang besorgt, wie sie z.B. die folgende Liste zeigt:

---

1. E-Mail steht für Electronic Mail (*elektronische Post*)

Telefonnummer:	*1234456*
Interaktiver Benutzer-Name:	*hherold*
Interaktives Paßwort:	*imse12h*
Mail-Adresse:	*hherold@provider.de*
PPP/SLIP-Kennung:	*hherold*
PPP/SLIP-Paßwort:	*imse12h*
PPP/SLIP-Host-Name:	*x123.provider.de*
IP-Adresse:	*193.25.88.123*
Gateway IP-Adresse:	*193.25.42.1*
Domain Name Server (DNS):	*193.25.42.2*
Netmask:	*255.255.255.0*
Mail (SMTP) Server:	*mail.provider.de*
Mail Pop Server:	*pop.provider.de*
News (NNTP) Server:	*news.provider.de*
MTU:	*1006*

Telefonnummer

Diese Nummer muß mit dem Modem angewählt werden, um eine Verbindung mit dem Rechner des Internet-Providers aufzubauen.

Benutzer-Name und Paßwort

werden zum Anmelden über ein Terminalprogramm (wie z.B. **minicom** oder **seyon**) beim Server des Rechners benötigt.

Mail-Adresse

ist die Adresse, an die weltweit andere Benutzer E-Mail senden müssen, damit man diese empfangen und lesen kann.

PPP/SLIP-Kennung und -Paßwort

In der obigen Liste sind hierfür der Login-Name und das Paßwort angegeben. Das gilt nicht allgemein, da manche Provider zwischen PPP und interaktiver Nutzung unterscheiden. Abhängig vom Provider wird die PPP-Nutzung automatisch erkannt, oder es muß explizit nach dem Login noch PPP durch Eingabe eines eigenen Kommandos, wie z.B. **ppp**, gestartet werden. Falls die Verbindung mit einem Terminalemulator aufgebaut wurde, werden nur noch unlesbare Zeichen ausgegeben. In diesem Fall muß der Terminalemulator verlassen werden und die Verbindung mit **pppd** (PPP) oder **slattach** (SLIP) übernommen werden.

PPP/SLIP-Host-Name und IP-Adresse

Nach einem erfolgreichen Verbindungsaufbau ist dies der Name mit der zugehörigen IP-Adresse, mit dem man nun Mitglied im Internet ist. Unter diesem Namen bzw. unter dieser Nummer ist man nun für die Dauer der Verbindung weltweit im Internet erreichbar. Dies bedeutet, daß man selbst nun Zugang zu anderen Rechnern hat, aber auch, daß andere Internet-Benutzer nun auch

Zugang zum eigenen Rechner haben. Um den eigenen Rechner vor unbefugtem Zutritt zu schützen, muß man also in jedem Fall sicherstellen, daß alle Login-Namen des eigenen Rechners ein Paßwort besitzen.

Gateway IP-Adresse, Domain Name Server (DNS) **und** Netmask
sind Adressen des Internet-Providers, die man zur Konfiguration des E-Mail-Programms oder anderer Internet-Programme (wie z.B. **Netscape** oder **Arena**) benötigt.

Mail (SMTP) Server **und** Mail Pop Server
werden ebenfalls zur Konfiguration des E-Mail-Programms benötigt.

News (NNTP) Server
wird benötigt, wenn man sogenannte *News* (Neuigkeiten) im Internet lesen möchte.

MTU (maximum transmission unit)
gibt die Paketgröße an, die bei der Übertragung von Daten mittels **PPP** verwendet wird.

Um PPP und SLIP verwenden zu können, muß zunächst eine entsprechende Netzwerkkonfiguration vorgenommen werden. So muß z.B. **ping localhost** bereits funktionieren, was meist auch der Fall sein wird, wenn dies bereits bei der Installation richtig eingerichtet wurde. Darüber hinaus müssen maximal noch zwei weitere Dateien erweitert werden: /etc/hosts und /etc/resolve.conf:

/etc/hosts
enthält eine Liste der bekannten IP-Adressen, wie z.B.:

```
# /etc/hosts
127.0.0.1       localhost
177.25.29.100   berlinw.winet.sta      berlinw
177.25.29.12    herold.winet.sta       herold
177.25.29.130   berlin2.linet.sta      berlin2
177.25.29.140   capital.linet.sta      capital
177.25.29.19    server1.winet.sta      server1
177.25.29.9     herold2.winet.sta      herold2
194.95.193.10   fen.baynet.de          fen
```

/etc/resolv.conf
muß um die IP-Adresse des Nameservers (nameserver) des Internet-Providers erweitert werden. Der Nameserver (auch DNS, also Domain-Nameserver) ist für die Auflösung unbekannter Internet-Adressen in die zugehörigen IP-Adressen zuständig. Nachfolgend ist ein mögliches Aussehen dieser Datei gezeigt.

```
# /etc/resolv.conf
nameserver  194.95.193.10
domain  saugtier.network
```

Auf weitere Einzelheiten der Netzwerkonfiguration wird hier nicht eingegangen, da dies meist ausführlich in der begleitenden Dokumentation beschrieben ist. Im weiteren wird nur auf den Verbindungsaufbau eingegangen.

11.4.2 PPP

PPP steht für *point to point protocol* und ermöglicht eine Internet-Verbindung zwischen dem lokalen Rechner und dem Rechner eines Providers über eine serielle Schnittstelle (Modem und Telefonleitung). Um PPP verwenden zu können, muß der entsprechende Unix- bzw. Linux-Kernel PPP unterstützen, und zusätzlich müssen die beiden **pppd** und **chat** verfügbar sein.

Um eine PPP-Verbindung herzustellen, muß man zunächst mittels eines Terminalemulators (wie **minicom** oder **seyon**) die Telefonnummer des Internet-Providers anwählen und sich dort mit seiner PPP-Kennung und dem zugehörigen PPP-Paßwort anmelden. War diese Anmeldung erfolgreich, werden anschließend seltsame Zeichen am Bildschirm angezeigt, da der Internet-Provider nach der erfolgreichen Anmeldung sein PPP-Programm gestartet hat und mit dem Benutzer-Rechner eine PPP-Verbindung aufbauen möchte. Bei einigen Providern erfolgt der Start von PPP nicht automatisch. In diesem Fall muß man das entsprechende Programm »von Hand« starten, wie etwa durch Eingabe von **ppp** (dieser Name muß eventuell vom Provider erfragt werden).

Um die PPP-Verbindung nun auch vom lokalen Rechner zum Provider-Rechner herzustellen, muß zunächst der Terminalemulator verlassen werden und anschließend das Programm **pppd** gestartet werden. Beim Verlassen des Terminalemulators ist entscheidend, daß die gerade eingerichtete Verbindung auf keinen Fall unterbrochen wird. Unter **minicom** ist dies mit der Eingabe von Strg-A,Q möglich. Unter **seyon** muß mit der Maus auf den Button Cancel geklickt werden, und bei der anschließenden Rückfrage, ob aufzulegen ist, ist dies zu verneinen.

Beim Aufruf von **pppd** müssen sowohl die Gerätedatei des Modems als auch die Schlüsselwörter crtscts und defaultroute angegeben werden. **pppd** richtet dann über die Modemschnittstelle eine PPP-Verbindung ein. defaultroute bewirkt, daß **pppd** mit dem entsprechenden Programm des Providers die IP-Adressen austauscht. Somit sieht ein typischer Aufruf von **pppd** z.B. wie folgt aus:

```
/usr/lib/ppp/pppd  /dev/modem  crtscts  defaultroute  oder
/usr/sbin/pppd  /dev/modem  crtscts  defaultroute
```

Statt defaultroute kann eventuell auch *eigeneIP:providerIP* angegeben werden. Sollte die IP-Adresse des Internet-Providers nicht bekannt sein, kann man auch nur die eigene IP-Adresse (*eigeneIP:*) angeben. Wenn der Internet-Provider die IP-Adressen dynamisch, also bei jedem Einloggen eine freie Adresse aus seinem Pool von IP-Adressen, vergibt, dann muß das Schlüsselwort noipdefault angegeben werden:

```
/usr/lib/ppp/pppd  /dev/modem  crtscts  noipdefault  oder
/usr/sbin/pppd  /dev/modem  crtscts  noipdefault
```

pppd kann im übrigen nur vom Superuser (root) aufgerufen werden. Eine von root eingerichtete PPP-Verbindung kann dann aber von allen angemeldeten Benutzern verwendet werden.

Für den Verbindungsaufbau können noch zusätzliche Optionen in den Dateien /etc/ppp/options oder in .ppprc (im Working Directory) eingestellt werden. Wenn der Internet-Provider z.B. eine gegenseitige Identifizierung (*authentification*) verlangt, muß in der Datei /etc/ppp/options das Schlüsselwort auth angegeben werden. Zusätzlich müssen sich die Identifizierungsdaten in der Datei /etc/ppp/chap-secrets befinden. Weitere Informationen zu **pppd** finden sich in den man-Seiten zum **pppd**.

Um festzustellen, ob eine PPP-Verbindung erfolgreich aufgebaut wurde, muß **ifconfig** aufgerufen werden, das in etwa die folgende Ausgabe liefern sollte:

```
# ifconfig ⏎
lo        Link encap:Local Loopback
          inet addr:127.0.0.1  Bcast:127.255.255.255  Mask:255.0.0.0
          UP BROADCAST LOOPBACK RUNNING  MTU:3584  Metric:1
          RX packets:0 errors:0 dropped:0 overruns:0
          TX packets:0 errors:0 dropped:0 overruns:0
eth0      Link encap:10Mbps Ethernet  HWaddr 00:20:AF:CD:13:9A
          inet addr:193.25.29.9  Bcast:193.25.29.127  Mask:255.255.255.128
          UP BROADCAST RUNNING MULTICAST  MTU:1500  Metric:1
          RX packets:0 errors:0 dropped:0 overruns:0
          TX packets:0 errors:0 dropped:0 overruns:0
          Interrupt:10 Base address:0x300
ppp0      Link encap:Point-Point Protocol
          inet addr:194.95.193.132  P-t-P:194.95.193.2  Mask:255.255.255.0
          UP POINTOPOINT RUNNING  MTU:1524  Metric:1
          RX packets:0 errors:0 dropped:0 overruns:0
          TX packets:0 errors:0 dropped:0 overruns:0
#
```

An dieser Ausgabe ist erkennbar, daß nun eine PPP-Verbindung (ppp0) von der eigenen IP-Adresse zur IP-Adresse des Internet-Providers existiert. Da bisher noch keine Daten übertragen wurden, steht bei allen packets-Angaben der Wert 0.

Als nächstes kann man testen, ob auch wirklich die Daten übertragen werden können. Dazu muß man das Programm **ping** aufrufen, das kleine Testdatenpakete an die angegebene IP-Adresse schickt. In diesem Fall müßte man also die bei **ifconfig** angezeigte IP-Adresse des Internet-Providers angeben:

```
# ping 194.95.193.2 ⏎
PING 194.95.193.2 (194.95.193.2): 56 data bytes
```

```
64 bytes from 194.95.193.2: icmp_seq=0 ttl=255 time=278.8 ms
64 bytes from 194.95.193.2: icmp_seq=1 ttl=255 time=250.0 ms
64 bytes from 194.95.193.2: icmp_seq=2 ttl=255 time=240.0 ms
64 bytes from 194.95.193.2: icmp_seq=3 ttl=255 time=269.7 ms
..................
Strg-C
--- 194.95.193.2 ping statistics ---
14 packets transmitted, 14 packets received, 0% packet loss
round-trip min/avg/max = 240.0/253.4/278.8 ms
#
```

Statt der IP-Adresse kann man bei **ping** auch den Domain-Namen des Providers angeben. Da dieser Name auf dem eigenen Rechner nicht bekannt ist, wird der in /etc/resolv.conv angegebene Nameserver kontaktiert. Die Ausgabe von **ping** sollte in diesem Fall der vorherigen entsprechen:

```
# ping provider.de ⏎
PING 194.95.193.2 (194.95.193.2): 56 data bytes
64 bytes from 194.95.193.2: icmp_seq=0 ttl=255 time=278.8 ms
64 bytes from 194.95.193.2: icmp_seq=1 ttl=255 time=250.0 ms
64 bytes from 194.95.193.2: icmp_seq=2 ttl=255 time=240.0 ms
64 bytes from 194.95.193.2: icmp_seq=3 ttl=255 time=269.7 ms
..................
Strg-C
--- 194.95.193.2 ping statistics ---
14 packets transmitted, 14 packets received, 0% packet loss
round-trip min/avg/max = 240.0/253.4/278.8 ms
#
```

Hat die PPP-Verbindung diese einfachen Tests bestanden, kann man nun eine richtige Internet-Anwendung starten, wie z.B. **ftp** (wird später behandelt).

Sollte die PPP-Verbindung fehlgeschlagen haben, so empfiehlt es sich, in den entsprechenden Log-Dateien nachzuschauen, die sich abhängig von den Einstellungen in der Datei /etc/syslog.conf entweder im Directory /var/adm oder /var/log befinden. **pppd** protokolliert nämlich alle seine Fehlermeldungen, Warnungen, usw. mittels der **syslog**-Routine in diesen Log-Dateien mit. Wird beim Aufruf von **pppd** die Option debug angegeben, erfolgt eine noch ausführlichere Protokollierung.

Da eine PPP-Verbindung so lange bestehen bleibt, bis sie von einer Seite, also von einem selbst oder aber vom Internet-Provider unterbrochen wird, und in dieser Zeit natürlich auch Telefonkosten anfallen, sollte man nie vergessen, daß man die Verbindung nach seinem Arbeiten im Internet wieder abbricht. Zur Unterbrechung der Verbindung sollte der Superuser (root) das folgende Kommando aufrufen:

```
killall pppd
```

Das Kommando **killall** kann im übrigen allgemein verwendet, wenn ein Programm abzubrechen ist, von dem man den Namen kennt. Eine andere Möglichkeit ist, daß man sich zunächst alle laufenden Programme mit **ps x** anzeigen läßt, um die Prozeß-ID von **pppd** zu erfragen, und dann anschließend diesen Prozeß mit einem **kill**-Aufruf zu beenden, wie z. B.:

```
# ps x | grep pppd ⏎
  428 S1 S   0:00 /usr/sbin/pppd /dev/modem crtscts defaultroute
# kill 428 ⏎
# ps x | grep pppd ⏎
#
```

Diesen letzten Aufruf sollte man auch bei der **killall**-Vorgehensweise durchführen, um sicher zu sein, daß **pppd** wirklich beendet wurde.

Das Wählen und Einloggen über einen Terminalemulator mit anschließendem Start von **pppd** ist zwar für die ersten Versuche sicher sehr hilfreich, auf die Dauer aber sehr umständlich. Möchte man das Wählen und Anmelden automatisieren, muß man das Programm **chat** verwenden.

Dieses Programm **chat** muß mit einer ganzen Reihe von Parametern in der folgenden Reihenfolge aufgerufen werden:

1. Zeichenkette, auf deren Ankunft vom Modem **chat** wartet

2. Zeichenkette, die nach Ankunft der ersten an das Modem gesendet wird (ATZ für ein Reset des Modems)

3. Zeichenkette, auf deren Ankunft vom Modem **chat** wieder wartet (OK)

4. Zeichenkette, die nach Ankunft der vorherigen an das Modem gesendet wird (ATDT*telnr* wählt die Telefonnummer *telnr* an)

5. Zeichenkette, auf deren Ankunft vom Modem **chat** wieder wartet (klein oder groß geschriebene Login-Aufforderung)

6. Loginname

7. Zeichenkette, auf deren Ankunft vom Modem **chat** wieder wartet (klein oder groß geschriebene Aufforderung zur Paßwort-Eingabe)

8. Paßwort

Beim Aufruf von **chat** muß sowohl die Ein- als auch die Ausgabe auf /dev/modem umgelenkt werden. Damit **chat** alle seine Aktionen in /var/log/messages bzw. /var/adm/messages mitprotokolliert, sollte man es mit der Option **-v** aufrufen.

Das folgende Shell-Programm zeigt, wie ein Verbindungsaufbau mittels **chat** automatisiert werden kann:

```
#!/bin/sh
(
```

```
if chat -v "" ATZ OK ATDT1234456 ogin: hherold word: imse12h
then
    pppd crtscts defaultroute debug &
fi
) < /dev/modem > /dev/modem
```

Bei manchen Providern wird PPP allerdings nicht automatisch nach dem Verbindungsaufbau gestartet, sondern muß explizit durch ein vom Provider vorge-
schriebenes Kommando gestartet werden. Beispielsweise meldet sich der Provider nach dem Login mit *'Willkommen'* und erwartet dann die Eingabe des
Kommandos **ppp**. In diesem Fall müßte der obige **chat**-Aufruf wie folgt aussehen:

```
if chat -v "" ATZ OK ATDT1234456 ogin: hherold word: imse12h kommen ppp
```

Wesentlich übersichtlicher ist es, **chat** nicht durch Optionen, sondern über eine
Datei zu steuern. Diese Datei befindet sich üblicherweise im Directory `/etc/ppp`,
wie z.B. `chat.conf`. Nun muß man **chat** nur wie folgt aufrufen:

```
chat  -f  /etc/ppp/chat.conf
```

Nachfolgend ist das mögliche Aussehen dieser Datei gezeigt:

```
TIMEOUT 30
ABORT "NO CARRIER"
ABORT BUSY
ABORT "NO DIALTONE"
ABORT ERROR
"" +++ATZ
OK ATDT1234456
CONNECT ""
ogin: hherold
word: imse12h
```

Eine solche Datei hat den zusätzlichen Vorteil, daß bei Nicht-Zustandekommen
einer Verbindung aus den verschiedensten Gründen (keine Verbindung zum
Modem, Leitung besetzt usw.) dies sofort erkannt und **chat** abgebrochen wird.

Leider lassen beide Vorgehensweisen doch viele Wünsche offen. Deswegen werden meist zwei zusätzliche Skript-Programme angeboten: eines zum Aufbau
einer PPP-Verbindung (**ppp-on** oder **ppp-up**) und eines zum Unterbrechen einer
PPP-Verbindung (**ppp-off** oder **ppp-down**). Ob diese Skripten vorhanden sind,
kann man leicht mit den beiden folgenden Aufrufen feststellen:

```
locate ppp-on     bzw.     locate ppp-up
locate ppp-off    bzw.     locate ppp-down
```

Zum Schluß sei noch erwähnt, daß mit **kppp**, ein beim KDE mitgeliefertes Programm, und zusätzlich mit **tkppp**, ein in Tcl/Tk geschriebenes Programm,
inzwischen sehr komfortable ppp-Programme unter X Window angeboten werden, die sich leicht über Buttons und Textfelder bedienen lassen.

11.4.3 SLIP und CSLIP

SLIP steht für *serial line IP* und ermöglicht eine TCP/IP-Kommunikation über die serielle Schnittstelle. CSLIP ist eine Erweiterung zu SLIP, bei der die Protokollinformation, aber nicht die Daten, zusätzlich komprimiert werden. SLIP/CSLIP ist älter als PPP und wird heute noch oft eingesetzt, wenn auch die Tendenz immer mehr zu PPP geht. Hier werden deshalb nur die wichtigsten Unterschiede zwischen PPP und SLIP kurz vorgestellt. Um den Verbindungsaufbau zu automatisieren (wie mit **chat** bei PPP), benötigt man das Programm **dip** (meist im Directory /usr/sbin).

Der nicht-automatisierte Verbindungsaufbau beginnt wie bei PPP damit, daß man mit einem Terminalemulator (wie z.B. **minicom** oder **seyon**) eine Telefonverbindung zum Internet-Provider herstellt und sich dort anmeldet. Anschließend muß der Emulator wieder verlassen werden, ohne daß man die Leitung unterbricht. Mit dem Start des Programms **slattach** kann nun diese Verbindung vom Superuser (root) übernommen werden:

```
/usr/sbin/slattach  /dev/modem  &          [für CSLIP]
/usr/sbin/slattach  -p slip  /dev/modem  &  [für SLIP]
```

Nach dieser Übernahme muß man diese neue Internet-Verbindung noch registrieren. Dies kann mit den beiden Kommandos **ifconfig** und **route** erfolgen, wie z.B.:

```
ifconfig  sl0  197.77.193.155  pointtopoint  197.77.44.3  up
route  add  default  dev  sl0  &
```

Damit ist nun die Verbindung zum Internet-Provider hergestellt, die nun wie bei PPP mit **ifconfig** und **ping** getestet werden kann.

Um eine SLIP-Verbindung wieder zu unterbrechen, muß die folgende Kommandofolge eingegeben werden:

```
route  del  default
ifconfig  sl0  down
killall  slattach  oder  kill n   (n muß die Prozeßnummer von slattach sein)
```

Zur Automatisierung des Verbindungsaufbaus existiert das Programm **dip**. Es nimmt sowohl den Verbindungsaufbau als auch die Registrierung der neuen Internet-Verbindung vor. Beim Aufruf von **dip** muß eine sogenannte Skript-Datei angegeben werden. Meist ist eine leicht anpaßbare Skript-Datei mitgeliefert. Dies ist in der begleitenden Dokumentation des jeweiligen Systems nachzulesen. Um eine Verbindung wieder abzubrechen, muß **dip -k** aufgerufen werden. Gibt man beim Aufruf von **dip** die Option **-t** an, so kann man **dip** interaktiv bedienen. Die möglichen interaktiven Kommandos kann man sich durch die Eingabe von **help** anzeigen lassen.

11.5   Das World Wide Web (WWW)

Zum Lesen von WWW-Dokumenten, die im übrigen nicht im Internet liegen
müssen, sondern auch auf dem lokalen Rechner liegen können, benötigt man
einen sogenannten Browser (wie z.B. Netscape, Internet-Explorer usw.). Solche
Browser können jedoch nicht nur WWW-Dokumente lesen, sondern bieten meist
auch noch andere Internet-Dienste (FTP, E-Mail usw.) an. In diesem Abschnitt
wird kurz auf die drei frei verfügbaren Browser Lynx, Arena und Netscape eingegangen, wobei jedoch zuerst einige grundlegende Begriffe geklärt werden, mit
denen man beim WWW immer wieder konfrontiert wird.

11.5.1   WWW-Grundbegriffe

HTML

steht für *HyperText Markup Language* und ist das Dokumentenformat für das
WWW. HTML-Dokumente liegen im ASCII-Format vor und können mit jedem
Editor erstellt werden, wenn dies auch recht mühsam ist. Wesentlich komfortabler und leichter lassen sich aber HTML-Dokumente mit eigens dafür konzipierten HTML-Editoren erstellen.

http

steht für *HyperText Transfer Protocol* und definiert, wie HTML-Dokumente über
das Netz übertragen werden. WWW-Adressen beginnen üblicherweise mit
`http://`.

URL

steht für *Universal Resource Locator,* was eine WWW-Adresse im Format *typ://.....*
ist. Für *typ* kann unter anderem `ftp`, `http`, `https` (verschlüsseltes `http`) und `file`
angegeben werden.

Bookmarks

bedeutet zu deutsch *Lesezeichen*. Lesezeichen können in WWW-Dokumenten
gesetzt werden, um sich diese WWW-Seite später wieder über das früher
gesetzte Lesezeichen anzeigen zu lassen.

Cache und Proxy-Cache

Manche WWW-Browser unterhalten einen eigenen *Cache*, in dem die zuletzt
angezeigten WWW-Dokumente lokal auf der Festplatte gespeichert werden.
Wird später auf das gleiche WWW-Dokument nochmals zugegriffen, wird nur
getestet, ob sich das Dokument geändert hat. Wenn nicht, wird auf eine erneute
Übertragung verzichtet und statt dessen das lokal gespeicherte Dokument angezeigt, was natürlich schneller ist. Die meisten WWW-Server (von Internet-Provi-
dern oder Universitäten) unterhalten zusätzlich noch einen sogenannten *Proxy-*

Cache, der weitgehend wie ein lokaler Cache funktioniert, nur dies für mehrere Benutzer gleichzeitig. So werden schnelle Antwortzeiten für oft benutzte WWW-Dokumente erreicht.

11.5.2   Lynx – ein textbasierter WWW-Browser

Anders als die meisten WWW-Browser arbeitet der frei verfügbare **lynx** im Textmodus. Dies hat den Nachteil, daß viele Merkmale des WWW wegfallen, wie z.B. Graphikbilder oder unterschiedliche Schriftgrößen. Der Vorteil von Lynx ist aber, daß er wenig Speicher und Rechenzeit verbraucht und keine Installation von X Window voraussetzt. Lynx läßt sich relativ leicht bedienen. Es muß nur mit einer WWW-Adresse oder aber einer lokalen HTML-Datei aufgerufen werden. Lynx lädt dann das entsprechende Dokument und zeigt die erste Seite an.

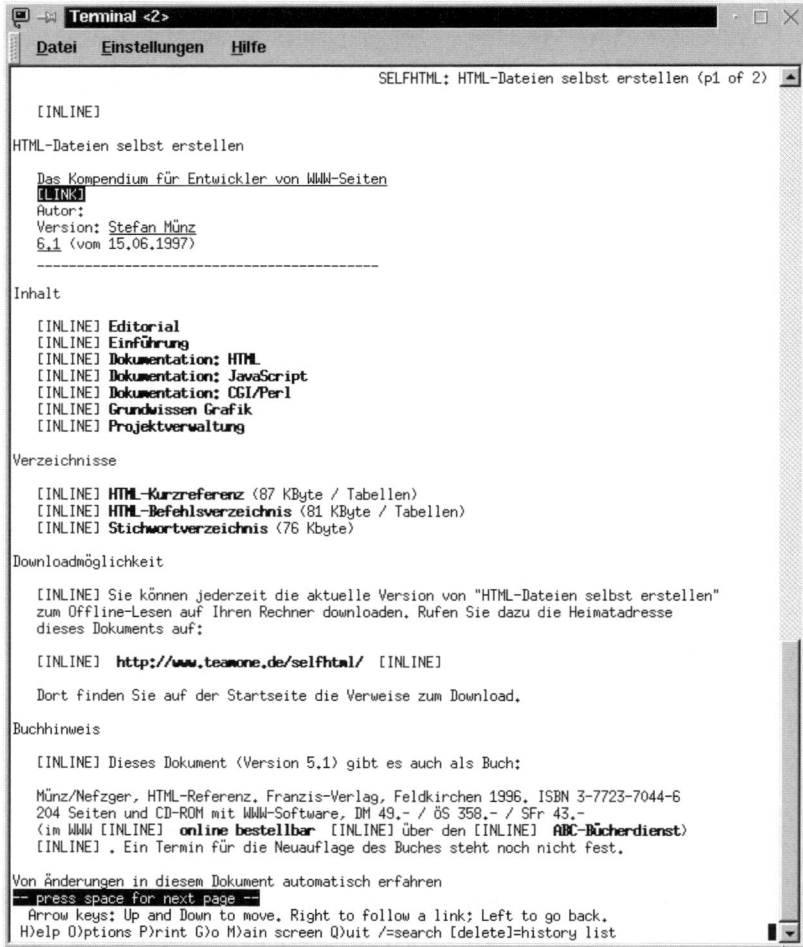

Über die folgenden Tastenkürzel läßt sich **lynx** dann interaktiv bedienen:

Wichtige Tastenkürzel im lynx

`Bild ↑`, `Bild ↓`	eine Seite zurück-/vorblättern
`Einfg, Entf`	zwei Zeilen zurück-/vorblättern
`↑`,`↓`	Cursor zum vorherigen/nächsten Querverweis bewegen
`↵`, `→`	Querverweis folgen
`←`	zurück zum letzten Dokument
Backspace	bisher angezeigten Dokumente auflisten
/text	*text* im aktuellen Dokument suchen
A	Verweis auf das Dokument in die Bookmark-Liste einfügen; wird in der Datei `lynx_bookmarks.html` im Home Directory gespeichert
D	Dokument auf den Rechner übertragen
E	Editor starten
G	WWW-Adresse eingeben
H, ?	Online-Hilfe; allerdings befinden sich viele Hilfstexte im Internet, so daß sie nur bei einer bestehenden Internet-Verbindung gelesen werden können.
K	alle verfügbaren Tastenkürzel anzeigen
O	Optionen einstellen
V	Bookmark-Liste anzeigen

Mit Lynx lassen sich auch normale Textdateien im ASCII-Format lesen. Lynx kann auch mit der Angabe eines Directorys gestartet werden. In diesem Fall zeigt Lynx dann eine Liste aller darin enthaltenen Dateien und Subdirectories an, die dann wie Querverweise ausgewählt werden können.

11.5.3   Arena – ein minimaler WWW-Browser

arena ist auch ein frei verfügbarer WWW-Browser, kann aber bezüglich Komfort sicher nicht mit den heute gängigen Browsern wie Netscape oder Internet-Explorer mithalten. Er beschränkt sich wirklich auf das Minimum. Er ist im Prinzip nur in der Lage WWW-Dokumente anzuzeigen und darin enthaltenen Querverweisen zu folgen. Die Bedienung erfolgt über selbsterklärende Buttons, und außer den Cursortasten gibt es keine weitere Tastenkürzel.

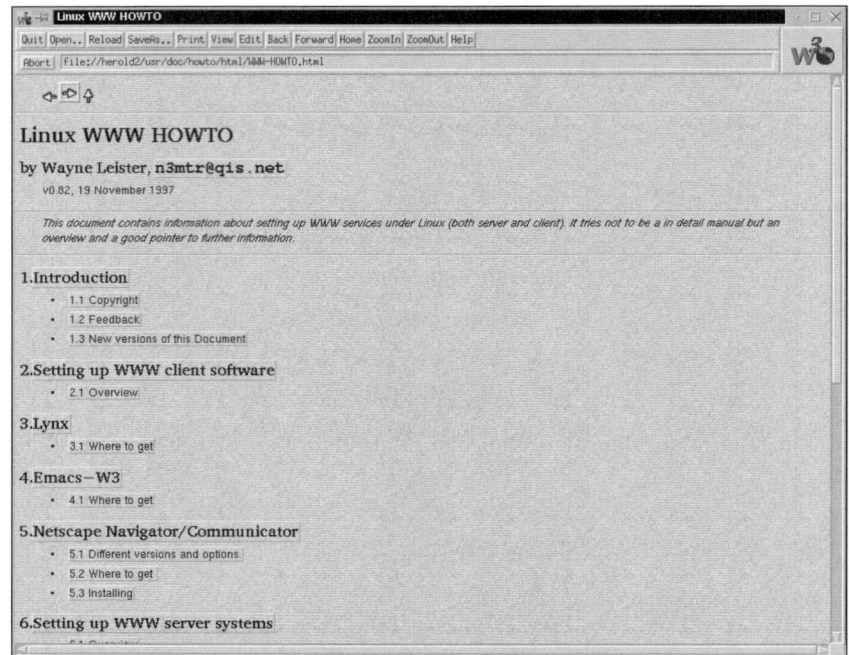

arena muß nur mit einer WWW-Adresse oder aber einer lokalen HTML-Datei aufgerufen werden. Es lädt dann das entsprechende Dokument und zeigt die erste Seite an. **arena** wird z. B. unter Linux oft zum Lesen von Online-Dokumentation, die im HTML-Format vorliegt, eingesetzt, da dieses Programm wesentlich weniger Speicher und CPU benötigt als der komfortable WWW-Browser Netscape, der nachfolgend vorgestellt ist.

11.5.4   Netscape – der Star der WWW-Browser

Die WWW-Browser **Netscape** *Navigator* (bis Version 3) bzw. *Communicator* (ab Version 4) sind nicht nur äußerst komfortable WWW-Browser, sondern unterstützen eine Vielzahl von Internet-Diensten (E-Mail, FTP, News-Verwaltung, Java-Interpreter usw.). Netscape ist nun auch frei verfügbar. Da seine Bedienung weitgehend selbsterklärend ist, wird nachfolgend nur ein Beispiel eines Netscape-Windows gezeigt:

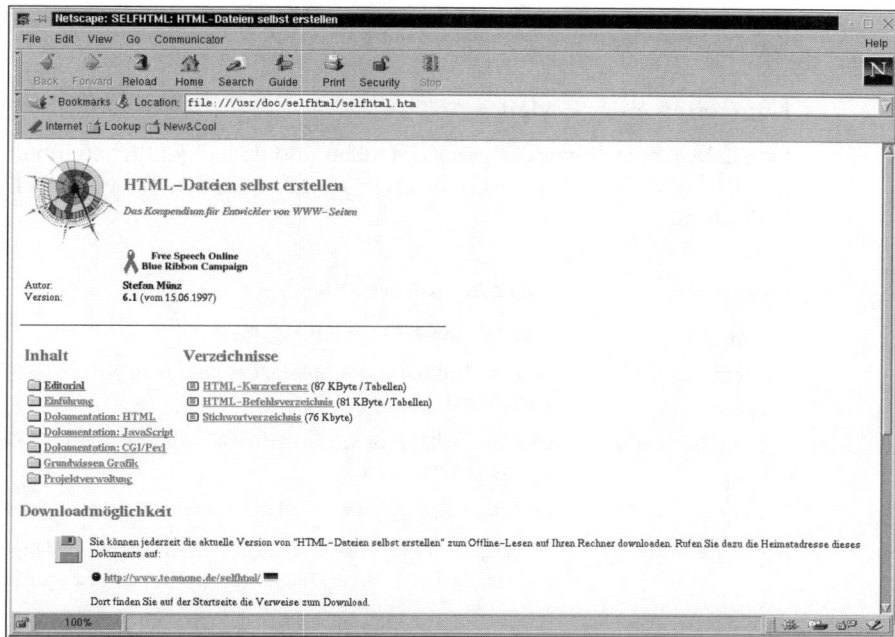

11.6   E-Mail

Mit E-Mail bezeichnet man elektronische Post (electronic mail). Die hier vorgestellte Form des Nachrichtenaustausches ähnelt dem Senden und Empfangen
eines Briefes mit der Post, nur daß hier die Nachrichten elektronisch über ein
lokales oder weltweites Netz (Internet) ausgetauscht werden.

11.6.1   Allgemeines zur E-Mail

Bevor die wichtigsten mail-Programme zum Senden und Empfangen von E-Mail
vorgestellt werden, werden zunächst allgemeine Eigenschaften von E-Mails vorgestellt, die für alle mail-Programme gelten.

E-Mail-Adressen

Innerhalb eines lokalen Netzes ist die E-Mail-Adresse meist der Login-Name des
jeweiligen Benutzers. Im Internet setzt sich eine E-Mail-Adresse wie folgt zusammen:

loginname@host.domain   (wie z. B. *hherold@provider.de*)

Jede E-Mail, die man empfängt, zeigt in der *From:*-Zeile die Adresse des Absenders an. Möchte man direkt auf die E-Mail antworten, muß man nur das *Reply*-
Kommando aktivieren. In diesem Fall muß man die Adressaten-Adresse nicht

nochmals eigens eintippen, da diese automatisch vom mail-Programm eingetragen wird.

Kopfzeilen einer E-Mail

Eine E-Mail besteht aus einigen Kopfzeilen und dem eigentlichen Inhalt des Briefes. Die einzelnen Schlüsselwörter in den Kopfzeilen haben dabei folgende Bedeutung:

`From:` *adresse*	E-Mail-Adresse des Absenders
`To:` *adresse*	E-Mail-Adresse des Empfängers
`Subject:` *inhalt*	Kurzbeschreibung des Inhalts (wie die *Betreff*-Zeile in einem deutschen Brief)
`Reply-To:` *adresse*	Antwort nicht an die *From*-Adresse, sondern an diese *Reply*-Adresse(n) schicken
`Cc:` *adresse*	(*Carbon copy*) Kopie der Mail auch an diese Adresse(n) schicken
`Bcc:` *adresse*	(*Blind carbon copy*) wie `Cc:`, nur erfahren diese Empfänger nicht, daß die Mail auch an andere Personen verschickt wurde

Mappen (Folder)

Meist ergibt es Sinn, seine erhaltenen Briefe etwas zu ordnen und sich nicht alle Briefe auf einer Ebene als eine lange Liste zu halten, sondern diese entsprechend dem Inhalt in eigenen Mappen (*folder*) zu organisieren, wie z.B. `privat`, `organisation`, `programme` usw. Wie eine Mappe aufgebaut ist hängt vom jeweiligen mail-Programm ab, wobei jedoch die meisten mail-Programme eine Mappe nur als eine große Textdatei realisieren, in der sie alle Briefe nacheinander als Text speichern. Zwar ist damit das Lesen einer großen Mappe eventuell etwas langsam, aber man hat auch den Vorteil, daß man solche Mappen leicht mit unterschiedlichen mail-Programmen lesen kann. Dazu muß man nur die entsprechende Datei in das Mail-Directory des jeweiligen mail-Programms kopieren. Außerdem lassen sich auf solche »Mappen-Dateien« die normalen für Textdateien konzipierte Unix-Kommandos (wie z.B. **grep**, **more** usw.) anwenden.

Adreßbücher

Die meisten mail-Programme erlauben das Unterhalten von Adreßbüchern, in denen man sich die Adressen von anderen Benutzern speichern kann, damit man diese jederzeit abrufen kann und nicht immer wieder neu eintippen muß. Dabei kann die Adresse meist auch aus einer bereits vorhandenen E-Mail extrahiert werden, um den Tippaufwand und die Wahrscheinlichkeit des Vertippens zu verringern.

Binärdateien

Normalerweise bestehen E-Mails aus normalem ASCII-Text, der von jedem mail-Programm verarbeitet werden kann. Daneben möchte man heute aber auch sogenannte Binärdateien (wie z.B. ausführbare Programme, Bilder, komprimierte Dateien) über E-Mail verschicken. Dazu existiert der Mail-Standard **MIME** (*multipurpose internet mail extensions*), der jedoch nur von den neueren mail-Programmen (wie etwa **Netscape** oder **pine**) unterstützt wird. Wenn der Empfänger einer E-Mail nicht ein mail-Programm verwendet, das MIME unterstützt, wird ihm die mitgeschickte Binärdatei als unlesbarer Text angezeigt.

Möchte man einem Benutzer, der ein nicht MIME-fähiges mail-Programm verwendet, eine Binärdatei schicken, muß man die Binärdatei zuerst mit **uuencode** (wird später noch ausführlicher beschrieben) in eine Textdatei umwandeln und diese anschließend mit einem beliebigen mail-Programm verschicken. **uuencode** sollte wie folgt aufgerufen werden:

```
uuencode  quelldatei  zieldatei  > uudatei
```

quelldatei	gibt den Namen der umzuwandelnden Datei an
zieldatei	gibt den Namen der Datei an, in der beim Zurückwandeln mit **uudecode** die dekodierten Zeichen zu schreiben sind
uudatei	gibt den Namen der Datei an, in welche der mit **uuencode** kodierte Text zu schreiben ist.

Nun kann man die Datei *uudatei* verschicken. Der Empfänger dieser Nachricht (Textdatei), muß diese mit seinem mail-Programm in einer Datei (wie z.B. in *uudatei*) speichern und anschließend folgendes aufrufen:

```
uudecode  uudatei
```

Danach befindet sich die Binärdatei in ihrer originalen Form auf seinem Rechner unter dem Namen *zieldatei*, der bei **uuencode** angegeben wurde.

Mail-Directorys

In welchem Directory angekommene E-Mail hinterlegt wird hängt vom System ab. Meist ist dies /var/spool/mail/*loginname* oder /usr/spool/mail/*loginname*. Es existiert also zu jedem Loginnamen eine eigene Maildatei (*Mailbox*), in der sich hintereinander die einzelnen E-Mails als ASCII-Text befinden.

Möchte man seine angekommene E-Mail lesen, schaut das zugehörige Programm (**mail**, **mailx**, **pine**, **elm** oder **emacs**) zunächst im Postkasten (*Mailbox*) des aufrufenden Benutzers (wie z.B. /var/spool/mail/*loginname*) nach. Die weitere Vorgehensweise hängt dann vom jeweiligen mail-Programm ab:

▸ **mail** und **mailx** entfernen automatisch jede gelesene Nachricht aus der Mailbox und fügen diese an die Datei .mbox (im Home Directory) an.

▸ **pine** und **elm** modifizieren die Mailbox nur nach einer Rückfrage, die man aber verneinen kann, wenn man auch die gelesene E-Mail weiter in der Mailbox behalten möchte, um sie später nochmals zu lesen.

▸ **Netscape** überträgt ohne Rückfrage alle Nachrichten aus der Mailbox in eine eigene Datei nsmail/Inbox (im Home Directory) mit eigenem Format.

▸ **Emacs** überträgt ebenso wie Netscape ohne Rückfrage alle Nachrichten aus der Mailbox in eine eigene Datei RMAIL (im Home Directory) mit eigenem Format.

Dies bedeutet, daß E-Mail, die einmal mit Emacs oder Netscape gelesen wurde, nicht mehr für andere mail-Programme zur Verfügung steht. Dagegen kann man E-Mail, die zuerst mit **pine** oder **elm** gelesen wird, anschließend mit einem anderen mail-Programm nochmals lesen. Für alle mail-Programme gilt, daß Nachrichten niemals ohne Rückfrage gelöscht werden. Sie werden eventuell nur an eine andere Stelle übertragen, wo sie nur mit diesem speziellen mail-Programm gelesen werden können.

mail user agent und mail transport agent

Mit *mail user agent* bezeichnet man das entsprechende mail-Programm (wie z.B. mail, mailx, elm, pine, Netscape), mit dem der Benutzer arbeitet, während der *mail transport agent* für die Zustellung der E-Mail zuständig ist und ständig im Hintergrund läuft. Auf vielen Systemen handelt es sich dabei um **sendmail**, während andere **smail** oder **rmail** installiert haben.

11.6.2   Das mail-Programm pine

pine ist aufgrund seiner einfachen Bedienbarkeit eines der beliebtesten mail-Programme. In **pine** existieren zumindest drei Mappen (*folder*):

INBOX	für neu angekommene E-Mail (ist z.B. /var/spool/mail/*loginname*)
sent-mail	für selbst verschickte E-Mail
saved-messages	für Nachrichten, die mit dem Kommando SAVE aus INBOX dorthin kopiert wurden. Wird bei SAVE ein anderer Name angegeben, erzeugt **pine** automatisch eine neue Mappe dieses Namens.

pine legt seine Mappen (*folder*) mit Ausnahme von INBOX im Directory mail (im Home Directory) ab. Damit die Mailbox nicht zu groß wird, werden gelesene E-Mails bei jedem Monatsanfang nach einer Rückfrage automatisch in eine Datei sent-mail-*mmm-jj* übertragen, wobei *mmm* ein Kürzel für den Monat und *jj* für die Jahreszahl ist. Außerdem kann man dabei **pine** anweisen, alte sent-mail-Mappen zu löschen.

Startet man **pine**, so wird folgendes Menü angezeigt:

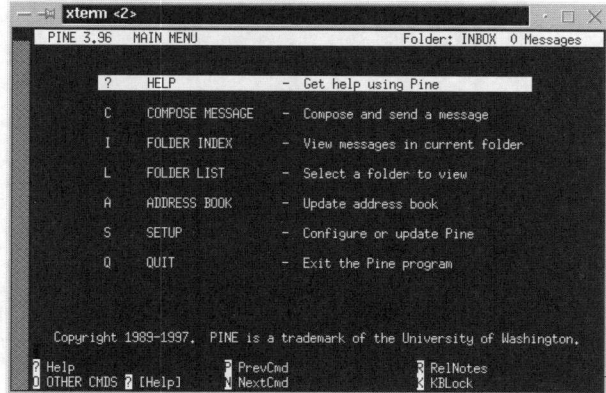

Möchte man neu angekommene E-Mail lesen, muß über den Menüpunkt FOLDER
LIST die Mappe INBOX angewählt werden. **pine** zeigt dann eine Liste aller Nachrichten (mit Ankunftszeit, Größe in Bytes und *Subject*-Zeile) an. Neue, noch nicht
gelesene E-Mail wird mit einem vorangestellten N gekennzeichnet. Mittels den
Cursortasten $\boxed{\downarrow}$ und $\boxed{\uparrow}$ kann man nun eine E-Mail aus der betreffenden Liste
auswählen und mit einem anschließendem Drücken der Eingabe-Taste lesen.

Sollte man eine Vielzahl von angekommenen E-Mails haben, wie z. B. nach einem
Urlaub, so läßt sich in der E-Mail-Liste auch mittels + bzw. – vorwärts- bzw. rück-
wärtsblättern, und mit der Taste W läßt sich nach einem bestimmten Text in den
Subject-Zeilen suchen.

Während des Lesens einer E-Mail stehen weitere Kommandos, die weitgehend
selbsterklärend sind, von denen aber einige in den beiden folgenden **pine**-Win-
dows kurz erläutert werden:

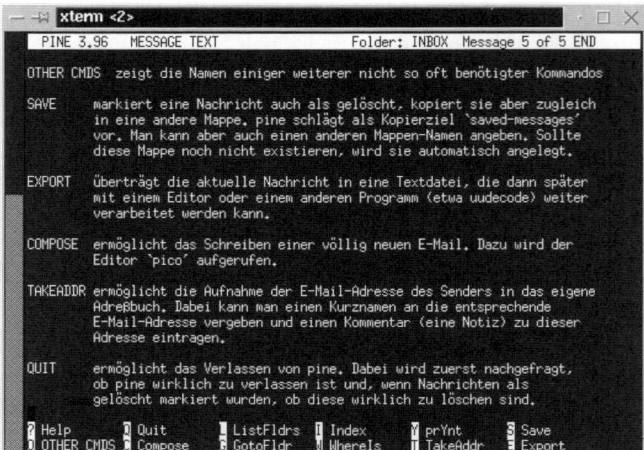

Die Bedienung des Editors **pico** ist ziemlich einfach. Nachfolgend sind die wichtigsten Tastenkombinationen in einer Tabelle zusammengefaßt:

Wichtige Tastenkombinationen beim Editieren mit pico

Strg +A	An Anfang der Zeile springen (eventuell auch mit Pos1 möglich)
Strg +E	An Ende der Zeile springen (eventuell auch mit Ende möglich)
Strg +D	Zeichen nach Cursor löschen (eventuell auch mit Entf möglich)
Strg +H	Zeichen vor Cursor löschen (eventuell auch mit *Backspace* möglich)
Strg +^	Markierungspunkt setzen
Strg +K	aktuelle Zeile löschen
Strg +U	zuletzt gelöschten Text an Cursorposition wieder einfügen
Strg +R	eine Textdatei an Cursorposition einfügen
Strg +X	eine Nachricht abschicken
Strg +C	Schreiben einer Nachricht abbrechen

Möchte man während des Schreibens einer E-Mail auf eine alte E-Mail zugreifen oder neue E-Mails lesen, kann man das Schreiben mit Strg+O unterbrechen. Die noch nicht fertig geschriebene Nachricht wird dann in der Mappe postponed-messages abgelegt und kann später mit der Anwahl des Menüpunktes Compose wieder weitergeschrieben werden. In der Mappe postponed-messages können sogar mehrere halbfertige E-Mails gleichzeitig liegen.

Adreßbuch

pine ermöglicht auch die Verwaltung eines E-Mail-Adreßbuchs (Hauptmenü-Eintrag ADDRESS BOOK). Dort kann man neue Adressen eintragen oder bereits existierende Adressen auswählen. Mit COMPOSE wird auf Schreiben eines Briefes umgeschaltet und die gerade angewählte Adresse als Empfänger im Briefkopf eingetragen. Umgekehrt kann man während des Lesens einer E-Mail die Absenderadresse mit TakeAddr in das Adreßbuch aufnehmen. Das Adreßbuch wird immer in der Datei .addressbook (im Home Directory) gespeichert. Das Adreßbuch kann auch dazu verwendet werden, um sich sogenannte Verteiler-Listen zu erstellen. So könnte man z.B. einen Eintrag stammtisch definieren und darin die Adressen aller Mitglieder seines Stammtisches angeben. Möchte man nun E-Mail an alle »Stammtisch-Brüder« schicken, muß man als Adresse nur stammtisch angeben.

Sortieren der Nachrichten

Mit dem Kommando SortIndex (Kürzel **$**) ist es möglich, die Reihenfolge der Nachrichten in einem Folder zu ändern. Voreinstellung ist, daß die Nachrichten in der Reihenfolge des Eingangs geordnet sind. Sortiert man die Nachrichten mit SortIndex um, so gilt diese Reihenfolge jedoch nur für die aktuelle **pine**-Sitzung, da diese Reihenfolge nicht gespeichert wird. Wünscht man grundsätzlich für alle Folder eine andere Reihenfolge, muß man **pine** entsprechend konfigurieren, was im entsprechenden Abschnitt näher erläutert wird.

Suchen von Nachrichten

Mit WhereIs bietet **pine** die Möglichkeit des Suchens eines Textes an. Diese Suche bezieht sich jedoch nicht auf alle existierenden E-Mails, sondern nur auf die *Subject*-Zeile oder aber auf die aktuelle Nachricht, die man gerade liest. Will man in allen Nachrichten nach einem bestimmten Text suchen, kommt man nicht um die Verwendung des Kommandos **grep** herum, wie z.B.

```
$ grep "C-Programm" /var/spool/mail/hh ⏎      [Suchen nach Text "C-Programm"
                                               in allen Nachrichten von INBOX]
........
$ cd ~/mail ⏎                           [Wechseln in Dir. mail (im Home Directory)]
$ grep Cindy sent-mail*97 ⏎             [Suchen nach Text "Cindy" in allen
                                          geschickt. E-Mails im Jahr 1997]
........
$
```

Schicken und Empfangen von Binärdateien

Möchte man eine Binärdatei mit **pine** verschicken, muß man im Briefkopf beim Attchmnt:-Feld das Kommando Strg+J eingeben. **pine** fragt dann nach dem Dateinamen der zu übertragenden Binärdatei und nach einem Kommentar (kurze Beschreibung des Inhalts und Formats) zu dieser Datei.

Empfängt man eine Nachricht mit einer angehängten Datei, zeigt **pine** nur den normalen Nachrichten-Text an und einige Informationszeilen weisen darauf hin, daß eine oder mehrere Dateien an diese Nachricht angehängt sind. Diese angehängten Dateien lassen sich mit `ViewAttch` ansehen bzw. als eigene Dateien speichern. Da der Originaltext die Nummer 1 hat, muß man zum Bearbeiten der ersten angehängten Datei die Nummer 2 eingeben. Das Ansehen einer Datei ist natürlich nur dann sinnvoll, wenn es sich um eine Textdatei handelt. Handelt es sich dagegen um eine Binärdatei, muß diese zunächst mit `Save` gespeichert werden und dann z.B. mit **uudecode** in die Originaldatei zurückverwandelt werden.

Weiterleiten von E-Mails

Manchmal möchte man empfangene E-Mails an eine andere Adresse, wie z.B. einem anderen Benutzer oder an eine andere eigene E-Mail-Adresse weiterleiten. Dazu verwendet man meist das Kommando `Forward`. Dabei wird man jedoch selbst als Absender eingetragen. Möchte man, daß der Originalabsender der E-Mail erhalten bleibt, muß man das Kommando `Bounce` verwenden. Dieses Kommando `Bounce` steht jedoch nur zur Verfügung, wenn es in der **pine**-Konfiguration aktiviert wurde (siehe weiter unten).

Möchte man nicht nur einzelne E-Mails, sondern alle E-Mails von einer Adresse automatisch zu einer anderen weiterleiten lassen, weil man z.B. für einige Zeit an einer anderen Stelle mit dieser anderen Adresse arbeitet, muß man dies in der Datei `.forward` (im Home Directory) eintragen. Ein mögliches Aussehen der Datei `.forward` (im Home Directory des Benutzers mit Login-Namen `hherold`) ist nachfolgend gezeigt:

```
hh@uni-toll.de
\hherold
```

Damit werden alle ankommenden E-Mails des Benutzers `hherold` automatisch an die Adresse `hh@uni-toll.de` weitergeleitet. Zusätzlich wird durch den Eintrag `\hherold` festgelegt, daß Kopien der weitergeleiteten E-Mails auch lokal in der Mailbox des Benutzers `hherold` hinterlegt werden.

Konfiguration von pine

pine kann man entweder interaktiv mit dem Kommando `Setup` oder aber über Einträge in der Datei `.pinerc` (im Home Directory) konfigurieren. Nachfolgend werden einige wichtige Konfigurationsmöglichkeiten kurz vorgestellt:

`enable-aggregate-command-set`
Ist dieses Schlüsselwort bei `feature-list=...,enable-aggregate-command-set,` `...` angegeben, so kann eine ganze Gruppe von E-Mails mit einem Kommando bearbeitet, z.B. gelöscht werden. Um mehrere E-Mails zu einer Gruppe zusammenzufassen, muß zunächst das Kommando `Select` (Tastenkürzel `;`) aufgerufen

werden. Danach muß man das Kriterium auswählen, das festlegt, welche
E-Mails zu einer Gruppe zusammenzufassen sind. Auswahlkriterien sind
E-Mail-Nummern, bestimmter Text (in Absender, Subject usw.), ein Zeitintervall
usw. Man muß im übrigen nicht über das Kommando Select gehen, um mehrere
E-Mails zu einer Gruppe zusammenzufassen, sondern man kann auch direkt einzelne E-Mails in eine Gruppe aufnehmen, indem man in der E-Mail-Liste den
Cursor auf die entsprechende E-Mail bewegt und das Tastenkürzel : eingibt. Zu
einer Gruppe zusammgefaßte E-Mails werden durch ein X in der linken Spalte
gekennzeichnet. Um eine Gruppe von ausgewählten E-Mails zu bearbeiten, muß
man das Kommando Apply eingeben. Man kann diese ganze Gruppe löschen,
speichern, weiterleiten, Adressen in das Adreßbuch übernehmen usw.

enable-bounce-cmd

Ist dieses Schlüsselwort bei feature-list=...,enable-bounce-cmd, ... angegeben, so wird das Kommando Bounce eingeschaltet (siehe oben bei *Weiterleiten von
E-Mails*).

personal-name=*Helmut Herold*

Gibt den vollständigen Namen an, der als Absender beim Verschicken von
E-Mails einzutragen ist. Ist personal-name nicht gesetzt, verwendet **pine** den
Namen, der in /etc/passwd angegeben ist.

domain-name=*provider.de*

Gibt den Domain-Namen an, der als Absender beim Verschicken von E-Mails
zusätzlich zum Loginnamen einzutragen ist. Meldet man sich z.B. bei der obigen
Einstellung als hherold an, so verwendet **pine** als Absenderadresse beim Verschicken von E-Mails den Namen hherold@provider.de. Diese Adresse wird dann
auch beim Verschicken von E-Mail im lokalen Netz verwendet, wo es nicht unbedingt notwendig ist, aber auch nicht schadet.

signature-file=*dateiname*

Gibt den Namen einer Datei an, deren Inhalt **pine** immer automatisch an jede
E-Mail anhängt, die man verschickt. In dieser Datei *dateiname* könnten sich z.B.
die eigene Adresse, Telefon- und Faxnummer und schlaue Lebensweisheiten
befinden

editor=*pfadname*

Legt einen Editor fest, den man anstelle des Standard-Editors von **pine** verwen-
den möchte, wenn man eine E-Mail schreibt. Aufrufen läßt sich dieser alternative
Editor dann mit Strg+_ (entspricht Shift+Strg+-). Möchte man z.B. **vi** zum
Schreiben von E-Mails verwenden, müßte man editor=vi festlegen.

character-set=ISO-8859-1

Legt fest, daß man den deutschen Zeichensatz verwenden möchte.

inbox-path={*provider.de*}inbox

Legt fest, daß **pine** nicht die lokale Mailbox, sondern die Mailbox am Rechner
des Internet-Providers verwenden soll. Vor dem ersten Zugriff auf die Mail muß

man dann immer seinen Loginnamen und das zugehörige Paßwort eingeben. Diese Einstellung hat den Nachteil, daß man **pine** nur verwenden kann, während eine Internet-Verbindung zum Provider besteht, was sich natürlich auf die Telefonkosten auswirkt. Eine bessere Vorgehensweise ist das Abholen von E-Mail mit **fetchmail** (wird später beschrieben).

Dies war nur eine Kurzeinführung in **pine**. Eine ausführliche Online-Dokumentation zu **pine** kann man mit den Kommandos Help oder RelNotes im **pine**-Hauptmenü abrufen. Zudem existiert ein kurzer man-Text zu **pine**, der vor allen Dingen die Optionen beschreibt, mit denen man **pine** aufrufen kann.

11.6.3   Das mail-Programm elm

Mit **elm** existiert ein weiteres mail-Programm, das zwar nicht so komfortabel wie **pine** ist, aber sich ebenfalls leicht bedienen läßt. Beim ersten Aufruf von **elm** wird automatisch das Directory .elm (im Home Directory) angelegt, in dem elm-spezifische Dateien untergebracht werden, wie die Konfigurationsdatei .elmrc. Möchte man z.B. nicht *vi*, der der Standardeditor von **elm** ist, zum Schreiben von E-Mails verwenden, muß man in der Datei .elmrc die Variable editor setzen, wie z.B.

```
editor=emacs
```

Ähnlich wie bei **pine** erfolgt auch bei **elm** die Bedienung menügesteuert und ist weitgehend selbsterklärend. Eine vollständige Liste aller elm-Kommandos kann man sich mit dem Tastenkürzel ? (Help) anzeigen lassen.

Gelesene E-Mails werden von **elm** normalerweise in der Datei Mail/received (ausgehend vom Home Directory) abgelegt. Dies kann man jedoch unterbinden, indem man beim Verlassen von **elm** auf die entsprechende Rückfrage mit N antwortet.

Online-Dokumentation zu **elm** kann man mit dem Aufruf **man elm** erfragen. Eine Datei, in der die Konfigurationsmöglichkeiten von **elm** angegeben sind, befindet sich meist auch auf dem jeweiligen System. In welchem Directory sich diese befindet, läßt sich am leichtesten mit folgendem Aufruf erfragen:

```
locate "*elm*rc*"
```

11.6.4   Netscape als mail-Programm

Netscape läßt sich so konfigurieren, daß man es als eigenständiges Mail-System verwenden kann. Es funkiert dann nicht nur als *mail user agent*, sondern übernimmt auch den Empfang und den Versand von E-Mails (*mail transport agent*). Diese Art der Konfiguration macht die Programme **sendmail** und **fetchmail** (dazu später mehr) überflüssig. Allerdings kann man **Netscape** auch so konfigurieren, daß es mit **sendmail** und **fetchmail** zusammenarbeitet. Nachfolgend wird kurz auf beide Möglichkeiten eingegangen.

Um E-Mail in Netscape zu lesen, muß man die Menüsequenz `Communicator` / `Messenger Mailbox` anklicken. Das erste Mal gibt Netscape eine Warnung aus, daß das System noch nicht konfiguriert ist. E-Mails werden von Netscape im Directory `nsmail` (im Home Directory) abgelegt.

Netscape-Betrieb ohne sendmail und fetchmail

Möchte man das Mail-System von Netscape ohne die Zuhilfenahme von **sendmail** und **fetchmail** betreiben, nennt man dies *Offline-Betrieb*. In diesem Fall sind die folgenden Einstellungen nach der Menüsequenz `Edit` / `Preferences` erforderlich:

Menüsequenz `Mail & Groups` / `Identity`
Hier muß man seinen vollständigen Namen und seine volle E-Mail-Adresse angeben.

Menüsequenz `Mail & Groups` / `Messages`
Die Einstellungen hier beziehen sich auf das Aussehen und die Anzeige von E-Mails.

Menüsequenz `Mail & Groups` / `Mail Server`
Als *Mail server user name* muß hier die eigene Mail-Adresse beim Internet-Provider eingetragen werden: nicht die vollständige Adresse, sondern nur der Teil vor dem @-Zeichen.

Unter *Outgoing mail server* muß der Name des Servers des Internet-Providers eingegeben werden, an dem die eigenen geschriebenen E-Mails weitergeleitet werden.

Unter *Incoming mail server* muß der Name des Servers des Internet-Providers eingegeben werden, an dem die angekommenen E-Mails abgelegt werden.

Als *Mail server type* sollte `POP3` aktiviert werden.

Damit man die vorgenommene Konfiguration speichern kann, muß eine Internet-Verbindung existieren, da Netscape überprüft, ob die eingegebenen Internet-Adressen vorhanden sind. Danach sollte man Netscape verlassen und neu starten.

Netscape-Betrieb mit sendmail und fetchmail

Möchte man Netscape nur zum Lesen lokaler E-Mails verwenden, wobei sich **sendmail** und **fetchmail** um den Transport der E-Mails kümmern sollen, müssen folgende Einstellungen unter der Menüsequenz `Mail & Groups` / `Mail Server` vorgenommen werden:

Unter *Outgoing mail server* muß `localhost` eingegeben werden. Außerdem sollten die beiden Buttons `Movemail application` und `Built In` aktiviert werden. Damit wird festgelegt, daß Netscape eintreffende E-Mail aus der lokalen Mailbox `/var/`

`spool/mail/`*loginname* liest. Zusätzlich sollte man im Directory `/var/spool/mail`
allen Benutzern Schreibrechte geben, wie z. B. mit

```
chmod a+e /var/spool/mail
```

Dies ist notwendig, da Netscape in dieses Directory Daten speichern möchte.

11.6.5   Emacs als mail-Programm

Auch der Editor **Emacs** läßt sich als mail-Programm betreiben. Dazu muß man
ihn mit `ALT+X rmail`⏎ in den Mail-Modus umschalten. Die weitere Bedienung
ist dann zumindest unter X Window menügeführt.

Auf eines ist allerdings bei der Verwendung von Emacs als mail-Programm zu
achten: Emacs liest die Datei `/var/spool/mail/`*loginname* und überträgt alle
E-Mails in eine eigene Mailbox `RMAIL` (im Home Directory), was bedeutet, daß die
so gelesene E-Mail ab jetzt nur noch mit dem Emacs und nicht mehr mit einem
anderen mail-Programm gelesen werden kann.

11.6.6   Die mail-Programme mail und mailx

Die beiden ältesten mail-Programme, die auf jedem Unix- bzw. Linux-System
vorhanden sein sollten, sind **mail** und **mailx**. Sie sind sicherlich nicht so komfortabel wie andere mail-Programme, werden aber heute immer noch oft eingesetzt.

Der Hauptunterschied zwischen diesen beiden Kommandos ist, daß **mailx** über
folgende zusätzliche Möglichkeiten verfügt:

▸ Aufruf von **ed** oder **vi**, um Briefe zu editieren.

▸ Komfortableres Auflisten der Kopfzeilen vorhandener Briefe und bessere
   Auswahlmöglichkeiten der zu bearbeitenden Briefe.

▸ unterschiedliche Speichermöglichkeiten für Briefe

▸ Mehr Kommandos, um auf Nachrichten zu antworten oder diese an andere
   Benutzer weiterzuleiten.

▸ Möglichkeiten, um Adressaten zu klassifizieren

▸ Angabe einer *Betrifft:*-Zeile

11.6.7   Das Kommando mail

Die vollständige Aufrufsyntax für **mail**[1] ist:

```
mail [optionen] [login-name(n)]
```

---

1. Auf manchen Systemen wird dieses alte **mail**-System schon nicht mehr angeboten. Das
    mail-Kommando entspricht dort dann vollständig dem **mailx**. Benutzer solcher Systeme
    können dieses Teilkapitel folglich überspringen.

Ist *login-name(n)* angegeben, so bedeutet dies »Senden eines Briefs«. Für *login-name* ist der Login-Name des Brief-Empfängers anzugeben. Soll ein Brief an mehrere Empfänger versandt werden, so wird dies mit der Angabe mehrerer *login-namen* erreicht; die einzelnen Login-Namen sind dabei mit Leer- bzw. Tabulatorzeichen voneinander zu trennen.

Sind keine *login-name(n)* angegeben, so bedeutet dies »Lesen von angekommenen Briefen«.

Auf die Vorstellung möglicher *optionen* wird hier verzichtet.

Schreiben und Senden von Briefen

Nach der Abgabe des Kommandos

```
mail login-name(n)
```

liest **mail** von der Standardeingabe den zu übermittelnden Brieftext. Der Brieftext gilt als beendet, wenn in einer neuen Zeile entweder .⏎ oder Strg-D eingegeben wird.

Beispiel
```
$ mail toni ⏎
Hallo Toni, ⏎
  ⏎
ich moechte mich fuer dein Performance-Papier bedanken. ⏎
Es hat uns sehr weitergeholfen. ⏎
Lass es uns wissen, wenn wir etwas fuer eure Gruppe tun koen-
nen. ⏎
  ⏎
Gruss ⏎
  --egon ⏎
. ⏎
$
```

Danach wird der Brieftext am Ende der Datei */usr/mail/toni* oder */usr/spool/mail/ toni* angehängt. Seit System V.4 wird der Brieftext am Ende der Datei */var/mail/ toni* oder */var/spool/mail/toni* angehängt.

Dem Adressat **toni** wird die Ankunft des Briefes dann mit der Meldung

```
you have mail
```

oder

```
you have new mail
```

angezeigt.

Wenn ein beim **mail**-Aufruf angegebener *login-name* nicht existiert, so kann der Brief nicht zugestellt werden. Dies wird dem Sender mitgeteilt.

Beispiel   Angenommen, auf dem lokalen System würde kein Login-Name **tom** existieren.
Somit könnte der nachfolgende Brief nicht zugestellt werden und **mail** würde
dies dann melden:

```
$ mail tom ↵
Hallo Tom, ↵
  ↵
soviel ich weiss, arbeitest du am Kommandoprozessor ↵
für den Bibliotheks-Verwalter. ↵
Da wir demnaechst auch einen Kommandoprozessor schreiben ↵
muessen, moechte ich bei dir vorsichtig anfragen, ob du ↵
uns etwas ueber deine Erfahrungen mit den Unix-Tools ↵
LEX und YACC berichten koenntest ? ↵
  ↵
Koennten wir vielleicht einen Termin ausmachen ? ↵
  ↵
Gruss ↵
  --egon ↵
. ↵
mail: Can't send to tom
mail: Return to egon
you have mail
$
```

Der nicht zustellbare Brief wird also dem Sender zurückgeschickt. Der zurückgekommene Brief enthält dabei nicht nur den Brieftext, sondern auch noch
Zusatzinformation, warum er nicht zugestellt werden konnte. Will **egon** diesen
zurückgeschickten Brief lesen, so muß er **mail** ohne Angabe weiterer Argumente
aufrufen:

```
$ mail ↵
From egon Wed Jul  8 13:06 GMT 1998
Date: Wed, 8 Jul 98 13:06:04 GMT
From: egon (egon)
Message-Id: < ...... >
Apparently-To: egon


***** UNDELIVERABLE MAIL sent to tom, being returned by hamburg2!egon *****
mail: Error # 1 'Unknown system/user' encountered on system hamburg2


Hallo Tom,

soviel ich weiss, arbeitest du am Kommandoprozessor
für den Bibliotheks-Verwalter.
Da wir demnaechst auch einen Kommandoprozessor schreiben
muessen, moechte ich bei dir vorsichtig anfragen, ob du
uns etwas ueber deine Erfahrungen mit den Unix-Tools
LEX und YACC berichten koenntest ?
```

```
Koennten wir vielleicht einen Termin ausmachen ?

Gruss

    --egon
? q ⏎
$
```

Die Eingabe von **q** nach dem ? bewirkt, daß **mail** wieder verlassen wird.

mail wird häufig auch verwendet, um sich selbst an etwas zu erinnern, indem man einen Brief an sich selbst schickt.

Beispiel Der Benutzer **egon** hat am nächsten Tag gewisse Termine. Dazu schickt er sich z.B. am Abend vorher selbst einen Brief, in dem diese Termine enthalten sind.

```
$ mail egon ⏎
Heute zu erledigen: ⏎
   - 10.15 Uhr: Besprechung (Code-Review, Raum 425) ⏎
   - 14.00 Uhr: Brunhilde anrufen (Termin ausmachen) ⏎
 Strg - D
you have mail
$
```

Wenn sich **egon** dann am nächsten Morgen anmeldet, so erhält er wieder die Mitteilung

```
you have mail
```

Nun kann er den am Tag zuvor geschickten Brief lesen und wird daran erinnert, daß heute um 10.15 Uhr eine Besprechung stattfindet und er um 14.00 Uhr Brunhilde anrufen muß.

Ein Brief kann – wie zuvor erwähnt – zugleich an mehrere Benutzer verschickt werden; dazu müssen lediglich alle Empfänger in der Kommandozeile des **mail**-Aufrufs angegeben werden.

Beispiel
```
$ mail toni glocke anton maria lorelei walter ⏎
Hallo Volleyballer, ⏎
 ⏎
Heute startet unser Volleyball-Spiel bereits ⏎
um 17.00 Uhr (nicht 17.30 Uhr) !! ⏎
Ich hoffe, daß ihr rechtzeitig kommen könnt. ⏎
 ⏎
  Bis spaeter ⏎
    --egon ⏎
 Strg - D
$
```

Der hier geschriebene Brief wird allen beim **mail**-Aufruf angegebenen Benutzern übermittelt.

Lesen von angekommenen Briefen

Wie bereits früher erwähnt, wird die Ankunft eines Briefs mit

```
you have mail
```

oder

```
you have new mail
```

gemeldet. Dies bedeutet, daß der Brief in einem Briefkasten (engl.: *mailbox*) hinterlegt wurde. Die mailbox[1] ist dabei eine Datei im Directory */usr/mail* oder */usr/ spool/mail* oder */var/mail* oder */var/spool/mail* (seit System V.4); der Dateiname ist der Login-Name des Briefempfängers.

Die in der mailbox hinterlegten Briefe können nun mit dem Aufruf

mail   (ohne Angabe von Login-Namen)

gelesen werden.

Beispiel
```
$ mail ⏎
From lorelei Wed Jul  8 13:32 GMT 1998
Date: Wed, 8 Jul 98 13:31:57 GMT
From: lorelei (lorelei)
Message-Id: <...>
Apparently-To: egon

Hallo Egon,
  ich muss dir leider einen Korb geben.
Ich bin heute abend verhindert.

das naechste mal ganz sicher
    --lore (login: lorelei)
?
```

Die ersten Zeilen eines Briefes sind die sogenannten Kopfzeilen; diese geben den Absender und das Absendedatum des Briefes an.

Die nachfolgenden Zeilen (bis zum abschließenden ?) sind der eigentliche Brieftext. Bei einem Brief, der mehr Zeilen als eine Bildschirmseite umfasst, kann die Ausgabe des Briefes mit ⟨Strg⟩-⟨S⟩ angehalten und mit ⟨Strg⟩-⟨Q⟩ wieder fortgesetzt werden.

Das ? ist das -Promptzeichen, d.h. daß an dieser Stelle die Eingabe eines **mail**-Kommandos erwartet wird. Wird hier z.B. nur ⟨⏎⟩ eingegeben, so wird der nächste Brief aus der mailbox am Bildschirm angezeigt.

---

1. Im weiteren Text wird anstelle von Briefkasten immer der englische Begriff mailbox verwendet.

```
?  ⏎
From anton Wed Jul  8 13:28 GMT 1998
Date: Wed, 8 Jul 98 13:27:54 GMT
From: anton (anton)
Message-Id: <...>
Apparently-To: egon

Hallo Egon,
   ich werde rechtzeitig da sein !

Bis heute abend
      --anton, der gefuerchtete Schmetterer
?
```

Die Eingabe des **mail**-Kommandos **d** bewirkt, daß der gerade gelesene Brief
gelöscht wird, d.h. aus der mailbox entfernt wird, und sofort der Inhalt des
nächsten Briefes aus der mailbox gezeigt wird.

Beispiel
```
? d⏎
From toni Wed Jul  8 13:26 GMT 1998
Date: Wed, 8 Jul 98 13:26:07 GMT
From: toni (toni)
Message-Id: <...>
Apparently-To: egon

Hallo Egon,

ich komme auf dein Angebot zurueck, fuer uns etwas Gutes
zu tun: Soviel ich weiss, habt ihr ein kleines C-Programm
geschrieben, das einen besseren Hexa-Dump liefert als
das Unix-Kommando od.
Koenntest du mir den Programmtext mittels mail schicken ?

Thanks a lot
     -- toni
?
```

Mit dem **mail**-Kommando **r** ist es möglich, direkt auf einen gerade gelesenen
Brief zu antworten; der Text der Antwort wird dem Sender dann als Antwortbrief zugeschickt.

Beispiel
```
? r⏎
mail toni
Hallo Toni,⏎
  ⏎
   du kannst dir die Datei hexd.c (Hexa-Dump) selbst abholen.⏎
sie befindet sich im Directory⏎
   /home/egon_grp/src/hexd.c⏎
   ⏎
```

```
Viel Spass damit ↵
  -- egon ↵
. ↵
?
```

Ein gelesener Brief wird in der mailbox belassen, und neu ankommende Briefe werden am Anfang der mailbox eingeordnet, so daß sie immer zuerst gelesen werden[1].

Das ständige Eintreffen neuer Briefe wird aber zu einem allmählichen Anschwellen der mailbox führen. Deshalb ist es übliche Praxis, bereits gelesene Briefe mit dem **mail**-Kommando **d** aus der mailbox zu entfernen.

Manche Briefe möchte man allerdings aufheben; dazu steht das **mail**-Kommando **s** zur Verfügung, welches den gerade gelesenen Brief in der Datei *mbox*, welche sich im home directory befindet, sichert. Nach der Sicherung kann dann der entsprechende Brief mit dem **mail**-Kommando **d** aus der mailbox entfernt werden.

Soll ein Brief nicht in der Datei *mbox*, sondern in einer anderen Datei hinterlegt werden, so ist der Name dieser Datei lediglich hinter dem **mail**-Kommando **s** (mit Leerzeichen getrennt) anzugeben.

Auch können Unix-Kommandos aus **mail** heraus gestartet werden. Dazu ist folgender Befehl anzugeben:

```
!unix_kdo
```

Beispiel
```
? ↵
From molly Wed Jul  8 13:24 GMT 1998
Date: Wed, 8 Jul 98 13:23:56 GMT
From: molly (molly)
Message-Id: <...>
Apparently-To: egon

Lieber Egon,

  ich habe beim Testen einen schweren Fehler im Modul "symbol_tabelle.c"
bemerkt:
Soweit ich es beurteilen kann, findet eine Speicherüberschreibung
statt, so daß die Daten in der zugehörigen Hashtabelle zerstört
werden. Da es sich um einen recht komplizierten Programmteil handelt,
wäre ich dir dankbar, wenn einer aus eurer Gruppe mich bei der
Lokalisierung dieses Fehlers unterstuetzen koennte.

  Ruehr dich bitte moeglichst bald
  -- monika (login: molly)
? !mkdir fehler ↵
```

---

1. LIFO-Prinzip: *Last In First Out*

```
? s fehler/molly ⏎
? d ⏎
? q ⏎
$
```

Mit dem **mail**-Kommando **q** kann **mail** wieder verlassen werden. Alle nicht explizit mit **d** gelöschten Briefe verbleiben in der mailbox und können beim nächsten **mail**-Aufruf wieder gelesen werden.

Die mail-Kommandos

Die möglichen **mail**-Kommandos sind:

Kommando	Beschreibung
#	Nummer des aktuellen Briefs ausgeben
-	vorherigen Brief nochmals lesen
⏎ , **+, n**	(*next*) Nächsten Brief lesen; wenn kein weiterer Brief vorhanden ist, so wird **mail** verlassen.
d, dp	(*delete print*) aktuellen Brief löschen und nächsten Brief lesen; wenn kein weiterer Brief vorhanden ist, so wird **mail** verlassen. Der aktuelle Brief wird dabei noch nicht wirklich gelöscht, sondern nur als »gelöscht« markiert; eine solche Markierung kann mit dem **mail**-Kommando **u** wieder rückgängig gemacht werden. Die als »gelöscht« markierten Briefe werden immer erst beim Verlassen von **mail** wirklich aus der mailbox entfernt.
d *n*	(*delete*) Brief mit der Nummer *n* als »gelöscht« markieren; der nächste Brief wird in diesem Fall noch nicht gelesen. Die Nummern der einzelnen Briefe können mit dem **mail**-Kommando **h** abgefragt werden.
dq	(*delete quit*) aktuellen Brief als »gelöscht« markieren und danach **mail** verlassen.
h	(*header*) Kopfzeilen der Briefe anzeigen, die sich vor und nach dem aktuellen Brief in der mailbox befinden. Dabei wird der aktuelle Brief mit > und als »gelöscht« markierte Briefe werden mit **d** gekennzeichnet.
h a	(*header all*) Kopfzeilen aller in der mailbox vorhandender Briefe anzeigen. Dabei wird der aktuelle Brief mit > und als »gelöscht« markierte Briefe werden mit **d** gekennzeichnet.
h *n*	(*header*) Kopfzeile des Briefs mit der Nummer *n* anzeigen. Handelt es sich beim Brief mit der Nummer *n* um den aktuellen Brief, so wird dies mit > angezeigt. Ist der Brief *n* als »gelöscht« markiert, so wird dies mit **d** angezeigt.
h d	(*header deleted*) Kopfzeilen aller Briefe anzeigen, die als »gelöscht« markiert sind.

Kommando	Beschreibung
p	(**print**) aktuellen Brief nochmals ausgeben.
-	vorherigen Brief nochmals ausgeben.
a	(**arrived**) einen eventuell während der **mail**-Sitzung neu angekommenen Brief ausgeben und diesen zum aktuellen Brief machen.
n	Brief mit Nummer *n* ausgeben und diesen zum aktuellen Brief machen.
r [*login - name(n)*]	(**reply**) auf aktuellen Brief antworten. Werden *login-name(n)* angegeben, so wird nicht nur dem Absender dieses Briefs, sondern auch den Benutzern mit *login-name(n)* der Antwortbrief zugeschickt. Der aktuelle Brief wird nach dem Absenden des Anwortbriefs als »gelöscht« markiert.
s [*dateiname(n)*]	(**save**) wenn keine *dateiname(n)* angegeben sind, so wird der aktuelle Brief in der Datei *mbox* gesichert; sind *dateiname(n)* angegeben, so wird der aktuelle Brief nicht in *mbox*, sondern in diesen Dateien gesichert. Danach wird der aktuelle Brief als gelöscht« markiert.
u	(**undelete**) falls aktueller Brief als »gelöscht« markiert ist, so wird diese Markierung wieder entfernt.
u *n*	(**undelete**) falls Brief mit Nummer *n* als »gelöscht« markiert ist, so wird diese Markierung wieder entfernt.
w [*dateiname(n)*]	(**write**) wenn keine *dateiname(n)* angegeben sind, so wird der aktuelle Brief in der Datei *mbox* gesichert; sind *dateiname(n)* angegeben, so wird der aktuelle Brief nicht in *mbox*, sondern in diesen Dateien gesichert. Danach wird der aktuelle Brief als »gelöscht« markiert. Anders als beim **mail**-Kommando **s** werden hier die Kopfzeilen nicht mitgesichert.
m *login-name(n)*	(**mail**) aktuellen Brief an die Benutzer *login-name(n)* weiterleiten; danach wird der aktuelle Brief als »gelöscht« markiert.
q Strg - D	(**quit**) **mail** verlassen, wobei alle als »gelöscht« markierten Briefe aus der mailbox entfernt werden.
x	(**exit**) **mail** verlassen, wobei alle, auch die als »gelöscht« markierten Briefe in der mailbox verbleiben.
!*unix_kdo*	Unix-Kommando *unix_kdo* ausführen.
?	Kurzbeschreibung (meist in englisch) zu allen möglichen **mail**-Kommandos ausgeben.

11.6.8   Das Kommando mailx

Das ab System V verfügbare Kommando **mailx** ist eine wesentlich verbesserte Version des Kommandos **mail**.

mailx arbeitet sehr ähnlich zu **mail**:

▷ Ankommende Briefe werden in der mailbox-Datei */var/mail/login-name* oder */var/spool/mail/login-name*(seit System V.4) oder */usr/mail/login-name* oder */usr/spool/mail/ login-name* hinterlegt; *login-name* ist dabei der Login-Name des Briefempfängers.

▷ Wird **mailx** ohne weitere Argumente aufgerufen, so ermöglicht es das Lesen der Briefe, die sich in der mailbox befinden.

Folgendes ist z. B. anders als bei **mail**:

▷ Jeder gelesene Brief wird automatisch aus der mailbox entfernt und in einer sogenannten Sekundär-mailbox (Datei *mbox*, die sich normalerweise im home directory befindet) aufgehoben.

▷ **mailx** kennt zwei Arbeitszustände:

Eingabemodus

Hier kann der Brieftext eingegeben werden. Im Eingabemodus können allerdings auch **mailx**-Kommandos eingegeben werden, wenn vor dem Kommando als erstes Zeichen der Zeile ~ (engl.: *tilde*) angegeben ist.

Kommandomodus

Hier können **mailx**-Kommandos eingegeben werden.

mailx bietet dem Benutzer eine Vielzahl von Möglichkeiten, um sein Postverwaltungs-System seinen Bedürfnissen anzupassen:

▷ die Angabe von entsprechenden Optionen

▷ Kommandos und Definitionen in der Datei *.mailrc*, die sich im home directory befinden muß; der Inhalt von *.mailrc* wird bei jedem **mailx**-Aufruf gelesen und ausgeführt.

▷ die Angabe von entsprechenden **mailx**-Kommandos im Eingabemodus; den **mailx**-Kommandos muß dabei das Zeichen ~ vorangestellt werden.

▷ die Angabe von entsprechenden Kommandos im Kommandomodus.

Aufruf von mailx

Die vollständige Aufrufsyntax für **mailx** ist:

```
mailx [optionen] [login-name(n)¹]
```

---

1. müssen nicht unbedingt *login-name(n)* sein, sondern können auch andere Namen sein, die als Überbegriff für spezielle Login-Name(n) stehen (dazu später mehr)

Ist *login-name(n)* angegeben, so bedeutet dies »Senden eines Briefs«. Für *login-name* ist der Login-Name des Brief-Empfängers anzugeben. Soll ein Brief an mehrere Empfänger versandt werden, so wird dies mit der Angabe mehrerer *login-namen* erreicht; die einzelnen Login-Namen sind dabei mit Leer- bzw. Tabulatorzeichen voneinander zu trennen.

Empfänger einer Mail kann nicht nur ein Benutzer, sondern auch eine Datei oder ein Programm sein. Dazu muß folgendes beachtet werden:

▶ Empfänger ist eine Datei, wenn *login-name* einen Slash / enthält, wie z.B.

```
mailx ../briefe/release3.2
```

In diesem Fall würde die Mail in der Datei *../briefe/release3.2* hinterlegt. Um eine Mail in einer Datei des working directorys zu hinterlegen, darf nicht nur der Basisname angegeben werden, da hierin ja kein Slash vorkommt. Wie man dies trotzdem erreicht, zeigt z.B. der nachfolgende Aufruf:

```
mailx ./heutemail
```

In diesem Fall würde die Mail in der Datei *heutemail* im working directory abgelegt.

▶ Empfänger ist ein Programm, wenn *login-name* mit einem Senkrechtstrich | beginnt, wie z.B.

```
mailx hans |lpr
```

In diesem Fall würde der eingegebene Brieftext nicht nur an den Benutzer *hans* geschickt, sondern auch gleichzeitig am Drucker ausgegeben.

Sind keine *login-name(n)* angegeben, so bedeutet dies »Lesen von angekommenen Briefen«.

Von der Vielzahl der möglichen *optionen* werden hier nur die wichtigsten angegeben.

Option	Beschreibung
-f [*dateiname*]	bewirkt, daß **mailx** Briefe aus der mailbox *dateiname* und nicht aus der voreingestellten mailbox */usr/mail/login-name* oder */usr/ spool/mail/login-name* liest. Wird üblicherweise verwendet, um Briefe aus der Sekundär-Mailbox *mbox* (im home directory) zu lesen. Wird *dateiname* nicht angegeben, so wird die Datei *mbox* aus dem home directory als mailbox verwendet.
	Hier ein Beispiel für die Option **-f**
	`mailx -f /home/egon/fehler/testgruppe`
	Anstelle der voreingestellten mailbox wird die Datei */home/egon/ fehler/testgruppe* als mailbox verwendet.
	`mailx -f`

Option	Beschreibung
	Anstelle der voreingestellten mailbox wird die Datei *mbox* im home directory als mailbox verwendet.
-n	Üblicherweise liest **mailx** zuerst die Definitionen und Kommandos aus der vom System bereitgestellten Datei *mailx.rc* und wertet diese aus. Soll **mailx** den Inhalt dieser Datei unberücksichtigt lassen und nur die vom Benutzer selbst erstellte Datei *.mailrc* in dessen home directory auswerten, so wird dies mit der Angabe dieser Option erreicht.
-s "*Thema des Briefes*"	Das hier angegebene *Thema des Briefes* entspricht der deutschen *Betrifft:*-Angabe und wird dem Empfänger als *Subject: Thema des Briefes* vor dem eigentlichen Brieftext übermittelt.
-F	bewirkt, daß ein abgeschickter Brief immer in einer Datei gesichert wird. Als Name für diese Datei wird dabei der zuerst angegebene Login-Name der Empfänger verwendet.

Schreiben und Senden von Briefen

Nach dem Aufruf

```
mailx login-name(n)
```

liest **mailx** den zu übermittelnden Brieftext von der Standardeingabe. Anders als **mail** fragt **mailx** mit der Ausgabe

```
Subject:¹
```

nach dem Thema des Briefes, das nun hier einzugeben ist. Möchte der Benutzer kein Thema angeben, so muß er hier nur ⏎ eingeben.

Nach Eingabe der *Subject*-Zeile (eventuell leer) befindet sich **mailx** im Eingabemodus und der eigentliche Brieftext kann eingegeben werden. Die Eingabe des Brieftextes kann mit **~.** oder *Strg-D* als einzige Zeichen einer Zeile beendet werden. Diese Eingabe bewirkt auch zugleich das Abschicken des Briefes.

Beispiel
```
$ mailx toni ⏎
Subject: Frage zu deinem Performance-Artikel ⏎
 ⏎
Hallo toni, ⏎
 ⏎
ich habe eine Frage zu deinem Artikel: ⏎
    Warum sind bei unserem Code-Generator Endlosschleifen, ⏎
    die mit einer break-Anweisung verlassen werden ⏎
    um soviel schneller als sauber ⏎
```

---

1. entspricht der deutschen *Betrifft:*-Zeile und wird nur dann erfragt, wenn diese nicht bereits beim Aufruf mit der Option **-s** angegeben wurde.

```
    strukturierte Schleifen mit der Angabe des Endekriteriums ↵
    in der Schleifenbedingung ? ↵
↵
Um ehrlich zu sein: dies stimmt mich sehr bedenklich. ↵
↵
Gruss ↵
  --egon ↵
~. ↵
$
```

Danach wird der Brieftext (einschließlich der *Subject*-Zeile) abgeschickt, d.h. er wird an das Ende der Datei */usr/mail/toni* oder */usr/spool/mail/toni* oder */var/mail/toni* oder */var/spool/mail/toni* kopiert. Dem Empfänger **toni** wird die Ankunft des Briefes dann mit der Meldung

```
you have mail
```

angezeigt.

Wenn ein beim **mailx**-Aufruf angegebener *login-name* nicht existiert, so kann der Brief nicht zugestellt werden. Dies wird dem Absender mitgeteilt (siehe Beschreibung zum Kommando **mail**).

Wenn man **mailx** während einer Briefeingabe abbrechen möchte, muß man zweimal direkt hintereinander die *intr*-Taste drücken. Falls die Unterbrechungs-signale nicht ignoriert werden (Option **-i**), beendet sich **mailx** und speichert den bereits eingegebenen Text in der Datei *dead.letter* im Home-Directory.

Im Eingabemodus können – anders als bei **mail** – auch **mailx**-Kommandos auf-gerufen werden. Jedes der **mailx**-Kommandos besteht aus einem Buchstaben. Diesem ist dabei eine Tilde (~) voranzustellen (gilt nur im Eingabemodus); zudem muß dieses Zeichenpaar (*~buchstabe*) am Anfang einer Zeile angegeben sein.

Editieren eines Brieftextes

Es ist möglich, einen eingegebenen Brieftext zu editieren; dazu muß im Einga-bemodus **~e** (als einzige Zeichen einer Zeile) eingegeben werden. Normaler-weise wird dann der Editor **ed** aufgerufen. Mit Einträgen in die Datei *.profile*, wie z.B.

```
EDITOR=/bin/ed
```

bzw.

```
EDITOR=/usr/bin/vi
```

oder in die Datei *.mailrc*

```
set EDITOR='/bin/ed'
```

bzw.

```
set EDITOR='/usr/bin/vi'
```

kann explizit festgelegt werden, welcher Editor bei Angabe des **mailx**-Kommandos ~e zu verwenden ist.

Eine andere Möglichkeit, einen eingegebenen Brieftext zu editieren, bietet das **mailx**-Kommando ~v, was den Aufruf eines anderen Editors (meist **vi**) bewirkt.

Nach dem Verlassen des jeweiligen Editors kehrt **mailx** in den Eingabemodus zurück, wo dann weiterer Brieftext eingegeben werden kann.

Beispiel
```
$ mailx molly ⏎
Subject: Unterstuetzung bei der Fehlersuche ⏎
 ⏎
Hallo Monika, ⏎
 ⏎
ich habe deine mail ueber den Fehler erhalten. ⏎
 ⏎
Kannst du dich vielleicht an Roland Lohmeier wenden. ⏎
Er wird dich bei der Fehleranalyse unterstuetzen. ⏎
 ⏎
Happy debugging ⏎
  -- egon ⏎
~e ⏎
194
1,$n ⏎
 1
 2 Hallo Monika,
 3
 4 ich habe deine mail ueber den Fehler erhalten.
 5
 6 Kannst du dich an Roland Lohmeier wenden.
 7 Er wird dich bei der Fehleranalyse unterstuetzen.
 8
 9 Happy debugging
10    -- egon
6s/meier/meier (login: rollo)/n ⏎
 6 Kannst du dich an Roland Lohmeier (login: rollo) wenden.
1,$n ⏎
 1
 2 Hallo Monika,
 3
 4 ich habe deine mail ueber den Fehler erhalten.
 5
 6 Kannst du dich an Roland Lohmeier (login: rollo) wenden.
 7 Er wird dich bei der Fehleranalyse unterstuetzen.
 8
 9 Happy debugging
10    -- egon
```

```
w ⏎
209
q ⏎
(continue)
```

Nach der Sicherung des **ed**-Arbeitspuffers mit **w** und dem Verlassen von **ed** mit **q** wird zurück in den Eingabemodus von **mailx** geschaltet und es könnte nun weiterer Brieftext eingegeben werden.

Ausgeben des bisher eingegebenen Brieftextes

Ein bisher eingegebener Brieftext wird bei der Eingabe des **mailx**-Kommandos **~p** nochmals vollständig (von Anfang bis zu der Stelle, an der **~p** angegeben wurde) am Bildschirm ausgegeben.

Beispiel

```
(continue)
~p ⏎
-------
Message contains:
To: molly
Subject: Unterstuetzung bei der Fehlersuche


Hallo Monika,

ich habe deine mail ueber den Fehler erhalten.

Kannst du dich an Roland Lohmeier (login: rollo) wenden.
Er wird dich bei der Fehleranalyse unterstuetzen.

Happy debugging
  -- egon
(continue)
~. ⏎
EOT
$
```

In diesem Beispiel wird kein weiterer Text eingegeben, sondern die Briefeingabe mit **~.** beendet, was dazu führt, daß **mailx** verlassen und der geschriebene Brief an **molly** verschickt wird.

Einkopieren eines anderen Textes in einen Brief

mailx ermöglicht es, bereits existierenden Text aus einer Datei oder aus einem anderen empfangenen Brief in den Brief, der gerade geschrieben wird, einzukopieren. Es ist sogar möglich, im Eingabemodus ein Unix-Kommando zu starten und dessen Ausgabe zum Bestandteil des Brieftextes zu machen.

Einkopieren einer Datei

Dies ist möglich mit dem **mailx**-Kommando

~r dateiname

oder

~<dateiname

Nach Ausführung dieses Kommandos wird der Dateiname und die Anzahl der einkopierten Zeilen und Zeichen ausgegeben; der Eingabemodus wird bei diesem Kommando nicht verlassen, so daß sofort nach Ausführung dieses Kommandos mit der Eingabe von weiterem Brieftext fortgefahren werden kann. Oft wird nach einem solchen Kopiervorgang **~p** gegeben, um den gesamten neuen Brieftext nochmals zu begutachten.

Beispiel

```
$ pwd
/home/egon
$ mailx lossi ⏎
Subject: Laender-Daten ⏎
Hallo Lothar, ⏎
     ⏎
 du hast mich doch letzte Woche gefragt, ob ich irgendwelche ⏎
Daten ueber Einwohner und Hauptstaedte bestimmter ⏎
Laender besitze. Ich habe in einem meiner Directories folgendes ⏎
gefunden: ⏎
------ ⏎
~r uebung1/laender ⏎
"uebung1/laender" 7/222
------ ⏎
Ich hoffe, dass diese Daten dir weiterhelfen ⏎
 ⏎
Tschuess ⏎
  --egon ⏎
~p ⏎
-------
Message contains:
To: lossi
Subject: Laender-Daten

Hallo Lothar,
 du hast mich doch letzte Woche gefragt, ob ich irgendwelche
Daten ueber Einwohner und Hauptstaedte bestimmter
Laender besitze. Ich habe in einem meiner Directories folgendes
gefunden:
------
Grossbritannien:London:56 Mio:244000
Schweiz:Bern:6,5 Mio:41000
Italien:Rom:57,3 Mio:294000
Frankreich:Paris:53,6 Mio:547000
```

```
Indien:Neu Delhi:644 Mio:3288000
USA:Washington:220,7 Mio:9363000
Oesterreich:Wien:7,5 Mio:83000
------
Ich hoffe, dass diese Daten dir weiterhelfen

Tschuess
  --egon
(continue)
~. ↵
EOT
$
```

Einkopieren eines empfangenen Briefs

Dies ist mit dem **mailx**-Kommando

`~f briefnr`

möglich. Einen empfangenen Brief kann man allerdings nur dann einkopieren,
wenn man die mailbox liest; deswegen sollte in diesem Fall **mailx** ohne Empfän-
ger-Namen[1] aufgerufen und dann mit dem **mailx**-Kommando

`m login-name(n)`

auf Senden eines Briefes umgeschaltet werden. Danach befindet man sich im
Eingabemodus. Hier können nun zunächst einleitende Worte zu dem einzuko-
pierenden Brief eingegeben werden, bevor dieser mit *~f briefnr* dann einkopiert
wird. Nach dem Einkopieren befindet sich **mailx** wieder im Eingabemodus, wo
noch weiterer Brieftext eingegeben werden kann. Nach dem Verlassen des Eingabemodus mit ~. befindet sich **mailx** im Kommandomodus (angezeigt durch
das Promptzeichen ?). Hier können nun beliebige **mailx**-Kommandos eingegeben werden; mit dem **mailx**-Kommando **q** kann **mailx** dann z.B. verlassen werden.

Beispiel
```
$ mailx ↵
     1 miller     Fri Jul  10 09:10   9/247  Jubilaeum von Schorsch
     2 marketing  Fri Jul  10 09:14  11/437  Marketing-Termine
     3 molly      Fri Jul  10 09:18   7/137
? m micha ↵
Subject: Marketing Terminplan ↵
Hallo Michaela, ↵
ich schicke dir den Terminplan, wie ich ihn von unseren Marketing- ↵
Leuten erhalten habe: ↵
------ ↵
~f 2 ↵
```

---

1. Nach diesem **mailx**-Aufruf werden zu den ersten 20 Briefen die Kopfzeilen ausgegeben; in
   ihnen wird unter anderem auch die für das Kommando ~f benötigte Briefnummer angezeigt.

```
Interpolating: 2
(continue)
------⏎
Vielleicht sollten wir uns nochmals zusammensetzen, um⏎
unsere Position abzustimmen. ⏎
     Gruss     -- egon⏎
~p⏎
-------
Message contains:
To: micha
Subject: Marketing Terminplan
Hallo Michaela,
ich schicke dir den Terminplan, wie ich ihn von unseren Marketing-
Leuten erhalten habe:
------
Date: Fri, 6 ......
From marketing (marketing)
Message-Id: < .. >
To: egon
Subject: Marketing-Termine

Hallo Egon,
 anbei ich schicke dir den von uns zusammengestellten Terminplan:
   14.7  Release 0.7.4
   13.8  Vorfuehrung fuer unseren Hauptkunden "Tiger"
    2.9  FCS (first customer shipment)
Hoffentlich koennt ihr diese Termine halten.
   MfG     -- marketing-gruppe
------
Vielleicht sollten wir uns nochmals zusammensetzen, um
unsere Position abzustimmen.
     Gruss     -- egon
(continue)
~.⏎
EOT
? q⏎
$
```

Einkopieren der Ausgabe eines Unix-Kommandos

Dies ist möglich mit dem **mailx**-Kommando

```
~< !unix_kdo
```

Nach Ausführung dieses Kommandos wird die Anzahl der einkopierten Zeilen
und Zeichen ausgegeben; der Eingabemodus wird bei diesem Kommando nicht
verlassen, so daß sofort nach Ausführung dieses Kommandos mit der Eingabe
von weiterem Brieftext fortgefahren werden kann. Oft wird nach einem solchen
Kopiervorgang **~p** gegeben, um den gesamten neuen Brieftext nochmals zu
begutachten.

Beispiel

```
$ mailx martin ⏎
Subject: Pfadnamen von C-Programmen ⏎
Hallo Martin, ⏎
 ⏎
 du hast mich doch gestern gefragt, ob ich dir eine Liste aller ⏎
meiner C-Programme geben kann. Hier ist sie: ⏎
----- ⏎
~< !find /home/egon -name '*.[ch]' -print ⏎
"find /home/egon -name '*.[ch]' -print", 4/108
----- ⏎
Obwohl ich mich geehrt fuehle, moechte ich dich doch fragen: ⏎
Was hast du eigentlich damit vor ? ⏎
  --egon ⏎
~p ⏎
-------
Message contains:
To: martin
Subject: Pfadnamen von C-Programmen

Hallo Martin,

 du hast mich doch gestern gefragt, ob ich dir eine Liste aller
meiner C-Programme geben kann. Hier ist sie:
-----
/home/egon/uebung1/add1.c
/home/egon/uebung1/add2.c
/home/egon/uebung2/add1.c
/home/egon/uebung2/add2.c
-----
Obwohl ich mich geehrt fuehle, moechte ich dich doch fragen:
Was hast du eigentlich damit vor ?
  --egon
(continue)
~. ⏎
EOT
$
```

Kopfzeilen eines Briefes ändern

Die Kopfzeilen eines **mailx**-Briefes setzen sich aus vier Komponenten zusammen:

Komponente	Beschreibung
Subject:	Thema des Briefes
To:	Liste der Haupt-Adressaten
Cc:	Liste von Adressaten, denen eine Kopie des Briefes zuzustellen ist (*carbon copy*)

Komponente	Beschreibung
Bcc:	Liste von Adressaten, die zwar auch eine Kopie dieses Briefes erhalten sollen, aber nirgends im Briefkopf zu erwähnen sind (*blind carbon copy*)

Nach dem Aufruf

```
mailx login-name(n)
```

fragt **mailx** zuerst nach einer *Subject*-Zeile und schaltet dann sofort in den Eingabemodus um, wo der Brieftext nun einzugeben ist. Sollte nun im Eingabemodus der Wunsch bestehen, den Briefkopf oder Adressaten zu ändern, so ist dies mit einem der folgenden **mailx**-Kommandos möglich:

Kommando	Funktion

~h	zeigt nacheinander alle Komponenten eines Briefkopfes mit ihrem bisherigem Inhalt an:
	`To: ....`
	`Subject: ....`
	`Cc: ....`
	`Bcc: ....`
	Der Inhalt jeder einzelnen Komponente kann nun geändert oder ergänzt werden. Soll der bisherige Inhalt unverändert bleiben, so ist lediglich ⏎ einzugeben.

~s *string*	Subject durch den neuen Text *string* ersetzen. Fehlt ein String, wird das Subject gelöscht.
~t *login-name(n)*	ermöglicht es, neue Adressaten zur *To:*-Liste hinzuzufügen.
~c *login-name(n)*	ermöglicht es, neue Adressaten zur *Cc:*-Liste hinzuzufügen.
~b *login-name(n)*	ermöglicht es, neue Adressaten zur *Bcc:*-Liste hinzuzufügen.

Anhängen einer gespeicherten Unterschrift an den Brieftext

Unter der Vielzahl von **mailx**-Variablen existieren unter anderem die beiden Variablen **sign** und **Sign**.

Werden diese Variablen in *.mailrc* z. B. mit

```
set sign='Gruss    --egon'
set Sign='MfG      -- Egon Mueller, Dipl.-Inf., (login: egon)'
```

gesetzt, so würde die Eingabe der **mailx**-Kommandos ~a bzw. ~A den in den Variablen **sign** (~a) bzw. **Sign** (~A) abgelegten Text nach der aktuellen Briefzeile einfügen.

Beispiel
```
$ mailx kfd⏎
Subject: Benoetige Testdaten⏎
Hallo Klaus,⏎
⏎
 ich brauche unbedingt eure Testdaten fuer unseren⏎
Beta-Test⏎
⏎
~a⏎
Gruss      --egon
~p⏎
- - - - - - -

Message contains:
To: kfd
Subject: Benoetige Testdaten

Hallo Klaus,

 ich brauche unbedingt eure Testdaten fuer unseren
Beta-Test

Gruss      --egon
(continue)
~.⏎
EOT
$
```

Sichern eines geschickten Briefes in einer Datei

Dies ist auf zwei verschiedenen Arten möglich:

1. Durch die Eingabe des **mailx**-Kommandos

    ~w *dateiname*

2. Mit der Angabe der Option **-F** beim **mailx**-Aufruf

Beispiel
```
$ mailx kfd⏎
Subject: Ihr seid tolle Kerle⏎
Hallo Klaus,⏎
⏎
 Vielen vielen Dank fuer eure Testdaten.⏎
Ihr habt uns damit sehr weitergeholfen.⏎
⏎
~A⏎
MfG      -- Egon Mueller, Dipl.-Inf., (login: egon)
~p⏎
- - - - - - -

Message contains:
To: kfd
Subject: Ihr seid tolle Kerle

Hallo Klaus,
```

```
     Vielen vielen Dank fuer eure Testdaten.
     Ihr habt uns damit sehr weitergeholfen.

     MfG      -- Egon Mueller, Dipl.-Inf., (login: egon)
     (continue)
     ~w dank ⏎
     "dank" 6/139
     ~. ⏎
     EOT
     $ cat dank ⏎
     Hallo Klaus,

     Vielen vielen Dank fuer eure Testdaten.
     Ihr habt uns damit sehr weitergeholfen.

     MfG      -- Egon Mueller, Dipl.-Inf., (login: egon)
     $
```

Hinweis Der Nachteil des **mailx**-Kommandos **~w** ist, daß der Briefkopf nicht mit gespeichert wird; somit ist es nachträglich nicht mehr möglich, den Empfänger dieses Dankschreibens festzustellen.

Bei der anderen Vorgehensweise (Option **-F**) wird nicht nur der Brieftext, sondern auch der Briefkopf in einer Datei abgespeichert. Als Name für diese Datei wird der erste der beim **mailx**-Aufruf angegebenen *login-name(n)* verwendet.

Beispiel
```
$ mailx -F kfd ⏎
Subject: Ihr seid tolle Kerle ⏎
Hallo Klaus, ⏎
 ⏎
     Vielen vielen Dank fuer eure Testdaten. ⏎
Ihr habt uns damit sehr weitergeholfen. ⏎
 ⏎
~A ⏎
MfG      -- Egon Mueller, Dipl.-Inf., (login: egon)
~. ⏎
EOT
$ cat kfd ⏎
From egon Fri Jul   10 13:26:08 1998
To: kfd
Subject: Ihr seid tolle Kerle

Hallo Klaus,

     Vielen vielen Dank fuer eure Testdaten.
Ihr habt uns damit sehr weitergeholfen.

MfG      -- Egon Mueller, Dipl.-Inf., (login: egon)
$
```

Die Option **-F** bewirkt, daß der abgeschickte Brief (einschließlich Briefkopf) am Ende der jeweiligen Datei angehängt wird, so daß der alte Inhalt dieser Datei weiterhin verfügbar ist.

Verlassen von mailx

Nach der Eingabe eines Brieftextes kann auf verschiedene Weise (mit unterschiedlicher Wirkung) **mailx** verlassen werden:

Kommando	Beschreibung
~.	bewirkt das Verlassen des Eingabemodus und führt zum Abschikken des eingegebenen Briefes. Falls der Eingabemodus direkt mit dem **mailx**-Aufruf (**mailx** *login-name(n)*) eingeleitet wurde, wird nach der Eingabe von ~. zur Unix-Kommandoebene zurückgekehrt. Wurde jedoch erst während der **mailx**-Sitzung (**mailx**-Aufruf ohne Angabe von *login-name(n)*) in den Eingabemodus umgeschaltet, so wird nach der Eingabe von ~. in den Kommandomodus von **mailx** zurückgeschaltet.
~q	bewirkt den sofortigen Abbruch von **mailx**. Ein bereits eingegebener Brieftext wird nicht verschickt, sondern lediglich in der Datei *dead.letter*[a] im home directory gesichert.
~x	bewirkt ebenfalls den sofortigen Abbruch von **mailx**. Ein bereits eingegebener Brieftext wird weder verschickt noch gesichert.

a. ohne Briefkopf

Lesen von angekommenen Briefen

Für den Umgang mit angekommenen Briefen bietet **mailx** eine Vielzahl von Kommandos an. Hier werden davon nur die meistbenutzten vorgestellt.

Die allgemeine Syntax der Kommandos im Kommandomodus ist:

```
[kommando] [briefliste]
```

Wird kein *kommando* angegeben, so wird hierfür das Kommando **print** angenommen. Bei den Kommandonamen ist der hier kursiv gedruckte Teil die kürzest mögliche Form der Angabe; allerdings kann dabei auch jede mögliche Zwischenform angegeben werden. So ist z.B. für das Kommando *print* die kürzest mögliche Form **p**; dieses Kommando kann also mit **p**, **pr**, **pri**, **prin** oder **print** aufgerufen werden.

Die *briefliste* legt dabei fest, für welche Briefe das angegebene Kommando auszuführen ist. Wenn ein Kommando eine *briefliste* zuläßt und es wird keine angegeben, so wird das Kommando für den aktuellen Brief ausgeführt. Bei der Ausgabe der Briefköpfe kennzeichnet **mailx** den aktuellen Brief immer mit **>**.

Eine *briefliste* ist eine Liste von einzelnen, mit Leerzeichen getrennten Angaben; jede einzelne Angabe spezifiziert dabei bestimmte Briefe. Als Angabe ist dabei möglich:

Angabe	Beschreibung
n	Brief mit der Nummer *n*
.	aktueller Brief
^	erster nicht als »gelöscht« markierter Brief
$	letzter Brief
*	alle Briefe
n-m	Briefe mit den Nummern *n* bis *m*
login-name	alle Briefe des Benutzers *login-name*
/text	alle Briefe, bei denen *text* in der *Subject:*-Zeile vorkommt[a]
:*c*	alle Briefe vom Typ *c*, wobei für *c* folgendes angegeben werden darf:

d	alle als »gelöscht« markierte Briefe (***deleted***)
n	alle neuen Briefe (***new***)
o	alle alten Briefe (***old***)
r	alle bereits gelesenen Briefe (***read***)
u	alle noch nicht gelesenen Briefe (***unread***)

a. bei *text* wird dabei keine Unterscheidung zwischen Klein- und Großbuchstaben vorgenommen

Beispiel   Hier werden bereits die später noch genauer beschriebenen Kommandos *delete* (als »gelöscht« markieren) und *save* (auf Datei sichern) verwendet:

Befehl	Wirkung
d 2-5 ⏎	Briefe mit den Nummern 2, 3, 4 und 5 als »gelöscht« markieren
s :u ungelesen ⏎	noch nicht gelesene Briefe in Datei *ungelesen* (mit Briefkopf) sichern
p toni ⏎	alle Briefe von **toni** ausgeben
2 ⏎	Brief mit der Nummer 2 ausgeben
d :r ⏎	alle bereits gelesenen Briefe als »gelöscht« markieren

Wenn neue Post ankommt, so wird dies dem entsprechenden Benutzer mit

```
you have mail
```

mitgeteilt; dieser Hinweis erfolgt entweder sofort, wenn der Benutzer gerade angemeldet ist, oder aber beim nächsten Anmelden.

Um die neu angekommene Post zu lesen, muß dieser Benutzer **mailx** ohne Angabe von *login-name(n)* aufrufen; die einfachste Form ist dabei

```
mailx
```

Nach diesem Aufruf wird eine Liste von Kopfzeilen[1] zu den in der mailbox vorhandenen Briefen ausgegeben, wie z.B.

```
$ mailx ⏎
mailx version 3.0  Type ? for help.
"/var/mail/egon":  3 messages  1 new  3 unread
  U  1 miller              Fri Jul  10 09:10   9/247  Jubilaeum von Schorsch
  U  2 marketing           Fri Jul  10 09:14  11/437  Marketing-Termine
 >N  3 molly               Fri Jul  10 09:18   7/137
?
```

Die 1.Zeile zeigt dabei die Versionsnummer des **mailx**-Programms und gibt einen Hinweis, daß mit ? eine Kurzbeschreibung von **mailx**-Kommandos angefordert werden kann.

Die 2.Zeile zeigt den Pfadnamen der Datei, die als mailbox verwendet wird; zusätzlich wird in dieser Zeile angezeigt, wie viele Briefe in dieser mailbox vorhanden sind und wie viele davon neu und wie viele davon ungelesen sind.

Die restlichen Zeilen geben zu den in der mailbox vorhandenen Briefen die Überschriften an. Die einzelnen Briefe sind dabei nach **FIFO** (engl.: *first in first out*) numeriert: der zuerst angekommene Brief hat somit die Nummer 1 und ist zunächst der aktuelle Brief.

Links von den Nummern kann dabei Statusinformation angegeben sein:

N	(*new*)	ist seit dem letzten **mailx**-Aufruf neu eingetroffen
R	(*read*)	ist neu eingetroffen und bereits gelesen
U	(*unread*)	ist schon älter, aber noch nicht gelesen
O	(*old*)	ist schon älter und gelesen
S	(*saved*)	wurde in einer Datei gesichert
M	(*mbox*)	wird bei Verlassen von **mailx** in *mbox* aufgehoben
H	(*hold*)	verbleibt in der primären Mailbox

Das Zeichen > steht dabei immer vor dem aktuellen Brief. Des weiteren wird zu jedem einzelnen Brief der Login-Name des Absenders, das Datum und die Uhr-

---

1. wenn mehr als 20 Briefe in der mailbox vorhanden sind, so werden nur die Kopfzeilen zu den ersten 20 Briefen ausgegeben.

zeit der Zustellung, die Anzahl der Zeilen und Zeichen des Briefes und die *Subject:*-Zeile angegeben.

Am Ende dieser Ausgabe erscheint dann das **mailx**-Promptzeichen **?** oder **&**, um dem Benutzer anzuzeigen, daß er nun **mailx**-Kommandos eingeben kann.

Kommandos zum Lesen von Briefen

print [*briefliste*]
type [*briefliste*]

bewirkt die Ausgabe der mit *briefliste* ausgewählten Briefe.

Ist keine *briefliste* angegeben, so wird der aktuelle Brief ausgegeben.

Wird kein Kommando angegeben, so entspricht dies der Angabe von Kommando **print** bzw. **type**.

top [*briefliste*]

bewirkt die Ausgabe der 5 ersten Zeilen der mit *briefliste* ausgewählten Briefe.

Ist keine *briefliste* angegeben, so werden die ersten 5 Zeilen des aktuellen Briefs ausgegeben.

↵	aktuellen Brief ausgeben
p ↵	aktuellen Brief ausgeben
t ↵	aktuellen Brief ausgeben
5 ↵	Brief mit der Nummer 5 ausgeben
p 2 4 ↵	Briefe mit den Nummern 2 und 4 ausgeben
to :n ↵	von allen neuen Briefen die ersten 5 Zeilen ausgeben
t :u ↵	alle ungelesenen Briefe ausgeben
:r ↵	alle bereits gelesenen Briefe ausgeben

Kommandos zum Löschen von Briefen

delete [*briefliste*]

bewirkt, daß die mit *briefliste* ausgewählten Briefe als »gelöscht« markiert werden. Ist keine *briefliste* angegeben, so wird der aktuelle Brief als »gelöscht« markiert.

Die als »gelöscht« markierten Briefe werden erst beim Verlassen von **mailx** (mit Kommando **q**) bzw. beim Wechseln in eine andere mailbox wirklich aus der mailbox entfernt.

*u*ndelete [*briefliste*]

bewirkt, daß bei den mit *briefliste* ausgewählten Briefen die Markierung »gelöscht« wieder aufgehoben wird.

Ist keine *briefliste* angegeben, so bezieht sich dieses Kommando auf den aktuellen Brief.

dp [*briefliste*]
dt [*briefliste*]

ist eine Kombination der Kommandos *delete* und **print** bzw. **type** und bewirkt, daß die mit *briefliste* ausgewählten Briefen als »gelöscht« markiert werden und dann sofort der darauffolgende Brief ausgegeben wird.

Ist keine *briefliste* angegeben, so wird der aktuelle Brief als »gelöscht« markiert und dann der darauffolgende Brief ausgegeben.

Beispiel	**d :r** ↵	alle bereits gelesenen Briefe als »gelöscht« markieren
	d * ↵	alle Briefe als »gelöscht« markieren
	dt ↵	aktuellen Brief als »gelöscht« markieren und den nachfolgenden Brief ausgeben
	d 2-4 ↵	Brief mit den Nummern 2, 3 und 4 als »gelöscht« markieren
	u * ↵	bei allen als »gelöscht« markierten Briefen diese Markierung wieder aufheben
	d /volley ↵	alle Briefe, bei denen in der *Subject:*-Zeile der String *volley*[1] vorkommt, als »gelöscht« markieren

Kommandos zum Blättern in der Kopfzeilen-Liste

Nach dem Aufruf von **mailx** (ohne *login-name(n)*) werden die Anzahl der in der mailbox vorhandenen Briefe und danach zu den ersten 20 Briefen (falls soviel vorhanden sind) die Kopfzeilen ausgegeben. Wenn nun mehr als 20 Briefe in der mailbox vorhanden sind, kann mit dem Kommando **z** in dieser Kopfzeilen-Liste geblättert werden:

z   Vorwärtsblättern in der Kopfzeilen-Liste
z-   Zurückblättern in der Kopfzeilen-Liste

Sollen nur zu bestimmten Briefen die Kopfzeilen angezeigt werden, so kann dies mit den Kommandos **from** und **headers** erreicht werden:

from [*briefliste*]

bewirkt, daß zu den mit *briefliste* ausgewählten Briefen die Kopfzeilen ausgegeben werden.

Ist keine *briefliste* angegeben, so wird die Kopfzeile des aktuellen Briefs ausgegeben.

headers [*briefliste*]

---

1. Groß- und Kleinschreibung wird hier nicht unterschieden.

bewirkt, daß zu den mit *briefliste* ausgewählten Briefen die Kopfzeilen ausgegeben werden; anders als bei *from* wird hierbei die Ausgabe nach einer ganzen
Bildschirmseite beendet.

Ist keine *briefliste* angegeben, so wird ab dem aktuellen Brief eine Bildschirmseite
von Brief-Kopfzeilen ausgegeben.

<table>
<tr><td>Beispiel</td><td>z⏎</td><td>in Kopfzeilen-Liste eine Bildschirmseite vorblättern</td></tr>
<tr><td></td><td>z-⏎</td><td>in Kopfzeilen-Liste eine Bildschirmseite zurückblättern</td></tr>
<tr><td></td><td>f :u⏎</td><td>Kopfzeilen aller ungelesenen Briefe ausgeben</td></tr>
<tr><td></td><td>f toni</td><td>Kopfzeilen aller Briefe ausgeben, die von toni geschrieben wurden</td></tr>
<tr><td></td><td>h :u⏎</td><td>Eine Bildschirmseite von Kopfzeilen der ungelesenen Briefe aus-geben</td></tr>
<tr><td></td><td>f 25-40⏎</td><td>Kopfzeilen der Briefe mit den Nummern 25 bis 40 ausgeben</td></tr>
<tr><td></td><td>f $⏎</td><td>Kopfzeile des letzten Briefes ausgeben</td></tr>
</table>

Kommandos zum Umschalten in eine andere mailbox

Normalerweise bewirkt der Aufruf von **mailx** (ohne *login-name(n)*), daß die
mailbox */usr/mail/eigener-login-name* oder */usr/spool/mail/eigener-login-name* gelesen wird. Während einer **mailx**-Sitzung ist es jedoch auch möglich, in eine
andere mailbox umzuschalten (z.B. in die mailbox */usr/mail/toni* oder */usr/spool/
mail/toni*), wenn die Zugriffsrechte dieser mailbox-Datei dies zulassen.

Dazu stehen die Kommandos **file** und **folder** zur Verfügung:

```
file [dateiname]
folder [dateiname]
```

bewirkt, daß die momentane mailbox verlassen und *dateiname* die neue mailbox
wird.

Für *dateiname* kann dabei auch folgendes angegeben werden:

Angabe	Beschreibung
%	eigene voreingestellte mailbox
%*login-name*	mailbox des Benutzers *login-name*; ist nur möglich, wenn die Zugriffsrechte dieser mailbox dieses zulassen
#	vorhergehende mailbox, von der aus in die momentane umge-schaltet wurde
&	Datei *mbox* im home directory

Ist kein *dateiname* angegeben, so wird in die eigene voreingestellte mailbox
umgeschaltet.

Kommandos zum Sichern von Briefen

Alle Briefe, die nicht explizit als »gelöscht« markiert sind, werden beim Verlassen von **mailx** automatisch gesichert:

▸ Gelesene Briefe in der Datei *mbox* im home directory

▸ Ungelesene Briefe verbleiben in der mailbox

Wünscht der Benutzer nun, während einer **mailx**-Sitzung bestimmte Briefe in eigenen Dateien zu sichern, so stehen ihm dazu folgende Kommandos zur Verfügung:

```
Save [briefliste]
```

sichert die mit *briefliste* ausgewählten Briefe in einer Datei[1], deren Name der Login-Name des Absenders des ersten Briefes (aus den mit *briefliste* ausgewählten Briefe) ist.

Ist keine *briefliste* angegeben, so wird der aktuelle Brief gesichert; als Dateiname wird dabei der Login-Name des Brief-Absenders genommen.

Die so gesicherten Briefe werden als »gesichert« markiert, d.h. daß sie beim Verlassen von **mailx** normalerweise[2] aus der mailbox entfernt und nicht in *mbox* gesichert werden.

```
save [dateiname]
save [briefliste] dateiname
```

sichert die mit *briefliste* ausgewählten Briefe in der Datei *dateiname*.

Ist keine *briefliste* angegeben, so wird der aktuelle Brief in der Datei *dateiname* gesichert.

Wird weder ein *dateiname* noch eine *briefliste* angegeben, so wird der aktuelle Brief in der Datei *mbox* im home directory gesichert.

Die so gesicherten Briefe werden als »gesichert« markiert, d.h. daß sie beim Verlassen von **mailx** normalerweise[3] aus der mailbox entfernt und nicht in *mbox* gesichert werden.

```
write [dateiname]
write [briefliste] dateiname
```

entspricht weitgehend dem **save**-Kommando; jedoch werden hierbei die Brief-Kopfzeilen nicht mit in die entsprechende Datei geschrieben.

---

1. im working directory
2. über die **mailx**-Variable **keepsave** steuerbar
3. über die **mailx**-Variable **keepsave** steuerbar

```
copy [dateiname]
copy [briefliste] dateiname
```

entspricht weitgehend dem **save**-Kommando; allerdings werden hierbei die gesicherten Briefe nicht als »gesichert« markiert.

```
Copy [briefliste]
```

entspricht weitgehend dem **Save**-Kommando; allerdings werden hierbei die gesicherten Briefe nicht als »gesichert« markiert.

Beispiel   **s :u ungel** ⏎   alle noch nicht gelesenen Briefe in Datei *ungel* sichern und als »gesichert« markieren

s ⏎   aktuellen Brief in Datei *mbox* sichern und als »gesichert« markieren

s memo ⏎   aktuellen Brief in der Datei *memo* sichern und als »gesichert« markieren

Kommandos zum Antworten auf empfangene Briefe

Es ist möglich, direkt – ohne Verlassen von **mailx** – auf einen empfangenen Brief zu antworten. Dazu stehen folgende Kommandos zur Verfügung:

```
Reply [briefliste]
Respond [briefliste]
```

bewirkt, daß *nur* den Absendern der mit *briefliste* ausgewählten Briefe eine Antwort auf deren Brief geschickt wird. Nach der Abgabe dieses Kommandos werden die *To:-* und *Subject:*-Zeilen eingeblendet, bevor in den Eingabemodus umgeschaltet wird. Im Eingabemodus kann nun das Antwortschreiben eingegeben werden. Nach dem Verlassen des Eingabemodus mit ~. wird der gerade geschriebene Antwortbrief dem Absender des ursprünglichen Briefes zugestellt.

Ist keine *briefliste* angegeben, so wird auf den aktuellen Brief geantwortet.

```
reply [brief]
respond [brief]
```

bewirkt, daß nicht nur dem Absender des mit *brief* ausgewählten Briefes, sondern auch allen anderen Adressaten eine Antwort geschickt wird. Nach der Abgabe dieses Kommandos werden die *To:-* und *Subject:*-Zeilen eingeblendet, bevor in den Eingabemodus umgeschaltet wird. Im Eingabemodus kann nun das Antwortschreiben eingegeben werden. Nach dem Verlassen des Eingabemodus mit ~. wird der gerade geschriebene Antwortbrief an alle Adressaten geschickt, die in der zuvor eingeblendeten *TO:*-Zeile erwähnt wurden.

Ist kein *brief* angegeben, so wird auf den aktuellen Brief geantwortet.

Beispiel

```
$ mailx ⏎
mailx version 3.0   Type ? for help.
"/var/mail/egon": 3 messages  1 new  3 unread
     U   1 miller        Fri Jul  10 09:10   9/247  Jubilaeum von Schorsch
     U   2 marketing     Fri Jul  10 09:14  11/437  Marketing-Termine
  >  N   3 molly         Fri Jul  10 09:18   7/137
? R 1 ⏎
To: miller
Subject: Re: Jubilaeum von Schorsch
Hallo Mike, ⏎
  ⏎
 bin zu dieser Zeit bei einer Besprechung in Berlin. ⏎
Tut mir wirklich leid. ⏎
   -- egon ⏎
~. ⏎
EOT
? r 1 ⏎
To: miller vroni kfd hali kurt
Subject: Re: Jubilaeum von Schorsch
Hallo Kollegen, ⏎
  ⏎
ich habe Mike bereits mitgeteilt, daß ich ⏎
nicht am Jubilaeum teilnehmen kann. Allerdings moechte ich mich ⏎
nicht um kleinere Arbeiten beim Vorbereiten druecken. ⏎
Lasst es mich also wissen, wenn ich etwas tun kann. ⏎
  ⏎
   --egon, das nicht feiernde Arbeitstier ⏎
~. ⏎
EOT
? q ⏎
Saved 3 message in /usr/mail/egon
$
```

Kommandos zum Verlassen von mailx

Zum Verlassen von **mailx** stehen folgende Kommandos zur Verfügung:

quit

bewirkt, daß vor dem Verlassen von **mailx** alle gelesenen Briefe in *mbox* gesichert werden und nur die ungelesenen Briefe in der mailbox verbleiben. Briefe, die explizit in einer Datei gesichert oder als »gelöscht« markiert wurden, werden in keiner dieser beiden Dateien aufgehoben.

Wie viele Briefe in *mbox* gesichert wurden und wie viele in der mailbox verbleiben, wird dabei gemeldet.

xit
exit

bewirkt, daß **mailx** unmittelbar verlassen wird und keine Briefe in *mbox* gesichert werden. Die Abgabe dieses Kommandos führt dazu, daß die mailbox wieder nahezu den gleichen Zustand einnimmt, der vor dem **mailx**-Aufruf vorlag; allerdings gibt es dabei eine Ausnahme: Briefe, die explizit während der **mailx**-Sitzung gesichert wurden, sind bereits entfernt und werden somit nicht mehr in der mailbox aufgehoben.

Kommandos zum Einblenden von Help-Information

Help-Information kann während einer **mailx**-Sitzung mit folgenden Kommandos angefordert werden:

hel**p**
?

gibt eine Zusammenfassung der **mailx**-Kommandos am Bildschirm aus.

l**ist**

gibt alle **mailx**-Kommandos ohne sonstige Erklärungen am Bildschirm aus.

Gleichheitszeichen (=)

gibt die Nummer des aktuellen Briefes aus.

Die mailx-Konfigurations-Datei .mailrc

Bei jedem Aufruf von **mailx** werden zuerst die in der Datei *.mailrc* (im home directory) angegebenen **mailx**-Kommandos ausgeführt. Diese Datei muß der jeweilige Benutzer selbst erstellen. Daneben gibt es meist noch eine systemweit benutzte Konfigurationsdatei */usr/lib/mailx/ mailx.rc*, welche vom Systemadministrator erstellt wurde.

Die darin enthaltenen Kommandos werden noch vor denen aus *.mailrc* ausgeführt. Somit haben die in *.mailrc* angegebenen Kommandos höhere Priorität, da sie eventuell zuvor in *mailx.rc* gesetzte **mailx**-Variablen wieder neu setzen und damit überschreiben.

Nahezu alle **mailx**-Kommandos dürfen in der Datei *.mailrc* verwendet werden. Die nachfolgende Liste zeigt die Kommandos, die dort **nicht** angegeben werden dürfen:[1]

Kommando	Beschreibung
!*shell*	Durchschalten auf die Unix-Kommandoebene[a]
Copy [*briefliste*]	siehe vorher
edit [*briefliste*]	bewirkt das Editieren der mit *briefliste* ausgewählten Briefe. Als Editor wird dabei der in der **mailx**-Variablen **EDITOR** angegebene Editor verwendet; Voreinstellung ist **ed**.

---

1. Manche dieser **mailx**-Kommandos wurden zuvor nicht vorgestellt; allerdings sollte die hier gegebene Kurzbeschreibung ausreichen, um deren Funktionsweise zu verstehen.

Kommando	Beschreibung
visual [*briefliste*]	bewirkt das Editieren der mit *briefliste* ausgewählten Briefe. Als Editor wird dabei der in der **mailx**-Variablen **VISUAL** angegebene Editor verwendet; Voreinstellung ist **vi**.
followup [*brief*]	bewirkt, daß dem Absender eines mit *brief* ausgewählten Briefes ein Antwortschreiben geschickt wird, wobei dieses Schreiben in einer Datei mit dem Login-Namen des Absenders gesichert wird.
Followup [*briefliste*]	bewirkt, daß dem Absender des ersten Briefes aus der *briefliste* ein Anwortschreiben geschickt wird, wobei eine Kopie dieses Schreibens zusätzlich allen Absendern der mit *briefliste* ausgewählten Briefe zugestellt wird. Das Antwortschreiben wird dabei in einer Datei (Dateiname ist der Login-Name des Absenders des ersten Briefes aus der *briefliste*) gesichert.
hold [*briefliste*]	bewirkt, daß die mit *briefliste*
preserve [briefliste]	ausgewählten Briefe in der mailbox verbleiben, obwohl sie z.B. bereits gelesen wurden.
mail *login-name(n)*	ermöglicht das Schreiben eines Briefes an die Benutzer *login-name(n)*; dazu wird hierbei in den Eingabemodus umgeschaltet, um die Eingabe des Brieftextes zuzulassen.
reply [*brief*] **respond** [*brief*] **Reply** [*briefliste*] **Respond** [*briefliste*]	siehe vorher

a. Richtig müßte es heißen: Starten einer Subshell. Der Begriff »Shell« wird im Buch »Linux Unix-Shells« genau erläutert.

Hier wird nun ein Beispiel für das mögliche Aussehen einer *.mailrc*-Datei gegeben. Es ist übliche Praxis, daß ein neuer Benutzer sich die *.mailrc*-Datei eines schon länger am System arbeitenden Benutzers kopiert und diese dann seinen speziellen Bedürfnissen anpaßt. Falls dies nicht möglich ist, soll dieses Beispiel ihm bei der Erstellung seiner eigenen *.mailrc*-Datei helfen:

```
#---------------------------------------------------
# erstellt von: egon
#         am: 25.6.1998
#---------------------------------------------------
#
if r
    cd $HOME/post
endif
#
set append askcc hold keep keepsave outfolder
set folder='post'
```

```
set record='outbox'
set EDITOR='/bin/ex'
set VISUAL='/bin/emacs'
set prompt='Was nun ?'
set sign='Tschuess     -- egon (login: egon)'
set Sign='MfG      -- Egon Mueller, Abteilung ABC3 (login: egon)'
set toplines=3
#
alias fritz      fgm
alias tom        thaller
alias maria      mjkall
group graphik    toni fritz tom alfons mill
group compiler   sandra thf joe parsertom
```

Mit dem **set**-Kommando ist es möglich, **mailx**-Variablen zu setzen:

set

Ausgabe aller definierten Variablen und deren Werte

set *variable1* [[*variable2*] ...]

setzt die Variablen *variable1*, *variable2*, .. Wird vor dem Variablen-Namen **no** angegeben, so wird die entsprechende Variable ausgeschaltet;[1] sonst wird sie eingeschaltet.

unset *variable1* [[*variable2*] ...]

entspricht der Angabe **set no*variable1* [[no*variable2*] ...]**

set *variable=wert*

weist der Variablen *variable* den Wert *wert* zu. *wert* kann dabei – abhängig vom jeweiligen Variablentyp – entweder ein String (muß mit '.. ' geklammert sein) oder eine Zahl sein.

Von der Vielzahl der **mailx**-Variablen (fast 50) werden hier nur einige vorgestellt:

Variable	Beschreibung
append	bewirkt, daß nach Beendigung von **mailx** die gelesenen Briefe am Ende der *mbox*-Datei angehängt werden. Voreinstellung ist: **noappend** (Einfügen der gelesenen Briefe am Anfang der *mbox*-Datei)
askcc	bewirkt, daß nach einer *Cc:*-Verteilerliste gefragt wird, nachdem ein Brieftext eingegeben wurde. Voreinstellung ist: **noaskcc**
hold	bewirkt, daß die gelesenen Briefe in der mailbox verbleiben. Voreinstellung ist: **nohold** (Gelesene Briefe aus der mailbox entfernen und in der *mbox*-Datei sichern)

---

1. Eine Variable kann allerdings nur dann mit einem vorangestellten **no** ausgeschaltet werden, wenn sie zu diesem Zeitpunkt eingeschaltet ist.

Variable	Beschreibung
keep	bewirkt, daß eine leere mailbox-Datei nicht gelöscht wird, sondern als leere Datei erhalten bleibt. Voreinstellung ist: **nokeep** (Leere mailbox-Datei löschen)
keepsave	bewirkt, daß explizit gesicherte Briefe nicht gelöscht werden. Voreinstellung ist: **nokeepsave**
folder=*directory*	legt das Directory fest, in dem explizit gesicherte Briefe zu speichern sind. Wenn *directory* nicht als absoluter Pfadname angegeben ist, so wird es als relativ zum home directory interpretiert.
record=*dateiname*	alle abgeschickten Briefe werden in der Datei *dateiname* gesichert. Voreinstellung ist: abgeschickte Briefe nicht sichern
outfolder	bewirkt, daß die bei **record=** angegebene Datei im **folder**-Directory angenommen wird; dies gilt allerdings nur, wenn bei **record=** kein absoluter Pfadname angegeben ist. Voreinstellung ist: **nooutfolder** (bei **record=** angegebene Datei wird im working directory angenommen[a])
EDITOR= *pfadname*	legt den Pfadnamen des Editors fest, der bei Eingabe der Kommandos **edit** oder **~e** aufzurufen ist. Voreinstellung ist: **EDITOR='/bin/ed'**
prompt=*string*	legt den Prompt fest, der im Kommandomodus zu verwenden ist. Voreinstellung ist: **prompt='? '**
sign=*string*	der hier angegebene *string* wird bei der Angabe des Kommandos **~a** (im Eingabemodus) nach der aktuellen Briefzeile eingefügt.
Sign=*string*	der hier angegebene *string* wird bei der Angabe des Kommandos **~A** (im Eingabemodus) nach der aktuellen Briefzeile eingefügt.
toplines=*zahl*	legt die *zahl* der Zeilen fest, die bei Angabe des **top**-Kommandos vom Briefanfang auszugeben sind. Voreinstellung ist: **toplines=5**

a. wenn diese nicht vorhanden ist, so wird sie neu angelegt, ansonsten wird der geschriebene Brief am Ende dieser Datei angehängt.

Das Kommando **#** ermöglicht die Angabe von Kommentarzeilen in einer *.mailrc*-Datei; der Rest der Zeile nach diesem Kommando wird als Kommentar interpretiert.

Mit den Kommandos **alias** und **group** ist es möglich, an wenig aussagekräftige Login-Namen neue Namen zu vergeben, die zum einen leichter zu merken sind und zum anderen eine bessere Identifizierung des entsprechenden Benutzers zulassen:

alias *alias-name*   *name1 [[name2] ...]*
group *alias-name*   *name1 [[name2] ...]*

Wird dann beim **mailx**-Aufruf als *login-name* ein *alias-name* angegeben, so setzt **mailx** hierfür die entsprechenden Login-Namen *name1* ***name2...*** ein; z.B. würden mit obiger *.mailrc*-Datei die Aufrufe

```
mailx maria       zu   mailx mjkall
mailx graphik     zu   mailx toni fritz tom alfons mill
```

expandiert.

Bei den Kommandos **alias** und **group** kann für *name1 name2 ...* auch ein zuvor mit **alias** bzw. **group** definierter *alias-name* angegeben werden. Für diesen *alias-name* werden dann die im vorherigen **alias**- bzw. **group**-Kommando angegebenen *name1 name2 ...* eingesetzt.

Obwohl die beiden Kommandos **alias** und **group** die gleiche Funktionalität besitzen, verwendet man üblicherweise

▶   **alias**, um damit für einen Login-Namen einen neuen, leichter identifizierbaren Namen einzuführen

und

▶   **group**, um an eine gesamte Gruppe von Login-Namen einen neuen Namen zu vergeben.

Eine bedingte Ausführung von **mailx**-Kommandos ist mit dem Kommando **if-endif** möglich:

```
if s | r                    (entweder s oder r)
      mailx-Kommandos
[else
      mailx-Kommandos]
endif
```

s steht dabei für *send* (Senden) und **r** für *receive* (Empfangen). Somit kann die Ausführung bestimmter Kommandos davon abhängig gemacht werden, ob **mailx** zum Senden oder zum Empfangen von Briefen aufgerufen wird.

In der obigen *.mailrc*-Datei wird z.B. zur Subdirectory *post* im home directory gewechselt (**cd $HOME/post**), wenn **mailx** zum Lesen von angekommenen Briefen aufgerufen wird. Dieses Subdirectory *post* muß natürlich bereits existieren.

11.6.9   Weitere nützliche Kommandos zum Mail-System

Ein Mail-System besteht aus mehreren Programmen. Zum Lesen und Senden von Mail stehen die beiden Programme **mail** oder **mailx** zur Verfügung. Diese *Mailer*-Programme sind die Benutzeroberfläche des Mail-Systems. und werden als *Mail-User-Agents* (*MUA*) bezeichnet. Die eigentliche Zustellung der Mail übernehmen die sogenannten *Mail-Transport-Agents* (*MTA*), wie z.B. **sendmail, smail** oder **rmail**. Normalerweise konfiguriert der Systemadministrator einen MTA für ein System, so daß sich der normale Benutzer nicht darum kümmern muß.

Bei System V.4 sind nun einige neue Kommandos in das Mail-System eingeflossen. Die Funktionsweise dieser Programme hängt davon ab, welchen MTA Ihr Systemadministrator auf Ihrem System eingerichtet hat. Nachfolgend sind die vom MTA abhängigen Kommandos mit *RMAIL* oder *SENDMAIL* markiert, je nachdem, ob sie das Mail-System von System V.4 (**rmail**) oder das aus dem BSD Compatibility Package (**sendmail**) voraussetzen.

Mail weiterleiten (forwarding)

Wenn man eine neue elektronische Adresse erhält (bei Rechner- oder Arbeitsplatz-Wechsel) oder von mehreren Rechnern elektronische Post verschickt, die Antworten darauf aber nur an einer bestimmten Adresse empfangen möchte, kann man die Weiterleitung der Mail (*forwarding*) veranlassen.

RMAIL

Der MTA **rmail** leitet eingehende Mails um, wenn die erste Zeile in der Datei /**var/mail/:forward/***loginname* folgenden Text enthält:

```
Forward to addr
```

Für *addr* kann dabei als Empfänger eine Mail-Adresse, ein Dateiname oder ein Programm angegeben sein. Wenn das erste Zeichen eines Empfängernamens ein Slash / ist, so wird dies als Dateiname interpretiert. Beginnt ein Name mit einem Senkrechtstrich | (Pipe), so wird der Name als ein Kommandoname interpretiert.

Bei System V.4 wird diese **Forward**-Zeile über den Aufruf

```
mail -F addr
```

eingetragen. So richtet z. B. das folgende Kommando eine Weiterleitung der Mail an die Adresse *munich3!egon* ein. Beim Versuch, die lokale Mailbox mit **mail** oder **mailx** zu lesen, erscheint eine entsprechende Meldung.

```
$ mail -F munich3!egon ⏎
Forwarding to munich3!egon
$ mailx ⏎
Your mail is being forwarded to munich3!egon
$
```

Man kann auch mehrere Adressen als Ziel angeben, wie z. B.

```
mail -F munich3!egon,hh2!egon
```

In diesem Fall wird alle Mail an *egon* sowohl an die Adresse *munich3!egon* als auch an die Adresse *hh2!egon* weitergeleitet.

Die auf **-F** folgenden Angaben sollten dabei durch Komma (ohne Leerzeichen dazwischen) voneinander getrennt sein.

Um eine Weiterleitung einer Mail wieder aufzuheben, muß man nur **mail -F** mit einem leeren String als Adresse aufrufen. Eingehende Post wird dann wieder in der primären Mailbox hinterlegt.

```
$ mail -F "" ↵
Forwarding removed
$
```

SENDMAIL

Wenn bei einem System als MTA **sendmail** eingerichtet ist, kann man eine Weiterleitung der Mail auf zwei verschiedene Arten erreichen:

1. Man ruft, wie bei *RMAIL* beschrieben,

   ```
   mail -F addr
   ```

   Dadurch wird allerdings ein weiterer Prozeß zur Weiterleitung der Mail gestartet, was bei der Vorgehensweise, die unter 2. beschrieben ist, nicht der Fall ist.

2. Man schreibt die Adresse in eine Datei namens **.forward** im Home-Directory, wie z.B.

   ```
   $ cat $HOME/.forward ↵
   \egon,munich3!egon,hh2!egon
   $
   ```

In diesem Beispiel ist eine Weiterleitung der Mail an die beiden Adressen *munich3!egon* und *hh2!egon*, und zusätzlich noch in die lokale Mailbox eingerichtet. Der Backslash \ vor dem lokalen Empfängernamen verhindert eine erneute Weiterleitung, woraus ja eine Endlosschleife resultieren würde.

Wenn das erste Zeichen eines Empfängernamens ein Slash / ist, so wird dies als Dateiname interpretiert. Beginnt ein Name mit einem Senkrechtstrich | (Pipe), so wird der Name als ein Kommandoname interpretiert.

Die Weiterleitung kann durch Löschen der Datei *.forward* wieder aufgehoben werden.

Sofortige Meldung neu angekommener Post mit notify

Seit System V.4 wird das Kommando **notify** angeboten:

```
notify [-y] [-n]
```

Gib man die Option **-y** an, so wird jede neu angekommene Mail nicht nur sofort gemeldet, sondern es werden zusätzlich noch die ersten Zeilen dieser Mail am Bildschirm ausgegeben.

```
$ notify -y ↵
notify: Asynchronous 'new mail' notification installed
..........
$
```

Trifft nach diesem Aufruf neue Mail ein, so wird dies dem betreffenden Benutzer sofort gemeldet, wenn er noch angemeldet ist und sein Terminal nicht mit **mesg -n** gesperrt wurde. Zusätzlich erscheinen die ersten Zeilen der Mail am Bildschirm, wie z.B.

```
$
New mail for egon has arrived:
----
Date: Wed,  Dec 29 13:46:37 +0100
From: micha (Michaela Kerner)
To: egon
Subject: Silvesterparty

Koenntest Du Dich bitte um die Besorgung der alkoholischen
Getränke für unsere Silvesterparty bei Toni kümmern ?
...more...


-
$
```

Mit **notify -n** kann die sofortige Benachrichtigung wieder abgeschaltet werden.

Ruft man nur **notify** ohne Angabe von **-n** oder **-y** auf, so meldet es, ob momentan sofortige Benachrichtigung ein- oder ausgeschaltet ist.

Anrufbeantworter einrichten mit vacation

RMAIL

Seit System V.4 wird (für **rmail** als MTA) das Kommando **vacation** angeboten, mit dem sich eine Art Anrufbeantworter für elektronische Mail einrichten läßt. Neu eintreffende Mail wird dazu über den Forwarding-Mechanismus an ein Programm weitergeleitet, das den Eingang der Mail bestätigt und die Mail in der Mailbox des Benutzers ablegt. Zusätzlich schreibt das Programm den Namen des Absenders in die Datei **$HOME/.maillog**, so daß der gleiche Absender die automatische Antwort auf seine Mail nur einmal erhält. Über die Option **-l** *logfile* kann auch eine andere Datei als *$HOME/.maillog* zur Protokollierung der Namen angegeben werden.

Der Standardtext des Anrufbeantworters ist in der Datei */usr/share/lib/mail/ std_vac_msg* enthalten. Mit der Option **-M** *antwortdatei* kann ein Name einer Datei (*antwortdatei*) festgelegt werden, in dem ein eigener Text steht.

Im nachfolgenden Beispiel wird der Text des Anrufbeantworters in der Datei *.urlaub* hinterlegt.

```
$ cat $HOME/.urlaub  ⏎
Subject:  Wohlverdienter Urlaub

Ich bin bis zum 8. August im Urlaub.
```

```
Ihre Mail ist bei mir angekommen. Ich werde
Sie sofort nach Beendigung meines Urlaubs beantworten.

MFG   -- egon

PS: Diese Meldung stammt von einem Anrufbeantworter und
    wird Ihnen nur einmal zugestellt.
$ vacation -M $HOME/.urlaub ⏎
Forwarding to ......
$
```

Die automatische Beantwortung läßt sich durch einen der beiden folgenden Aufrufe wieder aufheben:

```
mail -n
```

oder

```
mail -F ""
```

SENDMAIL

Bei Verwendung von **sendmail** als MTA kann eine automatische Beantwortung auch mit dem Programm **vacation** aus dem BSD Compatibility Package eingerichtet werden. Dazu erstellt man im Home-Directory eine Datei **.forward** z.B. mit folgenden Inhalt:

```
\egon,"|/usr/ucb/vacation egon"
```

Danach muß man noch mit dem Aufruf

```
/usr/ucb/vacation   -I
```

eine Protokolldatei initialisieren, in der **vacation** die Namen von bereits benachrichtigten Benutzern festhält. Der Antworttext kann in der Datei *$HOME/.vacation.msg* angegeben werden.

Die automatische Beantwortung läßt sich durch das Entfernen der Datei **.forward** (im Home-Directory) wieder aufheben.

11.6.10 Mail beim Internet-Provider abholen mit fetchmail (POP)

Während **sendmail** die eigenen verschickten E-Mails an den Server des Internet-Providers weiterleitet, hat das Programm **fetchmail** die Aufgabe, die an diesem Server angekommene E-Mail, die an einen selber adressiert ist, abzuholen und in der lokalen Mailbox einzufügen. Die Kommunikation zwischen **fetchmail** und dem Internet-Provider basiert auf dem *Post Office Protocol* (POP), wovon es zwei Varianten gibt: POP2 und POP3, das häufiger verwendet wird. Einige mail-Programme (wie Netscape und pine) lassen sich im übrigen auch so konfigurieren, daß sie E-Mail mittels POP beim Internet-Provider abholen.

Das Programm **fetchmail** ruft man normalerweise ohne sonstige zusätzliche Angaben auf. Es liest dann alle benötigten Daten zur Kommunikation mit dem POP-Server aus der Datei .fetchmailrc (im Home Directory). Nachfolgend ist ein Beispiel für das mögliche Aussehen der Datei .fetchmailrc gegeben:

```
poll pop.provider.de protocol pop3 username hherold password 78hjws6ze
mda "/usr/bin/procmail -d hherold"
```

Es handelt sich dabei um eine Zeile, die lediglich hier umbrochen ist. Hierzu eine kurze Erklärung:

poll *popserver*	gibt den POP-Server an
protocol *protocol*	das benutzte Protokoll (pop2, pop3, apop, kpop, imap)
username *name*	Mail-Adresse
password *paßwort*	Paßwort
mda *"programm"*	(*mail delivery agent*) Programm, das die E-Mails nach der Übertragung vom Provider zum lokalen Rechner an das Ende der Mailbox anhängt. Ein alternatives Programm zu **procmail** ist **deliver**. Zu **procmail** werden sehr ausführliche man-Seiten angeboten.
keep	(optional) E-Mails am Server nicht aus der Mailbox entfernen
silent	(optional) Ausgabe von Statusinformationen unterbinden

Bis auf das Paßwort können alle diese Daten auch auf der Kommandozeile mittels Optionen angegeben werden. Das Paßwort muß dann, falls es nicht in .fetchmailrc angegeben ist, interaktiv eingegeben werden.

Oft wird auch eine Skript-Datei mitgeliefert, mit der man .fetchmailrc interaktiv konfigurieren kann, wie z.B. **fetchmailsetup**.

fetchmail setzt voraus, daß die Mailbox /var/spool/mail/*loginname* bereits mit den richtigen Zugriffsrechten existiert. Sollte dies nicht der Fall sein, muß man diese Mailbox zuerst mit den folgenden Kommandos einrichten:

```
# touch /var/spool/mail/loginname ⏎
# chown loginname.gruppenname /var/spool/mail/loginname ⏎
```

Nachdem eine ppp-Verbindung aufgebaut wurde, empfiehlt es sich, das Verschicken und Empfangen von E-Mail durch eine Skript-Datei zu steuern, um sein lokales mail-Programm (wie z.B. Netscape oder pine) damit zu betreiben. Wenn man eigene E-Mails verschicken oder aber nachsehen möchte, ob am Provider-Server neue E-Mail angekommen ist, muß nur der Superuser (root) die nachfolgende Skript-Datei **mailsendget** aufrufen:

```
#! /bin/sh
#............mailsendget
if ./ppp-on; then        # evtl.: if ./ppp-up; then
   echo "...schicke E-Mail"
   /usr/sbin/sendmail -q -v
   echo "...lese E-Mail"
   fetchmail -v
else
   echo "...Fehler bei ppp-Verbindungsaufbau"
fi
./ppp-off       # evtl.: ./ppp-down
```

Dieses Skript kann nicht von normalen Benutzern ausgeführt werden, da die Kommandos zum PPP-Verbindungsaufbau nur vom Superuser aufgerufen werden können. Zudem setzt dieses Skript folgendes voraus:

▶ Man muß sich beim Aufruf in dem Directory befinden, in dem sich die Skripts **ppp-on** (bzw. **ppp-up**) und **ppp-off** (bzw. **ppp-down**) befinden.

▶ Benutzt man **Netscape**, muß folgendes eingestellt sein: *Outgoing Mail*: local-host, *Incoming Mail*: Built In Movemail und *Immediate Delivery* muß aktiviert sein. Zudem muß als *E-Mail-Adress*: *name@provider.de* eingetragen sein, und **sendmail** muß ständig im Hintergrund laufen. Ständig im Hintergrund ablaufende Programme bezeichnet man unter Unix als *Dämonen*.

▶ Verwendet man **pine**, muß als *user-domain* der Domain-Name *provider.de* eingetragen sein.

▶ In der Konfigurationsdatei /etc/sendmail.cf müssen folgende Einträge vorhanden sein:

DM*provider.de*
DS*provider.de*
O Timeout.queuewarn=1d

Oft befinden sich entsprechende Skripts bereits auf dem jeweiligem System. Es empfiehlt sich also, sich alle Pfade zu den Dateien, die **fetchmail** betreffen, mit

```
locate fetchmail
```

auflisten zu lassen und dann die entsprechende Dokumentation zu lesen oder notfalls auch die entsprechenden Skript-Dateien selbst zu lesen.

11.7 Datenaustausch in einem Netz von Unix-Systemen

Zum Austausch von Daten und Informationen zwischen unterschiedlichen Unix-Systemen, die über ein Netzwerk miteinander gekoppelt sind, stehen folgende Möglichkeiten zur Verfügung:

▸ Senden von elektronischer Post an andere Unix-Systeme

▸ Kopieren von Dateien auf andere Unix-Systeme

▸ Arbeiten auf anderen, über ein Netz angeschlossenen Rechnersystemen

▸ Zugang zu internationalen Netzen

11.7.1 Senden von elektronischer Post an andere Unix-Systeme

Jedes lokale Unix-System eines Netzwerks hat einen eindeutigen Knotennamen in diesem Netzwerk von Systemen.

Der Name des eigenen Unix-Systems läßt sich mit dem Kommando **uname** erfragen:

uname

```
uname [-snrvpma]
```

uname gibt den Namen des lokalen Unix-Systems auf der Standardausgabe aus. Die einzelnen Optionen bewirken dabei folgende Ausgaben:

Option	Beschreibung
-s (*system name*)	Name des lokalen Systems; ist die Voreinstellung, wenn **uname** ohne Angabe von Optionen aufgerufen wird.
-n (*node name*)	Knotenname des lokalen Systems im Netzwerk.
-r (*release*)	Freigabe-Nummer des lokalen Systems (z.B. V 2)
-v (*version*)	Versions-Nummer des lokalen Systems
-m (*machine*)	Hardware des lokalen Systems
-p (*processor type*)	Prozessortyp des lokalen Systems
-a (*all*)	alle obigen Informationen

Beispiel
```
$ uname ⏎
hh2
$ uname -n ⏎
hamburg2
$ uname -a ⏎
hh2 hamburg2 V.4.2 1 80486
$
```

uuname

Die Namen aller Systeme, die mit dem lokalen System über ein Netzwerk gekoppelt sind, können mit dem Kommando **uuname** erfragt werden.

Der Aufruf

```
uuname
```

gibt eine Liste aller Knotennamen aus, die mit dem lokalen System über ein Netz verbunden sind.

mail an ein anderes System

Wenn der Login-Name des Empfängers und der Knotenname des Systems, an dem er arbeitet, bekannt sind, so kann mail (elektronische Post) an diesen »entfernten« Benutzer geschickt werden. Wenn z.B. der Login-Name dieses Empfängers **xfei** und dessen System den Knotennamen **munich4** hätte, so könnte mit

```
mailx munich4!xfei
```

ein Brief an diesen verschickt werden.

Um elektronische Post an einen Benutzer auf einem anderen System zu verschicken, ist also folgende Adreßangabe notwendig.

knotenname!*login-name*

Um diesem Empfänger die Antwort auf den eigenen Brief zu erleichtern, ist es üblich, daß man diesem seine eigene Adresse mit übermittelt, z.B.

```
.....
MfG
   -- egon (mail-Adresse: hamburg2!egon)
```

Falls man mit einem Benutzer, der auf einem anderem System arbeitet, regere Korrespondenz erwartet, so empfiehlt es sich, für dessen Adresse ein Synonym einzuführen. Dies wird durch einen Eintrag wie

```
alias xaver_mch  munich4!xfei
```

in der *.mailrc*-Datei erreicht.

Diese Form der Adressierung nennt man auch die UUCP-Adressierung; das **uucp**-System wird später in diesem Kapitel noch genauer vorgestellt. Da man bei der UUCP-Adressierung immer den genauen Weg zum Empfänger wissen und mit allen Zwischenstationen angeben muß, kann dies in großen Netzen zu äußerst komplexen und »ewig« langen Adreßangaben führen, wie z.B.

```
mailx  nessi!rio!snack!uni!ger!solar!munich3!hans
```

Wird nur ein Name in diesem Pfad falsch geschrieben oder vergessen, so wird die Mail als unzustellbar klassifiziert und an den Empfänger zurückgeschickt. Außerdem können sich die Verbindungswege oder die Knotennamen in einem Netz ändern. Damit ändert sich dann auch die Adresse des entfernten Benutzers.

Alle diese Nachteile führten dazu, daß man in System V.4 das *Domain Name System* (*DNS*) des Internet übernommen hat. Im Deutschen spricht man auch von der Domain-Adressierung. Domain-Adressen sehen folgendermaßen aus:

empfänger@*host.sub.domain*

Der Teil vor dem Klammeraffen @ ist der sogenannte *local part*, der festlegt, an wen die Mail auf dem Zielrechner zu schicken ist. Dies kann ein Vor- und Nachname (wie z.B. **hans.meier**) oder nur der Login-Name (wie z.B. **hm**) sein.

Der Teil nach dem Klammeraffen @ gibt die absolute Adresse des Zielrechners an, wobei **host** der Rechnername und **sub** eine *Subdomain* von **domain** ist. Jede Subdomain ist selbständiger Namensbereich, in dem die Rechner eines Teilnetzes zusammengefaßt sind.

Domain-Adressen enthalten keine Informationen über den Zustellungsweg der Mails, wie dies bei einer UUCP-Adressierung der Fall ist. Statt dessen legen Domain-Adressen nur die Zieladresse fest, vergleichbar mit den postalischen Adressen (Name, Straße, PLZ und Ort).

domain (ganz rechts) ist der sogenannte *Top-Level-Domain* (*TLD*); hierfür wird üblicherweise der ISO-Ländercode verwendet, wie z.B.

be	Belgien	**fr**	Frankreich	**se**	Schweden
de	Deutschland	**it**	Italien	**su**	Sowjetunion (GUS)
dk	Dänemark	**nl**	Niederlande	**uk**	Großbritannien
fi	Finnland	**no**	Norwegen	**us**	USA

Damit Rechner, die über ein UUCP-Netz am Internet angeschlossen sind, über eine Domain-Adresse erreichbar sind, wurde zusätzlich noch die Pseudo-Domain **uucp** als TLD eingerichtet.

Weitere Top-Level-Domains sind z.B.:

com	(*commercial*) für kommerzielle Unternehmen.
edu	(*education*) für akademische Einrichtungen.
gov	(*government*) für Behörden.
mil	(*military*) für militärische Einrichtungen.
net	für administrative Autoritäten; Adresse des deutschen EUnet-Dienstanbieters ist z.B. *Germany.EU.net*.
org	(*organisation*) für private Organisationen, die in keine der anderen TLM passen.

Hier als Beispiel eine fiktive Adresse eines Benutzers *emil* auf einem Rechner *chemie* im lokalen Rechnernetz der Universität Klughausen, das mit dem Namen *klug* im deutschen Namensbereich des Internet eingetragen ist.

```
emil@chemie.klug.de
```

Zuständig für die Teilnehmer in einem Subdomain ist der Systemadministrator des jeweiligen Rechners. Man erreicht ihn unter der Adresse **Postmaster**, die in jedem Mail-System vorhanden sein muß. Wenn man z.B. Benutzer-Namen im lokalen Rechnernetz der Universität Klughausen nicht kennt, so sollte man über Mail ein Anfrage an die Adresse

```
Postmaster@klug.de
```

richten.

Falls man einen Rechner erreichen möchte, der keine eigene Domain-Adresse hat, aber an einem System mit gültiger Domain-Adresse angeschlossen und über einen UUCP-Pfad erreichbar ist, dann sollte man den UUCP-Namen dieses Rechners nach dem Benutzernamen mit **%** getrennt angeben:

empfänger%uucp-name@host.sub.domain

11.7.2 Das UUCP-System

In diesem Abschnitt werden die wichtigsten Kommandos des UUCP-Systems für die Übertragung von Dateien und die Ausführung von Kommandos auf anderen Systemen beschrieben. Das UUCP-System besteht aus mehreren Kommandos. Die wichtigsten sind:

▶ Kopieren von Dateien mit **uucp**, **uuto** und **uupick**

▶ Status-Abfrage mit **uustat**

▶ Remote-Job-Execution mit **uux**

▶ Remote-Login mit **cu**

▶ Remote-Callback eines Terminals mit **ct**

▶ Binärdateien verschicken mit **uuencode** und **uudecode**

Der Knotennamen des eigenen Rechner läßt sich mit dem zuvor vorgestellten Kommando **uname** erfragen. Möchte man die Namen aller Systeme wissen, zu denen eine direkte UUCP-Verbindung aufgebaut werden kann, muß man nur das ebenfalls früher vorgestellte Kommando **uuname** aufrufen.

```
$ uname -n  ⏎
ahorn
$ uuname  ⏎
birke
eiche
kiefer
$
```

Dies bedeutet aber nicht, daß UUCP-Aufträge nur mit diesen Systemen durchgeführt werden können, sondern nur, daß Ihr Rechner diese Systeme über eine direkte Leitung oder eine Wählverbindung erreichen kann. Ein mögliches Aussehen eines UUCP-Netzes zeigt das Bild 11.2.

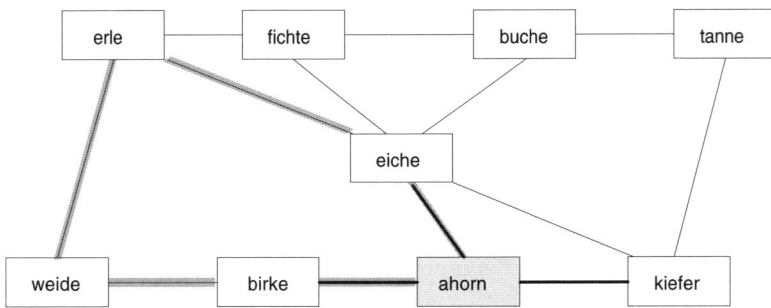

Bild 11.2: So kann ein UUCP-Netz aussehen

Der Rechner *ahorn* hat z.B. direkte Verbindungen zu den Systemen *birke*, *eiche* und *kiefer*. Möchte ein Benutzer des Rechners *ahorn* nun Zugang zum Rechner *erle* haben, so muß er den entsprechenden Netzpfad angeben. Dies ist hier auf zwei verschiedene Arten möglich:

```
eiche!erle
```

oder

```
birke!weide!erle
```

Kopieren von Dateien mit uucp

Sehr oft wird **mail** bzw. **mailx** verwendet, um einem Benutzer auf einem anderem System kleine Textdateien zukommen zu lassen, z.B.

```
mail munich4!xfei <add2.c
```

bzw.

```
mailx munich4!xfei <add2.c
```

Ist bei **mailx** eine *Subject:*-Angabe erwünscht, so wird meist folgender Weg beschritten:

```
$ mailx xaver_mch ⏎
Subject: Programmtext zum Addieren zweier Zahlen ⏎
~r add2.c ⏎
~. ⏎
EOT
$
```

Der Empfänger könnte sich dann den übermittelten Programmtext am einfachsten mit folgender **mailx**-Sitzung sichern:

```
$ mailx ⏎
....
....
? w addiere.c ⏎
....
```

Bei größeren Dateien oder auch Nicht-Textdateien (wie Objektdateien) dagegen werden die Kommandos **uucp** und **uuto** benutzt, die ein direktes Kopieren von Dateien eines Systems auf ein anderes Systems ermöglichen:

Mit **uucp** kann eine Datei von einem System in ein Directory des Zielsystems kopiert werden; allerdings müssen in dem Directory des Zielsystems entsprechende Zugriffsrechte vorliegen, um die zu übertragende Datei dort einkopieren zu können. Da bei diesem Kommando der vollständige Pfadname des Directorys im Zielsystems[1] anzugeben ist, gilt **uucp** als nicht so benutzerfreundlich wie das Kommando **uuto**. Bei **uuto** ist nämlich lediglich der Login-Name des Empfängers anzugeben. Die zu übertragende Datei wird dabei immer in das Directory */var/spool/ uucppublic* des Zielsystems kopiert.

Um eine Datei auf ein anderes System kopieren zu können, müssen für die beiden Kommandos **uuto** und **uucp** folgende Zugriffsrechte vorliegen:

▶ Die zu kopierende Datei muß Leserecht für *others* gewähren.

▶ Das Directory, welches die zu kopierende Datei enthält, muß für *others* Lese- und Ausführrechte gewähren.

Liegen diese Zugriffsrechte nicht vor, so kann die entsprechende Datei nicht erfolgreich mit einem dieser Kommandos übertragen werden. Vor dem Aufruf eines dieser Kommandos sollte sich der Benutzer also vergewissern, daß die geforderten Zugriffsrechte vorliegen; ist dies nicht der Fall, so sind diese zuerst mit dem Kommando **chmod** entsprechend zu setzen.

Die vollständige Aufrufsyntax für **uucp** (***Unix**-to-**Unix** system copy*) ist:

uucp [*optionen*]   *quell-datei(en)   ziel-datei*

uucp kopiert die angegebenen *quell-datei(en)* in die Datei bzw. in das Directory *ziel-datei*; falls *ziel-datei* ein Directory ist, so werden für die dort angelegten neuen Dateien die Namen der *quell-datei(en)*[2] verwendet.

Für eine *quell-datei* oder *ziel-datei* kann dabei folgendes angegeben werden:

---

1. kann sehr lang sein
2. als Name wird – wie bei **cp** – die letzte Komponente des Pfadnamens der *quell-datei(en)* in das Directory eingetragen.

▶ ein Pfadname auf dem lokalen System

▶ *knotenname!pfadname*[1] (*pfadname* auf dem System mit dem Namen knotenname)

Für *pfadname* kann dabei folgendes ausgegeben werden:

1. ein absoluter Pfadname

2. **~*login-name*[*pfadname*]**

    login-name muß dabei der Login-Name eines Benutzers auf dem entspre-
    chenden System sein. Für **~*login-name*** setzt dann **uucp** das home directory
    des Benutzers *login-name* ein. Ein eventuell hier angegebener *pfadname* wird
    dann an dieses home directory angehängt.

3. ~/*pfadname*   (entspricht dem Pfad **/var/spool/uucppublic/***pfadname*)

    Wenn mehr als eine Datei zu übertragen ist oder es sich bei der obigen
    Angabe um ein bereits vorhandenes Directory auf dem Zielsystem handelt,
    dann nimmt **uucp** die obige Angabe als Pfadnamen eines Directorys; in allen
    anderen Fällen interpretiert **uucp** die obige Angabe als Pfadname einer
    Datei.

    Um sicherzustellen, daß **uucp** auf jeden Fall ein Directory annimmt, ist es
    üblich, am Ende von *pfadname* einen *Slash* / anzugeben.

    Um Kollisionen mit anderen Benutzern des Netzwerks zu vermeiden, wird
    gewöhnlich der Login-Name des Empfängers als erste Komponente bei *pfad-
    name* angegeben, wie z.B. die folgende Angabe für *ziel-datei*:

    ~/eric/   (entspricht der Angabe **/var/spool/uucppublic/eric/**)

    Falls das Subdirectory **eric** noch nicht existiert, wird dieses von **uucp** ange-
    legt, und dann werden alle angegebenen *quell-datei(en)* dorthin übertragen.

4. jeder anderen Angabe wird der Pfadname des working directorys vorange-
    stellt.

Bei der Angabe der Pfadnamen können die Metazeichen * ? \ [..] und [^..] zur
Expandierung von Dateinamen[2] verwendet werden.

Die bei den *quell-datei(en)* gewährten *execute*-Rechte bleiben beim Kopieren mit
uucp erhalten; zusätzlich werden bei den Kopien alle Lese- und Schreib-Rechte
vergeben.

Von den möglichen Optionen werden hier nur einige vorgestellt:

---

1. bei der Angabe von *knotenname!knotenname!...!knotenname!pfadname* versucht **uucp** die zu
    kopierende Datei über den hierbei vorgegebenen Weg im Netz zu schicken.
2. siehe Kapitel 6 »Expandierung von Dateinamen auf der Kommandozeile«

Option	Beschreibung
-j	(*job*) gibt eine Auftragskennung (*job identification*) auf der Standardausgabe aus. Diese Auftragskennung kann beim nachfolgend vorgestellten Kommando **uustat** verwendet werden, um den Status eines gegebenen Auftrags zu erfragen oder einen Auftrag zu beenden.
-m	(*mail*) sendet mail an den **uucp**-Aufrufer, in dem ihm mitgeteilt wird, ob der Kopierauftrag erfolgreich ausgeführt wurde oder nicht.
-n*login-name*	(*notify*) benachrichtigt den Empfänger *login-name*, daß eine Datei für ihn mit **uucp** übertragen wurde.
-s*dateiname*	(*status*) schreibt die Status-Information des Kopierauftrags in die Datei *dateiname*.

Beispiel

Der Benutzer mit dem Login-Namen **egon** habe folgende Daten:

home directory:	*/home/egon*
working directory:	*/home/egon/uebung1*
Knotenname:	*hamburg2*

und der Benutzer mit dem Login-Namen **xfei** habe folgenden Daten:

home directory:	*/usr/xfei*
Knotenname:	*munich4*

Wenn **egon** nun **xfei** die Datei */home/egon/uebung1/add2.c* schicken möchte, so kann er dies mit verschiedenen Kommandozeilen erreichen:

Aufruf	Wirkung
uucp add2.c munich4!/usr/xfei/ add_egon.c	Angabe der Zieldatei als absoluter Pfadname
uucp add2.c munich4!~xfei/add_egon.c	entspricht dem vorherigen Aufruf
uucp add2.c munich4!~xfei	*add2.c* wird ins Directory */usr/xfei* (auf System *munich4*) kopiert und behält dort seinen Namen *add2.c*
uucp add2.c munich4!~/xfei	*add2.c* wird ins Directory */var/spool/uucp-public/xfei* (auf dem System *munich4*) kopiert und behält dort seinen Namen.

Und der Aufruf

```
uucp -j -m -nxfei add2.c munich4!~xfei/von_egon/
```

schließlich bewirkt, daß zunächst eine Auftragskennung (z.B. *munich4m2f23*) ausgegeben wird. Nach der Ausführung des Kopierauftrags wird mail sowohl an den Sender **egon** (Information, ob Auftrag erfolgreich ausgeführt wurde) als auch an den Empfänger **xfei** (Information, daß eine Datei für ihn angekommen ist und wo sie sich befindet) geschickt.Die Datei *add2.c* wird dabei (bei erfolgreichem Kopiervorgang) nach */usr/xfei/von_egon/add2.c* (auf Rechner mit dem Knotennamen *munich4*) kopiert.

System V.4 Bei System V.4 wurden sogenannte *Grades* eingeführt, mit denen Kopierjobs eine Priorität zugeteilt werden kann. Ein Grade ist dabei entweder eine symbolische Bezeichnung (vom Systemadministrator festgelegt) oder ein Buchstabe (**A** bis **Z** und **a** bis **z**). Dabei steht der Buchstabe **A** für die höchste und **z** für die niedrigste Priorität.

Die Voreinstellung ist, daß alle Kopieraufträge die Priorität **Z** haben. Elektronische Mail, die mit UUCP übertragen wird, hat meist eine höhere Priorität (z.B. **D**).

Ein Grade kann beim **uucp**-Aufruf mit der Option **-g** *grade* festgelegt werden.

Mit dem Kommando **uuglist** kann man sich die am System verfügbaren Grades anzeigen lassen. Mit Option **-u** kann man sich alle Grades ausgeben lassen, die man selbst benutzen darf. Folgende Grades sind z.B. voreingestellt:

```
$ uuglist -u  ⏎
high
low
medium
$
```

Sollten keine symbolischen Bezeichnungen existieren (wie **low**, **medium** und **high**), dann muß ein Buchstabe verwendet werden. In diesem Fall erscheint beim **uuglist**-Aufruf ein entsprechender Hinweis.

```
$ uuglist  ⏎
No administrator defined service grades available on this machine,
use single letter/number only
$
```

Ebenfalls neu in System V.4 ist, daß gleichzeitig mehrere Verbindungen zum selben System aufgebaut werden können. Wenn z.B. ein Übertragungsweg durch einen nicht so eiligen und niederprioren Auftrag blockiert ist, können zeitkritische und wichtige Aufträge über eine weitere Verbindung übertragen werden und so den langsamen Auftrag überholen. Solche parallelen Verbindungen sind nur bei Aufträgen mit verschiedenen Prioritäten möglich.

Kopieren von Dateien mit uuto

Die vollständige Aufrufsyntax für das Kommando **uuto** ist:

```
uuto [-pm]  quell-datei(en)  ziel
```

uuto kopiert die *quell-datei(en)* an das angegebene *ziel*. Für *quell-datei(en)* ist dabei ein Pfadname auf dem lokalen System anzugeben. Das *ziel* muß dabei in der folgenden Form angegeben werden:

```
knotenname!login-name
```

login-name ist dabei der Login-Name des Empfängers am anderen System (*knotenname*).

Die Systemvariable **PUBDIR** legt dabei immer den ersten Teil des Pfadnamens fest, wohin die *quell-datei(en)* zu kopieren sind:

```
$PUBDIR/receive/login-name/knotenname[1]
```

Die Voreinstellung für **PUBDIR** ist üblicherweise */var/spool/uucppublic*.

Wenn diese Voreinstellung nicht geändert wurde, so werden also die *quell-datei(en)* ins Directory */var/spool/uucppublic/receive/loginname/knotenname* auf dem Zielsystem kopiert.

Wenn eine der angegebenen *quell-datei(en)* ein Directory ist, so wird der vollständige darunterliegende Directory-Baum kopiert.

Die Ankunft der übertragenen Dateien wird dem Empfänger mit mail gemeldet.

Die Optionen haben folgende Wirkung:

-p   die zu kopierenden Dateien werden vor der Übertragung über das Netz in die Spool-Directory des lokalen Systems kopiert.

-m   dem Sender der Dateien wird mail geschickt, wenn der Kopiervorgang abgeschlossen ist.

Beispiel Der Benutzer mit dem Login-Namen **egon** habe folgende Daten:

home directory:	*/home/egon*
working directory:	*/home/egon*
Knotenname:	*hamburg2*

und der Benutzer mit dem Login-Namen **xfei** habe folgenden Daten:

home directory:	*/usr/xfei*
Knotenname:	*munich4*

---

1. **$PUBDIR** steht dabei für den Wert (Inhalt) der Variablen **PUBDIR** und für *knotenname* wird der Knotenname des Sender-Systems verwendet.

Der Aufruf

```
uuto -m * munich4!xfei
```

würde alle Dateien[1] des working directorys einschließlich aller Bäume der enthaltenen Subdirectories auf den Rechner **munich4** in das Directory */var/spool/ uucppublic/receive/xfei/hamburg2* kopieren. Danach würde der Empfänger **xfei** für jede kopierte Datei eine mail mit folgendem Inhalt erhalten:

```
/var/spool/uucppublic/receive/xfei/hamburg2/dateiname
from hamburg2!egon arrived
```

Der Sender **egon** würde ebenso für jede kopierte Datei eine mail mit folgendem Inhalt erhalten:

```
REQUEST: hamburg2!/var/egon/dateiname -->
munich4!/var/spool/uucppublic/receive/xfei/hamburg2/dateiname (xfei)
copy succeeded
```

Nachdem der Empfänger mail erhalten hat, kann er sich die übertragenen Dateien mit dem Kommando **uupick** abholen:

```
uupick [-s knotenname]
```

uupick durchsucht die **PUBDIR**-Directory (**/var/spool/uucppublic**) nach Dateien, die für den jeweiligen Benutzer bestimmt sind. Für jeden gefundenen Eintrag (Datei oder Directory) gibt **uupick** eine der beiden folgenden Meldungen am Bildschirm aus, und zwar im Falle einer Datei:

```
from system knotenname: file dateiname ?
```

Im Falle eines Directorys sieht die Ausgabe so aus:

```
from system knotenname: dir dateiname ?
```

Nun erwartet **uupick** eine Antwort des Benutzers bezüglich weiterer Aktionen. Als Antworten sind dabei möglich:

Antwort	*Wirkung*
⏎	zum nächsten Eintrag weiterschalten
d	(*delete*) Eintrag löschen
m [*directory*]	(*move*) diesen Eintrag (Datei oder ganzen Directorybaum) in das angegebene *directory* verlagern; falls *directory* als relativer Pfadname angegeben ist, so wird diese Angabe als relativ zum working directory interpretiert. Wird kein *directory* angegeben, so wird die entsprechende Datei/Directory ins working directory verlagert.
a [directory]	(*all*) wie **m**, außer daß **alle** Einträge verlagert werden

---

1. außer Dateien, deren Name mit . beginnt.

Antwort	Wirkung
p	(*print*) Inhalt der entsprechenden Datei ausgeben
q	(quit) **uupick** verlassen
⌜Strg⌟-⌜D⌟	
!unix_kdo	*unix_kdo* ausführen
*	Zusammenfassung aller möglichen Antworten ausgeben
?	

Wird **uupick** mit der Option **-s** *knotenname* aufgerufen, so sucht **uupick** im **PUB-DIR**-Directory nur nach Einträgen, die vom System *knotenname* gesendet wurden.

Beispiel Der Benutzer **egon** habe in seinem home directory folgenden Kopierauftrag gegeben:

```
uuto -m * munich4!xfei
```

Nach erfolgreicher Durchführung dieses Kopierauftrags wurde dem Benutzer **xfei** über mail mitgeteilt, daß entsprechende Dateien von **egon** für ihn angekommen sind. Diese kann er nun mit dem Kommando **uupick** »abholen«:

```
$ pwd ↵
/usr/xfei
$ uupick ↵
from system hamburg2: dir uebung1
?
m ↵
175 blocks
from system hamburg2: dir uebung3
?
d ↵
from system hamburg2: file xx
?
* ↵
usage: [d][m dir][a dir][p][q][cntl-d][!cmd][*][new-line]
?
m ↵
4 blocks
$ ls ↵
uebung1
xx
$ ls uebung1 ↵
...
alte¬
alte¬2
dateiliste
delta
....
$
```

Abfragen von Statusinformationen zu uucp- oder uuto-Aufträgen

Mit dem Kommando **uustat** ist es möglich, den Status von abgegebenen **uucp**-oder **uuto**-Aufträgen zu erfragen oder sogar solche Aufträge abzubrechen:

uustat [*optionen*]

Von den möglichen Optionen werden hier nur die meistbenutzten vorgestellt:

Option	Beschreibung
-a	Alle Aufträge (nicht nur eigene) ausgeben, die noch auf ihre Abarbeitung in einer Warteschlange (engl.: *queue*) warten
-m	Verfügbarkeit aller am Netz angeschlossenen Rechnern anzeigen
-k*auftragsnr*	Auftrag mit der Auftragsnummer *auftragsnr* abbrechen
-s*knotenname*	Statusinformationen zu allen Aufträgen ausgeben, die Dateien auf das System *knotenname* kopieren sollen.
-u*login-name*	Statusinformationen zu allen Aufträgen ausgeben, die der Benutzer *login-name* gab.

Wird nur **uustat** (ohne Optionen) aufgerufen, so gibt es Informationen über alle unerledigten Aufträge des aufrufenden Benutzers aus.

```
$ uustat  ↵
ahornN3407  11/14-13:15 S ahorn  egon 536 /home/egon/add2.c
            11/14-13:15 S ahorn  egon 6536 /home/egon/stunden.txt
ahornN3408  11/14-13:18 S ahorn  egon 34536 /home/egon/kosten.txt
            11/14-13:18 S ahorn  egon uucp add3.c munich5!~/
$
```

Im ersten Feld der Ausgabe steht die Auftragsnummer (*Job-ID*), mit der man sich auf diesen Auftrag beziehen kann, z.B. um ihn abzubrechen. Im zweiten Feld steht das Datum, an dem der Auftrag abgesetzt wurde, danach folgt ein **S** (Datei gesendet) oder **R** (Datei wird empfangen). Im nächsten Feld steht der Systemname, gefolgt vom Namen des Benutzers, der diesen Auftrag gegeben hat. Das folgende Feld enthält entweder den Namen eines auszuführenden Kommandos oder die Größe (in Bytes) und den Namen der zu kopierenden Datei.

Um einen Auftrag abzubrechen, steht die Option **-k** *job-id* zur Verfügung.

```
$ uustat -k ahornN3408  ↵
Job: ahornN3408 successfully killed
$
```

Mehrfache Angabe der Option **-k** ist bei einem **uustat**-Aufruf nicht erlaubt, d.h. mehrere Aufträge müssen jeweils einzeln storniert werden. Falls ein aufzuhebender Auftrag schon beendet ist, gibt **uustat** eine Meldung aus, daß ein Abbruch nicht mehr möglich ist.

Bei Angabe der Option **-m** gibt **uustat** den Zustand aller erreichbaren Systeme
aus.

```
$ uustat -m  ⏎
birke        3C(4)         11/13-09-43 SUCCESSFUL
eiche                      11/12-17:05 SUCCESSFUL
feige        1C(2)         11/14-10:23 CALLER SCRIPT FAILED Retry: 0:20
kiefer       2C            11/14-15:36 WRONG TIME TO CALL
kirsche                    Locked TALKING
melone       4C            11/14-07:02 SUCCESSFUL
$
```

Die Angabe *xC* bedeutet dabei, daß *x* Aufträge (*Commands*) für dieses System
anliegen. Eine Zahl in runden Klammern gibt an, seit wieviel Tagen sich der Auftrag in der Warteschlange befindet. Im dritten Feld steht entweder das Datum
und das Ergebnis des letzten Verbindungsversuchs oder **Locked**, wenn zu diesem System momentan keine Verbindung besteht. Wenn der letzte Verbindungsaufbau fehlschlug, dann wird auch noch eine **Retry**-Zeit in Stunden und Minuten angezeigt, vor deren Ablauf kein erneuter Verbindungsversuch unternommen werden kann.

Wenn ein Auftrag sich als »Ladenhüter« in der Warteschlange entpuppt, d.h.
längere Zeit (vom Systemadministrator einstellbar) in der Warteschlange unbe-
arbeitet hängen bleibt, sendet das UUCP-System zunächst eine Warnung an den
Auftraggeber, daß das Zielsystem nicht erreicht werden kann und der Auftrag
bald gelöscht wird. Möchte der Auftraggeber dieses automatische Löschen des
Auftrags durch das UUCP-System unterbinden, so kann er den entsprechenden
Auftrag mit der Option **-r** *job-id* »verjüngen«. In diesem Fall wird das Auftrags-
datum auf das aktuelle Datum gesetzt, so daß der Auftrag vorläufig noch nicht
gelöscht wird.

 Durch die in System V.4 neu hinzugekommene Option **-S***welch* können die
aufzulistenden Aufträge weiter eingegrenzt werden. Für *welch* kann dabei
einer der folgenden Buchstaben angegeben werden:

welch	*nur Aufträge,*
q	die sich noch in der Warteschlange befinden (Übertragung hat noch nicht begonnen)
r	die gerade bearbeitet werden (Übertragung läuft)
i	die abgebrochen wurden (Dateien wurden nicht vollständig übertragen)
c	die vollständig bearbeitet wurden.

Ebenfalls neu in System V.4 ist die Option **-t** *knotenname*. Die Angabe dieser
Option bewirkt, daß **uustat** die durchschnittliche Übertragungsgeschwindigkeit
ausgibt.

Remote-Job-Execution mit uux

Das Kommando **uux** (**Unix-*to*-*Unix system command execution*) ermöglicht es, Unix-Kommandos auf einem anderen, direkt erreichbaren System ausführen zu lassen. **uux** ist in der Lage, Dateien auf verschiedenen Systemen zu lesen, das entsprechende Kommando auf dem gewählten Fremdsystem auszuführen und die Standardausgabe dieses Kommandos wiederum in eine Datei auf einem Fremdsystem zu schreiben.

Die Aufrufsyntax für **uux** ist:

```
uux [optionen] "kommandozeile"
```

Für *kommandozeile* kann dabei eine übliche Unix-Kommandozeile angegeben werden, wobei allerdings den entsprechenden Kommando- oder Dateinamen die Rechneradresse

knotenname!

vorangestellt werden darf. Alle Strings, vor denen kein Ausrufezeichen steht, werden als Argumente an das auszuführende Kommando übergeben. Bei Datei-namen muß immer angegeben sein, auf welchem System sie sich befinden. Ein Ausrufezeichen ohne Systemnamen bezeichnet dabei das lokale System. Die Angabe *~login-name* wird dabei durch das Home Directory des Benutzer *login-name* auf dem entsprechenden System ersetzt.

Bevor das Kommando ausgeführt wird, überträgt das UUCP-System erst alle benötigten Dateien auf das Zielsystem. Zum Beispiel bewirkt der Aufruf

```
uux  "munich3!diff  hamburg1!~petersen/hexd.c  !hdump.c >!vergl"
```

die Übertragung der Datei *hdump.c* (im working directory des lokalen Systems) auf den Rechner *munich3*; zusätzlich wird noch die Datei */home/petersen/hexd.c* vom Rechner *hamburg1* auf den Rechner *munich3* übertragen. Anschließend wird das Kommando **diff** auf dem Rechner *munich3* gestartet, um diese beiden so eben dorthin kopierten Dateien zu vergleichen. Die Ausgabe dieses Kommandos wird dann in die Datei *vergl* auf dem lokalen System geschrieben.

Während Pipes (|) und die beiden Umlenkungszeichen (> und <) bei **uux** erlaubt sind, sind die Umlenkungszeichen >> und << nicht zulässig.

Eine der vielen möglichen Optionen ist:

-p   Die Standardeingabe von **uux** wird zugleich auch die Standardein-gabe der angegebenen Kommandozeile; nützlich bei der Verwen-dung von **uux** auf der rechten Seite einer Pipe.

Der Aufruf

```
cat namliste | sort | nl | uux -p frankfurt2!lp
```

bewirkt, daß der Inhalt der Datei *namliste* sortiert und mit vorangestellten Zeilennummern auf einem Drucker des Systems *frankfurt2* ausgegeben wird.

Üblicherweise sind aus Sicherheitsgründen nicht alle Kommandos eines Systems für eine Ausführung durch **uux** freigegeben. Die Namen der für ein System freigegebenen Kommandos stehen alle in der Konfigurationsdatei */etc/uucp/Permissions*. Diese Datei ist für die Allgemeinheit nicht lesbar.

Wenn ein Kommando für die Ausführung mit **uux** nicht freigegeben oder bei der Ausführung ein Fehler aufgetreten ist, wird dem Aufrufer eine entsprechende Fehlermeldung über Mail zugestellt.

Remote-Login mit cu

Das Kommando **cu** (*call another **Unix** system*) stellt eine Verbindung zwischen einem lokalen Rechner und einem »entfernten« Rechner her; es ermöglicht somit, daß ein Benutzer gleichzeitig an beiden Rechnersystemen angemeldet ist. Das bedeutet, daß er zwischen beiden Rechnersystemen hin- und herschalten kann und so auf beiden Rechnern Kommandos ausführen oder aber Dateien zwischen diesen beiden austauschen kann.

Von den möglichen Aufrufformen werden hier zwei vorgestellt:

```
cu [optionen]  telefonnummer
cu [optionen]  knotenname
```

cu stellt entweder über die angegebene *telefonnummer* oder über den *knotenname* eine Verbindung zum »entfernten« System her.

Für *telefonnummer* können neben Ziffern noch die Zeichen = und – angegeben werden:

= bedeutet »Warten auf einen zweiten Wählton (Amtsleitung)«

- bedeutet »4 Sekunden warten, bevor weiter zu wählen ist«

Ist *knotenname* angegeben, so stellt **cu** eine Verbindung zu diesem System her.

Nachdem eine Verbindung hergestellt wurde, wird dies gemeldet und die login-Aufforderung des »entfernten« Systems erscheint auf dem Bildschirm, wie z.B.

```
$ cu munich4 ↵
Connected
login: egon ↵
Password: .... ↵
...
        login-Meldungen des anderen Systems
....
$
```

Nachdem der Benutzer seine Login-Kennung und sein Paßwort eingegeben hat, ist er am anderen System angemeldet; zugleich bleibt er auch am lokalen System angemeldet.

Eine der vielen möglichen Optionen von **cu** ist:

-s*baudrate*   legt die zu verwendende Baudrate fest. Mögliche Angaben für *baudrate* sind: 300, 1200, 2400, 4800, 9600, 19200, 38400

Für **cu** ist eines der Systeme immer der Sender, der die Eingabe von der Standardeingabe liest und zum anderen System (Empfänger) schickt, das diese liest und auf die Standardausgabe schreibt. Ausnahmen dabei sind Zeilen, die mit ~ beginnen; diese werden nicht an das Fremdsystem weitergeleitet, sondern auf dem lokalen System ausgewertet.

Nach der Eingabe von ~ erscheint der Rechnername in eckigen Klammern als Anzeige dafür, von welchem System dieses Kommando ausgeführt wird.

Folgende mit ~ beginnende Kommandos kennt **cu**:

Kommando	Beschreibung
~.	Verbindung zum Fremdsystem abbrechen.
~!	Vorübergehend nur auf dem lokalen System arbeiten; in die Verbindung zum Fremdsystem kann mit ⌑Strg⌑-⌑D⌑ wieder zurückgekehrt werden.
~!*unix_kdo*	*unix_kdo* auf dem lokalen System ausführen.
~$*unix_kdo*	*unix_kdo* auf dem lokalen System ausführen, dessen Ausgabe aber an das andere System schicken.
~%**cd** ...	**cd**-Kommando auf dem lokalen System ausführen.
~%**take** *von* [*nach*]	kopiert die Datei *von* auf dem Fremdsystem in die
	Datei *nach* auf dem lokalen System. Fehlt die Angabe von *nach*, so wird für *nach* der Pfadname von *von* genommen.
~%**put** *von* [*nach*]	kopiert die Datei *von* des lokalen Systems in die Datei *nach* auf dem Fremdsystem. Fehlt die Angabe von *nach*, so wird für *nach* der Pfadname von *von* genommen.
~~*kdo_zeile*	sendet ~*kdo_zeile* an das Fremdsystem, so daß dort der Aufruf ~*kdo_zeile* ausgeführt wird.
~%**break** ~%**b**	schickt ein BREAK-Signal an das Fremdsystem.
~%**debug** ~%**d**	schaltet den debug-Modus für **cu** ein bzw. aus.

Kommando	Beschreibung
~t	gibt die Werte der Terminaleinstellung auf dem lokalen System aus.
~l	gibt die Werte der Terminaleinstellung auf dem Fremdsystem aus.

 In System V.4 wurde das Verfahren zur Dateiübertragung verändert. Wenn man mit einem älteren System verbunden ist, muß man zunächst **~%old** das alte Protokoll einschalten, um mit **~%take** und **~%put** Dateien übertragen zu können.

Remote-Callback eines Terminals mit ct

Mit dem Kommando **ct** (*call terminal*) kann man sich zurückrufen lassen, z.B. um ein Terminal mit dem Rechner in der Firma zu verbinden, die die Telefonkosten für die Verbindung übernehmen soll.

Die Aufrufsyntax von **ct** ist:

ct [-s *speed*] [-w *minuten*] [-hv] [-x*n*] *telnr*....

Wenn mehrere Telefonnummern angegeben sind, probiert **ct** diese der Reihe nach durch, bis eine Verbindung zustandekommt.

Die Optionen bedeuten im einzelnen:

-s *speed*	*speed* legt die zu verwendende Baudrate fest; Voreinstellung ist 1200 Baud.
-w *minuten*	(*wait*) Wenn alle Leitungen belegt sind, fragt **ct**, ob es warten soll, bis eine frei ist, und wenn ja, wie lange maximal gewartet werden soll. Diese Abfrage wird mit **-w** *minuten* unterdrückt, und die maximale Wartezeit wird bereits beim Aufruf auf *minuten* festgelegt.
-h	kein sofortiger Verbindungsabbruch nach einem erfolgreichen Verbindungsaufbau. Voreinstellung ist, daß die Verbindung, über die **ct** gestartet wurde, wieder freigegeben wird, um einen Rückruf auf dieser Leitung zu ermöglichen.
-v	(*verbose*) ausführliche Informationen während des Verbindungsaufbaus ausgeben.
-x*n*	wird fürs Debuggen benötigt. *n* kann dabei ein Nummer zwischen 0 und 9 sein. Je größer die Nummer ist, umso mehr Debugging-Information wird ausgegeben.

Binärdateien verschicken mit uuencode und uudecode

Normalerweise dürfen über Mail keine Binärdateien verschickt werden, da sie auf manchen Übertragungsstrecken, wenn z.B. eine maximale Zeilenlänge von 80 Zeichen festgelegt ist, nicht befördert werden können.

Zwar existiert im **mail**-Programm von System V.4 die Option **-m binary**, so daß die für die Mail-Zustellung zuständigen Programme erkennen, daß hier binäre Dateien verschickt werden, und sich somit auf die Verarbeitung binärer Dateien einstellen können; doch funktioniert das Ganze nur, wenn keine Übertragungswege über ältere Systeme benutzt werden.

Um aber auch auf älteren Systemen oder über ein externes Netz binäre Dateien verschicken zu können, stehen die beiden Kommandos **uuencode** und **uudecode** zur Verfügung.

uuencode [*quelldatei*] *zieldatei*

Dieses Kommando konvertiert den binären Inhalt der Datei *quelldatei* in ASCII-Zeichen und schreibt diese auf die Standardausgabe. Falls keine *quelldatei* angegeben ist, liest **uuencode** die umzuwandelnden Zeichen von der Standardeingabe. *zieldatei* muß immer angegeben sein. Dieses Argument und die Zugriffsrechte der Datei werden in einer Kopfzeile (**begin**) vor dem generierten ASCII-Text auf die Standardausgabe ausgegeben. Lenkt man die Ausgabe von **uuencode** in eine Datei um, wie z.B.

```
uuencode  add  add  >add.enc
```

dann kann man diese Datei (*add.enc*) problemlos mit **mail** verschicken.

Der Empfänger muß dann nur noch **uudecode** aufrufen:

```
uudecode  [ascii-datei]
```

Bei der Rückumwandlung von ASCII- in Binärdaten entnimmt **uudecode** der *begin*-Kopfzeile die Zugriffsrechte und den Namen für die zu erzeugende Ausgabedatei. Falls *ascii-datei* nicht angegeben ist, liest **uudecode** von der Standardeingabe. So würde z.B. der Aufruf

```
uudecode  add.enc
```

eine Datei *add* im working directory erzeugen.

Durch die Konvertierung mit **uuencode** wird eine Datei um ca. 35% größer. Falls man große Textdateien zu übertragen hat, kann es eventuell angebracht sein, diese zunächst mit **compress** zu komprimieren und die so erhaltene Binärdatei dann mit **uuencode** für die Übertragung wieder in ASCII-Format umzuwandeln.

11.7.3   Arbeiten in lokalen oder weltweiten Netzen

Vor System V.4 wurde zur Vernetzung von Unix-Systemen nur das UUCP-System mitgeliefert. Wenn auch ein UUCP-Netz nicht die Leistungsfähigkeit eines lokalen Hochgeschwindigkeitsnetzes bietet, so hat es aber doch den Vorteil, daß man ohne jegliche Spezialhardware Dateien zwischen Unix-Systemen austauschen oder Ressourcen (wie Drucker) gemeinsam nutzen kann.

 In System V.4 nun ist die TCP/IP-Software standardmäßig im Lieferumfang enthalten. In diesem Kapitel werden die wichtigsten TCP/IP-Kommandos vorgestellt, die für den normalen Benutzer von Interesse sind.

Kurze Übersicht zu Netzen

Ein Netz ist eine Verbindung von Rechnersystemen, die miteinander kommunizieren können. Netze, die in sich abgeschlossen sind, wie z.B. in einer behördlichen Institution, einer Firma oder einer Universität, nennt man lokale Netze (**LAN**=*Local Area Network*). Werden mehrere lokale Netze miteinander verbunden, spricht man von einem Weitstreckennetz (**WAN**=*Wide Area Network*).

Über die Jahre entwickelten sich eine Vielzahl von WANs. Aus dem gemeinsamen Wunsch nach Informationsaustausch mit den Benutzern unterschiedlicher WANs entstanden durch den Zusammenschluß der Rechner dezentral verwaltete Netze.

Nachfolgend eine kurze Übersicht über die wichtigsten Netze:

Internet

ist kein einzelnes Netz, sondern vielmehr ein »Netz von Netzen«, das sich aus vielen regionalen und gruppenspezifischen Netzen zusammensetzt. Es basiert weitgehend auf dem früheren ARPANET des US-Verteidigungsministeriums. Zu den Diensten des Internet gehören hauptsächlich Remote-Login, File-Transfer und Beförderung von Elektronischer Mail.

UUCP

ist ein Zusammenschluß von Rechnern, die Nachrichten über die UUCP-Software austauschen. Diese Software wurde ursprünglich zur Vernetzung von Unix-Systemen geschrieben, ist heute aber auch für andere Betriebssysteme verfügbar. Das UUCP-Netz bietet File-Transfer- und Mail-Dienste an.

USENET

entstand auf die Initiative der Benutzer von Unix-Systemen und war ursprünglich ein reines UUCP-Netz. Heute ist ein Anschluß am USENET nicht mehr vom Betriebssystem abhängig. Auch ist kein Anschluß an ein bestimmtes Netz gefordert. So werden z.B. Nachrichten im USENET über das Internet transportiert.

Der Dienst des USENET ist im wesentlichen die Übertragung von sogenannten »News« (Nachrichten).

BITNET

ist ein amerikanisches Netz (*Because It's Time Network*) und besteht aus Rechnern, die zur Kommunikation ein Hersteller-spezifisches Protokoll benutzen. Als Teilnehmer sind nur akademische Institutionen zugelassen. Das deutsche Pendant zum BITNET ist das Forschungsnetz EARN.

Netzprotokolle

Damit die unterschiedlichen Rechnersysteme miteinander kommunizieren können, sind gewisse Regeln notwendig, die festlegen, wie diese Kommunikation abzuwickeln ist. Diese formalen Regeln nennt man *Netzprotokolle*.

Jedes Protokoll hat eine klar definierte Aufgabe und stellt jeweils bestimmte Funktionen zur Nutzung durch Protokolle aus den übergeordneten Schichten zur Verfügung. Die entsprechenden Netz-Applikationen müssen dann nur die Schnittstelle zu einem Protokoll aus den oberen Schichten kennen, und brauchen sich nicht um die physikalischen Übertragungseinheiten zu kümmern.

ISO-OSI

Die *International Standardisation Organisation* (*ISO*) hat ein Referenzmodell mit Namen *Open System Interconnections* (*OSI*) entworfen, mit dem eine einheitliche Beschreibung des von den einzelnen Schichten zu leistenden Funktionsumfangs möglich ist. Dieses Referenzmodell umfaßt sieben Schichten:

Die unteren Schichten 1 und 2

Die Übertragungsschicht (*physical layer*) übernimmt den physikalischen Datenaustausch (wie z.B. Ansteuerung der entsprechenden Hardware).

Die Sicherungsschicht (*data link layer*) sorgt für eine gesicherte Übertragung von Nachrichten und die Adressierung der am Netz angeschlossenen Systeme.

Die mittleren Schichten 3 und 4

Die Vermittlungsschicht (*network layer*) vermittelt Datenpakete an den Empfänger weiter, indem z. B. virtuelle Verbindungswege (Routen) über Knotenrechner aufgebaut werden.

Die Transportschicht (*transport layer*) ist für den fehlerfreien Transport von Nachrichten und der Steuerung des Datenflusses verantwortlich.

Die oberen Schichten 5, 6 und 7

Die Kommunikationsschicht (*session layer*) ist für den Nachrichtenaustausch auf dem Übertragungsweg zuständig, wie z.B. das Umschalten der Sender-/Empfängerrichtung.

In der Darstellungsschicht (*presentation layer*) werden die Daten in eine einheitliche, vom Rechnersystem unabhängige Form gebracht.

Die Protokolle der Anwendungsschicht (*application layer*) werden von den Anwendungsprogrammen selbst definiert. Dazu gehören z.B. Datenübertragungen oder Systemanmeldungen über das Netz.

Internet Protocol Suite

Das folgende Bild stellt die beiden Referenzmodelle TCP/IP und ISO-OSI nebeneinander dar:

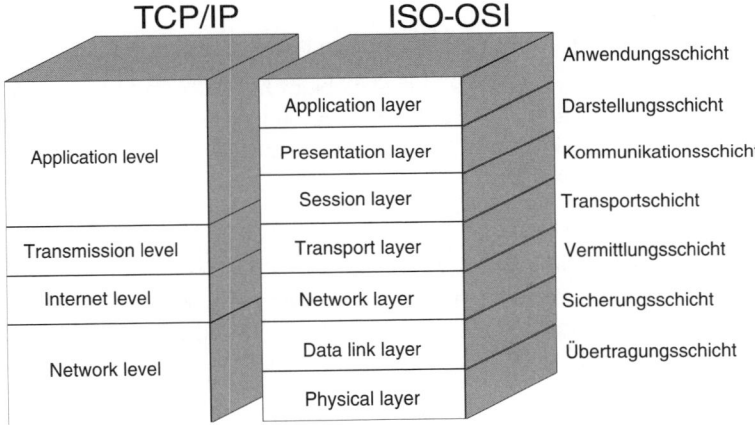

Bild 11.3: Eine Gegenüberstellung von TCP/IP und ISO-OSI

Für Unix-Systeme hat sich das herstellerunabhängige *Internet Protocol Suite* durchgesetzt. Das *Internet Protocol Suite* setzt sich aus mehreren Protokollen zusammen. Dazu gehören das *Internet Protocol (IP)*, das *Transmission Control Protocol (TCP)*, das *User Datagram Protocol (UDP)* und noch einige weitere Protokolle. Der Begriff **TCP/IP** stammt von den beiden Protokollen TCP und IP her. Es hat sich aber eingebürgert, daß man nur noch von TCP/IP spricht, und damit die gesamte Internet-Protokollfamilie meint. Wird der Begriff **Internet** verwendet, so ist damit immer das gleichnamige Weitstreckennetz (WAN) gemeint.

TCP/IP ermöglicht den Aufbau heterogener Netze, d.h. die Vernetzung unterschiedlichster Rechnersysteme, und ist sowohl für LANs als auch für WANs geeignet.

Die oberen drei Schichten von OSI sind bei TCP/IP in einer Schicht zusammengefaßt. Bei TCP/IP werden die Aufgaben »Kommunikations-steuerung« und »Darstellung« von den Anwendungsprogrammen selbst übernommen.

In der Transportschicht laufen bei TCP/IP Protokolle, die für die Übertragung zuständig sind, wie z.B. das *Transmission Control Protocol (TCP)*.

Auf der Vermittlungsschicht (*network layer*) laufen bei TCP/IP Protokolle, die bestimmte Dienste für das *Internet Protocol* (*IP*) übernehmen. Bei Verwendung des IP-Protokolls müssen die Applikationsprogramme nicht wissen, welches physikalische Transportmedium für die Kommunikation zuständig ist.

Die beiden untersten OSI-Schichten sind bei TCP/IP zu einer Schicht zusammengefaßt, da oft diese Funktionen direkt durch die Hardware zur Verfügung gestellt werden.

In System V.4 sind als TCP/IP-Kommunikationsprogramme die *r*-Kommandos von Berkeley und *DARPA*-Kommandos[1] enthalten, welche nachfolgend beschrieben werden.

Die r-Kommandos von Berkeley

Die r-Kommandos von Berkeley beginnen alle mit dem Buchstaben »r« als Abkürzung für *remote*. Sie funktionieren nur bei Verbindungen von Unix-Systemen untereinander und bei Systemen, für die es eine Portierung der r-Kommandos gibt (z.B. VMS).

Die Datei /etc/hosts

Die Datei */etc/hosts* ist Bestandteil der TCP/IP-Software. Sie enthält die Namen und Internet-Adressen der in einem Netz verbundenen Systeme. Die Einträge in dieser Datei sind in Felder unterteilt, die durch Leerzeichen voneinander getrennt sind.

Das erste Feld enthält dabei die numerische Internet-Adresse, die der Systemadministrator für den entsprechenden Rechner vergeben hat. Im zweiten Feld steht die Domain-Adresse des Rechners, und in den folgenden Felder können Kurznamen (Aliasnamen) für die Internet-Adressen angegeben sein. Ein Kommentar wird in */etc/hosts* immer mit dem Nummernzeichen # eingeleitet. Nachfolgend ist ein möglicher Inhalt einer fiktiven */etc/hosts* gezeigt:

```
$ cat /etc/hosts  ⏎
# - - - - - - - - - - - - - - - - - - - - - - - - - - -
#   Internet Host Tabelle
# - - - - - - - - - - - - - - - - - - - - - - - - - - -
125.0.0.1          localhost lb lo
152.11.144.4       eiche.klug.de      chemie    # Chemie-Rechner
152.11.144.5       birke.klug.de      physik    # Rechner im Physiklabor
152.11.144.6       weide.klug.de      informat  # Rechner der Informatiker
152.11.144.7       tanne.klug.de      mathe     # die Mathematiker-VAX
$
```

---

1. *DARPA = Defense Advanced Research Projects Agency* (Behörde der US-Regierung). Diese Behörde entwickelte TCP/IP als Grundlage für das ARPANET, ein Weitstreckennetz, das in den siebziger Jahren in Betrieb genommen wurde.

Remote Login mit rlogin

Möchte ein Benutzer sich auf einem entfernten Rechner im Netz anmelden, muß er **rlogin** aufrufen. Die Aufrufsyntax ist:

```
rlogin [option(en)] hostname
```

Beim Verbindungsaufbau zum Rechner *hostname* überträgt **rlogin** den für die Anmeldung zu verwendenden Login-Namen sowie den Inhalt der *TERM*-Variablen. Als Login-Name wird normalerweise der Login-Name des aufrufenden Benutzers verwendet, außer es wurde die Option **-l** *login-name* angegeben.

Als *hostname* sind dabei die in */etc/hosts* aufgezählten Rechner-Namen erlaubt.

Der Systemadministrator legt fest, auf welchen Rechnern im Netz er eine Login-Kennung für die einzelnen Benutzer einrichtet. Hat ein Benutzer auf einem anderem Rechner im Netz eine Kennung, so kann er sich dort anmelden (eventuell mit eigenem Paßwort).

Jeder lokale Rechner im Netz kann eine Datei */etc/hosts.equiv* enthalten, die eine Liste von Rechnernamen enthält. Die Benutzer auf diesen darin erwähnten Rechnern gelten als sogenannte »trusted« Benutzer (Vertrauenspersonen), die sich mit ihrem Login-Namen an diesem lokalen Rechner anmelden können, ohne daß von Ihnen ein Paßwort verlangt wird. Wenn in */etc/hosts.equiv* nur eine einzige Zeile mit einem Pluszeichen (+) beginnt, gelten alle Benutzer der im Netz vorhandenen Rechner als »Vertrauenspersonen«, denen ohne Paßwort Zugang zum lokalen System gestattet ist.

Daneben kann aber auch noch jeder einzelne Benutzer festlegen, wer sich von entfernten Rechnern am lokalen Rechner unter seiner Login-Kennung anmelden darf. Dazu muß der entsprechende Benutzer in seinem Home Directory eine Datei *.rhosts* anlegen, in der er alle seine »Vertrauenspersonen« aufzählt. Eine Zeile in *.rhosts* muß zwei oder mehr mit Leerzeichen getrennte Einträge enthalten: den *hostname* und *login-name(n)*. Ein solcher Eintrag in *.rhosts* bedeutet dann, daß sich der Benutzer *login-name* vom entfernten Rechner *hostname* am lokalen Rechner ohne Eingabe eines Paßwortes anmelden darf. Wenn z.B. **egon** auf seinem System *ahorn* folgende Datei *.rhosts* in seinem home directory hat:

```
birke.klug.de egon
eiche.klug.de eg eh
kiefer.klug.de mueller
```

dann wird der Zugang unter der Kennung *egon* für das System *birke* gestattet. Anmeldungen vom Rechner *eiche* aus müssen unter *eg* oder *eh*, und Anmeldungen vom Rechner *kiefer* aus unter *mueller* erfolgen.

Die Datei *.rhosts* wird nur dann ausgewertet, wenn nicht bereits in */etc/hosts.equiv* ein passender Eintrag für den Rechner gefunden wurde. Der Eigentümer von *.rhosts* muß entweder der Benutzer selbst oder der Systemadministrator sein, andernfalls wird der Inhalt von *.rhosts* ignoriert.

Ist einem Benutzer kein Zugang als »Vertrauensperson« gestattet, so wird von ihm ein Paßwort verlangt, wie dies auch bei einer gewöhnlichen Benutzeranmeldung an einem System der Fall ist.

Die Sitzung mit **rlogin** wird beendet, wenn man sich auf dem entfernten System mit **exit** oder *Strg-D* abmeldet.

Falls eine solche normale Abmeldung aus irgendwelchen Gründen nicht mehr möglich sein sollte, kann man die Sitzung auch durch die Eingabe der Zeichenfolge ~. beenden. Ist man an einem System über mehrere Rechner hinweg angemeldet, werden bei der Eingabe von ~. alle **rlogin**-Prozesse beendet und man befindet sich anschließend wieder auf dem lokalen System. Soll nur die letzte Verbindung abgebrochen werden, muß man ~~. eingeben.

Remote Shell mit rsh

Möchte man nur ein Kommando auf einem entfernten System ausführen lassen, muß das Kommando **rsh** verwendet werden. Die Ausführung von **rsh** muß dabei jedoch auf dem entfernten Rechner entweder über */etc/hosts.equiv* oder *.hosts* (im home directory) gestattet sein.

Die Aufrufsyntax ist:

```
rsh [optionen] hostname [kommando] ¹
```

Bei Angabe eines *kommando* wird dieses auf dem System *hostname* ausgeführt. Wenn kein *kommando* angegeben ist, verhält sich **rsh** wie **rlogin**. Mit **-l** *login-name* kann ein anderer *login-name* gewählt werden, wenn nicht die eigene Kennung zur Anmeldung am entfernten System *hostname* verwendet werden soll.

Im folgenden Beispiel werden die Dateien des Directorys */home/egon/uebung1*, deren Name mit *a* beginnt, auf dem Rechner *kiefer* aufgelistet.

```
$ rsh kiefer ls -1 uebung1/a*  ⏎
abc1
abc2
abc3
add1.c
add2.c
....
....
alter
alter2
$
```

Das Kommando **rsh** wird ausgeführt, als ob man sich gerade am System angemeldet hätte und dort dann die entsprechende Kommandozeile aufgerufen hätte. Das working directory ist also das home directory.

---

1. *hostname* darf dabei auch vor den Optionen angegeben sein.

Die Standard-Ein-/Ausgabekanäle von **rsh** bleiben bei dem auszuführenden Kommando erhalten. Das heißt, daß weiter vom aufrufenden Terminal gelesen und auf dieses geschrieben wird. Allerdings wird anders als bei **rlogin** der Inhalt der **TERM**-Variablen nicht übertragen, was bedeutet, daß bildschirmorientierte Kommandos wie **pg** oder **vi** nicht aufgerufen werden können.

Metazeichen der Shell müssen ausgeschaltet werden, wenn sie nicht durch das lokale System, sondern erst durch das entfernte System ausgewertet werden sollen. Dies ist auf zwei verschiedene Arten möglich, entweder man schließt das ganze *kommando* in Anführungszeichen ein (»*kommando*«) oder man stellt den entsprechenden Metazeichen einen Backslash \ voran. Um z.B. auf dem System *kiefer* den Inhalt einer Datei *namen* sortiert und numeriert in eine Datei *namen.sort* zu schreiben, könnte man einen der beiden folgenden Aufrufe am lokalen System abgeben:

```
rsh  kiefer  "sort namen | nl -ba >namen.sort"
```

```
rsh  kiefer  sort namen \| nl -ba \>namen.sort
```

Remote Copy mit rcp

Mit dem Kommando **rcp** (*remote copy*) kann man Dateien oder ganze Directory-Teilbäume über ein Netz kopieren. Für **rcp** existieren zwei Möglichkeiten des Aufrufs:

```
1) rcp [optionen] datei1 datei2
2) rcp [optionen] datei(en) directory
```

Bei der Aufrufform (1) wird *datei1* nach *datei2* kopiert. Bei der Aufrufform (2) werden entweder die *datei(en)* in das Zieldirectory *directory* kopiert. Sollten sich unter den *datei(en)* Directories befinden, so muß die Option **-r** (*recursive*) angegeben werden, damit die ganzen Directorybäume kopiert werden. Als Argumente können die Namen lokaler Dateien oder die Namen auf entfernten Systemen angegeben werden. Im letzten Fall steht vor dem Dateinamen noch der Systemname, abgetrennt durch einen Doppelpunkt (:). So kopiert z.B. der folgende Aufruf

```
rcp  add.c  weide:/home/egon/add.c
```

die Datei *add.c* vom lokalen Rechner in das Directory */home/egon* auf dem Rechner *weide*. Man braucht nicht unbedingt den absoluten Pfadnamen der Zieldatei anzugeben. Fehlt diese Angabe, so wird die Datei ins home directory des Aufrufers auf dem jeweiligen System kopiert. Falls auch noch der gleiche Dateiname bei der Kopie zu verwenden ist, so kann auch noch der Zieldateiname weggelassen werden. Für obigen Aufruf hätte man z.B. auch folgenden Aufruf angeben können:

```
rcp  add.c  weide:
```

Die Quell- und Zieldateien dürfen sich bei **rcp** auf unterschiedlichen Systemen befinden. So würde z.B. der folgende Aufruf

```
rcp eiche:add.c kiefer:add2.c
```

die Datei *add.c* auf dem System *eiche* in die Datei *add2.c* auf dem System *kiefer* kopieren.

Normalerweise benutzt **rcp** auf dem entfernten System die Benutzerkennung, unter der es am lokalen System aufgerufen wurde. Ist aber bei den Argumenten vor dem Rechnernamen mit @ abgetrennt ein Login-Name angegeben, so findet der Kopiervorgang unter der Kennung dieses Login-Namens statt. Voraussetzung dafür ist, daß die lokale Kennung in der Datei *.rhosts* des entsprechenden Benutzers enthalten ist.

So kopiert z.B. der nachfolgende Aufruf die Datei *add.c* vom home directory des Benutzers *egon* auf dem System *tanne* in das working directory auf dem lokalen System unter dem Namen *addiere.c*

```
rcp egon@tanne:add.c addiere.c
```

Um z.B. alle C-Programme des working directorys in das Directory */home/egon/ src* auf den Rechner *buche* unter der Kennung *egon* zu kopieren, könnte man den folgenden Aufruf angeben:

```
rcp egon@*.c buche:src
```

Sollen ganze Directorybäume kopiert werden, so muß die Option **-r** beim Aufruf von **rcp** angegeben werden. So kopiert z.B. der folgende Aufruf

```
rcp -r uebung1/src kiefer:sources
```

den ganzen Directorybaum *src* in das Directory *sources* (unter dem home directory des Aufrufers auf Rechner *kiefer*). Dabei wird das angegebene Zieldirectory *sources* automatisch erstellt, wenn es noch nicht existiert. Falls *sources* bereits existiert, so wird das zu kopierende Directory *src* dort als Subdirectory angelegt.

Alle momentan aktiven Benutzer im Netz mit rwho auflisten

Das Kommando **rwho** liefert Informationen über alle Benutzer, die an einem der im Netz verbundenen Systeme angemeldet sind. Namen von Benutzern, die seit mehr als einer Stunde keine Eingaben mehr getätigt haben, werden in der Ausgabe von **rwho** nicht angezeigt, außer es wurde die Option **-a** angegeben.

```
$ rwho  ⏎
egon     ahorn:term/01  Dec  4 13:44
fritz    ahorn:term/04  Dec  4 09:34
micha    eiche:term/02  Dec  4 07:53
emil     kiefer:term/02 Dec  4 08:32
..........
..........
$
```

Alle momentan aktiven Systeme im Netz mit ruptime auflisten

Mit dem Kommando **ruptime** kann man feststellen, welche Systeme seit wann im Netz angeschlossen sind, wie z.B.

```
$ ruptime  ↵
kiefer      up 22+08:34,    5 users,    load 0.00, 0.05, 0.15
ahorn       up 22+07:59,    2 users,    load 0.35, 0.15, 0.08
buche       up 17+12:23,    3 users,    load 0.09, 0.04, 0.03
tanne     down  1+07:25
$
```

Die Informationen bedeuten z.B. für das System *ahorn*, daß es seit 22 Tagen, 7 Stunden und 59 Minuten am Netz ist und momentan 2 Benutzer angemeldet sind. Die mittlere Auslastung (*load average*) besagt, daß das System in der letzten Minute durchschnittlich mit 0,35 Prozessen, in den letzten fünf Minuten mit 0,15 Prozessen und in der letzten Viertelstunde mit 0,08 Prozessen belastet war.

Verbindung zu einem System mit ping testen

Mit dem Kommando **ping** kann man feststellen, ob ein System momentan erreichbar ist. Als Argument muß der Name des zu testenden Rechners angegeben werden.

```
$ ping kiefer  ↵
kiefer is alive
$ ping erle  ↵
no answer from erle
$
```

Bei Angabe der Option **-s** sendet **ping** ständig Datenpakete an das entfernte System und mißt die Zeit, bis diese wieder zurückgeschickt werden (*round-trip*). Wenn die Ausführung eines Kommandos auf einem anderen System unerwartet lange dauert, kann man mit **ping** testen, ob das betreffende System abgestürzt oder aber nur das Netz momentan stark belastet ist. In diesem Fall muß man **ping** mit der *intr*-Taste (*Strg-C* oder *Del*) abbrechen.

```
$ ping -s weide  ↵
PING weide: 56 data bytes
64 bytes from (152.11.144.6): icmp_seq=0. time=10. ms
64 bytes from (152.11.144.6): icmp_seq=0. time=10. ms
64 bytes from (152.11.144.6): icmp_seq=0. time=10. ms
64 bytes from (152.11.144.6): icmp_seq=0. time=10. ms
64 bytes from (152.11.144.6): icmp_seq=0. time=10. ms
Strg-C
----weide PING Statistics----
5 packets transmitted, 5 packets received, 0% packet loss
round-trip (ms)  min/avg/max = 10/10/10
$
```

Aus der abschließend ausgegebenen Statistik ist unter anderem ablesbar, daß die fünf gesendeten Pakete korrekt wieder empfangen wurden. Wenn der Rechner nicht erreichbar wäre, würde nach dem Abbruch von **ping** dies Ausgabe *100% packet loss* erscheinen.

Remote Login mit telnet

Mit dem Kommando **telnet** (*teletype network*) kann man sich ähnlich wie mit **rlogin** auf einem anderen System anmelden. **telnet** wird üblicherweise für Verbindungen zu Nicht-Unix-Systemen benutzt. Die Aufrufsyntax ist:

```
telnet [host [port]]
```

host muß der Name des betreffenden Rechners oder seine Internet-Adresse aus /etc/hosts sein. Die *port*-Angabe ermöglicht einen Verbindungsaufbau zu einem bestimmten Dienst, dessen Name oder Nummer hierbei anzugeben ist.

Nach einem erfolgreichen Verbindungsaufbau befindet sich **telnet** im Eingabemodus, was bedeutet, daß alle eingegebenen Zeichen an das entfernte System übertragen und von diesem verarbeitet werden. Ausgaben von Kommandos auf dem entfernten System erscheinen dagegen auf dem lokalen Bildschirm.

Wird **telnet** alleine (ohne ein Argument) aufgerufen, so befindet man sich im telnet-Kommandomodus, was durch die Ausgabe des Prompts *telnet>* angezeigt wird. Man kann jederzeit mit der Eingabe von *Strg-]* vom Eingabe- in den Kommandomodus wechseln. Um sich eine Kurzübersicht der möglichen **telnet**-Kommandos anzeigen zu lassen, muß man nur **?** eingeben.

```
$ telnet ↵
telnet> ? ↵
Commands may be abbreviated.  Commands are:

close       close current connection
display     display operating parameters
mode        try to enter line-by-line or character-at-a-time mode
open        connect to a site
quit        exit telnet
send        transmit special characters ('send ?' for more)
set         set operating parameters ('set ?' for more)
status      print status information
toggle      toggle operating parameters ('toggle ?' for more)
z           suspend telnet
?           print help information
telnet>
```

Aufbauen und Beenden einer Verbindung

Im Kommandomodus kann man mit dem telnet-Kommando

```
open host
```

eine Verbindung zu einem entfernten System aufbauen. *host* muß der Name des entfernten Rechners oder seine Internet-Adresse aus */etc/hosts* sein. Danach kann man sich dann an diesem System anmelden.

```
telnet> open birke  ⏎
Trying 152.11.144.5  ....
Connected to birke.klug.de.
Escape character is '^]'.

Unix System V Release 4.2 (birke)

login:
```

Nach einer erfolgreichen Anmeldung kann man auf dem entfernten System arbeiten. Mit der Abmeldung von diesem System wird normalerweise auch die Verbindung abgebrochen. Sollte dies nicht der Fall sein, so kann man die Verbindung durch die Eingabe der telnet-Kommandos **close** oder **quit** abbrechen. Dadurch werden alle telnet-Verbindungen abgebrochen, wenn man sich über mehrere Systeme hinweg mit einem bestimmten Rechner verbunden hatte. Man befindet sich danach wieder auf dem lokalen System.

Der Übertragungsmodus

Nach einem Verbindungsaufbau befindet sich **telnet** im Eingabemodus. Es arbeitet dabei entweder mit Einzelzeichen- (*character-at-a-time*) oder mit Zeilen-Übertragung (*line-by-line-modus*), je nachdem, welchen Modus das entfernte System beim Verbindungsaufbau angefordert hat. Mit dem telnet-Kommando

```
mode typ
```

läßt sich dieser Übertragungsmodus ändern. Für *typ* kann dabei entweder **character** oder **line** angegeben werden.

Bei der Einzelzeichen-Übertragung (**character**) wird jede gedrückte Taste sofort an das entfernte System gesendet. Bei der Zeilen-Übertragung (**line**) werden immer nur ganze Zeilen, nachdem sie mit RETURN abgeschlossen wurden, an das entfernte System gesendet. Für diesen Fall ist immer die Echo-Funktion am Terminal eingeschaltet, was bedeutet, daß jedes eingegebene Zeichen auch am Bildschirm angezeigt wird. Diese Echo-Funktion kann man mit *Strg-E* ausgeschaltet werden, um z.B. Paßwort-Eingaben zu tätigen.

Man sollte immer dann mit Zeilen-Übertragung arbeiten, wenn man über teure Leitungen arbeitet, bei welchen eine Einzelzeichen-Übertragung hohe Übertragungsgebühren verursacht. Es ist jedoch zu beachten, daß bei Zeilen-Übertragung keine bildschirmorientierten Programme (wie z.B. **vi**) mehr benutzt werden können.

Mit dem telnet-Kommando **status** kann man den momentan eingestellten Übertragungsmodus erfragen.

```
$ Strg-]
telnet> status  ⏎
Connected to birke.klug.de.
Operating in character-at-a-time mode.
Escape character is '^]'.
 ⏎
$
```

Steuerzeichen

Mit dem telnet-Kommando **display** kann man sich die aktuellen Einstellungen
und die lokalen Steuerzeichen anzeigen lassen.

```
telnet> display  ⏎
will flush output when sending interrupt characters.
won't send interrupt characters in urgent mode.
.......
.......
[^E]    echo.
[^]]    escape.
[^H]    erase.
[^O]    flushoutput.
[^C]    interrupt.
[^U]    kill.
[^\]    quit.
[^D]    eof.
telnet>
```

Mit dem telnet-Kommando **set** lassen sich diese Steuerzeichen auch ändern, wie
z. B.

```
set erase ^x
```

Um mehr über die Aufrufsyntax von **set** zu erfahren, muß man nur

```
set ?
```

aufrufen; man erhält dann eine Kurzbeschreibung.

Sollen TELNET-Sequenzen ausgesendet werden, so als seien sie durch Steuerzeichen veranlaßt wurden, muß das telnet-Kommando **send** benutzt werden:

```
send   name(n)
```

Die möglichen Angaben für *name(n)* sind in der folgenden Tabelle angegeben:

Name		Bedeutung
brk	(*break*)	Unterbrechungssignal senden
ec	(*erase character*)	letztes Zeichen löschen
el	(*erase line*)	ganze Zeile wieder löschen

Name		Bedeutung
ip	*(interrupt process)*	Prozeß abbrechen
escape		Escape-Zeichen senden
ao	*(abort output)*	Ausgabe beenden
synch	*(synch operation)*	Eingabe beenden
ayt	*(are you there)*	Verbindung prüfen
ga	*(go ahead)*	Fortsetzung
nop	*(no operation)*	Leeres Kommando
?		Kurzbeschreibung zu send ausgeben

telnet-Einstellungen mit toggle ändern

Sollen die Einstellungen von **telnet** geändert werden, was abhängig vom momentanen Zustand entweder ein- oder ausschalten bedeutet, so muß das telnet-Kommando **toggle** verwendet werden:

```
toggle  name(n)
```

Die möglichen Angaben für *name(n)* sind im Anhang beim telnet-Kommando beschrieben.

Dateiübertragung mit ftp

Mit dem Kommando **ftp** (*file transfer program*) kann man sich auf einen anderen vernetzten Rechner begeben, dort im Directorybaum herumwandern und Dateien zwischen den beiden Systemen hin und her kopieren. Das Programm **ftp** kommuniziert mit dem Server über das auf dem TELNET-Protokoll basierenden FTP-Protokoll, welches von vielen verschiedenen Betriebssystemen unterstützt wird, so daß Datenübertragungen über **ftp** auch mit Nicht-Unix-Systemen möglich sind. Die Aufrufsyntax von **ftp** ist:

```
ftp  [option(en)]  [host]
```

Wenn für *host* ein Rechnername oder eine Internet-Adresse angegeben ist, versucht **ftp** eine Verbindung zu diesem System aufzubauen. Anschließend meldet sich dann **ftp** im Kommandomodus mit dem Prompt *ftp>* und erwartet die Eingabe eines ftp-Kommandos.

Von der Vielzahl von ftp-Kommandos werden nachfolgend nur die wichtigsten beschrieben. Eine Kurzübersicht über alle ftp-Kommandos erhält man mit **help**.

Aufbau und Beenden von Verbindungen

Falls man beim Aufruf von **ftp** kein *host* angegeben hatte, so meldet sich **ftp** im Kommandomodus. Man kann nun mit dem ftp-Kommando **open** eine Verbindung zu einem entfernten System aufbauen.

```
$ ftp ⏎
ftp> open birke ⏎
Connected to birke.klug.de.
220 birke FTP server (Unix System V Release 4.2) ready.
Name (birke:egon): ⏎
331 Password required for egon.
Password: tea4me ⏎    [Eingabe verdeckt]
230 User egon logged in.
ftp>
```

Nach einem erfolgreichen Verbindungsaufbau meldet sich noch der FTP-Server, bevor die Aufforderung zur Anmeldung erscheint. Dabei wird der Login-Name des Aufrufers als Voreinstellung angeboten. Nur wenn der Benutzer diesem System unter einem anderem Login-Namen bekannt ist, muß er diesen hier nun eintippen, ansonsten reicht die alleinige Eingabe eines RETURN-Zeichens.

Nachdem man sich angemeldet hat, arbeitet man dann nicht wie üblich mit einer Shell, sondern mit dem FTP-Server, der nun alle Kommandos entgegennimmt, interpretiert und zur Ausführung bringt.

Mit den ftp-Kommandos **quit** und **bye** oder auch mit *Strg-D* kann man eine ftp-Verbindung und das Kommando **ftp** selbst beenden. Soll nur eine ftp-Verbindung abgebaut werden, so erreicht man dies mit dem Kommando **close** oder **disconnect**.

ftp-Kommandos für einfache Datei- und Directory-Operationen

Mit **pwd** kann man sich das working directory auf dem entfernten System anzeigen lassen.

Wechseln in ein anderes Directory auf dem entfernten System ist mit **cd** möglich. Mit **cdup** kann man in das parent directory (entspricht **cd ..** auf Unix-Systemen) wechseln. Um auf dem lokalen System in ein anderes Directory zu wechseln, muß man das ftp-Kommando **lcd** (*local cd*) verwenden.

Die Dateinamen in einem Directory lassen sich mit **ls** oder **dir** auflisten. **ls** erzeugt eine kurze und **dir** eine lange Ausgabe (ähnlich zu **ls -l**).

```
ftp> cd bericht ⏎
250 CWD command successful.
ftp> dir ⏎
200 PORT command successful.
150 Opening data connection for /bin/ls .....
total 17
-rw-r--r--  1 egon    graphik      2429 Dec 14 13:23 oregon_besuch
```

```
-rw-------   1 egon     graphik       23562 Nov 23 15:56 marketing
......
......
226 Transfer complete.
650 bytes received in 0.03 seconds (9.8 Kbytes/s)
ftp>
```

Um Directories auf einem entfernten System zu erstellen, steht das ftp-Kommando **mkdir** zur Verfügung. Leere Directories können mit **rmdir** gelöscht werden. Mit **delete** kann eine Datei auf dem entfernten System gelöscht und mit **rename** umbenannt werden. Das Kommando **mdelete** löscht ebenfalls Dateien auf dem entfernten System, erlaubt aber die Angabe mehrerer Dateinamen. Ebenso existieren **chmod** und **umask** als ftp-Kommandos, wobei diese beiden jedoch nur bei Verbindungen zwischen Unix-Systemen funktionieren.

Kopieren von einzelnen Dateien zwischen Systemen

Mit dem ftp-Kommando **get** ist es möglich, eine Datei vom entfernten System auf das lokale System zu kopieren. Zum Kopieren einer Datei vom lokalen auf das entfernte System steht das ftp-Kommando **put** zur Verfügung. Sind keine absoluten Pfadnamen angegeben, so beziehen sich die relativen Pfadangaben immer auf das working directory am entsprechenden System.

Normalerweise ist beim Kopieren das ASCII-Format eingestellt. Will man binäre Dateien kopieren, so muß man zuvor mit einem der beiden ftp-Kommandos **binary** oder **image** auf das binäre Übertragungsformat umschalten. Mit **ascii** kann dann wieder in das ASCII-Format zurückgeschaltet werden. Das momentan eingestellte Übertragungsformat läßt sich mit dem ftp-Kommando **type** ermitteln. Im folgenden Beispiel wird die Datei *marketing* im ASCII-Format vom entfernten System auf das lokale System kopiert. **ftp** gibt dabei Kontrollmeldungen über die Durchführung des Kopiervorgangs sowie eine Auswertung der Übertragungsgeschwindigkeit aus.

```
ftp> get marketing  [↵]
200 PORT command successful.
150 Opening data connection for marketing (152.11.144.5,1472) (23562 bytes).
226 Transfer complete.
local: marketing remote: marketing
23562 bytes received in 0.03 seconds (38 Kbytes/s)
ftp>
```

Möchte man die zu kopierende Datei *marketing* am lokalen System unter einem anderen Namen, wie z.B. *mai.mar*, ablegen, so hätte man folgende Kommandozeile angeben müssen:

```
get marketing mai.mar
```

Will man eine Datei vom lokalen System auf das entfernte System kopieren, so muß man das ftp-Kommando **put** benutzen. Dabei ist natürlich als erstes Argument die zu kopierende Datei auf dem lokalen System, und als optionales zweites Argument der Name anzugeben, unter dem diese Datei auf dem entfernten System abzulegen ist.

Kopieren von mehreren Dateien zwischen Systemen

Während mit **get** und **put** immer nur eine Datei zwischen zwei Systemen kopiert werden kann, ist es mit den ftp-Kommandos **mget** und **mput** möglich, mehrere Dateien gleichzeitig zu kopieren. Sind keine Dateinamen beim Aufruf dieser beiden Kommandos **mget** und **mput** angegeben, so fragen diese interaktiv nach, welche Dateien zu kopieren sind.

Bevor diese beiden Kommandos jedoch eine Datei kopieren, fragen sie immer nochmals nach, ob diese Datei wirklich zu kopieren ist. Wird auf diese Nachfrage *n* oder *N* eingegeben, so wird die betreffende Datei übersprungen, bei allen anderen Eingaben wird sie kopiert.

```
ftp> mget  ⏎
[remote files] *  ⏎
mget oregon_besuch? y  ⏎
200 PORT command successful.
150 Opening data connection for oregon_besuch .....
226 Transfer complete.
local: oregon_besuch remote: oregon_besuch
2429 bytes received in 0.01 seconds (1e+02 Kbytes/s)
mget marketing? n  ⏎
mget kosten.txt? y  ⏎
200 PORT command successful.
.........
ftp>
```

Abbruch eines Kopiervorgangs

Mit dem Interrupt-Zeichen (*Strg-C*) kann man eine Datenübertragung abbrechen. Beim Senden von Dateien wird die Verbindung sofort abgebrochen, beim Empfang sendet **ftp** eine Abbruchsequenz an den Server, welcher daraufhin die Übertragung abbricht, was bei einer hohen Auslastung des Netzes einige Zeit dauern kann.

Automatische Umbenennung von Dateien beim Kopieren

Mit den ftp-Kommandos **case**, **nmap** und **ntrans** lassen sich die Namen von Dateien, die mit **(m)get** oder **(m)put** kopiert werden, automatisch entsprechend den für Dateinamen auf dem betreffenden System geltenden Regeln anpassen. Die Umbenennungen finden nur dann statt, wenn nicht explizit eine Zieldatei auf der Kommandozeile (nur bei **put** oder **get** möglich) angegeben ist.

Mit dem Aufruf des ftp-Kommandos **case** kann die Umwandlung von Groß- in Kleinbuchstaben ein bzw. wieder ausgeschaltet werden. Per Voreinstellung ist diese Umwandlung ausgeschaltet.

Mit **nmap** lassen sich Dateinamen nach vorgegebenen Regeln automatisch umbenennen. **nmap** muß mit zwei Argumenten oder aber ohne Argumente aufgerufen werden. Wenn zwei Argumente angegeben sind, so legt das erste Argument ein Muster für jeden zu kopierenden Dateinamen fest. In diesem Muster dürfen bis zu 9 Platzhalter (**$1**, **$2**, ..., **$9**) angegeben sein. Jeder zu kopierende Dateiname wird nun mit diesem Muster verglichen und entsprechend der Mustervorgabe in Einzelteile zerlegt, welche in den Platzhaltern **$1**,...,**$9** festgehalten werden. Das zweite Argument definiert dann über die Platzhalter **$1**,...,**$9** wie diese Einzelteile wieder zusammenzusetzen sind, und legt so eine Regel fest, wie die zu kopierenden Dateinamen auf dem Zielsystem umzubenennen sind. Nachfolgend dazu einige Beispiele:

```
nmap $1 $1.rem
```

Bei allen kopierten Dateien würden auf dem Zielsystem der Name um das Suffix *.rem* erweitert.

```
nmap $1.$2  $2.$1
```

Bei allen kopierten Dateien würden auf dem Zielsystem der Name dadurch gebildet, daß Suffix und Hauptname vertauscht würden, so würde z.B. aus *add.c* der Name *c.add*

Wenn bestimmte Teile eines Dateinamens nicht zu einem Muster passen, so sind die entsprechenden Platzhalter leer. Für diesen Fall kann im zweiten Argument die Konstruktion **[*str1,str2*]** angegeben werden. Diese Angabe bedeutet: Wenn *str1* nicht leer ist, wird für diese ganze Konstruktion *str1*, andernfalls *str2* eingesetzt. Der Aufruf

```
nmap  $1.$2   $1.[$2,TXT]
```

bewirkt, daß bei Dateinamen ohne Suffix das Suffix *TXT* angehängt wird. Dateinamen, die bereits ein Suffix besitzen, werden unverändert übernommen.

Wird **nmap** ohne jegliche Argumente aufgerufen, so schaltet es die momentan eingestellten Umwandlungsregeln aus.

Mit dem ftp-Kommando **ntrans** kann eine Zeichen-Umformungstabelle aufgestellt werden. **ntrans** kann mit zwei Argumenten aufgerufen werden. Beim Kopieren werden dann in den Ziel-Dateinamen alle Zeichen des ersten Arguments in die entsprechenden Zeichen des zweiten Arguments umgeformt. Beispielsweise bewirkt

```
ntrans  \+-   /..
```

die Ersetzung eines Backslashes in Dateinamen durch einen Slash sowie eines Plus- oder Minuszeichens in Dateinamen durch Punkte. Wird **ntrans** ohne jegliche Argumente aufgerufen, so wird die zuvor mit **ntrans** aufgestellte Zeichen-Umformungstabelle wieder gelöscht.

Mit dem ftp-Kommando **runique** (*receive unique*) kann die Vergabe von eindeutigen Dateinamen auf dem lokalen System ein- bzw. bei erneutem Aufruf wieder ausgeschaltet werden. Das gleiche erreicht man für das entfernte System über das ftp-Kommando **sunique** (*send unique*). **ftp** geht in beiden Fällen nach folgenden Verfahren vor. Wenn der Name einer Zieldatei bereits existiert, hängt **ftp** eine fortlaufende Nummer von **1** bis **99** als Suffix an.

Umlenkung von Datenübertragungen

Soll der Inhalt einer zu kopierenden Datei von der Standardeingabe gelesen oder auf die Standardausgabe geschrieben werden, so muß anstelle eines Dateinamens ein Minuszeichen – angegeben werden. So bewirkt z.B. der Aufruf

```
get  marketing  -
```

die Ausgabe der Datei *marketing* auf dem Bildschirm. Ist das erste Zeichen eines Namens ein Pipe-Zeichen (Senkrechtstrich |), so muß der Rest ein Unix-Kommando sein, an dessen Standardeingabe die Standardausgabe des ftp-Kommandos über die Pipe weitergeleitet wird. So könnte man z.B. mit folgenden Aufruf

```
dir  .  |more
```

die Dateien des working directorys auf dem entfernten System seitenweise im Langformat auflisten. Falls in dem auszuführenden Kommando Leerzeichen vorkommen, so muß es mit Anführungszeichen geklammert werden, wie z.B.

```
ls  -CF  "| lp -n5 -c"
```

Weitere ftp-Kommandos

Mit dem ftp-Kommando **hash** kann die automatische #-Anzeige bei einer Dateiübertragung ein- bzw. wieder ausgeschaltet werden. Ist diese Anzeige eingeschaltet, so wird für jeden übertragenen Datenblock (8192 Bytes) das Nummernzeichen # ausgegeben. Dies kann sehr hilfreich sein, wenn man die Übertragung mitverfolgen möchte.

Mit der Eingabe von **prompt** läßt sich die interaktive Abfrage von **mget** und **mput**, ob eine Datei zu kopieren ist, ein- bzw. wieder ausschalten.

Um mehr Informationen vom FTP-Server zu erhalten, wie z.B. Informationen über die Übertragungsgeschwindigkeit nach einem Dateitransfer, muß man das ftp-Kommando **verbose** aufrufen. Ein erneuter Aufruf schaltet diese zusätzlichen Informationen des FTP-Servers wieder aus.

Die momentane Einstellung des FTP-Servers kann man sich mit dem ftp-Kommando **status** anzeigen lassen.

```
ftp> status  ⏎
Connected to birke.klug.de
No proxy connection.
```

```
Mode: stream; Type: ascii; Form: non-print; Structure: file
.............
.............
ftp>
```

Makrodefinitionen

ftp-Kommandoaufrufe, die man häufiger braucht, kann man mit **macdef** *makro-name* als Makros definieren. Alle folgenden Zeilen bis zur ersten Leerzeile werden in diesem Makro hinterlegt. Ein Aufruf dieses Makros kann dann mit **$***makroname* erfolgen. Es können maximal 16 Makros definiert werden. Einmal definierte Makros bleiben bis zum Verbindungsabbau erhalten. Nachfolgend wird ein Makro *ll* definiert, das alle Dateien des working directorys auf dem entfernten System seitenweise im Langformat auflistet.

```
ftp> macdef ll  ⏎
Enter macro line by line, terminating it with a null line
dir  .  |more ⏎
⏎
ftp>
```

Dieses Makro kann dann durch den Aufruf **$ll** ausgeführt werden.

Innerhalb von Makros kann auf bis zu 9 Argumente zugegriffen werden (**$1**, **$2**, ..., **$9**). Der Platzhalter **$1** wird durch das erste, **$2** durch das zweite Argument, usw. beim Aufruf des Makros ersetzt. Der Platzhalter **$i** bewirkt eine wiederholte Ausführung des Makros für alle beim Aufruf angegebenen Argumente; bei der ersten Ausführung wird dabei **$i** mit **$1** besetzt, bei der zweiten Ausführung mit **$2**, usw.

Mit dem Voranstellen eines Backslash kann die Sonderbedeutung von **$** ausgeschaltet werden.

Automatisches Konfigurieren des ftp

Über die Datei *.netrc* (im home directory) ist es möglich, **ftp** für die verschiedenen entfernten Systeme entsprechend zu konfigurieren.

Die auf ein bestimmtes System bezogenen Einträge in *.netrc* beginnen immer mit dem Schlüsselwort **machine** *host*. Mit dem Schlüsselwort **default** kann zusätzlich noch ein Eintrag für alle Systeme angegeben werden, für die kein eigener **machine**-Eintrag existiert. Die nach **machine** *host* oder **default** angegebenen Schlüsselwörter müssen immer mit Leer-, Tabulator- oder Neuezeile-Zeichen voneinander getrennt sein.

Dabei sind folgende Schlüsselwörter für die Einstellungen über *.netrc* erlaubt.

```
machine host
```

leitet einen Eintrag für das System *host* ein. *host* muß dabei der für den Verbindungsaufbau zu benutzende Name sein.

`default`

Voreinstellung für alle Systeme, für die kein eigener **machine**-Eintrag existiert. Dieser Eintrag muß als letzter in *.netrc* angegeben sein.

`login` *login-name*

definiert den für die Anmeldung zu verwendenden *login-name*.

`password` *string*

definiert *string* als das zugehörige Paßwort.

`account` *string*

definiert *string* als zusätzliches Paßwort. Dieses wird nur benötigt, wenn das entfernte System ein solches zusätzliches Paßwort für bestimmte Dienste voraussetzt.

`macdef` *makroname*

definiert das Makro *makroname*. Der Makroinhalt muß in der folgenden Zeile beginnen und wird durch eine Leerzeile beendet. Bei Beendigung einer Verbindung werden alle Makrodefinitionen gelöscht.

`init`

Falls ein Makro mit dem Namen *init* existiert, ruft **ftp** dieses Makro als erstes auf, nachdem es eine automatische Anmeldung durchgeführt hat.

So könnte eine Datei *.netrc* aussehen:

```
$ cat .netrc ⏎
machine chemie login egon
machine birke.klug.de
macdef ll
    dir | more

macdef msdos
    nmap $1.$2 $1.[$2,TXT]
    ntrans /%!- \...

default
    login anonymous
    password egon@ahorn.de
$
```

Diese Einträge bewirken, daß bei Verbindungen zum System *chemie* der Loginname *egon* verwendet wird, wobei das Paßwort dann interaktiv einzugeben ist.

Bei Verbindungen zum System *birke.klug.de* werden automatisch die beiden Makros *ll* und *msdos* definiert. Bei Verbindungen zu allen anderen Rechnern (**default**) wird der Loginname *anonymous* und die Mail-Adresse als Paßwort verwendet.

Taucht bei einem Eintrag das Schlüsselwort **password** auf, dann muß *.netrc* die Zugriffsrechte **600** besitzen, so daß also nur der Eigentümer Lese- und Schreibrechte für diese Datei hat, ansonsten wird *.netrc* von **ftp** ignoriert. Allerdings sollte man aus Sicherheitsgründen auf die Angabe von Paßwörtern in *.netrc* verzichten.

Bei dem **default**-Eintrag handelt es sich um einen öffentlichen Loginnamen (*anonymous*), weshalb die Paßwort-Angabe hier unbedenklich ist.

Der öffentliche Loginname anonymous

Auf den weltweiten Netzen wie Internet, an dem viele Universitäten, Behörden und Firmen angeschlossen sind, stellen viele Rechner freie Software in Archiven zur Verfügung. Jeder Benutzer, der Zugang zum Internet hat, kann per *anonymous FTP* auf diese Archive zugreifen. Der Systemadministrator richtet dabei auf dem Archiv-Rechner ein Login **anonymous** ein. Es ist Konvention, daß jeder Gastbenutzer dann als Paßwort seine Mail-Adresse eingibt.

Nach einer Anmeldung befindet man sich dann im home directory von *anonymous*, in dem üblicherweise weitere Subdirectories enthalten sind, die Kommandos, Protokolldateien und die frei verfügbare Software (meist im Subdirectory **pub**) enthalten. In diese Subdirectories kann man dann mit dem ftp-Kommando **cd** wechseln.

Meist ist im **pub**-Directory ein Inhaltsverzeichnis der verfügbaren Software enthalten, welches komprimiert ist. Um ein solches Inhaltsverzeichnis auf den lokalen Rechner zu kopieren, müßte man zunächst das ftp-Kommando **binary** aufrufen, dann mit **get** die entsprechende Datei auf den lokalen Rechner kopieren, wo diese Datei dann noch dekomprimiert werden muß (mit **unpack** bzw. **uncompress** oder mit **pcat** bzw. **zcat**).

ftp mit Netscape

Der Zugriff auf einen Anonymous-FTP-Server ist auch mit Netscape möglich, was wesentlich einfacher ist als ein direkter Zugriff mit dem Kommando **ftp**. In diesem Fall muß man nur statt einer WWW-Adresse (http) die Adresse eines FTP-Servers (ftp) angeben. Netscape übernimmt dann automatisch das Anmelden an diesem Server und zeigt eine Liste von herunterladbaren Dateien und Directories an, in der man dann nur noch die entsprechende Datei anklicken muß, die man auf den lokalen Rechner übertragen möchte. Nachfolgend ist das typische Aussehen eines solchen Netscape-Windows beim Arbeiten im »ftp-Modus« gezeigt:

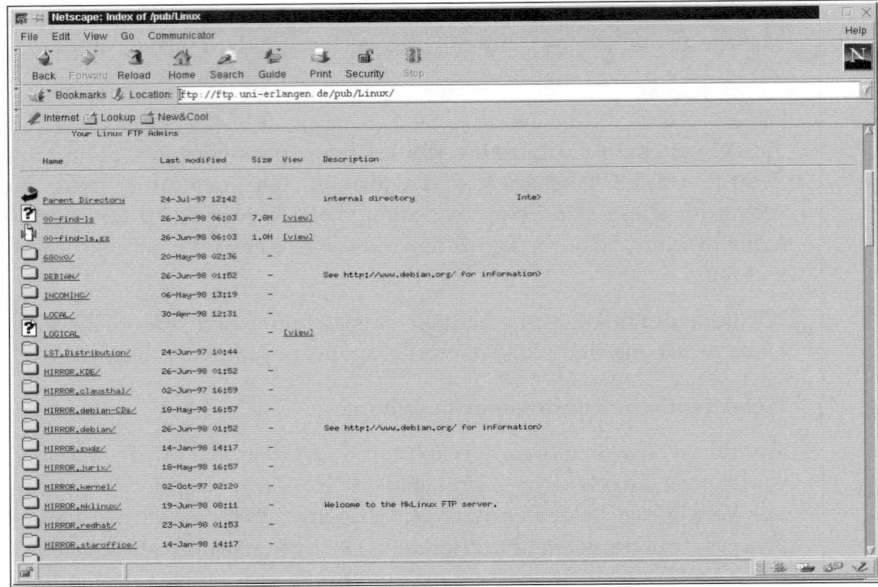

Neuigkeiten (News) im USENET

Das USENET (*User's Network*) entstand 1979 aus einem UUCP-Netz von zwei amerikanischen Universitäten und ist heute ein weltweites Netz, das dem Austausch von Informationen unter Unix-Benutzern dient. An dieses Netz sind neben Institutionen wie Universitäten und Forschungseinrichtungen auch Firmen und Privatleute angeschlossen. Das USENET ist eine Art Sammelstelle für *News* (Neuigkeiten) jeglicher Art. Jeder Teilnehmer kann Artikel in speziellen Interessengruppen, den *Newsgroups*, hinterlegen, und das News-System übernimmt dann die Verteilung der Artikel auf allen Systemen, die diese Newsgroup beziehen.

Man schätzt, daß heute etwa 20000 Systeme am USENET angeschlossen sind. Da sich hinter jedem Anschluß wieder lokale Netze mit zahlreichen Benutzern befinden, ist das USENET heute wohl eines der größten Netze überhaupt. Täglich werden Zehntausende von Artikel mit einem Gesamtvolumen von ca. 40 MByte im USENET eingebracht.

Newsgroups

Die Newsgroups sind Fachgebiete, in denen Artikel zu einem bestimmten Thema hinterlegt werden. Derzeit gibt es über 2000 Newsgroups. Die Themengebiete erstrecken sich dabei von wissenschaftlichen über kulturelle Themen bis hin zu Sportereignissen und Freizeitbeschäftigungen. Besonders hervorzuheben sind die sogenannten Source-Gruppen, in denen frei verfügbare Software fast umsonst über das Netz bezogen werden kann.

Einige wichtige Kategorien sind nachfolgend aufgezählt.

Kategorie	Themengebiet
news	USENET News selbst
comp	Computertechnik
sci	Wissenschaften (*sciences*)
rec	Freizeitthemen (*recreations*)
soc	gesellschaftliche Themen (*social*)
misc	Sonstiges (*miscellaneous*)
de	Deutschsprachige Gruppen
eunet	Europäische Gruppen

Die Newsgroups können in weitere Untergruppen unterteilt werden. Um eine solche Unterkategorie zu benennen, muß man ähnlich zum Dateisystem den Pfadnamen angeben, wobei jedoch als Trennzeichen nicht ein Slash (/), sondern in diesem Fall ein Punkt (.) zu verwenden ist. Beispielsweise bezeichnet *comp.unix.sys5.r4* eine Diskussionsgruppe über Unix System V.4 und *comp.unix.questions* eine Gruppe für allgemeine Fragen zu Unix. In der Gruppe *rec.music* finden sich z.B. viele Unterkategorien zu allen möglichen Musikgruppen.

Wenn ein System News bezieht und ein Benutzer mehr über die Newsgroups erfahren möchte, kann er dies in der Datei */usr/lib/news/newsgroups* nachschlagen.

Während die meisten Gruppen nicht überwacht (moderiert) werden, so gibt es doch Gruppen, bei denen jeder neue Artikel zunächst an einen Moderator weitergeleitet wird, der dann entscheidet, ob dieser Artikel veröffentlicht wird oder nicht bzw. erst später veröffentlicht werden soll. Somit soll eine Überlastung des Netzes vermieden werden.

Wenn auch die Mehrzahl der Gruppen unmoderiert sind, was heißt, daß jeder Benutzer nach Belieben Artikel dort veröffentlichen kann, so sollte der einzelne Benutzer doch nicht gegen die *Netiquette* verstoßen, in der Verhaltensregeln festgeschrieben sind. Die momentan gültige Netiquette befindet sich in englischer Fassung in der Gruppe *news.announce.newusers* und in deutscher Fassung in der Gruppe *de.netusers*. Jeder neue USENET-Teilnehmer solle als erstes die Artikel in diesen Gruppen lesen. So gibt es z.B. die Regel, daß keine Artikel mit kommerziellen Inhalt im USENET eingebracht werden sollten. Es gibt zwar keine offizielle »Netzpolizei«, doch wird ein Regelverstoß meist durch die USENET-Benutzergemeinde selbst geahndet, indem der »Sünder« mit einer Unzahl von Beschwerdebriefen überschwemmt wird.

Lesen von News aus dem USENET

Zum Lesen von News stehen mehrere Programme (Newsreader) zur Verfügung
wie z. B.:

readnews	Bedienung ist ähnlich zum **mail**-Kommando
rn	(*read news*) Verbesserte **readnews**-Version. Dieser Newsreader wird bei allen News-Paketen mit ausgeliefert.
vnews	(*visual news*) bietet eine bildschirmorientierte Oberfläche.
xvnews	die **vnews**-Variante für X Window.
tin	ist ein sehr handliches und leicht bedienbares Programm; es wird häufig unter Linux eingesetzt.
netscape	kann natürlich auch zum Lesen von News eingesetzt werden. Es kann dabei für den Online- oder den Offline-Betrieb konfiguriert werden.
pine	läßt sich auch so konfigurieren, daß es zum Lesen von News eingesetzt werden kann. Die Konfiguration erfolgt dabei über die Menüsequenz Setup / Config. Soll **pine** zum Online-Lesen eingerichtet werden, muß als NNTP-Server der News-Server des Internet-Providers angegeben werden. Zum Offline-Lesen ist keine Einstellung für den News-Server notwendig. Statt dessen muß im Feld news-collection der Text »News *[]« eingetragen werden. Die Bedienung ist dem Lesen von E-Mails sehr ähnlich.
emacs	dieser »Alleskönner« kann natürlich auch zum Lesen von News eingesetzt werden.
nn	ähnlich zu **tin**.
trn	ebenfalls ähnlich zu **tin**.

Dies ist nur ein Auszug zu der Vielzahl von existierenden news-Programmen.

Jeder einzelne Benutzer kann in der Datei *.newsrc* in seinem home directory festlegen, welche Newsgroups er beziehen möchte. Die Newsreader lesen zum einen diese Datei, zum anderen halten sie in dieser Datei aber auch fest, welche Artikel einer Newsgroup vom betreffenden Benutzer bereits gelesen wurden und welche noch nicht.

Um die Datei *.newsrc* zu erstellen, verwendet man normalerweise das Kommando **newsgroups**, das zunächst einfach den Inhalt der Datei */usr/lib/news/active*[1] kopiert. Diese Datei */usr/lib/news/active* enthält eine Liste aller Newsgroups, die das lokale System bezieht. Mit einem Newsreader kann man dann alle Gruppen auswählen, die man abbestellen möchte. Nehmen wir z. B. einmal den Newsreader **rn**, der nach dem Aufruf zunächst einmal eine kurze Meldung über neue und noch nicht gelesene Artikel ausgibt:

---

1. bzw. / var / lib / news / active

```
$ rn ⏎
Unread news in comp.unix.questions                    342 articles
Unread news in comp.unix.unix.sys5.r3                 108 articles
.................

******  342 unread articles in comp.unix.questions--read now? [ynq]
```

Nach der Auflistung aller Gruppen bietet **rn** die erste Gruppe (hier *comp.unix.questions*) zum Lesen an.

In diesem Modus (**Newsgroup Selection Level**) ist es möglich, die Artikel dieser Gruppe zu lesen, zur nächsten Gruppe weiterzublättern, auf eine andere Gruppe umzuschalten, eine Gruppe abzubestellen oder neu zu abonnieren. Mit der Eingabe von **h** kann man sich eine Übersicht aller in diesem Modus erlaubten Eingaben (Befehle) anzeigen lassen.

Wird z.B. = eingegeben, so wird ein Inhaltsverzeichnis der aktuellen Newsgroup ausgegeben und **rn** schaltet in einen anderen Modus, den **Article Selection Level** um. Eine Kurzübersicht aller in diesem Modus erlaubten Befehle erhält man wieder durch die Eingabe von **h**. So kann man in diesem Modus z.B. einen bestimmten Artikel lesen, zum nächsten Artikel weiterblättern oder sich über Eingabe von */string* (wie in *vi*) einen Artikel suchen lassen, in dessen Subject-Zeile der Begriff *string* vorkommt. Andere mögliche Aktivitäten in diesem Modus sind das Antworten auf Artikel oder das Abspeichern von Artikeln in Dateien.

Einbringen von eigenen News (Artikel) ins USENET

Neben dem Lesen von fremden Artikeln ist auch das Schreiben und Einbringen von eigenen Artikeln in das USENET möglich. Dazu existiert z.B. das Kommando **Pnews**, das interaktiv nach der Gruppe, dem Subject und einem Verteilungsgebiet (*distribution*) fragt. Gültige Distributions sind momentan **world**, **eunet**, **local** und bestimmte firmenweite oder regionale Distributions. Wird nicht explizit eine Distribution angegeben, so ist die Voreinstellung **world**. Da eine weltweite Verteilung dem USENET nicht ganz billig kommt, sollte man **world** also nur bei wirklich wichtigen Artikeln verwenden, die auch für den Rest der Welt von Interesse sind.

```
$ Pnews comp.unix.questions ⏎

Your local distribution prefixes are:
local          Local to this site
eunet          Everywhere on Usenet in Europe
world          Everywhere on Usenet in the world

Distribution (world): eunet ⏎
Title/Subject: COSE ⏎
```

Anschließend startet **Pnews** den Editor, damit man seinen Artikel eingeben kann. In diesem Artikel sind dabei bereits einige Kopfzeilen enthalten, andere werden erst beim Absenden automatisch hinzugefügt:

```
Newsgroups: comp.unix.questions
Subject: COSE
Summary:
Followup-To:
Distribution: eunet
Organization: .....
Keywords:
```

    ⏎

May anybody explain to me, what the abbreviation ⏎
    COSE ⏎
stands for? I would appreciate that and thanks a lot. ⏎
    ⏎
-- ⏎
Egon Mueller (egon@hh2) ⏎

Neben der Eingabe des eigentlichen Textes, kann der Benutzer aber auch die Kopfzeilen weiter ausfüllen, wie z.B. in der *Summary:*-Zeile eine kurze Zusammenfassung und in der *Keywords:*-Zeile einige Stichworte angeben, die dem Leser später ein leichtes Auffinden des Artikels ermöglichen. In der *Followup-To:*-Zeile kann der Schreiber festlegen, daß eine Diskussion in einer anderen Gruppe weitergeführt werden soll. Follow-ups werden dann an diese angegebene Gruppe weitergeleitet.

Nachdem der vollständige Artikel-Text eingegeben wurde, kann der Editor beendet werden, und **Pnews** fragt dann mit

```
Send, abort, edit, or list?
```

nach, ob der Artikel abgeschickt (*send*), nochmals gelesen (*list*) bzw. editiert (*edit*) oder ob er aber vollständig weggeworfen (*abort*) werden soll.

12 Das Unix-Prozeßkonzept

Divide et impera!
(Teile und herrsche!)

Latein. Sprichwort

Hier wird zunächst versucht, den Begriff »Prozeß« allgemein zu klären, bevor
auf die Unix-Prozesse im speziellen und die Möglichkeiten der Kommunikation
dieser Prozesse untereinander eingegangen wird. Anschließend werden dann
Kommandos und C-Funktionen vorgestellt, mit denen ein Benutzer Einfluß auf
das Ablaufgeschehen von Prozessen nehmen kann. Eine wesentlich
tiefergehende und ausführliche Behandlung des Unix- und Linux-Prozeßkon-
zepts befindet sich in »Linux- Unix-Systemprogrammierung«.

12.1 Prozeß

12.1.1 Definition

Von der Vielzahl von möglichen Prozeß-Definitionen[1] scheint die einfache Definition:

Prozeß = ein Programm während der Ausführung

die für den Anfänger verständlichste zu sein. Wird ein Programm (Benutzerpro-
gramm oder Unix-Kommando) aufgerufen, so wird der zugehörige Programmcode[2] in den Hauptspeicher geladen und dann gestartet. Das dann ablaufende
Programm wird als Prozeß[3] bezeichnet. Wird das gleiche Programm (wie z.B.
das Kommando **ls**) gleichzeitig von unterschiedlichen Benutzern gestartet, so
handelt es sich dabei um zwei verschiedene Prozesse, obwohl beide das gleiche
Programm ausführen.

---

1. Bei der hier gegebenen Beschreibung diente das hervorragende Buch von Harvey M. Deitel,
   »Introduction to Operating Systems«, Addison-Wesley-Verlag, als Vorlage.
2. in der Datei: statisch
3. im Prozeß: dynamisch

12.1.2   Prozeßzustände

Während der Existenz eines Prozesses kann dieser unterschiedliche Zustände annehmen, wobei ein Zustandswechsel immer durch das Eintreten bestimmter Ereignisse (engl.: *events*) ausgelöst wird.

Zunächst werden nur drei mögliche Prozeßzustände[1] vorgestellt:

aktiv

Ein Prozeß ist aktiv (engl. *running*), wenn er gerade von der CPU bearbeitet wird.

bereit

Ein Prozeß ist bereit (engl. *ready*), wenn er die CPU benutzen könnte

blockiert

Ein Prozeß ist blockiert (engl. *blocked*), wenn er auf das Eintreten eines bestimmten Ereignisses wartet (wie z.B. auf eine Benutzereingabe), bevor er weiter ausgeführt werden kann.

Im nachfolgenden wird der Einfachheit halber ein Rechnersystem mit einer CPU angenommen[2], d.h., daß zu einem Zeitpunkt nur ein Prozeß *aktiv* sein kann, aber weitere Prozesse *bereit* oder *blockiert* sein können.

Die *bereiten* Prozesse werden dabei in einer *bereit-Warteliste* in der Reihenfolge ihrer Ankunft eingetragen.

Die *blockierten* Prozesse werden dabei ohne eine besondere Anordnung in einer *blockiert-Warteliste* eingetragen; hier eingetragene Prozesse verlassen immer dann diese Liste, wenn das entsprechende Ereignis eintritt, auf das sie warten.

Wird ein Programm gestartet, so wird der dafür kreierte Prozeß am Ende der *bereit-Liste* eingetragen. Wenn er sich dann am Anfang dieser Warteliste befindet und die CPU frei wird, so erhält er die CPU und macht einen sogenannten Zustandswechsel von *bereit* nach *aktiv*. Die Zuteilung der CPU an einen bereiten Prozeß wird im englischen *dispatch* genannt:

```
dispatch(prozeßname):    bereit --> aktiv
```

Um ein endloses Besetzen der CPU durch einen Prozeß zu verhindern, wird nach Ablauf einer gewissen Zeit (Zeitscheibe) dem entsprechenden Prozeß mit:

```
timerrunout(prozeßname):  aktiv --> bereit
```

die CPU wieder entzogen, um sie einem anderen *bereiten* Prozeß mit *dispatch* zur Verfügung zu stellen.

---

1. Neben diesen 3 Zuständen existieren noch weitere, die später vorgestellt werden.
2. Die Erweiterung auf ein Mehrprozessor-System ist nicht allzu schwierig.

Wenn ein *aktiver* Prozeß eine Ein-/Ausgabeoperation anfordert (wie z.B. bei einer Benutzereingabe), bevor seine ihm zustehende Zeitscheibe abgelaufen ist, dann gibt er freiwillig mit

block(*prozeßname*): `aktiv --> blockiert`

die CPU wieder frei.

Der letzte mögliche Zustandswechsel ist, daß ein *blockierter* Prozeß durch Eintreten eines Ereignisses, auf das er wartete (wie z.B. Ende einer Ein-/Ausgabeoperation) aufgeweckt wird:

wakeup(*prozeßname*): `blockiert --> bereit`

Somit wurden hier 4 mögliche Zustandswechsel definiert:

dispatch(*prozeßname*): `bereit   --> aktiv`
timerrunout(*prozeßname*): `aktiv   --> bereit`
block(*prozeßname*): `aktiv   --> blockiert`
wakeup(*prozeßname*): `blockiert --> bereit`

Dabei ist **block** der einzige Zustandswechsel, der von einem Prozeß selbst veranlaßt wird. Alle drei anderen werden vom Betriebssystem initiiert. Das nachfolgende Bild veranschaulicht nochmals diese Zustandswechsel.

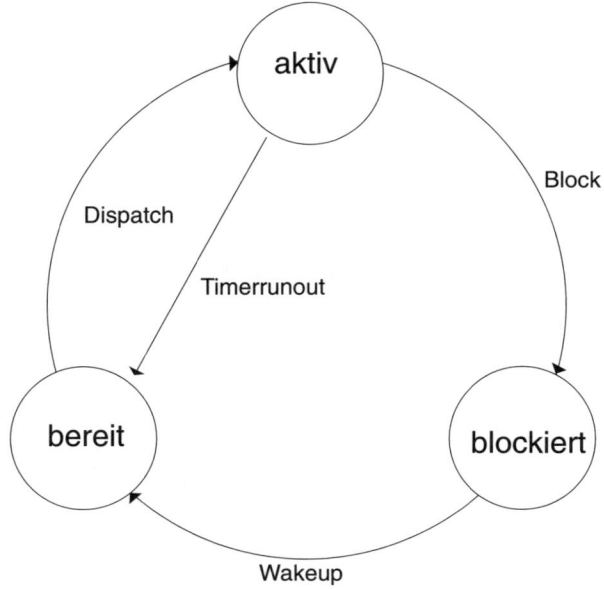

Bild 12.1: Die Zustandswechsel eines Prozesses

12.1.3   Der Prozeßkontrollblock

Zu jedem kreierten Prozeß legt das System einen sogenannten Prozeßkontroll-block (engl. *process control block*, abgekürzt: **PCB**) an. Der PCB ist dabei eine Datenstruktur, in der die zur Verwaltung eines Prozesses erforderliche Information hinterlegt ist, wie z.B.

▶ momentaner Prozeßzustand

▶ eindeutige Prozeßkennung (engl. *process identification*, abgekürzt: **PID**)

▶ Priorität des Prozesses

▶ Hauptspeicheradresse des Prozesses

▶ vom Prozeß reservierte Ressourcen (wie z.B. Drucker, Dateien, ..)

Wenn nun das Betriebssystem die CPU unter den einzelnen Prozessen zuteilt, so verwendet es die im **PCB** enthaltene Information, um einen Prozeß an seiner unterbrochener Stelle mit der Ausführung fortfahren zu lassen. Nimmt das Betriebssystem einem Prozess die CPU weg oder gibt er sie freiwillig ab, so schreibt das Betriebssystem die für die Fortsetzung dieses Prozesses notwendige Information in den zugehörigen PCB.

12.1.4   Die Prozeßhierarchie

Ein Prozeß kann von sich aus einen neuen Prozeß starten (engl. *spawn*; zu deutsch: laichen); ein so kreierter Prozeß wird mit **Sohnprozeß**[1] (engl. *child process*) und der Erzeuger-Prozeß mit **Vaterprozeß**[2] (engl. *parent process*) bezeichnet. Somit ergibt sich eine Prozeßhierarchie wie z.B. in Abbildung 12.2.

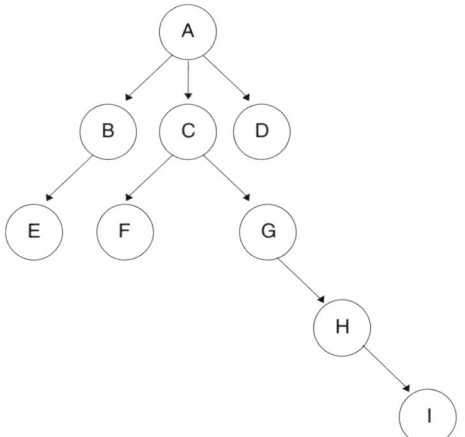

Bild 12.2: Beispiel für eine Prozeßhierarchie

---

1. oder Kindprozeß
2. oder Elternprozeß

In einer solchen Prozeßhierarchie gilt immer:

▶ Jeder Sohnprozeß hat nur einen Vaterprozeß.

▶ Ein Vaterprozeß kann allerdings mehrere Sohnprozesse haben.

12.1.5 Operationen auf Prozesse

Um die Prozesse verwalten zu können, muß ein Betriebssystem über Möglichkeiten verfügen, das Prozeßverhalten zu beeinflussen. Solche Eingriffsmöglichkeiten umfassen z.B. Operationen wie

▶ Kreieren eines Prozesses (*create*)

▶ Löschen eines Prozesses (*kill*)

▶ Suspendieren eines Prozesses (*suspend*)

▶ Wiederbeleben eines suspendierten Prozesses (*resume*)

▶ Ändern einer Prozeßpriorität (*change*)

▶ Blockieren eines Prozesses (*block*)

▶ Aufwecken eines blockierten Prozesses (*wakeup*)

▶ Zuteilen der CPU an einen bereiten Prozeß (*dispatch*)

Kreieren eines Prozesses (create)

Diese Operation erfordert eine Vielzahl von Aktivitäten, wie z.B.

▶ Vergabe einer eindeutigen Kennung (PID) an den neuen Prozeß

▶ Eintrag in die Prozeßtabelle des Systems

▶ Festlegen der Prozeßpriorität

▶ Anlegen eines PCB

▶ Reservieren der zunächst benötigten Betriebsmittel (wie z.B. Hauptspeicher, Dateien, ..)

Löschen eines Prozesses (kill)

Das Löschen eines Prozesses erfordert, daß nicht nur der Prozeß selbst entfernt wird, sondern auch

▶ alle zu diesem Prozeß vorgenommenen Einträge aus den systeminternen Tabellen gelöscht werden.

▶ alle von diesem Prozeß reservierten Betriebsmittel wieder freigegeben werden.

▶ der PCB dieses Prozesses gelöscht wird.

Zusätzlich müssen auf vielen Systemen diese Lösch-Aktionen auch für alle zu diesem Prozeß gehörigen Sohnprozesse, »Enkelprozesse«, »Urenkelprozesse«, usw. durchgeführt werden, da das Löschen des Vaterprozesses dem Löschen aller seiner Abkömmlinge gleichkommt. Auf anderen Systemen wiederum leben die Nachkömmlinge weiter.

Suspendieren eines Prozesses (suspend)

Eine Suspendierung eines Prozesses wird üblicherweise nur für eine kurze Zeit vorgenommen, z.B. wenn das System überlastet ist oder benötigte Betriebsmittel zur Zeit nicht verfügbar sind. Der durch einen suspendierten Prozeß belegte Hauptspeicher wird fast immer sofort freigegeben. Ob die vom suspendierten Prozeß reservierten Betriebsmittel freigegeben werden, hängt vom einzelnen System und oft auch von der Dauer der Suspendierung ab.

Wiederbeleben eines suspendierten Prozesses (resume)

Ein suspendierter Prozeß kann nur von einem anderen Prozeß wiederbelebt werden. Wird ein suspendierter Prozeß wiederbelebt, so muß seine Ausführung genau an dieser Stelle wieder aufgenommen werden, an der die Suspendierung vorgenommen wurde.

Ändern einer Prozeßpriorität (change)

An einem *multi-user*-System werden sehr oft mehrere Prozesse um die CPU konkurrieren. Nun ist es nicht immer so, daß alle Prozesse gleichwertig (nach FIFO) bedient werden, sondern vielmehr die einzelnen Prozesse unterschiedliche Prioritäten besitzen können. So haben zum Beispiel vom System kreierte Prozesse meist höhere Prioritäten als die von Benutzer kreierten Prozesse. Da sich nun die Priorität eines Prozesses während seiner Lebensdauer ändern kann, muß das System über eine Operation verfügen, die eine Änderung der Priorität eines Prozesses ermöglicht.

12.1.6   Suspendieren und Wiederbeleben

Diese beiden Operationen wurden mit dem Hinzukommen der beiden Zustände

▶ *suspendiert-bereit*

▶ *suspendiert-blockiert*

notwendig. Somit muß das zuvor vorgestellte Diagramm für Zustandswechsel – wie in Bild 12.3 gezeigt – erweitert werden:

Eine Suspendierung eines Prozesses kann durch einen Prozeß selbst oder aber durch einen anderen Prozeß veranlaßt werden:

Ein *bereit*-Prozeß kann nur von einem anderen Prozeß suspendiert werden:

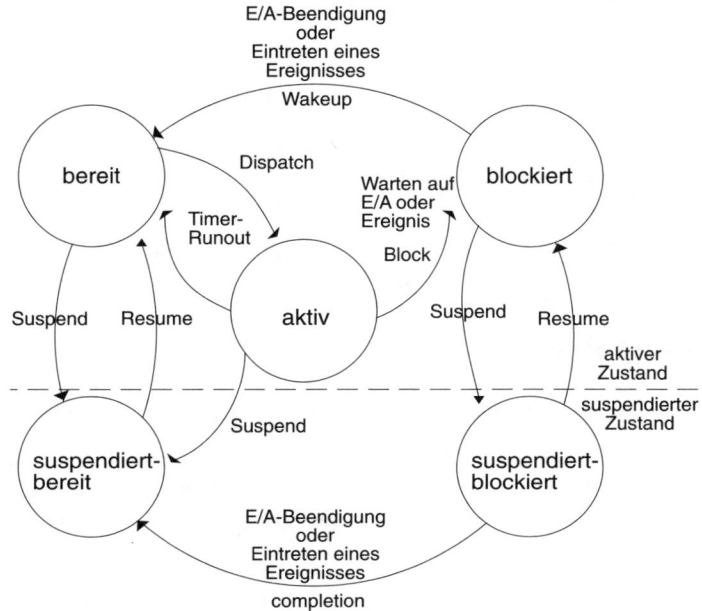

Bild 12.3: Diagramm für die Zustandswechsel

suspend(*prozeßname*): bereit --> suspendiert-bereit

Ein *suspendiert-bereit* Prozeß kann von einem anderen Prozeß in den *bereit*-Zustand versetzt werden

resume(*prozeßname*): suspendiert-bereit --> bereit

Ein *blockierter* Prozeß kann von einem anderen Prozeß suspendiert werden:

suspend(*prozeßname*): blockiert --> suspendiert-blockiert

Ein *suspendiert-blockierter* Prozeß kann von einem anderen Prozeß in den *blockiert*-Zustand versetzt werden:

resume(*prozeßname*): suspendiert-blockiert --> blockiert

Wenn eine E / A-Operation beendet ist oder das Ereignis eintritt, auf das ein *suspendiert-blockierter* Prozeß wartete, so wird für diesen Prozeß mit

completion(*prozeßname*): suspendiert-blockiert-->suspendiert-bereit

der Zustandswechsel vollzogen.

12.2   Prozesse unter Unix

Wird ein Unix-Kommando oder ein vom Benutzer erstelltes Programm[1] aufgerufen, so wird – bis auf wenige Ausnahmen[2] – ein eigener Prozeß gestartet.

Im nachfolgenden wird zunächst auf die Unix-Prozeßhierarchie und auf die Prozeßkenndaten eingegangen, bevor Möglichkeiten der Kommunikation zwischen verschiedenen Prozessen vorgestellt werden.

Abschließend werden Unix-Kommandos und Systemroutinen beschrieben, die eine Verwaltung von benutzereigenen Prozessen ermöglichen.

12.2.1   Prozeßhierarchie

Starten eines Unix-Systems und Anmelden eines Benutzers

Beim Start wird der Unix-Systemkern (engl. *system kernel*) **/unix** in den Hauptspeicher geladen und zur Ausführung gebracht. Der dadurch kreierte Prozeß erhält die Prozeßnummer 0. Dieser »Kernel-Prozeß« startet dann das Programm **/etc/init** bzw. **/sbin/init**.

Der für dieses Programm kreierte Prozeß erhält die Prozeßnummer 1 und ist der eigentliche »Urprozeß« (Wurzel der Prozeßhierarchie) für alle weiteren Benutzerprozesse. Nach seinem Start liest **/etc/init** bzw. **/sbin/init** unter anderem die Datei */etc/inittab*, in der alle angeschlossenen Terminals und sonstige Leitungen verzeichnet sind. Für alle als zu aktivierend markierten Anschlüsse startet **/etc/init** bzw. **/sbin/init** einen Sohnprozeß (mit eindeutigen Prozeßnummern). Jeder dieser Prozesse eröffnet zunächst die drei Dateien:

stdin	(Standardeingabe)
stdout	(Standardausgabe)
stderr	(Standardfehlerausgabe)

Danach startet **/etc/init** bzw. **/sbin/init** unter anderem das Programm **getty**.

`getty`

gibt die Aufforderung zum Anmelden (*login:*) am entsprechenden Terminal aus und wartet auf die Eingabe der Login-Kennung durch den entsprechenden Benutzer. Danach ruft **getty** das Kommando **login** (**/bin/login**) mit der eingegebenen Login-Kennung als Argument auf.

---

1. Grundsätzlich gibt es in Unix keinen Unterschied zwischen den Begriffen »Kommando« und »Programm«. Es hat sich allerdings eingebürgert, die von Unix zur Verfügung gestellten Dienstprogramme *Kommandos* und die vom Benutzer geschriebenen Programme *Programme* zu nennen.
2. Manche Unix-Kommandos sind nicht als eigene Programme realisiert, sondern werden direkt vom Unix-Kommandoprozessor (hat den Namen: *Shell*) ausgeführt.

`/bin/login`

Dieses Kommando fragt das Paßwort zu der angegebenen Login-Kennung ab und prüft es auf seine Richtigkeit. Wurde das richtige Paßwort eingegeben, so ruft **init** als nächstes das Programm **sh** (**/bin/sh**) auf.

`/bin/sh`

Dieses Programm ist kein neuer Prozeß, sondern läuft immer noch unter der gleichen Prozeßnummer wie der von **init** für das entsprechende Terminal erzeugte Sohnprozeß. **sh** ist der Unix-Kommandointerpreter, auch die Unix-Shell genannt. Auf den verschiedenen Unix-Versionen wurden nun auch unterschiedliche Unix-Shells entwickelt. Die fünf wichtigsten werden in »Linux-Unix-Shells« vorgestellt:

- ▶ Bourne Shell (**/bin/sh**)

- ▶ Korn Shell (**/bin/ksh**)

- ▶ C-Shell (**/bin/csh**)

- ▶ Bourne-Again-Shell

- ▶ TC-Shell

Über einen Eintrag (letzte Komponente) in der Datei */etc/passwd* kann festgelegt werden, welche Shell als Login-Shell zu verwenden ist. So würde beispielsweise der Eintrag **/bin/csh** dazu führen, daß hier nicht **/bin/sh**, sondern **bin/csh** gestartet wird.

Jedenfalls befindet sich der Benutzer nach Start dieses Programms auf der Unix-Kommandoebene und kann Kommandos eingeben.

Beendet der jeweilige Benutzer seine Sitzung mit $\boxed{\text{Strg}}$-$\boxed{\text{D}}$ oder **exit**, so »stirbt« dieser Sohnprozeß von **init** und **init** beginnt von neuem einen Sohnprozeß für dieses Terminal zu kreieren, der zunächst die drei Dateien **stdin**, **stdout** und **stderr** eröffnet. Danach wird wieder **getty** gestartet und der ganze Ablauf wiederholt sich, so daß wieder die Aufforderung zum Anmelden (*login:*) am entsprechenden Terminal erscheint.

Somit ergibt sich z.B. ein Ausschnitt für eine Unix-Prozeßhierarchie, wie er in Bild 12.4 gezeigt wird.

Startet nun der Benutzer **egon** z.B. das Kommando **ls**, so wird hierfür von seinem Prozeß **/bin/sh** ein Sohnprozeß kreiert (siehe Bild 12.5).

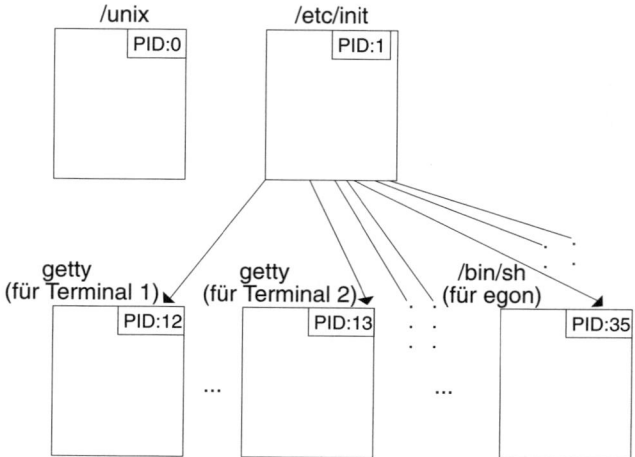

Bild 12.4: Beispiel für eine Unix-Prozeßhierarchie

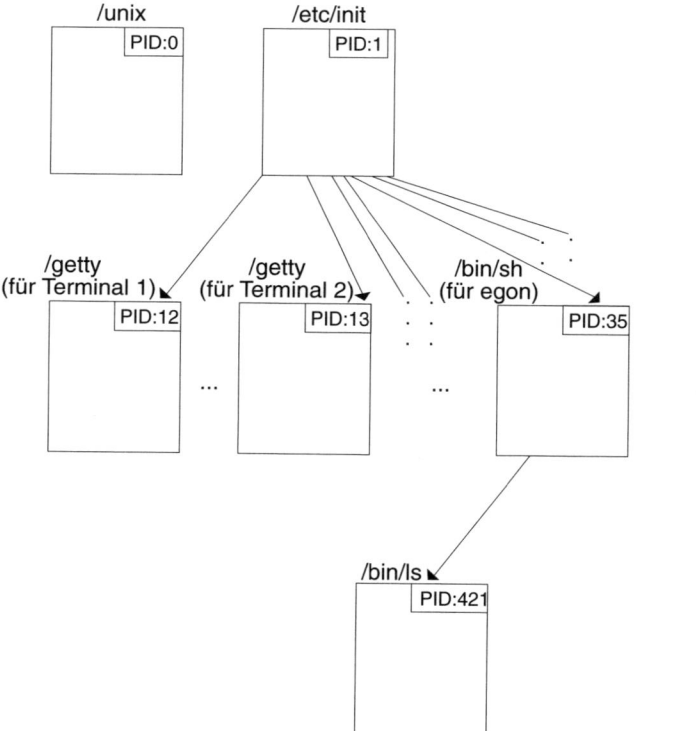

Bild 12.5: Sohnprozeß ls zu egon's shell

Das Kommando /bin/sh

Das Kommando **sh** (**/bin/sh**) wird als *Shell* bezeichnet und ist der Unix-Kommandointerpreter[1]. Bei jedem Anmelden wird dieses Programm – wie gesehen – automatisch gestartet. Dieses Programm ist dafür verantwortlich, daß alle vom Benutzer eingegebenen Kommandos entgegengenommen werden und hierfür – falls es sich dabei nicht um ein *builtin*-Kommando der Shell handelt – ein eigener Sohnprozeß gestartet wird. Ein *builtin*-Kommando wäre z.B. **cd**, welches direkt von der Shell selbst ausgeführt wird, ohne daß hierfür ein eigener Sohnprozeß gestartet wird. Beispiele für Kommandos, für die ein neuer Sohnprozeß kreiert wird, wären z.B. **sort** oder **ls**. Welche Kommandos die Kreierung eines Sohnprozesses nach sich ziehen und welche nicht, wird im Buch »Linux-Unix-Shells« geklärt, das sich ausschließlich mit der Unix-Shell beschäftigt.

Das nachfolgende Bild soll nochmals die Mittlerrolle der Shell zeigen:

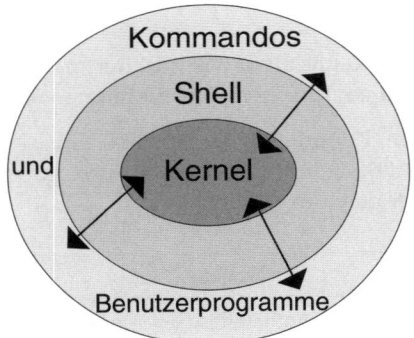

Hieraus ist zu ersehen, daß die Shell der Unix-Kommandointerpreter ist, welcher die vom Benutzer aufgerufenen Kommandos und Programme durch den Kernel ausführen lässt und eventuelle Kernel-Meldungen wieder dem Benutzer mitteilt.

12.2.2 Prozeßkenndaten

Zu jedem Prozeß gibt es eine Reihe von Kenndaten, die vom Betriebssystem in verschiedenen internen Tabellen (wie z.B. PCB) verwaltet werden. Typische Prozeßkenndaten sind z.B.

▶ Prozeßnummer (engl. *process identification*; kurz: **PID**)

▶ Prozeßnummer des Vaterprozesses (engl. *parent process identification*; kurz: **PPID**)

---

1. Wenn bisher von der Unix-Kommandoebene gesprochen wurde, so war damit die Shell-Ebene gemeint.

▷ **UID** und **GID** des Prozeßeigentümers

▷ Prozeßpriorität

▷ Prozeßzustand

▷ Terminal, von dem der Prozeß gestartet wurde[1]

▷ vom Prozeß verbrauchte CPU-Zeit

▷ CPU-Status (Befehlszähler und Inhalt der Register)

▷ Hauptspeicheradresse

▷ vom Prozeß geöffnete Dateien

▷ working directory des Prozesses

...

...

Manche dieser Kenndaten (wie z.B. der momentane Inhalt des Befehlszählers) werden von einem Prozeß an einen kreierten Sohnprozeß weiter vererbt.

Neben diesen Kenndaten verfügt ein Prozeß noch über einen sogenannten **Adreßraum**. Dieser unterteilt sich in drei getrennte Bereiche, welche in Unix auch *Segmente* genannt werden.

Segment	Beschreibung
Textsegment	enthält den Programmcode und ist schreibgeschützt. Ein Textsegment kann von mehreren Prozessen gleichzeitig benutzt (engl. *shared*) werden, z.B. wenn zwei Benutzer gleichzeitig das Kommando **ls** aufrufen.
Datensegment	enthält die Benutzerdaten des Prozesses. Dieses Segment wird nochmals unterteilt in einen initialisierten und einen nicht-initialisierten Datenbereich.
Stacksegment	enthält den Benutzer-Stack und Verwaltungsdaten des Prozesses.

Die Prozeßnummer

Jeder gestarteter Prozeß erhält eine Prozeßnummer (kurz **PID**). Diese **PID** ist systemweit eindeutig, d.h. es ist sichergestellt, daß zwei gleichzeitig ablaufende Prozesse niemals die gleiche Prozeßnummer besitzen können.

Die Prozeßnummer des Vaterprozesses (kurz **PPID**) gibt an, welcher Prozeß diesen Prozeß kreiert hat.

---

1. Auch *Kontrollterminal* genannt.

UID und GID des Prozeßeigentümers

Ein Prozeß besitzt zwei Arten von **UID** und **GID**:

▷ die *effektive UID* und die *effektive GID*

▷ die *reale UID* und die *reale GID*

Ist das *set-user-id*-Bit bzw. *set-group-id*-Bit[1] für ein Programm *nicht* gesetzt, so sind die *effektiven UID/GID* und die *realen UID/GID* des dafür gestarteten Prozesses identisch: UID und GID des Aufrufers.

Ist dagegen das *set-user-id*-Bit für ein Programm gesetzt, so wird als *effektive UID* die UID des Eigentümers der Programmdatei und als *reale UID* die des Aufrufers für den hieraus erzeugten Prozeß verwendet.

Ist neben dem *set-user-id*-Bit auch noch das *set-group-id*-Bit für ein Programm gesetzt, so wird als *effektive GID* die GID des Programmbesitzers und als *reale GID* die GID des Aufrufers für den daraus resultierenden Prozeß genommen.

Beispiel   Auf die Paßwortdatei */etc/shadow* hat nur der Superuser Schreibberechtigung. Trotzdem muß es jedem Benutzer möglich sein, sein Paßwort, das in dieser Datei abgelegt ist, zu ändern. Ein Paßwort kann mit dem Kommando **passwd** geändert werden. Der Eigentümer des Kommandos **passwd** ist der Superuser. Jeder Benutzer hat *execute*-Recht für die Programmdatei **passwd**. Außerdem ist für diese Programmdatei das *set-user-id*-Bit gesetzt.

Wird **passwd** nun gestartet, so läuft der hierfür kreierte Prozeß unter der *effektiven UID* des Superusers[2] und hat Superuser-Zugriffsrechte; somit ist es **passwd** möglich, die Datei */etc/shadow* zu ändern.

Prozeßpriorität

Da es sich bei Unix um ein *multi-user*- und *multi-tasking*-Betriebssystem handelt, werden sehr oft mehrere Prozesse um die Zuteilung der CPU konkurrieren. Ein sogenannter *Scheduling*-Algorithmus legt dabei fest, welcher *bereit*-Prozeß als nächster die CPU zugeteilt bekommt. Bei dieser Auswahl ist die einem Prozeß zugeteilte Priorität entscheidend. So haben z.B. Prozesse, die sich im System-Modus befinden, eine höhere Priorität als solche, die sich zur Zeit im Benutzer-Modus befinden. Ein Prozeß befindet sich dann im System-Modus, wenn er eine Systemroutine aufruft.

---

1. siehe Beschreibung zum Kommando **chmod**
2. Hierin liegt im übrigen ein großes Sicherheitsrisiko. Wenn nämlich der Code eines solchen Programms durch einen anderen Benutzer geändert werden kann, weil die Zugriffs-Rechte für so eine Datei falsch gesetzt sind, so kann er hierin beliebig Kommandos und Programme ausführen lassen, die eigentlich nur dem Superuser vorbehalten sind.

Da die Priorität für einen Prozeß abhängig von seiner verbrauchten Zeit, seiner Größe und seiner Wartezeit ständig neu vergeben wird, existieren zwei Arten von Prioritäten:

▷ aktuelle Priorität (momentane Priorität)

▷ *nice*-Priorität (die beim Start des Prozesses festgelegte Priorität) Eine große Prioritätszahl bedeutet dabei eine niedrige Priorität.

12.2.3   Prozeßkommunikation

Unix System V bietet folgende Mechanismen zur Interprozeß-Kommunikation, kurz **IPC** (engl. *inter process communication*):

Dateien

Ein oder mehrere Prozesse schreiben Daten in Dateien, welche von anderen Prozessen wieder gelesen werden. Diese Form des Datenaustausches zwischen Prozessen ist allerdings nicht sehr effizient, da hieraus zeitraubende Plattenzugriffe durch die Prozesse resultieren.

Pipes

Eine Pipe kann man sich als einen röhrenartigen Datenkanal vorstellen, über den Prozesse Daten austauschen können. Ein Prozeß schreibt in eine Pipe Daten und der andere Prozeß erhält diese Daten in der Reihenfolge, in der sie geschrieben wurden.

Pipes werden wie Dateien behandelt. Statt explizit Dateien für den Austausch von Daten einzurichten, wird im Hauptspeicher ein Puffer eingerichtet. Deswegen ist diese Kommunikationsform auch wesentlich schneller als die über Dateien, da hier zeitaufwendige Zugriffe auf externe Speichermedien vermieden werden. Der im Hauptspeicher eingerichtete Puffer wird dabei nach dem FIFO-Prinzip verwaltet.[1]

Jede Pipe hat eine Schreib- und eine Leseseite:

Bild 12.6: Eine Pipe

Eine Pipe ist einkanalig, d.h., daß ein Prozeß aus einer Pipe entweder nur lesen oder nur auf sie schreiben kann, aber niemals beides auf die gleiche Pipe durchführen kann. Sollen Daten in beide Richtungen ausgetauscht werden, so müssen hierfür 2 Pipes eingerichtet werden.

---

1. engl. für *first in first out*, d.h. die zuerst geschriebenen Daten werden auch zuerst wieder gelesen.

Signale

Ein Signal ist ein asynchrones Ereignis und bewirkt eine Unterbrechung auf Prozeßebene. Signale werden vorwiegend zur Kommunikation zwischen System- und Benutzerprozessen verwendet und treten asychron auf; d.h. jeder Prozeß kann zu jedem beliebigen Zeitpunkt ein Signal erhalten.

Signale können

▷ von außen durch Aktionen des Benutzers am Terminal (wie z.B. durch Drücken von Programmabbruch-Tasten: **intr/quit** oder Abschalten des Terminals) oder

▷ durch Programmfehler (wie z.B. Division durch 0) oder

▷ durch andere Prozesse (explizites Senden eines Signals) ausgelöst werden.

Fängt ein Programm ein Signal nicht explizit ab, so führt dies unweigerlich zum Programmabbruch.

Die später vorgestellte Systemfunktion **signal** ermöglicht es allerdings, festzulegen, wie ein Prozeß auf das Ankommen bestimmter Signale reagieren soll, wie z.B.

▷ Ignorieren oder

▷ Anspringen einer Funktion zur Signalbehandlung

Alle Programme, die nicht durch möglicherweise auftretende Signale unterbrochen werden sollen, müssen also eine entsprechende Signalbehandlung vorsehen.

Zu den nachfolgend vorgestellten Kommunikationsmöglichkeiten werden in den anschließenden Teilkapiteln keine Kommandos und Systemfunktionen angegeben[1], da sie für fortgeschrittene Systemprogrammierer vorgesehen sind und das hier gesetzte Ziel einer Unix-Einführung sprengen würden.

Der Vollständigkeit halber werden sie hier allerdings kurz erwähnt:

Named Pipes

Bei einer einfachen Pipe gelten folgende Einschränkungen:

▷ die Lebensdauer einer einfachen Pipe hängt von der Lebensdauer jedes einzelnen mit dieser Pipe arbeitenden Prozesses ab.

▷ Kommunikation über eine einfache Pipe ist nur für Prozesse möglich, die entweder einen gemeinsamen Vater haben, der diese Pipe einrichtete, oder aber zwischen einem Vater- und Sohnprozeß, wobei auch hier der Vater die Pipe eingerichtet haben muß.

---

1. werden in einem späteren Buch genauer behandelt

Bei *Named Pipes* fallen diese Restriktionen weg: Mit dem Anlegen einer *Named Pipe* wird eine Gerätedatei mit dem angegebenen Namen angelegt[1]. Unter Angabe dieses Namens können nun auch Prozesse, die nicht vom selben Vater abstammen, miteinander kommunizieren; zudem ist die Lebensdauer einer solchen Pipe nicht von der Lebensdauer einzelner Prozesse abhängig.

Named Pipes können fast wie einfache Dateien benutzt werden. Der wesentliche Unterschied liegt darin, daß Daten aus einer *Named Pipe* nur einmal gelesen werden können; zudem können die Daten nur in derselben Reihenfolge gelesen werden, wie sie in die *Named Pipe* geschrieben wurden.

Message Queues

ermöglichen den Austausch von Nachrichten, die nach Typen klassifizierbar sind.

Semaphore

Semaphore sind sogenannte Zustandsvariablen und stellen einen elementaren Mechanismus zur Synchronisation von Prozessen dar.

Shared Memory

ermöglicht über gemeinsame Datenbereiche im Hauptspeicher einen Datenaustausch zwischen Prozessen und ist deshalb wesentlich effizienter als die Verwendung gemeinsamer Dateien zur Kommunikation verschiedener Prozesse.

Streams

wurden mit Unix System V.3 eingeführt und ermöglichen die Kommunikation von Prozessen eines ganzen Rechnernetzes.

12.2.4 Kommandos und Systemfunktionen zur Prozeßverwaltung

Neben Kommandos zur Prozeßverwaltung werden hier auch C-Funktionen vorgestellt, die das System zur Verwaltung von Benutzerprozessen anbietet.

Kommandos zur Prozeßverwaltung

ps	Informationen über aktive Prozesse ausgeben

Die vollständige Aufrufsyntax für das Kommando **ps** (*report process status*) ist:

ps [*optionen*]

Werden keine Optionen angegeben, so gibt **ps** nur Informationen zu den vom jeweiligen Terminal aus gestarteten Prozessen und deren Sohnprozessen aus. Zu

---

1. Beim Kommando **ls -l** wird diese Dateiart mit *p* angezeigt.

jedem entsprechenden Prozeß wird dabei eine Zeile ausgegeben, die folgende
Informationen enthält:

▶ Prozeßnummer (PID)

▶ Terminalname (TTY)

▶ verbrauchte Rechenzeit (TIME)

▶ Kommandoname (COMMAND)

Mit der Angabe von *Optionen* läßt sich der Umfang der auszugebenden Prozeßinformationen steuern; die wichtigsten Optionen sind dabei:

Option	Beschreibung
-a	(*all*) Information über alle Prozesse ausgeben. Ausgenommen hiervon sind Prozesse, die keinem Terminal zugeordnet sind, und Vaterprozesse einer Prozeßgruppe. Unter einer Prozeßgruppe versteht man alle Prozesse, die einem bestimmten Terminal[a] zugeordnet sind.
-d	(nicht unter Linux) Information über alle Prozesse ausgeben. Ausgenommen hiervon sind die Vaterprozesse einer Prozeßgruppe.
-e	(*every*) Information über alle Prozesse ausgeben. Unter Linux wird eine äußerst ausführliche Information zu den einzelnen Prozessen angezeigt.
-f	(*full*) vollständige Informationen zu den entsprechenden Prozessen ausgeben; so wird z.B. nicht nur der Kommandoname, sondern die vollständige Aufrufzeile ausgegeben, die zur Kreierung eines Prozesses führte.
-l	(*long*) viele Informationen zu den einzelnen Prozessen ausgeben.
-p *prozeßnr(n)*	Information zu allen Prozessen mit den Prozeßnummern (PIDs) *prozeßnr(n)* ausgeben.
-t *terminal-name(n)*	Information zu allen Prozessen ausgeben, die den Terminals *terminalname(n)* zugeordnet sind.
-u *benutzer(n)*	Information zu allen Prozessen der Benutzer *benutzer(n)* ausgeben. Für *benutzer(n)* kann dabei entweder die UID oder der Login-Name angegeben werden. Bei der Ausgabe der Prozeßinformationen wird normalerweise der numerische Wert UID ausgegeben; nur wenn die Option **-f** angegeben ist, wird statt dessen der Login-Name ausgegeben.

a. auch Kontrollterminal genannt. Als Kontrollterminal eines Prozesses wird das Terminal
   bezeichnet, das als erstes von dem entsprechenden Prozeß zum Lesen und/oder Schreiben
   eröffnet wurde Nur von diesem Terminal aus kann der entsprechende Prozeß mit der **intr**-
   oder **quit**-Taste abgebrochen werden.

Beispiel   Nur die beiden Optionen **-f** und **-l** legen fest, wieviel Information zu den einzelnen Prozessen auszugeben ist. Alle anderen Optionen bestimmen, zu welchen
Prozessen Informationen auszugeben sind.

```
$ ps ⏎
PID TTY      TIME COMMAND
 92 ttyic    0:02 sh
144 ttyic    0:03 ps
$ ps -efl ⏎ ¹
 F S   UID  PID PPID C PRI NI   ADDR   SZ  WCHAN    STIME TTY       TIME COMD
19 S   root    0    0 0   0 20 154061    2 c013d2b0 Jun  5 ?        0:00 sched
10 S   root    1    0 0  39 20  76065   15 e0000000 Jun  5 ?        0:01 /etc/init
19 S   root    2    0 0   0 20   7a065    0 c0031284 Jun  5 ?        0:00 vhand
19 S   root    3    0 0  20 20   7e065    0 c002c6a4 Jun  5 ?        0:00 bdflush
10 S   root   86    1 0  28 20  18d065   24 c01000e8 06:46:49 console 0:02 -sh
10 S   root   88    1 0  28 20  1ba065   14 c0100140 06:46:51 vt01   0:01 /etc/getty /dev/vt01 vt01
10 S   root   89    1 0  28 20  1df065   14 c0100198 06:46:51 vt02   0:01 /etc/getty /dev/vt02 vt02
10 S   root   74    1 0  26 20  1da065   19 c014c21a 06:46:43 ?      0:00 /etc/cron
10 S   root   77    1 0  39 20  22a065   12 e0000000 06:46:44 ?      0:00 /etc/icc/dload ....
10 S   lp     83    1 0  26 20  24c065   16 c014ada6 06:46:47 ?      0:00 /usr/lib/lpsched
10 S   root   90    1 0  28 20  251065   14 c01003a8 06:46:51 ttyia  0:00 /etc/getty ttyia 9600
10 S   root   91    1 0  28 20  252065   14 c0100400 06:46:51 ttyib  0:00 /etc/getty ttyib 9600
10 S   egon   92    1 1  30 20  263065   24 c013a6b0 06:46:51 ttyic  0:02 -sh
10 S   root   93    1 0  28 20  265065   14 c01004b0 06:46:52 ttyid  0:00 /etc/getty ttyid 9600
10 S   root   94    1 0  28 20  276065   14 c0100508 06:46:52 ttyie  0:00 /etc/getty ttyie 9600
10 S   root   95    1 0  28 20  25b065   14 c0100560 06:46:53 ttyif  0:00 /etc/getty ttyif 9600
18 0   egon  106   92 27 73 20  235065   19          06:47:33 ttyic  0:00 ps -efl
 |  |   |    |    |  |  |  |   |       |   |          |         |      |     └ expandierter
 |  |   |    |    |  |  |  |   |       |   |          |         |            Kommandoaufruf
 |  |   |    |    |  |  |  |   |       |   |          |         └ bisher verbrauchte CPU-Zeit
 |  |   |    |    |  |  |  |   |       |   |          └ Name des zugeh.  Kontrollterminals
 |  |   |    |    |  |  |  |   |       |   └ (-f)  Startzeit des Prozesses
 |  |   |    |    |  |  |  |   |       └ (-1) Ereignis (event), auf das der Prozeß wartet
 |  |   |    |    |  |  |  |   └ (-1) Größe des Prozesses in pages²
 |  |   |    |    |  |  |  └ (-1) Speicheradresse des Prozesses
 |  |   |    |    |  |  └ (-1) Nice-Wert zur Bestimmung der Prozeßpriorität
 |  |   |    |    |  └ (-1) Priorität des Prozesses (große Zahl bedeutet dabei geringe Priorität)
 |  |   |    |    └ (-f,-1) Scheduling-Parameter
 |  |   |    └ (-f,-1) Prozeßnummer des Vaterprozesses
 |  |   └ Prozeßnummer (z.B. wichtig für das nachfolgende kill-Kommando)
 |  └ (-f,-1) effektive Login-Kennung bzw. Login-Name des Prozesses
 À (-1) Prozeßzustand:  O  aktiv; besitzt gerade die CPU
 |                      S  blockiert; wartet auf ein Ereignis (sleeping)
 |                      R  bereit (runnable)
 |                      I  wird gerade kreiert (idle)
 |                      Z  gerade beendet und Vaterprozeß wartet nicht auf dessen Beendigung (zombie)
 |                      T  wurde durch ein Signal angehalten (traced)
 |                      X  wartet auf mehr Hauptspeicher
 └ (-1) Prozeßzustand: 00  beendet
                       01  Systemprozeß; immer im Hauptspeicher
                           (auf VAX: im Hauptspeicher)
                       02  durch Vaterprozeß gesteuert
                           (auf VAX: Systemprozeß; immer im Hauptspeicher)
                       04  durch Signal des Vaterprozesses gestoppt; Vater wartet
                           (auf VAX: im Hauptspeicher; wartet auf Beendigung eines Ereignisses)
                       08  im Hauptspeicher (auf VAX: nicht vorhanden)
                       10  im Hauptspeicher; wartet auf Beendigung eines Ereignisses
                           (auf VAX: durch Vaterprozeß gesteuert)
                       20  nur auf VAX: durch Signal des Vaterprozesses gestoppt; Vater wartet
```

---

1. Die zur Ausgabe der jeweiligen Information erforderliche Option wird vor der Beschreibung in Klammern angegeben.
2. Die Größe einer *page* (zu deutsch: Seite) ist rechnerabhängig; z.B. 512 Bytes oder 4 Kbyte.

Die Bedeutung der *F*- und *S*-Spalten ist rechnerabhängig. Aus der Addition der möglichen hexadezimalen Bitmuster bei *F* ergibt sich der wirkliche Prozeßzustand; so bedeutet z. B. der Wert

```
19 = 01 + 08 + 10,
```

daß es sich um einen im Hauptspeicher befindlichen Systemprozeß handelt, der auf das Eintreten eines bestimmten Ereignisses wartet.

Wird in der TTY-Spalte ein ? ausgegeben, dann ist der entsprechende Prozeß keinem Kontrollterminal zugeordnet. Solche Prozesse heißen auch Dämon-Prozesse (engl.: daemons), die zu gewissen Zeitpunkten automatisch ablaufen.

Mit dem Kommando **pstree** kann man sich einen Baum mit allen Prozessen am Bildschirm anzeigen lassen. Dieser Baum macht deutlich, welcher Prozeß von welchem anderen Prozeß gestartet wurde. Wird eine Prozeßnummer angegeben, beginnt der Baum an dieser Stelle, sonst bei **init**, dem ersten Prozeß, der beim Hochfahren des Systems gestartet wird. Wird z. B. die Option **-p** angegeben, so wird bei den einzelnen Prozessen noch die Prozeßnummer dazu ausgegeben.

```
$ pstree ⏎
init-+-atd
     |-2*[bash]
     |-bash-+-pstree
     |-bash-+-startx---xinit-+-X
     |      |               '-sh---kwm-+-kscd
     |      |                          |-ksnapshot
     |      |                          |-xclock
     |      |                          |-xeyes
     |      |                          |-xload
     |      |                          |-xterm---bash
     |      |                          |-xterm---bash---lyx
     |      |                          '-xterm---bash---vi
     |      '-tee
     |-cron
     |-httpd---5*[httpd]
     |-inetd
     |-kaudioserver---maudio
     |-kbgndwm
     |-kerneld
     |-kflame.kss
     |-kflushd
     |-kfm-+-kioslave
     |     '-xosview.bin
     |-klogd
     |-kpanel
     |-krootwm
     |-kswapd
     |-lpd---lpd---PS_HP-a4-auto-m---cat
     |-3*[mingetty]
     |-4*[nfsiod]
     |-portmap
     |-rpc.mountd
     |-rpc.nfsd
     |-rpc.ugidd
     |-sendmail
     |-syslogd
     '-update
$ pstree -p ⏎
init(1)-+-atd(125)
```

```
          |-bash(160)
          |-bash(1892)---pstree(2080)
          |-bash(210)-+-startx(213)---xinit(217)-+-X(218)
          |           |                          '-sh(221)---kwm(228)-+-kscd(257)
          |           |                                               |-ksnapshot(255)
          |           |                                               |-xclock(250)
          |           |                                               |-xeyes(249)
          |           |                                               |-xload(251)
          |           |                                               |-xterm(252)---bash(262)
          |           |                                               |-xterm(253)---bash(260)---lyx(302)
          |           |                                               '-xterm(254)---bash(261)---vi(1466)
          |     .     |
          |           '-tee(214)
          |-bash(1426)
          |-cron(128)
          |-httpd(117)-+-httpd(120)
          |            |-httpd(121)
          |            |-httpd(122)
          |            |-httpd(123)
          |            '-httpd(124)
          |-inetd(133)
          |-kaudioserver(231)---maudio(247)
          |-kbgndwm(240)
          |-kerneld(60)
          |-kflame.kss(265)
          |-kflushd(2)
          |-kfm(234)-+-kioslave(291)
          |          '-xosview.bin(290)
          |-klogd(88)
          |-kpanel(246)
          |-krootwm(243)
          |-kswapd(3)
          |-lpd(141)---lpd(143)---PS_HP-a4-auto-m(144)---cat(184)
          |-mingetty(162)
          |-mingetty(164)
          |-mingetty(165)
          |-nfsiod(4)
          |-nfsiod(5)
          |-nfsiod(6)
          |-nfsiod(7)
          |-portmap(103)
          |-rpc.mountd(107)
          |-rpc.nfsd(109)
          |-rpc.ugidd(111)
          |-sendmail(183)
          |-syslogd(91)
          '-update(12)
$ pstree 217 ⏎
xinit-+-X
      '-sh---kwm-+-kscd
                 |-ksnapshot
                 |-xclock
                 |-xeyes
                 |-xload
                 |-xterm---bash
                 |-xterm---bash---lyx
                 '-xterm---bash---vi
$
```

&	Prozesse im Hintergrund ablaufen lassen

Wird ein Prozeß durch einen Aufruf auf der Kommandozeile gestartet, so läuft dieser im Vordergrund ab. Dies bedeutet, daß für die Dauer der Ausführung dieses Prozesses das entsprechende Terminal blockiert ist.

So könnte z. B. der Aufruf

```
find / -name komplex.c -print
```

einige Minuten für die Ausführung benötigen. Während dieser Zeit ist das Terminal blockiert[1] und es können keine weiteren Kommandos eingegeben werden.

Wird nun aber am Ende einer Kommandozeile das Zeichen & angegeben, so wird das angegebene Kommando als Hintergrundprozeß gestartet. Dies bedeutet, daß zunächst die PID des erzeugten Hintergrundprozesses ausgegeben wird und unmittelbar danach das Promptzeichen, so daß der Benutzer im Vordergrund weiterarbeiten kann, während der gestartete Prozeß parallel dazu im Hintergrund ausgeführt wird[2]. Da die Standardausgabe und die Standardfehlerausgabe eines Hintergrundprozesses weiterhin auf das Terminal erfolgt, ist es üblich, diese umzulenken, um beim weiteren Arbeiten am Terminal nicht durch Ausgaben des Hintergrundprozesses gestört zu werden.

Beispiel
```
$ find / -name komplex.c -print >komplex.wo 2>komplex.err & ↵
734
$ ps ↵
    PID TTY       TIME COMMAND
     92 ttyic    0:02 sh
    734 ttyic    0:03 find
    844 ttyic    0:03 ps
$
```

kill	Beenden von Prozessen

Mit dem Kommando **kill** kann ein Benutzer eigenen Prozessen ein Signal schicken. Dieses geschickte Signal kann von den entsprechenden Prozessen entweder ignoriert oder aber mit einer Signal-Verarbeitungsroutine behandelt werden. Fängt der entsprechende Prozeß ein so gesendetes Signal nicht ab, so wird er beim Eintreffen dieses Signals beendet.

Die vollständige Aufrufsyntax für **kill** ist:

```
kill [-signalnr] prozeßnr(n)
```

---

1. Das Promptzeichen **$** erscheint erst nach Beendigung dieses Vordergrundprozesses.
2. Unix ist ein *Multi-tasking*-Betriebssystem: Mehrere Jobs eines Benutzers können gleichzeitig ablaufen.

Beispiele für mögliche Signalnummern sind:

2   **SIGINT**   (*intr*)

3   **SIGQUIT**   (*quit*)

9   **SIGKILL**   (kann niemals abgefangen werden und beendet immer den Prozeß, an den es gesendet wird[1]).

15   **SIGTERM**   (voreingestellte Signalnummer: beendet den entsprechenden Prozeß, wenn dieser dieses Signal nicht explizit abfängt)

Über *prozeßnr(n)* werden die Prozeßnummern der zu beendenden Prozesse angegeben. Wird 0 für *prozeßnr* angegeben, so bedeutet dies, daß alle Prozesse des entsprechenden Benutzers zu beenden sind.

Beispiel
```
$ find / -name komplex.c -print >komplex.wo 2>komplex.err & ⏎
947
$ ps ⏎
    PID TTY       TIME COMMAND
     92 ttyic    0:02 sh
    947 ttyic    0:04 find
    988 ttyic    0:02 ps

$ kill -9 947 ⏎
947 Killed
$ ps ⏎
    PID TTY       TIME COMMAND
     92 ttyic    0:03 sh
    765 ttyic    0:02 ps
$
```

> **sleep**   Kurzzeitiges Stillegen von Prozessen

Die vollständige Aufrufsyntax für **sleep** ist:

```
sleep zeit
```

Die *zeit* ist dabei in Sekunden anzugeben.

Dieses Kommando bewirkt, daß *zeit* Sekunden vergehen müssen, bevor der entsprechende Prozeß fortgesetzt wird.

Beispiel   Der Benutzer **emil** hat **egon** versprochen, ihm eine Datei mit Namen *automake.c* in das Directory */tmp* zu kopieren, damit **egon** sie dort »abholen« kann. In diesem Fall wäre ein von **egon** gestarteter Hintergrundprozeß nützlich, der ständig »nachschaut«, ob die versprochene Datei bereits in */tmp* angekommen ist. Da die

---

1. Dieser Prozeß wird natürlich nur dann beendet, wenn der Signal-Sender dazu die Berechtigung besitzt.

Shell über eine **while**-Schleife und **if**-Anweisung[1] verfügt, könnte dies wie folgt
realisiert werden[2]:

```
$ while true ↵
> do ↵
>   if [ -f /tmp/automake.c ] ↵
>   then ↵
>     echo "Datei /tmp/automake.c ist angekommen" ↵
>     break ↵
>   fi ↵
>   sleep 20 ↵
> done & ↵
821
$
```

true bedeutet in diesem Fall, daß die **while**-Bedingung immer erfüllt ist; es handelt sich hier also um eine »Endlosschleife«, die erst mit **break** verlassen wird,
wenn die Datei */tmp/automake.c* existiert. Die Überprüfung, ob diese Datei vorhanden ist, erfolgt mit

```
if [ -f /tmp/automake.c ]
```

Existiert */tmp/automake.c*, so wird

```
Datei /tmp/automake ist angekommen
```

am Bildschirm ausgegeben und mit **break** die **while**-Schleife verlassen. Da nach
der **while**-Schleife keine weiteren Anweisungen angegeben sind, wird danach
auch dieser Hintergrundprozeß beendet.

Existiert dagegen diese Datei */tmp/automake.c* (noch) nicht, so wird als nächstes
Kommando **sleep 20** aufgerufen, was bewirkt, daß die Ausführung für 20
Sekunden angehalten wird, bevor sie mit der Überprüfung auf die Existenz der
Datei */tmp/automake.c* (**if [..]**) wieder fortgesetzt wird. Ist diese Datei immer noch
nicht vorhanden, so wird mit **sleep 20** die Ausführung wieder für 20 Sekunden
angehalten, usw.

nice	Prozesse mit einer niedrigeren Priorität ablaufen lassen

Öfters fallen beim Arbeiten an einem System Aufgaben an, die nicht zeitkritisch
sind. In solchen Fällen ist es ratsam, die Priorität des auszuführenden Kommandos (Prozesses) freiwillig herunterzusetzen, um dem System mitzuteilen, daß
die Ausführung des gegebenen Auftrags nicht so dringlich ist.

---

1. Diese Anweisungen werden in »Linux-Unix-Shells« ausführlich beschrieben.
2. Das Einrücken der einzelnen Konstrukte ist dabei nicht notwendig, wurde hier aber der Lesbarkeit wegen vollzogen.

Dazu steht das Kommando **nice** zur Verfügung:

`nice` *kommandoname* [*argumente*]

Beispiel
```
$ nice grep st_hole *.[ch] >st_hole.grep &↵
576
$
```

Der für diese Aufrufzeile kreierte Prozeß läuft dann mit einer niedrigeren Priorität; d.h. ihm wird nur dann die CPU zugeteilt, wenn keine anderen Prozesse mit
höherer Priorität sie benötigen.

nohup	Prozesse nach dem Abmelden vom System weiterlaufen lassen

Soll ein Prozeß, wie z.B. eine umfangreiche Kompilierung, nach der Beendigung
einer Unix-Sitzung weiterlaufen, so ist dies mit dem Kommando **nohup** (*no hang
up*) möglich:

`nohup` *kommandoname* [*argumente*]

Wenn bei **nohup** die Ausgabe nicht explizit umgelenkt wurde, so wird sowohl
die Standardausgabe als auch die Standardfehlerausgabe in die Datei *nohup.out*
des working directorys geschrieben. Ist dies wegen der Zugriffsrechte nicht
möglich, so werden die Ausgaben in die Datei *nohup.out* des home directorys
geschrieben.

Beispiel
```
$ nohup find / -name komplex.c - print &↵
657
Sending output to nohup.out
$ exit↵
```

Nach einem erneutem Anmelden steht das Ergebnis dieses **find**-Aufrufs in der
Datei *nohup.out* (im working directory, in dem **nohup** aufgerufen wurde). Ohne
nohup würde beim Abmelden vom System der zu **find** kreierte Prozeß beendet
und somit kein Ergebnis liefern.

12.2.5   Systemfunktionen zur Prozeßverwaltung

Da es sich hierbei um C-Funktionen handelt, die von einem C-Programm aufgerufen werden können, soll kurz das Kompilieren und Linken eines C-Programms unter Unix vorgestellt werden:

`cc` [*optionen*] *c-programmdatei*(*en*)[1]

cc kompiliert nicht nur die angegebenen Dateien, sondern bindet (linkt) diese
auch zugleich. Üblicherweise werden C-Programmdateien mit der Endung
(engl.: *extension*) **.c** benannt.

---

1. Hier wird nur die Option **-o** vorgestellt.

Falls die angegebenen *c-programmdatei(en)* fehlerfrei waren, so schreibt **cc** das kompilierte und ablauffähige Programm in die Datei **a.out**. Möchte der Benutzer einen anderen Namen für das von **cc** erzeugte ablauffähige Programm, so kann er dies mit folgender Option erreichen:

```
-o programm_name
```

Beispiel

```
$ pwd ⏎
/home/egon/uebung1
$ ls add*.c ⏎
add1.c
add2.c

$ cc add1.c ⏎
$ a.out ⏎
2 3 ⏎
2.000000 + 3.000000 = 5.000000
$ cc -o add add2.c ⏎
$ add ⏎
Gib 2 Zahlen ein: 2 3 ⏎
Summe: 2.000000 + 3.000000 = 5.000000
$
```

Nun zu den Systemaufrufen der Prozeßverwaltung.

Aufruf von Unix-Kommandos aus C-Programmen

Dazu steht die Systemfunktion **system** zur Verfügung. Die formale Deklaration für diese Funktion[1] ist:

```
#include <stdio.h>
int system(kdo_zeile)
    char *kdo_zeile
```

Diese Funktion übergibt die angegebene *kdo_zeile* als eine Kommandozeile an die Shell, um sie dort ausführen zu lassen[2]. Nach Ausführung der über *kdo_zeile* übergebenen Kommandozeile, wird mit der Ausführung des aufrufenden Programms (mit nächster Anweisung) fortgefahren.

Beispiel Das nachfolgende C-Programm *cpbaum.c* kopiert einen ganzen Directorybaum, der als erstes Argument beim Aufruf anzugeben ist, in das als zweites Argument angegebene Directory:

---

1. in ANSI C:
   #include <stdlib.h>
   int system(const char *kdo_zeile)
2. Die Shell kreiert dann hierfür einen Sohnprozeß, wenn es sich nicht um ein built-in Kommando der Shell handelt.

```
#include  <stdio.h>
#include  <string.h>

int  main(int argc, char *argv[])
{
   char  kdo_zeile[255];

   if (argc != 3) {
      fprintf(stderr, "richtiger Aufruf:  cpbaum quelldir zieldir\n");
      exit(1);  /* bewirkt das Verlassen dieses Programms */
   } else {
      sprintf(kdo_zeile, "find %s -depth -print | cpio -pdv %s",
                          argv[1], argv[2]);
      fprintf(stderr, "Folgender Aufruf findet nun statt:\n"
                      "   '%s'\n", kdo_zeile);
      system(kdo_zeile);
      fprintf(stderr, "-----------------------------------------------\n");
   }
   return(0);
}
```

Nachdem dieses C-Programm kompiliert wurde, könnte dann z.B. der Directorybaum *uebung1* ins Directory *u1* kopiert werden:

```
$ cc -o cpbaum cpbaum.c ⏎
$ pwd ⏎
/home/egon
$ mkdir u1 ⏎
$ cpbaum uebung1 u1 ⏎
Folgender Aufruf findet nun statt:
   'find uebung1 -depth -print | cpio -pdv u1'
......
u1/uebung1/laender
u1/uebung1/add1.c
u1/uebung1/add2.c
u1/uebung1/abc1
u1/uebung1/abc2
u1/uebung1/abc3
u1/uebung1/delta
.......
333 blocks
---------------------
$
```

Programmwechsel mit exec-Systemaufrufen

Ein **exec**-Systemaufruf startet ein neues Programm. Das Code- und Datensegment des Prozesses, der **exec** aufruft, wird dabei durch das aufgerufene Programm ersetzt. Es wird also durch **exec**-Systemaufrufe kein neuer Prozeß kreiert, sondern lediglich der Inhalt des gerade arbeitenden Prozesses durch das angegebene Programm ersetzt.

Ist ein **exec**-Aufruf erfolgreich, so wird das neue Programm geladen, und es wird an dessen Startadresse mit der Verarbeitung fortgefahren. Es ist zu erwähnen, daß noch offene Dateien den mit **exec** geladenen Programm weiterhin zur Verfügung stehen. Da durch **exec** das alte Programm durch das neue überlagert wird, ist ein Rücksprung aus dem neuen Programm in das alte nicht möglich. Falls ein **exec**-Systemaufruf nicht erfolgreich druchgeführt werden konnte (z.B. weil falsche Optionen angegeben waren), so wird mit der auf **exec** folgenden Anweisung im alten Programm fortgefahren.

Es existieren 6 Varianten von **exec**-Systemaufrufen:

execl	**execv**
execlp	**execvp**
execle[1]	**execve**[2]

Diese einzelnen Funktionen unterscheiden sich

▶ in der Suche nach dem aufgerufenen Programm

▶ in der Argumentübergabe (feste und variable Anzahl)

▶ in der Art und Weise, in der Variablen der Prozeßumgebung übernommen oder neu festgelegt werden.

execl

```
int execl(pfadname, arg0, .. ,argn, (char *)0)
    char *pfadname, *arg0, .. , *argn;
```

Beispiel   Das nachfolgende C-Programm *vergl1.c* überlagert sich mit dem Kommando **diff -eb add1.c add2.c**

```
#include  <stdio.h>

int  main(void)
{
    fprintf(stderr, "Folgender Aufruf findet nun statt:\n"
                    " diff -eb add1.c add2.c\n");

    execl("/usr/bin/diff", "diff", "-eb", "add1.c", "add2.c", NULL);

    fprintf(stderr, "Aufruf war nicht erfolgreich\n");
    return(0);
}
```

Nach der Kompilierung dieses Programms z.B. mit

```
cc -o vergl1 vergl1.c
```

---

1. wird hier nicht genauer beschrieben
2. wird hier nicht genauer beschrieben

würde der Aufruf

```
vergl1
```

folgendem Kommandoaufruf entsprechen:

```
diff -eb add1.c add2.c
$ cc -o vergl1 vergl1.c ⏎
$ vergl1 ⏎
Folgender Kommandoaufruf findet nun statt:
 diff -eb add1.c add2.c
5c
  c = a+b;
  printf("Summe: %f + %f = %f\n", a, b, c);
.
3c
  float a, b, c;

  printf("Gib 2 Zahlen ein: ");
.
0a
/* Dieses Programm liest 2 Zahlen ein und gibt die */
/* Summe dieser beiden Zahlen wieder aus           */
.
$
```

Dem Systemaufruf **execl** muß als erstes Argument der Name der Datei übergeben werden, in der das auszuführende Programm gespeichert ist. Ist dieser Aufruf nicht erfolgreich (z.B. weil die Datei nicht vorhanden oder das entsprechende *execute*-Recht nicht gesetzt ist), so wird mit **fprintf** eine Fehlermeldung ausgegeben und der Prozeß danach beendet. Bei erfolgreichem Aufruf von **diff** wird dieses C-Programm durch das Kommando **diff** überlagert, so daß dieser letzte **fprintf**-Aufruf in diesem Fall nicht ausgeführt würde.

Abgesehen vom letzten Argument **NULL**, welches nur das Ende der Argumentliste kennzeichnet, werden die den Dateinamen (ersten beiden Argumente *pfadname* und *arg0*) folgenden Argumente an das auszuführende Programm übergeben. Es ist Konvention, daß das Argument *arg0* (hier: **diff**) immer angegeben sein muß und daß dieser Zeiger auf einen String zeigt, der dem als erstes Argument angegebenen Pfadnamen (oder dessen letzten Komponente) entspricht.

execv

```
int execv(pfadname, argv)
     char *pfadname, *argv[];
```

execv ist dann anzuwenden, wenn die Zahl der Argumente für das aufrufende Programm zum Zeitpunkt der Programmerstellung nicht bekannt ist. *argv* ist hierbei ein Array von String-Adressen, wobei die letzte Adresse **NULL** sein muß.

Beispiel Das nachfolgende C-Programm *ll1.c* ruft

```
ls -CF ....
```

mit den bei seinem Aufruf auf der Kommandozeile übergebenen Argumenten auf:

```c
#include  <stdio.h>

char *kdo[2000] = { "ls", "-CF" };

int  main(int argc, char *argv[])
{
   int  i;

   fprintf(stderr, "Nun findet folgender Aufruf statt:\n"
                   "   ls -CF ");
   for (i=1; i<argc; i++) {
      kdo[i+1] = argv[i];
      fprintf(stderr, "%s ", kdo[i+1]);
   }
   kdo[i+1] = NULL;
   fprintf(stderr, "\n--------------------\n");

   execv("/bin/ls", kdo);

   fprintf(stderr, "------- Fehler beim Aufruf dieses Kommandos -------\n");
   return(0);
}
```

Nachfolgend wird ein möglicher Aufruf dieses Programms gezeigt:

```
$ cc -o lll lll.c  ⏎
$ lll /bin/c*/bin/d*/bin/m*  ⏎
Nun findet folgender Aufruf statt:
   ls -CF /bin/cat /bin/chgrp /bin/chmod /bin/chown /bin/compress /bin/cp /bin/
csh /bin/date /bin/dd /bin/df /bin/dmesg /bin/dnsdomainname /bin/domainname /
bin/mail /bin/mkdir /bin/mknod /bin/mktemp /bin/more /bin/mount /bin/mv
--------------------
/bin/cat*           /bin/date*          /bin/mkdir*
/bin/chgrp*         /bin/dd*            /bin/mknod*
/bin/chmod*         /bin/df*            /bin/mktemp*
/bin/chown*         /bin/dmesg*         /bin/more*
/bin/compress@      /bin/dnsdomainname@   /bin/mount*
/bin/cp*            /bin/domainname@      /bin/mv*
/bin/csh@           /bin/mail@
$
```

execlp und exexvp

Bei **execl** und **execv** mußte der volle Pfad des aufzurufenden Programms angegeben werden. Möchte man aber nur den Programmnamen angeben und dem
System die Suche des entsprechenden Programms (in den über die in der
Systemvariablen **PATH** angegebenen Directories[1]) überlassen, so sind die Aufrufe **execlp** und **execvp** zu verwenden:

```
int execlp(programmname, arg0, .. ,argn, (char *)0)
        char *programmname, *arg0, .. , *argn;

int execvp(programmname, argv)
        char *programmname, *argv[];
```

Beispiel   Die zuvor vorgestellten Programme *vergl1.c* und *ll1.c* könnten somit wie folgt
realisiert werden:

vergl2.c:

```
#include  <stdio.h>

int  main(void)
{
    fprintf(stderr, "Folgender Aufruf findet nun statt:\n"
                    " diff -eb add1.c add2.c\n");

    execlp("diff", "diff", "-eb", "add1.c", "add2.c", NULL);

    fprintf(stderr, "Aufruf war nicht erfolgreich\n");
    return(0);
}
```

ll2.c:

```
#include  <stdio.h>

char *kdo[2000] = { "ls", "-CF" };

int  main(int argc, char *argv[])
{
    int  i;

    fprintf(stderr, "Nun findet folgender Aufruf statt:\n"
                    "  ls -CF ");
    for (i=1; i<argc; i++) {
        kdo[i+1] = argv[i];
        fprintf(stderr, "%s ", kdo[i+1]);
    }
    kdo[i+1] = NULL;
```

---

1. wird im Buch »Linux-Unix-Shells« genau beschrieben

```
     fprintf(stderr, "\n--------------------\n");

     execvp("ls", kdo);

     fprintf(stderr, "------- Fehler beim Aufruf dieses Kommandos -------\n");
     return(0);
}
```

Systemfunktionen zur Prozeßsteuerung

fork	Kreieren von neuen Prozessen

```
int fork()
```

fork kreiert einen neuen Prozeß. Der neue Prozeß (Sohnprozeß) ist eine exakte Kopie des aufrufenden Prozesses (Vaterprozeß).

Für den kreierten Sohnprozeß gilt:

▶ Codesegment und Datensegment des Vaterprozesses werden dupliziert

▶ der Befehlszähler zeigt im Sohnprozeß auf dieselbe Programmstelle wie im Vaterprozeß

▶ die Existenz des Sohnprozesses beginnt mit dem Rücksprung aus dem **fork**-Aufruf

▶ **fork** liefert für den neuen Sohnprozeß den Rückgabewert 0

▶ der Sohnprozeß erhält eine neue Prozeßnummer (PID)

▶ der Sohnprozeß konkurriert wie jeder andere Prozeß um die Betriebsmittel (z.B. CPU, Speicher, ..)

Für den Vaterprozeß gilt:

▶ seine Ausführung wird nach der Rückkehr aus dem **fork**-Aufruf wie nach jedem Funktionsaufruf fortgesetzt.

▶ er erhält als Rückgabewert von **fork** die Prozeßnummer (PID) des Sohnes, die eine ganze Zahl größer 0 oder, im Fehlerfalle, -1 ist.

▶ er kann das Ende des Sohnprozesses abwarten, kann aber auch mit der Programmausführung fortfahren (z.B. mit **fork** weitere Prozesse erzeugen)

Unmittelbar nach Durchführung von **fork** haben beide Prozesse dieselben offenen Dateien, dieselben Benutzer- und Gruppenkennungen, dasselbe working directory usw. und arbeiten beide an derselben Stelle desselben Programms, allerdings in verschiedenen Code- und Datensegmenten.

Ein wichtiger Unterschied ist die durch **fork** zurückgelieferte ganze Zahl:

```
rueckgabe_fork = fork()
```

hier gilt:

im Sohnprozeß: **rueckgabe_fork = 0**

im Vaterprozeß: **rueckgabe_fork > 0** (PID des Sohnprozesses)

fork nicht erfolgreich: **rueckgabe_fork = -1**

Da ein Sohnprozeß in der Regel einen anderen Programmteil ausführen soll, kann über diesen Rückgabewert gesteuert werden, welcher Programmteil vom Sohn- und welcher Programmteil vom Vaterprozeß auszuführen ist.

Beispiel Im nachfolgenden Programm *zaehlen.c* zählt parallel ein Vater- und ein Sohnprozeß um die Wette. Der Vater meldet dabei seinen Zwischenstand in 200000-er Schritten und der Sohn in 100000-er Schritten:

```
 1 #include  <stdio.h>
 2
 3 int  main(void)
 4 {
 5   long int  z=1,
 6             rueckgabe_fork;
 7
 8   if ( (rueckgabe_fork=fork()) == 0) {
 9     printf("%75s\n", "Sohn: Ich beginne zu zaehlen");     /*------------*/
10     while (z<=1000000) {                                  /* Programm   */
11       if (z%100000 == 0)                                  /*            */
12         printf("%70s %ld\n", "Sohn: Ich bin schon bei", z); /*   des    */
13       z++;                                                /*            */
14     }                                                     /* Sohnes     */
15     printf("%65s %d\n", "z(Sohn) = ", z);                 /*------------*/
16   } else if (rueckgabe_fork > 0) {
17     printf("Vater: Ich beginne zu zaehlen\n");            /*------------*/
18     while (z<=1200000) {                                  /* Programm   */
19       if (z%200000 == 0)                                  /*            */
20         printf("Vater: %ld und rede nicht soviel!\n", z); /*   des      */
21       z++;                                                /*            */
22     }                                                     /* Vaters     */
23     printf("z(Vater) = %ld\n", z);                        /*------------*/
24   }
25   printf(" ----> z = %ld\n", z);  /* wird von Vater und Sohn ausgefuehrt */
26   return(0);
27 }
```

In der Programmzeile 8 wird ein Sohnprozeß gestartet, der eine Kopie des Code-, Daten- und Stacksegments des Vaterprozesses erhält; d.h. daß er z.B. den momentanen Wert der Variablen z erbt. Auch übernimmt dieser Sohnprozeß den Wert des Befehlszählers vom Vaterprozeß; somit fährt er zwar an der gleichen Programmstelle (nach dem **fork**-Aufruf) fort, an der er aufgerufen wurde, aber, und das ist wichtig, mit seinem eigenem Code-, Daten- und Stacksegment. Vereinfacht läßt sich diese Situation wie in Bild 12.7 gezeigt darstellen.

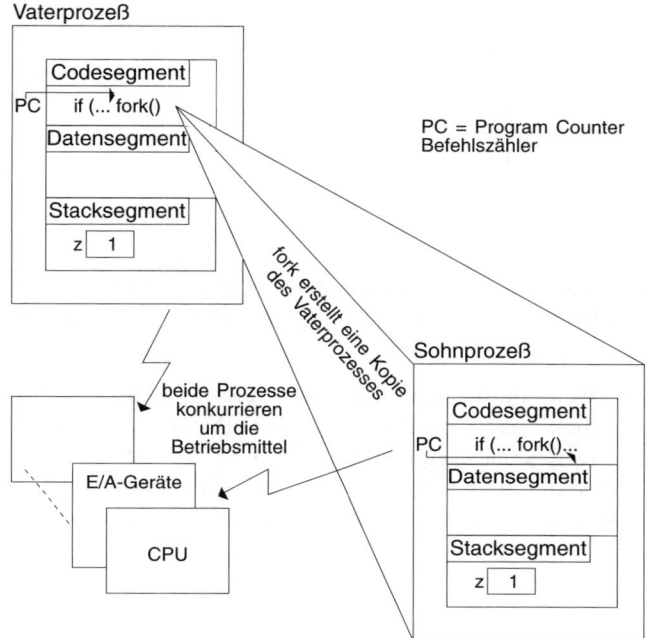

Bild 12.7: Kreieren eines Sohnprozesses mit fork

Beide Prozesse konkurrieren nun um die Betriebsmittel (CPU, Hauptspeicher, ..).
Um die Ausgabe des Sohnes von der des Vaters unterscheiden zu können, erfolgen die Ausgaben des Sohnes am rechten Bildschirmrand. Somit könnte sich z.B.
folgende Ausgabe ergeben, wenn das obige Programm nach seiner Kompilierung gestartet würde:

```
$ cc -o zaehlen zaehlen.c ↵
$ zaehlen ↵
Vater und Sohn zaehlen um die Wette:
```

```
                                            Sohn: Ich beginne zu zaehlen

Vater: Ich beginne zu zaehlen

                                            Sohn: Ich bin schon bei 100000
                                            Sohn: Ich bin schon bei 200000

Vater: 200000 und rede nicht soviel!

Vater: 400000 und rede nicht soviel!
                                            Sohn: Ich bin schon bei 300000

                                            Sohn: Ich bin schon bei 400000
                                            Sohn: Ich bin schon bei 500000
                                            Sohn: Ich bin schon bei 600000

Vater: 600000 und rede nicht soviel!
                                            Sohn: Ich bin schon bei 700000
Vater: 800000 und rede nicht soviel!
```

```
                                                   Sohn: Ich bin schon bei 800000
                                                   Sohn: Ich bin schon bei 900000

Vater: 1000000 und rede nicht soviel!
                                                   Sohn: Ich bin schon bei 1000000
                                                              z(Sohn) =  1000001


 ----> z = 1000001
Vater: 1200000 und rede nicht soviel!
z(Vater) = 1200001
 ----> z = 1200001
$
```

Bei dieser Ausgabe ist zu erkennen, daß beiden Prozessen abwechselnd die Betriebsmittel (CPU, E/A-Geräte, usw.), um die sie konkurrieren, zugeteilt werden.

Auch ist an dieser Ausgabe zu erkennen, daß der Sohnprozeß bei seiner Erzeugung die Variable **z** (und ihren Wert) erbt. Da diese lokale Variable allerdings in sein eigenes Stacksegment kopiert wird, ist **z** ab diesem Zeitpunkt eine eigene Variable des Sohnprozesses, d.h., daß ein Verändern von **z** durch den Sohnprozeß keinerlei Einfluß auf das **z** des Vaters hat.

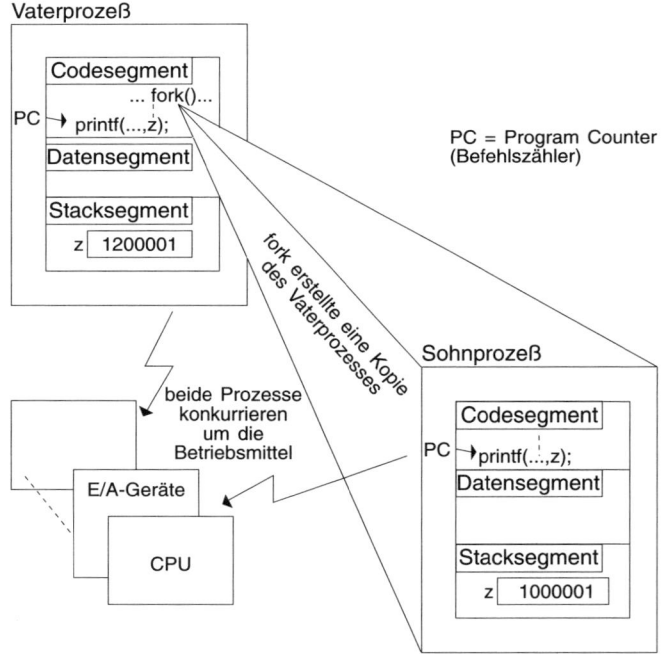

Bild 12.8: Die Variable z im Sohn- und Vaterprozeß

Ein weiterer interessanter Aspekt, der an dieser Ausgabe zu erkennen ist, ist die Tatsache, daß beide Prozesse nach Beendigung ihres entsprechenden Programmteils in der **if**-Anweisung, mit dem Programm (nach der **if**-Abfrage: Zeilennummer 25) fortfahren. In diesem Programmteil wird nur noch der jeweilige Wert von **z** ausgegeben:

----> z = 1000001 (Sohnprozeß)
----> z = 1200001 (Vaterprozeß)

Beispiel Dieses Beispiel soll verdeutlichen, daß ein mit **fork** kreierter Sohnprozeß direkt nach dem **fork**-Aufruf an der gleichen Stelle wie der Vaterprozeß mit der Programmausführung fortfährt. So kann z.B. ein Sohnprozeß seinerseits wieder einen Sohnprozeß (Enkel zu seinem eigenen Vater) erzeugen:

```c
#include  <stdio.h>

int  main(void)
{
   int var = 0;

   if (fork() == -1) {
      fprintf(stderr, "Fehler beim ersten fork-Aufruf\n");
   } else {
      var++;                      /* wird von Vater und Sohn ausgefuehrt */
      printf("var = %d\n", var);  /*  ...........................    */
      if (fork() == -1) {         /* Sohn und Vater erzeugen neuen Sohn   */
         fprintf(stderr, "Fehler beim zweiten fork-Aufruf\n");
      } else {
         var++;                      /* wird vom Vater, dessen beiden Soehne */
         printf("var = %d\n", var);  /* und dessen beiden Enkel ausgefuehrt  */
      }
   }
   return(0);
}
```

Erklärung zu diesem Programm

Mit dem ersten **fork**-Aufruf kreiert der Vater seinen ersten Sohn, der den momentanen Wert der Variablen *var* (0) erbt (siehe Bild 12.9).

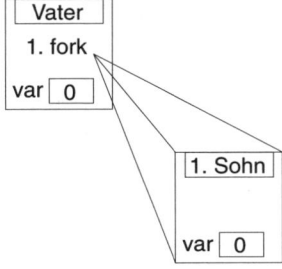

Bild 12.9: Kreieren des ersten Sohnprozesses

Nachdem beide Prozesse, Vater und Sohn die Anweisung *var++* ausgeführt haben, ergibt sich Bild 12.10.

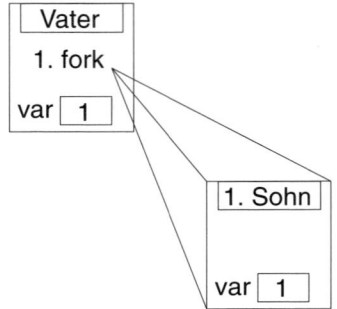

Bild 12.10: Nach der Anweisung var++

Beide Prozesse geben dann Inhalt ihrer Variablen *var* (1) aus.

Mit dem zweiten **fork**-Aufruf erzeugen sowohl der Vater als auch der Sohn einen Sohnprozeß ihrerseits (siehe Bild 12.11).

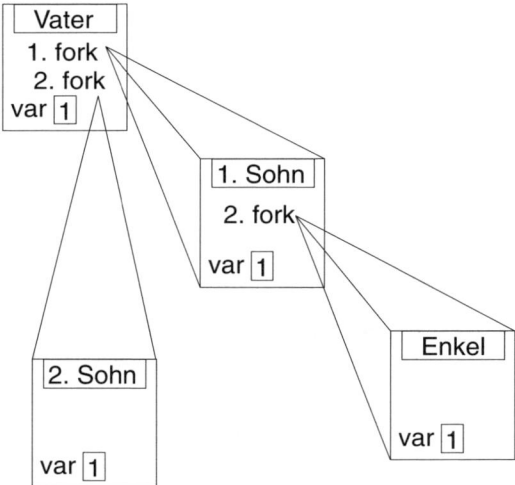

Bild 12.11: Prozesse nach dem zweiten fork

Nachdem alle Prozesse: Vater, dessen beiden Söhne und dessen Enkel *var++* ausgeführt haben, ergibt sich Bild 12.12.

Alle 4 Prozesse geben dann den Inhalt ihrer Variablen *var* aus.

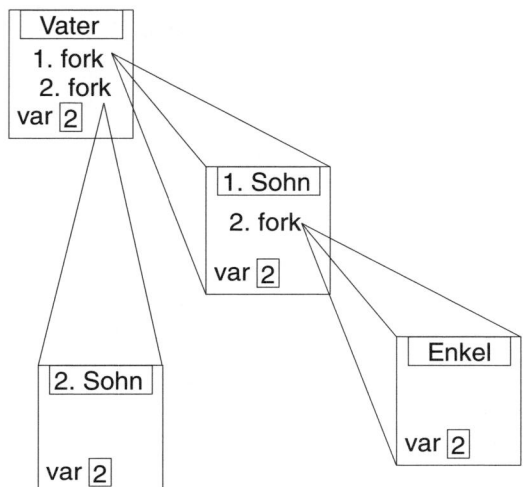

Bild 12.12: Nach Ausführung von var++ durch alle vier Prozesse

Da diese 4 Prozesse gleichwertig um die CPU und die E/A-Geräte konkurrieren, kann die Reihenfolge der Ausgabe der Variablen *var* nicht allgemein festgelegt werden. Eine mögliche Ausgabe dieses Programms wäre z.B.

```
var = 1
var = 2
var = 2
var = 1
var = 2
var = 2
```

sleep	Prozeß für eine bestimmte Zeit (Sekunden) anhalten

```
unsigned sleep(sekunden)
            int sekunden
```

Der Aufruf von **sleep** bewirkt, daß der entsprechende (aufrufende) Prozeß für die angegebenen *sekunden* angehalten wird.

Beispiel   Im nachfolgenden Programm setzt der Aufruf der Funktion **srand** den Zufallszahlengenerator (für jeden Sohnprozeß) auf einen zufälligen Startwert. Die Funktion **rand** liefert eine Zufallszahl zwischen 0 und 215-1. Mit **rand()%10+1** wird diese bereitgestellte Zufallszahl in den Bereich 1 bis 10 projiziert, d.h. daß **sleep** abhängig von der gelieferten Zufallszahl mit einem ganzzahligen Wert zwischen 1 und 10 aufgerufen wird.

```
#include <stdio.h>
#include <limits.h>      /* enthaelt Definition fuer INT_MAX */

void  schlafen(int nr)
{
   int   i, sek;
   char  einrueck[100];

   for (i=0 ; i<nr*25 ; i++)
      einrueck[i] = ' ';
   einrueck[nr*25] = '\0';
   printf("%sProzess %d:\n", einrueck, nr);
   printf("%s   Ich geh schlafen\n", einrueck);

   srand((unsigned)time(NULL) % INT_MAX/(nr+1));
   sek = rand()%10 + 1;
   sleep(sek);

   printf("%sProzess %d: Gaehn!\n", einrueck, nr);
   printf("%s   %d Sek. geschlafen\n", einrueck, sek);
}

int main(void)
{
    int  i;

    if (fork() == 0)
       schlafen(0);
    else if (fork() == 0)
       schlafen(1);
    else if (fork() == 0)
       schlafen(2);
    for (i=1 ; i<=3 ; i++)   /* Ende aller 3 Sohnprozesse abwarten */
       wait(NULL);
    return(0);
}
```

Der hier bereits verwendete Aufruf der Funktion **wait**[1] bewirkt, daß der Vaterprozeß auf die Beendigung der Söhne wartet, bevor er sich dann selbst beendet. Da 3 Sohnprozesse kreiert wurden, wird **wait** dreimal aufgerufen.

Das obige Programm könnte z.B. folgende Ausgabe liefern:

```
Prozess 0:
   Ich geh schlafen
                        Prozess 1:
                           Ich geh schlafen
                                                 Prozess 2:
                                                    Ich geh schlafen
```

---

1. wird später noch genauer vorgestellt

```
                                          Prozess 2: Gaehn!
                                            4 Sek. geschlafen
    Prozess 0: Gaehn!
      8 Sek. geschlafen
                          Prozess 1: Gaehn!
                           10 Sek. geschlafen
```

exit	Freiwilliges Beenden eines Prozesses

```
void exit(status_wert)
        int status_wert
```

Der Aufruf von **exit** bewirkt, daß der entsprechende Prozeß beendet[1] wird und ein sogenannter exit-Status an den Vaterprozeß zurückgegeben wird. Den exit-Status eines Sohnprozesses kann der Vaterprozeß über die Systemfunktion **wait**[2] erfahren. Wartet ein Vater nicht gerade mit **wait** auf die Beendigung eines Sohnprozesses, so wird der beendete Sohnprozeß in einen sogenannten »Zombie«-Zustand versetzt; d.h., daß nur noch ein Eintrag für den entsprechenden Prozeß in der Prozeßtabelle des Betriebssystems vorhanden ist, aber die von diesem Prozeß belegten Betriebsmittel (wie z.B. Hauptspeicher) bereits freigegeben sind.

Für verschwundene Väter übernimmt der Urprozeß **init** die ordnungsgemäße Beendigung der »Waisen«-Prozesse.

Beendet sich ein Prozeß ohne einen **exit**-Aufruf, so ist der exit-Status undefiniert.

wait	Warten auf die Beendigung eines Sohnprozesses

```
int wait(status)
       int *status
```

wait ermöglicht es, einen Vaterprozeß auf die Beendigung eines Sohnprozesses warten zu lassen. Warten bedeutet in diesem Fall, daß die Ausführung des Vaterprozesses an der Stelle des **wait**-Aufrufes gestoppt wird.

Da ein Prozeß mehrere Sohnprozesse erzeugen kann, gibt **wait** als Ergebnis die Prozeßnummer des beendeten Sohnprozesses zurück, um den Vaterprozeß darüber zu informieren, welcher der Sohnprozesse beendet wurde. Will der Vaterprozeß auf das Ende jedes einzelnen der von ihm erzeugten Prozesse warten, so sind entsprechend viele **wait**-Aufrufe abzusetzen. Sind keine Sohnprozesse mehr vorhanden, so liefert **wait** als Rückgabewert -1.

---

1. **exit** gibt dabei zunächst den Speicherbereich des entsprechenden Prozesses frei und führt eventuell ein **fflush** für noch offene Dateien aus, bevor es diese schließt.
2. wird danach vorgestellt.

Falls für den Parameter *status* kein **NULL**-Zeiger angegeben ist, so schreibt **wait** in die Speicheradresse *status* Status-Information über den beendeten Sohnprozeß. Über diese Status-Information kann der Vaterprozeß dann z.B. feststellen, ob der entsprechende Sohnprozeß durch ein Signal beendet wurde oder sich selbst beendete und was der Grund für seine Beendigung war:

```
signalnr | 11111111
```

Wurde der Sohnprozeß gestoppt (noch nicht beendet),[1] so enthält das höherwertige Byte die Signalnummer des Signals, das diesen Stop bewirkte, und das niederwertige Byte hat das Bitmuster 0xff.

```
exit-Wert | 00000000
```

Beendete der Sohnprozeß sich selbst mit einem **exit**-Aufruf, so enthält das höherwertige Byte den bei **exit** angegebenen Statuswert und das niederwertige Byte hat das Bitmuster 0x00.

```
00000000 | signalnr
```

Wurde der Sohnprozeß durch ein Signal beendet, so enthält das niederwertige Byte die entsprechende Signalnummer und das höherwertige Byte hat das Bitmuster 0x00.

Beendet sich ein Vaterprozeß ohne auf das Ende seiner Sohnprozesse zu warten, so erhält jeder Sohnprozeß als PPID (Prozeßnummer des Vaters) die Prozeßnummer 1; d.h., daß der Urprozeß **init** der neue Vaterprozeß für diese Sohnprozesse wird.

Beispiel   Es werden hier 2 Programme angegeben, die jeweils einen 50 Meter Lauf zwischen 3 kreierten Sohnprozessen simulieren. Beim ersten Programm wartet dabei der Vaterprozeß nur auf das Ende eines Prozesses, den »Sieger-Prozeß«, bevor er dann den Sieger ausgibt. Im zweiten Programm wird auf das Ende alle Sohnprozesse gewartet, bevor dann die Reihenfolge des Zieleinlaufs ausgegeben wird.

1.Programm (nur auf den »Sieger-Prozeß« warten)

```
#include <stdio.h>
#include <stdlib.h>

char bahn[100] = "                                        ";

void rennen(int i)
{
    int meter=0;
```

---

1. Das trifft beispielsweise beim Debuggen eines Prozesses zu, wenn dieser auf einen Haltepunkt (engl. *break point*) gelaufen ist.

```
    bahn[i*15-4] = '\0';
    srand((unsigned)time(NULL)/i);
    while (meter<50) {
        sleep(rand()%3+1);
        meter += 5;
        printf("%s%3d\n", bahn, meter);
    }
    printf("%s---\n", bahn);
    exit(0);
}

int main(void)
{
    int    pid[4],
           pid_ende,
           i;

    printf("%18s%15s%15s\n", "Laeufer 1", "Laeufer 2", "Laeufer 3");
    printf("------------------------------------------------\n");
    if ((pid[1]=fork()) == 0)
        rennen(1);
    else if ((pid[2]=fork()) == 0)
        rennen(2);
    else if ((pid[3]=fork()) == 0)
        rennen(3);
    else {
        pid_ende=wait(NULL);   /* auf Ende eines Sohnprozesses warten */
        for (i=1; i<=3; i++) {
            if (pid_ende==pid[i])
                break;
        }
        printf("Laeufer %d hat gewonnen !!!\n", i);
        sleep(10);
    }
    return(0);
}
```

Mögliche Ausgabe dieses Programms wäre:

Laeufer 1	Laeufer 2	Laeufer 3
		5
	5	
5		
10		
		10
	10	
		15
15		
20		
		20

```
                                    15
                                                        25
                25
                                    20
                                    25
                                                        30
                                    30
                30
                                                        35
                35
                                                        40
                                    35
                                    40
                40
                                                        45
                45
                                                        50
                                                        - - -
Laeufer 3 hat gewonnen !!!
                                    45
                                    50
                                    - - -
                50
                - - -
```

Beispiel Programm (auf die Beendigung aller Sohnprozesse warten)

```c
#include <stdio.h>
#include <stdlib.h>

char bahn[100] = "                                                           ";

void rennen(int i)
{
   int meter=0;

   bahn[i*15-4] = '\0';
   srand((unsigned)time(NULL)/i);
   while (meter<50) {
      sleep(rand()%3+1);
      meter += 5;
      printf("%s%3d\n", bahn, meter);
   }
   printf("%s---\n", bahn);
   exit(0);
}

int main(void)
{
    int  pid[4],
         pid_ende[4],
```

```
    i, j;

printf("%18s%15s%15s\n", "Laeufer 1", "Laeufer 2", "Laeufer 3");
printf("--------------------------------------------------\n");
if ((pid[1]=fork()) == 0)
   rennen(1);
else if ((pid[2]=fork()) == 0)
   rennen(2);
else if ((pid[3]=fork()) == 0)
   rennen(3);
else {
   for (i=1 ; i<=3 ; i++)   /* auf Ende aller Sohnprozesse warten */
      pid_ende[i]=wait(NULL);
   printf("Zieleinlauf:\n");
   for (i=1 ; i<=3 ; i++)
      for (j=1 ; j<=3 ; j++)
         if (pid_ende[i]==pid[j]) {
            printf("  Laeufer %d\n", j);
            break;
         }
   }
   return(0);
}
```

Mögliche Ausgabe dieses Programms wäre:

Laeufer 1	Laeufer 2	Laeufer 3
		5
	5	
5		
10		
		10
	10	
	15	
		15
15		
20		
		20
		25
25		
	20	
	25	
		30
	30	
30		
		35
	35	
35		
		40
	40	

```
                    40
                                                                    45
                                              45
                              45
                                              50
                                              - - -
                              50
                              - - -
                                                                    50
                                                                    - - -
Zieleinlauf:
    Laeufer 2
    Laeufer 1
    Laeufer 3
```

Beispiel   Ein Vaterprozeß (in *vater.c*) soll mit **execl** einen Sohnprozeß (in *sohn.c*) starten und dann auf das Ende dieses Sohnprozesses warten. Nach Beendigung des Sohnprozesses soll der Vater die erhaltene Statusinformation des Sohnprozesses ausgeben. Die beiden Dateien *vater.c* und *sohn.c* seien mit

```
cc -o vater vater.c
```

und

```
cc -o sohn sohn.c
```

kompiliert wurden.

vater.c:

```
#include <stdio.h>

int  main(void)
{
    int status;
    int fork_pid;

    if ((fork_pid=fork()) == 0) {
       execl("./sohn", "sohn", 0);
       printf("execl-Aufruf gescheitert\n");
       exit(3);
    } else if (fork_pid==-1) {
       printf("fork-Aufruf gescheitert\n");
       exit(2);
    }

    wait(&status);  /* warten auf Ende des Sohnes */
    printf("wait-Status: | %x | %x |\n", (status>>8) &  0xff, status & 0xff);
    return(0);
}
```

sohn.c:

```
#include <stdio.h>

int main(void)
{
   printf("Ich bin der Sohn\n");
   exit(0);
}
```

Ein Aufruf

```
vater
```

würde dann zu folgender Ausgabe führen:

```
Ich bin der Sohn
wait-Status: | 0 | 0 |
```

Würde nun z.B. mit

```
rm sohn
```

die Datei *sohn* gelöscht, so könnte der **execl**-Aufruf nicht erfolgreich durchgeführt werden, so daß der Aufruf

```
vater
```

zu folgender Ausgabe führen würde:

```
execl-Aufruf gescheitert
wait-Status: | 3 | 0 |
```

Beispiel   Im nachfolgenden Programm erzeugt der Vaterprozeß wieder einen Sohnprozeß, der sich hier mit einem Aufruf des Kommandos **echo** überlagert. Der Vater wartet dann auf das Ende dieses Sohnprozesses und überlagert sich dann mit dem Aufruf des Kommandos **cat**, um die mit **echo** erzeugte Datei auszugeben.

```
#include <stdio.h>

int main(void)
{
   int fork_pid;

   if ((fork_pid=fork()) == 0) {
      printf("Hier ist der Sohnprozess, der echo ausfuehrt\n");
      freopen("sohnpapa.txt", "w", stdout);        /* stdout umlenken, um  */
      execl("/bin/echo", "echo", "Hallo Papi", 0); /* Text "Hallo Papi" in */
                                                   /* Datei "sohnpapa.txt" */
                                                   /* zu schreiben         */
   } else if (fork_pid > 0) {
      printf("Hier ist der Vaterprozess, der nun wartet\n");
      wait(NULL);
```

```
      printf("  Sohn ist nun fertig: Ich gebe jetzt die von ihm\n");
      printf("  beschriebene Datei 'sohnpapa.txt' mit cat aus:\n");
      execl("/bin/cat", "cat", "sohnpapa.txt", 0);
   } else {
     fprintf(stderr, "fork-Aufruf gescheitert\n");
     exit(1);
   }
}
```

Der Aufruf dieses Programms würde zu folgender Bildschirmausgabe führen:

```
Hier ist der Sohnprozess, der echo ausfuehrt
Hier ist der Vaterprozess, der nun wartet
  Sohn ist nun fertig: Ich gebe jetzt die von ihm
  beschriebene Datei 'sohnpapa.txt' mit cat aus:
Hallo Papi
```

Beispiel   Das nachfolgende Programm zeigt eine weitere typische Anwendung von **fork** und **wait**. Der Vaterprozeß kreiert einen Sohnprozeß, der ständig auf das Eintreten eines bestimmten Ereignisses prüft. Tritt dieses Ereignis ein, so beendet sich der Sohnprozeß und der wartende Vater führt die für dieses Ereignis notwendigen Aktionen durch.

In diesem Beispiel hat der Benutzer **emil** dem Benutzer **egon** versprochen, ihm die Datei *automake.c* in das Directory */tmp* zu kopieren. Das nachfolgende Programm *ankunft.c* kreiert einen Sohnprozeß, der alle 60 Sekunden prüft, ob die Datei, deren Name als erstes Argument (z.B. */tmp/automake.c*) beim Aufruf des Programms übergeben wurde, bereits existiert[1]. Nachdem diese Datei eingetroffen ist, beendet sich der Sohnprozeß und der Vater setzt seine Ausführung fort, indem er zunächst einen Warnton erzeugt und

```
Datei /tmp/automake.c ist angekommen:
 wird nun ins working directory kopiert (mit mv)
```

ausgibt, bevor er dann diese Datei in sein working directory[2] verlagert.

---

1. Die Überprüfung auf die Existenz dieser Datei erfolgt mit dem Systemaufruf:
   ```
   int access(pfadname, modus)
   char *pfadname;
   int    modus;
   ```
   Für **modus** können dabei folgende Bitmuster angegeben werden:
   00   Existiert die Datei *pfadname* ?
   01   Ist die Datei *pfadname* ausführbar ?
   02   Ist Schreiben auf die Datei *pfadname* erlaubt?
   04   Ist Lesen für die Datei *pfadname* erlaubt ?
   Diese Bitmuster können auch kombiniert werden, so müßte z. B. für **modus** der Wert 06 angegeben werden, wenn geprüft werden soll, ob für die Datei *pfadname* das Lese- und Schreibrecht gewährt ist. Falls das abgefragte Zugriffsrecht vorhanden ist, so liefert **access** den Rückgabewert 0 und ansonsten -1.
2. working directory ist dabei das Directory, aus dem das Programm *ankunft* aufgerufen wurde.

Wenn *ankunft.c* mit

```
cc -o ankunft ankunft.c
```

kompiliert wurde, so empfiehlt es sich für **egon**, dieses Programm mit

```
ankunft /tmp/automake.c &
```

im Hintergrund ablaufen zu lassen, damit er im Vordergrund weiterarbeiten kann, während diese Überprüfung abläuft.

ankunft.c:

```
#include <stdio.h>

int main(int argc, char *argv[])
{
    int  fork_pid;

    if (argc != 2) {
        fprintf(stderr, "richtiger Aufruf: ankunft pfadname\n");
        exit(1);
    }

    if ((fork_pid=fork()) == 0) {
        while(access(argv[1], 0) == -1) /* Solange Datei argv[1] nicht */
            sleep(60);                   /* existiert                   */
        sleep(50);  /* um sicherzustellen, dass entsprechende Datei */
                    /* vollstaendig uebertragen ist                 */
        exit(0);
    } else if (fork_pid > 0) {
        wait(NULL);      /* auf Ende des Sohnes warten */
        printf("\7Datei %s ist angekommen:\n", argv[1]);
        printf(" wird nun ins working directory kopiert (mit mv)\n");
        execl("/bin/mv", "mv", argv[1], ".", NULL);
        fprintf(stderr, "execl-Aufruf gescheitert\n");
        exit(1);
    } else {
        fprintf(stderr, "fork-Aufruf gescheitert\n");
        exit(1);
    }
}
```

getpid / getppid	Ermitteln der PID und PPID eines Prozesses
`int getpid()`	liefert die PID des aufrufenden Prozesses als Rückgabewert
`int getppid()`	liefert die PPID des aufrufenden Prozesses als Rückgabewert

Beispiel Nach dem Anmelden eines Benutzers am System ist die Shell der einzige benutzerspezifische Prozeß (auch Login-Shell genannt). Ruft nun der Benutzer z.B.
das Kommando **ls** auf, so kreiert die Login-Shell mit **fork** einen Sohnprozeß[1],
der mit dem **ls**-Kommando[2] überlagert wird. Die Original-Shell, der Vaterprozeß wartet nun auf die Beendigung des Sohnprozesses, bevor sie durch Ausgabe des Promptzeichens $ ihre Bereitschaft für die Entgegennahme weiterer
Kommandos anzeigt (siehe Bild 12.13).

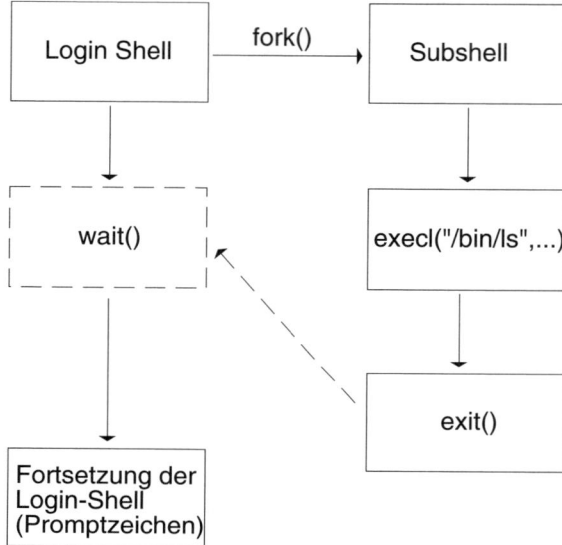

Bild 12.13: Ausführung eines Kommandos in einer Subshell

Wesentlich vereinfacht soll diese Vorgehensweise der Shell am folgenden C-Programm *subsh.c* gezeigt werden, welches den Editor **ed** in einer Subshell (Sohnprozeß) aufruft:

```
#include <stdio.h>

int main(void)
{
    int fork_pid;

    printf("Vater-Shell, (PID=%d,PPID=%d)\n", getpid(), getppid());

    if ((fork_pid=fork()) == 0) {
        printf("Subshell, (PID=%d,PPID=%d) : ed cpbaum.c\n",
```

---

1. Kopie der Original-Shell; wird auch Subshell genannt.
2. bei **ls** handelt es sich nicht um ein built-in Kommando der Shell; d.$%$h., daß **ls** ein eigenes
   Programm und kein Programmteil der Shell ist.

```
                      getpid(), getppid());
        execlp("ed", "ed", "cpbaum.c", NULL);
        fprintf(stderr, "execl-Aufruf gescheitert\n");
        exit(1);
    } else if (fork_pid > 0) {
        wait(NULL);
        printf("Vater-Shell, (PID=%d,PPID=%d)\n", getpid(), getppid());
        exit(0);
    } else {
        fprintf(stderr, "fork-Aufruf gescheitert\n");
        exit(1);
    }
}
```

Nach der Kompilierung dieses Programms mit

```
cc -o subsh subsh.c
```

könnte sich dann folgender Bildschirmdialog ergeben:

```
$ subsh ⏎
Vater-Shell, (PID=1077,PPID=92)
Subshell, (PID=1156,PPID=1077) : ed cpbaum.c
605
,p ⏎
#include  <stdio.h>
#include  <string.h>

int  main(int argc, char *argv[])
{
    char  kdo_zeile[255];

    if (argc != 3) {
        fprintf(stderr, "richtiger Aufruf:  cpbaum quelldir zieldir\n");
        exit(1);  /* bewrikt das Verlassen dieses Programms */
    } else {
        sprintf(kdo_zeile, "find %s -depth -print | cpio -pdv %s",
                        argv[1], argv[2]);
        fprintf(stderr, "Folgender Aufruf findet nun statt:\n"
                        "   '%s'\n", kdo_zeile);
        system(kdo_zeile);
        fprintf(stderr, "-------------------------------------------\n");
    }
    return(0);
}

q ⏎
Vater-Shell, (PID=1077,PPID=92)
$
```

Falls die Login-Shell durch die Angabe von **&** aufgefordert wurde, das entsprechende Kommando im Hintergrund ablaufen zu lassen, so realisiert die Shell dies einfach dadurch, daß sie nicht auf die Beendigung des Sohnprozesses (Subshell) wartet, sondern sofort wieder ihr Promptzeichen ausgibt. Die Standardeingabe der Subshell wird in diesem Fall auf die Datei */dev/null*[1] umgelenkt.

12.2.6 Prozeßkommunikation

Hier werden 4 Möglichkeiten der Kommunikation zwischen verschiedenen Prozessen vorgestellt, die sich im verwendeten Kommunikationsmittel unterscheiden:

▶ exit-Status

▶ Dateien

▶ Pipes

▶ Signale

Kommunikation über den exit-Status

Eine einfache Möglichkeit der Kommunikation unter verschiedenen Prozessen wurde bereits behandelt: Rückgabe eines Statuswerts eines Sohnprozesses an seinen Vater mittels des **exit**-Aufrufs.

Diese Möglichkeit des Datenaustauschs zwischen Vater und Sohn ist jedoch sehr eingeschränkt, da lediglich ein Byte zur Verfügung steht[2].

Kommunikation über Dateien

Eine andere Möglichkeit der Kommunikation besteht darin, Dateien als Datenaustausch-Medium zwischen verschiedenen Prozessen zu verwenden.

Beispiel In diesem Beispiel wird eine Simulation eines Lottospiels realisiert. Dabei kann der Benutzer zuerst seine Tips abgeben, bevor ein eigener Prozeß (Sohnprozeß) zum Ziehen der Lottozahlen kreiert wird. Dieser Sohnprozeß schreibt die ermittelten Lottozahlen auf die Datei *lottozahlen*. Der Vaterprozeß wartet dabei, bis die Ziehung der Lottozahlen durch den Sohnprozeß beendet ist. Er liest dann die vom Sohnprozeß in die Datei *lottozahlen* geschriebenen Zahlen, um dann mit der Auswertung der Tips zu beginnen (siehe Bild 12.14).

Das zugehörige C-Programm:

```
#include <stdio.h>
#include <limits.h>

#define ZUSATZ_ZAHL                 7    /* Kennung fuer die Zustzzahl   */
#define MAX_TIPS                  100    /* maximal 100 Tips moeglich    */
```

---

1. keine Eingabe möglich
2. das andere Byte des Rückgabewerts informiert über die Ursache der Prozeß-Beendigung

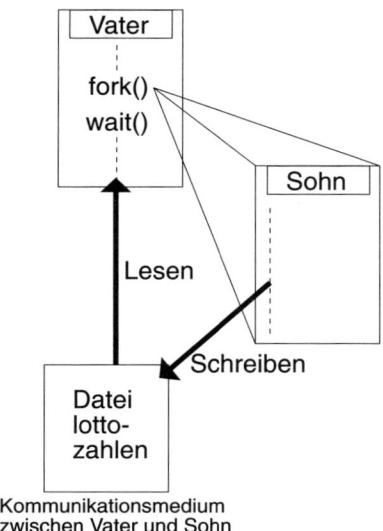

Bild 12.14: Prozeßkommunikation über eine Datei

```
#define KUGELN                    49    /* Anzahl der vorhandenen Kugeln */
#define ZU_ZIEHEN                  7    /* zu ziehenden Kugeln           */
#define DATEINAME       "lottozahlen"   /* Name der Kommunikations-Datei */

int   tip_zahl;             /* enthaelt die Anzahl der abgegebenen Tips    */
int   tip[MAX_TIPS+1][7];   /* enthaelt die abgegebenen Tips               */
int   richtige[MAX_TIPS+1]; /* enthaelt zu jedem Tip die Zahl der Richtigen */
int   treffer[8]={0};       /* ... , treffer[2], treffer[3], .. enthalten  */
                            /* Zahl der ... , Zweier, Dreier, ..           */

/*------------------------------------------------------- Prototypen -----*/
void  tips_einlesen(void);
void  richtige_ausgabe(int anzahl);
void  tips_auswerten(void);
void  lottozahlen_ziehen(void);

/*----------------------------------------------------------- main -----*/
int main(void)
{
    int fork_pid,
        status;

    tips_einlesen();

    fork_pid= fork();

    if (fork_pid==0)
        lottozahlen_ziehen();
```

```
      else if (fork_pid > 0) {
         printf("Vater-Prozess (PID=%d;PPID=%d):\n", getpid(), getppid());
         printf("   Ich warte nun auf Beendigung der Ziehung der Lottozahlen\n");
         wait(&status);
         if (status) {
            fprintf(stderr, "Fehler im Sohnprozess aufgetreten\n");
            exit(1);
         } else {
            tips_auswerten();
            exit(0);
         }
      } else {
         fprintf(stderr, "Fehler beim fork-Aufruf\n");
         exit(1);
      }
      return(0);
}


/*------------------------------------------------------------------------*/
void tips_einlesen(void)                    /* liest die Benutzer-Tips ein */
{
   int   i, j;
   printf("Wieviele Tips moechtest du abgeben (maximal 100) ?\n");
   scanf("%d", &tip_zahl);
   printf("\n");
   for (i=1 ; i<=tip_zahl ; i++) {
      printf("%3d.Tip:      ", i);
      for (j=1 ; j<=6 ; j++)
         scanf("%d", &tip[i][j]);
   }
}


/*------------------------------------------------------------------------*/
void richtige_ausgabe(int anzahl) /* gibt aus, welche Tips keine, eine,   */
                                  /* zwei, drei,... Zahlen richtig hatten*/
{
   int  i;
   if (treffer[anzahl] > 0) {
      printf("%2d mal ---> Tip ", treffer[anzahl]);
      for (i=1 ; i<=tip_zahl ; i++)
         if (richtige[i] == anzahl)
            printf("-%d", i);
   }
}


/*------------------------------------------------------------------------*/
void tips_auswerten(void) /* steuert Auswertung der Tips; wird vom Vater */
                          /* nach Beendigung des Sohnes aufgerufen       */
{
   int   i, j, l, s,
         lotto_zahl[ZU_ZIEHEN+1];
```

```
         FILE *dz=fopen(DATEINAME, "r");

         if (dz==NULL) {
            fprintf(stderr,
                    "Datei %s konnte nicht zum Lesen eroeffnet werden\n",
                    DATEINAME);
            exit(1); /* Rueckgabewert 1 zeigt an, dass Fehler auftrat */
         }

            /*--- Gezogenen Lottozahlen von der Kommunikations-Datei lesen ---*/
         i=1;
         while (fscanf(dz,"%d", &lotto_zahl[i++]) == 1) ;
         fclose(dz);

            /*--- Setzen der Arrays richtige und treffer ---*/
         for (i=1 ; i<=tip_zahl ; i++) {
            s = 0;
            for (j=1 ; j<=6 ; j++)
               for (l=1 ; l<=6 ; l++)
                  if (tip[i][j] == lotto_zahl[l])
                     s++;
            if (s==5)
               for (j=1 ; j<=6 ; j++)
                  if (tip[i][j] == lotto_zahl[7])
                     s=ZUSATZ_ZAHL;
            richtige[i] = s;
            treffer[s]++;
         }

            /*--- Ausgabe des Tip-Auswertung ---*/
         printf("\nEs wurde folgendes Tipergebnis erzielt:\n");
         for (j=0 ; j<=6 ; j++) {
            printf("%5d Richtige : ", j);
            richtige_ausgabe(j);
            printf("\n");
            if (j==5) {
               printf("%5d Richtige(mit Zusatzzahl) : ", j);
               richtige_ausgabe(ZUSATZ_ZAHL);
               printf("\n");
            }
         }
      }

      /*------------------------------------------------------------------------*/
      void lottozahlen_ziehen(void)  /* Programmcode fuer Sohn, der fuer die   */
                                     /* Ziehung der Lottozahlen zustaendig ist */
      {
         int   i,
               zuf_zahl,
               zahlen[KUGELN+1];
         FILE *dz=fopen(DATEINAME, "w");
```

```
    if (dz==NULL) {
       fprintf(stderr,
               "Datei %s konnte nicht zum Schreiben eroeffnet werden\n",
               DATEINAME);
       exit(1); /* Rueckgabewert 1 zeigt an, dass Fehler auftrat */
    }
    for (i=1 ; i<=KUGELN ; i++)
       zahlen[i] = 0;
    printf("\nSohn-Prozess (PID=%d; PPID=%d): ", getpid(), getppid());
    printf("Ich ziehe jetzt die Lottozahlen !\n");
    /* srand((unsigned)time(NULL)%INT_MAX); */
    for (i=1 ; i<=ZU_ZIEHEN ; i++) {
       do { } while (zahlen[zuf_zahl=rand()%49+1]);
       zahlen[zuf_zahl] = 1;
       fprintf(dz, "%d ", zuf_zahl);
       printf("%s%5d", i==ZU_ZIEHEN ? " | " : "", zuf_zahl);
    }
    fclose(dz);
    printf("\nSohn-Prozess (PID=%d; PPID=%d): Ich bin fertig !\n",
           getpid(), getppid());
    printf("     Gib CR ein, um die Auswertung anzustossen !\n");
    getchar(); getchar();
    exit(0);     /* erfolgreicher Abschluss des Sohnprozesses */
}
```

Ein Aufruf dieses Programms kann zu folgendem Dialog führen:

```
Wie viele Tips moechtest du abgeben (maximal 100) ?
6 ⏎

   1ter Tip:      1  2 12 16 23 44 ⏎
   2ter Tip:     41 42 43 44 47 48 ⏎
   3ter Tip:      5 12 33 34 47 49 ⏎
   4ter Tip:      1 16 17 18 20 25 ⏎
   5ter Tip:      1  2 12 31 47 48 ⏎
   6ter Tip:      2 17 23 25 31 42 ⏎
Vater-Prozess (PID=1023;PPID=92):
   Ich warte nun auf die Beendigung der Ziehung der Lottozahlen

Sohn-Prozess (PID=1273; PPID=1023): Ich ziehe jetzt die Lottozahlen !
      1      48      31      47       2      16 |      12
Sohn-Prozess (PID=1273; PPID=1023): Ich bin fertig !
    Gib CR ein, um die Auswertung anzustossen !
   ⏎


Es wurde folgendes Tipergebnis erzielt:
   0 Richtige :
   1 Richtige : 1 mal ---> Tip -3
   2 Richtige : 3 mal ---> Tip -2-4-6
```

```
3 Richtige :  1 mal ---> Tip -1
4 Richtige :
5 Richtige :
5 Richtige(mit Zusatzzahl) :  1 mal ---> Tip -5
6 Richtige :
```

Kommunikation über einfache Pipes

Die Verwendung von Pipes auf der Kommandozeile wurde bereits früher vorge-stellt,[1] wie z.B.

```
ls | wc -w
```

Hiermit wird die Shell veranlaßt, die Standardausgabe des **ls**-Kommandos direkt in die Standardeingabe des **wc**-Kommandos weiterzuleiten. In diesem Fall liest also **wc** die Eingabedaten nicht von der entsprechenden Dialogstation, sondern aus der Pipe, in die **ls** seine Daten schreibt.

Eine Pipe kann man sich wie einen röhrenartigen Datenkanal vorstellen, über den Prozesse Daten austauschen können. Ein Prozeß schreibt Daten in die Pipe und ein anderer liest diese Daten in der Reihenfolge aus der Pipe, in der sie hin-ein geschrieben wurden.

Die Prozesse können Pipes wie Dateien behandeln. Eine Pipe wird vom Betriebs-system allerdings dadurch realisiert, daß es nicht explizit Dateien für den Daten-austausch anlegt, sondern im Hauptspeicher einen Puffer einrichtet, in den die Daten nach dem FIFO-Prinzip geschrieben bzw. wieder aus ihm gelesen werden.

Jede Pipe hat eine Schreib- und eine Leseseite:

Bild 12.15: Schreib- und Leseseite einer Pipe

Eine Pipe ist einkanalig: Ein Prozeß kann aus einer Pipe entweder nur lesen oder nur in sie schreiben, aber niemals beide Aktionen auf die gleiche Pipe zugleich durchführen. Sollen Daten in beide Richtungen ausgetauscht werden, so müßten dazu zwei Pipes eingerichtet werden.

Es können folgende Arten von Pipes eingerichtet werden:

▶ zwischen einem Programm (wie z.B. einem Unix-Kommando), das von der Shell auszuführen ist, und einem eigenen Prozeß (mit der Systemfunktion **popen**)

▶ zwischen 2 kooperierenden Prozessen (mit der Systemfunktion **pipe**)

---

1. siehe auch den Abschnitt über »Pipes und Filter« in Kapitel 7.

popen und pclose

```
#include <stdio.h>

FILE *popen(kdo, typ)
      char *kdo, *typ

int pclose(fd)
      FILE *fd;
```

popen richtet zwischen dem aufrufenden Prozeß und dem Kommando *kdo*, das auszuführen ist, eine Pipe ein.

Für *kdo* ist dabei eine Shell-Kommandozeile anzugeben und für *typ* ist entweder »**r**« (für Lesen) oder »**w**« (für Schreiben) anzugeben. Der Rückgabewert ist ein Filedeskriptor (vom Datentyp **FILE ***); daraus ist zu ersehen, daß eine so eingerichtete Pipe wie eine Datei behandelt werden kann. Wurde für *typ* »**w**« angegeben, so kann auf diese Pipe geschrieben werden, wobei die geschriebenen Daten direkt an die Standardeingabe von *kdo* weitergeleitet werden. Wurde für *typ* »**r**« angegeben, so kann aus dieser Pipe gelesen werden, wobei die gelesenen Daten aus der Standardausgabe von *kdo* stammen.

Eine mit **popen** eingerichtete Pipe sollte mit **pclose** wieder geschlossen werden. **pclose** wartet auf das Ausführungsende von *kdo* und liefert als Rückgabewert den exit-Status von *kdo*.

Beispiel   Das nachfolgende Programm gibt den Inhalt einer Datei, deren Name als erstes Argument beim Aufruf anzugeben ist, mit Zeilennumerierung am Drucker aus:

```
#include <stdio.h>

int main(int argc, char *argv[])
{
    int   i=1;
    char  zeile[200];
    FILE *dz,
         *pz;

    if ((dz=fopen(argv[1],"r")) == NULL) {   /* Datei argv[1] eroeffnen */
        fprintf(stderr,
                "Datei %s kann nicht zum Lesen geoeffnet werden\n",
                argv[1]);
        exit(1);
    }

    if ((pz=popen("lpr","w")) == NULL) { /* Pipe zum lpr-Kdo einrichten */
        fprintf(stderr,
                "Fehler beim Einrichten einer Pipe zum lpr-Kommando\n");
        exit(1);
    }
```

```
                /* Zeile fuer Zeile aus der Datei argv[1] mit Zeilennummer in */
                /* die zum lpr-Kommando eingerichtete Pipe schreiben.         */
                /* Das lpr-Kommando liest dann die numerierten Zeilen aus der */
                /* Pipe und gibt sie entsprechend am Drucker aus              */
           while (fgets(zeile,200,dz))
                fprintf(pz, "%5d  %s", i++, zeile);

        if (pclose(pz) != 0) {
           fprintf(stderr, "lpr-Kommando war nicht erfolgreich\n");      ·
           exit(1);
        } else {
           exit(0);
        }
}
```

pipe

Eine Pipe für zwei kooperierende Prozesse muß von einem Vater durch einen
pipe-Systemaufruf eingerichtet werden. Über eine Pipe können somit nur Prozesse Daten austauschen, die

► entweder einen gemeinsamen Vater haben

► oder aber in einer Vater-Sohn-Beziehung stehen.

Die Systemfunktion **pipe** hat folgende Deklaration:

```
int pipe(fd)
        int fd[2];
```

fd[0] ist dabei der Filedeskriptor für die Leseseite der Pipe, **fd[1]** ist dabei der
Filedeskriptor für die Schreibseite der Pipe

Der Rückgabewert 0 zeigt an, daß die Pipe erfolgreich eingerichtet werden
konnte, ansonsten wird -1 zurückgegeben.

Auf die mit dem **pipe**-Aufruf gesetzten Filedeskriptoren **fd[0]** und **fd[1]** kann
dann genauso mit den Systemfunktionen

► **read** (Lesen aus einer Pipe),

► **write** (Schreiben in eine Pipe) und

► **close** (Schliessen einer Pipe)

zugegriffen werden wie dies bei einem mit der Systemfunktion **open** (Eröffnen
einer Datei) erhaltenen Filedeskriptor möglich ist. Die Verwendung der Systemfunktion **lseek** zur Positionierung macht allerdings wenig Sinn beim Arbeiten
mit einer Pipe, da die Daten nur sequentiell in die Pipe geschrieben und aus ihr
gelesen werden können.

Der Zugriff auf eine Pipe wird dabei so realisiert, daß ein Prozeß, der aus einer
noch leeren Pipe lesen will, warten muß, bis Daten in den Puffer geschrieben

wurden. Ein Prozeß, der in einem bereits vollen Puffer schreiben will, muß warten, bis durch einen Lesevorgang Daten aus dem Puffer entfernt wurden.

Nach einem **pipe**-Aufruf besitzt ein Prozeß zunächst nur eine Pipe zu sich selbst, in die er mit **fd[1]** schreiben und aus der er mit **fd[0]** lesen kann (siehe Bild 12.16).

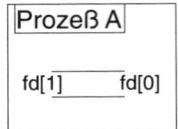

Bild 12.16: Pipe im Prozeß A

Einen Sinn erhält eine Pipe aber erst dann, wenn sie an Sohnprozesse vererbt werden kann, was mit dem **fork**-Aufruf auch erfolgt (siehe Bild 12.17).

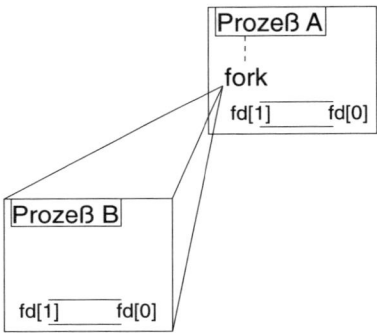

Bild 12.17: Sohnprozeß B erbt die Pipe seines Vaterprozesses A

Der Schreiber auf die Pipe wird dann der Prozeß, der die Leseseite seiner Pipe schließt (**close(fd[0])**) und der Leser aus der Pipe wird der Prozeß, der die Schreibseite seiner Pipe schließt (**close(fd[1])**)[1], wie in Bild 12.18 gezeigt.

Beispiel Das hier gegebene C-Programm *hexd.c* gibt den Inhalt einer Datei Byte für Byte in Hexa-Mustern aus[2]. Dabei ist der Vaterprozeß für das Lesen der Daten aus der entsprechenden Datei zuständig. Die so gelesenen Daten werden dann über eine Pipe an einen anderen Prozeß (Sohnprozeß) weitergeleitet; dieser Sohnprozeß besorgt dann die Ausgabe der Hexa-Muster.

---

1. Man kann sich das so vorstellen, daß der jeweilige Prozeß die nicht benutzte Seite seiner Pipe mit der nicht benutzten Seite der Pipe des anderen Prozesses »zusammenschließt«.
2. ähnlich dem Kommando **od**

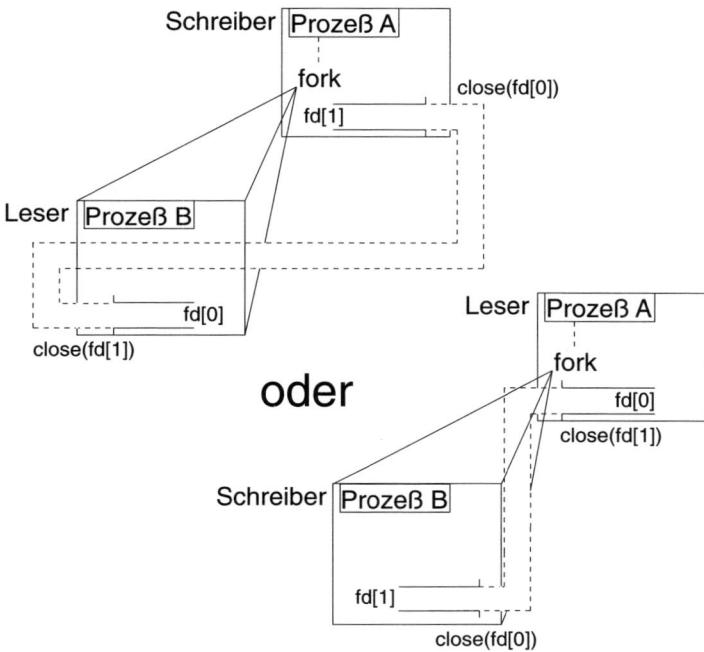

Bild 12.18: Herstellen einer Pipe-Verbindung zwischen Vater und Sohn

```
#include <stdio.h>            /* hexd.c */
#include <ctype.h>            /***********/

void hex_druck(FILE *dz, char *s);

/*----------------------------------------------------- main ------------*/
int main(int argc, char *argv[])
{
    FILE *dz;
    int   i;

    for (i=1; i<argc; i++) {
       if ((dz=fopen(argv[i],"rb")) == NULL) {
          fprintf(stderr,"Kann Datei %s nicht eroeffnen\n", argv[i]);
          exit(1);
       } else {
          hex_druck(dz,argv[i]);
          fclose(dz);
       }
    }
    return(0);
}
```

```
/*---------------------------------------------- hex_druck ------------*/
void hex_druck(FILE *dz, char *s)
{
    int   fd[2];

    if (pipe(fd) != 0) {
       fprintf(stderr, "Fehler beim Einrichten einer Pipe\n");
       exit(1);
    } else {
       printf("Hexa-Ausgabe von %s\n\n",s);
       switch(fork()) {
           case -1 :  fprintf(stderr, "Fehler beim Fork-Aufruf\n");
                      exit(1);
           case 0  :   /*--- Sohn: Leser ---*/
                     { int i=1;
                       unsigned char gelesenes_zeichen;

                       close(fd[1]);  /* Schreibseite der Pipe schliessen */
                       while (read(fd[0], &gelesenes_zeichen, 1) > 0) {
                           printf(" %02x", gelesenes_zeichen);
                           if (++i > 16) {
                               printf("\n");
                               i=1;
                           }
                       }
                       printf("\n");
                       exit(0);
                     }
           default :   /*--- Vater: Schreiber ---*/
                     { unsigned char zeichen;
                       int status;

                       close(fd[0]);  /* Leseseite der Pipe schliessen */
                       while (fread(&zeichen,1,1,dz) > 0)
                          write(fd[1], &zeichen, 1); /* gelesenes Zeichen */
                                                     /* in Pipe schreiben */
                       close(fd[1]);  /* Schreibseite der Pipe schliessen,  */
                                      /* um Ende der Uebertragung anzuzeigen*/
                       wait(&status);
                     }
       }
    }
}


/* Ausgabe (nur Anfang und Ende) dieses Programms, wenn es nach der
   Kompilierung mit   cc -o hexd hexd.c
   auf die ausfuehrbare Binaerdatei cpbaum angewendet wuerde, z.B.
      hexd cpbaum
```

```
Hexa-Ausgabe von cpbaum

7f 45 4c 46 01 01 01 00 00 00 00 00 00 00 00 00
02 00 03 00 01 00 00 00 60 84 04 08 34 00 00 00
80 08 00 00 00 00 00 00 34 00 20 00 05 00 28 00
17 00 14 00 06 00 00 00 34 00 00 00 34 80 04 08
34 80 04 08 a0 00 00 00 a0 00 00 00 05 00 00 00
04 00 00 00 03 00 00 00 d4 00 00 00 d4 80 04 08
d4 80 04 08 13 00 00 00 13 00 00 00 04 00 00 00
   ::::::::::::::::::::::::::::::::::::::::::::
   ::::::::::::::::::::::::::::::::::::::::::::
   ::::::::::::::::::::::::::::::::::::::::::::
   ::::::::::::::::::::::::::::::::::::::::::::
74 00 5f 5f 5f 63 72 74 5f 64 75 6d 6d 79 5f 5f
00 5f 5f 62 73 73 5f 73 74 61 72 74 00 6d 61 69
6e 00 5f 66 69 6e 69 00 73 70 72 69 6e 74 66 00
61 74 65 78 69 74 00 5f 65 64 61 74 61 00 5f 47
4c 4f 42 41 4c 5f 4f 46 46 53 45 54 5f 54 41 42
4c 45 5f 00 5f 65 6e 64 00 65 78 69 74 00 5f 5f
73 65 74 66 70 75 63 77 00
*/
```

Bisher wurde nur eine Pipe zwischen einem Vater- und einem Sohnprozeß eingerichtet.

Sollen nun aber 2 Söhne über eine Pipe kommunizieren, so schließt der Vater
nach dem Kreieren des »Schreib-Sohns« die Schreibseite seiner Pipe und der
»Schreib-Sohn« die Leseseite seiner Pipe (siehe Bild 12.19).

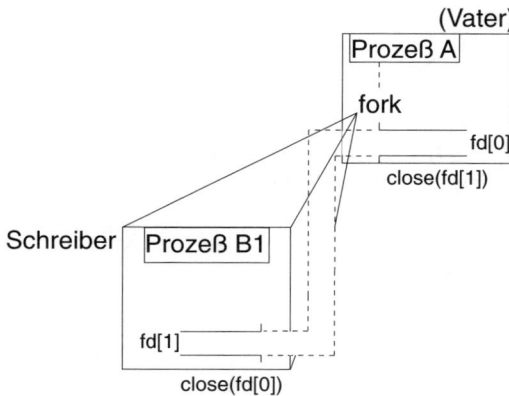

Bild 12.19: Herstellung einer Pipe-Verbindung zwischen Schreibsohn und Vater

Nach dem Kreieren des »Lese-Sohns« schließt der Vater die Leseseite seiner Pipe
und der »Lese-Sohn« die Schreibseite seiner Pipe (siehe Bild 12.20).

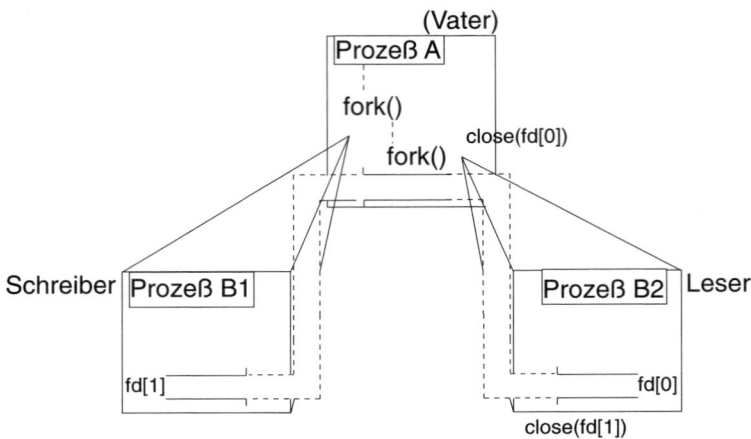

Bild 12.20: Endgültiges Herstellen einer Pipe-Verbindung zw. Schreib- und Lesesohn

Beispiel Das vorherige Hexadump-Programm soll nun mit dieser Methode (Pipe zwischen 2 Sohnprozessen) realisisiert werden:

```c
#include <stdio.h>              /* hexd2.c */
#include <ctype.h>             /**********/

void hex_druck(FILE *dz, char *s);

/*------------------------------------------------- main ------------*/
int main(int argc, char *argv[])
{
    FILE *dz;
    int   i;

    for (i=1; i<argc; i++) {
       if ((dz=fopen(argv[i],"rb")) == NULL) {
          fprintf(stderr,"Kann Datei %s nicht eroeffnen\n", argv[i]);
          exit(1);
       } else {
          hex_druck(dz,argv[i]);
          fclose(dz);
       }
    }
}

/*------------------------------------------- hex_druck ------------*/
void hex_druck(FILE *dz, char *s)
{
    int    status, fd[2];

    if (pipe(fd) != 0) {
```

```
                    fprintf(stderr, "Fehler beim Einrichten einer Pipe\n");
                    exit(1);
                } else {
                    printf("Hexa-Ausgabe von %s\n\n",s);
                    switch (fork()) {                    /*---- Erzeugen des Schreib-Sohns ----*/
                        case -1 : fprintf(stderr, "Fehler beim Fork-Aufruf\n");
                                  exit(1);
                        case 0  :    /*--- Sohn: Schreiber ---*/
                                  { unsigned char zeichen;

                                    close(fd[0]);  /* Leseseite der Pipe schliessen */
                                    while (fread(&zeichen,1,1,dz) > 0)
                                       write(fd[1], &zeichen, 1); /* gelesenes Zeichen */
                                                                  /* in Pipe schreiben */
                                       close(fd[1]);  /* Schreibseite der Pipe schliessen,  */
                                                      /* um Ende der Uebertragung anzuzeigen*/
                                    exit(0);
                                  }
                        default : close(fd[1]); /* Vaterprozess schliesst Schreibseite */
                                                /* der Pipe                            */
                    }
                    switch (fork()) {                    /*---- Erzeugen des Lese-Sohns ----*/
                        case -1 : fprintf(stderr, "Fehler beim Fork-Aufruf");
                                  exit(1);
                        case 0  :    /*--- Sohn: Leser ---*/
                                  { int i=1;
                                    unsigned char gelesenes_zeichen;

                                    close(fd[1]);  /* Schreibseite der Pipe schliessen */
                                    while (read(fd[0], &gelesenes_zeichen, 1) > 0) {
                                       printf(" %02x", gelesenes_zeichen);
                                       if (++i > 16) {
                                          printf("\n");
                                          i=1;
                                       }
                                    }
                                    printf("\n");
                                    exit(0);
                                  }
                        default : close(fd[0]); /* Vaterprozess schliesst Leseseite */
                                                /* der Pipe                         */
                    }
                    wait(&status);   /* Auf Beendigung beider Sohnprozesse   */
                    wait(&status);   /*  warten                              */
                }
            }
```

Auf eine Pipe kann auch mit höheren Datei-Operationen (Funktionen) wie z.B. **fprintf, fscanf, putc, getc,** usw. zugegriffen werden. Dazu muß allerdings zuerst den mit dem **pipe**-Aufruf erhaltenen Filedeskriptoren unter Verwendung der Funktion **fdopen** ein **FILE**-Zeiger zugewiesen werden:

fdopen

```
#include <stdio.h>
FILE *fdopen(fd, modus)
     int fd;
     char *modus;
```

fdopen weist dem Filedeskriptor *fd* einen **FILE**-Zeiger zu, den diese Funktion als Rückgabewert liefert. Der Rückgabewert **NULL** zeigt an, daß **fdopen** nicht erfolgreich war.

Für *modus* kann dabei das gleiche wie bei **fopen** angegeben werden: "r", "w", "a", "r+", ...

dup

Bevor hierzu ein Beispiel angegeben wird, soll noch eine weitere Systemfunktion vorgestellt werden:

```
int dup(fd)
     int fd;
```

dup dupliziert einen bereits geöffneten Filedeskriptor. *fd* muß dabei ein Filedeskriptor sein, der durch eine der Systemfunktionen **creat**, **open**, **dup**, **fcntl** oder **pipe** bereitgestellt wurde. Der von **dup** gelieferte neue Filedeskriptor hat folgende Gemeinsamkeit mit dem Ur-Filedeskriptor:

▶ gleiche offene Datei oder Pipe

▶ gleicher **FILE**-Zeiger

▶ gleiche Zugriffsrechte

Entscheidend ist, daß der neue bereitgestellte Filedeskriptor – im Unterschied zum alten – für die Dauer eines **exec**-Systemaufrufs offen bleibt.

Wenn **dup** erfolgreich ablief, so liefert es als Rückgabewert den neuen Filedeskriptor und ansonsten -1.

Beispiel Es ist ein C-Programm *kwic.c* zu erstellen, das aus einer Text-Datei, deren Name als erstes Argument beim Aufruf dieses Programms zu übergeben ist, ein sogenanntes *KWIC* (***keyword-in-context***) erstellt. Ein KWIC ist ein Stichwortverzeichnis, welches jedes Wort im Kontext der Zeile zeigt, in der es gefunden wurde.

Wenn z.B. die Datei *sprichworte* folgenden Inhalt hätte:

```
Morgenstund hat Gold im Mund.
Ein Apfel faellt nicht weit vom Stamm.
Wer anderen eine Grube graebt, faellt selbst hinein.
```

dann sollte der Aufruf[1]

```
kwic sprichworte
```

zu folgender Ausgabe führen:

```
-------- KWIC fuer Datei sprichworte --------

                              Wer   anderen eine Grube graebt, faellt selbst
                              Ein   Apfel faellt nicht weit vom Stamm.
                                    Ein Apfel faellt nicht weit vom Stamm.
                      Wer anderen   eine Grube graebt, faellt selbst hinein.
                        Ein Apfel   faellt nicht weit vom Stamm.
     Wer anderen eine Grube graebt, faellt selbst hinein.
                Morgenstund hat     Gold im Mund.
              Wer anderen eine Grube graebt, faellt selbst hinein.
                Wer anderen eine    Grube graebt, faellt selbst hinein.
                    Morgenstund     hat Gold im Mund.
en eine Grube graebt, faellt selbst hinein.
            Morgenstund hat Gold    im Mund.
                                    Morgenstund hat Gold im Mund.
            Morgenstund hat Gold im  Mund.
                 Ein Apfel faellt   nicht weit vom Stamm.
r anderen eine Grube graebt, faellt selbst hinein.
     Ein Apfel faellt nicht weit vom Stamm.
         Ein Apfel faellt nicht weit vom Stamm.
             Ein Apfel faellt nicht weit vom Stamm.
                                    Wer anderen eine Grube graebt, faellt se

-------- Ende KWIC fuer Datei sprichworte --------
```

Das zugehörige Programm *kwic.c* kann wie folgt aussehen:

```
#include <stdio.h>        /**********/
#include <string.h>       /* kwic.c */
#include <errno.h>        /**********/

#define EIN    1
#define AUS    0

void generiere_kwic(FILE *dz, char *dateiname);
void aufbereiten(FILE *dz);
void sortieren(void);
void ausgeben(void);

int  pipe1[2],
     pipe2[2];
```

---

1. Es wird angenommen, daß *kwic.c* mit
   `cc -o kwic kwic.c`
   kompiliert wurde.

```
/*------------------------------------------------------ main ------------*/
int main(int argc, char *argv[])
{
    FILE *dz;

    if ((dz=fopen(argv[1], "r")) == NULL) {
        fprintf(stderr, "Kann Datei %s nicht eroeffnen\n", argv[1]);
        exit(1);
    } else {
        generiere_kwic(dz, argv[1]);
        fclose(dz);
    }
    return(0);
}


/*------------------------------------------- generiere_kwic ------------*/
void generiere_kwic(FILE *dz, char *dateiname)
{
    int status;

    printf("\n-------- KWIC fuer Datei %s --------\n\n", dateiname);

            /*---- 2 Pipes einrichten -----*/
    if (pipe(pipe1) != 0) {
        fprintf(stderr, "Fehler beim Einrichten von Pipe1\n");
        exit(1);
    }
    if (pipe(pipe2) != 0) {
        fprintf(stderr, "Fehler beim Einrichten von Pipe2\n");
        exit(1);
    }

    aufbereiten(dz);
    sortieren();
    ausgeben();

    wait(&status); /* Auf die Beendigung aller 3 Sohnprozesse warten */
    wait(&status);
    wait(&status);

    printf("\n-------- Ende KWIC fuer Datei %s --------\n", dateiname);
}


/*------------------------------------------------ aufbereiten ------------*/
void aufbereiten(FILE *dz)
{           /*---- Erzeugt einen Sohnprozess, der die Daten aus Datei ----*/
            /*---- (dz) liest und entsprechend aufbereitet: Fuer jedes ---*/
            /*---- Leerzeichen wird der davor stehende und der danach ----*/
            /*---- stehende Text vertauscht und ueber die Pipe1       ----*/
            /*---- an den Sortier-Prozess weitergegeben.              ----*/
    int   i, laenge;
```

```
         char  zeile[200], hilf[200];
         FILE *pdz1;

         switch(fork()) {
            case -1:  fprintf(stderr, "Fehler beim fork-Aufruf\n");
                      exit(1);
            case  0:  pdz1=fdopen(pipe1[EIN],"w"); /* FILE-Zgr fuer pipe1[EIN] */
                      close(pipe1[AUS]); /* Sohn schliesst Leseseite der Pipe1 */
                      while (fgets(zeile, 200, dz)) {
                         zeile[laenge=strlen(zeile)-1]='\0';
                         for (i=laenge-1 ; i>=0 ; i--)
                            if (zeile[i] == ' ' || i==0) {
                               strcpy(hilf, &zeile[i>0?i+1:i]);
                               strcat(hilf, "\t");
                               strncat(hilf, zeile, i);
                               fprintf(pdz1, "%s\n", hilf); fflush(pdz1);
                            }
                      }
                      fclose(pdz1);
                      exit(0);
            default:  close(pipe1[EIN]);
         }
      }


      /*-------------------------------------------------- sortieren ------------*/
      void sortieren(void)
      {       /*---- Erzeugt einen Sohnprozess, der die ueber Pipe1    -----*/
              /*---- bereitgestellten Zeilen liest und sie sortiert    -----*/
              /*---- ueber die Pipe2 an den Ausgabe-Prozess weiterleitet ---*/
         int  i;

         switch(fork()) {
            case -1:  fprintf(stderr, "Fehler beim fork-Aufruf\n");
                      exit(1);
            case  0:  close(0); /* Standardeingabe schliessen */
                      dup(pipe1[AUS]); /* Schreibseite von Pipe1 als    */
                                  /* als Standardeingabe verwenden */
                      close(pipe1[AUS]);
                      close(pipe1[EIN]);

                      close(1); /* Standardausgabe schliessen */
                      dup(pipe2[EIN]);  /* Leseseite von Pipe2 als       */
                                  /* als Standardausgabe verwenden */
                      close(pipe2[AUS]);
                      close(pipe2[EIN]);
                      execlp("sort", "sort", "-f", 0);

            default:  close(pipe1[AUS]);
                      close(pipe2[EIN]);
         }
      }
```

```
/*---------------------------------------------------- ausgeben ------------*/
void ausgeben(void)
{          /*---- Erzeugt einen Sohnprozess, der die sortierten Zeilen --*/
           /*---- aus der Pipe2 liest und dann die entspr. (mit \t   ----*/
           /*---- getrennten) Text-Teile vertauscht und ausgibt.     ----*/
    int   i, laenge;
    char  zeile[200], *tab;
    FILE *pdz2;

    switch(fork()) {
       case -1:  fprintf(stderr, "Fehler beim fork-Aufruf\n");
                 exit(1);
       case  0:  pdz2=fdopen(pipe2[AUS],"r"); /* FILE-Zgr fuer pipe2[AUS] */
                 close(pipe2[EIN]); /* Sohn schliesst Pipe2-Schreibseite */
                 while (fgets(zeile, 200, pdz2)) {
                     laenge=strlen(zeile);
                     zeile[laenge-1]='\0';
                     tab = strchr(zeile, '\t');
                     laenge = strlen(tab+1);
                     if (laenge>35) {
                        printf("%s   ", tab+1+laenge-35);
                     } else {
                        printf("%35.35s   ", tab+1);
                     }
                     *tab='\0';
                     printf("%-40.40s\n", zeile);
                 }
                 exit(0);
       default:  close(pipe2[AUS]);
    }
}
```

Da es sich hier um ein komplexeres Programm handelt, sollen die von den drei wesentlichen Routinen *aufbereiten, sortieren* und *ausgeben* erzeugten Sohnprozesse und der zugehörige Vaterprozeß genauer beschrieben werden:

aufbereiten

```
pdz1=fdopen(pipe1[EIN], "w")
```

stellt zum Filedeskriptor **pipe1[EIN]** einen **FILE**-Zeiger zur Verfügung, der **pdz1** zugewiesen wird. Dieser **FILE**-Zeiger ermöglicht dann das Schreiben auf die Pipe1 mit höheren E/A-Operationen (wie z.B. **fprintf**).

Die beiden **close**-Aufrufe **close(pipe1[AUS])** (Sohnprozeß) und **close(pipe1[EIN])** (Vaterprozeß) bewirken dann die in Bild 12.21 gezeigte »Pipe-Verkettung«:

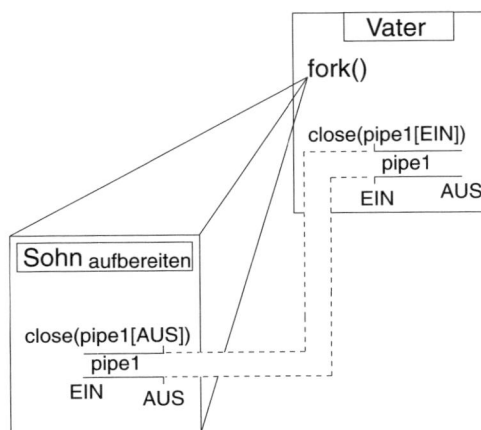

Bild 12.21: Einrichten einer Pipe zwischen Sohnprozeß (aufbereiten) und Vaterprozeß

Nach dieser Verkettung liest der Sohnprozeß mit **fgets** Zeile für Zeile aus der entsprechenden Datei. Jede gelesene Zeile wird dann vom Ende an nach Leerzeichen (Trennzeichen für die einzelnen Wörter) durchsucht, wobei dann für jedes gefundene Leerzeichen der links und rechts davon stehende Text vertauscht wird und der daraus resultierende neue Text über die Pipe1 (mit **fprintf(pdz1, ...); fflush(pdz1);**) an den Sohnprozeß von *sortieren* weitergereicht wird.

sortieren

Der von *sortieren* erzeugte Sohnprozeß ruft das Unix-Kommando **sort** (unter Verwendung von **execlp**) auf, um die über Pipe1 gelieferten Zeilen zu sortieren und dann die sortierten Zeilen über Pipe2 an den Sohnprozeß von *ausgeben* weiterzuleiten.

sort liest nun bekanntlich von der Standardeingabe[1] und schreibt auf die Standardausgabe. Es muß also hier erreicht werden, daß zum einen die am Ausgang von Pipe1 ankommenden Daten direkt in die Standardeingabe von **sort** und zum anderen die Standardausgabe von **sort** direkt in den Eingang von Pipe2 geleitet wird:

```
close(0)
```

schließt die Standardeingabe (Filedeskriptor 0) für den kreierten Sohnprozeß

```
dup(pipe1[AUS])
```

dieser direkt auf **close(0)** folgende **dup**-Aufruf dupliziert den Filedeskriptor **pipe1[AUS]**. Da **dup** hierbei als Filedeskriptor-Nummer die niedrigste freie Nummer verwendet, wird der gerade mit **close(0)** freigegebene Filedeskriptor 0

---

1. wenn beim Aufruf kein Dateiname angegeben ist.

(Standardeingabe) für **pipe1[AUS]** eingesetzt und somit der Pipe1-Ausgang mit der Standardeingabe dieses Prozesses verbunden.

```
close(pipe1[AUS])
```

schließt den Pipe1-Ausgang mit der Standardeingabe dieses Sohnprozesses »zusammen«.

```
close(pipe1[EIN]) (Sohnprozeß)
close(pipe1[AUS]) (Vaterprozeß)
```

schließt den Pipe1-Eingang des Sohnprozesses mit dem Pipe1-Ausgang des Vaters »zusammen«, so daß sich nach Ausführung dieser Anweisungen das Bild 12.22 ergibt.

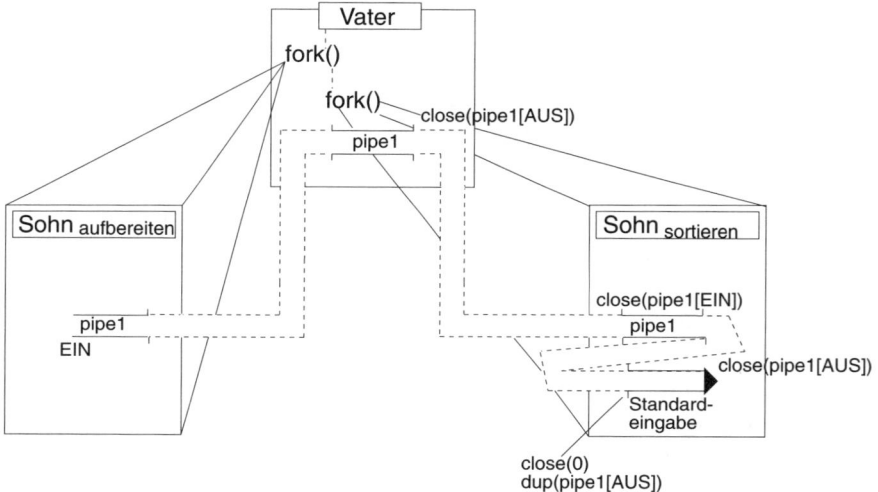

Bild 12.22: Zusammenschl. des Pipe1-Ausgangs mit Standardeing. von Sohn sortieren

```
close(1)
```

schließt die Standardausgabe (Filedeskriptor 1) für den kreierten Sohnprozeß

```
dup(pipe2[EIN])
```

dieser direkt auf **close(1)** folgende **dup**-Aufruf dupliziert den Filedeskriptor **pipe2[EIN]**. Da **dup** hierbei wieder als Filedeskriptor-Nummer die kleinste freie Nummer verwendet, wird der gerade mit **close(1)** freigegebene Filedeskriptor 1 (Standardausgabe) für **pipe2[EIN]** eingesetzt und somit der Pipe2-Eingang mit der Standardausgabe dieses Prozesses verbunden.

```
close(pipe2[EIN])
```

schließt die Standardausgabe dieses Sohnprozesses mit den Pipe2-Eingang »zusammen«.

```
close(pipe2[AUS])
```
(Sohnprozeß)
```
close(pipe2[EIN])
```
(Vaterprozeß)

schließt den Pipe2-Ausgang des Sohnprozesses mit dem Pipe2-Eingang des Vaters »zusammen« (siehe Bild 12.23).

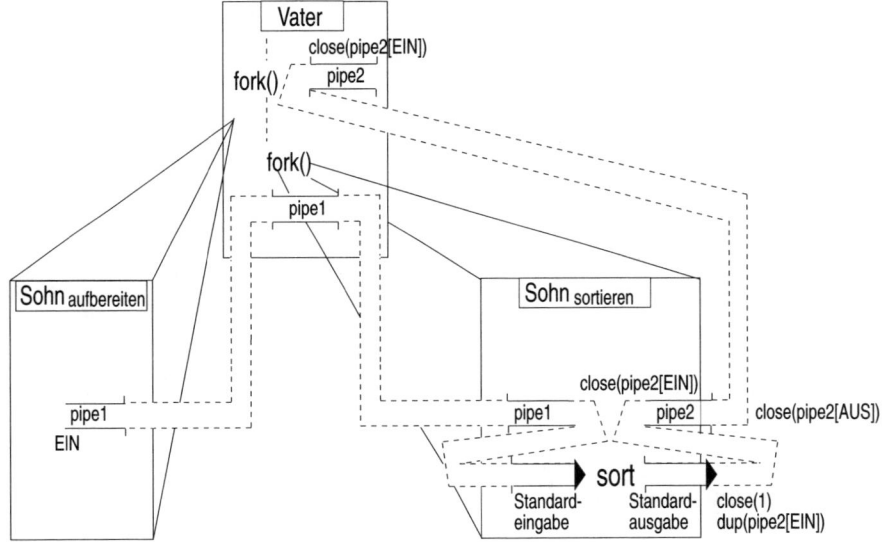

Bild 12.23: Zusammenschluß des Pipe2-Ausgangs des Sohnprozesses mit Pipe2-Eingang des Vaters

Das Unix-Kommando **sort**, das in dem von *sortieren* kreierten Sohnprozeß mit **execl** aufgerufen wird, liest somit die vom Sohn*aufbereiten* in die Pipe1 geschriebenen Daten, sortiert diese und schreibt die sortierten Zeilen in die Pipe2.

ausgeben

```
pdz2=fdopen(pipe2[AUS], "r")
```

stellt zum Filedeskriptor **pipe2[AUS]** einen **FILE**-Zeiger zur Verfügung, der **pdz2** zugewiesen wird. Dieser **FILE**-Zeiger ermöglicht dann das Lesen aus Pipe2 mit höheren E/A-Operationen (wie z.B. **fgets**).

Die beiden **close**-Aufrufe **close(pipe2[EIN])** (Sohnprozeß) und **close (pipe2[AUS])** (Vaterprozeß) bewirken dann die in Bild 12.24 gezeigte »Pipe-Verkettung«:

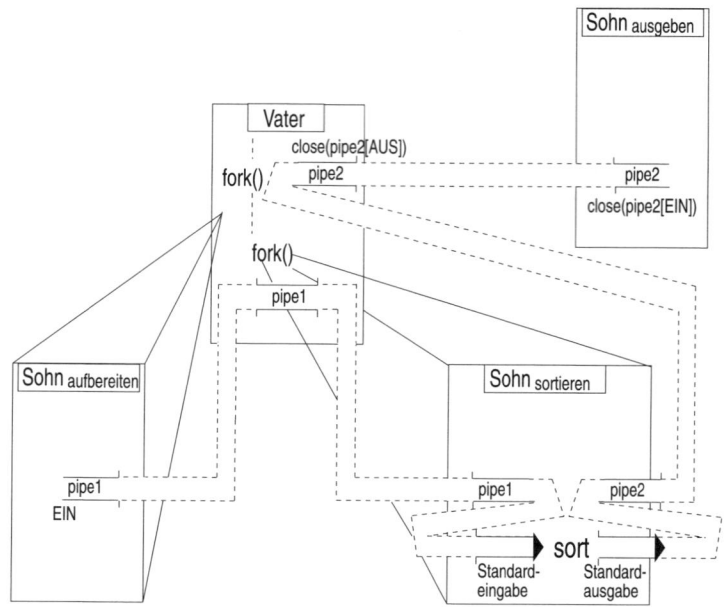

Bild 12.24: Endgültige Pipe-Verbindung für das Programm kwic

ausgeben liest dann die vom Sohn*sortieren* über die Pipe2 geschickten Zeilen, macht die bei *aufbereiten* vorgenommenen Vertauschungen wieder rückgängig und gibt dann den KWIC aus.

Kommunikation über Signale

Über ein Signal kann einem Prozeß eine bestimmte Botschaft gesendet werden. Die Ursachen für das Auftreten von Signalen können interner oder externer Natur sein.

Interne Signale werden vom Betriebssystem einem Prozeß geschickt, wenn er z.B. versucht, etwas Unerlaubtes – wie etwa Division durch 0 oder Zugriff auf eine ungültige Adresse – zu tun.

Externe Signale werden einem Prozeß entweder vom Benutzer (wie z.B. beim Drücken der [Entf]- oder [Pause]-Taste) oder von anderen Benutzerprozessen (mit Aufruf der Systemfunktion **kill**) geschickt.

Die von einem Signal initiierte Unterbrechung bewirkt, daß der betrefende Prozeß beendet wird, wenn er nicht explizite Vorkehrungen getroffen hat, um ein eingetroffenes Signal abzufangen. Ein Prozeß kann dabei folgende Vorkehrungen zum Abfangen von Signalen[1] treffen:

---

1. Bis auf das Signal **SIGKILL** (Signalnummer 9) können alle Signale abgefangen werden

▶ ignorieren

▶ Aufruf einer Funktion zur Signal-Behandlung

Die möglichen Signale sind durch ganzzahlige Nummern gekennzeichnet. Diesen Nummern sind auch symbolische Namen zugeordnet, die in der Datei */usr/ include/sys/signal.h* definiert sind und durch die Anweisung

```
#include <signal.h>  1
```

im jeweiligen Programm verfügbar gemacht werden. Die wichtigsten Signale sind bei der nachfolgenden Auflistung noch zusätzlich in deutsch kurz beschrieben:

```
#define    SIGHUP;  1        /* hangup: Wird beim Beenden einer
                                Wählerverbindung (z.B. Auflegen des
                                Telefonhörers) erzeugt */

#define    SIGINT   2        /* interrupt (rubout): Interrupt-Signal,
                                welches durch Drücken der [Strg]-[C] oder
                                [Pause]-Taste erzeugt wird */

#define    SIGQUIT* 3        /* quit (ASCII FS): wird durch Eingabe der
                                Tastenkombination [Strg]-[\] erzeugt */

#define    SIGILL*  4        /* illegal instruction (not reset when
                                caught): wird beim Versuch, einen
                                illegalen Befehl auszuführen, erzeugt */

#define    SIGTRAP* 5        /* trace trap (not reset when caught) */

#define    SIGIOT*  6        /* IOT instruction */

#define    SIGABRT* 6        /* used by abort, replace SIGIOT in the
                                future */

#define    SIGEMT*  7        /* EMT instruction */

#define    SIGFPE*  8        /* floating point exception: wird bei
                                unerlaubten Gleitkomma-Operationen (wie
                                z.B. OVERFLOW) erzeugt */

#define    SIGKILL  9        /* kill (cannot be caught or ignored): bewirkt
                                die sofortige Beendigung eines Prozesses
                                und kann nicht abgefangen werden; wird
                                beim Aufruf 'kill -9 pid' gesendet*/

#define    SIGBUS*  10       /* bus error */

#define    SIGSEGV* 11       /* segmentation violation: wird beim Zugriff
                                auf unerlaubte Adressen erzeugt*/
```

---

1. Diese Header-Datei hat den Pfadnamen */usr/include/signal.h* und macht mit **#include <sys/ signal.h>** diese Definitionen verfügbar.

```
#define    SIGSYS*  12        /* bad argument to system call */

#define    SIGPIPE  13        /* write on a pipe with no one to read it:
                                 wird beim Versuch erzeugt, in eine
                                 gebrochene Pipe (kein Prozess hat Pipe
                                 zum Lesen eroeffnet) zu schreiben*/

#define    SIGALRM  14        /* alarm clock: wird durch den Systemaufruf
                                 alarm erzeugt, um eine durch den
                                 Systemaufruf pause bewirkte
                                 Ausführungspause wieder zu
                                 beenden */

#define    SIGTERM 15         /* software termination signal from kill */

#define    SIGUSR1 16         /* user defined signal 1 */

#define    SIGUSR2 17         /* user defined signal 2 */

#define    SIGCLD  18         /* death of a child */

#define    SIGPWR  19         /* power-fail restart */
```

Die mit einem Stern gekennzeichneten Signale bewirken – wenn entsprechendes Signal nicht abgefangen wird – nicht nur die Beendigung des jeweiligen Prozesses, sondern zusätzlich noch einen Speicherabzug; ein solcher Speicherabzug wird auch *core image* genannt und in die Datei *core* im working directory geschrieben. Dieser Speicherabzug in *core* kann dann mit dem Debugger bearbeitet werden, um die Ursache für ein aufgetretenes Signal nachträglich herauszufinden.

Signale abfangen

Das Abfangen von Signalen ist mit der Systemfunktion **signal** möglich:[1]

```
#include <signal.h>
void (*signal(signalnr,funkz))()
      int signalnr;
      void (*funkz)();
```

Mit der Funktion **signal** kann aus drei verschiedenen Möglichkeiten ausgewählt werden, wie ein an späterer Stelle auftretendes Signal *signalnr* zu behandeln ist:

1. **signal**(*signalnr*, **SIG_DFL**)
   voreingestellte (*system-default*) Signal-Behandlung soll bei Ankunft eines Signals mit der Signalnummer *signalnr* ablaufen: meist Abbruch des Prozesses.

---

1. in ANSI C:
    ```
    #include <signal.h>
    void (*signal(int signalnr, void (*funkz)(int)))(int)
    ```

2. **signal(***signalnr***, SIG_IGN)**
   Bei Ankunft eines Signals mit der Signalnummer *signalnr* ist dieses zu ignorieren.

3. **signal(***signalnr***,** *funktions_name* **)**[1]
   Beim Eintreffen eines Signals mit der Signalnummer *signalnr* wird die Funktion *funktions_name* aufgerufen. Diese Funktion *funktions_name* ist der sogenannte *Signal-Handler*. Führt diese Funktion als letzte Anweisung ein **return**
   aus oder wird sie normal beendet,[2] so wird die Programmausführung dort
   fortgesetzt, wo sie unterbrochen wurde. Wenn allerdings bei Ausführung
   dieser Funktion ein **exit**-Aufruf stattfindet, dann wird der jeweilige Prozeß
   beendet.

signal gibt den Wert **SIG_ERR** zurück, wenn der **signal**-Aufruf nicht erfolgreich
ablief, ansonsten liefert **signal** die Adresse von *funkz*.

Beispiel   Das nachfolgende Programm beinhaltet eine Endlosschleife: Somit kann es nur
durch ein Signal (**intr** oder **quit**) abgebrochen werden. Bei Auftreten eines der
Signale **SIGINT** oder **SIGQUIT** wird die Funktion *sig_behandeln* aufgerufen,
die den Empfang des Signals bestätigt und nachfragt, ob der Prozeß abzubrechen ist. Nur bei der Antwort **j** wird **exit(1)** aufgerufen und der Prozeß beendet,
ansonsten wird mit der Endlosschleife fortgefahren.

```
#include <stdio.h>
#include <signal.h>

void sig_behandeln(int signr)
{
    printf("----> Es wurde eine Abbruch verlangt\n");
    printf("      Soll ich wirklich abbrechen (j/n) ? ");
    if (getchar() == 'j')
        exit(1);
    getchar();
    printf("Ich mache jetzt weiter\n\n\n");
}

int main(void)
{
    signal(SIGINT, sig_behandeln);  /* SIGINT (DEL-Taste) wird von */
                                    /* sig_behandeln behandelt     */
    signal(SIGQUIT, sig_behandeln); /* SIGQUIT (Strg-\) wird auch von */
                                    /* sig_behandeln behandelt        */
    while (1)  /* Endlos-Schleife */
        ;
    return(0);
}
```

---

1. eigentlich: **signal(signalnr, &funktions_name)**
2. indem ihre Ausführung auf die schließende } trifft

Auffallend beim Ablauf dieses Programms ist, daß nach dem erstmaligen Drükken einer Abbruchtaste und der Eingabe von **n** ein zweites Drücken einer
Abbruchtaste zum Programmabbruch und nicht zum erneuten Aufruf der Routine *sig_behandeln* führt. Der Grund hierfür ist, daß beim Auftreten eines Signals
das System automatisch die voreingestellte Signal-Behandlung (**SIG_DFL**) für
dieses Signal wieder in Kraft setzt[1]. Ist dies nicht erwünscht, so muß in der
Signalbehandlungs-Routine der entsprechende Signal-Handler explizit mit
einem **signal**-Aufruf wieder neu installiert werden. Das nachfolgende Programm realisiert dies:

```
#include <stdio.h>
#include <signal.h>

void sig_behandeln(int signr)
{
   signal(SIGINT, sig_behandeln);  /* Signal-Handler fuer SIGINT */
                                   /* neu installieren          */
   signal(SIGQUIT, sig_behandeln); /* Signal-Handler fuer SIGQUIT */
                                   /* neu installieren            */
   printf("----> Es wurde eine Abbruch verlangt\n");
   printf("      Soll ich wirklich abbrechen (j/n) ? ");
   if (getchar() == 'j')
      exit(1);
   getchar();
   printf("Ich mache jetzt weiter\n\n\n");
}

int main(void)
{
   signal(SIGINT, sig_behandeln);  /* SIGINT (DEL-Taste) wird von */
                                   /* sig_behandeln behandelt     */
   signal(SIGQUIT, sig_behandeln); /* SIGQUIT (Strg-\) wird auch von */
                                   /* sig_behandeln behandelt        */
   while (1)  /* Endlos-Schleife */
      ;
   return(0);
}
```

Bei diesem Programm kann nun beliebig oft eine Abbruchtaste gedrückt werden. Es wird jedesmal wieder die Funktion *sig_behandeln* aufgerufen. Ein Verlassen dieses Programm ist nur möglich, wenn als Antwort auf die Frage nach dem
Programmabbruch **j** eingegeben wird.

Es ist anzuraten, für die Dauer der Ausführung einer Signalbehandlungs-Routine das Eintreffen weiterer Signale dieses Typs mit

```
signal(signalnr, SIG_IGN)
```

zu ignorieren.

---

1. außer bei den Signalen mit den Nummern 4 und 5

Beispiel Das nachfolgende Programm berechnet die vergangene Zeit zwischen zwei
[Strg]-[C]-Tasteneingaben, indem es eine Routine *intr_faenger* als Signal-Handler installiert. Zudem wird noch eine andere Abfang-Routine *unguelt_adresse* für
das Auftreten eines unerlaubten Speicherzugriffs eingerichtet; zum Test dieser
Routine wird ein absichtlicher unerlaubter Speicherzugriff durchgeführt. Die in
diesem Programm verwendete Systemfunktion **clock**:

```
clock_t clock()
```

liefert die seit dem ersten **clock**-Aufruf verbrauchte CPU-Zeit (in Mikrosekun-
den).

```
#include <stdio.h>
#include <time.h>
#include <signal.h>

clock_t  start, ende, differenz, rekord=10e6;
int      druecken_moeglich=0,
         verlassen=0;

void  intr_faenger(int signr);
void  quit_faenger(int signr);
void  unguelt_adresse(int signr);
void  installiere_signal_handler(void);

/*-------------------------------------------------- main -----------*/
int main(void)
{
    double   *zgr=(double *)1;

    installiere_signal_handler();

    printf("Abbruch dieses Programms mit quit (Strg-\\) moeglich\n\n");
    printf("Druecke so schnell wie moeglich Strg-C-Taste.......\n");
    druecken_moeglich = 1;
    start=clock();
    while(1)      /* Schleife wird nur verlassen, wenn 'verlassen != 0' */
       if (verlassen)   /* tritt ein, wenn Strg-\ gedrueckt wird       */
          break;

    printf("  Die schnellste Strg-C-Tastenfolge dauerte %10.2f Sek\n",
          (float)rekord/CLOCKS_PER_SEC);

       /* Zugriff auf eine nicht erlaubte Adresse */
    *zgr = 100;

    printf("---- Programmende ---\n");
    return(0);
}


/*-------- Signal-Handler-Routinen ----------------------------------*/
/*....................................... intr_faenger ..........*/
```

```
void intr_faenger(int signr)
{
    /* Fuer die Dauer dieser Funktionsausfuehrung muessen weitere  */
    /* SIGINT-Signale ignoriert werden.                            */
  signal(SIGINT, SIG_IGN);

  if (druecken_moeglich) {
      /* Gebrauchte Zeit berechnen und ausgeben */
    ende=clock();
    differenz=ende-start;
    printf("Gebrauchte Zeit: %10.2f\n", (float)differenz/CLOCKS_PER_SEC);
    if (differenz<rekord) {
      rekord=differenz;
      printf("   Neuer Rekord %10.2f Sek.\n", (float)rekord/CLOCKS_PER_SEC);
    }
  } else {
    printf("Bitte warten, bis das Startzeichen gegeben wird\n");
  }

    /* start-Wert neu setzen */
  start=clock();

    /* Signal-Handler intr_faenger wieder fuer SIGINT installieren */
  if (signal(SIGINT, intr_faenger) == SIG_ERR) {
    printf("Signal-Handler 'intr_faenger' nicht erfolgreich installiert\n");
    exit(1);
  }
}

/*................................................. quit_faenger ..........*/
void quit_faenger(int signr)
{
    /* Fuer die Dauer dieser Funktionsausfuehrung muessen weitere  */
    /* SIGQUIT-Signale ignoriert werden.                           */
  signal(SIGQUIT, SIG_IGN);

  verlassen = 1;

    /* Signal-Handler quit_faenger wieder fuer SIGQUIT installieren */
  if (signal(SIGQUIT, quit_faenger) == SIG_ERR) {
    printf("Signal-Handler 'quit_faenger' nicht installiert\n");
    exit(1);
  }
}

/*................................................. unguelt_adresse ..........*/
void unguelt_adresse(int signr)
{
    /* Fuer die Dauer dieser Funktionsausfuehrung muessen weitere  */
    /* SIGSEGV-Signale ignoriert werden.                           */
  signal(SIGSEGV, SIG_IGN);

    /* Text "Unerlaubter Speicher-Zugriff" ausgeben */
  printf("Unerlaubter Speicher-Zugriff\n");
}
```

```
/*-------- Routine zum Installieren der Signal-Handler  ----------------*/

void installiere_signal_handler(void)
{
    if (signal(SIGINT, intr_faenger) == SIG_ERR) {
        printf("Signal-Handler 'intr_faenger' nicht erfolgreich installiert\n");
        exit(1);
    }
    printf("Signal-Handler  intr_faenger  installiert....\n");
    if (signal(SIGQUIT, quit_faenger) == SIG_ERR) {
        printf("Signal-Handler 'quit_faenger' nicht installiert\n");
        exit(1);
    }
    printf("Signal-Handler  quit_faenger  installiert....\n");
    if (signal(SIGSEGV, unguelt_adresse) == SIG_ERR) {
        printf("Signal-Handler 'unguelt_adresse' nicht installiert\n");
        exit(1);
    }
    printf("Signal-Handler  unguelt_adresse  installiert....\n");
}
```

Ein Ablauf dieses Programmes kann wie folgt sein:

```
Signal-Handler  intr_faenger  installiert....
Signal-Handler  quit_faenger  installiert....
Signal-Handler  unguelt_adresse  installiert....
Abbruch dieses Programms mit quit (Strg-\) moeglich

Druecke so schnell wie moeglich Strg-C-Taste.......
Strg-C Gebrauchte Zeit:         0.87
    Neuer Rekord        0.87 Sek.
Strg-C Gebrauchte Zeit:         0.95
Strg-C Gebrauchte Zeit:         1.30
Strg-C Gebrauchte Zeit:         0.12
    Neuer Rekord        0.12 Sek.
Strg-C Gebrauchte Zeit:         0.86
Strg-C Gebrauchte Zeit:         0.11
    Neuer Rekord        0.11 Sek.
Strg-C Gebrauchte Zeit:         0.87
Strg-C Gebrauchte Zeit:         0.12
Strg-C Gebrauchte Zeit:         0.10
    Neuer Rekord        0.10 Sek.
Strg-C Gebrauchte Zeit:         0.11
Strg-C Gebrauchte Zeit:         0.81
Strg-C Gebrauchte Zeit:         0.33
Strg-\ Die schnellste Strg-C-Tastenfolge dauerte        0.10 Sek
Unerlaubter Speicher-Zugriff
```

Ein typisches Anwendungsgebiet für Signal-Handler ist ein sogenannter *Cleanup*: Wird ein Programm durch die Eingabe einer Abbruchtaste abgebrochen, so sorgt die entsprechende Signalbehandlungs-Routine für die noch zu erledigenden »Aufräumarbeiten«, wie z.B. das Löschen von temporären Dateien, bevor das Programm wirklich verlassen wird.

Beispiel

```
#include <stdio.h>

char *temp_datei = " .... "

void
   cleanup()
{
      unlink(temp_datei);
      exit(1);
}

main()
{
   signal(SIGINT, cleanup);
        :
      Programmcode
        :
   exit(0);
}
```

Es ist noch anzumerken, daß ein Sohnprozeß die Signalbehandlung seines Vaters erbt. Ein durch ein Signal abgebrochener Prozeß kommt in einen sogenannten »Zombie«-Zustand, falls der Vater nicht auf dessen Beendigung wartet. Erst, wenn der Vater **wait** aufruft oder aber selbst stirbt (und damit der Urprozeß **init** zum Vater des »Zombie«-Prozesses wird), wird dieser Sohnprozeß aus dem System entfernt und belastet es nicht mehr.

Beispiel

Im nachfolgendem Programm legt der Vaterprozeß mit einem **signal**-Aufruf fest, daß das Signal **SIGINT** (Signalnummer 2) zu ignorieren ist. Dies geschieht allerdings erst nach der Erzeugung eines Sohnprozesses, so daß dies nicht mehr für den Sohnprozeß gilt. Da der Sohnprozeß kein Ignorieren dieses Signals veranlaßt hat, bewirkt ein Drücken der ⌈Strg⌉-⌈C⌉-Taste, daß er abgebrochen wird, während der Vater das durch die ⌈Strg⌉-⌈C⌉-Taste erzeugte Signal (**SIGINT**) ignoriert und dadurch nicht abgebrochen wird.

```
#include <stdio.h>
#include <signal.h>

int main(void)
{
   int status,
      fork_pid;

   if ((fork_pid=fork()) == 0) {
      while (1) {
         printf("  Sohn: Ich bin der Sohn mit PID %d\n", getpid());
```

```
        sleep(1);
      }
   } else if (fork_pid > 0) {
      signal(SIGINT, SIG_IGN); /* Vater ignoriert Signal SIGINT */
      printf("Vater: Endlich bist du ruhig, Sohn mit der PID %d\n",
            wait(&status));
      printf("       Grund fuer deine Ruhe ist das Signal %x\n", status);
      signal(SIGINT, SIG_DFL);
      exit(0);
   }
   return(0);
}
```

Der Start dieses Programms kann zu folgendem Bildschirmdialog führen:

```
Sohn: Ich bin der Sohn mit PID 2045
Sohn: Ich bin der Sohn mit PID 2045
Sohn: Ich bin der Sohn mit PID 2045
Sohn: Ich bin der Sohn mit PID 2045
Sohn: Ich bin der Sohn mit PID 2045
Sohn: Ich bin der Sohn mit PID 2045
[ Strg ]-[ C ]Vater: Endlich bist du ruhig, Sohn mit der PID 2045
        Grund fuer deine Ruhe ist das Signal 2
```

Signale senden

kill

Mit dem Aufruf der Systemfunktion **kill**:

```
int kill(pid, signalnr)
     int pid, signalnr;
```

kann ein Prozeß einem anderen Prozeß mit der Prozeßnummer *pid* ein Signal (*signalnr*) senden. Der Name dieses Systemaufrufes bedeutet nicht, daß der empfangende Prozeß immer beendet (»gekillt«) wird.

Signale können allen Prozessen geschickt werden, deren Prozeßnummer bekannt ist, und die unter der gleichen Benutzerkennung (wie der Sender-Prozeß) laufen.

Ein Superuser-Prozeß kann allerdings an jeden Prozeß im System ein Signal senden.

Wenn für *pid* -1 angegeben wird, so wird das Signal *signalnr* an alle Prozesse geschickt, deren reale UID gleich der effektiven UID des Sender-Prozesses ist. So ist es einem Benutzer möglich, alle seine Prozesse mit einem **kill**-Aufruf zu beenden.

Wenn der Superuser **kill** mit der *pid* -1 aufruft, so werden alle Prozesse, außer den zwei speziellen Prozessen mit PID 0 und PID 1, beendet.

kill wird fast ausschließlich für folgende Zwecke benutzt:

▶ einen oder mehrere Prozesse mit **SIGTERM** oder mit **SIGQUIT** bzw.
    SIGIOT – falls ein *core image* (Speicherabzug der abzubrechenden Prozesse)
    erwünscht ist – zu beenden.

▶ um die Fehlerbehandlung (bei Auftreten von Signalen) eines neuen Pro-
    gramms zu testen, indem man Signale an dieses ablaufende Programm
    schickt.

alarm

Mit dem Aufruf der Systemfunktion **alarm**:

```
unsigned alarm(sek)
     unsigned sek;
```

kann ein Prozeß einen Auftrag an das Betriebssystem geben, ihm in *sek* Sekunden das Signal **SIGALRM** zu senden. So würde z.B. der Aufruf **alarm(7)** dazu
führen, daß dem aufrufenden Prozeß nach 7 Sekunden das Signal **SIGALRM**
geschickt würde. Fängt er dieses Signal nicht ab, so wird er dann beendet.

Beispiel   Das nachfolgende Programm würde alle 20 Sekunden die Terminalglocke
erklingen lassen[1]:

```
#include <stdio.h>
#include <signal.h>

void klingeln(int signr)
{
    signal(SIGALRM, SIG_IGN);
    printf("\a\n");
    alarm(20);
    if (signal(SIGALRM, klingeln) == SIG_ERR) {
        fprintf(stderr, "Signalhandler 'klingeln' nicht installierbar\n");
        exit(1);
    }
}

int main(void)
{
    signal(SIGALRM, klingeln);
    alarm(20);
    while (1)
        ;   /* Endlosschleife */
    return(0);
}
```

---

1. Dieses Programm sollte im Hintergrund gestartet werden; der dafür kreierte Prozeß kann
   nach der Ermittlung der PID (mit **ps**) mit dem Kommandoaufruf **kill -9 pid** abgebrochen
   werden.

pause

Mit dem Aufruf der Systemfunktion **pause**:

```
void pause()
```

kann ein Prozeß sich selbst anhalten, bis ein Signal eintrifft. Trifft dann ein Signal ein, das nicht mit **SIG_IGN** als »zu ignorieren« gekennzeichnet ist, wird der Prozeß wieder aufgeweckt und setzt seine Ausführung nach dem **pause**-Aufruf wieder fort.

Beispiel Unter Verwendung der Systemfunktion **pause** und **alarm** soll die Systemfunktion **sleep**[1] einfach nachgebildet werden:

```
#include <stdio.h>
#include <signal.h>

void leerfunk(int signr)
{
}

void mein_sleep(int sek)
{
    if (signal(SIGALRM,leerfunk) == SIG_ERR) {
        fprintf(stderr, "Signalhandler 'leerfunk' nicht installierbar\n");
        exit(1);
    }
    alarm(sek);
    pause();
}
```

Zum Abschluß von Signalen sei noch angemerkt, daß Signale nur eine sehr eingeschränkte Form der Kommunikation unter verschiedenen Prozessen sind, da

▶ zum einen nur wenige unterschiedliche Signalnummern zur Verfügung stehen und

▶ zum anderen die Kommunikation mit Signalen sehr unzuverlässig ist, da Signale verloren gehen können, z.B. wenn ein neues Signal eintrifft, während ein Prozeß gerade die zugehörige Signalbehandlungs-Routine bearbeitet.

Zusammenfassung

In diesem Kapitel wurden grundlegende Aspekte des Unix-Prozeßkonzepts behandelt. In »Linux-Unix-Systemprogrammierung« werden darauf aufbauend fortgeschrittene Techniken der Systemprogrammierung und der Interprozeß-Kommunikation mittels *named pipes*, *Semaphores*, *Shared memory* und *message queues* gezeigt.

---

1. hier **mein_sleep** genannt

13 Weitere nützliche Unix-Kommandos

Istud quod tu summum putas, gratus est.
(Was Du für den Gipfel hältst, ist nur eine Stufe)

Seneca

Hier werden einige wichtige Unix-Kommandos aufgezählt, die bisher unerwähnt blieben. Jedes Kommando wird dabei sehr kurz in ein oder zwei Sätzen beschrieben.

Kommando	Erläuterung
ar	Archiv-Bibliotheken erstellen und unterhalten.
at	Kommandos zu einem bestimmten Zeitpunkt später ablaufen lassen.
basename	Basisnamen zu einem Pfadnamen ausgeben. **basename /home/sascha/add.c** gibt z.B. *add.c* aus. Dieses Kommando wird insbesondere bei der Shell-Programmierung gebraucht (siehe Buch »Linux-Unix-Shells«).
batch	Kommandos zu einem späteren Zeitpunkt, wenn das System nicht so sehr belastet ist, ausführen lassen.
calendar	Automatische Erinnerung an Termine. **calendar** gibt aus der Datei *calendar* (im working directory) alle Zeilen aus, in der das heutige oder morgige Datum vorkommt.
clear	Bildschirm löschen.
col	Zeilenrückläufe aus drucker-formatierten Texten entfernen.
crontab	Kommandos in bestimmten Zeitintervallen immer wieder ablaufen lassen.
csplit	Kontextabhängiges Zerteilen einer Datei. Dabei wird eine Datei nicht wie bei **split** nach festen Zeilenzahlen zerteilt, sondern nach vorgegebenen Schnittstellen, die bestimmte Textinhalte (über reguläre Ausdrücke festgelegt) vorgeben.
dfspace	Freien Speicherplatz auf allen Dateisystemen ausgeben.
dirname	Directorypfad zu einem Pfadnamen ausgeben; ist das Gegenstück zu basename. **dirname /home/sascha/add.c** gibt z.B. */home/sascha* aus. Dieses Kommando wird insbesondere bei der Shell-Programmierung gebraucht (siehe Buch »Linux-Unix-Shells«).

Kommando	Erläuterung
factor	Primfaktorzerlegung für eine Zahl durchführen.
finger	Informationen zu anderen Benutzern abfragen. Dabei kann man sich z.B. das Projekt anzeigen lassen, an dem diese gerade arbeiten.
fmt	Einfaches Formatieren von Dateien.
format	Formatieren von Floppy-Disks.
groups	Gruppenzugehörigkeit eines Benutzers ausgeben.
iconv	Konvertieren von internationalen Zeichensätzen, wie z.B. von einem amerikanischen Zeichensatz in einen deutschen.
id	Eigene UID und GID mit Login-Namen ausgeben.
last	An- und Abmeldezeiten von anderen Benutzern und Terminals ausgeben.
logname	Eigenen Login-Namen ausgeben.
news	Neuigkeiten abfragen. In Unix existiert ein spezielles Directory (/var/news), das die Funktion eines elektronischen »schwarzen Bretts« hat. In diesem Directory kann jeder beliebige Benutzer Dateien anlegen. Mit dem Kommando **news** kann sich nun jeder Benutzer alle Dateien aus diesem Directory ausgeben lassen, die er noch nicht gelesen hat.
su	Kurzzeitiges Anmelden unter einem anderen Login-Namen, ohne sich abzumelden.
sum	Prüfsumme für Dateien ausgeben. Merkt man sich diese Prüfsumme, so kann man später durch einen erneuten **sum**-Aufruf für dieselbe Datei feststellen, ob die betreffende Datei manipuliert wurde oder für den Fall, daß betreffende Datei (über ein Netz) kopiert wurde, feststellen, ob sie fehlerfrei übertragen wurde.
tar	Sichern von Dateien auf externen Speichermedien, wie Diskette oder Magnetband. Daneben ermöglicht **tar** auch das Umkopieren ganzer Directorybäume.
tftp	»Schmalspur-Version« des **ftp** (*trivial file transfer program*). **tftp** wird meist dann verwendet, wenn nur Dateien zu übertragen sind, wobei keine ständige Verbindung wie bei **ftp** aufrechterhalten werden muß.
time	Die von Programmen benötigte Zeit ausgeben.

A Linux-Unix-Befehlsreferenz

Anhang A gibt eine ausführliche Beschreibung der in diesem Buch vorgestellten (und noch einiger weiterer) Kommandos. Zu jedem einzelnen Kommando wird dabei nicht nur eine kurze Beschreibung seiner Funktionsweise und der wichtigsten Optionen gegeben, sondern es werden meist auch Beispiele, typische Anwendungsfälle und Hinweise zu anderen Kommandos oder Besonderheiten des jeweiligen Kommandos gegeben. Die Kommandos sind dabei alphabetisch geordnet, um ein schnelleres Nachschlagen eines Kommandos zu ermöglichen.

a2ps	Umwandeln einer ASCII-Datei in Postscript-Format

Syntax

a2ps [*global-option(en)*] [[*lokale-option(en)*] *datei*]...]

Beschreibung

a2ps wandelt jede auf der Kommandozeile angegebene *datei* in Postscript-Format um, um sie dann an einem Postscript-Drucker ausgeben zu können. Ist keine *datei* auf der Kommandozeile angegeben, liest **a2ps** von der Standardeingabe. Das Ergebnis der Umwandlung wird dann auf die Standardausgabe oder am Drucker ausgegeben. Die Voreinstellung ist, daß zwei Seiten auf einem Blatt ausgegeben werden, wobei die beiden Seiten gerahmt sind und zusätzliche nützliche Information, wie z.B. Dateiname, Seitennummer, Druckdatum und -zeit usw. enthalten.

Optionen

Einige wichtige globale Optionen sind:

-?	Ausgabe von Hilfsinformationen
-h	Ausgabe von Hilfsinformationen
-nH	keine Ausgabe von Kopfzeilen
-nP	Ausgabe nicht am Drucker, sondern auf der Standardausgabe
-P*drucker*	Ausgabe am Drucker mit der Kennung *drucker*
-s1	Einseitige Ausgabe
-s2	Doppelseitige Ausgabe

Einige wichtige lokale Optionen sind:

-1	Nur eine Seite pro Blatt ausgeben
-2	Zwei Seiten pro Blatt nebeneinander ausgeben
-#*n*	entsprechende Datei *n*-mal ausgeben
-n	entsprechende Datei mit Zeilennumerierung ausgeben
-l	entsprechende Datei im Querformat (*landscape*) ausgeben (Voreinstellung)
-p	entsprechende Datei im Hochformat (*portrait*) ausgeben

Typische Anwendungen

a2ps wird oft zur Ausgabe von C-Programmen an einem Postscript-Drucker verwendet.

alias	Vergeben von Kurznamen an Kommandos

Syntax

alias [*kurzname* [*=kommando*]]

Beschreibung

alias definiert einen Kurznamen (*Alias*) für einen Kommandoaufruf, wie z. B.

```
alias m='less "
alias ll='ls -CF '
```

Wird **alias** ohne jegliche weitere Angaben aufgerufen, gibt es alle momentan definierten Kurznamen mit den zugehörigen Kommandoaufrufe aus. Wird **alias** nur mit einem Kurznamen aufgerufen, so gibt es den zu diesem Kurznamen definierten Kommandoaufruf aus.

Typische Anwendungen

Üblicherweise definiert man mit **alias** alle benötigten Kurzformen in der Datei .alias (im Home Directory), um nützliche Kurzformen nicht immer wieder neu definieren zu müssen. Diese Datei wird automatisch bei jedem Anmelden gelesen.

| **apropos** | Suchen von Schlüsselwörtern in den man-Seiten |

Syntax

apropos *schlüsselwort*

Beschreibung

apropos listet die Namen aller man-Seiten auf, in denen das angegebene *schlüsselwort* vorkommt.

apropos *schlüsselwort* entspricht dem Aufruf **man -k** *schlüsselwort*

| **ar** | Erstellen und Pflegen von Archiv-Bibliotheken (archive and library maintainer) |

Syntax

ar [-V] *schlüssel* [*posname*] *archiv_datei* [*datei(en)*]

Beschreibung

Das Kommando **ar** ermöglicht, mehrere Dateien in einer sogenannten Archiv-Bibliothek (*archiv_datei*) unterzubringen. Ebenso können mit **ar** neue Dateien in einer bereits erstellten Archiv-Bibliothek aufgenommen oder wieder aus ihr entfernt werden.

Eine Archiv-Datei enthält am Anfang eine sogenannte Symboltabelle, welche Informationen über die im Archiv enthaltenen Dateien bereitstellt, um einen möglichst effizienten Zugriff auf die jeweiligen Dateien durch den Linker **ld** zu ermöglichen. Eine Symboltabelle wird nur dann von **ar** erstellt, wenn sich wenigstens eine Objektdatei im Archiv befindet.

Was die Angaben auf der Kommandozeile im einzelnen bedeuten, ist nachfolgend beschrieben.

-V	bewirkt die Ausgabe der Versionsnummer von **ar** auf die Standardfehlerausgabe.
schlüssel	legt die in einem Archiv durchzuführende Operation fest.
posname	muß der Name einer Datei aus dem Archiv sein. Hiermit kann eine Position innerhalb eines Archivs festgelegt werden.
archiv_datei	ist der Name des entsprechenden Archivs.
datei(en)	legt die zu bearbeitenden Dateien fest.

Schlüssel-Angabe

Ein *schlüssel* setzt sich aus zwei Teilen zusammen:

funktion	legt die auszuführende Aktion fest. *funktion* muß immer angegeben sein, wobei davor ein – (Querstrich) stehen kann oder auch nicht.
zusatz	läßt Zusatzangaben zu der auszuführenden Aktion zu.

funktion	
d	(**d**elete) löscht die angegebenen *datei(en)* aus dem Archiv *archiv_datei*.
r	(**r**eplace) ersetzt im Archiv die angegebenen *datei(en)*. Wenn nach **r** der *zusatz* **u** angegeben ist, so werden nur die Dateien im Archiv ersetzt, die seit ihrer letzten Archivierung verändert wurden. Ist nach **r** einer der *zusätze* **a** oder **b** oder **i** angegeben, so muß der *posname* angegeben sein; in diesem Fall werden neue Dateien nach (**a**) bzw. vor (**b**,**i**) *posname* eingefügt. In allen anderen Fällen werden neue Dateien am Ende des Archivs aufgenommen.
q	(**q**uickly) hängt die angegebenen *datei(en)* am Ende des Archivs an. Hierbei wird nicht geprüft, ob von den angegebenen *datei(en)* bereits welche im Archiv vorhanden sind.
t	(**t**able) gibt ein Inhaltsverzeichnis für das Archiv *archiv_datei* aus. Sind keine *datei(en)* angegeben, so wird ein Inhaltsverzeichnis für das gesamte Archiv ausgegeben. Sind *datei(en)* angegeben, so werden nur diese, falls im Archiv vorhanden, aufgelistet.
p	(**p**rint) gibt die angegebenen *datei(en)* aus dem Archiv *archiv_datei* aus.
m	(**m**ove) verlagert die angegebenen *datei(en)* an das Ende des Archivs *archiv_datei*. Ist nach **m** einer der *zusätze* **a** oder **b** oder **i** angegeben, so muß der *posname* angegeben sein; in diesem Fall werden die Dateien nicht am Archivende, sondern nach (**a**) bzw. vor (**b**,**i**) *posname* eingefügt.
x	(e**x**tract) extrahiert die angegebenen *datei(en)* aus dem Archiv. Sind keine *datei(en)* angegeben, so werden alle Dateien aus dem Archiv extrahiert. Extrahieren bedeutet hier, daß die entsprechenden Dateien aus dem Archiv in das working directory kopiert werden. Der Inhalt des Archivs wird bei dieser Option niemals verändert.

zusatz	
v	(*verbose*) Normalerweise gibt **ar** keine speziellen Meldungen aus. Diese *zusatz*-Angabe bewirkt, daß beim Erzeugen eines neuen Archivs für jede betroffene Datei eine kurze Information ausgegeben wird. Wird **v** bei der *funktion* **t** angegeben, so wird eine umfangreichere Information zu den entsprechenden Dateien ausgegeben. Wird **v** bei der *funktion* **x** angegeben, so wird für jede extrahierte Datei deren Name gemeldet.
c	(*create*) unterdrückt die Meldung, die normalerweise beim Anlegen eines Archivs ausgegeben wird.
l	(*local*) veranlaßt **ar** temporäre Dateien nicht in */tmp*, sondern im working directory abzulegen. Diese Option ist veraltet, da das neue **ar** keine temporären Dateien mehr anlegt.
s	(*symbol table*) bewirkt, daß die Symboltabelle für ein Archiv neu erstellt wird, selbst wenn **ar** nicht mit einem Kommando aufgerufen wird, das den Inhalt des Archivs ändert. Diese Option ist nützlich zur Wiederherstellung der Symboltabelle, wenn diese zuvor mit **strip** entfernt wurde.
u	(*update*) Wenn **u** mit der *funktion* **r** verwendet wird, so werden nur die Dateien ersetzt, die seit ihrer letzten Archivierung modifiziert wurden.
a	(*after*) wenn **a** zusammen mit einer der *funktionen* **r** oder **m** angegeben wird, so werden die *datei(en)* nach der mit *posname* spezifizierten Datei im Archiv eingefügt.
b	(*before*) wenn **b** zusammen mit einer der *funktionen* **r** oder **m** angegeben wird, so werden die *datei(en)* vor der mit *posname* spezifizierten Datei im Archiv eingefügt.
i	(*insert*) wenn **i** zusammen mit einer der *funktionen* **r** oder **m** angegeben wird, so werden die *datei(en)* vor der mit *posname* spezifizierten Datei im Archiv eingefügt.

Typische Anwendungen

▷ Das Kommando **ar** wird verwendet, um eine Archiv-Bibliothek von kompilierten C-Funktionen anzulegen, die dem Linker **ld** zum Einbinden der benötigten Funktionen vorgelegt wird. **ld** wird zwar automatisch von **cc** aufgerufen, kann jedoch auch direkt aufgerufen werden.

▷ **ar** kann auch verwendet werden, um miteinander verwandte Text-Dateien (wie z.B. C-Quellprogramme oder Briefe) in einem Archiv unterzubringen. Dies führt zu einer erheblichen Reduzierung der Dateien in einem Directory und dient so der Übersichtlichkeit.

▷ **ar** wird häufig auch verwendet, wenn eine große Zahl von Dateien kopiert werden muß. In diesem Fall werden alle zu kopierenden Dateien zunächst in einem Archiv abgelegt, bevor das gesamte Archiv kopiert wird.

 Wenn bei *datei(en)* dieselbe Datei zweimal angegeben ist, kann sie auch zweimal im Archiv aufgenommen werden.

Archiv-Dateien sollten immer das Suffix *.a* haben.

Das Kommando **ar** bewirkt keine nennenswerte Speicherplatzeinsparungen, da die entsprechenden Dateien nicht komprimiert werden.

Manche Unix-Systeme (wie z.B. XENIX) fordern, daß eine Archiv-Datei zuerst dem Kommando **ranlib** vorgelegt werden muß, bevor sie von **ld** bearbeitet werden kann.

Zur Erstellung und Pflege von Archiven können auch die beiden Kommandos **tar** und **cpio** verwendet werden. Es ist aber wichtig zu wissen, daß alle drei Kommandos verschiedene Archiv-Formate benutzen, und somit ein einmal erstelltes Archiv auch nur wieder mit dem gleichen Kommando bearbeitet werden kann.

Beispiel
```
$ ar -qv libgraphik.a linie.o kreis.o bogen.o rahmen.o⏎
ar: creating libgraphik.a
q - linie.o
q - kreis.o
q - bogen.o
q - rahmen.o
$
```

Mit obigen Kommando wird eine Archiv-Datei *libgraphik.a* erstellt, die vier Objektdateien enthält. Die Angabe von **q** bewirkt, daß die angegebenen Dateien am Ende des Archivs eingefügt werden. Der Zusatz **v** veranlaßt die Ausgabe aller Namen der Dateien, die im Archiv aufgenommen werden.

```
ar -q libgraphik.a punkt.o
```

Die Objektdatei *punkt.o* wird am Archivende eingefügt, ohne daß geprüft wird, ob diese Datei bereits im Archiv vorhanden ist oder nicht.

```
ar d libgraphik.a rahmen.o
```

Die Datei *rahmen.o* wird aus dem Archiv *libgraphik.a* entfernt.

```
ar -r libgraphik.a kreis.o
```

Die Datei *kreis.o* im Archiv wird durch eine neues *kreis.o* ersetzt.

```
$ ar -t libgraphik.a⏎
linie.o
kreis.o
```

```
bogen.o
punkt.o
$
```

Es wird der Inhalt der Archiv-Datei *libgraphik.a* aufgelistet.

```
ar -x libgraphik.a linie.o
```

Die Datei *linie.o* wird aus der Archiv-Datei *libgraphik.a* in das working directory kopiert. Der Inhalt der Archiv-Datei bleibt bei diesem Aufruf unverändert.

```
ar -t /lib/libc.a | sort | pg
```

Mit diesem Aufruf kann man sich alle C-Bibliotheksfunktionen auflisten lassen.

---

arena   minimaler WWW-Browser

Syntax

arena [*datei*] oder
arena [*www-adresse*]

Beschreibung

arena ist ein frei verfügbarer WWW-Browser, kann aber bezüglich Komfort sicher nicht mit den heute gängigen Browsern wie Netscape oder Internet-Explorer mithalten. Er beschränkt sich wirklich auf das Minimum. Er ist im Prinzip nur in der Lage WWW-Dokumente anzuzeigen und darin enthaltenen Querverweisen zu folgen. Die Bedienung erfolgt über selbsterklärende Buttons, und außer den Cursortasten gibt es keine weiteren Tastenkürzel.

arena muß nur mit einer WWW-Adresse oder aber einer lokalen HTML-Datei aufgerufen werden. Es lädt dann das entsprechende Dokument und zeigt die erste Seite an.

Typische Anwendungen

arena wird z.B. unter Linux oft zum Lesen von Online-Dokumentation, die im HTML-Format vorliegt, eingesetzt, da dieses Programm wesentlich weniger Speicher und CPU benötigt als der wesentlich komfortablere WWW-Browser *Netscape*.

at	Kommandos zu einem späteren Zeitpunkt ausführen lassen

Syntax

at [-f *skript*] [-m] *zeit* [*datum*] [+*increment*]ᵃ
kommando1
kommando2
   :
⸨Strg⸩-⸨D⸩
at -r *job(s)*
at -l [*job(s)*]
at -d *job*

zeit und *datum* legen die Zeit und das Datum für den Start der entsprechenden Kommandos fest.
increment legt den Zeitpunkt für den Start der Kommandos relativ (nicht absolut) fest.
Für *job(s)* sind die entsprechenden Auftragsnummer(n) (engl.: *job number*) anzugeben.

a. Dieser Aufruf legt eine Auftragsnummer (engl.: *job number*) fest und meldet diese nach der Eingabe von ⸨Strg⸩-⸨D⸩.

Beschreibung

Das Kommando **at** liest die auszuführenden Kommandos über die Standardeingabe ein und bewirkt, daß diese Kommandos zum angegebenen Zeitpunkt ausgeführt werden, selbst wenn der entsprechende Benutzer zu diesem Zeitpunkt nicht am System angemeldet ist.

Die zu einem späteren Zeitpunkt auszuführenden Kommandos müssen nach der Angabe des **at**-Kommandos in den folgenden Zeilen vom Benutzer eingegeben werden. Das Ende der Kommandoeingabe wird dabei **at** mit **EOF** (⸨Strg⸩-⸨D⸩ als einziges Zeichen einer Zeile) mitgeteilt. Natürlich können die entsprechenden Kommandos auch in einer Datei angegeben sein und mit Eingabeumlenkung dem **at**-Kommando übermittelt werden.

Die Ausgabe der einzelnen an **at** übergebenen Kommandos wird, wenn keine Ausgabeumlenkung verwendet wurde, dem entsprechenden Benutzer über mail zugeschickt.

Die bei **at** angegebenen Kommandos laufen unter den gleichen Bedingungen ab, die vorlagen als sie angegeben wurden (wie z.B. gleiches working directory).

Optionen

-f *skript*	liest die auszuführenden Kommandos aus der Datei *skript*.
-m	Die Beendigung des Jobs wird dem Benutzer über mail mitgeteilt (mail).
-l	Auflisten der mit **at** eingerichteten Jobs (list).
-r	Löschen von Jobs, die mit **at** eingerichtet wurden (remove).
-d	listet den Inhalt des angegebenen *job* auf (display). Unter Linux löscht es den angegebenen *job*.

Zeitpunkt für Start der Kommandos festlegen:

zeit legt die Zeit für den Start der Kommandos in Stunden und Minuten fest:

▶ gibt man für *zeit* nur eine oder 2 Ziffern an, so wird damit eine Stunde festgelegt.

▶ Sind für *zeit* 4 Ziffern angegeben, so spezifizieren die ersten beiden Ziffern die Stunde und die letzten beiden die Minute, z.B. würde die Angabe 1316 der Uhrzeit 13:16 entsprechen.

Unix arbeitet mit einer 24-Stunden-Uhr, es sei denn es wird explizit die amerikanische Schreibweise: 0617**am** (Morgens) oder 0853**pm** (Abends) verwendet. Die Stunden und Minuten dürfen auch durch Doppelpunkt getrennt (z.B. 14:53 oder 4:12) angegeben werden. Falls eine angegebene Zeit für den momentanen Tag schon vorüber ist und es wurde keine *datum*-Angabe gemacht, so wird der Zeitpunkt auf den nächsten Tag gleicher Zeit verschoben.

Bei der *zeit*-Angabe können auch folgende Wörter verwendet werden:

Angabe	Funktion
zulu	für *Greenwich Mean Time*; ist als Suffix anzugeben, z.B. 2:13zulu oder 2:13 zulu
noon	für Mittag
midnight	für Mitternacht
now	für jetzt; ist im Zusammenhang mit *increment* zu verwenden. at now liefert die Fehlermeldung too late.
next	zu deutsch: nächste(n); muß nach *zeit* und vor *datum* angegeben sein.

Für *datum* sind folgende Angaben möglich:

Angabe	Funktion
Monat Tag	(z.B. Feb 23); Als Monat-Angabe möglich: Jan Feb Mar Apr May Jun Jul Aug Sep Oct Nov Dec
Monat Tag, Jahr	(z.B. May 12,1990)
Wochentag	(z.B. Wednesday oder Wed); muß in englisch angegeben sein, wobei auch Abkürzungen erlaubt sind: Monday, Tuesday, Wednesday, Thursday, Friday, Saturday, Sunday
Heute oder Morgen	(today oder tomorrow)

Ist ein angegebenes *datum* (ohne Jahresangabe) bereits verstrichen, so wird es auf das nächste Jahr verschoben.

Für *increment* muß eine Zahl gefolgt von einem der folgenden Wörter angegeben werden: `minutes`, `hours`, `days`, `weeks`, `months` oder `years`; der Singular für diese Wörter (ohne das Plural-S) ist ebenso erlaubt.

Um z.B. einen Job in 3 Stunden ablaufen zu lassen, könnte

```
at now +3 hours
....
```

gegeben werden.

Beispiel Erlaubte **at**-Aufrufe sind:

```
at 1715am  Aug 12
at now +2 day
at now next day
at noon  Friday
```

Hinweis Der Systemverwalter kann das Absetzen des **at**-Kommandos allen Benutzern, nur bestimmten Benutzern oder keinem Benutzer erlauben. Dies kann er über Einträge in eine der beiden Dateien

```
/etc/cron.d/at.allow (1)
```

und

```
/etc/cron.d/at.deny (2)
```

steuern. Wenn die Datei (1) existiert, so ist nur den dort eingetragenen Benutzern die Ausführung des **at**-Kommandos erlaubt; im anderen Fall überprüft das System den Inhalt von (2), in welchem alle Benutzer einzutragen sind, denen die Ausführung von **at** untersagt ist. Wenn (2) zwar existiert, aber leer ist, so darf jeder Benutzer **at** aufrufen. Wenn keine der beiden Dateien existiert, so darf keiner der normalen Benutzer **at** aufrufen; dieses Privileg ist dann nur dem Systemverwalter und dem Superuser vorbehalten.

Das **batch**-Kommando ist dem **at**-Kommando ähnlich, mit dem Unterschied, daß es die angegebenen Kommandos nicht zu einem bestimmten Zeitpunkt ausführen läßt, sondern dann, wenn das System Zeit dafür hat.

banner   Zeichenketten (Strings) in Spruchband-Form ausgeben

Syntax

banner *string*(s)

Beschreibung

Das Kommando **banner** gibt die angegebenen *string*(s) in Spruchband-Form auf die Standardausgabe aus.

Jeder angegebene einzelne *string* wird dabei in einer (Groß-)Zeile ausgegeben. Die maximale Anzahl von Zeichen, die in eine solche (Groß-)Zeile passen, hängt vom Bildschirm ab; für einen 80 spaltigen Bildschirm ist dieses Maximum 10 Zeichen. Um mehrere Wörter in einer (Groß-)Zeile ausgeben zu lassen, sind diese mit » .. « zu klammern. Unter Linux werden die *string(s)* von oben nach unten ausgegeben.

basename   Eigentlichen Dateinamen (Basisnamen) aus einem Pfadnamen extrahieren

Syntax

basename *string* [*suffix*]

Beschreibung

Jede Datei hat einen sogenannten Basisnamen und einen Pfadnamen. Der Basisname ist der Name, der im entsprechenden parent directory zu dieser Datei eingetragen ist. So ist z.B. beim Pfadnamen */home/egon/uebung1/laender* der Basisname *laender*[1]. Der Pfadname gibt dabei den Pfad vom root directory zu dieser Datei an.

Das Kommando **basename** entfernt nun aus dem angegebenen *string* (Pfadname) alles von Beginn bis einschließlich dem letzten / und gibt dann den Rest, also den Basisnamen aus; so würde z.B. der Aufruf

basename /home/egon/uebung1/laender

die Ausgabe

laender

liefern.

---

1. ist im parent directory *uebung1* eingetragen

Falls ein *suffix* angegeben ist, so wird auch dieses – falls es am Ende des Basisnamens vorhanden ist – noch vor der Ausgabe vom Basisnamen entfernt; so würde z. B. der Aufruf

```
basename /home/egon/uebung1/add1.c  .c
```

schließlich folgende Ausgabe liefern:

```
add1
```

batch	Kommandos irgendwann später ausführen lassen

Syntax

```
batch
```
kommando1
kommando2
    :
[Strg]-[D]

Beschreibung

Das Kommando **batch** liest die auszuführenden Kommandos über die Standardeingabe ein und bewirkt, daß diese Kommandos zu einem späterem Zeitpunkt ausgeführt werden, wenn das System dafür Zeit hat; wenn also die Systemlast dies zuläßt. Die angegebenen Kommandos werden dann ausgeführt, selbst wenn der entsprechende Benutzer zu diesem Zeitpunkt nicht am System angemeldet ist.

Die später auszuführenden Kommandos müssen vom Benutzer nach der Angabe des **batch**-Kommandos in den folgenden Zeilen eingegeben werden. Das Ende der Kommandoeingabe wird dabei **batch** mit **EOF** ([Strg]-[D] als einziges Zeichen einer Zeile) mitgeteilt. Natürlich können die entsprechenden Kommandos auch in einer Datei angegeben sein und mit Eingabeumlenkung dem **batch**-Kommando übermittelt werden.

Die Ausgabe der einzelnen an **batch** übergebenen Kommandos wird, wenn keine Ausgabeumlenkung verwendet wurde, dem entsprechenden Benutzer über mail zugeschickt.

Die bei **batch** angegebenen Kommandos laufen unter den gleichen Bedingungen ab, die vorlagen als sie angegeben wurden (wie z. B. gleiches working directory).

Hinweis ▷ Das **batch**-Kommando ist dem Kommando **at** sehr ähnlich. Der Unterschied ist dabei lediglich, daß bei **batch** keine Zeit vorgegeben wird, wann die entsprechenden Kommandos auszuführen sind.

▷ Ein **batch**-Aufruf ähnelt auch der Ausführung eines Kommandos im Hintergrund (**&**). Der Unterschied hier ist, daß ein mit **batch** gegebener Auftrag nicht abgebrochen wird, wenn der entsprechende Benutzer sich vom System abmeldet.

| **cal** | Kalender zu einem Monat oder einem Jahr ausgeben lassen |

Syntax

```
cal [[monat] jahr]
```

Beschreibung

Das Kommando **cal** gibt einen Kalender zu einem bestimmten Monat oder Jahr auf die Standardausgabe aus.

Es sind folgende Aufrufe von **cal** möglich:

▷ ohne jede Argumente: Kalender für den laufenden Monat wird ausgegeben

▷ mit einem Argument: Kalender für das angegebene *jahr* (1-9999 möglich) wird ausgegeben

▷ mit 2 Argumenten: Kalender für den angegebenen *monat* (1. Argument; 1-12 möglich) des angegebenen *jahres* (2.Argument; 1-9999 möglich) wird ausgegeben.

Hinweis ▷ Bitte beachten Sie folgende Hinweise:

▷ `cal 9 1752` gibt den Kalender für September des Jahres 1752 aus. Das Besondere an dieser Ausgabe ist, daß in diesem Monat 11 Tage fehlen, um den bis dahin benutzten Kalender zu korrigieren.

▷ `cal 56` gibt den Kalender für das Jahr 56 und nicht für das Jahr 1956 aus. Dies ist ein häufiger Fehler, den Benutzer begehen, wenn sie sich Kalender aus diesem Jahrhundert ausgeben lassen möchten.

Hinweis Auf manchen Unix-Systemen verhält sich **cal** geringfügig anders:

▷ ohne jede Argumente: Es wird zunächst Datum und Uhrzeit ausgegeben, bevor dann 3 Monate (letztes, dieses und nächstes Monat) ausgegeben werden.

▷ statt einer Monatszahl kann auch ein Monatsname oder dessen eindeutige Anfangsbuchstaben angegeben werden, wie z.B.

```
cal may
cal ja    (für Januar)
cal jun   1956
cal april
```

Nicht erlaubt, da nicht eindeutig, wäre z. B.

```
cal ju   (jun oder jul?)
cal ma   (mar oder may?)
```

▷ mit einem oder mit 2 Argumenten: **cal** verhält sich hier wie oben beschrieben

calendar	Automatisches Erinnern an Termine

Syntax

```
calendar [-]
```

Beschreibung

Das Kommando **calendar** sucht im working directory nach einer Datei mit dem Namen *calendar*. Findet es diese Datei, so gibt es aus ihr alle Zeilen aus, in denen das heutige oder morgige Datum vorkommt. An einem Freitag oder an einem Wochenende werden nicht nur die Zeilen ausgegeben, die das heutige und morgige Datum enthalten, sondern auch alle Zeilen, die ein Datum für dieses Wochenende und den darauffolgenden Montag enthalten.

calendar erkennt jedes Datum, das im amerikanischen Format:

Monat Tag (wie z. B. Jan 25 oder January 25 oder 1 / 25)

angegeben ist.

Wenn die Datei *calendar* (im working directory) z. B. folgenden Inhalt hätte:

```
Fruehlingsanfang am Mar 21
December 1 : Mit dem Weihnachtseinkauf anfangen
7/19 : Hochzeitstag
Besprechung am Jul 18 (14.30 Uhr, Raum 412)
```

Wenn nun am 18. Juli das Kommando **calendar** aufgerufen würde, so würde es folgende Ausgabe liefern:

```
7/19 : Hochzeitstag
Besprechung am Jul 18 (14.30 Uhr, Raum 412)
```

Wenn calendar- aufgerufen wird, durchsucht das **calendar**-Programm die login-Directories aller Benutzer und stellt gegebenenfalls eine Erinnerung daran den betreffenden Benutzern per mail zu. Diese Aufrufform wird nur vom Systemadministrator verwendet, wenn er das System so konfiguriert, daß **calendar** regelmäßig zentral gestartet wird. Wenn ein System nicht Tag und Nach durchläuft und so **calendar** nicht automatisch aufgerufen wird, sollten Sie **calendar** in Ihrem *.profile* aufrufen.

calendar wird üblicherweise in der Datei *.profile* angegeben, so daß es bei jedem Anmelden automatisch aufgerufen wird. Es erinnert dann den entsprechenden Benutzer an alle heutigen und morgigen Termine, die in der Datei *calendar* (im home directory) eingetragen sind.

cancel	Abbrechen von Druckaufträgen, die mit dem lp-Kommando gegeben wurden

Syntax

cancel [*kennung(en)*] [*druckername(n)*]

cancel -u *login-name* [*druckername(n)*] (neu in System V.4)

Beschreibung

Das Kommando **cancel** storniert abgegebene Druckaufträge. Welche Druckaufträge zu stornieren sind, kann **cancel** entweder über die von **lp** ausgegebenen Auftrags-*kennung(en)* oder über die Angabe der entsprechenden *druckername(n)* mitgeteilt werden.

Wird **cancel** mit der Angabe von *druckername(n)* aufgerufen, so wird der gerade am Drucker ausgegebene Auftrag beendet.

Neu in System V.4 ist, daß es möglich ist, alle Druckaufträge zu stornieren, die man abgesetzt hat. Dazu muß man die Option **-u** *login-name* verwenden. Das Argument *login-name* muß dabei Ihre Benutzerkennung sein. Sind noch *druckername(n)* angegeben, so werden nur dort die Druckaufträge storniert, andernfalls werden die Druckaufträge an allen Druckern storniert.

Die Kennungen und der Status von abgegebenen Druckaufträgen können mit dem Kommando **lpstat** erfragt werden. Unter Linux muß statt **cancel** das Kommando **lprm** verwendet werden.

cat Inhalt von Dateien auf die Standardausgabe ausgeben (concatenate)

Syntax

cat [*option(en)*] [*datei(en)*]

Beschreibung

Das Kommando **cat** gibt den Inhalt der angegebenen *datei(en)* nacheinander (konkateniert) auf die Standardausgabe (Voreinstellung ist der Bildschirm) aus.

Dieses Kommando ermöglicht es, den Inhalt von Dateien anzusehen, ohne daß ein Editor aufgerufen werden muß.[1]

Falls die angegebenen *datei(en)* mehr Zeilen haben als auf dem Bildschirm angezeigt werden können, dann kann mit Strg-S die Bildschirmausgabe angehalten und mit Strg-Q eine angehaltene Bildschirmausgabe fortgesetzt werden.[2]

Werden keine *datei(en)* beim Aufruf von **cat** angegeben, so liest **cat** den auszugebenden Text von der Standardeingabe; das Ende des Eingabetexts wird dabei mit der Eingabe des EOF-Zeichens Strg-D angezeigt.

Optionen

Bis System V Release 3 hatte das Kommando **cat** nur eine Option (-s); Release 4 brachte vier neue Optionen für **cat** mit sich:

Option	Beschreibung
-u	Die Ausgabe wird nicht gepuffert; Voreinstellung ist eine gepufferte Ausgabe in Blöcken (meist 512 Byte), wenn sie nicht auf den Bildschirm erfolgt.
-s	Falls eine auszugebende *datei* nicht existiert, so gibt **cat** normalerweise eine Fehlermeldung aus; mit der Angabe dieser Option können solche Fehlermeldungen unterdrückt werden.
-v	Nicht-druckbare Zeichen (außer Tabulator-, Neuezeile- und Seitenvorschub-Zeichen) werden bei der Ausgabe sichtbar gemacht. Steuerzeichen werden dabei mit ^x (Strg-x) und das Zeichen DEL mit ^? angezeigt. Nicht-ASCII-Zeichen (höchstwertige Bit gesetzt; Wertebereich von 128 bis 255) werden mit M-x ausgegeben, wobei x das Zeichen ist, das durch die 7 niederwertigen Bits dargestellt wird.
-t	nur mit Option -v erlaubt; Tabulatorzeichen werden mit ^I und Seitenvorschubzeichen (*formfeed*) mit ^L angezeigt.
-e	nur mit Option -v erlaubt; Am Ende jeder Zeile (vor dem Neuezeile-Zeichen) wird ein $ ausgegeben.

Beim GNU-cat von Linux existieren die folgenden Optionen:

-b	(--number-nonblank) alle nicht-leeren Zeilen mit Zeilennummern ausgeben.
-e	äquivalent zu **-vE**.

---

1. Ein **cat**-Aufruf ist schneller und bequemer als ein Editor-Aufruf
2. Bei umfangreicheren Dateien empfiehlt es sich, das Kommando **more** zu verwenden, bei dem Bildschirmseite für Bildschirmseite einer Datei ausgegeben wird.

-n	(--number) alle Zeilen mit Zeilennummern ausgeben.
-s	(--squeeze-blank) bei mehreren aufeinanderfolgenden Leerzeilen nur eine Leerzeile ausgeben.
-t	äquivalent zu -vT.
-v	(--show-nonprinting) entspricht dem -v von System V Release 4 (siehe oben).
-A	äquivalent zu -vET.
-E	(--show-ends) Am Ende jeder Zeile ein $ ausgeben.
-T	(--show-tabs) Tabulatoren als ^I anzeigen.
--help	Hilfsinformation zu **cat** anzeigen.
--version	Versionsnummer anzeigen.

cc   Kompilieren (und Linken) von C-Programmen (C Compiler)

Syntax

cc [*option(en)*] *datei(en)*

Beschreibung

Das Kommando **cc** kompiliert die angegebenen *datei(en)*, welche C-Programm-dateien sein müssen, deren Namen mit *.c* enden. Für jede kompilierte C-Programmdatei wird eine Objektdatei erstellt, deren Name aus dem Namen der entsprechenden C-Programmdatei hergeleitet wird, indem statt der Endung *.c* die Endung *.o* genommen wird. Die *.o*-Datei wird normalerweise gelöscht, wenn mit einem **cc**-Aufruf ein einzelnes C-Programm kompiliert und dann sofort auch gebunden werden soll.

Optionen

Von der Vielzahl von möglichen Optionen werden hier nur zwei vorgestellt.

Option	Funktion
-c	Die angegebenen *datei(en)* werden nur kompiliert; d.h. das Linken wird durch diese Optionen ausgeschaltet. In diesem Fall werden die von **cc** erzeugten Objektdateien nicht gelöscht.
-o *progname*	Normalerweise erzeugt **cc** eine Programmdatei mit den Namen *a.out*. Wird ein anderer Name für ein Programm, das mit **cc** erzeugt wird, gewünscht, so ist dies mit dieser Option möglich.

cd	In ein anderes working directory wechseln (change working directory)

Syntax

`cd` [*directory*]

Beschreibung

Mit dem Kommando **cd** kann im Dateibaum »herumgeklettert« werden, indem das neue gewünschte working `directory` entweder als absoluter oder relativer Pfadname angegeben wird.

Wird **cd** ohne Angabe eines *directory* aufgerufen, so wird zum home directory gewechselt.

Hinweis   Es ist einem Benutzer nur dann möglich, in das angegebene *directory* zu wechseln, wenn er für dieses Directory *execute*-Rechte besitzt. In das vorherige Working Directory kann man mit **cd -** zurückwechseln.

chgrp	Ändern der Gruppenzugehörigkeit von Dateien oder Directories (change group)

Syntax

`chgrp` [`-R`] [`-h`] *neue_gruppe   datei(en)*

Beschreibung

Die Benutzergemeinde eines Systems ist organisatorisch in verschiedene Gruppen aufgeteilt; die Datei */etc/passwd* gibt an, welcher Gruppe jeder einzelne Benutzer zugeordnet ist. Jede Gruppe hat eine Gruppennummer (GID) und einen Namen. Die Datei */etc/group* enthält die Gruppennummer und die Gruppenmitglieder für jede Gruppe. Jede Datei hat nun nicht nur einen Eigentümer, sondern auch eine Gruppenzugehörigkeit. Die Zugriffsmöglichkeiten von Mitgliedern der entsprechenden Gruppe auf eine Datei ist dabei über die group-Zugriffsrechte festgelegt.

Eine Datei kann nun ihre Gruppenzugehörigkeit wechseln. Dazu steht das Kommando **chgrp** zur Verfügung. Es verändert die Gruppenzugehörigkeit der angegebenen *datei(en)*[1]. Für *neue_gruppe* muß entweder der entsprechende Gruppen-Name oder die **GID** der neuen Gruppe angegeben werden.

---

1. können einfache Dateien und / oder Directories sein

In System V.4 ist die Angabe von Optionen möglich, wie z.B.

Option	Funktion
-R	Gruppenzugehörigkeit von allen Dateien und Subdirectories in einem Directory werden geändert.
-h	Gruppenzugehörigkeit eines symbolischen Links und nicht die der Zieldatei wird geändert.

Hinweis Die Gruppenzugehörigkeit einer Datei kann nur dann erfolgreich geändert werden, wenn der Aufrufer dieses Kommandos Superuser oder aber der Besitzer der entsprechenden Datei oder des Directory ist. Wenn der Eigentümer der Datei (nicht der Super-User) dieses Kommando aufruft, dann werden die *setuid*- und *setgid*-Bits gelöscht.

chmod   Ändern der Zugriffsrechte für Dateien oder Directories
(change mode)

Syntax

chmod [-R] *absolut-modus datei(en)*

oder

chmod *symbolischer-modus datei(en)*

Beschreibung

Mit dem Kommando **chmod** können die Zugriffsrechte von Dateien oder Directories geändert werden. Allerdings kann nur der Superuser oder der Besitzer die Zugriffsrechte für eine Datei bzw. ein Directory ändern.

In System V.4 ist die Option -R neu eingeführt worden. Bei Angabe dieser Option durchsucht **chmod** ein Directory rekursiv, d.h. inklusive aller Subdirectories, und ändert die Rechte aller Dateien, die es dort findet.

absolut-modus

Für *datei(en)* können dabei einfache Dateien oder auch Directories angegeben werden.

Für *absolut-modus* muß ein Oktalwert angegeben werden, der festlegt, welche der 12 Bits des Dateimodus für die angegebenen *datei(en)* zu setzen bzw. zu löschen sind. Dabei hat jedes einzelne der 12 Bits folgende Bedeutung:

Modus	Bedeutung
0400	Lese-Recht (**r**ead) für den Eigentümer (*user*)
0200	Schreib-Recht (**w**rite) für den Eigentümer (*user*)
0100	Ausführ-Recht (execute) für den Eigentümer (*user*)
0040	Lese-Recht (**r**ead) für die Gruppe (*group*)
0020	Schreib-Recht (**w**rite) für die Gruppe (*group*)
0010	Ausführ-Recht (execute) für die Gruppe (*group*)
0004	Lese-Recht (**r**ead) für die Anderen (*others*)
0002	Schreib-Recht (**w**rite) für die Anderen (*others*)
0001	Ausführ-Recht (execute) für die Anderen (*others*)
4000	*set-user-id*: Dieses Bit wird nur für ausführbare Dateien (Programme) ausgewertet. Wenn dieses Bit gesetzt ist, dann hat jeder Benutzer, der dieses Programm ausführt, für die Dauer der Programmausführung die gleichen Rechte wie der Besitzer dieses Programms
20#0	*set-group-id*: Wenn das *execute*-Recht für die Gruppe gesetzt ist (# ist gleich 7, 5, 3 oder 1), dann werden dem Aufrufer dieses Programms für die Zeit der Programmausführung die gleichen Rechte gewährt, wie wenn er Mitglied der Gruppe wäre, der diese Datei gehört. Wenn das *execute*-Recht für die Gruppe *nicht* gesetzt ist (# ist gleich 6, 4, 2 oder 0), dann wird diese Datei für alleinigen Lese- und / oder Schreibzugriff zur Verfügung gestellt, d.h. daß diese Datei für Lese- und / oder Schreibzugriffe durch andere Programme gesperrt wird, solange ein Programm auf diese Datei zugreift. Dieses Bit wird bei Directories ignoriert. Soll dieses Bit bei Directories gesetzt oder gelöscht werden, so muß der *symbolische-modus* verwendet werden.
1000	*sticky bit*: Nach Ausführung des in dieser Datei enthaltenen Programms wird dieses nicht – wie sonst üblich – aus dem Hauptspeicher entfernt; dieses Bit kann nur vom Super-User eingeschaltet werden.

symbolischer-modus

Für *datei(en)* können auch hier einfache Dateien oder Directories angegeben werden.

Für *symbolischer-modus* gilt die folgende Syntax:

```
[ugoa]operator[rwxslt]
```

Dabei bedeuten die einzelnen Zeichen:

Zeichen	Bedeutung
u	für den Eigentümer (**u**ser)
g	für die Gruppe (**g**roup)
o	für die anderen Benutzer (**o**thers)
a	für alle 3 Benutzerklassen (**a**ll); entspricht der Angabe **ugo**. Keine Angabe entspricht auch der Angabe **a**. Z.B. würde **chmod +x ...** allen Benutzerklassen Ausführrecht geben.

Für *operator* kann eines folgenden Zeichen angegeben werden:

Zeichen	Bedeutung
+	Rechte hinzufügen (relativ)
-	Rechte entziehen (relativ)
=	Rechte als neue Zugriffsrechte vergeben (absolut)

Bei dem angegebenen Zugriffsrechte-Muster steht dabei:

Zeichen	Bedeutung
r	für Lese-Recht (**r**ead)
w	für Schreib-Recht (**w**rite)
x	für Ausführ-Recht (e**x**ecute)
s	für set-user-id (in Zusammenhang mit **u**) oder für set-group-id (in Zusammenhang mit **g**)
t	für sticky bit; nur im Zusammenhang mit **u** wirkungsvoll
l	für exklusiven Lese- und / oder Schreibzugriff

Wenn = verwendet wird, dann muß kein Zugriffsrechte-Muster angegeben sein; fehlendes Zugriffsmuster bedeutet dabei: Entfernen aller entsprechenden Zugriffsrechte.

Beispiel Um einer Datei *datei* die Zugriffsrechte **s--rwxr-xr--** zu geben, könnte einer der folgenden Aufrufe abgegeben werden:

```
chmod  u=rwxs,g=rx,o=r  datei
```

oder

```
chmod  4754  datei
```

Erklärung dazu:

```
 _____
|          |   user   |   group  |  others  |
|          |          |          |          |
| s  -  -  | r   w  x | r   -  x | r   -  -  |    symbolischer Modus
|_____|_____|_____|_____|
| 1  0  0  | 1   1  1 | 1   0  1 | 1   0  0 |    (dual)
|_____|_____|_____|_____|
                                                 absoluter Modus
|    4     |    7     |    5     |    4     |    (oktal)
|_____|_____|_____|_____|
```

Bild A.1: Symbolischer und absoluter Modus bei chmod

Bei der Ausgabe eines Dateinamens mit dem Kommando **ls -l** werden immer nur 9 Bits angezeigt.

Wenn das s-Bit, t-Bit oder l-Bit gesetzt ist, so wird in diesem Fall das jeweilige x-Bit bei der Ausgabe mit **ls** überschrieben.

Dabei bedeutet:

s (kleines s)   *set-user-id*-Bit gesetzt und Ausführ-Recht

t (kleines t)   sticky-Bit gesetzt und Ausführ-Recht

T (großes t)   sticky-Bit gesetzt und kein Ausführ-Recht

Hinweis Es ist wichtig zu wissen, daß das Recht, eine Datei anzulegen oder zu löschen, ausschließlich von den Zugriffsrechten des Directorys abhängt. Die Kommandos **ln**, **rm** und **mv** geben deswegen zur Absicherung eine Warnung in Form einer Rückfrage aus, wenn man mit ihnen eine Datei überschreiben oder löschen will, die keine Schreibrechte hat. Antwortet man auf diese Rückfrage mit **y** (yes), so wird die Datei überschrieben bzw. gelöscht. Bei jeder anderen Eingabe bleibt die Datei unberührt. Ist man sich absolut sicher, daß man die entsprechenden Dateien überschreiben bzw. löschen möchte, und man deshalb die Rückfrage als lästig empfindet, so muß man beim Aufruf dieser Kommandos nur die Option **-f** (*force*) angeben.

Dateien, die sich in Directories befinden, die keine Schreibrechte haben, können niemals gelöscht oder überschrieben werden.

Bei Shell-Skripts (siehe »Linux-Unix-Shells«) wird der setuid- und setgid-Mechanismus nur dann angewendet, wenn die erste Zeile des Shell-Skripts folgendes Aussehen hat:

#! shell-pfadname [*argument(e)*]

| chown | Ändern des Eigentümers von Dateien oder Directories (change owner) |

Syntax

```
chown  [-R]  [-h]  neuer_eigentümer  datei(en)
```

Beschreibung

Jeder Datei ist ein Eigentümer zugeordnet; Eigentümer einer Datei ist zunächst der Benutzer, der diese neu angelegt hat.

Das Kommando **chown** erlaubt es nun dem Besitzer der *datei(en)*[1], diese an andere Benutzer zu »verkaufen«. Für *neuer_eigentümer* muß dabei entweder die Login-Name oder die UID des neuen Besitzers angegeben werden.

In System V.4 ist die Angabe von Optionen möglich:

Option	Funktion
-R	Eigentümer von allen Dateien und Subdirectories in einem Directory werden geändert.
-h	Eigentümer eines symbolischen Links und nicht der der Zieldatei wird geändert.

Hinweis Der Eigentümer einer Datei kann nur dann erfolgreich geändert werden, wenn der Aufrufer dieses Kommandos Superuser oder aber der Besitzer der entsprechenden Datei oder des Directory ist. Wenn der Eigentümer der Datei (nicht der Super-User) dieses Kommando aufruft, dann werden eventuell gesetzte *setuid*- und *setgid*-Bits gelöscht.

Unter Linux kann mit **chown** nicht nur der Eigentümer, sondern auch zugleich die Gruppe einer Datei geändert werden. Dazu muß hinter *neuer_eigentümer* noch mit Punkt oder Doppelpunkt abgetrennt die *neue_gruppe* angegeben werden:

```
chown  [option(en) ]  neuer_eigentümer.neue_gruppe  datei(en)   oder
chown  [option(en) ]  neuer_eigentümer:neue_gruppe  datei(en)
```

---

1. können einfache Dateien und / oder Directories sein

clear   Ganzen Bildschirm löschen (clear)

Syntax

```
clear
```

Beschreibung

Das Kommando **clear** löscht den ganzen momentanen Bildschirminhalt. In System V.3 mußte dazu noch

```
tput clear
```

aufgerufen werden.

cmp   Vergleichen von zwei Dateien (auch Nicht-Textdateien)
                                                              (compare two files)

Syntax

```
cmp  [-l] [-s]  datei1   datei2   [skip1   [skip2]]
```

Beschreibung

Das Kommando **cmp** vergleicht die beiden Dateien *datei1* und *datei2* Byte für Byte. Wenn die beiden Dateien identisch sind, dann erfolgt keine Mitteilung am Bildschirm. Sind die beiden Dateien *datei1* und *datei2* unterschiedlich, so wird die Zeilen- und Bytenummer des zuerst festgestellten Unterschieds der beiden Dateien ausgegeben. Dies ist das einzige Vergleichskommando, welches auch auf Nicht-Textdateien (binäre Dateien) angewendet werden kann.

Mit *skip1* und *skip2* kann festgelegt werden, bei welcher Bytenummer in *datei1* (*skip1*) und in *datei2* (*skip2*) der Vergleich beginnen soll. Für *skip1* und *skip2* ist dazu eine Dezimal- oder eine Oktalzahl (muß mit 0 beginnen) anzugeben.

Optionen

-l   *Alle* Unterschiede der beiden Dateien werden in folgender Form ausgegeben:

Byte-Nummer	Byte-Inhalt (oktal) von *datei1*	Byte-Inhalt (oktal) von *datei2*

-s Es erfolgt keine Ausgabe der Unterschiede, sondern es wird lediglich über den sogenannten *exit*-Status dieses Kommandos mitgeteilt, ob Unterschiede vorliegen; dabei bedeutet der *exit*-Status:

0   Dateien sind identisch

1   Dateien sind verschieden

2   Auf eine der angegebenen Dateien kann nicht zugegriffen werden

Der *exit*-Status eines Kommandos ist von Wichtigkeit, wenn abhängig vom Ergebnis eines solchen Kommandos unterschiedliche Aktionen durchzuführen sind.

Hinweis   Im allgemeinen verwendet man **cmp**, wenn festzustellen ist, ob zwei Dateien wirklich den gleichen Inhalt haben. **cmp** ist sehr schnell und erlaubt auch den Vergleich zweier Nicht-Textdateien; so wird **cmp** z.B. sehr oft verwendet, um zu prüfen, ob zwei Objektdateien den gleichen Inhalt besitzen: wenn ja, so könnte eventuell eine davon gelöscht werden.

Es existieren zwei weitere Vergleichs-Kommandos: **diff** und **comm**. **diff** wird verwendet, wenn man vermutet, daß zwei Dateien nur geringfügige Unterschiede aufweisen, und wenn man wissen möchte, welche Zeilen sich und wie sie sich unterscheiden. Der Einsatz von **comm** ist auf sortierte Dateien begrenzt; somit wird es häufig beim Vergleich von Dateien verwendet, die Namen, Bezeichnungen usw. in sortierter Form enthalten, um z.B. festzustellen, welche Daten in einer Datei noch aufzunehmen bzw. zu entfernen sind. Unter Linux existiert noch die Option **-c**, um sich die Zeichen ausgeben zu lassen, die sich unterscheiden.

col	Aufheben von Zeilen-Rückläufen (reverse line feeds)

Syntax

```
col [-bfpx]
```

Beschreibung

Das Kommando **col** ist ein typisches Filter-Kommando, d.h. es liest von der Standardeingabe und schreibt auf die Standardausgabe. **col** entfernt aus dem ihm vorgelegten Text alle Zeilen-Rückläufe[1].

Solche Zeile-Rückläufe werden typischerweise von Text-Formatierungs-Programmen wie z.B. **nroff** erzeugt, wenn beispielsweise Hoch-, Tiefstellungen oder Tabellen verlangt sind. Würden so formatierte Texte dann am Bildschirm

---

1. ASCII-Zeichen: *ESC*-7 (Zeilen-Rücklauf)

ESC-8 (halber Zeilen-Rücklauf)

ESC-9 (halber Zeilen-Vorschub)

ausgegeben, so würde dies zu äußerst seltsamen Ausgaben führen. Das Kommando **col** entfernt nun solche Drucker-Steuerzeichen aus dem Text, bevor es diesen auf dem Bildschirm ausgibt. Das **col**-Kommando erkennt elf Steuerzeichen als solche und entfernt zusätzlich noch andere nicht-druckbare Zeichen. Sind keine Optionen angegeben, so wird der Text der einem Zeilenrücklauf folgt, in der vorhergehenden Zeile ausgegeben.

So würde z.B. der Text

```
Stadt
Duesseldorf <ESC-7>Einwohner
```

von **col** wie folgt ausgegeben:

```
Stadt           Einwohner
Duesseldorf
```

Text, welcher zwischen den Zeilen auszugeben ist, wird von **col** in der nächsten »ganzen« Zeile ausgegeben, z.B. würde der Text

```
Stadt
Duesseldorf <ESC-8>Einwohner
```

von **col** wie folgt ausgegeben:

```
Stadt
Duesseldorf Einwohner
```

Der Text

```
Stadt
Duesseldorf <ESC-9>Einwohner
```

würde von **col** wie folgt ausgegeben:

```
Stadt
Duesseldorf
                Einwohner
```

Optionen

Die eben erwähnte Voreinstellung kann unter Verwendung einer der Optionen geändert werden:

Option	Beschreibung
-b	**col** nimmt an, daß das entsprechende Ausgabegerät kein *Backspace* (Zeichen zurück) kann. In diesem Fall werden die »übereinander liegenden« Zeichen durch das letzte Zeichen ersetzt; z.B. würde für Y<backspace>-<backspace>V nur das Zeichen V ausgegeben.

Option	Beschreibung
-f	Die Voreinstellung von **col** ist, daß Text, der durch Hoch- (*ESC*-8) oder Tiefstellung (*ESC*-9) zwischen zwei Zeilen erscheinen soll, in die nächste »ganze« Zeile geschoben wird. Bei Angabe der Option **-f** werden solche halbe Zeilenvorschübe nicht in ganze Zeilenvorschübe umgewandelt, allerdings werden alle halbe Zeilenvorschübe so umgewandelt, daß nur noch halbe Zeilenvorschübe vorwärts vorkommen.
-p	Normalerweise wirft **col** alle ihm unbekannten Escape-Sequenzen weg. Bei Angabe dieser Option werden solche Sequenzen unverändert ausgegeben. Diese Option sollte mit Vorsicht angewendet werden.
-x	Normalerweise gibt **col** anstelle von mehreren Leerzeichen – wenn möglich – Tabulatorzeichen aus, um so die Ausgabezeit zu verkürzen. Bei Angabe dieser Option werden Leerzeichen-Folgen, nicht in Tabulatorzeichen umgewandelt.

Steuerzeichen

col erkennt die folgenden Steuerzeichen:

Zeichen	ASCII-Wert (oktal)	Bedeutung
BS oder [Strg]-[H]	010	Backspace (ein Zeichen zurück)
HT oder [Strg]-[I]	011	Tabulatorzeichen
LF oder [Strg]-[J]	012	Zeilenvorschub
VT oder [Strg]-[K]	013	vertikales Tabulatorzeichen
CR oder [Strg]-[M]	015	Carriage-Return (Wagenrücklauf)
SO oder [Strg]-[N]	016	Start-Text (Anfang eines anderen Zeichensatzes)
SI oder [Strg]-[O]	017	End-Text (Ende eines anderen Zeichensatzes)

Typische Anwendung

col wird meist verwendet, um die von Text-Formatier-Programmen wie **nroff** zum Drucken aufbereitete Texte am Bildschirm auszugeben.

Hinweis **col** kann sich immer nur die letzten 128 Zeilen merken.

col läßt maximal 800 Zeichen (Backspace-Zeichen mitgezählt) für eine Zeile zu.

Positionierungen vor die erste Zeile eines Textes werden von **col** ignoriert; somit werden Hochstellungen in der ersten Zeile eines Textes ignoriert.

comm	Zeilenweises Vergleichen zweier sortierter Textdateien
	(lines common to two sorted files)

Syntax

comm [-123] *datei1   datei2*

Beschreibung

Das Kommando **comm** vergleicht die beiden Dateien *datei1* und *datei2*;
beide Dateien müssen sortiert sein. **comm** gibt eine 3-spaltige Liste aus:

Zeilen, die nur in *datei1* vorkommen	Zeilen, die nur in *datei2* vorkommen	Zeilen, die in beiden Dateien (*datei1/datei2*) vorkommen

Optionen

Durch Angabe der Optionen **-1**, **-2** oder **-3** kann die Ausgabe der entsprechenden Spalte unterdrückt werden.

Beispiel Der Aufruf

comm -23 *datei1 datei2*

würde Zeilen ausgeben, welche nur in *datei1*, aber nicht in *datei2* vorkommen.

Der Aufruf

comm -123 *datei1   datei2*

würde überhaupt keine Ausgabe erzeugen.

Hinweis Der Einsatz von **comm** ist auf sortierte Dateien begrenzt; somit wird es häufig
beim Vergleich von Dateien verwendet, die Namen, Bezeichnungen, usw. in sortierter Form enthalten, um z.B. festzustellen, welche Daten in einer Datei noch
aufzunehmen bzw. zu entfernen sind.

Es existieren zwei weitere Vergleichs-Kommandos: **diff** und **cmp**. **diff** wird verwendet, wenn man vermutet, daß zwei Dateien nur geringfügige Unterschiede
aufweisen, und wenn man wissen möchte, welche Zeilen sich und wie sie sich
unterscheiden. **cmp** wird verwendet, wenn festzustellen ist, ob zwei Dateien
wirklich den gleichen Inhalt haben. **cmp** ist sehr schnell und erlaubt auch den
Vergleich zweier Nicht-Textdateien; so wird **cmp** z.B. sehr oft verwendet, um zu
prüfen, ob zwei Objektdateien den gleichen Inhalt besitzen.

compress   Komprimieren und Dekomprimieren von Dateien

Syntax

```
compress [-cfv] [-b bits] [datei(en)]    (Komprimieren)
uncompress [-cv] [datei(en)]             (Dekomprimieren)
zcat [-cfv] [datei(en)]                  (Ausgabe von komprimierten
                                          Dateien)
```

Beschreibung

In System V.4 wurde ein neues Komprimierungskommando **compress** eingeführt, das einen anderen Algorithmus als **pack** verwendet und im allgemeinen eine größere Kompression erreicht. Bei Textdateien liegt der Kompressionsfaktor gewöhnlich bei 50 bis 60 Prozent, in günstigen Fällen kann eine Komprimierung bis zu 90 Prozent erreicht werden. Wie bei **pack** stehen auch hier mehrere Kommandos zur Verfügung (**compress**, **uncompress** und **zcat**).

Wenn **compress** die Dateien erfolgreich komprimieren kann, werden die Dateien umbenannt und das Suffix **.Z** an den Namen angehängt. Die maximale Länge eines Dateinamens (einschließlich Suffix **.Z**) beträgt 14 Zeichen bei **s5**-Dateisystemen und 255 Zeichen bei **ufs**-Dateisystemen.

Wie bei **pack** bleiben auch hier die Besitzverhältnisse, die Zugriffsrechte und die Zeitstempel der Originaldatei erhalten. Anders als **pack** kann **compress** Daten komprimieren, die es von der Standardeingabe liest und gibt dann die komprimierten Daten auf die Standardausgabe wieder aus.

Falls bei einer Komprimierung keine Platzersparnis erreicht würde, so wird auch keine Komprimierung durchgeführt, außer es ist die Option **-f** angegeben.

Optionen

Die Optionen bedeuten im einzelnen:

Option	Beschreibung
-b *bits*	Für die Übertragung komprimierter Daten auf ältere Rechner, bei denen wegen der Hardware-Architektur kein beliebig großer Speicherbereich zur Verfügung steht (z.B. beim 80286), muß gegebenenfalls die Anzahl der Bits für die Codierung der Daten mit dieser Option reduziert werden. Die Angabe für *bits* muß dabei ein Wert zwischen 9 und 16 sein. Die Voreinstellung ist 16 Bit. Bei älteren Systemen werden üblicherweise 12 Bits verwendet.
-c	Originaldatei bleibt erhalten und die komprimierten Daten werden auf die Standardausgabe geschrieben.

Option	Beschreibung
-f	Komprimierung findet in jedem Fall statt, selbst wenn keine Platzeinsparung erreicht wird oder bereits eine Ausgabedatei mit Suffix **.Z** existiert. Ohne diese Option fragt **compress** in letzterem Fall beim Benutzer nach, ob eine schon bestehende Datei wirklich überschrieben werden soll.
-v	Dateiname und Kompressionsfaktor wird für jede komprimierte/dekomprimierte Datei ausgegeben.

cp   Kopieren von Dateien (copy files)

Syntax

```
cp [option(en)]  datei1  datei2
cp [option(en)]  datei(en)  directory
```

Beschreibung

Das Kommando **cp** kann auf zwei verschiedene Arten aufgerufen werden:

Die erste Aufrufform kopiert den Inhalt von Datei *datei1* in eine Datei mit Namen *datei2*. Falls die Datei *datei2* bereits existiert, so wird sie überschrieben, wenn dies die Zugriffsrechte dieser Datei zulassen. Eigentümer dieser neuen Datei wird der Benutzer, der dieses Kommando angab. Zwar werden die Zugriffsrechte mitkopiert, aber wenn sich der Eigentümer und vielleicht sogar die Gruppe dieser Datei ändert, dann sind diese Zugriffsrechte auf den neuen Eigentümer und Gruppe anzuwenden; wenn z.B. die *datei1* die Zugriffsrechte **rwxr--r--** besitzt, dann kann der Eigentümer von Datei *datei1* – nach dem Kopieren – die neue *datei2* nicht beschreiben.

Die zweite Aufrufform kopiert die *datei(en)* in das Directory *directory,* wobei die dort neu angelegten Dateien die Namen der ursprünglichen Dateien erhalten.[1] Auch hier bleiben die Zugriffsrechte der Originaldateien erhalten und beziehen sich dann auf den neuen Eigentümer der Kopien.

Optionen

Folgende Optionen sind erlaubt:

---

1. Als Name wird in das neue Directory die letzte Komponenente des Pfadnamens der alten Dateien eingetragen; wenn z.B. */home/egon/uebung1/obst* nach */home/egon/uebung2* kopiert wird, so würde in */home/egon/uebung2* der Name *obst* (letzte Komponente des Pfadnamens der ursprünglichen Datei) eingetragen.

Option	Beschreibung
-i	Wenn eine Zieldatei bereits existiert, dann fragt **cp** erst nach, ob diese Zieldatei zu überschreiben ist, wie z.B. `$ cp -i obst laender` ⏎ `cp: overwrite laender? n` ⏎ [n für no, y für yes eingeben]
-r	Die Syntaxform `cp -r dir1 dir2` war in System V.3 nicht erlaubt und wurde erst mit System V.4 einge-führt. Die Option **-r** ermöglicht das Kopieren ganzer Directorybäume. Zu beachten ist dabei die unterschiedliche Wirkung dieses Komman-dos in Abhängigkeit von der Existenz des Zieldirectorys: Wenn *dir2* nicht existiert, wird es angelegt. Wenn es aber bereits existiert, wird in *dir2* ein Subdirectory *dir1* angelegt und die Dateien werden dorthin kopiert. Wenn ein Directory *dir1* in ein Subdirectory von *dir1* kopiert wird, dann gerät **cp** in eine Endlosschleife.

Hinweis In Unix werden Geräte wie Dateien behandelt. Der Zugriff auf die Geräte könnte somit auch direkt über die Gerätedateien erfolgen, wie z.B.

```
cp datei /dev/tty.
```

Das Kommando **cp** erlaubt es nicht, Dateien auf sich selbst zu kopieren.

Weitere Kopier-Kommandos sind **mv** und **ln**: Während **cp** eine neue Kopie der Originaldatei erstellt, ändert **mv** den Namen einer existierenden Datei und **ln** vergibt einen weiteren Namen an eine Datei.

Unter Linux bietet **cp** noch einige weitere Optionen an. Diese kann man entwe-der über **man cp** oder aber mit dem Aufruf **cp --help** erfragen.

Hinweis **cp** überschreibt – ohne Meldung – bereits vorhandene Dateien, die einen gleichen Namen besitzen, wenn es nicht durch die Zugriffsrechte für solche Dateien daran gehindert wird.

cpio	Kopieren von Dateien und Directories in eine Archiv-Datei und Kopieren ganzer Directorybäume (copy file archives in and out)

Syntax

```
cpio -o[aABcLvV] [-C größe]  [-K dgröße]  [-O datei [-M nachricht]]            (copy out)
cpio -i[bBcdfkmrsSTuvV6] [-C größe] [-I datei [-M nachricht]] [-R id] [dateiname(n)](copy in)
cpio -p[adlLmuvV] [-R id]  directory                                          (copy pass)
```

Beschreibung

cpio eignet sich sehr gut dazu, ganze Directorybäume umzukopieren. Auch wird dieses Kommando verwendet, um ganze Directorybäume auf einem externen Speichermedium (wie Diskette oder Magnetband) zu sichern und später eventuell wieder einzukopieren; in diesem Fall wird direkt auf die entsprechende Gerätedatei, wie z.B. die für das Disketten-Laufwerk (*/dev/rdsk/...*) kopiert. **cpio** kann auf drei verschiedene Arten aufgerufen werden:

cpio -o

liest die Pfadnamen der zu kopierenden Dateien von der Standardeingabe und kopiert deren Inhalt auf die Standardausgabe, wobei die zugehörigen Pfadnamen und Status-Information über die Dateien (Zugriffsrechte, Modifikationsdatum, usw.) mit ausgegeben werden.

Wird meist auf der rechten Seite einer Pipe und mit Umlenkung angegeben:

ls ... | cpio -o...>*datei*

(wenn bestimmte Dateien eines Directory zu kopieren sind)

find ... | cpio -o...>*datei*

(wenn ein Directorybaum kopiert werden soll)

Es ist darauf hinzuweisen, daß die Ausgabe dieses Kommandos im allgemeinen nicht lesbar ist, da sie in einem eigenen Format dargestellt wird, welches es erlaubt, solche Dateien dann wieder mit der nachfolgenden Aufrufform (**cpio -i**) einzukopieren.

cpio -i

liest ein mit **cpio -o** erzeugtes Archiv von der Standardeingabe und kopiert dessen Inhalt in das working directory. Üblicherweise wird Eingabe-Umlenkung verwendet, um an **cpio -i** eine zuvor angelegte Archiv-Datei zu übergeben:

cpio -i <*archiv-datei*

Wohin die aus dem Archiv extrahierten Dateien kopiert werden, hängt davon ab, wie die Dateien archiviert wurden. Wenn die Dateinamen relativ zum damaligen working directory (bei **cpio -o**) ins Archiv eingetragen wurden, so werden sie bei **cpio -i** relativ zum nun gültigen working directory kopiert. Wenn z.B. das Archiv mit

ls .. | cpio -o >*datei*

angelegt wurde, dann würde cpio -i alle Dateien des Archivs ins parent directory zum (neuen) working directory kopieren.

Normalerweise werden bei cpio -i alle Dateien aus einem Archiv kopiert. Sind aber *dateiname(n)* angegeben, so werden nur diese Dateien aus der Standardeingabe extrahiert und in das working directory kopiert. So würde z.B. **cpio -i *.c** nur alle C-Programmdateien aus dem Archiv kopieren.

Bei den *dateiname(n)* sind die Metazeichen *, ?, [..] zur Dateinamenexpandierung erlaubt. Die Angabe des Metazeichens ! (Ausrufezeichen) bedeutet dabei NICHT. So deckt z.B. die Angabe »!*.txt« alle Dateien ab, die nicht mit dem Suffix .txt enden. Werden Metazeichen verwendet, so muß die Angabe mit Anführungszeichen »...« geklammert sein.

cpio -p

liest (wie **cpio -o**) die Pfadnamen der zu kopierenden Dateien von der Standardeingabe und kopiert deren Inhalt in das entsprechende *directory*. So würde z.B. der Aufruf

```
ls | cpio -p /home/emil
```

dem Aufruf

```
cp * /home/emil
```

entsprechen.

Optionen

Option	Beschreibung
a	setzt den Zugriffs-Zeitstempel der Dateien, die mit **cpio** kopiert wurden, zurück auf die Zeit, die vor dem Kopieren eingetragen war; Voreinstellung ist, daß dieser Zeitstempel durch **cpio** verändert wird
A	Dateien am Archiv anhängen; benötigt die Option **-O** und hat nur Auswirkungen auf Archive, die Dateien enthalten oder die auf einer Floppy oder Harddisk sind.
B	bewirkt, daß 5120-Byte Blöcke beim Kopieren verwendet werden; diese Option macht nur Sinn für Gerätedateien, die zeichenorientiert sind.
d	Directories werden angelegt, wenn dies beim Kopieren notwendig wird; wird verwendet, wenn ganzer Directorybaum kopiert wird.
c	schreibt Datei-Informationen in ASCII-Zeichen für Portabilität zwischen verschiedenen Systemen
E *datei*	*datei* ist eine Datei, die eine Liste von Dateinamen enthält, die aus einem Archiv zu kopieren sind.
r	Benennt Dateien interaktiv um. Wenn der Benutzer eine leere Eingabe macht, so wird die entsprechende Datei übersprungen. Gibt der Benutzer . (Punkt) ein, so wird der Originalname verwendet
t	gibt ein Inhaltsverzeichnis zur entsprechenden Archiv-Datei aus; in diesem Fall werden keine Dateien kopiert.

Option	Beschreibung
T	Lange Namen werden auf 14 Zeichen gekürzt, darauffolgende Zeichen werden einfach abgeschnitten.
u	alle bereits vorhandenen gleichnamigen Dateien werden »blind« überschrieben; normalerweise wird eine bereits existierende Datei nicht durch eine ältere Version aus der Archiv-Datei überschrieben.
v	gibt die Namen der Dateien aus, die gerade bearbeitet werden. Wenn diese Option mit der Option t angegeben ist, so wird das Inhaltsverzeichnis ähnlich der Ausgabe des Kommandos **ls -l** angezeigt.
l	wann immer es möglich ist, werden die Dateien nicht kopiert, sondern ein Link auf diese kreiert, nur sinnvoll bei **-p**.
L	Symbolische Links beim Kopieren auflösen.
m	alte Modifikations-Zeit einer Datei bleibt erhalten; gilt nicht für Directories
f	Alle Dateien außer *dateiname(n)* kopieren.
s	die Bytes in jedem Halb-Wort vertauschen; für ein Wort werden 4 Bytes angenommen
S	die Halb-Worte in einem Wort vertauschen; für ein Wort werden 4 Bytes angenommen
b	die Byte-Reihenfolge in einem Wort umdrehen; für ein Wort werden 4 Bytes angenommen
6	bearbeitet eine Datei im alten Unix-Format (Unix Sixth Edition)

Weitere Optionen, die oft noch angeboten werden, sind:

Option	Beschreibung
C *größe*	bewirkt, daß *größe*-Byte Blöcke beim Kopieren verwendet werden; diese Option hat bei Option **-p** keine Auswirkung und ist nur für zeichenorientierte Gerätedateien sinnvoll. Wird zusätzlich zu dieser Option noch die Option **K** verwendet, so wird mit *größe* ein Vielfaches von 1 Kilobyte festgelegt.
I *datei*	bewirkt, daß der Inhalt von *datei* als Eingabe gelesen wird. Diese Option sollte nur bei **-i** verwendet werden.
k	Eventuell vorkommende korrumpierte Dateien oder auftretende Lesefehler werden übergangen. Diese Option wird verwendet, um von defekten Disketten wenigstens die noch nicht »kaputten« Dateien einzukopieren. Diese Option sollte nur bei **-i** verwendet werden.

Option	Beschreibung
K *dgröße*	legt die Größe des Datenträgers fest. *dgröße* legt dabei die Größe in Kilobytes fest. So muß z.B. bei einem 1,2 MB Diskettenlaufwerk für *dgröße* 1200 angegeben werden. Die Option -C sollte hier noch die Größe in Kilobytes angeben.
M *nachricht*	Beim Wechsel eines Mediums wird *nachricht* ausgegeben. Diese Option wird oft verwendet, wenn die Optionen **O** und **I** und eine zeichenorientierte Gerätedatei benutzt werden, um *nachricht* beim Erreichen des Mediums-Endes ausgeben zu lassen. Wird in *nachricht* **%d** angegeben, so wird hierfür bei der Ausgabe von *nachricht* die Nummer des nächsten benötigten Mediums eingesetzt.
O *datei*	bewirkt, daß die Ausgabe von **cpio** nach *datei* geschrieben wird. Falls *datei* eine zeichenorientierte Gerätedatei und das momentane Speichermedium voll ist, so muß es durch ein neues Medium mit freiem Speicherplatz ersetzt werden; außerdem muß die ⏎-Taste gedrückt werden. Diese Option sollte nur bei **-o** verwendet werden.
V	Es wird nicht wie bei Option **v** der Name jeder bearbeiteten Datei, sondern nur ein Punkt für jede bearbeitete Datei ausgegeben. Nützlich, wenn man ohne viel Information sehen möchte, ob **cpio** etwas kopiert.
R *id*	Eigentümer und Gruppenzugehörigkeit für jede Datei wird auf *id* gesetzt; für *id* muß eine gültige Benutzer-ID aus **/etc/passwd** angegeben sein.

Hinweis   Das **cpio**-Archivformat ist nicht mit dem Format kompatibel, welches das Kommando **tar** verwendet.

Um Archiv-Dateien auf externe Speichermedien (wie z.B. Magnetband, Diskette, ..) zu sichern ist das Kommando **tar** besser geeignet, da dieses blockorientiert ist, so daß jede neue Datei auf einen 1 Kbyte Block untergebracht wird. So würden z.B. drei Dateien, die jeweils nur 15 Bytes belegen, 3 Kbyte auf dem externen Speichermedium belegen. **cpio** dagegen speichert sequentiell (Byte für Byte) und ist damit nicht so platzverschwenderisch, dafür aber langsamer.

Beispiel
```
ls a* o*  |  cpio -o  >../xx  ⏎
cat xx  |  cpio  -iv  "a*"  ⏎
```

Kopiert zunächst alle Dateien des working directory, deren Name mit a oder o beginnen, nach ../xx

Der zweite Aufruf kopiert aus xx alle Dateien, deren Name mit a beginnt, in das working directory und gibt dabei alle Namen der kopierten Dateien aus.

```
find  .  -depth  -print  |  cpio  -pdv  /tmp  ⏎
```

Kopiert den zum working directory gehörigen Directorybaum nach /*tmp*; Namen der kopierten Dateien werden ausgegeben

cron	Kommandos in bestimmten Zeitintervallen immer
crontab	wieder ausführen lassen

Syntax

```
/usr/sbin/cron          (wird nur einmal vom Systemverwalter aufgerufen)
crontab  [datei]
crontab  -r  [-u login-name]
crontab  -l  [-u login-name]
crontab  -e  [-u login-name]
```

Beschreibung

cron (*/usr/sbin/cron*) wird üblicherweise nur einmal beim Systemstart vom Systemverwalter aufgerufen. Da der dadurch erzeugte Prozeß niemals beendet wird, nennt man einen solchen Prozeß auch Dämonprozeß (engl.: *daemon*). Er prüft in bestimmten Zeitabständen (Voreinstellung ist: jede Minute) den Inhalt sogenannter »crontab«-Dateien. »crontab«-Dateien legen die Zeitpunkte fest, zu denen entsprechende Kommandos automatisch ablaufen sollen. Unter Verwendung des Kommandos **crontab** ist es den Benutzern nun möglich, eigene »crontab«-Dateien anzulegen.

Die erste Aufrufform von **crontab** (ohne Optionen) kopiert die angegebene »crontab«-*datei* in ein Directory, das von **cron** gelesen wird. Wurde keine *datei* angegeben, so liest **crontab** den zu kopierenden Text von der Standardeingabe (bis **EOF**[1]). Jede Zeile einer »crontab«-Datei besteht aus einer Zeitvorgabe (5 Felder) und dem Kommando, das dann auszuführen ist, wenn diese Zeitvorgabe zutrifft.

Jeder Benutzer kann nur eine »crontab«-Datei besitzen und jeder Aufruf von **crontab** überschreibt den vorherigen Inhalt der »crontab«-Datei.

Die Ausgabe der einzelnen an **crontab** übergebenen Kommandos wird, wenn keine Ausgabeumlenkung verwendet wurde, dem entsprechenden Benutzer über *mail* zugeschickt.

Optionen

Das Kommando **crontab** bietet folgende Optionen:

Option	Beschreibung
-l	(list) Inhalt der momentanen »crontab«-Datei ausgeben
-r	(remove) Momentane »crontab«-Datei löschen

---

1. [Strg]-[D]

Option	Beschreibung
-e	(edit) ruft **vi** (oder einen anderen Editor, der in Variable *VISUAL* oder *EDITOR* angegeben ist) auf, um eine »crontab«-Datei zu editieren. Falls keine »crontab«-Datei existiert, dann wird eine neue Datei zum Editieren eröffnet. Nach dem Beenden des Editors wird die gerade editierte Datei als neue »crontab«-Datei installiert.
-u *login-name*	(user) legt fest, daß sich das **crontab**-Kommando auf den Benutzer *login-name* bezieht. Diese Option darf nur von privilegierten Benutzern wie z.B. dem Superuser verwendet werden.

Format einer crontab-Datei

Jede Zeile einer crontab-Datei muß sechs Felder enthalten, die mit Leer- oder Tabulatorzeichen voneinander getrennt sind. Die ersten fünf Felder sind dabei eine Zeitvorgabe und das sechste Feld ist ein String, der das auszuführende Kommando angibt.

Die fünf Zeit-Felder legen dabei in der angegebenen Reihenfolge folgendes fest:

Feldnummer	Bedeutung	möglicher Zahlenbereich
1.	Minute	0-59
2.	Stunde	0-23 (0 ist Mitternacht)
3.	Monatstag	1-31
4.	Monat	1-12
5.	Wochentag	0-6 (0 ist Sonntag)

Für jedes Feld kann nun angegeben werden:

▶ eine ganze Zahl aus dem angegebenen Zahlenbereich

▶ ein Teil-Zahlenbereich[1] (wie z.B. 1-5)

▶ eine mit Komma getrennte Liste von ganzen Zahlen oder Teil-Zahlenbereichen (wie z.B. 2,4-6,8,10) oder

▶ ein Stern * (deckt gesamten erlaubten Bereich ab).

Zeit-Vorgabe	Bedeutung
0 0 * * *	Jeden Tag um 0.00 Uhr
0 6 * * 1	Jeden Montag um 6.00 Uhr

---

1. muß eine Untermenge zum erlaubten Zahlenbereich sein

Zeit-Vorgabe	Bedeutung
0 8 1 * *	Jeden Ersten eines Monats um 8.00 Uhr
0,15,30,45 8-17 * * *	Alle 15 Minuten von 8.00 Uhr bis 17.00 Uhr jeden Tag
30 10 15 * 3	Jeden 15.ten eines Monats und jeden Mittwoch um 10.30 Uhr

Die Festlegung eines Tages kann über zwei Felder (Monatstag und Wochentag) erfolgen. Beide Felder werden dabei getrennt interpretiert. So wird im letzten obigen Beispiel z. B. nicht nur an jeden 15. eines Monats, der auch ein Mittwoch ist, das entsprechende Kommando ausgeführt.

Um Tage nur über ein Feld festzulegen, muß für das andere Feld * ausgegeben werden. So legt z. B. **0 0 * * 2** nur den Dienstag fest.

Wird in einem Kommando (6. Feld) das %-Zeichen (ohne vorangestellten Backslash \ ) angegeben, so steht dies für ein Neuezeile-Zeichen.

Jede Zeile in der **crontab**-Datei, die mit **#** beginnt, wird als Kommentar interpretiert und somit ignoriert.

Hinweis Der Systemverwalter kann die Verwendung des **crontab**-Kommandos (wie beim **at**-Kommando) allen Benutzern, nur bestimmten Benutzern oder keinem Benutzer erlauben. Dies kann er über Einträge in eine der beiden Dateien

```
/usr/cron.d/cron.allow¹      (1) oder
/usr/cron.d/cron.deny²       (2)
```

steuern. Wenn die Datei (1) existiert, so ist nur den dort eingetragenen Benutzern die Ausführung des Kommandos **crontab** erlaubt; im anderen Fall wird der Inhalt von (2) überprüft. Dort sind alle Benutzer einzutragen, denen die Ausführung von **crontab** untersagt ist. Wenn (2) zwar existiert, aber leer ist, so darf jeder Benutzer **crontab** aufrufen. Wenn keine der beiden Dateien existiert, so darf keiner der normalen Benutzer **crontab** aufrufen; dieses Privileg ist dann nur dem Systemverwalter und dem Superuser vorbehalten.

Es ist anzumerken, daß jeder neue **crontab**-Aufruf den Inhalt der alten »crontab«-Datei überschreibt. Deshalb ist es üblich, sich alle periodisch auszuführenden Aufträge in einer eigenen »crontab«-Datei zu halten, die bei Änderungen beliebig editiert werden kann und dann beim **crontab**-Aufruf angegeben wird; so kann man ein ständiges neues Eintippen aller crontab-Aufträge bei neuen **crontab**-Aufrufen umgehen.

---

1. evtl. auch /var/cron/allow
2. evtl. auch /var/cron/deny

| **crypt** | Verschlüsseln und Entschlüsseln von Texten |

Syntax

```
crypt [paßwort]
```

Beschreibung

Das Kommando **crypt** liest den zu ver-/entschlüsselnden Text von der Standardeingabe und gibt den ent-/verschlüsselten Text wieder auf die Standardausgabe aus.

Ist *paßwort* beim Aufruf nicht angegeben, so verlangt **crypt** interaktiv vom Benutzer die Eingabe eines Paßworts; bei dieser interaktiven Eingabe werden die eingegebenen Zeichen nicht am Bildschirm angezeigt.

Das *paßwort* dient als Schlüssel beim Ver- und Entschlüsseln.

Hinweis Aus Sicherheitsgründen wird ab Unix System V.3 dieses Kommando außerhalb der USA nicht mehr zur Verfügung gestellt.

Beispiel
```
crypt geheim <obst >obst.cr
```

Der zu verschlüsselnde Text wird aus der Datei *obst* gelesen. Zum Verschlüsseln wird das Paßwort `geheim` verwendet. Der verschlüsselte Text wird in die Datei *obst.cr* geschrieben. Die Datei *obst* könnte nun mit

```
rm obst
```

gelöscht werden und somit würde ihr ursprünglicher Inhalt nur noch in verschlüsselter Form (in Datei `obst.cr`) vorliegen. Entschlüsselt kann man dann wieder mit

```
crypt geheim <obst.cr >obst
```

| **csplit** | Intelligentes Zerteilen einer Datei in mehrere kleinere (context split) |

Syntax

```
csplit [-sk] [-fpräfix] datei schnittstelle(n)
```

Argument	Erläuterung
präfix	legt dabei das Präfix für die Namen der neuen kleineren Dateien fest.

Argument	Erläuterung
datei	ist der Name der Datei, die zu zerteilen ist. Wenn für *datei* ein Querstrich (-) angegeben ist, so liest **csplit** von der Standardeingabe; nützlich, um **csplit** auf der rechten Seite einer Pipe anzugeben.
schnittstelle(n)	sind Argumente, die Punkte festlegen, an denen die angegebene *datei* zu zerteilen ist.

Beschreibung

Das Kommando **csplit** zerteilt eine Datei in mehrere kleinere Dateien. Die Schnittstellen können dabei über Zeilennummern oder über einen Kontext festgelegt werden. Die Angabe des Kontexts erfolgt dabei über einen regulären Ausdruck.

Die ursprüngliche Datei wird von **csplit** nicht verändert.

Ist die Option -f*präfix* nicht angegeben, so werden die ausgeschnittenen Teilstücke in Dateien mit den Namen *xx00*, *xx01*, usw.[1] abgelegt.

Im Unterschied zu **split** ist es bei **csplit** möglich, Teile der Originaldatei zu überspringen und somit nicht herauszuschneiden.

Optionen

-s	**csplit** gibt normalerweise die Zeichenzahl jeder neu erzeugten »Stück-Datei« aus. Mit der Angabe dieser Option kann diese Ausgabe unterdrückt werden.
-k	Normalerweise löscht **csplit** alle seine zuvor kreierten »Stück-Dateien«, wenn während seiner Ausführung ein Fehler auftritt, wie z.B., daß eine angegebene Schnittstelle nicht existiert. Mit der Angabe dieser Option kann dies unterbunden werden.
-f*präfix*	Bei den Namen für die »Stück-Dateien« wird anstelle von **xx** das hier angegebene *präfix* den Ziffernpaaren **00**, **01** usw. vorangestellt.

Unter Linux bietet **csplit** noch einige weitere Optionen an. Diese kann man entweder über **man csplit** oder aber mit dem Aufruf **csplit --help** erfragen.

Festlegen der Schnittstellen

Es gibt mehrere Möglichkeiten, die Schnittstellen für eine Datei festzulegen. Allgemein gilt aber, daß die erste erzeugte »Stück-Datei« alles vom Anfang der Originaldatei bis zum ersten Schnittpunkt enthält. Der Schnittpunkt selbst ist dabei

---

1. es sind maximal 100 neue kleinere Dateien möglich

nicht mehr in der »Stück-Datei« enthalten. Die Zeile des ersten Schnittpunktes wird dann die aktuelle Zeile. Die zweite erzeugte »Stück-Datei« enthält dann alles von dieser aktuellen Zeile bis ausschließlich dem nächsten Schnittpunkt, usw.

Für die Argumente *schnittstelle(n)* kann folgendes angegeben werden[1]:

Argument	Funktion
/RA/	erzeugt eine »Stück-Datei«, in die alles von der aktuellen Zeile bis ausschließlich der nächsten Zeile, die den angegebenen RA enthält, kopiert wird. Hinter /RA/ kann auch -n oder +n (n muß eine ganze Zahl sein) angegeben werden; diese Angabe verschiebt dann den Schnittpunkt um n Zeilen vor bzw. nach die durch RA abgedeckte Zeile.
%RA%	wirkt wie /RA/ mit dem wichtigen Unterschied, daß der dadurch ausgewählte Bereich der Originaldatei nicht in eine »Stück-Datei« kopiert, sondern übersprungen wird.
zeilennr[a]	erzeugt eine »Stück-Datei«, in die alles von der aktuellen Zeile bis zur Zeile mit der Zeilennummer `zeilennr` kopiert wird.
{*zahl*}	kann nach einer der 3 zuvor angegebenen Formen angegeben werden und wiederholt dann diese *zahl* mal: ▸ wird es nach /RA/ oder %RA% angegeben, so wird dieses Argument *zahl* mal angewendet, z.B. würde die Angabe **/PROCEDURE/{7}** bedeuten: Verwende die nächsten 7 Zeilen, in denen PROCEDURE vorkommt, als Schnittpunkte ▸ wird es nach *zeilennr* angegeben, so wird die Datei alle *zeilennr* Zeilen (*zahl* mal) zerteilt, z.B. würde die Angabe **100{5}** bedeuten: Verwende die 100., 200., 300., 400. und 500. Zeilen als Schnittpunkte.

a. muß eine ganze Zahl sein

```
csplit brief /Seite 2/ /Seite 3/
```

zerteilt die Datei *brief* in 3 Teile:

▸ Der Text vom Anfang bis ausschließlich der ersten Zeile, die den String »Seite 2« enthält, wird in die »Stück-Datei« xx00 kopiert.

▸ Dann wird der Text von dieser Zeile bis ausschließlich der nächsten Zeile, die »Seite 3« enthält, in die »Stück-Datei« xx01 kopiert.

▸ Der Rest wird in die »Stück-Datei« xx02 kopiert.

---

1. *RA* steht dabei für einen *regulären Ausdruck*. **csplit** kennt alle bei **ed** vorgestellten Formen von regulären Ausdrücken.

```
csplit -fteil lernen.ed 11 25 40
```

zerteilt die Datei *lernen.ed* in 4 Teile:

1. Der Text vom Anfang bis ausschließlich der 11.Zeile wird in die »Stück-Datei« `teil00` kopiert.

2. Der Text von der 11.Zeile bis einschließlich der 24.Zeile wird in die »Stück-Datei« `teil01` kopiert.

3. Der Text von der 25.Zeile bis einschließlich der 39.Zeile wird in die »Stück-Datei« `teil02` kopiert.

4. Der Rest wird in die »Stück-Datei« `teil03` kopiert.

```
csplit -k brief /Seite/+3 {100}
```

zerteilt Datei `brief`; als Schnittpunkte werden dabei immer die 3.Zeilen nach jedem Vorkommen des Strings »Seite« verwendet.

Option **-k** bewirkt, daß die »Stück-Dateien« auch dann angelegt werden, wenn in `brief` »Seite« weniger als 100 mal vorkommt

```
cat *.c | csplit -k -ffunk - '/^}/+1' {100}
```

Mit dem **cat**-Kommando würden alle C-Programmdateien des working directory hintereinander in die Pipe geschrieben. **csplit** würde diesen zusammenhängenden Text dann aus der Pipe lesen und jede C-Funktion herausschneiden[1] und in die »Stück-Dateien« `funk00`, `funk01`, usw. kopieren; dazu ist allerdings anzumerken, daß für die erste Funktion jeder C-Programmdatei nicht nur die Funktion allein, sondern alles vom Dateianfang bis zur }, die diese Funktion abschließt, kopiert würde.

```
csplit -k /home/egon/mbox "%^From %" "/^From /" {100}
```

zerteilt die sekundäre Mailbox *mbox* im home directory von *egon* in einzelne Briefe, welche in die Dateien *brief00, brief01,..., brief99* geschrieben werden. Jeder Brief in einer Mailbox beginnt immer mit »From «. Da die erste *From*-Angabe zwischen Prozentzeichen (%) steht, wird keine eigene Stückdatei bis zur ersten »*From* «-Zeile erstellt. Würde diese erste Angabe fehlen, so würde als erste Stückdatei eine leere Datei erzeugt, da die erste »*From* «-Zeile bereits ganz am Anfang der Mailbox steht.

---

1. hierbei wird angenommen, daß die C-Funktionen – nach einer C-Codier-Konvention – immer mit } am Anfang einer Zeile enden.

| ct | Remote-Callback eines Terminals |

Syntax

`ct [-s speed] [-w minuten] [-hv] [-xn] telnr....`

Beschreibung

Mit dem Kommando **ct** (*call terminal*) kann man sich zurückrufen lassen, z.B. um ein Terminal mit dem Rechner in der Firma zu verbinden, die die Telefonkosten für die Verbindung übernehmen soll.

In einer Telefonnummer *telnr* sind neben den Ziffern noch folgende Angaben erlaubt:

= bedeutet »*Warten auf einen zweiten Wählton*«

- bedeutet »*4 Sekunden warten, bevor weiter zu wählen ist*«

Wenn mehrere Telefonnummern angegeben sind, probiert **ct** diese der Reihe nach durch, bis eine Verbindung zustandekommt.

Optionen

Folgende Optionen kennt **ct**:

Option	Beschreibung
-s *speed*	*speed* legt die zu verwendende Baudrate fest; Voreinstellung ist 1200 Baud.
-w *minuten*	(`wait`) Wenn alle Leitungen belegt sind, fragt **ct**, ob es warten soll, bis eine frei ist, und wenn ja, wie lange maximal gewartet werden soll. Diese Abfrage wird mit **-w** *minuten* unterdrückt, und die maximale Wartezeit wird bereits beim Aufruf auf *minuten* festgelegt.
-h	kein sofortiger Verbindungsabbruch nach einem erfolgreichen Verbindungsaufbau. Voreinstellung ist, daß die Verbindung, über die **ct** gestartet wurde, wieder freigegeben wird, um einen Rückruf auf dieser Leitung zu ermöglichen.
-v	(`verbose`) ausführliche Informationen während des Verbindungsaufbaus ausgeben.
-x*n*	wird fürs Debuggen benötigt. *n* kann dabei ein Nummer zwischen 0 und 9 sein. Je größer die Nummer ist, umso mehr Debugging-Information wird ausgegeben.

ctags	Automatische Generierung einer tags-Datei für vi bzw. ex

Syntax

```
ctags [-aBFtuvwx] [-f tagsdatei] datei(en)
```

Beschreibung

ctags erzeugt aus den vorgegebenen *datei(en)*, welche C-, Pascal-, Fortran-, lex-oder yacc-Programmdateien sein können, eine *tags*-Datei, die beim Arbeiten mit den Editoren **vi** oder **ex** zum Positionieren in bestimmten Dateien verwendet werden kann. Eine *tags*-Datei gibt pro Zeile folgendes (mit Tabulatorzeichen getrennt) an:

```
name    datei    adresse
```

name ist dabei der Name einer Funktion oder eines sonstigen Datenobjekts. *datei* ist der Name der Datei, in dem sich das betreffende Objekt *name* befindet. *adresse* legt die Position fest, an dem sich das betreffende Objekt *name* in Datei *datei* befindet. Für *adresse* wird entweder ein **vi**-Suchkommando (*/reg.ausdruck*) oder eine Zeilennummer angegeben.

Normalerweise schreibt **ctags** diese *tags*-Information in eine Datei mit dem Namen *tags* im working directory. Ist ein anderer Name erwünscht, so muß die Option **-f** benutzt werden.

Dateien, deren Name mit **.c** oder **.h** endet, werden von **ctags** als C-Dateien betrachtet, und werden nach C-Funktions- und Makro-Definitionen durchsucht. Dateinamen mit Suffix **.y** werden als yacc-Programme und Dateinamen mit Suffix **.l** als lex-Programme betrachtet. Für alle anderen Dateinamen prüft **ctags** zunächst, ob es sich um Pascal-oder Fortran-Programme handelt. Falls dies nicht zutrifft, betrachtet sie **ctags** als C-Programme und durchsucht sie nach C-Definitionen.

Für die Funktion *main* in C-Programmen gilt die Besonderheit, daß vor dem Dateinamen in der *tags*-Datei der Buchstabe **M** angegeben und das Suffix **.c** am Ende entfernt wird. In diesem Fall werden auch alle führenden Pfadangaben beim Dateinamen entfernt. So ist es möglich, daß man sich nur eine *tags*-Datei für mehrere Programme in einem Directory hält.

Optionen

Die folgenden Optionen stehen zur Verfügung:

Option	Beschreibung
-a	(append) Ausgabe am Ende einer existierenden *tags*-Datei anhängen.
-B	(Backward) Bei der Adreßangabe in der *tags*-Datei wird die Rückwärtssuche (*?...?*) verwendet; Voreinstellung ist die Vorwärtssuche.
-f *tagsdatei*	(file) Normalerweise schreibt **ctags** die *tags*-Information in eine Datei mit dem Namen *tags* im working directory. Ist ein anderer Name erwünscht, so ist dies mit **-f** *tagsdatei* möglich.
-F	(Forward) Bei der Adreßangabe in der *tags*-Datei wird die Vorwärtssuche (*/.../*) verwendet; ist die Voreinstellung.
-t	(typedefs)auch Einträge für **typedef**s generieren.
-u	(update) für die angegebenen *datei(en)* wird nicht eine neue *tags*-Datei erstellt, sondern nur die Einträge in der bereits bestehenden *tags*-Datei aktualisiert. Diese Option bewirkt eine sehr langsame Bearbeitung; es ist normalerweise schneller, eine *tags*-Datei völlig neu erstellen zu lassen.
-v	Auf der Standardausgabe wird ein Inhaltsverzeichnis für alle Funktionen mit Dateiname und Seitennummer (64 Zeilen pro Zeile angenommen) ausgegeben. Die Ausgabe ist dabei lexikographisch sortiert; eventuell sollte man diese noch über eine Pipe an **sort -f** weiterreichen.
-w	(warning off) keine Ausgabe von Warnungen.
-x	(xref) wie bei **-v** wird auf der Standardausgabe ein Inhaltsverzeichnis für alle Funktionen mit Dateiname und Seitennummer (64 Zeilen pro Zeile angenommen) ausgegeben. Jedoch wird dabei nicht nur der Funktionsname, sondern auch der ganze Text der betreffenden Zeile ausgegeben.

Beispiel Unter Linux bietet **ctags** noch einige weitere Optionen an. Diese kann man entweder über **man ctags** oder aber mit dem Aufruf **ctags --help** erfragen.

```
ctags *.c
```

Zu allen C-Programmen des working directorys eine *tags*-Datei *tags* (im working directory) erstellen.

cu	Kopplung eines lokalen Rechners mit einem anderen Rechner (call another Unix system)

Syntax

```
cu  [option(en)]   telefonnummer
cu  [option(en)]   -lleitung
cu  [option(en)]   knotenname
```

Beschreibung

Das Kommando **cu** stellt eine Verbindung zwischen einem lokalen Rechner und einem »entfernten« Rechner her; es ermöglicht somit, daß ein Benutzer gleichzeitig an beiden Rechnersystemen angemeldet ist. Das bedeutet, daß er zwischen beiden Rechnersystemen hin- und herschalten kann und so auf beiden Rechnern Kommandos ausführen oder aber Dateien zwischen diesen beiden austauschen kann.

cu stellt entweder über die angegebene *telefonnummer, leitung* oder über den *knotenname* eine Verbindung zum »entfernten« System her.

Für *telefonnummer* können neben Ziffern noch die Zeichen = und − angegeben werden:

=   bedeutet »*Warten auf einen zweiten Wählton*«

−   bedeutet »*4 Sekunden warten, bevor weiter zu wählen ist*«

Ist *leitung* angegeben, so verbindet **cu** zu dem System, das über diese Leitung angeschlossen ist.

Ist *knotenname* angegeben, so wählt **cu** die Telefonnummer, die für dieses System in der Datei */etc/uucp/Systems* eingetragen ist.

Nach der Herstellung einer Verbindung, wird dies gemeldet und die login-Aufforderung des »entfernten« Systems erscheint auf dem Bildschirm. Nachdem der Benutzer seine Login-Kennung und sein Paßwort eingegeben hat, ist er am anderen System angemeldet; zugleich bleibt er auch am lokalen System angemeldet.

Optionen

cu arbeitet in zwei Phasen:

Verbindungsaufbau

Zunächst versucht **cu**, eine Verbindung zu einem anderen System aufzubauen. Falls keine Verbindung zu einem System hergestellt werden kann, meldet dies **cu** mit

```
Connect failed: SYSTEM NOT IN Systems FILE
```

Mit dem Aufruf **uuname -c** kann man im übrigen die Knotennamen aller direkt erreichbaren Systeme erfragen.

Terminalemulation

Nach einem erfolgreichen Verbindungsaufbau wechselt **cu** in die zweite Phase und führt nun eine Terminalemulation durch, was heißt, daß alle eingegebenen Zeichen an das entfernte System gesendet werden und alle Ausgaben der dortigen Programme am lokalen Bildschirm angezeigt werden.

Die Optionen für **cu** haben bis auf die Option **-d** immer nur Auswirkung auf eine der beiden Phasen Verbindungsaufbau (*VA*) oder Terminalemulation (*TE*).

Folgende Optionen kennt **cu**:

Option	Phase	Bedeutung
-b*n*	TE	(*bit*) stellt die Übertragungsart auf der Leitung auf *n* Bits ein. *n* sollte entweder 7 oder 8 sein. Mit dieser Option ist es möglich, Verbindungen zwischen Systemen aufzubauen, die mit unterschiedlichen Zeichengrößen (*character size*) arbeiten. Voreinstellung ist, daß die Zeichengröße auf der Leitung durch die am lokalen System verwendete Zeichengröße festgelegt wird.
-c*typ*	VA	definiert die zu verwendende Verbindungsart. Für *typ* kann dabei **Direct** (direkte Verbindung), **ACU** (Automatische Wählverbindung) oder eine *LAN-Kennung* (lokales Netz) angegeben sein, wobei *LAN-Kennung* eine vom Systemadministrator festgelegte Bezeichnung (z. B. **goahead**). Bei Angabe dieser Option wird das erste verfügbare Gerät benutzt, das diese Verbindungsart unterstützt. Option **-c** wird ignoriert, wenn beim **cu**-Aufruf ein *knotenname* angegeben ist.
-d	VA/TE	(*debug*) schaltet Debug-Kontrollausgaben ein.
-e	TE	(*even parity*) beim Senden zum entfernten System wird gerade Parität eingeschaltet; nur bei Systemen notwendig, die mit einem Paritätsbit arbeiten. Bei Unix-Systemen ist dies normalerweise nicht der Fall.
-h	TE	(*half-duplex*) stellt Halbduplex-Übertragung ein, wodurch ein lokales Zeichenecho erfolgt. Die Voreinstellung ist, daß das Echo vom entfernten System durchgeführt wird. **-h** wird benötigt bei Verbindungen zu Systemen, die die Terminals im Halbduplex-Modus ansteuern.

Option	Phase	Bedeutung
-l*leitung*	VA	(*line*) legt die für die Kommunikation zu verwendende Leitung fest. Ist eine *telefonnumer* beim **cu**-Aufruf angegeben, kann die zu benutzende Wählleitung über die Optionen **-l**, **-s** und **-c** ausgewählt werden. Fehlt diese Angabe, so wird die erste freie Leitung benutzt. Ist die Option **-l** angegeben, wie z.B. bei **cu -l/dev/term/07**, so wird ein Verbindungsaufbau über das Gerät versucht, das an die Schnittstelle */dev/term/07* angeschlossen ist. In diesem Fall ist keine Angabe einer *telefonnummer* erforderlich. Option **-l** wird ignoriert, wenn beim **cu**-Aufruf ein *knotenname* angegeben ist.
-n	VA	(*number*) Benutzer wird interaktiv nach der zu wählenden Telefonnummer gefragt, so daß diese nicht beim **cu**-Aufruf anzugeben ist; wird bei der Wahl von geheimen Nummern verwendet, um zu verhindern, daß andere Benutzer die Telefonnumer über die Ausgabe des Kommandos **ps** erfahren können.
-o	TE	(*odd parity*) beim Senden zum entfernten System wird ungerade Parität eingeschaltet; nur bei Systemen notwendig, die mit einem Paritätsbit arbeiten. Bei Unix-Systemen ist dies normalerweise nicht der Fall.
-s*baud*	VA	(*speed*) legt die zu verwendende Baudrate fest. Mögliche Angaben für *baud* sind: 300, 1200, 2400, 4800, 9600 oder sogar 19200 oder 38400. Ist nicht die Option **-l***leitung* angegeben, so benutzt **cu** die erste verfügbare Leitung, die diese Baudrate unterstützt.
-t	VA	wählt ein Terminal an, das auf automatische Antwort (Remote-Callback; siehe auch Kommando **ct**) eingestellt ist; hierbei wird carriage-return in carriage-return/line feed umgewandelt.

Mit ~ beginnende cu-Kommandos

Für **cu** ist eines der Systeme immer der Sender, der die Eingabe von der Standardeingabe liest und zum anderen System (Empfänger) schickt, das diese liest und auf die Standardausgabe schreibt. Ausnahmen dabei sind Zeilen, die mit ~ beginnen; diese werden nicht an das Fremdsystem weitergeleitet, sondern auf dem lokalen System ausgewertet.

Folgende mit ~ beginnende Kommandos kennt **cu**:

Befehl	Wirkung
~.	Verbindung zum Fremdsystem abbrechen.
~!	Vorübergehend nur auf dem lokalen System arbeiten; in die Verbindung zum Fremdsystem kann mit ⌑Strg⌑-⌑D⌑ wieder zurückgekehrt werden.
~!*unix_kdo*	*unix_kdo* auf dem lokalen System ausführen.
~$*unix_kdo*	*unix_kdo* auf dem lokalen System ausführen, dessen Ausgabe aber an das andere System schicken.
~+*unix_kdo*	*unix_kdo* auf dem lokalen System ausführen, dessen Ein- und Ausgabe aber auf das andere System einstellen.
~%cd	**cd**-Kommando auf dem lokalen System ausführen.
~%take *von* [*nach*]	kopiert die Datei *von* auf dem Fremdsystem in die Datei *nach* auf dem lokalen System. Fehlt die Angabe von *nach*, so wird für *nach* der Pfadname von *von* genommen.
~%put *von* [*nach*]	kopiert die Datei *von* des lokalen Systems in die Datei *nach* auf dem Fremdsystem. Fehlt die Angabe von *nach*, so wird für *nach* der Pfadname von *von* genommen.
~~*kdo_zeile*	sendet ~*kdo_zeile* an das Fremdsystem, so daß dort der Aufruf ~*kdo_zeile* ausgeführt wird. Dies wird verwendet, wenn auf drei Systemen gleichzeitig gearbeitet wird: Von System A wurde z.B. zunächst eine Verbindung zu System B aufgebaut, und von dort dann eine Verbindung zu System C. Kommandos, die nun auf System A auszuführen sind, wird ~ und Kommandos, die auf System B auszuführen sind, wird ~~ vorangestellt.
~%break	schickt ein BREAK-Signal ans Fremdsystem; ein
~%b	normales BREAK würde sich auf das lokale System beziehen.
~%debug ~%d	schaltet den debug-Modus für **cu** ein bzw. aus.
t	gibt die Werte der Terminaleinstellung auf dem lokalen System aus.
~l	gibt die Werte der Terminaleinstellung auf dem Fremdsystem aus.
~%ifc ~%nostop	schaltet – bezogen auf das lokale System – die Datenflußkontrolle über Stop- und Start-Zeichen (*Strg-S* und *Strg-Q*) in Eingaberichtung ein bzw. wieder aus.
~%ofc ~%noostop	schaltet die Datenflußkontrolle in Ausgaberichtung ein bzw. wieder aus.
~%old	In System V.4 wurde das Protokoll für Dateiübertragungen geändert. Wenn man mit einem älteren System verbunden ist, muß man zunächst mit **%~old** das alte Protokoll einschalten, um Dateien mit **%~take** oder ~**%put** übertragen zu können.

Hinweis Das Kommando **~%put** benutzt die Kommandos **stty** und **cat** auf dem »entfernten« System. Somit erfordert es unter anderem, daß beide Systeme die gleichen **erase-** und **kill**-Zeichen verwenden.

Das Kommando **~%take** benutzt die Kommandos **echo** und **cat** auf dem »entfernten« System. Falls Tabulatorzeichen auf das »entfernte« System kopiert werden, so sollten dort mit dem Kommando **stty** die Tab-Positionen entsprechend gesetzt sein.

cut	Nur bestimmte Spalten oder Felder einer Datei ausgeben (cut out selected fields of a file)

Syntax

```
cut  -cspalten  [datei(en)]

cut  -ffelder  [-dzeichen] [-s]  [datei(en)]
```

Beschreibung

Wenn keine *datei(en)* angegeben sind, so wird der Eingabetext von der Standardeingabe gelesen. Dasselbe gilt, wenn anstelle von *datei(en)* ein Querstrich (-) angegeben ist.

Optionen

-c*spalten*   Die dabei angegebenen *spalten* legen die herauszuschneidenden Spalten fest. Für *spalten* können dabei mit Komma getrennte ganze Zahlen oder Zahlenbereiche angegeben werden (z.B. würde **-c-3,7,25-** festlegen, daß die 1. bis 3.Spalte, die 7. Spalte und alle Spalten ab der 25. herauszuschneiden sind)

-f*felder*   Die dabei angegebenen *felder* geben die Nummern der herauszuschneidenden Felder an. Für *felder* können dabei mit Komma getrennte ganze Zahlen oder Zahlenbereiche angegeben werden (z.B. würde **-f1,3,5-7** festlegen, daß das 1.Feld, das 3.Feld und die Felder 5 bis 7 herauszuschneiden sind). Als Trennzeichen für die einzelnen Felder wird dabei – wenn nicht anders mit der Option -d*zeichen* angegeben – das Tabulatorzeichen verwendet.

-d*zeichen*   Das hier angegebene *zeichen* wird als Trennzeichen für die einzelnen Felder verwendet. Ist diese Option nicht angegeben, so wird als Trennzeichen das Tabulatorzeichen verwendet.

-s   Alle Zeilen, in denen das Trennzeichen nicht vorkommt, werden nicht ausgegeben; normalerweise werden solche Zeilen vollständig ausgegeben.

| **date** | Erfragen (bzw. Setzen) des heutigen Datums und der momentanen Uhrzeit (print and set date) |

Syntax

```
date [-u] [+format]
date [-a[-]sss.fff] [-u] mmttHHMM[cc]jj        (nur für Superuser erlaubt)
```

Beschreibung

Die erste Aufrufform gibt aktuelles Datum und Uhrzeit aus. Mit *format* kann die gewünschte Form der Ausgabe festgelegt werden.

Die zweite Aufrufform ist dem Superuser vorbehalten und ermöglicht das Setzen des Datums und der Uhrzeit.

Wird **date** ohne Angabe von Argumenten aufgerufen, so wird das heutige Datum und die momentane Uhrzeit ausgegeben, wie z.B.

```
Thu Aug  2 12:03:34 GMT 1990
```

Optionen

Folgende Option ist bei beiden Aufrufformen erlaubt:

-u   Datum als GMT (Greenwich Mean Time) und nicht als lokale Zeit anzeigen bzw. setzen

Die restlichen Optionen sind nur bei der zweiten Aufrufform erlaubt, und somit auch nur für einen Superuser von Interesse.

Option	Beschreibung
-a[-]*sss.fff*	Zeit langsam in *sss.fff* Sekunden anpassen (*fff* sind dabei Sekundenbruchteile). Diese Anpassung kann dabei positiv oder negativ (-) vorgegeben werden. Die Systemuhr wird dann beschleunigt oder verlangsamt, bis sie mit der vorgegebenen Schrittweite (Zeitspanne) arbeitet.
mm	2-ziffrige Monatsnummer (01-12)
tt	2-ziffrige Tagesnummer (01-31)
HH	2-ziffrige Stundenangabe (00-23)
MM	2-ziffrige Minutenangabe (00-59)
jj	2-ziffrige Jahresangabe (für dieses Jahrhundert)
ccjj	4-ziffrige Jahresangabe, wie z.B. 1998

Anstelle der vollen Angabe *mmttHHMM[cc]jj* dürfen auch folgende kurze Angaben gemacht werden: *mmtt* oder *HHMM*; in diesem Fall wird für die weggelassenen Teile das momentane Datum bzw. die momentane Zeit eingesetzt.

Unter Linux bietet **date** noch einige weitere Optionen an. Diese kann man entweder über **man date** oder aber mit dem Aufruf **date --help** erfragen.

+format

Das *format* ist üblicherweise ein String, der mit ' .. ' geklammert ist. Die Klammerung bewirkt dabei, daß die ganze *format*-Angabe als ein String aufgefaßt wird. Alle Zeichen, außer die, denen ein % vorangestellt ist, werden unverändert ausgegeben; so steht z.B. **%j** für die Tagesnummer des laufenden Jahres und die Angabe

```
date '+Heute ist der %j.Tag des Jahres'
```

würde z.B. folgende Ausgabe liefern:

```
Heute ist der 214.Tag des Jahres
```

Folgende spezielle *format*-Angaben sind erlaubt:

Angabe	Funktion
%a	Abgekürzter Name des Tages (Sun-Sat)
%A	Ausgeschriebener Name des Tages (Sunday-Saturday)
%b	Abgekürzter Monatsname (Jan-Dec); entspricht **%h**
%B	Ausgeschriebener Monatsname (January-December)
%c	Länderspezifisches Datums- und Zeitformat
%d	Nummer des Tages (01-31)
%D	Datum im Format **%m/%d/%y**
%e	Tag des Monats (1-31); bei 1 bis 9 wird ein Leerzeichen vorangestellt
%h	Abgekürzter Monatsname (Jan-Dec); entspricht **%b**
%H	Stunde (00-23)
%I	Stunde (01-12)
%j	Tag im Jahr (001-366)
%m	Monat im Jahr (01-12)
%M	Minute (00-59)
%n	Neuezeile-Zeichen
%p	Ausgabe von AM bzw. PM
%r	Zeit im Format **%I:%M:%S %p**

Angabe	Funktion
%R	Zeit im Format **%H:%M**
%S	Sekunden (00-61)
%t	Tabulatorzeichen
%T	Zeit im Format **%H:%M:%S**
%U	Nummer der Woche im Jahr (00-53); Sonntag gilt als erster Wochen-tag
%w	Tag der Woche (0-6); 0 ist Sonntag
%W	Nummer der Woche im Jahr (00-53); Montag gilt als erster Wochen-tag
%x	Länderspezifisches Datums-Format
%X	Länderspezifisches Zeit-Format
%y	Jahr im Jahrhundert (00-99)
%Y	Volle Jahresangabe (4 Ziffern)
%Z	Name der Zeitzone
%%	Prozentzeichen
Strg-G	Akustisches Signal

Beispiel Die Kommandozeile

```
date '+Datum: %d.%m.%y%n Zeit: %H:%M.%S'
```

könnte z.B. folgende Ausgabe liefern:

```
Datum: 03.08.93
 Zeit: 12:31.56
```

dd	Konvertieren und Kopieren von Dateien (convert and copy a File)

Syntax

dd [*option=wert*] ....

Beschreibung

Das Kommando **dd** kopiert die angegebene Eingabedatei (if=*datei*) auf die angegebene Ausgabe-Datei[1] (of=*datei*). Beim Kopieren führt **dd** abhängig von den angegebenen Optionen entsprechende Konvertierungen (wie z.B. von

---

1. kann natürlich auch eine Gerätedatei sein

ASCII nach EBCDIC) durch. Die Voreinstellung von **dd** ist, daß es von der Standardeingabe liest und auf die Standardausgabe ausgibt.

Optionen

Option	Beschreibung
if=*datei*	Verwendet *datei* als Eingabedatei; kann auch eine Gerätedatei sein.
of=*datei*	Verwendet *datei* als Ausgabedatei; kann auch eine Gerätedatei sein.
ibs=*n*	liest die Eingabe in Blöcken von *n* Bytes; Voreinstellung ist 512.
obs=*n*	schreibt die Ausgabe in Blöcken von *n* Bytes; Voreinstellung ist 512.
bs=*n*	setzt sowohl die Eingabe wie die Ausgabe auf Blöcke von *n* Bytes; schaltet die Option ibs und obs aus.
cbs=*n*	legt die Größe des Konvertierungspuffers auf *n* Bytes fest.
skip=*n*	überspringt *n* Eingabeblöcke, bevor es mit dem Kopieren beginnt.
seek=*n*	überspringt *n* Blöcke in der Ausgabedatei, bevor es mit dem Kopieren beginnt.
count=*n*	kopiert nur *n* Eingabeblöcke.
conv=ascii	konvertiert EBCDIC -> ASCII
conv=ebcdic	konvertiert ASCII -> EBCDIC
conv=ibm	konvertiert ASCII -> EBCDIC (verwendet dabei eine andere Abbildung)
conv=lcase	konvertiert Großschreibung in Kleinschreibung
conv=ucase	konvertiert Kleinschreibung in Großschreibung
conv=swap	vertauscht die Bytes jedes Byte-Paares; manche Maschinen speichern 2-Byte-Wörter mit dem höheren Byte zuerst und andere mit dem niedrigeren Byte zuerst.
conv=noerror	Bearbeitung wird beim Auftreten von Fehlern nicht beendet.
conv=sync	Alle Eingabeblöcke werden mit ibs-Zeichen aufgefüllt.

Ein Komma kann verwendet werden, wenn mehr als eine Konvertierung erwünscht ist, z. B.

conv=ascii,ucase.

Die Option cbs wirkt nur auf ascii und ebcdic Konvertierungen. Wenn nach ASCII konvertiert wird, so wird die mit cbs festgelegte Anzahl von Bytes in den Konvertierungspuffer gelesen; Leerzeichen am Ende des Blocks werden dabei entfernt und ein Neuezeile-Zeichen wird hinzugefügt. Die daraus resultierende Zeile wird dann in die Ausgabedatei kopiert. Wenn nach EBCDIC konvertiert wird, so wird eine ASCII-Zeile in den Puffer abgelegt; das Neuezeile-Zeichen wird entfernt und der Block wird am Ende mit Leerzeichen aufgefüllt, so daß er die mit cbs festgelegte Größe erreicht.

df	Erfragen des noch freien Speicherplatzes in einem Dateisystem (disk free)

Syntax

df [option(en)] [directory | gerätedatei | dateisystem ...]

Beschreibung

Mit dem Kommando **df** kann man sich den freien Speicherplatz auf allen montierten und auch unmontierten Dateisystemen oder – wenn ein *directory* angegeben ist – von einem bestimmten Dateisystem anzeigen lassen. Ist eine *gerätedatei* angegeben, so gibt **df** Speicherplatz-Information zu diesem Gerät aus.

Ist kein *directory, gerätedatei* oder *dateisystem* angegeben, so wird der freie Speicherplatz zu allen vorhandenen Dateisystemen ausgegeben.

df gibt die Anzahl der freien Blöcke (Block = 512 Bytes) und der Dateien (inodes) aus, die in einem Dateisystem noch frei sind.

Bei der Ausgabe von **df** steht in der ersten Spalte der Name des Montierpunktes, zwischen den runden Klammern der Gerätename des Dateisystems und in den folgenden Spalten die Anzahl der freien Blöcke (in Einheiten zu je 512 Byte) und die Anzahl der noch freien Dateien (inodes).

Die Anzahl der freien Dateien ist nur für das lokale Dateisystem korrekt; bei verteilten Dateisystemen steht hier immer der Wert -1. Die Angaben für die Dateisysteme */dev/fd*, */stand* und */proc* sind bedeutungslos, da es sich hierbei nicht um »echte« Dateisysteme handelt.

Optionen

df kennt die folgenden Optionen:

Option	Beschreibung
-F *fstyp*	legt den Dateisystem-Typ auf *fstyp* fest.
-b	nur die Anzahl von freien KBytes ausgeben.
-e	nur die Anzahl der freien Dateien (inodes) ausgeben.

Option	Beschreibung
-g	alle verfügbare Information ausgeben; kann nur für montierte Dateisystem verwendet werden. Diese Option darf nicht mit der Option **-o** verwendet werden und schaltet die eventuell gleichzeitig angegebenen Optionen **-b**, **-e**, **-k**, **-n** und **-t** aus.
-i	die gesamte Anzahl von inodes, die Anzahl von freien und belegten inodes ausgeben; zusätzlich wird noch in Prozent ausgegeben, wie viele inodes belegt sind.
-k	der gesamte, der belegte und der freie Speicherplatz wird in Kilobyte sowie der belegte Platz in Prozent ausgegeben.
-l	nur für das lokale Dateisystem Speicherplatz-Information ausgeben; diese Option darf nur für montierte Dateisysteme verwendet und nicht mit der Option **-o** kombiniert werden.
-n	nur Dateisystemtypen ausgeben; darf nicht mit der Option **-o** kombiniert werden.
-t	zusätzlich zum freien Speicherplatz wird noch der gesamte verfügbare Speicherplatz (frei und belegt) ausgegeben.
-o *option(en)*	Dateisystem-spezifische *option(en)* angeben.
-V	ganze Kommandozeile nochmals anzeigen, aber nicht ausführen.
-v	Ausgabe erfolgt im Stil von **dfspace**.

Unter Linux verhält sich das Kommando **df** weitgehend so wie unter anderen Unix-Systemen auch, nur daß es sich in einigen Optionen von diesen unterscheidet. Die wichtigsten Optionen des **df**-Kommandos unter Linux sind:

-a	(**--all**) Ausgeben aller Dateisysteme einschließlich solcher, die 0 Blöcke haben
-h	(**--human-readable**) Ausgeben der Größen in üblicher Sprechweise (wie z.B. 5K, 234M, 2G)
-i	(**--inodes**) Statt des freien Speicherplatzes Informationen über noch freie inodes ausgeben
-k	(**--kilobytes**) Ausgeben der Größen in Kbytes (Voreinstellung)
-m	(**--megabytes**) Ausgeben der Größen in Mbytes
-T	(**--print-type**) Ausgeben des Dateisystemtyps
--help	Ausgeben einer kurzen Hilfsinformation zum Kommando **df**

Beispiel

```
$ df -k ↵
Filesystem           kbytes    used   avail capacity  Mounted on
/dev/dsk/c0t0d0s0     23631    9128   12143    43%    /
/dev/dsk/c0t0d0s6    184879  137250   29149    82%    /usr
```

```
/proc                         0       0       0    0%    /proc
fd                            0       0       0    0%    /dev/fd
/dev/dsk/c0t0d0s7         18511    3505   13156   21%    /var
swap                      32168       8   32160    0%    /tmp
/dev/dsk/c0t0d0s5         30799   22633    5096   82%    /opt
/dev/fd0                   1423     458     965   32%    /pcfs/a
$ df -n ⏎
/                    : ufs
/usr                 : ufs
/proc                : proc
/dev/fd              : fd
/var                 : ufs
/tmp                 : tmpfs
/opt                 : ufs
/pcfs/a              : pcfs
$
```

Hinweis   Nachfolgend sind Ausgaben für Aufrufe von **df** unter Linux mit unterschiedlichen Optionen gegeben:

```
$ df ⏎
Filesystem       1024-blocks  Used Available Capacity Mounted on
/dev/sda5           303251   173602    113988     60%    /
/dev/sda1          2096160  2055488     40672     98%    /C
/dev/sda7          1018298   900409     65278     93%    /usr
/dev/sda8           303251    64264    223326     22%    /home

$ df -a ⏎
Filesystem       1024-blocks  Used Available Capacity Mounted on
/dev/sda5           303251   173602    113988     60%    /
none                     0        0         0      0%    /proc
/dev/sda1          2096160  2055488     40672     98%    /C
/dev/sda7          1018298   900409     65278     93%    /usr
/dev/sda8           303251    64265    223325     22%    /home

$ df -h ⏎
Filesystem       Size  Used  Avail  Capacity Mounted on
/dev/sda5        296M  170M   111M     60%    /
/dev/sda1        2.0G  2.0G    40M     98%    /C
/dev/sda7        994M  879M    64M     93%    /usr
/dev/sda8        296M   63M   218M     22%    /home

$ df --inodes ⏎
Filesystem       Inodes   IUsed    IFree  %IUsed Mounted on
/dev/sda5         78312   14029    64283    18%   /
/dev/sda1             0       0        0     0%   /C
/dev/sda7        263160   75311   187849    29%   /usr
/dev/sda8         78312    1644    76668     2%   /home

$ df -k ⏎
Filesystem       1024-blocks  Used Available Capacity Mounted on
/dev/sda5           303251   173602    113988     60%    /
```

```
/dev/sda1            2096160 2055488     40672    98%  /C
/dev/sda7            1018298  900409     65278    93%  /usr
/dev/sda8             303251   64266    223324    22%  /home

$ df -m  ⏎
Filesystem          MB-blocks     Used Available Capacity Mounted on
/dev/sda5                 296      170       111    60%  /
/dev/sda1                2047     2008        39    98%  /C
/dev/sda7                 994      879        63    93%  /usr
/dev/sda8                 296       63       218    22%  /home

$ df -T  ⏎
Filesystem    Type 1024-blocks  Used Available Capacity Mounted on
/dev/sda5     ext2    303251  173602    113988    60%  /
/dev/sda1     vfat   2096160 2055488     40672    98%  /C
/dev/sda7     ext2   1018298  900409     65278    93%  /usr
/dev/sda8     ext2    303251   64266    223324    22%  /home

$ df --help  ⏎
Usage: df [OPTION]... [FILE]...
Show information about the filesystem on which each FILE resides,
or all filesystems by default.

  -a, --all              include filesystems having 0 blocks
  -h, --human-readable   print sizes in human readable format (e.g., 1K 234M 2G)
  -i, --inodes           list inode information instead of block usage
  -k, --kilobytes        use 1024-byte blocks, not 512 despite POSIXLY_CORRECT
  -m, --megabytes        use 1024K-byte blocks, not 512 despite POSIXLY_CORRECT
      --no-sync          do not invoke sync before getting usage info (default)
  -P, --portability      use the POSIX output format
      --sync             invoke sync before getting usage info
  -t, --type=TYPE        limit listing to filesystems of type TYPE
  -T, --print-type       print filesystem type
  -x, --exclude-type=TYPE   limit listing to filesystems not of type TYPE
  -v                     (ignored)
--help              display this help and exit
      --version          output version information and exit
$
```

Daneben ist im BSD Compatibility Package im Directory *lusr/ucb* das Kommando **df** aus BSD Unix enthalten, das eine ähnliche Ausgabe wie **df -k** produziert.

Es ist noch wichtig zu wissen, daß **df** bei **ufs**-Dateisystemen gewöhnlich 10% weniger freien Platz anzeigt, als tatsächlich vorhanden. **ufs**-Dateisysteme sind so angelegt, daß sie über eine Reserve verfügen müssen, die gegebenenfalls nur vom Systemadministrator voll ausgenutzt werden kann. Normale Benutzer erhalten eine Fehlermeldung, wenn sie versuchen, Dateien auf einem zu 90% vollen Dateisystem anzulegen.

| **dfspace** | Erfragen des noch freien Speicherplatzes in allen Dateisystemen (disk free space) |

Syntax

```
dfspace  [-F fstyp] (unter Linux nicht verfügbar)
```

Beschreibung

dfspace ist ein Shell-Skript, das das **df**-Kommando verwendet. **dfspace** gibt für alle montierten »echten« Dateisystemen (Ausnahme ist z.B. */proc*) den noch freien Speicherplatz in MBytes und Prozent aus.

Optionen

-F *fstyp*   nur für *fstyp*-Dateisysteme ausgeben.

| **diff** | Vergleichen zweier (un)sortierter Textdateien (differential file compare) |

Syntax

```
diff  [-bitw] [-c|-e|-f|-h|-n] datei1  datei2
diff  [-bitw] [-C n] datei1 datei2
diff  [-bitw] [-D string] datei1  datei2
diff  [-bitw] [-c|-e|-f|-h|-n|-l|-r|-s] [-S name]  directory1  directory2
```

Beschreibung

Das Kommando **diff** erlaubt den Vergleich von zwei Textdateien, welche nicht unbedingt sortiert sein müssen, und gibt die Änderungen am Bildschirm aus, welche mit dem Unix-Editor **ed** vorgenommen werden müßten, um *datei1* identisch zu *datei2* zu machen. Es ist zu beachten, daß dieses Kommando nur auf Textdateien erfolgreich angewendet werden kann.

Wenn für *datei1* oder *datei2* das Minuszeichen (-) angegeben wird, so wird hierfür (anstelle aus einer Datei) von der Standardeingabe gelesen.

Wenn *datei1* ein Directory und *datei2* eine einfache Datei ist, dann wird *datei2* mit einer Datei gleichen Namens im Directory *datei1*, also mit *datei1/datei2*, verglichen. Das gleiche gilt, wenn *datei2* ein Directory ist.

Ausgabeformat

diff verwendet folgendes Ausgabeformat, um anzuzeigen, daß entsprechende Zeilen einzufügen, zu löschen oder zu ändern sind. Im nachfolgenden steht *n* für eine Zeilennummer und *zeile* für eine Zeile von Text.

Einfügen

*n11*a*n21,n22* Füge die Zeilen n21 bis n22 von *datei2* nach Zeile n11 in
>zeile n21   *datei1* ein.
. . . . .   Die einzufügenden Zeilen aus *datei2* werden immer mit
>zeile n22   einem vorangestellten > gekennzeichnet.

Löschen

*n11,n12*d*n21* Lösche die Zeilen n11 bis n12 von *datei1*. Die Zeile n21
<zeile n11   aus *datei2* zeigt hierbei an, daß nach
.....   diesem Löschen die beiden Dateien bis zu dieser Zeile
<zeile n12   (nicht eingeschlossen) identisch sind.
                         Die vom Löschvorgang betroffenen Zeile werden mit einem voran-
                         gestellten < ausgegeben.

Ändern

*n11,n12*c*n21,n22*   Ersetze die Zeilen n11 bis n12 aus *datei1* durch die
<zeile n11   Zeilen n21 bis n22 aus *datei2*.

<zeile n12

>zeile n21

.....

>zeile n22

Optionen

Die Optionen bedeuten im einzelnen:

Option	Beschreibung
-b	Leerzeichen am Ende werden ignoriert und mehrere direkt auf-einanderfolgende Leerzeichen werden zusammengezogen, so daß sich zwei Zeilen nicht unterscheiden, wenn ihr Text bis auf zusätzliche Leerzeichen zwischen den Worten identisch ist, wie z.B. bei `Hallo Egon` `Hallo       Egon`
-i	Groß- und Kleinschreibung ignorieren.
-t	Tabulatorzeichen bei der Ausgabe so anpassen wie in entspre-chender Datei vorgegeben; ist notwendig, um bedingt durch das Voranstellen der Zeichen < bzw. > nicht eine verfälschte Ausgabe zu erhalten.

Option	Beschreibung

`-w`	Alle Leerzeichen werden ignoriert. Dadurch sind alle Wörter identisch, selbst wenn in ihnen Leerzeichen enthalten sind, wie z.B. bei
	`Hallo Egon`
	`H a l l o       E g o n`

`-c`	Bei Ausgabe werden der einzelnen Änderungen mit ************ voneinander getrennt. Die in *datei1* zu löschenden Zeilen werden mit '-' und die in *datei2* hinzuzufügenden Zeilen werden mit '+' markiert. Zeilen, die geändert werden müssen, werden für beide Dateien mit '!' markiert.
`-C` n	Ausgabe wie bei **-c**, nur daß immer n Zeilen aus dem Kontext mitausgegeben werden.
`-e`	Die erforderlichen Änderungen, die an *datei1* vorzunehmen sind, um sie mit *datei2* identisch zu machen, werden in einer dem Editor **ed** verständlichen Form (ed-Skript genannt) ausgegeben.
`-f`	gibt ein zu **-e** ähnliches Skript aus, aber in umgekehrter Reihenfolge. Dieses Skript ist jedoch nicht für **ed** geeignet.
`-h`	arbeitet schnell, aber nur »halbherzig«; kann nur für Dateien mit kleinen Unterschieden verwendet werden. Diese Option darf nicht mit **-e** oder **-f** kombiniert werden.
`-n`	gibt ein zu **-e** ähnliches Skript aus, aber in umgekehrter Reihenfolge und mit einem Zähler für geänderte Zeilen bei jedem Einfüge- oder Lösch-Kommando.
`-D` *string*	mischt den Inhalt der beiden Dateien *datei1* und *datei2* zusammen. Dabei werden C-Präprozessor-Anweisungen so eingefügt, daß eine Kompilierung der gemischten Datei ohne die Definition von *string* einer Kompilierung von *datei1* und mit der Definition von *string* einer Kompilierung von *datei2* gleichkommt.

Zum Vergleichen von Directories stehen die auf der folgenden Seite genannten Optionen zur Verfügung.

Option	Beschreibung
`-l`	Ausgabe der Unterschiede erfolgt im Langformat.
`-r`	gemeinsame Subdirectories werden rekursiv verglichen.
`-s`	Gleiche Dateien werden auch angezeigt; normalerweise werden diese nicht ausgegeben.
`-S` *name*	Directory-Vergleich beginnt erst mit der Datei namens *name*.

Unter Linux bietet **diff** noch einige weitere Optionen an. Diese kann man entweder über **man diff** oder aber mit dem Aufruf **diff --help** erfragen.

Die Existenz dieses Kommandos hat den Vorteil, daß bei unterschiedlichen Textdateien nicht die vollständigen Dateien zu speichern sind, sondern es ausreicht, nur die Unterschiede (auch *deltas* genannt) einer Datei zu einer anderen zu sichern. Eine Anwendung hiervon liegt bei unterschiedlichen Versionen von Programmen: z.B. wird nur die 1.Version eines Programms vollständig gespeichert und von allen späteren Versionen werden lediglich die *deltas* zu dieser 1.Version gespeichert. Eine solche Vorgehensweise bringt erhebliche Speicherplatzeinsparungen mit sich. Genauso geht auch das in einem späteren Buch vorgestellte Werkzeug SCCS (*source code control systems*) vor, welches zur Versions-Verwaltung bei größeren Software-Projekten eingesetzt wird.

Zu **diff** existieren drei weitere verwandte Kommandos:

Kommando	*Beschreibung*
bdiff	(**big** *diff*) arbeitet ähnlich wie **diff**, allerdings kann dieses Kommando wesentlich größere Dateien vergleichen als **diff**.
diff3	(**3**-way *diff*erential file comparison) ermöglicht den Vergleich von 3 Dateien.
sdiff	(**s**ide-by-side *diff*erence program) gibt die Inhalte der beiden zu vergleichenden Dateien nebeneinander aus[a]; dabei zeigen die den jeweiligen Zeilen vorangestellten Zeichen folgendes an:

	<	ist nur in *datei1* vorhanden
	>	ist nur in *datei2* vorhanden
	|	Zeilen sind verschieden
	kein Zeichen:	Zeilen sind identisch

a. Diese Ausgabe bewirkt allerdings bei einem 80-Zeichen breiten Terminal einen Bruch der Zeilen aus der 2.Datei.

Es existieren zwei weitere Vergleichs-Kommandos: **comm** und **cmp**. Bei **comm** müssen allerdings die zu vergleichenden Textdateien sortiert sein. **cmp** wird verwendet, wenn festzustellen ist, ob zwei Dateien wirklich den gleichen Inhalt haben. **cmp** ist sehr schnell und erlaubt auch den Vergleich zweier Nicht-Textdateien; so wird **cmp** z.B. sehr oft verwendet, um zu prüfen, ob zwei Objektdateien den gleichen Inhalt besitzen: wenn ja, so kann eine davon gelöscht werden.

diff liefert folgenden Exit-Status:

0   wenn die beiden Dateien identisch sind

1   wenn die beiden Dateien verschieden sind

2   wenn bei der Ausführung von **diff** Fehler auftraten.

dircmp — Vergleichen zweier Directories (directory comparison)

Syntax

```
dircmp [-d] [-s] [-wn]  dir1  dir2
```
(unter Linux nicht verfügbar)

Beschreibung

Das Kommando **dircmp** vergleicht den Inhalt der beiden Directories *dir1* und *dir2*. Dazu vergleicht es zuerst die Dateinamen der beiden Directories, bevor es die Inhalte von Dateien mit gleichen Namen vergleicht.

dircmp gibt Dateinamen, die nur in einem Directory vorkommen, auf der ersten Ausgabeseite aus. Dateinamen, die in beiden Directories vorkommen, aber unterschiedliche Inhalte haben, werden auf der zweiten Seite angezeigt. Auf der dritten Seite werden gleiche Dateinamen mit gleichem Inhalt ausgegeben.

dircmp gibt immer die Dateinamen aus, die nur in einem Directory vorkommen; die Ausgabe von identischen Dateien kann unterdrückt werden.

Optionen

`-d`	gibt ein ed-Skript aus, das aus gleichnamigen Dateien identische Dateien kreiert (siehe auch **diff**).
`-s`	unterdrückt die Ausgabe der Namen von identischen Dateien
`-wn`	ändert die Länge der Ausgabezeilen von 72 Zeichen auf *n* Zeichen.

dirname — Extrahieren des Directory-Pfads aus einem Pfadnamen (directory name)

Syntax

```
dirname  string
```

Beschreibung

Das Kommando **dirname** ist das Gegenstück zum Kommando **basename**: Es gibt zu dem angegebenen *string* (Pfadname) nur den Directory-Pfad ohne den Basisnamen aus.

dirname wird sehr oft in Shell-Skripts im Zusammenhang mit Kommandosubstitution[1] verwendet, um eine neu anzulegende Datei im gleichen Directory abzulegen wie eine andere Datei, von der der Pfadname zu diesem Zeitpunkt bekannt ist.

---

1. wird im Buch »Linux-Unix-Shells« behandelt

Beispiel   `dirname /home/egon/uebung1/laender`   `liefert: /home/egon/uebung1`
              `dirname add1.c`   `liefert: .` (Punkt)

du	Erfragen des Speicherplatzes, der von bestimmten Dateien bzw. Directories belegt wird (disk usage)

Syntax

`du [-ars] [datei(en)]`   Die angegebenen dateiname(n) können dabei Directories oder einfache Dateien sein.

Beschreibung

Das Kommando **du** meldet die Anzahl von Speicherblöcken, die von den angegebenen *dateiname(n)* belegt sind. Handelt es sich bei einem angegebenen *dateiname* um ein Directory, so wird die Anzahl der Speicherblöcke gemeldet, die vom gesamten Directorybaum belegt wird.

Sind keine *dateiname(n)* angegeben, so nimmt **du** das working directory an; d.h. es meldet die Anzahl der Speicherblöcke, die vom Directorybaum des working directory belegt werden.

Dateien mit zwei oder mehr Links werden dabei nur einmal gezählt und Dateien, die für den Aufrufer von **du** keine Leserechte gewähren, werden nicht mitgezählt.

Optionen

`-a`   Es wird für jede einzelne Datei die Blockanzahl ausgegeben; ist die Voreinstellung.

`-r`   Dateien, die kein Leserecht gewähren, werden gemeldet; Voreinstellung ist, daß dies nicht gemeldet wird.

`-s`   Es wird nur die Gesamtanzahl der belegten Speicherblöcke für jeden der angegebenen *dateiname(n)* ausgegeben.

Hinweis   Unter Linux verhält sich das Kommando **du** weitgehend so wie unter anderen Unix-Systemen auch, nur daß es sich in einigen Optionen von diesen unterscheidet. Die wichtigsten zusätzlichen Optionen des **du**-Kommandos unter Linux, die oben nicht erwähnt wurden, sind:

-b	(**--bytes**) Ausgeben der Größen in Bytes
-c	(**--total**) Bei Anwendung von **du** auf Dateien (und nicht Directories) wird als abschließender Wert die Endsumme aller zuvor aufgelisteten Größen angezeigt. Mit dieser Option kann leicht festgestellt werden, wieviel Speicherplatz alle Dateien eines bestimmten Typs (wie `*.c`) benötigen.

-h	(**--human-readable**) Ausgeben der Größen in üblicher Sprechweise (wie z.B. 5K, 234M, 2G)
-k	(**--kilobytes**) Ausgeben der Größen in Kbytes (Voreinstellung)
-m	(**--megabytes**) Ausgeben der Größen in Mbytes
-S	(**--separate-dirs**) Ausgeben des Speicherbedarfs eines Directorys (ohne seine Subdirectories)
--help	Ausgeben einer kurzen Hilfsinformation zum Kommando **du**

Nachfolgend sind Ausgaben für Aufrufe von **du** mit unterschiedlichen Optionen gegeben:

```
$ du ↵
29      ./uebung1
4       ./uebung3
35      .
$ du -b ↵
9164    ./uebung1
1404    ./uebung3
11686   .
$ du -h ↵
8.9K    ./uebung1
1.4K    ./uebung3
11K.
$ du -sm /home ↵
63 /home
$ du -sk /home ↵
64277/home
$ du -c uebung1/*.c ↵
1  uebung1/add1.c
1  uebung1/add2.c
2  uebung1/dirlese.c
4  total
$ du -cb /uebung1/*.c ↵
93      uebung1/add1.c
259     uebung1/add2.c
1098    uebung1/dirlese.c
1450    total
$ du -bs /usr ↵
871450262    /usr
$ du -ms /usr ↵
877     /usr
$
```

du wird oft verwendet, um festzustellen, welche Directories den meisten Speicherplatz benötigen. Dies ist v.a.D. dann notwendig, wenn das Dateisystem schon fast voll ist und der Systemverwalter die einzelnen Benutzer zum Bereinigen ihrer Directories aufforderte.

dvilj	Umwandeln einer `dvi`-Datei (durch **latex**-Aufruf erzeugt) in Laserjet-Format

Syntax

`dvilj [optionen] dvidatei`

Beschreibung

dvilj wandelt eine `dvi`-Datei (durch **latex**-Aufruf erzeugt) in eine Datei mit Laserjet-Format um. Als Ergebnis liefert dieser Aufruf eine gleichnamige Datei mit der Endung `.lj`, die für den Ausdruck an einem 300-DPI-HP-Laserjet-Drucker geeignet ist. Weitere verwandte Kommandos sind **dvilj2p**, **dvilj4** und **dvilj4l**, die die entsprechenden Modelle (einschließlich 600 DPI und eingebauter TrueType- und Intellifont-Zeichensätze) unterstützen.

dvips	Umwandeln einer `dvi`-Datei (durch **latex**-Aufruf erzeugt) in Postscript-Format

Syntax

`dvips [optionen] dvidatei`

Beschreibung

wandelt eine `dvi`-Datei (durch **latex**-Aufruf erzeugt) in eine Postscript-Datei um.

Optionen

Die wichtigsten Optionen hierbei sind:

-A	nur ungerade Seiten umwandeln.
-B	nur gerade Seiten umwandeln.
-l *n*	beendet die Umwandlung nach der *n*-ten Seite.
-p *n*	beginnt die Umwandlung erst ab der *n*-ten Seite.
-pp *liste*	wandelt nur in der *liste* angegebene Seiten um. In der *liste* können auch Bereiche angegeben werden, wie z. B. **-pp 2,5-11,14-18,22**.
-o *datei*	schreibt das Ergebnis der Umwandlung in die Datei *datei*.

| **echo** | Ausgeben von Text (echo arguments) |

Syntax

```
echo [argument(e)]
```

Beschreibung

Das Kommando **echo** gibt die angegebenen *argument(e)* auf die Standardausgabe aus. Jedes der angegebenen *Argument(e)* wird dabei bei der Ausgabe mit einem Leerzeichen vom nächsten getrennt und nach der gesamten Ausgabe wird ein Zeilenvorschub durchgeführt. Das **echo**-Kommando läßt bestimmte C-ähnliche Notationen zu (siehe unten).

Spezielle Notationen

Das **echo**-Kommando erkennt folgende spezielle Notationen:

Notation	Beschreibung
\b	Backspace
\c	gibt die angegebenen *argument(e)* bis zu diesem Punkt aus, und macht keinen Zeilenvorschub
\f	Seitenvorschub (*form feed*)
\n	Neuezeile-Zeichen; auf Anfang der nächsten Zeile positionieren
\r	Carriage-Return; auf Anfang der momentanen Zeile positionieren
\t	Tabulatorzeichen
\v	vertikales Tabulatorzeichen
\\	Backslash
\0*n*	für *n* ist eine ein-, zwei- oder drei-ziffrige Oktalzahl anzugeben; das dieser Zahl entsprechende ASCII-Zeichen wird dann ausgegeben

 Beispiel

```
echo Guten          Morgen          Hans
```

würde ausgeben:

```
Guten Morgen Hans
```

```
echo 'Guten          Morgen          Hans'
```

würde ausgeben:

```
Guten          Morgen          Hans
```

ed	Editieren von Textdateien (text editor)

Syntax

ed [-s] [-p*promptzeichen*] [-x] [*datei*]

Beschreibung

ed ist der Standard-Editor von Unix und damit auf jedem Unix-System verfügbar. Er arbeitet zeilenorientiert und ist vom jeweiligen Terminal unabhängig, da er keine spezifischen Terminalfunktionen benutzt.

Weitere Vorteile von **ed** sind seine sehr flexiblen und mächtigen Such- und Ersetzungskommandos und auch seine Schnelligkeit. Ein Nachteil von **ed** liegt in seiner mangelnden Benutzerfreundlichkeit, da er eben zeilenorientiert ist und somit keinen größeren Ausschnitt aus der gerade bearbeiteten Datei zeigt; zudem ist der momentane Arbeitspunkt in einer Datei nicht immer offensichtlich.

ed arbeitet grundsätzlich im Hauptspeicher. Dazu kopiert er die zu ändernde Datei in einen Arbeitspuffer, dessen Inhalt erst mit dem Editier-Kommando **w** (*write*) auf das externe Speichermedium (Festplatte, Diskette, usw.) zurückgeschrieben wird. Wird eine neue Datei erstellt, so wird der eingegebene Text ebenfalls im Arbeitspuffer gehalten, und muß genauso mit **w** auf das externe Speichermedium gesichert werden.

Falls die angegebene *datei* bereits existiert, so kopiert **ed** diese in seinen Arbeitspuffer. Existiert *datei* noch nicht, so wird beim späteren Zurückschreiben des Arbeitspuffers mit **w** eine Datei mit den Namen *datei* auf dem externen Speichermedium angelegt.

Wird **ed** ohne Angabe einer *datei* aufgerufen, so wird ein leerer Arbeitspuffer angelegt, der noch keiner Datei zugeordnet ist. In diesen Puffer kann nun Text eingegeben und editiert werden. Erst mit dem Editier-Kommando

w *datei*

wird dann eine Datei mit Namen *datei* auf dem externen Speichermedium mit dem Pufferinhalt beschrieben.

Da **ed** zeilenorientiert ist, muß während des Editierens immer eine Zeile die aktuelle Zeile sein. Das heißt, daß ein **ed**-interner Zeilenzeiger auf diese Zeile gesetzt ist und Editier-Kommandos, die nicht explizit andere Zeilen adressieren, immer auf die gerade aktuelle Zeile ausgeführt werden.

Nach dem Aufruf gibt **ed** eine der folgenden Meldungen aus:

eine Zahl

ist die Anzahl der Zeichen, die in Arbeitspuffer gelesen wurden und gibt somit die Größe der eingelesenen Datei in Bytes an.

?datei

falls die Datei *datei* noch nicht existiert. In diesem Fall wurde von **ed** ein leerer Arbeitspuffer angelegt. In diesen Puffer kann nun Text eingegeben werden und editiert werden. Mit dem Editor-Kommando **w** wird dann die Datei *datei* angelegt und in ihr der Pufferinhalt gespeichert.

Optionen

-s   unterdrückt das Melden der Anzahl der mit den Editier-Kommandos **e**, **r** und **w** in den Arbeitspuffer gelesenen bzw. aus ihm zurückgeschriebenen Zeichen.

-p*prompt-*
zeichen   bewirkt, daß **ed** während des Editierens immer das angegebene *promptzeichen* angibt, wenn er den Benutzer mitteilen möchte, daß er für die Eingabe eines weiteren Editier-Kommandos bereit ist. Ist diese Option nicht angegeben, so gibt **ed** kein Promptzeichen aus.

-x   bewirkt, daß der Pufferinhalt beim Zurückschreiben auf eine Datei verschlüsselt wird (siehe Kommando **crypt**); seit System V Release 3 ist diese Option nur innerhalb der USA verfügbar.

Arbeitszustände des ed

ed kennt zwei Arbeitszustände:

▶ Kommandomodus

▶ Eingabemodus

Nach dem Aufruf befindet sich **ed** immer im Kommandomodus, was eventuell durch ein entsprechendes Promptzeichen angezeigt wird. Im Kommandomodus erwartet **ed** die Eingabe von Editor-Kommandos.

Befindet **ed** sich im Eingabemodus, so werden alle Eingaben als einfacher Text aufgefaßt, der im Arbeitspuffer zu speichern ist.

Vom Kommandomodus in den Eingabemodus kann mit einem der folgenden Editier-Kommandos umgeschaltet werden:

i Einfügen (*insert*)

a Anfügen (*append*)

c Ändern (*change*)

Wird **ed** ein falsches Kommando gegeben, welches er nicht ausführen kann, so meldet er dies mit der Ausgabe eines Fragezeichens ?.

Vom Eingabemodus kann mit der Eingabe eines . (Punkt) als erstes und einziges Zeichen einer Zeile zum Kommandomodus zurückgeschaltet werden.

Eingabemodus

Im Eingabemodus kann beliebiger Text eingegeben werden. **ed** liest dabei immer zeilenweise vom Terminal. Dies bedeutet, daß während einer Eingabe nur Eingabefehler in einer noch nicht mit Carriage-Return abgeschlossenen Zeile korrigiert werden können.

Als Korrekturen sind dabei

▷   Zeile löschen (**kill**) und

▷   Zeichen löschen (**erase**)

möglich.

Der Eingabemodus wird beendet, wenn **ed** eine Zeile übergeben wird, die als einziges und erstes Zeichen einen . (Punkt) enthält.

Kommandomodus

ed kann nur dann Editier-Kommandos ausführen, wenn er sich im Kommandomodus befindet. Die allgemeine Form eines **ed**-Kommandos ist:

[*adresse1*[,*adresse2*]]   [*editier-kommando*   [*parameter*]]

Durch die Adressen *adresse1* und *adresse2* wird ein bestimmter Bereich aufeinanderfolgender Zeilen ausgewählt. Auf diese so ausgewählten Zeilen wird dann das *editier-kommando*, welches immer aus einem Zeichen besteht, ausgeführt. Diesem können eventuell weitere *parameter* folgen. *parameter* zu einem Editier-Kommando können z.B. der zu ändernde Text oder ein Dateiname oder eine weitere Adresse sein.

Wird weder eine Adresse noch ein *editier-kommando* angegeben (nur Carriage Return alleine), so wird die nächste Zeile die aktuelle Zeile. Wird nur eine Adresse und kein *editier-kommando* angegeben, so wird die adressierte Zeile die aktuelle Zeile.

Die nachfolgende Tabelle zeigt alle Adressierungs-Möglichkeiten und die dadurch ausgewählten Zeilen:

keine Adresse angegeben:	aktuelle Zeile[1]
eine Adresse angegeben:	Zeile, die diese Adresse besitzt
beide Adressen angegeben:	Bereich (von,bis)[2] von Zeilen

---

1. Nach dem Aufruf von **ed** ist immer die letzte Zeile des Puffers die aktuelle Zeile.
2. erste Zeile (adresse1) und letzte Zeile (adresse2) sind Bestandteil dieses Bereichs

Adressen

Die Adreßangaben *adresse1* und *adresse2* wählen bestimmte Zeilen aus. Die Angaben für *adresse1* und *adresse2* können dabei auf unterschiedliche Weise erfolgen:

Angabe	Wirkung
.	adressiert die aktuelle Zeile
$	adressiert die letzte Zeile
n^a	adressiert die n.te Zeile
'x	adressiert die Zeile, die mit der Marke x markiert wurde[b]
/regulärer Ausdruck/	adressiert die erste Zeile (von *aktueller Zeile zum Dateiende hin*),[c] welche einen String beinhaltet, der durch den vorgegebenen regulären Ausdruck abgedeckt ist. Wird bis zum Dateiende keine solche Zeile gefunden, so wird vom Dateianfang bis einschließlich der aktuellen Zeile nach einer solche Zeile gesucht.
?regulärer Ausdruck?	adressiert die erste Zeile (von *aktueller Zeile zum Dateianfang hin*),[d] welche einen String beinhaltet, der durch den vorgegebenen *regulären Ausdruck* abgedeckt ist. Wird zum Dateianfang hin keine solche Zeile gefunden, so wird vom Dateiende rückwärts bis einschließlich der aktuellen Zeile nach einer solche Zeile gesucht.

a. n steht dabei für eine Zahl
b. x muß dabei ein Kleinbuchstabe sein
c. aktuelle Zeile zählt nicht dazu
d. aktuelle Zeile zählt nicht dazu

Weitere Regeln sind:

1. Wenn eine Adresse mit +n oder -n (für n ist eine Zahl anzugeben) endet, so adressiert dies die Zeile

   adresse ± *n*

2. Wenn eine Adresse mit +n oder -n (für n ist eine Zahl anzugeben) beginnt, so adressiert dies die Zeile *aktuelle-zeile* ± n; z.B. wird +6 als .+6 interpretiert.

3. Wenn eine Adresse mit + oder – endet, so adressiert dies die Zeile *adresse* ± 1; die alleinige Adreßangabe + bzw. – adressiert die der aktuellen Zeile unmittelbar folgende bzw. voranstehende Zeile. Wenn eine Adresse mit

mehr als einem + oder – endet, so adressiert dies die Zeile *aktuelle-zeile* ±
anzahl-von±; z.B. adressiert --- die Zeile `aktuelle-zeile` – 3

4. Wird als gesamte Adreßangabe nur ein Komma gegeben, so entspricht
   dies der Angabe 1,$ (alle Zeilen).   Wird als gesamte Adreßangabe nur
   ein Semikolon gegeben, so entspricht dies der Angabe .,$ (von aktueller
   Zeile bis Dateiende).

5. Werden zwei Adressen durch Semikolon getrennt (z.B. 5;7), so legt die
   1.Adresse die aktuelle Zeile fest (z.B. 5), was bei Angabe von Komma als
   Adressen-Trennungszeichen nicht der Fall ist.

In ed zugelassene reguläre Ausdrücke

Ein *regulärer Ausdruck* ist ein Ausdruck, welcher Strings spezifiziert und/oder
über Vorschriften beschreibt, welche Strings durch ihn abgedeckt sind.

Bei **ed** gelten die folgenden Regeln für reguläre Ausdrücke:

1. Die Metazeichen von regulären Ausdrücken sind: . * [ ] \ ^ $
   Metazeichen haben eine Sonderbedeutung.

2. Ein einfacher regulärer Ausdruck ist einer der folgenden:

   ▸ *Einfaches Zeichen*, aber kein Metazeichen

   ▸ Das *Metazeichen* \, um Sonderbedeutung eines Metazeichens auszu-
     schalten (z.B *)

   ▸ ^ steht für Anfang einer Zeile, wenn es als erstes Zeichen angegeben ist.

   ▸ $ steht für Ende einer Zeile, wenn es als letztes Zeichen angegeben ist.

   ▸ . steht für jedes beliebige Zeichen, außer Neuezeile-Zeichen.

   ▸ Eine *Klasse von Zeichen*:z.B. [ABC] deckt eines der Zeichen A, B oder C
     ab.

   ▸ Eine *Klasse von Zeichen mit Abkürzungen*: .B. deckt [a-zA-Z] alle Buchsta-
     ben ab (nicht Umlaute).

   ▸ Eine *Komplement-Klasse von Zeichen*:z.B. deckt [^0-9] alle Zeichen außer
     die Ziffern und das Neuezeile-Zeichen ab.

3. Operatoren, um reguläre Ausdrücke zu größeren zusammenzufassen

   ▸ *Konkatenation*: AB: B folgt unmittelbar auf A

   ▸ *null-oder-beliebig-viele*: A* deckt kein, ein oder mehr A ab

   ▸ *\runde Klammern*: \(r\) deckt gleiche Strings wie der ungeklammerte
     reguläre Ausdruck r ab

▶ *Wiederholungen* [1]:

(=*m*): $z\backslash\{m\backslash\}$ deckt genau *m* Vorkommen von *z* ab

(>=*m*): $z\backslash\{m,\backslash\}$ deckt mindestens *m* Vorkommen von *z* ab

(>=*m* und <=*n*): $z\backslash\{m,n\backslash\}$ deckt eine beliebige Anzahl zwischen *m* und *n* Vorkommen von *z* ab

▶ *n-ter Teilausdruck:* *n* deckt den gleichen String ab, wie ein im selben regulären Ausdruck zuvor angegebener \(*Ausdruck*\). *n* muß eine Ziffer sein und spezifiziert den *n*.ten \(*Ausdruck*\); z.B. deckt ^\(.*\)\1$ eine Zeile ab, welche sich aus zwei gleichen Strings zusammensetzt.

Ein regulärer Ausdruck deckt einen String nach der »longest leftmost«-Regel ab.

 Die Angabe von // (Vorwärts-Adressierung) bzw. **??** (Rückwärts-Adressierung) ist äquivalent zum zuletzt angegebenen /*regulärer Ausdruck*/ bzw. ?*regulärer Ausdruck*?, je nachdem, welche dieser beiden Angaben als letzte erfolgte.

ed-Kommandos

Die einzelnen Editier-Kommandos können eventuell keine, eine oder zwei Adressen erfordern. Wird bei Kommandos, die keine Adreßangabe erlauben, eine Adresse angegeben, so wertet **ed** dies als Fehler und führt das Kommando nicht aus. Wenn Kommandos, die eine oder zwei Adressen erlauben, ohne Angabe von Adressen aufgerufen werden, so werden dafür sogenannte *default*-Adressen (voreingestellte Adressen) verwendet. Werden bei Kommandos, die eine Adresse erlauben, zwei Adressen angegeben, so wird die zuletzt angegebene Adresse verwendet.

In einer Zeile darf immer nur ein Editier-Kommando angegeben werden, allerdings darf am Ende fast aller Kommandos (außer **e**, **f**, **r** und **w**) eines der folgenden Kommandos angehängt werden:

Kommando	Funktion
l	(*list*) Listen der adressierten Zeilen
n	(*number*) Ausgabe der adressierten Zeilen mit Zeilennummern
p	(*print*) Ausgabe der adressierten Zeilen ohne Zeilennummern

In der folgenden Liste der **ed**-Kommandos werden die *default*-Adressen in Klammern [2] davor angegeben. Aus dieser Angabe ist zugleich auch erkennbar,

---

1. Im folgenden steht
   z für reguläre Ausdrücke, welche ein Zeichen abdecken
   m und *n* für nichtnegative ganze Zahlen kleiner als 256
2. die Klammern sind dabei nicht Bestandteil der Adreßangabe

wie viele Adressen die einzelnen Kommandos erlauben. Zudem werden folgende Abkürzungen dort verwendet:

Abkürzung	Bedeutung
ra	für Regulärer Ausdruck
edkdos	für **ed**-Kommandos
ers	für Ersetzungstext

ed-Kommandos im Überblick:

Kommando	Funktion
(.)a	Text anfügen; bis zur Eingabe von . (append)
(.,.)c	Zeilen durch neue Zeilen ersetzen; Ende wie a (change)
(.,.)d	Zeilen löschen (delete)
e *dateiname*	Puffer mit Inhalt von *dateiname* laden (edit)
E *dateiname*	wie e ohne Warnung über Änderungen (Edit)
f *dateiname*	*dateiname* merken; kein *dateiname* --> Ausgabe des gerade gemerkten Dateinamens (file)
(1,$)g/*ra*/	für alle Zeilen mit *ra* ausführen (global) mehrere
edkdos	*edkdos* Kommandos sind mit \CR voneinander zu trennen
(1,$)G/*ra*/	interaktive Version zum g-Kommando (Global)
h	zur letzten ?-Warnung Erklärung ausgeben (help)
H	statt ? richtige Fehlermeldung ausgeben (Help)
(.)i	Text vor Zeile einfügen; Ende wie a (insert)
(.,.+1)j	Zeilen aneinanderhängen (join)
(.)kx	Zeile mit Kleinbuchstaben x markieren (mark)
(.,.)l	Zeilen ausgeben; alle Zeichen sichtbar machen und überlange Zeilen in mehrere teilen (list)
(.,.)m*adr*	Zeilen hinter Zeile *adr* verlagern (move)
(.,.)n	Zeilen mit Zeilennummer ausgeben (number)
(.,.)p	Zeilen ausgeben (print)
P	ed-Promptzeichen ein-/ausschalten (Prompt)
q	ed verlassen (quit)
Q	wie q ohne Warnung über Änderungen (Quit)
($)r *dateiname*	Inhalt der Datei *dateiname* hinter adressierte Zeile kopieren (read)

Kommando	Funktion
(.,.)s/*ra*/*ers*/	Von *ra* abgedeckten Text durch *ers* ersetzen (substitute)
(.,.)t*adr*	Zeilen hinter Zeile *adr* kopieren (transfer)
u	letzte Änderung rückgängig machen (undo)
(1,$)v/*ra*/*edkdos*	wie g-Kommando, aber nicht für Zeilen mit *ra* (veto)
(1,$)V/*ra*/	interaktive Version zum v-Kommando (Veto)
(1,$)w *datei*	Zeilen in Datei *datei* schreiben (write)
(1,$)W *datei*	Zeilen an *datei* anhängen
X	Verschlüsselung einschalten; nur in USA möglich
($)=	Zeilennummer ausgeben
!*unix-kdo*	*unix-kdo* ausführen
(.+1)CR	Zeile . ausgeben

ed-Limits (heute meist nicht mehr gültig)

- Maximale Zeilenlänge: 512 Zeichen
- Maximale Zeichenzahl für die Kommandolisten beim **g**- oder **v**-Kommando: 256 Zeichen
- Maximale Länge von Dateinamen: 256 Zeichen
- Maximale Zeichenzahl im Arbeitspuffer: von jeweiliger Hauptspeichergröße abhängig

 Hinweis **ed** kann nur Textdateien editieren, die Zeichen aus dem ASCII-Code enthalten (8.Bit darf dabei nicht verwendet werden)

Wenn eine Datei nicht mit Carriage Return abgeschlossen ist, so fügt **ed** ein Neuezeile-Zeichen an und meldet dies. Wenn das Begrenzungszeichen eines regulären Ausdrucks oder Ersetzungstextes das letzte Zeichen einer Zeile ist, so kann dies auch weggelassen werden.

ed-Skripts

ed liest normalerweise die Editier-Kommandos und die einzufügenden Texte von der Standardeingabe. Deswegen ist es möglich, die Eingabe an **ed** umzulenken. Mit der Kommandozeile

ed *dateiname* <edscript

würde die Datei *dateiname* editiert. Die **ed**-Kommandos werden hierbei allerdings nicht von der Dialogstation, sondern aus der Datei *edscript* gelesen. Solche Kommandodateien, die **ed**-Kommandos enthalten, werden auch *ed-Skripts* genannt.

Das Arbeiten mit **ed**-Skripts hat den Vorteil, daß die darin enthaltenen **ed**-Kommandos mehrfach verwendet werden können. Dies ist immer dann nützlich, wenn entweder mehrere Dateien in gleicher Weise zu editieren sind oder bestimmte immer wiederkehrende Umformungen (wie z.B. alle Leerzeilen entfernen) an Dateien vorzunehmen sind. Für solche nicht interaktive Dateiumformungen existiert jedoch ein eigenes Unix-Tool: **sed** (**s**tream **ed**itor). Dieser nicht interaktive Editor wird in »Linux-Unix-Profitools« behandelt.

egrep	Suchen in Dateien (extended grep)

Syntax

`egrep` [*option(en)*]   *regulärer-Ausdruck* [*datei(en)*]

Beschreibung

Das Kommando **egrep** gibt alle Zeilen aus den angegebenen *datei(en)* aus, die durch den angegebenen *regulären-Ausdruck* abgedeckt werden. Wenn mehr als eine *datei* angegeben ist, so wird zu jeder Zeile noch der Name der Datei ausgegeben, aus der diese Zeile stammt.

Wird **egrep** ohne Angabe von *datei(en)* aufgerufen, so liest es von der Standardeingabe; dies ist sinnvoll für Pipes oder Eingabeumlenkung.

egrep schreibt die gefundenen Zeile auf die Standardausgabe. Um seine Ausgabe also ein anderes Kommando weiterzuleiten oder aber in eine Datei zu schreiben, muß eine Pipe oder Ausgabeumlenkung verwendet werden.

Optionen

Option	Beschreibung
-b	Vor jeder Zeile wird die Nummer des Blocks, in dem sie gefunden wurde, ausgegeben; Nummer des ersten Blocks ist 0.
-c	Es wird für jede Datei nur die Anzahl von Zeilen ausgegeben, die durch den *regulären-Ausdruck* abgedeckt sind.
-h	Dateiname wird nicht vor den Zeilen ausgegeben, in denen ein gesuchter String gefunden wurde.
-i	Groß- und Kleinschreibung ist nicht zu unterscheiden.
-l	Nur die Namen der Dateien ausgeben, in denen Zeilen gefunden wurden.
-n	Vor jeder gefundenen Zeile wird die zugehörige Zeilennummer ausgegeben.

Option	Beschreibung
-v	Alle Zeilen ausgeben, die nicht durch den angegebenen *regulären-Ausdruck* abgedeckt werden.
-e *regulärer-Ausdruck*	Es ist nach einem speziellen *regulären-Ausdruck*, der mit einem – beginnt, zu suchen.
-f *datei*	Die *regulären-Ausdrücke*, nach den zu suchen ist, sind in der Datei *datei* angegeben.

Bei egrep zugelassene reguläre Ausdrücke

Ein *regulärer Ausdruck* ist ein Ausdruck, welcher Strings spezifiziert und/oder über Vorschriften beschreibt, welche Strings durch ihn abgedeckt sind. Bei **egrep** gelten die folgenden Regeln für reguläre Ausdrücke:

1. Die Metazeichen von regulären Ausdrücken sind:
   . * + ? | ( ) [ ] \ ^ $
   Metazeichen haben eine Sonderbedeutung.

2. Ein einfacher regulärer Ausdruck ist einer der folgenden:

   ▶ *Einfaches Zeichen*, aber kein Metazeichen

   ▶ Das *Metazeichen* \, um Sonderbedeutung eines Metazeichens auszuschalten (z.B *)

   ▶ ^ steht für Anfang einer Zeile, wenn es als erstes Zeichen angegeben ist.

   ▶ $ steht für Ende einer Zeile, wenn es als letztes Zeichen angegeben ist.

   ▶ . steht für jedes beliebige Zeichen, außer Neuezeile-Zeichen

   ▶ Eine *Klasse von Zeichen*: z.B. [ABC] deckt eines der Zeichen A, B oder C ab

   ▶ Eine *Klasse von Zeichen mit Abkürzungen*: z.B. deckt [a-zA-Z] alle Buchstaben ab (nicht Umlaute)

   ▶ Eine *Komplement-Klasse von Zeichen*:z.B. deckt [^0-9] alle Zeichen außer die Ziffern und das Neuezeile-Zeichen ab

3. Operatoren, um reguläre Ausdrücke zu größeren zusammenzufassen

   ▶ *Alternation*: A | B deckt A oder B ab

   ▶ *Konkatenation*: AB deckt A unmittelbar gefolgt von B ab

   ▶ *null-oder-beliebig-viele*: A* deckt kein, ein oder mehr A ab

   ▶ *ein-oder-beliebig-viele*: A+ deckt ein oder mehr A ab (entspricht AA*)

   ▶ *null-oder-eins*: A? deckt ein oder kein A ab

▶ *runde Klammern*: (*r*) deckt den gleichen String wie *r* ab; um vorgegebene Prioritäten aufzuheben

Die Priorität der Operatoren (in aufsteigender Folge):

|

Konkatenation

*+?[1]

()[2]

Die Operatoren *, + und ? beziehen sich immer auf das vorhergehende Zeichen; sollen sie sich auf einen längeren Ausdruck beziehen, so ist dieser mit (..) zu klammern. Um runde Klammern in einem Text abzudecken, ist deren Sonderbedeutung mit \ auszuschalten: \(bzw. \). Die Alternation kann auch durch ein Neuezeile-Zeichen (Carriage-Return) angegeben werden.

Ein regulärer Ausdruck deckt einen String nach der »longest leftmost«-Regel ab.

Beispiel   `egrep Mueller namliste`

gibt alle Zeilen aus der Datei *namliste* aus, in denen der String Mueller vorkommt.

`egrep 'M[ea][iy]er|M(ue|i)ller' namliste`

gibt alle Zeilen aus Datei *namliste* aus, in denen einer der folgenden Strings vorkommt: Meier Maier Meyer Mayer Mueller Miller.

Hinweis   Verwandte Kommandos zu **egrep** sind **grep** und **fgrep**. **grep** ist eine abgeschwächte Form von **egrep**. **grep** bietet nicht alle Möglichkeiten der regulären Ausdrücke von **egrep** und läßt auch nicht die Angabe von regulären Ausdrücken in Dateien zu. **fgrep** läßt nur die Suche nach einfachen Strings zu, ist aber das schnellste dieser drei Suchkommandos. **egrep** dagegen ist das langsamste, aber dafür das mächtigste dieser Suchkommandos.

Unter Linux bietet **egrep** noch einige weitere Optionen und erweiterte reguläre Ausdrücke an. Diese kann man über **man egrep** erfragen.

---

1. besitzen untereinander gleiche Priorität
2. besitzen untereinander gleiche Priorität

elm	Senden und Empfangen von elektronischer Post

Syntax

```
elm [optionen]
```

Beschreibung

elm ist ein mail-Programm, das zwar nicht so komfortabel wie **pine** ist, aber sich ebenfalls leicht bedienen läßt. Beim ersten Aufruf von **elm** wird automatisch das Directory .elm (im Home Directory) angelegt, in dem elm-spezifische Dateien untergebracht werden, wie z.B. die Konfigurationsdatei .elmrc. Möchte man z.B. nicht **vi**, der der Standardeditor von **elm** ist, zum Schreiben von E-Mails verwenden, muß man in der Datei .elmrc die Variable editor setzen, wie z.B.

```
editor=emacs
```

Ähnlich wie bei **pine** erfolgt auch bei **elm** die Bedienung menügesteuert und ist auch weitgehend selbsterklärend, weswegen hier auch auf eine ausführliche Erklärung verzichtet wird. Eine vollständige Liste aller elm-Kommandos kann man sich mit dem Tastenkürzel ? (Help) anzeigen lassen.

Gelesene E-Mails werden von **elm** normalerweise in der Datei Mail/received (ausgehend vom Home Directory) abgelegt. Dies kann man jedoch unterbinden, indem man beim Verlassen von **elm** auf die entsprechende Rückfrage mit N antwortet.

Online-Dokumentation zu **elm** kann man mit dem Aufruf **man elm** erfragen. Eine Datei, in der die Konfigurationsmöglichkeiten von **elm** angegeben sind, befindet sich meist auch auf dem jeweiligen System. In welchem Directory sich diese befindet, läßt sich am leichtesten mit folgendem Aufruf erfragen:

```
locate "*elm*rc*"
```

emacs	Editieren von Dateien

Syntax

```
emacs [optionen] datei(en)
```

Beschreibung

Neben dem sehr populären vom FSF[1]-Gründer R. Stallmann entwickelten GNU-Emacs, der hier beschrieben wird, existieren noch eine ganze Reihe von abge-

---

1. FSF steht für *Free Software Foundation* und hat sich zum Ziel gesetzt, qualitativ hochwertige Software frei verfügbar zu machen.

speckten Emacs-Versionen, wie etwa **jove** und **jed**, die beide auch unter Linux
verfügbar sind. Neben dem *GNU-Emacs* existiert eine weitere weitverbreitete
Emacs-Version, der *X-Emacs* (früher Lucid-Emacs), der nach einer Spaltung der
Emacs-Entwickler entstanden ist und weitgehend zum GNU-Emacs kompatibel
ist. Der Name *X-Emacs* täuscht im übrigen nur vor, daß dies ein nur unter X Window lauffähiger Editor sei. Beide, der GNU- und der X-Emacs, können sowohl
im Text-Modus als auch unter X Window verwendet werden. Beide haben ihre
Vor- und Nachteile. Hier wird der *GNU-Emacs* kurz beschrieben.

Anders als der **vi** befindet sich der Emacs standardgemäß im Eingabemodus,
und Kommandos müssen bei gedrückter `Strg`-, `Alt`- und/oder `Shift`-Taste eingegeben werden. Im folgenden Text wird folgende Nomenklatur verwendet:

^{s}	bedeutet gedrückte `Strg`-Taste
^{A}	bedeutet gedrückte `Alt`-Taste
⇑	bedeutet gedrückte `Shift`-Taste

Beispiel

^{s}**X**	Bei gedrückter `Strg`-Taste die Taste X drücken
^{A}**C**	Bei gedrückter `Alt`-Taste die Taste C drücken
⇑**V**	Bei gedrückter `Shift`-Taste die Taste V drücken
^{A}⇑**L**	Bei gleichzeitig gedrückter `Alt`- und `Shift`-Taste die Taste L drücken
^{SA}**P**	Bei gleichzeitig gedrückter `Strg`- und `Alt`-Taste die Taste P drücken

Grundsätzlich können Emacs-Kommandos auf zwei verschiedene Arten eingegeben werden:

1. *Verwendung von Tastenkürzel*, die meist bei gedrückter `Strg`- oder `Alt`-Taste
   einzugeben sind, wie z.B. ^{s}**D** für das Löschen des Zeichens an der Cursorposition.

2. *Eingabe des gesamten Kommandonamens.* Bei dieser Form der Eingabe muß
   zuerst ^{A}**X** gedrückt werden, bevor der entsprechende Kommandoname mit
   abschließendem ⏎ eingegeben wird, wie z.B.

   ^{A}**X delete-char** ⏎

   zum Löschen des Zeichens an der Cursorposition. Dieser Langform ist das
   oben erwähnte Tastenkürzel ^{s}**D** zugeordnet.

Die Eingabe des Kommandos nach der zweiten Variante wird durch zwei Konventionen wesentlich erleichtert:

▷ Während der Eingabe des Kommandonamens kann die `Tab`-Taste gedrückt
  werden, um den Kommandonamen, soweit er (schon) eindeutig ist, automa-

tisch zu vervollständigen. Wenn mehrere Möglichkeiten zum Vervollständigen bestehen, werden diese bei erneutem Drücken der Tab-Taste alle am Bildschirm angezeigt.

▶ Auf früher mit ᴬ**X** eingegebene Kommandos kann nach der Eingabe von ᴬ**X** mit ᴬ**P** (*previous*; Zurückblättern in der Kommandoliste) bzw. mit ᴬ**N** (*next*; Vorwärtsblättern in der Kommandoliste) wieder zugegriffen werden.

Bei manchen Emacs-kompatiblen Editoren wird die Tab-Taste nicht unterstützt. In diesen Editoren muß zuerst die ESC-Taste gedrückt werden, um die Alt-Taste nachzubilden. So muß dort z.B. für ᴬ**X** die Tastenkombination **ESC,X** eingegeben werden, was bedeutet, daß zuerst die ESC-Taste und dann die Taste X zu drücken ist.

Laden und Speichern

ˢ**X**, ˢ**S**	(*save*) Datei speichern
ˢ**X**,ˢ**W** *dateiname* ⏎	(*write*) Datei unter neuem Namen speichern
ˢ**X,S**	alle offenen Dateien (mit Rückfrage) speichern
ˢ**X,S,!**	alle offenen Dateien (ohne Rückfrage) speichern
ˢ**X**,ˢ**F** *dateiname* ⏎	(*find*) Datei laden
ˢ**X,I**	(*insert*) Datei in den vorhandenen Text einfügen
ˢ**X**,ˢ**C**	Emacs verlassen
ˢ**Z**	Emacs kurzzeitig verlassen (in Hintergrund legen); Rückkehr in den Emacs mit der Eingabe **%emacs** ⏎ auf der Kommandozeile.

Beim Speichern erstellt Emacs immer automatisch eine Sicherheitskopie *dateiname~*, in der der ursprüngliche Text enthalten ist. Außerdem speichert Emacs in regelmäßigen Zeitintervallen den aktuellen Dateiinhalt in der Datei **#*dateiname*#**. Auf diese Datei kann immer dann zugegriffen werden, wenn Emacs ohne Speicherung der aktuellen Datei beendet wurde (z.B. bei Stromausfall oder Systemabsturz). Beim nächsten Versuch, diese Datei mit Emacs zu editieren, gibt Emacs automatisch die Warnung aus, daß eine Backup-Datei vorhanden ist. Mit der Eingabe

ᴬ**X recover-file** ⏎

kann dann diese Datei (**#*dateiname*#**), die zuletzt automatisch gesichert wurde, wiederhergestellt werden.

Cursor bewegen und blättern

→ oder ^{S}**F**	(*forwards*) ein Zeichen nach rechts
← oder ^{S}**B**	(*backwards*) ein Zeichen nach links
↑ oder ^{S}**P**	(*previous*) ein Zeichen nach oben
↓ oder ^{S}**N**	(*next*) ein Zeichen nach unten
Bild↑ oder ^{S}**V**	eine Seite nach oben blättern
Bild↓ oder ^{A}**V**	eine Seite nach unten blättern
^{A}**F**	(*forwards*) ein Wort nach rechts
^{A}**B**	(*backwards*) ein Wort nach links
^{S}**A**	an den Anfang der Zeile
^{S}**E**	an das Ende der Zeile
^{A}**A**	an den Anfang der Absatzes
^{A}**E**	an das Ende des Absatzes
^{A}**<**	an den Anfang der Datei
$^{A⇑}$**>**	an das Ende der Datei
^{S}**L**	so blättern, daß Cursor in Bildmitte steht
^{A}**X goto-line** ⏎ *n* ⏎	in die Zeile *n* springen
^{A}**X what-line** ⏎	Anzeigen der aktuellen Zeilennummer, in der sich Cursor befindet
^{A}**X line-number-mode** ⏎	Zeilennumerierung ein- bzw. wieder ausschalten; aktuelle Zeilennummer wird in der Mitte der vorletzten Zeile angezeigt.

Kommandos können im Emacs auch durch $^A n$ (*n* ist eine beliebige Zahl) mehrfach durch einen Aufruf wiederholt werden. Die Ziffern für der Zahl *n* müssen dabei bei gedrückter Alt-Taste vom alphanumerischen Tastaturteil (nicht vom Zehnerblock im rechten Teil der Tastatur) eingegeben werden. Nachfolgend zwei Beispiele dazu:

^{A}**10,**^{A}**F**	Cursor 10 Wörter vorwärts bewegen
^{A}**12,**↑	Cursor 12 Zeilen nach oben bewegen

Cursorposition speichern oder an gemerkte Cursorposition springen

^{S}X , R , *Leertaste* , *x* ⏎	speichert aktuelle Cursorposition in benannten Puffer *x* (a, b, c, ..., x, y, z, 0, 1, ..., 8, 9).
^{S}X , R , J , *x* ⏎	springt an die Cursorposition, die im benannten Puffer *x* (a, b, c, ..., x, y, z, 0, 1, ..., 8, 9) gespeichert ist.

Benannte Puffer gelten im übrigen nur für die Dauer einer Emacs-Sitzung und werden beim Verlassen des Emacs nicht gespeichert.

Löschen, Einfügen und Undo

Backspace	Zeichen vor Cursor löschen
Entf oder ^{S}D	Zeichen an Cursorposition löschen
^{A}D	nächstes Wort bzw. bis Ende des aktuellen Worts löschen
^{A}*Backspace*	vorheriges Wort bzw. bis Anfang des aktuellen Worts löschen
^{S}K	von Cursorposition bis Zeilenende löschen
^{A}0, ^{S}K	von Cursorposition bis Zeilenanfang löschen
^{A}Z , *zeichen*	Text von aktueller Cursorposition bis zum nächsten Vorkommen von *zeichen* (einschließlich) löschen
^{A}M	nächsten Absatz löschen
^{S}Y	zuletzt gelöschten Text an aktueller Cursorpsoition einfügen
^{S}X , U	(*undo*) mehrstufiges Undo; Letzte Änderung bzw. Löschung wieder rückgängig machen. Erneute Eingabe von ^{S}X,U macht vorletzte Änderung bzw. Löschung rückgängig usw.

Markieren, Löschen und wieder Einfügen

^{S}*Leertaste*	an aktueller Cursorposition eine unsichtbare Markierung setzen
^{S}W	Text zwischen aktueller Cursorposition (inklusive) und letzten Markierungspunkt löschen
^{S}X , ^{S}X	Cursorposition und Markierungspunkt vertauschen; dient hauptsächlich zur Feststellung, welcher Markierungspunkt momentan gesetzt ist. Zweimaliges Drücken dieser Tastenkombination stellt Cursor wieder an seine ursprüngliche Position zurück
^{S}Y	Zuletzt gelöschten Text an aktueller Cursorpsoition einfügen

Benannte Puffer speichern und einfügen

^{S}X,R,S x ⏎	(*register save*) Text zwischen aktueller Cursorposition und Markierungspunkt in benannten Puffer x (a, b, c, ..., x, y, z, 0, 1, ..., 8, 9) speichern.
^{S}X,R,I x ⏎	(*register insert*) Inhalt des benannten Puffer x (a, b, c, ..., x, y, z, 0, 1, ..., 8, 9) an Cursorposition einfügen.

Einfaches Suchen (*ohne reguläre Ausdrücke*)

^{S}S *suchtext*	Inkrementelles Suchen vorwärts
^{S}R *suchtext*	Inkrementelles Suchen rückwärts
^{S}S, ^{A}N	(*next*) Vorwärtsblättern in allen bisher verwendeten Suchstrings
^{S}S, ^{A}P	(*previous*) Rückwärtsblättern in allen bisher verwendeten Suchstrings
^{S}G	Abbrechen der Suche
^{S}X,^{S}X	Suchbeginn und Markierungspunkt vertauschen

Bei der Suche wird nicht zwischen Groß- und Kleinschreibung unterschieden.

Suchen (*mit regulären Ausdrücke*)

^{SA}S *suchtext*	Inkrementelles Suchen nach Mustern vorwärts
^{SA}R *suchtext*	Inkrementelles Suchen nach Mustern rückwärts

Im *suchtext* sind dabei neben einfachen Zeichen auch reguläre Ausdrücke erlaubt:

Reguläre Ausdrücke

^	Anfang einer Zeile
$	Ende einer Zeile
\<	Anfang eines Wortes
\>	Ende eines Wortes
.	Ein beliebiges Zeichen (außer Zeilenende-Zeichen)
.*	Kein, ein oder mehrere beliebige Zeichen
.+	Ein oder mehrere beliebige Zeichen
.?	Kein oder ein beliebiges Zeichen
[...]	Eines der in [...] angegebenen Zeichen
[^...]	Ein Zeichen, das nicht in [^...] angegeben ist

\(	Beginn einer Gruppe (siehe auch *reguläre Ausdrücke* bei **ed**)
\)	Ende einer Gruppe (siehe auch *reguläre Ausdrücke* bei **ed**)
n	An dieser Stelle den Text, der für die *n*te Gruppe gefunden wurde, einsetzen
\&	An dieser Stelle gesamten gefundenen Text einsetzen
x	Bedeutung des Sonderzeichens *x* ausschalten

Beim Suchen nach Mustern wird zwischen Groß- und Kleinschreibung unterschieden.

Ersetzen (mit und ohne reguläre Ausdrücke)

ESC,%	Suchen und Ersetzen ohne Muster
^X **query-replace-r** ⏎	Suchen und Ersetzen mit Muster
⇧ _	(Letztes Zeichen ist ein Minus-Zeichen) fehlerhafte Ersetzungen schrittweise wieder rückgängig machen

Nachdem ein Suchtext gefunden wurde, kann man mit den folgenden Tastenkombinationen steuern, was mit diesem Text zu tun ist und wie das weitere Suchen und Ersetzen fortgesetzt werden soll:

Interaktive Eingaben zum Ersetzen von gefundenen Strings (mit und ohne reguläre Ausdrücke)

Leertaste oder **Y**	Ersetzen und Suche fortsetzen
Backspace oder **N**	Nicht ersetzen und Suche fortsetzen
,	Ersetzen und Suche erst einmal anhalten, um Ersetzung zu kontrollieren. Ist die Ersetzung richtig, dann kann die Suche mit *Leertaste* fortgesetzt werden
ESC	Nicht Ersetzen und Suche abbrechen
!	Alle weiteren Ersetzungen ohne Rückfrage durchführen
^R	Suche kurzzeitig unterbrechen, um an aktueller Cursorposition eine manuelle Korrektur vorzunehmen; Suche mit nachfolgend gezeigten Kommando wieder fortsetzen
^R	Eine mit dem vorherigen Kommando unterbrochene Suche wieder aufnehmen

Umschalten zwischen Einfüge- und Überschreibmodus

Emacs befindet sich normalerweise im *Einfügemodus,* in dem neu eingegebener Text an der aktuellen Cursorposition eingefügt wird. Möchte man auf *Überschreibmodus* umschalten, muß

^AX overwrite-mode (meist auch mit Taste Einfg möglich)

eingegeben werden. Eine erneute Eingabe dieses Kommandos schaltet wieder zurück in den Eingabemodus.

Groß- in Kleinschreibung (und umgekehrt)

^AC	(*capitalize*) Buchstabe an Cursorposition in Großbuchstaben und alle restlichen Buchstaben des Wortes in Kleinbuchstaben umwandeln
^AL	(*lower*) alle Buchstaben des aktuellen Worts ab Cursorposition in Kleinbuchstaben umwandeln
^AU	(*upper*) alle Buchstaben des aktuellen Worts ab Cursorposition in Großbuchstaben umwandeln.
ESC,-,^AC	(*capitalize*) ersten Buchstaben groß, Rest klein; wenn Cursor am Anfang eines Worts steht, wird das vorherige Wort entsprechend umgeformt.
ESC,-,^AL	(*lower*) alle Buchstaben des aktuellen Worts klein; wenn Cursor am Anfang eines Worts steht, wird das vorherige Wort in Kleinbuchstaben umgeformt.
ESC,-,^AU	(*upper*) alle Buchstaben des aktuellen Worts groß; wenn Cursor am Anfang eines Worts steht, wird das vorherige Wort in Großbuchstaben umgeformt.
^S*Leertaste*	an aktueller Cursorposition Markierungspunkt setzen
^S**X**, ^S**L**	Bereich zwischen Cursorposition und Markierungspunkt in Kleinbuchstaben umwandeln
^S**X**, ^S**U**	Bereich zwischen Cursorposition und Markierungspunkt in Großbuchstaben umwandeln

Vertauschen von Zeichen, Wörtern und Zeilen

^S**T**	Vertauschen des vorherigen Zeichens mit Zeichen an Cursorposition
^A**T**	Vertauschen von zwei Wörtern: Steht dabei der Cursor am Wortanfang, wird dieses Wort mit vorherigem Wort vertauscht. Steht Cursor nicht am Wortanfang, wird dieses Wort mit nachfolgendem Wort vertauscht.
^S**X**, ^S**T**	Vertauschen der aktuellen Zeile mit der vorherigen Zeile. Wiederholte Anwendung dieses Kommandos läßt die Zeile oberhalb des Cursors immer weiter nach unten rutschen.

Puffer-Kommandos

^{5}X,B ⏎	zurück zum zuvor verwendeten Puffer
^{5}X,B *name* ⏎	Puffer mit dem Namen *name* aktivieren und im aktuellen Fenster darstellen
^{5}X,^{5}B	im aktuellen Fenster die Liste aller vorhandenen Puffer anzeigen; mit ^{5}X,1 kann diese Anzeige wieder gelöscht werden
^{5}X,K *name* ⏎	Puffer *name* löschen; wenn dieser Puffer einen nicht gesicherten Text enthält, wird nachgefragt, ob er wirklich gelöscht werden soll.

Fenster-Kommandos

^{5}X,O	(Das Zeichen O) zum nächsten Fenster springen
^{5}X,0	(Die Null) aktuelles Fenster löschen
^{5}X,1	außer aktuelles Fenster alle anderen Fenster löschen
^{5}X,2	aktuelles Fenster in zwei horizontale Bereiche (Fenster) teilen
^{5}X,3	aktuelles Fenster in zwei vertikale Bereiche (Fenster) teilen
^{5}X,^	aktuelles Fenster vertikal vergrößern
ESC,-,^{5}X,^	aktuelles Fenster vertikal verkleinern
^{5}X,}	aktuelles Fenster horizontal vergrößern
^{5}X,{	aktuelles Fenster horizontal verkleinern
^{5}X,<	Inhalt des aktuellen Fensters nach links verschieben
^{5}X,>	Inhalt des aktuellen Fensters nach rechts verschieben

Das Löschen von Fenstern bewirkt nicht das Löschen des zugehörigen Puffers. Die zugehörigen Puffer werden lediglich unsichtbar, bleiben aber weiterhin im Speicher und können später auch wieder angezeigt werden.

Hilfe-Kommandos

F1, F1	Übersicht zu den verfügbaren Hilfe-Kommandos anzeigen
F1,A *text* ⏎	(*apropos*) Übersicht über alle Emacs-Kommandos anzeigen, die den String *text* enthalten
F1,B	(*bindings*) Übersicht über alle Tastenkürzel anzeigen
F1,C *tastenkürzel*	(*command*) Kurzbeschreibung zum Emacs-Kommando anzeigen, dem das *tastenkürzel* zugeordnet ist
F1,F *kommando* ⏎	(*function*) Kurzbeschreibung zu *kommando* anzeigen

F1,⁰F	(*frequently asked questions*) Eine Liste von häufig gestellten Fragen zum Emacs mit entsprechenden Anworten anzeigen
F1,I	(*info*) startet das früher beschriebene **info**-Programm, um Texte mit Querverweisen anzuzeigen
F1,N	(*new*) Kurzbeschreibung zu den Neuheiten in der aktuellen Version gegenüber den bisherigen Versionen anzeigen
F1,T	(*tutorial*) Einführung in die Emacs-Bedienung
F1,ˢC	(*copyright*) Copyright-Informationen (GNU Public License) anzeigen
F1,ˢF *kommando* ⏎	**info**-Programm starten und Informationen zu *kommando* anzeigen

Auf älteren Emacs-Versionen muß statt **F1** die Tastenkombination ˢH gedrückt werden. Die entsprechende Hilfs-Information wird in einem eigenen Fenster angezeigt, von dem man mit ˢX,B ⏎ oder ˢX,0 (Null) zurück in das ursprüngliche Textfenster gelangt.

Aufzeichnen und Ausführen von Makros

ˢX, (	Starten einer Makro-Aufzeichnung
ˢX,)	Beenden einer Makro-Aufzeichnung
ˢX, E	Ausführen des zuletzt aufgezeichneten Makros

Vergeben eines Namens an ein Makro

ᴬX name-last-kbd-macro ⏎ *name* ⏎	Zuletzt definiertes Makro unter dem Namen *name* speichern
ᴬX *name* ⏎	Makro mit dem Namen *name* ausführen

Aufzeichnen, Benennen und Speichern von Makros

ˢX(...ˢX)	Interaktives Aufzeichnen des Makros
ˢX,E	Zum Test das Makro ausführen
ᴬX name-last-kbd-macro ⏎ *name* ⏎	An Makro einen Namen vergeben
ˢX,ˢF ~/.emacs ⏎	.emacs (aus Home-Directory) in Emacs laden
ᴬX insert-kbd-macro ⏎ *name* ⏎	Makro *name* in .emacs (im Home-Dir.) einfügen
ˢX,ˢS	Datei .emacs speichern

Abkürzungs-Kommandos

ESC,/	Vervollständigen eines bisher eingegebenen Wortanfangs durch ein Wort aus dem vorherigen oder dem nachfolgenden Text oder aus einem Text in einer anderen offenen Datei
^{S}**X,A,I,G** *text* ↵	definiert zum zuvor eingegebenen Kürzel einen vollständigen *text*
^{S}**X,A,E**	ersetzt die gerade eingegebene Abkürzung durch den zugehörigen vollständigen Text
^{A}**X abbrev-mode** ↵	aktiviert den Abkürzungsmodus (schaltet die automatische Ersetzung von Abkürzungen durch zugehörigen vollständigen Text ein)
^{A}**X edit-abbrevs** ↵	Anzeigen und Editieren der aktuellen Abkürzungstabelle
^{S}**X,^{S}S**	Abkürzungstabelle speichern
^{S}**X,B**	Von Abkürzungstabelle wieder zurück zum ursprünglichen Text
^{A}**X write-abbrev-file** ↵ *name* ↵	Abkürzungstabelle in Datei *name* speichern
^{A}**X read-abbrev-file** ↵ *name* ↵	Abkürzungstabelle aus Datei *name* lesen

Ein- und Ausrücken von Text am Zeilenanfang

^{S}*Leertaste*	Markierungspunkt setzen
^{S}**X**,Tab	Text zwischen Markierungspunkt und Cursorposition um ein Zeichen einrücken
ESC,-,^{S}**X**,Tab	Text zwischen Markierungspunkt und Cursorposition um ein Zeichen ausrücken
^{A}*n*,^{S}**X**,Tab	Text zwischen Markierungspunkt und Cursorposition um *n* Zeichen einrücken
ESC,-,^{A}*n*,^{S}**X**,Tab	Text zwischen Markierungspunkt und Cursorposition um *n* Zeichen ausrücken

Rechteck-Kommandos

^{S}*Leertaste*	Markierungspunkt setzen
^{S}**X,R , O**	(*rectangle open*) rechteckigen Bereich öffnen, d.h. in den rechteckigen Bereich Leer- bzw. Tabulatorzeichen einfügen
^{S}**X,R , K**	(*rectangle kill*) rechteckigen Bereich löschen

ˢX,R,R	(*rectangle register*) rechteckigen Bereich in internen Puffer speichern
ˢX,R,Y	(*rectangle yank*) einen zuvor gelöschten bzw. im internen Puffer gespeicherten rechteckigen Bereich an Cursorposition einfügen
ᴬX clear-rectangle ⏎	rechteckigen Bereich mit Leerzeichen überschreiben
ᴬX string-rectangle ⏎ *text* ⏎	*text* vor dem ersten Zeichen in jeder Zeile des markierten rechteckigen Bereichs einfügen

Das Rechteck umfaßt dabei den vertikalen und horizontalen Bereich von Zeichen, die sich zwischen dem Markierungspunkt und der Cursorposition befinden.

Automatisches Einrücken

| ᴬX   indented-text-mode ⏎ | aktiviert den *Indented-Text-Modus* (automat. Einrücken) |
| ˢJ | Neue Zeile einfügen wie bei ⏎, nur daß diese so weit eingerückt wird wie die aktuelle Zeile |

Umwandeln von Tabulatoren in Leerzeichen und umgekehrt

ᴬX untabify ⏎	In markierten Bereich Tabulatoren in Leerzeichenfolgen umwandeln
ᴬX tabify ⏎	In markierten Bereich Leerzeichenfolgen in Tabulatoren umwandeln
ᴬX set-variable ⏎ tab-width ⏎ *n* ⏎	Einstellen der Tabulatorweite auf *n* Zeichen; normalerweise ist die Tabulatorweite auf acht Zeichen voreingestellt.

Aufrufen von Unix-Kommandos im Emacs

| ESC,! *kommando* ⏎ | Ist beim Aufruf noch ein abschließendes &-Zeichen (nach dem *kommando*) angegeben, wird das entsprechende *kommando* im Hintergrund ausgeführt und man kann im Emacs weiterarbeiten, während das *kommando* noch ausgeführt wird. Die Ausgaben des aufgerufenen Unix-Kommandos werden in einem eigenen Fenster angezeigt. Da keine Möglichkeit besteht, für das aufgerufene Kommando Eingaben zu tätigen, wartet ein so gestartes Kommando »ewig«, wenn es vom Benutzer irgendwelche Eingaben benötigt. In diesem Fall kann das entsprechende Kommando nur noch mit ˢC,ˢK beendet werden. Es sollten also nur Kommandos aufgerufen werden, die (auch bei Fehlern) keinerlei Benutzereingaben benötigen. |

Aktivieren der wichtigsten Hauptmodi

ᴬX fundamental-mode ↵	Standard-Modus (Voreinstellung)
ᴬX c-mode ↵	C-Modus (für das Editieren von C-Programmen)
ᴬX shell ↵	Shell-Modus (für die Eingabe von Unix-Kommandos)
ᴬX indented-text-mode ↵	Automatischer Einrück-Modus
ᴬX tcl-mode ↵	Tcl-Modus (für das Editieren von Tcl/Tk-Programmen)
ᴬX latex-mode ↵	LATEX-Modus (für das Editieren von Dateien, die für das Textverarbeitungsprogramm LATEX vorgesehen sind)

Aktivieren der wichtigsten Nebenmodi

ᴬX auto-fill-mode ↵	Fließtext-Modus (Automatischer Zeilenumbruch)
ᴬX iso-accents-mode ↵	Modus für die Eingabe fremdsprachiger Sonderzeichen
ᴬX font-lock-mode ↵	Modus, bei dem die einzelnen Syntaxkonstrukte unterschiedlich farbig hervorgehoben werden
ᴬX abbrev-mode ↵	Abkürzungs-Modus (Abkürzungen werden automatisch durch ihren vollständigen Text ersetzt)

Neben diesen hier kurz vorgestellten wichtigsten Modi existieren eine Vielzahl weiterer Haupt- und Nebenmodi. Mit den folgenden Tastenkombinationen kann man Hilfsinformationen zu den einzelnen Modi erfragen.

Hilfs-Informationen zu den Modi

F1,A mode ↵	Übersicht zu allen verfügbaren Modi anzeigen
F1,M	Informationen zum gerade aktiven Modus anzeigen

Wird eine Datei geladen, versucht der Emacs aus der Erweiterung im Dateinamen (`.c`, `.tex`, usw.) und dem Inhalt der ersten Zeilen automatisch zu erkennen, um welchen Texttyp es sich handelt, und dann den entsprechenden Modus einzuschalten. Um den Emacs vor Irrtümern zu bewahren, kann man in der ersten Zeile der entsprechenden Datei auch einen Kommentar einfügen, der folgenden Text enthält:

- *name* *-*

Für *name* ist dabei der gewünschte Modus anzugeben.

C-Modus

Befindet sich der Emacs im C-Modus, so werden bei der Eingabe von geschweiften Klammern diese sofort entsprechend eingerückt, so daß das C-Programm
schon während der Eingabe automatisch strukturiert wird. Wie weit die Klammern bei unterschiedlichen C-Strukturen einzurücken sind, läßt sich durch
eigene Emacs-Variablen festlegen. Welche Variablen dabei zu setzen sind, kann
man aus der Online-Hilfe zum aktuellen Modus mit **F1,M** erfragen. Um einer
Variablen einen anderen Wert zuzuweisen, muß das folgende Emacs-Kommando verwendet werden:

^{A}**X set-variable** ⏎ *varname* ⏎ *wert* ⏎

Der bei der Linux-Implementierung verwendete Stil ist im übrigen in der Datei /
usr/src/linux/Documentation/CodingStyle angegeben.

Springen an Anfang/Ende der aktuellen Klammerebene

^{A}**A**	An den Anfang der aktuellen Klammerebene springen
^{A}**E**	An das Ende der aktuellen Klammerebene springen

Kompilierung von C-Programmen (ohne Verlassen des Emacs)

^{A}**X compile** ⏎	Kompilierung starten
^{S}**X,'**	Cursor zur nächsten Fehlermeldung bewegen
ESC,-'^{S}**X,'**	Cursor zur vorherigen Fehlermeldung bewegen
^{S}**U,**^{S}**X,'**	Cursor auf erster Fehlermeldung positionieren

Etags-Kommandos

ESC,! etags *.[ch] ⏎	erstellt eine Datei TAGS mit Quer-Referenzen auf alle Funktionsdefinitionen in den C-Modulen und Headerda-teien des Working Directorys
^{A}**X visit-tags-table** ⏎	liest die TAGS-Datei ein
^{A}**.** *funktionsname* ⏎	positioniert Cursor auf die Definition von *funktionsname*, wobei die Datei gewechselt wird, wenn sich die Funkti-onsdefinition in einer anderen Datei befindet
^{S}**U,**^{A}**.**	Cursor auf das nächste Auftreten der Funktion positionie-ren, die zuvor mit ^{A}**.** *funktionsname* ⏎ gesucht wurde
^{A}**X tags-search␣** *fmu-ster* ⏎	Mustersuche (mit regulären Ausdrücken) nach einer Funktion, die durch den regulären Ausdruck *fmuster* abge-deckt ist
^{A}**,**	letzte Suche fortsetzen

Shell-Modus

Mit der Eingabe von

^AX shell ⏎

kann der sogenannte Shell-Modus aktiviert werden. Dazu startet der Emacs in einem eigenen Fenster die sogenannte Shell[1], in der man nun, wie sonst auf der Kommandozeilenebene auch, beliebige Unix-Kommandos ausführen lassen kann, ohne daß man Emacs verlassen muß. Die Ausgabe der gestarteten Kommandos wird in dem Shell-Fenster angezeigt und kann wie jeder andere Text auch editiert werden. Der Shell-Modus bietet also neben der Kommandoausführung auch noch die Textverarbeitungsmöglichkeiten von Emacs. Wird eine Zeile geändert und mit ⏎ abgeschlossen, wird dies als Aufruf eines neuen Kommandos interpretiert. So ist es also möglich, falsch geschriebene Kommandozeilen zu korrigieren oder alte Kommandozeilen leicht abgeändert (z.B. mit anderen Optionen) nochmals aufzurufen.

Fließtext-Modus

Automatischer Zeilenumbruch

^AQ	Zeilenumbrüche für aktuellen Absatz durchführen
^AX auto-fill-mode ⏎	Fließtext-Modus (automatischer Zeilenumbruch) aktivieren
^SX,F	maximale Zeilenlänge (für automatischen Zeilenumbruch) an aktueller Cursorposition festlegen

Einrücken im Fließtext-Modus

^SX,.	Einrückspalte an aktueller Cursorposition festlegen; Zeichen vor dem Cursor legen den einzufügenden String fest und Rest der Zeile sollte leer sein.
^AM	an Beginn einer eingerückten Zeile springen (ähnlich zu ^SA)
^S*Leertaste*	Markierungspunkt setzen
^AX fill-individual-paragraphs ⏎	Bereich zwischen Markierungspunkt und aktueller Cursorposition neu formatieren, wobei die aktuellen Einrückungen erhalten bleiben

---

1. wird ausführlich in »*Linux-Unix-Shells*« beschrieben.

Indented-Text-Modus

Wichtige Emacs-Kommandos zum Indented-Text-Modus

^AX indented-text-mode [↵]	Indented-Text-Modus einschalten
^AX auto-fill-mode [↵]	Fließtext-Modus einschalten
^AQ	manuellen Umbruch durchführen
^AS	aktuelle Zeile zentrieren
^A⇑S	aktuellen Absatz zentrieren

Möchte man Zeilen oder Absätze zentrieren, ohne deshalb in den Indented-Text-Modus umzuschalten, kann man dies in anderen Modi mit den beiden folgenden Kommandos erreichen:

^AX center-line [↵]

^AX center-paragraph [↵]

LATEX-Modus

In diesem Modus gelten einige Besonderheiten:

▸ Statt Anführungszeichen (") fügt Emacs jeweils ein Paar einfacher Hochkommata ``...'' ein. Um ein Anführungszeichen einzugeben, muß \" eingegeben werden.

▸ Bei Eingabe jedes zweiten $-Zeichen springt der Cursor kurz zum vorangegangenen $-Zeichen, um den Beginn einer mathematischen Formel, die in LATEX mit $....$ eingerahmt wird, anzuzeigen.

Wichtige Emacs-Kommandos im LATEX-Modus

^SC,^SE	fügt \end{*name*} zum letzten offenen \begin{*name*} ein
^SC,^SO *nam1* [↵] *nam2* [↵]	fügt die folgenden Zeilen ein: \begin[*nam1*]{*nam2*} \end{*nam2*}
^SC,}	springt zur schließenden Klammer der gerade aktuellen Klammerebene
^SJ	beendet einen Absatz, fügt eine Leerzeile ein und führt eine Syntaxprüfung (fehlende Klammern, usw.) für den Absatz durch
^AX validate-text-buffer [↵]	aktuellen Text auf LATEX-Syntaxfehler prüfen

Tcl-Modus

Dieser Modus eignet sich zur Bearbeitung von Tcl/Tk-Programmen.

Wichtige Emacs-Kommandos im Tcl-Modus

^{S}C, ESC, [	an den Anfang der aktuellen Tcl-Prozedur springen
^{S}C, ESC,]	an das Ende der aktuellen Tcl-Prozedur springen
^{S}C, ^{A}U	gerade editierte Tcl/Tk-Programm starten
^{S}C, ^{A}R	markierten Bereich des gerade editierten Tcl/Tk-Programm starten
^{S}C, ^{A}E	aktuelle Zeile des gerade editierten Tcl/Tk-Programm starten

Emacs im X Window System

Funktionen der Maustaste innerhalb eines Emacs-Textfensters

Linke Maustaste	*Cursorpositionierung*
Bewegen der Maus bei gedrückter linker Maustaste	Markierung eines Bereichs. Der entsprechende Bereich wird zugleich in einen internen Puffer kopiert und kann an einer anderen Stelle mit ^{S}Y oder dem Drücken der mittleren Maustaste im Text eingefügt werden. Wird der Mauscursor an den Rand des Textfensters bewegt, wird automatisch weitergeblättert.
mittlere Maustaste (im Text)	zuvor mit gedrückter linker Maustaste markierten Bereich an der Stelle des Mauscursors einfügen.
mittlere Maustaste (in inverser Infozeile)	vergrößert das so ausgewählte Textfenster auf seine maximale Größe
rechte Maustaste	Markierungsende des zuvor markierten Bereichs versetzen
Doppelklick auf rechte Maustaste	Markierten Textbereich löschen; kann mit mittleren Maustaste wieder eingefügt werden.
Linke Maustaste bei gedrückter Shift-Taste	Popup-Menü zur Auswahl des Zeichensatzes
Linke Maustaste bei gedrückter Strg-Taste	Popup-Menü zur Auswahl des zu aktivierenden Puffers
Mittlere Maustaste bei gedrückter Strg-Taste	Popup-Menü zur Veränderung der Schriftart und Farbe
Rechte Maustaste bei gedrückter Strg-Taste	Popup-Menü mit Kommandos zum aktuellen Modus

Menükommandos

Die am oberen Emacs-Fenster angezeigte Menüleiste sowie die zugehörigen Sub- und Subsubmenüs sind weitgehend selbsterklärend und entsprechen den in diesem Kapitel vorgestellten Emacs-Kommandos, weswegen an dieser Stelle auch auf eine weitere Erklärung verzichtet werden kann.

Wichtige Optionen für den Start von Emacs unter X-Window

-fg *farbe*	Vordergrundfarbe (Textfarbe; Voreinstellung ist black)
-bg *farbe*	Hintergrundfarbe (Textfarbe; Voreinstellung ist white)
-cr *farbe*	Farbe des Textcursors (Textfarbe; Voreinstellung ist black)
-nw *farbe*	Standard-Emacs im Shell-Fenster starten. Üblicherweise wird die X-Variante von Emacs in einem eigenen Textfenster gestartet
-fn *zeichensatz*	angegebenen *zeichensatz* verwenden

Alle obigen Optionen können auch in der Konfigurationsdatei .Xdefaults (im Home Directory) eingestellt werden, wie z.B.

```
emacs.cursorColor: white
emacs.pointerColor: red
emacs.shell*background: blue
emacs*menubar.background: yellow
emacs*menubar.foreground: red
emacs*background: blue
emacs*buttonForeground: white
emacs*attributeBackground: white
emacs*attributeForeground: black
emacs*modeline.attributeBackground: green
emacs*modeline.attributeForeground: black
emacs*region.attributeBackground: yellow
emacs*secondary-selection.attributeBackground: red
```

Falls in .Xdefaults nicht existierende Farben oder Zeichensätze angegeben sind, kann Emacs nicht gestartet werden.

Farbige Hervorhebung von Syntax-Konstrukten

Der Emacs ist in der Lage für eine Vielzahl von verschiedenen Texttypen (C, Dokumente in LATEX usw.) die entsprechenden Syntax-Konstrukte im Text durch unterschiedliche Farben und Schrifttypen hervorzuheben. Dazu muß

ᴬX font-lock-mode ⏎

eingegeben werden. Emacs kann jeoch nur dann verschiedene Schriftattribute (wie Kursiv, Fett usw.) verwenden, wenn die aktuell eingestellte Schriftart auch über diese Attribute verfügt. Verschiedene Schriftarten lassen sich leicht mit gedrückter Shift-Taste und linker Maustaste testen. Welche Farben und Attribute zu verwenden sind, kann in der Konfigurationsdatei `.emacs` (im Home Directory) festgelegt werden (dazu später mehr). Eine Liste aller verfügbaren Schriftarten kann man sich unter X Window mit dem folgenden Aufruf anzeigen lassen: **xlsfonts | more** ⏎

Die Emacs-Konfigurationsdateien

Beim Start von Emacs werden folgende Dateien in der angegebenen Reihenfolge gelesen:

`/usr/lib/emacs/site-lisp/site-start.el`

`.emacs` (im Home Directory)

`/usr/lib/emacs/19.34/lisp/default.el`[1]

Die erste Datei `site-start.el` ist für globale Einstellungen gedacht, die immer gelten sollen. Die Datei `site-start.el` ist jedoch nicht immer vorhanden. Die Datei `.emacs` ist für persönliche Einstellungen vorgesehen, und die dritte Datei `default.el` schließlich ist für alle Anwender gedacht. Wurde Emacs in einem anderen Directory wie etwa `/usr/local` oder `/usr/share` installiert, gelten diese Pfad-Präfixe anstelle von `/usr/lib`. Zudem gilt, daß die dritte Datei `default.el` nicht gelesen wird, wenn in `.emacs` folgendes angegeben ist:

setq inhibit-default-init 1

Der Funktionsumfang von Emacs basiert auf einer Vielzahl von Lisp-Dateien, die den entsprechenden Lisp-Code zu den zugehörigen Funktionen enthalten. Die Lisp-Dateien befinden sich normalerweise in zwei Directories:

`/usr/lib/emacs/19.34/lisp`

enthält alle unmittelbar zum Standard-Emacs gehörigen Lisp-Dateien

`/usr/lib/emacs/site-lisp`

enthält alle die Lisp-Dateien, die Erweiterungen zum Standard-Emacs sind.

Dem Emacs werden diese Directories über die Variable `load-path` mitgeteilt. Den Inhalt dieser Variablen kann man sich mit

ˢ**H , V load-path** ⏎

anzeigen lassen.

Um das Einlesen von Lisp-Dateien (menschen-lesbare Dateien, die mit `.el` enden) zu beschleunigen, können diese im Emacs mit

ᴬ**X byte-compile-file** ⏎

---

1. Die Pfadkomponente 19.34 kann sich ändern, wenn eine neue Emacs-Version mit einer anderen Versionsnummer freigegeben wird.

kompiliert werden. Dadurch werden die Dateien, die mit `.el` enden, zu Dateien kompiliert, die mit `.elc` enden. Für den Fall, daß `.elc`-Dateien existieren, werden die gleichnamigen `.el`-Dateien von Emacs nicht ausgewertet.

Optionen zum Steuern der Konfiguration beim Emacs-Start

-q	Emacs ohne dem Lesen von `.emacs` und `default.el` starten
-u *dateiname*	Statt `.emacs` die Datei *dateiname* beim Start von Emacs lesen
-l *dateiname*	Zusätzlich zu `.emacs` noch die Datei *dateiname* beim Start von Emacs lesen
-f *funktion*	Nach dem Emacs-Start die angegebene Emacs-Lisp-*funktion* ausführen

Ausführen von Lisp-Anweisungen in der aktuellen Datei

^A**X eval-current-buffer** ⏎	Lisp-Code aus der gerade editierten Datei ausführen
^A**X eval-region** ⏎	Lisp-Code zwischen Markierungspunkt und Cursor ausführen

Online-Hilfe zur Emacs-Lisp-Programmierung

F1,F *funktion* ⏎	Kurzbeschreibung zur Lisp-Funktion *funktion* anzeigen
F1,F Tab	Liste aller vorhandenen Lisp-Funktionen anzeigen. Um diese Liste betrachten zu können, muß dieses Kommando mit ^S**G** abgebrochen werden. Anschließend kann zum Blättern in der Funktionsliste mit ^S**X** , **B *Com** Tab⏎ in den Puffer gewechselt werden, der diese Funktionsliste enthält.
F1,V *varname* ⏎	Kurzbeschreibung zur Lisp-Variable *varname* anzeigen
F1,V Tab	Liste aller vorhandenen Lisp-Variablen anzeigen. Um diese Liste betrachten zu können, muß dieses Kommando mit ^S**G** abgebrochen werden. Anschließend kann zum Blättern in der Variablenliste mit ^S**X** , **B *Com** Tab⏎ in den Puffer gewechselt werden, der die Variablenliste enthält.
F1,C *tastenkombi* ⏎	Kurzbeschreibung des Kommandos, das der Tastenkombination *tastenkombi* zugeordnet ist

Auf älteren Emacs-Versionen muß statt **F1** die Tastenkombination ^S**H** verwendet werden.

Definition eigener Tastenkombinationen

Um eigene Tastenkombinationen zu definieren, steht das Kommando **global-set-key** zur Verfügung. Mit diesem Kommando kann man z. B. zu den umständlichen Aufrufen von

^{A}X *kommandoname* ⏎

eigene Tastenkürzel definieren. Das Kommando **global-set-key** erwartet zwei durch Leerzeichen getrennte Parameter:

1. *Tastenkürzel* in eckigen Klammern oder Anführungszeichen, wie z. B. [?\M-g] oder "\M-g" (steht für ^{A}**G**), [?\C-g ?L] oder "C-gL" (steht für ^{S}**G,**$^⇑$**L**), [f2] (steht für die Funktionstaste F2) oder [?\C-G ?Z] oder "\C-GZ" (steht für $^{s⇑}$**G,**$^⇑$**Z**).

2. *Funktionsname*, dem ein einfaches Anführungszeichen vorangestellt ist, wie z. B. **'goto-line** oder **'delete-char**.

Hierzu einige Beispiele, wie man Tastenkürzel in einer Konfigurationsdatei .emacs definieren kann:

```
(global-set-key [?\M-g]          'goto-line)   ;Alt-G
(global-set-key [?\C-c ?L]       'goto-line)   ;Strg-C,Shift-L
(global-set-key [?\C-c ?e ?i ?l ?e] 'goto-line) ;Strg-C,E,I,L,E
(global-set-key [f2]             'goto-line)   ;Funktionstaste F2
```

oder

```
(global-set-key "\M-g"           'goto-line)   ;Alt-G
(global-set-key "\C-cL"          'goto-line)   ;Strg-C,Shift-L
(global-set-key "\C-ceile"       'goto-line)   ;Strg-C,E,I,L,E
(global-set-key [f2]             'goto-line)   ;Funktionstaste F2
```

Die vordefinierte Funktion **goto-line** kann nun auf verschiedene Arten aufgerufen werden: Mit ^{A}**G** oder mit ^{S}**C,**$^⇑$**L** oder mit ^{S}**C,e,i,l,e** oder mit der Funktionstaste **F2**.

Die wichtigsten Punkte zur Definition von Tastenkombinationen sind:

▷ Das gesamte Kürzel ist entweder in eckigen Klammern oder Anführungszeichen anzugeben.

▷ Innerhalb von eckigen Klammern können entweder Tastenkombinationen oder einzelne Zeichen mit vorangestelltem Fragezeichen angegeben werden.

▷ Funktionstasten sind in eckigen Klammern anzugeben.

▷ Kombinationen von Strg-*x* (*x* ist beliebiger Buchstabe) sind mit \C-*x* anzugeben (C steht für *Control*)

▷ Kombinationen von Shift-*x* (*x* ist beliebiger Buchstabe) sind mit \S-*x* anzugeben (S steht für *Shift*)

▸ Kombinationen von Alt-*x* (*x* ist beliebiger Buchstabe) sind mit \A-*x* anzugeben (A steht für *Alt*)

▸ Kombinationen von Meta-*x* (*x* ist beliebiger Buchstabe) sind mit \M-*x* anzugeben (M steht für *Meta* und bedeutet bei gedrückter Alt-Taste bzw. bei älteren Emacs-Versionen: Vorheriges Drücken der *ESC*-Taste)

▸ ?\e kann für *ESC*-Taste angegeben werden.

▸ Kommentare werden in Konfigurationsdateien durch Semikolon eingeleitet. Der Rest einer Zeile nach dem Semikolon gilt dann als Kommentar.

Allerdings sind einige Punkte bei der Definition von eigenen Tastenkürzeln zu beachten:

▸ Viele Tastenkürzel sind bereits vorbelegt, und es ist meist nicht empfehlenswert, diese Kürzel einfach durch eigene Tastenkombinationen zu ersetzen. Um zu erfragen, ob eine Tastenkombination bereits belegt ist, muß nur

   F1,C *tastenkombi* ⏎

eingegeben werden, und Emacs gibt dann eine Kurzbeschreibung zum Kommando aus, das der Tastenkombination *tastenkombi* zugeordnet ist, oder eben die Meldung *'tastenkombi* is undefined'.

▸ Manche Tasten, wie z.B. [s]X, [s]C oder [s]H, aktivieren einen eigenen Kürzelmodus und dürfen nur in Kombination mit weiteren Tasten verwendet werden.

▸ Manchen Tasten sind von Unix/Linux oder X Window bereits für bestimmte Funktionen vorbesetzt und stehen deswegen nicht als Emacs-Tastenkürzel zur Verfügung, wie etwa [a]**F1** bis [a]**F7** für das Wechseln zu einem anderen virtuellen Bildschirm oder die Taste *Backspace* zum Löschen von Zeichen.

Nachfolgend sind noch die den einzelnen Tasten zugeordneten Namen in zwei Listen zusammengefaßt.

Cursortasten

↑	[up]
↓	[down]
←	[left]
→	[right]
Bild ↑	[prior]
Bild ↓	[next]
Pos1	[home]
Ende	[end]

Unter X Window können diese Cursortasten auch bei gedrückter Shift-, Alt-
oder Strg-Taste verwendet werden, wie z.B. [S-prior] oder [M-prior] oder [C-
prior]. Im Textmodus sind solche Tastenkombinationen (mit gedrückter Zusatz-
taste) nur möglich, wenn die Tastentabelle für **loadkeys** erweitert wird.

Funktionstasten nur im Textmodus

F1 bis **F12**	[f1] bis [f12]
⇑**F1**	[f11], entspricht ebenfalls F11
⇑**F2**	[f12], entspricht ebenfalls F12
⇑**F3** bis ⇑**F10**	[f13] bis [f20]
⇑**F11**	[f11], entspricht ebenfalls F11
⇑**F12**	[f12], entspricht ebenfalls F12
Einfg	[insertchar]
Entf	[deletechar]
Backspace	[DEL]
Tab	[TAB]

Funktionstasten unter X-Window

F1 bis **F12**	[f1] bis [f12]
⇑**F1** bis ⇑**F12**	[S-f1] bis [S-f12]
Einfg	[insert]
⇑**Einfg**	[S-insert]
Entf	[delete]
⇑**Entf**	[S-delete]
Backspace	[DEL]
⇑*Backspace*	[S-DEL]
Tab	[TAB]
ˢ*Tab*	[C-TAB]

Programmier-Konstrukte im Emacs-Lisp

Hier werden kurz die wichtigsten Syntaxkonstrukte der Programmiersprache
Emacs-Lisp beschrieben.

Emacs-Lisp-Funktionen

Grundsätzlich läßt sich eine Emacs-Lisp-Funktion wie folgt definieren:

```
(defun funktionsname(argument1 argument2 ...)
   »optionale Dokumentation«
   (interactive argument-information)    ; optional
   funktionskörper..)
```

Dabei gilt folgendes:

▸ Die gesamte Definition einer Lisp-Funktion muß immer in runden Klammern angegeben werden.

▸ Das Schlüsselwort **defun** leitet die Funktionsdefinition ein

▸ *funktionsname* ist der Name der Funktion

▸ Die einzelnen Argumente sind durch Leerzeichen getrennt nach dem *funktionsnamen* in runden Klammern anzugeben. Hat eine Funktion keine Argumente, so ist ein leeres Klammernpaar **()** anzugeben. Da als Argumente oft wieder eine Funktion angegeben wird, sind Lisp-Funktionen oft in mehreren Klammerebenen verschachtelt.

▸ In einer neuen Zeile kann eine *optionale Dokumentation* zu der aktuellen Funktion in Anführungszeichen angegeben werden. Diese Dokumentation wird eingeblendet, wenn man sich mit **F1,F** *funktionsname*⏎ eine Kurzbeschreibung zu dieser Funktion anzeigen läßt.

▸ Mit einer **(interactive** ...**)**-Zeile kann die Funktion interaktiv gemacht werden, so daß man sie mit ᴬ**X** aufrufen kann

▸ Der eigentliche *funktionskörper* kann dann aus einer oder mehreren Zeilen bestehen, wobei er mit einer schließenden Klammer abzuschließen ist.

Hier ein einfaches Beispiel für eine Funktionsdefinition, die die übergebene Zahl mit 8 multipliziert:

```
(defun mal-acht (nr)
   "Multipliziere 'nr' mit acht"
   (* 8 nr))
```

Aus diesem Beispiel wird folgendes ersichtlich:

▸ Funktion hat den Namen `mal-acht` und ein Argument (nr).

▸ Bei Eingabe von **F1,F mal-acht** ⏎ wird die Kurzbeschreibung zu dieser Funktion »`Multipliziere 'nr' mit acht`« ausgegeben

▸ Beim Aufruf dieser Funktion wird die intern definierte Multiplikationsfunktion * mit den zwei Argumenten 8 und nr aufgerufen. Sie liefert dann das Multiplikationsergebnis von 8*nr.

Alle Operationen (Aufrufe von vordefinierten oder selbstdefinierten Funktionen) werden immer in der Schreibweise `(funktionsname argument1 argument2 ...)` ausgeführt, auch Rechenoperationen, wie z.B.:

```
(+ 7 9)          ; entspricht 7+9
(/ (- x y) z)    ; entspricht (x-y)/z
(= a b)          ; entspricht a=b (a gleich b)
(<= m n)         ; entspricht m<=n (kleiner gleich)
(/= u v)         ; entspricht u!=v (ungleich)
```

Leider kann man Funktionen, die wie mal-acht definiert sind, nicht interaktiv mit ^X aufrufen. Dazu muß man in solchen Funktionen noch eine **interactive**-Zeile einschieben, wie z.B.

```
(defun mal-acht (nr)
   "Multipliziere  nr  mal acht"
   (interactive "p")
   (message "Das Ergebnis von %d mal %d ist: %d" 8 nr (* 8 nr)))
```

Die Angabe von "p" bei **interactive** bedeutet, daß das vor dem Aufruf der Funktion mal-acht angegebene Präfix als Argument für nr zu verwenden ist. Würde man z.B.

^6,^X mal-acht ⏎

aufrufen, würde in der unteren Bildschirmzeile folgendes ausgegeben:

```
Das Ergebnis von 8 mal 6 ist: 48
```

Würde man z.B. zusätzlich noch folgendes Tastenkürzel in der Konfigurationsdatei definieren:

```
(global-set-key [f2]    (mal-acht 4)    ;Funktionstaste F2
```

dann würde bei jedem Drücken der F2-Taste folgender Text an der aktuellen Cursorposition eingefügt:

```
Das Ergebnis von 8 mal 4 ist: 32
```

Neben der Angabe von "p" bei **interactive** sind noch eine Vielzahl von weiteren vordefinierten Zeichen möglich, wie z.B.:

```
(defun test-ausgabe (nr string file)
   "Ausgabe von  nr, string und file"
   (interactive "nNummer: \nsText: \nfDatei: ")
   (message "Nummer: %d, Text: %s, Datei %s" nr string file))
```

Die **interactive**-Zeile ist mit \n in drei Teile aufgeteilt, wobei jeweils das erste Zeichen den Typ der Eingabe festlegt. Wird diese Funktion mit

^X test-ausgabe ⏎

aufgerufen, dann wird zuerst mit der Ausgabe von Nummer: nach einer einzugebenden Zahl gefragt. Nach dieser Eingabe wird mit der Ausgabe von Text: nach einem beliebigen Text gefragt, und nach dieser Eingabe nach einer Datei, deren Name hier einzugeben ist. Die bei Nummer: eingegebene Zahl wird dann als erste

Argument (nr), der bei Text: eingegebene Text als zweites Argument (string) und der bei Datei: eingegebene Dateiname als drittes Argument (file) an die Funktion *test-ausgabe* übergeben. Würde man für die drei Eingabeaufforderungen folgendes eingeben:

Nummer:	**3**
Text:	**Hallo, wie gehts**
Datei:	**.profile**

dann würde durch diesen Aufruf folgendes ausgegeben:

```
Nummer: 3, Text: Hallo,wie gehts, Datei: ~/.profile
```

In **interactive** sind unter anderem folgende Zeichen für Eingabetypen möglich: **c** (Zeichen), **n** (Zahl), **s** (Zeichenkette), **b** (existierender Textpuffer), **B** (neuer Textpuffer), **f** (existierende Datei), **F** (neue Datei), **r** (region). **r** bewirkt, daß der Anfang und das Ende des Bereiches zwischen dem Markierungspunkt und der aktuellen Cursorposition als zwei Argumente an die gerade definierte Funktion übergeben wird.

Der Rückgabewert einer Funktion ergibt sich immer aus dem Rückgabewert der letzten Anweisung, die innerhalb der Funktion ausgeführt wurde.

Die beiden Schlüsselwörter progn und save-excursion

Mehrere Lisp-Anweisungen, wobei sich jede einzelne in runden Klammern befindet, werden normalerweise aneinandergereiht. Bei manchen Sprachkonstrukten, wie z.B. **if** ist nun aber zur Unterscheidung des *then*- und *else*-Blocks eine Blockbildung notwendig. Dazu wird die Funktion **progn** verwendet.

```
(progn
   (funk1  arg1 arg2 ...)
   (funk2  arg1 arg2 ...)
   (funk3  arg1 arg2 ...))
```

Vergleichbar mit **progn** ist die Funktion **save-excursion**. Der Unterschied besteht darin, daß nach der letzten Anweisung im Block der Cursor bei **save-excursion** automatisch wieder an die Position zurückgesetzt wird, an der er vor dem Eintritt in diesen Block stand.

Variablen

Mit der Funktion **let** lassen sich lokale Variablen definieren. Die Gültigkeit solcher Variablen beschränkt sich dabei auf die Klammerebene um **let**. Man unterscheidet dabei zwei Syntaxvarianten:

```
(let (var1 var2 var3 ...)                          Variablen nicht initialisieren
   (funk1  arg1 arg2 ...)
   (funk2  arg1 arg2 ...)
   (funk3  arg1 arg2 ...))
```

und

```
(let ((var1 wert1) (var2 wert2) (var3 wert3) ...)   Variablen initialisieren
   (funk1  arg1 arg2 ...)
   (funk2  arg1 arg2 ...)
   (funk3  arg1 arg2 ...))
```

Anders als in anderen Programmiersprachen gibt es keine Datentypen für Variablen, was heißt, daß man in Variablen ohne Einschränkungen die unterschiedlichsten Datentypen (wie Zahlen, Zeichen, Strings usw.) speichern kann.

Die Zuweisung von Werten an Variablen erfolgt mit den Funktionen **set** und **setq**, wobei bei **setq** jedoch dem Variablennamen ein Hochkomma voranzustellen ist, wie z.B.:

```
(setq var wert)        ; entspricht var=wert
(set 'var wert)        ; entspricht ebenso var=wert
(setq x (+ a b))       ; entspricht x=a+b
```

Weist man einer Variablen, die nicht explizit mit **let** definiert wurde, mit **setq** einen Wert zu, dann gilt diese Variable als global.

Verzweigungen

Um Programmverzweigungen zu realisieren, steht **if** zur Verfügung:

```
(if (bedingung)
  (progn                              ; then-Block
    (funk1  arg1 arg2 ...)
    (funk2  arg1 arg2 ...)
    ...)
  (progn                              ; else-Block
    (funk1  arg1 arg2 ...)
    (funk2  arg1 arg2 ...)
    ...)
)
```

Besteht der then-Block aus nur einem Funktionsaufruf, kann das entsprechende **progn** auch weggelassen werden. Die Bedingung wird wohl meist ein Vergleich sein, wie z.B. (> x 3) für x>3. Eine Verknüpfung von Einzelbedingungen mit **and** und **or** ist auch möglich, wie etwa: (and bed1 bed2 bed3 ...) oder (or bed1 bed2 bed3 ...). Um eine Bedingung zu negieren, muß (not bed) angegeben werden.

while-Schleifen

Um eine einfache Schleife zu realisieren, steht **while** zur Verfügung:

```
(while (bedingung)
   (funk1  arg1 arg2 ...)
   (funk2  arg1 arg2 ...)
      ...)
```

Anders als bei **if** muß der Schleifenkörper nicht mit **progn** eingeleitet werden.

Beispiele zur Emacs-Programmierung

Umwandeln von Klein- in Großbuchstaben und umgekehrt

Nachfolgend sind zwei selbstdefinierte Funktionen zum Umwandeln von Klein-
in Großbuchstaben bzw. umgekehrt angegeben:

wandel-zeich	wirkt nur auf das Zeichen an der aktuellen Cursorposition; wird auf die Funktionstaste **F8** gelegt.
wandel-wort	wirkt nur auf das ganze Wort an der aktuellen Cursorposition; wird auf die Funktionstaste **F9** gelegt.

```
;---------------------------------------------------------------------
;        Groß- in Kleinbuchstaben umwandeln und umgekehrt
;---------------------------------------------------------------------
(defun wandel-zeich()
   (interactive)
   (let ((zeich (char-after (point))))     ; Zeichen an Cursorposition
                                           ; in zeich speichern
      (if (> zeich 64)                     ; ASCII-Code größer als 64 ('A') ?
        (progn                             ; then-Teil (für Klein-/Großbuchst.)
           (setq zeich (logxor zeich 32))  ; XOR 32 entspr. groß <--> klein
           (insert-char zeich 1)           ; umgewandeltes Zeichen einfügen
           (delete-char 1)                 ; altes Zeichen löschen
        )                                  ; Ende vom then-Teil
        (progn                             ; else-Teil (für andere Zeichen)
           (forward-char 1)
        )                                  ; Ende vom else-Teil
      )                                    ; Ende if
   )                                       ; Ende let
)                                          ; Ende defun

;---------------------------------------------------------------------
;        Ganzes Wort (Groß- in Kleinbuchstaben umwandeln und umgekehrt)
;---------------------------------------------------------------------
(defun wandel-wort()
   (interactive)
   (save-excursion                   ; nach Verlassen dieses Blocks
```

```
                               ; Cursor wieder an alte Position setzen
    (forward-word 1)           ; An Ende des Worts springen
    (setq j (point))           ; in Variable j Position speichern
    (backward-word 1)          ; An Anfang des Worts springen
    (setq i (point))           ; in Variable i Position speichern
    (while (< i j)             ; ganzes Wort durchlaufen, und
       (wandel-zeich)          ; Zeichen für Zeichen umwandeln
       (setq i (+ i 1))        ; Laufvariable weiterzählen
    )                          ; Ende while
  )                            ; Ende save-excursion
)                              ; Ende defun

(global-set-key [f8]  'wandel-zeich)    ; Funktionstaste F8
(global-set-key [f9]  'wandel-wort)     ; Funktionstaste F9
```

Prozentuelle Cursorbewegung in großen Texten

In der vorletzten Informationszeile zeigt der Emacs ständig an, in welchem prozentuellen Bereich des Textes man sich gerade befindet. Da ein entsprechendes Kommando fehlt, mit dem man den Cursor an eine Position bewegen kann, die durch einen Prozentwert ausgedrückt ist, wie etwa 50% für die Mitte des Textes, soll hier eine eigene Funktion gehezu-prozent definiert werden, mit der das möglich ist. Die Idee zu dieser Funktion stammt aus dem Buch *Learning GNU Emacs* von Cameron und Rosenblatt.

```
;-------------------------------------------------------------------------
;              Prozentuelles Bewegen des Cursors
;-------------------------------------------------------------------------
(defun gehezu-prozent (p)
   (interactive "nProzent (0 bis 100): ")
   (goto-char (/ (* p (point-max)) 100))   ; An die prozentuelle Stelle
                                           ; springen. point-max ist die
                                           ; letzte Position (EOF) im Text
   (beginning-of-line)                     ; Cursor an den Anfang der Zeile
)
(global-set-key "\M-pp"  'gehezu-prozent)  ; Alt-P,P
```

Die Funktion gehezu-prozent kann auch über die Tastenkombination ^P,P aufgerufen werden.

Mit den Cursortasten ↑ und ↓ nur zeilenweise blättern

Im Emacs wird normalerweise immer automatisch um eine halbe Bildschirmseite weitergeblättert, wenn man mit den Tasten ↑ oder ↓ den Cursor an den oberen oder unteren Rand des entsprechenden Textfensters bewegt. Soll immer nur um eine Zeile weitergeblättert werden, so kann dies z.B. mit den folgenden Definitionen in der Konfigurationsdatei .emacs erreicht werden:

```
;---------------------------------------------------------------
;            Zeilenweises Blättern mit Cursortasten 'up' und 'down'
;---------------------------------------------------------------
(defun zeile-hoch()
   (interactive)
   (setq scroll-step 1)   ; Automatisches Scrollen auf eine Zeile festlegen
   (forward-line -1)      ; eine Zeile rückwärts blättern
)
(defun zeile-tief()
   (interactive)
   (setq scroll-step 1)   ; Automatisches Scrollen auf eine Zeile festlegen
   (forward-line 1)       ; eine Zeile vorwärts blättern
)
(global-set-key [up]      'zeile-hoch)  ; Taste up
(global-set-key [down]    'zeile-tief)  ; Taste down
```

Emacs-ähnliche Editoren

Unter Linux existiert eine Vielzahl von Editoren. Hier werden noch die zwei Editoren **jove** und **jed** kurz erwähnt, die abgespeckte Emacs-Versionen sind und deshalb gerade für den Anfänger leichter zu bedienen sind. Verfügt ein Benutzer über grundlegende Emacs-Kenntnisse, wie sie in diesem Abschnitt vermittelt wurden, dürfte ihm die Bedienung dieser beiden Editoren keinerlei Schwierigkeiten bereiten. Auf eine kleine Besonderheit des **jed** sei hier hingewiesen: Die Entf-Taste kann im **jed** erst verwendet werden, wenn zuvor ein Bereich markiert wurde. Das Setzen eines Markierungspunktes erfolgt dabei wie im Emacs mit ^{s}*Leertaste*. Ein Bereich erstreckt sich dann vom Markierungspunkt bis zur aktuellen Cursorposition. Mit der Taste Entf kann dann ein solcher Bereich gelöscht und mit der Taste Einfg an einer anderen Stelle wieder eingefügt werden.

ex	Editieren von Dateien

Syntax

ex [-s] [-v] [-t *marke*] [-r*datei*] [-L] [-R] [-x] [-c *kdo*] [*datei(en)*]

Beschreibung

ex ist ein zeilenorientierter Editor, der die Basis zum Bildschirmeditor **vi** bildet. **ex** kann auch in den **vi**-Modus umgeschaltet werden, so daß er dann bildschirmorientiert arbeitet.

Bezüglich der Kommandomenge und den Such- und Ersetzungs-Möglichkeiten ist **ex** eine Erweiterung des Editors **ed**, dem er in vieler Hinsicht sehr ähnlich ist.

Falls die erste der angegebenen *datei(en)* bereits existiert, so wird diese in den Arbeitspuffer gelesen. Existiert diese noch nicht, so wird sie erst beim späteren

Zurückschreiben des Arbeispuffers mit **:w** (ohne Verlassen von **ex**) auf dem externen Speichermedium angelegt.

Waren beim **ex**-Aufruf mehrere *dateien* angegeben, so kann mit der Eingabe des Kommandos **:n** die jeweils nächste der angegebenen *dateien* in den Arbeitspuffer gelesen werden. Da dies zum Überschreiben des alten Pufferinhalts führt, sollte dieser – wenn gewünscht – zuvor mit **:w** zurückgeschrieben werden.

Fehlte beim Aufruf die Angabe von *datei(en)*, so wird ein leerer Arbeitspuffer angelegt, der noch keiner Datei zugeordnet ist. In diesen Puffer kann nun Text eingegeben und editiert werden. Erst mit dem Editor-Kommando

:w *datei*

wird dann eine Datei mit Namen *datei* auf dem externen Speichermedium mit dem Pufferinhalt beschrieben.

Optionen

Option	Beschreibung
-s	unterdrückt alle interaktiven Editor-Meldungen, die für den Benutzer bestimmt sind; nützlich beim Arbeiten mit **ex**-Skripts.
-v	bewirkt, daß **ex** sofort in den **vi**-Modus umgeschaltet wird.
-t *marke*	(*tag*) bewirkt das Editieren der Datei, deren Name in der Datei *tags* mit der angegebenen *marke* gekennzeichnet ist und positioniert den Cursor sofort auf der in *tags* dazu eingetragenen Position. In diesem Fall entfällt die Angabe von *datei(en)*.
-r*datei*	(*recover*) bewirkt, daß nach einem Editor- oder Systemzusammenbruch das Editieren der angegebenen *datei* wieder ermöglicht wird. In der Regel sind dabei nur die letzten Änderungen verloren.
-R	(*Read only*) bewirkt, daß die zu editierenden *datei(en)* nur zum Lesen eröffnet werden und ihr Inhalt bei dieser Editiersitzung nicht geändert werden kann.
-L	alle bei einem Editor- oder Systemzusammenbruch geretteten Dateien auflisten. Die hier aufgelisteten Dateien können dann unter Verwendung der Option **-r** editiert werden.
-x	bewirkt, daß der Pufferinhalt beim Zurückschreiben auf eine Datei verschlüsselt wird (siehe Kommando **crypt**); seit System V.3 ist diese Option nur auf Systemen innerhalb der USA verfügbar.
-c *kdo*	bewirkt, daß das hier angegebene **ex**-Kommando *kdo* ausgeführt wird, bevor das eigentliche Editieren beginnt; für *kdo* wird meist ein Positionierungs- oder Suchkommando angegeben.

Arbeitszustände des ex

ex kennt zwei Arbeitszustände:

▶ Kommandomodus

▶ Eingabemodus

Nach dem Aufruf befindet sich **ex** immmer im Kommandomodus, was eventuell durch das Promptzeichen : (Doppelpunkt) angezeigt wird. Im Kommandomodus erwartet **ex** die Eingabe von Editor-Kommandos. Befindet **ex** sich im Eingabemodus, so werden alle Eingaben als einfacher Text aufgefaßt, der im Arbeitspuffer zu speichern ist.

Vom Kommandomodus kann mit einem der folgenden **ex**-Kommandos in den Eingabemodus umgeschaltet werden:

insert	Einfügen
append	Anfügen
change	Ändern

Vom Eingabemodus kann wie bei **ed** mit der Eingabe eines . (Punkt) als erstes und einziges Zeichen einer Zeile zum Kommandomodus zurückgeschaltet werden.

Darstellungsmodi des ex:

ex kann wie **vi** in zwei unterschiedlichen Darstellungs-Modi (siehe auch **vi**-Beschreibung) arbeiten:

▶ **vi**-Modus (bildschirmorientiert)

▶ **ex**-Modus (zeilenorientiert)

Das Umschalten vom **ex**-Modus in den **vi**-Modus kann durch das **ex**-Kommando **visual** erreicht werden. Vom **vi**-Modus in den **ex**-Modus kann dann mit der Eingabe von **Q** wieder zurückgeschaltet werden.

Eingabemodus

Im Eingabemodus verhält sich **ex** wie der Editor **ed**. In diesem Modus kann beliebiger Text eingegeben werden. **ex** liest dabei immer zeilenweise vom Terminal. Dies bedeutet, daß während einer Eingabe nur Eingabefehler in einer noch nicht mit ⏎ abgeschlossenen Zeile korrigiert werden können.

Als Korrekturen sind dabei möglich:

▶ Zeile löschen (**kill**) und

▶ Zeichen löschen (**erase**)

Der Eingabemodus wird beendet, wenn **ex** eine Zeile übergeben wird, die als einziges und erstes Zeichen einen . (Punkt) enthält.

Kommandomodus:

ex kann nur dann Editor-Kommandos ausführen, wenn er sich im Kommando-modus befindet. Die allgemeine Form eines **ex**-Kommandos ist:

[adresse1[,adresse2]]   *editier-kommando*   *[optionen]*   *[anhaengsel]*

Durch die Adressen *adresse1* und *adresse2* wird ein bestimmter Bereich hinter-einander stehender Zeilen ausgewählt. Auf diese so ausgewählten Zeilen wird dann das *editier-kommando*, welches anders als bei **ed** nicht unbedingt aus einem Zeichen besteht, ausgeführt. Als *editier-kommando* kann bei **ex** eine abgekürzte Form des Kommandonamens oder auch der volle Kommandoname angegeben werden. So ist zum Numerieren von Zeilen z.B. sowohl die Angabe von **nu** (kleinstmögliche Abkürzung) als auch von **num**, **numb**, **numbe** oder **number** (voller Kommandoname) möglich.

Als *optionen* sind möglich:

Option	Beschreibung
!*unix_kdo*	Ausführung des entsprechenden Unix-Kommandos *unix_kdo*
parameter	zusätzliche Informationen für ein Kommando, wie z.B. ein Datei-name
n	eine Zahl *n* gibt an, wieoft das *editier-kommando* auszuführen ist

Als *anhaengsel* ist möglich:

anhaengsel	Beschreibung
#	den adressierten Zeilen wird eine Zeilennummer bei der Ausgabe vorangestellt
p	steht für **print** und bewirkt, daß die (neue) aktuelle Zeile nach Aus-führung von *editier-kommando* ausgegeben wird
l	wie **p**; allerdings erfolgt hier die Ausgabe im Format des **list**-Kom-mandos

Wird weder eine Adresse noch ein *editier-kommando* angegeben (nur ⏎ alleine), so wird die nächste Zeile die aktuelle Zeile. Wird nur eine Adresse und kein *editier-kommando* angegeben, so wird die adressierte Zeile die aktuelle Zeile.

Die nachfolgende Tabelle zeigt alle Adressierungs-Möglichkeiten und die dadurch ausgewählten Zeilen:

keine Adresse angegeben: aktuelle Zeile[1]

eine Adresse angegeben: Zeile, die diese Adresse besitzt

beide Adressen angegeben: Bereich (von,bis)[2] von Zeilen

Adressen

Die Adreßangaben *adresse1* und *adresse2* wählen bestimmte Zeilen aus. Die
Angaben für *adresse1* und *adresse2* sind dabei sehr ähnlich zu **ed**:

Angabe	Beschreibung
.	adressiert die aktuelle Zeile
$	adressiert die letzte Zeile
n[a]	adressiert die n.te Zeile
%	Kurzform für **1,$** (alle Zeilen)
'x	adressiert die Zeile, die mit der Marke x markiert wurde[b]
/*regulärer Ausdruck*/	adressiert die erste Zeile (von *aktueller Zeile zum Dateiende hin*),[c] welche einen String beinhaltet, der durch den vorgegebenen *regulären Ausdruck* abgedeckt ist. Wird bis zum Dateiende keine solche Zeile gefunden, so wird vom Dateianfang bis einschließlich der aktuellen Zeile nach einer solchen Zeile gesucht.
?*regulärer Ausdruck*?	adressiert die erste Zeile (von *aktueller Zeile zum Dateianfang hin*[d]), welche einen String beinhaltet, der durch den vorgegebenen *regulären Ausdruck* abgedeckt ist. Wird zum Dateianfang hin keine solche Zeile gefunden, so wird vom Dateiende rückwärts bis einschließlich der aktuellen Zeile nach einer solchen Zeile gesucht.

a. n steht dabei für eine Zahl
b. x muß dabei ein Kleinbuchstabe sein
c. aktuelle Zeile zählt nicht dazu
d. aktuelle Zeile zählt nicht dazu

Weitere Regeln sind:

1. Wenn eine Adresse mit +n oder -n (für n ist eine Zahl anzugeben) endet, so
    adressiert dies die Zeile

    adresse ± n

2. Wenn eine Adresse mit +n oder -n (für n ist eine Zahl anzugeben) beginnt, so
    adressiert dies die Zeile

---

1. Nach dem Aufruf von **ex** ist immer die letzte Zeile des Puffers die aktuelle Zeile.
2. erste Zeile (adresse1) und letzte Zeile (adresse2) sind Bestandteil dieses Bereichs
    statt Komma darf auch Semikolon als Trennzeichen angegeben werden.

`aktuelle-zeile ± n;`

z.B. wird +6 als .+6 interpretiert.

3. Wenn eine Adresse mit + oder – endet, so adressiert dies die Zeile *adresse* ± 1;

die alleinige Adreßangabe + bzw. – adressiert die der aktuellen Zeile unmittelbar folgende bzw. voranstehende Zeile.

Wenn eine Adresse mit mehr als einem + oder – endet, so adressiert dies die Zeile

`aktuelle-zeile ± anzahl-von±;` z.B. adressiert --- die Zeile `aktuelle-zeile – 3`

4. Wird als gesamte Adreßangabe nur ein Komma gegeben, so entspricht dies der Angabe: .,. (aktuelle Zeile).

5. Werden zwei Adressen durch Semikolon getrennt (z.B. 5;+2), so legt die 1.Adresse die aktuelle Zeile fest (z.B. 5), was bei Angabe von Komma als Adressen-Trennungszeichen nicht der Fall ist.

Anders als in **vi** wird der Wiederholungsfaktor für ein Kommando nicht vor dem *editier-kommando* angegeben, da dies bei **ex**-Kommandos die Adresse darstellt, z.B.

4d löscht die 4.Zeile

d4 löscht ab der aktuellen Zeile 4 Zeilen

Bei einer Bereichs-Adreßangabe schaltet der Wiederholungsfaktor die Bereichs-Adreßangabe aus; in diesem Fall legt die Bereichsende-Angabe die Ausgangszeile für die Wiederholung fest, z.B.

`3,6d3`

würde die Zeilen 6,7 und 8 löschen; die Bereichsanfangs-Zahl 3 wird in diesem Fall ignoriert.

Die vollständige Eingabe eines **ex**-Kommandos erfolgt in der sogenannten Statuszeile (letzte Bildschirmzeile) und muß immer mit Carriage-Return abgeschlossen werden.

In ex zugelassene reguläre Ausdrücke

Ein *regulärer Ausdruck* ist ein Ausdruck, welcher Strings spezifiziert und / oder über Vorschriften beschreibt, welche Strings durch ihn abgedeckt sind.

Bei **ex** gelten die folgenden Regeln für reguläre Ausdrücke:

1. Die Metazeichen von regulären Ausdrücken sind:
   . * [ ] \ ^ $
   Metazeichen haben eine Sonderbedeutung.

2. Ein einfacher regulärer Ausdruck ist einer der folgenden:

   ▷ *Einfaches Zeichen*, aber kein Metazeichen

   ▷ Das *Metazeichen* \, um Sonderbedeutung eines Metazeichens auszu-schalten(z.B *)

   ▷ ^ steht für Anfang einer Zeile, wenn es als erstes Zeichen angegeben ist.

   ▷ $ steht für Ende einer Zeile, wenn es als letztes Zeichen angegeben ist.

   ▷ . steht für jedes beliebige Zeichen, außer Neuezeile-Zeichen

   ▷ \< steht für Anfang eines Wortes

   ▷ \> steht für Ende eines Wortes

   ▷ Eine *Klasse von Zeichen*: z.B. [ABC] deckt eines der Zeichen A, B oder C ab

   ▷ Eine *Klasse von Zeichen mit Abkürzungen*: z.B. deckt [a-zA-Z] alle Buch-staben ab (nicht Umlaute)

   ▷ Eine *Komplement-Klasse von Zeichen*: z.B. deckt [^0-9] alle Zeichen außer die Ziffern und das Neuezeile-Zeichen ab

3. Operatoren, um reguläre Ausdrücke zu größeren zusammenzufassen

   ▷ *Konkatenation*: AB deckt A unmittelbar gefolgt von B ab

   ▷ *null-oder-beliebig-viele*: A* deckt kein, ein oder mehr A ab

   ▷ *runde Klammern*: \(r\) deckt gleiche Strings wie der ungeklammerte reguläre Ausdruck r ab

   ▷ *n-ter Teilausdruck*: \n deckt den gleichen String ab, wie ein im selben regulären Ausdruck zuvor angegebener \(*Ausdruck*\). n muß eine Ziffer sein und spezifiziert den n.ten \(*Ausdruck*\); z.B. deckt ^\(.*\)\1$ eine Zeile ab, welche sich aus zwei gleichen Strings zusammensetzt.

Ein regulärer Ausdruck deckt einen String nach der »*longest leftmost*«-Regel ab.

Hinweis Die Angabe von // (Vorwärts-Adressierung) bzw. ?? (Rückwärts-Adressierung) ist äquivalent zum zuletzt angegebenen /*regulärer Ausdruck*/ bzw. ?*regulärer Ausdruck*?, je nachdem, welche dieser beiden Angaben als letzte erfolgte.

ex-Kommandos

Die einzelnen **ex**-Kommandos können eventuell keine, eine oder zwei Adressen erfordern. Wird bei Kommandos, die keine Adreßangabe erlauben, eine Adresse angegeben, so wertet **ex** dies als Fehler und führt das Kommando nicht aus. Wenn Kommandos, die eine oder zwei Adressen erlauben, ohne Angabe von Adressen aufgerufen werden, so werden dafür sogenannte *default*-Adressen (voreingestellte Adressen) verwendet. Werden bei Kommandos, die eine Adresse erlauben, zwei Adressen angegeben, so wird die zuletzt angegebene Adresse verwendet.

In der folgenden Liste der **ex**-Kommandos werden die *default*-Adressen in eckigen Klammern[1] davor angegeben. Aus dieser Angabe ist zugleich auch erkennbar, wie viele Adressen die einzelnen Kommandos erlauben. Zudem werden folgende Abkürzungen dort verwendet:

Abkürzung	Bedeutung
RA	für Regulärer Ausdruck
kdos	für **ex**-Kommandos
ers	für Ersetzungstext

In runden Klammern wird dabei die erlaubte Abkürzung und in geschweiften Klammern die aktuelle Zeile nach Ausführung dieses Kommandos gegeben.

abbrev *abk text*   **(ab)**   {unverändert}

definiert die Abkürzung *abk* für den angegebenen *text*. Wird im Eingabemodus *abk* als eigenes Wort eingegeben, so wird es durch *text* ersetzt; dies gilt allerdings nur im **vi**-Modus (nicht im **ex**-Modus). Wird **ab** ohne die Argumente *abk* und *text* aufgerufen, so werden alle momentan aktiven Abkürzungen ausgegeben.

[.]append[!]
text
.   **(a)**   {zuletzt eingegebene Zeile}

fügt den eingegebenen *text* nach der adressierten Zeile ein.

Der Abschluß der *text*-Eingabe erfolgt mit . (Punkt) als einziges Zeichen einer Zeile.

0a ist für dieses Kommando erlaubt und bedeutet: Einfügen ganz am Anfang des Arbeitspuffers.

Wird **!** angegeben, so wird für die Dauer der *text*-Eingabe die Option **autoindent** eingeschaltet.

---

1. die eckigen Klammern sind nicht Bestandteil der Adreßangabe

args	**(ar)**	{unverändert}

gibt die Argumentenliste des **ex**-Aufrufs aus; der Name der aktuell bearbeiteten Datei wird dabei mit [..] geklammert.

[.,.]change[*n!*]
text

.	**(c)**	{zuletzt eingegebene Zeile}

ersetzt den adressierten Zeilenbereich durch den eingegebenen *text*. Der Abschluß der *text*-Eingabe erfolgt mit . (Punkt) als einziges Zeichen einer Zeile.

Wird nach **change** eine Zahl *n* angegeben, so sind ab der adressierten Zeile *n* Zeilen zu ersetzen.

Wird **!** angegeben, so wird für die Dauer der *text*-Eingabe die Option **autoindent** eingeschaltet.

[.,.]copy*adresse*	**(co)**	{letzte der kopierten Zeilen}

kopiert die adressierten Zeilen hinter die Zeile, die mit *adresse* adressiert wird; ist keine *adresse* angegeben, so werden die adressierten Zeilen hinter die aktuelle Zeile kopiert.

Die Angabe von **0** für *adresse* ist möglich und bewirkt, daß die adressierten Zeilen an den Pufferanfang kopiert werden.

Das Kommando **transfer** ist identisch zu **copy**.

[.,.]delete[*n*][*puffername*]	**(d)**	{den gelöschten Zeilen folgende Zeile}

löscht den adressierten Zeilenbereich.

Wird nach **delete** eine Zahl *n* angegeben, so sind ab der adressierten Zeile *n* Zeilen zu löschen. Wird ein *puffername* angegeben, so wird der gelöschte Text dorthin kopiert, ansonsten wird er in den allgemeinen Puffer kopiert.

edit[!][+*n*]*dateiname*	**(e)**	{letzte Zeile der neuen Datei}

liest den Inhalt der Datei *dateiname* in den Arbeitspuffer.

Der alte Inhalt des Arbeitspuffers wird dabei überschrieben.

Wenn der Pufferinhalt seit der letzten Änderung nicht gesichert wurde, so wird eine Warnung ausgegeben und das **edit**-Kommando nicht ausgeführt.

Wird **!** angegeben, so wird der jetzige Pufferinhalt ohne Warnung mit dem Inhalt der Datei *dateiname* überschrieben. Wird +*n* angegeben, so wird *n*.te Zeile die aktuelle Zeile.

file [*dateiname*]   **(f)**   {unverändert}

ex merkt sich den angegebenen *dateiname* (Dies wird der neue Dateiname, der dem Arbeitspuffer zugeordnet ist).

Wird **file** ohne Angabe eines *dateiname* aufgerufen, so wird der momentan gemerkte Dateiname ausgegeben.

[1,$]**global**[!] / *RA* / *kdos*   **(g)**   {wird immer die Zeile, die der reguläre Ausdruck *RA* gerade abdeckt (bzw. bei ! nicht abdeckt)}

führt die angegebenen *kdos* für alle Zeilen aus, die der reguläre Ausdruck *RA* adressiert. Wird mehr als ein *kdo* angegeben, so muß jedes einzelne *kdo* in einer eigenen Zeile stehen, die mit dem Fortsetzungszeichen \ (außer letzte *kdo*-Zeile) abzuschließen ist. Die Kommandos **g** und **v** sind hierbei nicht erlaubt. Werden keinerlei *kdos* angegeben, so wird das **ex**-Kommando **print** angenommen.

Wird ! angegeben, so werden die *kdos* für alle Zeilen ausgeführt, die *RA* nicht adressiert.

[.]**insert**[!]
text
.   **(i)**   {zuletzt eingegebene Zeile}

fügt den eingegebenen *text* vor der adressierten Zeile ein.

Der Abschluß der *text*-Eingabe erfolgt mit . (Punkt) als einziges Zeichen einer Zeile

Die Adresse **0** ist für dieses Kommando nicht erlaubt.

Wird ! angegeben, so wird für die Dauer der *text*-Eingabe die Option **autoindent** eingeschaltet.

[.,.+1]**join**[*n*]   **(j)**   {zusammengefügte Zeile}

macht aus den adressierten Zeilen eine Zeile, indem es die abschließenden Neuezeile-Zeichen in allen adressierten Zeilen (außer der letzten) entfernt

Wird nach **join** eine Zahl *n* angegeben, so sind ab der adressierten Zeile *n* Zeilen zu einer zusammenzufügen.

[.,.]**list**[*n*]   **(l)**   {zuletzt ausgegebene Zeile}

gibt die adressierten Zeilen aus; dabei werden einige nicht druckbare Zeichen (wie Backspace, Tabulatorzeichen) in mnemotechnischer Darstellung und alle anderen nicht druckbaren Zeichen als Oktalwerte ausgegeben. Zusätzlich werden überlange Zeilen in mehreren Zeilen ausgegeben.

l kann an die meisten **ex**-Kommandos angehängt werden.

[.]markx   (**ma** oder **k**)   {unverändert}

---

markiert die adressierte Zeile mit x (muß ein Kleinbuchstabe sein). Die Adreßangabe 'x adressiert dann diese Zeile.

---

map *abk text*   (**map**)   {unverändert}

---

definiert ein Kommando-Makro mit Namen *abk* für die angegebene Kommandofolge in *text*. *abk* muß dabei ein einzelnes Zeichen oder #*n* (*n*=0,1,..,9) sein. Letztere Angabe bewirkt die Belegung einer Funktionstaste (0=⌨F1⌨, 1=⌨F2⌨, .. 9=⌨F10⌨) oder (1=⌨F1⌨, ..., 9=⌨F9⌨, 0=⌨F10⌨). Wird dann später im **vi**-Modus *abk* eingegeben, so werden die in *text* angegebenen Kommandos ausgeführt.

[.,.]moveadresse   (**m**)   {letzte der verlagerten Zeilen}

---

kopiert die adressierten Zeilen hinter die Zeile, die mit *adresse* adressiert wird; ist keine *adresse* angegeben, so werden die adressierten Zeilen hinter die aktuelle Zeile kopiert. Immer werden die ursprünglichen Zeilen gelöscht.

Die Angabe von **0** für *adresse* ist möglich und bewirkt, daß die adressierten Zeilen an den Pufferanfang verlagert werden.

---

next[!][[+*kdo*] *dateiliste*]   (**n**)   {letzte Zeile der neuen Datei}

---

kopiert die nächste Datei aus der **vi**- bzw. **ex**-Aufrufzeile in den Arbeitspuffer; der alte Pufferinhalt geht dabei verloren. Wenn die letzten Änderungen noch nicht gesichert wurden, so erfolgt eine Fehlermeldung und das Kommando wird nicht ausgeführt.

Wird **!** angegeben, so wird der jetzige Pufferinhalt ohne Warnung mit dem Inhalt der neuen Datei überschrieben.

Wird eine *dateiliste* angegeben, so wird die Argumentliste des **ex**- bzw. **vi**-Aufrufs durch diese ersetzt.

Wird +*kdo* angegeben, so wird das **kdo** sofort nach dem Laden der ersten Datei aus *dateiliste* ausgeführt.

[.,.]number[*n*]   (**nu** oder **#**)   {zuletzt ausgegebene Zeile}

---

gibt die adressierten Zeilen mit Zeilennummern (am linken Rand gefolgt von einem Tabulatorzeichen) aus.

Wird nach **number** eine Zahl *n* angegeben, so sind ab der adressierten Zeile *n* Zeilen auszugeben.

kann an die meisten **ex**-Kommandos angehängt werden.

[.]**open**/*RA*/	(**o**)	{letzte aktuelle Zeile im **open**-Modus}

schaltet in **open**-Modus um; aktuelle Zeile wird die auf die mit der Adreßangabe oder mit dem *RA* adressierte Zeile folgende Zeile. Der **open**-Modus entspricht weitgehend dem **vi**-Modus mit dem Unterschied, daß nicht eine ganze Bildschirmseite, sondern nur die aktuelle Zeile angezeigt wird. Der **open**-Modus kann genau wie der **vi**-Modus mit **Q** wieder verlassen werden.

preserve	(**pre**)	{unverändert}

der aktuelle Pufferinhalt wird so abgespeichert, als ob ein Systemabsturz aufgetreten wäre.

[.,.]**print**[*n*]	(**p**)	{zuletzt ausgegebene Zeile}

gibt die adressierten Zeilen aus (nicht druckbare Zeichen werden dabei als Kontrollzeichen ausgegeben).

Eingabe von ⏎ ist äquivalent zu **.+1p**⏎.

p kann an die meisten **ex**-Kommandos angehängt werden.

[.]**put**[*puffername*]	(**pu**)	{zuletzt kopierte Zeile}

kopiert den Inhalt des Puffers *puffername* hinter die adressierte Zeile. Wird kein *puffername* angegeben, so wird der Inhalt des allgemeinen Puffers hinter die adressierte Zeile kopiert.

quit[!]	(**q**)	{unverändert}

bewirkt das Verlassen von **ex**. Zuvor wird allerdings geprüft, ob der Pufferinhalt seit der letzten Änderung in eine Datei gesichert wurde. Ist dies nicht der Fall, so wird eine Warnung ausgegeben und **ex** nicht verlassen.

Wird **!** angegeben, so wird **ex** auf jeden Fall verlassen und eventuell nicht gesicherte Änderungen gehen verloren.

[.]**read**[!][*dateiname*]	(**re**)	{zuletzt kopierte Zeile}

liest die Datei *dateiname* und schreibt deren Inhalt hinter die adressierte Zeile. Wenn kein *dateiname* angegeben ist, so wird hierfür der momentan gemerkte Dateiname (siehe Kommando **file**) verwendet. Die Angabe von **0re** *dateiname* ist erlaubt und bewirkt, daß die Datei *dateiname* an den Pufferanfang kopiert wird.

Für *dateiname* kann auch **!unix_kdo** angegeben werden; es wird dann die Ausgabe des **unix_kdo** hinter die adressierte Zeile kopiert, z.B. würde **re !ls -a** alle Dateinamen des working directory hinter die aktuelle Zeile kopieren.

recover *dateiname*   **(rec)**   {letzte Zeile}

ermöglicht die Wiederaufnahme einer **ex**-Sitzung nach einem Editor-Abbruch oder einem Systemzusammenbruch. *dateiname* sollte dabei der Name der beim Abbruch bearbeiteten Datei sein.

rewind[!]   **(rew)**   {letzte Zeile der neuen Datei}

setzt die Argumentenliste des Editor-Aufrufs zurück. Die erste Datei der Aufrufzeile wird dann in den Arbeitspuffer geladen. Wenn die letzten Änderungen im Arbeitspuffer noch nicht gesichert wurden, erfolgt eine Fehlermeldung und das Kommando wird nicht ausgeführt.

Wird **!** angegeben, so wird der jetzige Pufferinhalt ohne Warnung mit dem Inhalt der neuen Datei überschrieben.

set ...   **(se)**   {unverändert}

setzt die **ex**- bzw. **vi**-Optionen oder fragt deren Belegung ab:

Befehl	*Beschreibung*
set *option*	Einschalten der *option*
set *nooption*	Ausschalten der *option*
set *option=wert*	Zuweisen von *wert* an *option*
set	Anzeigen geänderter Optionen
set all	Anzeigen aller Optionen
set *option?*	Belegung von *option* anzeigen

shell   **(sh)**   {unverändert}

schaltet auf die Unix-Kommandoebene um:[1] Hier können nun beliebig Unix-Kommandos eingegeben werden. Mit ⌈Strg⌉-⌈D⌉ oder **exit** ⌈↵⌉wird die Editor-Sitzung an der abgebrochenen Stelle wieder aufgenommen.

---

1. Hier wird eine Subshell gestartet.

		{von ausgeführten **ex**-Kommandos
source *dateiname*	**(so)**	abhängig}

liest die in der Datei *dateiname* angegebenen **ex**-Kommandos und führt diese aus.

substitute

[.,.]**s**/*RA*/*ers*/[*n*]		
[.,.]**s**/*RA*/*ers*/**g**[*n*]		{letzte Zeile, in der eine Ersetzung
[.,.]**s**/*RA*/*ers*/**c**[*n*]	**(s)**	stattfand}

ersetzt in den adressierten Zeilen die Texte, die durch den regulären Ausdruck *RA* abgedeckt werden, durch den Ersetzungstext *ers*.

Normalerweise wird dabei nur der erste durch den *RA* abgedeckte Text in jeder Zeile ersetzt. Sollen in den Zeilen alle Text-Vorkommen ersetzt werden, die durch *RA* abgedeckt werden, so ist am Kommandoende **g** (**global**) anzugeben.

Wird am Kommandoende **c** angegeben, so wird vor jeder Ersetzung abgefragt, ob wirklich zu ersetzen ist; bei **y** als Antwort wird die Ersetzung durchgeführt, bei allen anderen Eingaben nicht.

Wird in den adressierten Zeilen kein Text gefunden, der durch *RA* abgedeckt ist, so meldet **ex** einen Fehler. Für das Begrenzungs-Zeichen / kann jedes beliebige Zeichen (außer Leer- oder Neuezeile-Zeichen) verwendet werden, solange es nicht in *RA* oder *ers* vorkommt.

g und **c** dürfen auch gemeinsam angegeben werden.

Wird in *ers* das Zeichen **&** angegeben, so wird beim Ersetzungsvorgang hierfür der Text eingesetzt, der durch *RA* abgedeckt wurde; z.B. würde **1,$s/^.*$/ | & | /** alle Zeilen im Arbeitspuffer mit | .. | einrahmen. Soll diese Sonderbedeutung von **&** in *ers* ausgeschaltet werden, so ist **&** das Zeichen \ voranzustellen (\ **&**).

Wenn in *ers* \ *n* (*n* steht für eine Ziffer) angegeben ist, so wird beim Ersetzungsvorgang hierfür der Text eingesetzt, der durch den *n*.ten mit \(.. \) geklammerten Teilausdruck im **RA** abgedeckt wurde; z.B. würde

```
1,$s/\(a\)/\1\1/g
```

alle vorkommenden Zeichen **a** im Arbeitspuffer doppeln.

Wenn als einziges Zeichen in *ers* **%** angegeben ist, so wird hierfür der Ersetzungstext *ers* aus dem zuletzt angegebenen **substitute**-Kommando eingesetzt. Die Sonderbedeutung von **%** wird ausgeschaltet, wenn entweder noch weitere Zeichen in *ers* angegeben sind oder ein \ vorangestellt wird.

Ein **substitute**-Kommando darf sich auch über mehrere Zeilen erstrecken; in diesem Fall ist dem abschließenden ⏎ ein \ voranzustellen. Eine solche Aufteilung über mehrere Zeilen ist jedoch nicht in den angehängten Kommandolisten der Kommandos **global** oder **v** erlaubt.

Wird am Ende des **substitute**-Kommandos eine Zahl *n* angegeben, so wirkt dieses Kommando auf die nächsten *n* Zeilen ab der adressierten Zeile.

---

tag *markenname*   (**ta**)   {in der Tag-Datei festgelegte Zeile}

---

bewirkt das Editieren der Datei, deren Name in der Tag-Datei mit dem angegebenen *markenname* gekennzeichnet ist und positioniert den Cursor auf der dazu angegebenen Position. *Strg-*] hat die gleiche Wirkung wie **:tag**, benutzt jedoch als *markenname* das Wort an der aktuellen Cursorposition.

[.,.]**transfer***adresse*   (**t**)   {letzte der kopierten Zeilen}

---

kopiert die adressierten Zeilen hinter die Zeile, die mit *adresse* adressiert wird; ist keine *adresse* angegeben, so werden die adressierten Zeilen hinter die aktuelle Zeile kopiert.

Die Angabe von **0** für *adresse* ist erlaubt und bewirkt, daß die adressierten Zeilen an den Pufferanfang kopiert werden.

Das Kommando **transfer** ist identisch zu **copy**.

---

unabbrev *abk*   (**una**)   {unverändert}

---

löscht das Text-Makro *abk*

---

undo   (**u**)   {vorherige aktuelle Zeile}

---

macht die durch das letzte Editor-Kommando bewirkte Änderung wieder rückgängig.

---

unmap *abk*   (**unm**)   {unverändert}

---

löscht das Kommando-Makro *abk*

                                                        {wird immer die Zeile, die *RA* gerade
[1,$]**v** / *RA* / *kdos*   (**v**)   nicht abdeckt}

---

ist die Umkehrung zum **global**-Kommando: **v** führt die angegebenen *kdos* für alle Zeilen aus, die der reguläre Ausdruck *RA* nicht adressiert. **v** entspricht somit dem Kommando **g!**.

---

version   (**ve**)   {unverändert}

---

gibt die Versionsnummer des Editors aus.

[.]visual[*position*][*n*]   (**vi**)   {adressierte Zeile}

---

schaltet den Editor von **ex**-Modus in den **vi**-Modus um. Mit **Q** kann dann wieder in den **ex**-Modus zurückgeschaltet werden. Für *position* kann dabei wie beim Kommando **z** folgendes angegeben werden:

+   adressierte Zeile wird 1.Zeile des Bildschirmfensters

-   adressierte Zeile wird letzte Zeile des Bildschirmfensters

.   adressierte Zeile wird mittlere Zeile des Bildschirmfensters

Wird zusätzlich noch eine Zahl *n* angegeben, so legt diese die Größe des Bildschirmfensters in Zeilen fest.

---

visual [**+***n*]*dateiname*   (**vi**)   {erste Zeile bzw. *n*.te Zeile der Datei *dateiname*}

---

bewirkt das Editieren der Datei *dateiname*. Wird **+***n* angegeben, so wird der Cursor in dieser Datei sofort auf die *n*.te Zeile positioniert.

[1,$]write[**!**][[**>>**]*dateiname*]   (**w**)   {unverändert}

---

schreibt die adressierten Zeilen aus dem Arbeitspuffer in die Datei *dateiname*.

Wenn *dateiname* nicht angegeben ist, so wird der momentan gemerkte Dateiname hierfür eingesetzt (entweder beim **ex**-Aufruf angegeben oder mit den Kommandos **edit** oder **file** gesetzt).

Wird **>>***dateiname* angegeben, so wird der Pufferinhalt an das Ende von *dateiname* geschrieben.

Die Angabe von **!** erzwingt das Überschreiben des aktuellen Inhalts von *dateiname*

Wenn für *dateiname* **!unix-kommando** angegeben wird, so wird dieses unix-kommando gestartet und an die Standardeingabe dieses Kommandos werden die adressierten Zeilen übergeben.

wq wirkt wie **write** mit nachfolgendem **quit**.

---

xit [*dateiname*]   (**x**)

---

sichert den Pufferinhalt in der momentan gemerkten Datei und bewirkt dann das Verlassen des Editors. Ist *dateiname* angegeben, so wird der Pufferinhalt in der Datei *dateiname* gesichert, bevor der Editor verlassen wird.

| [.,.]**yank**[*puffername*][*n*] | (**ya**) | {unverändert} |

kopiert die adressierten Zeilen in den Puffer *puffername*.

Wird *puffername* (ein Kleinbuchstabe) nicht angegeben, so werden die adressierten Zeilen in den allgemeinen Puffer kopiert.

Wird *n* angegeben, so werden ab der adressierten Zeile *n* Zeilen in den entsprechenden Puffer kopiert.

Der Pufferinhalt kann dann später mit dem Kommando **put** wieder in den Arbeitspuffer kopiert werden.

| | | {letzte der ausgegebenen Zeilen bzw. |
| [.+1]**z**[*position*][*n*] | (**z**) | bei = die mittlere Bildschirmzeile} |

gibt ab der adressierten Zeile eine Bildschirmseite aus. Für *position* kann dabei folgendes angegeben werden:

+   adressierte Zeile wird 1.Zeile des Bildschirmfensters

-   adressierte Zeile wird letzte Zeile des Bildschirmfensters

.   adressierte Zeile wird mittlere Zeile des Bildschirmfensters

=   adressierte Zeile wird mittlere Zeile des Bildschirmfensters und zugleich auch die aktuelle Zeile

Wird zusätzlich noch eine Zahl *n* angegeben, so legt diese die Anzahl der auszugebenden Zeilen fest.

| [$]= | (=) | {unverändert} |

gibt die Zeilennummer der adressierten Zeile aus. Um die Nummer der aktuellen Zeile zu erhalten, wäre .= anzugeben.

| !*unix_kdo* | (!) | {unverändert} |

bewirkt die Ausführung des angegebenen Unix-Kommandos (*unix_kdo*). Wird innerhalb von *unix_kdo* das Zeichen % angegeben, so wird hierfür der gerade gemerkte Dateiname eingesetzt.

Die Angabe von !! bewirkt, daß das zuletzt gegebene *unix_kdo* nochmals ausgeführt wird.

| | | {letzte der von *unix_kdo* |
| *adresse*!*unix_kdo* | (!) | geschriebenen Zeilen} |

bewirkt die Ausführung des angegebenen Unix-Kommandos (*unix_kdo*); dabei werden die mit *adresse* adressierten Zeilen an die Standardeingabe dieses Kommandos übergeben. Die Ausgabe von *unix_kdo* ersetzt dann die mit *adresse*

adressierten Zeilen im Arbeitspuffer, z.B. **1,$!sort** sortiert die Zeilen des Arbeits-
puffers alphabetisch aufsteigend.

[.,.]<[*n*]   (<)   {letzte der verschobenen Zeilen}

verschiebt die adressierten Zeilen nach links. Die Option **shiftwidth** legt die
Anzahl der Zeichen fest, um die nach links verschoben wird.

Durch dieses Kommando können nur Leerzeichen und Tabulatorzeichen
»gelöscht« werden.

Wird *n* angegeben, so sind ab der adressierten Zeile *n* Zeilen zu verschieben.

[.,.]>[*n*]   (>)   {letzte der verschobenen Zeilen}

verschiebt die adressierten Zeilen nach rechts. Die Option **shiftwidth** legt dabei
die Anzahl der Zeichen fest, um die nach rechts verschoben wird.

Wird *n* angegeben, so sind ab der adressierten Zeile *n* Zeilen zu verschieben.

[.+1]⏎   {adressierte Zeile}

Die alleinige Eingabe einer Adresse (ohne ein **ex**-Kommando) bewirkt die Ausgabe der adressierten Zeile.

Die Eingabe von ⏎ ohne Adreßangabe entspricht dem Kommando **.+1p**⏎.

                              {Zeile, die eine halbe Bildschirmseite von aktueller
Strg-D   Zeile (zum Dateiende hin) entfernt ist}

entspricht dem **vi**-Kommando Strg-D (Weiterblättern um eine halbe Bildschirmseite)

[.,.]&[*n*]
[.,.]&g[*n*]   {letzte Zeile, in der eine Ersetzung
[.,.]&c[*n*]   (&)   stattfand}

wiederholt das letzte **substitute**-Kommando.

ex-Optionen

Mit Hilfe der angebotenen Optionen können die Eigenschaften der Ein- und
Ausgabeoperationen der Editoren **vi** und **ex** eingestellt werden. Wird eine
gewisse Einstellung immer beim Arbeiten mit diesen Editoren gewünscht, so ist
es ratsam, im home directory eine Datei mit Namen **.exrc**[1] zu erstellen, in der die
entsprechenden Optionen angegeben sind. Wird eine gewisse Einstellung nur

---

1. Abkürzung für *ex runtime commands*

für eine **vi**- und **ex**-Sitzung benötigt, so können die gewünschten Optionen während der Sitzung mit dem **ex**-Kommando **set** festgelegt werden:

Option	Beschreibung
set *option* ⏎	Einschalten einer *option*
set *nooption* ⏎	Ausschalten einer *option*
set *option=wert* ⏎	Zuweisen von *wert* an eine *option*
set ⏎	Anzeigen der Belegung aller geänderter Optionen
set all ⏎	Anzeigen der Belegung aller Optionen
set *option*? ⏎	Anzeigen der Belegung der *option*

In der folgenden Aufzählung ist nach dem Optionsnamen in runden Klammern eine mögliche Abkürzung und in geschweiften Klammern die Voreinstellung angegeben. Folgende Optionen existieren:

autoindent   **(ai)**   **{noai}**

Automatisches Einrücken: Bei der Eingabe von ⏎ im Eingabemodus wird automatisch auf die Spalte der vorherigen Zeile eingerückt. Dies ist sehr nützlich bei der Eingabe von Programmen, in denen üblicherweise innerhalb von Programmblöcken eingerückt wird. Eine Einrükkung für eine Zeile kann während der Eingabe mit Strg-D rückgängig gemacht werden. Soll noch weiter eingerückt werden, so ist dies mit Strg-T möglich. Soll eine Einrückung für alle nachfolgenden Zeilen aufgehoben werden, so kann dies mit 0 Strg-D erreicht werden.

autoprint   **(ap)**   **{ap}**

Beim Arbeiten im **ex**-Modus wird die neue aktuelle Zeile nach Abgabe eines der Kommandos **copy**, **delete**, **join**, **move**, **substitute**, **&**, **~**, **undo**, **<** oder **>** automatisch angezeigt.

autowrite   **(aw)**   **{noaw}**

Der Arbeitspuffer wird vor dem Verlassen des Editors oder vor einem Wechsel in eine andere Datei (**ex**-Kommandos: **next**, **rewind** und **tag**) in der gerade bearbeiteten Datei gesichert. Wird hinter diesen drei **ex**-Kommandos **!** angegeben, so findet keine automatische Sicherung des Pufferinhalts statt.

beautify (**bf**) {**nobf**}

Alle Steuerzeichen (außer `Strg`-`V` und `Strg`-`I`) werden im Eingabemodus ausgeschaltet und als Text bewertet; das Einschalten einzelner Steuerzeichen kann hierbei durch Eingabe von `Strg`-`V` vor dem entsprechenden Steuerzeichen erreicht werden.

directory= (**dir=**) {**dir=/tmp**}

ex und **vi** benutzen temporäre Dateien; diese werden im hier angegebenen Directory angelegt.

edcompatible {**noedcompatible**}

alle **ed**-Funktionen werden bereitgestellt.

errorbells (**eb**) {**noeb**}

Fehler werden mit einem akustischen Signal angezeigt.

exrc (**ex**) {**noexrc**}

ermöglicht es **vi** bzw. **ex** die Konfigurationsdatei *.exrc* im working directory beim Start zu lesen. Diese Option muß in der Variablen **EXINIT** oder in der Datei *.exrc* im home directory gesetzt werden.

hardtabs (**ht**) {**ht=8**}

legt die Abstände der Hardware-Tabulatoren des Terminals fest.

ignorecase (**ic**) {**noic**}

Groß- und Kleinschreibung wird bei Such-Vorgängen nicht unterschieden.

lisp {**nolisp**}

Automatisches Einrücken (*autoindent*) ist entsprechend den Konventionen der Programmiersprache LISP eingestellt; die **vi**-Kommandos (,), {, }, [[und]] werden in diesem Fall entsprechend den LISP-Konventionen interpretiert.

list {**nolist**}

Tabulator-Zeichen werden als ^I und Neuezeile-Zeichen als $ am Bildschirm angezeigt.

magic   {magic}

schaltet die Bedeutung von Metazeichen für reguläre Ausdrücke ein. Ist **nomagic** gesetzt, so werden nur noch ^ und $ als Metazeichen interpretiert. Die Son-
derbedeutung der anderen Metazeichen kann hierbei durch Voranstellen eines
\ (Backslash) kurzzeitig wieder eingeschaltet werden.

mesg   {mesg}

Während der Editor-Sitzung wird das Einblenden von Mitteilungen (messages)
anderer Benutzer am Bildschirm zugelassen.

number   **(nu)**   {nonu}

Zeilen werden mit einer vorangestellten Zeilennummer am Bildschirm angezeigt.

novice   {nonovice}

legt fest, daß der Benutzer ein **vi**-Anfänger ist; es wird zusätzliche Unterstützung während der Editor-Sitzung gegeben.

paragraphs=   **(para=)**   {para=IPLPPPQPP LIpplpipnpb}

definiert die Absatz-Grenzen für die Kommandos { und }: Zeilen, die mit einem
Punkt beginnen, dem ein Zeichenpaar aus der obigen Liste folgt. Solche Zeilen
sind typische Kommandos für die Unix-Textformatierer **nroff** und **troff**.

prompt   {prompt}

im **ex**-Modus den Kommandomodus mit : (Doppelpunkt) anzeigen.

readonly   **(ro)**   {noro}

Zurückschreiben des Arbeitspuffers in eine Datei nur noch unter Angabe von !
hinter dem entsprechenden Kommando möglich.

redraw   **(re)**   {nore}

Beim Einfügen von Text wird die entsprechende Zeile bei jeden eingegebenen
Zeichen neu aufgebaut. Der Editor simuliert in diesem Fall ein intelligentes Terminal. Mit *Strg*-L (oder *Strg*-R) kann der Bildschirminhalt jederzeit neu aufgebaut werden, wenn er z.B. durch eine Meldung eines anderen Benutzers
korrumpiert wurde.

remap {remap}

Makros werden rekursiv abgearbeitet

Makro ⎡Strg⎤-⎡x⎤ enthalte: A
Makro A enthalte: w

Beim Aufruf von Makro ⎡Strg⎤-⎡x⎤ wird dann das Kommando w (auf nächstes Wort springen) und nicht das Kommando A (*A*ppend) ausgeführt.

report= {report=5}

Bei Änderungskommandos, die einen größeren Bereich als die bei **report=** angegebene Zeilenzahl betreffen, wird die Anzahl der geänderten Zeilen gemeldet.

scroll= (scr=) {scr=11}

legt die Größe einer halben Bildschirmseite fest: Zeilenzahl, um die bei den Kommandos ⎡Strg⎤-⎡D⎤ und ⎡Strg⎤-⎡U⎤ weiterzublättern ist.

sections= (sect=) {sect=NHSHH HUuhsh+c}

definiert die Abschnitts-Grenzen für die Kommandos [[und]]: Zeilen, die mit einem Punkt beginnen, dem ein Zeichenpaar aus der obigen Liste folgt. Solche Zeilen sind typische Kommandos für die Unix-Textformatierer **nroff** und **troff**.

shell= (sh=) {sh=$SHELL; meist: **sh=/bin/sh**}

gibt den Pfadnamen des Kommandointerpreters an, der bei Eingabe von **:!unix_kdo**⎡↵⎤ bzw. **:!sh**⎡↵⎤ gestartet wird.

shiftwidth= (sw=) {sw=8}

legt den Abstand für Software-Tabulatoren fest: um wie viele Stellen bei <<, >> oder ⎡Strg⎤-⎡T⎤ im Eingabemodus und bei **autoindent** zu verschieben ist.

showmatch (sm) {nosm}

Wird im Eingabemodus eine der schließenden Klammern) bzw. } eingegeben, so wird der Cursor kurzzeitig (etwa 1 Sekunde) auf die zugehörige öffnende Klammer positioniert, wenn diese sich noch auf der momentanen Bildschirmseite befindet; kann sehr hilfreich beim Erstellen von C-Programmen sein.

showmode (smd) {nosmd}

Text »INSERT MODE« wird angezeigt, wenn der Eingabemodus aktiv ist.

tabstop=   **(ts=)**   {ts=8}

legt die Tabulator-Positionen fest: Bei Eingabe von $\boxed{\text{Strg}}$-$\boxed{\text{I}}$ wird immer auf die nächste festgelegte Tabulator-Position gesprungen.

tags=   {tags= ./tags /usr/lib/tags}

legt die Tag-Dateien fest die bei Angabe des **ex**-Kommandos **tag** oder des **vi**-Kommandos $\boxed{\text{Strg}}$-$\boxed{\text{]}}$ zu verwenden sind.

term=   {term= $TERM}

legt den Namen des benutzten Terminaltyps fest.

terse   {noterse}

Fehlermeldungen werden in einer Kurzform ausgegeben.

timeout   {timeout}

»Timeout« für Makros nach einer Sekunde.

warn   {warn}

Vor Ausführung jedes

!unix_kdo$\boxed{\leftarrow}$

wird die Warnung »No write since last change« ausgegeben, wenn der Puffer-inhalt nicht gesichert wurde.

window=   {window=24}

legt die Größe des Editor-Fensters fest.

wrapmargin=   **(wm=)**   {wm=0}

legt eine rechte Randbegrenzung fest. Das Setzen dieser Option mit **wm**=n bedeutet, daß bei der Eingabe von Text n Zeichen vor Zeilenende automatisch an einer Wortgrenze zu trennen und eine neue Zeile zu beginnen ist; sehr hilf-reich bei der Eingabe von Texten für den Textformatierer **nroff**.

wrapscan   **(ws)**   {ws}

legt fest, daß bei den Kommandos / und **?** die Vorwärts- bzw. Rückwärtssuche am Dateianfang bzw. am Dateiende Richtung Cursorposition fortzusetzen ist.

writeany	**(wa)**	**{nowa}**

erlaubt das Zurückschreiben auf alle Dateien; bei *nowa* wird nur geschrieben, wenn wirklich eine Änderung am Pufferinhalt vorgenommen wurde.

Wenn eine bestimmte Editor-Konfiguration immer erwünscht ist, so können die entsprechenden Optionen mit set in der Datei *.exrc*, die sich im home directory befinden muß, angegeben werden.

Eine andere Möglichkeit, die Standardeinstellung der Editoren **vi** und **ex** zu verändern, ist, die entsprechenden Optionen in die Variable EXINIT einzutragen. Mit dem folgenden Eintrag in die Datei *.profile*:

```
EXINIT="set smd nu aw"
export EXINIT
```

würde dann die Variable EXINIT bei jedem neuen Anmelden entsprechend gesetzt. Wenn diese Variable gesetzt ist, so wird bei jedem **vi**- bzw. **ex**-Aufruf ihr Inhalt als erstes Editor-Kommando ausgeführt; in diesem Fall würden also bei jedem **vi**- bzw. **ex**-Aufruf folgende Optionen gesetzt:

```
showmode
number
autowrite
```

---

expand	Umwandeln von Tabulatoren in Leerzeichen

Syntax

expand *[optionen] [datei(en)]*

Beschreibung

wandelt in allen angegebenen *datei(en)* Tabulatoren in eine entsprechende Anzahl von Leerzeichen um. Sind keine *datei(en)* angegeben oder ist ein – angegeben, liest **expand** den umzuwandelnden Text von Standardeingabe. Das Ergebnis der Umwandlung gibt **expand** immer auf der Standardausgabe aus.

Optionen

Die wichtigsten Optionen hierbei sind:

-i	(*initial*) nur die am Zeilenanfang stehenden Tabulatoren (vor den ersten wirklichen Zeichen) werden umgewandelt.
-t *n1[,n2,..]*	(*tabs*) legt die einzelnen Tabulatorpositionen fest, die mit Leerzeichen zu füllen sind. Voreinstellung ist: **-t 8** (alle 8 Spalten eine Tabulatorposition). Wird nur *n1* angegeben, so bedeutet dies alle *n1* Spalten eine Tabulatorposition setzen. Ist eine Liste angegeben (*n1,n2,...*), so legen diese Nummern explizit die einzelnen Tabulatorpositionen fest. Statt **-t** *n1[,n2,..]* kann auch **-***n1[,n2,..]* angegeben werden.

factor   Durchführen einer Primfaktorzelegung

Syntax

`factor [n]`   Für *n* ist eine ganze Zahl anzugeben

Beschreibung

Das Kommando **factor** zerlegt ganze Zahlen in ihre Primfaktoren. Wird beim Aufruf von **factor** eine ganze Zahl *n* angegeben, so wird die Primfaktor-Zerlegung zu dieser Zahl ausgegeben.

Wird **factor** ohne das Argument *n* aufgerufen, so wartet es auf die Eingabe einer ganzen Zahl. Nach der Eingabe einer ganzen Zahl, gibt es dann die Primfaktor-Zerlegung zu dieser Zahl aus und wartet auf die Eingabe der nächsten ganzen Zahl, zu der eine Primfaktor-Zerlegung durchzuführen ist. **factor** kann hierbei beendet werden, wenn entweder 0 oder ein anderes Zeichen als eine Ziffer eingegeben wird.

Hinweis   **factor** ist nur für Zahlen $\leq 10^{14}$ ausgelegt.

Bei falschen Zahlenangaben oder zu großen Zahlen gibt **factor** die Fehlermeldung »Ouch!« aus.

Unter Linux wird noch ein verwandtes Kommando **primes** angeboten, mit dem man sich die Primzahlen aus einem Zahlenbereich ausgeben lassen kann:

primes [*startwert* [*endwert*]]

Wird kein *startwert* und kein *endwert* beim Aufruf angegeben, liest **primes** den *startwert* von der Standardeingabe. Fehlt die Angabe von *endwert*, wird hierfür meist die größte darstellbare ganze Zahl angenommen.

fdformat   Formatieren einer Diskette (Low-Level)

Syntax

fdformat [**-n**] *gerätedatei*

Beschreibung

Der Diskettentyp, die Kapazität und das Laufwerk werden durch die entsprechende *gerätedatei* ausgewählt. In der folgenden Liste sind die wichtigsten Gerätedateien mit den dazugehörenden Diskettenformaten aufgeführt.

/dev/fd0	Laufwerk A, 3.5-Zoll, HD (voreingestellt: 1,4 MByte)
/dev/fd0D360	Laufwerk A, 3.5 Zoll 360 KB
/dev/fd0H1440	Laufwerk A, 3.5 Zoll 1440 KB
/dev/fd0H2880	Laufwerk A, 3.5 Zoll 2880 KB
/dev/fd0Q720	Laufwerk A, 3.5 Zoll 720 KB
/dev/fd0d360	Laufwerk A, 5.25 Zoll 360 KB
/dev/fd0h1200	Laufwerk A, 5.25 Zoll 1200 KB
/dev/fd0q720	Laufwerk A, 5.25 Zoll 720 KB
/dev/fd1D360	Laufwerk B, 3.5 Zoll 360 KB
/dev/fd1H1440	Laufwerk B, 3.5 Zoll 1440 KB
/dev/fd1Q720	Laufwerk B, 3.5 Zoll 720 KB
/dev/fd1d360	Laufwerk B, 5.25 Zoll 360 KB
/dev/fd1h1200	Laufwerk B, 5.25 Zoll 1200 KB
/dev/fd1q720	Laufwerk B, 5.25 Zoll 720 KB

Auf der Diskette wird kein Dateisystem eingerichtet. Dazu stehen die Kommandos **mkfs** für Linux/Unix-Dateisysteme und **mformat** für MS-DOS-Dateisysteme (siehe **mtools**) zur Verfügung. Die roh formatierte Diskette kann aber auch mit den Kommandos **tar** oder **dd** direkt beschrieben werden.

Verwendet man **fdformat,** ohne vorher auf die Diskette zugegriffen zu haben, so wird der Fehler »*no such device*« gemeldet. In diesem Fall muß zunächst einmal mit **mdir** auf die Diskette zugegriffen werden. Das Kommando **fdformat** wird sehr wahrscheinlich durch das Kommando **superformat** abgelöst werden.

Optionen

-n   keine anschließende Überprüfung (Verifizierung) der Diskette auf Fehler.

---

fgrep   Suchen in Dateien   (fast grep oder fixed string grep)

Syntax

fgrep [*option(en)*] *string(s)* [*datei(en)*]

Beschreibung

Das Kommando **fgrep** gibt alle Zeilen aus den angegebenen *datei(en)* aus, die einen der angegebenen *string(s)* enthalten. Wenn mehr als eine *datei* angegeben ist, so wird zu jeder Zeile noch der Name der Datei ausgegeben, aus der diese Zeile stammt.

Wird **fgrep** ohne Angabe von *datei(en)* aufgerufen, so liest es von der Standardeingabe; dies ist sinnvoll für Pipes oder Eingabeumlenkung.

fgrep schreibt die gefundenen Zeile auf die Standardausgabe. Um seine Ausgabe also an ein anderes Kommando weiterzuleiten oder aber in eine Datei zu schreiben, muß eine Pipe oder Ausgabeumlenkung verwendet werden.

Wenn **fgrep** nach mehr als einen *string* suchen soll, so sind die einzelnen *strings* mit einem Neuzeile-Zeichen (Carriage-Return) getrennt anzugeben; in diesem Fall sind alle angegebenen *strings* mit ' .. ' zu klammern oder vor jedem Neuezeile-Zeichen ist das Fortsetzungs-Zeichen \ anzugeben.

Optionen

Option	Beschreibung
-b	Vor jeder Zeile wird die Nummer des Blocks, in dem sie gefunden wurde, ausgegeben; die Nummer des ersten Blocks ist dabei 0
-c	Es wird für jede Datei nur die Anzahl von Zeilen ausgegeben, die einen der ausgegebenen String(s) enthalten.
-h	Dateiname wird nicht vor den Zeilen ausgegeben, in denen ein gesuchter String gefunden wurde.
-i	Groß- und Kleinschreibung ist nicht zu unterscheiden.
-l	Nur die Namen der Dateien ausgeben, in denen Zeilen gefunden wurden.
-n	Vor jeder gefundenen Zeile wird die zugehörige Zeilennummer ausgegeben.
-v	Alle Zeilen ausgeben, die keinen der angegebenen *String(s)* enthalten.
-e *string*	Es ist nach einem speziellen *string*, der mit einem – beginnt, zu suchen.
-f *datei*	Die *string*(s), nach den zu suchen ist, sind in der Datei *datei* angegeben.
-x	Nur Zeilen ausgeben, die exakt einen der angegebenen *string*(s) und sonst nichts enthalten.

Beispiel
```
fgrep Mueller namliste
```

gibt alle Zeilen aus der Datei *namliste* aus, in denen der String `Mueller` vorkommt.

```
fgrep 'Meier
        Maier
        Meyer
        Mayer
```

```
Mueller
Miller' namliste
```

gibt alle Zeilen aus der Datei *namliste* aus, in denen einer der folgenden Strings
vorkommt:

```
Meier  Maier  Meyer  Mayer  Mueller  Miller.
```

Hinweis Verwandte Kommandos zu **fgrep** sind **egrep** und **grep**. **grep** ist eine abgeschwächte Form von **egrep**. **grep** bietet nicht alle Möglichkeiten der regulären Ausdrücke von **egrep** und läßt auch nicht die Angabe von regulären
Ausdrücken in Dateien zu. **fgrep** läßt nur die Suche nach einfachen Strings
zu, ist aber das schnellste dieser drei Suchkommandos. **egrep** dagegen ist
das langsamste, aber dafür das mächtigste dieser Suchkommandos.

Unter Linux bietet **fgrep** noch einige weitere Optionen an. Diese kann man über
den Aufruf **man fgrep** erfragen.

file	Analysieren des Inhalts von Dateien (determine file type)

Syntax

```
file [-h] [-m mdatei] [-f fdatei]  datei(en)
file [-h] [-m mdatei]  -f fdatei
file -c [-m mdatei]
```

Beschreibung

Das Kommando **file** kann dazu verwendet werden, um die angegebenen
datei(en) auf ihren Inhalt hin überprüfen zu lassen. So gibt dieses Kommando
an, ob die einzelnen *datei(en)* z.B. ein C-Programm, einen ASCII-Text, ein ausführbares Programm, usw. enthalten. Um den Inhalt einer Datei zu identifizieren, verwendet **file** die Datei */etc/magic*, die angibt, welche Bytes einer Datei zu
untersuchen sind, und welche Bytemuster dann auf den Inhalt dieser Datei
schließen lassen.

Optionen

-f *fdatei*   Die nach -f angegebene *fdatei* enthält in diesem Fall die Namen
der zu untersuchenden Dateien.

-m *mdatei*   es wird die nach **-m** angegebene *mdatei* (anstelle von */etc/magic*) als
Magic-Datei verwendet.

-c   überprüft die angegebenen *datei(en)* auf Format-Fehler; hierbei
wird keine Klassifizierung ausgegeben.

-h oder -L   bei symbolischen Links eine Information über den Link selbst,
nicht über die Zieldatei ausgeben. **-L** hat die umgekehrte Wirkung.

find   Directories nach bestimmten Dateien durchsuchen   (find files)

Syntax

`find` *pfadname(n)* *bedingung(en)*

Beschreibung

Das Kommando **find** durchsucht alle angegebenen *pfadname(n)* nach Dateien, für welche die angegebenen *bedingung(en)* erfüllt sind. Dabei wird für jeden der angegebenen *pfadname(n)* der vollständige Directorybaum durchsucht, der unter diesem »hängt«, d.h. es werden alle zugehörigen Subdirectories, Sub-Sub-directories, usw. zu diesen *pfadname(n)* nach Dateien durchsucht, auf die die angegebenen *bedingung(en)* zutreffen.

Bedingungen

Bei den nachfolgend vorgestellten *bedingungen* steht *n* für eine ganze Zahl; für *n* kann dabei angegeben werden:

n   (bedeutet: genau *n*)

+n   (bedeutet: mehr als *n*)

-n   (bedeutet: weniger als *n*

Bedingung	*Beschreibung*
`-name` *dateiname*	erfüllt, wenn eine Datei mit dem Namen *dateiname* gefunden wird.
`-perm [-]`*oktalzahl*	erfüllt, wenn eine Datei gefunden wird, deren Zugriffs-rechte der angegebenen *oktalzahl* entsprechen; wenn vor *oktalzahl* ein – (Minuszeichen) angegeben ist, so werden nur die mit *oktalzahl* spezifizierten Zugriffs-rechte überprüft und die restlichen sind dabei nicht von Bedeutung.
`-type` *c*	erfüllt, wenn eine Datei gefunden wird, deren Dateiart *c* ist; für *c* kann dabei b (blockorientierte Gerätedatei), c (zeichenorientierte Gerätedatei), d (directory), l (symbo-lischer Link), p (named pipe) oder f (einfache Datei) angegeben werden.
`-links` *n*	erfüllt, wenn eine Datei gefunden wird, die *n* Links besitzt.
`-user`*login-kennung*	erfüllt, wenn eine Datei gefunden wird, die dem Benut-zer mit der angegebenen *login-kennung* gehört; für *login-kennung* kann dabei entweder der Login-Name oder die **UID** eines Benutzers angegeben werden.

Bedingung	Beschreibung
-group *gruppen-kennung*	erfüllt, wenn eine Datei gefunden wird, die der Gruppe mit der angegebenen *gruppen-kennung* gehört; für *gruppen-kennung* kann dabei entweder der Login-Name oder die **GID** einer Gruppe angegeben werden.
-inum *n*	erfüllt, wenn eine Datei die inode-Nummer *n* hat. Nützlich, um alle Links zu einer Datei zu finden. Links haben immer die gleiche inode-Nummer.
-size *n*[*c*]	erfüllt, wenn eine Datei gefunden wird, deren Größe *n* Blöcke bzw. *n* Bytes (bei der Angabe *nc*) ist.
-a*time n*	erfüllt, wenn eine Datei gefunden wird, auf die vor *n* Tagen das letztemal zugegriffen wurde; ein Durchsuchen mit **find** wird auch als Zugriff gewertet, allerdings erst nachdem die vorherige Zugriffszeit ausgewertet wurde.
-m*time n*	erfüllt, wenn eine Datei gefunden wird, die vor *n* Tagen das letztemal modifiziert wurde.
-c*time n*	erfüllt, wenn eine Datei gefunden wird, deren i-node vor *n* Tagen das letztemal geändert wurde.
-exec *kdo*	erfüllt, wenn das Kommando *kdo*, welches zunächst ausgeführt wird, erfolgreich ablief (Exit-Status 0). Wird { } in der Kommandozeile *kdo* angegeben, so wird hierfür immer der aktuelle Pfadnamen eingesetzt. Das Ende von *kdo* muß immer mit \ ; angezeigt werden; z.B. würde -exec rm { } \ ; bedeuten »Lösche alle gefundenen Dateien«. Falls am Ende von *kdo* ein Pluszeichen (+) angegeben ist, sammelt es zunächst alle betroffenen Dateinamen, bevor es *kdo* aufruft.
-ok *kdo*	wie -exec, außer daß die entsprechende Kommandozeile immer zuerst mit einem Fragezeichen ausgegeben wird, und nur dann ausgeführt wird, wenn der Benutzer auf diese Frage mit y antwortet.
-print	immer erfüllt; gibt zu allen gefundenen Dateien die Namen auf die Standardausgabe aus.
-cpio *gerätedatei*	immer erfüllt; schreibt die momentane Datei im cpio-Format (5120 -Byte Blöcke) auf die angegebene *gerätedatei*.
-newer *dateiname*	erfüllt, wenn eine Datei gefunden wird, deren Modifikationsdatum jünger als das von der Datei *dateiname* ist.

Bedingung	Beschreibung
`-depth`	immer erfüllt; bewirkt, daß im Directorybaum immer zuerst zu den Blättern »abgestiegen« wird. Dies hat zur Folge, daß alle Einträge in einem Directory bearbeitet werden, bevor auf das Directory selbst zugegriffen wird. Dies kann nützlich bei der Kombination mit dem Kommando **cpio** eingesetzt werden, wenn es erforderlich ist, Dateien zu übertragen, die sich in Directories ohne Schreiberlaubnis befinden.
`-mount`	immer erfüllt; begrenzt die Suche auf das Dateisystem, das das angegebene Directory enthält. Wenn kein Directory angegeben ist, so wird das working directory angenommen.
`-local`	erfüllt, wenn eine gefundene Datei sich auf dem lokalen System befindet.
`-follow`	verfolgt symbolische Links; **-follow** sollte nicht zusammen mit **-type l** benutzt werden.
`-prune`	Hiermit lassen sich Subdirectories von der Suche ausschließen, die durch einen dem **-prune** vorangehenden Ausdruck näher bestimmt werden. So würde z.B. mit folgendem Aufruf nach allen Dateien im Directorybaum */home/egon* gesucht, die größer als 100000 Bytes sind, außer im Subdirectory *uebung1*: **find /home/egon -size +100000b -print -name uebung1 -prune**
`-nouser`	erfüllt, wenn eine Datei einem Benutzer gehört, der nicht in */etc/passwd* vorhanden ist.
`-nogroup`	erfüllt, wenn eine Datei einer Gruppe gehört, die nicht in */etc/group* vorhanden ist.
`-fstype` *typ*	erfüllt, wenn eine Datei sich in einem Dateisystem vom Typ *typ* befindet.

Die *bedingungen* können auch noch mit *Boole'schen Operatoren*[1] verknüpft werden:

Bedingung	Beschreibung
`!`	entspricht NOT `! -name '*.[ch]'` bedeutet: »Alle Dateinamen, die nicht mit .c oder .h enden

---

1. Reihenfolge der Angabe entspricht abnehmender Priorität

Bedingung	Beschreibung
keine Angabe	entspricht AND `-size +1000c -name '*.txt'` bedeutet: »Alle Dateinamen, die mit `.txt` enden *und* mehr als 1000 Bytes belegen"
`-o`	entspricht OR `-size +2000c -o -name '*.bak'` bedeutet: »Alle Dateien, die entweder mehr als 2000 Bytes belegen *oder* deren Name mit `.bak` endet"

Beispiel   `find /usr -name dir.h -print`

Suche im Directorybaum */usr* alle Vorkommen der Datei *dir.h*

`find / -user egon -print`

Suche im Directorybaum unter / alle Dateien, die egon gehören.

`find .. -type d -print`

Suche alle Directories, die sich im Directoybaum zum parent directory befinden.

`find . -print -name add1.c`

Gib alle Namen von Dateien aus, die sich im Directorybaum unter dem working directory befinden. Druckt alle Dateien des working directorys und dessen Subdirectories, da die Bedingungen von links nach rechts ausgewertet werden, und `-print` ist immer erfüllt.

`find . -name add1.c -print`

Suche alle Vorkommen von *add1.c* im Directorybaum zum working directory.

`find /usr -links +10 -type d -print`

Suche im Directorybaum zu */usr* alle Directories mit mehr als 10 Links.

`find / -size +200000c -print`

Suche im Directorybaum zum root directory alle Dateien, die mehr als 200000 Bytes enthalten.

`find /usr -type f -newer add2.c -print`

Suche im Directorybaum zu */usr* alle einfachen Dateien, deren Modifikationsdatum jünger als das von Datei add2.c ist

`find / \( -name a.out -o -name '*.o' \) -atime +7 -exec rm {} \;`

Lösche alle Dateien, deren Name *a.out* ist oder aber mit *.o* endet, wenn auf diese seit einer Woche nicht mehr zugegriffen wurde.

| **finger** | Abfragen von Informationen zu anderen Benutzern |

Syntax

```
finger [-bfhilmpqsw] benutzername(n)
finger [-l] benutzername@hostname  ....
```

Beschreibung

Wird **finger** alleine ohne Argumente aufgerufen, so gibt es zu allen momentan angemeldeten Benutzern eine Informationszeile aus, die folgendes enthält:

```
Login    Name    TTY    Idle    When    Where
```

Login ist dabei der Login-Name, *Name* der wirkliche Name, TTY der Terminalname (* vorangestellt, wenn schreibgeschützt), *Idle* die Zeit in Minuten, seit der Benutzer nichts mehr eingegeben hat, *When* enthält die Zeit der Anmeldung und *Where* zeigt eventuell den Namen des Systems an, von dem aus sich der Benutzer am lokalen System angemeldet hat.

Wenn *benutzername(n)* angegeben sind, so wird zu diesen Benutzern eine detailliertere Information ausgegeben. Für *benutzername* kann dabei der Login-Name, der Vor- oder Zuname des entsprechenden Benutzers angegeben werden. Wird **finger** für einen Benutzer auf einem entfernten System aufgerufen, so muß *benutzername@hostname* angegeben werden.

Bei der Ausgabe von detaillierter Information im Langformat werden pro Benutzer zusätzlich zu obiger Information noch folgende Informationen ausgegeben:

▶ Home Directory und Login-Shell

▶ Zeit, die Benutzer schon angemeldet ist, oder wenn er nicht angemeldet ist, wann er das letzte Mal angemeldet war.

▶ Zeit, wann der Benutzer das letzte Mal Mail empfing und wann er das letzte Mal Mail gelesen hat.

▶ Inhalt der Datei *.plan* (im home directory des betreffenden Benutzers); *.plan* enthält meist irgendwelche lustigen Sätze, die das sich selbst gesteckte Ziel des Benutzers beschreiben.

▶ Inhalt der Datei *.project* (im home directory des betreffenden Benutzers); *.project* enthält eine kurze Beschreibung des Projekts, an dem der Benutzer gerade arbeitet.

Optionen

finger kennt die folgenden Optionen (unter Linux nur die Optionen -l, -m, -p und -s):

-b	Keine Ausgabe des home directorys und der Login-Shell bei Langformat-Ausgabe.
-f	Keine Ausgabe einer Kopfzeile bei Kurzformat-Ausgabe.
-h	Keine Ausgabe von *.project* bei Langformat-Ausgabe.
-i	nur Login-Name, Terminal, Login-Zeit und Idle ausgeben.
-l	Langformat-Ausgabe.
-m	*benutzername(n)* nur auf Login-Namen (nicht auf Vor- und Zunamen) anwenden.
-p	Keine Ausgabe von *.plan* bei Langformat-Ausgabe.
-q	(*quick*) nur Login-Name, Terminal, und Login-Zeit ausgeben.
-s	(*short*) Kurzformat-Ausgabe.
-w	Kurzformat-Ausgabe ohne wirklichen Namen.

fmt	Einfaches Formatieren von Text

Syntax

fmt [-cs] [-w *länge*] [*datei(en)*]

Beschreibung

fmt ist ein einfacher Textformatierer, mit dem sich beliebige ASCII-Texte formatieren lassen. **fmt** füllt Zeilen auf oder bricht sie um (*Blocksatz*). Den zu formatierenden Text liest **fmt** aus den angegebenen *datei(en)* und schreibt die formatierten Zeilen auf die Standardausgabe. Wenn keine *datei(en)* angegeben sind, liest **fmt** den zu formatierenden Text aus der Standardeingabe.

Leerzeilen bleiben beim Formatieren ebenso erhalten wie Leerzeichen zwischen den Wörtern. Zeilen, die mit Punkt (.) oder mit »*From:*« beginnen, füllt **fmt** nicht auf. Einrückungen im Originaltext werden beibehalten.

fmt kann auch im **vi** benutzt werden. Um z.B. den Text zwischen der Cursorposition und dem Ende eines Absatzes zu formatieren, muß das **vi**-Kommando **!}fmt** eingegeben werden.

Optionen

fmt kennt die folgenden Optionen:

-c	damit lassen sich sogenannte *tagged paragraphs* formatieren. Dabei werden die einem Absatz folgenden Zeilen um dieselbe Stellenzahl eingerückt wie die zweite Zeile des Absatzes.
-s	(*split lines only*) es werden zwar »überlange« Zeilen umbrochen, kürzere Zeilen aber nicht zu einer längeren Zeile zusammengefügt (*Flattersatz*); kann für Programmlistings verwendet werden.
-w *länge*	Zeilen auf *länge* Zeichen auffüllen; Voreinstellung ist **-w 72**; diese Option wird in zukünftigen Releases möglicherweise verschwinden.

Unter Linux bietet **fmt** noch einige weitere Optionen an. Diese kann man entweder über **man fmt** oder aber mit dem Aufruf **fmt --help** erfragen.

fromdos	Konvertieren von DOS-Dateien in Unix-/Linux-Format

Syntax

fromdos [*datei*]

Beschreibung

siehe Beschreibung von **todos**

format	Formatieren von Floppy-Disks (unter Linux **fdformat**)

Syntax

```
/bin/format [-qvVE] [-f first] [-l last] [-i interleave] gerätedatei[t]
```

Beschreibung

format ermöglicht das Formatieren von Floppy-Disks. Wenn nicht anders festgelegt, so wird ab Spur 0 formatiert.

Für *gerätedatei* muß der Pfadname der Gerätedatei für das entsprechende Floppy-Laufwerk (*/dev/rdsk/..*) angegeben werden. Das Anhängen von **t** bedeutet, daß die ganze Diskette zu formatieren ist. Wird die Angabe von **t** weggelassen, so bedeutet dies, daß auf die erste Spur nicht zugegriffen werden kann.

Optionen

format kennt die folgenden Optionen:

-q	(*quiet*) keine Diagnosemeldungen.
-v	(*verbose*) Diagnosemeldungen; voreingestellt.
-V	(*Verify*) Formatierung einfach verifizieren.
-E	(*Exhaustive verify*) Formatierung vollständig verifizieren.
-f *first*	erste zu formatierende Spur ist *first*.
-l *last*	letzte zu formatierende Spur ist *last*.
-i *interleave*	Interleave-Faktor auf *interleave* festlegen; Voreinstellung ist **-i 2**.

---

ftp	Übertragung von Dateien auf andere Systeme (file transfer program)

Syntax

```
ftp [-dgintv] [host]
```

Beschreibung

Mit dem Kommando **ftp** kann man sich auf einen anderen vernetzten Rechner begeben, dort im Directorybaum herumwandern und Dateien zwischen den beiden Systemen hin und her kopieren. Das Programm **ftp** kommuniziert mit dem Server über das auf dem TELNET-Protokoll basierenden FTP-Protokoll, das von vielen verschiedenen Betriebssystemen unterstützt wird, so daß Datenübertragungen über **ftp** auch mit Nicht-Unix-Systemen möglich sind.

Wenn für *host* ein Rechnername oder eine Internet-Adresse angegeben ist, versucht **ftp** eine Verbindung zu diesem System aufzubauen. Anschließend meldet sich dann **ftp** im Kommandomodus mit dem Prompt *ftp>* und erwartet die Eingabe eines ftp-Kommandos. Wird kein *host* angegeben, so meldet sich **ftp** ohne Verbindungsaufbau sofort im Kommandomodus.

Nach einem erfolgreichen Verbindungsaufbau meldet sich noch der FTP-Server, bevor die Aufforderung zur Anmeldung erscheint. Dabei wird der Login-Name des Aufrufers als Voreinstellung angeboten. Nur wenn der Benutzer diesem System unter einem anderen Login-Namen bekannt ist, muß er diesen hier nun eintippen, ansonsten reicht die alleinige Eingabe eines RETURN-Zeichens.

Nachdem man sich angemeldet hat, arbeitet man dann nicht wie üblich mit einer Shell, sondern mit dem FTP-Server, der nun alle Kommandos entgegennimmt, interpretiert und zur Ausführung bringt.

Optionen

ftp verfügt über folgende Optionen:

-d	(*debug*) Debugging-Modus einschalten.
-g	(*globbing*) Sonderzeichen für Dateinamen-Expandierung bei den **ftp**-Kommandos **mget**, **mput** und **mdelete** ausschalten (siehe auch **ftp**-Kommando **glob**).
-i	Interaktive Abfrage nach zu kopierenden Dateien bei den **ftp**-Kommandos **mget** und **mput** ausschalten.
-n	(*no auto-login*) Automatisches Login nach Verbindungsaufbau ausschalten. Wenn auto-login eingeschaltet ist, so sucht **ftp** in der Datei *.netrc* (im home directory des betreffenden Benutzers) nach einem Eintrag, der eine Anmeldung am entfernten System ermöglicht. Findet es keinen solchen Eintrag, so fragt **ftp** nach einen Login-Namen (und eventuell Paßwort) für das entfernte System.
-t	(*tracing*) Kontrollausgaben für übertragene Datenpakete einschalten.
-v	(*verbose*) Ausgabe von Informationsmeldungen des FTP-Servers auf dem entfernten System einschalten; Voreinstellung bei interaktiven **ftp**-Prozessen.

ftp-Kommandos

ftp kennt die folgenden Kommandos:

! [*kdo*]

Das Shell-Kommando *kdo* auf der lokalen Maschine ausführen. Ist kein *kdo* angegeben, so wird eine interaktive Shell am lokalen System aufgerufen.

$*makro* [*argument(e)*]

Makro *makro*, welches mit **macdef** definiert wurde, mit den angegebenen *argument(e)* aufrufen.

account [*string*]

definiert *string* als zusätzliches Paßwort. Dieses wird nur benötigt, wenn das entfernte System ein solches zusätzliches Paßwort für bestimmte Dienste voraussetzt.

append *lokale-datei* [*entfernte-datei*]

Inhalt von *lokale-datei* an einer Datei am entfernten System anhängen. Falls *entfernte-datei* nicht angegeben ist, wird auch auf dem entfernten System der Name *lokale-datei* benutzt.

`ascii`

Übertragungsart von Daten auf ASCII-Format einstellen; dies ist die Voreinstellung.

`bell`

Akustisches Signal nach jeder Durchführung eines File-Transfer-Kommandos ausgeben.

`binary`

Übertragungsart von Daten auf binäres Format einstellen.

`bye`

ftp beenden; auch mit *Strg-D* möglich.

`case`

Ein- bzw Ausschalten, daß bei Übertragung mit **(m)get** oder **(m)put** die Dateinamen automatisch von Klein- in Großschreibung umgewandelt werden. Per Voreinstellung ist diese Umwandlung ausgeschaltet.

`cd` *dir*

Wechseln in das Directory *dir* auf dem entfernten System.

`cdup`

Wechseln in das parent directory auf dem entfernten System; entspricht **cd ..** auf Unix-Systemen.

`close`

ftp-Verbindung abbauen und in den ftp-Kommandomodus zurückschalten.

`cr`

Bei der Übertragung von ASCII-Dateien werden Neuezeile-Zeichen durch **CR/ NL** (*Carriage-Return / Newline*) dargestellt. Wenn **cr** eingeschaltet ist (Voreinstellung), werden alle **CR** (*Carriage-Return*) entfernt, um so die unter Unix verwendende Darstellung zu haben. Wenn nun eine Übertragung einer ASCII-Datei zu / von Nicht-Unix-Systemen stattfindet, so mag diese Datei **NL**-Zeichen enthalten, welche keine Zeilenbegrenzung darstellen. In diesem Fall muß **cr** aufgerufen werden.

`delete` *entfernte-datei*

Datei *entfernte-datei* auf dem entfernten System löschen.

debug

Debugging-Modus ein- bzw. wieder ausschalten. Wenn der Debugging-Modus eingeschaltet ist, so zeigt **ftp** jedes Kommando mit vorangestelltem »-->« an, das es zum entfernten System schickt.

dir [*entferntes-dir*] [*lokale-datei*]

Inhalt des Directorys *entferntes-dir* auf dem entfernten System auflisten. Ist kein *entferntes-dir* angegeben, so wird der Inhalt des working directory aufgelistet. Ist *lokale-datei* angegeben, so erfolgt die Ausgabe in diese Datei auf dem lokalen System. Fehlt die Angabe von *lokale-datei*, so erfolgt die Ausgabe am Terminal.

disconnect

entspricht **close**: ftp-Verbindung abbauen und in den ftp-Kommandomodus zurückschalten.

get *entfernte-datei* [*lokale-datei*]

Die Datei *entfernte-datei* vom entfernten System auf das lokale System kopieren. Wenn keine *lokale-datei* angegeben ist, so wird auf dem lokalen System der gleiche Name (eventuell entsprechend den Vorgaben durch **case**, **ntrans** und **nmap** manipuliert) wie auf dem entfernten System verwendet.

glob

Bedeutung der Sonderzeichen für Dateinamen-Expandierung bei den Kommandos **mdelete**, **mget** und **mput** aus- bzw. einschalten; per Voreinstellung ist Dateinamen-Expandierung eingeschaltet.

hash

Automatische #-Anzeige bei einer Dateiübertragung ein- bzw. wieder ausschalten. Ist diese Anzeige eingeschaltet, so wird für jeden übertragenen Datenblock (8192 Bytes) das Nummernzeichen # ausgegeben. Dies kann sehr hilfreich sein, wenn man die Übertragung mitverfolgen möchte.

help [*ftp-kommando*]

Help-Information zu *ftp-kommando* ausgeben. Ist *ftp-kommando* nicht angegeben, so wird eine Kurzübersicht über alle ftp-Kommandos ausgegeben.

lcd [*dir*]

Wechseln in das Directory *dir* auf dem lokalen System. Ist *dir* nicht angegeben, so wird in das home directory gewechselt.

ls [*entferntes-dir*] [*lokale-datei*]

Inhalt des Directorys *entferntes-dir* auf dem entfernten System in Kurzform auflisten. Ist kein *entferntes-dir* angegeben, so wird der Inhalt des working directory aufgelistet. Ist *lokale-datei* angegeben, so erfolgt die Ausgabe in diese Datei auf dem lokalen System. Fehlt die Angabe von *lokale-datei,* so erfolgt die Ausgabe am Terminal.

macdef *makroname*

ftp-Kommandoaufrufe, die man häufiger braucht, kann man mit **macdef** *makroname* als Makros definieren. Alle folgenden Zeilen bis zur ersten Leerzeile werden in diesem Makro hinterlegt. Ein Aufruf dieses Makros kann dann mit $*makroname* erfolgen. Es können maximal 16 Makros definiert werden. Einmal definierte Makros bleiben bis zum Verbindungsabbau erhalten. Innerhalb von Makros kann auf bis zu 9 Argumente zugegriffen werden (**$1**, **$2**, ..., **$9**). Der Platzhalter **$1** wird durch das erste, **$2** durch das zweite Argument, usw. beim Aufruf des Makros ersetzt. Der Platzhalter **$i** bewirkt eine wiederholte Ausführung des Makros für alle beim Aufruf angegebenen Argumente; bei der ersten Ausführung wird dabei **$i** mit **$1** besetzt, bei der zweiten Ausführung mit **$2**, usw.

mdelete *entfernte-datei(en)*

Die Dateien mit den Namen *entfernte-datei(en)* auf dem entfernten System löschen.

mdir *entfernte-dateien* [*lokale-datei*]

Wie **dir**, nur daß mehrere *entfernte-datei*en angegeben werden können.

mget *entfernte-dateien*

Die Dateien mit den Namen *entfernte-datei*en vom entfernten System in das working directory auf dem lokalen System kopieren.

mkdir *entfernte-dir*

Anlegen eines Directorys *entfernte-dir* auf dem entfernten System.

mls *entfernte-directory...* [*lokale-datei*]

Wie **ls**, nur daß mehrere *entfernte-directories* angegeben werden können.

mode [*modus*]

Übertragungsmodus auf *modus* einstellen. Für *modus* darf dabei nur **stream** angegeben werden.

mput *lokale-dateien*

Die Dateien mit den Namen *lokale-datei*en vom lokalen System in das working directory auf dem entfernten System kopieren.

nmap [*inpattern outpattern*]

Mit **nmap** lassen sich Dateinamen nach vorgegebenen Regeln automatisch umbenennen. **nmap** muß mit zwei Argumenten oder aber ohne Argumente aufgerufen werden. Wenn zwei Argumente angegeben sind, so legt das erste Argument (*inpattern*) ein Muster für jeden zu kopierenden Dateinamen fest. In diesem Muster dürfen bis zu 9 Platzhalter (**$1**, **$2**, ..., **$9**) angegeben sein. Jeder zu kopierende Dateiname wird nun mit diesem Muster verglichen und entsprechend der Mustervorgabe in Einzelteile zerlegt, welche in den Platzhaltern **$1**,...,**$9** festgehalten werden. Das zweite Argument (*outpattern*) definiert dann über die Platzhalter **$1**,...,**$9** wie diese Einzelteile wieder zusammenzusetzen sind, und legt so eine Regel fest, wie die zu kopierenden Dateinamen auf dem Zielsystem umzubenennen sind, wie z.B.: **nmap $1 $1.rem** (Bei allen kopierten Dateien würde auf dem Zielsystem der Name um das Suffix *.rem* erweitert) oder **nmap $1.$2 $2.$1** (Bei allen kopierten Dateien würde auf dem Zielsystem der Name dadurch gebildet, daß Suffix und Hauptname vertauscht würden, so würde z.B. aus *add.c* der Name *c.add*).

Wenn bestimmte Teile eines Dateinamens nicht zu einem Muster passen, so sind die entsprechenden Platzhalter leer. Für diesen Fall kann im zweiten Argument die Konstruktion [*str1,str2*] angegeben werden. Diese Angabe bedeutet: Wenn *str1* nicht leer ist, wird für diese ganze Konstruktion *str1*, andernfalls *str2* eingesetzt. Der Aufruf

```
nmap  $1.$2  $1.[$2,TXT]
```

bewirkt, daß bei Dateinamen ohne Suffix das Suffix *TXT* angehängt wird. Dateinamen, die bereits ein Suffix besitzen, werden unverändert übernommen.

Wird **nmap** ohne jegliche Argumente aufgerufen, so schaltet es die momentan eingestellten Umwandlungsregeln aus. Mit dem Voranstellen eines Backslash kann die Sonderbedeutung von **$** ausgeschaltet werden.

ntrans [*inchars* [*outchars*]]

Mit dem ftp-Kommando **ntrans** kann eine Zeichen-Umformungstabelle aufgestellt werden. **ntrans** kann mit zwei Argumenten aufgerufen werden. Beim Kopieren werden dann in den Ziel-Dateinamen alle Zeichen des ersten Arguments (*inchars*) in die entsprechenden Zeichen des zweiten Arguments (*outchars*) umgeformt. Beispielsweise bewirkt

```
ntrans  \+-   /..
```

die Ersetzung eines Backslashes in Dateinamen durch einen Slash sowie eines Plus- oder Minuszeichens in Dateinamen durch Punkte. Falls *inchars* länger als *outchars* ist, werden die »überhängenden« Zeichen in den Namen der kopierten Dateien gelöscht. Wird **ntrans** ohne jegliche Argumente aufgerufen, so wird die zuvor mit **ntrans** aufgestellte Zeichen-Umformungstabelle wieder gelöscht.

open *host* [*port*]

Verbindung zum Rechner mit dem Namen *host* aufbauen. Falls noch *port* angegeben ist, so versucht **ftp** eine Verbindung über dieses Port.

prompt

Interaktive Abfrage von **mget** und **mput**, ob eine Datei zu kopieren ist, aus- bzw. wieder einschalten; per Voreinstellung ist diese interaktive Abfrage eingeschaltet.

put *lokale-datei* [*entfernte-datei*]

Die Datei *lokale-datei* vom lokalen System auf das entfernte System kopieren. Wenn keine *entfernte-datei* angegeben ist, so wird auf dem entfernten System der gleiche Name (eventuell entsprechend den Vorgaben durch **ntrans** und **nmap** manipuliert) wie auf dem lokalen System verwendet.

pwd

Momentanes working directory auf dem entfernten System ausgeben.

quit

ftp beenden; auch mit **bye** und *Strg-D* möglich.

recv *entfernte-datei* [*lokale-datei*]

Entspricht **get**: Die Datei *entfernte-datei* vom entfernten System auf das lokale System kopieren. Wenn keine *lokale-datei* angegeben ist, so wird auf dem lokalen System der gleiche Name (eventuell entsprechend den Vorgaben durch **case**, **ntrans** und **nmap** manipuliert) wie auf dem entfernten System verwendet.

remotehelp [*kdo-name*]

Help-Information von dem entfernten FTP-Server abfragen. Falls ein *kdo-name* angegeben ist, so wird Information zu diesem ausgegeben.

rename *alt neu*

Datei *alt* auf dem entfernten System in *neu* umbenennen.

rmdir *entferntes-dir*

Das Directory *entferntes-dir* auf dem entfernten System löschen.

runique

(*receive unique*) Hiermit kann die Vergabe von eindeutigen Dateinamen auf dem lokalen System ein- bzw. bei erneutem Aufruf wieder ausgeschaltet werden. **ftp** geht dabei nach folgenden Verfahren vor. Wenn der Name einer Zieldatei bereits existiert, hängt **ftp** eine fortlaufende Nummer von **1** bis **99** als Suffix an.

send *lokale-datei* [*entfernte-datei*]

Entspricht **put**: Die Datei *lokale-datei* vom lokalen System auf das entfernte System kopieren. Wenn keine *entfernte-datei* angegeben ist, so wird auf dem entfernten System der gleiche Name (eventuell entsprechend den Vorgaben durch **ntrans** und **nmap** manipuliert) wie auf dem lokalen System verwendet.

`status`

Momentane Einstellung des FTP-Servers ausgeben.

`sunique`

(*send unique*) Hiermit kann die Vergabe von eindeutigen Dateinamen auf dem entfernten System ein- bzw. bei erneutem Aufruf wieder ausgeschaltet werden. **ftp** geht dabei nach folgenden Verfahren vor. Wenn der Name einer Zieldatei bereits existiert, hängt **ftp** eine fortlaufende Nummer von **1** bis **99** als Suffix an.

`type [`*typ-name*`]`

Die Datendarstellung auf *typ-name* einstellen. Für *typ-name* darf dabei **ascii** (ASCII-Format) oder **binary** oder **image** (binäres Format) angegeben werden. Voreinstellung ist **ascii**. Fall kein *typ-name* angegeben ist, wird der momentan gesetzte *typ-name* ausgegeben.

`user` *benutzer-name* `[`*paßwort*`]`

Sich selbst dem entfernten FTP-Server bekanntmachen. Falls kein *paßwort* angegeben ist, aber der FTP-Server verlangt eines, so wird man interaktiv nach dem Paßwort gefragt.

`verbose`

Um mehr Informationen vom FTP-Server zu erhalten, wie z.B. Informationen über die Übertragungsgeschwindigkeit nach einem Dateitransfer, muß man das ftp-Kommando **verbose** aufrufen. Ein erneuter Aufruf schaltet diese zusätzlichen Informationen des FTP-Servers wieder aus.

`? [`*ftp-kommando*`]`

Entspricht **help**: Help-Information zu *ftp-kommando* ausgeben. Ist *ftp-kommando* nicht angegeben, so wird eine Kurzübersicht über alle ftp-Kommandos ausgegeben.

Falls Argumente, die nicht optional sind, bei einem ftp-Kommando weggelassen werden, erfragt **ftp** diese interaktiv.

Argumente zu den ftp-Kommandos, die Leerzeichen beinhalten, müssen mit Anführungszeichen geklammert werden, wie z.B.

`ls  -CF  "| lp -n5 -c"`

Soll der Inhalt einer zu kopierenden Datei von der Standardeingabe gelesen oder auf die Standardausgabe geschrieben werden, so muß anstelle eines Dateinamens ein Minuszeichen – angegeben werden. So bewirkt z.B. der Aufruf **get marketing** – die Ausgabe der Datei *marketing* auf dem Bildschirm.

Ist das erste Zeichen eines Namens ein Pipe-Zeichen (Senkrechtstrich I), so muß der Rest ein Unix-Kommando sein, an dessen Standardeingabe die Standardausgabe des ftp-Kommandos über die Pipe weitergeleitet wird. So könnte man z.B. mit **dir . I pg** bzw. **dir . I more** die Dateien des working directorys auf dem entfernten System seitenweise im Langformat auflisten.

Übertragungsabbruch

Mit dem Interrupt-Zeichen (*Strg*-C) kann man eine Datenübertragung abbrechen. Beim Senden von Dateien wird die Verbindung sofort abgebrochen, beim Empfang sendet **ftp** eine Abbruchsequenz an den Server, welcher daraufhin die Übertragung abbricht, was bei einer hohen Auslastung des Netzes einige Zeit dauern kann.

Konfigurieren des ftp

Über die Datei *.netrc* (im home directory) ist es möglich, **ftp** für die verschiedenen entfernten Systeme entsprechend zu konfigurieren.

Die auf ein bestimmtes System bezogenen Einträge in *.netrc* beginnen immer mit dem Schlüsselwort **machine** *host*. Mit dem Schlüsselwort **default** kann zusätzlich noch ein Eintrag für alle Systeme angegeben werden, für die kein eigener **machine**-Eintrag existiert. Die nach **machine** *host* oder **default** angegebenen Schlüsselwörter müssen immer mit Leer-, Tabulator- oder Neuezeile-Zeichen voneinander getrennt sein.

Dabei sind folgende Schlüsselwörter für die Einstellungen über *.netrc* erlaubt.

machine *host*

Leitet einen Eintrag für das System *host* ein. *host* muß dabei der für den Verbindungsaufbau zu benutzende Name sein.

default

Voreinstellung für alle Systeme, für die kein eigener **machine**-Eintrag existiert. Dieser Eintrag muß als letzter in *.netrc* angegeben sein.

login *login-name*

definiert den für die Anmeldung zu verwendenden *login-name*.

password *string*

definiert *string* als das zugehörige Paßwort.

macdef *makroname*

definiert das Makro *makroname*. Der Makroinhalt muß in der folgenden Zeile beginnen und wird durch eine Leerzeile beendet. Bei Beendigung einer Verbindung werden alle Makrodefinitionen gelöscht.

```
init
```

Falls ein Makro mit dem Namen *init* existiert, ruft **ftp** dieses Makro als erstes auf, nachdem es eine automatische Anmeldung durchgeführt hat.

Und so könnte die Datei *.netrc* aussehen:

```
$ cat .netrc  ⏎
machine chemie login egon
machine birke.klug.de
macdef ll
   dir |pg                    (bzw. dir | more)

macdef msdos
   nmap $1.$2 $1.[$2,TXT]
   ntrans /%!- \...

default
   login anonymous
   password egon@ahorn.de
$
```

Diese Einträge bewirken, daß bei Verbindungen zum System *chemie* der Loginname *egon* verwendet wird, wobei das Paßwort dann interaktiv einzugeben ist. Bei Verbindungen zum System *birke.klug.de* werden automatisch die beiden Makros *ll* und *msdos* definiert. Bei Verbindungen zu allen anderen Rechnern (**default**) wird der Loginname *anonymous* und die Mail-Adresse als Paßwort verwendet.

Taucht bei einem Eintrag das Schlüsselwort **password** auf, dann muß *.netrc* die Zugriffsrechte **600** besitzen, so daß also nur der Eigentümer Lese- und Schreibrechte für diese Datei hat, ansonsten wird *.netrc* von **ftp** ignoriert. Allerdings sollte man aus Sicherheitsgründen auf die Angabe von Paßwörtern in *.netrc* verzichten.

Bei dem **default**-Eintrag handelt es sich um einen öffentlichen Loginnamen (*anonymous*), weshalb die Paßwort-Angabe hier unbedenklich ist.

anonymous ftp

Auf den weltweiten Netzen wie Internet, an dem viele Universitäten, Behörden und Firmen angeschlossen sind, stellen viele Rechner freie Software in Archiven zur Verfügung. Jeder Benutzer, der Zugang zum Internet hat, kann per *anonymous FTP* auf diese Archive zugreifen. Der Systemadministrator richtet dabei auf dem Archiv-Rechner ein Login **anonymous** ein. Es ist Konvention, daß jeder Gastbenutzer dann als Paßwort seine Mail-Adresse eingibt.

Nach einer Anmeldung befindet man sich dann im home directory von *anonymous*, in dem üblicherweise weitere Subdirectories enthalten sind, die Kommandos, Protokolldateien und die frei verfügbare Software (meist im Subdirectory

pub) enthalten. In diese Subdirectories kann man dann mit dem ftp-Kommando **cd** wechseln.

Meist ist im **pub**-Directory ein Inhaltsverzeichnis der verfügbaren Software enthalten, welches komprimiert ist. Um ein solches Inhaltsverzeichnis auf den lokalen Rechner zu kopieren, müßte man zunächst das ftp-Kommando **binary** aufrufen, dann mit **get** die entsprechende Datei auf den lokalen Rechner kopieren, wo diese Datei dann noch dekomprimiert werden muß (mit **unpack** bzw. **uncompress** oder mit **pcat** bzw. **zcat**).

ftp mit Netscape

Der Zugriff auf einen Anonymous-FTP-Server ist auch mit Netscape möglich, was wesentlich einfacher ist als ein direkter Zugriff mit dem Kommando **ftp**. In diesem Fall muß man nur statt einer WWW-Adresse (http) die Adresse eines FTP-Servers (ftp) angeben. Netscape übernimmt dann automatisch das Anmelden an diesem Server und zeigt eine Liste von herunterladbaren Dateien und Directories an, in der man dann nur noch die entsprechende Datei anklicken muß, die man auf den lokalen Rechner übertragen möchte. Nachfolgend ist das typische Aussehen eines solchen Netscape-Windows beim Arbeiten im »ftp-Modus« dargestellt:

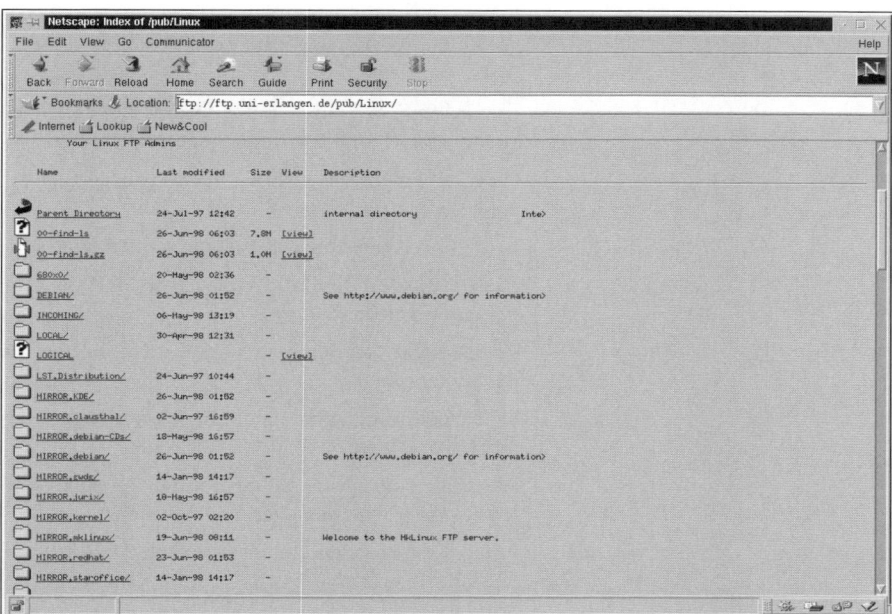

| **grep** | Suchen in Dateien (g/regular expression/p)[1] |

Syntax

grep [*option(en)*] *regulärer-Ausdruck* [*datei(en)*]

Beschreibung

Das Kommando **grep** gibt alle Zeilen aus den angegebenen *datei(en)* aus, die durch den angegebenen *regulären-Ausdruck* abgedeckt werden. Wenn mehr als eine *datei* angegeben ist, so wird zu jeder Zeile noch der Name der Datei ausgegeben, aus der diese Zeile stammt.

Wird **grep** ohne Angabe von *datei(en)* aufgerufen, so liest es von der Standardeingabe; dies ist sinnvoll für Pipes oder Eingabeumlenkung.

grep schreibt die gefundenen Zeile auf die Standardausgabe. Um seine Ausgabe also an ein anderes Kommando weiterzuleiten oder aber in eine Datei zu schreiben, muß eine Pipe oder Ausgabeumlenkung verwendet werden.

Optionen

-b	Vor jeder Zeile wird die Nummer des Blocks, in dem sie gefunden wurde, ausgegeben; die Nummer des ersten Blocks ist dabei 0
-c	Es wird für jede Datei nur die Anzahl von Zeilen ausgegeben, die durch den *regulären-Ausdruck* abgedeckt sind.
-h	Dateiname wird nicht vor den Zeilen ausgegeben, in denen ein gesuchter String gefunden wurde.
-i	Groß- und Kleinschreibung ist nicht zu unterscheiden.
-l	Nur die Namen der Dateien ausgeben, in denen Zeilen gefunden wurden.
-n	Vor jeder gefundenen Zeile wird die zugehörige Zeilennummer ausgegeben.
-s	Fehlermeldungen über nicht existierende *datei(en)* werden nicht ausgegeben.
-v	Alle Zeilen ausgeben, die nicht durch den angegebenen *regulären-Ausdruck* abgedeckt werden.
-e *regulärer Ausdruck*	Es ist nach einem speziellen regulären Ausdruck zu suchen, der mit – beginnt.
-f *datei*	der zu suchende reguläre Ausdruck befindet sich in der Datei *datei*.

---

1. Der Name von **grep** ist von diesem **ed**-Kommando hergeleitet.
   Eine andere Herleitung dieses Namens ist: »**G**et **RE**gular ex**P**ression«

Bei grep zugelassene reguläre Ausdrücke

Ein *regulärer Ausdruck* ist ein Ausdruck, welcher Strings spezifiziert und / oder über Vorschriften beschreibt, welche Strings durch ihn abgedeckt sind. Bei **grep** gelten die folgenden Regeln für reguläre Ausdrücke:

1. Die Metazeichen von regulären Ausdrücken sind:
   . * [ ] \ ^ $
   Metazeichen haben eine Sonderbedeutung.

2. Ein einfacher regulärer Ausdruck ist einer der folgenden:

   ▶ *Einfaches Zeichen*, aber kein Metazeichen

   ▶ Das *Metazeichen* \, um Sonderbedeutung eines Metazeichens auszuschalten (z.B *)

   ▶ ^ steht für Anfang einer Zeile, wenn es als erstes Zeichen angegeben ist.

   ▶ $ steht für Ende einer Zeile, wenn es als letztes Zeichen angegeben ist.

   ▶ . steht für jedes beliebige Zeichen, außer Neuezeile-Zeichen

   ▶ Eine *Klasse von Zeichen*: z.B. [ABC] deckt eines der Zeichen A, B oder C ab

   ▶ Eine *Klasse von Zeichen mit Abkürzungen*: z.B. deckt [a-zA-Z] alle Buchstaben ab (nicht Umlaute)

   ▶ Eine *Komplement-Klasse von Zeichen*:z.B. deckt [^0-9] alle Zeichen außer die Ziffern und das Neuezeile-Zeichen ab

3. Operatoren, um reguläre Ausdrücke zu größeren zusammenzufassen

   ▶ *Konkatenation*: AB deckt A unmittelbar gefolgt von B ab

   ▶ *null-oder-beliebig-viele*: A* deckt kein, ein oder mehr A ab

   ▶ *runde Klammern*: \(r\) deckt gleiche Strings wie der ungeklammerte reguläre Ausdruck r ab

   ▶ *Wiederholungen*[1]:
   (=m): z\{m\} deckt genau m Vorkommen von z ab
   (>=m): z\{m,\} deckt mindestens m Vorkommen von z ab
   (>=m und <=n): z\{m,n\} deckt eine beliebige Anzahl zwischen m und n Vorkommen von z ab

   ▶ *n-ter Teilausdruck*: \$n$ deckt den gleichen String ab, wie ein im selben regulären Ausdruck zuvor angegebener \(*Ausdruck*\). n muß eine Ziffer sein und spezifiziert den n.ten \(*Ausdruck*\); z.B. deckt **^\(.*\)\1$** eine Zeile ab, welche sich aus zwei gleichen Strings zusammensetzt.

---

1. Im folgenden steht
   z für reguläre Ausdrücke, welche ein Zeichen abdecken
   m und n für nichtnegative ganze Zahlen kleiner als 256

Ein regulärer Ausdruck deckt einen String nach der »*longest leftmost*«-Regel ab.

Beispiel   `grep Mueller namliste`

gibt alle Zeilen aus der Datei *namliste* aus, in denen der String `Mueller` vorkommt.

`grep 'M[ea][iy]er' namliste`

gibt alle Zeilen aus der Datei *namliste* aus, in denen einer der folgenden Strings vorkommt:

`Meier  Maier  Meyer  Mayer.`

Hinweis   Verwandte Kommandos zu **grep** sind **egrep** und **fgrep**. **grep** ist eine abgeschwächte Form von **egrep**. **grep** bietet nicht alle Möglichkeiten der regulären Ausdrücke von **egrep** und läßt auch nicht die Angabe von regulären Ausdrücken in Dateien zu. **fgrep** läßt nur die Suche nach einfachen Strings zu, ist aber das schnellste dieser drei Suchkommandos. **egrep** dagegen ist das langsamste, aber dafür das mächtigste dieser Suchkommandos.

Unter Linux bietet **grep** noch einige weitere Optionen an. Diese kann man mit dem Aufruf **man grep** erfragen.

groups	Gruppenzugehörigkeiten eines Benutzers ausgeben

Syntax

`groups` [*benutzername(n)*]

Beschreibung

Das Kommando **groups** gibt alle Gruppen auf der Standardausgabe aus, zu denen der oder die Benutzer *benutzername(n)* gehören. Jeder Benutzer gehört zu einer Gruppe, die in */etc/passwd* angegeben ist. Falls ein Benutzer zu mehreren Gruppen gehört, so sind diese weiteren Zugehörigkeiten in der Datei */etc/group* angegeben.

gunzip	Dekomprimieren von Dateien

Syntax

gunzip [*optionen*] [*datei(en)*]

Beschreibung

gunzip dekomprimiert die angegebenen Dateien, unabhängig davon, ob sie mit **gzip** oder **compress** komprimiert wurden. Dabei wird automatisch die Kennung

.gz bzw. .Z im Dateinamen entfernt. **gunzip** ist lediglich ein Link auf **gzip**, wobei automatisch die Option **-d** eingeschaltet wird.

Optionen

siehe **gzip**.

| **gzip** | Komprimieren bzw. Dekomprimieren von Dateien |

Syntax

gzip [*optionen*] [*datei(en)*]

Beschreibung

gzip komprimiert bzw. dekomprimiert die angegebenen Dateien. Komprimierten Dateien wird automatisch die Endung .gz angehängt. **gzip** ist nur zum Komprimieren von Dateien und nicht für das Komprimieren ganzer Directorybäume ausgelegt. Sollen ganze Directorybäume komprimiert und in einer Datei gespeichert werden, muß das Kommando **tar** verwendet werden.

Optionen

Die wichtigsten Optionen hierbei sind:

-c	beläßt die zu (de)komprimierenden *datei(en)* unverändert und gibt das Ergebnis auf der Standardausgabe (in der Regel der Bildschirm) aus. Von dort kann es mit **>** in eine Datei umgelenkt werden.
-d	dekomprimiert die angegebenen *datei(en)*, anstatt sie zu komprimieren. Dieser Aufruf entspricht dem Kommando **gunzip**.
-r	(de)komprimiert auch Dateien in allen Subdirectories.
-n	steuert die Geschwindigkeit und Qualität der Kompression. **-1** bewirkt ein schnelles Komprimieren, resultiert aber in einer schlechteren Komprimierung (weniger Platzeinsparung). Dagegen dauert eine Komprimierung mit **-9** zwar länger, führt aber zu kleineren komprimierten Dateien. Die Voreinstellung ist **-6**.

Beispiel

| **gzip *.c** | komprimiert alle C-Dateien im working directory. Danach existieren im working directory keine Dateinamen mehr, die mit .c enden. Statt dessen findet man im working directory Dateinamen mit der Endung .c.gz, welche die komprimierten C-Dateien sind. |

gzip -d *.c.gz	dekomprimiert alle zuvor komprimierten C-Dateien (im wor-king directory) wieder.
gzip -c laender >laender.gz	komprimiert die Datei `laender`, beläßt diese Datei aber unver-ändert und schreibt das komprimierte Resultat in die Datei `laender.gz`

hd	Hexadezimale Ausgabe einer Datei (hex dump); nicht unter Linux

Syntax

`hd [-format] [-s offset] [-n zahl] [datei]`

Beschreibung

Das Kommando **hd** gibt den Inhalt der *datei* in hexadezimaler, oktaler, dezima-ler und Zeichen-Form aus. Falls keine *datei* angegeben ist, liest **hd** die auszuge-benden Zeichen von der Standardeingabe. Falls keine *format*-Angabe festgelegt wird, so entspricht dies der Angabe »**-abx -A**«, was bedeutet, daß Adressen und Bytes in hexadezimaler Form und zusätzlich auch die zugehörigen ASCII-Zei-chen auszugeben sind (siehe auch unten).

Optionen

hd kennt die folgenden Optionen.

-s *offset*	legt das *offset* für *datei* fest, ab dem mit der Ausgabe zu beginnen ist. Für *offset* darf dabei eine dezimale Zahl, eine hexadezimale Zahl (muß mit **0x** beginnen) oder eine oktale Zahl (muß mit **0** beginnen) angegeben sein. Nach dieser Zahl darf dabei einer der folgenden Buchstaben angegeben sein: **w** (für words; 2 Bytes), **l** (für long words; 4 Bytes), **b** (für blocks) oder **k** (für Kilobytes). Um bei einer hexadezi-malen Angabe das Anhängsel b von der Hexaziffer b unterscheiden zu können, darf immer zwischen der Zahl und dem angehängten Buchstaben ein Stern (*) angegeben werden.
-n *zahl*	*zahl* legt die Anzahl von Bytes fest, die von **hd** auszugeben sind. Für *zahl* darf dabei das gleiche Format verwendet werden wie für *offset* bei der Option **-s**.

format

Über *format* kann sowohl die Ausgabeform (Adressen, Zeichen, Bytes, Words, Long Words) als auch die Zahlenbasis festgelegt werden. Die Zahlenbasis gibt dabei an, wie die gewählte Ausgabeform darzustellen ist, wie z.B., daß die

Bytes in hexadezimaler oder die Long Words in oktaler Form auszugeben sind. Es gibt zwei spezielle Ausgabeformen: **t** (Testausgabe) und **A** (ASCII). Ausgabeform- und Zahlenbasis-Buchstaben können dabei beliebig kombiniert und wiederholt werden, um unterschiedliche Zahlenbasen für verschiedene Ausgabeformen festzulegen.

Ausgabeform:

a	(*address*) für Adresse; wird immer in der ersten Zeile ausgegeben.
c	(*character*) für Zeichen; druckbare Zeichen werden unverändert und nicht druckbare entweder in C-Notation oder als Zahlenwert ausgegeben.
b	(*byte*) für Byte
w	(*word*) für 2 Bytes
l	(*long word*) für 4 Bytes
A	(*Ascii*) druckbare Zeichen werden unverändert und nicht druckbare als Punkt (.) ausgegeben. Falls noch zusätzlich ein Buchstabe für die Zahlenbasis angegeben ist, so hat dieser hierbei keine Auswirkung.
t	(Testausgabe) vor jeder Zeile wird eine Adresse ausgegeben. Strg-Zeichen (0x00 bis 0x1f) werden durch ^@ bis ^_ dargestellt. Bytes, bei denen das erste Bit gesetzt ist, werden so ausgegeben, als ob das erste Bit nicht gesetzt ist, wobei aber eine Tilde (~) vorangestellt wird. Den Zeichen ^, ~ und \ wird ein Backslash (\) vorangestellt.

Zahlenbasis bei der Ausgabe

x	Hexadezimale Ausgabe
d	dezimale Ausgabe
o	oktale Ausgabe

Falls keine Zahlenbasis vereinbart wird, so entspricht dies der Angabe **xdo**.

 Zur oktalen Ausgabe einer Datei steht das Kommando **od** (*oktal dump*) zur Verfügung.

head	Ersten Zeilen einer Datei ausgeben

Syntax

```
head [-n] [datei(en)]
```

Beschreibung

Das Kommando **head** gibt die ersten *n* Zeilen der *datei(en)* auf der Standardausgabe aus. Sind keine *datei(en)* angegeben, so liest **head** die auszugebenden Zeilen von der Standardeingabe. Die Voreinstellung für *n* ist 10 Zeilen.

Sind mehr als eine *datei* angegeben, so wird vor jeder einzelner Datei der Text

==>*dateiname*<==

ausgegeben. Es ist z.B. übliche Praxis, daß man sich eine Reihe von kurzen Dateien mit

`head -9999` *datei1 datei2* ...

auf einmal ausgeben läßt.

Hinweis   Zur Ausgabe der letzten Zeilen einer Datei steht das Kommando **tail** zur Verfügung.

Unter Linux bietet **head** noch einige weitere Optionen an. Diese kann man entweder über **man head** oder aber mit dem Aufruf **head --help** erfragen.

iconv	Internationale Zeichensätze konvertieren (nicht unter Linux verfügbar)

Syntax

`iconv  -f` *von* `-t` *nach* [*datei*]

Beschreibung

Mit dem in System V.4 neuen Kommando **iconv** können Zeichensätze konvertiert werden. Mit den Optionen **-f** *von* und **-t** *nach* läßt sich die Konvertierung festlegen.

Ist eine *datei* angegeben, so liest **iconv** den Inhalt dieser *datei* und schreibt die konvertierten Daten auf die Standardausgabe. Ist keine *datei* angegeben, so liest **iconv** von der Standardeingabe.

Lassen sich bestimmte Sonderzeichen nicht konvertieren, weil sie im gewünschten Ziel-Zeichensatz nicht vorhanden sind, werden sie durch Unterstrich (_) dargestellt.

Optionen

Für *von* (bei **-f** *von*) und *nach* (bei **-t** *nach*) lassen sich folgende Angaben machen:

Quell-Zeichensatz	*von*	*Ziel-Zeichensatz*	*nach*
ISO 646	646	ISO 8859-1	8859
ISO 646de	646de	ISO 8859-1	8859
ISO 646da	646da	ISO 8859-1	8859

Quell-Zeichensatz	von	Ziel-Zeichensatz	nach
ISO 646en	646en	ISO 8859-1	8859
ISO 646es	646es	ISO 8859-1	8859
ISO 646fr	646fr	ISO 8859-1	8859
ISO 646it	646it	ISO 8859-1	8859
ISO 646sv	646sv	ISO 8859-1	8859
ISO 8859-1	8859	ISO 646	646
ISO 8859-1	8859	ISO 646de	646de
ISO 8859-1	8859	ISO 646da	646da
ISO 8859-1	8859	ISO 646en	646en
ISO 8859-1	8859	ISO 646es	646es
ISO 8859-1	8859	ISO 646fr	646fr
ISO 8859-1	8859	ISO 646it	646it
ISO 8859-1	8859	ISO 646sv	646sv

Die Anhängsel sind dabei immer eine Abkürzung für den Zeichensatz des betreffenden Landes: **de** (Deutschland), **da** (Dänemark), **en** (England), **es** (Spanien), **fr** (Frankreich), **it** (Italien) und **sv** (Schweden).

Im deutschsprachigen Raum werden meist die Zeichensätze ISO 626 (US-ASCII, 7 Bit), ISO 646de (deutsche ASCII-Variante, 7 Bit) und ISO 8859-1 (8 Bit, nationalen Zeichen aller europäischen Länder in der oberen Hälfte des 8-Bit-Zeichensatzes) verwendet.

Beispiel

```
iconv -f 8859 -t 646de   datei >zieldatei    ISO 8859-1 nach ISO 646de
iconv -f 8859 -t 646     datei >zieldatei    ISO 8859-1 nach ISO 646 (US-ASCII)
iconv -f 646de -t 8859   datei >zieldatei    ISO 646de nach ISO 8859-1
```

id — Erfragen der eigenen Benutzer-(UID) und Gruppenkennung (GID)

Syntax

```
id [-a]
```

Beschreibung

Das Kommando **id** gibt die UID und GID mit den entsprechenden Login-Namen in Klammern dahinter aus. Falls für ein Programm, welches das Kommando **id** aufruft, das *set-user-id* Bit gesetzt ist, so meldet **id** sowohl die reale wie auch die effektive UID, wenn diese verschieden sind. Ist das *set-group-id* Bit gesetzt, so gibt **id** die reale und effektive GID aus, wenn diese verschieden sind.

Ist die Option **-a** angegeben, so gibt **id** alle Gruppen aus, zu denen der aufrufende Benutzer gehört.

Bei öfterem Aufruf des Kommandos **su**, welches den Wechsel einer Benutzerkennung – ohne Abmelden – am gleichen Terminal zuläßt, kann es vorkommen, daß ein Benutzer leicht den Überblick verliert, unter welcher Kennung er momentan arbeitet. In solchen Fällen kann er sich mit dem Kommando **id** weiterhelfen.

id wird öfters aus Programmen heraus aufgerufen, um mitzuprotokollieren, wer dieses Programm benutzt.

Ein **id** verwandtes Kommando ist **logname**, welches den login-Namen des betreffenden Benutzers ausgibt.

Unter Linux bietet **id** noch einige weitere Optionen an. Diese kann man entweder über **man id** oder aber mit dem Aufruf **id --help** erfragen.

info	Online-Manual von GNU

Syntax

info [*begriff*]

Beschreibung

info ist das bevorzugte Help-System für die umfangreiche bei Linux mitgelieferte GNU-Software (Basis-Kommandos wie **ls** und **grep**, C-Compiler mit allen seinen Bibliotheksfunktionen, Editor **emacs** usw.). **info** ist **man** zwar bei sehr umfangreichen Hilfstexten überlegen, aber doch auch sehr umständlich zu bedienen, da es Cursortasten nicht zum Bewegen im Text, sondern mit anderen Funktionen belegt hat. Dies läßt vor allen Dingen den Neuling nahezu verzweifeln. `info`-Texte sind meist in den Directories `/usr/info` oder `/usr/local/info` oder `/usr/share/info` abgelegt.

Die wichtigsten Tasten zur interaktiven Bedienung von **info** sind:

Leertaste	Nach unten blättern
Backspace	Nach oben blättern
Taste b, e	An Anfang/Ende des `info`-Textes springen
Tab-Taste	Cursor zum nächsten Querverweis
Return-Taste	Zum `info`-Text wechseln, auf den der aktuelle Querverweis zeigt

Taste h	Ausführliche Bedienungsanleitung zu **info** anzeigen
Taste ?	Kommandoübersicht anzeigen
Strg+x,0	Hilfsfenster wieder schließen

join   Mischen von zwei Dateien

Syntax

```
join [optionen] datei1 datei2
```

Beschreibung

Das Kommando **join** faßt diejenigen Zeilen aus den Dateien *datei1* und *datei2* zusammen, deren Schlüsselfelder identisch sind. Wird für *datei1* ein Querstrich (-) angegeben, so wird hierfür die Standardeingabe verwendet. Die beiden Dateien müssen dabei bezüglich des Schlüsselfelds sortiert sein. Als Schlüsselfeld kann dabei jedes Feld innerhalb der Zeilen verwendet werden. Wenn durch die Optionen nicht anders festgelegt, so wird das 1.Feld in beiden Dateien als Schlüsselfeld verwendet.

Als Feld-Trennzeichen werden, wenn nicht anders durch die Optionen festgelegt, Leer-, Tabulator- und Neuezeile-Zeichen verwendet.

Die gemischten Zeilen aus den beiden Dateien werden auf die Standardausgabe ausgegeben.

Optionen

-j *m*	Das *m*.Feld wird in beiden Dateien als Schlüsselfeld verwendet
-j1 *m*	Das *m*.Feld wird in *datei1* als Schlüsselfeld verwendet
-j2 *m*	Das *m*.Feld wird in *datei2* als Schlüsselfeld verwendet
-a1	Zeilen aus *datei1* ausgeben, für die keine Zeile mit gleichem Schlüsselfeld-Inhalt in *datei2* existiert.
-a2	Zeilen aus *datei2* ausgeben, für die keine Zeile mit gleichem Schlüsselfeld-Inhalt in *datei1* existiert.
-o *n.m* ...	Legt die Felder fest, welche auszugeben sind: Aus *n*.Datei das *m*.Feld; wobei für *n* entweder 1 (*datei1*) oder 2 (*datei2*) angegeben werden kann. So würde z.B. die Angabe -o 1.2 2.4 festlegen, daß immer das zweite Feld aus *datei1* und das 4.Feld aus *datei2* auszugeben sind
-t*c*	Legt das Zeichen *c* als Trennzeichen für die Felder fest; gilt dann sowohl für die Eingabe- wie auch für die Ausgabefelder.
-e *string*	Legt fest, daß leere Ausgabefelder durch *string* zu ersetzen sind.

Beispiel   `join  -a1  obst2  obstpreise`

Mische die beiden Dateien *obst2* und *obstpreise*; dabei sind auch die Zeilen aus *obst2* auszugeben, die kein gemeinsames Schlüsselfeld mit *obstpreise* haben.

`join  -t:  -j1 1  -j2 2  laender2  sprache`

Mische die beiden Dateien *laender2* (1.Feld=Schlüsselfeld) und *sprache* (2.Feld=Schlüsselfeld)

`join  -t:  -j1 1  -j2 2  -e "---" laender2  sprache`

Mische die beiden Dateien *laender2* (1.Feld=Schlüsselfeld) und *sprache* (2.Feld=Schlüsselfeld); leere Felder sind mit `---` anzugeben

`join -t:  -j1 2  -j2 1  -o 1.2 1.1 2.2  sprache  laender2`

Mische die beiden Dateien *sprache* (2.Feld=Schlüsselfeld) und *laender2* (1.Feld=Schlüsselfeld); bei der Ausgabe des Mischergebnisses ist zuerst das 2.Feld und dann das 1.Feld von *sprache* auszugeben und dann das 2.Feld von `laender2`

Unter Linux bietet **join** noch einige weitere Optionen an. Diese kann man entweder über **man join** oder aber mit dem Aufruf **join --help** erfragen.

kill	Beenden von Prozessen

Syntax

`kill  [-`*signalnr*`]  `*prozeßnr(n)*

Beschreibung

Mit dem Kommando **kill** kann ein Benutzer eigenen Prozessen ein Signal schikken. Dieses geschickte Signal kann von den entsprechenden Prozessen entweder ignoriert oder aber mit einer Signal-Verarbeitungsroutine behandelt werden. Fängt der entsprechende Prozeß ein so gesendetes Signal nicht ab, so wird er beim Eintreffen dieses Signals beendet.

Über *prozeßnr(n)* werden die Prozeßnummern der zu beendenden Prozesse angegeben. Wird 0 für *prozeßnr* angegeben, so bedeutet dies, daß alle Prozesse des entsprechenden Benutzers zu beenden sind. Mit **kill -l** lassen sich alle vorhandenen Signale auflisten.

Signalnummern:

Beispiele für Signalnummern sind:

`2  SIGINT (intr)`

3 `SIGQUIT` (quit)

9 `SIGKILL` (kann niemals abgefangen werden und beendet immer den Prozeß, an den es gesendet wird[1]).

15 `SIGTERM` (voreingestellte Signalnummer: beendet den entsprechenden
Prozeß, wenn dieser dieses Signal nicht explizit abfängt)

Beispiel
```
$ find / -name komplex.c -print >komplex.wo 2>komplex.err & ⏎
947
$ ps ⏎
   PID TTY      TIME COMMAND
    92 ttyic    0:02 sh
   947 ttyic    0:04 find
   988 ttyic    0:02 ps
$ kill -9 947 ⏎
947 Killed
$ ps ⏎
   PID TTY      TIME COMMAND
    92 ttyic    0:03 sh
   765 ttyic    0:02 ps
$
```

last	An- und Abmeldezeiten von Benutzern erfragen

Syntax

`last [-[n] zahl] [-f datei] [name(n)]`

Beschreibung

In der Datei */var/adm/wtmpx* oder */var/log/wtmp* werden alle An- und Abmeldezeiten der einzelnen Benutzer und Terminals gespeichert. **last** liest aus dieser
Datei die benötigten Informationen und gibt diese aus.

Für *name* kann entweder ein Benutzer oder ein Terminal (wie z.B. *term/tty08*)
angegeben sein. **last** gibt dann die dazugehörige Information aus. Wird z.B. **last
egon console** aufgerufen, so werden alle An- und Abmeldezeiten des Benutzers
egon ebenso ausgegeben wie die Zeiten, in denen an der Konsole gearbeitet
wurde.

last gibt immer zuerst die letzte Sitzung, dann die vorletzte Sitzung usw. aus.
Die Information zu einer Sitzung umfaßt dabei den Anmeldezeitpunkt, die
Dauer der Sitzung und den Namen des Terminals, an dem die Sitzung stattfand.

---

1. Dieser Prozeß wird natürlich nur dann beendet, wenn der Signal-Sender dazu die Berechtigung besitzt.

Wird **last** ohne jegliche Argumente aufgerufen, so gibt es alle in der Datei */var/ adm/wtmpx* vermerkten An- und Abmeldezeiten in umgekehrter Reihenfolge aus.

Optionen

last bietet die folgenden Optionen.

-[n]*zahl*   nur *zahl* An- und Abmeldezeiten ausgeben

-f *datei*   An- und Abmeldezeiten werden aus der Datei *datei* und nicht aus / *var/adm/wtmpx* gelesen.

Unter Linux bietet **last** noch einige weitere Optionen an. Diese kann man mit dem Aufruf **man last** erfragen.

latex	das Satzprogramm unter Unix / Linux

Syntax

latex *datei*

Beschreibung

TEX ist ein Satzprogramm, das vor allem in der Unix-Welt und hier insbesondere im universitären Bereich sehr stark verbreitet. Es wurde zur Erstellung wissenschaftlicher Texte entwickelt und ist frei kopierbar. TEX hat den Nachteil, daß seine Verwendung sehr kompliziert ist, weswegen ein eigenes Makropaket LATEX entwickelt wurde, das die Formatierung von Texten etwas vereinfacht. LATEX besticht durch seine hervorragende Satzqualität und das leichte Eingeben von Formeln. Der Nachteil von LATEX ist, daß seine Bedienung nicht annähernd die Benutzerfreundlichkeit von heute üblichen Textverarbeitungsprogrammen hat.

Beispiel Das nachfolgende Beispiel soll den prinzipiellen Umgang mit LATEX kurz erläutern.

Eine LATEX-Datei, die man mit einem normalen Texteditor erstellen kann, könnte z.B. folgendes Aussehen haben:

```
\documentclass[twocolumn,11pt]{article} % Dokumententyp: zwei-spaltiger Artikel
\usepackage{german}                      % Deutsche Überschriften
\usepackage{isolatin1}                   % ISO Latin Zeichensatz (äöüß)
\parindent0pt           % kein Einrücken der ersten Zeile
\parskip1ex             % Leerraum zwischen Absätzen
\columnsep0.8cm         % 0.8 cm Abstand zwischen den Spalten
\begin{document}        % Beginn des eigentlichen Textes
\tableofcontents        % Inhaltsverzeichnis einfügen
```

```
\section{\LaTeX-Einführung}

\subsection{Unterschiedliche Zeichenformate}

Dieser Text zeigt einige Möglichkeiten zum Formatieren von Zeichen in \LaTeX:
\textbf{Fettschrift}, \textit{kursive Schrift}, \textsc{kleine Großschreibung},
\texttt{Schreibmaschine}. Schriftarten lassen sich auch kombinieren, wie z.B.
\textbf{\textit{fett and kursiv}}. Die Schriftgröße läßt sich auch verändern
von {\tiny sehr klein} über {\small klein} bis {\Large ziemlich groß}.

\subsection{Textblöcke und Rahmen}

{\small
\begin{minipage}[t]{3.5cm}
Mit der {\small\verb?minipage?} Um\-ge\-bung lassen sich Textblöcke
nebeneinander anordnen.
\end{minipage}
\hfill
\begin{minipage}[t]{2cm}
Eine zweite, etwas schmalere Miniseite.
\end{minipage}
\hfill
\begin{minipage}[t]{1.5cm}
Eine dritte, noch schmalere Miniseite.
\end{minipage}
}

\hbox{}\hfill\fbox{
\begin{minipage}{5cm}
Hier wurde eine 5 cm breite Mini\-page durch ein vor- und ein nachgestelltes
{\small\tt \char92hfill} Kommando zentriert und mit {\small\tt \char92fbox}
eingerahmt.
\end{minipage}
}\hfill\hbox{}

\subsection{Aufzählungen}
\LaTeX\ hat viele Vorteile gegenüber anderen Programmen:

\begin{itemize}
\item Seine Satzqualität ist einfach hervorragend.
\item Seine Verarbeitungsgeschwindigkeit ist nahezu unschlagbar.
\item \LaTeX\ Texte werden mit ganz normalen Texteditoren erstellt
und sind deshalb auch geräteunabhängig.
\end{itemize}

\subsection{Fußnoten}
Hier werden zwei Beispiele für Fuß\-noten gegeben\footnote{Das ist
die erste Fußnote.}. \LaTeX\ numeriert die Fußnoten\footnote{Die
zweite Fußnote} natürlich automatisch durch.

\subsection{Mathematische Formeln}
```

```
Bei der Eingabe von Formeln ist \LaTeX\ kaum schlagbar.
Die Eingabe der folgenden Formeln dürfte in anderen
Textverarbeitungs-Programmen nicht so einfach sein,
zumal Formeln auch direkt im Text eingebettet
sein können, wie z.B. $\rho \, \int x^2 dx$.
Ist das nicht toll?

\[ \lim _{\phi\rightarrow \infty }\sum _{k=1}^{\phi} \sqrt[3]{\sqrt{1+{\frac
{k^{2}} {\phi^{5}}}}}-\phi \]

\[\left [\begin {array}{cc}
{\frac {\partial }{\partial x}}l&{\frac {\partial }{\partial y}}l\\
\noalign{\medskip}
{\frac {\partial }{\partial x}}m&{\frac {\partial }{\partial y}}m
\end {array}\right ]\]

\end{document}
```

Wenn dieser Text sich z.B. in der Datei einfue.tex befindet, kann man diesen mit dem folgenden Aufruf in eine sogenannte dvi-Datei (*device independent*) umwandeln:

latex einfue

Um das Inhaltsverzeichnis zu erstellen, muß eventuell nochmals die gleiche Kommandozeile eingegeben werden. Aus diesem Aufruf resultiert eine Datei **einfue.dvi**, deren Inhalt man sich mit dem Programm **xdvi** anschauen kann. Dazu muß man nur folgendes in einem xterm-Window aufrufen

xdvi einfue

und es wird einem die vom LATEX-Programm erstellte Satzdatei angezeigt.

Um eine dvi-Datei in Postscript umzuwandeln, muß das Programm **dvips** aufgerufen werden, wie z.B.

dvips einfue

Die hieraus resultierende Datei **einfue.ps** kann man dann an einem Postscript-Drucker ausgeben lassen, wie z.B.:

lpr einfue.ps

 Wem die direkte Verwendung von LATEX zu umständlich ist, der kann die meist mitgelieferten Zusatzprogramme verwenden. Solche Zusatzprogramme sind eigene Shellprogramme (ts oder xtexsh), die zwar den Umgang mit Latex-Dateien und den Aufruf der diversen Werkzeuge etwas vereinfachen, aber die eigentlichen Schwierigkeiten, die ein Anfänger mit LATEX hat, nicht beseitigen.

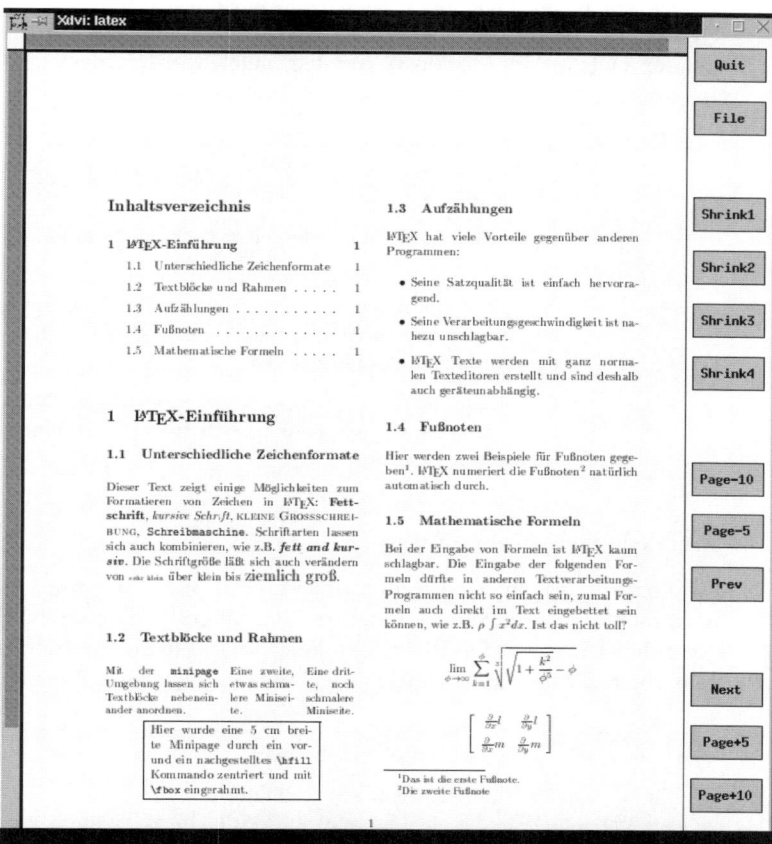

Hinweis Viel bequemer wird jedoch das Arbeiten mit **Lyx** (siehe auch Beschreibung von **lyx**), das eine Oberfläche zu LATEX ist, die den heute üblichen Textverarbeitungsprogrammen sehr ähnlich ist.

less   Inhalt von Dateien seitenweise ausgeben

Syntax

```
less [option(en)] [datei(en)]
```

Beschreibung

Ein häufig verwendetes Kommando zum seitenweisen Blättern in Dateien ist **less**, das leistungsfähiger als **more** ist und sehr häufig unter Linux verwendet wird.

Optionen

Von der Vielzahl der Optionen, die **less** bietet, werden hier nur die wichtigsten vorgestellt:

-f	(*no fold*) Zeilen nicht abschneiden, wenn sie länger als eine Bildschirmzeile sind.
-s	(*squeeze*) Für aufeinanderfolgende Leerzeilen nur eine Leerzeile ausgeben.
-w	(*wait*) bewirkt, daß **more** beim Erreichen des Dateiendes auf eine Benutzereingabe wartet; normalerweise beendet sich **more** immer beim Erreichen des Dateiendes.
+*zeilennr*	Für *zeilennr* ist eine ganze Zahl anzugeben, die die Nummer der Zeile festlegt, ab der die Ausgabe der entsprechenden *datei(en)* am Bildschirm erfolgen soll.

Interaktive less-Kommandos

less-Kommandos müssen immer am unteren Bildschirmrand eingegeben und meist nicht mit Drücken der Eingabe-Taste abgeschlossen werden. In der nachfolgenden Liste werden die wichtigsten interaktiven less-Kommandos vorgestellt, die nicht mit Drücken der Eingabe-Taste abzuschließen sind.

Leertaste	eine Bildschirmseite vorblättern.
b	eine Bildschirmseite zurückblättern.
⏎	eine Zeile weiterblättern.
q oder **Q**	**less** beenden.
=	aktuelle Zeilennummer ausgeben.
v	Editor (über Variable *EDITOR* festgelegt) aufrufen; Voreinstellung ist **ed**.
h oder **?**	Kurzübersicht der more-Kommandos ausgeben.
/text	vorwärts nach *Vorkommen* von *text* suchen.
n	letzte Textsuche wiederholen.
'	zurück zum Punkt gehen, von dem die letzte Suche gestartet wurde. Falls zuvor keine Suche stattfand, dann zum Anfang der Datei gehen.

 Hinweis   Um sich eine vollständige **less**-Beschreibung mit der Vielzahl von Optionen und interaktiven less-Kommandos ausgeben zu lassen, empfiehlt sich der Aufruf

less -?   oder   **less --help**

Auch wird unter Linux oft ein Alias (Kurzform) der folgenden Form in der Datei
.alias definiert:

alias m='less ' oder

alias m='less -E '

Die Option **-E** legt dabei fest, daß bei Erreichen des Dateiendes das Programm
less sich automatisch beenden soll und nicht auf die Eingabe weiterer interaktiver less-Kommandos warten soll.

less hat bei Textdateien mit deutschen Sonderzeichen Probleme. Um diese Probleme zu beseitigen, sollte man in der Datei .profile (im home directory) folgende Zeile eintragen:

export LESSCHARSET=latin1

Auch läßt sich **less** so konfigurieren, daß es z.B. immer die gerade aktuelle Zeilennummer anzeigt oder es auch Dateien, die keine Textdateien sind (wie etwa
Inhalte von Archivdateien oder komprimierte Dateien), ausgeben kann. Dazu
müßten noch die folgenden beiden Zeilen in der Datei .profile (im home directory) eingetragen werden.

export LESS=-M # Zeilennr anzeigen; noch weitere less-Optionen mögl.

export LESSOPEN="| lesspipe.sh %s"

Bei der Slackware- und SuSE-Distribution sind diese Einträge nicht notwendig,
da sich dort diese drei Zeilen bereits in der Datei /etc/profile befinden. Diese
Datei wird bei jedem Anmelden (natürlich auch bei den anderen Distributionen)
gelesen, bevor die Datei .profile (im home directory) des gerade anmeldenden
Benutzers gelesen wird. Auch liefern die beiden gerade erwähnten Distributionen das Shell-Skript lesspipe.sh (ein kleines Programm) mit und installieren es
automatisch im Directory /usr/bin. Ob die jeweilige Distribution, mit der man
arbeitet, dieses Shell-Skript mitgeliefert und in /usr/bin installiert hat, kann man
leicht mit dem folgenden Aufruf herausfinden.

which lesspipe.sh

Gibt dieser Aufruf etwas aus, wie z.B.

```
/usr/bin/lesspipe.sh
```

so ist dieses Skript bereits vorhanden. Liefert der obige Aufruf dagegen keine
Ausgabe, so kann man dieses Shell-Skript, das unten angegeben ist, selbst eintippen – wenn man dies möchte – und als Superuser dann nach /usr/bin kopieren:

```
#!/bin/sh
# This is a preprocessor for 'less'.  It is used when this environment
# variable is set:   LESSOPEN="|lesspipe.sh %s"

lesspipe() {
```

```
case "$1" in
*.tar) tar tvvf $1 2>/dev/null ;; # View contents of .tar and .tgz files
*.tgz) tar tzvvf $1 2>/dev/null ;;
*.tar.gz) tar tzvvf $1 2>/dev/null ;;
*.tar.Z) tar tzvvf $1 2>/dev/null ;;
*.tar.z) tar tzvvf $1 2>/dev/null ;;
*.Z) gzip -dc $1  2>/dev/null ;; # View compressed files correctly
*.z) gzip -dc $1  2>/dev/null ;;
*.gz) gzip -dc $1  2>/dev/null ;;
*.zip) unzip -l $1 2>/dev/null ;;
*.1|*.2|*.3|*.4|*.5|*.6|*.7|*.8|*.9|*.n|*.man) FILE='file -L $1' ;
  FILE='echo $FILE | cut -d ' ' -f 2'
  if [ "$FILE" = "troff" ]; then
    groff -s -p -t -e -Tascii -mandoc $1
  fi ;;
*.ms) groff -Tascii -ms $1 2>/dev/null ;;
  esac
}

lesspipe $1
```

| **line** | Lesen einer Zeile von der Standardeingabe |
| | (read one line) |

Syntax

line

Beschreibung

Das Kommando **line** liest von der Standardeingabe nur eine Zeile und gibt
diese auf die Standardausgabe aus. **line** besitzt weder Optionen noch andere
Argumente.

Hinweis   Bessere Anwendungen für **line** werden sich im nächsten Buch bei der Beschreibung der Linux- Unix-Shells ergeben.

Auf manchen Unix-Systemen, wie z.B. auch auf Linux, wird das Kommando
line nicht angeboten. Auf diesen Systemen empfiehlt es sich, ein Alias in der
Datei .profile oder .alias (beide im Home Directory) der folgenden Form zu
definieren

alias line='head -1'

ln	Erzeugen neuer Verweise (Links) auf Dateien (link files)

Syntax

Hard-Links

```
ln [-f] [-n] datei1  datei2
ln [-f] [-n] datei(en)  directory
```

Soft-Links

```
ln [-s] datei1  datei2
ln [-s] datei(en)  directory
ln [-s] dir1  dir2
```

Beschreibung

Die erste Aufrufform (bei Hard- und Softlinks) erzeugt einen Link zur Datei *datei1*. Als Name für diesen Link wird *datei2* verwendet.

Die zweite Aufrufform (bei Hard- und Softlinks) erzeugt einen oder mehrere Links zu den angegebenen *datei(en)* im Directory *directory*. Für diese Links wird der Name *datei* bzw. die Namen der *datei(en)*[1] in das Directory *directory* eingetragen.

Optionen

ln kennt die folgenden Optionen:

-f	nicht nachfragen, selbst wenn der Name einer schreibgeschützten Datei verwendet wird.
-n	wenn eine Zieldatei bereits existiert, wird erst nachgefragt, ob diese Zieldatei zu überschreiben ist; **-f** schaltet diese Option aus.
-s	erzeugt einen symbolischen Link (siehe unten).

Symbolische Links

In System V.4 wurden sogenannte *symbolische Links* (Option **-s**) eingeführt, mit denen sich ebenfalls zusätzliche Namen an Dateien vergeben lassen. Anders als bei den oben beschriebenen normalen Links (*Hard-Links*) wird bei den symbolischen Links (*Soft-Links*) eine Spezialdatei erzeugt, die den Namen der Zieldatei enthält. Im Gegensatz zu den normalen Links erlauben symbolische Links auch Verweise auf Directories und Verweise über Dateisystemgrenzen hinweg.

---

1. die letzten Komponenten der Pfadnamen zu den *datei(en)* (Basisnamen).

Zum Anlegen von symbolischen Links (Soft-Links) steht die Option **-s** zur Verfügung:

1. `ln -s` *datei1 datei2*
2. `ln -s` *datei(en) directory*
3. `ln -s` *dir1 dir2*

Die einzelnen Aufrufe bewirken im einzelnen das folgende:

1. *datei2* wird als zusätzlicher Name für *datei1* angelegt, mit folgenden Ausnahmen:

    Wenn die Zieldatei *datei2* bereits existiert, gibt **ln** immer einen Fehler aus; die Option **-n** ist hier nicht erforderlich.

    Wenn beide Dateien nicht existieren, wird eine *datei2* angelegt, deren Inhalt der Name *datei1* ist. Bei Zugriffen auf *datei2* erscheint dann solange eine Fehlermeldung, bis *datei1* angelegt ist.

2. verhält sich weitgehend wie (1) mit dem Unterschied, daß im *directory* die Basisnamen der *datei(en)* als symbolische Links eingetragen werden.

3. verhält sich ebenfalls weitgehend wie (1), nur daß hier ein symbolischer Link *dir2* auf ein Directory *dir1* angelegt wird.

Löscht man die Zieldatei, auf die ein Soft-Link verweist, führt ein Zugriff auf die Datei über den Soft-Link zu einer Fehlermeldung. Richtet man später wieder eine Datei mit entsprechenden Namen ein, funktioniert alles wie zuvor.

Symbolische Links werden bei der Ausgabe mit **ls -l** durch die Angabe von **l** als erstes Zeichen gekennzeichnet. Zusätzlich wird dabei noch

`-> ` *name*

ausgegeben. *name* ist dabei die Datei, auf die dieser symbolische Link verweist.

Hinweis   Eine Hauptanwendung von symbolischen Links sind Verweise über Dateisystemgrenzen hinweg oder Verweise auf Directories, welche mit Hard-Links nicht möglich sind.

Ebenso werden symbolische Links in System V.4 verwendet, um eine zu System V.3 kompatible Directory-Struktur zu erhalten. So existieren z.B. Links für die Directories */bin* auf */usr/bin* und */lib* auf */usr/lib*.

Unter Linux bietet **ln** noch einige weitere Optionen an. Diese kann man entweder über **man ln** oder aber mit dem Aufruf **ln --help** erfragen.

Symbolische Links sind eine wichtige und nützliche Neuerung in System V.4. Trotzdem ist von einem übermäßigen Gebrauch dieser Soft-Links abzuraten, da die Gefahr besteht, daß man sehr schnell den Überblick verliert. Deswegen sollten Sie, wenn möglich, bevorzugt mit Hard-Links arbeiten.

Links haben einige Vorteile: So erlauben sie Zugriff auf eine gemeinsame Datei, ohne diese kopieren zu müssen und tragen so dazu bei, Platz zu sparen, da ja nicht der Inhalt dieser gemeinsamen Datei kopiert wird, sondern eben nur ein neuer Name für diese angelegt wird. Zudem ist bei einer solchen Vorgehensweise sichergestellt, daß immer nur eine aktuelle Version einer Datei vorhanden ist; dies würde bei einem Kopieren nicht der Fall sein.

Wenn **ln** feststellt, daß die Zugriffsrechte des entsprechenden Benutzers (*user*-Rechte) ein Anlegen eines Links verbieten, wenn der Name bereits vorhanden ist, so meldet es den Namen der zu überschreibenden Zieldatei mit den entsprechenden Zugriffsrechten und fragt nach, ob diese Datei wirklich zu überschreiben ist. In allen anderen Fällen überschreibt **ln** bereits vorhandene Dateien ohne Rückfrage.

locate	Ein sehr schnelles **find**

Syntax

locate [*optionen*] *muster* ...

Beschreibung

Unter Linux existiert ein Kommando **locate**, das wesentlich schneller als **find** ist. Das Kommando **locate** durchsucht die Datenbank `locatedb` nach Dateien, in denen die angegebenen *muster* im vollständigen Dateinamen (inklusive Pfad) vorkommen. Da **locate** auf einer Datenbank zugreift, ist es im Vergleich zu **find** wesentlich schneller. Dieser Zugriff auf eine Datenbank hat aber auch den Nachteil, daß Dateien, die erst nach dem Erstellen der Datenbank erzeugt wurden, oder Dateien, die an einen anderen Platz im Dateibaum verschoben wurden, nicht von **locate** gefunden werden können.

locate setzt voraus, daß die `locatedb`-Datenbank zuvor mit dem Aufruf von **updatedb** eingerichtet wurde. Die Datenbank wird meist in `/var/lib` gespeichert. Um die Datenbank möglichst aktuell zu halten, sollte der Superuser in regelmäßigen Abständen oder aber bei größeren Systemveränderungen **updatedb** aufrufen. Das regelmäßige Aufrufen von **updatedb** läßt sich auch durch einen Eintrag in der Datei `/etc/crontab` automatisieren.

Das Fehlen von Optionen wie **-size**, **-perm**, **-mtime** usw. macht **locate** zu einem reinen Namens-Suchprogramm, das zwar schneller, aber bei weitem nicht so mächtig wie **find** ist.

Beispiel		
	locate cfg	listet alle Dateien auf, in deren Name irgendwo der String `cfg` vorkommt. Es ist zu beachten, daß der absolute Pfadname dabei zum Dateinamen zählt.
	locate '*cfg'	listet alle Dateien auf, deren Name mit dem String `cfg` endet.

| **logname** | Erfragen des eigenen Login-Namens (get login name) |

Syntax

logname

Beschreibung

Das Kommando **logname** gibt den Login-Namen des Benutzers aus, der sich am entsprechenden Terminal angemeldet hat.

Hinweis

logname wird öfters (wie **id**) aus Programmen heraus aufgerufen, um mit zu protokollieren, wer dieses Programm benutzt.

Während das Kommando **id** immer die aktuelle Benutzerkennung ausgibt, liefert **logname** immer den Login-Namen, unter dem sich der entsprechende Benutzer angemeldet hat, selbst wenn er in der gleichen Unix-Sitzung mit **su** zu einer anderen Benutzerkennung wechselte.

| **lp** | Inhalt einer Datei am Drucker ausgeben (line printer) |

Syntax

lp [*option(en)*] [*datei(en)*]

Beschreibung

Das Kommando **lp** veranlaßt die Ausgabe der angegebenen *datei(en)* am Drukker; dazu reicht **lp** den entsprechenden Druckauftrag an den Druckerspooler weiter, welcher alle Druckaufträge entgegen nimmt und die einzelnen Druckaufträge koordiniert.

Wenn keine *datei(en)* angegeben sind, so liest **lp** den zu druckenden Text von der Standardeingabe. Es kann auch – für eine *datei* angegeben werden, was ebenfalls für die Standardeingabe steht.

Bei jedem Aufruf von **lp** wird diesem Druckauftrag eine eindeutige Kennung (eine Art Auftragsnummer) zugeteilt, welche unmittelbar nach der Abgabe des Kommandos **lp** am Bildschirm mitgeteilt (request id is *auftragsnr*) wird. Wenn an späterer Stelle ein solcher Druckauftrag annulliert werden soll, dann kann dies unter Angabe dieser *auftragsnr* mit dem Kommando **cancel** erreicht werden. Wurde die entsprechende *auftragsnr* in der Zwischenzeit vergessen, so kann sie mit dem Kommando **lpstat** wieder erfragt werden.

Optionen

Option	Beschreibung
-n*n*	Es werden *n* Kopien ausgedruckt; normalerweise wird nur eine Kopie ausgegeben.
-c	Es werden temporäre Kopien der angegebenen Dateien erstellt und dann die Kopien am Drucker ausgegeben. Normalerweise wird von der zu druckenden Datei keine Kopie erstellt, sondern die wirkliche Datei gedruckt, was zur Folge hat, daß eventuelle Änderungen, welche nach dem Druckauftrag an einer Datei vorgenommen werden, mit ausgedruckt würden.
	Die Option **-c** ist nützlich, wenn die entsprechende Datei anschließend editiert oder sogar gelöscht wird.
-w	Die Beendigung des abgegebenen Druckauftrags wird an dem Bildschirm gemeldet, an dem der **lp**-Auftrag abgegeben wurde. Hat der Auftraggeber sich zwischenzeitlich vom System abgemeldet, so wird ihm elektronische Post (mail) geschickt.
-d*drucker*	erlaubt die explizite Angabe eines Druckers oder einer Klasse von Druckern, auf den(en) die angegebenen *datei(en)* auszudrucken sind. Die Voreinstellung für den *drucker* kann auch mit dem Setzen der Variablen *LPDEST* (z.B. mit LPDEST=drucker in *.profile*) erfolgen.
-m	Die Beendigung des abgegebenen Druckauftrags wird dem Auftraggeber mit elektronischer Post (mail) gemeldet.
-o*option*	ermöglicht es, drucker- bzw. druckerklassenspezifische Optionen anzugeben; wenn mehrere solche Optionen erwünscht sind, so muß -o*option* wiederholt angegeben werden.

Die druckerspezifischen Optionen, die man mit **-o** *optionen* angeben kann, werden vom Systemadministrator definiert. Bei System V.4 sollten mindestens die folgenden Optionen vorhanden sind:

Option	Beschreibung
nobanner	unterdrückt den Ausdruck einer Titelseite
length=*n*	legt Seitenlänge fest. Ohne Suffix hinter *n* wird die Anzahl der Zeilen pro Seite, mit Suffix **i** hinter *n* kann die Seitenlänge in Zoll (*inches*) und mit Suffix **c** in Zentimetern festgelegt werden
width=*n*	legt Zeilenlänge fest. Suffix-Angabe wie bei **length** möglich
lpi=*n*	Anzahl der Zeilen pro Zoll (ohne Suffix oder mit **i**), bzw. pro Zentimeter (Suffix **c**)
cpi=*n*	Zeichenbreite pro Zoll (ohne Suffix oder mit **i**), bzw. pro Zentimeter (Suffix **c**)

Wenn man mit **-o** mehrere druckerspezifische Optionen angeben möchte, dann
muß man diese in Anführungszeichen angeben, wie z.B.

```
lp -o "nobanner lpi=8 cpi=12" laender
```

Option	Beschreibung
`-s`	Die Ausgabe der Auftragsnummer durch **lp** wird unterdrückt.
`-t`*titel*	Der Text *titel* wird auf der Kopfseite des Ausdrucks ausgegeben.
`-P` *nr(n)*	Nur die Seiten mit den Nummern *nr(n)* ausgeben. Für *nr(n)* können dabei einzelne Nummern, Zahlenbereiche oder beide kombiniert angegeben werden; diese Option kann nur dann benutzt werden, wenn ein entsprechender Filter vorhanden ist, andernfalls schlägt der ganze **lp**-Aufruf fehl.
`-q` *pri*	Teilt dem Druckauftrag die Priorität pri zu (0 höchste, 39 niedrigste Priorität).
`-y` *modus-liste*	*modus-liste* legt dabei Ausgabeform fest; diese Option kann nur dann benutzt werden, wenn ein entsprechender Filter vorhanden ist, andernfalls schlägt der ganze **lp**-Aufruf fehl. Folgende Angaben sind dabei in *modus-liste* möglich: `"-y reverse"` Seiten in umgekehrter Reihenfolge ausgeb. `"-y landscape"` im Querformat ausgeben. `"-y x=`*m*`,y=`*n*`"` log. Seiten auf physik. Seite verschieben. `"-y group=`*n*`"` log. Seiten auf eine physik. Seite ausgeb. `"-y magnify=`*n*`"` Größe für Seiten verändern. `"-o length=`*n*`"` Seitenlänge festlegen. `"-P `*nr(n)*`"` nur Seiten mit Nummern *nr(n)* ausgeben. `"-n `*n*`"` *n* Kopien ausgeben.

lpc	Verwalten von Druckern (unter Linux)

Syntax

lpc [*optionen*] ...

Beschreibung

Das Verwalten der Drucker ist unter Linux mit dem Kommando **lpc** möglich.
Danach erwartet **lpc** die Eingabe von speziellen lpc-Kommandos. Welche lpc-
Kommandos möglich sind, kann man hierbei mit **h** oder **?** erfragen.

| **lpr** | Ausgeben von Dateien am Drucker (unter Linux) |

Syntax

lpr [*optionen*] *datei(en)*

Beschreibung

Das Kommando **lpr** veranlaßt dieAusgabe der angegebenen *datei(en)* am Drukker. Dazu reicht **lpr** den entsprechenden Druckauftrag an den Druckerspooler weiter, der alle Druckaufträge entgegennimmt und sie koordiniert.

Optionen

Die wichtigsten Optionen sind:

-#*n*	die angebenen *datei(en)* *n*-mal am Drucker ausgeben. Normalerweise werden sie jeweils nur einmal ausgegeben.
-P*druckerid*	Ausgabe erfolgt am Drucker mit der Kennung *druckerid*.
-h	keine Ausgabe einer Kopfzeile.
-m	die Beendigung des Druckauftrags wird per Mail (elektronische Post) gemeldet.
-r	die angegebenen *datei(en)* nach Beendigung des Druckauftrags löschen.
-s	die angegebenen *datei(en)* werden nicht in das Spool-Directory (wie z.B. /usr/spool/lp1) kopiert, sondern die Originaldateien werden gedruckt. Das bedeutet, daß die angegebenen *datei(en)* nicht verändert oder gelöscht werden sollten, solange der Druckauftrag noch nicht beendet ist.
-T *titel*	Bei der Ausgabe wird in der Kopfzeile der *titel* anstelle des Dateinamens ausgegeben.

| **lprm** | Löschen von Druckaufträgen (unter Linux) |

Syntax

lprm [*optionen*] [*benutzerkennung(en)*]

Beschreibung

Um in der Druckerwarteschlange befindliche Aufträge zu löschen, steht unter Linux das Kommando **lprm** zur Verfügung. Wird **lprm** alleine ohne weitere Angaben aufgerufen, löscht es den momentan aktiven Druckauftrag des Benutzers, der **lprm** aufrief. Für *benutzerkennung* kann entweder ein *loginname* oder eine Auftragsnummer angegeben werden. Ist ein *loginname* angegeben, löscht **lprm** die Druckaufträge, die der Benutzer *loginname* abgesetzt hat, wenn der Aufrufer die entsprechenden Rechte dazu besitzt. Druckaufträge von anderen Benutzern kann nur der Superuser löschen. Um nur einen bestimmten Druckauftrag zu löschen, muß eine Auftragsnummer angegeben werden. Die Auftragsnummern der einzelnen Druckaufträge kann man mit

lpq -l

erfragen.

Optionen

Folgende Optionen können bei **lprm** angegeben werden:

-P*druckerid*	Löschen von Aufträgen in der Warteschlange des Druckers mit der Kennung *druckerid*.
-	Alle Druckaufträge des aufrufenden Benutzers löschen. Im Falle des Superusers werden alle Druckaufträge in der entsprechenden Warteschlange gelöscht.

lpq	Anzeigen der aktuellen Druckerwarteschlange (unter Linux)

Syntax

lpq [*optionen*] [*benutzerkennung(en)*]

Beschreibung

Um sich unter Linux die aktuelle Druckerwarteschlange anzeigen zu lassen, steht das Kommando **lpq** zur Verfügung. Wird **lpq** ohne Optionen aufgerufen, gibt es die Druckerwarteschlange des eingestellten Standarddruckers aus.

Optionen

Die wichtigsten Optionen von **lpq** sind:

-P*druckerid*	Warteschlange des Druckers mit der Kennung *druckerid* ausgeben.
-a	Warteschlange zu allen in der Datei /etc/printcap angegebenen Druckern ausgeben.
-n	Namen (nicht deren Warteschlangen) zu allen in der Datei /etc/printcap angegebenen Druckern ausgeben.

| -1 | Warteschlange im Langformat (Auftragsnummer, Namen und Größen der Dateien in der Druckerwarteschlange) ausgeben. |
| +*n* | Warteschlange automatisch alle *n* Sekunden ausgeben. |

lpstat — Abfragen von Statusinformation zu Druckaufträgen (print lp status)

Syntax

`lpstat [option(en)] [druckauftragsnr(n)]`

Beschreibung

Das Kommando **lpstat** gibt Statusinformationen zu abgegebenen Druckaufträgen aus.

Wird dieses Kommando ohne eine Angabe von *druckauftragsnr(n)* aufgerufen, dann wird der Status aller Druckaufträge angezeigt, welche sich in der Warteschlange befinden, ansonsten wird nur Information über die Druckaufträge mit den angegebenen *druckauftragsnr(n)* ausgegeben.

Im allgemeinen hat jeder Drucker einen Namen und gehört zu einer sogenannten Druckerklasse. Eine Klasseneinteilung von Druckern wird dabei oft nach dem Ort, an dem sie sich befinden, oder nach dem Typ der Drucker vorgenommen.

Optionen

Einige der hier angegebenen Optionen haben eine optionale *liste*, welche verwendet werden kann, um sich Statusinformation nur zu bestimmten Druckaufträgen ausgeben zu lassen. Eine *liste* ist dabei eine mit Komma getrennte Liste von Namen. Wird bei einer Option, die eine *liste*-Angabe zuläßt, keine *liste* oder **all** angegeben, so wird zu allen durch diese Option angewählten Druckaufträgen Statusinformation ausgegeben.

Wird keine *liste* angegeben, so werden alle relevanten Informationen zu dieser Option ausgegeben. So gibt z. B.

`lpstat -o`

Statusinformationen zu allen Druckern aus.

Option	Bedeutung
-a[*liste*]	gibt für die in der *liste* angegebenen Drucker- und/oder Drucker-klassen-Namen an, ob sie momentan für Druckaufträge zur Verfügung stehen.
-c[*liste*]	gibt alle in den mit *liste* angegebenen Druckerklassen enthaltenen Druckernamen aus.
-d	gibt den Namen des Druckers aus, der für **lp** voreingestellt ist.
-o[*liste*]	gibt für die in *liste* angegebenen Drucker- und/oder Druckerklassen-Namen Statusinformationen aus.
-p[*liste*]	gibt Status zu den in *liste* angegebenen Druckern aus.
-r	gibt Status des **lp**-Schedulers aus. Der Scheduler ist ein Programm, das die mit **lp** gegebenen Druckaufträge entgegennimmt und koordiniert.
-s	gibt eine Zusammenfassung von Statusinformationen, die mit den Optionen -c, -d und -v abgefragt werden können.
-t	gibt die gesamte verfügbare Statusinformation aus.
-u[*liste*]	gibt Statusinformation zu allen Druckaufträgen aus, die die in *liste* angegebenen Benutzer (Login-Namen) abgegeben haben.
-v[*liste*]	gibt zu den in *liste* angegebenen Druckern den Drukkernamen und Pfadnamen des entsprechenden Geräts aus.

ls — Auflisten von Dateinamen (list contents of directory)

Syntax

ls [*option(en)*] [*datei(en)*][1]

Beschreibung

Das Kommando **ls** gibt die Dateinamen des working directory aus, wenn keine *datei(en)* angegeben sind. Sind *datei(en)* angegeben, so werden deren Namen ausgegeben, wenn sie als einfache Dateien existieren. Wenn bei den *datei(en)* Namen von Directories angegeben sind, so werden alle Namen der Dateien ausgegeben, die in diesem Directory vorhanden sind.

Die Namen werden von **ls** dabei immer alphabetisch sortiert ausgegeben.

Namen, die mit . (Punkt) beginnen werden normalerweise nicht aufgelistet; nur wenn die Option -a angegeben ist.

---

1. Für *datei(en)* können auch Directorynamen angegeben werden.

Optionen

Die hier vorgestellten Optionen können entweder zusammenhängend (wie z.B. `ls -CF`) oder aber einzeln (wie z.B. `ls -C -F`) angegeben werden.

Option	Bedeutung
-a	Liste alle Einträge in einem Directory, auch Namen, die mit . (Punkt) beginnen.
-b	Nicht-druckbare Zeichen in den Dateinamen werden in der Form *ddd* (als Oktalzahl) ausgegeben.
-c	Datum des letzten letzten Änderung des i-nodes (bei Kombination mit -1) ausgeben bzw. dieses Datum zum Sortieren verwenden (bei Kombination mit -t).
-C	Dateinamen nicht untereinander, sondern nebeneinander ausgeben; ist die Voreinstellung seit System V.4
-d	Bei Directories nur deren Namen und nicht deren Inhalt listen (meist mit -1 kombiniert, um Zugriffsrechte eines Directory auszugeben).
-f	Jede der angegebenen *datei(en)* wird als Directory interpretiert und dann wird der Name jeder in diesem Directory enthaltenen Datei ausgegeben. Diese Option schaltet die Optionen -1, -t, -s und -r aus und die Option -a ein. Die bei der Ausgabe verwendete Reihenfolge entspricht der Eintragungs-Reihenfolge der einzelnen Dateien in der Directory-Datei. Wenn eine der angegebenen *datei(en)* kein Directory ist, so kann dies zu seltsamen Ausgaben führen, da der Inhalt dieser Datei dann im Directory-Format (i-node und Name) interpretiert wird.
-F	Hinter jedem Directorynamen einen Slash /, hinter jeder ausführbaren Datei einen Stern * und hinter jedem symbolischen Link einen Klammeraffen @ angeben.
-g	wie -1, nur daß der Eigentümer nicht ausgegeben wird.
-i	vor jedem Dateinamen dessen i-node Nummer ausgeben.
-1	Datei-Informationen in »Langform« (siehe Beispiele) ausgeben
-L	Bei symbolischen Links nicht den Link selbst, sondern die Datei bzw. das Directory ausgeben, auf das der Link zeigt.
-m	Dateinamen in einer Zeile (mit Komma getrennt) ausgeben.
-n	wie -1, nur daß anstelle des Login-Namens des Eigentümers dessen **UID** und **GID** ausgegeben wird.
-o	wie -1, nur daß die Gruppe nicht ausgegeben wird.
-p	hinter jedem Directorynamen einen / angeben.

Option	Bedeutung
-q	Nicht-druckbare Zeichen in den Dateinamen werden mit *?* ausgegeben.
-r	Reihenfolge der Ausgabe umkehren.
-R	Alle Subdirectories und Dateien ab der angegebenen Directory-Ebene rekursiv auflisten
-s	Dateigröße nicht in Bytes, sondern in Blöcken angeben.
-t	Bei der Ausgabe nach Zeitpunkt der letzten Änderung (zuletzt modifizierte zuerst) und nicht alphabetisch sortieren.
-u	Datum des letzten Zugriffs anstelle der letzten Änderung (bei Kombination mit -l) ausgeben bzw. dieses Datum zum Sortieren verwenden (bei Kombination mit -t).
-x	Dateinamen nicht untereinander, sondern nebeneinander ausgeben; dabei sind sie horizontal und nicht vertikal sortiert.
-1	Dateien nicht nebeneinander, sondern untereinander ausgeben; Voreinstellung in System V.3

Beispiel Eine der am häufigsten verwendeten Optionen ist -l (long format), welche bewirkt, daß neben dem Namen einer Datei noch eine Vielzahl weiterer Informationen zu jeder einzelnen Datei angegeben werden:

```
ls  -l  ↵
total 2
-rw-r--r--   1 egon    graph      222 Mar 21 11:19  laender
-rw-r--r--   1 egon    graph       79 Mar 21 11:23  obst
```

Die Ausgabe bedeutet hierbei im einzelnen:

```
total 2
```

gibt an, daß die hier angezeigten Dateien 2 Blöcke auf der Platte belegen; ein Block enthält normalerweise 512 oder 1024 Bytes.

```
-rw-r--r--  1 egon    graph      222 Mar 21 11:19  laender
|-T- -T-  | |         |          |       |         |
| | -T- | | |         |          |       |         LName der Datei
| | | | | | |         |          |       |
| | | | | | |         |          |       LDatum/Uhrzeit der letzten Modifikation
| | | | | | |         |          |
| | | | | | |         |          LDateigröße in Bytes
| | | | | | |         |
| | | | | | |         LGruppenname des Dateibesitzers (erst ab System V); egon
| | | | | | |          gehört zu einer Entwicklergruppe graph, die für die
| | | | | | |          Realisierung von Graphik-Routinen verantwortlich ist.
| | | | | | |
| | | | | | Llogin-Kennung des Dateibesitzers
| | | | | |
| | | | | LAnzahl der Links (Verweise) auf diese Datei; dazu später mehr
| | | | |
| | | | LZugriffsrechte für alle anderen Benutzer (others): nur Leserecht
| | | |
| | | LZugriffsrechte für die Gruppe (group): nur Leserecht
| | |
| | LZugriffsrechte für den Dateibesitzer (user): Lese- und Schreib-Recht
| |
| LDateiart; dabei steht
```

```
-       für eine reguläre Datei
d       für ein Directory
b,c     für eine Gerätedatei:
        b = blockorientierte Gerätedatei
        c = zeichenorientierte Gerätedatei
l       für einen symbolischen Link (neu in System V.4)
p       für eine named pipe
```

Die einzelnen Optionen können auch miteinander kombiniert werden:

```
ls  -lt  ⏎
total 2
-rw-r--r--  1 egon    graph       79 Mar 21 11:23  obst
-rw-r--r--  1 egon    graph      222 Mar 21 11:19  laender
ls  -t  -l  ⏎
total 2
-rw-r--r--  1 egon    graph       79 Mar 21 11:23  obst
-rw-r--r--  1 egon    graph      222 Mar 21 11:19  laender
```

lynx   **ein textbasierter WWW-Browser**

Syntax

lynx [*optionen*] [*datei*]   oder
lynx [*optionen*] [*www-adresse*]

Beschreibung

Anders als die meisten WWW-Browser arbeitet der frei verfügbare **lynx** im Textmodus. Dies hat den Nachteil, daß viele Merkmale des WWW wegfallen, wie
z. B. Graphikbilder oder unterschiedliche Schriftgrößen. Der Vorteil von Lynx ist
aber, daß er wenig Speicher und Rechenzeit verbraucht und keine Installation
von X Window voraussetzt. Lynx läßt sich relativ leicht bedienen. Es muß nur
mit einer WWW-Adresse oder aber einer lokalen HTML-Datei aufgerufen werden. Lynx lädt dann das entsprechende Dokument und zeigt die erste Seite an.

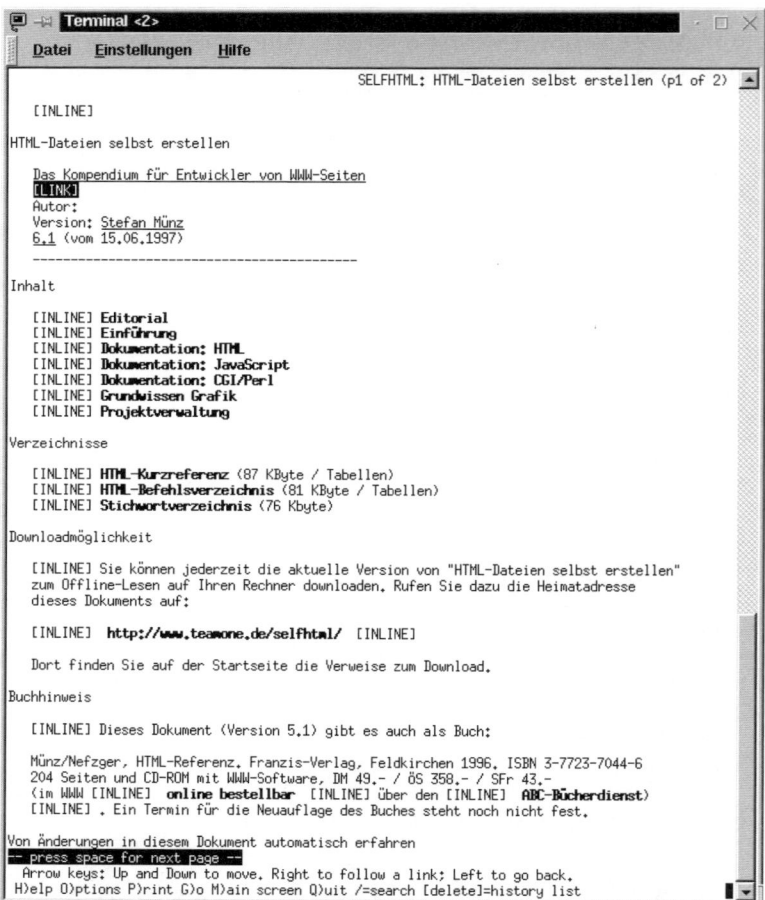

Mit Lynx lassen sich auch normale Textdateien im ASCII-Format lesen. Lynx
kann auch mit der Angabe eines Directorys gestartet werden. In diesem Fall
zeigt Lynx dann eine Liste aller darin enthaltenen Dateien und Subdirectories
an, die dann wie Querverweise ausgewählt werden können.

Wichtige Tastenkürzel im lynx

⎡Bild ↑⎤, ⎡Bild ↓⎤	Eine Seite zurück-/vorblättern
Einfg, Entf	Zwei Zeilen zurück-/vorblättern
⎡↑⎤, ⎡↓⎤	Cursor zum vorherigen/nächsten Querverweis bewegen
⎡↵⎤, ⎡→⎤	Querverweis folgen
⎡←⎤	zurück zum letzten Dokument
Backspace	Bisher angezeigten Dokumente auflisten
/*text*	*text* im aktuellen Dokument suchen
A	Verweis auf das Dokument in die Bookmark-Liste einfügen; wird in der Datei `lynx_bookmarks.html` im Home Directory gespeichert
D	Dokument auf den Rechner übertragen
E	Editor starten
G	WWW-Adresse eingeben
H, ?	Online-Hilfe; allerdings befinden sich viele Hilfstexte im Internet, so daß sie nur bei einer bestehenden Internet-Verbindung gelesen werden können.
K	alle verfügbaren Tastenkürzel anzeigen
O	Optionen einstellen
V	Bookmark-Liste anzeigen

lyx	Graphische Benutzeroberfläche zum Satzprogramm LATEX

Syntax

lyx [*option(en)*] [*datei(en)*]

Beschreibung

lyx ist eine graphische Benutzeroberfläche zum Satzprogramm LATEX, die den heute üblichen Textverarbeitungsprogrammen sehr ähnlich ist. Schriftattribute wie fett und kursiv sowie unterschiedliche Schriftgrößen werden direkt am Bildschirm angezeigt. Zur Formatierung stehen unterschiedliche Layouts zur Verfügung, die sich weitgehend an LATEX orientieren (section, subsection). Die Auswahl von Layouts, Schriftarten usw. erfolgt durch komfortable Menüs. Selbst einfache Formeln und Tabellen können menügeführt am Bildschirm eingegeben werden.

Lyx basiert auf LATEX, was bedeutet, daß Lyx das entsprechende Dokument zunächst in eine LATEX-Datei und dann diese in eine `DVI`-Datei umwandelt. So wird für die Dokumente die hohe Satzqualität von LATEX erreicht. LATEX-Konstrukte, die von Lyx noch nicht direkt unterstützt werden, können durch die direkte Eingabe von LATEX-Kommandos verwendet werden.

Optionen

Nachfolgend ist ein Beispiel für das Aussehen der Lyx-Oberfläche gegeben:

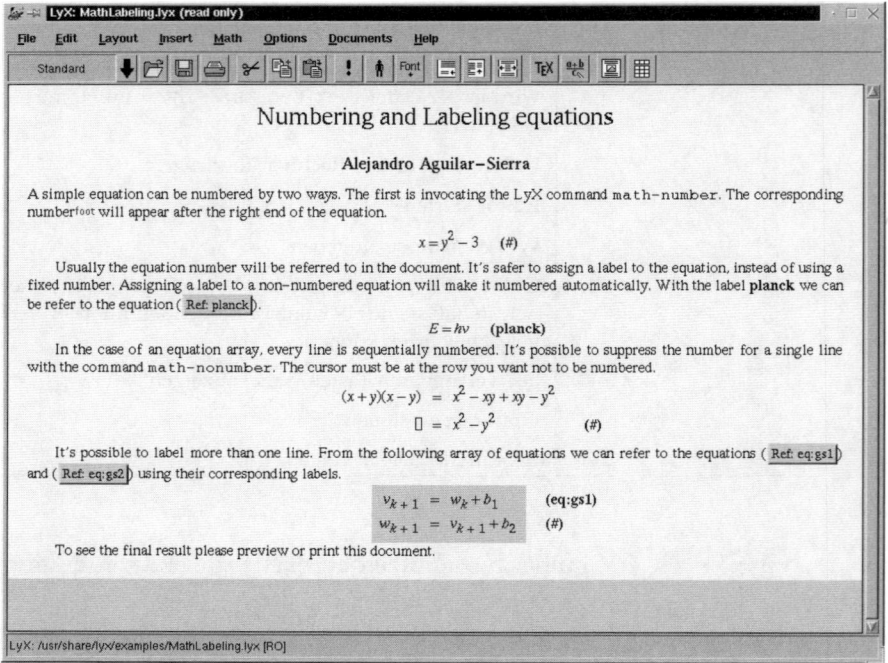

---

mail	Senden und Empfangen elektronischer Post[1]

Syntax

`mail [-wt]` *login-name(n)*   Senden von Post
`mail [-ehpqr] [-f`*datei*`] [-F`*login-name(n)*`]`   Lesen von angekommener Post

---

1. Auf manchen Systemen wird dieses alte **mail**-System schon nicht mehr angeboten. Auf diesen Systemen entspricht das **mail**-Kommando dann vollständig dem neuen **mailx** (siehe auch **mailx**).

Beschreibung

Das Kommando **mail** ermöglicht das Senden und Lesen elektronischer Post.

Ist *login-name(n)* angegeben, so bedeutet dies »Senden eines Briefs«. Für *login-name* ist der Login-Name des Brief-Empfängers anzugeben. Soll ein Brief an mehrere Empfänger versandt werden, so wird dies mit der Angabe mehrerer *login-namen* erreicht; die einzelnen Login-Namen sind dabei mit Leer- bzw. Tabulatorzeichen voneinander zu trennen.

Sind keine *login-name(n)* angegeben, so bedeutet dies »Lesen von angekommenen Briefen«.

Optionen

Die folgenden Optionen können beim *Senden eines Briefes* angegeben werden:

Option	Bedeutung
-w	Brief an einen Benutzer auf einem anderem System schicken, ohne auf die Beendigung der Übertragung zu warten.
-t	fügt zum Brieftext eine Adressaten-Liste (To: ...) hinzu.

Die folgenden Optionen können beim »*Lesen von angekommenen Briefen*« angegeben werden:

Option	Bedeutung
-e	keine Briefinhalte anzeigen; nur prüfen, ob Post angekommen ist: mail -e liefert 0, wenn Post angekommen ist und sonst 1.
-h	Numerierte Liste von Briefköpfen zu angekommenen Briefen ausgeben. In den Briefköpfen ist dabei der Absender, Datum und Größe des Brieftextes angegeben. Danach wird der mail-Prompt ? ausgegeben.
-p	alle Briefe ohne mögliche Interaktion des Benutzers ausgeben.
-q	bewirkt, daß **mail** bei Eingabe einer Abbruchtaste (wie **intr**) abgebrochen wird; normalerweise würde eine solche Eingabe nur die Ausgabe eines bestimmten Briefes abbrechen und nicht zum Abbruch von mail führen.
-r	Briefe in der Reihenfolge ihres Eintreffens (FIFO) ausgeben; normalerweise wird der zuletzt eingetroffene Brief zuerst ausgegeben (LIFO).

Option	Bedeutung
-f*datei*	veranlaßt **mail**, die Datei *datei* (z.B. *mbox*) als mailbox und nicht die voreingestellte mailbox zu verwenden.
-F*login-name(n)*	bewirkt für eine leere mail-Datei, daß alle ankommenden Briefe an die Benutzer *login-name(n)* weitergeleitet werden.

Schreiben und Senden von Briefen

Nach der Abgabe des Kommandos

mail   *login-name(n)*

liest **mail** von der Standardeingabe den zu übermittelnden Brieftext. Der Brieftext gilt als beendet, wenn in einer neuen Zeile entweder .⏎ oder Strg - D eingegeben wird.

Danach wird der gerade geschriebene Brief am Ende der Datei

/var/mail/*login-name* oder /var/spool/mail/*login-name* (seit System V.4)

/usr/mail/*login-name* oder /usr/spool/mail/*login-name* (vor System V.4)

angehängt.

Dem Adressaten *login-name* wird die Ankunft des Briefes mit der Meldung

you have mail

oder

you have new mail

angezeigt.

Wenn ein beim **mail**-Aufruf angegebener *login-name* nicht existiert, so kann der Brief nicht zugestellt werden. Dies wird dem Sender mitgeteilt. Dazu wird der nicht zustellbare Brief dem Sender zurückgeschickt. Der zurückgekommene Brief enthält dabei nicht nur den Brieftext, sondern auch noch Zusatzinformation, warum er nicht zugestellt werden konnte.

mail wird häufig auch verwendet, um sich selbst an etwas zu erinnern, indem man einen Brief an sich selbst schickt.

Ein Brief kann zugleich an mehrere Benutzer verschickt werden; dazu müssen lediglich alle Empfänger in der Kommandozeile des **mail**-Aufrufs angegeben werden.

Lesen von angekommenen Briefen

Die Ankunft eines Briefs wird mit

`you have mail`

oder

`you have new mail`

gemeldet. Dies bedeutet, daß der Brief in einem Briefkasten (engl.: *mailbox*) hinterlegt wurde. Die mailbox ist dabei eine Datei im Directory */var/mail*, */usr/mail* oder */usr/spool/mail* oder */var/spool/mail*; der Dateiname ist der Login-Name des Briefempfängers.

Die in der mailbox hinterlegten Briefe können nun mit dem Aufruf

`mail`   (ohne Angabe von Login-Namen)

gelesen werden.

Die ersten Zeilen eines Briefes sind die sogenannten Kopfzeilen; diese geben den Absender und das Absendedatum des Briefes an.

Die nachfolgenden Zeilen (bis zum abschließenden ?) sind der eigentliche Brieftext. Bei einem Brief, der mehr Zeilen als eine Bildschirmseite umfasst, kann die Ausgabe des Briefes mit ⟨Strg⟩-⟨S⟩ angehalten und mit ⟨Strg⟩-⟨Q⟩ wieder fortgesetzt werden.

Das ? ist das **mail**-Promptzeichen, d.h. daß an dieser Stelle die Eingabe eines **mail**-Kommandos erwartet wird.

Mögliche -Kommandos sind:

Kommando	Beschreibung
#	Nummer des aktuellen Briefs ausgeben
⟨↵⟩ + n	(**next**) Nächsten Brief lesen; wenn kein weiterer Brief vorhanden ist, so wird **mail** verlassen.
d dp	(**delete print**) aktuellen Brief löschen und nächsten Brief lesen; wenn kein weiterer Brief vorhanden ist, so wird **mail** verlassen. Der aktuelle Brief wird dabei noch nicht wirklich gelöscht, sondern nur als »gelöscht« markiert; eine solche Markierung kann mit dem **mail**-Kommando **u** wieder rückgängig gemacht werden. Die als »gelöscht« markierten Briefe werden immer erst beim Verlassen von **mail** wirklich aus der mailbox entfernt.
dn	(**delete**) Brief mit der Nummer n als »gelöscht« markieren; der nächste Brief wird in diesem Fall noch nicht gelesen. Die Nummern der einzelnen Briefe können mit dem **mail**-Kommando **h** abgefragt werden.

Kommando	Beschreibung
dq	(*delete quit*) aktuellen Brief als »gelöscht« markieren und danach **mail** verlassen.
h	(*header*) Kopfzeilen der Briefe anzeigen, die sich vor und nach dem aktuellen Brief in der mailbox befinden. Dabei wird der aktuelle Brief mit > und als »gelöscht« markierte Briefe werden mit **d** gekennzeichnet.
h a	(*header all*) Kopfzeilen aller in der mailbox vorhandener Briefe anzeigen. Dabei wird der aktuelle Brief mit > und als »gelöscht« markierte Briefe werden mit **d** gekennzeichnet.
h *n*	(*header*) Kopfzeile des Briefs mit der Nummer *n* anzeigen. Handelt es sich beim Brief mit der Nummer *n* um den aktuellen Brief, so wird dies mit > angezeigt. Ist der Brief *n* als »gelöscht« markiert, so wird dies mit **d** angezeigt.
h d	(*header deleted*) Kopfzeilen aller Briefe anzeigen, die als »gelöscht« markiert sind.
p	(*print*) aktuellen Brief nochmals ausgeben.
-	vorherigen Brief nochmals ausgeben.
a	(*arrived*) einen eventuell während der **mail**-Sitzung neu angekommenen Brief ausgeben und diesen zum aktuellen Brief machen.
n	Brief mit Nummer *n* ausgeben und diesen zum aktuellen Brief machen.
r [*login-name(n)*]	(*reply*) auf aktuellen Brief antworten. Werden *login-name(n)* angegeben, so wird nicht nur dem Absender dieses Briefs, sondern auch den Benutzern mit *login-name(n)* der Antwortbrief zugeschickt. Der aktuelle Brief wird nach dem Absenden des Anwortbriefs als »gelöscht« markiert.
s [*datei-name(n)*]	(*save*) wenn keine *dateiname(n)* angegeben sind, so wird der aktuelle Brief in der Datei *mbox* gesichert; sind *dateiname(n)* angegeben, so wird der aktuelle Brief nicht in *mbox*, sondern in diesen Dateien gesichert. Danach wird der aktuelle Brief als gelöscht« markiert.
u	(*undelete*) falls aktueller Brief als »gelöscht« markiert ist, so wird diese Markierung wieder entfernt.
u *n*	(*undelete*) falls Brief mit Nummer *n* als »gelöscht« markiert ist, so wird diese Markierung wieder entfernt.
w [*datei-name(n)*]	(*write*) wenn keine *dateiname(n)* angegeben sind, so wird der aktuelle Brief in der Datei *mbox* gesichert; sind *dateiname(n)* angegeben, so wird der aktuelle Brief nicht in *mbox*, sondern in diesen Dateien gesichert. Danach wird der aktuelle Brief als »gelöscht« markiert. Anders als beim **mail**-Kommando **s** werden hier die Kopfzeilen nicht mitgesichert.

Kommando	Beschreibung
m *login-name(n)*	(*mail*) aktuellen Brief an die Benutzer *login-name(n)* weiterleiten; danach wird der aktuelle Brief als »gelöscht« markiert.
q `Strg`-Ⓓ	(*quit*) **mail** verlassen, wobei alle als »gelöscht« markierten Briefe aus der mailbox entfernt werden.
x	(*exit*) **mail** verlassen, wobei alle, auch die als »gelöscht« markierten Briefe in der mailbox verbleiben.
!*unix_kdo*	Unix-Kommando *unix_kdo* ausführen.
?	Kurzbeschreibung (meist in englisch) zu allen möglichen **mail**-Kommandos ausgeben.

mailx	Senden und Empfangen elektronischer Post

Syntax

`mailx` [*option(en)*] [*login-name(n)*][1]

Beschreibung

Das ab System V verfügbare Kommando **mailx** ist eine wesentlich verbesserte Version des Kommandos **mail**.

mailx arbeitet sehr ähnlich zu **mail**:

▶ Ankommende Briefe werden in der mailbox-Datei */var/mail/login-name* (System V.4) oder */usr/mail/login-name* oder */usr/spool/mail/login-name* oder */var/spool/mail/login-name* hinterlegt; *login-name* ist dabei der Login-Name des Briefemp-fängers.

▶ Wird **mailx** ohne weitere Argumente aufgerufen, so ermöglicht es das Lesen der Briefe, die sich in der mailbox befinden.

Anders als bei **mail** ist z.B. folgendes:

▶ Jeder gelesene Brief wird automatisch aus der mailbox entfernt und in einer sogenannten Sekundär-mailbox (Datei *mbox*, die sich normalerweise im home directory befindet) befindet.

▶ **mailx** kennt zwei Arbeitszustände:

---

1. müssen nicht unbedingt *login-name(n)* sein, sondern können auch andere Namen sein, die als Überbegriff für spezielle Login-Name(n) mit den mailx-Kommandos **alias** und **group** definiert wurden.

Eingabemodus

Hier kann der Brieftext eingegeben werden. Im Eingabemodus können allerdings auch **mailx**-Kommandos eingegeben werden, wenn vor dem Kommando als erstes Zeichen der Zeile ~ (engl.: *tilde*) angegeben ist.

Kommandomodus

Hier können **mailx**-Kommandos eingegeben werden.

▶ **mailx** bietet dem Benutzer eine Vielzahl von Möglichkeiten, um sein Postverwaltungs-System seinen Bedürfnissen anzupassen:

▶ die Angabe von Optionen

▶ Kommandos und Definitionen in der Datei *.mailrc*, die sich im home directory befinden muß; der Inhalt von *.mailrc* wird bei jedem **mailx**-Aufruf gelesen und ausgeführt.

▶ die Angabe von **mailx**-Kommandos im Eingabemodus; den **mailx**-Kommandos muß dabei das Zeichen ~ vorangestellt werden.

▶ die Angabe von Kommandos im Kommandomodus.

Ist *login-name(n)* angegeben, so bedeutet dies »Senden eines Briefs«. Für *login-name* ist der Login-Name des Brief-Empfängers anzugeben. Soll ein Brief an mehrere Empfänger versandt werden, so wird dies mit der Angabe mehrerer *login-namen* erreicht; die einzelnen Login-Namen sind dabei mit Leer- bzw. Tabulatorzeichen voneinander zu trennen.

Sind keine *login-name(n)* angegeben, so bedeutet dies »Lesen von angekommenen Briefen«.

Optionen

Option	Beschreibung
-e	überprüft, ob Post vorhanden ist. Dabei werden keine Briefe ausgegeben, sondern nur ein Exit-Wert zurückgegeben: 0, wenn erfolgreich.
-f [*dateiname*]	bewirkt, daß **mailx** Briefe aus der mailbox *dateiname* und nicht aus der voreingestellten mailbox */var/mail/login-name* oder */usr/mail/login-name* oder */usr/spool/mail/login-name* oder */var/spool/mail/login-name* liest. Wird üblicherweise verwendet, um Briefe aus der Sekundär-Mailbox *mbox* (im home directory) zu lesen. Wird *dateiname* nicht angegeben, so wird die Datei *mbox* aus dem home directory als mailbox verwendet. `mailx -f /home/egon/fehler/testgruppe`

Option	Beschreibung
	Anstelle der voreingestellten mailbox wird die Datei */home/ egon/fehler/testgruppe* als mailbox verwendet.
	`mailx -f`
	Anstelle der voreingestellten mailbox wird die Datei *mbox* im home directory als mailbox verwendet.
-F	bewirkt, daß ein abgeschickter Brief immer in einer Datei gesichert wird. Als Name für diese Datei wird dabei der zuerst angegebene Login-Name der Empfänger verwendet; diese Option hat höhere Priorität wie die eventuell gesetzte mailx-Variable *record*.
-h *zahl*	*zahl* gibt die Anzahl von »Netzwerk-Sprünge« an. Diese Option wird für Netzwerk-Software angeboten und ist nicht für den normalen Benutzer gedacht.
-H	gibt nur ein Inhaltsverzeichnis zu den angekommenen Briefen aus.
-i	ignoriert Interrupts.
-n	Üblicherweise liest **mailx** zuerst die Definitionen und Kommandos aus der vom System bereitgestellten Datei *mailx.rc* und wertet diese aus. Soll **mailx** den Inhalt dieser Datei unberücksichtigt lassen und nur die vom Benutzer selbst erstellte Datei *.mailrc* in dessen home directory auswerten, so wird dies mit der Angabe dieser Option erreicht.
-N	keine Ausgabe von Briefköpfen nach dem **mailx**-Aufruf.
-r *adresse*	reicht die *adresse* an die Netzwerk-Software weiter und schaltet alle ~-Kommandos aus. Diese Option wird für Netzwerk-Software angeboten und ist nicht für den normalen Benutzer gedacht.
-s"*Thema des Briefes*"	Das hier angegebene *Thema des Briefes* entspricht der deutschen *Betrifft:*-Angabe und wird dem Empfänger als `Subject:` *Thema des Briefes* vor dem eigentlichen Brieftext übermittelt.
-u *login-name*	liest die mailbox des Benutzer *login-name*; ist nur möglich, wenn die Zugriffsrechte dessen mailbox-Datei dies zulassen.
-U	konvertiert Adressen, die dem **uucp**-Stil entsprechen, in Netz-Standardadressen um.
-t	**mailx** liest die **To:**, **Cc:** und **Bcc:**-Zeilen aus der Standardeingabe und bestimmt dann daraus selbst die Adressaten, an die der Brief zu schicken ist.
-T *datei*	Nach dem Lesen von Artikeln oder Mail aus dem USENET speichert **mailx** die Kopfzeile **Message-ID:** in der Datei *datei* ab; diese Option setzt automatisch auch die Option **-I**.

Option	Beschreibung
-I	Beim Lesen von Artikeln oder Mail aus dem USENET wird zusätzlich die Kopfzeile **Newsgroups:** angezeigt.
-V	nur Versionsnummer von **mailx** ausgeben.
-~	~-Kommandos auch dann zulassen, wenn Standardeingabe nicht auf ein Terminal eingestellt ist.
-B	Keine Pufferung bei der Ein- und Ausgabe.
-d	Debugging-Modus einschalten.

Senden von Briefen

Nach dem Aufruf

`mailx` *login-name(n)*

liest **mailx** den zu übermittelnden Brieftext von der Standardeingabe. Anders als **mail** fragt **mailx** mit der Ausgabe

`Subject:`[1]

nach dem Thema des Briefes, das nun hier einzugeben ist. Möchte der Benutzer kein Thema angeben, so muß er hier nur ⏎ eingeben.

Nach Eingabe der *Subject*-Zeile (eventuell leer) befindet sich **mailx** im Eingabemodus und der eigentliche Brieftext kann eingegeben werden. Die Eingabe des Brieftextes kann mit ~. als einzige Zeichen einer Zeile beendet werden. Danach wird der Brieftext (einschließlich der *Subject*-Zeile) abgeschickt, d.h. er wird an das Ende der Datei */usr/mail/login-name* bzw. */var/spool/mail/login-name* kopiert. Dem Empfänger wird die Ankunft des Briefes dann mit der Meldung

`you have mail`

oder

`you have new mail`

angezeigt.

Wenn ein beim **mailx**-Aufruf angegebener *login-name* nicht existiert, so kann der Brief nicht zugestellt werden. Dies wird dem Absender mitgeteilt.

Im Eingabemodus können – anders als bei **mail** – auch **mailx**-Kommandos aufgerufen werden. Jedes der **mailx**-Kommandos besteht aus einem Buchstaben. Diesem ist dabei ein ~ voranzustellen (gilt nur im Eingabemodus); zudem muß dieses Zeichenpaar (*~buchstabe*) am Anfang einer Zeile angegeben sein.

---

1. entspricht der deutschen Betrifft:-Zeile und wird nur dann erfragt, wenn diese nicht bereits beim Aufruf mit der Option **-s** angegeben wurde.

mailx-Kommandos mit vorangestellten ~

Die folgenden Kommandos können nur im Eingabemodus eingegeben werden;
das Zeichen ~ ist dabei als erstes Zeichen einer Zeile anzugeben.

Kommando	Funktion
~!*kdo*	das angegebene Unix-Kommando *kdo* wird ausgeführt und danach wird wieder in den Eingabemodus zurückgekehrt.
~.	bewirkt das Verlassen des Eingabemodus und führt zum Abschicken des eingegebenen Briefes. Falls der Eingabemodus direkt mit dem **mailx**-Aufruf (**mailx** *login-name*(n)) eingeleitet wurde, wird nach der Eingabe von ~. zur Unix-Kommandoebene zurückgekehrt. Wurde jedoch erst während der **mailx**-Sitzung (**mailx**-Aufruf ohne Angabe von *login-name*(n)) in den Eingabemodus umgeschaltet, so wird nach der Eingabe von ~. in den Kommandomodus von **mailx** zurückgeschaltet.
~:*mkdo* oder ~_*mkdo*	das angegebene mailx-Kommando *mkdo* wird ausgeführt; kann nur benutzt werden, wenn **mailx** zum Lesen von Post aufgerufen wurde.
~?	gibt eine Zusammenfassung der möglichen ~-**mailx**-Kommandos aus.

~a und ~A	Unter der Vielzahl von **mailx**-Variablen existieren unter anderem die beiden Variablen *sign* und *Sign*. Werden diese Variablen in *.mailrc* z.B. mit
	
	`set sign='Gruss --egon'`
	
	`set Sign='MfG    -- Egon Mueller, Dipl.-Inf., (login: egon)'`
	
	gesetzt, so würde die Eingabe der **mailx**-Kommandos ~a bzw. ~A den in den Variablen *sign* (~a) bzw. *Sign* (~A) abgelegten Text nach der aktuellen Briefzeile einfügen.

~b *login-name(n)*	ermöglicht es, neue Adressaten zur Bcc:-Liste (siehe ~h) hinzuzufügen.
~c *login-name(n)*	ermöglicht es, neue Adressaten zur **Cc:**-Liste (siehe ~h) hinzuzufügen.
~d	liest den Inhalt der Datei *dead.letter* (bei der **mailx**-Variablen **DEAD** beschrieben) ein.
~e	bewirkt den Aufruf eines Editors zum Editieren eines eingegebenen Brieftextes. Normalerweise wird der Editor **ed** aufgerufen. Mit Einträgen in die Datei *.profile*, wie z.B. `EDITOR=/bin/ed` bzw. `EDITOR=/usr/bin/vi` oder in die Datei *.mailrc*

Kommando	*Funktion*
	set EDITOR='/bin/ed' **bzw.**
	set EDITOR='/usr/bin/vi'
	kann explizit festgelegt werden, welcher Editor bei Angabe des **mailx**-Kommandos **~e** zu verwenden ist.
~f [*briefliste*]	kopiert die mit *briefliste*[a] ausgewählten Briefe in den Brieftext. Empfangene Briefe können nur dann einkopiert werden, wenn mail zum Lesen von Briefen aufgerufen wurde; deswegen sollte in diesem Fall **mailx** ohne Empfänger-Namen aufgerufen und dann mit dem **mailx**-Kommando
	m *login-name(n)*
	auf Senden eines Briefes umgeschaltet werden. Dies bewirkt, daß man sich dann im Eingabemodus befindet. Hier können nun zunächst einleitende Worte zu den einzukopierenden Briefen eingegeben werden, bevor diese mit ~f dann einkopiert werden.
~F [*briefliste*]	wie ~f, nur daß alle Kopfzeilen der betroffenen Briefe mit einkopiert werden.
~h	zeigt nacheinander alle Komponenten eines Briefkopfes mit ihrem bisherigem Inhalt an:

To:	Thema des Briefes
Subject:	Liste der Haupt-Adressaten
Cc:	Liste von Adressaten, denen eine Kopie des Briefes zuzustellen ist (*carbon copy*)
Bcc:....	Liste von Adressaten, die zwar auch eine Kopie dieses Briefes erhalten sollen, aber nirgends im Briefkopf zu erwähnen sind (*Blind carbon copy*). Bei jeder einzelnen Komponente kann nun deren Inhalt geändert oder neuer Text hinzugefügt werden. Soll der bisherige Inhalt unverändert bleiben, so ist lediglich ⏎ einzugeben.

Kommando	*Funktion*
~i *variable*	Fügt den Wert der Variablen *variable* in den Brieftext ein. *variable* kann dabei eine **mailx**-Variable oder eine Shell-Variable sein; so ist z.B. ~a äquivalent zu ~i sign.
~m [*briefliste*]	kopiert die mit *briefliste*[b] ausgewählten Briefe in den Brieftext, wobei jede Zeile mit einem vorangestellten Tabulatorzeichen nach rechts geschoben wird. Empfangene Brief können allerdings nur dann einkopiert werden, wenn mail zum Lesen von Briefen aufgerufen wurde; deswegen sollte in diesem Fall **mailx** ohne Empfänger-Namen aufgerufen und dann mit dem **mailx**-Kommando
	m *login-name(n)*

Kommando	Funktion
	auf Senden eines Briefes umgeschaltet werden. Dies bewirkt, daß man sich dann im Eingabemodus befindet. Hier können nun zunächst einleitende Worte zu den einzukopierenden Briefen eingegeben werden, bevor diese mit ~m dann einkopiert werden.
~M [*briefliste*]	wie ~m, nur daß alle Kopfzeilen der betroffenen Briefe mit einkopiert werden.
~p	gibt den bisher eingegebenen Brieftext nochmals von Beginn an am Bildschirm aus.
~q	bewirkt den sofortigen Abbruch von **mailx**. Ein bereits
~Q	eingegebener Brieftext wird nicht verschickt, sondern lediglich in der Datei *dead.letter*^c im home directory gesichert.
~r *dateiname* oder ~<*dateiname*	kopiert die Datei *dateiname* in den Brieftext ein. Nach Ausführung dieses Kommandos wird der Dateiname und die Anzahl der einkopierten Zeilen und Zeichen ausgegeben.
~< !*unix-kdo*	führt das Unix-Kommando *unix-kdo* aus und kopiert dessen Ausgabe in den Brieftext. Nach Ausführung dieses Kommandos wird die Anzahl der einkopierten Zeilen und Zeichen ausgegeben.
~s *string*	besetzt das Subject:-Feld mit den angegebenen *string*.
~t *login-name(n)*	ermöglicht es, neue Adressaten zur To:-Liste hinzuzufügen.
~v	ruft den Editor auf, der in der **mailx**-Variablen VISUAL angegeben ist; meist der vi.
~w *dateiname*	sichert den Brieftext in der Datei *dateiname*. Während bei **~w** der Briefkopf nicht mit gespeichert wird, geschieht dies bei der Angabe der Option -F. Bei der Option -F wird als Name für diese Datei der erste der beim **mailx**-Aufruf angegebenen *login-name(n)* verwendet.
~x	bewirkt den sofortigen Abbruch von **mailx**. Ein bereits eingegebener Brieftext wird weder verschickt noch gesichert.
~| *kdo*	leitet den Brieftext über eine Pipe in die Standardeingabe des Unix-Kommandos *kdo*. Wenn *kdo* erfolgreich abläuft, so wird der Brieftext durch dessen Ausgabe ersetzt.

a. siehe Beschreibung »Lesen von angekommenen Briefen«
b. siehe Beschreibung »Lesen von angekommenen Briefen«
c. ohne Briefkopf

Lesen von angekommenen Briefen

Zum Umgang mit angekommenen Briefen bietet **mailx** eine Vielzahl von Kommandos an.

Die allgemeine Syntax der Kommandos im Kommandomodus ist:

[kommando] *[briefliste]*

Wird kein *kommando* angegeben, so wird hierfür das Kommando **next** angenommen. Bei den Kommandonamen ist der hier kursive Teil die kürzest mögliche Form der Angabe; allerdings kann dabei auch jede mögliche Zwischenform angegeben werden. So ist z.B. für das Kommando *next* die kürzest mögliche Form **n**; dieses Kommando kann also mit **n**, **ne**, **nex** oder **next** aufgerufen werden.

Die *briefliste* legt dabei fest, für welche Briefe das angegebene Kommando auszuführen ist. Wenn ein Kommando eine *briefliste* zuläßt und es wird keine angegeben, so wird das Kommando für den aktuellen Brief ausgeführt. Bei der Ausgabe der Briefköpfe kennzeichnet **mailx** den aktuellen Brief immer mit **>**.

Eine *briefliste* ist eine Liste von einzelnen mit Leerzeichen getrennten Angaben; jede einzelne Angabe spezifiziert dabei bestimmte Briefe.

Als Angabe ist dabei möglich:

Angabe	*Beschreibung*	
n	Brief mit der Nummer *n*	
.	aktueller Brief	
^	erster nicht als »gelöscht« markierter Brief	
$	letzter Brief	
*	alle Briefe	
n-m	Briefe mit den Nummern *n* bis *m*	
login-name	alle Briefe des Benutzers *login-name*	
/text	alle Briefe, bei denen *text* in der *Subject:*-Zeile vorkommt[a]	
:*c*	alle Briefe vom Typ *c*, wobei für *c* folgendes angegeben werden darf:	
	d	als »gelöscht« markierte Briefe (d eleted)
	n	alle neuen Briefe (*n*ew)
	o	alle alten Briefe (*o*ld)
	r	alle bereits gelesenen Briefe (*r*ead)
	s	alle gesicherten Briefe (*s*aved)
	u	alle noch nicht gelesenen Briefe (*u*nread)

a. bei text wird dabei keine Unterscheidung zwischen Klein- und Großbuchstaben vorgenommen

Beispiel Hier werden bereits die später noch genauer beschriebenen Kommandos **delete** (als »gelöscht« markieren) und **save** (auf Datei sichern) verwendet:

d 2-5 ⏎

Briefe mit den Nummern 2, 3, 4 und 5 als »gelöscht« markieren

s :u ungelesen ⏎

noch nicht gelesene Briefe in Datei *ungelesen* (mit Briefkopf) sichern

p toni ⏎

alle Briefe von **toni** ausgeben

2 ⏎

Brief mit der Nummer 2 ausgeben

d :r ⏎

alle bereits gelesenen Briefe als »gelöscht« markieren

Wenn neue Post ankommt, so wird dies dem entsprechenden Benutzer mit

you have mail

oder

you have new mail

mitgeteilt. Dieser Hinweis erfolgt entweder sofort, wenn der Benutzer gerade angemeldet ist, oder aber beim nächsten Anmelden.

Um die neu angekommene Post zu lesen, muß dieser Benutzer **mailx** ohne Angabe von *login-name(n)* aufrufen; die einfachste Form ist dabei **mailx**. Nach diesem Aufruf wird eine Liste von Kopfzeilen[1] zu den in der mailbox vorhandenen Briefen ausgegeben, wie z.B.

Beispiel

```
$ mailx ⏎
mailx version 4.0   Type ? for help.
"/var/mail/egon": 3 messages  1 new  3 unread
 U  1 miller              Fri Jul  10 09:10    9/247  Jubilaeum von Schorsch
 U  2 marketing           Fri Jul  10 09:14   11/437  Marketing-Termine
>N  3 molly               Fri Jul  10 09:18    7/137
?
```

---

1. wenn mehr als 20 Briefe in der mailbox vorhanden sind, so werden nur die Kopfzeilen zu den ersten 20 Briefen ausgegeben.

Die erste Zeile zeigt dabei die Versionsnummer des mailx-Programms und gibt einen Hinweis, daß mit ? eine Kurzbeschreibung von mailx-Kommandos angefordert werden kann.

Die zweite Zeile zeigt den Pfadnamen der Datei, die als mailbox verwendet wird; zusätzlich wird in dieser Zeile angezeigt, wie viele Briefe in dieser mailbox vorhanden sind und wie viele davon neu und wie viele davon ungelesen sind.

Die restlichen Zeilen geben zu den in der mailbox vorhandenen Briefen die Überschriften an. Die einzelnen Briefe sind dabei nach **FIFO** (engl.: *first in first out*) numeriert: der zuerst angekommene Brief hat somit die Nummer 1 und ist zunächst der aktuelle Brief.

Links von den Nummern kann dabei Statusinformation angegeben sein:

N	(*new*) ist seit dem letzten **mailx**-Aufruf neu eingetroffen
R	(*read*) ist neu eingetroffen und bereits gelesen
U	(*unread*) ist schon älter, aber noch nicht gelesen
O	(*old*) ist schon älter und gelesen
S	(*saved*) wurde in einer Datei gesichert
M	(*mbox*) wird bei Verlassen von **mailx** in *mbox* aufgehoben
H	(*hold*) verbleibt in der primären Mailbox

Das Zeichen **>** steht dabei immer vor dem aktuellen Brief. Des weiteren wird zu jedem einzelnen Brief der Login-Name des Absenders, das Datum und die Uhrzeit der Zustellung, die Anzahl der Zeilen und Zeichen des Briefes und die *Subject:*-Zeile angegeben.

Am Ende dieser Ausgabe erscheint dann das **mailx**-Promptzeichen ? oder &, um dem Benutzer anzuzeigen, daß er nun **mailx**-Kommandos eingeben kann.

mailx-Kommandos

In der nachfolgenden Aufstellung ist die jeweils kürzest mögliche Aufrufform der Kommandos mit der Schriftart `fett` ausgezeichnet.

!*unix-kdo*

führt das angegebene Unix-Kommando *unix-kdo* aus.

kommentar

der Rest der Zeile nach # wird als Kommentar interpretiert; wird meist in der Datei *.mailrc* verwendet.

=

gibt die Nummer des aktuellen Briefes aus.

?

gibt eine Zusammenfassung der **mailx**-Kommandos am Bildschirm aus.

```
alias alias-name   name1 [[name2] ...]
group alias-name   name1 [[name2] ...]
```

Mit den Kommandos **alias** und **group** ist es möglich, an wenig aussagekräftige Login-Namen neue Namen zu vergeben, die zum einen leichter zu merken sind und zum anderen eine bessere Identifizierung des entsprechenden Benutzers zulassen. Wird dann beim **mailx**-Aufruf als *login-name* ein *alias-name* angegeben, so setzt **mailx** hierfür die entsprechenden Login-Namen *name1 name2...* ein. Bei den Kommandos **alias** und **group** kann für *name1 name2 ...* auch ein zuvor mit **alias** bzw. **group** definierter *alias-name* angegeben werden. Für diesen *alias-name* werden dann die im vorherigen **alias**- bzw. **group**-Kommando angegebenen *name1 name2 ...* eingesetzt. Obwohl die beiden Kommandos **alias** und **group** die gleiche Funktionalität besitzen, verwendet man üblicherweise alias um damit *für einen Login-Namen* einen neuen leichter identifizierbaren Namen einzuführen und group um *an eine gesamte Gruppe von Login-Namen* einen neuen Namen zu vergeben.

```
alternates [name1 [name2] ...]
```

deklariert eine Liste von alternativen Namen zu einem eigenen Login-Namen. Dieses Kommando ist für Benutzer, die Login-Kennungen auf mehreren Systemen besitzen. Wenn auf einen Brief geantwortet wird, so werden diese Namen aus der Liste der Adressaten entfernt. Wird **alternates** ohne die Angabe von *name(n)* aufgerufen, so wird die momentane Liste von alternativen Namen ausgegeben.

```
cd [directory]
chdir [directory]
```

zum angegebenen *directory* wechseln; ist kein *directory* angegeben, so wird zum home directory gewechselt.

```
copy [dateiname]
copy [briefliste] dateiname
```

entspricht weitgehend dem **save**-Kommando; allerdings werden hierbei die gesicherten Briefe nicht als »gesichert« markiert.

```
Copy [briefliste]
```

entspricht weitgehend dem **Save**-Kommando; allerdings werden hierbei die gesicherten Briefe nicht als »gesichert« markiert.

delete [*briefliste*]

bewirkt, daß die mit *briefliste* ausgewählten Briefe als »gelöscht« markiert werden. Ist keine *briefliste* angegeben, so wird der aktuelle Brief als »gelöscht« markiert. Die als »gelöscht« markierten Briefe werden erst beim Verlassen von **mailx**
(mit Kommando **q**) bzw. beim Wechseln in eine andere mailbox wirklich aus der
mailbox entfernt. Falls die **mailx**-Variable *autoprint* gesetzt ist, so wird der nächste Brief nach dem zuletzt gelöschten ausgegeben.

discard [*kopfzeilen-felder*]

unterdrückt die Ausgabe der entsprechenden *kopfzeilen-felder*, wenn ein Brief
am Bildschirm angezeigt wird. So würde z.B. **discard cc** die Ausgabe des **Cc:**-
Felds unterdrücken.

dp [*briefliste*]
dt [*briefliste*]

ist eine Kombination der Kommandos **delete** und **print** bzw. **type** und bewirkt,
daß die mit *briefliste* ausgewählten Briefen als »gelöscht« markiert werden und
dann sofort der darauffolgende Brief ausgegeben wird. Ist keine *briefliste* angegeben, so wird der aktuelle Brief als »gelöscht« markiert und dann der darauffolgende Brief ausgegeben.

echo *string*

gibt den angegebenen *string* auf die Standardausgabe aus; kann im *.mailrc* verwendet werden.

edit [*briefliste*]

bewirkt das Editieren der mit *briefliste* ausgewählten Briefe. Als Editor wird
dabei der in der **mailx**-Variablen *EDITOR* angegebene Editor verwendet; Voreinstellung ist **ed**.

exit

bewirkt, daß **mailx** unmittelbar verlassen wird und keine Briefe in *mbox* gesichert werden. Die Abgabe dieses Kommandos führt dazu, daß nahezu der gleiche Zustand der mailbox wieder hergestellt wird, der vor dem **mailx**-Aufruf
vorlag; allerdings gibt es dabei eine Ausnahme: Briefe, die explizit während der
mailx-Sitzung gesichert wurden, sind bereits entfernt und werden somit nicht
mehr in der mailbox aufgehoben.

file [*dateiname*]
folder [*dateiname*]

bewirkt, daß die momentane mailbox verlassen und *dateiname* die neue mailbox
wird. Für *dateiname* kann dabei auch folgendes angegeben werden:

Angabe	Bedeutung
%	eigene voreingestellte mailbox
%*login-name*	mailbox des Benutzers *login-name*; ist nur möglich, wenn die Zugriffsrechte dieser mailbox dieses zulassen
#	vorhergehende mailbox, von der aus in die momentane umgeschaltet wurde
&	Datei *mbox* im home directory

Ist kein *dateiname* angegeben, so wird in die eigene voreingestellte mailbox umgeschaltet.

`folders`

gibt die Namen aller Dateien aus, die im mail-Directory des Benutzers (festgelegt über die **mailx**-Variable *folder*) vorhanden sind.

`followup` [*brief*]

bewirkt, daß dem Absender eines mit *brief* ausgewählten Briefes ein Antwortschreiben geschickt wird, wobei dieses Schreiben in einer Datei mit dem Login-Namen des Absenders gesichert wird. Wenn die **mailx**-Variable *record* gesetzt ist, so wird sie hierdurch kurzzeitig ausgeschaltet.

`Followup` [*briefliste*]

bewirkt, daß dem Absender des ersten Briefes aus der *briefliste* ein Antwortschreiben geschickt wird, wobei eine Kopie dieses Schreibens zusätzlich allen Absendern der mit *briefliste* ausgewählten Briefe zugestellt wird. Das Antwortschreiben wird dabei in einer Datei (Dateiname ist der Login-Name des Absenders des ersten Briefes aus der *briefliste*) gesichert.

`forward` [*briefliste*] *login-name*
`FORward` [*briefliste*] *login-name(n)*

Die mit *briefliste* ausgewählten Briefe an den Benutzer *login-name* bzw. an die Benutzer *login-name(n)* weiterleiten.

`from` [*briefliste*]

bewirkt, daß zu den mit *briefliste* ausgewählten Briefen die Kopfzeilen ausgegeben werden. Ist keine *briefliste* angegeben, so wird die Kopfzeile des aktuellen Briefs ausgegeben.

`group alias-name` *name1* [[*name2*] ...]

dasselbe wie `alias`.

headers [*briefliste*]

bewirkt, daß zu den mit *briefliste* ausgewählten Briefen die Kopfzeilen ausgege-
ben werden; anders als bei **from** wird hierbei die Ausgabe nach einer ganzen
Bildschirmseite beendet. Ist keine *briefliste* angegeben, so wird ab dem aktuellen
Brief eine Bildschirmseite von Brief-Kopfzeilen ausgegeben.

help

gibt eine Zusammenfassung der **mailx**-Kommandos am Bildschirm aus.

hold [*briefliste*]

bewirkt, daß die mit *briefliste* ausgewählten Briefe in der mailbox verbleiben,
obwohl sie z. B. bereits gelesen wurden.

```
if s | r                              (entweder s oder r)
    mailx-Kommandos
[else
    mailx-Kommandos]
endif
```

Eine bedingte Ausführung von **mailx**-Kommandos ist mit dem Kommando **if-
endif** möglich. **s** steht dabei für **send** (Senden) und **r** für **receive** (Empfangen).
Somit kann die Ausführung bestimmter Kommandos davon abhängig gemacht
werden, ob **mailx** zum Senden oder zum Empfangen von Briefen aufgerufen
wird; wird meist in der Datei *.mailrc* verwendet.

ignore [*kopfzeilen-felder*]

dasselbe wie **discard**.

list

gibt alle verfügbaren **mailx**-Kommandos ohne sonstige Erklärungen am Bildschirm aus.

mail *login-name(n)*

ermöglicht das Schreiben eines Briefes an die Benutzer *login-name(n)*; dazu
wird hierbei in den Eingabemodus umgeschaltet, um die Eingabe des Brieftextes
zuzulassen.

Mail *login-name*

schaltet zum Schreiben eines Briefes an den Benutzer *login-name* in den Eingabemodus um. Der abgeschickte Brief wird dabei in einer Datei mit dem Namen
login-name gespeichert.

mbox [*briefliste*]

bewirkt, daß die mit *briefliste* ausgewählten Briefe nach einer normalen Beendigung von **mailx** in der Datei *mbox* gesichert werden.

`New` [*briefliste*]

Die mit *briefliste* ausgewählten Briefe bzw. den aktuellen Brief als »ungelesen« markieren.

`next` [*angabe*]

bewirkt, daß zum nächsten Brief gesprungen wird, auf den die *angabe* (siehe vorher: »Lesen von angekommenen Briefen) passt; dies ist nützlich wenn für *angabe* entweder *login-name* oder /*text* angegeben wird.

`pipe` [*briefliste*] [*unix-kdo*]

leitet die mit *briefliste* ausgewählten Briefe über eine Pipe in die Standardeingabe des Kommandos *unix-kdo*. So würde z.B. `pipe 5 wc -l` die Zeilen des Briefes mit der Nummer 5 zählen. Sind keine Argumente angegeben, so wird der aktuelle Brief in die Standardeingabe des Kommandos geleitet, das in der **mailx**-Variablen *cmd* angegeben ist.

`|` [*briefliste*] [*unix-kdo*]

dasselbe wie **pipe**.

`preserve` [*briefliste*]

dasselbe wie **hold**

`print` [*briefliste*]

bewirkt die Ausgabe der mit *briefliste* ausgewählten Briefe. Ist keine *briefliste* angegeben, so wird der aktuelle Brief ausgegeben.

`Print` [*briefliste*]

dasselbe wie **print**, nur daß die Kopfzeilen-Felder selbst dann angezeigt werden, wenn mit dem **mailx**-Kommando **ignore** dies anders festgelegt wurde.

`quit`

bewirkt, daß vor dem Verlassen von **mailx** alle gelesenen Briefe in *mbox* gesichert werden und nur die ungelesenen Briefe in der mailbox verbleiben. Briefe, die explizit in einer Datei gesichert oder als »gelöscht« markiert wurden, werden in keiner dieser beiden Dateien aufgehoben. Wie viele Briefe in *mbox* gesichert wurden und wie viele in der mailbox verbleiben, wird dabei gemeldet.

`reply` [*brief*]

bewirkt, daß nicht nur dem Absender des mit *brief* ausgewählten Briefes, sondern auch allen anderen Adressaten eine Antwort geschickt wird. Nach der Abgabe dieses Kommandos werden die **To:**- und *Subject:*-Zeilen eingeblendet, bevor in den Eingabemodus umgeschaltet wird. Im Eingabemodus kann nun das Antwortschreiben eingegeben werden. Nach dem Verlassen des Eingabemodus mit ~. wird der gerade geschriebene Antwortbrief an alle Adressaten geschickt, die in der zuvor eingeblendeten **To:**-Zeile erwähnt wurden. Ist kein *brief* angegeben, so wird auf den aktuellen Brief geantwortet.

Reply [*briefliste*]

bewirkt, daß *nur* den Absendern der mit *briefliste* ausgewählten Briefe eine Antwort auf deren Brief geschickt wird. Nach der Abgabe dieses Kommandos werden die **To:**- und *Subject:*-Zeilen eingeblendet, bevor in den Eingabemodus umgeschaltet wird. Im Eingabemodus kann nun das Antwortschreiben eingegeben werden. Nach dem Verlassen des Eingabemodus mit ~. wird der gerade geschriebene Antwortbrief dem Absender des ursprünglichen Briefes zugestellt. Ist keine *briefliste* angegeben, so wird auf den aktuellen Brief geantwortet.

respond [*brief*]

dasselbe wie **reply**

Respond [*briefliste*]

dasselbe wie **Reply**

retain [*kopfzeilen-felder*]

Die *kopfzeilen-felder* in der *retained-liste* aufnehmen. Bei der Ausgabe eines Briefes werden nur die Kopfzeilen ausgegeben, die in der retained-list vorhanden sind. Beispiele für *kopfzeilen-felder* sind **from, to, cc, bcc** und **subject**. Um einen Brief vollständig auszugeben, müssen die Kommandos **Type** oder **Print** verwendet werden. Sind keine *Kopfzeilen-felder* angegeben, so gibt **retain** den momentanen Inhalt der retained-list aus.

save [*dateiname*]
save [*briefliste*] *dateiname*

sichert die mit *briefliste* ausgewählten Briefe in der Datei *dateiname*. Ist keine *briefliste* angegeben, so wird der aktuelle Brief in der Datei *dateiname* gesichert. Wird weder ein *dateiname* noch eine *briefliste* angegeben, so wird der aktuelle Brief in der Datei *mbox* im home directory gesichert. Die so gesicherten Briefe werden als »gesichert« markiert, d.h. daß sie beim Verlassen von **mailx** normalerweise[1] aus der mailbox entfernt und nicht in *mbox* gesichert werden.

---

1. über die **mailx**-Variable keepsave steuerbar

Save [*briefliste*]

sichert die mit *briefliste* ausgewählten Briefe in einer Datei[1], deren Name der Login-Name des Absenders des ersten Briefes (aus den mit *briefliste* ausgewählten Briefe) ist. Ist keine *briefliste* angegeben, so wird der aktuelle Brief gesichert; als Dateiname wird dabei der Login-Name des Brief-Absenders genommen.

Die so gesicherten Briefe werden als »gesichert« markiert, d. h. daß sie beim Verlassen von **mailx** normalerweise[2] aus der mailbox entfernt und nicht in *mbox* gesichert werden.

set

Ausgabe aller definierten **mailx**-Variablen und deren Werte

set *variable1* [[*variable2*] ...]

setzt die Variablen *variable1*, *variable2*, .. Wird vor dem Variablen-Namen no angegeben, so wird die entsprechende Variable ausgeschaltet[3] und sonst eben eingeschaltet.

set *variable=wert*

weist der Variablen *variable* den Wert *wert* zu. *wert* kann dabei – abhängig vom jeweiligen Variablentyp – entweder ein String (muß mit ′.. ′geklammert sein) oder eine Zahl sein.

shell

Durchschalten auf die Unix-Kommandoebene (auch mit ! möglich); Rückkehr nach **mailx** ist mit der Eingabe von **exit** oder $\boxed{\texttt{Strg}}$-$\boxed{\texttt{D}}$ (am Anfang einer Zeile) möglich.

size [*briefliste*]

gibt die Größe (Zeichen-Anzahl) der mit *briefliste* ausgewählten Briefe aus.

source *dateiname*

liest die mailx-Kommandos aus der Datei *dateiname* und führt diese aus; dies ist nützlich, wenn z.B. während einer **mailx**-Sitzung der Inhalt der Datei *.mailrc* geändert wurde und diese nun nochmals auszuwerten ist.

top [*briefliste*]

---

1. im working directory
2. über die **mailx**-Variable keepsave steuerbar
3. Eine Variable kann allerdings nur dann mit einem vorangestellten no ausgeschaltet werden, wenn sie zu diesem Zeitpunkt eingeschaltet ist.

bewirkt die Ausgabe der 5 ersten Zeilen der mit *briefliste* ausgewählten Briefe; die Voreinstellung von 5 Zeilen kann mit der **mailx**-Variablen *toplines* verstellt werden. Ist keine *briefliste* angegeben, so werden die ersten 5 Zeilen des aktuellen Briefs ausgegeben.

touch [*briefliste*]

bewirkt, daß die mit *briefliste* ausgewählten Briefe, falls sie nicht explizit gesichert wurden, in der Datei *mbox* gesichert werden.

type [*briefliste*]

dasselbe wie **print**.

Type [*briefliste*]

dasselbe wie **Print**.

unalias *alias-name(n)*

Die Definition von *alias-name(n)* wieder aufheben.

undelete [*briefliste*]

bewirkt, daß bei den mit *briefliste* ausgewählten Briefen die Markierung »gelöscht« wieder aufgehoben wird. Ist keine *briefliste* angegeben, so bezieht sich dieses Kommando auf den aktuellen Brief.

undiscard *kopfzeilen-felder*
unignore *kopfzeilen-felder*

Die *kopfzeilen-felder* ab sofort wieder anzeigen (siehe auch **discard**).

unread [*briefliste*]
Unread [*briefliste*]

Die mit *briefliste* ausgewählten Briefe bzw. den aktuellen Brief als »ungelesen« markieren; dasselbe wie **New**.

unretain [*kopfzeilen-felder*]

kopfzeilen-felder aus der *retained-liste* entfernen (siehe auch **retain**).

unset *variable1* [[*variable2*] ...]

löscht die Variablen *variable1* [[*variable2*] ...]

version

gibt die Versionsnummer des **mailx**-Kommandos aus.

visual [*briefliste*]

bewirkt das Editieren der mit *briefliste* ausgewählten Briefe. Als Editor wird dabei der in der **mailx**-Variablen *VISUAL* angegebene Editor verwendet; Voreinstellung ist **vi**.

write [*briefliste*] *dateiname*

entspricht weitgehend dem save-Kommando; jedoch werden hierbei die Brief-Kopfzeilen nicht mit in die entsprechende Datei geschrieben.

xit

dasselbe wie exit.

z[+]

Vorwärtsblättern in der Kopfzeilen-Liste (Inhaltsverzeichnis); + ist optional

z-

Zurückblättern in der Kopfzeilen-Liste (Inhaltsverzeichnis)

mailx-Variablen

Mit dem **set**-Kommando ist es möglich, **mailx**-Variablen zu setzen:

set

Ausgabe aller definierten Variablen und deren Werte

set *variable1* [[*variable2*] ...]

setzt die Variablen *variable1*, *variable2*, .. Wird vor dem Variablen-Namen no angegeben, so wird die entsprechende Variable ausgeschaltet[1] und sonst eben eingeschaltet.

unset *variable1* [[*variable2*] ...]

entspricht der Angabe set **no**variable1 [[**no**variable2] ...]

set *variable=wert*

weist der Variablen *variable* den Wert *wert* zu. *wert* kann dabei – abhängig vom jeweiligen Variablentyp – entweder ein String (muß mit '.. 'geklammert sein) oder eine Zahl sein.

Die **mailx**-Variablen können dabei entweder während einer **mailx**-Sitzung oder aber in der Datei *.mailrc* (im home directory) gesetzt werden.

allnet

---

1. Eine Variable kann allerdings nur dann mit einem vorangestellten **no** ausgeschaltet werden, wenn sie zu diesem Zeitpunkt eingeschaltet ist.

alle Netzwerk-Namen mit den gleichen Login-Namen werden als identisch betrachtet; so würde z.B. `hamburg2!egon` und `munich4!egon` als die gleiche Person betrachtet; dies bewirkt, daß wenn *egon* als Teil von [*briefliste*] angegeben ist, alle Briefe von *hamburg2!* und *munich4!* ausgewählt werden. Voreinstellung ist: `noallnet`

`append`

bewirkt, daß nach Beendigung von **mailx** die gelesenen Briefe am Ende der *mbox*-Datei angehängt werden. Voreinstellung ist: *noappend* (Einfügen der gelesenen Briefe am Anfang der *mbox*-Datei)

`askatend`

Nach den **Cc:** und **Bcc:**-Empfängern wird erst nach dem Schreiben des Briefes und nicht bereits nach der **Subject:**-Zeile gefragt.

`askcc`

bewirkt, daß nach einer **Cc:**-Verteilerliste gefragt wird, nachdem ein Brieftext eingegeben wurde. Voreinstellung ist: `noaskcc`

`askbcc`

bewirkt, daß nach einer **Bcc:**-Verteilerliste gefragt wird, nachdem der Brieftext eingegeben wurde. Voreinstellung ist: `noaskbcc`

`asksub`

bewirkt, daß nach einer *Subject:*-Zeile gefragt wird, wenn ein Brief gesendet wird; gilt nur, wenn nicht die Option `-s` beim Aufruf angegeben wurde. Voreinstellung ist: `asksub`

`autoedit`

Briefeingabe erfolgt mit einem Editor, so als ob **~e** aufgerufen wurde. Voreinstellung ist: `noautoedit`

`autoprint`

nach der Verwendung eines **delete**- oder **undelete**-Kommandos wird automatisch ein Briefinhalt ausgegeben. Voreinstellung ist: `noautoprint`

`autosign=`*string*

string wird automatisch als Unterschrift an jeden geschriebenen Brief angehängt (siehe auch Kommando **~i**). Keine Voreinstellung.

`autoSign=`*string*

string wird automatisch als Unterschrift an jeden geschriebenen Brief angehängt, wie wenn das Kommando **~A** explizit angegeben würde (siehe auch Kommando **~i**). Keine Voreinstellung.

autovedit

Briefeingabe erfolgt mit einem Editor, so als ob **~v** aufgerufen wurde. Diese Variable hat höhere Priorität als **autoedit**. Voreinstellung ist: noautovedit.

bang

interpretiert Ausrufezeichen bei der Angabe von Unix-Kommandos in der gleichen Weise wie **vi**. Voreinstellung ist: nobang

cmd=*unix-kdo*

unix-kdo ist das voreingestellte Kommando für das **pipe**-Kommando. keine Voreinstellung.

_conv=*konvertierung*

konvertiert Adressen, die dem **uucp**-Stil (munich4!egon) entsprechen, in einen Stil, der mit *konvertierung* angegeben wird. Die einzige zur Zeit mögliche Konvertierung ist *internet*.

Voreinstellung ist: keine Konvertierung.

crt=*zeilenzahl*

leitet Brieftexte, die mehr als *zeilenzahl* Zeilen haben, über eine Pipe in die Standardeingabe des Kommandos, das in der **mailx**-Variablen *PAGER* angegeben ist (**pg** bzw. **more** ist das voreingestellte Kommando). Voreinstellung ist: nicht gesetzt.

DEAD=*dateiname*

nicht zustellbare Briefe oder Briefe, deren Eingabe abgebrochen wurde, werden in der Datei *dateiname* gesichert. Voreinstellung ist: DEAD=$HOME/dead.letter

debug

wenn gesetzt, so werden zu Debug-Zwecken Diagnose-Meldungen ausgegeben; in diesem Fall wird keine Post verschickt. Diese Variable ist nicht für die normale Anwendung gedacht. Voreinstellung ist: nodebug

dot

wenn gesetzt, so beendet die Eingabe eines Punktes als einziges Zeichen einer Zeile den Eingabemodus. Voreinstellung ist: nodot

EDITOR=*pfadname*

legt den Pfadnamen des Editors fest, der bei Eingabe der Kommandos **edit** oder **~e** aufzurufen ist. Voreinstellung ist: `EDITOR='ed'`

`escape=`*c*

legt fest, daß anstelle von ~ das Zeichen *c* zu verwenden ist; wenn z.B. `escape=*` gesetzt wäre, so müßte anstelle von ~e z.B. *e angegeben werden. Voreinstellung ist: `escape=~`

`flipf`

Bedeutung von **Followup** und **followup** vertauschen.

`flipm`

Bedeutung von **Mail** und **mail** vertauschen.

`flipr`

Bedeutung von **Reply** (**Respond**) und **reply** (**respond**) vertauschen.

`folder=`*directory*

legt das Directory fest, in dem explizit gesicherte Briefe zu speichern sind. Wenn `directory` nicht als absoluter Pfadname angegeben ist, so wird es als relativ zum home directory interpretiert. Dateinamen, die mit einem Pluszeichen (**+**) beginnen (bei **save**, **copy**, **write** und **followup**), werden in diesem *directory* gesichert. Voreinstellung ist: keine

`forwardbegin=`*string*

string oberhalb des Textes von weitergeleiteten Briefe angeben (siehe auch die Kommandos **forward** und **Forward**). Voreinstellung ist: `forwardbegin='---- begin forwarded message ----'`

`forwardbracket=`

Die über **forwardbegin**, **forwardprefix** und **forwardend** gesetzten Strings (bzw. deren Voreinstellung) bei der Weiterleitung von Briefen mit den Kommandos **~f**, **~F**, **forward** und **Forward** in den Text einfügen.

`forwardend=`*string*

string nach den Texten von weitergeleiteten Briefe angeben (siehe auch die Kommandos **forward** und **Forward**). Voreinstellung ist: `forwardend='---- end of forwarded message ----'`

`forwardprefix=`*string*

string bei der Weiterleitung von Briefen als Präfix verwenden (siehe auch die Kommandos **forward** und **Forward**). Voreinstellung ist: `forwardprefix='> '`

from

Eine **FROM:**-Kopfzeile wird bei allen geschickten Briefen eingefügt. Voreinstellung: from.

header

wenn gesetzt, dann werden die Brief-Kopfzeilen beim Aufruf von **mailx** zum Lesen von Briefen angezeigt. Voreinstellung ist: header

hold

bewirkt, daß die gelesenen Briefe in der mailbox verbleiben. Voreinstellung ist: nohold (Gelesene Briefe aus der mailbox entfernen und in der *mbox*-Datei sichern)

ignore

wenn gesetzt, dann werden Interrupts im Eingabemodus ignoriert. Voreinstellung ist: noignore

ignoreeof

wenn gesetzt, dann werden EOF-Signale im Eingabemodus ignoriert; Abbruch des Eingabemodus ist in diesem Fall nur mit ~. oder . (wenn dot gesetzt) möglich. Voreinstellung ist: noignoreeof

indentprefix=*string*

string anstelle eines Tabulatorzeichens verwenden, wenn andere Texte in einem Brief eingefügt werden (siehe auch **~m**).

iprompt=*string*

Im Eingabemodus *string* als Promptzeichen für jede Eingabezeile verwenden.

keep

bewirkt, daß eine leere mailbox-Datei nicht gelöscht wird, sondern als leere Datei erhalten bleibt. Voreinstellung ist: nokeep (Leere mailbox-Datei löschen)

keepsave

bewirkt, daß explizit gesicherte Briefe nicht gelöscht werden. Voreinstellung ist: nokeepsave

LISTER=*unix-kdo*

Das Unix-Kommando *unix-kdo* (einschließlich der angegebenen Optionen) wird verwendet, um die Dateien im folder-Directory aufzulisten, wenn das **mailx**-Kommando folders aufgerufen wird. Voreinstellung ist: LISTER=ls

MAILX_HEAD=*string*

string am Anfang jedes geschickten Briefs angeben.

MAILX_TAIL=*string*

string am Ende jedes geschickten Briefs angeben.

MBOX=*dateiname*

In der Datei *dateiname* werden gelesenen Briefe gesichert. Voreinstellung ist: MBOX=$HOME/*mbox*

metoo

nur wenn nicht gesetzt, so wird der eigene Login-Name bei Verwendung des **mailx**-Kommanods reply, aus der Adressaten-Liste entfernt. Voreinstellung ist: nometoo

mprefix=*string*

string anstelle eines Tabulatorzeichens verwenden, wenn andere Texte in einem Brief eingefügt werden; hat niedrigere Priorität als die Variable **indentprefix**.

newmail

Vor jeder Prompt-Ausgabe prüfen, ob neue Briefe angekommen sind. Voreinstellung: newmail.

onehop

wenn gesetzt, so wird die Effizienz des **mailx**-Kommandos **reply** in einigen Netzwerken verbessert. Die übliche Vorgehensweise ist folgende: Wenn z.B. hamburg2!egon Post an munich4!anton und koeln3!maria sendet, und maria antwortet auf diesen Brief mit **reply**, so wird deren Antwort an hamburg2!egon und an hamburg2!munich4!anton geschickt. Wenn *onehop* dagegen gesetzt wäre, so würde die Antwort an hamburg2!egon und an munich4!anton geschickt. Voreinstellung ist: noonehop

outfolder

bewirkt, daß die bei *record=* angegebene Datei im *folder*-Directory angenommen wird; dies gilt allerdings nur, wenn bei *record=* kein absoluter Pfadname angegeben ist. Voreinstellung ist: nooutfolder (bei record= angegebene Datei wird das working directory angenommen[1])

---

1. wenn diese nicht vorhanden ist, so wird diese neu angelegt, ansonsten wird der geschriebene Brief am Ende dieser Datei angehängt.

page

wenn gesetzt, so wird nach jedem Brieftext, der an das **mailx**-Kommando **pipe** übergeben wird, ein Seitenvorschub (*form feed*) angehängt wird. Voreinstellung ist: nopage

PAGER=*kdo*

Jede Ausgabe eines Briefes über eine Pipe an das Unix-Kommando *kdo* weiterleiten. Die Angabe **PAGER=** entspricht **PAGER=cat**. Voreinstellung: PAGER='pg -e', bzw. PAGER='more'.

prompt=*string*

legt den Prompt fest, der im Kommandomodus zu verwenden ist. Voreinstellung ist: prompt='? '

quiet

wenn gesetzt, dann werden die **mailx**-Kopfzeilen (Versionsnummer, Datum, usw.) beim Aufruf von **mailx** zum Lesen von Briefen nicht angezeigt. Voreinstellung ist: noquiet

record=*dateiname*

alle abgeschickten Briefe werden in der Datei *dateiname* gesichert. Voreinstellung ist: abgeschickte Briefe nicht sichern

save

bewirkt, daß Briefe, die durch ein Interrupt-Signal bei der Eingabe abgebrochen werden, oder nicht zustellbare Briefe in der Datei, die mit der **mailx**-Variablen *DEAD* spezifiziert ist, gesichert werden. Voreinstellung ist: save

screen=*zeilenzahl*

setzt die Anzahl der mit dem Kommando **headers** anzuzeigenden Brief-Kopfzeilen auf *zeilenzahl*.

sendmail=*mail-kdo*

legt ein alternatives **mail**-Programm mail-*kdo* fest. Voreinstellung ist: sendmail='/usr/bin/rmail'

sendwait

Normalerweise läuft **mailx** im Hintergrund, so daß sofort im Vordergrund weiter gearbeitet werden kann. Ist *sendwait* gesetzt, so wird auf die Beendigung der Postzustellung gewartet.
Voreinstellung ist: nosendwait

SHELL=*kdo*

legt den Kommandointerpreter fest, der bei Eingabe der **mailx**-Kommandos **!**,
~!, **shell** und **pipe** zu verwenden ist. Voreinstellung ist: SHELL='sh'

showto

wenn gesetzt, so wird der Empfängername anstelle des Sendernamens in den
Brief-Kopfzeilen angezeigt, wenn ein Brief von einem Benutzer selbst stammt.
Voreinstellung ist: noshowto

sign=*string*

der hier angegebene *string* wird bei der Angabe des Kommandos ~a (im Eingabemodus) nach der aktuellen Briefzeile eingefügt. Voreinstellung ist: keine

Sign=*string*

der hier angegebene *string* wird bei der Angabe des Kommandos ~A (im Eingabemodus) nach der aktuellen Briefzeile eingefügt. Voreinstellung ist: keine

toplines=*zahl*

legt die *zahl* der Zeilen fest, die bei Angabe des top-Kommandos vom Briefan-
fang auszugeben sind. Voreinstellung ist: toplines=5

VISUAL=*pfadname*

legt den Pfadnamen des Editors fest, der bei Eingabe der Kommandos **visual**
oder **~v** aufzurufen ist. Voreinstellung ist: VISUAL='vi'

Die mailx-Konfigurationsdatei .mailrc

Bei jedem Aufruf von **mailx** werden zuerst die in der Datei *.mailrc*[1] angegebenen
mailx-Kommandos ausgeführt. Diese Datei muß der jeweilige Benutzer selbst
erstellen. Daneben gibt es meist noch eine systemweit benutzte Konfigurationsdatei */etc/mail/mailx.rc*, welche vom Systemadministrator erstellt wurde. Die
darin enthaltenen Kommandos werden noch vor denen aus *.mailrc* ausgeführt.
Somit haben die in *.mailrc* angegebenen Kommandos höhere Priorität, da sie
eventuell zuvor in *mailx.rc* gesetzte **mailx**-Variablen wieder neu setzen und
damit überschreiben.

Nahezu alle **mailx**-Kommandos dürfen in der Datei *.mailrc* verwendet werden.
Die nachfolgende Liste zeigt die Kommandos, die dort *nicht* angegeben werden
dürfen:

---

1. dieser Name kann auch mit der System-Variablen (Shell-Variablen) MAILRC= *datei-name*
   verändert werden; ist diese Variable nicht gesetzt, so wird der Name .mailrc im home directory angenommen.

```
!
shell
edit
visual
followup
Followup
hold
preserve
mail
copy
reply
Reply
```

| **man** | die traditionelle Online-Hilfe für Unix |

Syntax

man [*optionen*] [*bereich*] *thema*

Beschreibung

Mit dem Kommando **man** können während des Arbeitens am System Informationen aus der Online-Dokumentation zu vielen Kommandos und C-Funktionen erfragt werden. Diese am Bildschirm angezeigten Informationen sind meist in englischer Sprache. Auf einigen Systemen wie z.B. auch Linux liegen die man-Texte zu einigen wichtigen Kommandos auch in deutscher Sprache vor. Es existieren mehrere Programme zur Anzeige von man-Texten: Die beiden am häufigsten benutzten Programme sind **man** für den Textmodus und **xman** für das X Window System. Unter Linux beispielsweise wird noch ein weiteres Programm zur Anzeige von man-Texten angeboten: **tkman**, das noch komfortabler als **xman** ist, aber nur läuft, wenn das Programmpaket Tcl / Tk installiert ist. Nachfolgend werden diese drei Varianten kurz beschrieben.

man sucht die als *thema* angegebene Manual-Datei in allen ihm bekannten man-Directories (kann über die Variable MANPATH in .profile festgelegt werden). Mit der optionalen Angabe von *bereich* kann die Suche auf einen bestimmten Bereich eingeschränkt werden. Das **man** von Linux beispielsweise kennt die Themenbereiche 1 bis 9 und n:

1	Benutzerkommandos
2	Systemaufrufe
3	Funktionen der Programmiersprache C
4	Dateiformate, Gerätedateien
5	Konfigurationsdateien
6	Spiele

7	Diverses
8	Kommandos zur Systemadministration
9	Kernel-Funktionen
n	Neue Kommandos

In vielen Unix-Dokumentationen und -Büchern wird zum Kommando- oder Funktionsnamen oft noch die entsprechende Bereichsnummer – wie etwa ls(1) oder fopen(3) – angegeben. Um nun nicht alle man-Directories durchsuchen zu lassen, kann man, wenn man die Bereichsnummer kennt, die Suche auf einen Bereich eingrenzen, wie z. B.

man 1 ls   oder

man 3 fopen

Das Kommando **man** gibt die Informationen seitenweise am Bildschirm aus. Mit Return kann man zeilenweise und mit dem Leerzeichen seitenweise vorwärts blättern. Mit der Eingabe von **q** wird **man** beendet.

Die Beschreibung eines Kommandos im gedruckten Handbuch oder im Online-Manual nennt man *Manpage*.

Optionen

Die wichtigsten Optionen zu **man** sind:

-a	zeigt der Reihe nach alle gleichnamigen man-Seiten an. Nachdem man den ersten man-Text gelesen hat, muß man die Taste q drücken und man gelangt zum nächsten man-Text, der das angegebene *thema* betrifft. Ohne diese Option wird gewöhnlich nur die erste von mehreren gleichnamigen Dateien aus unterschiedlichen Themengebieten angezeigt. Auf manchen Systemen ist **-a** die Voreinstellung.
-k *schlüsselwort*	zeigt eine Liste aller man-Seiten an, in denen das angegebene *schlüsselwort* vorkommt. Statt **man -k** *schlüsselwort* könnte man im übrigen auch **apropos** *schlüsselwort* aufrufen.
-f *schlüsselwort*	zeigt die Bedeutung des *schlüsselworts* in Form eines einzeiligen Textes an. Statt **man -f** *schlüsselwort* könnte man im übrigen auch **whatis** *schlüsselwort* aufrufen.

Falls die Optionen **-k** und **-f** bzw. die Kommandos **whatis** und **apropos** z. B. unter Linux nicht funktionieren, fehlt sehr wahrscheinlich die Datenbank mit den Inhaltsangaben zu den man-Texten. In diesem Fall müßte zuvor noch **/usr/sbin/makewhatis** vom Superuser (root) aufgerufen werden.

Interaktive man-Kommandos

Welche Tasten zum interaktiven Blättern und Suchen in einem angezeigten man-Text zur Verfügung stehen, hängt vom eingestellten Programm zur seitenweise Anzeige des man-Textes ab. Unter Linux ist das meist **less,** und wichtige Tasten zum interaktiven Bedienen von **man** sind dort:

q	man-Text verlassen
Leertaste	eine Seite weiterblättern
b	eine Seite zurückblättern
Cursortasten ↑ und ↓	Text nach oben/unten verschieben
Tasten Pos1, Ende	an Anfang/Ende des man-Textes springen
Tasten g, G	an Anfang/Ende des man-Textes springen
Tasten Bild↑, Bild↓	Seite nach oben/unten blättern
/*text* ↵	nach unten nach dem String *text* suchen
?*text* ↵	nach oben nach dem String *text* suchen
Tasten n, N	Letzte Suche in gleiche/umgekehrte Richtung wiederholen
h	Hilfstext zu weiteren Tastenkürzeln anzeigen

 Die Manpages befinden sich üblicherweise in den Directories */usr/share/man/man?* oder */usr/local/man/man?*.

Die Manpages sind wie folgt gegliedert:

NAME	ame und Kurzbeschreibung des Kommandos
SYNOPSIS	Syntaxbeschreibung des Kommandos
DESCRIPTION	ausführliche Beschreibung des Kommandos
OPTIONS	Bedeutung der Optionen und Argumente
FILES	Dateien, die das Kommando benutzt
EXAMPLES	Anwendungsbeispiele zum Kommando
NOTES	allgemeine Hinweise
EXIT CODES	Rückgabewerte des Kommandos
SEE ALSO	Hinweise auf verwandte Kommandos
DIAGNOSTICS	Fehlermeldungen des Kommandos
WARNINGS	Einschränkungen oder andere Hinweise

AUTHOR	Autor des Programms
BUGS	bekannte Fehler

Statt **man** kann man auch das Kommando **apropos** verwenden, das die gleiche Wirkungsweise wie **man -k** hat.

Will man sich die Manualpage zu **man** selbst ausgeben lassen, so muß man nur **man man** aufrufen.

mesg	Sperren des eigenen Terminals für Ausgaben durch fremde Benutzer

Syntax

```
mesg [-n] [-y]¹
```

Beschreibung

Das Kommando **mesg** ermöglicht es einen Benutzer, seinen Terminal für das Schreiben durch andere Benutzer (z.B. mit dem Befehl **write**) sperren oder aber ein solches »fremdes« Schreiben wieder zu zulassen.

Wird **mesg** ohne Angabe einer Option aufgerufen, so meldet es lediglich das momentane Zugriffsrecht dieses Terminals für »fremde« Benutzer.

Optionen

Option	*Beschreibung*
-n	Schreiben durch »fremde« Benutzer (außer Superuser) am eigenen Terminal verbieten.
-y	Schreiben durch »fremde« Benutzer wieder zulassen.

minicom	Terminalprogramm für den Textmodus

Syntax

minicom [*optionen*]

---

1. Unter Linux muß der Bindestrich vor **y** bzw. **n** weggelassen werden.

Beschreibung

minicom ist ein Terminalprogramm für den Textmodus, das über die Gerätedatei /dev/modem auf das Modem zugreift. Um **minicom** zu konfigurieren, muß der Superuser (root)

minicom -s

aufrufen. Die Konfiguration wird üblicherweise in /etc/minirc.dfl gespeichert. Oft wird **minicom** so konfiguriert, daß es nur von root benutzt werden kann. Um auch anderen Anwendern seine Benutzung zu erlauben, müssen deren Login-Namen in der Konfigurationsdatei /etc/minicom.users eingetragen werden.

minicom arbeitet menügesteuert, wobei man sich das Hauptmenü immer mit Strg-A,Z einblenden lassen lassen kann. Durch die Eingabe eines weiteren Buchstabens kann man dann die einzelnen Submenüs aufrufen. Kennt man bereits vorab den Buchstaben des entsprechenden Submenüs, muß man nicht den Umweg über das Hauptmenü wählen, sondern kann dieses direkt mit Strg-A,*Buchstabe* aufrufen.

Unabhängig von den einzelnen Konfigurationseinstellungen unterhält **minicom** ein eigenes Telefonbuch, das sich mit Strg-A,D aufrufen läßt. Dieses Telefonbuch befindet sich im Home-Directory unter dem Namen .dialdir.

minicom-Programmiersprache

Zu **minicom** existiert eine einfache Programmiersprache, die vor allen Dingen dazu verwendet wird, um bestimmte Schlüsselwörter (wie login, Password usw.) zu erkennen, um darauf automatisch mit der Übertragung von Zeichen (Login-Namen, Paßwort usw.) zu reagieren. Die Ausführung von solchen Programmdateien, unter Unix *Skripts* genannt, erfolgt nicht direkt durch **minicom**, sondern durch den Interpreter **runscript**.

In der folgenden Tabelle sind die wichtigsten Schlüsselwörter dieser *runscript*-Sprache zusammengefaßt:

#	leitet Kommentar ein; Rest dieser Zeile wird nicht ausgewertet
exit	beendet das Skript-Programm

expect { [a]
    "muster" kommando
    "muster" kommando
 	
    .....
 	
}
	Bei Erkennung eines musters, wird zugehöriges kommando ausgeführt

goto marke	springt zur Zeile, die mit marke: gekennzeichnet ist
print "zeichenkette"	gibt zeichenkette am Bildschirm aus

send "zeichenkette"	überträgt zeichenkette an das Modem
sleep *n*	wartet *n* Sekunden
timeout *n*	legt die maximale Wartezeit von **expect** auf *n* Sekunden fest

a. nach { muß noch ein Leerzeichen angegeben sein.

Eine vollständige Beschreibung zu dieser Sprache kann man sich mit

man runscript

anzeigen lassen.

Zum Austesten von Skriptdateien kann man direkt **runscript** aufrufen, ohne vorher **minicom** zu starten. Die Zeichenketten (Muster), die die Skriptdatei vom Modem erwartet, müssen dann über Tastatur eingegeben werden.

Das folgende Beispiel zeigt ein Skript für einen typischen Login auf einem Unix-System. Das Programm wartet auf die Zeichenkette 'ogin:' (damit sowohl 'Login:' als auch 'login:' erkannt wird), sendet dann den Loginnamen, wartet auf den String 'assword:' und sendet dann das Paßwort.

```
# Generisches Unix login script.
# kann verwendet werden, um sich automat. an nahezu jedem Unix-Syst. anzumelden
#
    # Einige Variablen
    set a 0
    set b a
    print ...Versuche mich anzumelden
    # Das erstemal das initiale 'send ""' ueberspringen..
    goto skip
loop1:
    # Sende Loginname nicht mehr als dreimal
    send ""
    inc a
skip:
    if a > 3 goto failed1
    expect {
        "ogin:"
        "assword:"send ""
        "NO CARRIER"exit
        timeout 2goto loop1
    }
loop2:
    send "helmut"

    # Sende Passwort nicht mehr als dreimal
    inc b
    if b > 3 goto failed1
```

```
    expect {
        "assword:"
        "ogin:"goto loop2
        timeout 2goto loop2
    }
    send "ims1hh2"
    # Wenn man nicht innerhalb 3 Sek. "incorrect" empfaengt,
        # scheint alles OK zu sein
    # Falls nach einem Terminalnamen gefragt wird, wird 'vt100' gesendet.
    expect {
        "TERM="goto wantterm
        "incorrect"goto loop1
        timeout 3 break
        "asswd"break
    }
    exit
wantterm:
    send "vt100"
    exit
failed1:
    print \nLogin Failed (wrong password?)
    exit
```

minicom-Skriptdateien sollten in einem eigenen Directory abgelegt werden. Dieses Directory muß dann **minicom** über die Menüsequenz Strg-A,0,*Filenames and Paths*,C bekannt gemacht werden. Es ist unbedingt darauf zu achten, daß solche Dateien Zugriffsrechte besitzen, die verhindern, daß andere Benutzer sie lesen, da sich in diesen Dateien das Paßwort befindet, das geheim bleiben soll.

mkdir	Einrichten von Directories	(make directory)

Syntax

mkdir [-mp] *directory-name(n)*

Beschreibung

Mit dem Kommando **mkdir** werden die als Argumente angegebenen Directories *directory-name(n)* neu eingerichtet[1]. Beim Anlegen eines neuen Directory werden immer automatisch die zwei Subdirectories . und .. dort eingerichtet.

---

1. Um ein neues Directory einrichten zu können, muß man Schreibrechte im parent directory besitzen.

Optionen

Option	Beschreibung
-m *absolut-modus*	Setzt die Zugriffsrechte der neu angelegten Directories auf *absolut-modus* (siehe Kommando **chmod**)
-p	legt im *directory-name(n)* erwähnte, aber nicht vorhandene Zwischen-Directories (parent directories) an.

mknod   Anlegen von Gerätedateien

Syntax

```
mknod name b major-nr minor-nr   (blockorientierte Gerätedatei)
mknod name c major-nr minor-nr   (zeichenorientierte Gerätedatei)
mknod name p                     (Named Pipe)
```

Beschreibung

Zum Anlegen einer Gerätedatei steht das Kommando **mknod** zur Verfügung, das allerdings nur ein privilegierter Benutzer wie der Superuser oder der Systemadmrufen aufrufen darf.

Gerätedateien werden in *zeichenorientierte* und *blockorientierte Geräte* unterteilt. Zeichenorientierte Geräte – wie z.B. Terminals – werden mit einem **c**, blockorientierte Geräte – wie Festplatten oder Floppy-Disks – werden mit einem **b** bei der Ausgabe mit **ls -l** gekennzeichnet.

Bei den ersten beiden Aufrufformen legt die erste Zahl (*major-nr*) den Gerätetyp fest, während die zweite Zahl (*minor-nr*) immer dem Gerätetreiber übergeben wird, der sie nach Belieben interpretieren kann, z.B. zur Unterscheidung von verschiedenen Geräten des gleichen Typs. Beispielsweise haben **term/01** und **term/02** die gleiche *major device number,* da alle Terminals vom selben Controller (Steuereinheit) bedient werden, aber unterschiedliche *minor device numbers,* die den entsprechenden Anschluß auswählen.

Die *major-nr* und *minor-nr* dürfen dabei als Dezimal- oder Oktalzahl (muß mit 0 beginnen) angegeben werden und sind systemspezifisch.

Hinsichtlich der Zugriffsrechte gelten bei Gerätedateien die gleichen Regeln wie bei normalen Dateien mit der Ausnahme, daß das Ausführrecht keine Bedeutung hat.

Gerätedateien werden üblicherweise im Directory **/dev** angelegt.

| **Hinweis** | Neben Gerätedateien enthält das Directory **/dev** auch noch andere Spezialdateien, die besondere Zwecke erfüllen: |

/dev/tty   ist immer das aktuelle Terminal, an dem man gerade arbeitet.

/dev/null   ist eine Art Mülleimer. Alle Daten, die nach **/dev/null** kopiert werden, werden einfach weggeworfen. Wenn Programme aus dieser Datei lesen, erhalten sie sofort das Dateiende-Zeichen (EOF).

/dev/zero   ist eine unerschöpfliche Quelle von 0-Bytes, die manchmal verwendet wird, um Dateien bis zu einer bestimmten Größe mit Nullen aufzufüllen.

Gebraucht werden diese Dateien vor allen Dingen bei der Shell-Programmierung (siehe zweites Buch dieser Reihe »Linux- Unix-Shells«).

Die folgende Tabelle enthält eine Übersicht über einige Gerätedateien in System V.4:

/dev/cdrom	CD-ROM-Laufwerk
/dev/console	Systemkonsole
/dev/cram	RAM-Disk (montierbares Dateisystem)
/dev/dsk/c0t0d0s0	erste Festplatte
/dev/dsk/c0t1d0s0	zweite Festplatte
/dev/dsk/f05d9t	5 1/4« Floppy-Disk (360 KB)
/dev/dsk/f05qt	5 1/4« Floppy-Disk (720 KB)
/dev/dsk/f05ht	5 1/4« Floppy-Disk (1,2 MB)
/dev/dsk/f03dt	3 1/2« Floppy-Disk (720 KB)
/dev/dsk/f03ht	3 1/2« Floppy-Disk (1,4 MB)
/dev/lp	Parallelschnittstelle für Drucker
/dev/mem	Hauptspeicher des Systems
/dev/tape	Magnetbandgerät (mit Rewind)
/dev/tapen	Magnetbandgerät (ohne Rewind)
/dev/term/00	Terminal-Schnittstelle 1
/dev/term/01	Terminal-Schnittstelle 2

Für die wichtigsten Geräte (Festplatten, Floppy-Disks und Magnetbandgeräte) sind in System V.4 Dateinamen gemäß den Konventionen von XENIX und System V.3 vorhanden. Diese Namen sind in folgender Tabelle aufgeführt:

System V.4	System V.3	XENIX
/dev/dsk/c0t0d0s0	**/dev/dsk/0s0**	**/dev/hd00**
/dev/dsk/c0t1d0s0	**/dev/dsk/1s0**	**/dev/hd10**
/dev/dsk/f05d9t	**/dev/dsk/f0d9dt**	**/dev/fd048ds9**
/dev/dsk/f05qt	-	**/dev/fd096ds9**
/dev/dsk/f05ht	**/dev/dsk/f0q15dt**	**/dev/fd096ds15**
/dev/dsk/f03dt	**/dev/dsk/f0q9dt**	**/dev/fd0135ds9**
/dev/dsk/f03ht	**/dev/dsk/f0q18dt**	**/dev/fd0135ds18**
/dev/dsk/tape	**/dev/rct0**	**/dev/rct0**
/dev/dsk/ntape	**/dev/nrct0**	**/dev/nrct0**

Die folgende Tabelle enthält eine Übersicht über die wichtigsten Gerätedateien unter Linux:

dev/fd0	erstes Floppylaufwerk	*Disketten und Festplatten*
/dev/fd1	zweites Floppylaufwerk	
/dev/hda	erste AT-Bus-Festplatte	
/dev/hda1 bis **/dev/hda15**	die Partitionen des ersten AT-Bus Festplatte	
/dev/sda	erste SCSI-Festplatte	
/dev/sda1 bis **/dev/sda15**	die Partitionen der ersten SCSI-Festplatte	
/dev/sdb	zweite SCSI-Festplatte	
/dev/sdc	dritte SCSI-Festplatte	
/dev/tty	aktueller Terminal (Konsole)	*Bildschirme*
/dev/tty1 bis **/dev/tty8**	virtuelle Terminals (Konsolen)	
/dev/console	wie /dev/tty der aktuelle Terminal	
/dev/aztcd	Aztech CDA268-01 CD-ROM	*CD-ROM-Laufwerke*
/dev/cdu535	Sony CDU-535 CD-ROM	
/dev/cm206cd	Philips CM206	
/dev/gscd0	Goldstar R420 CD-ROM	
/dev/hda bis **/dev/hdd**	ATAPI CD-ROM	
/dev/lmscd	Philips CM 205/250/206/260 CD-ROM	
/dev/mcd	Mitsumi CD-ROM	

/dev/sbpcd0 bis /dev/sbpcd3	CD-ROM am Soundblaster	
/dev/scd0 bis /dev/scd1	SCSI CD-ROM-Laufwerke	
/dev/sonycd	Sony CDU 31a CD-ROM	
/dev/sjcd	Sanyo CD-ROM	
/dev/optcd	Optics Storage CD-ROM	
/dev/cdrom	Link auf entspr. CD-ROM (auf eine Datei aus obiger Liste)	
/dev/rmt0	Erster SCSI-Streamer »rewinding«	*Bandlaufwerke*
/dev/nrmt0	Erster SCSI-Streamer »non rewinding«	
/dev/ftape	Floppy-Streamer » rewinding«	
/dev/nftape	Floppy-Streamer »non rewinding«	
/dev/atibm	Busmaus der ATI-Grafikkarte	*Mäuse (Bus und PS/2)*
/dev/logibm	Logitech-Busmaus	
/dev/inportbm	PS/2-Busmaus	
/dev/mouse	Link auf von Maus verwendete Schnittstelle (Datei aus obiger Liste)	
/dev/modem	Link auf com-Port, an dem Maus angschlossen	*Modem*
/dev/ttyS0 bis /dev/ttyS3	serielle Schnittstellen (COM1 bis COM4)	*Serielle Schnittstellen*
/dev/cua1 bis /dev/cua3	serielle Schnittstellen (für ausgehende Modemverbindungen)	
/dev/lp0 bis /dev/lp2	parallele Schnittstellen (LPT1 bis LPT3)	*Parallele Schnittstellen*
/dev/cua1 bis /dev/cua3	serielle Schnittstellen (für ausgehende Modemverbindungen)	

Auch unter Linux gibt die *major device number* den Treiber des Linux-Kernels an, der für die Verwaltung des jeweiligen Geräts zuständig ist. Zur Zeit existieren etwa 50 verschiedene Treiber, die in der Datei `/usr/src/linux/include/linux/major.h` aufgelistet sind. Mit der *minor device number* wird zwischen verschiedenen Einzelgeräten derselben Familie unterschieden, etwa beim Treiber für Diskettenlaufwerke zwischen Laufwerken unterschiedlichen Typs (3 ½ oder 5 ¼ Zoll, DD oder HD usw.) oder bei Treibern für Festplatten zwischen unterschiedlichen Partitionen.

mkfs   Einrichten von Dateisystemen

Syntax

mkfs [*optionen*] *gerätedatei* [*blöcke*]

Beschreibung

Mit dem Kommando **mkfs** kann auf einer zuvor formatierten Diskette oder auf einer mit **fdisk** partitionierten Festplatte ein Dateisystem eingerichtet werden.

Das Kommando **mkfs** kann nur vom Superuser (root) ausgeführt werden. Je nach dem angegebenen Dateisystem ruft **mkfs** eines der Kommandos **mkfs.minix** oder **mke2fs** oder **mkxfs** bzw. **mkfs.xiafs** oder **mformat** auf.

Für *gerätedatei* muß entweder der Pfad der entsprechenden Gerätedatei (wie z.B. /dev/fd0, /dev/hda1, /dev/sdb2, usw.) oder der Montierpunkt des entsprechenden Dateisystems (wie z.B. /A, /usr, /home, usw.) angegeben werden.

Mit *blöcke* kann die Anzahl der Blöcke angegeben werden, die im entsprechenden Dateisystem zu benutzen sind.

Optionen

Die wichtigste Option bei **mkfs** ist:

-t *dateisystemtyp*	gibt den Typ des Dateisystems an. Für *dateisystemtyp* kann dabei folgendes angegeben werden: minix (Voreinstellung), ext2 (Standard-Dateisystem unter Linux), xiafs (Alternative zu ext2) oder auch msdos (MS-DOS-Dateisystem; entspricht einem **mformat**-Aufruf) angegeben werden. Ist die Option **-t** nicht angegeben, versucht **mkfs**, den Dateisystemtyp aus der Datei /etc/fstab zu ermitteln. Die Option **-t** muß immer als erste Option angegeben werden.

Die weiteren Optionen sind abhängig vom angegebenen *dateisystemtyp*. Da ext2 das am meisten benutzte Dateisystem unter Linux ist, werden hier nur die wichtigsten Optionen für das zugehörige Kommando **mk2efs** angegeben:

-b *n*	legt die Blockgröße für das Dateisystem fest (Voreinstellung ist 1024 Bytes). *n* muß dabei eine Zweier-Potenz größer oder gleich 1024 ein (wie etwa 1024, 2048, 4096 usw.).
-c	führt vor dem Einrichten des Dateisystems einen Test auf dem Datenträger durch, um defekte Blöcke aufzufinden.

| -**i** *n* | legt fest, nach jeweils wie vielen Bytes ein inode eingerichtet werden soll. Die Voreinstellung ist 4096. |
| -**m** *n* | legt fest, wieviel Prozent des Datenträgers für Daten des Superusers (root) reserviert werden sollen (Voreinstellung: 5 Prozent). |

Beispiel

```
$  mkfs -t ext2 /dev/fd0⏎           richtet auf einer zuvor mit fdformat
                                    formatierten Diskette (in Laufwerk A) ein ext2-Dateisystem ein
mke2fs 1.10, 24-Apr-97 for EXT2 FS 0.5b, 95/08/09
Linux ext2 filesystem format
Filesystem label=
360 inodes, 1440 blocks
72 blocks (5.00%) reserved for the super user
First data block=1
Block size=1024 (log=0)
Fragment size=1024 (log=0)
1 block group
8192 blocks per group, 8192 fragments per group
360 inodes per group

Writing inode tables: done
Writing superblocks and filesystem accounting information: done
$
```

| **more** | Inhalt von Dateien seitenweise ausgeben |

Syntax

```
more  [option(en)] [-zeilen] [+zeilennr] [+/reg-ausdr]  [datei(en)]
```

Beschreibung

Das Kommando **more** gibt – wie das Kommando **cat** – den Inhalt der angegebenen *datei(en)* nacheinander am Bildschirm aus. Im Unterschied zu **cat** wird hier allerdings nach jeder Ausgabe einer Bildschirmseite angehalten, um dem Benutzer das »ruhige« Lesen dieser Seite zu erlauben. Bei einem solchen Ausgabestop wird in der letzten Zeile der Prompt **--More--** (einschließlich der Prozentzahl des bisherigen Texts) ausgegeben und **more** befindet sich dann im interaktiven Modus, d.h. es erwartet nach jeder neuen Bildschirm-Seite eine Eingabe des Benutzers (siehe more-Kommandos).

Wenn keine *datei(en)* angegeben sind, so liest **more** von der Standardeingabe. Dies ermöglicht den Einsatz von **more** auf der rechten Seite einer Pipe.

Optionen

more bietet die folgenden Optionen an:

Option	Beschreibung
-c	(*clear*) Bildschirm vor der Ausgabe löschen; bewirkt eine schnellere Ausgabe als das voreingestellte Scrolling.
-d	(*display*) Bei falschen Eingaben anstelle eines akustischen Signals eine entsprechende Fehlermeldung ausgeben; nützlich für noch unerfahrene Benutzer.
-f	(*no fold*) Zeilen nicht abschneiden, wenn sie länger als eine Bildschirmzeile sind.
-l	Formfeed-Zeichen (*Strg-d*) nicht als Seitenvorschub interpretieren; per Voreinstellung hält **more** die Ausgabe nach jeder Zeile an, in der ein Formfeed-Zeichen vorkommt.
-r	*Control*-Zeichen nicht ignorieren, sondern als ^C (C = Control-Zeichen) ausgeben.
-s	(*squeeze*) Für aufeinanderfolgende Leerzeilen nur eine Leerzeile ausgeben.
-u	(*no underlining*) Unterstreichung von Zeichen bei der Ausgabe ausschalten.
-w	(*wait*) bewirkt, daß **more** beim Erreichen des Dateiendes auf eine Benutzereingabe wartet; normalerweise beendet sich **more** immer beim Erreichen des Dateiendes.
-*zeilen*	Für *zeilen* ist eine ganze Zahl anzugeben, die die Größe einer auszugebenden Bildschirmseite festlegt.
+*zeilennr*	Für *zeilennr* ist eine ganze Zahl anzugeben, die die Nummer der Zeile festlegt, ab der die Ausgabe der entsprechenden *datei(en)* am Bildschirm erfolgen soll.
+/*reg-ausdr*	die Ausgabe ist zwei Zeilen vor der Zeile zu starten, in der das erstemal ein String vorkommt, der durch den angegebenen regulären-Ausdruck *reg-ausdr* abgedeckt ist; **more** läßt die gleichen regulären Ausdrücke wie **ed** zu.

more-Kommandos

more-Kommandos müssen immer am unteren Bildschirmrand eingegeben und nicht mit Return abgeschlossen werden. In der nachfolgenden Liste steht *n* für die optionale Angabe einer Zahl. Voreinstellung ist dabei immer 1. SPACE steht dabei für die Leertaste.

Kommando	Erläuterung
*n*SPACE	nächste Bildschirmseite bzw. nächsten *n* Zeilen anzeigen.
n ⏎	eine Zeile bzw. *n* Zeilen weiterblättern.
*n*d oder *nStrg-d*	11 Zeilen bzw. *n* Zeilen weiterblättern.

Kommando	Erläuterung
*n*z	wie **SPACE**, nur daß *n*, falls angegeben, die Anzahl der von nun an zu verwendenden Bildschirmzeilen festlegt.
*n*s	*n* Zeilen nach vorne überspringen.
*n*f	*n* Bildschirmseiten nach vorne überspringen.
*n*b oder *n*Strg-*b*	*n* Bildschirmseiten nach hinten überspringen.
q oder Q	**more** beenden.
=	aktuelle Zeilennummer ausgeben.
v	Editor (über Variable *EDITOR* festgelegt) aufrufen; Voreinstellung ist **ed**.
h oder ?	Kurzübersicht der Kommandos ausgeben.
n/*text*	nach *n*-tem Auftreten von *text* suchen.
*n*n	letzte Suche wiederholen.
'	zurück zum Punkt gehen, von dem die letzte Suche gestartet wurde. Falls zuvor keine Suche stattfand, dann zum Anfang der Datei gehen.
!*kdo*	Unix-Kommando *kdo* ausführen. Wird innerhalb von *kdo* % angegeben, so wird hierfür der aktuelle Dateiname eingesetzt. !! wiederholt das zuletzt aufgerufene *kdo*.
n:n	zur *n*-ten Datei weiterspringen.
n:p	zur *n*-ten Datei zurückspringen.
:f	aktuellen Dateiname und aktuelle Zeilennummer ausgeben.
.	letztes more-Kommando wiederholen.
Strg-l	Bildschirminhalt neu aufbauen.

Hinweis Zu **more** existiert ein nahezu identisches Kommando **page** (unter Linux nicht verfügbar).

Ein anderes häufig verwendetes Kommando zum seitenweisen Blättern in Dateien ist **less**.

mount	Dateisysteme montieren oder anzeigen lassen

Syntax

```
mount  [-v] [-p]                              (Anzeigen aller montierten Dateisysteme)
mount  [-F fstyp] [-V] [option(en)] [mount-punkt]  (Montieren eines Dateisystems)
umount  [-V] [-o spez-option(en)] [mount-punkt]  (Demontieren eines Dateisystems)
```

Beschreibung

Das Dateisystem von Unix ist nicht eine Einheit, sondern setzt sich aus mehreren Teilen zusammen, die sich auf verschiedenen Speichermedien – wie z.B. Festplatten, CD-ROMs, Floppy-Disks oder über ein Netz erreichbaren Systemen – befinden können.

Die Möglichkeit, Dateisysteme in den vorhandenen Directorybaum einzuhängen, ermöglicht bei Bedarf einen Ausbau der vorhandenen Speicherkapazität.

Um sich alle montierte Dateisysteme anzeigen zu lassen, muß man **mount** (bzw. **/etc/mount**) ohne jegliche Argumente aufrufen.

```
$ /etc/mount  ⏎
/ on /dev/dsk/c0t0d0s0 read/write on Tue Oct 26 17:59:28 1993
/usr on /dev/dsk/c0t0d0s6 read/write on Tue Oct 26 17:59:28 1993
/proc on /proc read/write on Tue Oct 26 17:59:28 1993
/dev/fd on fd read/write on Tue Oct 26 17:59:28 1993
/var on /dev/dsk/c0t0d0s7 read/write on Tue Oct 26 17:59:28 1993
/tmp on swap read/write on Tue Oct 26 17:59:32 1993
/opt on /dev/dsk/c0t0d0s5 setuid on Tue Oct 26 17:59:33 1993
/pcfs/a on /dev/fd0 read/write on Tue Oct 26 18:22:00 1993
$
```

Bei dieser Ausgabe wird immer die folgende Reihenfolge eingehalten. Als erstes erscheint der Montierpunkt (z.B. **/usr**) gefolgt von dem Gerätenamen des Speichermediums (**/dev/dsk/c0t0d0s6**), dann den Attributen des Dateisystems (**read/write/setuid/remote**) und abschließend dem Datum, an dem das Dateisystem montiert wurde.

Optionen

Einige wichtige Optionen, die **mount** kennt, sind nachfolgend aufgezählt. Für die unterschiedlichen Dateisysteme werden meist aber noch weitere Optionen angeboten.

Option	Beschreibung
-v	neue Ausgabeform verwenden, bei der zusätzlich noch der Dateisystemtyp angezeigt wird; auch ist der Montierpunkt und der Gerätenamen vertauscht.
-p	Liste der montierten Dateisystem im *etc/vfstab*-Format ausgeben.
-F *fstyp*	Dateisystemtyp auf *fstyp* festlegen.

Option	Beschreibung
-V	vollständige Kommandozeile nochmals anzeigen, aber nicht ausführen. Die dabei angezeigte Kommandozeile enthält neben den Benutzer-Optionen noch Angaben, welche **mount** automatisch aus der Datei */etc/vfstab* liest.
-o *spez-option(en)*	Für das jeweilige Dateisystem dateisystemspezifische Optionen festlegen.

Beispiel
```
mount /dev/dsk/f03ht /home/egon/a
```

Montiert das Diskettenlaufwerk (3 1/2" Floppy-Disk; 1,4 MB) auf das Directory */home/egon/a*. Alle Zugriffe (Kopieren, Listen, usw.) auf das Directory */home/egon/a* würden sich dann auf diese Diskette beziehen.

Beispiel
```
mount -F pcfs /dev/fd0 /pcfs/a
```
(in SOLARIS)

Montiert das Diskettenlaufwerk als MS-DOS-Dateisystem an das Directory */pcfs/a*. Ein Aufruf wie **ls /pcfs/a** würde dann alle Dateien des Disketten-Laufwerk *a* (MS-DOS-Dateien) auflisten. Genauso würde **cp *.c /pcfs/a** alle C-Dateien des working directory auf die unter MS-DOS formatierte Diskette in Laufwerk *a* kopieren. Diese Diskette könnte dann unter MS-DOS wieder eingelesen werden.

Linux
mount unter Linux

Kaum ein anderes Betriebssystem unterstützt so viele Dateisysteme wie Linux. Welche Dateisysteme die aktuelle Linux-Version unterstützt, kann in der Datei `/usr/src/linux/fs/filesystems.c` nachgeschlagen werden.

An dieser Stelle ist darauf hinzuweisen, daß bei Nicht-Unix-Dateisystemen oft nicht die volle Unix-Funktionalität angeboten wird: Zum Beispiel dürfen auf einem MS-DOS-Dateisystem nur Dateinamen der Länge 8 plus 3 Zeichen für die Endung verwendet werden, auch wird dort nicht zwischen Groß- und Kleinschreibung unterschieden, und es können auch keine Links erstellt werden usw.

Die wichtigsten von Linux unterstützten Dateisysteme sind:

ext2	(*extended filesystem, Version2*) dies ist heute das Standard-Dateisystem unter Linux. Es unterstützt Dateinamen bis zu 255 Zeichen, Dateien bis zu 2 Gbyte und kann Datenträger bis zu 4 Tbyte (Terabyte = 1024 Gbyte) verwalten. Es gilt als das sicherste aller unter Linux verfügbaren Dateisystemtypen.
ext	war der Vorgänger von `ext2`. Dieses Dateisystem ist nur noch auf alten Linux-Distributionen (etwa bis 1993) zu finden und wird heute kaum mehr eingesetzt.

xiafs	wurde parallel zu `ext` und `ext2` als ein weiteres neues Dateisystem für Linux entwickelt, hat sich aber nicht durchgesetzt und wird heute kaum mehr eingesetzt.
minix	wurde ganz zu Anfang von Linux verwendet, wurde aber aufgrund einer Vielzahl von Mängeln sehr bald von `ext` abgelöst. `minix` wird aber weiter von Linux unterstützt, da viele frei verfügbaren Unix-Programme auch weiterhin auf Datenträger im `minix`-Format angeboten werden.
sysv	ermöglicht den Zugriff auf SCO-, XENIX- und Coherent-Partitionen.
ufs	ermöglicht den Lesezugriff auf Partitionen von SunOS, FreeBSD, NetBSD und NextStep.
msdos	ermöglicht den Zugriff auf MS-DOS Disketten und Festplatten. Dabei ist nicht nur Lesen, sondern auch Schreiben möglich.
umsdos	ermöglicht wie das Dateisystem `msdos` den Zugriff auf MS-DOS-Disketten und Festplatten. Dabei ist auch wieder nicht nur Lesen, sondern auch Schreiben möglich. Im Unterschied zum `msdos`-Dateisystem können hier auch lange Dateinamen mit Unix-Zugriffsrechten und Links verwendet werden. Dieses Dateisystem wurde entwickelt, um Linux auch in einer MS-DOS-Partition zu installieren.
vfat	ermöglicht den Zugriff auf Dateisysteme von Windows 95. Dies funktioniert allerdings nur, wenn nicht Windows 95-OEM bzw. Windows 95b verwendet wird, denn diese Versionen verwenden ein neues, inkompatibles Dateisystem namens `vfat32`. Windows-NT-FAT-Partitionen können ebenfalls als `vfat`-Partitionen angesprochen werden.
ntfs	ermöglicht nun auch den Zugriff auf das Windows-NT-Dateisystem.
hpfs	ermöglicht den Lesezugriff auf Partitionen von OS/2.
iso9660	hat sich als Norm für die Dateiverwaltung auf CD-ROMs durchgesetzt.
nfs	(*Network File System*) Unter Unix das übliche Netzwerk-Dateisystem.
ncp	(*Network Core Protocol*) Netzwerk-Dateisystem von Novell.
smb	(*Server Message Buffer*) Netzwerk-Dateisystem von Microsoft.
proc	ist nicht wirklich ein Dateisystem. Es wird vielmehr unter Linux zur Abbildung von Verwaltungsinformationen des Kernels bzw. der Prozeßverwaltung benutzt (dazu später mehr)

Um sich unter Linux alle momentan montierten Dateisysteme anzeigen zu lassen, muß – wie unter anderen Unix-Systemen auch – nur **mount** (ohne sonstige Angaben) aufgerufen werden.

```
$ mount  ↵
/dev/sda5 on / type ext2 (rw)
none on /proc type proc (rw)
/dev/sda1 on /C type vfat (rw)
```

```
/dev/sda7 on /usr type ext2 (rw)
/dev/sda8 on /home type ext2 (rw)
$
```

An dieser Ausgabe ist zu erkennen, daß sich auf einer SCSI-Platte (*/dev/sda*) vier Partitionen befinden, die sowohl gelesen als auch beschrieben werden dürfen (rw): Das Dateisystem /dev/sda5 ist an / (root-Partition) montiert. Des weiteren ist /dev/sda7 an /usr und /dev/sda8 an /home montiert. Alle drei Dateisysteme sind vom Typ ext2, also typische Linux-Dateisysteme. Zudem ist an obiger Ausgabe erkennbar, daß an /C (Gerätedatei /dev/sda1) ein Windows95-Dateisystem (Typ vfat) montiert ist, das sich ebenfalls auf der ersten SCSI-Platte befindet. /proc ist nicht wirklich ein Dateisystem, sondern dient zur Prozeßverwaltung.

Um nun weitere Dateisysteme anzumontieren steht das Kommando **mount** zur Verfügung, dessen typische und häufigste Aufrufform unter Linux die folgende ist:

mount -t *dateisystemtyp gerätedatei directory*

Der *dateisystemtyp* gibt den Typ des anzumontierenden Dateisystems an: ext2, msdos, iso9660 usw (siehe vorherige Tabelle). Für *gerätedatei* ist der Pfadname des entsprechenden Geräts (/dev/fd0, /dev/sd*xx*, /dev/hd*xx*, usw.) anzugeben, auf dem sich das zu montierende Dateisystem befindet, und für *directory* ist der Montierpunkt (*mount point*) im aktuellen Directorybaum anzugeben, an dem das Dateisystem anzumontieren ist. Nachfolgend wird das Anmontieren der wichtigsten Dateisysteme kurz erläutert.

Es ist darauf hinzuweisen, daß **mount** meist nur vom Superuser (root) ausgeführt werden kann. Ein Zugriff auf die anmontierten Dateisysteme ist dann – abhängig von den Zugriffsrechten – aber auch anderen Benutzern möglich.

Zugriffsrechte auf Gerätedateien

Um gezielt festlegen zu können, welcher Benutzer auf welche Gerätedateien zugreifen darf, werden die Gerätedateien unterschiedlichen Benutzergruppen zugeordnet. Zum Beispiel ist /dev/cua1 (die zweite serielle Schnittstelle, an der normalerweise das Modem angeschlossen ist), der Gruppe uucp zugeordnet.

```
$ ls -l /dev/cua1 ⏎
crw-rw----  1 root     uucp     5, 65 Mar  5 00:49 /dev/cua1
$
```

Da der Benutzer egon momentan nicht zur Gruppe uucp gehört, kann er auch nicht auf das Modem zugreifen. Welchen Gruppen man momentan angehört, kann man mit dem Kommando **groups** erfragen.

```
$ whoami ⏎
egon
```

```
$ groups  ⏎
users
$
```

Soll nun auch dem Benutzer egon der Zugriff auf das Modem gestattet werden,
muß er der Gruppe uucp zugeordnet werden. Dazu muß der Superuser in der
Datei /etc/group nur den Loginnamen egon an die uucp-Zeile anfügen.

Ruft nun egon nochmals **groups** auf, wobei er sich zuerst ab- und wieder anmelden sollte, so wird er feststellen, daß er nun auch zur Gruppe uucp gehört und
somit nun auch auf Dateien dieser Gruppe, also auch auf das Modem zugreifen
darf.

```
$ whoami  ⏎
egon
$ groups  ⏎
users uucp
$
```

Anmontieren von Diskettenlaufwerken

Die Diskettenlaufwerke werden unter den Gerätedateien /dev/fd0 (erstes Diskettenlaufwerk) und   /dev/fd1 (zweites Diskettenlaufwerk) angesprochen.
Befindet sich auf einer Diskette (im ersten Laufwerk) ein ext2-Dateisystem, so
kann dieses z.B. an das Directory /A wie folgt montiert werden:

```
$ whoami  ⏎
root
$ mkdir /A  ⏎                         Nur notwendig, wenn dieses Directory noch nicht existiert
$ mount -t ext2 /dev/fd0 /A  ⏎        Anmontieren der Diskette (als ext2-Dateisystem) an das
$                                                                          Directory /A
```

Nun kann auf die Diskette ganz einfach zugegriffen, da sie im root-Directorybaum integriert ist. Um z.B. die Datei obst auf die Diskette zu kopieren, müßte
nur folgendes angegeben werden:

```
$ cp obst /A  ⏎
$
```

Befindet sich auf der Diskette ein DOS-Dateisystem, so müßte folgender Aufruf
angegeben werden.

```
$ whoami  ⏎
root
$ mount -t msdos /dev/fd0 /A  ⏎       Anmontieren der Diskette (als msdos-Dateisystem)
$                                                           an das Directory /A
```

Nun können auf /A mit gewissen Einschränkungen (wie z.B. begrenzte Dateina-
menlänge: 8 für Name plus 3 für Extension, keine Links) Linux-Dateien kopiert
werden, die dann unter DOS wieder gelesen werden können. Umgekehrt ist
natürlich auch das Lesen einer unter DOS beschriebenen Diskette möglich.
Kurzum, eine so montierte DOS-Diskette kann genauso behandelt werden, als
wenn man unter MS-DOS auf das Laufwerk A: zugreift. Im entsprechenden
Abschnitt wird eine andere Gruppe von Kommandos (die **mtools**-Kommandos)
vorgestellt, die eigens zum leichten Umgang mit MS-DOS-Partitionen unter
Linux konzipiert wurde.

Wichtig ist in jedem Fall, daß man vor dem Entnehmen der Diskette aus dem
Laufwerk diese immer zuerst mit **umount** abmontiert.

```
$ umount /A  ⏎
$
```
Abmontieren des Disketten-Laufwerks

Anmontieren eines CD-ROM-Laufwerks

CD-ROM-Laufwerke werden weitgehend wie andere Laufwerke (Disketten,
Festplatten usw.) anmontiert, nur daß als Dateisysmtyp die Kennung iso9660
anzugeben ist. Typische Aufrufe, um eine CD-ROM anzumontieren, sind nachfolgend gezeigt. Dabei müssen die folgenden Bedingungen erfüllt sein:

▶ Das Directory /cdrom existiert. Wenn nicht, muß es zuvor **mkdir /cdrom**
  angelegt werden.

▶ Es ist momentan kein CD-ROM-Laufwerk anmontiert. Wenn doch, so muß
  dieses zuerst mit **umount /cdrom** (als Superuser) abmontiert und dann die
  neue zu montierende CD-ROM im Laufwerk eingelegt werden.

▶ Es befindet sich eine CD-ROM im Laufwerk.

Ist eine dieser drei Bedingungen nicht erfüllt, wird das Anmontieren mit den
nachfolgenden Aufrufen fehlschlagen.

mount -t iso9660 -o ro, block=2048 /dev/hdc /cdrom
montiert das erste Laufwerk am zweiten IDE-Controller an das Directory /cdrom.
Die Angabe der Blockgröße (block=2048) kann meist entfallen. Die Angabe **-o ro**
legt fest, daß dieses Dateisystem *readonly* (nur lesbar) ist.

mount -t iso9660 -o ro /dev/scd0 /cdrom
montiert das erste SCSI-Laufwerk an das Directory /cdrom.

mount -t iso9660 -o ro /dev/cdrom /cdrom
Der Gerätename /dev/*abc* hängt vom jeweiligen CD-ROM-Laufwerk ab. Oft
kann /dev/cdrom verwendet werden, was beim Installieren von Linux automatisch als ein Link auf den richtigen Gerätenamen eingerichtet wurde.

Im folgenden werden die häufigsten Gerätenamen für neuere CD-ROM-Laufwerke kurz aufgelistet, die meist unabhängig vom Hersteller als EIDE- oder SCSI-Laufwerke angesprochen werden können.

`/dev/cdrom`	Link auf das voreingestellte CD-ROM-Laufwerk
`/dev/hda`	IDE/ATAPI: Laufwerk 1, IDE-Controller 1
`/dev/hdb`	IDE/ATAPI: Laufwerk 2, IDE-Controller 1
`/dev/hdc`	IDE/ATAPI: Laufwerk 1, IDE-Controller 2
`/dev/hdd`	IDE/ATAPI: Laufwerk 2, IDE-Controller 2
`/dev/scd0`	SCSI-Laufwerk 1
`/dev/scd1`	SCSI-Laufwerk 2

Wichtig ist in jedem Fall, daß man vor dem Entnehmen der CD-ROM aus dem Laufwerk diese immer zuerst wieder mit **umount** abmontiert.

```
$ umount /cdrom ↵                                  Abmontieren des CD-ROM-Laufwerks
$
```

Anmontieren einer RAM-Disk

Wenn beim Installieren von Linux eine RAM-Disk eingerichtet wurde, so kann diese über `/dev/ram` angesprochen werden. Um eine RAM-Disk verwenden zu können, muß diese anmontiert werden.

```
$ mkdir /ram ↵                               Nur notwendig, wenn dieses Directory noch nicht
$ mkfs -t ext2 -m1 /dev/ram ↵                                                     existiert
$ mount -t ext2 /dev/ram /ram ↵            Einrichten eines ext2-Dateisystems auf der RAM-
$                                                                                     Disk
                                           Anmontieren RAM-Disk (als ext2-Dateisystem) an
                                                                                Dir. /ram
```

Nun können im Directory `/ram` temporäre Dateien gespeichert werden. Allerdings soll nicht verschwiegen werden, daß eine RAM-Disk unter Linux nicht allzugroße Geschwindigkeitsvorteile mit sich bringt, da auch Dateien von Festplatten automatisch gepuffert werden, wenn genug Hauptspeicher zur Verfügung steht.

Automatisches Montieren über die Datei /etc/fstab

In der Datei `/etc/fstab` kann man eintragen, welche Dateisysteme beim Hochfahren von Linux automatisch zu montieren sind. In jedem Fall müssen in der Datei `/etc/fstab` mindestens zwei Einträge (Zeilen) vorhanden sein, wie z.B.

```
/dev/sda5     /            ext2     defaults   1   1
none          /proc        proc     defaults   0   0
```

Die erste Zeile legt hierbei fest, daß das Systemdirectory beim Hochfahren des Systems auf der fünften Festplattenpartition der ersten SCSI-Platte eingerichtet wird. Wurde Linux auf einer anderen Partition, wie z.B. auf der zweiten Festplattenpartition einer IDE-Platte eingerichtet, so muß anstelle von /dev/sda5 die Gerätedatei /dev/hda2 angegeben sein.

Mit der zweiten Zeile wird das System zur Prozeßverwaltung in das Dateisystem montiert. Die Dateien und Directories des /proc-Directorys werden nicht auf einer Festplatte abgelegt; hierbei handelt es sich lediglich um eine Abbildung der Daten, die der Kernel intern zur Prozeßverwaltung unterhält.

Für den Aufbau einer Zeile in der Datei /etc/fstab gilt folgendes:

1. Spalte
gibt den Gerätenamen des Datenträgers an. Sollen Directories von fremden Rechnern über nfs anmontiert werden, muß hier rechnername:/ *directory_auf_fremden_rechner* angegeben werden.

2. Spalte
gibt das Directory an, an das der entsprechende Datenträger im Dateisystem montiert werden soll. Das hier angegebene Directory muß zwar bereits existieren, muß aber nicht leer sein, allerdings kann bei einer erfolgreichen Montierung auf die darin enthaltenen Dateien nicht mehr zugegriffen werden, sondern nur noch auf die Dateien des montierten Datenträgers. Erst mit dem Abmontieren des montierten Datenträgers werden die zuvor enthaltenen Dateien wieder sichtbar.

3. Spalte
gibt den Typ des zu montierenden Dateisystems an: ext2, msdos, nfs, proc, vfat, iso9660.

4. Spalte
gibt Optionen für den Zugriff auf den Datenträger an. Mehrere Optionen können durch Kommata (keine Leerzeichen) getrennt werden. Die wichtigsten Optionen sind:

block=n	Blockgröße (für CD-ROM-Laufwerke). Beim Montieren von CD-ROM-Laufwerke an der IDE-Schnittstelle muß block=2048 angegeben werden.
conv=auto	automatische Konversion von MS-DOS-Textdateien (dazu später mehr)
default	Voreinstellung
gid=n	Gruppenzugehörigkeit der Dateien (für MS-DOS und OS/2; siehe auch unten)

noauto	Datenträger wird nicht automatisch montiert. Diese Option hat den Sinn, daß der in dieser Zeile angegebene Datenträger zwar nicht montiert wird, aber sehr bequem ohne Angabe jeglicher Optionen mit **mount** *name* später montiert werden kann. Für `name` ist dabei entweder der Gerätename (aus 1. Spalte) oder der Directoryname (aus 2. Spalte) anzugeben. Die fehlenden Optionen werden bei einem solchen Aufruf aus der entsprechenden Zeile in der Datei `/etc/fstab` (4. Spalte) gelesen.
noexec	keine Programmausführung (Vorhandene Programme auf dem montierten Datenträger dürfen nicht ausgeführt werden)
ro	read-only (Nur Lesen, aber kein Schreiben auf montierten Datenträger möglich)
sw	swap (Swap-Datei oder -Partition)
sync	Schreibzugriffe nicht zwischenpuffern, sondern sofort physikalisch schreiben. Dies bedeutet zwar einen langsameren, aber sichereren Zugriff.
uid=*n*	Benutzerzugehörigkeit der Dateien (für MS-DOS und OS/2; siehe auch unten)
umask=*n*	Zugriffsbits der Dateien (für MS-DOS und OS/2; siehe auch unten)
user	jeder Benutzer darf diesen Datenträger mit **mount** montieren bzw. mit **umount** abmontieren. Diese Option ist für oft zu wechselnde Medien wie CD-ROMs oder Disketten sinnvoll.

Mit den Optionen **gid=***n*, **uid=***n* und **umask=***n* können die Zugriffsrechte von den Dateien auf dem montierten Datenträger voreingestellt werden. Das ist bei Dateisystemen sinnvoll, die über keinen solchen Zugriffsrechte-Mechanismus wie Linux verfügen (MS-DOS, OS/2). Ohne Angabe dieser Optionen gehören die DOS-Dateien auf dem montierten Datenträger immer dem Superuser (`root`), was bedeutet, daß die Dateien zwar von allen Benutzern gelesen, aber nur von `root` verändert werden können.

5. Spalte
enthält Informationen für das Programm **dumpfs** und wird zur Zeit ignoriert.

6. Spalte
gibt an, ob und wie das zu montierende Dateisystem auf Konsistenz zu überprüfen ist. Für das root-Directory sollte dabei 1 und für alle anderen veränderlichen Dateisysteme 2 angegeben werden. Bei Dateisystemen, die keiner Prüfung bedürfen, wie z.B. CD-ROM, `proc` und `swap`, sollte hier 0 angegeben werden.

Um sich alle momentan montierten Dateisysteme auflisten zu lassen, muß man nur **mount** ohne weitere Angaben aufrufen. In diesem Fall liest **mount** die Datei `/etc/mtab`, in der alle aktuell montierten Dateisysteme angegeben sind.

```
$ cat /etc/mtab  ⏎
/dev/sda5 / ext2 rw 1 1
none /proc proc rw 0 0
/dev/sda1 /C vfat rw 0 0
/dev/sda7 /usr ext2 rw 1 2
/dev/sda8 /home ext2 rw 1 2
/dev/fd0 /A msdos rw,noexec,nosuid,nodev 0 0
$ mount  ⏎
/dev/sda5 on / type ext2 (rw)
none on /proc type proc (rw)
/dev/sda1 on /C type vfat (rw)
/dev/sda7 on /usr type ext2 (rw)
/dev/sda8 on /home type ext2 (rw)
/dev/fd0 on /A type msdos (rw,noexec,nosuid,nodev)
$
```

Sollen nachträglich alle in /etc/fstab angegebenen Datenträger montiert werden, z.B. weil zwischenzeitlich einer abmontiert wurde oder aber beim Hochfahren keine Diskette im Laufwerk war, so muß nur

mount -a

aufgerufen werden. In diesem Fall werden alle in /etc/fstab angegebenen Datenträger montiert, soweit sie nicht schon montiert sind.

Ein mögliches Aussehen der Datei /etc/fstab ist nachfolgend noch gezeigt:

```
$ cat /etc/fstab  ⏎
/dev/sda5       /         ext2      defaults          1   1
/dev/fd0        /A        msdos     noauto            0   0
/dev/sda1       /C        vfat      defaults          0   0
/dev/sda6       swap      swap      defaults          0   0
/dev/sda7       /usr      ext2      defaults          1   2
/dev/sda8       /home     ext2      defaults          1   2
herold2:/       /oldpc    nfs       defaults          1   2
/dev/scd0       /cdrom    iso9660   ro,noauto,user    0   0
none            /proc     proc      defaults          0   0
$
```

Um mehr Informationen zu /etc/fstab und **mount** zu erhalten, muß man nur

man mount

aufrufen.

mpage	Umwandeln einer ASCII-Datei in Postscript-Format

Syntax

mpage [*optionen*] *datei(en)*

Beschreibung

mpage wandelt eine ASCII-Datei in eine Postscript-Datei um. **mpage** hat zwei Vorteile gegenüber **a2ps**: Erstens kann **mpage** bis zu acht Seiten auf einem Blatt drucken (Text wird dann allerdings sehr klein), und zweitens akzeptiert **mpage** als Eingabe nicht nur ASCII-, sondern auch Postscript-Dateien. Somit kann eine existierende Postscript-Datei neu formatiert werden, wie z.B. zwei Seiten auf ein Blatt. Die übliche Aufrufform von **mpage** ist:

mpage *[optionen] eingabedatei(en)* **>** *psdatei*

Optionen

Die wichtigsten Optionen hierbei sind:

-1, -2, -4, -8	eine, zwei, vier oder acht Seiten auf einem Blatt; bei zwei oder acht Seiten wird das Querformat verwendet. Voreinstellung sind vier Seiten auf einem Blatt.
-A	Ausgabe im *Din-A4*-Format; Voreinstellung ist *US-Letter*.
-C ISO-8859.1	wird für den Ausdruck von deutschen Sonderzeichen benötigt.
-f	lange Zeilen auf mehrere Zeilen verteilen; Voreinstellung ist Abschneiden.
-j *n-m*	nur die Blätter *n* bis *m* drucken; Voreinstellung ist: alle Blätter.
-l	im Querformat drucken; Voreinstellung ist Hochformat.

Möchte man sich z.B. die typischen deutschen Optionen automatisch einschalten lassen, muß man in der Datei `.profile` (im Home Directory) nur folgendes eintragen:

```
export MPAGE='-A -C ISO-8859.1'
```

---

mtools	Zugriff auf MS-DOS-Disketten und -Festplatten (unter Linux)

Syntax

siehe unten

Beschreibung

mtools ist ein Programm, das einen einfachen und leichten Zugriff auf Disketten im MS-DOS-Format ermöglicht. Die `mtools`-Kommandos (**mdir**, **mtype**, **mcd**, usw.) sind durch Links auf das zentrale Programm **mtools** realisiert. **mtools** selbst kann nicht ausgeführt werden, sondern nur über diese Links.

```
$ mtools ⏎                                    Aufruf von mtools ohne jegliche Angaben
                            liefert alle aufrufbaren Programme aus dem mtools-Programmpaket
Supported commands:
mattrib, mbadblocks, mcd, mcopy, mdel, mdeltree, mdir, mformat
minfo, mlabel, mmd, mmount, mpartition, mrd, mread, mmove
mren, mtoolstest, mtype, mwrite, mzip
$ which mcd mcopy mdel mtype ⏎
/usr/bin/mcd
/usr/bin/mcopy
/usr/bin/mdel
/usr/bin/mtype
$ ls -l /usr/bin/mcd /usr/bin/mcopy /usr/bin/mdel /usr/bin/mtype ⏎
lrwxrwxrwx  1 root    root          6 Apr 20 18:04 /usr/bin/mcd -> mtools
lrwxrwxrwx  1 root    root          6 Apr 20 18:04 /usr/bin/mcopy -> mtools
lrwxrwxrwx  1 root    root          6 Apr 20 18:04 /usr/bin/mdel -> mtools
lrwxrwxrwx  1 root    root          6 Apr 20 18:04 /usr/bin/mtype -> mtools
$
```

Ein MS-DOS-Diskette kann mit **mount** an das aktuelle Dateisystem montiert werden. Wem dies zu umständlich ist, der kann mit diesen mtools-Kommandos arbeiten.

Alle mtools-Kommandos haben einige gemeinsame Merkmale:

1. Laufwerksangaben erfolgen wie unter DOS mit A:, B:, C: usw. Ist kein Laufwerk angegeben, greifen die Kommandos immer automatisch auf A: bzw. auf das mit **mcd** eingestellte working directory zu.

2. In Pfadangaben kann zur Abtrennung von Directories sowohl / als auch \ verwendet werden.

3. Das Metazeichen * funktioniert wie unter Unix und Linux üblich. Zum Zugriff auf alle Dateien ist deshalb nur * und nicht wie unter DOS *.* anzugeben.

4. Dateinamen sind auf die DOS-Konventionen (8+3 Zeichen) limitiert.

Zur Konfiguration von **mtools** steht die Datei /etc/mtools bzw. /etc/mtools.conf zur Verfügung. Normalerweise gibt es jedoch keine Probleme, so daß keine Veränderungen an der Konfigurationsdatei notwendig sind.

mtools-Programme

Hier nun ein kurzer Überblick zu den wichtigsten Programmen des mtools-Programmpakets:

mattrib [+ | -ahrs] *datei(en)*	(*Nachbildung des DOS-Kommandos **attrib***)
	es liest bzw. verändert die Attribute von DOS-Dateien.
mbadblocks	(*markiert unbrauchbare Blöcke in FAT*)
mcd *directory*	(*Nachbildung des DOS-Kommandos **cd***)
	wechselt in das angegebene Directory auf einer DOS-Diskette oder -Festplatte. Dabei kann auch ein Laufwerksbuchstabe angegeben werden, wie z.B. **mcd c:\programme**.
mcopy [*optionen*] *quelldatei zieldatei*	
mcopy [*optionen*] *datei(en) zieldirectory*	(*Nachbildung des DOS-Kommandos **copy***)
	kopiert Dateien von oder auf DOS-Disketten bzw. -Festplatten. Die Optionen unterscheiden sich etwas von den Optionen des DOS-**copy**. Die beiden wichtigsten Optionen sind: **-n** keine Ausgabe einer Warnung vor dem Überschreiben einer Datei **-t** transformiert die unter DOS übliche Zeichenkombination *Carriage-Return, Line-Feed* für Zeilenende in ein einfaches *Line-Feed*-Zeichen und auch umgekehrt. Diese Option sollte nur für Textdateien verwendet werden.
mdel *datei(en)*	(*Nachbildung des DOS-Kommandos **del***)
	löscht die angegebenen *datei(en)* auf der entsprechenden DOS-Partition.
mdeltree *directory(s)*	(*Nachbildung des DOS-Kommandos **deltree***)
	löscht die angegebenen *directory(s)* auf der entsprechenden DOS-Partition.
mdir [*optionen*] [*datei(en)* | *directory(s)*]	(*Nachbildung des DOS-Kommandos **dir***)
	zeigt den Inhalt der angegebenen *directory(s)* oder listet die angegebenen *datei(en)* der entsprechenden DOS-Partition auf. Mit der Option **-w** werden die Dateinamen in mehreren Spalten nebeneinander aufgelistet.
mformat *laufwerk*	(*Nachbildung des DOS-Kommandos **format***)
	richtet ein MS-DOS-Dateisystem auf einer mit **fdformat** (siehe weiter unten) bereits vorformatierten Diskette ein.
mlabel *laufwerk*	(*Nachbildung des DOS-Kommandos **label***)
	zeigt den Namen (*volume label*) des entsprechenden MS-DOS-Dateisystems an.

mmd *directory*	(*Nachbildung des DOS-Kommandos* **md**)
	legt ein neues *directory* auf dem entsprechenden MS-DOS-Dateisystem an.
mrd *directory*	(*Nachbildung des DOS-Kommandos* **rd**)
	löscht das angegebene *directory* auf dem entsprechenden MS-DOS-Dateisystem.
mread *dos_datei* *linux_datei*	kopiert die angegebene *dos_datei* in das Linux-Dateisystem. **mread** ist eine eingeschränkte Version des **mcopy**-Kommandos, das Kopieren in beide Richtungen erlaubt.
mren *alt_name* *neu_name*	(*Nachbildung des DOS-Kommandos* **ren**)
	benennt die Datei *alt_name* im entsprechenden MS-DOS-Dateisystem in *neu_name* um.
mtype *datei*	(*Nachbildung des DOS-Kommandos* **type**)
	gibt den Inhalt der *datei* des entsprechenden MS-DOS-Dateisystems am Bildschirm aus. **mtype** entspricht in etwa dem Unix-Kommando **cat**.
mwrite *linux_datei* *dos_datei*	kopiert die angegebene *linux_datei* aus dem Linux-Dateisystem in ein DOS-Dateisystem. **mwrite** ist wie **mread** eine eingeschränkte Version des **mcopy**-Kommandos, das Kopieren in beide Richtungen erlaubt.

mv	Umbenennen von Dateien (move files)

Syntax

```
mv  [-f]  [-i]  datei1   datei2
mv  [-f]  [-i]  datei(en)  directory
mv  [-f]  [-i]  directory  directory
```

Beschreibung

Das Kommando **mv** vergibt an Dateien neue Namen. Die Dateien sind dann nur noch über ihre neuen Namen und nicht mehr über ihre ursprünglichen Namen ansprechbar. Es kann auf drei verschiedene Arten aufgerufen werden:

▷ Die erste Aufrufform benennt die Datei *datei1* in *datei2* um. Falls die Datei *datei2* bereits existiert, so wird sie überschrieben, wenn dies die Zugriffsrechte dieser Datei zulassen. Eigentümer dieser neuen Datei wird der Benutzer, der dieses Kommando angab. Zwar werden die Zugriffsrechte übernommen, aber wenn sich der Eigentümer und vielleicht sogar die Gruppe dieser Datei ändert, dann sind diese Zugriffsrechte auf den neuen Eigentümer und Gruppe anzuwenden; wenn z.B. die *datei1* die Zugriffsrechte **rwxr--r--** besitzt, dann kann der Eigentümer von Datei *datei1* – nach dem Umbenennen – die neue *datei2* nicht beschreiben.

▷ Die zweite Aufrufform trägt die *datei(en)* in das Directory *directory* ein, wobei die dort neu angelegten Dateien die Namen der ursprünglichen Dateien erhalten[1]. Danach existieren die ursprünglichen Dateien nicht mehr. Auch hier bleiben die Zugriffsrechte der Originaldateien erhalten und beziehen sich dann auf den neuen Eigentümer der umbenannten Dateien.

▷ Die dritte Aufrufform ist ein Spezialfall der zweiten; sie ermöglicht das Umbenennen eines ganzen Directory. Dies ist in System V.3 allerdings nur dann möglich, wenn die beiden hier als Argumente angegebenen Directories das gleiche parent directory besitzen.

Option

Option	Beschreibung
-i	bei bereits existierenden Dateien wird nachgefragt, ob diese zu überschreiben sind.
-f	wenn eine Zieldatei schreibgeschützt ist, dann wird normalerweise das Zugriffsrechte-Muster ausgegeben, und nachgefragt, ob diese Datei zu überschreiben ist. Wenn die Option -f gesetzt ist, wird die Zieldatei ohne Rückfrage überschrieben.

Hinweis

Vorsicht: **mv** überschreibt – ohne Meldung – bereits vorhandene Dateien, die einen gleichen Namen besitzen, wenn es nicht durch die Zugriffsrechte für solche Dateien daran gehindert wird.

Wenn beim Aufruf

mv   *dir1   dir2*

das Zieldirectory *dir2* bereits existiert, so gibt System V.3 eine Fehlermeldung aus. Bei System V.4 verhält sich **mv** dagegen wie **cp** und legt *dir1* als Subdirectory von *dir2* an.

---

1. Als Name wird in das neue Directory die letzte Komponenente des Pfadnamens der alten Dateien eingetragen; wenn z.$%$B. */home/egon/uebung1/obst* nach */home/egon/uebung2* kopiert wird, so würde in */home/egon/uebung2* der Name *obst* (letzte Komponente des Pfadnamens der ursprünglichen Datei) eingetragen.

Weitere verwandte Kommandos sind **cp** und **ln**: Während **cp** eine neue Kopie der Originaldatei erstellt, ändert **mv** den Namen einer existierenden Datei und **ln** vergibt einen weiteren Namen an eine Datei.

Unter Linux bietet **mv** noch einige weitere Optionen an. Diese kann man entweder über **man mv** oder aber mit dem Aufruf **mv --help** erfragen.

netscape	der König unter den WWW-Browsern

Syntax

Netscape

Beschreibung

Die WWW-Browser **Netscape** *Navigator* (bis Version 3) bzw. *Communicator* (ab Version 4) sind nicht nur äußerst komfortable WWW-Browser, sondern unterstützen eine Vielzahl von Internet-Diensten (E-Mail, FTP, News-Verwaltung, Java-Interpreter usw.). Netscape ist nun auch frei verfügbar.

Beispiel Da seine Bedienung weitgehend selbsterklärend ist, wird hier nur ein Beispiel eines Netscape-Windows gezeigt:

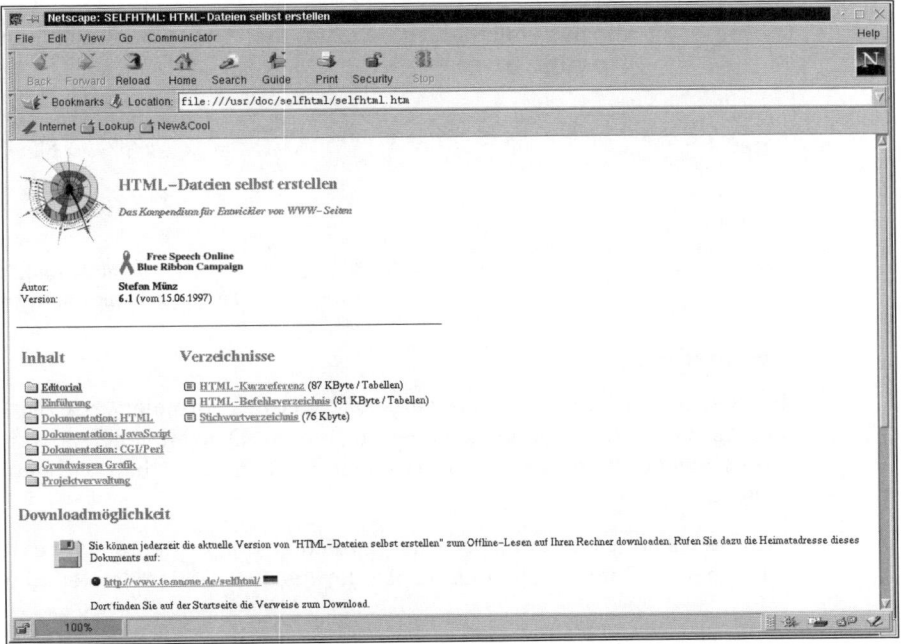

newgrp	Kurzzeitiges Wechseln der Gruppenzugehörigkeit
	(log in to a new group)

Syntax

```
newgrp [-] [gruppenname]
```

Für *gruppenname* ist der Name (nicht die GID) anzugeben, wie er in der Datei /*etc*/*group* aufgeführt ist.

Beschreibung

Jeder Benutzer ist vom Systemverwalter einer bestimmten Gruppe zugeteilt. Die Datei /*etc*/*group* enthält eine Liste aller Gruppennamen, die GID und die Mitglieder jeder Gruppe. Dabei ist es möglich, daß ein Benutzer mehr als einer Gruppe angehört. Die Datei /*etc*/*passwd* legt dann fest, welcher Gruppe ein solcher Benutzer beim Anmelden zugeordnet wird. Mit dem Kommando **newgrp** ist es nun einem solchen Benutzer möglich während einer Unix-Sitzung in eine andere Gruppe, in der ebenfalls Mitglied ist, überzuwechseln. Wird **newgrp** ohne die Angabe eines Arguments aufgerufen, so wechselt der entsprechende Benutzer in die Gruppe, der in der Datei /*etc*/*passwd* zugeordnet ist.

Option

-         alle Systemvariablen behalten die Werte, die ihnen beim Anmelden zugewiesen werden.

news	Lesen von Neuigkeiten

Syntax

```
news [-a] [-n] [-s] [neuigkeitsdatei(en)]
```

neuigkeitsdatei(en) sind dabei
Namen von Dateien im »news«-Directory.

Beschreibung

Es existiert ein eigenes »news«-Directory, welches normalerweise /*var*/ *news* ist; in dieses Directory können sogenannte »news«-Dateien abgelegt werden. Dies sind Dateien, die neueste Informationen zu allen möglichen Sachgebieten enthalten.

Wird **news** ohne jede Angabe von Argumenten aufgerufen, so gibt es den Inhalt aller »news«-Dateien mit einer Kopfzeile[1] aus, die seit dem letzten **news**-Aufruf

---

1. Name der »news«-Datei und ihr Erstellungsdatum

neu eingetroffen sind. Bei der Ausgabe dieser »news«-Dateien wird die neueste Datei zuerst ausgegeben.

Wird während der Ausgabe einer »news«-Datei die DEL-Taste (oder $\boxed{\text{Strg}}$-$\boxed{\text{C}}$) gedrückt, so wird diese Ausgabe abgebrochen und mit dem Ausgeben der nächsten »news«-Datei fortgefahren.

Um das **news**-Kommando vollständig abzubrechen, muß innerhalb einer Sekunde zweimal die DEL-Taste (oder $\boxed{\text{Strg}}$-$\boxed{\text{C}}$) gedrückt werden.

Das Kommando **news** legt bei seinem allerersten Aufruf im home directory des entsprechenden Benutzers eine leere Datei mit den Namen *.news_time* an. Jedesmal wenn dann **news** erneut aufgerufen wird, so setzt es den Zugriffs-Zeitstempel (engl.: *access time*) dieser Datei *.news_time* auf den Zeitpunkt des **news**-Aufrufs. So kann **news** bei jedem neuen Aufruf feststellen, welche »news«-Dateien bereits gelesen wurden (älter als Zugriffszeit von *.news_time*) und welche neu sind (jünger als Zugriffszeit von *.news_time*).

Optionen

Ist eine der nachfolgenden Optionen angegeben, so wird der Zugriffs-Zeitstempel für die Datei *.news_time* durch den entsprechenden **news**-Aufruf nicht neu gesetzt.

Option	Beschreibung
-a	Alle »news«-Dateien anzeigen (alte und neue)
-n	Namen (nicht Inhalt) aller neuen »news«-Dateien ausgeben
-s	Anzahl aller neuen »news«-Dateien ausgeben

Hinweis **news** wird häufig als eine Art »elektronisches schwarzes Brett« verwendet.

Das Kommando **news** wird üblicherweise in der Datei *.profile* angegeben, so daß es bei jedem Anmelden automatisch aufgerufen wird. Es gibt dann die noch nicht gelesenen Neuigkeiten beim Anmelden aus.

Weitere Programme zum Lesen von News sind:

readnews	Bedienung ist ähnlich wie beim **mail**-Kommando.
rn	Verbesserte readnews-Version.
vnews	bietet eine bildschirmorientierte Oberfläche.
xvnews	die **vnews**-Variante für X Window.
tin	ist ein sehr handliches und leicht bedienbares Programm; es wird häufig unter Linux eingesetzt.

netscape	kann natürlich auch zum Lesen von News eingesetzt werden. Es kann dabei für den Online- oder den Offline-Betrieb konfiguriert werden.
pine	läßt sich auch so konfigurieren, daß es zum Lesen von News eingesetzt werden kann. Die Konfiguration erfolgt dabei über die Menüsequenz `Setup / Config`. Soll **pine** zum Online-Lesen eingerichtet werden, muß als NNTP-Server der News-Server des Internet-Providers angegeben werden. Zum Offline-Lesen ist keine Einstellung für den News-Server notwendig. Statt dessen muß im Feld `news-collection` der Text »News *[]« eingetragen werden. Die Bedienung ist dem Lesen von E-Mails sehr ähnlich.
emacs	dieser »Alleskönner« kann auch zum Lesen von News eingesetzt werden.
nn	ähnlich zu **tin**.
trn	ebenfalls ähnlich zu **tin**.

Dies ist nur ein Auszug zu der Vielzahl von existierenden news-Programmen.

nice	Prozesse mit einer niedrigeren Priorität ablaufen lassen

Syntax

`nice` `[-`*increment*`]` *kommando* `[`*argumente*`]`

Beschreibung

Öfters fallen beim Arbeiten an einem System Aufgaben an, die nicht zeitkritisch sind. In solchen Fällen ist es ratsam, die Priorität des auszuführenden Kommandos (Prozesses) freiwillig herunterzusetzen, um dem System mitzuteilen, daß die Ausführung des gegebenen Auftrags nicht so dringlich ist. Dazu steht das Kommando **nice** zur Verfügung. Falls ein *increment* (1, 2, .., 19) angegeben ist, so wird dieses benutzt, andernfalls wird hierfür 10 eingesetzt.

Der Superuser kann als einziger **nice** aufrufen, um ein Kommando mit höherer Priorität (negatives *increment*) ablaufen zu lassen, wie z.B. **--8**.

nl	Numerieren der Zeilen bei der Ausgabe eines Textes (numbering line filter)

Syntax

`nl` `[`*option(en)*`]` `[`*datei*`]`

Beschreibung

Das Filter-Kommando **nl** eignet sich zur Zeilennumerierung eines Eingabetextes.

nl liest Zeilen von der angegebenen *datei* oder von der Standardeingabe, falls keine *datei* angegeben ist, und gibt diese Zeilen mit einer Zeilennumerierung (am linken Rand) wieder auf die Standardausgabe aus.

nl teilt den Eingabetext in sogenannte logische Seiten ein, wobei die Zeilennumerierung am Anfang jeder logischen Seite wieder neu beginnt.

Logische Seite

Eine logische Seite setzt sich dabei aus einem Seitenkopf (*header*), einem Seiteninhalt (*body*) und einem Seitenfuß (*footer*) zusammen, wobei diese einzelnen Seiten-Teile auch leer sein, d.h. weggelassen werden können. Für diese 3 Seiten-Teile sind unterschiedliche Zeilennumerierungen möglich, wie z.B. keine Zeilennumerierung für Kopf- und Fußzeilen, aber eine Zeilennumerierung für den Seiteninhalt.

Der Beginn der einzelnen Teile einer logischen Seite kann dabei mit folgenden Angaben im Eingabetext angezeigt werden:

\:\:\:   für Seitenkopf

\:\:   für Seiteninhalt

\:   für Seitenfuß

Fehlen solche Angaben im Eingabetext, so betrachtet **nl** den Eingabetext immer als Seiteninhalt einer logischen Seite (kein Seitenkopf und kein Seitenfuß).

Optionen

Option	Beschreibung
-b*typ*	(*body*) legt fest, welche Zeilen des Seiteninhalts einer logischen Seite zu numerieren sind. Für *typ* kann dabei angegeben werden:
	a alle Zeilen numerieren
	t nur die Zeilen numerieren, die einen druckbaren Text enthalten
	n keine Zeilen numerieren
	p*string* nur die Zeilen numerieren, die denangegebenen *string* enthalten
	Voreinstellung ist: -bt

Option	Beschreibung
-h*typ*	(*header*) legt fest, welche Zeilen des Seitenkopfs einer logischen Seite zu numerieren sind. Die möglichen Angaben für *typ* sind bei -b*typ* bereits beschrieben. Voreinstellung ist: -hn
-f*typ*	(*footer*) legt fest, welche Zeilen des Seitenfusses einer logischen Seite zu numerieren sind. Die möglichen Angaben für *typ* sind bei -b*typ* bereits beschrieben. Voreinstellung ist: -fn
-v*startnr*	*startnr* legt den Startwert der Zeilennumerierung für eine logische Seite fest. Voreinstellung ist: -v1
-i*schritt-weite*	*schrittweite* legt die Schrittweite für die Zeilennumerierung für eine logische Seite fest. Voreinstellung ist: -i1
-p	bewirkt, daß die Zeilennumerierung nicht auf jeder logischen Seite neu gestartet, sondern weitergezählt wird.
-l*zahl*	*zahl* legt die Anzahl von leeren Zeilen fest, die als eine einzige Zeile interpretiert werden sollen. z.B. -l2 bewirkt, daß nur jede zweite Leerzeile numeriert wird (wenn entsprechend -ha, -ba und/oder -fa gesetzt ist) Voreinstellung ist: -l1
-s*string*	Der hier angegebene *string* wird verwendet, um die Zeilennummern von der eigentlichen Textzeile zu trennen. Voreinstellung ist: Tabulatorzeichen
-w*weite*	Die hier für *weite* angegebene Zahl legt die Anzahl der Stellen fest, die für die Zeilennummern bei der Ausgabe zu verwenden sind. Voreinstellung ist: -w6
-n*format*	format legt hierbei das Format für die Ausgabe der Zeilennummern fest. Für *format* kann dabei folgendes angegeben werden: ln — links justieren (führende Nullen nicht ausgeben) rn — rechts justieren (führende Nullen nicht ausgeben) rz — rechts justieren (führende Nullen ausgeben) Voreinstellung ist: -nrn
-d*xx*	Die voreingestellten Trennzeichen für die logischen Seitenteile \: können hiermit auf *xx* geändert werden. Wenn bei *xx* nur ein Zeichen angegeben wird, so bleibt das zweite Zeichen : bestehen. Zwischen -d und *xx* darf kann Leerzeichen angegeben werden.

Hinweis   Das Kommando **pr** -n erlaubt auch eine Zeilennumerierung, allerdings ist dort keine Unterscheidung von Seitenkopf, Seiteninhalt und Seitenfuß möglich.

---

nohup	Prozesse nach dem Abmelden vom System weiterlaufen lassen (no hang up)

Syntax

nohup *kommandoname* [*argumente*]

Beschreibung

Soll ein Prozeß, wie z.B. eine umfangreiche Kompilierung, nach der Beendigung einer Unix-Sitzung weiterlaufen, so ist dies mit dem Kommando **nohup** möglich.

Wenn bei **nohup** die Ausgabe nicht explizit umgelenkt wurde, so wird sowohl die Standardausgabe als auch die Standardfehlerausgabe in die Datei *nohup.out* des working directory geschrieben. Ist dies wegen der Zugriffsrechte nicht möglich, so werden die Ausgaben in die Datei *nohup.out* des home directory geschrieben.

---

notify	Sofortige Meldung neu angekommener Mail (nicht unter Linux)

Syntax

notify [-y] [-n]

Beschreibung

Das Kommando **notify** wird seit System V.4 angeboten.

Gib man die Option **-y** an, so wird jede neu angekommene Mail nicht nur sofort dem betreffenden Benutzer gemeldet, wenn er noch angemeldet ist und sein Terminal nicht mit **mesg -n** gesperrt wurde, sondern es werden zusätzlich noch die ersten Zeilen dieser Mail am Bildschirm ausgegeben.

Mit **notify -n** kann die sofortige Benachrichtigung wieder abgeschaltet werden.

Ruft man nur **notify** ohne Angabe von **-n** oder **-y** auf, so meldet es, ob momentan sofortige Benachrichtigung ein- oder ausgeschaltet ist.

---

od	Durchführen eines Oktal-Dumps für Dateien (octal dump)

Syntax

od [-bcDdFfOoSsvXx] [*datei*] [[+]*offset*] [.|b|x]

Beschreibung

Um auch den Inhalt von Dateien, die nicht-druckbare Zeichen enthalten (wie z.B. Binärdateien) betrachten zu können, steht das Kommando **od** zur Verfügung, welches die Bytes einer Datei nicht als ASCII-Zeichen, sondern – abhängig von den Optionen – als Oktal-, Dezimal- oder Hexadezimalwerte ausgibt.

Sind keine Optionen angegeben, so ist `-o` die Voreinstellung.

Ist keine *datei* angegeben, so liest **od** von der Standardeingabe.

Im nachfolgenden Text steht Wort für eine 16-Bit-Einheit, Langwort für eine 32-Bit-Einheit und Doppelt-Langwort für eine 64-Bit-Einheit.

Optionen

Option	Beschreibung
-b	(*bytes*) Ausgabe der Bytes als Oktalzahlen
-c	(*character*) Ausgabe der Bytes als ASCII-Zeichen, allerdings werden nicht druckbare Zeichen als 3-stellige
	Oktalzahlen oder in einer C-Notation:

\0	für 0
\b	für Backspace
\f	für Seitenvorschub (form feed)
\n	für Neuezeile-Zeichen
\r	für Return
\t	für Tabulatorzeichen ausgegeben.

Option	Beschreibung
-D	(*Decimal*) Ausgabe der Langworte (nicht Bytes) als vorzeichenlose Dezimalzahlen.
-d	(*decimal*) Ausgabe der Worte (nicht Bytes) als vorzeichenlose Dezimalzahlen.
-F	(*Floating point*) Ausgabe der Doppelt-Langworte in Gleitpunkt-Format (**double**).
-f	(*floating point*) Ausgabe der Langworte in Gleitpunkt-Format (**float**).
-O	(*Octal*) Ausgabe der Langworte als vorzeichenlose Oktalzahlen.
-o	(*octal*) Ausgabe der Worte als Oktalzahlen.
-S	(*Signed decimal*) Ausgabe der Langworte als vorzeichenbehaftete Dezimalzahlen.
-s	(*signed decimal*) Ausgabe der Worte als vorzeichenbehaftete Dezimalzahlen.

Option	Beschreibung
-v	(*verbose*) Ausgabe aller Datenbytes. Normalerweise werden gleiche Datenbytes zusammengefaßt, d.h. wenn ein Bereich mit Nullbytes auftritt, wird nicht der gesamte Bereich, sondern nur ein Hinweis ausgegeben, daß hier ein Bereich von Nullbytes vorliegt.
-X	(*heXadecimal*) Ausgabe der Langworte als vorzeichenlose Hexadezimalzahlen.
-x	(*hexadecimal*) Ausgabe der Worte als Hexadezimalzahlen.

offset

Ein eventuell angegebenes *offset* legt das Byte-Offset in der *datei* fest, ab dem **od** mit der Ausgabe beginnen soll. Normalerweise wird *offset* als Oktalzahl interpretiert. Wenn Punkt (.) an diese Zahl angehängt ist, so wird *offset* als Dezimalzahl interpretiert. Wenn **x** an diese Zahl angehängt ist, so wird *offset* als Hexadezimalzahl interpretiert. Wenn nach *offset* **b** angegeben ist, so legt die als *offset* angegebene Zahl ein Offset von 512-Byte langen Blöcken fest. Das Pluszeichen (+) ist nur dann vor *offset* anzugeben, wenn keine *datei* angegeben ist.

Hinweis   Die bei der Ausgabe von **od** im linken Rand stehenden siebenstelligen Zahlen zeigen die Bytenummern in der Datei sind normalerweise Oktalzahlen. Da das Format der Bytenummern über das *offset* festgelegt wird, ist es möglich sich die Bytenummern nicht nur oktal, sondern auch dezimal oder hexadezimal ausgeben zu lassen. Wenn eine ganze Datei auszugeben ist, muß als Offset nur 0 verwendet werden, wie z.B.:

```
od -c datei  0x      (hexadezimale Ausgabe der Bytenummern)
od -c datei  0.      (dezimale Ausgabe der Bytenummern)
```

Unter Linux bietet **od** noch einige weitere Optionen an. Diese kann man entweder über **man od** oder aber mit dem Aufruf **od --help** erfragen.

pack	Komprimieren von Dateien (compress files)

Syntax

```
pack  [-] [-f]  [datei(en)]
```

Beschreibung

pack komprimiert den Inhalt der angegebenen *datei(en)*; dabei werden die ursprünglichen *datei(en)* gelöscht und der komprimierte Inhalt jeder Datei wird in eine Datei mit Namen *datei.z* geschrieben.

Optionen

- schaltet die Ausgabe von Diagnosemeldungen zum Komprimierungs-Algorithmus ein und aus.

`-f` es wird auch dann komprimiert, wenn daraus keine Platzeinsparung resultiert.

Hinweis Die Komprimierung von Dateien kann zu erheblichen Speicherplatzeinsparungen führen. Zur Komprimierung wird ein Huffman-Code verwendet. Die resultierende Einsparung hängt von der Größe der Dateien und den Zeichenhäufigkeiten im Text ab. Typische Platzeinsparungen für Textdateien sind 60-75%; für binäre Dateien können Einsparungen bis zu 90% erreicht werden. Für Dateien, die kleiner als 3 Blöcke sind, wird meist keine nennenswerte Einsparung erreicht. Wenn die Dateien zu klein sind, so komprimiert **pack** diese schon gar nicht.

Eine Komprimierung findet *nicht* statt, wenn

▶ die angegebene Datei schon komprimiert ist

▶ auf die angegebene Datei Links eingetragen sind

▶ die angegebene Datei ein Directory ist

▶ die angegebene Datei nicht eröffnet werden kann

▶ durch das Komprimieren keine Platzeinsparung erzielt wird

▶ eine entsprechende Datei mit der Endung .z bereits existiert oder nicht kreiert werden kann.

▶ ein Fehler beim Komprimieren auftritt.

Das Kommando **pcat** kann verwendet werden, um den Inhalt von komprimierten Dateien anzuschauen. Mit dem Kommando **unpack** kann eine komprimierte Datei wieder dekomprimiert werden.

passwd	Ändern bzw. Vergeben eines Paßworts (change login password)

Syntax

```
passwd [login-name]
passwd [-l|-d] [-f] [-x max] [-n min] [-w warn] login-name
passwd -s [-a]
passwd -s [login-name]
```

Beschreibung

passwd ermöglicht es einem Benutzer, ein Paßwort zu vergeben oder aber ein bereits vorhandenes Paßwort zu ändern. Auch kann ein Benutzer sich alle Attribute auflisten lassen, die für sein Paßwort gelten.

Ein Paßwort für einen Benutzer wird normalerweise vom Systemadministrator beim Einrichten einer Login-Kennung vergeben. Später kann der Benutzer das Paßwort ändern, indem er **passwd** aufruft. Danach wird er zunächst nach das alte Paßwort gefragt. Daraufhin muß das neue Paßwort eingegeben werden, und zwar zweimal. Alle drei Eingaben (altes Paßwort und die beiden Eingaben des neuen Paßworts) werden nicht am Bildschirm angezeigt.

Ein Benutzer kann auch direkt beim Anmelden festlegen, daß er sein Paßwort ändern möchte. Dazu muß er beim **login:**-Prompt nur **-p** *login-name* eingeben, dann wird das **passwd** direkt nach dem Anmelden aufgerufen.

Optionen

Jeder Benutzer darf die in System V.4 neu hinzugekommene Option **-s** benutzen, die Informationen über den Zustand und die Gültigkeit des Paßworts liefert, wie z. B.

```
$ passwd  -s ⏎
egon    PS  07/23/93  0  168  7
$
```

Die Ausgabe der Informationen erfolgt im Format

name status date min max warn

Dabei bedeutet:

name	Login-Name
status	Zustand des Paßworts: **PS** steht für *Paßwort vorhanden* (*PaSsworded*) **LK** steht für *Zugang gesperrt* (*LocKed*) **NP** steht für *kein Paßwort vorhanden* (*No Password*)
date	Datum der letzten Änderung des Paßworts im Format Monat/Tag/Jahr
min	der Zeitraum, nach dem ein Paßwort frühestens wieder geändert werden darf, in Tagen (Bezugspunkt ist *date*); die Voreinstellung 0 bedeutet, daß es jederzeit geändert werden kann

| *max* | der Zeitraum, nach dem das Paßwort unbedingt geändert werden muß, in Tagen (Bezugspunkt ist *date*); die Voreinstellung 168 entspricht in etwa 5,5 Monate. |
| *warn* | legt die Tage vor dem Ablaufdatum des Paßworts fest, an dem der Benutzer gewarnt wird, daß sein Paßwort bald veraltet ist; Voreinstellung ist 7 Tage |

Die restlichen Optionen dürfen nur von privilegierten Benutzern verwendet werden.

Unter Linux bietet **passwd** noch einige weitere Optionen an. Diese kann man mit dem Aufruf **man passwd** erfragen.

Bedingungen für Paßwörter

Das Kommando **passwd** von System V.4 akzeptiert nur Paßwörter, die folgende Bedingungen erfüllen:

▸ 6 oder mehr Zeichen lang sind; signifikant sind jedoch nur die ersten 8 Zeichen.

▸ mindestens 2 Klein- oder Großbuchstaben und eine Ziffer bzw. ein Sonderzeichen enthalten.

▸ keine Abwandlung des login-Namens sind, wie z.B. rückwärts geschriebene login-Namen oder sonstige zirkulare Verschiebungen des login-Namens.

▸ sich in mindestens 3 Zeichen vom alten Paßwort unterscheiden; Klein- und Großschreibung wird dabei nicht unterschieden.

Nur der Systemverwalter kann Paßwörter anderer Benutzer ändern; dazu braucht er das alte Paßwort nicht zu kennen.

Sie sollten bei der Wahl von Paßwörter folgendes berücksichtigen:

▸ Keine zusammenhängenden Wörter wie *computer, herold, susanne, spueli,* usw. Sie sollten immer ein Sonderzeichen wie eine Zahl in das Paßwort einmischen, wie z.B. *2fast4me, an2tom, wal3her,* usw. Dies erschwert das »Knakken eines Paßworts« ganz erheblich. Allerdings sollten sie auch keine Geburtsdaten als Paßwort verwenden, da dies das Auffinden eines Paßworts durch einen Fremden ganz erheblich erleichtert.

▸ Keine Paßwörter verwenden, die Sie sich sowieso nicht merken können und deshalb irgendwo aufschreiben und dann unter die Tastatur kleben. Ein Auffinden eines solchen Paßworts ist für einen »Bösewicht« natürlich ein Leichtes. Gute Paßwörter sind kompliziert und man kann sie sich trotzdem merken, wie z.B. *imseh123g* (**i**n **m**ünchen **s**teht **e**in **h**ofbräuhaus, **1 2 g**suffa).

Vergessen des Paßworts

Wenn Sie Ihr Paßwort einmal vergessen sollten, so kann es Ihnen niemand mehr mitteilen, auch nicht der Systemadministrator. Allerdings kann er Ihr altes Paßwort löschen, so daß Sie sich ein neues einrichten können.

Sollte der Systemadministrator sein Paßwort vergessen, so kann dies im schlimmsten Fall eine erneute System͟‌͟‌lation mit allen damit verbundenen Unannehmlichkeiten bede͟‌͟‌llte der Systemadministrator unbedingt Vorkehrunge͟‌͟‌ne solche Situation zu geraten, wie z.B. Hinter͟‌͟‌lossenen Briefumschlag an einem sicheren F͟‌

Paßwort-A͟‌

Seit System͟‌͟‌ing vorhanden. Bei diesem Verfahren w͟‌͟‌lauf einer vorgegebenen Zeitspanne un͟‌͟‌nne wird der Benutzer bei seiner nächste͟‌͟‌fgefordert, ein neues Paßwort zu wählen.

paste	͟‌neinander ausgeben (paste lines of files)

Syntax

```
paste  datei(en)¹
paste  -d"string"  datei(en)
paste  -s [-d"string"]  datei(en)
```

Beschreibung

Während das Kommando **cat** Dateien untereinander ausgibt, ermöglicht **paste** die parallele Ausgabe von Dateien.

Wird anstelle einer *datei* ein – angegeben, so steht dieser für eine Zeile aus Standardeingabe.

paste kennt drei verschiedene Aufrufarten:

▶ Bei der ersten Aufrufform werden die angegebenen *datei(en)* nebeneinander ausgegeben. Bei dieser parallelen Ausgabe werden die Zeilen der einzelnen Dateien durch ein Tabulatorzeichen voneinander getrennt. Ist ein anderes Trennzeichen für die einzelnen Zeilen erwünscht, so müßte die zweite Aufrufform verwendet werden.

---

1. Ist nur eine *datei* angegeben, so wird deren Inhalt – wie bei **cat** – am Bildschirm ausgegeben

▸ Bei der zweiten Aufrufform werden die nebeneinander ausgegebenen Zeilen der einzelnen Dateien mit den in *string* angegebenen Zeichen voneinander getrennt. Als 1.Trennzeichen wird das 1.Zeichen in *string* verwendet, als zweites Trennzeichen das zweite, usw. Wenn alle Zeichen aus *string* als Trennzeichen verwendet wurden, wird wieder mit dem 1.Zeichen angefangen und danach wieder alle Zeichen in *string* durchlaufen. Als Zeichen können dabei auch folgende Konstrukte angegeben werden:

\n für Neuezeile-Zeichen
\t für Tabulatorzeichen
\0 für leeres Zeichen
\\ für das Zeichen \

▸ Bei der dritten Aufrufform werden nicht die einzelnen Zeilen der angegebenen *datei(en)* nebeneinander ausgegeben, sondern der Inhalt jeder Datei parallel ausgegeben. Wenn die Option -d nicht angegeben ist, so wird als Trennzeichen für die einzelnen Zeilen das Tabulatorzeichen verwendet.

Ist die Option -d angegeben, so werden wie bei der vorherigen Aufrufform die im *string* angegebenen Zeichen zum Trennen der parallel auszugebenden Zeilen verwendet.

Beispiel:

```
ls | paste − − − −
```

Dateien des working directory in 4 Spalten auflisten

pcat	Ausgeben des Inhalts von komprimierten Dateien

Syntax

```
pcat  datei(en)
```

oder

```
pcat  datei(en).z
```

Beschreibung

Der Inhalt der mit **pack** komprimierten *datei(en)*.z wird zum Zwecke der Ausgabe auf dem Bildschirm kurzzeitig dekomprimiert; **pcat** verhält sich bei komprimierten Dateien, welche ja nicht mehr in lesbarer Form vorliegen, wie **cat** bei einfachen Dateien.

Hinweis   Mit dem Kommando **pack** kann eine Datei komprimiert und mit dem Kommando **unpack** wieder dekomprimiert werden.

Eine mit **pack** komprimierte Datei könnte somit auf zwei verschiedene Arten wieder dekomprimiert werden:

unpack   *dateiname*.z

oder

pcat   *dateiname*.z   >*dateiname*

rm   *dateiname*.z

---

pg   **Inhalt einer Datei seitenweise ausgeben (nicht unter Linux)**

Syntax

pg [*option(en)*] [*datei(en)*]

Beschreibung

Das Kommando **pg** gibt -wie das **cat**-Kommando- den Inhalt der angegebenen *datei(en)* nacheinander am Bildschirm aus. Im Unterschied zu **cat** wird hier allerdings nach jeder Ausgabe einer Bildschirmseite angehalten, um dem Benutzer das »ruhige« Lesen dieser Seite zu erlauben. Bei einem solchen Ausgabestop begibt sich das **pg**-Kommando allerdings auch in einen interaktiven Modus, d.h. es erwartet nach jeder neuen Bildschirm-Seite eine Eingabe des Benutzers (siehe **pg**-Kommandos).

Wenn keine *datei(en)* angegeben sind, so liest **pg** von der Standardeingabe.

pg-Kommandos

pg-Kommandos müssen immer am unteren Bildschirmrand eingegeben und mit ⏎ abgeschlossen werden:

Kommando	Beschreibung
⏎ [a]	Eine Bildschirmseite weiterblättern
d	Halbe Bildschirmseite weiterblättern
Strg - D	Halbe Bildschirmseite weiterblättern
-1d	Halbe Bildschirmseite zurückblättern
-1 Strg - D	Halbe Bildschirmseite zurückblättern
+*n* ⏎	*n* Bildschirmseiten weiterblättern (für *n* ist eine ganze Zahl anzugeben)

Kommando	Beschreibung
$-n$ ⏎	n Bildschirmseiten zurückblättern (für n ist eine ganze Zahl anzugeben)
l	Eine Zeile weiterblättern
$+n$l	n Zeilen weiterblättern (für n ist eine ganze Zahl anzugeben)
$-n$l	n Zeilen zurückblättern (für n ist eine ganze Zahl anzugeben)
h	Help-Information (Liste der verfügbaren **pg**-Kommandos) einblenden
. oder Strg - L	Gleiche Bildschirmseite nochmals neu einblenden (um z.B. Help-Information wieder auszublenden)
$	Zur letzten Bildschirmseite blättern
/text/	Bildschirmseite einblenden, in der *text* gefunden wird (*Vorwärts*-Suche zum Dateiende hin)
n/text/	Bildschirmseite einblenden, in der *text* zum *n*.ten mal gefunden wird (*Vorwärts*-Suche zum Dateiende hin)
?text?	Bildschirmseite einblenden, in der *text* gefunden wird (*Rückwärts*-Suche zum Dateianfang hin)
n?text?	Bildschirmseite einblenden, in der *text* zum *n*.ten mal gefunden wird (*Rückwärts*-Suche zum Dateianfang hin)
^text^	Bildschirmseite einblenden, in der *text* gefunden wird (*Rückwärts*-Suche zum Dateianfang hin)
n^text^	Bildschirmseite einblenden, in der *text* zum *n*.ten mal gefunden wird (*Rückwärts*-Suche zum Dateianfang hin)
*i*n	mit der Ausgabe der *i*.ten nächsten Datei fortfahren; Voreinstellung für *i* ist 1.
*i*p	mit der Ausgabe der *i*.ten vorherigen Datei fortfahren; Voreinstellung für *i* ist 1.
*i*w	mit der Ausgabe der nächsten Bildschirmseite fortfahren; wenn *i* angegeben ist, so wird die Größe dieser Bildschirmseite auf *i* Zeilen festgelegt.
s *dateiname*	sichert die momentane Datei in der Datei *dateiname*
!*unix-kdo*	Ausführen des Unix-Kommandos *unix-kdo*
Strg - \ oder Del	Befindet sich **pg** gerade bei der Ausgabe, so stoppt es diese und meldet sich mit dem Promptzeichen, um ein **pg**-Kommando entgegen zu nehmen. Wartet dagegen **pg** gerade auf eine Eingabe eine **pg**-Kommandos, so wird es unverzüglich abgebrochen.
q oder Q	**pg** verlassen

a. Ist natürlich nicht mit ⏎ abzuschließen

Bei den Suchkommandos wird die Zeile, in der *text* gefunden wurde, normalerweise in der obersten Bildschirmzeile angezeigt. Wird ein m bzw. ein b angehängt, so wird diese Zeile in der Bildschirmmitte bzw. am Bildschirmende angezeigt. Zur Anzeige der entsprechenden Zeilen am Bildschirmanfang kann durch
Anhängen von t zurückgeschaltet werden.

Für *text* kann bei den Suchkommandos jeder bei **ed** erlaubter regulärer Ausdruck angegeben werden.

Optionen

Option	Beschreibung
-*n*	Für *n* ist eine ganze Zahl anzugeben, welche die Größe einer aus-zugebenden Bildschirmseite festlegt. An einem Terminal mit 24 Zeilen ist die Voreinstellung 23 (letzte Zeile ist für die Eingabe der »Zwischenbefehle« reserviert).
-p"*string*"	Der hier angegebene *string* wird anstelle des voreingestellten : (Doppelpunkt) als Promptzeichen verwendet, um den Benutzer zu einer Eingabe aufzufordern. Kommt in diesem *string* ein %d vor, so wird hierfür jeweils die aktuelle Seitenummer ausgegeben.
-c	bewirkt, daß der Bildschirm immer zuerst gelöscht wird, bevor die nächste Bildschirmseite angezeigt wird.
-f	Zeilen nicht abschneiden, wenn sie länger als eine Bildschirmzeile sind.
-e	bewirkt, daß beim Erreichen des Dateiendes nicht auf eine Benut-zereingabe gewartet wird, sondern **pg** unmittelbar verlassen wird.
-n	Normalerweise müssen **pg**-Kommandos immer mit ⏎ abge-schlossen werden. Wenn diese Option gesetzt ist, so führt **pg** ein **pg**-Kommando sofort aus, wenn der dieses Kommando kenn-zeichnende Buchstabe eingegeben wird.
-s	veranlaßt **pg**, alle Meldungen und den Prompt in »standout«-Modus (normalerweise inverse Darstellung) auszugeben.
+*n*	Für *n* ist eine ganze Zahl einzugeben, welche die Nummer der Zeile festlegt, ab der die Ausgabe der entsprechenden *datei(en)* am Bildschirm erfolgen soll.
+/*regulärer-Ausdruck*/	die Ausgabe ist ab der Zeile zu starten, in der das erstemal ein String vorkommt, der durch den angegebenen regulären-Aus-druck abgedeckt ist; **pg** läßt die gleichen regulären Ausdrücke wie **ed** zu.

Hinweis Alternativen zum Kommando **pg** sind die Kommandos **more** und **less**.

pine   Senden und Empfangen von elektronischer Post

Syntax

pine [*optionen*] [*adresse*]

Beschreibung

pine ist aufgrund seiner einfachen Bedienbarkeit eines der beliebtesten mail-Programme. In **pine** existieren zumindest drei Mappen (*folder*):

INBOX	für neu angekommene E-Mail (ist z.B. /var/spool/mail/*login-name*)
sent-mail	für selbst verschickte E-Mail
saved-messages	für Nachrichten, die mit dem Kommando SAVE aus INBOX dorthin kopiert wurden. Wird bei SAVE ein anderer Name angegeben, erzeugt **pine** automatisch eine neue Mappe dieses Namens.

pine legt seine Mappen (*folder*) mit Ausnahme von INBOX im Directory mail (im Home Directory) ab. Damit die Mailbox nicht zu groß wird, werden gelesene E-Mails bei jedem Monatsanfang nach einer Rückfrage automatisch in eine Datei sent-mail-*mmm-jj* übertragen, wobei *mmm* ein Kürzel für den Monat und *jj* für die Jahreszahl ist. Außerdem kann man dabei **pine** anweisen, alte sent-mail-Mappen zu löschen.

Startet man **pine**, so wird folgendes Menü angezeigt:

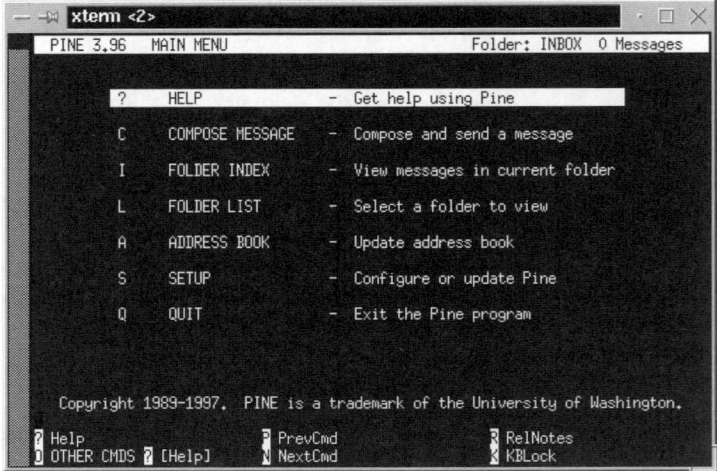

Möchte man neu angekommene E-Mail lesen, muß über den Menüpunkt FOLDER
LIST die Mappe INBOX angewählt werden. **pine** zeigt dann eine Liste aller Nachrichten (mit Ankunftszeit, Größe in Bytes und *Subject*-Zeile) an. Neue, noch nicht
gelesene E-Mail wird mit einem vorangestellten N gekennzeichnet. Mit den Cursortasten ⬆ und ⬇ kann man nun eine E-Mail aus der betreffenden Liste
auswählen und mit einem anschließendem Drücken der Eingabe-Taste lesen.

Sollte man eine Vielzahl von angekommenen E-Mails haben, wie z.B. nach
einem Urlaub, so läßt sich in der E-Mail-Liste auch mittels + bzw. – vorwärts
bzw. rückwärts blättern, und mit der Taste W läßt sich nach einem bestimmten
Text in den *Subject*-Zeilen suchen.

Während des Lesens einer E-Mail stehen weitere Kommandos, die weitgehend
selbsterklärend sind, von denen aber einige in den beiden folgenden **pine**-Win-
dows kurz erläutert werden:

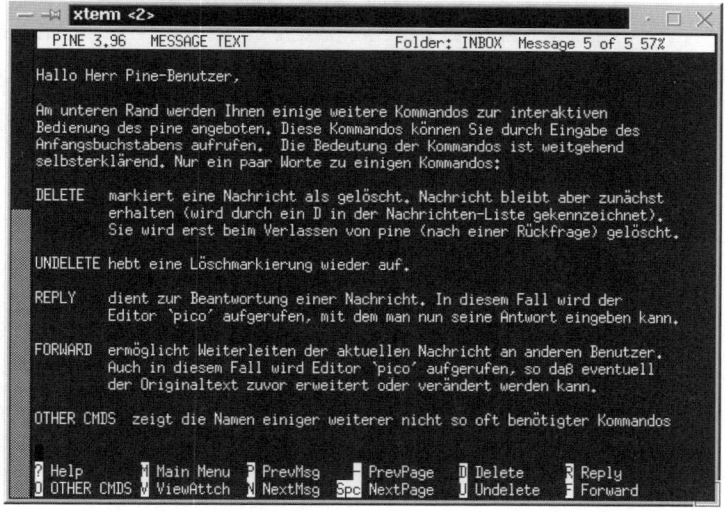

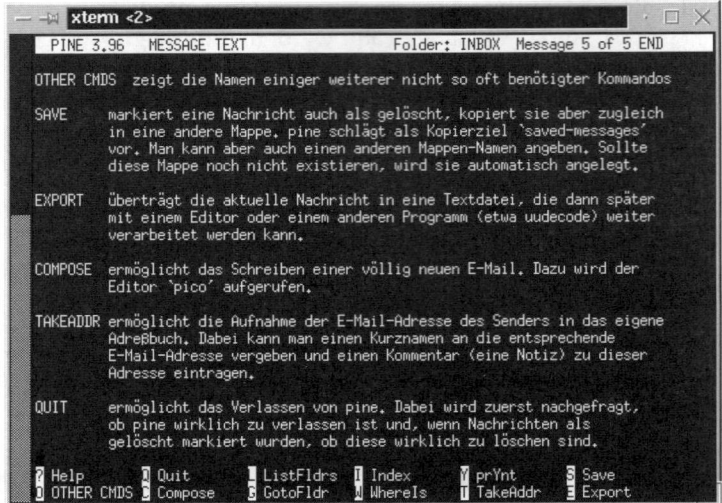

pico – der Standardeditor von pine

Die Bedienung des Standardeditors **pico** von **pine** ist ziemlich einfach. Nachfolgende Tabelle zeigt die wichtigsten Tastenkombinationen:

Wichtige Tastenkombinationen beim Editieren mit pico

Strg+A	An Anfang der Zeile springen (eventuell auch mit Pos1 möglich)
Strg+E	An Ende der Zeile springen (eventuell auch mit Ende möglich)
Strg+D	Zeichen nach Cursor löschen (eventuell auch mit Entf möglich)
Strg+H	Zeichen vor Cursor löschen (eventuell auch mit *Backspace* möglich)
Strg+^	Markierungspunkt setzen
Strg+K	aktuelle Zeile löschen
Strg+U	zuletzt gelöschten Text an Cursorposition wieder einfügen
Strg+R	eine Textdatei an Cursorposition einfügen
Strg+X	eine Nachricht abschicken
Strg+C	Schreiben einer Nachricht abbrechen

Möchte man während des Schreibens einer E-Mail auf eine alte E-Mail zugreifen oder neue E-Mails lesen, kann man das Schreiben mit Strg+O unterbrechen. Die noch nicht fertig geschriebene Nachricht wird dann in der Mappe postponed-messages abgelegt und kann später mit der Anwahl des Menüpunktes Compose wieder weitergeschrieben werden. In der Mappe postponed-messages können sogar mehrere halbfertige E-Mails gleichzeitig liegen.

Adreßbuch

pine ermöglicht auch die Verwaltung eines E-Mail-Adreßbuchs (Hauptmenü-Eintrag ADDRESS BOOK). Dort kann man neue Adressen eintragen oder bereits existierende Adressen auswählen. Mit COMPOSE wird auf Schreiben eines Briefes umgeschaltet und die gerade angewählte Adresse als Empfänger im Briefkopf eingetragen. Umgekehrt kann man während des Lesens einer E-Mail die Absenderadresse mit TakeAddr in das Adreßbuch aufnehmen. Das Adreßbuch wird immer in der Datei .addressbook (im Home Directory) gespeichert. Das Adreßbuch kann auch dazu verwendet werden, um sich sogenannte Verteilerlisten zu erstellen. So könnte man sich z.B. einen Eintrag stammtisch definieren und darin die Adressen aller Mitglieder seines Stammtisches angeben. Möchte man nun E-Mail an alle Stammtisch-Kollegen schicken, muß man als Adresse nur stammtisch angeben.

Sortieren der Nachrichten

Mit dem Kommando SortIndex (Kürzel **$**) ist es möglich, die Reihenfolge der Nachrichten in einem Folder zu ändern. Voreinstellung ist, daß die Nachrichten in der Reihenfolge des Eingangs geordnet sind. Sortiert man die Nachrichten mit SortIndex um, so gilt diese Reihenfolge jedoch nur für die aktuelle **pine**-Sitzung, da diese Reihenfolge nicht gespeichert wird. Wünscht man grundsätzlich für alle Folder eine andere Reihenfolge, muß man **pine** entsprechend konfigurieren, was im Abschnitt Konfigeration von pine näher erläutert wird.

Suchen von Nachrichten

Mit WhereIs bietet **pine** die Möglichkeit des Suchens eines Textes an. Diese Suche bezieht sich jedoch nicht auf alle existierenden E-Mails, sondern nur auf die *Subject*-Zeile oder aber auf die aktuelle Nachricht, die man gerade liest. Will man in allen Nachrichten nach einem bestimmten Text suchen, kommt man nicht um die Verwendung des Kommandos **grep** herum, wie z.B.

```
$ grep "C-Programm" /var/spool/mail/hh ⏎      [Suchen nach Text "C-Programm"]
........                                       [in allen Nachrichten von INBOX]
$ cd ~/mail ⏎                                  [Wechseln in Dir. mail (im Home Directory)]
$ grep Cindy sent-mail*97 ⏎                    [Suchen nach Text "Cindy" in    ]
........                                        [allen geschickt. E-Mails im Jahr 1997]
$
```

Schicken und Empfangen von Binärdateien

Möchte man eine Binärdatei mit **pine** verschicken, muß man im Briefkopf beim Attchmnt:-Feld das Kommando Strg+J eingeben. **pine** fragt dann nach dem Dateinamen der zu übertragenden Binärdatei und nach einem Kommentar (kurze Beschreibung des Inhalts und Formats) zu dieser Datei.

Empfängt man eine Nachricht mit einer angehängten Datei, zeigt **pine** nur den normalen Nachrichten-Text an und einige Informationszeilen weisen darauf hin, daß eine oder mehrere Dateien an diese Nachricht angehängt sind. Diese angehängten Dateien lassen sich mit `ViewAttch` ansehen bzw. als eigene Dateien speichern. Da der Originaltext die Nummer 1 hat, muß man zum Bearbeiten der ersten angehängten Datei die Nummer 2 eingeben. Das Ansehen einer Datei ist natürlich nur dann sinnvoll, wenn es sich um eine Textdatei handelt. Handelt es sich dagegen um eine Binärdatei, muß diese zunächst mit `Save` gespeichert, und dann z.B. mit **uudecode** in die Originaldatei zurückverwandelt werden.

Weiterleiten von E-Mails

Manchmal möchte man empfangene E-Mails an eine andere Adresse, wie z.B. einen anderen Benutzer oder an eine andere eigene E-Mail-Adresse weiterleiten. Dazu verwendet man meist das Kommando `Forward`. Dabei wird man jedoch selbst als Absender eingetragen. Möchte man, daß der Originalabsender der E-Mail erhalten bleibt, muß man das Kommando `Bounce` verwenden. Dieses Kommando `Bounce` steht jedoch nur zur Verfügung, wenn es in der **pine**-Konfiguration aktiviert wurde (siehe nächsten Abschnitt).

Möchte man nicht nur einzelne E-Mails, sondern alle E-Mails von einer Adresse automatisch zu einer anderen weiterleiten lassen, weil man z.B. für einige Zeit an einer anderen Stelle mit dieser anderen Adresse arbeitet, muß man dies in der Datei `.forward` (im Home Directory) eintragen. Ein mögliches Aussehen der Datei `.forward` (im Home Directory des Benutzers mit Login-Namen `hherold`) ist nachfolgend gezeigt:

```
hh@uni-toll.de
\hherold
```

Damit werden alle ankommenden E-Mails des Benutzers `hherold` automatisch an die Adresse `hh@uni-toll.de` weitergeleitet. Zusätzlich wird durch den Eintrag `\hherold` festgelegt, daß Kopien der weitergeleiteten E-Mails auch lokal in der Mailbox des Benutzers `hherold` hinterlegt werden.

Konfiguration von pine

pine kann man entweder interaktiv mit dem Kommando `Setup` oder aber über Einträge in der Datei `.pinerc` (im Home Directory) konfigurieren. Nachfolgend werden einige wichtige Konfigurationsmöglichkeiten kurz vorgestellt:

`enable-aggregate-command-set`
Ist dieses Schlüsselwort bei `feature-list=...,enable-aggregate-command-set,` `...` angegeben, so kann eine ganze Gruppe von E-Mails mit einem Kommando bearbeitet, wie z.B. gelöscht werden. Um mehrere E-Mails zu einer Gruppe zusammenzufassen, muß zunächst das Kommando `Select` (Tastenkürzel `;`) aufgerufen werden. Danach muß man das Kriterium auswählen, das festlegt, wel-

che E-Mails zu einer Gruppe zusammenzufassen sind. Auswahlkriterien sind E-Mail-Nummern, bestimmter Text (in Absender, Subject usw.), ein Zeitintervall usw. Man muß im übrigen nicht über das Kommando Select gehen, um mehrere E-Mails zu einer Gruppe zusammenzufassen, sondern man kann auch direkt einzelne E-Mails in eine Gruppe aufnehmen, indem man in der E-Mail-Liste den Cursor auf die entsprechende E-Mail bewegt und das Tastenkürzel : eingibt. Zu einer Gruppe zusammgefaßte E-Mails werden durch ein X in der linken Spalte gekennzeichnet. Um eine Gruppe von ausgewählten E-Mails zu bearbeiten, muß man das Kommando Apply eingeben. Man kann diese ganze Gruppe löschen, speichern, weiterleiten, Adressen in das Adreßbuch übernehmen usw.

enable-bounce-cmd

Ist dieses Schlüsselwort bei feature-list=...,enable-bounce-cmd, ... angegeben, so wird das Kommando Bounce eingeschaltet (siehe oben bei *Weiterleiten von E-Mails*).

personal-name=*Helmut Herold*

Gibt den vollständigen Namen an, der als Absender beim Verschicken von E-Mails einzutragen ist. Ist personal-name nicht gesetzt, verwendet **pine** den Namen, der in /etc/passwd angegeben ist.

domain-name=*provider.de*

Gibt den Domain-Namen an, der als Absender beim Verschicken von E-Mails zusätzlich zum Loginnamen einzutragen ist. Meldet man sich z.B. bei der obigen Einstellung als hherold an, so verwendet **pine** als Absenderadresse beim Verschicken von E-Mails den Namen hherold@provider.de. Diese Adresse wird dann auch beim Verschicken von E-Mail im lokalen Netz verwendet, wo es nicht unbedingt notwendig ist, aber auch nicht schadet.

signature-file=*dateiname*

Gibt den Namen einer Datei an, deren Inhalt **pine** immer automatisch an jede E-Mail anhängt, die man verschickt. In dieser Datei *dateiname* könnte sich z.B. die eigene Adresse, Telefon- und Faxnummer, schlaue Lebensweisheiten usw. befinden.

editor=*pfadname*

Legt einen Editor fest, den man anstelle des Standard-Editors von **pine** verwenden möchte, wenn man eine E-Mail schreibt. Aufrufen läßt sich dieser alternative Editor dann mit Strg+_ (entspricht Shift+Strg+-). Möchte man z.B. **vi** zum Schreiben von E-Mails verwenden, müßte man editor=vi festlegen.

character-set=ISO-8859-1

Legt fest, daß man den deutschen Zeichensatz verwenden möchte.

inbox-path={*provider.de*}inbox

Legt fest, daß **pine** nicht die lokale Mailbox, sondern die Mailbox am Rechner des Internet-Providers verwenden soll. Vor dem ersten Zugriff auf die Mail muß man dann immer seinen Loginnamen und das zugehörige Paßwort eingeben.

Diese Einstellung hat den Nachteil, daß man **pine** nur verwenden kann, während eine Internet-Verbindung zum Provider besteht, was sich natürlich auf die Telefonkosten auswirkt. Eine bessere Vorgehensweise ist das Abholen von E-Mail mit **fetchmail.**

 Hinweis   Eine ausführliche Online-Dokumentation zu **pine** kann man mit den Kommandos `Help` oder `RelNotes` im **pine**-Hauptmenü abrufen. Zudem existiert ein kurzer man-Text zu **pine**, der vor allen Dingen die Optionen beschreibt, mit denen man **pine** aufrufen kann.

ping	Verbindung zu einem System testen

Syntax

```
ping [-s] host [timeout]
```

Beschreibung

Mit dem Kommando **ping** kann man feststellen, ob ein System momentan erreichbar ist. Für *host* muß der Name des zu testenden Rechners angegeben werden.

```
$ ping kiefer⏎
kiefer is alive
$ ping erle⏎
no answer from erle
$
```

Wenn *host* antwortet, gibt **ping** die Meldung »*host* is alive« aus und beendet sich. Ansonsten gibt es nach *timeout* Sekunden die Meldung »no answer from *host*« aus. Die Voreinstellung für *timeout* ist 20.

Bei Angabe der Option **-s** sendet **ping** ständig Datenpakete an das entfernte System und mißt die Zeit, bis diese wieder zurückgeschickt werden (*round-trip*). Wenn die Ausführung eines Kommandos auf einem anderen System unerwartet lange dauert, kann man mit **ping** testen, ob das betreffende System abgestürzt oder aber nur das Netz momentan stark belastet ist. In diesem Fall muß man **ping** mit der *intr*-Taste (*Strg-C* oder *Del*) abbrechen.

```
$ ping -s weide⏎
PING weide: 56 data bytes
64 bytes from (152.11.144.6): icmp_seq=0. time=10. ms
64 bytes from (152.11.144.6): icmp_seq=0. time=10. ms
64 bytes from (152.11.144.6): icmp_seq=0. time=10. ms
64 bytes from (152.11.144.6): icmp_seq=0. time=10. ms
64 bytes from (152.11.144.6): icmp_seq=0. time=10. ms
```
Strg-C

```
----weide PING Statistics----
5 packets transmitted, 5 packets received, 0% packet loss
round-trip (ms)  min/avg/max = 10/10/10
$
```

Aus der abschließend ausgegebenen Statistik ist unter anderem ablesbar, daß die fünf gesendeten Pakete korrekt wieder empfangen wurden. Wenn der Rechner nicht erreichbar wäre, würde nach dem Abbruch von **ping** dies Ausgabe *100% packet loss* erscheinen.

Unter Linux bietet **ping** noch einige weitere Optionen an. Diese kann man mit dem Aufruf **man ping** erfragen.

| **pr** | Inhalt einer Datei formatiert ausgeben | (print files) |

Syntax

pr [*option(en)*] [*datei(en)*]

Beschreibung

Ähnlich dem Kommando **cat** gibt das Kommando **pr** den Inhalt von Dateien auf der Standardausgabe aus, aber so aufbereitet, daß sich die Ausgabe für einen Drucker eignet: Für eine Seite werden dabei 66 Zeilen (amerikan. Format) angenommen und für jede einzelne Seite wird oben ein 5-zeiliger Kopf (zwei Leerzeilen, Datum und Uhrzeit der letzten an dieser Datei vorgenommenen Änderung sowie eine Seitennummer und der Dateiname, und nochmals zwei Leerzeilen) und unten ein 5-zeiliger Fuß (5 Leerzeilen) ausgegeben. Wenn die letzte Seite keine 66 Zeilen umfasst, so wird sie bei der Ausgabe mit Leerzeilen aufgefüllt.

Wenn keine *datei(en)* angegeben sind oder – für *datei(en)* angegeben ist, so liest **pr** von der Standardeingabe.

Optionen

Option	Beschreibung
+*n*	Ausgabe beginnt mit der Seite *n* (muß ganze Zahl sein); Voreinstellung für *n* ist 1
-*n*	bewirkt, daß die Ausgabe der angegebenen *datei(en)* in *n* Spalten erfolgt; Voreinstellung für *n* ist 1. Hierbei werden die Zeilen aus der Eingabe zuerst alle in der ersten Spalte, dann in der zweiten Spalte, usw. ausgegeben, bis eine Seite voll ist. Dies wird dann für jede Seite wiederholt.Diese Option bewirkt eine Ausgabe, die den Optionen -e und -i entspricht; darf nicht mit Option -s benutzt werden.

Option	Beschreibung
-a	bewirkt eine mehrspaltige Ausgabe über eine Seite hinaus; das bedeutet, daß die erste Zeile aus der Eingabe in der ersten , die zweite Zeile in der zweiten Spalte, usw. ausgegeben wird; sollte nur in Verbindung mit -n benutzt werden.
-m	bewirkt, daß die angegebenen *datei(en)* nebeneinander ausgegeben werden: jede Datei in einer eigenen Spalte; darf nicht mit -n verwendet werden.
-d	bewirkt eine doppelten Zeilenvorschub für jede Zeile; dadurch entstehende Leerzeilen am Anfang einer Seite werden allerdings wieder entfernt.
-e*cn*	setzt Tabulatorpositionen für die Eingabezeilen. *c* muß dabei ein Zeichen und *n* eine ganze Zahl sein, wobei entweder eines von beiden oder sogar beide weggelassen werden können. Ein Tabulatorzeichen in der Eingabe wird bei der Ausgabe durch eine ausreichende Zahl von Leerzeichen ersetzt, um den Cursor zur nächsten Tabulatorposition zu bewegen. Wenn *n* 0 ist oder aber nicht angegeben ist, so werden die Tabulatorpositionen auf 1, 9, 17, usw. festgelegt, ansonsten werden sie auf n+1, 2*n+1, 3*n+1, usw gesetzt. Wenn für *c* ein Zeichen angegeben ist, so wird das Zeichen *c* in den Eingabezeilen als Tabulatorzeichen interpretiert.
-i*cn*	ersetzt Tabulatorzeichen aus der Eingabe durch Leerzeichen bei der Ausgabe.*c* muß dabei ein Zeichen und *n* eine ganze Zahl sein, wobei entweder eines von beiden oder sogar beide weggelassen werden können. Ein Tabulatorzeichen in der Eingabe wird bei der Ausgabe durch eine ausreichendeZahl von Leerzeichen ersetzt, um den Cursor zur nächsten Tabulatorposition zu bewegen. Wenn *n* 0 ist oder aber nicht angegeben ist, so werden die Tabulatorpositionen auf 1, 9, 17, usw. festgelegt, ansonsten werden sie auf n+1, 2*n+1, 3*n+1, usw gesetzt. Wenn für *c* keine Ziffer angegeben ist, so wird das Zeichen *c* in den Eingabezeilen als Tabulatorzeichen interpretiert.
-n*cn*	bewirkt, daß die Ausgabe numeriert werden. *c* muß dabei ein Zeichen und *n* eine ganze Zahl sein, wobei entweder eines von beiden oder sogar beide weggelassen werden können. Ist *n* angegeben, so werden entsprechend viele Ziffern für die Zeilennummern verwendet (Voreinstellung ist 5). Wenn für *c* keine Ziffer angegeben ist, so wird das Zeichen *c* als Trennzeichen zwischen den Zeilennummern und der eigentlichen Zeile verwendet (Voreinstellung ist das Tabulatorzeichen). Die ersten *n*+1 Zeichen für jede ausgegebene Spalte werden dabei für die Zeilennummer verwendet, wenn nicht -m angegeben ist, da in diesem Fall jede Ausgabezeile als ganzes numeriert wird.
-w*n*	setzt für eine mehrspaltige Ausgabe die Zeilenlänge auf *n* Zeichen; Voreinstellung ist 72.
-o*n*	rückt jede Zeile um *n* Zeichen ein; Voreinstellung ist 0.

Option	Beschreibung
-l*n*	Bei der in Deutschland üblichen Seitenlänge von 30,5 cm ergeben sich in der Regel 72 Zeilen pro Seite. Dies kann **pr** über die Option -l (-l72) mitgeteilt werden; Voreinstellung ist 66.
-h *string*	ersetzt den Dateinamen im Kopf durch den angegebenen *string*.
-p	bei der Ausgabe auf dem Bildschirm wird nach jeder Seite angehalten. Mit der Eingabe von ⏎ kann dann die Ausgabe der nächsten Seite erreicht werden.
-f	verwendet ein Zeilenvorschub-Zeichen (form feed), um eine neue Seite zu erzeugen. Normalerweise wird mit Leerzeichen aufgefüllt.
-r	für Dateien, die nicht geöffnet werden können, wird keine Fehlermeldung ausgegeben.
-t	unterdrückt die Ausgabe des 5-zeiligen Kopfes und des 5-zeiligen Fußes; auch wird bei der letzten Seite nicht mit Leerzeilen aufgefüllt, um eine Seite zu vervollständigen.
-s*c*	verwendet als Trennzeichen für die einzelnen Spalten das Zeichen *c*; Voreinstellung ist das Tabulatorzeichen.

Hinweis Trotz der Optionen -m und -n ist **pr** kein Textformatierer, der Texte wesentlich intelligenter aufbereiten würde. Dazu bietet Unix eigene Programme wie **nroff** und **troff** an.

Um Dateien wirklich auf einen Drucker auszugeben, steht das Kommando **lp** bzw. **lpr** zur Verfügung. Für die Druckaufbereitung wie z.B. Seiten- und Zeilennumerierung kann dagegen **pr** verwendet werden:

```
pr ... | lp   bzw.   pr ... | lpr
```

Die Kommandos **join** und **paste** sind eine Alternative zur Option -a (Mischen von Dateien bei der Ausgabe). **join** erlaubt es dabei, bestimmte Zeilen aus unterschiedlichen Dateien auszuwählen, während **paste** die Möglichkeit anbietet, Zeilen mit einem Tabulatorzeichen oder einem sonstigen Trennzeichen nebeneinander auszugeben, wobei diese Ausgabe nicht in gleichlangen Spalten erfolgt.

ps	Informationen über aktive Prozesse ausgeben (report process status)

Syntax

```
ps [option(en)]
```

Beschreibung

Werden keine *option(en)* angegeben, so gibt **ps** nur Informationen zu den vom jeweiligen Terminal aus gestarteten Prozessen und deren Sohnprozesse aus. Zu jedem entsprechenden Prozeß wird dabei eine Zeile ausgegeben, die folgende Informationen enthält:

▷ Prozeßnummer (PID)

▷ Terminalname (TTY)

▷ verbrauchte Rechenzeit (TIME)

▷ Kommandoname (COMMAND)

Optionen

Mit der Angabe von *option(en)* kann der Umfang der auszugebenden Prozeßinformationen gesteuert werden:

Option	Beschreibung
-a	(*all*) Information über alle Prozesse ausgeben. Ausgenommen hiervon sind Prozesse, die keinem Terminal zugeordnet sind, und Vaterprozesse einer Prozeßgruppe. Unter einer Prozeß-gruppe versteht man alle Prozesse, die einem bestimmten Termi-nal[a] zugeordnet sind.
-d	Information über alle Prozesse ausgeben. Ausgenommen hier-von sind die Vaterprozesse einer Prozeßgruppe.
-e	(*every*) Information über alle Prozesse ausgeben.
-f	(*full*) vollständige Informationen zu den entsprechenden Pro-zessen ausgeben; so wird z.B. nicht nur der Kommandoname, sondern die vollständige Aufrufzeile ausgegeben, die zur Kreie-rung eines Prozesses führte.
-l	(*long*) viele Informationen zu den einzelnen Prozessen ausgeben.
-p *prozeßnr(n)*	Information zu allen Prozessen mit den Prozeßnummern (PIDs) *prozeßnr(n)* ausgeben. Die einzelnen *prozeßnrn* müssen ent-weder durch Komma getrennt oder innerhalb von »...« angege-ben werden. Innerhalb von »...« sind sie entweder mit Komma oder Leerzeichen zu trennen.
-t	Information zu allen Prozessen ausgeben, die den
terminalname(n)	Terminals `terminalname(n)` zugeordnet sind. Die einzelnen *terminalnamen* müssen entweder durch Komma getrennt angegeben werden oder innerhalb von »...«, wobei sie dann ent-weder durch Komma oder Leerzeichen zu trennen sind.

Option	Beschreibung
-u *benutzer(n)*	Information zu allen Prozessen der Benutzer `benutzer(n)` ausgeben. Für `benutzer(n)` kann dabei entweder die UID oder der Login-Name angegeben werden. Bei der Ausgabe der Prozeßinformationen wird normalerweise der numerische Wert UID ausgegeben; nur wenn die Option `-f` angegeben ist, wird statt dessen der Login-Name ausgegeben. Die einzelnen *benutzer* sind dabei in folgender Form anzugeben: *benutzer1,benutzer2,...,benutzerx* oder "*benutzer1,benutzer2,...,benutzerx*" bzw. "*benutzer1 benutzer2 ... benutzerx*".
-g *gruppe(n)*	Information zu allen angegebenen Prozeßgruppen *gruppe(n)* ausgeben. Für *gruppe(n)* ist dabei die UID des Prozeßgruppen-Leiters anzugeben. (Ein Gruppenleiter ist ein ein Prozeß dessen PID identisch zu seiner Prozeßgruppen-ID ist. Die Login-Shell ist ein typisches Beispiel für einen Prozeßgruppen-Leiter). Die einzelnen Gruppen sind dabei in gleicher Form anzugeben wie die benutzer bei **-u**.

a. auch Kontrollterminal genannt. Als Kontrollterminal eines Prozesses wird das Terminal bezeichnet, das als erstes von dem entsprechenden Prozeß zum Lesen und/oder Schreiben eröffnet wurde. Nur von diesem Terminal aus kann der entsprechende Prozeß mit der **intr**- oder **quit**-Taste abgebrochen werden.

Nur die beiden Optionen `-f` und `-l` legen fest, wieviel Information zu den einzelnen Prozessen auszugeben ist. Alle anderen Optionen bestimmen, zu welchen Prozessen Informationen auszugeben sind.

Beispiel

```
$ ps ⏎
PID TTY      TIME COMMAND
  92 ttyic   0:02 sh
 144 ttyic   0:03 ps
$ ps -efl ⏎ ¹
 F S   UID  PID PPID C PRI NI   ADDR   SZ  WCHAN    STIME TTY      TIME COMD
19 S  root    0    0 0   0 20  154061   2 c013d2b0  Jun  5 ?        0:00 sched
10 S  root    1    0 0  39 20   76065  15 e0000000  Jun  5 ?        0:01 /etc/init
19 S  root    2    0 0   0 20   7a065   0 c0031284  Jun  5 ?        0:00 vhand
19 S  root    3    0 0  20 20   7e065   0 c002c6a4  Jun  5 ?        0:00 bdflush
10 S  root   86    1 0  28 20  18d065  24 c01000e8 06:46:49 console 0:02 -sh
10 S  root   88    1 0  28 20  1ba065  14 c0100140 06:46:51 vt01    0:01 /etc/getty /dev/vt01 vt01
10 S  root   89    1 0  28 20  1df065  14 c0100198 06:46:51 vt02    0:01 /etc/getty /dev/vt02 vt02
10 S  root   74    1 0  26 20  1da065  19 c014c21a 06:46:43 ?       0:00 /etc/cron
10 S  root   77    1 0  39 20  22a065  12 e0000000 06:46:44 ?       0:00 /etc/icc/dload ....
10 S    lp   83    1 0  26 20  24c065  16 c014ada6 06:46:47 ?       0:00 /usr/lib/lpsched
10 S  root   90    1 0  28 20  251065  14 c01003a8 06:46:51 ttyia   0:00 /etc/getty ttyia 9600
10 S  root   91    1 0  28 20  252065  14 c0100400 06:46:51 ttyib   0:00 /etc/getty ttyib 9600
10 S  egon   92    1 1  30 20  263065  24 c013a6b0 06:46:51 ttyic   0:02 -sh
```

1. Die zur Ausgabe der jeweiligen Information erforderliche Option wird vor der Beschreibung in Klammern angegeben.

```
10 S   root   93    1  0  28 20  265065   14 c01004b0 06:46:52 ttyid   0:00 /etc/getty ttyid 9600
10 S   root   94    1  0  28 20  276065   14 c0100508 06:46:52 ttyie   0:00 /etc/getty ttyie 9600
10 S   root   95    1  0  28 20  25b065   14 c0100560 06:46:53 ttyif   0:00 /etc/getty ttyif 9600
18 0   egon  106   92 27  73 20  235065   19          06:47:33 ttyic   0:00 ps -efl
 |  |    |     |    |  |   |  |     |       |              |       |       |     └ expandierter
 |  |    |     |    |  |   |  |     |       |              |       |       |       Kommandoaufruf
 |  |    |     |    |  |   |  |     |       |              |       |       └ bisher verbrauchte CPU-Zeit
 |  |    |     |    |  |   |  |     |       |              |       └ Name des zugeh.  Kontrollterminals
 |  |    |     |    |  |   |  |     |       |              └ (-f) Startzeit des Prozesses
 |  |    |     |    |  |   |  |     |       └ (-l) Ereignis (event), auf das der Prozeß wartet
 |  |    |     |    |  |   |  |     └ (-l) Größe des Prozesses in pages¹
 |  |    |     |    |  |   |  └ (-l) Speicheradresse des Prozesses
 |  |    |     |    |  |   └ (-l) Nice-Wert zur Bestimmung der Prozeßpriorität
 |  |    |     |    |  └ (-l) Priorität des Prozesses (große Zahl bedeutet dabei geringe Priorität)
 |  |    |     |    └ (-f,-l) Scheduling-Parameter
 |  |    |     └ (-f,-l) Prozeßnummer des Vaterprozesses
 |  |    └ Prozeßnummer (z.B. wichtig für das nachfolgende kill-Kommando)
 |  └ (-f,-l) effektive Login-Kennung bzw. Login-Name des Prozesses
 └ (-l) Prozeßzustand:   O  aktiv; besitzt gerade die CPU
 |                       S  blockiert; wartet auf ein Ereignis (sleeping)
 |                       R  bereit (runnable)
 |                       I  wird gerade kreiert (idle)
 |                       Z  gerade beendet und Vaterprozess wartet nicht auf dessen Beendigung (zombie)
 |                       T  wurde durch ein Signal angehalten (traced)
 |                       X  wartet auf mehr Hauptspeicher
 └ (-l) Prozeßzustand:  00  beendet
                        01  Systemprozeß; immer im Hauptspeicher
                            (auf VAX: im Hauptspeicher)
                        02  durch Vaterprozeß gesteuert
                            (auf VAX: Systemprozeß; immer im Hauptspeicher)
                        04  durch Signal des Vaterprozesses gestoppt; Vater wartet
                            (auf VAX: im Hauptspeicher; wartet auf Beendigung eines Ereignisses)
                        08  im Hauptspeicher (auf VAX: nicht vorhanden)
                        10  im Hauptspeicher; wartet auf Beendigung eines Ereignisses
                            (auf VAX: durch Vaterprozeß gesteuert)
                        20  nur auf VAX: durch Signal des Vaterprozesses gestoppt; Vater wartet
```

Die Bedeutung der *F*- und *S*-Spalten ist rechnerabhängig. Aus der Addition der möglichen hexadezimalen Bitmuster bei *F* ergibt sich der wirkliche Prozeßzustand; so bedeutet z. B. der Wert

$$19 = 01 + 08 + 10,$$

daß es sich um einen im Hauptspeicher befindlichen Systemprozeß handelt, der auf das Eintreten eines bestimmten Ereignisses wartet.

Wird in der TTY-Spalte ein ? ausgegeben, dann ist der entsprechende Prozeß keinem Kontrollterminal zugeordnet. Solche Prozesse heißen auch Dämon-Prozesse (engl.: *daemons*), die zu gewissen Zeitpunkten automatisch ablaufen.

Unter Linux bietet **ps** noch einige weitere Optionen an. Diese kann man entweder über **man ps** oder aber mit dem Aufruf **ps --help** erfragen.

---

1. Die Größe einer *page* (zu deutsch: Seite) ist rechnerabhängig; z. B. 512 Bytes oder 4 Kbyte.

| **pstree** | Ausgeben der aktuellen Prozeßhierarchie in Baumform |

Syntax

pstree [*optionen*] [*pid* | *loginname*]

Beschreibung

pstree zeigt die aktuelle Prozeßhierarchie in einer Baumform an. Ist keine *pid* und kein *loginname* angegeben, so zeigt **pstree** alle Prozesse an, wobei die Wurzel des Baumes der Urprozeß **init** ist. Ist *pid* oder *loginname* angegeben, dann werden nur die Prozesse des Benutzers *loginname* bzw. die Prozeßhierachie ab *pid* angezeigt.

Optionen

Die wichtigsten Optionen hierbei sind:

-a	(*all*) Kommandozeile zu jedem Prozeß ausgeben.
-h	(*highlight*) Aktuellen Prozeß und seinen Vaterprozeß, seinen Großvaterprozeß, usw. durch helle Schrift hervorheben.
-l	(*long*) Überlange Zeilen nicht abschneiden, sondern vollständig ausgeben.
-n	(*numeric sort*) Prozesse, die vom gleichen Vaterprozeß abstammen, nicht nach Namen, sondern nach ihrer PID (Prozeß-Kennung) sortieren.

| **pwd** | Ausgeben des working directory (print working directory) |

Syntax

pwd

Beschreibung

Das Kommando **pwd** gibt den Namen des working directory aus.

| **rcp** | Remote File Copy |

Syntax

```
rcp [-px] datei1 datei2(1)
rcp [-prx] datei(en) directory(2)
```

Beschreibung

Mit dem Kommando **rcp** (*remote copy*) kann man Dateien oder ganze Directory-Teilbäume über ein Netz kopieren.

Für **rcp** existieren zwei Möglichkeiten des Aufrufs. Bei der Aufrufform (1) wird *datei1* nach *datei2* kopiert. Bei der Aufrufform (2) werden die *datei(en)* in das Zieldirectory *directory* kopiert. Als Argumente können die Namen lokaler Dateien oder die Namen auf entfernten Systemen angegeben werden. Im letzten Fall steht vor dem Dateinamen noch der Systemname, abgetrennt durch einen Doppelpunkt (:). So kopiert z. B. der folgende Aufruf

```
rcp  add.c  weide:/home/egon/add.c
```

die Datei *add.c* vom lokalen Rechner in das Directory */home/egon* auf dem Rechner *weide*. Man braucht nicht unbedingt den absoluten Pfadnamen der Zieldatei anzugeben. Fehlt diese Angabe, so wird die Datei ins home directory des Aufrufers auf dem jeweiligen System kopiert. Falls auch noch der gleiche Dateiname bei der Kopie zu verwenden ist, so kann auch noch der Zieldateiname weggelassen werden. Für obigen Aufruf hätte man z. B. auch folgenden Aufruf angeben können:

```
rcp  add.c  weide:
```

Die Quell- und Zieldateien dürfen sich bei **rcp** auf unterschiedlichen Systemen befinden. So würde z. B. der folgende Aufruf

```
rcp  eiche:add.c  kiefer:add2.c
```

die Datei *add.c* auf dem System *eiche* in die Datei *add2.c* auf dem System *kiefer* kopieren.

Normalerweise benutzt **rcp** auf dem entfernten System die Benutzerkennung, unter der es am lokalen System aufgerufen wurde. Ist aber bei den Argumenten vor dem Rechnernamen mit @ abgetrennt ein Login-Name angegeben, so findet der Kopiervorgang unter der Kennung dieses Login-Namens statt. Voraussetzung dafür ist, daß die lokale Kennung in der Datei *.rhosts* des entsprechenden Benutzers enthalten ist.

Optionen

rcp bietet die beiden folgenden Optionen an:

-p	Für jede kopierte Datei werden die gleichen Zugriffsrechte, die gleiche Zugriffs- und Modifikationszeit eingetragen, die für die Originaldatei gelten.

-r	Sollen ganze Directorybäume kopiert werden, so muß die Option **-r** beim Aufruf von **rcp** angegeben werden.
-x	schaltet die DES-Verschlüsselung für alle Daten ein, die mit **rcp** übertragen werden. Dies erhöht die Sicherheit, so daß kein Unbefugter diese Daten lesen kann, verringert aber die Geschwindigkeit.

Beispiel
```
rcp egon@tanne:add.c addiere.c
```

kopiert die Datei *add.c* vom home directory des Benutzers *egon* auf dem System *tanne* in das working directory auf dem lokalen System unter dem Namen *addiere.c*.

```
rcp egon@*.c buche:src
```

kopiert alle C-Programme des working directorys in das Directory */home/egon/ src* auf den Rechner *buche* unter der Kennung *egon*.

```
rcp -r uebung1/src kiefer:sources
```

kopiert den ganzen Directorybaum *src* in das Directory *sources* (unter dem home directory des Aufrufers auf Rechner *kiefer*). Dabei wird das angegebene Zieldirectory *sources* automatisch erstellt, wenn es noch nicht existiert. Falls *sources* bereits existiert, so wird das zu kopierende Directory *src* dort als Subdirectory angelegt.

---

recode   Konvertieren von Zeichensätzen

Syntax

recode [*optionen*] *von:nach datei*

Beschreibung

recode führt eine Zeichenkonversion von Zeichensatz *von* nach Zeichensatz *nach* durch. **recode** kennt eine große Anzahl von Zeichensätzen, die man sich mit **recode -l** anzeigen lassen kann. Typische Aufrufe von **recode** sind:

recode *von:nach datei* oder

recode *von:nach* < *quelldatei* > *zieldatei*

Beispiel
recode ibmpc:latin1 < dosdatei > linuxdatei
konvertiert den Inhalt der Datei *dosdatei*, indem es alle Zeilenenden und deutsche Sonderzeichen in den unter Linux geltenden Zeichensatz `Iso-Latin1` umformt. Das Ergebnis wird in die Datei *linuxdatei* geschrieben.

reset   Wiederherstellen eines Zeichensatzes

Syntax

reset

Beschreibung

reset stellt die Zeichensatzzuordnung, wenn diese durch die Ausgabe von Sonderzeichen am Bildschirm zerstört wurde, wieder her. **reset** muß immer dann aufgerufen werden, wenn am Bildschirm plötzlich nur noch seltsame und unlesbare Zeichen angezeigt werden.

rlogin   Remote Login

Syntax

`rlogin [-L] [-8] [-ex] [-l` *login-name]* `host`

Beschreibung

Möchte ein Benutzer sich auf einem entfernten Rechner im Netz anmelden, muß er **rlogin** aufrufen. Beim Verbindungsaufbau zum Rechner *host* überträgt **rlogin** den für die Anmeldung zu verwendenden Login-Namen sowie den Inhalt der *TERM*-Variablen. Als Login-Name wird normalerweise der Login-Name des aufrufenden Benutzers verwendet, außer es wurde die Option **-l** *login-name* angegeben.

Als *host* sind dabei die in */etc/hosts* aufgezählten Rechner-Namen erlaubt.

Der Systemadministrator legt fest, auf welchen Rechnern im Netz er eine Login-Kennung für die einzelnen Benutzer einrichtet. Hat ein Benutzer auf einem anderem Rechner im Netz eine Kennung, so kann er sich dort anmelden (eventuell mit eigenem Paßwort).

Jeder lokale Rechner im Netz kann eine Datei */etc/hosts.equiv* enthalten, die eine Liste von Rechnernamen enthält. Die Benutzer auf diesen darin erwähnten Rechnern gelten als sogenannte »trusted« Benutzer (Vertrauenspersonen), die sich mit ihrem Login-Namen an diesem lokalen Rechner anmelden können, ohne daß von Ihnen ein Paßwort verlangt wird. Wenn in */etc/hosts.equiv* nur eine einzige Zeile mit einem Pluszeichen (+) beginnt, gelten alle Benutzer der im Netz vorhandenen Rechner als »Vertrauenspersonen«, denen ohne Paßwort Zugang zum lokalen System gestattet ist.

Daneben kann aber auch noch jeder einzelne Benutzer festlegen, wer sich von entfernten Rechnern am lokalen Rechner unter seiner Login-Kennung anmelden darf. Dazu muß der entsprechende Benutzer in seinem Home Directory eine Datei *.rhosts* anlegen, in der er alle seine »Vertrauenspersonen« aufzählt. Eine Zeile in *.rhosts* muß zwei oder mehr mit Leerzeichen getrennte Einträge enthalten: den *hostname* und *login-name(n)*. Ein solcher Eintrag in *.rhosts* bedeutet dann, daß sich der Benutzer *login-name* vom entfernten Rechner *hostname* am lokalen Rechner ohne Eingabe eines Paßwortes anmelden darf. Wenn z.B. **egon** auf seinem System *ahorn* folgende Datei *.rhosts* in seinem home directory hat:

```
birke.klug.de egon
eiche.klug.de eg eh
kiefer.klug.de mueller
```

dann wird der Zugang unter der Kennung *egon* für das System *birke* gestattet. Anmeldungen vom Rechner *eiche* aus müssen unter *eg* oder *eh*, und Anmeldungen vom Rechner *kiefer* aus unter *mueller* erfolgen.

Die Datei *.rhosts* wird nur dann ausgewertet, wenn nicht bereits in */etc/hosts.equiv* ein passender Eintrag für den Rechner gefunden wurde. Der Eigentümer von *.rhosts* muß entweder der Benutzer selbst oder der Systemadministrator sein, andernfalls wird der Inhalt von *.rhosts* ignoriert.

Ist einem Benutzer kein Zugang als »Vertrauensperson« gestattet, so wird von ihm ein Paßwort verlangt, wie dies auch bei einer gewöhnlichen Benutzeranmeldung an einem System der Fall ist.

Die Sitzung mit **rlogin** wird beendet, wenn man sich auf dem entfernten System mit **exit** oder *Strg-D* abmeldet.

Falls eine solche normale Abmeldung aus irgendwelchen Gründen nicht mehr möglich sein sollte, kann man die Sitzung auch durch die Eingabe der Zeichenfolge ~. beenden. Ist man an einem System über mehrere Rechner hinweg angemeldet, werden bei der Eingabe von ~. alle **rlogin**-Prozesse beendet und man befindet sich anschließend wieder auf dem lokalen System. Soll nur die letzte Verbindung abgebrochen werden, muß man ~~. eingeben.

Optionen

rlogin kennt die folgenden Optionen:

Option	Beschreibung
-8	Daten im Netz mit 8 statt 7 Bits übertragen.
-ex	x als Escape-Zeichen zum Verbindungsabbruch verwenden.
-l *login-name*	Unter *login-name* am entfernten System anmelden.
-L	(*Litout*) Login-Sitzung im *litout*-Modus durchführen.

Unter Linux bietet **rlogin** noch einige weitere Optionen an. Diese kann man mit dem Aufruf **man rlogin** erfragen.

| **red** | Eingeschränkte Version des Editors ed (restricted editor) |

Syntax

red [-] [-p*string*] [*datei(en)*]

Beschreibung

Das Kommando **red** ist ein restriktierte Version des Editors **ed**. **red** hat zwei Beschränkungen:

1. Mit **red** können nur Dateien im working directory editiert werden.

2. Es ist nicht der Aufruf !*unix-kdo* erlaubt, um Unix-Kommandos aus dem Editor heraus aufzurufen.

Sonst arbeitet **red** genauso wie **ed**.

Hinweis Ist für bestimmte Benutzer gedacht, denen nicht der vollständige Zugang zu System erlaubt sein soll.

| **rm** | Löschen von Dateien (remove files) |

Syntax

rm [-fri] *datei(en)*

Beschreibung

Das Kommando **rm** löscht die angegebenen *datei(en)*, wobei für *datei(en)* einfache Dateien oder auch Directories angegeben werden können.

Eine Datei kann mehrere Namen (Links) besitzen. Wenn eine angegebene *datei* ein Link ist, so löscht **rm** nur den Link und nicht die wirkliche Datei. Wenn der letzte Link auf eine Datei gelöscht wird, dann wird zugleich auch die Datei selbst gelöscht.

Man muß Schreibrechte im entsprechenden Directory besitzen, um eine Datei darin löschen zu können; für die Datei selbst werden weder Lese- noch Schreibrechte benötigt. Wenn allerdings die Schreibrechte für diese Datei fehlen, dann wird der Benutzer gefragt, ob er diese Datei wirklich löschen möchte.

Directories können nur gelöscht werden, wenn die Option -r angegeben ist.

Optionen

Option	Beschreibung
-f	löscht Dateien ohne Rückfrage, sogar wenn die entsprechenden Schreibrechte fehlen.
-r	erlaubt es, Directories zu löschen. Diese Option bewirkt, daß zuerst alle Inhalte eines Directory und dann das Directory selbst gelöscht werden. Diese Option arbeitet dabei rekursiv, was bedeutet, daß alle Subdirectories, Sub- Subdirectories, usw... ebenso zuerst geleert und dann gelöscht werden.
-i	für jede zu löschende Datei wird nachgefragt, ob sie wirklich gelöscht werden soll. Nur wenn auf diese Frage mit der Eingabe y geantwortet wird, wird diese Datei dann gelöscht.

Hinweis

Die Angabe rm -r .. ist nicht erlaubt.

Um eine Datei mit dem Namen -f oder -r oder -i zu löschen, muß die spezielle Option -- benutzt werden, z.B.

rm -- -f

rmdir	Löschen von Directories (remove directory)

Syntax

rmdir [-ps] *directory-name(n)*

Beschreibung

Das Kommando **rmdir** löscht die als Argumente angegebenen Directories, falls diese leer sind. Wenn eines der angegebenen Directories noch Dateien oder Sub-Directories (. und .. ausgenommen) enthält, dann wird dies gemeldet und das entsprechende Directory wird nicht entfernt.

Möchte man aber ein solches Directory und damit auch die darin enthaltenen Dateien und Subdirectories auf jeden Fall löschen, muß man das Kommando

rm -r *directory-name(n)*

angeben.

Optionen

Folgende Optionen sind möglich:

-p   löscht die angegebenen Directories und deren parent directories,
              falls diese durch das Löschen leer geworden sind, dabei wird eine
              Meldung über die gelöschten Directories ausgegeben.

-s   unterdrückt die Ausgabe der mit **-p** erzwungenen Meldung.

rsh   Remote Shell

Syntax

`rsh` *[optionen] hostname [kommando]* [1]

Beschreibung

Möchte man nur ein Kommando auf einem entfernten System ausführen lassen,
muß das Kommando **rsh** verwendet werden. Die Ausführung von **rsh** muß
dabei jedoch auf dem entfernten Rechner entweder über */etc/hosts.equiv* oder
.hosts (im home directory) gestattet sein.

Bei Angabe eines *kommando* wird dieses auf dem System *hostname* ausgeführt.
Wenn kein *kommando* angegeben ist, verhält sich **rsh** wie **rlogin**. Mit **-l** *login-
name* kann ein anderer *login-name* gewählt werden, wenn nicht die eigene Kennung zur Anmeldung am entfernten System *hostname* verwendet werden soll.

Das Kommando **rsh** wird ausgeführt, als ob man sich gerade am System angemeldet hätte und dort dann die entsprechende Kommandozeile aufgerufen
hätte. Das working directory ist also das home directory.

Die Standard-Ein-/Ausgabekanäle von **rsh** bleiben bei dem auszuführenden
Kommando erhalten. Das heißt, daß weiter vom aufrufenden Terminal gelesen
und auf dieses geschrieben wird. Allerdings wird anders als bei **rlogin** der Inhalt
der **TERM**-Variablen nicht übertragen, was bedeutet, daß bildschirmorientierte
Kommandos wie **pg** oder **vi** nicht aufgerufen werden können.

Metazeichen der Shell müssen ausgeschaltet werden, wenn sie nicht durch das
lokale System, sondern erst durch das entfernte System ausgewertet werden sollen. Dies ist auf zwei verschiedene Arten möglich, entweder man schließt das
ganze *kommando* in Anführungszeichen ein (»*kommando*«) oder man stellt den
entsprechenden Metazeichen einen Backslash \ voran. Um z.B. auf dem System
kiefer den Inhalt einer Datei *namen* sortiert und numeriert in eine Datei
namen.sort zu schreiben, könnte man einen der beiden folgenden Aufrufe am
lokalen System abgeben:

```
rsh  kiefer  "sort namen | nl -ba >namen.sort"
rsh  kiefer  sort namen \| nl -ba \>namen.sort
```

---

1. *hostname* darf dabei auch vor den Optionen angegeben sein.

Optionen

Folgende Optionen sind möglich:

-l *login-name* anstelle des eigenen lokalen Login-Namens wird *login-name* auf dem entfernten System verwendet.

-n Standardeingabe in */dev/null* umlenken; z.B. nützlich, wenn **rsh** im Hintergrund gestartet wird.

-x schaltet die DES-Verschlüsselung für alle Daten ein, die mit **rsh** übertragen werden. Dies erhöht die Sicherheit, so daß kein Unbefugter diese Daten lesen kann, verringert aber die Geschwindigkeit.

ruptime	Momentan aktiven Systeme im Netz auflisten

Syntax

```
ruptime [optionen]
```

Beschreibung

Mit dem Kommando **ruptime** kann man feststellen, welche Systeme seit wann im Netz angeschlossen sind, wie z.B.

```
$ ruptime ↵
kiefer     up 22+08:34,     5 users,   load 0.00, 0.05, 0.15
ahorn      up 22+07:59,     2 users,   load 0.35, 0.15, 0.08
buche      up 17+12:23,     3 users,   load 0.09, 0.04, 0.03
tanne    down  1+07:25
$
```

Die Informationen bedeuten z.B. für das System *ahorn*, daß es seit 22 Tagen, 7 Stunden und 59 Minuten am Netz ist und momentan 2 Benutzer angemeldet sind. Die mittlere Auslastung (*load average*) besagt, daß das System in der letzten Minute durchschnittlich mit 0,35 Prozessen, in den letzten fünf Minuten mit 0,15 Prozessen und in der letzten Viertelstunde mit 0,08 Prozessen belastet war.

Optionen

ruptime kennt die folgenden Optionen:

Option	Beschreibung
-a	auch die Benutzer mitzählen, die seit mehr als eine Stunde keine Eingaben mehr getätigt haben.
-l	nach *load average* sortieren.

Option	Beschreibung
-r	umgekehrt sortieren.
-t	nach Laufzeit (uptime) sortieren.
-u	nach Anzahl der Benutzer sortieren.

rwho — Momentan aktiven Benutzer im Netz auflisten

Syntax

```
rwho [-a]
```

Beschreibung

Das Kommando **rwho** liefert Informationen über alle Benutzer, die momentan an einem der im Netz verbundenen Systeme angemeldet sind. Namen von Benutzern, die seit mehr als einer Stunde keine Eingaben mehr getätigt haben, werden in der Ausgabe von **rwho** nicht angezeigt, außer es wurde die Option **-a** angegeben.

```
$ rwho ↵
egon     ahorn:term/01  Dec  4 13:44
fritz    ahorn:term/04  Dec  4 09:34
micha    eiche:term/02  Dec  4 07:53
emil     kiefer:term/02 Dec  4 08:32
..........
..........
........
$
```

setterm — Verändern der Terminaleinstellungen

Syntax

setterm [*optionen*]

Beschreibung

Mit dem Kommando **setterm** können bestimmte Einstellungen des Bildschirms wie etwa Hintergrund- und Vordergrundfarbe verändert werden. Wird **setterm** alleine ohne weitere Angaben aufgerufen, gibt es eine Liste aller möglichen Optionen aus:

```
$ setterm ↵

setterm
  [ -term terminal_name ]
```

```
[ -reset ]
[ -initialize ]
[ -cursor [on|off] ]
[ -repeat [on|off] ]
[ -appcursorkeys [on|off] ]
[ -linewrap [on|off] ]
[ -default ]
[ -foreground black|blue|green|cyan|red|magenta|yellow|white|default ]
[ -background black|blue|green|cyan|red|magenta|yellow|white|default ]
[ -ulcolor black|grey|blue|green|cyan|red|magenta|yellow|white ]
[ -ulcolor bright blue|green|cyan|red|magenta|yellow|white ]
[ -hbcolor black|grey|blue|green|cyan|red|magenta|yellow|white ]
[ -hbcolor bright blue|green|cyan|red|magenta|yellow|white ]
[ -inversescreen [on|off] ]
[ -bold [on|off] ]
[ -half-bright [on|off] ]
[ -blink [on|off] ]
[ -reverse [on|off] ]
[ -underline [on|off] ]
[ -store ]
[ -clear [all|rest] ]
[ -tabs [ tab1 tab2 tab3 ... ] ]      (tabn = 1-160)
[ -clrtabs [ tab1 tab2 tab3 ... ] ]   (tabn = 1-160)
[ -regtabs [1-160] ]
[ -blank [0-60] ]
[ -dump   [1-NR_CONSOLES] ]
[ -append [1-NR_CONSOLES] ]
[ -file dumpfilename ]
[ -msg [on|off] ]
[ -msglevel [0-8] ]
[ -powersave [on|off] ]
[ -blength [0-2000] ]
[ -bfreq freqnumber ]

$
```

Beispiele

Um sich z. B. bei jedem Anmelden einen Bildschirm mit blauer Hintergrundfarbe und weißer Schrift einzustellen, empfiehlt es sich, die folgende Zeile in der Datei .profile einzutragen.

setterm -background blue -foreground white -store

Weitere wichtige **setterm**-Aufrufe, die entweder interaktiv eingegeben oder aber in der Datei .profile (im home directory) eingetragen werden können, sind:

setterm -blank *n*
aktiviert nach *n* Minuten den Bildschirmschoner im Textmodus, indem es den Bildschirm auf schwarz schaltet.

setterm -clear
löscht den Bildschirm.

setterm -inversescreen on oder **off**
on invertiert den Bildschirm (Text in aktueller Hintergrundfarbe und Hintergrund in aktueller Vordergrundfarbe) und **off** stellt den Normalzustand wieder her. Im übrigen ist der Aufruf

```
setterm -inv          identisch zum Aufruf
setterm -inversescreen on
```

seyon	Terminalprogramm für X Window

Syntax

seyon [*optionen*]

Beschreibung

seyon ist wie **minicom** ein Terminalprogramm, läuft aber unter X Window und ist etwas einfacher zu bedienen. Die Bedienung erfolgt über weitgehend selbsterklärende Buttons. Der erste Start von **seyon** erfordert keine weiteren Konfigurationseinstellungen, wobei eventuell lediglich die Option

-modems /dev/modem auf der Kommandozeile anzugeben ist.

seyon wird durch mehrere Konfigurationsdateien gesteuert, von denen sich die meisten im Directory .seyon (im Home-Directory) befinden, wie etwa die Initialisierungsdatei startup, das Telefonbuch phonelist und die Definition verschiedener Übertragungsprotokolle in protocols. Weitere Einstellungen können über die Datei .Xdefaults (im Home-Directory) vorgenommen werden, wie z.B.

```
Seyon.modems:    /dev/modem  bzw.
Seyon.modems:    /dev/cual
```

Wie **minicom** verfügt auch **seyon** über eine eigene Skript-Sprache, die jedoch wesentlich leistungsfähiger ist. Skriptdateien werden üblicherweise im Directory .seyon (im Home-Directory) abgelegt.

In der folgenden Tabelle sind die wichtigsten Schlüsselwörter dieser Skript-Sprache zusammengefaßt:

#	leitet Kommentar ein; Rest dieser Zeile wird nicht ausgewertet
echo "zeichen-kette"	gibt zeichenkette am Bildschirm aus.

exit	beendet das Skript-Programm
goto marke	springt zur Zeile, die mit marke: gekennzeichnet ist
pause *n*	wartet *n* Sekunden
transmit "zeichen-kette"	überträgt zeichenkette an das Modem
waitfor "zeichen-kette" [*n*]	wartet maximal *n* Sekunden, bis das Modem die angegebene zeichenkette empfängt; ist *n* nicht angegeben, beträgt die Timeout-Zeit 30 Sekunden.

Eine vollständige Beschreibung zu dieser Sprache kann man sich mit

man seyon

anzeigen lassen.

Zu beachten ist, daß **transmit** nicht automatisch ein *Carriage-Return*-Zeichen an die zeichenkette anhängt, weshalb man für diesen Fall noch explizit die beiden Zeichen ^M am Ende von zeichenkette angeben muß.

Beispiele

Das folgende Beispiel zeigt ein Minimal-Skript für einen typischen Login auf einem Unix-System.

```
# Minimalskript zum Einloggen auf einem Unix-System

echo "...Anmeldeprozedur beginnt"

waitfor "HOST>"
transmit "telnet comp^M"

waitfor "ogin: "
transmit "helmut^M"

waitfor "assword:"
transmit " imslhh2^M"
```

---

sleep	Kurzzeitiges Stillegen von Prozessen

Syntax

sleep *zeit*   Die zeit ist dabei in Sekunden anzugeben.

Beschreibung

Das Kommando **sleep** bewirkt, daß *zeit* Sekunden vergehen müssen, bevor der entsprechende Prozeß fortgesetzt wird.

Hinter der *zeit* (eine Zahl) kann auch ein Buchstabe (**s,m,h,d**) angegeben werden, um diese *zeit* als Sekunden, Minuten, Stunden oder Tage festzulegen.

Beispiel   Der Benutzer **emil** hat **egon** versprochen, ihm eine Datei mit Namen *automake.c* in das Directory */tmp* zu kopieren, damit **egon** sie dort »abholen« kann. In diesem Fall wäre ein von **egon** getarteter Hintergrundprozeß nützlich, der ständig »nachschaut«, ob die versprochene Datei bereits in */tmp* angekommen ist. Da die Shell über eine **while**-Schleife und **if**-Anweisung verfügt, könnte dies wie folgt realisiert werden:[1]

```
$ while true⏎
> do⏎
>    if [ -f /tmp/automake.c ]⏎
>    then⏎
>        echo "Datei /tmp/automake.c ist angekommen"⏎
>        break⏎
>    fi⏎
>    sleep 20⏎
> done &⏎
821
$
```

true bedeutet in diesem Fall, daß die **while**-Bedingung immer erfüllt ist; es handelt sich hier also um eine »Endlosschleife«, die erst mit **break** verlassen wird, wenn die Datei */tmp/automake.c* existiert. Die Überprüfung, ob diese Datei vorhanden ist, erfolgt mit

```
if [ -f /tmp/automake.c ]
```

Existiert */tmp/automake.c*, so wird

```
Datei /tmp/automake.c ist angekommen
```

am Bildschirm ausgegeben und mit **break** die **while**-Schleife verlassen. Da nach der **while**-Schleife keine weiteren Anweisungen angegeben sind, wird danach auch dieser Hintergrundprozeß beendet.

Existiert dagegen diese Datei */tmp/automake.c* (noch) nicht, so wird als nächstes Kommando **sleep 20** aufgerufen, was bewirkt, daß die Ausführung für 20 Sekunden angehalten wird, bevor sie mit der Überprüfung auf die Existenz der Datei */tmp/automake.c* (**if [..]**) wieder fortgesetzt wird. Ist diese Datei immer noch nicht vorhanden, so wird mit **sleep 20** die Ausführung wieder für 20 Sekunden angehalten, usw.

---

1. Das Einrücken der einzelnen Konstrukte ist dabei nicht notwendig, wurde hier aber der Lesbarkeit wegen vollzogen.

| sort | Sortieren von Dateien | (sort and / or merge files) |

Syntax

```
sort [option(en)] [datei(en)]
```

Beschreibung

Das Kommando **sort** gibt die Zeilen der angegebenen *datei(en)* sortiert am Bildschirm aus. Werden mehrere *datei(en)* angegeben, so werden diese als Ganzes sortiert und dabei die Zeilen aus unterschiedlichen Dateien gemischt.

Wenn keine *datei(en)* angegeben sind, dann liest **sort** von der Standardeingabe. Die Ausgabe der sortierten Daten erfolgt auf die Standardausgabe.

Optionen

Option	Beschreibung
-c	(**c**heck) überprüft, ob die angegebenen *datei(en)* bereits sortiert sind. Bei dieser Option wird nichts ausgegeben, außer die eventuelle Meldung, daß eine angegebene Datei nicht sortiert ist.
-m	(**m**erge) gibt die angegebenen *datei(en)*, welche für sich bereits sortiert sein müssen, als ganzes sortiert aus. Diese Option ermöglicht ein wesentliches schnelleres Sortieren.
-u	(**u**nique) gibt für alle Zeilen mit einem gleichen Sortierschlüssel nur jeweils eine Fundstelle aus.
-o *ausgabedatei*	(**o**utput) schreibt die sortierte Ausgabe in die Datei *ausgabedatei*; als *ausgabedatei* kann dabei eine der angegebenen *datei(en)* angegeben werden.
-y*kbytes*	legt die Größe des zu verwendenden Hauptspeichers für das Sortieren auf *kbytes* fest. **-y0** verwendet den minimal möglichen und **-y** den maximal möglichen Speicher.
-d	(**d**ictionary) Lexikographisch sortieren: nur Buchstaben, Ziffern und Leer- / Tabulator-Zeichen werden beim Sortieren berücksichtigt; Voreinstellung ist: nach allen ASCII-Werten sortieren
-f	Groß- und Kleinschreibung nicht berücksichtigen: alle Buchstaben in Großschreibung vergleichen; Voreinstellung ist: Groß- und Kleinschreibung wird unterschieden
-i	(**i**gnore) Nicht druckbare Zeichen ignorieren; Voreinstellung ist: nach allen ASCII-Werten (auch nicht druckbaren Zeichen) sortieren

Option	Beschreibung
-M	(**M**onths) nach Monaten sortieren; die ersten drei Nicht-Zwischenraum-Zeichen eines jeden Feldes werden in Großbuchstaben umgewandelt, bevor sie mit den Monatsnamen JAN, FEB, MAR, APR, MAY, JUN, JUL, AUG, SEP, OCT, NOV, DEC (legt auch die Sortierreihenfolge fest) verglichen werden. Enthalten Felder keinen gültigen Monatsnamen, so werden sie vor JAN eingeordnet. Diese Option impliziert die Option -b.
-n	(**n**umeric) Numerisch sortieren; Voreinstellung ist: nach ASCII-Werten sortieren. Diese Option impliziert die Option -b.
-r	(**r**everse) Absteigend sortieren; Voreinstellung ist: aufsteigend sortieren

Werden diese Optionen vor den Sortierschlüsseln (siehe folgendes) angegeben, so gelten sie global für alle Sortierschlüssel. Sind sie nur zu einzelnen Sortierschlüsseln angegeben, so beziehen sie sich nur auf diese, und schalten eventuell anderslautende globale Optionen für diesen Sortierschlüssel aus.

Sortierschlüssel

Beim Aufruf von **sort** können sogenannte Sortierschlüssel angegeben werden. Sortierschlüssel legen fest, welches Feld in den angegebenen *datei(en)* als Sortierkriterium zu verwenden ist. Dabei ist es möglich, mehrere Sortierschlüssel anzugeben. Wenn die entsprechenden mit dem ersten Sortierschlüssel ausgewählten Felder gleich sind, so werden die über den zweiten Sortierschlüssel festgelegten Felder verglichen; sollten auch die gleich sein, so wird der dritte Sortierschlüssel verwendet, usw.

Die Voreinstellung ist ein Sortierschlüssel, nämlich die ganze Zeile.

Sortierschlüssel legen die Sortierfelder fest und werden in der folgenden Form angegeben:

Sortierschlüssel	Funktion
+m[.n]	Beginn des Sortierfelds: n+1.Zeichen im m+1.Feld (*m* Felder und *n* Zeichen im m+1.Feld überspringen) Voreinstellung für .n ist .0: 1.Zeichen im m+1.Feld.
	Falls Option **-b** angegeben ist, so wird die Zählung für n ab dem ersten Nicht-Zwischenraum-Zeichen im *m+1*. Feld begonnen.

Sortierschlüssel	*Funktion*
-k[.l]	Ende des Sortierfelds: *l*.Zeichen (einschließlich Trennzeichen) nach Ende des *k*.Feld (Dieses letzte Zeichen gehört nicht mehr zum Sortierfeld) Voreinstellung für *.l* ist *.0*: Letztes Zeichen im *k*.Feld.
	Falls Option **-b** angegeben ist, so wird die Zählung für *l* beim letzten führenden Zwischenraum-Zeichen im *m+1*. Feld begonnen.

Falls kein Ende für einen Sortierschlüssel angegeben ist, so wird das Zeilenende dafür angenommen.

Beispiel

```
sort +2      Das Wetter ist heute nicht besonders.
```

```
             Überspringe zwei Felder und verwende Rest der Zeile als
             Sortierschlüssel
```

```
sort +3.2    Das Wetter ist heute nicht besonders.
```

```
             Überspringe drei Felder und zwei Zeichen; Rest der
             Zeile ist Sortierschlüssel
```

```
sort +2 -3   Das Wetter ist heute nicht besonders.
```

```
             Überspringe 2 Felder; Sortierschlüssel erstreckt sich von
             da bis zum Ende des 3.Felds
```

Hinter jedem Sortierschlüssel können die Optionen bdfinr angegeben werden; in diesem Fall würde sich die Option nur auf das entsprechende Sortierfeld und nicht auf alle Sortierfelder beziehen; eine solche lokale Option schaltet dann für dieses Feld eine eventuell anders lautende globale Option aus.

Die Festlegung von Trennzeichen für die Felder der Eingabe kann durch folgende Optionen geändert werden:

Option	*Beschreibung*
-b	Führende Leerzeichen beim Festlegen des Starts und Endes eines Sortierschlüssels nicht berücksichtigen
-tz	Verwende Zeichen *z* als Trennzeichen für die einzelnen Felder; Voreinstellung für das Feld-Trennzeichen sind: Leerzeichen

| **split** | Dateien in mehrere kleinere zerteilen (split a file into pieces) |

Syntax

`split [-n] [datei [name]]`

Beschreibung

Das Kommando **split** liest die angegebene *datei* und zerteilt sie in einzelne Stücke mit je *n* Zeilen.

Ist *-n* nicht angegeben, so werden Einzelstücke mit 1000 Zeilen gebildet.

Ist *datei* nicht angegeben oder ist für *datei* – angegeben, so liest **split** von der Standardeingabe.

name legt dabei ein Präfix fest, aus dem dann die Namen der Dateien gebildet werden, in welche die einzelnen Stücke abgelegt werden; die Namensgebung für diese einzelnen Dateien erfolgt durch Anhängen von aa, ab, ac, ..., zz an das Präfix *name*. Ist *name* nicht angegeben, so wird als Präfix x verwendet und die Namen für die »Stück-Dateien« wären dann xaa, xab, xac, usw. Mit dieser Art der Namensgebung ist es möglich, maximal 676 »Stück-Dateien« zu erzeugen.

Die »Stück-Dateien« werden immer im working directory angelegt.

Option

-n   die angegebene Zahl *n* legt die Größe der zu erzeugenden »Stück-Dateien« auf *n* Zeilen fest.

Unter Linux bietet das Kommando **split** noch einige weitere sehr nützliche Optionen:

-b *n*	zerlegt eine Datei in Teildateien mit jeweils *n* Bytes. Wird nach der Zahl *n* einer der folgenden Buchstaben angegeben, so legt *n* nicht Bytes, sondern folgendes fest
	b 512-Byte-Blöcke,
	k Kilobytes,
	m Megabytes.
-C *n*	verhält sich wie **-b** *n*, nur daß die entsprechende Datei immer an Zeilengrenzen zerlegt wird, so daß sich in den »Stück-Dateien« immer nur ganze Zeilen befinden, was natürlich dazu führt, daß die betreffenden »Stück-Dateien« meist nicht genau *n* Bytes groß sind, sondern kleiner.

So zerlegt z. B. der folgende Aufruf die Datei `document.ps` in einzelne Dateien zu je 1430 Kbytes und benennt sie `disk.aa`, `disk.ab`, `disk.ac` usw. Diese Dateien könnten dann anschließend auf einzelne Disketten kopiert werden.

split -b 1430k document.ps disk.

Um die Einzeldateien wieder zur ursprünglichen Gesamtdatei zusammenzusetzen, müßte nur

cat disk.* >document.ps

aufgerufen werden.

Hinweis Das Zerteilen einer Datei kann z. B. dann erforderlich sein, wenn diese für die Bearbeitung mit einem Editor zu groß ist oder wenn sie größer als die Kapazität einer Diskette ist, auf die sie kopiert werden soll.

Neben **split** existiert noch ein wesentlich intelligenteres Kommando mit Namen **csplit** (*context split*). Dieses Kommando ist nicht nur auf das Zerschneiden einer Datei in Teilstücke mit fester Länge begrenzt, sondern ermöglicht ein Zerteilen auch in variabel lange Teilstücke. Zudem können mit diesem Kommando die Schnittstellen auch vom Inhalt der Datei abhängig gemacht werden. Dies kann z. B. nützlich sein, wenn es gilt, eine große C-Programmdatei in einzelne Dateien aufzuteilen, die jeweils nur eine C-Funktion dieses umfangreichen Programms enthalten.

stty	Setzen und Abfragen von Terminal-Einstellungen

Syntax

```
stty [-a] [-g] [terminal-flag(s)]
```

Beschreibung

Wird **stty** ohne Argumente aufgerufen, so gibt es eine bestimmte Gruppe von Einstellungen aus. Werden *terminal-flag(s)* angegeben, so werden die damit spezifizierten Einstellungen für das entsprechende Terminal vorgenommen.

Optionen

-a   alle Terminal-Einstellungen ausgeben

-g   gibt eine Liste von Terminal-Einstellungen in einer solchen Form aus, daß diese Liste bei einem späteren **stty** Aufruf wieder verwendet werden kann. Wird eine solche Liste mit Ausgabeumlenkung in einer Datei gesichert, so kann die momentane Terminal-Einstellung später wieder hergestellt werden, wenn diese Datei beim **stty**-Aufruf (unter Verwendung von Kommandosubstitution[1]) angegeben wird.

Terminal-Flag(s)

Die Liste der möglichen Terminal-Flags kann in 6 Gruppen unterteilt werden. Die meisten der Flags werden dabei durch Angabe des Flag-Namens eingeschaltet und durch Voranstellen eines Minuszeichens (-) vor dem Flag-Namen ausgeschaltet. In der folgenden Beschreibung, die die wichtigsten Terminal-Flags angibt, wird das Ausschalten in runden Klammern angegeben:

Steuer-Modi

`parenb (-parenb)`

Einschalten (Ausschalten) von Paritätserkennung und -erzeugung

`parodd (-parodd)`

Ungerade (Gerade) Parität setzen

`cs5 cs6 cs7 cs8`

Bitanzahl setzen, die für ein Zeichen zu verwenden ist: 5, 6, 7 oder 8 (*character size*). Diese Bitanzahl schließt dabei nicht das Parity-Bit mit ein

`0`

Telefon-Verbindung sofort abbrechen

`110 300 600 1200 1800 2400 4800 9600 19200 38400`

setzt die Baudrate des Terminals auf die angegebene Zahl.

`hupcl (-hupcl)`

Telefon-Verbindung (nicht) abbrechen, wenn letzter Prozeß, der diese Verbindung benutzt, sich beendet oder explizit diese Leitung schließt

`hup (-hup)`

dasselbe wie `hupcl (-hupcl)`

`cstopb (-cstopb)`

Zwei (ein) Stop-Bits pro Zeichen verwenden; Stop-Bits markieren das Ende eines Zeichen-Bytes.

`cread (-cread)`

Aktivieren (Deaktivieren) des Empfängers.

---

1. siehe Beispiele und Buch »Linux-Unix-Shells«

```
clocal (-clocal)
```

Ausschalten (Einschalten) der Modem-Steuerung.

```
loblk (-loblk)
```

(Nicht) Blockieren der Ausgabe eines Layers.[1]

Eingabe-Modi

Mit Eingabe ist hier die Tastatur gemeint. Viele der hier angegebenen Flags müssen miteinander kombiniert werden.

```
ignbrk (-ignbrk)
```

(Nicht) Ignorieren einer BREAK-Taste bei der Eingabe

```
brkint (-brkint)
```

Beim Auftreten eines BREAK, soll (nicht) ein **intr**-Signal gesendet werden; hierfür darf BREAK nicht ignoriert werden.

```
ignpar (-ignpar)
```

(Nicht) Ignorieren von Parititäts-Fehlern

```
parmrk (-parmrk)
```

(Nicht) Markieren von Paritäts-Fehlern durch Voranstellen eines 2-Zeichens Code vor dem fehlerhaften Zeichen

```
inpck (-inpck)
```

Einschalten (Ausschalten) der Eingabeparitäts-Prüfung

```
istrip (-istrip)
```

(Nicht) Verkürzen von Eingabezeichen auf 7 Bits. (der ASCII-Code verwendet nur die letzten 7 Bits eines Bytes; das 8.Bit wird nur bei Verwendung von Nicht-ASCII-Zeichen benötigt)

```
inlcr (-inlcr)
```

(Nicht) Ersetzen jedes Neuezeile-Zeichens (**NL**) aus der Eingabe mit Carriage-Return (**CR**)

```
igncr (-igncr)
```

(Nicht) Ignorieren von Carriage-Return (**CR**) in der Eingabe

---

1. siehe Kommando shl (Buch »Linux-Unix-Shells«)

icrnl (-icrnl)

(Nicht) Ersetzen jedes Carriage-Return (**CR**) aus der Eingabe mit Neuezeile-Zeichens (**NL**). (Umkehrung zu inlcr)

iuclc (-iuclc)

(Keine) Umwandlung von Großbuchstaben aus der Eingabe in Kleinbuchstaben

ixon (-ixon)

Einschalten (Ausschalten) des START/STOP-Ausgabeprotokolls. Ein STOP-Zeichen suspendiert die Ausgabe und ein START-Zeichen bewirkt die Fortsetzung der Ausgabe. Das STOP-Zeichen ist `Strg`-`s` und das START-Zeichen ist `Strg`-`q`

ixany (-ixany)

Einschalten (Ausschalten) eines beliebigen Zeichens (nicht nur das START-Zeichen `Strg`-`q`), um eine gestoppte Ausgabe fortzusetzen

ixoff (-ixoff)

Einschalten (Ausschalten) des START/STOP-Eingabeprotokolls. Wenn gesetzt, so generiert das System ein START-Zeichen, wenn die Eingabe-Warteschlange nahezu leer ist, und ein STOP Zeichen, wenn sie nahezu voll ist.

Ausgabe-Modi

opost (-opost)

(Nicht) Nachbehandeln (Post-Processing) der Ausgabe. Wenn nicht gesetzt, so werden die Zeichen unverändert übertragen; ansonsten werden sie entsprechend den nachfolgenden Ausgabe-Modi nachbehandelt.

olcuc (-olcuc)

(Keine) Umwandlung von Klein- in Großbuchstaben bei der Ausgabe

onlcr (-onlcr)

(Nicht) Ersetzen jedes Neuezeile-Zeichens (**NL**) durch **CR-NL** (**CR**=Carriage-Return) bei der Ausgabe

ocrnl (-ocrnl)

(Nicht) Ersetzen jedes Carriage-Return (**CR**) durch Neuezeile-Zeichen (**NL**) bei der Ausgabe

onocr (-onocr)

Keine Ausgabe (Ausgabe) von Carriage Return (**CR**), wenn es das erste Zeichen einer Zeile ist `onlret (-onlret)`

Stellt (nicht) Neuezeile-Zeichen (**NL**) durch **CR-NL** (**CR**=Carriage-Return) auf dem Bildschirm dar. Ist `onlret` gesetzt, so bewirkt jedes **NL**-Zeichen, daß der Cursor auf den Anfang der nächsten Zeilepositioniert wird; ist `-onlret` gesetzt, so wird der Cursor bei einem **NL** nur in die nächste Zeile auf diegleiche Spalte positioniert.

`ofill (-ofill)`

(keine) Verwendung von »Auffüllzeichen« (definiert durch `ofdel`) anstelle einer zeitlichen Verzögerung

`ofdel (-ofdel)`

Als »Auffüllzeichen« **DEL** (**NULL**) verwenden

Verzögerung der Ausgabe

Die nächsten Flags beziehen sich auf Verzögerungen bei der Ausgabe. Verzögerungen sind insbesondere dann notwendig, wenn mechanische Bewegungen (wie z.B. von Druckerköpfen) bei der Ausgabe berücksichtigt werden müssen.

`cr0 cr1 cr2 cr3`

legt die Verzögerungs-Art für Carriage-Return fest. `cr0` bedeutet dabei »keine Verzögerung zwischen der Ausgabe eines **CR** und dem nächsten Zeichen«. Die anderen drei legen dabei aufsteigend eine längere Verzögerung fest; nützlich für langsame Terminals.

`nl0 nl1`

legt die Verzögerungs-Art für Neuzeile-Zeichen fest. `nl0` bedeutet dabei »keine Verzögerung zwischen der Ausgabe eines **NL** und dem nächsten Zeichen« und `nl1` legt eine Verzögerung fest.

`tab0 tab1 tab2 tab3`

legt die Verzögerungs-Art für horizontale Tabulator-Zeichen fest. `tab0` bedeutet dabei »keine Verzögerung zwischen der Ausgabe eines Tabulator-Zeichens und dem nächsten Zeichen«. `tab1` und `tab2` legen aufsteigend eine längere Verzögerung fest; `tab3` bewirkt, daß anstelle von Tabulator-Zeichen eine entsprechende Anzahl von Leerzeichen ausgegeben wird.

`bs0 bs1`

legt die Verzögerungs-Art für Backspace-Zeichen fest. `bs0` bedeutet dabei »keine Verzögerung zwischen der Ausgabe eines Backspace-Zeichens und dem nächsten Zeichen« und `bs1` legt eine Verzögerung fest.

`ff0 ff1`

legt die Verzögerungs-Art für Seitenvorschub-Zeichen (*form feed*) fest. `ff0` bedeutet dabei »keine Verzögerung zwischen einem Seitenvorschub und dem nächsten Zeichen« und `ff1` legt eine Verzögerung fest.

`vt0 vt1`

legt die Verzögerungs-Art für vertikale Tabulator-Zeichen fest. `vt0` bedeutet dabei »keine Verzögerung zwischen der Ausgabe eines Vertiaklen Tabulator-Zeichens und dem nächsten Zeichen« und `vt1` legt eine Verzögerung fest.

Lokale Modi

`isig (-isig)`

Einschalten (Auschalten) der Prüfung für jedes Eingabe-Zeichens, ob es sich dabei um eines der Steuerzeichen **intr** oder **quit** handelt.

`icanon (-icanon)`

Einschalten (Ausschalten) der kanonischen Eingabe. Die kanonische Eingabe ist eine Standardmethode zur Verarbeitung der Eingabe. Dabei sind die zeilenorientierten Editierfunktionen **erase** und **kill** eingeschaltet. Die Eingabe wird dabei in Zeilen aufgeteilt wird, die durch **EOF**, **EOL** oder **NL** getrennt werden. Wenn `icanon` gesetzt ist, dann wird die Eingabe in einer Eingabe-Warteschlange gesammelt, welche übertragen wird, wenn eine vollständige Zeile erkannt ist. Dies ist der Grund, warum eine Zeile vor der Übertragung editiert werden kann. Wenn `-icanon` gesetzt ist, dann wird bei einer Lese-Forderung (wie z.B. von einem Programm) nicht auf das Ende einer Zeile gewartet, sondern wird diese durch die Werte der Variablen *min* und *time* gesteuert. Dabei existieren 4 Möglichkeiten für die Belegungen von *min* und *time*:

1. `min>0 und time>0`: Die eingegebenen Zeichen werden entweder nach `time` Zeit oder aber nach `min` Zeichen übertragen, je nachdem was zuerst zutrifft.

2. `min>0 und time=0`: Die eingegebenen Zeichen immer nach `min` Zeichen übertragen.

3. `min=0 und time>0`: Jedes eingegebene Zeichen wird immer sofort übertragen; Wird in der Zeitspanne `time` einmal kein Zeichen eingegeben, so wird ein leeres Zeichen übertragen.

4. `min=0 und time=0`. Jedes eingegebene Zeichen wird immer sofort übertragen.

`xcase (-xcase)`

Verarbeitet (nicht) Klein- und Großbuchstaben nach der kanonischen Eingabe; nützlich für Tastaturen, die entweder nur Groß- oder Kleinbuchstaben kennen.

echo (-echo)

Einschalten (Ausschalten) der Echo-Funktion. Echo-Funktion bedeutet, daß jedes eingegebene Zeichen nicht nur übertragen, sondern zugleich auch auf dem Terminal angezeigt werden.

echoe (-echoe)

(Keine) Wirkung des **erase**-Zeichens als backspace-Leerzeichen-backspace Sequenz. Ist **echoe** gesetzt, so wird das mit backspace bearbeitete Zeichen gelöscht (mit einem Leerzeichen überschrieben). Ist **-echoe** gesetzt, so wirkt erase nur als backspace. Das Flag icanon muß gesetzt sein, wenn das Flag **echoe** benutzt wird.

echok (-echok)

(Keine) Ausgabe von **NL** nach jedem **kill**-Zeichen. Das Flag **icanon** muß gesetzt sein, wenn das Flag **echok** benutzt wird.

lfkc (-lfkc)

dasselbe wie **echok**

echonl (-echonl)

(Keine) Ausgabe von **NL**, sogar wenn **echo** nicht gesetzt ist. Das Flag **icanon** muß gesetzt sein, wenn das Flag **echonl** benutzt wird.

noflsh (-noflsh)

Ausschalten (Einschalten) der automatischen Übertragung (flush) der Eingabe beim Auftreten eines **intr**- oder **quit**-Signals.

stwrap (-stwrap)

Ausschalten (Einschalten) des Abschneidens von Zeilen, die länger als 79 Zeichen sind, bei synchronen Verbindungen.

stflush (-stflush)

Ausschalten (Einschalten) der automatischen Übertragung (flush) der Eingabe nach jedem **write**-Systemaufruf

Spezielle Steuerzeichen

Unix hat einige Funktionen, die ausgeführt werden, wenn bestimmte Tasten eingegeben werden. Das Kommando **stty** ermöglicht es nun, bestimmte Tasten diesen Funktionen zu zuzuweisen. Eine Zuweisung hat dabei folgende Form:

funktions-name Zeichen

Die ⌜Strg⌝-Taste ist dabei mit ^ anzugeben. Eine ⌜Strg⌝-Tastenkombination kann entweder mit '..' geklammert oder mit einem vorangestellten \ angegeben werden; so könnte z.B. für ⌜Strg⌝-⌜C⌝ entweder '^c' oder \^c angegeben werden. ^? steht immer für die ⌜Del⌝-Taste und ^- für »undefiniert«

intr

erzeugt ein INTERRUPT-Signal, das allen Prozessen gesendet wird, zu denen das jeweilige Terminal das Kontrollterminal ist. Wenn diese Prozesse dieses Signal nicht abfangen, so werden sie abgebrochen. Meist ist dieser Funkion die DEL-Taste zugeordnet. Wenn das Flag **brkint** gesetzt ist, so ist diese Funktion zusätzlich noch der BREAK-Taste zugeordnet.

quit

erzeugt ein QUIT-Signal. Dies ist ähnlich zu einem INTERRUPT-Signal, außer daß ein Speicherabzug (core image) der abgebrochenen Prozesse in einer Datei gesichert wird. Normalerweise ist dieser Funktion die Taste ⌜Strg⌝-⌜\⌝ zugeordnet.

erase

löscht das vorherige Zeichen in einer Eingabezeile. Normalerweise ist dieser Funktion die Taste # oder die ⌜←⌝-Taste zugeordnet.

kill

löscht eine ganze Zeile. Normalerweise ist dieser Funktion die Taste @ oder ⌜Strg⌝-⌜u⌝ zugeordnet.

eof

erzeugt ein EOF-Signal. Normalerweise ist dieser Funktion die Taste ⌜Strg⌝-⌜d⌝ (als einziges Zeichen einer Zeile) zugeordnet.

eol

zum Neuezeile-Zeichen **NL**, welches das Ende einer Zeile kennzeichnet, ein zusätzliche Zeilenende-Zeichen.

swtch

Dieses Zeichen wird vom Programm shl[1] benutzt, um einen Layer zu suspendieren und zu shl zurück zu kehren. Normalerweise ist dieser Funktion die Taste ⌜Strg⌝-⌜z⌝ zugeordnet.

min

Die minimale Anzahl von Zeichen, die in einem Eingabepuffer vorhanden sein müssen, bevor dieser übertragen wird, wenn -icanon gesetzt ist.

---

1. siehe Kommando shl (»Linux-Unix-Shells«)

time

legt eine Zeit in Einheiten von 0.1 Sekunden fest; wird ausgewertet, wenn -icanon gesetzt ist.

discard

Ausgabe wegwerfen.

dsusp

Job-Control; um Vordergrund-Jobs zu suspendieren.

lnext

Sonderbedeutung des folgenden Steuerzeichens ausschalten.

reprint

Aktuelle Zeile nochmals neu aufbauen; sinnvoll bei Eingabe von Sonderzeichen wie \ ).

stop

Ausgabe anhalten.

start

Ausgabe fortsetzen.

werase

Letztes Wort löschen.

susp

Job-Control.

Kombination-Modi

evenp **oder** parity

schaltet parenb **und** cs7 **ein.**

oddp

schaltet parenb, parodd **und** cs7 **ein.**

-parity **oder** -evenp

schaltet parenb **aus und setzt** cs8.

-oddp

schaltet parenb **und** parodd **aus sowie** cs8 **ein.**

raw (-raw oder cooked)

Einschalten (Ausschalten) des »rohen« Eingabe- und Ausgabemodus. »Roh«
bedeutet dabei, daß kein erase, kill, intr, quit, swtch erkannt wird, und auch
keine Nachbehandlung (post processing) stattfindet.

nl

schaltet icrnl und onlcr aus.

-nl

schaltet icrnl und onlcr ein und schaltet inlcr, igncr, ocrnl und onlret aus.

lcase (-lcase)

Einschalten (Ausschalten) von xcase, iuclc und olcuc.

LCASE (-LCASE)

dasselbe wie lcase (-lcase).

tabs (-tabs oder tab3)

gibt Tabulatorzeichen als solche beim Drucken aus (Tabulatorzeichen werden
beim Drucken durch die entsprechende Anzahl von Leerzeichen ersetzt)

ek

Setzt erase und kill auf # (Strg - h) und @.

sane

setzt alle Modi auf vernünftige Werte für den entsprechenden Terminal; es existiert kein -sane.

Häufig fallen Aufgabenstellungen an, bei denen man die Terminaleinstellungen
nur kurzzeitig verstellen muß. In solchen Fällen empfiehlt es sich, die momentanen Terminaleinstellungen zunächst in einer Datei *datei* zu sichern, bevor man
die Einstellungen verändert. Mit Kommandosubstitution (**'cat** *datei'*) kann dann
später das Terminal wieder in den vorherigen Zustand gebracht werden. Ein
Beispiel wäre folgender Ausschnitt aus einem Shellskript, bei dem kurzzeitig die
echo-Funktion ausgeschaltet wird, um eine verdeckte Eingabe eines Paßworts
zu ermöglichen:

```
        :
        :
echo "Passwort: "                               [Ausgabe von »Passwort: »]
stty -g >/tmp/alt                  [Einstellungen in temporären Datei sichern]
stty -echo                                      [echo-Funktion ausschalten]
read pwort                               [Verdecktes Einlesen des Paßworts]
stty `cat /tmp/alt`               [Ursprüngl. Einstellungen wieder herstellen]
rm /tmp/alt                                  [Temporäre Datei wieder löschen]
        :
        :
```

---

su   Ändern der Benutzerkennung, ohne sich abzumelden (switch user)

Syntax

```
su [-] [login-name]
```

Beschreibung

Das Kommando **su** ermöglicht es einem Benutzer, von der momentanen Unix-Sitzung aus, auf eine andere Benutzerkennung umzuschalten, ohne daß er sich dazu abmelden muß.

Wird beim Aufruf von **su** kein *login-name* angegeben, so wird hierfür der Login-Name *root* angenommen und nach dem Paßwort von *root* gefragt. Ist ein *login-name* angegeben, so wird nach dem Paßwort zu diesem Login-Namen gefragt.

Wird das richtige Paßwort eingegeben, so wird eine neue Shell aufgerufen, ohne daß hierbei die aktuelle Umgebung (wie z.B. das working directory) geändert wird. Danach kann der entsprechende Benutzer unter der neuen Benutzerkennung arbeiten.

Mit der Eingabe von ⎡Strg⎤-⎡D⎤ oder **exit** verläßt er wieder die »Fremdbenutzer-Sitzung« und wird wieder der alte Benutzer.

Option

Wird die Option – angegeben, so wird nicht nur eine neue Shell unter der neuen Benutzerkennung aufgerufen, sondern die volle Login-Prozedur (wie Ausführen der Datei *.profile* im home directory des neuen Benutzers) durchlaufen. In diesem Fall wird die aktuelle Umgebung durch eine neue ersetzt; so würde z.B. nach einem solchen Aufruf das working directory zum home directory des anderen Benutzers.[1]

Unter Linux bietet **su** noch einige weitere Optionen an. Diese kann man entweder über **man su** oder aber mit dem Aufruf **su --help** erfragen.

---

1. wenn nicht explizit andere Direktiven im .profile des anderen Benutzers angegeben sind

Hinweis   Manche Benutzer verfügen über mehrere Login-Namen, da sie für jede auszu-
übende Funktion eine eigene Login-Kennung besitzen, wie z.B.: eine Login-
Kennung für das normale Arbeiten am System und eine für die Projektleitung.
Mit dem Kommando **su** ist es ihnen nun möglich, auf eine andere Login-Kennung umzuschalten, ohne daß sie sich dazu explizit abmelden müssen.

In der Software-Entwicklungs-Praxis kommt öfters der Fall vor, daß ein Entwickler einem anderen Hilfestellung beim Analysieren oder Lokalisieren von
Fehlern leistet. Nun kann der Fall auftreten, daß der Beisitzer z.B. Dateien oder
Programme aus seinen gegen fremden Zugriff geschützten Directories benötigt.
Um hierauf zugreifen zu können, müßte er nun zu seinem Terminal laufen, um
sich dort anzumelden oder aber die Unix-Sitzung am momentanen Terminal
müßte beendet werden, um ein neues Anmelden unter Login-Kennung des Bei-
sitzers zu ermöglichen. Mit dem Kommando **su** können diese Umstände umgan-
gen werden.

Alle Versuche, sich mit **su** unter einer anderen Benutzerkennung anzumelden,
werden in der Datei */usr/adm/sulog* mitprotokolliert. So ist es z.B. dem Systemverwalter ein Leichtes, alle Benutzer festzustellen, die versuchten, sich als Superuser (*root*) anzumelden.

Beispiel
```
$ id ↵
uid=120(egon) gid=135(graphik)
$ pwd ↵
/home/egon
$ su sascha ↵
Password: <Eingabe des sascha-Paßworts> ↵
$ id ↵
uid=126(sascha) gid=178(compiler)
$ logname ↵
egon
$ pwd ↵
/home/egon
$ exit ↵
$ id ↵
uid=120(egon) gid=135(graphik)
$ su - sascha ↵
Password: <Eingabe des sascha-Paßworts> ↵
$ id ↵
uid=126(sascha) gid=178(compiler)
$ logname ↵
egon
$ pwd ↵
/home/sascha
$ exit ↵
$ pwd ↵
/home/egon
$
```

sum	Berechnen und Ausgeben der Prüfsumme zu einer Datei

Syntax

```
sum [-r] datei
```

Beschreibung

Eine Möglichkeit zu prüfen, ob eine Datei verändert wurde, ist alle Bytewerte des Dateiinhalts aufzuaddieren und festzustellen, ob die berechnete Summe gleich der früher berechneten Summe ist. Eine solche Summe wird auch Prüfsumme (engl. *check sum*) genannt.

Das Kommando **sum** berechnet eine solche Prüfsumme (mit einem eigenen Algorithmus) für die angegebene *datei* und gibt diese Prüfsumme zusammen mit der Anzahl der Blöcke, die von dieser Datei belegt werden, aus.

Alle Unix Systeme V verwenden einen einheitlichen Algorithmus zur Berechnung der Prüfsumme, so daß deren Wert nur von der Datei und nicht von den Hardware-Eigenschaften abhängt.

Option

-r bewirkt, daß ein anderer (alternativer) Algorithmus zur Berechnung der Prüfsumme verwendet wird.

Hinweis **sum** wird oft verwendet, um festzustellen, ob eine Datei fehlerfrei von einem Unix System V auf ein anderes übertragen wurde.

Der Systemverwalter kann **sum** verwenden, um festzustellen, ob sich jemand an den Systemdateien zu schaffen machte.

Beispiel
```
$ sum add2.c ⏎
17366 1 add2.c
$ sum add2.c ⏎
17366 1 add2.c
$ cat >>add2.c ⏎
/* Ende */ ⏎
Strg - D
$ sum add2.c ⏎
17998 1 add2.c
$
```

tabs	Setzen der Tabulatorpositionen eines Terminals

Syntax

```
tabs  [tabpos] [-Ttyp] [+mn]
```

Beschreibung

Die Tabulatorpositionen sind normalerweise auf 8er-Schritte eingestellt: Spalten 9, 17, 25, usw. Mit **tabs** können nun andere Tabulatorpositionen gesetzt werden.

Dieses Setzen kann über *tabpos* auf vier verschiedene Arten erfolgen:

1   Setzen von beliebigen Positionen (bis zu 40)

2.   Setzen von gleichlangen Zwischenräumen zwischen den einzelnen Tabulatorpositionen.

3.   Setzen von bereits fertigen Tabulator-Einstellungen, die den Standard-Formatierungen für bestimmten Programmiersprachen entsprechen.

4.   Über eine Formatspezifikation in der ersten Zeile einer Datei.

Wird keine dieser vier Arten beim Aufruf von **tabs** gewählt, so wird die Standard-Einstellung 9, 17, 25, usw. vorgenommen.

Optionen

Setzen von beliebigen Positionen

n1,n2,...   Hierbei legen *n1,n2,...* die Tabulatorpositionen fest. Es können hierbei bis zu 40 verschiedene Tabulatorpositionen angegeben werden. Die erste Tabulatorposition ist dabei immer 1. Wird vor einer derZahlen n2,n3,... ein + angegeben[1], so bedeutet dies ein relatives Setzen bezogen auf die vorherige Tabulatorposition. So würden die beiden Aufrufe:
tabs 5,13,25,36
tabs 5,+7,+12,+11
beide die Tabulatorpositionen auf die Spalten 5, 13, 25 und 36 setzen.

Setzen von gleichlangen Zwischenräumen zwischen den einzelnen Tabulatorpositionen

-n   Setzt alle *n* Spalten eine Tabulatorposition, wobei die erste auf 1+*n* festgelegt wird. Die allgemeine Formel lautet: Alle 1+x*n* Spalten eine Tabulatorposition setzen (x=1,2,3..). So würde z.B **tabs -6** die

---

1.   vor n1 ist kein + erlaubt.

Tabulatorpositionen 1, 7, 13, 19, usw. setzen. Die Voreinstellung ist hierfür **-8**. Die Angabe **-0** würde alle Tabulatorpositionen löschen.

Setzen von bereits fertigen Tabulator-Einstellungen

-a	setzt die Tabulatorpositionen 1, 10, 16, 36 und 72; wird verwendet für Assembler, IBM System/370, erstes Format
-a2	setzt die Tabulatorpositionen 1, 10, 16, 40 und 72; wird verwendet für Assembler, IBM System/370, zweites Format
-c	setzt die Tabulatorpostionen 1, 8, 12, 16, 20 und 55; wird verwendet für COBOL, normales Format
-c2	setzt die Tabulatorpositionen 1, 6, 10, 14 und 49; wird verwendet für COBOL, kompaktes Format

Setzen von bereits fertigen Tabulator-Einstellungen

-c3	setzt die Tabulatorpositionen 1, 6, 10, 14, 18, 22, 26, 30, 34, 38, 42, 46, 50, 54, 58, 62 und 67; wird verwendet für COBOL, kompaktes Format mit zusätzlichen Tabulatorpositionen
-f	setzt die Tabulatorpositionen 1, 7, 11, 15, 19 und 23; wird verwendet für FORTRAN
-p	setzt die Tabulatorpositionen 1, 5, 9, 13, 17, 21, 25, 29, 33, 37, 41, 45, 49, 53, 57 und 61; wird verwendet für PL/1
-s	setzt die Tabulatorpositionen 1, 10 und 55; wird verwendet für SNOBOL
-u	setzt die Tabulatorpositionen 1, 12, 20 und 44; wird verwendet für UNIVAC 1100 Assembler
--*datei*	setzt die Tabulatorpositionen entsprechend der Formatspezifikation in der ersten Zeile von *datei*. Ein Beispiel für das Aussehen einer Formatspezifikation in der ersten Zeile ist: `*<:t6,20,25:>*`
	Diese Angabe legt Tabulatorpositionen auf die Spalten 6, 20 und 25 fest. Wird keine gültige Formatangabe in der ersten Zeile von *datei* gefunden, so ist die Voreinstellung -8.

Setzen eines Rands

Einige Terminals erlauben die folgende Option:

+m*n*	Linken Rand auf Spalte *n*+1 festlegen. Wird *n* nicht angegeben, so wird hierfür Spalte 10 angenommen. Bei der Angabe von +m0 wird der linke Rand auf die erste mögliche Spalte festgelegt.

Terminaltyp

-T*typ*	Für *typ* ist der Systemname des Terminals anzugeben. Ist diese Option nicht angegeben, so wird der Terminaltyp mit der Systemvariablen *TERM* festgelegt. Sollte *TERM* undefiniert sein, so nimmt **tabs** eine Einstellung vor, die auf vielen Terminals funktioniert.

Hinweis   Während **tabs** das Setzen von Tabulatorpositionen für das Terminal ermöglicht, können Tabulatoren einer Ein- oder Ausgabe vor dem Drucken bzw. vor dem Weiterleiten über eine Pipe zu einem anderen Programm mit dem Kommando **pr** entsprechend umgesetzt werden.

tail	Inhalt einer Datei ab einer bestimmten Stelle ausgeben

Syntax

```
tail [±[n] [lbc[f|r]] [datei]
```

Beschreibung

Das Kommando **tail** ermöglicht die Ausgabe einer *datei* ab einer bestimmten Stelle.

Ist keine *datei* angegeben, so liest **tail** den Eingabetext von der Standardeingabe.

Optionen

Option	Beschreibung
+*n* oder +*n*l	Ab der *n*.Zeile ausgeben
-*n* oder -*n*l	Die letzten *n* Zeilen ausgeben
+*n*b	Ab dem *n*.Block ausgeben
-*n*b	Die letzten *n* Blöcke ausgeben
+*n*c	Ab dem *n*.Zeichen ausgeben
-*n*c	Die letzten *n* Zeichen ausgeben
-r	Zeilen in umgekehrter Reihenfolge ausgeben: letzte Zeile zuerst, dann vorletzte Zeile usw.; darf nicht mit **b**, **c** oder **f** kombiniert werden.
-f	bewirkt, daß **tail** in einer Endlosschleife läuft: Nachdem **tail** die geforderte Ausgabe geliefert hat, wartet es eine Sekunde und prüft dann, ob mehr Zeilen zu einer Datei hinzugefügt wurde. Wenn ja,so gibt es diese aus. Dies setzt sich fort, bis **tail** mit einem INTERRUPT-Signal abgebrochen wird. Die Option -f kann nur im Zusammenhang mit einfachen Dateien, nicht beim Lesen aus einer Pipe verwendet werden.

Sind keine Optionen angegeben, so gibt **tail** die letzten 10 Zeilen[1] der angegebenen *datei* aus.

talk	Komfortable Kommunikation mit anderen Benutzern

Syntax

`talk` *login-name* [*terminal-name*]

Beschreibung

In System V.4 ist das unter BSD Unix entwickelte Kommando **talk** übernommen wurden. Bei **talk** handelt es sich um ein wesentlich komfortableres Kommando als bei **write**. Die Aufrufsyntax von **talk** ist identisch zu **write**.

Anders als bei **write** können mit **talk** auch Benutzer auf anderen Systemen in einem lokalen Netz erreicht werden. Dazu muß zusätzlich zum Benutzernamen noch der Systemname angegeben werden, wobei die beiden Namen mit @ voneinander zu trennen sind, wie z.B. **micha@rosenrot** für den Benutzer *micha* auf dem System *rosenrot*.

Falls @ die Voreinstellung für das *Kill*-Zeichen ist, dann müßte entweder mit **stty** ein anderes Zeichen für *Kill* eingestellt werden, oder es müßte die Sonderbedeutung von @ durch Voranstellen eines Backslashes \ ausgeschaltet werden (**micha\@rosenrot**).

talk meldet sich beim Gesprächspartner eventuell mehrmals mit

```
Message from Talk_Daemon@rosenrot at 15:52 .....
talk: connection requested by egon@wiesengruen.
talk: respond with:  talk egon@wiesengruen
```

und erwartet die Annahme des Gesprächs. Während des Verbindungsaufbaus erscheinen auf dem Terminal des Senders nacheinander die beiden folgenden Meldungen.

```
[No connection yet]
[Waiting for your party to respond]
```

Meldet sich der Gesprächspartner nicht, erscheint immer wieder die Meldung

```
[Ringing your party again]
```

bis eine Verbindung aufgebaut werden konnte oder der Sender mit *Strg-C* **talk** abbricht.

---

1. wenn soviele Zeilen vorhanden sind, ansonsten eben die ganze Datei

Bei einem erfolgreichen Verbindungsaufbau teilt **talk** den Bildschirm in zwei
Hälften, in denen unabhängig voneinander jeweils die Eingaben und die Antworten des Gesprächspartners angezeigt werden.

talk wird auf beiden Seiten beendet, wenn einer der beiden Gesprächspartner
das Kommando **talk** mit *Strg-C* abbricht.

| **tar** | Sichern von Dateien auf Magnetband oder Diskette (tape file archiver) |

Syntax

`tar` [*funktion*[*zusatz*]] [*datei(en)*]

Beschreibung

Das Kommando **tar** (evtl.: **/etc/tar**) ermöglicht es, Dateien in einem sogenannten
Archiv zu sichern oder aus einem zuvor erstellten Archiv wieder einzukopieren. Ein Archiv faßt mehrere Dateien zu einer zusammen und enthält zusätzliche Verwaltungsinformation darüber, wo sich die einzelnen Dateien innerhalb
des Archivs befinden. Es können sowohl Dateien aus einem Archiv entfernt als
auch neue hinzugefügt werden. Auch können Dateien aus einem Archiv extrahiert und in ein Directory kopiert werden. Das Kommando **tar** ist nun für das
Anlegen und Verwalten solcher Archive zuständig.

Wird kein Archiv-Name (über Zusatz **f**) angegeben, so wird hierfür ein voreinge-
stellter Name verwendet, was normalerweise ein Magnetband oder ein Disketten-Laufwerk ist. Der entsprechende default-Name (Gerätename) muß in der
Datei */etc/default/tar* eingetragen sein.

Mit *datei(en)* werden die von **tar** zu bearbeitenden Dateien angegeben. Ist eine
der angegebenen *datei(en)* ein Directory, so bezieht sich diese Angabe auf den
ganzen Directorybaum.

Optionen

Eine **tar**-Option setzt sich aus zwei Teilen zusammen:

1. *funktion* legt die auszuführende Aktion fest

2. *zusatz* läßt Zusatzangaben zu der auszuführenden Aktion zu

funktion	*Beschreibung*
r	(*replace*) fügt die angegebenen *datei(en)* am Ende des Archivs an.
x	(*extract*) extrahiert (kopiert) die angegebene *datei(en)* aus dem Archiv. Falls eine der angegebenen *datei(en)* ein im Archiv abgelegtes Directory ist, so wird der ganze zugehörige Directorybaum extrahiert. Wenn ein Dateiname im Archiv, aber nicht im Dateisystem existiert, so wird die entsprechende Datei mit den gleichen Zugriffsrechten wie die im Archiv enthaltenen Dateien kreiert, außer daß eventuell gesetzte *set-user-id* oder *set-group-id* Bits ausgeschaltet werden. Existiert eine Datei aus dem Archiv bereits auch im Dateisystem, so wird die Datei des Dateisystems mit der aus dem Archiv überschrieben, wobei allerdings die Zugriffsrechte unverändert bleiben. Sind keine *datei(en)* angegeben, so wird der vollständige Inhalt des Archivs extrahiert. Wenn das Archiv mehr als eine Version einer Datei enthält, so werden die einzelnen Versionen nacheinander extrahiert, wobei die zuletzt extrahierte Datei alle vorhergehenden überschreibt.
t	(*table*) Alle Namen der im Archiv enthaltenen Dateien auflisten.
u	(*update*) Die angegebenen *datei(en)* werden nur dann im Archiv (am Archivende) abgelegt, wenn sie entweder noch nicht im Archiv vorhanden sind oder aber seit der letzten Archivierung verändert wurden; ältere Versionen werden im zweiten Fall aus dem Archiv gelöscht.
c	(*create*) Es wird ein neues Archiv angelegt und die Sicherung der entsprechenden Dateien erfolgt am Archivanfang und nicht – wie sonst – am Archivende.

Die wichtigsten *zusatz*-Angaben sind:

zusatz	*Beschreibung*
v	(*verbose*) Normalerweise gibt **tar** keine speziellen Fehlermeldungen aus. Diese Option bewirkt, daß der Name jeder übertragenen Datei ausgegeben wird. Wird v mit der *funktion* c angegeben, so wird noch umfangreichere Information ausgegeben.
w	(*what*) veranlaßt **tar**, vor jeder Aktion mit der Ausgabe des Dateinamens und der Art der Aktion den Benutzer zu fragen, ob er dies wünscht. Bei der Eingabe von y wird die entsprechende Aktion ausgeführt; bei jeder anderen Eingabe wird Aktion nicht ausgeführt; darf nicht mit der *funktion* t angegeben werden.

zusatz	*Beschreibung*
f *datei*	(*file*) *datei* wird als Archiv verwendet. Ist dieser *zusatz* nicht angegeben, so wird eine voreingestellte Datei (üblicherweise Gerätedatei eines Magnetbands oder Disketten-Laufwerks, die in */etc/default/tar* angegeben ist) als Archiv verwendet. Wird für *datei* der Bindestrich – angegeben, so wird abhängig davon, ob **tar** schreibt oder extrahiert entweder die Standardeingabe oder Standardausgabe als Archiv benutzt; dies ermöglicht es, **tar** auf der rechten oder linken Seite einer Pipe anzugeben.
l	(*link*) veranlaßt **tar** zu melden, wenn es nicht alle geforderten Links zu den archivierten Dateien herstellen kann. Dieser *zusatz* macht nur Sinn mit den *funktionen* c, r und u.
m	(*modify*) veranlaßt **tar** nicht den Modifikations-Zeitstempel einer Datei zu verwenden, sondern als Modifikations-Zeit für eine Datei den Zeitpunkt des Extrahierens einzutragen.
o	(*ownership*) Für die aus dem Archiv extrahierten Dateien ist die Benutzer- und Gruppenkennung des Aufrufers von **tar** und nicht die aus dem Archiv einzutragen. Dieser *zusatz* ist nur bei der *funktion* x erlaubt.
#s	legt die Laufwerknummer und Geschwindigkeit eines Magnetbands fest. Für # ist dabei die Laufwerksnummer und für s die Geschwindigkeit (l für *low*, m für *medium* oder h für *high*) anzugeben. Wenn z.B. die voreingestellte Gerätedatei */dev/mt/1m* wäre, so würde **tar** mit der Angabe 5h die Gerätedatei */dev/mt/ 5h* benutzen.
b*n*	(*blocking factor*) gibt den zu verwendenden Blockungsfaktor an. Der voreingestellte Wert ist 1, und der maximal mögliche Wert für *n* ist 20. Dieser *zusatz* sollte nur beim Schreiben auf »raw-Magnetbänder« benutzt werden. Beim Lesen von Magnetbändern (*funktion* x und t) wird diese Größe automatisch ermittelt.
L	Symbolische Links auflösen. Voreinstellung ist, daß symbolische Links nicht aufgelöst werden.

Hinweis   Unter Linux bietet **tar** noch einige weitere Optionen an. Diese kann man entweder über **man tar** oder aber mit dem Aufruf **tar --help** erfragen. So gibt es z.B. dort die Zusätze

z	Daten im Archiv (mit **gzip**) komprimieren bzw. beim Extrahieren dekomprimieren.
Z	Daten im Archiv (mit **compress**) komprimieren bzw. beim Extrahieren dekomprimieren.

Das **tar**-Kommando wird verwendet, um Dateien auf Magnetband oder Diskette zu sichern oder von dort wieder ins Dateisystem einzukopieren.

tar wird auch häufig verwendet, um ganze Directorybäume zu kopieren, was auch mit **cpio** möglich ist.

Die Funktionalität von **tar** ist der von **cpio** ähnlich. **tar** verwendet allerdings nicht das gleiche Archiv-Format wie **cpio**.

Beispiel

```
tar r evening.c
```

Die Datei *evening.c* wird an das Ende des voreingestellten Archivs (meist Magnetband oder Diskette) kopiert.

```
tar add*.c
```

Alle Dateien, deren Name mit *add* beginnt und mit *.c* endet, werden an das Ende des voreingestellten Archivs (meist Magnetband oder Diskette) kopiert.

```
cd /home/egon/bin; tar cf - . | (cd /home/gruppe/util; tar xf -)
```

Umkopieren des gesamten Directorybaums */home/egon/bin* nach */home/gruppe/util/bin*.

```
tar cf /dev/fd0 briefe
```

Ganzes Directory *briefe* wird auf Diskette kopiert. Der Name des Disketten-Laufwerks ist hier /dev/fd0.

```
tar xvf /dev/fd0 briefe/hans
```

Datei *briefe/hans* von der Diskette /dev/fd0 mit Meldung einkopieren

tee	Sichern der Daten, die durch eine Pipe geleitet werden (T-Stück)

Syntax

```
tee [-i] [-a] [datei(en)]
```

Beschreibung

Das Kommando **tee** leitet die Standardeingabe an die Standardausgabe weiter, wobei es eine Kopie der weitergeleiteten Daten in den eventuell angegebenen *datei(en)* sichert. Das heißt also: Wenn *datei(en)* angegeben sind, so wird das Zwischenergebnis aus der Pipe in diese *datei(en)* kopiert. Sind keine *datei(en)* angegeben, so hat **tee** keine Auswirkung.

Bei dem Aufruf

```
ls | wc -w
```

würde nur die Anzahl der Dateien ausgegeben, aber nicht die Dateinamen selbst, da die Ausgabe von **ls** vom **wc**-Kommando »geschluckt« wird. Dagegen würde z.B. der Aufruf

```
ls | tee dliste | wc -w
```

zwar auch die Ausgabe des **ls**-Kommandos an das Kommando **wc** weiterleiten, allerdings würde er zusätzlich noch die Ausgabe des ls-Kommandos in die Datei *dliste* schreiben:

Optionen

-i   Interrupts (wie z.B. Unterbrechungs-Tasten) ignorieren

-a   Zwischenergebnisse an den alten Inhalt der *datei(en)* anhängen; die Voreinstellung ist: alten Inhalt überschreiben.

---

telnet   Remote Login mit telnet

Syntax

```
telnet [host [port]]
```

Beschreibung

Mit dem Kommando **telnet** (*teletype network*) kann man sich ähnlich wie mit **rlogin** auf einem anderen System anmelden. **telnet** wird üblicherweise für Verbindungen zu Nicht-Unix-Systemen benutzt.

host muß der Name des betreffenden Rechners oder seine Internet-Adresse aus / *etc/hosts* sein. Die *port*-Angabe ermöglicht einen Verbindungsaufbau zu einem bestimmten Dienst, dessen Name oder Nummer hierbei anzugeben ist.

Nach einem erfolgreichen Verbindungsaufbau befindet sich **telnet** im Eingabemodus, was bedeutet, daß alle eingegebenen Zeichen an das entfernte System übertragen und von diesem verarbeitet werden. Ausgaben von Kommandos auf dem entfernten System erscheinen dagegen auf dem lokalen Bildschirm.

Wird **telnet** alleine (ohne ein Argument) aufgerufen, so befindet man sich im telnet-Kommandomodus, was durch die Ausgabe des Prompts *telnet>* angezeigt wird. Man kann jederzeit mit der Eingabe von *Strg-]* vom Eingabe- in den Kommandomodus wechseln. Um sich eine Kurzübersicht der möglichen **telnet**-Kommandos anzeigen zu lassen, muß man nur **?** eingeben.

```
$ telnet ⏎
telnet> ? ⏎
Commands may be abbreviated.  Commands are:

close           close current connection
display         display operating parameters
mode            try to enter line-by-line or character-at-a-time mode
open            connect to a site
quit            exit telnet
send            transmit special characters ('send ?' for more)
set             set operating parameters ('set ?' for more)
status          print status information
toggle          toggle operating parameters ('toggle ?' for more)
z               suspend telnet
?               print help information
telnet>
```

Von hier aus kann man nun mit **open** eine Verbindung zum entsprechenden entfernten System aufbauen.

Nach einer erfolgreichen Anmeldung kann man auf dem entfernten System arbeiten. Mit der Abmeldung von diesem System wird normalerweise auch die Verbindung abgebrochen. Sollte dies nicht der Fall sein, so kann man die Verbindung durch die Eingabe der telnet-Kommandos **close** oder **quit** abbrechen. Dadurch werden alle telnet-Verbindungen abgebrochen, wenn man sich über mehrere Systeme hinweg mit einem bestimmten Rechner verbunden hatte. Man befindet sich danach wieder auf dem lokalen System.

telnet-Kommandos

Im telnet-Kommandomodus können die folgenden telnet-Kommandos eingegeben werden:

open [*host* [*port*]]

eine Verbindung zu einem entfernten System aufbauen. *host* muß der Name des entfernten Rechners oder seine Internet-Adresse aus */etc/hosts* sein. Die *port*-Angabe ermöglicht einen Verbindungsaufbau zu einem bestimmten Dienst, dessen Name oder Nummer hierbei anzugeben ist.

close
quit

alle telnet-Verbindungen abbrechen. Man befindet sich danach wieder auf dem lokalen System. Eine Abmeldung mit EOF (*Strg-D*) ist auch möglich.

z

telnet suspendieren; nur möglich, wenn der Benutzer eine Shell benutzt, die Job-Kontrolle unterstützt.

`mode` *typ*

Nach einem Verbindungsaufbau befindet sich **telnet** im Eingabemodus. Es arbeitet dabei entweder mit Einzelzeichen- (*character-at-a-time*) oder mit Zeilen-Übertragung (*line-by-line-modus*), je nachdem, welchen Modus das entfernte System beim Verbindungsaufbau angefordert hat. Mit **mode** *typ* läßt sich dieser Übertragungsmodus ändern. Für *typ* kann dabei entweder **character** oder **line** angegeben werden. Bei der Einzelzeichen-Übertragung (**character**) wird jede gedrückte Taste sofort an das entfernte System gesendet. Bei der Zeilen-Übertragung (**line**) werden immer nur ganze Zeilen, nachdem sie mit RETURN abgeschlossen wurden, an das entfernte System gesendet. Für diesen Fall ist immer die Echo-Funktion am Terminal eingeschaltet, was bedeutet, daß jedes eingegebene Zeichen auch am Bildschirm angezeigt wird. Diese Echo-Funktion kann man mit *Strg-E* ausgeschaltet werden, um z. B. Paßwort-Eingaben zu tätigen.

`status`

gibt den momentan eingestellten Übertragungsmodus aus.

`display` [*argument(e)*]

gibt alle aktuellen Einstellungen oder die Einstellungen zu *argument(e)* (siehe **toggle**) aus.

```
telnet> display ⏎
will flush output when sending interrupt characters.
won't send interrupt characters in urgent mode.
.......
.......
[^E]    echo.
[^]]    escape.
[^H]    erase.
[^O]    flushoutput.
[^C]    interrupt.
[^U]    kill.
[^\]    quit.
[^D]    eof.
telnet>
```

? [*telnet-kommando*]

gibt Kurzbeschreibung zu *telnet-kommando* aus. Ist kein *telnet-kommando* angegeben, so wird eine Kurzübersicht zu allen telnet-Kommandos ausgegeben.

`send` *name(n)*

sendet TELNET-Sequenzen an das entfernte System, so als seien sie durch Steuerzeichen veranlaßt wurden. Die möglichen Angaben für *name(n)* und ihre Bedeutung sind in der Tabelle auf der nächsten Seite angegeben.

Name	Bedeutung
brk	(*break*) Unterbrechungssignal (*quit*)
ec	(*erase character*) letztes Zeichen löschen
el	(*erase line*) ganze Zeile wieder löschen
ip	(*interrupt process*) Prozeß abbrechen
escape	Escape-Zeichen; voreingestellt auf *Strg-]*
ao	(*abort output*) Ausgabe beenden
synch	(*synch operation*) Eingabe beenden
ayt	(*are you there*) Verbindung prüfen
ga	(*go ahead*) Fortsetzung
nop	(*no operation*) Leeres Kommando
?	Kurzbeschreibung zu send ausgeben

Um mehr über die Aufrufsyntax von **send** zu erfahren, muß man nur **send ?** aufrufen; man erhält dann eine Kurzbeschreibung.

set *name wert*

Steuerzeichen ändern, wie z.B.

set erase ^x

Die möglichen Angaben für *name* und ihre Bedeutung sind in der folgenden Tabelle angegeben; die Voreinstellung ist dabei in Klammern angegeben.

Name	Bedeutung
echo	(*Strg-E*) Echo-Funktion
escape	(*Strg-]*) in telnet-Kommandomodus umschalten
interrupt	(**intr**) Interrupt; TELNET-Sequenz **IP** schicken
quit	(**quit**) Interrupt; TELNET-Sequenz **BRK** schicken
flushoutput	(**flush**) TELNET-Sequenz **AO** schicken
erase	(**erase**) letztes Zeichen löschen; TELNET-Sequenz **EC** schicken
kill	(**kill**) ganze Zeile löschen; TELNET-Sequenz **EL** schikken
eof	(**eof**) Dateiende-Zeichen

Um mehr über die Aufrufsyntax von **set** zu erfahren, muß man nur **set ?** aufrufen; man erhält dann eine Kurzbeschreibung.

toggle *name(n)*

telnet-Einstellungen ändern, was abhängig vom momentanen Zustand entweder ein- oder ausschalten bedeutet. Die möglichen Angaben für *name(n)* sind
nachfolgend angegeben; dabei wird ihre Wirkungsweise im an- und ausgeschal-
teten Zustand ebenso beschrieben wie ihre Voreinstellung.

Name	*Bedeutung*
autosynch	wenn **autosynch** und **localchars** beide angeschaltet sind, wird bei einem Interrupt- oder Quit-Signal die TELNET-Sequenz *SYNCH* an das entfernte System gesendet, das dann alle bereits gelesenen, aber noch unverarbeiteten Eingaben verwerfen soll. Voreinstellung: aus.
autoflush	wenn **autoflush** und **localchars** beide angeschaltet sind, und es wird ein Flush-, Interrupt- oder Quit-Signal erkannt, dann erfolgen am lokalen Terminal solange keine Ausgaben des entfernten Systems mehr, bis das entfernte System das betreffende Steuerzeichen bestätigt hat. Ansonsten: keine Auswirkung. Voreinstellung: an, wenn nicht vor dem Aufruf von **telnet** mit **stty** die Einstellung **noflsh** im Gerätetreiber vorgenommen wurde.
crmod	Wenn **crmod** angeschaltet ist, werden vom entfernten System empfangene RETURN-Zeichen in RETURN / NEWLINE-Sequenzen umgewandelt; hat keine Auswirkung auf Eingaben am lokalen System. Voreinstellung: aus.
debug	Wenn angeschaltet, dann werden Debug-Informationen bei Sokket-Operationen ausgegeben. Voreinstellung: aus.
localchars	Wenn angeschaltet, werden lokal die Steuerzeichen *erase, flushoutput, interrupt, kill* und *quit* abgefangen, in TELNET-Sequenzen umgewandelt und an das entfernte System geschickt. Wenn **localchars** ausgeschaltet ist, werden Steuerzeichen wie gewöhnliche Zeichen bei der Datenübertragung mitgesendet. Voreinstellung: Bei Einzelzeichen-Übertragung aus- und bei Zeilenübertragung eingeschaltet.
localflow	Wenn eingeschaltet, dann werden Stop-/Start-Zeichen *Strg-S* und *Strg-Q* lokal interpretiert. Wenn ausgeschaltet, dann werden Stop-/Start-Zeichen als normale Zeichen an das entfernte System gesendet. Voreinstellung: aus.
netdata	Wenn angeschaltet, dann erfolgen Kontrollausgaben der Datenpakete in hexadezimaler Darstellung. Voreinstellung: aus.

Name	Bedeutung
options	Wenn angeschaltet, dann erfolgen Kontrollausgaben über interne TELNET-Absprachen. An dieser Ausgabe ist erkennbar, auf welche Einstellungen sich **telnet** und der aufgerufene TELNET-Server einigen. Voreinstellung: aus.
?	alle erlaubten toggle-Kommandos anzeigen.

Um mehr über die Aufrufsyntax von **toggle** zu erfahren, muß man nur **toggle ?** aufrufen; man erhält dann eine Kurzbeschreibung.

tftp	Einfache Übertragung von Dateien auf andere Systeme (trivial file transfer program)

Syntax

tftp [*host*]

Beschreibung

Mit dem Kommando **tftp** können Dateien zwischen verschiedenen Systemen hin und her kopiert werden. Das Programm **tftp** kommuniziert mit dem Server über das auf dem TELNET-Protokoll basierenden TFTP-Protokoll.

Anders als **ftp** baut **tftp** keine feste Verbindung zu einem entfernten System auf, sondern stellt immer wieder neu bei Kopier-Anforderungen eine Verbindung zum betreffenden System her. Zu welchem System dabei eine Verbindung herzustellen ist, kann entweder beim Aufruf durch die Angabe von *host* oder danach mit **connect** festgelegt werden.

Nach dem Aufruf meldet sich **tftp** im Kommandomodus mit dem Prompt *tftp>* und erwartet die Eingabe eines tftp-Kommandos.

tftp-Kommandos

tftp kennt die folgenden Kommandos:

connect *host* [*port*]

Für zukünftige Dateiübertragungen den Rechner mit dem Namen *host* (und eventuell noch *port*) festlegen.

mode *transfer-modus*

Übertragungsmodus auf *transfer-modus* einstellen. Für *transfer-modus* darf dabei **ascii** oder **binary** angegeben werden. Voreinstellung ist: **ascii**.

put *lokale-datei*
put *lokale-datei entfernte-datei*
put *lokale-datei(en) entferntes-directory*

lokale-datei bzw. *lokale-datei(en)* vom lokalen System auf das entfernte System kopieren. Für *entfernte-datei* oder *entferntes-directory* kann entweder nur ein einfacher Name angegeben werden, wenn der Zielrechner *host* bereits zuvor festgelegt wurde, oder aber *host:dateiname*, um zugleich den *host* und den Dateinamen festzulegen. Im letzteren Fall wird auch zugleich *host* als Zielrechner für zukünftige Dateitransfers festgelegt.

get *entfernte-datei*
get *entfernte-datei lokale-datei*
get *entfernte-datei1 entfernte-datei2 entfernte-datei3 ...*

entfernte-datei bzw. *entfernte-datei(en)* vom entfernten System auf das lokale System kopieren. Für *entfernte-datei* kann entweder nur ein einfacher Name angegeben werden, wenn der Zielrechner *host* bereits zuvor festgelegt wurde, oder aber *host:dateiname*, um zugleich den *host* und den Dateinamen festzulegen. Im letzteren Fall wird auch zugleich *host* als Zielrechner für zukünftige Dateitransfers festgelegt.

quit

tftp beenden; auch mit *Strg-D* möglich.

ascii

Übertragungsart von Daten auf ASCII-Format einstellen (entspricht **mode ascii**); dies ist die Voreinstellung.

binary

Übertragungsart von Daten auf ASCII-Format einstellen (entspricht **mode binary**).

verbose

Um mehr Informationen über Transfers zu erhalten, wie z.B. Informationen über die Übertragungsgeschwindigkeit nach einem Dateitransfer, muß man das tftp-Kommando **verbose** aufrufen. Ein erneuter Aufruf schaltet diese zusätzlichen Informationen wieder aus.

trace

Packet-Tracing ein- bzw. wieder ausschalten.

status

Information über den momentanen Status ausgeben.

`rexmt` *retransmission-timeout*

Rückübertragungs-Timeout pro Paket in Sekunden festlegen.

`timeout` *total-transmission-timeout*

Gesamtübertragungs-Timeout pro Paket in Sekunden festlegen.

`?` *[ftp-kommando(s)]*

Help-Information zu *tftp-kommando(s)* ausgeben. Ist kein *tftp-kommando* angegeben, so wird eine Kurzübersicht über alle tftp-Kommandos ausgegeben.

time	Zeitmessungen für Programme durchführen

Syntax

`time` *kommando*

Beschreibung

Das Kommando **time** bewirkt, daß das angegebene *kommando* ausgeführt und danach die für die Ausführung benötigte Zeit auf der Standardfehlerausgabe ausgegeben wird. Dabei werden drei Zeiten ausgegeben:

Ausgabe	*Beschreibung*
`real`	vergangene Zeit zwischen Kommandostart und seiner Beendigung (engl. *elapsed time*)
`user`	gebrauchte CPU-Zeit im Benutzermodus
`sys`	gebrauchte CPU-Zeit im Systemmodus (z.B. bei der Ausführung von Systemroutinen)

 Hinweis **time** wird verwendet, um die Dauer für die Ausführung bestimmter Programme zu ermitteln, um z.B. erreichte Laufzeitverbesserungen durch vorgenommene Programmoptimierungen zu messen.

tkman	Online-Hilfe unter X Window

Syntax

`tkman`

Beschreibung

Mit dem Kommando **tkman** können ebenso wie mit **xman** während des Arbeitens am System unter X Window Informationen aus der Online-Dokumentation

zu vielen Kommandos und C-Funktionen erfragt werden. Um **tkman** aufrufen
zu können, muß das Tcl/Tk-Programmpaket installiert sein. Ist dies der Fall,
muß man nur **tkman** aufrufen, und es erscheint ein Fenster, in dem oben nur der
Name des gewünschten man-Textes einzugeben ist, bevor dann der zugehörige
man-Text eingeblendet wird, wie z.B.:

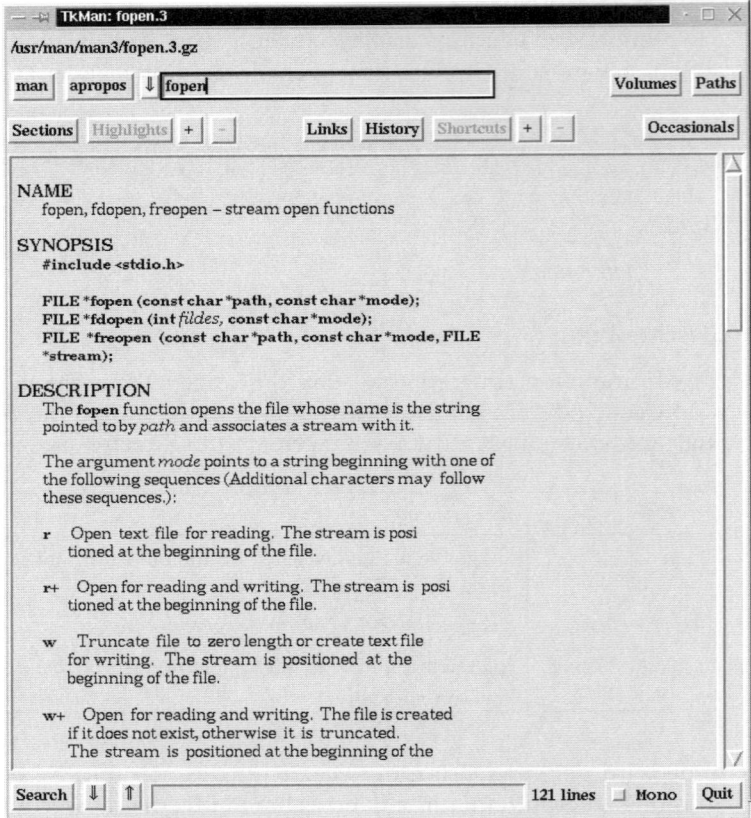

tkman hat im Vergleich zu **xman** doch einige Vorteile:

▶ Leichtes Suchen innerhalb eines man-Textes.

▶ Leichtes Verfolgen von Querverweisen auf andere man-Texte durch einen einfachen Doppelklick auf den entsprechenden Begriff.

▶ Bleibendes Hervorheben von ganzen Textpassagen, die auch bei späteren
   tkman-Aufrufen noch vorhanden sind, sowie eine Vielzahl von weiteren
   Konfigurationsmöglichkeiten.

▶ Leichter Zugriff auf früher angesehene man-Texte, die in Form einer Liste
   (*history-Liste*) angeboten werden.

todos   Konvertieren von Unix-/Linux-Dateien in DOS-Format

Syntax

`todos [`*`datei`*`]`

Beschreibung

Versucht man, Dateien zwischen DOS und Linux auszutauschen, treten zwei Probleme auf:

1. ***Zeilenenden werden unterschiedlich gekennzeichnet***
   Sowohl unter MS-DOS als auch unter MS-Windows wird das Ende einer Zeile durch die Zeichenkombination *Carriage-Return* und *Line-Feed* gekennzeichnet. Unix und Linux kennzeichnen dagegen ein Zeilenende lediglich durch ein *Line-Feed* Zeichen. Das hat zur Folge, daß von DOS-Dateisystemen kopierte Textdateien unter Linux ein Zeichen zuviel am Ende der Zeile haben (wird durch ^M im Editor angezeigt). Umgekehrt fehlt bei Linux-Dateien, die auf ein DOS-Dateisystem kopiert werden, das *Carriage-Return* Zeichen, so daß diese bei einer Betrachtung durch einen DOS-Editor zu einer endlosen Zeichenkette (ohne Zeilenaufteilung) werden.

2. ***MS-DOS und MS-Windows verwenden andere Zeichensätze als Linux***
   MS-DOS, MS-Windows und Linux verwenden drei unterschiedliche Zeichensätze: MS-DOS benutzt eine Variante des ASCII-Zeichensatzes, Windows den ANSI-Zeichensatz und Linux den Zeichensatz ISO 8859/1. Bei allen drei sind die Zeichen mit den Codes 0 bis 127 gleich. Abweichungen gibt es aber bei den anderen 128 möglichen Zeichen, in denen sich unter anderem die deutschen Sonderzeichen (Umlaute und ß) befinden. Während bei Windows und Linux wenigstens die deutschen Sonderzeichen übereinstimmen, ist diese Übereinstimmung zwischen MS-DOS und Linux nicht gegeben. Das bedeutet, daß bei allen zwischen DOS und Linux ausgetauschten Textdateien die deutschen Sonderzeichen durch andere Zeichen dargestellt werden, was natürlich sehr störend ist.

Um diese beiden Probleme zu umgehen, bietet Linux zwei Vorgehensweisen an:

Automatische Konversion von Textdateien

Gibt man beim Montieren eines DOS-Dateisystems die Option `-o conv=auto` an bzw. trägt man in `/etc/fstab` in der vierten Spalte `conv=auto` ein, so werden die Zeilenenden automatisch bei der Transformation von Dateien zwischen Linux und DOS an die Konvention des jeweiligen Dateisystemtyps angepaßt. Liest man z.B. von Linux aus eine DOS-Textdatei (auf einer DOS-Partition), so werden die Zeilenenden automatisch an die Linux-Konvention angepaßt. Umgekehrt wird beim Kopieren einer Linux-Datei auf die DOS-Partition automatisch zu jedem *Line-Feed*-Zeichen ein *Carriage-Return*-Zeichen hinzugefügt.

Ganz ohne Probleme ist diese Lösung jedoch nicht für Binärdateien, also Dateien, die keinen wirklichen Text enthalten. In solchen Fällen führt das Anhängen bzw. Entfernen des *Carriage-Return*-Zeichens zur Zerstörung der betreffenden Datei. Linux muß also erkennen, ob es sich bei einer Datei um eine Textdatei handelt oder nicht. Um dies zu tun, klassifiziert Linux den Typ einer Datei an ihrer Extension. Jede Datei, die keine Erweiterung wie `.exe`, `.com`, `.gif`, `.dll`, usw.[1] hat, wird als Textdatei interpretiert, für die die automatische Konversion durchgeführt wird. Findet also Linux eine Datei mit einer Kennung, die es nicht in seiner Liste für Binärdateien hat, führt es für diese Datei die automatische Konversion durch. Dies kann natürlich großen Schaden nach sich ziehen. Man sollte also sehr vorsichtig mit der Option `conv=auto` umgehen.

Diese automatische Konversion bezieht sich übrigens nur auf die Zeilenenden und nicht auf die unterschiedlichen Zeichensätze.

Manuelle Konversion von Textdateien

Bei dieser Vorgehensweise unterscheidet man zwei Varianten: Sind nur die Zeilenenden anzupassen, können die beiden Kommandos **fromdos** und **todos** verwendet werden.

fromdos *datei*
konvertiert eine von DOS kopierte Textdatei in das Linux-Format (Entfernen aller *Carriage-Return*-Zeichen)

todos *datei*
konvertiert eine von Linux kopierte Textdatei in das DOS-Format (Hinzufügen eines *Carriage-Return*-Zeichens zu jedem *Line-Feed*-Zeichen)

Ist zusätzlich noch eine Konversion der deutschen Sonderzeichen von DOS nach Linux bzw. umgekehrt gewünscht, muß das Kommando **recode** verwendet werden.

recode ibmpc:latin1 *datei*
konvertiert eine von DOS kopierte Textdatei in das Linux-Format (Entfernen aller *Carriage-Return*-Zeichen und Anpassen der Sonderzeichen)

recode latin1:ibmpc *datei*
konvertiert eine von Linux kopierte Textdatei in das DOS-Format (Hinzufügen eines *Carriage-Return*-Zeichens zu jedem *Line-Feed*-Zeichen und Anpassen der Sonderzeichen)

---

1. Eine Liste aller Dateikennungen, die von der automatischen Konversion ausgeschlossen werden, findet man in der Datei `/usr/src/linux/fs/fat/misc.c`.

Bei allen vier Kommandos ist Vorsicht geboten, da sie die ursprüngliche Datei verändern. Sicherer und damit auch empfehlenswerter ist die folgende Vorgehensweise, bei der *dos_datei* für die DOS- und *linux_datei* für die Linux-Datei steht.

fromdos < *dos_datei* > *linux_datei*	*DOS nach Linux, nur Zeilenende*
todos < *linux_datei* > *dos_datei*	*Linux nach DOS, nur Zeilenende*
recode ibmpc:latin1 < *dos_datei* > *linux_datei*	*DOS nach Linux, Zeilenende+deutsche Sonderzeichen*
recode latin1:ibmpc < *linux_datei* > *dos_datei*	*Linux nach DOS, Zeilenende+deutsche Sonderzeichen*

recode darf allerdings nicht mit `ibmpc` für die Konversion von Windows-Texten verwendet werden, weil der in Windows verwendete ANSI-Zeichensatz andere Codes für die deutschen Sonderzeichen benutzt. Mehr Informationen zu **recode** lassen sich mit dem Aufruf **info recode** erfragen.

touch   Ändern des Zugriffs- und Modifikations-Zeitstempels für Dateien.

Syntax

`touch` `[-amc]` *[mmtthhmm[jj]]*   *datei(en)*

Beschreibung

Mit dem Kommando **touch** können die im inode eingetragenen Zugriffs- und Modifikations-Zeitstempel für Dateien direkt geändert werden.

Wenn eine der angegebenen *datei(en)* nicht existiert, so wird sie von **touch** angelegt, allerdings nur, wenn nicht die Option **-c** angegeben ist.

Optionen

`-a`   Ändern des Zugriffs-Zeitstempel

`-m`   Ändern des Modifikations-Zeitstempel

`-c`   Wenn eine der angegebenen *datei(en)* nicht existiert, so wird sie nicht angelegt; Voreinstellung ist: Anlegen einer nicht existierenden *datei*.

Ist keine Option angegeben, so werden beide Zeitstempel geändert. Die Zeitangabe *[mmtthhmm[jj]]* legt die einzutragende Zeit fest: zuerst Monatszahl (*mm*), dann Tag (*tt*), dann Stunde (*hh*) und schließlich Minute (*mm*); Jahresangabe (*jj*) ist auch noch möglich, allerdings nicht gefordert. Fehlt die Zeitangabe, so wird die momentane Uhrzeit und das heutige Datum verwendet.

Unter Linux bietet **touch** noch einige weitere Optionen an. Diese kann man entweder über **man touch** oder aber mit dem Aufruf **touch --help** erfragen.

tr	Bestimmte Zeichen eines Textes durch andere ersetzen (translate characters)

Syntax

`tr [-cds] [`*string1*` [`*string2*`]]`

Beschreibung

Das Kommando **tr** kopiert den Eingabetext, den es von der Standardeingabe liest, auf die Standardausgabe. Dabei können die gelesenen Zeichen durch andere – auch nicht druckbare – Zeichen ersetzt werden.

Wird im Eingabetext ein Zeichen gefunden, das in *string1* vorkommt, so wird es durch das entsprechende Zeichen aus *string2* ersetzt.

Innerhalb der *strings* können auch Abkürzungen verwendet werden, um ganze Bereiche von ASCII-Zeichen festzulegen, wie z. B.

Abkürzung	*Beschreibung*
[A-Z]	alle Großbuchstaben
[0-9]	alle Ziffern
[a*n]	steht für n Wiederholungen von a. Fehlt die Angabe von n oder ist dafür der Wert 0 angegeben, so wird dafür ein riesengroßer Wert angenommen.

Auch kann der ASCII-Wert eines Zeichens innerhalb von *strings* oktal angegeben werden:

\012   (für Neuezeile-Zeichen)

[\001-\014] (alle Zeichen mit den oktalen ASCII-Codes von 1 bis 14; dezimal: von 1 bis 12)

Optionen

Option	Beschreibung
-c	Die Zeichen, die in *string1* vorkommen, werden bezüglich des ASCII-Codes (oktal: 001 bis 377) komplementiert.
-d	Eingabezeichen, die in *string1* vorkommen, werden gelöscht.
-s	Für gleiche hintereinander stehende Ausgabezeichen, die in *string2* vorkommen, wird nur ein Zeichen ausgegeben.

```
$ tr "[a-z]" "[A-Z]" <laender  ⏎
GROSSBRITANNIEN:LONDON:56 MIO:244000
SCHWEIZ:BERN:6,5 MIO:41000
ITALIEN:ROM:57,3 MIO:294000
FRANKREICH:PARIS:53,6 MIO:547000
INDIEN:NEU DELHI:644 MIO:3288000
USA:WASHINGTON:220,7 MIO:9363000
OESTERREICH:WIEN:7,5 MIO:83000
$ tr -dc "[A-Z]" <laender  ⏎
GLMSBMIRMFPMINDMUSAWMOWM$  ⏎
$ tr -cs "[a-z][A-Z][0-9]" "[\012*]" <laender  ⏎
Grossbritannien
London
56
Mio
244000
Schweiz
Bern
6
:
:
:
```

Gib Inhalt von laender aus, wobei alle Kleinbuchstaben durch Großbuchstaben zu ersetzen sind

Ausgabe der Datei laender in Großschreibung

Gib von Datei laender nur die Großbuchstaben aus
Ausgabe aller in laender enthalt. Großbuchstaben

Gib Datei laender aus, wobei alle Nicht-Buchstaben und Nicht-Ziffern durch ein Neuezeile-Zeichen zu ersetzen sind. Datei laender wird so ausgegeben, daß pro Zeile eine Wort steht. Ein Wort bedeutet dabei eine Zeichenfolge aus Ziffern und Buchstaben

Unter Linux bietet **tr** noch einige weitere Optionen an. Diese kann man entweder über **man tr** oder aber mit dem Aufruf **tr --help** erfragen.

tty	Erfragen des Terminalnamens

Syntax

```
tty [-ls]
```

Beschreibung

In Unix werden Geräte wie Dateien behandelt. Zu jeden Gerät existiert eine Gerätedatei. So gibt es z.B. zu jedes angeschlossene Terminal im Directory */dev* eine Gerätedatei. Das Kommando **tty** gibt nun den Pfadnamen der Gerätedatei des Terminals aus, an dem **tty** aufgerufen wird.

Optionen

Option	Beschreibung
-l	(list) Leitungsnummer des Terminals ausgeben; nur möglich für synchrone Leitungen.
-s	(silent) unterdrückt die Ausgabe des Pfadnamens der Terminal-Gerätedatei. In diesem Fall wird von **tty** nur ein Exit-Statuswert geliefert. Mögliche Exit-Statuswerte sind:

0	Standardeingabe ist der Terminal
1	Standardeingabe ist nicht der Terminal
2	es wurden ungültige Optionen angegeben
3	Ein Schreibfehler ist aufgetreten

Hinweis **tty** wird oft aus Programmen heraus aufgerufen, um festzustellen, ob die Standardeingabe momentan auf das Terminal eingestellt ist.

type	Klassifizieren von Kommandos

Syntax

type *kommandoname(n)*

Beschreibung

type klassifiziert alle angegebenen *kommandoname(n)*, indem es ausgibt, ob es sich dabei um ein Programm, ein in die Shell fest eingebautes Kommando (builtin) oder um einen Alias-Kurznamen handelt.

Beispiel `$ type cat alias m cd`

```
cat is /bin/cat
alias is a shell builtin
m is aliased to 'less '
cd is a shell builtin
$
```

| **umask** | Setzen der Dateikreierungsmaske (set user file-creation mode mask) |

Syntax

umask [*3-stellige-oktalzahl*]

Beschreibung

Um die Sicherheit unter Unix etwas zu verbessern, wurde die sogenannte Dateikreierungsmaske eingeführt: dies ist ein 9-Bit-Wert, welcher die Rechte festlegt, die auf keinem Fall beim Anlegen neuer Dateien zu gewähren sind. Diese Dateikreierungsmaske gibt also mittels ihres Bitmusters an, welche Zugriffsrechte beim Anlegen neuer Dateien oder Directories immer zu entziehen sind.

Der Wert der Dateikreierungsmaske kann mit dem Kommando **umask** gesetzt werden.

Das Kommando **umask** setzt die Dateikreierungsmaske mit dem Wert der *3-stellige-oktalzahl*; wenn **umask** ohne Angabe eines Arguments aufgerufen wird, dann gibt es lediglich den Wert der momentanen Kreierungsmaske aus.

Die Dateikreierungsmaske hat allerdings nur Auswirkungen auf die Zugriffsrechte neu anzulegender Dateien; die Zugriffsrechte bereits bestehender Dateien bleiben vom Verändern der Dateikreierungsmaske unbeeinflußt.

Beispiel umask 022

häufig vergebene Dateikreierungsmaske: der Gruppe und der Welt werden für alle neuen Dateien Schreibrechte verweigert

umask 077

Für Benutzer, welche mit sehr geheimen Daten umgehen; der Gruppe und der Welt werden beim Neuanlegen von Dateien überhaupt keine Zugriffsrechte gewährt.

Hinweis Die Dateikreierungsmaske hat keine Auswirkung auf Kommandos wie **cp** oder **mv**, welche immer die Zugriffsrechte der Originaldatei mitkopieren.

Üblicherweise wird dieses Kommando **umask** in der Datei *.profile* aufgerufen. Die Datei *.profile* wird bei jedem Anmeldevorgang gelesen und die darin angegebenen Kommandos ausgeführt. Somit legt man bereits vom Beginn einer Unix-Sitzung an fest, welche Zugriffsrechte niemals beim Neuanlegen einer Datei zu vergeben sind.

| **uname** | Namen des eigenen (lokalen) Unix-Systems erfragen |

Syntax

```
uname [-snrvma]
```

Beschreibung

uname gibt den Namen des lokalen Unix-Systems auf der Standardausgabe aus.

Optionen

Option	Beschreibung
-s	(*system name*) Name des lokalen Systems; ist die Voreinstellung, wenn **uname** ohne Angabe von Optionen aufgerufen wird.
-n	(*node name*) Knotenname des lokalen Systems im Netzwerk.
-r	(*release*) Freigabe-Nummer des lokalen Systems (z.B. V 4.2)
-v	(*version*) Versions-Nummer des lokalen Systems
-m	(*machine*) Hardware des lokalen Systems
-p	(*processor type*) Prozessortyp des lokalen Systems
-a	(*all*) alle obigen Informationen

| **uniq** | Aufeinanderfolgende identische Zeilen nur einmal ausgeben |

Syntax

```
uniq [-udc [+n] [-m]] [eingabedatei [ausgabedatei]]
```

Beschreibung

Wenn keine *ausgabedatei* angegeben ist, so erfolgt die Ausgabe auf die Standardausgabe; ist weder eine *ausgabedatei* noch eine *eingabedatei* angegeben, so wird der Eingabetext von der Standardeingabe gelesen und das Ergebnis auf die Standardausgabe geschrieben.

uniq liest den Eingabetext und vergleicht aufeinanderfolgende Zeilen miteinander. Wenn zwei oder mehrere aufeinanderfolgende Zeilen identisch sind, so wird von diesen Zeilen nur eine ausgegeben; alle anderen Zeilen, auf die das nicht zutrifft, werden unverändert ausgegeben. Für *eingabedatei* und *ausgabedatei* sollten zwei verschiedene Dateien angegeben werden.

Optionen

Option	Beschreibung
-u	Nur die Zeilen ausgeben, die nicht mehrfach hintereinander vorkommen.
-d	Nur von den mehrfach hintereinander vorkommenden Zeilen je eine ausgeben.
-c	Zu jeder Zeile angeben, wie oft sie hintereinander vorkommt
+n	Die ersten *n* Zeichen werden beim Vergleich aufeinanderfolgender Zeilen ignoriert
-m	Die ersten *m* Felder werden beim Vergleich aufeinanderfolgender Zeilen ignoriert; als Trennzeichen für die Felder werden Leer- und Tabulatorzeichen verwendet.

Wird auf die Angabe von Optionen verzichtet, so entspricht dies der Angabe -ud.

Hinweis Um von allen mehrfach vorkommenden Zeilen wirklich nur eine ausgeben zu lassen, ist eventuell eine vorherige Sortierung einer Datei notwendig, da **uniq** ja nur aufeinanderfolgende Zeilen auf Gleichheit hin überprüft.

unpack	Dekomprimieren von komprimierten Dateien

Syntax

unpack   *dateiname(n)*

oder

unpack   *dateiname(n)*.z

Beschreibung

Der Inhalt der *dateiname(n).z* wird dekomprimiert, wenn es sich dabei um komprimierte Dateien handelt; dabei werden die *dateiname(n).z* mit ihrem komprimierten Inhalt gelöscht und der dekomprimierte Inhalt wird in eine Datei mit Namen *dateiname* geschrieben.

Hinweis Die Komprimierung von Dateien kann zu erheblichen Speicherplatzeinsparungen führen. Zur Komprimierung wird ein Huffman-Code verwendet. Die resultierende Einsparung hängt von der Größe der Dateien und den Zeichenhäufigkeiten im Text ab. Typische Platzeinsparungen für Textdateien sind 60-75%; für binäre Dateien können Einsparungen bis zu 90% erreicht werden. Für Dateien, die kleiner als 3 Blöcke sind, wird meist keine nennenswerte Einsparung erreicht. Wenn die Dateien zu klein sind, so komprimiert **pack** diese schon gar nicht.

Eine Dekomprimierung findet *nicht* statt, wenn

▶ die angegebene Datei nicht eröffnet werden kann

▶ die angegebene Datei nicht mit **pack** komprimiert wurde

▶ eine entsprechende Datei ohne die Endung *.z* bereits existiert oder nicht kreiert werden kann.

Das Kommando **pcat** kann verwendet werden, um den Inhalt von komprimierten Dateien anzuschauen, ohne daß die entsprechende Datei danach dekomprimiert vorliegt. Mit dem Kommando **pack** kann eine Datei komprimiert werden.

uucp	Kopieren von Dateien von einem Unix-System auf ein anderes (Unix-to-Unix system copy)

Syntax

uucp [*option(en)*] *quell-datei(en) ziel-datei*

Beschreibung

uucp kopiert die angegebenen *quell-datei(en)* in die Datei bzw. das Directory *ziel-datei*; falls *ziel-datei* ein Directory ist, so werden für die dort angelegten neuen Dateien die Namen der *quell-datei(en)*[1] verwendet.

Für eine *quell-datei* oder *ziel-datei* kann dabei folgendes angegeben werden:

▶ ein Pfadname auf dem lokalen System

▶ *knotenname!pfadname* [2]   (*pfadname* auf dem System mit dem Namen *knotenname*)

Für *pfadname* kann dabei folgendes ausgegeben werden:

1. ein absoluter Pfadname

2. *~login-name[pfadname]*

   login-name muß dabei der Login-Name eines Benutzers auf dem entsprechenden System sein. Für *~login-name* setzt dann **uucp** das home directory des Benutzers *login-name* ein. Ein eventuell hier angegebener *pfadname* wird dann an dieses home directory angehängt.

---

1. als Name wird – wie bei **cp** – die letzte Komponente des Pfadnamens der *quell-datei(en)* in das Directory eingetragen.
2. bei der Angabe von *knotenname!knotenname!...!knotenname!pfadname* versucht **uucp** die zu kopierende Datei über den hierbei vorgegebenen Weg im Netz zu schicken.

3. ~ / *pfadname*

(entspricht dem Pfad */var/spool/uucppublic/pfadname*)

Wenn mehr als eine Datei zu übertragen ist oder es sich aber bei der obigen Angabe um ein bereits vorhandenes Directory auf dem Zielsystem handelt, dann nimmt **uucp** die obige Angabe als Pfadnamen eines Directory; in allen anderen Fällen interpretiert **uucp** die obige Angabe als Pfadname einer Datei.

Um sicherzustellen, daß **uucp** auf jeden Fall ein Directory annimmt, ist es üblich am Ende von *pfadname* einen Slash / anzugeben.

Um Kollisionen mit anderen Benutzern des Netzwerks zu vermeiden, wird gewöhnlich der Login-Name des Empfängers als erste Komponente bei *pfadname* angegeben, wie z.B. die folgende Angabe für *zieldatei*:

```
~/eric/
```

(entspricht der Angabe

```
/var/spool/uucppublic/eric/)
```

Falls das Subdirectory *eric* noch nicht existiert, wird diese von **uucp** angelegt, und dann werden alle angegebenen *quell-datei(en)* dorthin übertragen.

4. jeder anderen Angabe wird der Pfadname des working directory vorangestellt.

Bei der Angabe der Pfadnamen können die Metazeichen * ? \ [..] und [!..] zur Expandierung von Dateinamen verwendet werden. Die bei den *quell-datei(en)* gewährten *execute*-Rechte bleiben beim Kopieren mit **uucp** erhalten; zusätzlich werden bei den Kopien alle Lese- und Schreib-Rechte vergeben.

Optionen

Option	Beschreibung
-c	vor dem Kopieren werden *keine* Kopien der zu übertragenden Dateien im Spool-Directory angelegt;ist die Voreinstellung.
-C	vor dem Kopieren werden Kopien der zu übertragenden Dateien im Spool-Directory angelegt.
-d	beim Kopiervorgang werden evtuell nicht vorhandene Directories automatisch angelegt; ist die Voreinstellung.
-f	beim Kopiervorgang werden evtuell nicht vorhandene Directories *nicht* automatisch angelegt; falls ein benötigtes Directory nicht existiert, wird die entsprechende Datei nicht kopiert.

Option	Beschreibung
-g*grad*	legt die Priorität für den entsprechenden Auftrag fest. Für *grad* ist ein einzelner Buchstabe oder aber eine Ziffer anzugeben; je niedriger der dazugehörige ASCII-Wert ist, desto früher wird mit dem Übertragungsauftrag begonnen.
-j	gibt eine Auftragskennung (*job identification*) auf der Standardausgabe aus. Diese Auftragskennung kann beimKommando **uustat** verwendet werden, um den Status eines gegebenen Auftrags zu erfragen oder aber um einen Auftrag zu beenden.
-m	sendet mail an den **uucp**-Aufrufer, in dem ihm mitgeteilt wird, ob der Kopierauftrag erfolgreich ausgeführt werden konnte oder nicht.
-n*login-name*	benachrichtigt den Empfänger *login-name*, daß eine Datei für ihn mit **uucp** übertragen wurde.
-r	Kopiervorgang wird noch nicht gestartet, sondern die entsprechenden Dateien werden nur in Übertragungs-Warteschlange eingereiht; Übertragung beginnt, wenn das nächste mal **uucico** abläuft.
-s*dateiname*	schreibt die Status-Information des Kopierauftrags in die Datei *dateiname*.
-x*debug-level*	bewirkt, daß Debug-Information auf die Standardausgabe ausgegeben wird. Für *debug-level* ist eine Ziffer zwischen 0 und 9 anzugeben; je höher die Ziffer ist, umso mehr Debug-Information wird ausgegeben.
-w	wenn im Zieldirectory bereits eine Datei *datei* mit dem gleichen Namen wie die zu kopierende Datei existiert, so wird sie nicht überschrieben. Statt dessen wird dort ein neuer Name *dateixx* gewählt, wobei für *xx* die erste der folgenden passenden Ziffernkombinationen *00, 01, ..., 99* angehängt wird.

Beispiel   Der Benutzer mit dem Login-Namen **egon** habe folgende Daten:

home directory: */home/egon*
working directory: */home/egon/uebung1*
Knotenname: *hamburg2*

und der Benutzer mit dem Login-Namen **xfei** habe folgenden Daten:

home directory: */usr/xfei*
Knotenname: *munich4*

Wenn **egon** nun **xfei** die Datei */home/egon/uebung1/add2.c* schicken möchte, so kann er dies mit verschiedenen Kommandozeilen erreichen:

Aufruf	Wirkung
`uucp add2.c munich4!/usr/xfei/add_egon.c`	Angabe der Zieldatei als absoluter Pfadname
`uucp add2.c munich4!~xfei/add_egon.c`	entspricht dem vorherigen Aufruf
`uucp add2.c munich4!~xfei`	*add2.c* wird ins Directory */usr/xfei* (auf System *munich4*) kopiert und behält dort seinen Namen *add2.c*
`uucp add2.c munich4!~/xfei`	*add2.c* wird ins Directory */usr/ spool/uucppublic/xfei* (auf dem System *munich4*) kopiert und behält dort seinen Namen.

Und der Aufruf

```
uucp -j -m -nxfei add2.c munich4!~xfei/von_egon/
```

schließlich bewirkt, daß zunächst eine Auftragskennung (z. B. *munich4m2f23*) ausgegeben wird. Nach der Ausführung des Kopierauftrags wird mail sowohl an den Sender **egon** (Information, ob Auftrag erfolgreich ausgeführt wurde) als auch an den Empfänger **xfei** (Information, daß eine Datei für ihn angekommen ist und wo sie sich befindet) geschickt.Die Datei *add2.c* wird dabei (bei erfolgreichem Kopiervorgang) nach */usr/xfei/von_egon/add2.c* (auf Rechner mit dem Knotennamen *munich4*) kopiert.

uudecode	Geschickte ASCII-Dateien wieder in Binärdateien zurückverwandeln

Syntax

`uudecode [`**`-o`** *`ausgabe datei`*`] [`*`ascii-datei`*`]`

Beschreibung

uudecode ist für die Rückumwandlung von ASCII-Dateien, die mit **uuencode** erzeugt wurden, in Binärdateien zuständig. Bei dieser Rückumwandlung entnimmt **uudecode** der *begin*-Kopfzeile die Zugriffsrechte und den Namen für die zu erzeugende Ausgabedatei. Falls *ascii-datei* nicht angegeben ist, liest **uudecode** von der Standardeingabe.

uuencode   Binärdateien für Übertragung in ASCII-Dateien umwandeln

Syntax

uuencode [*quelldatei*] *zieldatei*

Beschreibung

Normalerweise dürfen über Mail keine Binärdateien verschickt werden, da sie auf manchen Übertragungsstrecken, wenn z.B. eine maximale Zeilenlänge von 80 Zeichen festgelegt ist, nicht befördert werden können.

Zwar existiert im **mail**-Programm von System V.4 die Option **-m binary**, so daß die für die Mail-Zustellung zuständigen Programme erkennen, daß hier binäre Dateien verschickt werden, und sich somit auf die Verarbeitung binärer Dateien einstellen können; doch funktioniert das ganze nur, wenn keine Übertragungswege über ältere Systeme benutzt werden.

Um aber auch auf älteren Systemen oder über ein externes Netz binäre Dateien verschicken zu können, stehen die beiden Kommandos **uuencode** und **uudecode** zur Verfügung.

uuencode konvertiert den binären Inhalt der Datei *quelldatei* in ASCII-Zeichen und schreib diese auf die Standardausgabe. Falls keine *quelldatei* angegeben ist, liest **uuencode** die umzuwandelnden Zeichen von der Standardeingabe. *zieldatei* muß immer angegeben sein. Dieses Argument und die Zugriffsrechte der Datei werden in einer Kopfzeile (**begin**) vor dem generierten ASCII-Text auf die Standardausgabe ausgegeben. Lenkt man die Ausgabe von **uuencode** in eine Datei um, wie z.B.

uuencode add add >add.enc

dann kann man diese Datei (*add.enc*) problemlos mit **mail** verschicken.

Der Empfänger muß dann nur noch **uudecode** aufrufen (siehe vorher).

Hinweis   Durch die Konvertierung mit **uuencode** wird eine Datei um ca. 35% größer. Falls man große Textdateien zu übertragen hat, kann es eventuell angebracht sein, diese zunächst mit **compress** zu komprimieren und die so erhaltene Binärdatei dann mit **uuencode** für die Übertragung wieder in ASCII-Format umzuwandeln.

| **uuglist** | Verfügbare UUCP-Grades (Prioritäten) auflisten |

Syntax

```
uuglist [-u] [-x debug-level]
```

Beschreibung

Bei System V.4 wurden sogenannte *Grades* eingeführt, mit denen Kopierjobs eine Priorität zugeteilt werden kann. Ein Grade ist dabei entweder eine symbolische Bezeichnung (vom Systemadministrator festgelegt) oder ein Buchstabe (**A** bis **Z** und **a** bis **z**). Dabei steht der Buchstabe **A** für die höchste und **z** für die niedrigste Priorität.

Die Voreinstellung ist, daß alle Kopieraufträge die Priorität **Z** haben. Elektronische Mail, die mit UUCP übertragen wird, hat meist eine höhere Priorität (z.B. **D**).

Mit dem Kommando **uuglist** kann man sich die am System verfügbaren Grades anzeigen lassen.

Optionen

uuglist bietet die folgenden Optionen an:

Option	Beschreibung
-u	alle Grades ausgeben, die der aufrufende Benutzer selbst benutzen darf; die hier ausgegebenen Grades darf der Benutzer bei **uucp** und **uux** mit Option **-g** *grade* angeben.
-x *debuglevel*	Debugging-Information ausgeben. *debuglevel* muß eine Zahl zwischen 0 und 9 sein; je höher die Zahl, um so mehr Debug-Information wird ausgegeben.

Beispiel Folgende Grades sind z.B. voreingestellt.

```
$ uuglist -u ↵
high
low
medium
$
```

Sollten keine symbolischen Bezeichnungen existieren (wie **low**, **medium** und **high**), dann muß ein Buchstabe verwendet werden. In diesem Fall erscheint beim **uuglist**-Aufruf ein entsprechender Hinweis.

```
$ uuglist ⏎
No administrator defined service grades available on this machine,
use single letter/number only
$
```

uulog	Prüfen der Log-Dateien für Übertragungen, die mit den Kommandos **uucp** oder **uux** vorgenommen wurden

Syntax

```
uulog [-ssystem-name]
uulog [option(en)] -ssystem-name
uulog [option(en)] system-name
uulog [option(en)] -fsystem-name
```

Für *system-name* ist hierbei der Name des Systems anzugeben, wie er von **uuname** ausgegeben wird.

Beschreibung

Wenn das Kommando **uucp** Dateien zwischen Unix-Systemen überträgt, so schreibt es alle anfallenden Aktionen in eine sogenannte Log-Datei (*/var/spool/uucp/.Log/uucico*); dasselbe gilt für das Kommando **uux** (*/var/spool/uucp/.Log/uuxqt*). Mit dem Kommado **uulog** kann nun der Inhalt solcher Log-Dateien abgefragt werden.

Optionen

`-s`*system-name*	nur über Aktionen berichten, die das System *system-name* involvieren.
`-f`*system-name*	entspricht einem `tail -f` zu allen Aktionen, die das System *system-name* involvieren.
`-x`	Log-Datei *uuxqt* anstelle von *uucico* lesen.
`-n`	Letzten *n* Zeilen der Log-Datei (Kommando **tail**) ausgeben.

uuname	Erfragen der Systemnamen, die mit einem lokalen System gekoppelt sind

Syntax

```
uuname [-c] [-l]
```

Beschreibung

Die Namen aller Systeme, die mit dem lokalen System über ein Netzwerk gekoppelt sind, können mit dem Kommando **uuname** erfragt werden. Dabei gibt **uuname** die Namen aller Unix-Systeme aus, die über das **uucp**-Packet (schließt **uux** und das Senden von mail an »fremde« Systeme mit **mail** und **mailx** ein) angeschlossen sind.

Optionen

-c   gibt die Namen der System aus, die das Kommando **cu** kennt; Voreinstellung ist: Systemnamen, die **uucp** kennt.

-l   gibt den Namen des lokalen Systems aus.

Unter Linux bietet **uuname** noch einige weitere Optionen an. Diese kann man entweder über **man uuname** oder aber mit dem Aufruf **uuname --help** erfragen.

uupick	Abholen von Dateien, die mit uuto geschickt wurden

Syntax

```
uupick [optionen]
```

Beschreibung

Das Kommando **uuto** kopiert die an einen Benutzer gesendeten Dateien in Subdirectories des Directory */var/spool/uucppublic*. Nachdem der Empfänger mail erhalten hat, kann er sich die übertragenen Dateien mit dem Kommando **uupick** abholen.

uupick durchsucht das *PUBDIR*-Directory (*/var/spool/uucppublic*) nach Dateien, die für den jeweiligen Benutzer bestimmt sind. Für jeden gefundenen Eintrag (Datei oder Directory) gibt **uupick** folgende Meldung am Bildschirm aus:

▶ `from system` *knotenname*: `file` *dateiname* ? (im Falle einer Datei)

oder

▶ `from system` *knotenname*: `dir` *dateiname* ? (im Falle eines Directory)

Nun erwartet **uupick** eine Antwort des Benutzers, was weiterhin zu tun ist. Als Antworten sind dabei die nachfolgenden uupick-Kommandos möglich.

uupick-Kommandos

Die folgenden **uupick**-Kommandos sind mögliche Anworten auf das Promptzeichen ?:

Befehl	*Beschreibung*
⏎	zum nächsten Eintrag weiterschalten
d	(*delete*) Eintrag löschen

Befehl	Beschreibung
m [*directory*]	(*move*) diesen Eintrag (Datei oder ganzen Directorybaum) in das angegebene *directory* verlagern; falls *directory* als relativer Pfadname angegeben ist, so wird diese Angabe als relativ zum working directory interpretiert. Wird kein *directory* angegeben, so wird die entsprechende Datei bzw. das Directory in das working directory verlagert.
a [*directory*]	(*all*) wie m, außer daß *alle* Einträge verlagert werden
p	(*print*) Inhalt der entsprechenden Datei ausgeben
q oder Strg - D	(*quit*) **uupick** verlassen
!*unix_kdo*	*unix_kdo* ausführen
*	Zusammenfassung aller möglichen Antworten ausgeben
?	

Option

-s*systemname*   **uupick** sucht im *PUBDIR*-Directory nur nach Einträgen, die vom System *systemname* gesendet wurden.

Unter Linux bietet **uupick** noch einige weitere Optionen an. Diese kann man entweder über **man uupick** oder aber mit dem Aufruf **uupick --help** erfragen.

uustat	Abfragen von Statusinformationen zu uucp- oder uuto-Aufträgen

Syntax

```
uustat [optionen]
```

Beschreibung

Mit dem Kommando **uustat** ist es möglich, den Status von abgegebenen **uucp**-oder **uuto**-Aufträgen zu erfragen oder sogar solche Aufträge abzubrechen.

Optionen

Viele dieser Optionen schließen sich gegenseitig aus. Im besonderen: Die Optionen -q, -k und -r dürfen nur alleine angegeben sein.

Option	Beschreibung
-q	(**queue**) gibt die wartenden Aufträge zu allen Systemen aus
-k*auftragsnr*	(**kill**) Auftrag mit der Auftragsnummer *auftragsnr* abbrechen; *auftragsnr* kann entweder durch die Option **-j** bei **uucp** bekannt sein oder mit den Optionen -q, -s oder -u bei **uustat** erfragt werden.
-r*auftragsnr*	(**rejuvenate**) Alle Modifikations-Zeitstempel der Dateien, die mit dem Auftrag *auftragsnr* zu tun haben, werden auf die momentane Zeit gesetzt, so daß dieser Auftrag als vollkommen neu erscheint.
-s*systemname*	(**system**) Statusinformationen zu allen Aufträgen ausgeben, die Dateien auf das System *systemname* kopieren sollen.
-u*login-name*	(**user**) Statusinformationen zu allen Aufträgen ausgeben, die der Benutzer *login-name* gab.
-a	(**all**) Alle Aufträge (nicht nur eigene) ausgeben, die noch auf ihre Abarbeitung in einer Warteschlange warten
-m	(**machine**) Verfügbarkeit aller am Netz angeschlossenen Rechnern anzeigen
-j	die Gesamtzahl von Aufträgen ausgeben; kann nur in Verbindung mit **-a** oder **-s** benutzt werden.
-n	Ausgabe auf Standardausgabe, aber nicht auf Standardfehlerausgabe ausschalten.
-p	Kommando **ps -flp** für Aufträge ausführen, die sich in den *lock files* befinden.
-S*welch*	(neu in System V.4) nur bestimmte Aufträge auflisten. Für *welch* kann dabei einer der folgenden Buchstaben angegeben werden:
	q nur Aufträge, die sich noch in der Warteschlange befinden (Übertragung hat noch nicht begonnen).
	r nur Aufträge, die gerade bearbeitet werden (Übertragung läuft).
	i nur Aufträge, die abgebrochen wurden (Dateien wurden nicht vollständig übertragen).
	c nur Aufträge, die vollständig bearbeitet wurden.
-t *knotenname*	(neu in System V.4) bewirkt, daß **uustat** die durchschnittliche Übertragungsgeschwindigkeit ausgibt.

Hinweis Unter Linux bietet **uustat** noch einige weitere Optionen an. Diese kann man entweder über **man uustat** oder aber mit dem Aufruf **uustat --help** erfragen.

Wird nur **uustat** (ohne Optionen) aufgerufen, so gibt es Informationen über alle
unerledigten Aufträge des aufrufenden Benutzers aus.

```
$ uustat ↵
ahornN3407  11/14-13:15 S ahorn  egon 536 /home/egon/add2.c
            11/14-13:15 S ahorn  egon 6536 /home/egon/stunden.txt
ahornN3408  11/14-13:18 S ahorn  egon 34536 /home/egon/kosten.txt
            11/14-13:18 S ahorn  egon uucp add3.c munich5!~/
$
```

Im ersten Feld der Ausgabe steht die Auftragsnummer (*Job-ID*), mit der man
sich auf diesen Auftrag beziehen kann, z.B. um ihn abzubrechen. Im zweiten
Feld steht das Datum, an dem der Auftrag abgesetzt wurde, danach folgt ein **S**
(Datei gesendet) oder **R** (Datei wird empfangen). Im nächsten Feld steht der
Systemname, gefolgt vom Namen des Benutzers, der diesen Auftrag gegeben
hat. Das folgende Feld enthält entweder den Namen eines auszuführenden
Kommandos oder die Größe (in Bytes) und den Namen der zu kopierenden
Datei.

Bei Angabe der Option **-m** gibt **uustat** den Zustand aller erreichbaren Systeme
aus.

```
$ uustat -m ↵
birke       3C(4)        11/13-09-43 SUCCESSFUL
eiche                    11/12-17:05 SUCCESSFUL
feige       1C(2)        11/14-10:23 CALLER SCRIPT FAILED Retry: 0:20
kiefer      2C           11/14-15:36 WRONG TIME TO CALL
kirsche                  Locked TALKING
melone      4C           11/14-07:02 SUCCESSFUL
$
```

Die Angabe *xC* bedeutet dabei, daß *x* Aufträge (*Commands*) für dieses System
anliegen. Eine Zahl in runden Klammern gibt an, seit wieviel Tagen sich der Auftrag in der Warteschlange befindet. Im dritten Feld steht entweder das Datum
und das Ergebnis des letzten Verbindungsversuchs oder **Locked**, wenn zu
diesem System momentan keine Verbindung besteht. Wenn der letzte Verbindungsaufbau fehlschlug, dann wird auch noch eine **Retry**-Zeit in Stunden und
Minuten angezeigt, vor deren Ablauf kein erneuter Verbindungsversuch unternommen werden kann.

Wenn ein Auftrag sich als »Ladenhüter« in der Warteschlange entpuppt, d.h.
längere Zeit (vom Systemadministrator einstellbar) in der Warteschlange unbe-
arbeitet hängen bleibt, sendet das UUCP-System zunächst eine Warnung an den
Auftraggeber, daß das Zielsystem nicht erreicht werden kann und der Auftrag
bald gelöscht wird. Möchte der Auftraggeber dieses automatische Löschen des
Auftrags durch das UUCP-System unterbinden, so kann er den entsprechenden
Auftrag mit der Option **-r** *job-id* »verjüngen«. In diesem Fall wird das Auftrags-
datum auf das aktuelle Datum gesetzt, so daß der Auftrag vorläufig noch nicht
gelöscht wird.

uuto	Kopieren von Dateien auf andere Unix-Systeme

Syntax

```
uuto [optionen] quell-datei(en) ziel
```

Beschreibung

uuto kopiert die *quell-datei(en)* an das angegebene *ziel*. Für *quell-datei(en)* ist dabei ein Pfadname auf dem lokalen System anzugeben. Das *ziel* muß dabei in der folgenden Form angegeben werden:

knotenname!login-name

login-name ist dabei der Login-Name des Empfängers am anderen System (*knotenname*).

Die Systemvariable *PUBDIR* legt dabei immer den ersten Teil des Pfadnamens fest, wohin die *quell-datei(en)* zu kopieren sind:

`$PUBDIR/receive/`*login-name/knotenname*[1]

Die Voreinstellung für *PUBDIR* ist üblicherweise */var/spool/uucppublic*.

Wenn diese Voreinstellung nicht geändert wurde, so werden also die *quell-datei(en)* in das Directory */var/spool/uucppublic/receive/loginname/knotenname* auf dem Zielsystem kopiert.

Wenn eine der angegebenen *quell-datei(en)* ein Directory ist, so wird der vollständige darunterliegende Directorybaum kopiert.

Die Ankunft der geschickten Dateien wird dem Empfänger mit mail gemeldet.

Optionen

Option	*Beschreibung*
-p	die zu kopierenden Dateien werden vor der Übertragung über das Netz in das Spool-Directory des lokalen Systems kopiert.
-m	dem Sender der Dateien wird mail geschickt, wenn der Kopiervorgang abgeschlossen ist.
-w	wenn im Zieldirectory bereits eine Datei *datei* mit dem gleichen Namen wie die zu kopierende Datei existiert, so wird sie nicht überschrieben. Statt dessen wird dort ein neuer Name *dateixx* gewählt, wobei für *xx* die erste der folgenden passenden Ziffernkombinationen *00, 01, ..., 99* angehängt wird.

---

1. $PUBDIR steht dabei für den Wert (Inhalt) der Variablen PUBDIR und für *knotenname* wird der Knotenname des Sender-Systems verwendet.

Unter Linux bietet **uuto** noch einige weitere Optionen an. Diese kann man entweder über **man uuto** oder aber mit dem Aufruf **uuto --help** erfragen.

uux	Ausführen eines Kommandos auf einem Fremdsystem
	(Unix-to-Unix system command execution)

Syntax

```
uux [option(en)] "kommandozeile"
```

Beschreibung

Das Kommando **uux** ermöglicht es, Unix-Kommandos auf einem Fremdsystem ausführen zu lassen. **uux** ist in der Lage, Dateien auf verschiedenen Systemen zu lesen, das entsprechende Kommando auf dem gewählten Fremdsystem auszuführen und die Standardausgabe dieses Kommandos wiederum in eine Datei auf einem Fremdsystem zu schreiben.

Falls die geforderte Kommandoausführung dabei nicht realisiert werden kann, so meldet dies **uux** mit mail.

Für *kommandozeile* kann dabei eine übliche Unix-Kommandozeile angegeben werden, außer daß dem entsprechendem Kommando oder den angegebenen Dateien

knotenname!

vorangestellt werden darf; wird vor einem Kommando oder einem Dateinamen nicht *knotenname* angegeben, so bezieht sich diese Angabe auf das lokale System.

Bei Dateinamen muß immer angegeben sein, auf welchem System sie sich befinden. Ein Ausrufezeichen ohne Systemnamen bezeichnet dabei das lokale System. Die Angabe *~login-name* wird dabei durch das Home Directory des Benutzer *login-name* auf dem entsprechenden System ersetzt.

Bevor das Kommando ausgeführt wird, überträgt das UUCP-System erst alle benötigten Dateien auf das Zielsystem. Zum Beispiel bewirkt der Aufruf

```
uux "munich3!diff hamburg1!~petersen/hexd.c !hdump.c >!vergl"
```

die Übertragung der Datei *hdump.c* (im working directory des lokalen Systems) auf den Rechner *munich3*; zusätzlich wird noch die Datei */home/petersen/hexd.c* vom Rechner *hamburg1* auf den Rechner *munich3* übertragen. Anschließend wird das Kommando **diff** auf dem Rechner *munich3* gestartet, um diese beiden so eben dorthin kopierten Dateien zu vergleichen. Die Ausgabe dieses Kommandos wird dann in die Datei *vergl* auf dem lokalen System geschrieben.

Während Pipes (|) und die beiden Umlenkungszeichen (> und <) bei **uux** erlaubt sind, sind die Umlenkungszeichen >> und << nicht erlaubt.

Für in *kommandozeile* verwendete Dateinamen kann eine der folgenden Konstruktionen angegeben werden:

1. absoluter Pfadname

2. *~login-name*[*pfadname*]

   login-name muß der Login-Name eines Benutzers auf dem entsprechendem System sein. Für *~login-name* setzt **uux** dann das home directory des Benutzer *login-name* ein. Ein eventuell angegebener *pfadname* verlängert dann den Pfadnamen des home directory.

3. jeder anderen Angabe wird der Pfadname des working directory vorangestellt.

Optionen

Option	Beschreibung
-	Die Standardeingabe von **uux** wird zugleich auch die Standardeingabe der angegebenen Kommandozeile; nützlich bei Verwendung von **uux** auf der rechten Seite einer Pipe.
-a*login-name*	verwende *login-name* als Benutzerkennung anstelle der UID des Aufrufers.
-b	Wenn der Exit-Status von **uux** verschieden von 0 ist, so ist die ursprüngliche Standardeingabe für das Kommando zu verwenden.
-c	vor dem Kopieren werden *keine* Kopien der zu übertragenden Dateien im Spool-Directory angelegt; ist die Voreinstellung.
-C	vor dem Kopieren werden Kopien der zu übertragenden Dateien im Spool-Directory angelegt.
-g*grad*	legt ein Priorität für den entsprechenden Auftrag fest. Für *grad* ist ein einzelner Buchstabe oder aber eine Ziffer anzugeben; je niedriger der dazugehörige ASCII-Wert ist, desto früher wird mit dem Übertragungsauftrag begonnen.
-j	gibt eine Auftragskennung (*job identification*) auf der Standardausgabe aus. Diese Auftragskennung kann beim Kommando **uustat** verwendet werden, um den Status eines gegebenen Auftrags zu erfragen oder aber um einen Auftrag zu beenden.
-n	den Benutzer *nicht* benachrichtigen, wenn das Kommando nicht erfolgreich abläuft.

Option	Beschreibung
-p	dasselbe wie -: Die Standardeingabe von **uux** wird zugleich auch die Standardeingabe der angegebenen Kommandozeile; nützlich bei Verwendung von **uux** auf der rechten Seite einer Pipe.
-r	Übertragung wird noch nicht gestartet, sondern die entsprechenden Dateien werden nur in Übertragungs-Warteschlange eingereiht; Übertragung beginnt, wenn das nächste mal **uucico** abläuft.
-s*dateiname*	schreibt die Status-Information des Auftrags in die Datei *dateiname*.
-x*debug-level*	bewirkt, daß Debug-Information auf die Standardausgabe ausgegeben wird. Für *debug-level* ist eine Ziffer zwischen 0 und 9 anzugeben; je höher die Ziffer ist, umso mehr Debug-Information wird ausgegeben.
-z	wenn Kommando erfolgreich abläuft, dann wird der Benutzer benachrichtigt.

Unter Linux bietet **uux** noch einige weitere Optionen an. Diese kann man entweder über **man uux** oder aber mit dem Aufruf **uux --help** erfragen.

```
uux "!diff  munich3!~alfons/hexd.c  hamburg1!/user3/petersen/hdump.c >!ver-
gleich"
```

vergleicht die beiden Dateien *hexd.c* (im home directory von *alfons* auf dem Knoten *munich3*) und *hdump.c* (im Directory */user3/petersen* auf Knoten *hamburg1*) und schreibt das Vergleichsergebnis in die Datei *vergleich* (home directory des Aufrufers). Das Vergleichskommando **diff** wird dabei auf dem lokalen System ausgeführt.

```
cat namliste | sort | nl | uux -p frankfurt3!lpr
```

gibt den Inhalt der Datei *namliste* sortiert und mit vorangestellten Zeilennummern auf einem Drucker des Knotens *frankfurt3* aus.

Üblicherweise sind aus Sicherheitsgründen nicht alle Kommandos eines Systems für eine Ausführung durch **uux** freigegeben. Die Namen der für ein System freigegebenen Kommandos stehen alle in der Konfigurationsdatei */etc/uucp/Permissions*. Diese Datei ist für die Allgemeinheit nicht lesbar.

Wenn ein Kommando für die Ausführung mit **uux** nicht freigegeben oder bei der Ausführung ein Fehler aufgetreten ist, wird dem Aufrufer eine entsprechende Fehlermeldung über Mail zugestellt.

| vacation | Anrufbeantworter einrichten |

Syntax

```
vacation [option(en)]
```

Beschreibung

Seit System V.4 wird (für **rmail** als MTA) das Kommando **vacation** angeboten, mit dem sich eine Art Anrufbeantworter für elektronische Mail einrichten läßt. Neu eintreffende Mail wird dazu über den Forwarding-Mechanismus an ein Programm weitergeleitet, das den Eingang der Mail bestätigt und die Mail in der Mailbox des Benutzers ablegt. Zusätzlich schreibt das Programm den Namen des Absenders in die Datei **$HOME/.maillog**, so daß der gleiche Absender die automatische Antwort auf seine Mail nur einmal erhält.

Optionen

vacation kennt folgende Optionen:

Option	Beschreibung
-l *logfile*	Datei *logfile* und nicht *$HOME/.maillog* zur Protokollierung der Namen verwenden.
-M *antwortdatei*	Der Standardtext des Anrufbeantworters ist in der Datei */usr/share/lib/mail/std_vac_msg* enthalten. Mit dieser Option kann ein Name einer anderen Datei (*antwortdatei*) festgelegt werden, in dem ein eigener Text steht.
-m *datei*	Normalerweise wird die ankommende Post in der Mailbox des betreffenden Benutzers abgelegt. Mit dieser Option kann eine andere *datei* festgelegt werden, in der ankommende Post aufzuheben ist.
-f *forward-id*	ankommende Post nicht nur in der Mailbox des Benutzers speichern, sondern auch an den Benutzer mit der Kennung *forward-id* weiterleiten.
-i *forward-id*	ankommende Post nicht in der Mailbox des Benutzers speichern, sondern sofort an den Benutzer mit der Kennung *forward-id* weiterleiten.
-d	Tagesdatum am Ende der *datei* schreiben, die bei **-m** angegeben ist.
-n	automatische Beantwortung wieder aufheben, auch mit **mail -F** **""** möglich.

Unter Linux bietet **vacation** noch einige weitere Optionen an. Diese kann man entweder über **man vacation** oder aber mit dem Aufruf **vacation --help** erfragen.

 Bei Verwendung von **sendmail** als MTA kann eine automatische Beantwortung auch mit dem Programm **vacation** aus dem BSD Compatibility Package eingerichtet werden. Dazu erstellt man im Home-Directory eine Datei **.forward** z.B. mit folgendem Inhalt:

```
\egon,"|/usr/ucb/vacation egon"
```

Danach muß man noch mit dem Aufruf

```
/usr/ucb/vacation  -I
```

eine Protokolldatei initialisieren, in der **vacation** die Namen von bereits benachrichtigten Benutzern festhält. Der Antworttext kann in der Datei *$HOME/.vacation.msg* angegeben werden.

Die automatische Beantwortung läßt sich durch das Entfernen der Datei **.forward** (im Home-Directory) wieder aufheben.

vi	Textdateien editieren (visual display editor based on ex)

Syntax

vi [-t *marke*] [-r*datei*] [-w*n*] [-LR] [-x] [-c *kdo*] [*datei(en)*]

Beschreibung

vi ist ein bildschirmorientierter, interaktiver Editor für das Erstellen und Ändern von Textdateien. Der Benutzer gibt im Dialog Editier-Kommandos ein und sieht das Ergebnis sofort auf dem Bildschirm. Die Vielzahl von Editor-Kommandos macht **vi** zu einem mächtigen Editier-Werkzeug. Da **vi** inzwischen auf beinahe allen Unix-Systemen angeboten wird, kann man ihm schon fast – wie **ed** – das Etikett »Unix-Standardeditor« anheften.

vi basiert auf den Editor **ex**, welcher eine verbesserte und erweiterte Version des Editors **ed** ist.

Falls die erste der angegebenen *datei(en)* bereits existiert, so wird diese in den Arbeitspuffer gelesen. Existiert diese noch nicht, so wird sie erst beim späteren Zurückschreiben des Arbeispuffers mit **:w** (ohne Verlassen von **vi**) bzw. **ZZ** (mit Verlassen des **vi**) auf dem externen Speichermedium angelegt.

Waren beim **vi**-Aufruf mehrere *dateien* angegeben, so kann mit der Eingabe des Kommandos **:n** die jeweils nächste der angegebenen *dateien* in den Arbeitspuffer gelesen werden. Da dies zum Überschreiben des alten Pufferinhalts führt, sollte dieser – wenn gewünscht – zuvor mit **:w** zurückgeschrieben werden.

Fehlte beim Aufruf die Angabe von *datei(en)*, so wird ein leerer Arbeitspuffer angelegt, der noch keiner Datei zugeordnet ist. In diesen Puffer kann nun Text eingegeben und editiert werden. Erst mit dem Editor-Kommando

`:w` *datei*

wird dann eine Datei mit Namen *datei* auf dem externen Speichermedium mit dem Pufferinhalt beschrieben.

vi arbeitet in einem Puffer

vi legt – wie **ed** – eine Kopie der zu editierenden Datei in einem Arbeitspuffer ab. Auf dem Bildschirm wird ein Ausschnitt (Fenster) des Puffers angezeigt. Dieses Fenster kann beliebig verschoben werden.

Alle Editor-Kommandos werden – wie bei **ed** – nur auf den Pufferinhalt und nicht auf die Originaldatei angewendet. Die Originaldatei wird erst beim Zurückschreiben des Puffers überschrieben; dies kann entweder beim Verlassen des Editors oder durch explizites Sichern auf das externe Speichermedium erfolgen. Natürlich kann der Editor auch ohne Zurückschreiben des Puffers verlassen werden. Dies hat zur Folge, daß die Originaldatei nicht überschrieben und der editierte Pufferinhalt verloren geht.

vi ist terminalabhängig

Wie alle bildschirmorientierten Editoren ist **vi** vom Terminaltyp und dessen Fähigkeiten abhängig. **vi** benutzt eine interne Datenbank[1], in der eine Beschreibung zu allen verfügbaren Terminals am System existieren sollte. Über die System-Variable *TERM* (enthält den Namen des Terminaltyps) greift **vi** auf diese Datenbank zu. Vor dem Aufruf von **vi** muß also sichergestellt sein, daß zum einen der benutzte Terminaltyp in der Datenbank *terminfo* (bzw. *.COREterm*) vorhanden ist und zum anderen die Variable *TERM* den Namen des gerade benutzten Terminaltyps enthält. Die Variable *TERM* wird normalerweise vom System mit dem Namen eines voreingestellten Terminaltyps besetzt.

Welcher Name in der Variable *TERM* gespeichert ist, kann mit der Eingabe der Kommandozeile

`echo $TERM`

erfragt werden.

Um zu erfragen, ob ein Eintrag für den gerade benutzten Terminaltyp in der Datenbank vorhanden ist und was die volle Bezeichnung des Systems für diesen Terminaltyp ist, steht der Kommandoaufruf

---

1. Diese Datenbank befindet sich – abhängig vom jeweiligen System – im Directory / usr / lib / terminfo oder / usr / lib / .COREterm

`tput -T`*terminal_name longname*

zur Verfügung.

Wenn das jeweilige System den angegebenen *terminal_name* kennt, so antwortet es mit dem vollständigen Namen für diesen Terminal, ansonsten mit einer Fehlermeldung.

Eine andere Möglichkeit, den vom System verwendeten Namen für einen Terminaltyp zu finden, ist, zu einem der Directories */usr/lib/terminfo* oder */usr/lib/.COREterm* (systemabhängig) zu wechseln. Die dort enthaltenen Subdirectories haben als Namen den Anfangsbuchstaben bzw. die Anfangsziffer der darin enthaltenen Terminalnamen.

Nachdem der Name des Terminaltyps bekannt ist, kann dieser Name in der Systemvariablen *TERM* eingetragen werden. Dazu müßten die folgenden 3 Kommandozeilen eingegeben werden:

```
TERM=terminalname
export TERM
tput init
```

Üblicherweise werden diese drei Zeilen in der Datei *.profile* eingetragen, um sie bei jedem neuem Anmelden automatisch ausführen zu lassen.

vi verfügt über unterschiedliche Darstellungsmodi

vi kann in zwei unterschiedlichen Darstellungsmodi arbeiten:

▶ **vi**-Modus (bildschirmorientiert)

▶ **ex**-Modus[1] (zeilenorientiert)

Das Umschalten vom **vi**-Modus in den **ex**-Modus kann durch das **vi**-Kommando Q erreicht werden. Vom **ex**-Modus in den **vi**-Modus kann mit der Eingabe von `vi` wieder zurückgeschaltet werden.

Soll nur ein **ex**-Kommando ausgeführt werden, ohne daß der **vi**-Modus verlassen wird, so ist vor der Eingabe des eigentlichen **ex**-Kommandos ein : (Doppelpunkt) einzugeben, um dem **vi** mitzuteilen, daß es sich hierbei um ein **ex**-Kommando handelt.

---

1. Der **ex**-Modus stellt eine Obermenge der **ed**-Kommandos zur Verfügung

Optionen

Option	Beschreibung
-t *marke*	(*tag*) bewirkt das Editieren der Datei, deren Name in der Datei *tags* mit der angegebenen `marke` gekennzeichnet ist und positioniert den Cursor sofort auf der in `tags` dazu eingetragenen Position. In diesem Fall entfällt die Angabe von *datei(en)*.
-r*datei*	(*recover*) bewirkt, daß nach einem Editor- oder Systemzusammenbruch das Editieren der angegebenen `datei` wieder ermöglicht wird. In der Regel sind dabei nur die letzten Änderungen verloren. Wenn keine `datei` angegeben ist, so wird eine Liste von geretteten Dateien ausgegeben, die im Zusammenhang mit der Option -r angegeben werden können.
-w*n*	(*window size*) legt die Größe des **vi**-Fensters auf *n* Zeilen fest
-R	(*Read only*) bewirkt, daß die zu editierenden *datei(en)* nur zum Lesen eröffnet werden und ihr Inhalt bei dieser Editiersitzung nicht geändert werden kann.
-x	bewirkt, daß der Pufferinhalt beim Zurückschreiben auf eine Datei verschlüsselt wird (siehe Kommando **crypt**); seit System V.3 ist diese Option nur auf Systemen innerhalb der USA verfügbar.
-c *kdo*	bewirkt, daß das hier angegebene **ex**-Kommando *kdo* ausgeführt wird, bevor das eigentliche Editieren be-ginnt; z. B. würde die Angabe +50 den Cursor sofort auf die 50. Zeile der zu editierenden Datei positionieren. Diese Option löst die alte Option +*kdo* ab.
-L	listet die Namen aller Dateien auf, die nach einem Editor- oder Systemabsturz gerettet wurden und mit der Option **-r** restauriert werden können. Die Option **-L** ersetzt **-r** ohne Argument aus älteren **vi**-Versionen.

Arbeitszustände des vi

Der Editor **vi** kennt 3 Arbeitszustände[1]:

1. direkter Kommandomodus

2. Eingabemodus

3. Zeilen-Kommandomodus

Nach dem Aufruf befindet sich **vi** im *direkten Kommandomodus*. In ihm werden eingegebene **vi**-Kommandos nicht angezeigt und sofort interpretiert, ohne daß sie mit ⏎ abzuschließen sind. Handelt es sich dabei um ein erlaubtes Kommando, so wird es ausgeführt und das Ergebnis dieser Ausführung sofort am Bildschirm sichtbar gemacht. Ist das Kommando nicht erlaubt, so ertönt bei ein-

---

1. gilt nur, wenn sich **vi** im **vi**-Modus (und nicht im **ex**-Modus) befindet

facheren Fehlern ein akustisches Signal und bei schwereren Fehlern wird in der
letzten Bildschirmzeile eine Fehlermeldung ausgegeben.

Durch eines der folgenden **vi**-Kommandos kann vom direkten Kommandomodus in den Eingabemodus umgeschaltet werden:

Befehl	Wirkung
i	Einfügen vor dem Cursor (*insert*)
I	Einfügen am Zeilenanfang (*Insert*)
a	Einfügen nach dem Cursor (*append*)
A	Einfügen am Zeilenende (*Append*)
o	Einfügen nach aktueller Zeile (*open*)
O	Einfügen vor aktueller Zeile (*Open*)
c	Ersetzen eines bestimmten Textobjekts (*change*); z.B. cw für Ersetzen des nächsten Worts
C	Ersetzen des Rest der Zeile (*Change*)
s	Ersetzen des Zeichens, auf dem Cursor steht (*substitute*)
S	Ersetzen der ganzen Zeile (*Substitute*)
R	Überschreiben einschalten (*Replace*)

Nach Eingabe eines dieser Kommandos befindet sich **vi** im *Eingabemodus*. Im
Eingabemodus kann beliebiger Text eingegeben werden und Korrekturen am
eingegebenen Text können durch folgende Tasten vorgenommen werden:

erase   zuletzt eingegebenes Zeichen löschen
kill   Zeile löschen
[Strg]-[W] zuletzt eingegebenes Wort löschen

Mit [Esc] (Drücken der ESC-Taste) wird die Texteingabe beendet und vom Eingabemodus zurück in den direkten Kommandomodus geschaltet.

Vom direkten Kommandomodus in den *Zeilen-Kommandomodus* kann umgeschaltet werden, wenn eines der folgenden Kommandos eingegeben wird:

Kommando	Beschreibung
:	bewirkt, daß der nachfolgende Text (bis zum abschließenden [↵])[a] im **ex**-Modus ausgeführt wird. Nach dem : können alle Komman-dos des zeilenorientierten Editors **ex**, der ähnlich zu **ed** ist, aufgeru-fen werden. Somit verfügt **vi** also auch über das gesamte Kommandoangebot dieses Editors.
/	Vorwärtssuche
?	Rückwärtssuche

a. Die Eingabe von [Esc] bewirkt dabei den sofortigen Abbruch des Kommandos und Rückkehr in den **vi**-Modus

Bei Eingabe eines dieser Kommandos springt der Cursor in die unterste Bildschirmzeile (Kommunikationszeile) und zeigt dort den danach eingegebenen Text an. Korrekturen können dabei wie im Eingabemodus vorgenommen werden. Das vollständige Kommando muß dann – anders als im direkten Kommandomodus – immer mit ⏎ abgeschlossen werden.

Mit der Angabe : !*kdo* kann das Unix-Kommando *kdo* ausgeführt werden, ohne daß **vi** verlassen werden muß.

Das Bild A.2 zeigt nochmals im Überblick die Möglichkeiten des Hin- und Herschaltens zwischen den unterschiedlichen Darstellungs-Modi und Arbeitszuständen des **vi**:

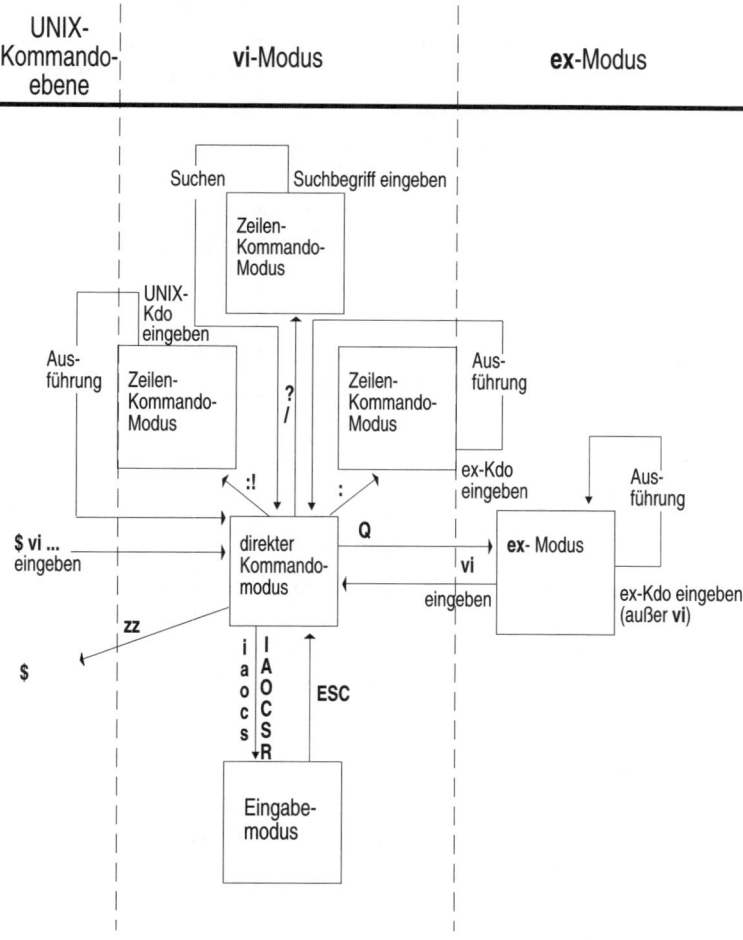

Bild A.2: Darstellungsmodi und Arbeitszustände des vi

Mit der Eingabe von **ZZ** (entspricht der Eingabe **:wq**) im direkten Kommandomodus ist es möglich, den Pufferinhalt auf Datei zurückzuschreiben und **vi** zu
verlassen.

Wichtige vi-Tasten

Bestimmte Tasten haben für den **vi** eine Sonderbedeutung:

Taste	Funktion
Esc	besitzt mehrere Funktionen:
	▶ beendet den Eingabemodus
	▶ bricht nicht vollständig eingegebene Kommandos ab.
	▶ Wird diese Taste zu einem Zeitpunkt betätigt, wo dies nicht erlaubt ist, so erzeugt **vi** ein akustisches Signal.
↵	hat ebenfalls mehrere Funktionen:
	▶ schließt die Kommandos des Zeilen-Kommandomodus (beginnen mit **:**, **/** oder **?**) ab
	▶ schließt alle Kommandos des **ex**-Modus ab
	▶ erzeugt eine neue Zeile im Eingabemodus
	▶ positioniert im direkten Kommandomodus den Cursor auf den Anfang der nächsten Zeile
Intr	veranlaßt **vi** dazu, die gerade laufende Aktion »ohne Rücksicht auf Verluste« abzubrechen.

Interne vi-Puffer

vi stellt neben dem Arbeitspuffer noch 27 weitere interne Puffer zum Zwischenspeichern von Text zur Verfügung:

▶ 26 benannte Puffer (haben als Namen die Buchstaben a, b, c, .. , z). Wird
anstelle eines Kleinbuchstabens ein Großbuchstabe als Puffername angegeben, dann wird der Pufferinhalt nicht überschrieben, sondern der entsprechende Text am bereits existierenden Pufferinhalt angehängt.

▶ einen allgemeinen Puffer ohne Namen, in dem immer die letzte Textänderung festgehalten wird.

Zusätzlich werden die 9 zuletzt gelöschten Texte in Puffern mit den Namen 1, 2,
..,9 aufgehoben (in 1 steht dabei der zuletzt gelöschte Text, in 2 der davor
gelöschte Text, usw.).

Die einzelnen Puffer (außer allgemeiner Puffer) können mit »*x* (für *x* ist entsprechender Kleinbuchstabe bzw. Ziffer anzugeben) angesprochen werden.

Die 26 Puffer a, b, c, .. , z behalten auch bei Dateiwechsel ihren Inhalt, wenn **vi** dabei nicht verlassen wird. Somit können sie zum Kopieren von Texten in andere Dateien verwendet werden. Der allgemeine Puffer und die 9 »Ziffern-Puffer« werden dagegen von manchen **vi**-Versionen bei einem Dateiwechsel gelöscht.

Definitionen zu vi-Textobjekten

Für **vi** sind die Begriffe *Wort*, *Satz*, *Absatz* und *Abschnitt* wie folgt definiert:[1]

Wort

ist eine Folge von Buchstaben, Ziffern und Unterstriche ohne Zwischenraum-Zeichen.[2]

Wird bei einer Wort-Operation ein Kleinbuchstabe verwendet, so werden nur Buchstaben, Ziffern und Unterstriche als zu einem Wort gehörig betrachtet. Interpunktionszeichen (wie z.B. . , oder !) werden dann als eigene Wörter interpretiert.

Wird bei einer Wort-Operation ein Großbuchstabe als **vi**-Kommando verwendet, so werden Interpunktionszeichen nicht als eigene Wörter, sondern als Bestandteil eines Worts interpretiert.

Folgende **vi**-Kommandos legen Wort-Positionen fest:

Kommando	Position
w	Wort ab Cursorposition nach rechts (Interpunktionszeichen ausgeschlossen)
W	Wort ab Cursorposition nach rechts (Interpunktionszeichen eingeschlossen)
b	Wort ab Cursorposition nach links (Interpunktionszeichen ausgeschlossen)
B	Wort ab Cursorposition nach links (Interpunktionszeichen eingeschlossen)
e	Ende eines Worts ab Cursorposition nach rechts hin (Interpunktionszeichen ausgeschlossen)
E	Ende eines Worts ab Cursorposition nach rechts hin (Interpunktionszeichen eingeschlossen)

Werden diese Kommandos alleine (ohne Kombination mit einem anderen **vi**-Kommando, wie z.B. **W**) gegeben, so bewirken sie die Positionierung des Cursors an die entsprechende Stelle.

---

1. Die Begriffe Satz, Absatz und Abschnitt können mit der :set-Anweisung umdefiniert werden
2. Leer-, Tabulator- oder Neuezeile-Zeichen

Satz

ist eine Folge von Wörtern, wobei das letzte Wort dieser Folge mit . ! oder ?
endet; diesem Zeichen müssen entweder ein Neuezeile-Zeichen oder zwei Leerzeichen folgen.

Folgende **vi**-Kommandos legen Satz-Positionen fest:

(Anfang des momentanen bzw. des vorhergehenden Satzes

) Ende des momentanen bzw. Anfang des nachfolgenden Satzes

Werden diese Kommandos alleine (ohne Kombination mit einem anderen **vi**-
Kommando, wie z.B. () gegeben, so bewirken sie die Positionierung des Cursors
an der entsprechenden Stelle.

Absatz

Ein Absatz erstreckt sich bis zur nächsten Leerzeile oder bis zu einer Zeichenfolge, die mit :set paragraphs= definiert wurde.

Folgende **vi**-Kommandos legen Absatz-Positionen fest:

{ Anfang des momentanen bzw. des vorhergehenden Absatzes

} Ende des momentanen bzw. Anfang des nachfolgenden Absatzes

Werden diese Kommandos alleine (ohne Kombination mit einem anderen **vi**-
Kommando, wie z.B. }) gegeben, so bewirken sie die Positionierung des Cursors
an der entsprechenden Stelle.

Abschnitt

Ein Absatz erstreckt sich bis zur nächsten Zeichenfolge, die mit :set sections=
definiert wurde.

Folgende **vi**-Kommandos legen Abschnitt-Positionen fest:

[[vorhergehender Abschnitt

[[nächster Abschnitt

Werden diese Kommandos alleine (ohne Kombination mit einem anderen **vi**-
Kommando, wie z.B. [[) gegeben, so bewirken sie die Positionierung des Cursors an der entsprechenden Stelle.

Hinter den folgenden **vi**-Kommandos muß das Objekt angegeben werden, auf
das sich das jeweilige Kommando bezieht:

Kommando	Funktion
c	Ändern
d	Löschen
y	Sichern
>	Nach rechts schieben (Voreinstellung sind 8 Zeichen)
<	Nach links schieben (Voreinstellung sind 8 Zeichen)

Als Objekt kann dabei z. B. angegeben werden:

Objekt	Beschreibung
w	für »*Wort ohne Interpunktionszeichen*«
W	für »*Wort einschließlich Interpunktionszeichen*«
b	für »*vorhergehendes Wort ohne Interpunktionszeichen*«
B	für »*vorhergehendes Wort einschließlich Interpunktionszeichen*«
e	für »*bis zum Ende eines Worts ohne Interpunktionszeichen*«
E	für »*bis zum Ende eines Worts einschließlich Interpunktionszeichen*«
^	für »*bis zum Anfang der aktuellen Cursorzeile*«
$	für »*bis zum Ende der aktuellen Cursorzeile*«
G	für »*bis zum Dateiende*«
nG	für »*bis zur n.ten Zeile*«
(	für »*bis zum Satzanfang*«
)	für »*bis zum Satzende*«
{	für »*bis zum Anfang des Absatzes*«
}	für »*bis zum Ende des Absatzes*«
[[	für »*bis zum Anfang des Abschnitts*«
]]	für »*bis zum Ende des Abschnitts*«
Leerzeichen	für »*einzelnes Zeichen*«
%	für entsprechende schließende bzw. öffnende Klammer

Steht der Cursor bereits innerhalb eines Objekts (wie z. B. eines Worts), so wird die Editieraktion von der aktuellen Cursorposition bis zum Ende bzw. Anfang des jeweiligen Objekts durchgeführt. Werden die obigen **vi**-Kommandos zweimal hintereinander eingegeben, so beziehen sie sich immer auf die aktuelle Cursorzeile:

Kommando	Beschreibung
cc	ganze Zeile ändern
dd	ganze Zeile löschen
yy	ganze Zeile sichern
>>	ganze Zeile nach rechts schieben
<<	ganze Zeile nach links schieben

Zusammenfassung der vi-Kommandos

In der folgenden Beschreibung werden die folgenden Kürzel verwendet:

Abkürzung	Bedeutung
-	entsprechendes Kommando wirkt nur auf die aktuelle Cursor-zeile und beläßt den Cursor auch in dieser Zeile.
∎	entsprechendes Kommando wirkt nur auf die aktuelle Bild-schirmseite.
n	entsprechendem Kommando kann eine Zahl vorangestellt wer-den, die angibt, wie oft dieses Kommando auszuführen ist.

Cursor-Positionierungen

Zeichen-Positionierung		
^	-	zum Zeilenanfang (auf erstes sichtbares Zeichen)
0	-	zum Zeilenanfang (erstes Zeichen)
$	-	zum Zeilenende
l	-	eine Position nach rechts
→ Leerz.	n	
h	-	eine Position nach links
Strg - H	n	
←		
fx	-	Auf Zeichen x in der aktuellen Zeile vorrücken
	n	
Fx	-	Cursor zurück auf das Zeichen x in der aktuellen Zeile bewegen
	n	
tx	-	Cursor vor das Zeichen x in der aktuellen Zeile bewegen.
	n	

Zeichen-Positionierung

Tx	-	Cursor zurück hinter das Zeichen x in der aktu-
	n	ellen Zeile bewegen
;	-	letztes f-,F-, t- oder T-Kommando wiederholen
	n	
,	-	letztes f-,F-, t- oder T-Kommando wiederholen,
	n	allerdings mit umgekehrter Suchrichtung
n|	-	zur n.ten Spalte (| entspricht 0|)
	n	

Wort-Positionierung;

b	n	Ein Wort oder Interpunktionszeichen zurück
B	n	Ein Wort zurück (Interpunktionszeichen gehören zu einem Wort)
e	n	zum Ende eines Worts oder zum nächsten Interpunktionszeichen
E	n	zum Ende eines Worts (Interpunktionszeichen gehören zu einem Wort)
w	n	zum Anfang des nächsten Worts bzw. zum nächsten Interpunktionszeichen
W	n	zum Anfang des nächsten Worts (Interpunktionszeichen gehören zu einem Wort)

Zeilen-Positionierung

j ↓ Strg - N	n	Eine Zeile nach unten (gleiche Spalte oder Zeilenende)
k ↑ Strg - P	n	Eine Zeile nach oben (gleiche Spalte oder Zeilenende)
+ ↵ Strg - M	n	Eine Zeile nach unten zum ersten sichtbaren Zeichen
-	n	Eine Zeile nach oben zum ersten sichtbaren Zeichen
H	▌ n	(Home) Zur ersten Bildschirmzeile (n**H** positioniert auf die n.te Bildschirmzeile)
M	▌	(Middle) Zur mittleren Bildschirmzeile

Zeilen-Positionierung

L	■	(Last) Zur letzten Bildschirmzeile (nL positioniert
	n	auf die n.te letzte Bildschirmzeile)
G	n	Zur letzten Pufferzeile (nG positioniert auf die n.te Pufferzeile)

Satz- und Absatz-Positionierung

)	n	zum Ende des momentanen bzw. zum Anfang des nächsten Satzes
(	n	zum Anfang des momentanen bzw. des vorhergehenden Satzes
}	n	zum Ende des momentanen bzw. zum Anfang des nächsten Absatzes
{	n	zum Anfang des momentanen bzw. des vorhergehenden Absatzes

Weitere Positionierungsmöglichkeiten

Strg - F / Bild ↓	n	(forward) eine Bildschirmseite vorblättern
Strg - B / Bild ↑	n	(backwards) eine Bildschirmseite zurückblättern
Strg - D	n	(down) eine halbe Bildschirmseite vorblättern. n Strg - D bedeutet n Zeilen weiterblättern
Strg - U	n	(up) eine halbe Bildschirmseite zurückblättern. n Strg - U bedeutet n Zeilen zurückblättern
Strg - E	n	eine Bildschirmzeile vorblättern
Strg - Y	n	eine Bildschirmzeile zurückblättern
[[	n	zum Anfang des momentanen bzw. des vorhergehenden Abschnitts
]]	n	zum Anfang des nächsten Abschnitts
``		Cursor zur vorherigen Position zurücksetzen
''		Cursor auf erstes sichtbares Zeichen der vorherigen Cursorzeile positionieren
%		Steht Cursor auf [, (, oder {, so wird vorwärts die entsprechende schließende Klammer gesucht und Cursor dort positioniert. Steht Cursor auf],), oder }, so wird rückwärts die entsprechende öffnende Klammer gesucht und Cursor dort positioniert.

Weitere Positionierungsmöglichkeiten

		Steht Cursor nicht auf [, (, {,],) oder }, so wird er auf die nächste schließende Klammer positioniert, wenn er nicht innerhalb eines Klammerpaares steht, ansonsten auf die öffnende Klammer des Klammerpaares.

Eingeben, Ändern und Löschen von Text

Umschalten in den Eingabemodus

a	n	(append) Nach dem Cursor einfügen
A	n	(Append) Am Ende der aktuellen Cursorzeile einfügen (entspricht $a)
i	n	(insert) Vor dem Cursor einfügen
I	n	(Insert) Am Anfang der aktuellen Cursorzeile (vor ersten sichtbaren Zeichen) einfügen
o		(open) In neuer Zeile nach der aktuellen Cursorzeile einfügen
O		(Open) In neuer Zeile vor der aktuellen Cursorzeile einfügen
s	-	(substitute) Zeichen an Cursor-
	n	position ersetzen (entspricht **cl**); *n*s die nächsten *n* Zeichen ab Cursorposition ersetzen
S	n	(Substitute) Ganze Cursorzeile ersetzen (entspricht **cc**);
		*n*S die nächsten *n* Zeilen ab Cursorzeile ersetzen
R	n	(Replace) Überschreiben einschalten
c*o*	n	(change) nachfolgendes Textobjekt vom Typ *o* ersetzen; z.B:
		cc ganze Zeile ersetzen
		cL Text ab Cursorposition bis zur letzten Bildschirmzeile ersetzen
C	-	(Change) Rest der Zeile ab Cursorposition ersetzen (entspricht **c$**);

Hinweis   Die Angabe einer Zahl *n* vor einem der Kommandos **a**, **A**, **i**, **I** oder **R** bewirkt, daß der danach eingegebene Text (bis ⏎) n mal dupliziert wird.

Korrekturmöglichkeiten im Eingabemodus

⌈Strg⌉-⌈H⌉ **erase** ⌈←⌉-Taste	-	Letztes Zeichen löschen
⌈Strg⌉-⌈W⌉	-	Letztes Wort löschen
kill	-	eingegebenen Text einer Zeile löschen
\	-	schaltet die Löschfunktion des nachfolgenden ⌈Strg⌉-⌈H⌉-, ⌈Strg⌉-⌈W⌉-, erase- oder kill-Zeichens aus
⌈Esc⌉-Taste		beendet den Eingabemodus und schaltet zurück in den direkten Kommandomodus

Tasten mit Sonderbedeutung im Eingabemodus

⌈Strg⌉-⌈I⌉	-	Tabulator-Zeichen einfügen
⌈Strg⌉-⌈T⌉	-	Cursor auf der nächsten Tabulator-Marke positionieren
⌈Strg⌉-⌈V⌉	-	Nächstes Zeichen nicht als Kommando interpretieren

Text ändern und löschen; (kein Umschalten in den Eingabemodus)

r*z*	- *n*	(replace) Zeichen an Cursorposition durch *z* ersetzen. Mit *n*r*z* die nächsten *n* Zeichen durch *z* ersetzen (*n*-mal wird ersetzt)
~	- *n*	Zeichen an Cursorposition von Klein- in Großbuchstaben umwandeln bzw. umgekehrt. Mit *n*~ werden die nächsten *n* Zeichen von Klein- in Großbuchstaben umwandeln bzw. umgekehrt
J	*n*	(Join) Zeilen zusammenfügen: Nachfolgende Zeilen an aktuelle Zeile anhängen. *n*J *n* Zeilen zusammenfügen, d.h. nächsten n-1 Zeilen an aktuelle Zeile anhängen
d*o*	*n*	(delete) Nachfolgendes Textobjekt vom Typ *o* löschen **dd** ganze aktuelle Zeile löschen **d/was** Text ab Cursorposition bis zum nächsten Vorkommen von was löschen
D	-	(Delete) Text der aktuellen Zeile ab Cursorposition löschen (entspricht **d$**)

Text ändern und löschen; (kein Umschalten in den Eingabemodus)		
<o	n	Textobjekt vom Typ *o* nach links schieben (Voreinst.: 8 Zeichen) << aktuelle Zeile nach links schieben
>o	n	Textobjekt vom Typ *o* nach rechts schieben (Voreinst.: 8 Zeichen) >> aktuelle Zeile nach rechts schieben
x	- n	Zeichen an Cursorposition löschen (entspricht **dl**) *n*x die nächsten *n* Zeichen ab Cursorposition löschen
X	- n	Zeichen vor Cursorposition löschen (entspricht **dh**) *n*X *n* Zeichen vor der Cursorposition löschen
.		Letztes Änderungskommando wiederholen

Suchen

Soll nicht nur ein Zeichen gesucht oder ein Suchvorgang nicht auf die aktuelle Zeile beschränkt werden, so reichen die **vi**-Kommandos **f**, **F**, **t** und **T** nicht aus. In der nachfolgenden Tabelle wird die Abkürzung *RA* für regulärer Ausdruck verwendet.

Einfache Suchkommandos		
/*RA* ⏎	n	Vorwärtssuche (zum Dateiende hin) nach einem Text, der durch *RA* abgedeckt wird. Cursor wird auf den Anfang des gefundenen Textes positioniert. Wird kein durch *RA* abgedeckter Text gefunden, so wird vom Dateianfang bis zur Cursorposition weiter nach einem solchen Text gesucht. Wird kein entsprechender Text gefunden, so verbleibt der Cursor an der Ausgangsposition[a].
/*RA*/n		sucht (vorwärts) *n*.te Vorkommen eines Textes, der durch *RA* abgedeckt ist
?*RA* ⏎	n	Rückwärtssuche (zum Dateianfang hin) nach einem Text, der durch *RA* abgedeckt wird. Cursor wird auf den Anfang des gefundenen Textes positioniert. Wird kein durch *RA* abgedeckter Text gefunden, so wird vom Dateiende zur Cursorposition hin weiter nach einem solchen Text gesucht. Wird kein entsprechender Text gefunden, so verbleibt der Cursor an der Ausgangsposition[b].
?*RA*?*n*		sucht (rückwärts) *n*.te Vorkommen eines Textes, der durch *RA* abgedeckt ist.

Einfache Suchkommandos

/RA/+n ↵	n	wie /RA, außer, daß Cursor auf die n.te Zeile nach dem gefundenen Text positioniert wird, z.B.	
		/das/2+3	sucht ab der Cursorposition das 2.Vorkommen von *das* und positioniert den Cursor dann auf die 3.Zeile hinter dieser Zeile
/RA/-n		positioniert den Cursor auf n.te Zeile vor dem gefundenen Text	
?RA?+n ↵	n	wie ?RA, außer, daß Cursor auf die n.te Zeile nach dem gefundenen Text positioniert wird, z.B.	
		?ist?+4	sucht ab der Cursorposition rückwärts nach *ist* und positioniert den Cursor dann auf die 4.Zeile hinter dieser Zeile
?RA?-n		positioniert den Cursor auf n.te Zeile vor dem gefundenen Text	
n		letzten Suchvorgang (entweder /RA oder ?RA) wiederholen	
N		letzten Suchvorgang (entweder /RA oder ?RA) in umgekehrter Richtung wiederholen	
%		Steht Cursor auf [, (oder {, so wird vorwärts die entsprechende schließende Klammer gesucht und Cursor dort positioniert.	
		Steht Cursor auf],) oder }, so wird rückwärts die entsprechende öffnende Klammer gesucht und Cursor dort positioniert	

a. »*Pattern not found*« wird in der Kommunikationszeile gemeldet
b. »*Pattern not found*« wird in der Kommunikationszeile gemeldet

Für *RA* (*regulärer Ausdruck*) gelten bei diesen Kommandos die folgenden Regeln.

1. Die Metazeichen von regulären Ausdrücken sind:
   . * [ ] \ ^ $
   Metazeichen haben eine Sonderbedeutung.

2. Ein einfacher regulärer Ausdruck ist einer der folgenden:

   ▷ *Einfaches Zeichen*, aber kein Metazeichen

   ▷ Das *Metazeichen* \, um Sonderbedeutung eines Metazeichens auszuschalten(z.B *)

   ▷ ^ steht für Anfang einer Zeile, wenn es als erstes Zeichen angegeben ist.

▶ $ steht für Ende einer Zeile, wenn es als letztes Zeichen angegeben ist.

▶ . steht für jedes beliebige Zeichen, außer Neuezeile-Zeichen

▶ \< steht für Anfang eines Worts

▶ \> steht für Ende eines Worts

▶ Eine *Klasse von Zeichen*: z.B. [ABC] deckt eines der Zeichen A, B oder C ab

▶ Eine *Klasse von Zeichen mit Abkürzungen*: z.B. deckt [a-zA-Z] alle Buchstaben ab (nicht Umlaute)

▶ Eine *Komplement-Klasse von Zeichen*: z.B. deckt [^0-9] alle Zeichen außer die Ziffern und das Neuezeile-Zeichen ab

3. Operatoren, um reguläre Ausdrücke zu größeren zusammenzufassen

▶ *Konkatenation*: AB deckt A unmittelbar gefolgt von B ab

▶ *null-oder-beliebig-viele*: A* deckt kein, ein oder mehr A ab

▶ *\runde Klammern*: \(r\) deckt gleiche Strings wie der ungeklammerte reguläre Ausdruck r ab

▶ *n-ter Teilausdruck*: \n deckt den gleichen String ab, wie ein zuvor angegebener \(Ausdruck\). *n* muß eine Ziffer sein und spezifiziert den *n*.ten \(Ausdruck\); z.B. würde das ex-Kommando **:1,$s/^\(.*\) $/==\1/**⏎ am Anfang aller Zeilen des Arbeitspuffers »==« einfügen.

Suchen und gleichzeitiges Editieren

Um die häufig benötigte Editierfunktion »*Suchen eines Textes mit gleichzeitigem Ersetzen*« zu erreichen, muß im Zeilen-Kommandomodus das **ex**-Kommando

`:s/alt/neu/`⏎

aufgerufen werden.

Kommando	Wirkung
`:s/alt/neu/`⏎	ersetzt in der aktuellen Zeile das erste Auftreten von *alt* durch *neu*.
`:s/alt/neu/g`⏎	ersetzt in der aktuellen Zeile alle Vorkommen von *alt* durch *neu*.
`:1,$s/alt/neu/g`⏎	ersetzt im gesamten Arbeitspuffer alle Vorkommen von *alt* durch *neu*.
`:1,10s/alt/neu/gc`⏎	würde nacheinander alle Vorkommen von *alt* in den ersten 10 Zeilen anzeigen und nachfragen, ob das jeweilige *alt* wirklich durch *neu* zu ersetzen ist. Wenn ja, so ist **y**⏎ einzugeben; bei jeder anderen Eingabe findet keine Ersetzung statt.

Suchen unter Verwendung einer Tag-Datei

vi und **ex** erlauben das Suchen bestimmter Texte über eine Tag-Datei *tags*. In dieser Datei werden je Zeile angegeben:

▶ eine Marke (ein Begriff)

▶ der Name einer Datei, auf die sich die angegebene Marke bezieht

▶ ein regulärer Ausdruck, nach dem zu suchen ist, oder die Nummer einer Zeile, in der Cursor zu positionieren ist.

Diese Angaben sind jeweils durch ein Tabulator-Zeichen voneinander getrennt anzugeben. Die einzelnen Zeilen müssen dabei nach dem Marken-Namen sortiert sein.

Wird nun **vi** bzw. **ex** mit der Option **-t** *marke* aufgerufen, so sucht der jeweilige Editor nach der angegebenen `marke` (1.Feld) in der Datei `tags`, welche sich entweder im working directory oder im Directory `/usr/lib` befinden muß, und positioniert den Cursor auf die entsprechende Position, die durch das dritte Feld (regulärer Ausdruck oder Zeilennummer) festgelegt ist.

Mit dem Editor-Kommandos

`:tag` *marke* ⏎

kann dann auf eine neue *marke* positioniert werden.

Das Editor-Kommando

`:set tag=`*datei(en)* ⏎

ermöglicht es die voreingestellten Pfadnamen für Tag-Dateien (`./tags /usr/lib/tags`) umzudefinieren.

Häufige Anwendung findet dieser Tag-Mechanismus beim Arbeiten mit mehreren Moduln: Es läßt sich hiermit sehr schnell in die Programmdatei umschalten, welche die Definition einer bestimmten Funktion enthält. Die Tag-Datei, in der zu jedem Funktionsnamen der Name des C-Moduls (mit regulären Ausdruck) angegeben ist, in dem diese Funktion definiert ist, läßt sich dabei mit dem BSD-Unix-Kommando **ctags** automatisch erstellen; **ctags** wird inzwischen auf den meisten Unix-Systemen angeboten:

`ctags [`c`-`*programmdateien*`]`

Kopieren und Verschieben von Text

yo	*n*	(*y*ank) kopiert das angegebene Textobjekt vom Typ *o* in den allgemeinen Puffer; z.B.

yy	kopiert die aktuelle Cursorzeile in den allgemeinen Puffer
*n***y**o	nächsten *n* Textobjekte vom Typ *o* in allgemeinen Puffer kopieren

Y	*n*	(*Y*ank) kopiert aktuelle Zeile in den allgemeinen Puffer (wie **yy**)
"x**y**o	*n*	kopiert das angegebene Textobjekt vom Typ *o* in den Puffer *x*; z.B.

"ayy	kopiert die aktuelle Cursorzeile in den Puffer a
"xn**y**o	die nächsten *n* Textobjekte vom Typ *o* in Puffer *x* kopieren

"x**Y**	*n*	kopiert aktuelle Zeile in den Puffer *x* (entspricht **"xyy**)
do	*n*	(*d*elete) löscht das angegebene Textobjekt vom Typ *o* und kopiert dieses in den allgemeinen Puffer; z.B.

dd	löscht die aktuelle Cursorzeile und kopiert diese in den allgemeinen Puffer
*n***d**o	nächsten *n* Textobjekte vom Typ *o* löschen und in allgemeinen Puffer kopieren

"xd**o**	*n*	löscht das angegebene Textobjekt vom Typ *o* und kopiert es in den Puffer *x*; z.B.

"add	löscht die aktuelle Cursorzeile und kopiert sie in den Puffer a
"xn**d**o	die nächsten *n* Textobjekte vom Typ *o* löschen und in den Puffer *x* kopieren

p	(*p*ut) Inhalt des allgemeinen Puffers hinter aktuelle Cursorposition kopieren; z.B. xp vertauscht zwei Zeichen
P	(*P*ut) Inhalt des allgemeinen Puffers vor aktuelle Cursorposition kopieren
"x**p**	Inhalt des Puffers *x* hinter aktuelle Cursorposition kopieren
"x**P**	Inhalt des Puffers *x* vor aktuelle Cursorposition kopieren
"n**p**	*n*.te letzte Löschung hinter aktuelle Cursorposition kopieren (für *n* ist eine Ziffer 1 bis 9 anzugeben)
"n**P**	*n*.te letzte Löschung vor aktuelle Cursorposition kopieren (für *n* ist eine Ziffer 1 bis 9 anzugeben)

Markieren und Positionieren anhand von Markierungen

mx	-	aktuelle Cursorposition mit x markieren; x muß ein Kleinbuchstabe sein
`` `x ``		Cursor auf die mit x markierte Stelle positionieren
`'x`		Cursor auf erstes sichtbares Zeichen der Zeile positionieren, in der sich die mit x markierte Stelle befindet

Sichern und Beenden

ZZ	Inhalt des Arbeitspuffers sichern und **vi** beenden (entspricht **:wq**⏎)
:wq⏎	Inhalt des Arbeitspuffers sichern und **vi** beenden (entspricht **ZZ**)
:q⏎	**vi** ohne Sicherung des Arbeitspuffers verlassen; wurde der Arbeitspuffer seit der letzten Änderung nicht gesichert, so wird eine Fehlermeldung ausgegeben und **vi** nicht verlassen
:q!⏎	**vi** ohne Sicherung des Arbeitspuffers verlassen, auch wenn der Arbeitspuffer seit der letzten Änderung nicht gesichert wurde (diese Änderungen gehen verloren)
:w⏎	Inhalt des Arbeitspuffers sichern (**vi** wird nicht verlassen)
:w *datei*⏎	Inhalt des Arbeitspuffers in *datei* sichern. Falls *datei* bereits existiert, wird dieses Kommando nicht ausgeführt
:w! *datei*⏎	Inhalt des Arbeitspuffers in *datei* sichern. Existiert *datei* bereits, so so wird ihr alter Inhalt überschrieben
n,m:w *datei*⏎	die Zeilen n bis m des Arbeitspuffers in *datei* sichern. Falls *datei* bereits existiert, so wird dieses Kommando nicht ausgeführt
n:w *datei*⏎	die n.te Zeile des Arbeitspuffers in *datei* sichern. Falls *datei* bereits existiert, so wird dieses Kommando nicht ausgeführt
n,m:w! *datei*⏎	die Zeilen n bis m des Arbeitspuffers in *datei* sichern. Existiert *datei* bereits, so wird ihr alter Inhalt überschrieben
n:w! *datei*⏎	die n.te Zeile des Arbeitspuffers in *datei* sichern. Existiert *datei* bereits, so wird ihr alter Inhalt überschrieben
:f *datei*⏎	den derzeitig gemerkten Dateinamen[a] in *datei* umändern. Wird der Name *datei* nicht angegeben, so wird der momentan gemerkte Dateiname und die Nummer der aktuellen Cursorzeile angezeigt (auch mit Strg-G möglich)

a. ist der Dateiname, der momentan mit dem Arbeitspuffer gekoppelt ist. Wird z. B. das Editier-Kommando :w⏎ eingegeben, so wird der Arbeitspuffer in der Datei gesichert, deren Name sich **vi** momentan gemerkt hat.

Gleichzeitiges Editieren mehrerer Dateien

`:e` *datei* ⏎	(*e*dit) Inhalt der Datei *datei* in den Arbeitspuffer kopieren; der alte Pufferinhalt wird dabei überschrieben. Falls die letzten Änderungen noch nicht gesichert wurden, erfolgt eine Fehlermeldung und das Kommando wird nicht ausgeführt. Derzeitige Datei bleibt als sogenannte Sekundärdatei erhalten (siehe **:e#**)
`:e!` ⏎	(*e*dit) Zuletzt gesicherte Version der gerade bearbeiteten Datei in den Arbeitspuffer kopieren; alle Änderungen, die seit dieser letzten Sicherung vorgenommen wurden, gehen dabei verloren.
`:e +`*datei* ⏎	(*e*dit) Inhalt der Datei *datei* in den Arbeitspuffer kopieren und Cursor ans Pufferende positionieren; der alte Pufferinhalt wird dabei überschrieben. Falls die letzten Änderungen noch nicht gesichert wurden, erfolgt eine Fehlermeldung und das Kommando wird nicht ausgeführt. Derzeitige Datei bleibt als sogenannte Sekundärdatei erhalten (siehe **:e#**)
`:e +n` *datei* ⏎	(*e*dit) Inhalt der Datei *datei* in den Arbeitspuffer kopieren und Cursor auf die *n*.te Zeile positionieren; der alte Pufferinhalt wird dabei überschrieben. Falls die letzten Änderungen noch nicht gesichert wurden, erfolgt eine Fehlermeldung und das Kommando wird nicht ausgeführt. Derzeitige Datei bleibt als sogenannte Sekundärdatei erhalten (siehe **:e#**)
`:e#` ⏎ Strg - ^	(*e*dit) Inhalt der Sekundärdatei in den Arbeitspuffer kopieren; der alte Pufferinhalt wird dabei überschrieben. Falls die letzten Änderungen noch nicht gesichert wurden, erfolgt eine Fehlermeldung und das Kommando wird nicht ausgeführt.
`:n` ⏎	(*n*ext) Nächste Datei aus der **vi**-Aufrufzeile in den Arbeitspuffer kopieren; der alte Pufferinhalt wird dabei überschrieben. Wenn die letzten Änderungen noch nicht gesichert wurden, erfolgt eine Fehlermeldung und das Kommando wird nicht ausgeführt.
`:n!` ⏎	(*n*ext) Nächste Datei aus der **vi**-Aufrufzeile in den Arbeitspuffer kopieren; der alte Pufferinhalt wird dabei auf jeden Fall überschrieben, selbst wenn die letzten Änderungen noch nicht gesichert wurden.
`:n` *argument(e)* ⏎	ersetzt die ursprünglichen Argumente aus der **vi**-Aufrufzeile durch die hier angegebenen *argument(e)*.

Neuaufbauen einer Bildschirmseite

Strg - L	Bildschirm löschen und Bildschirmseite wieder neu anzeigen; nützlich, wenn z.B. Bildschirminhalt durch Meldungen (messages) von anderen Benutzern zerstört wurde.
Strg - R	ähnlich zu Strg - L : Bildschirminhalt aktualisieren. Auf älteren Dialogstationen werden z.B. gelöschte Zeilen mit @ markiert und nicht wirklich auf dem Bildschirm entfernt. Mit diesem Kommando würden sie dann wirklich aus der Anzeige entfernt.
z ↵	Bildschirmseite (Fenster) so verschieben, daß aktuelle Cursorzeile die oberste Bildschirmzeile wird.
z-	Bildschirmseite (Fenster) so verschieben, daß aktuelle Cursorzeile die unterste Bildschirmzeile wird.
z.	Bildschirmseite (Fenster) so verschieben, daß aktuelle Cursorzeile die mittlere Bildschirmzeile wird.
/RA/z-1 ↵	Zeile, in der ein Text gefunden wird, der durch RA abgedeckt ist, wird die unterste Bildschirmzeile.
z*n*.	legt die Größe einer Bildschirmseite (Fenster) auf *n* Zeilen fest

Vorgenommene Änderungen rückgängig machen

u	(*u*ndo) macht die zuletzt im Arbeitspuffer vorgenommene Änderung wieder ungeschehen
U	(*U*ndo) macht die zuletzt an der aktuellen Cursorzeile vorgenommenen Änderungen wieder rückgängig

Ausführen von Unix-Kommandos ohne Verlassen des vi

:!unix_kdo ↵	bewirkt die Ausführung des angegebenen unix_kdo, ohne daß **vi** verlassen wird. Erscheint innerhalb von *unix_kdo* das Zeichen **%**, so wird hierfür der aktuelle Dateiname eingesetzt. So kann man z.B. mit **!cc -c %** das gerade editierte C-Programm kompilieren lassen, ohne den **vi** verlassen zu müssen.
:!sh ↵	schaltet auf die Unix-Kommandoebene[a] durch: dort können dann beliebig viele Unix-Kommandos eingegeben werden; in den **vi** kann mit der Eingabe von Strg - D wieder zurückgekehrt werden.

a. Es wird hier eine neue Subshell gestartet. Die Begriffe »Shell« und »Subshell« werden im nächsten Band Linux- Unix-Shells ausführlich behandelt.

Makros

Makros dienen dazu, Sequenzen von Kommandos unter einem Namen abzuspeichern, die dann später zusammen unter diesem Namen wieder abgerufen und ausgeführt werden können. Wenn der Name einer solchen »Befehlssequenz« z.B. **f** wäre, dann könnte dieses Makro mit

`@f`

aufgerufen werden.

Um eine Kommandosequenz abzuspeichern, ist es üblich, die entsprechenden Kommandos als einzelne Zeilen im Arbeitspuffer einzufügen und diese dann durch Löschen in den entsprechenden Puffer zu kopieren, wie z.B.

`"f3dd`

Da Kommandos oft durch Steuerzeichen realisiert sind (z.B. ⌷Strg⌷-⌷M⌷), muß man diese Zeichen während der Eingabe ausschalten; das ge-schieht durch Eingabe von ⌷Strg⌷-⌷V⌷ vor dem jeweiligen Steuerzeichen.

Weitere Kommandos, die das Definieren und Löschen von Makros ermöglichen, sind:

`:ab` abk text ⌷↵⌷

definiert für den angegebenen *text* ein Text-Makro mit Namen *abk*. Wird dann später im Eingabemodus oder Zeilen-Kommandomodus der Name *abk* eingegeben, so setzt **vi** hierfür *text* ein; vor und nach dem Namen *abk* darf hierbei kein Buchstabe oder Ziffer angegeben sein

`:ab`⌷↵⌷

zeigt alle definierten Text-Makros am Bildschirm an.

`:unab` abk ⌷↵⌷

löscht das Text-Makro *abk* wieder.

`:map` abk kdos ⌷↵⌷

definiert für die angegebenen Kommandos (`kdos`) ein Kommando-Makro mit Namen *abk*; *abk* muß dabei ein einzelnes Zeichen oder #*n* (für *n* ist eine Ziffer 0 bis 9 anzugeben) sein.

Wird dann später im direkten Kommandomodus der Name *abk* eingegeben, so werden die in *kdos* angegebenen Kommandos ausgeführt.

Beispiel 1. Mit der Makro-Definition[1]

`:map` #9 i   <Strg-V><ESC><Strg-V> ⌷↵⌷ ⌷↵⌷

---

1. ⌷Strg⌷- und ⌷Esc⌷-Tasten sind hier mit < .. > geklammert, um sie von anderem Text unterscheiden zu können

wird die Funktions-Taste [F9][1] mit den folgenden **vi**-Kommandos belegt:

i   [Esc]   (5 Leerzeichen vor Cursor einfügen)

[↵]   (Cursor auf erstes sichtbares Zeichen der nächsten Zeile

Nach dieser Definition würde jedes Drücken der Funktions-Taste [F10] diese beiden Kommandos ausführen.

2. Mit der Makro-Definition

:map <Strg-V><Strg-A> A<Strg-V>[↵]----<Strg-V><ESC><Strg-V>[↵] [↵]

wird die Taste [Strg]-[A] mit den folgenden **vi**-Kommandos belegt:

A[↵]----[Esc]   (nach aktueller Cursorzeile »----« einfügen)

[↵]   (Cursor auf erstes sichtbares Zeichen in nächster Zeile positionieren)

Nach dieser Definition würde also jede Eingabe von [Strg]-[A] (im direkten Kommandomodus) hinter der aktuellen Cursorzeile »----« einfügen und den Cursor auf den Anfang der nächsten Zeile positionieren.

:map[↵]

zeigt alle definierten Kommando-Makros am Bildschirm an.

:unmap abk[↵]

löscht das Kommando-Makro *abk* wieder.

:map! abk text[↵]

definiert für den angegebenen *text* ein Text-Makro mit Namen *abk*; wie **:ab**). Wird dann später im Eingabemodus oder Zeilen-Kommandomodus der Name *abk* eingegeben, so setzt **vi** hierfür *text* ein; anders als bei **:ab** gilt hier nicht die Einschränkung, daß vor und nach dem Namen *abk* kein Buchstabe oder Ziffer angegeben sein darf.

:unmap! abk[↵]

löscht das Text-Makro *abk* wieder.

vi- und ex-Optionen

Mit Hilfe der angebotenen Optionen können die Eigenschaften der Ein- und Ausgabeoperationen dieser beiden Editoren eingestellt werden. Wird eine gewisse Einstellung immer beim Arbeiten mit diesen Editoren gewünscht, so ist es ratsam, im home directory eine Datei mit Namen *.exrc*[2] zu erstellen, in der die entsprechenden Optionen angegeben sind. Wird eine gewisse Einstellung nur für eine **vi**- und **ex**-Sitzung benötigt, so können die gewünschten Optionen während der Sitzung mit dem **ex**-Kommando **set** festgelegt werden:

---

1. #i meist die i.te Funktions-Taste; z.B. steht #1 für F1. Bei manchen **vi**-Versionen steht #i jedoch auch für die i+1.te Funktionstaste.
2. Abkürzung für *ex runtime commands*

Option	Beschreibung
`set` *option* ⏎	Einschalten einer *option*
`set` **nooption** ⏎	Ausschalten einer *option*
`set` *option=wert* ⏎	Zuweisen von *wert* an eine *option*
`set` ⏎	Anzeigen der Belegung aller geänderter Optionen
`set all` ⏎	Anzeigen der Belegung aller Optionen
`set` *option*? ⏎	Anzeigen der Belegung der *option*

Werden Optionen in der Datei *.exrc* angegeben, so darf vor **set** kein Doppelpunkt angegeben werden.

Die möglichen Optionen sind in diesem Anhang beim Kommando **ex** beschrieben.

Alphabetische Übersicht der vi-Buchstaben-Kommandos

Befehl	Wirkung
a	Nach Cursorposition einfügen
A	Am Ende der aktuellen Cursorzeile einfügen
Strg - A	Nicht belegt
b	Cursor ein Wort oder Interpunktionszeichen zurückbewegen
B	Cursor ein Wort (einschließlich Interpunktionszeichen) zurückbewegen
Strg - B	Eine Bildschirmseite zurückblättern
c	Ändern
C	Text ab Cursorposition bis zum Zeilenende ändern
Strg - C	Nicht belegt
d	Löschen
D	Text ab Cursorposition bis zum Zeilenende löschen
Strg - D	Halbe Bildschirmseite vorblättern; im Eingabemodus: Einrückungen aufheben
e	Cursor zum Ende eines Worts oder zum nächsten Interpunktionszeichen bewegen
E	Cursor zum Ende eines Worts (einschließlich Interpunktionszeichen) bewegen
Strg - E	Eine Bildschirmzeile zurückblättern

Befehl	Wirkung
f	Cursor auf das angegebene Zeichen in der aktuellen Cursorzeile vorbewegen
F	Cursor auf das angegebene Zeichen in der aktuellen Cursorzeile zurückbewegen
Strg - F	Eine Bildschirmseite weiterblättern
g	Nicht belegt
G	Cursor auf letzte Zeile positionieren
Strg - G	Statusinformationen in der Kommunikationszeile ausgeben
h	Cursor ein Zeichen nach links bewegen
H	Cursor auf Anfang der ersten Bildschirmzeile positionieren
Strg - H	letztes Zeichen löschen (im Eingabemodus)
i	Vor Cursorposition einfügen
I	Am Anfang der aktuellen Cursorzeile einfügen
Strg - I	im Kommandomodus nicht belegt; im Eingabemodus das Tabulatorzeichen
j	Cursor eine Zeile nach unten bewegen (gleiche Spalte oder Zeilenende)
J	Zeilen zusammenfügen
Strg - J	Cursor eine Zeile nach unten bewegen (gleiche Spalte oder Zeilenende)
k	Cursor eine Zeile nach oben bewegen (gleiche Spalte oder Zeilenende)
K	Nicht belegt
Strg - K	Nicht belegt
l	Cursor ein Zeichen nach rechts bewegen
L	Cursor auf Anfang der letzten Bildschirmzeile positionieren
Strg - L	Bildschirm löschen und Bildschirmseite wieder neu anzeigen
m	Momentane Cursorposition mit a,b,c, ..oder z markieren
M	Cursor auf Anfang der mittleren Bildschirmzeile positionieren
Strg - M	Cursor eine Zeile nach unten auf das erste sichtbare Zeichen bewegen
n	Letztes Such-Kommando wiederholen
N	Letztes Such-Kommando in umgekehrter Richtung wiederholen
Strg - N	Cursor eine Zeile nach unten bewegen (gleiche Spalte oder Zeilenende)

Befehl	Wirkung
o	Neue Zeile nach aktueller Cursorzeile einfügen
O	Neue Zeile vor aktueller Cursorzeile einfügen
Strg - O	Nicht belegt
p	Pufferinhalt hinter der aktuellen Cursorzeile einfügen
P	Pufferinhalt vor der aktuellen Cursorzeile einfügen
Strg - P	Cursor eine Zeile nach oben bewegen (gleiche Spalte oder Zeilenende)
q	Nicht belegt
Q	Vom vi-Modus in den ex-Modus umschalten
Strg - Q	Im Kommandomodus nicht belegt; im Eingabemodus wird das folgende Zeichen nicht als Kommando interpretiert
r	Zeichen ab Cursorposition ersetzen
R	Schaltet Überschreiben ein
Strg - R	Bildschirm löschen und Bildschirmseite wieder neu anzeigen
s	Zeichen ab Cursorposition durch danach eingegebenen Text ersetzen
S	Gesamte aktuelle Cursorzeile ändern
Strg - S	Nicht belegt
t	Cursor vor das angegebene Zeichen in der aktuellen Cursorzeile vorbewegen
T	Cursor hinter das angegebene Zeichen in der aktuellen Cursorzeile zurückbewegen
Strg - T	Im Kommandomodus nicht belegt; im Eingabemodus: auf nächste Einrückposition vorrücken
u	Letzte Änderung rückgängig machen
U	Aktuelle Cursorzeile nach einer Änderung wieder in den vorherigen Zustand bringen
Strg - U	Halbe Bildschirmseite zurückblättern
v	Nicht belegt
V	Nicht belegt
Strg - V	Im Kommandomodus nicht belegt; im Eingabemodus wird das folgende Zeichen nicht als Kommando interpretiert
w	Cursor auf Anfang des nächsten Worts bzw. Interpunktionzeichen positionieren

Befehl	*Wirkung*
W	Cursor auf Anfang des nächsten Worts (einschließlich Interpunktionszeichen) positionieren
Strg - W	Im Kommandomodus nicht belegt; im Eingabemodus das zuletzt eingegebene Wort löschen
x	Zeichen an Cursorposition löschen
X	Zeichen vor Cursorposition löschen
Strg - X	Nicht belegt
y	In einen Puffer kopieren
Y	Aktuelle Cursorzeile in einen Puffer kopieren
Strg - Y	Eine Bildschirmzeile weiterblättern
z	Blättern: Ist das folgende Zeichen ↵ , so wird die aktuelle Cursorzeile die oberste Bildschirmzeile. Ist das folgende Zeichen ein . (Punkt), so wird die aktuelle Cursorzeile die mittlere Bildschirmzeile. Ist das folgende Zeichen ein –, so wird die aktuelle Cursorzeile die unterste Bildschirmzeile
ZZ	Editor mit Sicherung der Änderungen beenden

Zeichen, die im Kommandomodus nicht verwendet werden

Folgende Zeichen werden im Kommandomodus nicht verwendet und können vom Benutzer selbst definiert werden (siehe Teilkapitel über Makros):

		Strg - A
		Strg - C
g		
		Strg - I
	K	Strg - K
		Strg - O
q		Strg - Q
		Strg - S
		Strg - T
v	**V**	Strg - V
		Strg - W
		Strg - X

Weitere Aufrufmöglichkeiten des Editors vi

vi kann auch noch mit einem der folgenden Kommandos aufgerufen werden:[1]

view ....

Option **readonly** ist hier während der Editor-Sitzung gesetzt.

vedit ....

Dieser Aufruf ist für **vi**-Anfänger gedacht: Von Beginn der Editor-Sitzung an sind folgende Optionen gesetzt:

```
report=1
showmode
novice
```

wall	Nachrichten an alle Benutzer schicken (write to all users)

Syntax

`/etc/wall` oder nur `wall`

Beschreibung

Das Kommando **wall** liest den zu übermittelnden Text von der Standardeingabe (bis zur Eingabe von **EOF**) und schreibt dann den gelesenen Text auf alle Terminals der momentan angemeldeten Benutzer. Hiermit informiert üblicherweise der Superuser alle angemeldeten Benutzer über bevorstehende Änderungen des Systemzustands (wie z.B. Abschalten des Systems oder Veränderung des Laufzeitverhaltens für Benutzerprogramme wegen notwendiger Tests).

wall kann allerdings nicht nur der Superuser, sondern jeder Benutzer aufrufen; jedoch ist nur der Superuser in der Lage, die Zugriffsrechte anderer Benutzer-Terminals zu durchbrechen, wenn diese mit dem Kommando **mesg -n** für das Schreiben durch »fremde« Benutzer gesperrt wurden. Ist ein Terminal für »fremdes« Schreiben gesperrt ist, so kann die entsprechende Botschaft dort nicht ausgegeben werden und **wall** meldet dies mit

`»Cannot send to ...«.`

---

1. dabei sind alle Optionen und Argumente des früher gezeigten **vi**-Aufrufs verfügbar

wc   Zählen der Zeilen, Wörter und Zeichen eines Textes (word count)

Syntax

```
wc [-lwc] [datei(en)]
```

Beschreibung

Mit dem Kommando **wc** können Zeilen, Wörter und Zeichen eines Textes gezählt werden.

Voreinstellung für das Kommando **wc** ist:

▶ keine Optionen angegeben: es wird alles (Zeilen, Wörter und Zeichen) gezählt.

▶ eine Dateinamen angegeben: Es wird der Text von der Standardeingabe (bis zur Eingabe von Strg - D) ausgewertet.

Wenn mehrere *datei(en)* angegeben sind, so werden alle einzeln ausgewertet und abschließend wird ein Gesamtergebnis über die Anzahl aller Zeilen, Wörter und Zeichen ausgegeben.

Optionen

-l   es werden nur die Zeilen (engl.: *lines*) gezählt

-w   es werden nur die Wörter (engl.: *words*) gezählt

-c   es werden nur die Zeichen (engl.: *characters*) gezählt

Diese Optionen können beliebig kombiniert werden.

whatis   Kurzbeschreibung zu einem Kommando bzw. Schlüsselwort

Syntax

```
whatis [optionen] schlüsselwort
```

Beschreibung

zeigt die Bedeutung des *schlüsselworts* in Form eines einzeiligen Textes an. Statt **whatis** *schlüsselwort* könnte man im übrigen auch **man -f** *schlüsselwort* aufrufen.

Falls die Optionen **-k** und **-f** bzw. die Kommandos **whatis** und **apropos** z.B. unter Linux nicht funktionieren, fehlt sehr wahrscheinlich die Datenbank mit den Inhaltsangaben zu den man-Texten. In diesem Fall müßte zuvor noch **/usr/sbin/makewhatis** vom Superuser (root) aufgerufen werden.

Optionen

Mögliche Optionen können entweder über **man whatis** oder aber mit dem Aufruf **whatis --help** erfragt werden.

whereis	Schnelles Suchen von Dateien

Syntax

```
whereis [optionen] name
```

Beschreibung

durchsucht alle wichtigen Pfade für Binärdateien, man-Dateien und Quellprogramme nach dem angegebenen *namen*. **whereis** ist nicht so allgemein einsetzbar wie **find**, aber dafür wesentlich schneller. Welche Pfade **whereis** durchsucht, kann man sich mit dem Aufruf **man whereis** anzeigen lassen.

Optionen

Mögliche Optionen können entweder über **man whereis** oder aber mit dem Aufruf **whereis --help** erfragt werden.

Beispiel
```
$ whereis ls  ⏎
ls: /bin/ls
$ whereis file  ⏎
file: /usr/bin/file
$ whereis whereis  ⏎
whereis: /usr/bin/whereis
$ whereis passwd  ⏎
passwd: /bin/passwd /usr/bin/passwd /etc/passwd
$
```

which	Schnelles Suchen von Kommandos

Syntax

```
which kommandoname(n)
```

Beschreibung

Das Kommando **which** ermöglicht das schnelle Auffinden von Kommandos (Programme). Dazu durchsucht es die in der Variablen PATH angegebenen Directories. Den Inhalt der Variablen PATH kann man sich mit **echo $PATH** ausgeben lassen. Kann **which** die angegebenen *kommandoname(n)* in den PATH-Directories finden, gibt es den vollen Pfadnamen des jeweiligen Kommandos aus, ansonsten gibt es nichts aus.

Beispiel `$ echo $PATH` ⏎
`/home/hh/bin:/usr/local/bin:/usr/bin:/usr/X11R6/bin:/bin:/usr/openwin/bin:/`
`usr/lib/java/bin:/var/lib/dosemu:/usr/games/bin:/usr/games:/opt/kde/bin:.:/`
`usr/bin/TeX:/usr/X11R6/lib/X11/susewm/bin:/home/hh/bin:/usr/local/moses_apr6/`
`bin:/usr/local/pepsy/bin:.`
`$ which cat` ⏎
`/bin/cat`
`$ which hallo` ⏎   Wenn **which** das angegebene Kommando nicht fin-
                                                       det, gibt es nichts aus

`$ which cal java` ⏎
`/usr/bin/cal`
`/usr/lib/java/bin/java`
`$`

who	Ausgeben der momentan angemeldeten Benutzer (who is on the system)

Syntax

who `[option(en)]` `[datei]`
who am i
who am I

Beschreibung

Das Kommando **who** gibt per Voreinstellung alle Login-Namen, Terminalnamen und Anmeldezeiten zu allen Benutzern aus, die momentan am System
angemeldet sind. Über die Angabe von Optionen ist es möglich, sich andere
Information ausgeben zu lassen. Normalerweise besorgt sich das Kommando
who seine Informationen aus der Datei */var/adm/utmp*; wird dagegen beim Aufruf von **who** eine *datei* angegeben, so liest es seine Informationen aus dieser
datei.

Bei den Aufrufen

who am i

und

who am I   (beide bedeuten zu deutsch: *Wer bin ich ?*)

wird der Login-Name des Aufrufers ausgegeben.

Ausgabeformat

Das Format der **who**-Ausgabe hängt von den angegebenen Optionen ab. Dabei
können bis zu 8 verschiedene Informationen ausgegeben werden:

`name` `[zustand]` *leitung* *zeit* `[aktivität]` `[pid]` `[kommentar]` `[exit]`

Die einzelnen Felder bedeuten dabei:

Feld	Bedeutung
name	Login-Name
zustand	zeigt an, ob »fremde« Benutzer auf diesen Terminal (z. B. mit **write**) schreiben dürfen. Dabei bedeutet:

+	Schreiberlaubnis
-	keine Schreiberlaubnis
?	gestörte Verbindung

Feld	Bedeutung
leitung	Name (wie in /*dev*) des benutzten Terminals bzw. der benutzten Leitung.
zeit	Anmeldezeit
aktivität	Zeit, die seit der letzten Aktivität am entsprechenden Terminal bzw. Leitung vergangen sind. Dabei bedeutet:

.	War in der letzten Minute aktiv
old	seit über 24 Stunden oder seit letzten Systemstart nicht mehr benutzt
Stunden:Minuten	sonst

Feld	Bedeutung
pid	PID der Login-Shell
kommentar	Inhalt des Kommentar-Feldes in der Datei /*etc*/*inittab*. Ein solcher Kommentar kann z. B. Information geben, wo sich das entsprechende Terminal befindet.
exit	Beendigungszeitpunkte und Exit-Werte von toten Prozessen.

Optionen

Wenn nicht anders angegeben, so zeigen die auf der folgenden Seite angegebenen Optionen die Informations-Felder *name, leitung, zeit, aktivität, pid,* und *kommentar* an.

Option	Beschreibung
-u	(**u**sed) nur die Benutzer auflisten, die momentan angemeldet sind.
-T	(**T**erminal state) zusätzlich noch das Feld *zustand* ausgeben. Wenn dies die einzige Option ist, dann werden (bis auf *zustand*) dieselben Felder wie bei der Option -s ausgegeben.

Option	Beschreibung
-l	(**l**ines) nur die Leitungen auflisten, bei denen das System auf ein Anmelden wartet. Dabei wird *LOGIN* im Feld *name* ausgegeben, und das Feld *zustand* wird nicht angezeigt.
-H	(**H**eader) zu jeder Spalte werden Überschriften ausgegeben.
-q	(**q**uick) nur die Namen und die Zahl der momentan angemeldeten Benutzer wird ausgegeben.
-p	(**p**rocess) andere Prozesse, die vom Systemprogramm *init* gestartet wurden, werden ausgegeben.
-d	(**d**ead) alle toten Prozesse, die noch nicht von *init* entfernt wurden, werden ausgegeben. Dabei wird das Feld *exit* angezeigt.
-b	(**b**oot) Zeit und Datum des letzten Systemstarts wird ausgegeben.
-r	(**r**un level) der sogenannte *Run-Level* des init-Prozesses wird ausgegeben. Der *Run-Level* s zeigt an, daß das System sich gerade im Einbenutzer-Modus befindet, und der *Run-Level* 2 informiert, daß das System sich im Mehrbenutzer-Modus befindet.
-t	(**t**ime) Zeit und Datum der letzten Systemuhr-Einstellung wird ausgegeben.
-a	(**a**ll) schaltet alle Optionen außer -q und -s an.
-s	es werden nur die Felder *name*, *leitung* und *zeit* ausgegeben.
-n *x*	*x* muß eine ganze Zahl größer 0 sein. *x* legt dabei fest, wie viele Benutzer pro Zeile auszugeben sind; **-n** wird ignoriert, wenn zugleich die Option **-q** angegeben ist.

Werden keine Optionen angegeben, so entspricht dies der Angabe der Option -s.

Unter Linux bietet **who** noch einige weitere Optionen an. Diese kann man entweder über **man who** oder aber mit dem Aufruf **who --help** erfragen.

write   Nachrichten an andere Benutzer senden

Syntax

write *login-name* [*terminal-name*]

Beschreibung

Mit dem Kommando **write** ist es möglich, daß ein Benutzer Mitteilungen an die Terminals anderer Benutzer sendet. **write** kann dabei benutzt werden, um entweder Informationen einkanalig zu verschicken oder aber *zwei* Benutzern einen Dialog miteinander führen zu lassen.

Nach dem **write**-Aufruf wird die Meldung

Message from *absender* on *rechner-name* (*tty..*) [*datum*] ...

auf dem Terminal von *login-name* ausgegeben, falls dorthin eine Verbindung hergestellt werden konnte.

Dem Sender wird ein erfolgreicher Verbindungsaufbau mit dem zweimaligen Klingeln der Terminalglocke angezeigt. Nun kann der Sender beliebigen Text eingeben; jede mit ⏎ abgeschlossene Zeile wird am Empfängerterminal ausgegeben. Das Ende der Nachricht zeigt der Sender mit der Eingabe von Strg - D (**EOF**) an; dies wird am Empfänger-Teminal mit <EOT>[1] oder (*end of message*) angezeigt und danach wird die Verbindung abgebrochen.

Der zu übermittelnde Text kann natürlich auch in eine Datei geschrieben werden und mit Eingabeumlenkung beim Aufruf gesendet werden.

Ist ein Dialog zwischen *zwei* Benutzern erwünscht, so müßte der Empfänger der Nachricht

Message from *absender-login-name* on *rechner-name* (*tty..*) [*datum*] ...

seinerseits den Befehl

write *absender-login-name*

abgeben, um eine zusätzliche »Schreibleitung« zum Absender aufzubauen. Es ist dabei ratsam, die ersten übermittelten Zeilen des Senders abzuwarten. An diesen ist meist erkennbar, ob der Sender lediglich eine Information übermitteln möchte oder aber einen Dialog wünscht.

Wenn ein **write** an einen Benutzer abgegeben wird, der an mehr als an einem Terminal arbeitet, so muß zusätzlich zum *login-name* noch der *terminal-name* (z. B. ttyic) angegeben werden, zu dem eine »Schreiblei-tung« herzustellen ist. Ist in diesem Fall kein *terminal-name* angegeben, so wird eine »Schreibleitung« zum ersten in der Datei */etc/utmp* gefundenen Terminal-Namen aufgebaut, der vom entsprechenden Benutzer verwendet wird und der Schreiben erlaubt. Der Sender erhält dann folgende Meldung:

login-name is logged on more than one place
You are connected to "*terminal-name*"
Other locations are:
terminal-name1
terminal-name2
   ...

---

1. engl.: *end of transmission*

Hinweis Bei einem Dialog zwischen *zwei* Benutzern sollte ein gewisses Protokoll eingehalten werden, um ein Durcheinander von gesendeten und empfangenen Daten
zu vermeiden:

▷ Nach der Abgabe des **write**-Kommandos (eventuell mit einer Zeile zur
Dialog-Aufforderung) sollte der Sender warten, bis der adressierte Empfänger ihn mit einem **write**-Befehl seine Dialogbereitschaft anzeigt.

▷ Der jeweils sendende Benutzer sollte seine Nachricht mit einer bestimmten Zeichenkombination (wie z.B. -o für *over*) abschließen, um dem
anderen Benutzer so mitzuteilen, daß er nun seinerseits auf dessen Antwort wartet.

▷ Die endgültige Beendigung eines Dialogs sollte der jeweilige Sender
ebenfalls mit einer bestimmten Zeichenkombination (wie z.B. -oo für
over and out) anzeigen.

Wird bei der Eingabe der zu übermittelnden Nachricht als erstes Zeichen ein ! in
einer Zeile angegeben, so wird der Rest der Zeile als ein Unix-Kommando interpretiert, das ausgeführt wird.

Ein Benutzer kann sein Terminal für das Schreiben durch einen **write**-Befehl
eines anderen Benutzers sperren. Dazu steht das Kommando **mesg**

Mögliche Fehlermeldungen des **write**-Kommandos sind:

```
user is not logged on
```

adressierter Benutzer ist momentan nicht im System angemeldet.

```
Permission denied
```

adressierter Benutzer hat sein Terminal mit **mesg -n** gesperrt.

```
Warning: cannot respond, set mesg -y
```

Terminal des Senders ist mit **mesg -n** für Antworten des adressierten Benutzers
gesperrt.

```
Can no longer write to user
```

Empfänger einer Nachricht hat sein Terminal während der Eingabe der zu übermittelnden Nachricht nachträglich mit **mesg -n** gesperrt.

xman	Online-Hilfe unter X Window

Syntax

```
xman [optionen]
```

Beschreibung

Mit dem Kommando **xman** können während des Arbeitens am System unter X Window Informationen aus der Online-Dokumentation zu vielen Kommandos und C-Funktionen erfragt werden. Es empfiehlt sich **xman** wie folgt aufzurufen:

xman -bothshown &

Danach erscheint ein kleines Hilfsfenster.

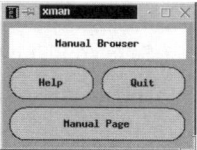

Mit einem Mausklick auf den Button *Help* kann eine Hilfsinformation zur Bedienung von **xman** angezeigt werden. Ein Mausklick auf den Button *Manual Page* liefert ein größeres Fenster, in dem der gewünschte man-Text ausgesucht werden kann.

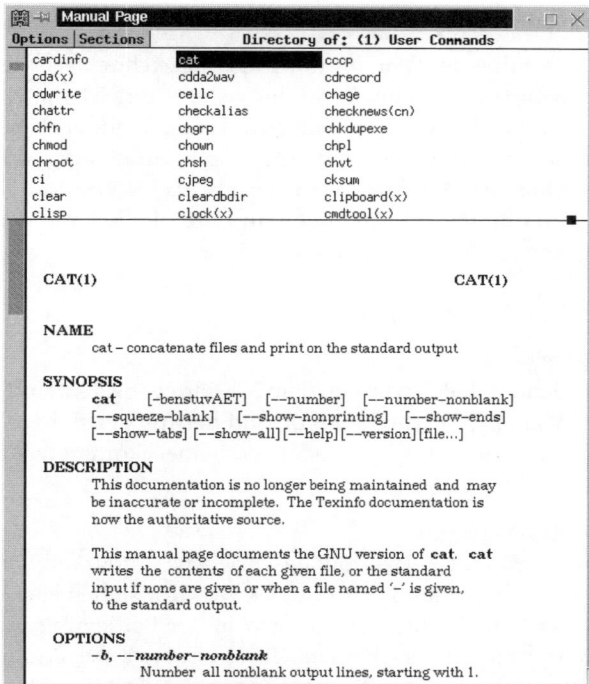

Im Hauptmenü kann über das Menü *Sections* für jeden der einzelnen Themenbereiche eine Liste der dazugehörigen Kommandos bzw. Funktionen eingeblendet werden. Möchte man den man-Text zu einem Kommando bzw. zu einer Funktion ansehen, muß nur auf den entsprechenden Namen mit der Maus geklickt werden, und der dazugehörige Text wird im unteren Fenster eingeblendet.

Da die einzelnen Menüeinträge weitgehend selbsterklärend sind, wird hier auf eine weitere Erklärung verzichtet. Wichtig zu wissen ist noch, daß ein Drücken der Strg-Taste zusammen mit der linken Maustaste das *Options*-Menü und das Drücken der Strg-Taste zusammen mit der mittleren Maustaste das *Sections*-Menü zur Auswahl einblendet. Weitere wichtige Tastenkürzel von **xman** sind:

Leertaste, Taste f	eine Seite vorblättern
Taste b	eine Seite zurückblättern
Taste 1 bis 4	ein bis vier Zeilen vorblättern
Strg+Taste s	man-Text zu einem einzugebenden String suchen.

X Window · Grafische Benutzeroberfläche unter Unix / Linux

Beschreibung

Das X Window System, oft nur mit X bezeichnet, wurde vom MIT (Massachusetts Institute of Technology) entwickelt und ist die Basis für eine grafische Benutzeroberfläche unter Unix bzw. Linux. Anders als bei MS-Windows ist das Aussehen dieser Oberfläche aber nicht einheitlich, sondern hängt von dem gerade aktiven Windows-Manager ab. Das X Window System ist nämlich nur eine Sammlung von Funktionen und Protokollen, mit denen grafische Ein- und Ausgaben am Bildschirm möglich sind.

Wichtige Grundbegriffe

X-Server
ist die Schnittstelle zwischen dem X Window System und der Hardware (Grafikkarte, Maus). Typische X-Server sind der frei verfügbare und meist unter Linux verwendete Server *Xfree86* oder die beiden kommerziellen Server *MetroX* und *AcceleratedX*.

Windows-Manager
ist ein eigens für X Window geschriebenes Programm, das für die Verwaltung von Fenstern zuständig ist. Unter X Window stehen eine Vielzahl von Windows-Managern zur Verfügung, die sich in der Bedienung und der Darstellung der Fensterrahmen unterscheiden. Unter Linux ist der Window-Manager fvwm bzw. sein Nachfolger fvwm2 sehr weit verbreitet. Seit neuestem erfreut sich auch der kwm (KDE Windows Manager) sehr großer Beliebtheit. In einem späteren Unterkapitel wird noch genauer auf die wichtigsten Windows-Manager eingegangen.

Virtueller Bildschirm

Der X-Server kann einen sogenannten virtuellen Bildschirm verwalten, der größer ist als der am Monitor darstellbare Bildausschnitt. Bewegt man die Maus an den Rand des Monitor-Bildschirms wird automatisch das Monitor-Bild so verschoben, daß der entsprechende bisher nicht sichtbare Bildausschnitt in den Monitor-Bildschirm geschoben und damit sichtbar wird.

Virtueller Desktop

Viele Windows-Manager sind in der Lage, einen sogenannten virtuellen Desktop zu verwalten. Ein virtueller Desktop ermöglicht es, mehrere Grafikbildschirme, von denen immer nur einer gerade sichtbar sein kann, gleichzeitig zu unterhalten. Zum Wechseln des gerade sichtbaren Bildschirms wird eine eigene Schaltfläche angeboten, auf der die jeweiligen virtuellen Grafikbildschirme stark verkleinert oder über ihre Namen angezeigt sind. Ein Mausklick auf das jeweilige Bildschirm-Kästchen aktiviert dann diesen virtuellen Bildschirm und macht ihn am Monitor sichtbar, wodurch der bisher aktive virtuelle Bildschirm unsichtbar wird, aber jederzeit später wieder aktiviert werden kann.

X-Ressourcen

Mit den X-Ressourcen können die Eigenschaften der meisten X-Programme (Hintergrundfarbe, Schriftart usw.) eingestellt. Hierzu existiert eine eigene Ressourcendatei, mit der zentral das Aussehen von X-Programmen konfiguriert werden kann.

Motif

Dies ist eine auf X aufsetzende grafische Oberfläche, in der zusätzliche Steuerelemente (Widgets) definiert sind, um der Oberfläche ihr typisches Aussehen zu geben. Motif enthält eine eigenes Paket von X-Programmen (Editor, Dateimanager usw.). Motif ist lizenzpflichtig und damit nicht frei verfügbar, wenn auch unter Linux einzelne Programme mit einer Motif-ähnlichen Oberfläche angeboten werden, die eigens als Freeware entwickelt wurden.

Openlook

Dies ist wie Motif eine weitere auf X aufsetzende grafische Oberfläche, die von Sun entwickelt wurde und inzwischen auch frei verfügbar ist.

CDE

CDE steht für *Common Desktop Environment* und ist eine Oberfläche, die auf Motif aufbaut und zusätzliche Komponenten anbietet, welche die Bedienung erleichtern, wie z.B. Hilfesystem usw. Mit CDE soll eine einheitliche Benutzeroberfläche für unterschiedliche Unix-Systeme geschaffen werden.

KDE

KDE steht für *K Desktop Environment*. Seine Entwickler haben sich zum Ziel gesetzt, eine Alternative zum CDE frei verfügbar zu machen, die jedoch nicht kompatibel zum CDE ist. KDE enthält einen eigenen Windows-Manager und eine Vielzahl von eigenen X-Programmen mit einheitlicher Bedienung und einheitlichem Aussehen. Die beliebige und leichte Konfigurierbarkeit macht den KDE schon heute, obwohl er sich immer noch im Entwicklungsstadium befindet, vor allen Dingen unter Linux zu einer sehr beliebten Oberfläche.

Maus und Tastatur unter X

Wichtige Tastenkombinationen unter X (Linux)

STRG+ALT+*Backspace*	Beenden von X Window
STRG+ALT+F*n*	Wechseln zum Textbildschirm 1 bis 6 (F1 zum Textbildschirm 1, F2 zum Textbildschirm 2 usw.)
STRG+ALT+F7	Wechseln von einem Textbildschirm zurück zum X Window System
STRG+ALT+ +	Wechseln des Grafikmodus (vorwärts)
STRG+ALT+ -	Wechseln des Grafikmodus (rückwärts)

Anzumerken ist noch, daß man unter X Window das Linux-System nicht mit STRG+ALT+*Entf* neu starten kann. Dazu muß man zuerst X Window mit STRG+ALT+*Backspace* beenden und dann STRG+ALT+*Entf* eingeben.

Einige Besonderheiten unter X

Meist hat man unter X mehrere Fenster (Windows) gleichzeitig geöffnet, wobei jedoch immer nur in einem, dem geraden aktiven Window, Tastatureingaben möglich sind. Je nach Konfiguration des Windows-Managers wird ein Window immer dann aktiv, wenn man es mit der Maus anklickt, oder aber auch automatisch, wenn man nur die Maus in das Window bewegt.

Eine weitere Besonderheit von X Window ist, daß man Tastatureingaben in einem Feld nur dann durchführen kann, wenn sich der Mauszeiger gerade in diesem Feld befindet. Da man oft darauf nicht achtet, fängt man bereits an, Text zu tippen, der dann allerdings verloren ist, wenn sich die Maus nicht gerade im Textfeld befindet. Dies kann sehr ärgerlich sein.

Eine weitere Besonderheit von X ist, daß es oft nicht zwischen der Taste *Backspace* und *Entf* unterscheidet, was vor allen Dingen für einen X-Neuling doch sehr ungewohnt ist.

Kopieren von Texten mit der Maus

In nahezu allen X-Programmen ist es möglich, mittels der Maus Texte zu kopieren und an anderer Stelle wieder einzufügen. Die dazu erforderlichen Maustasten entsprechen denen des Programms **gpm**, das Gleiches im Textmodus leistet:

Bewegen der Maus bei gedrückter linker Maustaste
Markierung eines Textes. Der entsprechende Text wird zugleich in einen internen Puffer kopiert und kann an einer anderen Stelle mit dem Drücken der mittleren Maustaste im Text eingefügt werden.

mittlere Maustaste
zuvor mit gedrückter linker Maustaste markierten Bereich an der Stelle des Mauscursors einfügen.

rechte Maustaste
Markierungsende des zuvor markierten Bereichs versetzen

Verschieben von Bildlaufleisten

Viele X-Programme bieten sogenannte Schiebebalken an. Die Größe des grauen Schiebefelds zeigt dabei die relative Größe des sichtbaren Windows-Ausschnitts an. Die erforderlichen Maustasten zum Verschieben des Schiebebalkens sind:

gedrückte linke Maustaste
Verschieben des Schiebebalkens entsprechend der Mausbewegung

linke Maustaste
Verschieben des Schiebebalkens nach unten

rechte Maustaste
Verschieben des Schiebebalkens nach oben

Bei den letzten beiden Maustasten gibt die aktuelle Position der Maus im Schiebebalken an, wie weit der Schiebebalken relativ zu verschieben ist:

▷ Ein Mausklick ganz oben bedeutet: nur eine Zeile weiterblättern und

▷ Ein Mausklick ganz unten bedeutet: eine ganze Seite weiterblättern

Windows-Manager

Zur Konfiguration der X-Oberfläche gibt es zwei sich gegenseitig nicht ausschließende Möglichkeiten:

▷ der *Windows-Manager*, der für das Aussehen und dem Umgang mit Fenstern verantwortlich ist.

▷ die *X-Ressourcen*, mit denen sich das allgemeine Aussehen von X-Programmen (Hintergrundfarbe, Zeichensätze usw.) einstellen läßt.

Unter X Window stehen eine Vielzahl von Windows-Manager zur Verfügung, wie z. B.:

fvwm	(*Virtual Windows Manager*) der Standard-Windows-Manager unter Linux, der inzwischen in drei Versionen angeboten wird (**fvwm1.2n**, **fvwm2.0** und **fvwm95**).
twm	(*Tab Windows Manager*) ist der einzige Windows-Manager, der ein fester Bestandteil des X Window Systems ist. **twm** wird aber aufgrund seiner mangelnden Bedienerfreundlichkeit nur sehr selten eingesetzt.
olwm	(*Open Look Windows Manager*) von Sun entwickelt und vermittelt das Look and Feel von Sun-Rechnern.
kwm	(*KDE Windows Manager*) zwar noch im Entwicklungsstadium, erfreut sich aber aufgrund seiner leichten Bedienbarkeit immer größerer Beliebtheit.
mwm	(*Motif Windows Manager*) steht nur zur Verfügung, wenn auch Motif installiert wurde.

Der Windows-Manager ist für die Verwaltung und das Aussehen der einzelnen Windows (Fenster) verantwortlich. Die einzelnen Windows-Manager unterscheiden sich nun dadurch, daß sie die Fensterrahmen und die Steuerung für die einzelnen Windows (Verschieben, Verkleinern usw.) auf unterschiedliche Arten realisieren.

Der Windows-Manager hat allerdings keinen Einfluß auf die Programme, die man unter X Window verwenden kann. So kann man z.B. das beim **kwm** mitgelieferte Programm **ksnapshot** für *Screenshots* auch unter dem Windows-Manager **fvwm** aufrufen und verwenden.

Welcher Windows-Manager beim Start von X zu verwenden ist, läßt sich über entsprechende Konfigurationsdateien festlegen. Unter Linux z.B. startet man das X Window System üblicherweise mit dem Kommando **startx**, welches abhängig von der jeweiligen Distribution folgende Konfigurationsdateien in der angegebenen Reihenfolge liest:

`/etc/X11/xinit/xinitrc`	(RedHat, Caldera, Debian, DLD)
`/usr/X11R6/lib/X11/xinit/xinitrc`	(SuSE)
`.xinitrc` (im Home Directory)	(alle Distributionen)
`.Xclients` (im Home Directory)	(RedHat)

Wird das X Window System dagegen automatisch beim Systemstart mit dem Programm **xdm** gestartet, so werden die folgenden Konfigurationsdateien ausgewertet:

`/etc/X11/xdm/Xsession`	(RedHat, Caldera, Debian, DLD)
`/usr/X11R6/lib/X11/xdm/Xsession`	(SuSE)
`.xsession` (im Home Directory)	(alle Distributionen)

Welchen Windows-Manager man standardmäßig verwenden möchte, läßt sich in der Datei `.xinitrc` (im Home Directory) festlegen. Dazu muß dort die entsprechende Zeile gesucht werden, wie z.B.

```
exec $WINDOWMANAGER
```

Trägt man vor dieser Zeile z.B. folgende Zeile ein:

```
WINDOWMANAGER=fvwm95
```

dann wird immer der Windows95 ähnliche Windows-Manager **fvwm95** beim Start des X Window Systems verwendet.

fvwm

ist der Standard-Windows-Manager unter Linux. Er zeichnet sich durch seine leichte Bedienbarkeit, seinen geringen Speicherverbrauch und seine beliebige Konfigurierbarkeit aus. Er wird inzwischen in mehreren Versionen angeboten:

fvwm1.2*n*	Ältere Version des **fvwm**, die sich durch geringen Speicherverbrauch auszeichnet
fvwm2.0	Neuere Version mit wesentlich mehr Konfigurationsmöglichkeiten
fvwm95	Variante zu **fvwm2.0**, die eine Windows95 ähnliche Oberfläche nachbildet.

fvwm1.2n

Wichtige Mausfunktionen im fvwm1.2n

Gedrückte linke Maustaste auf Rand eines Windows
Vergrößern bzw. Verkleinern des Windows

Gedrückte linke Maustaste in Titelleiste eines Windows
Verschieben des Windows

Klick auf mittlere Maustaste in Titelleiste eines Windows
Anzeigen eines Fenstermenüs

Klick auf rechte Maustaste in Titelleiste eines Windows
legt das Fenster in den Hintergrund bzw. wieder in den Vordergrund

Klick in einem Fenster
Aktivieren dieses Fensters

Klick auf linken Button in Titelleiste
Anzeigen eines Fenstermenüs

Klick auf linken der beiden rechten Buttons in Titelleiste
Fenster als Icon (verkleinertes Fenster) darstellen. Icons werden automatisch am rechten Bildschirmrand (von oben nach unten) plaziert

Klick auf rechten Button in Titelleiste
Fenstergröße maximieren

Klick mit linker oder rechter Maustaste auf ein Icon
Fenster wieder groß darstellen

Klick auf linke Maustaste über Bildschirmhintergrund
Einblenden eines Menüs zum Start wichtiger X-Programme (Terminal-Fenster, Editoren, **xman** usw.) bzw. zum Verlassen oder Neustart von **fvwm**.

Klick auf mittlere Maustaste über Bildschirmhintergrund
Einblenden eines Menüs zum Verschieben von Fenstern, Verändern der Größe von Fenstern usw.

Klick auf rechte Maustaste über Bildschirmhintergrund
Einblenden eines Menüs, das alle aktuell laufenden X-Programme anzeigt. Die Auswahl eines dieser Programme aktiviert dieses. Falls das zugehörige Window momentan als Icon dargestellt ist, wird es automatisch vergrößert. Zudem wechselt **fvwm** automatisch in den virtuellen Desktop, in dem sich dieses Programm befindet.

Beim Öffnen eines neuen Fensters wird dessen Plazierung dem Benutzer überlassen: Es erscheint ein Rahmen, der mit der Maus an eine beliebige Stelle bewegt werden kann, bis die gewünschte Position gefunden ist. Die Plazierung findet dann mit dem Drücken einer beliebigen Maustaste statt.

Tastenkürzel im fvwm1.2n

Alt+Tab	Wechseln zum nächsten Fenster
Shift+Alt+Tab	Wechseln zum vorherigen Fenster

Ein virtueller Desktop ermöglicht es unter **fvwm1.2n**, mehrere Grafikbildschirme, von denen immer nur einer gerade sichtbar sein kann, gleichzeitig zu unterhalten. Zum Wechseln des gerade sichtbaren Bildschirms wird eine eigene Schaltfläche angeboten, auf der die jeweiligen virtuellen Grafikbildschirme stark verkleinert angezeigt sind. Die Funktionen der einzelnen Maustasten in der virtuellen Desktop-Schaltfläche sind nachfolgend angegeben:

Mausfunktionen in der virtuellen Desktop-Schaltfläche im fvwm1.2n

linke Maustaste
aktiviert den entsprechenden virtuellen Bildschirm

gedrückte mittlere Maustaste
ermöglicht des Verschieben eines Mini-Windows und damit natürlich auch das zugehörige »große« Window auf einen anderen virtuellen Bildschirm

gedrückte rechte Maustaste
ermöglicht das Verschieben des sichtbaren Bildschirmausschnitts über die eigentlichen virtuellen Bildschirmgrenzen hinweg

Die Konfiguration des **fvwm1.2n** erfolgt über die Datei .fvwmrc (im Home Directory) oder, wenn diese Datei fehlt, durch die globale Datei system.fvwmrc, die sich abhängig von der jeweiligen Distribution an unterschiedlichen Stellen befindet.

/etc/X11/fvwm/system.fvwmrc	(RedHat)
/usr/X11R6/lib/X11/fvwm/system.fvwmrc	(SuSE, Caldera)

Wichtige Schlüsselwörter zur Konfiguration des fvwm1.2n

ClickToFocus
Ist diese Option eingeschaltet, dann wird ein Window immer erst dann aktiv, wenn es angeklickt wird. Schaltet man diese Option aus, indem man davor ein Kommentarzeichen # einfügt, wird ein Window auch schon aktiv, wenn man nur die Maus in dieses Window bewegt. In diesem Fall ist also kein eigener Mausklick notwendig. Oft funktioniert **ClickToFocus** allerdings nur, wenn die Num-Lock-Taste inaktiv ist.

AutoRaise *n*
n legt dabei die Zeit in Millisekunden fest, nach der ein Window automatisch in den Vordergrund gebracht wird, wenn sich der Mauscursor in diesem Window befindet.

IconBox *x1 y1 x2 y2*
legt den Bereich fest, an dem Icons plaziert werden soll. Negative Werte legen den rechten bzw. unteren Bildschirmrand fest.

fvwm2.0

Die Version 2.0 des **fvwm** beinhaltet neue Funktionen, mehr Konfigurationsmöglichkeiten und eine freundlichere Oberfläche.

Die Windows haben unter **fvwm2.0** einen zusätzlichen zweiten Button links oben. Wird mit der linken Maustaste auf diesen Button gedrückt, so wird dieses Window am sichtbaren Bildschirm angeheftet (*stick*), was bedeutet, daß es immer sichtbar ist, selbst wenn auf einen anderen virtuellen Bildschirm gewechselt wird. So angeheftete Windows werden dadurch gekennzeichnet, daß sie horizontale Linien in der Titelleiste haben. Um angeheftete Windows wieder zu lösen, muß nur wieder der zweite Button links oben mit der linken Maustaste angeklickt werden.

Leider können im **fvwm2.0** nicht mehr die Konfigurationsdateien von **fvwm1.2n** verwendet werden. Allerdings wird meist ein Programm **fvwmrc_convert** mitgeliefert, mit dem alte Konfigurationsdateien an **fvwm2.0** angepaßt werden können.

Die beiden folgenden Zeilen zeigen, wie sich das Aktivieren von Windows (mit Anklicken oder bereits beim Bewegen der Maus in das Window) einstellen läßt:

```
Style "*" ClickToFocus  # Window wird nur durch Anklicken aktiv
Style "*" MouseFocus    # Window wird dann aktiv, wenn sich
                        # Mauscursor in ihm befindet
```

Wenn man **MouseFocus** verwendet, empfiehlt es sich, zusätzlich noch folgendes einzustellen:

```
Module FvwmAuto 200  # Window 200ms, nachdem es aktiv wurde,
                     # in Vordergrund bringen
```

Die Konfiguration des **fvwm2.0** erfolgt über die Datei .fvwm2rc (im Home Directory) oder, wenn diese Datei fehlt, durch eine globale Datei, die sich abhängig von der jeweiligen Distribution an unterschiedlichen Stellen befindet.

```
/etc/X11/fvwm2/fvwm2rc              (RedHat)
/usr/X11R6/lib/X11/fvwm2/.fvwm2rc   (SuSE, Caldera)
```

Weitere Informationen zum **fvwm2.0** lassen sich leicht mit **man fvwm2** erfragen.

fvwm95

fvwm95 ist nur eine Variante zu **fvwm2.0**, die andere Voreinstellungen in den entsprechenden Konfigurationsdateien hat und zusätzlich eine Windows-Taskleiste anzeigt. Mit diesem Windows-Manager läßt sich eine Oberfläche einstellen, die weitgehend ähnlich zu der von Windows95 bzw. WindowsNT ist.

Die Konfiguration des **fvwm95** erfolgt über die Datei .fvwm2rc95 (im Home Directory) bzw. .fvwm95rc (im Home Directory) oder, wenn diese Datei fehlt, durch eine globale Datei, die sich abhängig von der jeweiligen Distribution an unterschiedlichen Stellen befindet.

```
/etc/X11/fvwm95-2/fvwm2rc95                              oder
/usr/X11R6/lib/X11/fvwm95-2/system.fvwm2rc95            oder
/usr/X11R6/lib/X11/fvwm95-2/fvwm95rc
```

Statt `fvwm95-2` kann oft auch nur `fvwm95` angegeben werden.

kwm (KDE Windows-Manager)

Mit dem KDE (K Desktop Environment) gibt es nun auch unter Unix und Linux einen Desktop, der sich leicht konfigurieren läßt und das Arbeiten mit dem System erheblich vereinfacht. Bisher wurde diese Rolle vom CDE (Common Desktop Environment) übernommen. Da das CDE aber doch sehr teuer ist und sehr hohe Anforderungen an den jeweiligen Rechner stellt, konnte es sich nie richtig durchsetzen.

Das KDE hingegen hat, obwohl es noch sehr jung ist, bereits eine große Verbreitung gefunden und das nicht nur in der Linux-Gemeinde, sondern auch auf anderen Unix-Systemen, wie z.B. Solaris. Anders als die reinen Windows-Manager, integriert das KDE eine Vielzahl von Anwendungsprogrammen, die dann Daten z.B. über *Drag & Drop* austauschen können. Ein weiterer Vorteil des KDE ist seine leichte Konfigurierbarkeit und Bedienbarkeit.

Start des KDE

Um das KDE und seinen zugehörigen Windows-Manager **kwm** bereits beim Start des X Window Systems zu aktivieren, muß man nur folgendes in `.xinitrc` (im Home Directory) eintragen:

```
startkde
```

Diese Zeile muß vor dem Aufruf des entsprechenden Windows-Managers stehen.

Das Panel am unteren Bildschirm

Am unteren Bildschirm wird eine eigene Leiste, das sogenannte *Panel* angezeigt. Es enthält z.B. folgendes:

- das sogenannte *K-Menü*, das durch ein großes *K* gekennzeichnet ist
- ein Icon zum Aufklappen der Fensterliste
- ein Icon zum Anzeigen des Home-Directorys
- ein Icon zum Starten des Control Center
- eine virtuelle Desktop-Schaltfläche für vier virtuelle Bildschirme
- ein Icon zum Anzeigen von Online-Hilfe
- ein Feld mit Datum und Uhrzeit

Eventuell werden auch abhängig von der Version nicht alle hier erwähnten Icons angezeigt.

Das K-Menü

Das K-Menü enthält alle KDE-Anwendungsprogramme sowie alle herkömmlichen Programme, deren Existenz dem KDE-System durch Erstellung einer sogenannten .kdelnk-Datei mitgeteilt wurden. Dies erledigt der **kapfinder**, den man über die Menüsequenz *K/System/Anwendungssuche* bzw. in englisch *K/System/appfinder* aufrufen kann, für eine Reihe von bekannten Programmen automatisch. Sollte er gewisse Programme nicht finden, so kann man für diese »per Hand« im Subdirectory .kde/share/applnk (ausgehend vom Home Directory) entsprechende Konfigurationsdateien anlegen.

Ein typisches Submenü, das bei einem Mausklick auf das K-Menü eingeblendet wird, könnte z.B. folgendes Aussehen haben:

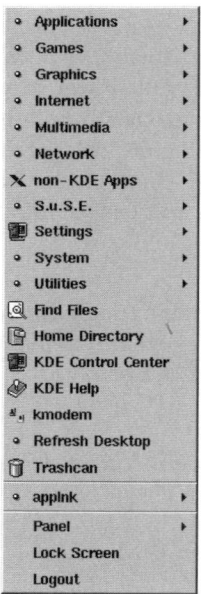

Konfigurieren des Panels

Bei manchen Anwendungsprogrammen, die man häufig benötigt, ist es sehr störend, daß man sie nur über den Umweg des K-Menüs und dessen Submenüs aufrufen kann. Statt dessen möchte man diese mit einem Mausklick aufrufen. Dazu muß man diese Programme in das Panel legen. Dies läßt sich leicht durch folgende Menüsequenz *K/Panel/Programm hinzufügen* bzw. in englisch *K/Panel/Add application* und der Auswahl des entsprechenden Menüs bzw. Programms erreichen. Darauf erscheint ein neues Icon im Panel, das zu dem ausgewählten Programm gehört. Um ein Submenü auf das Panel zu legen, muß nur der erste Menüpunkt (Überschrift) angeklickt werden.

Beim nachfolgend gezeigten Bildschirm wurde z.B. ein Tagesplan und das Spiele-Menü in das Panel gelegt. Durch einen Klick auf das Icon des Tagesplanes wurde dann dieser gestartet. Ein Klick auf das Spiele-Icon aktivierte das Spiele-Menü, wobei hier das Pokerspiel ausgewählt wurde.

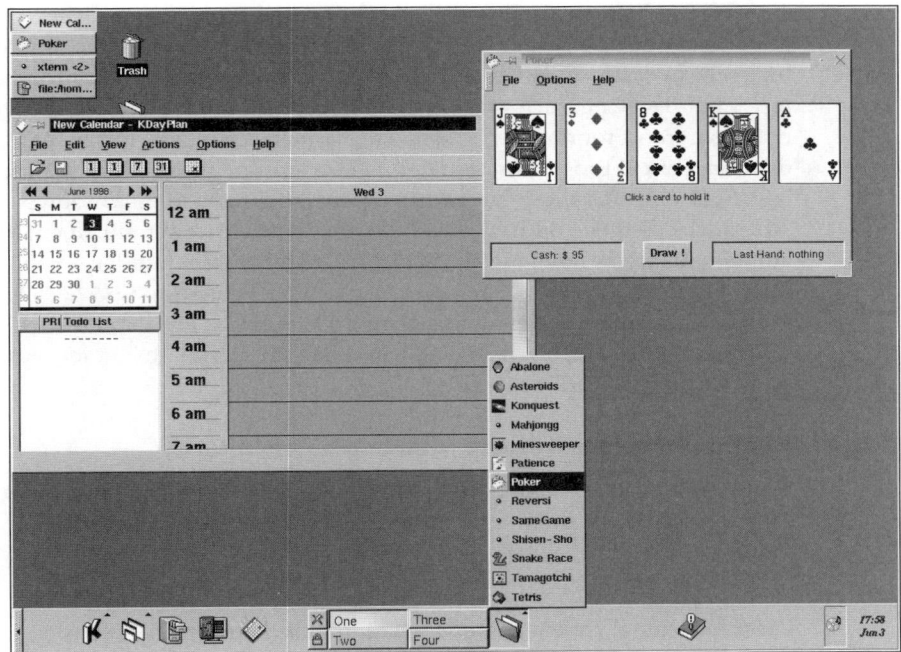

Die Panel-Einträge lassen sich jedoch auch wieder entfernen oder verschieben. Ein Klick mit der rechten Maustaste auf das entsprechende Icon blendet ein Menü mit den Optionen Verschieben bzw. Entfernen oder englisch Move bzw. Remove ein. Aktiviert man Entfernen bzw. Remove, wird dieses Icon aus dem Panel entfernt. Aktiviert man Verschieben bzw. Move, so verändert sich der Mauszeiger zu einem Pfeilkreuz, und man kann mit Links-Rechts-Bewegung der Maus eine neue Position für das Icon bestimmen. Durch einen Mausklick wird das Icon dann an die aktuelle Stelle positioniert, an der es sich gerade befindet, wobei es jedoch niemals über ein anderes schon vorhandenes Icon gelegt wird, sondern immer links oder rechts davon.

Neben der Lage der Icons läßt sich auch die Lage des Panels und die der zugehörigen Taskleiste verändern. Das Panel kann am oberen, unteren oder linken Bildschirmrand und die Taskleiste, die alle Fenster anzeigt, am oberen, unteren oder am linken oberen Bildschirmrand positioniert werden. Die Positionierung ist dabei über die folgende Menüsequenz möglich: *K/Panel/Konfigurieren/Panel* bzw. englisch *K/Panel/Configure/Panel.*

Hier lassen sich im übrigen auch weitere Merkmale ändern, wie z.B. die Größe oder ob Panel und Taskleiste beim Wegbewegen der Maus automatisch verschwinden und erst beim Annähern der Maus wieder sichtbar werden. Zudem ist es hier auch möglich, die Anzahl der virtuellen Bildschirme zu erhöhen (bis zu acht) bzw. zu verringern. Auch kann man den einzelnen virtuellen Bildschirmen eigene Namen geben, was im übrigen auch mit einem Klick der linken Maustaste auf den gerade aktiven Bildschirm bzw. einen Doppelklick mit der linken Maustaste auf einen gerade inaktiven Bildschirm in der virtuellen Desktop-Schaltfläche möglich ist. Virtuelle Bildschirme sind sehr hilfreich, wenn man mit mehreren Programmen gleichzeitig arbeitet, wie z.B. mit einem Editor, in dem man ein C-Programm schreibt, während man gleichzeitig Netscape laufen läßt. Statt einen Desktop komplett zu überfüllen, legt man Windows auf unterschiedliche virtuelle Bildschirme und kann dann entweder mit einem Mausklick auf das entsprechende Programm in der Taskleiste oder auf den entsprechenden Button in der virtuellen Desktop-Schaltfläche beliebig hin- und herschalten. Ein Wechseln zu einem anderen virtuellen Bildschirm ist im übrigen auch mit `Strg`-`Tab` möglich. Ein Wechseln zu einem anderen Programm im gerade aktiven Bildschirm ist mit `Shift`-`Tab` möglich.

Konfigurieren des K-Menüs mit dem Menüeditor

Das Aussehen der K-Menüs läßt sich am leichtesten mit dem Programm **kmenuedit** konfigurieren. Man kann **kmenuedit** entweder direkt in einem `xterm`-Fenster oder über die *Menüsequenz K/Werkzeuge/Menüeditor* bzw. englisch *K/Utilities/Menu Editor* aufrufen.

Die Editiermöglichkeiten mit dem Menüeditor unterscheiden sich, abhängig davon, ob man sich als Superuser oder als normaler Benutzer angemeldet hat. Während der Superuser auch das K-Menü selbst editieren kann, kann ein normaler Benutzer nur das benutzerspezifische Menü editieren.

Ein Klicken auf einen der Submenü-Einträge öffnet diesen. Die dabei aufklappenden Menüs schließen sich aber nicht, bis man nochmals auf das gleiche Feld klickt. So können zur gleichen Zeit mehrere Menüs offen sein und man kann mittels Drag & Drop einzelne Menü-Einträge auf einen anderen Menüeintrag ziehen, um ihn dorthin zu kopieren. Um einen Menüeintrag zu verschieben, muß man ihn zunächst mittels Drag & Drop kopieren und anschließend den alten Eintrag löschen. Das Löschen eines Menüeintrags ist mit dem Kontextmenü möglich, das man aktiviert, indem man auf dem entsprechenden Menüeintrag die rechte Maustaste drückt. Über dieses Kontextmenü lassen sich auch neue Menü-Einträge hinzufügen oder bestehende modifizieren.

Im Menüeditor ist es auch möglich, einen Menüeintrag aus einem der angezeigten Menüs auf das Desktop oder auf das Panel zu ziehen. Dazu muß man den entsprechenden Menüeintrag mit der linken Maustaste anklicken und bei gedrückter linker Maustaste auf den Bildschirmhintergrund oder auf das Panel ziehen, und dann die linke Maustaste loslassen. Danach wird ein Kontextmenü angezeigt, indem man auswählen kann, ob der entsprechende Menüeintrag hierher zu kopieren oder zu verschieben ist oder ob ein Link hier anzulegen ist. Mit gedrückter linker Maustaste kann im übrigen auch ein Icon vom Desktop oder vom Panel in den Menüeditor gezogen werden.

Möchte man den nicht sehr aussagekräftigen Standardnamen `applnk` des benutzerdefinierbaren Submenüs im K-Menü ändern, muß man im Menüeditor auf `Einstellungen` und dann auf `Menünamen ändern` bzw. englisch auf `Options` und dann auf `Change Menuname` klicken. Nun kann man einen eigenen Namen an diesen Menüeintrag vergeben, wie z.B. `Persönlich` oder `Meine Programme`. Der Menüeditor ist ein sehr mächtiges Werkzeug zum Konfigurieren des KDE, und es dauert einige Zeit, bis man sich mit allen seinen Funktionen vertraut gemacht hat.

Das KDE-Kontrollzentrum

Über das KDE-Kontrollzentrum (aufrufbar im K-Menü) läßt sich der KDE beliebig konfigurieren. So kann man z.B. den Bildschirmhintergrund und das Aussehen der Windows verändern, sich eine andere Sprache einstellen oder einen Screensaver einrichten usw.

Es ist auch möglich, sich neben den mitgelieferten Bildern eigene Bilder als Hintergrund einzurichten. Diese Bilder müssen in einem Grafikformat (wie z.B. .gif, .jpg usw.) vorliegen. Kopiert man diese Bilddateien dann in das Directory `/opt/kde/share/wallpapers`, so lassen sie sich ganz einfach durch Mausklick auswählen.

Die Windows-Titelleiste

Das Typische einer Windows-Titelleiste unter dem KDE ist nachfolgend gezeigt:

Ein Anklicken des linken Buttons (Querstrich oder spezifisches Icon) blendet ein Menü ein, mit dem man das aktuelle Window vergrößern, verkleinern, verschieben usw. kann:

Das gleiche Menü wird auch eingeblendet, wenn man mit der rechten Maustaste in die Textleiste klickt.

Mit dem Anklicken des zweiten Buttons (Heftnadel), wird dieses Window am sichtbaren Bildschirm angeheftet (*stick*), was bedeutet, daß es immer sichtbar ist, selbst wenn auf einen anderen virtuellen Bildschirm gewechselt wird. So angeheftete Windows werden dadurch gekennzeichnet, daß von der Heftnadel nun nur noch der Kopf sichtbar ist. Um angeheftete Windows wieder zu lösen, muß nur wieder dieser zweite Button links oben mit einer beliebigen Maustaste angeklickt werden.

Die rechten Buttons in der Titelleiste

beliebiger Mausklick auf linken Button (Punkt)
verkleinert das Window und nimmt dessen Namen in der Taskleiste auf. Ein Klick auf diesen Namen stellt wieder das ursprüngliche Window her.

beliebiger Mausklick auf rechten Button (Kreuz)
schließt das Window.

linker Mausklick auf mittleren Button (Rechteck)
vergrößert Window auf volle Bildschirmgröße, allerdings immer so, daß Panel und Taskeiste sichtbar bleiben.

mittlerer Mausklick auf mittleren Button (Rechteck)
vergrößert Window auf volle vertikale Bildschirmgröße, allerdings immer so, daß Panel und Taskleiste sichtbar bleiben.

rechter Mausklick auf mittleren Button (Rechteck)
vergrößert Window auf volle horizontale Bildschirmgröße, allerdings immer so, daß Panel und Taskleiste sichtbar bleiben.

Darüber hinaus löst ein Doppelklick mit der linken Maustaste in die Textleiste das gleiche aus wie ein linker Mausklick auf den mittleren Button (Rechteck), nämlich das Vergrößern auf volle Bildschirmgröße.

Die hier voreingestellten Mausklicks für die Titelleiste lassen sich im übrigen über das KDE-Kontrollzentrum auch verändern.

Verschluckte Programme (Swallowing)

Eine weitere Eigenschaft von KDE ist das sogenannte *Swallowing* (Verschlucken), was bedeutet, daß ein laufendes Programm in das Panel »eingesaugt« werden kann, so daß dort statt eines statischen Icons das entsprechende verkleinerte Window sichtbar ist. Dazu muß man zuerst ein neues Icon auf dem Bildschirmhintergrund erstellen, was mit dem Kontextmenü möglich ist. Dazu muß auf dem Bildschirmhintergrund die rechte Maustaste drücken und dann die Menüsequenz *Neu/Programm* bzw. englisch *New/Program* auswählen. Im erscheinenden Window muß man dann den Namen der entsprechenden `.kdelnk`-Datei eingeben, wie z.B. `xload.kdelnk`. Nachfolgend erscheint ein neues Icon auf dem Bildschirmhintergrund, das sich nun konfigurieren läßt, indem man mit der rechten Maustaste auf ihn klickt. Es erscheint dann ein Menü, in dem man `Eigen-schaften` bzw. englisch `Properties` auswählt. Daraufhin erscheint ein Window mit vier verschiedenen Seiten, von denen hier die Seite `Ausführen` bzw. englisch `Execute` von Interesse ist. Im ersten Feld ist hier der Programmname einzutragen. Wird im Feld `Arbeitsverzeichnis` bzw. englisch `Working Directory` ein Directory angegeben, so ist dies das Working Directory für das entsprechende Programm. Durch einen Mausklick auf das Zahnrad-Icon ist es möglich, sich ein anderes Icon als das voreingestellte Zahnrad auszuwählen.

Die bisher beschriebene Vorgehensweise gilt im übrigen auch für die Konfiguration von anderen Programmen, für die kein Swallowing aktiviert werden soll. Entscheidend für das Swallowing ist der untere Teil. Hier muß der Eintrag `Im Panel ausführen` bzw. in englisch `Run in Panel` aktiviert werden. Wichtig ist noch das darunterstehende Textfeld: Hier muß der Fenstertitel des Programms eingetragen werden, denn anhand dieses Titels erkennt das Panel, ob Swallowing für ein Window aktiviert ist oder nicht. Ein Beispiel für ein Programm, für das häufig Swallowing aktiviert wird, ist **xload,** und sein Fenstertitel ist ebenso `xload`.

Ist die Konfiguration abgeschlossen, muß man das entsprechende Icon nur noch mit gedrückter linker Maustaste auf das Panel ziehen, und nach kurzer Zeit erscheint die aktuelle Systemlast in einem kleinen Window auf dem Panel.

Die Konfigurationsdateien des kwm

Die Konfiguration des KDE ist auch »per Hand« möglich. Dazu müssen die entsprechenden Konfigurationsdateien editiert werden. Diese befinden sich in eigenen Subdirectories des Directorys `.kde/share` (ausgehend vom Home Directory).

Das K Desktop Environment ist inzwischen sehr weit entwickelt und bietet noch eine Vielzahl von Eigenschaften und Einstellmöglichkeiten, auf die hier nicht im einzelnen eingegangen werden kann, die sich aber leicht beim Arbeiten mit dem KDE entdecken und benutzen lassen.

X-Ressourcen

Mit den sogenannten *X-Ressourcen* lassen sich leicht die Eigenschaften für die meisten X-Programme (wie z.B. Hintergrundfarbe eines `xterm`-Windows oder Schrifart im Emacs) einstellen. Daneben gibt es jedoch auch X-Programme, deren Einstellungen entweder zusätzlich oder auch vollständig über eigene Konfigurationsdateien vorgenommen wird.

X-Programme setzen sich aus sogenannten *Widgets* zusammen. Widgets sind eigene Subwindows. Der Typ eines Widgets wird durch seine Aufgabenstellung festgelegt. So existieren beispielsweise Widgets für Textfelder, für Buttons, für Rahmen usw. Jedem Widget sind bestimmte Attribute zugeordnet, wie z.B.

`background` für Hintergrundfarbe oder `font` für Zeichensatz usw. Widgets können ineinander geschachtelt werden. So können z. B. in einem Rahmen-Widget für ein Menü mehrere Button-Widgets für die einzelnen Menüeinträge liegen.

Um ein bestimmtes Widget anzusprechen, müssen die einzelnen umgebenden Widgets von außen nach innen benannt werden, wobei die einzelnen Namen durch Punkt zu trennen sind und am Ende das entsprechende Attribut wie `background` oder `font` anzugeben ist. Um z. B. die Hintergrundfarbe des VT100-Widgets auf Blau und seine Vordergrundfarbe auf Weiß zu setzen, sind in der Ressourcendatei folgende Einträge notwendig:

```
xterm.vt100.background:   Blue
xterm.vt100.foreground:   White
```

Möchte man für alle `xterm`-Widgets, unabhängig vom Terminaltyp, die Hintergrundfarbe auf Blau und Vordergrundfarbe auf Weiß einstellen, muß anstelle des Terminalnamens nur ein * angegeben werden:

```
xterm*background:   Blue
xterm*foreground:   White
```

Das Zeichen * hat dieselbe Bedeutung wie bei Dateinamen. Es erstreckt sich über mehrere Komponenten von Ressourcennamen. Beispielsweise bewirkt die erste der beiden folgenden Zeilen, daß für alle Programme und Widgets als Hintergrundfarbe Grün verwendet wird. Ausgenommen sind nur die Widgets, für die explizit eine andere Farbe eingestellt wurde. Die zweite Zeile legt z. B. fest, daß als Hintergund für alle Widgets des X-Taschenrechners `xcalc` die Hintergrundfarbe Gelb zu verwenden ist.

```
*background:        Green
xcalc*background:   Yellow
```

Dieses Konzept wird in vielen X-Programmen durch zusätzliche eigene Ressourcen erweitert. In den **man**-Seiten zu den jeweiligen X-Programmen sind meist nur die programmspezifischen Erweiterungen dieses Ressourcenkonzeptes beschrieben. Die folgende Zeile ist ein typisches Beispiel für eine programmspezifische Ressourceneinstellung. Sie stellt für das X-Programm **xearth**, das im Hintergrund immer die Erde aus Sicht der Mittagssonne zeigt, ein, daß zusätzlich auch die Längen- und Breitengrade angezeigt werden:

```
xearth*grid:   true
```

Die Ressourcendateien können sich in den verschiedenen Unix- bzw. Linux-Systemen an unterschiedlichen Stellen befinden. Typische Ressourcendateien für die jeweiligen Einstellungen sind:

globale Einstellungen für den `xdm`-Login:

```
/etc/X11/xdm/Xresources
/usr/X11R6/lib/X11/xdm/Xresources
```

globale Einstellungen für ein bestimmtes Programm:

```
/usr/X11R6/lib/X11/app-defaults/programmname
```

benutzerspezifische Einstellungen:

`.Xdefaults` (im Home Directory)
`.Xresources` (im Home Directory)

Die `Xresources`-Dateien werden nur einmal beim Start von X gelesen. Die Einstellungen im Directory `app-defaults` sowie in `.Xdefaults` werden dagegen bei jedem Start eines X-Programms gelesen. Vorrang gegenüber allen Einstellungen in den Ressourcendateien haben Optionen, die beim Aufruf des X-Programms angegeben werden. Die Syntax innerhalb von Ressourcendateien ist durch die obigen Beispiele schon weitgehend beschrieben. Nachfolgend sind noch zwei Punkte erwähnt, die es zu beachten gilt:

▶ Groß- und Kleinschreibung wird bis auf einige Ausnahmen nicht unterschieden.

▶ Kommentare werden durch ein Ausrufezeichen (!) eingeleitet. Kommentare müssen alleine in einer Zeile stehen; es ist also nicht erlaubt, neben einer Ressourcen-Einstellung noch einen Kommentar in einer Zeile anzugeben.

X-Terminalprogramme

xterm

Eines der wichtigsten X-Programme ist **xterm**, das ein Terminal-Window am Bildschirm einblendet. In einem solchen Terminal-Fenster können Unix-Kommandos eingegeben werden. So wie man im Textmodus mit mehreren Text-Bildschirmen arbeiten kann, besteht auch unter X Window die Möglichkeit, in beliebig vielen Terminal-Fenstern zu arbeiten.

Gegenüber den Textbildschirmen hat `xterm` den Vorteil, daß alle Ein- und Ausgaben, auch die nicht mehr sichtbaren, gespeichert werden. Über die Bildlaufleiste kann man sich diese nicht mehr sichtbaren Ein- und Ausgaben wieder einblenden lassen. Mit den beiden folgenden Zeilen in einer Ressourcendatei legt man fest, daß für `xterm`-Windows eine Bildlaufleiste zur Verfügung gestellt wird und daß die letzten 1000 Zeilen immer aufzuheben sind, um sie über die Bildlaufleiste wieder einblenden zu können:

```
xterm*scrollBar:  true
xterm*saveLines:  1000
```

kvt

Terminalprogramm des KDE; sehr benutzerfreundlich und leistungsfähig.

cmdtool

Terminalprogramm von OpenLook.

shelltool

ebenfalls ein Terminalprogramm von OpenLook.

Dateimanager

Dateimanager gibt es unter Unix/Linux eine Vielzahl. Nachfolgend werden einige kurz vorgestellt:

tkdesk	sehr komfortabler und leistungsfähiger Dateimanager, der in der Programmiersprache Tcl/TK geschrieben wurde.
kfm	ebenfalls ein sehr komfortabler und leistungsfähiger Dateimanager, der in einigen Punkten dem Dateimanager unter MS-Windows ähnelt. Er ist Bestandteil des KDE und wird dort als Standard-Dateimanager verwendet.
xfilemanager	Dateimanager mit einer übersichtlichen Darstellung von Directorybäumen und Links.
xfm	vergleichbar mit dem **xfilemanager**.
xdtm	Bedienung eher spartanisch.
mc	*Midnight-Commander*, der dem Norton-Commander von MS-DOS ähnlich ist. **mc** kann auch im Textmodus verwendet werden.
nc	*Northern-Commander*; ist ebenfalls dem Norton-Commander von MS-DOS ähnlich und kann auch im Textmodus verwendet werden.

Texteditoren

Unter X Window können weiterhin alle für den Textmodus angebotenen Editoren verwendet werden:

vi	wird unter Linux in einigen unterschiedlichen Varianten angeboten, wie z.B. **vi**, **vim**, **nvi**, **xvi**, **elvis**.
emacs	erkennt automatisch, ob er unter X Window gestartet wird, und schaltet dann seine X-Eigenschaften ein, wie z.B. zusätzliche Menüs.
jed	hierzu existiert auch eine X-Variante **xjed**.
jove	nur in seiner Text-Variante unter X Window verwendbar

Daneben gibt es auch Editoren, die eigens für X Window entwickelt wurden, wie z.B.

xedit	seine Oberfläche wirkt doch sehr spartanisch.
axe	komfortabler zu bedienen als **xedit**; zeichnet sich durch seine sehr gute Online-Dokumentation und seine Konfigurierbarkeit aus.
asedit	komfortabler zu bedienen als **xedit**; hebt sich durch sein schönes Layout hervor.
kedit	ist Bestandteil vom KDE und sehr leicht zu bedienen.
textedit	Texteditor von OpenLook.

Grafikeditoren

Hier sind neben den vielen herstellerspezifischen Zeichen- und Malprogrammen, auf die aufgrund ihrer Vielzahl hier nicht eingegangen werden kann, besonders die beiden frei verfügbaren Grafikeditoren **xfig** und **xpaint** zu erwähnen:

xfig	eignet sich zum Zeichnen und wird vor allen Dingen an Universitäten häufig zum Zeichnen von technischen Bildern eingesetzt. Sehr nützlich ist, daß **xfig** nicht nur die Bilder in PostScript-Formate umwandeln kann, sondern auch den Import von PostScript-Dateien ermöglicht. **xfig** bietet eine Schnittstelle zum Textverarbeitungsprogramm LATEX an, so daß mit **xfig** erstellte Bilder direkt mit LATEX weiter verwendet werden können.
xpaint	ist einfacher zu bedienen als **xfig**. Es ist in etwa mit dem Programm **paintbrush** unter MS-Windows vergleichbar.

Textverarbeitungs-Programme und Office-Pakete

Das Angebot von Textverarbeitungsprogrammen und Office-Paketen unter Unix bzw. Linux ist inzwischen sehr vielfältig. Hier werden nur frei verfügbare Programme kurz vorgestellt:

StarOffice

Mit der Freigabe ihres Produktes *StarOffice* für die nicht-kommerzielle Nutzung unter Linux durch die Firma *StarDivision* verfügt Linux nun über ein Office-Paket, das den Vergleich mit den Office-Paketen von Microsoft nicht scheuen muß. Das StarOffice-Paket beinhaltet Textverarbeitung, Tabellenkalkulation, ein Zeichenprogramm, einen Formeleditor, Bildverarbeitungsprogramme und vieles mehr.

LATEX

TEX ist ein Satzprogramm, das vor allem in der Unix-Welt und hier insbesondere im universitären Bereich sehr stark verbreitet. Es wurde zur Erstellung wissenschaftlicher Texte entwickelt und ist frei kopierbar (siehe auch Beschreibung von **latex**).

Wem die direkte Verwendung von LATEX zu umständlich ist, kann die meist mitgelieferten Zusatzprogramme verwenden. Solche Zusatzprogramme sind eigene Shellprogramme (`ts` oder `xtexsh`), die zwar den Umgang mit Latex-Dateien und den Aufruf der diversen Werkzeuge etwas vereinfachen, aber die eigentlichen Schwierigkeiten, die ein Anfänger mit LATEX hat, nicht beseitigen.

Lyx

Viel bequemer wird jedoch das Arbeiten mit **Lyx**, das eine grafische Oberfläche zu LATEX ist, die den heute üblichen Textverarbeitungsprogrammen sehr ähnlich ist (siehe auch Beschreibung von **lyx**).

Postscript-Programme

Hier wird ein kurzer Überblick über die wichtigsten Programme zur Bearbeitung von Postscript-Dateien gegeben. Eine ausführliche Dokumentation der einzelnen Programme kann in den entsprechenden **man**-Seiten nachgelesen werden.

gs
(*GhostScript*) wandelt Postscript-Dateien in eine Vielzahl von Druckformaten um.

ghostview
ist eigentlich nur die grafische Benutzeroberfläche zum Programm **gs**. Mit **ghostview** können Postscript-Dateien am Bildschirm angezeigt werden. Möchte man z.B. die eine Postscript-Datei namens `einfue.ps` am Bildschirm ansehen, muß man nur in einem `xterm`-Window folgendes aufrufen:
ghostview einfue.ps

Umfaßt eine Postscript-Datei mehrere Seiten, so werden die einzelnen Seitennummern links eingeblendet, wie z.B.:

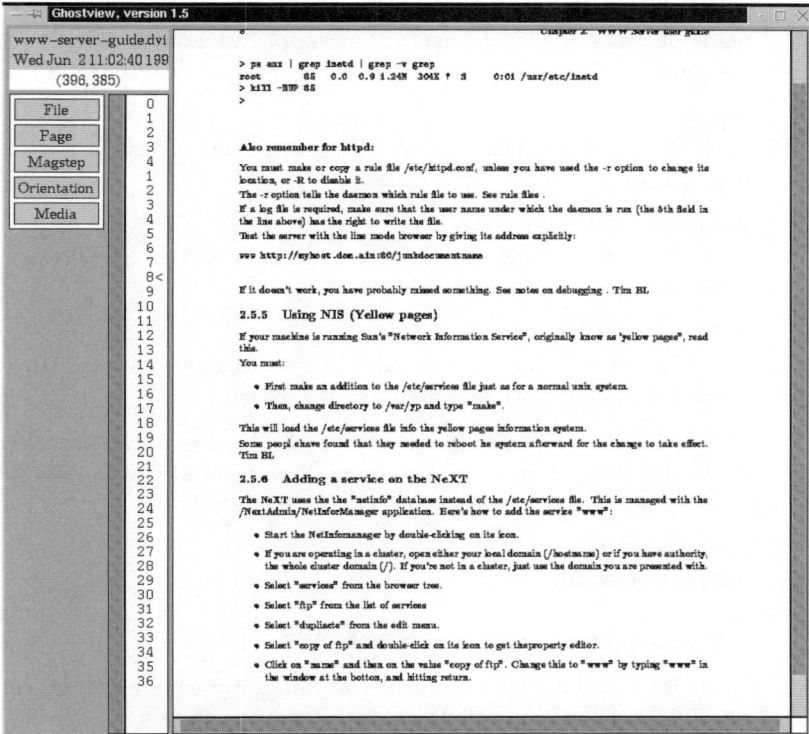

Ein Wechsel zu der entsprechenden Seite ist dabei durch einen einfachen Klick mit der mittleren Maustaste auf die entsprechende Seitennummer möglich. Klickt man mit der Maus auf den angezeigten Bildausschnitt, wird ein kleines Fenster eingeblendet, das eine Vergrößerung des Bereichs um die Maus ist. Obwohl die Steuerung vollständig durch die Maus möglich ist, werden auch Tastenkürzel angeboten, von denen die wichtigsten in der folgenden Tabelle zusammengefaßt sind:

Bild ↑ , Bild ↓	zur vorherigen/nächsten Seite blättern
Leertaste, ↵	zur nächsten Seite blättern
Backspace, Entf	zur vorherigen Seite blättern
H, L	Bildausschnitt nach rechts/links verschieben
U, D	Bildausschnitt nach oben/unten verschieben
↑ , ↓	Ansicht um 90 Grad drehen
Q	Programm beenden

a2ps

wandelt eine ASCII-Datei in eine Postscript-Datei um (siehe auch Beschreibung bei **a2ps**).

mpage

wandelt eine ASCII-Datei in eine Postscript-Datei um (siehe auch Beschreibung bei **mpage**).

dvips

wandelt eine dvi-Datei (durch **latex**-Aufruf erzeugt) in eine Postscript-Datei um (siehe auch Beschreibung bei **dvips**).

dvilj

wandelt eine dvi-Datei (durch **latex**-Aufruf erzeugt) in eine Datei mit Laserjet-Format um (siehe auch Beschreibung bei **dvilj**).

Neben den hier vorgestellten Postscript-Tools steht noch eine Vielzahl weiterer Postscript-Programme zur Verfügung. Eine Liste dieser Tools läßt sich mit den beiden folgenden Aufrufen erfragen:

man -k psutils
man -k postscript

Bildverarbeitung und Screenshots

Hier gibt es wieder eine Vielzahl von Programmen, von denen einige wichtige nachfolgend kurz vorgestellt werden.

xv

Hiermit lassen sich Grafikdateien in den verschiedensten Formaten lesen und in einem anderen Format abspeichern. Gleichzeitig bietet der **xv** Operationen zur Bildbearbeitung an, wie z.B. Spiegeln, Drehen usw. Auch kann man mit **xv** sogenannte Screenshots durchführen, also ein Window oder den ganzen Bildschirm in einer Grafikdatei beliebigen Formats speichern. Und schließlich kann man den **xv** sogar als Dateimanager (Button Visual Schauzer) verwenden.
Nach dem Aufruf von **xv** erscheint ein Window mit einem Logo. Das eigentliche Arbeiten mit **xv** beginnt erst, wenn man dieses Logo mit der rechten Maustaste anklickt. Denn dann wird ein Steuerungs-Window eingeblendet, bei dem die einzelnen Buttons weitgehend selbsterklärend sind. Um einen Screenshot zu erstellen, muß der Button Grab und anschließend ein Window oder der Bildschirmhintergrund angeklickt werden. **xv** liest dann den Inhalt des Windows oder des ganzen Bildschirms ein. Dieses Bild kann dann anschließend wie jedes andere Grafikbild bearbeitet und in einem wählbaren Grafikformat unter einem Namen gespeichert werden.

gimp

Mit **gimp** lassen sich Grafikbilder noch besser als mit **xv** bearbeiten.

Image Magick

Mit **Image Magick** (aufrufbar mit `xterm -iconic -e display` oder nur `display`) lassen sich ebenfalls Grafikbilder bearbeiten. Image Magick stellt sowohl Einzelkommandos als auch eine interaktive Oberfläche zur Verfügung und ist ebenfalls ein sehr mächtiges Programm. Mit Image Magick können auch wieder Screenshots erstellt werden.

kview

Mit **kview**, das beim KDE mitgeliefert wird, steht ein weiteres Bildbearbeitungs-Programm zur Verfügung. Eine schöne Eigenschaft des **kview** ist, daß man gerade bearbeitete Bilder sofort als Bildschirmhintergrund hinterlegen kann.

xgrab

xgrab ist eines der mächtigsten Programme zum Erstellen von Screenshots. Ruft man **xgrab** auf, so muß man schon im voraus alle seine gewünschten Optionen einstellen, wie z.B. den gewünschten Bildschirmbereich, von dem man einen Screenshot machen möchte (Window, ganzer Bildschirm oder ein mit der Maus zu ziehendes Rechteck), das Grafikformat (Postscript oder diverse Bitmap-Formate), eventuell Postscript-Optionen und den Dateinamen. Klickt man auf den OK-Button, verschwindet das `xgrab`-Window und nach der zuvor eingestellten Zeit wird der entsprechende Bildschirmbereich gelesen und in einer Datei abgespeichert. Wenig später erscheint wieder das `xgrab`-Window. **xgrab** bietet leider keine Möglichkeit, die erzeugten Bilder anzusehen. Dazu muß man z.B. **xv** oder **ghostview** aufrufen.

ksnapshot

ksnapshot ist ein beim KDE mitgeliefertes Programme zum Erstellen von Screenshots. Es zeichnet sich durch seine leichte Bedienbarkeit aus. Zwar ist es nicht so vielseitig wie **xgrab**, hat aber den Vorteil, daß man den Screenshot sofort ansehen kann, da es diesen rechts oben in einem eigenen Subwindow anzeigt. Ein Klick mit der linken Maustaste auf dieses Subwindow vergrößert dann den Screenshot in einem eigenen Window. Ein erneuter Klick mit der linken Maustaste auf dieses »Vergrößerungs-Window« läßt dieses wieder verschwinden. Ein solcher Screenshot läßt sich natürlich auch in einer Datei in einem zu wählenden Grafikformat (`gif`, `jpg`, usw.) speichern.

Programmentwicklung

Zur Programmentwicklung steht ebenfalls eine Vielzahl von Programmen zur Verfügung, wovon hier nur stellvertretend vier frei verfügbare und bei den meisten Linux-Distributionen mitgelieferten Programme kurz vorgestellt werden:

xwpe	ist eine integrierte Programmier-Oberfläche, die zum Entwickeln von C-Programmen geeignet ist und sich sehr stark an die Programmierumgebung von Borland-C und Turbo-PASCAL unter MS-DOS anlehnt.
xxgdb	ist eine grafische Oberfläche zum GNU Debugger **gdb** und ermöglicht ein leichtes Debuggen von C- bzw. C++-Programmen, indem man im eingeblendeten Quellcode mit der Maus Breakpoints setzen kann, sich den Inhalt von Variablen und des Stacks usw. anzeigen lassen kann.
ddd	ist wie **xxgdb** eine grafische Oberfläche zum GNU Debugger **gdb** und ermöglicht ebenso ein leichtes Debuggen von C- bzw. C++-Programmen, indem man im eingeblendeten Quellcode mit der Maus Breakpoints setzen kann, sich den Inhalt von Variablen und des Stacks usw. anzeigen lassen kann.
kdbg	ist eine vielversprechende beim KDE mitgelieferte grafische Oberfläche zum GNU-Debugger **gdb** und ermöglicht ebenso ein leichtes interaktives Debuggen von C- bzw. C++-Programmen.

Terminalemulatoren

Terminalemulatoren werden für die Kommunikation über Modem im Textmodus benötigt. Das entsprechende Terminalprogramm liest zum einen die eigenen Eingaben und überträgt sie an das Modem, zum anderen liest es die vom Modem eintreffenden Daten und zeigt sie am Bildschirm an. Einen Terminalemulator benötigt man also z. B., um interaktiv im Internet zu arbeiten oder um seine elektronische Post (*email*) auf einem Server zu lesen, der vom Internet-Provider über Telefonleitung zur Verfügung gestellt wird. Unter Linux existieren zwei sehr leistungsfähige Terminalemulatoren, nämlich **minicom** (für den Textmodus; siehe Beschreibung bei **minicom**) und **seyon** (für X Window; siehe Beschreibung bei **seyon**).

Weitere nützliche X-Programme

Hier werden einige nützliche X-Programme vorgestellt, die beim Arbeiten unter X Window sehr hilfreich sein können.

asclock	simuliert am Bildschirm eine digitale Uhr, die immer die aktuelle Zeit und das aktuelle Datum anzeigt.
bitmap	Pixel-Editor.
kcalc	Beim KDE mitgeliefertes Taschenrechner-Programm.
kclock	Beim KDE mitgeliefertes Programm zur Simulation einer analogen oder digitalen Uhr.
kfind	Beim KDE mitgelieferte X-Version zum **find**-Programm.

kscd	Beim KDE mitgeliefertes Programm zum Abspielen von Audio-CDs.
ktelnet	Beim KDE mitgelieferte X-Version zum **telnet**-Programm.
kzip	Beim KDE mitgeliefertes X-Programm zum Komprimieren von Dateien.
pixmap	Pixel-Editor.
xbiff	zeigt durch ein Briefkastensymbol an, ob neue Post (*email*) angekommen ist.
xcalc	simuliert einen Taschenrechner.
xcdroast	X-Programm zum Brennen von CD-ROMs.
xclock	simuliert am Bildschirm eine analoge Uhr, die immer die aktuelle Zeit anzeigt.
xdaliclock	simuliert am Bildschirm eine digitale Uhr, wobei das Umschalten der Sekunden, Minuten und Stunden nicht durch sprunghaftes Löschen und Neuzeichnen der entsprechenden Ziffer erfolgt, sondern durch ein langsames Umformen der aktuellen Ziffer in die neue Ziffer.
xeyes	zeigt zwei Augen an, deren Pupillen immer der aktuellen Cursorposition folgen.
xftp	X-Version zum **ftp**-Programm.
xlsfonts	zeigt eine Liste aller verfügbaren Zeichensätze an. Diese Liste läßt sich eingrenzen durch Angabe von *, wie z.B. `xlsfonts '*-20-*'`.
xmcd	X-Programm zum Abspielen von Audio-CDs.
xosview	zeigt die Systemauslastung (CPU, Speicher, Swap-Partition, Netzwerk, serielle Schnittstellen, Interrupts) in Form von bunten Balken an.
xpicedit	Pixel-Editor.
xrdb	ermöglicht das Einlesen zusätzlicher Ressourcendateien; wird vor allem in den `xinitrc`-Dateien zum Start des X Window-Systems verwendet. Es kann aber auch verwendet werden, um Änderungen in einer `Xresources`-Datei einzulesen, ohne daß man X Window neu starten muß. Mit **xrdb -query** kann man sich die aktuell eingestellten Ressourcen anzeigen lassen.
xset	ändert die Einstellungen des X-Servers; kann unter anderem dazu verwendet werden, um die Einschaltzeit des Bildschirmschoners und den Zustand der NumLock-Taste einzustellen. Dazu müßten die beiden folgenden Zeilen in die entsprechende `xinitrc`-Datei eingetragen werden:

```
xset s 120    # nach 120 Sekunden ohne Benutzereingaben
              # Bildschirm schwarz
xset led 3    # NumLock einschalten
```

xsetroot	ändert das Muster und / oder Farbe des Hintergrunds. Um z.B. den Hintergrund im aktuellen Bildschirm auf Gelb zu setzen, muß folgende Kommandozeile eingegeben werden: **xsetroot -solid yellow**.
xsysinfo	abgespeckte Version (nur CPU-Auslastung und Speicherbelegung) des oben erwähnten Programms **xosview**.
xtar	X-Version zum **tar**-Programm.
xtelnet	X-Version zum **telnet**-Programm.
xwininfo	ermöglicht das Erfragen von Informationen zu einzelnen Windows.

zcat   Ausgeben des Inhalts von komprimierten Dateien
zless
zmore

Syntax

```
zcat [optionen] datei(en)

zless datei(en)

zmore datei(en)
```

Beschreibung

Diese drei Kommandos funktionieren wie **cat**, **less** und **more**. Der einzige Unterschied besteht darin, daß man sich mit ihnen direkt (ohne vorherige Dekomprimierung mit **gunzip**) den Inhalt von komprimierten Dateien (meist haben diese die Endung `.gz`, `.z` oder `.Z`) anzeigen lassen kann. Dies ist vor allen Dingen dann sehr vorteilhaft, wenn sich die komprimierten Dateien auf einer CD-ROM befinden.

B Übersicht über die regulären Ausdrücke

deckt ab/bewirkt	Dateiname-Expandierung	egrep	ed, grep, csplit, pg	ex, vi
ein beliebiges Zeichen	?	.	.	.
beliebige Zeichenkette	*	.*	.*	.*
keine, eine oder mehrmalige Wiederholung	–	*	*	*
eine oder mehrmalige Wiederholung	–	+	\{1,\}	–
keine oder eine Wiederholung	–	?	\{0,1\}	–
n-malige Wiederholung	–	–	\{n\}	–
n- bis m-malige Wiederholung	–	–	\{n,m\}	–
mindestens n-malige Wiederholung	–	–	\{n,\}	–
Klasse von Zeichen	[...]	[...]	[...]	[...]
Komplement-Klasse von Zeichen	[!...]	[^...]	[^...]	[^...]
Zeilenanfang	–	^RA	^RA	^RA
Zeilenende	–	RA\$	RA\$	RA\$
Wortanfang	wort*	–	–	\<RA
Wortende	*wort	–	–	RA\>
a oder b (Alternation)	–	RA1 | RA2	–	–
\ runde Klammern	–	–	\(RA\)	\(RA\)
n-ter Teilausdruck	–	–	\n	\n

RA, RA1, RA2 stehen für reguläre Ausdrücke

Zu **egrep** sei noch folgendes angemerkt:

▶ runde Klammern:
(r) deckt den gleichen String wie r ab; um vorgegebene Prioritäten aufzuheben

▶ Die Priorität der Operatoren (in aufsteigender Folge):
|
Konkatenation

     * + ?   (besitzen untereinander gleiche Priorität)

     ( )   (besitzen untereinander gleiche Priorität)

▷ Die Operatoren *, + und ? beziehen sich immer auf das vorhergehende Zeichen; sollen sie sich auf einen längeren Ausdruck beziehen, so ist dieser mit (..) zu klammern. Um runde Klammern in einem Text abzudecken, ist deren Sonderbedeutung mit \ auszuschalten: \(bzw. \). Die Alternation kann auch durch ein Neuezeile-Zeichen (Carriage-Return) angegeben werden.

Stichwortverzeichnis

Linux-Unix-Grundlagen

Kommandos und Konzepte

Helmut Herold

Die 4., überarbeitete Auflage stellt die Arbeit unter dem Betriebssystem Unix (System V.3 und V.4) vor und geht insbesondere auf die Besonderheiten des frei verfügbaren und immer beliebteren Systems Linux ein.

„Linux-Unix-Grundlagen" eignet sich sowohl für Anfänger als auch für Fortgeschrittene, die ihr Wissen vertiefen möchten. Der Anhang gibt eine alphabetisch geordnete Beschreibung aller grundlegenden Kommandos.

Reihe: Linux/Unix und seine Werkzeuge

1120 S., 4., überarb. Aufl. 1998,

DEM 99,90, ATS 729,00, CHF 88,00

ISBN 3-8273-1435-6

Linux – Unix Kurzreferenz

Helmut Herold

Diese Kurzreferenz enthält alle Kommandos in übersichtlicher Form zum Nachschlagen für die tägliche Arbeit mit Linux/Unix. Die 2. Auflage wurde aktualisiert und erweitert. Sie ist die Zusammenfassung aller Befehle der Bücher der Reihe »Linux/Unix und seine Werkzeuge«.

336 Seiten, 2. Auflage 1999, brosch.

DEM 29,90, ATS 218,00, CHF 25,00

ISBN 3-8273-1536-0

ADDISON-WESLEY

Linux – Unix Systemprogrammierung

Helmut Herold

Das Buch wendet sich an alle, die mehr über die Interna von Linux/Unix wissen möchten. Es behandelt die Systemprogrammierung unter Linux/Unix und gibt auch Einblicke in die Datenstrukturen und Algorithmen, um dem interessierten Leser die Realisierung von Systemaufrufen und Betriebssystemkonzepten an einem konkreten System zu verdeutlichen. Aufgrund der über 200 Beispiel- und Übungsprogramme (online über den Verlag zu beziehen) eignet sich dieses Buch sowohl zum Selbststudium als auch zum Nachschlagen, zumal es auch auf die gängigen Standards (ANSI, POSIX, XPG) und Implementierungen (wie SVR4, BSD und Linux) eingeht.

1200 Seiten, 2. Auflage 1999, geb.

DEM 99,90, ATS 729,00, CHF 88,00

ISBN 3-8273-1512-3

KDE- und Qt-Programmierung

GUI-Entwicklung für Linux

Burkhard Lehner

Die Programmierung von Applikationen mit einer ansprechenden und intuitiven grafischen Benutzeroberfläche mit Hilfe der KDE- und Qt-Bibliotheken wird in diesem Buch übersichtlich und mit vielen kleinen sowie einem umfangreichen Beispiel beschrieben (KDE 1.1, Qt 2.0). Neben vielen Tips zum Entwurf von KDE-Programmen enthält das Buch auch einen ausführlichen, gut dokumentierten Referenzteil, in dem alle KDE- und Qt-Klassen detailliert beschrieben werden.

Die CD-ROM enthält die Beispiele des Buches sowie die KDE-Library inkl. Dokumentation.

576 Seiten, 1. Aufl. 1999, 1 CD-ROM

DEM 79,90, ATS 583,00, CHF 73,00

ISBN 3-8273-1477-1

ADDISON-WESLEY